(개정판) 춘하추동 만세력-❶

법사. 원담 엮음

도서출판 두원 출판미디어

하늘을 여는 마음으로

개정판을 선보이면서

춘하추동 만세력이 나온 지도 벌써 어언 10년.
진즉에 나와야 할 것인데도 게으르다 보니 개정판을 이제 사 선보입니다.
워낙 둔하다보니 대하는 많은 것들이 아직도 어렵기만 합니다.
신중에 신중을 기하여 처음부터 모든 과정을 직접 접하여 보았습니다.
일부 남에게 의존하던 편집과정도 매끄럽지 못한 부분이 있지만,
그것이 현실적으로 저의 한계라는 것을 알면서도 좀 더 확연하고,
혁신적이면서 독자 여러분의 피부에 가 닿는 길이라 생각하고 과감히 도전을 하였습니다.
기존의 틀에서 벗어나 좀 더 보편적인 만세력을 만들려고 노력을 하였습니다만,
평가는 독자 제위께서 하시는 것이므로 엄한 판단을 기다리렵니다.
계속해서 다른 형태의 만세력도 선보일 것이니 많은 지도와 격려를 부탁드립니다.

책을 통하여 서면으로만 만나는 것이 아니라 이제는,
동영상을 통하여 직접 만나 뵐 수 있도록 준비 중입니다.
더욱 더 좋은 책, 독자들이 기억에 남는 책을 만들도록 노력을 하겠습니다.
새롭게 출간되는 개정판 책들을 더욱 관심을 갖고 지켜봐 주시기를 기원합니다.

춘천에서

법사 원담 올림.

(차례)

년도	평, 윤	윤월	년도	평, 윤	윤월	년도	평, 윤	윤월
1921 년			1964 년			2007 년		
1922 년	윤	5월小	1965 년			2008 년		
1923 년			1966 년	윤	3월小	2009 년	윤	5월小
1924 년			1967 년			2010 년		
1925 년	윤	4월小	1968 년	윤	7월小	2011 년		
1926 년			1969 년			2012 년	윤	3월大
1927 년			1970 년			2013 년		
1928 년	윤	2월小	1971 년	윤	5월小	2014 년	윤	9월小
1929 년			1972 년			2015 년		
1930 년	윤	6월小	1973 년			2016 년		
1931 년			1974 년	윤	4월小	2017 년	윤	5월小
1932 년			1975 년			2018 년		
1933 년	윤	5월大	1976 년	윤	8월小	2019 년		
1934 년			1977 년			2020 년	윤	4월小
1935 년			1978 년			2021 년		
1936 년	윤	3월大	1979 년	윤	6월大	2022 년		
1937 년			1980 년			2023 년	윤	2월小
1938 년	윤	7월大	1981 년			2024 년		
1939 년			1982 년	윤	4월小	2025 년	윤	6월小
1940 년			1983 년			2026 년		
1941 년	윤	6월大	1984 년	윤	10월小	2027 년		
1942 년			1985 년			2028 년	윤	5월小
1943 년			1986 년			2029 년		
1944 년	윤	4월大	1987 년	윤	6월小	2030 년		
1945 년			1988 년			2031 년	윤	3월小
1946 년			1989 년			2032 년		
1947 년	윤	2월小	1990 년	윤	5월小	2033 년	윤	7월小
1948 년			1991 년			2034 년		
1949 년	윤	7월小	1992 년			2035 년		
1950 년			1993 년	윤	3월小	2036 년	윤	6월大
1951 년			1994 년			2037 년		
1952 년	윤	5월大	1995 년	윤	8월小	2038 년		
1953 년			1996 년			2039 년	윤	5월小
1954 년			1997 년			2040 년		
1955 년	윤	3월大	1998 년	윤	5월小	2041 년		
1956 년			1999 년			2042 년	윤	2월小
1957 년	윤	8월小	2000 년			2043 년		
1958 년			2001 년	윤	4월小	2044 년	윤	7월小
1959 년			2002 년			2045 년		
1960 년	윤	6월小	2003 년			2046 년		
1961 년			2004 년	윤	2월小	2047 년	윤	5월大
1962 년			2005 년			2048 년		
1963 년	윤	4월小	2006 년	윤	7월小	2049 년		
✆ 평년은 생략, 윤달이 든 해만 표기 하였습니다.						2050 년	윤	3월大

(개정판) 춘하추동 만세력의 특징.

③ ① ②

소한 6일 05시 34분 ⇨ **【己丑月(기축월)】**(소한, 대한 ~ 입춘 전) 대한 20일 22시 55분

양력 **1** 음력 11/23 ~ 12/23

양력	1	2	3	4	5	6	7	8	9	10	11	12	13	14	15	16	17	18	19	20	21	22	23	24	25	26	27	28	29	30	31
요일	토	일	월	화	수	목	금	토	일	월	화	수	목	금	토	일	월	화	수	목	금	토	일	월	화	수	목	금	토	일	월
일진 日辰	甲子	乙丑	丙寅	丁卯	戊辰	己巳	庚午	辛未	壬申	癸酉	甲戌	乙亥	丙子	丁丑	戊寅	己卯	庚辰	辛巳	壬午	癸未	甲申	乙酉	丙戌	丁亥	戊子	己丑	庚寅	辛卯	壬辰	癸巳	甲午
음력	23	24	25	26	27	28	29	30	12/1	2	3	4	5	6	7	8	9	10	11	12	13	14	15	16	17	18	19	20	21	22	23
대운 남	2	1	1	1	1	소	9	9	9	8	8	8	7	7	7	6	6	6	5	대	5	4	4	4	3	3	3	2	2	2	1
대운 여	8	9	9	9	10	한	1	1	1	1	2	2	2	3	3	3	4	4	4	한	5	5	6	6	6	7	7	7	8	8	8

④ ⑤↑ ④

양력 **1** 음력 11/23 ~ 12/23

숫자 1은 양력 1월 달을 말합니다.

밑의 음력 날짜는 양력 3월 달의 음력 날짜의 시작과 끝을 알립니다.

❒ 절기의 날짜와 시간, 그리고 표시.

① ⇨ 절기의 시작 날짜 표시로 각 달의 시작을 알립니다.

양력으로 1월이지만 음력으로 축월(丑月) 즉 표시의 기축(己丑)월이 시작됨을 알립니다.

② 절기가 속한 기간을 표시 합니다. 음력 월에 대한 절기의 쉬운 판단.

③ 소한의 시작일과 시를 알리고, ④ 대한도 표시하여 날짜와 시간을 알립니다.

⑤ ━ 음력 날짜에 있어서 초하루를 기준하여 색을 다르게 표시, 구별과 찾기가 편합니다.

⑥ 절기의 대운수는 절입 시간을 기준하여 이전은 왼쪽 이후는 오른쪽을 확인하면 됩니다.

❒ 일반적으로 나중에 오는 절기 표시가 불분명하여 간혹, 일주를 세우는데 실수가 나옵니다.

일일이 확인 하는 경우도 있지만, 아차 하여 표시가 눈에 안 들어오면 착오와 실수로 이어 집니다.

이런 실수가 없도록 일일이 표시하여 만전을 기하였습니다.

❒ 음력 날짜는 검은 바탕에 흰 글씨로 하여 양력 날짜와, 음력 날짜의 구별이 용이 하도록 하였습니다.

❒ 서머 타임시간을 일일이 표시하고 직접 계산하여 신경을 쓰지 않고 바로 대입하도록 하였습니다.

❒ 대운 수는 남 녀, 순행 역행으로 표시하였으며, 절기가 적힌 곳은 절기의 시간을 전후하여 앞뒤의 숫자로 계산하면 됩니다.

✥ 24절기(節氣)

	24節氣(절기)	음력	양력	일출(日出)시각	일몰(日沒)시각
춘 春	✿입춘(入春); 봄이 시작 되는 철	정월절	2월4일경	07:33	17:58
	우수(雨水):비가 내리는 철	정월중	2월19일경	07:17	18:15
	✿경칩(驚蟄): 겨울 잠 깨어나는 철	2월절	3월6일경	06:57	18:30
	춘분(春分):봄 환경의 분기 철	2월중	3월21일경	06:35	18:44
	✿청명(淸明): 날씨가 맑고 밝은 철	3월절	4월5일경	06:13	18:58
	곡우(穀雨):곡식에 비 내리는 철	3월중	4월20일경	05:51	19:11
하 夏	✿입하(立夏); 여름이 시작되는 철	4월절	5월 6일경	05:32	19:26
	소만(小滿):보리가 굵어지는 철	4월중	5월21일경	05:19	19:36
	✿망종(芒種); 보리를 베는 철	5월절	6월 6일경	05:11	19:50
	하지(夏至);여름의 막바지 철	5월중	6월21일경	05:11	19:56
	✿소서(小署):조금 더운 철	6월절	7월7일경	05:17	19:56
	대서(大署):매우 더운 철	6월중	7월23일경	05:28	19:48
추 秋	✿입추(立秋); 가을이 시작되는 철	7월절	8월8일경	05:41	19:33
	처서(處署);더위가 그치는 철	7월중	8월23일경	05:44	19:55
	✿백로(白露): 흰 이슬이 내리는 철	8월절	9월8일경	06:07	18:52
	추분(秋分):가을의 분기 철	8월중	9월23일경	06:20	18:29
	✿한로(寒露); 찬 이슬이 내리는 철	9월절	10월8일경	06:33	18:06
	상강(霜降):서리가 내리는 철	9월중	10월23일경	06:48	17:44
동 冬	✿입동(立冬); 겨울이 시작 되는 철	10월절	11월7일경	07:03	17:27
	소설(小雪);눈이 조금 오는 철	10월중	11월22일경	07:18	17:17
	✿대설(大雪); 눈이 많이 오는 철	11월절	12월7일경	07:33	17:13
	동지(冬至):겨울의 막바지 철	11월중	12월12일경	07:43	17:17
	✿소한(小寒): 조금 추운 철	12월절	1월5일경	07:47	17:28
	대한(大寒):매우 추운 철	12월중	1월20일경	07:44	17:42

◈ 월주(月柱) 표

생년 / 생월	甲,己年 갑·기년	乙,庚年 을·경년	丙,申年 병·신년	丁,壬年 정·임년	戊癸年 무·계년
1월	丙寅 병인	戊寅 무인	庚寅 경인	壬寅 임인	甲寅 갑인
2월	丁卯 정묘	己卯 기묘	辛卯 신묘	癸卯 계묘	乙卯 을묘
3월	戊辰 무진	庚辰 경진	壬辰 임진	甲辰 갑진	丙辰 병진
4월	己巳 기사	辛巳 신사	癸巳 계사	乙巳 을사	丁巳 정사
5월	庚午 경오	壬午 임오	甲午 갑오	丙午 병오	戊午 무오
6월	辛未 신미	癸未 계미	乙未 을미	丁未 정미	己未 기미
7월	壬申 임신	甲申 갑신	丙申 병신	戊申 무신	庚申 경신
8월	癸酉 계유	乙酉 을유	丁酉 정유	己酉 기유	辛酉 신유
9월	甲戌 갑술	丙戌 병술	戊戌 무술	庚戌 경술	壬戌 임술
10월	乙亥 을해	丁亥 정해	己亥 기해	辛亥 신해	癸亥 계해
11월	丙子 병자	戊子 무자	庚子 경자	壬子 임자	甲子 갑자
12월	丁丑 정축	己丑 기축	辛丑 신축	癸丑 계축	乙丑 을축

✪ 직능, 업종 분야로 보는 오행(五行).

오행 / 구분	목(木)	화(火)	토(土)	금(金)	수(水)
직능(職能) 업종(業種)	교육(教育)	문화공보	농림, 축산	국방(國防), 감사	외교(外交)
	체신(遞信)	동(動)자(資)부	건설(建設)	교통, 항공	외무(外務)
	임업(林業)	상공, 경제	통일부, 전매청	조선(造船)	주류(酒類)
	섬유(纖維)	화공(化工)	토건(土建)	기계(機械)	수산업
	제지(製紙)	전기(電氣)	부동산	제철(製鐵)	양식(養殖)
	가구(家具)	유류(油類)	토산품	광업(鑛業)	상하수도
	예능(藝能), 연예(演藝)	항공(航空)분야, 원자력,	민속(民俗)분야, 토속	제련(製鍊)업	치수(治水)사업)수력
	농림(農林)	화학(化學)	골동품	양품(洋品)	냉동업(冷凍業)
	악기, 음악	문화(文化)	중재(仲裁)	정비, 관리	무역업
	원예(園藝)	온, 난방, 열관리	중개업, 펀드	중장비	원양(遠洋)업, 유흥업
	죽세공(竹細工)	소방(消防)분야	토지구획정리	비철(非鐵)금속	숙박업, 온천, 호텔
	목공예	컴퓨터	컨설팅	검, 경찰	해운, 항만
	분식(粉食)	인터넷	화랑, 경매	군, 국정원	양식업

◈ 생시(生時) 조견표(早見表) : 야자시와 조자시 병행사용.

일간(日干) / 생시(生時)		甲,己 갑기	乙,庚 을경	丙,申 병신	丁,壬 정임	戊,癸 무계
23:30-01:30	子時 자시	甲子 갑자	丙子 병자	戊子 무자	庚子 경 자	壬子 임자
01:30-03:30	丑時 축시	乙丑 을축	丁丑 정축	己丑 기축	申丑 신축	癸丑 계축
03:30-05:30	寅時 인시	丙寅 병인	戊寅 무인	庚寅 경인	壬寅 임인	甲寅 갑인
05:30-07:30	卯時 묘시	丁卯 정묘	己卯 기묘	申卯 신묘	癸卯 계묘	乙卯 을묘
07:30-09:30	辰時 진시	戊辰 무진	庚辰 경진	壬辰 임진	甲辰 갑진	丙辰 병진
09:30-11:30	巳時 사시	己巳 기사	申巳 신사	癸巳 계사	乙巳 을사	丁巳 정사
11:30-13:30	午時 오시	庚午 경오	壬午 임오	甲午 갑오	丙午 병오	戊午 무오
13:30-15:30	未時 미시	辛未 신미	癸未 계미	乙未 을미	丁未 정미	己未 기미
15:30-17:30	申時 신시	壬申 임신	甲申 갑신	丙申 병신	戊申 무신	庚申 경신
17:30-19:30	酉時 유시	癸酉 계유	乙酉 을유	丁酉 정유	己酉 기유	申酉 신유
19:30-21:30	戌時 술시	甲戌 갑술	丙戌 병술	戊戌 무술	庚戌 경술	壬戌 임술
21:30-23:30	亥時 해시	乙亥 을해	丁亥 정해	己亥 기해	申亥 신해	癸亥 계해

◈ 야자(夜子)시(時)와, 조자(朝子)시(時)를 구별한 경우.

일간(日 干) / 출생 시(出生 時)		甲,己	乙,庚	丙,申	丁,壬	戊,癸
24:30--01:30 (朝子 時)	子時	甲子	丙子	戊子	庚子	壬子
01:30--03:30	丑時	乙丑	丁丑	己丑	申丑	癸丑
03:30--05:30	寅時	丙寅	戊寅	庚寅	壬寅	甲寅
05:30--07:30	卯時	丁卯	己卯	申卯	癸卯	乙卯
07:30--09:30	辰時	戊辰	庚辰	壬辰	甲辰	丙辰
09:30--11:30	巳時	己巳	申巳	癸巳	乙巳	丁巳
11:30--13:30	午時	庚午	壬午	甲午	丙午	戊午
13:30--15:30	未時	辛未	癸未	乙未	丁未	己未
15:30--17:30	申時	壬申	甲申	丙申	戊申	庚申
17:30--19:30	酉時	癸酉	乙酉	丁酉	己酉	申酉
19:30--21;30	戌時	甲戌	丙戌	戊戌	庚戌	壬戌
21:30--23:30	亥時	乙亥	丁亥	己亥	申亥	癸亥
23:30--24:30 (夜子 時)	子時	丙子	戊子	庚子	壬子	甲子

♣ 사주의 각 위치에 따른 해석과 응용.

위치 / 기준	시(時柱)	일(日柱)	월(月柱)	년(年柱)
시간적 관계	앞(미래)		뒤(과거)	
위치적 관계	후(後)(뒤)		선(先)(앞)	
상하관계	후배, 부하	본인(本人)	윗사람, 선배	기관의장, 우두머리
가족관계	자손(子孫)	본인, 배우자	부모,형제	선조,조상
나이로 보는 관계	말년(末年)	중말년 (中末年)	중년(中年)	초년(初年)
사회관계	후대(後代)	가정(家政)	사회(社會)	국가(國家)
성장관계	실(實)	화(花)	묘(苗)	근(根)
수리관계	정(貞)	이(利)	형(亨)	원(元)
천체, 우주	시간과 공간	지구	달	해

✺ 음(陰)과 양(陽)의 구별

음(陰), 양(陽) 기준점	양(陽)	음(陰)
계절적인 면	봄-- 목(木),	가을-- 금(金)
	여름--화(火)	겨울---수(水)
인간관계	남성(男性), 남편(男便), 아버지	여성(女性), 아내, 어머니
	아들, 손자,	딸, 손녀
색깔의 관점	흰색	검정
	환하다	어둡다
부피, 양의 관점	많다	적다
	크다	작다
	모인다.	흩어진다.
	생성이 된다.	감소가 된다.
시간적인 관점	년 주	월주
	일(日)	시(時)
	미래(未來)	과거(過去)
위치의 관점	상(上)	하(下)
	우(右), 종(從)	좌(左), 횡(橫)
	동양, 주인	서양, 손님
	전진(前進)	후진(後進)
	남, 낮	북, 밤
	시작, 맞이한다, 홀수	마무리, 보낸다, 짝수
힘의 관점	당긴다.	민다.
	승리	패배
	더한다.	뺀다.
	이익	손실
무형적인 면	정신, 진실	육체, 거짓
	깨끗하다, 기쁨	지저분하다, 슬픔
	깊다, 자연적	얕다, 인위적
	자유, 민주, 선	구속, 공산, 악
	나타낸다, 개방	감춘다, 폐쇄
	길하다	흉하다
	부귀	빈천
	약	병
	오장, 오운	육부, 육기
	속성	지연

♣ 삼재(三才)원리(原理).

천, 지, 인(天, 地, 人)

삼재(三才) / 분야(分野)	천(天)	인(人)	지(地)
신적인 면	조화(造化)신	치화(治化)신	교화(敎化)신
수리면	1(절대수)	3(상대수)	2(반대수)
자기적인 면	양전자	중성자	음전자
형성	정자	태자(잉태)	난자
가족적인 면	남편	자손	아내
육체적인 면	상체	허리	하체
요법적인 면	심리요법	생리요법	물리요법
기능적인 면	정신력	활동력	조직력
국가주의적인 면	민주주의	중립주의	공산주의
자연적인 면	바람	구름	비
형체적인 면	원	각	방
위치적인 면	상	중	하
형이학인 면	기	형체	소리
삼권적인 면	사법	행정	입법

천(天), 지(地), 인(人)은 우리나라에서 예전부터 삼신(三神)이라 하여 토속(土俗)신앙(信仰)의 대표적인 숭배(崇拜)의 대상이었다.

地支藏干表 **(지지장간표)**

월 구분		1	2	3	4	5	6	7	8	9	10	11	12
지지		寅	卯	辰	巳	午	未	申	酉	戌	亥	子	丑
餘氣 여기	천간	戊	甲	乙	戊	丙	丁	戊	庚	辛	戊	壬	癸
	日	7	10	9	7	10	9	7	10	9	7	10	9
仲氣 중기	천간	丙		癸	庚	己	乙	壬		丁	甲		辛
	日	7		3	7	9	3	7		3	7		3
正氣 정기	천간	甲	乙	戊	丙	丁	己	庚	辛	戊	壬	癸	己
	日	16	20	18	16	11	18	16	20	18	16	20	18

♣ 지지에 장축(藏畜)하고 있는 천간을 논하는데 30일 가운데 기운이 나타나는 일수를 나타내는 것이다.

♣ 장간은 용(用)이라 하여 작용을 함에 있어서, 양(陽)인지 음(陰)인지, 습(濕)한지, 조(燥)한 지를 구별을 해야 한다.

♣ 건강(健康)으로 살펴보는 오행.

오행 / 각 부위	목(木)	화(火)	토(土)	금(金)	수(水)
신체부위	간(肝)	심장 (心腸)	비(脾)	폐(肺)	신장 (腎臟)
	담(膽)	소장 (小腸)	위(胃)	대장 (大腸)	방광 (膀胱)
	신경 (神經)	정신 (精神)	비육 (肥肉)	골격 (骨格)	신기 (腎氣)
	수족 (手足)	시력 視力)	복부 (腹部)	피부 (皮膚)	비뇨기 (泌尿器)
	모발 (毛髮)	안(顔)	요(腰)	치아 (齒牙)	수분 (水分)
	두(頭)	체온 (體溫)	당뇨 (糖尿)	기관지 (氣管支)	요도 (尿道)
	풍(風)	열(熱)	습(濕)	조(燥)	한(寒)
	인후 (咽喉)	혈압 (血壓)	원(腕)	조혈 (造血)	산(疝)

☯ 사주의 형성.

◈ 년주(年柱) 세우는 법.

년주(年柱)라 함은 출생한 년도(年度)를 표시하는 것인데, 출생된 년도가 육십갑자(六十甲子)중 어디에 해당하는 가를 가려 그 해의 기운(氣運)을 적는 것이다.
그리하면 년주(年柱)가 세워지게 되는 것이다.

◈ 년(年) 주(柱)를 기록할 시의 주의 점.

사주(四柱)를 기록 할 시는 만세력을 이용을 하게 되는데 요즈음은 누구라도 알기 쉽게 되어있어 찾는 데에 별 불편함이 없이 사용할 수 있다.
양력(陽曆)과 음력(陰曆)이 같이 다 나와 있어, 혹 음력(陰曆)을 모르더라도 다 금방 찾을 수가 있다.

◈ 입춘(立春)을 기준으로 하여 정한다.

입춘절기를 기준으로 하는 것은 입춘은 매년 해가 뜨고, 지는 시간(時間)이 똑같기 때문에 기준으로 삼는다. 즉 계절의 기후변화가 동일하다.

◈ 입춘(立春)의 입절(立節)시간(時間)을 정확히 알아야 한다.

입춘은 항상 12월 15일부터 정월 즉, 그 다음해 1월 15일 사이에 절기(節氣)가 찾아오게
되어 있으며, 12월중 이라 하여도 입춘이면 새해라는 사실이다.
이것은 기(氣)의 변화(變化)라는 것은 항상 절기(節氣)에 의존(依存)한다.
그리고 입절(入節) 시간을 전후하여 전년도와 새해가 구분된다.

◈ 년주(年柱)를 보고 그 해의 기운(氣運)을 감지하는 것이다.

선택된 년주를 천간과 지지를 보고 그 기운을 감지하는 것인데 한 해의 기운이 나타나는 것이다.
천재지변이라던가, 변혁, 변화, 응징, 보은, 병마 기타 등등의 기운도 살펴보는 것이다.

◈ 월주(月柱)를 세우는 법.

월주(月柱)라 함은 태어난 년도(年度)의 월(月)을 말하는 것이다.

월(月)은 년(年)의 범주에 속한 일부분(一部分) 이므로 년(年)의 기운(氣運)의 지배(支配)를 받는 것이다. 그래서 년주(年柱)를 알아야 월주(月柱)가 세워지게 되는 것이다.

생년 생월	甲,己年 갑·기년	乙,庚年 을·경년	丙,申年 병·신년	丁,壬年 정·임년	戊癸年 무·계년
1월	丙寅 병인	戊寅 무인	庚寅 경인	壬寅 임인	甲寅 갑인
2월	丁卯 정묘	己卯 기묘	辛卯 신묘	癸卯 계묘	乙卯 을묘
3월	戊辰 무진	庚辰 경진	壬辰 임진	甲辰 갑진	丙辰 병진
4월	己巳 기사	辛巳 신사	癸巳 계사	乙巳 을사	丁巳 정사
5월	庚午 경오	壬午 임오	甲午 갑오	丙午 병오	戊午 무오
6월	辛未 신미	癸未 계미	乙未 을미	丁未 정미	己未 기미
7월	壬申 임신	甲申 갑신	丙申 병신	戊申 무신	庚申 경신
8월	癸酉 계유	乙酉 을유	丁酉 정유	己酉 기유	辛酉 신유
9월	甲戌 갑술	丙戌 병술	戊戌 무술	庚戌 경술	壬戌 임술
10월	乙亥 을해	丁亥 정해	己亥 기해	辛亥 신해	癸亥 계해
11월	丙子 병자	戊子 무자	庚子 경자	壬子 임자	甲子 갑자
12월	丁丑 정축	己丑 기축	辛丑 신축	癸丑 계축	乙丑 을축

◈ 월지(月支)의 순서.

인(寅), 묘(卯), 진(辰), 사(巳), 오(午), 미(未),
1월, 2월, 3월, 4월, 5월, 6월,

신(申), 유(酉), 술(戌), 해(亥), 자(子), 축(丑),
7월, 8월, 9월, 10월, 11월, 12월

◈ 한 해의 시작은 1월부터 시작하므로 월주(月柱)도 정월(正月)인 1월부터 시작 한다.

◈ 해당년도의 각 정월을 알면 순서대로 12월까지 정할 수가 있다.
그러기 위하여서는 만세력이 없더라도 정확하게 찾는 방법을 알아보자.

여기에는 찾는 방법이 있다.

※ 갑(甲)-기(己)년------병(丙)인(寅)월을 1월로 하여 시작.

※ 을(乙)-경(庚)년------무(戊)인(寅)월을 1월로 하여 시작.

※ 병(丙)-신(辛)년------경(庚)인(寅)월을 1월로 하여 시작.

※ 정(丁)-임(壬)년------임(壬)인(寅)월을 1월로 하여 시작.

※ 무(戊)-계(癸)년------갑(甲)인(寅)월을 1월로 하여 시작.

➡ 쉽게 암기하는 방법.

공통점을 분석을 하여보면 각각 합을 이루고 있다.

※ 갑(甲)-기(己)년-합 토(土) ⇦ ---생(生)---화(火)---병(丙)寅月

※ 을(乙)-경(庚)년-합 금(金) ⇦ ---생(生)---토(土)---무(戊)寅月

※ 병(丙)-신(辛)년-합 수(水) ⇦ ---생(生)---금(金)---경(庚)寅月

※ 정(丁)-임(壬)년-합 목(木) ⇦ ---생(生)---수(水)---임(壬)寅月

※ 무(戊)-계(癸)년-합 화(火) ⇦ ---생(生)---목(木)---갑(甲)寅月

◈ 시작되는 1월(月)은 전부가 양(陽)천간(天干)이다.
각각이 해당 년도(年度)의 인수(印綬)가 된다. 즉 생(生)하고 있다.

◈ 윤(閏)월(月)일 경우는 어떻게 할 것인가?

생일(生日)을 찾아먹기가 힘든 사람들이다. 상담을 하다보면 윤달일 경우의 상담자가 간혹 있다. 이런 경우는 어떻게 하여야 할 것인가? 물론 답이야 만세력을 찾아보면 간단 할 것이다.

✪ 그러나 주의 하여야 할 사항이 있다.

※ 절(節)을 기준하여 항상 기후의 변화가 생기므로, 윤달도 절 (節)을 기준하여 월(月)을 정하도록 한다. 윤달은 보통 15일을 전후하여 또는 15일에 절(節)이 바뀌고 있어 절(節)의 입절(入節) 전(前)은 전(前)달로, 입절 후(後)는 다음 달로 하여 월(月)을 정하면 된다. 14일(日)인 경우도 있고, 15일(日)인 경우도 있고, 16일(日)인 경우도 있으니 만세력을 정확히 살펴야 할 것이다.

윤달은 5년에 2번이다.

◈ 갑(甲)-기(己), 을(乙)-경(庚), 병(丙)-신(辛),

정(丁)-임(壬), 무(戊)-계(癸) 년(年)은 왜 인(寅)월(月)이 다 같을까?

일 년은 12달이요, 5번 반복이 되면, 60이 되는데 육십갑자가 한 순번을 도는 것이다. 고로 다시 원위치가 되므로 갑(甲)-기(己), 을(乙)-경(庚), 병(丙)-신(辛), 정(丁)-임(壬), 무(戊)-계(癸) 년(年)은 각각 똑같은 결과가 나오는 것이다.

◈ 갑(甲)년에서 계(癸)년 까지는 60갑자가 두 번 순회(巡廻)한다.

이것을 시계로 비유한다면 어떨까?

※ 년(年) 주(柱)는 시침(時針)이요, 월주(月柱)는 분침(分針)에 해당이 된다.

◈ **절(節)에 관한 참고사항.**

※ 절(節)과 절(節)사이의 일수는 보통 15일간이 된다.

약간 추가 되는 경우도 있고, 모자라는 경우도 있다.

※ 월(月)의 간격은 보통 30일이나 전후하여 모자라기도 하고 추가되는 경우도 있다.

절기를 기준으로 할 경우.

※ 음력(陰曆)은 크면 30일 , 작으면 29일의 간격(間隔)을 유지한다.

◈ 일주(日柱)를 세우는 법(法).

일주(日柱)는 태어난 날 당일(當日)을 보는 것이다. 이것은 만세력에 의존을 하여야 한다.

년, 월, 일을 우리가 천체로 비교를 하여보자. 년주(年柱)가 태양(太陽)이라면 월주(月柱)는 달이 되는데, 그럼 일주(日柱)는 무엇이 될까?

일주(日柱)는 지구(地球)에 해당이 된다. 태양과 달과의 관계와 지구는 무엇이 다를까? 지구는 자전(自轉)을 하고 있는 것이 다른 점인 것이다. 스스로 혼자서 운행(運行)을 하고 있는 것이다.

◈ 시주(時柱)를 세우는 법.

◈ 시주(時柱)는 출생된 날의 시간(時間)을 말한다.

시주(時柱)는 일주(日柱)에 의하여 정하여 지는데, 일주와 그만큼 밀접한 관계(關係)에 있는 것이다. 외국(外國)에서 출생(出生)을 한 경우는 어떻게 하여야 하는가? 그 나라의 시간에 맞추어 시주(時柱)를 작성하면 된다. 미국이나, 캐나다나, 중국이나, 일본이던 그 나라의 그 시각을 알고 그 시간을 사용하면 된다.

◈ 시(時)를 모를 경우는 어찌하는가?

세 기둥으로만 상담을 하는 것이다. 공연히 이것, 저것, 시(時)를 알아내는 방법을 쓴다고 한다면 그것 참 우스꽝스러워진다. 자칫 실수로 이어지기 때문이다. 물론 나름대로 방법을 강구하여 보는 경우도 있지만 긁어 부스럼이 되는 경우가 태반이다. 지금 단계에서는 욕심을 버리자.

◈ 시간의 구분

하루는 24시간인데, 이것을 12지지(地支)로 나누어 표기(表記)하여 사용을 한다.

2시간을 하나로 묶어 하나의 지지(地支)로 환산(換算)을 한다.

◈ 표준시에 관하여

우리나라는 지금 일본의 표준시를 기준으로 하여 사용을 하고 있다.

30분의 시간차이가 생긴다. 30분이 늦어야 하는 것이다.

그래서 시간을 정시(正時)로 안하고 항상 30분을 더 길게 보는 것이다.

※ 인(寅)시일 경우

03 : 00--05 : 00 인데, 03 : 30--05 : 30 으로 사용을 한다.

각각 다른 시간(時間)도 마찬가지이다.

◈ **야자시(夜子時)에 관하여.**

시주(時柱)를 정하는데 있어서 문제가 되는 경우가 있는데 그것은 자정(子正)인 영시(零時)를 기준하여 보면 그 전(前)은 뒷날이요, 영시(零時)를 지난 시간 후(後)로는 앞날이다.

태어난 날의 일진(日辰)을 정함에 있어서 영시(零時) 이전(以前)은 이전 날의 일진(日辰)을 사용하여야 하고 영시(零時)가 지난 후(後)는 자연 그 다음날의 일진(日辰)을 사용을 하여야 하는 것이 옳다.

※ **자시(子時)에 대한 구분.**

◎ 야자시(夜子時) : 영시(零時) 이전(以前)의 자시(子時)를 일컫는다.

시간은 23 : 30 ~ 24 : 30

◎ 조자시(朝子時) : 영시(零時) 이후(以後)의 자시(子時)를 말한다.

시간은 24 : 30 ~ 01 : 30

◎ 자시(子時) : 야자시(夜子時)와 조자시(朝子時)를 합하여 통칭(統稱)하여 자시(子時)라 칭한다.

시간은 23 : 30 ~ 01 : 30

여기에서 일진(日辰)이 바뀌는 사항(事項)을 중시(重視)하여야 한다.

야자시(夜子時)의 경우는 그 전날의 일진(日辰)이 되는 것이고,

조자시(朝子時)의 경우는 그 다음날의 일진(日辰)이 되는 것이다.

그런데 조자시(朝子時)와 야자시(夜子時)의 구분을 하지 않고 통합하여 둘 다 자시(子時)로 하여 사용을 하는 경우가 있다.

시주(時柱)의 중요성(重要性)은 참으로 큰 것이다.

굳이 설명을 안 하여도 잘 알 것이다. 미래요, 자손에 관한 사항이 나오기 때문이다.

◈ 십이운성도표(十二運星圖表).

천간 / 12운성	갑(甲)	을(乙)	병(丙)	정(丁)	무(戊)	기(己)	경(庚)	신(辛)	임(壬)	계(癸)
포(胞)	신(申)	유(酉)	해(亥)	자(子)	해(亥)	자(子)	인(寅)	묘(卯)	사(巳)	오(午)
태(胎)	유(酉)	신(申)	자(子)	해(亥)	자(子)	해(亥)	묘(卯)	인(寅)	오(午)	사(巳)
양(陽)	술(戌)	미(未)	축(丑)	술(戌)	축(丑)	술(戌)	진(辰)	축(丑)	미(未)	진(辰)
생(生)	해(亥)	오(午)	인(寅)	유(酉)	인(寅)	유(酉)	사(巳)	자(子)	신(申)	묘(卯)
욕(浴)	자(子)	사(巳)	묘(卯)	신(申)	묘(卯)	신(申)	오(午)	해(亥)	유(酉)	인(寅)
대(帶)	축(丑)	진(辰)	진(辰)	미(未)	진(辰)	미(未)	미(未)	술(戌)	술(戌)	축(丑)
관(官)	인(寅)	묘(卯)	사(巳)	오(午)	사(巳)	오(午)	신(申)	유(酉)	해(亥)	자(子)
왕(旺)	묘(卯)	인(寅)	오(午)	사(巳)	오(午)	사(巳)	유(酉)	신(申)	자(子)	해(亥)
쇠(衰)	진(辰)	축(丑)	미(未)	진(辰)	미(未)	진(辰)	술(戌)	미(未)	축(丑)	술(戌)
병(病)	사(巳)	자(子)	신(申)	묘(卯)	신(申)	묘(卯)	해(亥)	오(午)	인(寅)	유(酉)
사(死)	오(午)	해(亥)	유(酉)	인(寅)	유(酉)	인(寅)	자(子)	사(巳)	묘(卯)	신(申)
장(藏), 묘(墓)	미(未)	술(戌)	술(戌)	축(丑)	술(戌)	축(丑)	축(丑)	진(辰)	진(辰)	미(未)

※ 왕궁(旺宮)을 기준, 순행(順行), 역행(逆行)을 행(行)한다.

(개정판) 춘하추동 만세력-❶

(1921년~2050년)

1921 辛酉年(신유년)

단기4254년 /불기2465년 대장군(남방). 삼살(동방), 상문(서북방),조객(서남방), 납음(석류목). 【삼재(해자축)년】

소한 6일 05시 34분 ⇨ **【己丑月(기축월)】**(소한, 대한~ 입춘 전) 대한 20일 22시 55분

양력 1 / 음력 11/23 ~ 12/23

양력	1	2	3	4	5	6	7	8	9	10	11	12	13	14	15	16	17	18	19	20	21	22	23	24	25	26	27	28	29	30	3
요일	토	일	월	화	수	목	금	토	일	월	화	수	목	금	토	일	월	화	수	목	금	토	일	월	화	수	목	금	토	일	월
일진 日辰	甲子	乙丑	丙寅	丁卯	戊辰	己巳	庚午	辛未	壬申	癸酉	甲戌	乙亥	丙子	丁丑	戊寅	己卯	庚辰	辛巳	壬午	癸未	甲申	乙酉	丙戌	丁亥	戊子	己丑	庚寅	辛卯	壬辰	癸巳	甲午
음력	23	24	25	26	27	28	29	30	12/1	2	3	4	5	6	7	8	9	10	11	12	13	14	15	16	17	18	19	20	21	22	2
대운 남	2	1	1	1	1	소	9	9	9	8	8	8	7	7	7	6	6	6	5	대	5	4	4	4	3	3	3	2	2	2	1
대운 여	8	9	9	9	10	한	1	1	1	1	2	2	2	3	3	3	4	4	4	한	5	5	6	6	6	7	7	7	8	8	8

입춘 4일 17시 20분 ⇨ **【庚寅月(경인월)】**(입춘, 우수~ 경칩 전) 우수 19일 13시 20분

양력 2 / 음력 12/24 ~ 01/21

양력	1	2	3	4	5	6	7	8	9	10	11	12	13	14	15	16	17	18	19	20	21	22	23	24	25	26	27	28
요일	화	수	목	금	토	일	월	화	수	목	금	토	일	월	화	수	목	금	토	일	월	화	수	목	금	토	일	월
일진 日辰	乙未	丙申	丁酉	戊戌	己亥	庚子	辛丑	壬寅	癸卯	甲辰	乙巳	丙午	丁未	戊申	己酉	庚戌	辛亥	壬子	癸丑	甲寅	乙卯	丙辰	丁巳	戊午	己未	庚申	辛酉	壬戌
음력	24	25	26	27	28	29	30	1/1	2	3	4	5	6	7	8	9	10	11	12	13	14	15	16	17	18	19	20	21
대운 남	1	1	1	입	1	1	1	1	2	2	2	3	3	3	4	4	4	5	우	5	6	6	6	7	7	7	8	8
대운 여	9	9	9	춘	10	9	9	9	8	8	8	7	7	7	6	6	6	5	수	5	4	4	4	3	3	3	2	2

立春

경칩 6일 11시 45분 ⇨ **【辛卯月(신묘월)】**(경칩, 춘분~ 청명 전) 춘분 21일 12시 51분

양력 3 / 음력 01/22 ~ 02/22

양력	1	2	3	4	5	6	7	8	9	10	11	12	13	14	15	16	17	18	19	20	21	22	23	24	25	26	27	28	29	30	31
요일	화	수	목	금	토	일	월	화	수	목	금	토	일	월	화	수	목	금	토	일	월	화	수	목	금	토	일	월	화	수	목
일진 日辰	癸亥	甲子	乙丑	丙寅	丁卯	戊辰	己巳	庚午	辛未	壬申	癸酉	甲戌	乙亥	丙子	丁丑	戊寅	己卯	庚辰	辛巳	壬午	癸未	甲申	乙酉	丙戌	丁亥	戊子	己丑	庚寅	辛卯	壬辰	癸巳
음력	22	23	24	25	26	27	28	29	30	2/1	2	3	4	5	6	7	8	9	10	11	12	13	14	15	16	17	18	19	20	21	22
대운 남	8	9	9	9	10	경	1	1	1	1	2	2	2	3	3	3	4	4	4	5	춘	5	6	6	6	7	7	7	8	8	8
대운 여	2	1	1	1	1	칩	10	9	9	9	8	8	8	7	7	7	6	6	6	5	분	5	4	4	4	3	3	3	2	2	2

청명 5일 17시 09분 ⇨ **【壬辰月(임진월)】**(청명, 곡우~ 입하 전) 곡우 21일 00시 32분

양력 4 / 음력 02/23 ~ 03/23

양력	1	2	3	4	5	6	7	8	9	10	11	12	13	14	15	16	17	18	19	20	21	22	23	24	25	26	27	28	29	30
요일	금	토	일	월	화	수	목	금	토	일	월	화	수	목	금	토	일	월	화	수	목	금	토	일	월	화	수	목	금	토
일진 日辰	甲午	乙未	丙申	丁酉	戊戌	己亥	庚子	辛丑	壬寅	癸卯	甲辰	乙巳	丙午	丁未	戊申	己酉	庚戌	辛亥	壬子	癸丑	甲寅	乙卯	丙辰	丁巳	戊午	己未	庚申	辛酉	壬戌	癸亥
음력	23	24	25	26	27	28	29	3/1	2	3	4	5	6	7	8	9	10	11	12	13	14	15	16	17	18	19	20	21	22	23
대운 남	9	9	9	10	청	1	1	1	1	2	2	2	3	3	3	4	4	4	5	5	곡	6	6	6	7	7	7	8	8	8
대운 여	1	1	1	1	명	10	10	9	9	9	8	8	8	7	7	7	6	6	6	5	우	5	4	4	4	3	3	3	2	2

입하 6일 11시 04분 ⇨ **【癸巳月(계사월)】**(입하, 소만~ 망종 전) 소만 22일 00시 17분

양력 5 / 음력 03/24 ~ 04/24

양력	1	2	3	4	5	6	7	8	9	10	11	12	13	14	15	16	17	18	19	20	21	22	23	24	25	26	27	28	29	30	31
요일	일	월	화	수	목	금	토	일	월	화	수	목	금	토	일	월	화	수	목	금	토	일	월	화	수	목	금	토	일	월	화
일진 日辰	甲子	乙丑	丙寅	丁卯	戊辰	己巳	庚午	辛未	壬申	癸酉	甲戌	乙亥	丙子	丁丑	戊寅	己卯	庚辰	辛巳	壬午	癸未	甲申	乙酉	丙戌	丁亥	戊子	己丑	庚寅	辛卯	壬辰	癸巳	甲午
음력	24	25	26	27	28	29	30	4/1	2	3	4	5	6	7	8	9	10	11	12	13	14	15	16	17	18	19	20	21	22	23	24
대운 남	9	9	9	10	10	입	1	1	1	1	2	2	2	3	3	3	4	4	4	5	5	소	6	6	6	7	7	7	8	8	8
대운 여	2	1	1	1	1	하	10	10	9	9	9	8	8	8	7	7	7	6	6	6	5	만	5	4	4	4	3	3	3	2	2

망종 6일 11시 04분 ⇨ **【甲午月(갑오월)】**(망종, 하지~ 소서 전) 하지 22일 08시 36분

양력 6 / 음력 04/25 ~ 05/25

양력	1	2	3	4	5	6	7	8	9	10	11	12	13	14	15	16	17	18	19	20	21	22	23	24	25	26	27	28	29	30
요일	수	목	금	토	일	월	화	수	목	금	토	일	월	화	수	목	금	토	일	월	화	수	목	금	토	일	월	화	수	목
일진 日辰	乙未	丙申	丁酉	戊戌	己亥	庚子	辛丑	壬寅	癸卯	甲辰	乙巳	丙午	丁未	戊申	己酉	庚戌	辛亥	壬子	癸丑	甲寅	乙卯	丙辰	丁巳	戊午	己未	庚申	辛酉	壬戌	癸亥	甲子
음력	25	26	27	28	29	5/1	2	3	4	5	6	7	8	9	10	11	12	13	14	15	16	17	18	19	20	21	22	23	24	25
대운 남	9	9	9	10	10	망	1	1	1	1	2	2	2	3	3	3	4	4	4	5	하	5	6	6	6	7	7	7	8	8
대운 여	2	1	1	1	1	종	10	10	10	9	9	9	8	8	8	7	7	7	6	6	지	5	5	5	4	4	4	3	3	3

대장군(남방). 삼살(동방), 상문(서북방),조객(서남방), 납음(석류목). 【삼재(해,자,축)년】
한식(4월06일), 초복(7월16일), 중복(7월26일), 말복(8월15일)

辛酉年(신유년)

1921

소서 8일 02시 07분 ⇨ 【乙未月(을미월)】(소서. 대서~ 입추 전) 대서 23일 19시 30분

양력 7 / 음력 05/26 ~ 06/27

양력	1	2	3	4	5	6	7	8	9	10	11	12	13	14	15	16	17	18	19	20	21	22	23	24	25	26	27	28	29	30	31
요일	금	토	일	월	화	수	목	금	토	일	월	화	수	목	금	토	일	월	화	수	목	금	토	일	월	화	수	목	금	토	일
일진 日辰	乙丑	丙寅	丁卯	戊辰	己巳	庚午	辛未	壬申	癸酉	甲戌	乙亥	丙子	丁丑	戊寅	己卯	庚辰	辛巳	壬午	癸未	甲申	乙酉	丙戌	丁亥	戊子	己丑	庚寅	辛卯	壬辰	癸巳	甲午	乙未
음력	26	27	28	29	6/1	2	3	4	5	6	7	8	9	10	11	12	13	14	15	16	17	18	19	20	21	22	23	24	25	26	27
대운 남	8	9	9	9	10	10	10	소	1	1	1	1	2	2	2	3	3	3	4	4	4	5	대	5	6	6	6	7	7	7	8
대운 여	2	2	2	1	1	1	1	서	10	10	9	9	9	8	8	8	7	7	7	6	6	6	서	5	5	4	4	4	3	3	3

입추 8일 11시 44분 ⇨ 【丙申月(병신월)】(입추, 처서~ 백로 전) 처서 24일 02시 15분

양력 8 / 음력 06/28 ~ 07/28

양력	1	2	3	4	5	6	7	8	9	10	11	12	13	14	15	16	17	18	19	20	21	22	23	24	25	26	27	28	29	30	31
요일	월	화	수	목	금	토	일	월	화	수	목	금	토	일	월	화	수	목	금	토	일	월	화	수	목	금	토	일	월	화	수
일진 日辰	丙申	丁酉	戊戌	己亥	庚子	辛丑	壬寅	癸卯	甲辰	乙巳	丙午	丁未	戊申	己酉	庚戌	辛亥	壬子	癸丑	甲寅	乙卯	丙辰	丁巳	戊午	己未	庚申	辛酉	壬戌	癸亥	甲子	乙丑	丙寅
음력	28	29	30	7/1	2	3	4	5	6	7	8	9	10	11	12	13	14	15	16	17	18	19	20	21	22	23	24	25	26	27	28
대운 남	8	8	9	9	9	10	10	입	1	1	1	1	2	2	2	3	3	3	4	4	4	5	5	처	6	6	6	7	7	7	8
대운 여	2	2	2	1	1	1	1	추	10	10	9	9	9	8	8	8	7	7	7	6	6	6	5	서	5	4	4	4	3	3	3

백로 8일14시 10분 ⇨ 【丁酉月(정유월)】(백로, 추분-한로 전) 추분 23일 23시 20분

양력 9 / 음력 07/29 ~ 08/29

양력	1	2	3	4	5	6	7	8	9	10	11	12	13	14	15	16	17	18	19	20	21	22	23	24	25	26	27	28	29	30
요일	목	금	토	일	월	화	수	목	금	토	일	월	화	수	목	금	토	일	월	화	수	목	금	토	일	월	화	수	목	금
일진 日辰	丁卯	戊辰	己巳	庚午	辛未	壬申	癸酉	甲戌	乙亥	丙子	丁丑	戊寅	己卯	庚辰	辛巳	壬午	癸未	甲申	乙酉	丙戌	丁亥	戊子	己丑	庚寅	辛卯	壬辰	癸巳	甲午	乙未	丙申
음력	29	8/1	2	3	4	5	6	7	8	9	10	11	12	13	14	15	16	17	18	19	20	21	22	23	24	25	26	27	28	29
대운 남	8	8	9	9	9	10	10	백	1	1	1	1	2	2	2	3	3	3	4	4	4	5	추	5	6	6	6	7	7	7
대운 여	2	2	2	1	1	1	1	로	10	10	9	9	9	8	8	8	7	7	7	6	6	6	분	5	5	4	4	4	3	3

한로 9일 05시 11분 ⇨ 【戊戌月(무술월)】(한로, 상강~ 입동 전) 상강 24일 08시 02분

양력 10 / 음력 09/01 ~ 10/01

양력	1	2	3	4	5	6	7	8	9	10	11	12	13	14	15	16	17	18	19	20	21	22	23	24	25	26	27	28	29	30	31
요일	토	일	월	화	수	목	금	토	일	월	화	수	목	금	토	일	월	화	수	목	금	토	일	월	화	수	목	금	토	일	월
일진 日辰	丁酉	戊戌	己亥	庚子	辛丑	壬寅	癸卯	甲辰	乙巳	丙午	丁未	戊申	己酉	庚戌	辛亥	壬子	癸丑	甲寅	乙卯	丙辰	丁巳	戊午	己未	庚申	辛酉	壬戌	癸亥	甲子	乙丑	丙寅	丁卯
음력	9/1	2	3	4	5	6	7	8	9	10	11	12	13	14	15	16	17	18	19	20	21	22	23	24	25	26	27	28	29	30	10/1
대운 남	8	8	8	9	9	9	10	10	한	1	1	1	1	2	2	2	3	3	3	4	4	4	5	상	5	6	6	6	7	7	7
대운 여	3	2	2	2	1	1	1	1	로	10	9	9	9	8	8	8	7	7	7	6	6	6	5	강	5	4	4	4	3	3	3

입동 8일 07시 46분 ⇨ 【己亥月(기해월)】(입동, 소설~ 대설 전) 소설 23일 05시 05분

양력 11 / 음력 10/02 ~ 11/02

양력	1	2	3	4	5	6	7	8	9	10	11	12	13	14	15	16	17	18	19	20	21	22	23	24	25	26	27	28	29	30
요일	화	수	목	금	토	일	월	화	수	목	금	토	일	월	화	수	목	금	토	일	월	회	수	목	금	토	일	월	화	수
일진 日辰	戊辰	己巳	庚午	辛未	壬申	癸酉	甲戌	乙亥	丙子	丁丑	戊寅	己卯	庚辰	辛巳	壬午	癸未	甲申	乙酉	丙戌	丁亥	戊子	己丑	庚寅	辛卯	壬辰	癸巳	甲午	乙未	丙申	丁酉
음력	2	3	4	5	6	7	8	9	10	11	12	13	14	15	16	17	18	19	20	21	22	23	24	25	26	27	28	29	11/1	2
대운 남	8	8	8	9	9	9	10	입	1	1	1	1	2	2	2	3	3	3	4	4	4	5	소	5	6	6	6	7	7	7
대운 여	2	2	2	1	1	1	1	동	10	9	9	9	8	8	8	7	7	7	6	6	6	5	설	5	4	4	4	3	3	3

대설 8일 00시 12분 ⇨ 【庚子月(경자월)】(대설, 동지~소한 전) 동지 22일 18시 07분

양력 12 / 음력 11/03 ~ 12/03

양력	1	2	3	4	5	6	7	8	9	10	11	12	13	14	15	16	17	18	19	20	21	22	23	24	25	26	27	28	29	30	31
요일	목	금	토	일	월	화	수	목	금	토	일	월	화	수	목	금	토	일	월	화	수	목	금	토	일	월	화	수	목	금	토
일진 日辰	戊戌	己亥	庚子	辛丑	壬寅	癸卯	甲辰	乙巳	丙午	丁未	戊申	己酉	庚戌	辛亥	壬子	癸丑	甲寅	乙卯	丙辰	丁巳	戊午	己未	庚申	辛酉	壬戌	癸亥	甲子	乙丑	丙寅	丁卯	戊辰
음력	3	4	5	6	7	8	9	10	11	12	13	14	15	16	17	18	19	20	21	22	23	24	25	26	27	28	29	30	12/1	2	3
대운 남	8	8	8	9	9	9	10	대	1	1	1	1	2	2	2	3	3	3	4	4	4	동	5	5	6	6	6	7	7	7	8
대운 여	2	2	2	1	1	1	1	설	9	9	9	8	8	8	7	7	7	6	6	6	5	지	5	4	4	4	3	3	3	2	2

윤5월 小 1922 壬戌年(임술년)

단기4255년 /불기2466년 대장군(남방), 삼살(북방), 상문(북방),조객(서남방), 납음(대해수), 【삼재(신유술)년】

소한 06일 11시 17분 ⇨ **【辛丑月(신축월)】**(소한, 대한~ 입춘 전) 대한 21일 04시 48분

양력 **1** / 음력 12/04 ~ 01/04

양력	1	2	3	4	5	6	7	8	9	10	11	12	13	14	15	16	17	18	19	20	21	22	23	24	25	26	27	28	29	30	31
요일	일	월	화	수	목	금	토	일	월	화	수	목	금	토	일	월	화	수	목	금	토	일	월	화	수	목	금	토	일	월	화
일진 日辰	己巳	庚午	辛未	壬申	癸酉	甲戌	乙亥	丙子	丁丑	戊寅	己卯	庚辰	辛巳	壬午	癸未	甲申	乙酉	丙戌	丁亥	戊子	己丑	庚寅	辛卯	壬辰	癸巳	甲午	乙未	丙申	丁酉	戊戌	己亥
음력	4	5	6	7	8	9	10	11	12	13	14	15	16	17	18	19	20	21	22	23	24	25	26	27	28	29	30	1/1	2	3	4
대운 남	8	8	9	9	9	소	1	1	1	1	2	2	2	3	3	3	4	4	4	대	5	5	6	6	6	7	7	7	8	8	8
대운 여	2	1	1	1	1	한	9	9	9	8	8	8	7	7	7	6	6	6	5	한	5	4	4	4	3	3	3	2	2	2	1

입춘 4일 23시 06분 ⇨ **【壬寅月(임인월)】**(입춘, 우수~ 경칩 전) 우수 19일 19시 16분

양력 **2** / 음력 01/05 ~ 02/02

양력	1	2	3	4	5	6	7	8	9	10	11	12	13	14	15	16	17	18	19	20	21	22	23	24	25	26	27	28	
요일	수	목	금	토	일	월	화	수	목	금	토	일	월	화	수	목	금	토	일	월	화	수	목	금	토	일	월	화	
일진 日辰	庚子	辛丑	壬寅	癸卯	甲辰	乙巳	丙午	丁未	戊申	己酉	庚戌	辛亥	壬子	癸丑	甲寅	乙卯	丙辰	丁巳	戊午	己未	庚申	辛酉	壬戌	癸亥	甲子	乙丑	丙寅	丁卯	立春
음력	5	6	7	8	9	10	11	12	13	14	15	16	17	18	19	20	21	22	23	24	25	26	27	28	29	30	2/1	2	
대운 남	9	9	9	입	10	9	9	9	8	8	8	7	7	7	6	6	6	5	우	5	4	4	4	3	3	3	2	2	
대운 여	1	1	1	춘	1	1	1	1	2	2	2	3	3	3	4	4	4	5	수	5	6	6	6	7	7	7	8	8	

경칩 6일 17시 34분 ⇨ **【癸卯月(계묘월)】**(경칩, 춘분~ 청명 전) 춘분 21일 18시 49분

양력 **3** / 음력 02/03 ~ 03/04

양력	1	2	3	4	5	6	7	8	9	10	11	12	13	14	15	16	17	18	19	20	21	22	23	24	25	26	27	28	29	30	31
요일	수	목	금	토	일	월	화	수	목	금	토	일	월	화	수	목	금	토	일	월	화	수	목	금	토	일	월	화	수	목	금
일진 日辰	戊辰	己巳	庚午	辛未	壬申	癸酉	甲戌	乙亥	丙子	丁丑	戊寅	己卯	庚辰	辛巳	壬午	癸未	甲申	乙酉	丙戌	丁亥	戊子	己丑	庚寅	辛卯	壬辰	癸巳	甲午	乙未	丙申	丁酉	戊戌
음력	3	4	5	6	7	8	9	10	11	12	13	14	15	16	17	18	19	20	21	22	23	24	25	26	27	28	29	3/1	2	3	4
대운 남	2	1	1	1	1	경	10	9	9	9	8	8	8	7	7	7	6	6	6	5	춘	5	4	4	4	3	3	3	2	2	2
대운 여	8	9	9	9	10	칩	1	1	1	1	2	2	2	3	3	3	4	4	4	5	분	5	6	6	6	7	7	7	8	8	8

청명 5일 22시 58분 ⇨ **【甲辰月(갑진월)】**(청명, 곡우~ 입하 전) 곡우 21일 06시 29분

양력 **4** / 음력 03/05 ~ 04/04

양력	1	2	3	4	5	6	7	8	9	10	11	12	13	14	15	16	17	18	19	20	21	22	23	24	25	26	27	28	29	30
요일	토	일	월	화	수	목	금	토	일	월	화	수	목	금	토	일	월	화	수	목	금	토	일	월	화	수	목	금	토	일
일진 日辰	己亥	庚子	辛丑	壬寅	癸卯	甲辰	乙巳	丙午	丁未	戊申	己酉	庚戌	辛亥	壬子	癸丑	甲寅	乙卯	丙辰	丁巳	戊午	己未	庚申	辛酉	壬戌	癸亥	甲子	乙丑	丙寅	丁卯	戊辰
음력	5	6	7	8	9	10	11	12	13	14	15	16	17	18	19	20	21	22	23	24	25	26	27	28	29	30	4/1	2	3	4
대운 남	1	1	1	1	청	10	10	9	9	9	8	8	8	7	7	7	6	6	6	5	곡	5	4	4	4	3	3	3	2	2
대운 여	9	9	9	10	명	1	1	1	1	2	2	2	3	3	3	4	4	4	5	5	우	6	6	6	7	7	7	8	8	8

입하 6일 16시 53분 ⇨ **【乙巳月(을사월)】**(입하, 소만~ 망종 전) 소만 22일 06시 10분

양력 **5** / 음력 04/05 ~ 05/05

양력	1	2	3	4	5	6	7	8	9	10	11	12	13	14	15	16	17	18	19	20	21	22	23	24	25	26	27	28	29	30	31
요일	월	화	수	목	금	토	일	월	화	수	목	금	토	일	월	화	수	목	금	토	일	월	화	수	목	금	토	일	월	화	수
일진 日辰	己巳	庚午	辛未	壬申	癸酉	甲戌	乙亥	丙子	丁丑	戊寅	己卯	庚辰	辛巳	壬午	癸未	甲申	乙酉	丙戌	丁亥	戊子	己丑	庚寅	辛卯	壬辰	癸巳	甲午	乙未	丙申	丁酉	戊戌	己亥
음력	5	6	7	8	9	10	11	12	13	14	15	16	17	18	19	20	21	22	23	24	25	26	27	28	29	30	5/1	2	3	4	5
대운 남	2	1	1	1	1	입	10	10	9	9	9	8	8	8	7	7	7	6	6	6	5	소	5	4	4	4	3	3	3	2	2
대운 여	9	9	9	10	10	하	1	1	1	1	2	2	2	3	3	3	4	4	4	5	5	만	6	6	6	7	7	7	8	8	8

망종 6일 21시 30분 ⇨ **【丙午月(병오월)】**(망종, 하지~ 소서 전) 하지 22일 14시 27분

양력 **6** / 음력 05/06 ~ 윤506

양력	1	2	3	4	5	6	7	8	9	10	11	12	13	14	15	16	17	18	19	20	21	22	23	24	25	26	27	28	29	30
요일	목	금	토	일	월	화	수	목	금	토	일	월	화	수	목	금	토	일	월	화	수	목	금	토	일	월	화	수	목	금
일진 日辰	庚子	辛丑	壬寅	癸卯	甲辰	乙巳	丙午	丁未	戊申	己酉	庚戌	辛亥	壬子	癸丑	甲寅	乙卯	丙辰	丁巳	戊午	己未	庚申	辛酉	壬戌	癸亥	甲子	乙丑	丙寅	丁卯	戊辰	己巳
음력	6	7	8	9	10	11	12	13	14	15	16	17	18	19	20	21	22	23	24	25	26	27	28	29	윤5	2	3	4	5	6
대운 남	2	1	1	1	1	망	10	10	10	9	9	9	8	8	8	7	7	7	6	6	6	하	5	5	4	4	4	3	3	3
대운 여	9	9	9	10	10	종	1	1	1	1	2	2	2	3	3	3	4	4	4	5	5	지	6	6	6	7	7	7	8	8

대장군(남방), 삼살(북방), 상문(북방),조객(서남방), 납음(대해수), 【삼재(신유술)년】
한식(4월6일), 초복(7월21일), 중복(7월31일), 말복(8월10일)

壬戌年(임술년)

소서 8일 07시 58분 ⇨ 【丁未月(정미월)】(소서, 대서~ 입추 전) 대서 24일 01시 20분

양력 7 (음력 윤507 ~ 06/08)	1	2	3	4	5	6	7	8	9	10	11	12	13	14	15	16	17	18	19	20	21	22	23	24	25	26	27	28	29	30	31
요일	토	일	월	화	수	목	금	토	일	월	화	수	목	금	토	일	월	화	수	목	금	토	일	월	화	수	목	금	토	일	월
일진 日辰	庚午	辛未	壬申	癸酉	甲戌	乙亥	丙子	丁丑	戊寅	己卯	庚辰	辛巳	壬午	癸未	甲申	乙酉	丙戌	丁亥	戊子	己丑	庚寅	辛卯	壬辰	癸巳	甲午	乙未	丙申	丁酉	戊戌	己亥	庚子
음력	7	8	9	10	11	12	13	14	15	16	17	18	19	20	21	22	23	24	25	26	27	28	29	6/1	2	3	4	5	6	7	8
대운 남	2	2	2	1	1	1	1	소	10	10	9	9	9	8	8	8	7	7	7	6	6	6	5	대	5	4	4	4	3	3	3
대운 여	8	9	9	9	10	10	10	서	1	1	1	1	2	2	2	3	3	3	4	4	4	5	5	서	6	6	6	7	7	7	8

입추 8일 17시 37분 ⇨ 【戊申月(무신월)】(입추, 처서~ 백로 전) 처서 24일 08시 04분

양력 8 (음력 06/09 ~ 07/09)	1	2	3	4	5	6	7	8	9	10	11	12	13	14	15	16	17	18	19	20	21	22	23	24	25	26	27	28	29	30	31
요일	화	수	목	금	토	일	월	화	수	목	금	토	일	월	화	수	목	금	토	일	월	화	수	목	금	토	일	월	화	수	목
일진 日辰	辛丑	壬寅	癸卯	甲辰	乙巳	丙午	丁未	戊申	己酉	庚戌	辛亥	壬子	癸丑	甲寅	乙卯	丙辰	丁巳	戊午	己未	庚申	辛酉	壬戌	癸亥	甲子	乙丑	丙寅	丁卯	戊辰	己巳	庚午	辛未
음력	9	10	11	12	13	14	15	16	17	18	19	20	21	22	23	24	25	26	27	28	29	30	7/1	2	3	4	5	6	7	8	9
대운 남	2	2	2	1	1	1	1	입	10	10	9	9	9	8	8	8	7	7	7	6	6	6	5	처	5	4	4	4	3	3	3
대운 여	8	8	9	9	9	10	10	추	1	1	1	1	2	2	2	3	3	3	4	4	4	5	5	서	6	6	6	7	7	7	8

백로 8일 20시06분 ⇨ 【己酉月(기유월)】(백로, 추분-한로 전) 추분 24일 05시20분

양력 9 (음력 07/10 ~ 08/10)	1	2	3	4	5	6	7	8	9	10	11	12	13	14	15	16	17	18	19	20	21	22	23	24	25	26	27	28	29	30
요일	금	토	일	월	화	수	목	금	토	일	월	화	수	목	금	토	일	월	화	수	목	금	토	일	월	화	수	목	금	토
일진 日辰	壬申	癸酉	甲戌	乙亥	丙子	丁丑	戊寅	己卯	庚辰	辛巳	壬午	癸未	甲申	乙酉	丙戌	丁亥	戊子	己丑	庚寅	辛卯	壬辰	癸巳	甲午	乙未	丙申	丁酉	戊戌	己亥	庚子	辛丑
음력	10	11	12	13	14	15	16	17	18	19	20	21	22	23	24	25	26	27	28	29	8/1	2	3	4	5	6	7	8	9	10
대운 남	2	2	2	1	1	1	1	백	10	10	9	9	9	8	8	8	7	7	7	6	6	6	5	추	5	4	4	4	3	3
대운 여	8	8	9	9	9	10	10	로	1	1	1	1	2	2	2	3	3	3	4	4	4	5	5	분	6	6	6	7	7	7

한로 9일 11시 09분 ⇨ 【庚戌月(경술월)】(한로, 상강~ 입동 전) 상강 24일 13시 53분

양력 10 (음력 08/11 ~ 09/12)	1	2	3	4	5	6	7	8	9	10	11	12	13	14	15	16	17	18	19	20	21	22	23	24	25	26	27	28	29	30	31
요일	일	월	화	수	목	금	토	일	월	화	수	목	금	토	일	월	화	수	목	금	토	일	월	화	수	목	금	토	일	월	화
일진 日辰	壬寅	癸卯	甲辰	乙巳	丙午	丁未	戊申	己酉	庚戌	辛亥	壬子	癸丑	甲寅	乙卯	丙辰	丁巳	戊午	己未	庚申	辛酉	壬戌	癸亥	甲子	乙丑	丙寅	丁卯	戊辰	己巳	庚午	辛未	壬申
음력	11	12	13	14	15	16	17	18	19	20	21	22	23	24	25	26	27	28	29	9/1	2	3	4	5	6	7	8	9	10	11	12
대운 남	3	2	2	2	1	1	1	1	한	10	9	9	9	8	8	8	7	7	7	6	6	6	5	상	5	4	4	4	3	3	3
대운 여	8	8	8	9	9	9	10	10	로	1	1	1	1	2	2	2	3	3	3	4	4	4	5	강	5	6	6	6	7	7	7

입동 8일 13시 45분 ⇨ 【辛亥月(신해월)】(입동, 소설~ 대설 전) 소설 23일 10시 55분

양력 11 (음력 09/13 ~ 10/12)	1	2	3	4	5	6	7	8	9	10	11	12	13	14	15	16	17	18	19	20	21	22	23	24	25	26	27	28	29	30
요일	수	목	금	토	일	월	화	수	목	금	토	일	월	화	수	목	금	토	일	월	화	수	목	금	토	일	월	화	수	목
일진 日辰	癸酉	甲戌	乙亥	丙子	丁丑	戊寅	己卯	庚辰	辛巳	壬午	癸未	甲申	乙酉	丙戌	丁亥	戊子	己丑	庚寅	辛卯	壬辰	癸巳	甲午	乙未	丙申	丁酉	戊戌	己亥	庚子	辛丑	壬寅
음력	13	14	15	16	17	18	19	20	21	22	23	24	25	26	27	28	29	30	10/1	2	3	4	5	6	7	8	9	10	11	12
대운 남	2	2	2	1	1	1	1	입	10	9	9	9	8	8	8	7	7	7	6	6	6	5	소	5	4	4	4	3	3	3
대운 여	8	8	8	9	9	9	10	동	1	1	1	1	2	2	2	3	3	3	4	4	4	5	설	5	6	6	6	7	7	7

대설 8일 06시 11분 ⇨ 【壬子月(임자월)】(대설, 동지~소한 전) 동지 22일 23시 57분

양력 12 (음력 10/13 ~ 11/14)	1	2	3	4	5	6	7	8	9	10	11	12	13	14	15	16	17	18	19	20	21	22	23	24	25	26	27	28	29	30	31
요일	금	토	일	월	화	수	목	금	토	일	월	화	수	목	금	토	일	월	화	수	목	금	토	일	월	화	수	목	금	토	일
일진 日辰	癸卯	甲辰	乙巳	丙午	丁未	戊申	己酉	庚戌	辛亥	壬子	癸丑	甲寅	乙卯	丙辰	丁巳	戊午	己未	庚申	辛酉	壬戌	癸亥	甲子	乙丑	丙寅	丁卯	戊辰	己巳	庚午	辛未	壬申	癸酉
음력	13	14	15	16	17	18	19	20	21	22	23	24	25	26	27	28	29	11/1	2	3	4	5	6	7	8	9	10	11	12	13	14
대운 남	2	2	2	1	1	1	1	대	9	9	9	8	8	8	7	7	7	6	6	6	5	동	5	4	4	4	3	3	3	2	2
대운 여	8	8	8	9	9	9	10	설	1	1	1	1	2	2	2	3	3	3	4	4	4	지	5	5	6	6	6	7	7	7	8

1923 癸亥年(계해년)

단기 4256년 /불기2467년 대장군(남방), 삼살(동방), 상문(서북방),조객(서남방), 납음(석류목), 【삼재(인,오,술)년】

소한 06일 17시 41분 ⇨ **【癸丑月(계축월)】**(소한, 대한~ 입춘 전) 대한 21일 10시 35분

양력 1 / 음력 11/15 ~ 12/15	양력	1	2	3	4	5	6	7	8	9	10	11	12	13	14	15	16	17	18	19	20	21	22	23	24	25	26	27	28	29	30	31
	요일	월	화	수	목	금	토	일	월	화	수	목	금	토	일	월	화	수	목	금	토	일	월	화	수	목	금	토	일	월	화	수
	일진 日辰	甲戌	乙亥	丙子	丁丑	戊寅	己卯	庚辰	辛巳	壬午	癸未	甲申	乙酉	丙戌	丁亥	戊子	己丑	庚寅	辛卯	壬辰	癸巳	甲午	乙未	丙申	丁酉	戊戌	己亥	庚子	辛丑	壬寅	癸卯	甲辰
	음력	15	16	17	18	19	20	21	22	23	24	25	26	27	28	29	30	12/1	2	3	4	5	6	7	8	9	10	11	12	13	14	15
대운	남	2	1	1	1	1	소	10	9	9	9	8	8	8	7	7	7	6	6	6	5	대	5	4	4	4	3	3	3	2	2	2
	여	8	8	9	9	9	한	1	1	1	1	2	2	2	3	3	3	4	4	4	5	한	5	6	6	6	7	7	7	8	8	8

입춘 5일 05시 00분 ⇨ **【甲寅月(갑인월)】**(입춘, 우수~ 경칩 전) 우수 20일 01시 00분

양력 2 / 음력 12/16 ~ 01/13	양력	1	2	3	4	5	6	7	8	9	10	11	12	13	14	15	16	17	18	19	20	21	22	23	24	25	26	27	28	
	요일	목	금	토	일	월	화	수	목	금	토	일	월	화	수	목	금	토	일	월	화	수	목	금	토	일	월	화	수	
	일진 日辰	乙巳	丙午	丁未	戊申	己酉	庚戌	辛亥	壬子	癸丑	甲寅	乙卯	丙辰	丁巳	戊午	己未	庚申	辛酉	壬戌	癸亥	甲子	乙丑	丙寅	丁卯	戊辰	己巳	庚午	辛未	壬申	立春
	음력	16	17	18	19	20	21	22	23	24	25	26	27	28	29	30	1/1	2	3	4	5	6	7	8	9	10	11	12	13	
대운	남	1	1	1	1	입	1	1	1	1	2	2	2	3	3	3	4	4	4	5	우	5	6	6	6	7	7	7	8	
	여	9	9	9	10	춘	9	9	9	8	8	8	7	7	7	6	6	6	5	5	수	4	4	4	3	3	3	2	2	

경칩 6일 23시 25분 ⇨ **【乙卯月(을묘월)】**(경칩, 춘분~ 청명 전) 춘분 22일 00시 29분

양력 3 / 음력 01/14 ~ 02/15	양력	1	2	3	4	5	6	7	8	9	10	11	12	13	14	15	16	17	18	19	20	21	22	23	24	25	26	27	28	29	30	31
	요일	목	금	토	일	월	화	수	목	금	토	일	월	화	수	목	금	토	일	월	화	수	목	금	토	일	월	화	수	목	금	토
	일진 日辰	癸酉	甲戌	乙亥	丙子	丁丑	戊寅	己卯	庚辰	辛巳	壬午	癸未	甲申	乙酉	丙戌	丁亥	戊子	己丑	庚寅	辛卯	壬辰	癸巳	甲午	乙未	丙申	丁酉	戊戌	己亥	庚子	辛丑	壬寅	癸卯
	음력	14	15	16	17	18	19	20	21	22	23	24	25	26	27	28	29	2/1	2	3	4	5	6	7	8	9	10	11	12	13	14	15
대운	남	8	8	9	9	9	경	1	1	1	1	2	2	2	3	3	3	4	4	4	5	5	춘	6	6	6	7	7	7	8	8	8
	여	2	1	1	1	1	칩	10	10	9	9	9	8	8	8	7	7	7	6	6	6	5	분	5	4	4	4	3	3	3	2	2

청명 06일 04시 46분 ⇨ **【丙辰月(병진월)】**(청명, 곡우~ 입하 전) 곡우 21일 12시 06분

양력 4 / 음력 02/16 ~ 03/15	양력	1	2	3	4	5	6	7	8	9	10	11	12	13	14	15	16	17	18	19	20	21	22	23	24	25	26	27	28	29	30
	요일	일	월	화	수	목	금	토	일	월	화	수	목	금	토	일	월	화	수	목	금	토	일	월	화	수	목	금	토	일	월
	일진 日辰	甲辰	乙巳	丙午	丁未	戊申	己酉	庚戌	辛亥	壬子	癸丑	甲寅	乙卯	丙辰	丁巳	戊午	己未	庚申	辛酉	壬戌	癸亥	甲子	乙丑	丙寅	丁卯	戊辰	己巳	庚午	辛未	壬申	癸酉
	음력	16	17	18	19	20	21	22	23	24	25	26	27	28	29	30	3/1	2	3	4	5	6	7	8	9	10	11	12	13	14	15
대운	남	9	9	9	10	10	청	1	1	1	1	2	2	2	3	3	3	4	4	4	5	곡	5	6	6	6	7	7	7	8	8
	여	2	1	1	1	1	명	10	9	9	9	8	8	8	7	7	7	6	6	6	5	우	5	4	4	4	3	3	3	2	2

입하 6일 22시 38분 ⇨ **【丁巳月(정사월)】**(입하, 소만~ 망종 전) 소만 22일 11시 45분

양력 5 / 음력 03/16 ~ 04/16	양력	1	2	3	4	5	6	7	8	9	10	11	12	13	14	15	16	17	18	19	20	21	22	23	24	25	26	27	28	29	30	31
	요일	화	수	목	금	토	일	월	화	수	목	금	토	일	월	화	수	목	금	토	일	월	화	수	목	금	토	일	월	화	수	목
	일진 日辰	甲戌	乙亥	丙子	丁丑	戊寅	己卯	庚辰	辛巳	壬午	癸未	甲申	乙酉	丙戌	丁亥	戊子	己丑	庚寅	辛卯	壬辰	癸巳	甲午	乙未	丙申	丁酉	戊戌	己亥	庚子	辛丑	壬寅	癸卯	甲辰
	음력	16	17	18	19	20	21	22	23	24	25	26	27	28	29	30	4/1	2	3	4	5	6	7	8	9	10	11	12	13	14	15	16
대운	남	8	9	9	9	10	입	1	1	1	1	2	2	2	3	3	3	4	4	4	5	5	소	6	6	6	7	7	7	8	8	8
	여	2	1	1	1	1	하	10	10	10	9	9	9	8	8	8	7	7	7	6	6	6	만	5	5	4	4	4	3	3	3	2

망종 7일 03시 14분 ⇨ **【戊午月(무오월)】**(망종, 하지~ 소서 전) 하지 22일 20시 03분

양력 6 / 음력 04/17 ~ 05/17	양력	1	2	3	4	5	6	7	8	9	10	11	12	13	14	15	16	17	18	19	20	21	22	23	24	25	26	27	28	29	30
	요일	금	토	일	월	화	수	목	금	토	일	월	화	수	목	금	토	일	월	화	수	목	금	토	일	월	화	수	목	금	토
	일진 日辰	乙巳	丙午	丁未	戊申	己酉	庚戌	辛亥	壬子	癸丑	甲寅	乙卯	丙辰	丁巳	戊午	己未	庚申	辛酉	壬戌	癸亥	甲子	乙丑	丙寅	丁卯	戊辰	己巳	庚午	辛未	壬申	癸酉	甲戌
	음력	17	18	19	20	21	22	23	24	25	26	27	28	29	5/1	2	3	4	5	6	7	8	9	10	11	12	13	14	15	16	17
대운	남	9	9	9	10	10	10	망	1	1	1	1	2	2	2	3	3	3	4	4	4	5	하	5	6	6	6	7	7	7	8
	여	2	2	1	1	1	1	종	10	10	9	9	9	8	8	8	7	7	7	6	6	6	지	5	5	4	4	4	3	3	3

대장군(남방). 삼살(동방), 상문(서북방),조객(서남방), 납음(석류목), 【삼재(인,오,술)년】
한식(4월6일), 초복(7월16일), 중복(7월26일), 말복(8월16일)

癸亥年(계해년)

1923

소서 8일 13시 42분 ⇨ 【己未月(기미월)】(소서, 대서~ 입추 전) 대서 24일 07시 01분

양력 7 / 음력 05/18 ~ 06/18

양력	1	2	3	4	5	6	7	8	9	10	11	12	13	14	15	16	17	18	19	20	21	22	23	24	25	26	27	28	29	30	31
요일	일	월	화	수	목	금	토	일	월	화	수	목	금	토	일	월	화	수	목	금	토	일	월	화	수	목	금	토	일	월	화
일진 日辰	乙亥	丙子	丁丑	戊寅	己卯	庚辰	辛巳	壬午	癸未	甲申	乙酉	丙戌	丁亥	戊子	己丑	庚寅	辛卯	壬辰	癸巳	甲午	乙未	丙申	丁酉	戊戌	己亥	庚子	辛丑	壬寅	癸卯	甲辰	乙巳
음력	18	19	20	21	22	23	24	25	26	27	28	29	30	6/1	2	3	4	5	6	7	8	9	10	11	12	13	14	15	16	17	18
대운 남	8	8	9	9	9	10	10	소	1	1	1	1	2	2	2	3	3	3	4	4	4	5	5	대	6	6	6	7	7	7	8
대운 여	2	2	2	1	1	1	1	서	10	10	9	9	9	8	8	8	7	7	7	6	6	6	5	서	5	4	4	4	3	3	3

입추 8일 23시 ⇨ 【庚申月(경신월)】(입추, 처서~ 백로 전) 처서 24일 13시 52분

양력 8 / 음력 06/19 ~ 07/20

양력	1	2	3	4	5	6	7	8	9	10	11	12	13	14	15	16	17	18	19	20	21	22	23	24	25	26	27	28	29	30	31
요일	수	목	금	토	일	월	화	수	목	금	토	일	월	화	수	목	금	토	일	월	화	수	목	금	토	일	월	화	수	목	금
일진 日辰	丙午	丁未	戊申	己酉	庚戌	辛亥	壬子	癸丑	甲寅	乙卯	丙辰	丁巳	戊午	己未	庚申	辛酉	壬戌	癸亥	甲子	乙丑	丙寅	丁卯	戊辰	己巳	庚午	辛未	壬申	癸酉	甲戌	乙亥	丙子
음력	19	20	21	22	23	24	25	26	27	28	29	7/1	2	3	4	5	6	7	8	9	10	11	12	13	14	15	16	17	18	19	20
대운 남	8	8	9	9	9	10	10	입	1	1	1	1	2	2	2	3	3	3	4	4	4	5	5	처	6	6	6	7	7	7	8
대운 여	2	2	2	1	1	1	1	추	10	10	10	9	9	9	8	8	8	7	7	7	6	6	6	서	5	5	4	4	4	3	3

백로9일 01시 57분 ⇨ 【辛酉月(신유월)】(백로, 추분-한로 전) 추분 23일 11시 04분

양력 9 / 음력 07/21 ~ 08/20

양력	1	2	3	4	5	6	7	8	9	10	11	12	13	14	15	16	17	18	19	20	21	22	23	24	25	26	27	28	29	30
요일	토	일	월	화	수	목	금	토	일	월	화	수	목	금	토	일	월	화	수	목	금	토	일	월	화	수	목	금	토	일
일진 日辰	丁丑	戊寅	己卯	庚辰	辛巳	壬午	癸未	甲申	乙酉	丙戌	丁亥	戊子	己丑	庚寅	辛卯	壬辰	癸巳	甲午	乙未	丙申	丁酉	戊戌	己亥	庚子	辛丑	壬寅	癸卯	甲辰	乙巳	丙午
음력	21	22	23	24	25	26	27	28	29	30	8/1	2	3	4	5	6	7	8	9	10	11	12	13	14	15	16	17	18	19	20
대운 남	8	8	9	9	9	10	10	10	백	1	1	1	1	2	2	2	3	3	3	4	4	4	5	추	5	6	6	6	7	7
대운 여	3	2	2	2	1	1	1	1	로	10	9	9	9	8	8	8	7	7	7	6	6	6	5	분	5	4	4	4	3	3

한로 9일 17시 03분 ⇨ 【壬戌月(임술월)】(한로, 상강~ 입동 전) 상강 24일 19시 51분

양력 10 / 음력 08/21 ~ 09/22

양력	1	2	3	4	5	6	7	8	9	10	11	12	13	14	15	16	17	18	19	20	21	22	23	24	25	26	27	28	29	30	31
요일	월	화	수	목	금	토	일	월	화	수	목	금	토	일	월	화	수	목	금	토	일	월	화	수	목	금	토	일	월	화	수
일진 日辰	丁未	戊申	己酉	庚戌	辛亥	壬子	癸丑	甲寅	乙卯	丙辰	丁巳	戊午	己未	庚申	辛酉	壬戌	癸亥	甲子	乙丑	丙寅	丁卯	戊辰	己巳	庚午	辛未	壬申	癸酉	甲戌	乙亥	丙子	丁丑
음력	21	22	23	24	25	26	27	28	29	9/1	2	3	4	5	6	7	8	9	10	11	12	13	14	15	16	17	18	19	20	21	22
대운 남	7	8	8	8	9	9	9	10	한	1	1	1	1	2	2	2	3	3	3	4	4	4	5	상	5	6	6	6	7	7	7
대운 여	3	2	2	2	1	1	1	1	로	10	9	9	9	8	8	8	7	7	7	6	6	6	5	강	5	4	4	4	3	3	3

입동 8일 19시 40분 ⇨ 【癸亥月(계해월)】(입동, 소설~ 대설 전) 소설 23일 16시 54분

양력 11 / 음력 09/23 ~ 10/22

양력	1	2	3	4	5	6	7	8	9	10	11	12	13	14	15	16	17	18	19	20	21	22	23	24	25	26	27	28	29	30
요일	목	금	토	일	월	화	수	목	금	토	일	월	화	수	목	금	토	일	월	화	수	목	금	토	일	월	화	수	목	금
일진 日辰	戊寅	己卯	庚辰	辛巳	壬午	癸未	甲申	乙酉	丙戌	丁亥	戊子	己丑	庚寅	辛卯	壬辰	癸巳	甲午	乙未	丙申	丁酉	戊戌	己亥	庚子	辛丑	壬寅	癸卯	甲辰	乙巳	丙午	丁未
음력	23	24	25	26	27	28	29	30	10/1	2	3	4	5	6	7	8	9	10	11	12	13	14	15	16	17	18	19	20	21	22
대운 남	8	8	8	9	9	9	10	입	1	1	1	1	2	2	2	3	3	3	4	4	4	5	소	5	6	6	6	7	7	7
대운 여	2	2	2	1	1	1	1	동	10	9	9	9	8	8	8	7	7	7	6	6	6	5	설	5	4	4	4	3	3	3

대설 8일 12시 05분 ⇨ 【甲子月(갑자월)】(대설, 동지~소한 전) 동지 23일 05시 53분

양력 12 / 음력 10/23 ~ 11/24

양력	1	2	3	4	5	6	7	8	9	10	11	12	13	14	15	16	17	18	19	20	21	22	23	24	25	26	27	28	29	30	31
요일	토	일	월	화	수	목	금	토	일	월	화	수	목	금	토	일	월	화	수	목	금	토	일	월	화	수	목	금	토	일	월
일진 日辰	戊申	己酉	庚戌	辛亥	壬子	癸丑	甲寅	乙卯	丙辰	丁巳	戊午	己未	庚申	辛酉	壬戌	癸亥	甲子	乙丑	丙寅	丁卯	戊辰	己巳	庚午	辛未	壬申	癸酉	甲戌	乙亥	丙子	丁丑	戊寅
음력	23	24	25	26	27	28	29	11/1	2	3	4	5	6	7	8	9	10	11	12	13	14	15	16	17	18	19	20	21	22	23	24
대운 남	8	8	8	9	9	9	10	대	1	1	1	1	2	2	2	3	3	3	4	4	4	5	동	5	6	6	6	7	7	7	8
대운 여	2	2	2	1	1	1	1	설	9	9	9	8	8	8	7	7	7	6	6	6	5	5	지	4	4	4	3	3	3	2	2

1924 甲子年(갑자년)

단기 4257년 /불기2468년 대장군(서방), 삼살(남방), 상문(동북방),조객(서북방), 납음(해중금), 【삼재(인,묘,진)년】

소한 06일 23시 06분 ⇨ **【乙丑月(을축월)】**(소한, 대한~ 입춘 전) 대한 21일 16시 28분

양력 1 / 음력 11/25 ~ 12/26

양력	1	2	3	4	5	6	7	8	9	10	11	12	13	14	15	16	17	18	19	20	21	22	23	24	25	26	27	28	29	30	31
요일	화	수	목	금	토	일	월	화	수	목	금	토	일	월	화	수	목	금	토	일	월	화	수	목	금	토	일	월	화	수	목
일진 日辰	己卯	庚辰	辛巳	壬午	癸未	甲申	乙酉	丙戌	丁亥	戊子	己丑	庚寅	辛卯	壬辰	癸巳	甲午	乙未	丙申	丁酉	戊戌	己亥	庚子	辛丑	壬寅	癸卯	甲辰	乙巳	丙午	丁未	戊申	己酉
음력	25	26	27	28	29	12/1	2	3	4	5	6	7	8	9	10	11	12	13	14	15	16	17	18	19	20	21	22	23	24	25	26
대운 남	8	8	9	9	9	소	1	1	1	1	2	2	2	3	3	3	4	4	4	5	대	5	6	6	6	7	7	7	8	8	8
대운 여	2	1	1	1	1	한	10	9	9	9	8	8	8	7	7	7	6	6	6	5	한	5	4	4	4	3	3	3	2	2	2

입춘05일 10시 50분 ⇨ **【丙寅月(병인월)】**(입춘, 우수~ 경칩 전) 우수 20일 06시 51분

양력 2 / 음력 12/27 ~ 01/25

양력	1	2	3	4	5	6	7	8	9	10	11	12	13	14	15	16	17	18	19	20	21	22	23	24	25	26	27	28	29
요일	금	토	일	월	화	수	목	금	토	일	월	화	수	목	금	토	일	월	화	수	목	금	토	일	월	화	수	목	금
일진 日辰	庚戌	辛亥	壬子	癸丑	甲寅	乙卯	丙辰	丁巳	戊午	己未	庚申	辛酉	壬戌	癸亥	甲子	乙丑	丙寅	丁卯	戊辰	己巳	庚午	辛未	壬申	癸酉	甲戌	乙亥	丙子	丁丑	戊寅
음력	27	28	29	30	1/1	2	3	4	5	6	7	8	9	10	11	12	13	14	15	16	17	18	19	20	21	22	23	24	25
대운 남	9	9	9	10	입	10	9	9	9	8	8	8	7	7	7	6	6	6	5	우	5	4	4	4	3	3	3	2	2
대운 여	1	1	1	1	춘	1	1	1	1	2	2	2	3	3	3	4	4	4	5	수	5	6	6	6	7	7	7	8	8

立春

경칩 06일 05시 12분 ⇨ **【丁卯月(정묘월)】**(경칩, 춘분~ 청명 전) 춘분 21일 06시 20분

양력 3 / 음력 01/26 ~ 02/26

양력	1	2	3	4	5	6	7	8	9	10	11	12	13	14	15	16	17	18	19	20	21	22	23	24	25	26	27	28	29	30	31
요일	토	일	월	화	수	목	금	토	일	월	화	수	목	금	토	일	월	화	수	목	금	토	일	월	화	수	목	금	토	일	월
일진 日辰	己卯	庚辰	辛巳	壬午	癸未	甲申	乙酉	丙戌	丁亥	戊子	己丑	庚寅	辛卯	壬辰	癸巳	甲午	乙未	丙申	丁酉	戊戌	己亥	庚子	辛丑	壬寅	癸卯	甲辰	乙巳	丙午	丁未	戊申	己酉
음력	26	27	28	29	30	2/1	2	3	4	5	6	7	8	9	10	11	12	13	14	15	16	17	18	19	20	21	22	23	24	25	26
대운 남	2	1	1	1	1	경	10	9	9	9	8	8	8	7	7	7	6	6	6	5	춘	5	4	4	4	3	3	3	2	2	2
대운 여	8	9	9	9	10	칩	1	1	1	1	2	2	2	3	3	3	4	4	4	5	분	5	6	6	6	7	7	7	8	8	8

청명 5일 10시 33분 ⇨ **【戊辰月(무진월)】**(청명, 곡우~ 입하 전) 곡우 20일 17시 59분

양력 4 / 음력 02/27 ~ 03/27

양력	1	2	3	4	5	6	7	8	9	10	11	12	13	14	15	16	17	18	19	20	21	22	23	24	25	26	27	28	29	30
요일	화	수	목	금	토	일	월	화	수	목	금	토	일	월	화	수	목	금	토	일	월	화	수	목	금	토	일	월	화	수
일진 日辰	庚戌	辛亥	壬子	癸丑	甲寅	乙卯	丙辰	丁巳	戊午	己未	庚申	辛酉	壬戌	癸亥	甲子	乙丑	丙寅	丁卯	戊辰	己巳	庚午	辛未	壬申	癸酉	甲戌	乙亥	丙子	丁丑	戊寅	己卯
음력	27	28	29	3/1	2	3	4	5	6	7	8	9	10	11	12	13	14	15	16	17	18	19	20	21	22	23	24	25	26	27
대운 남	1	1	1	1	청	10	10	9	9	9	8	8	8	7	7	7	6	6	6	곡	5	5	4	4	4	3	3	3	2	2
대운 여	9	9	9	10	명	1	1	1	1	2	2	2	3	3	3	4	4	4	5	우	5	6	6	6	7	7	7	8	8	8

입하 6일 04시 26분 ⇨ **【己巳月(기사월)】**(입하, 소만~ 망종 전) 소만 21일 17시 40분

양력 5 / 음력 03/28 ~ 04/28

양력	1	2	3	4	5	6	7	8	9	10	11	12	13	14	15	16	17	18	19	20	21	22	23	24	25	26	27	28	29	30	31
요일	목	금	토	일	월	화	수	목	금	토	일	월	화	수	목	금	토	일	월	화	수	목	금	토	일	월	화	수	목	금	토
일진 日辰	庚辰	辛巳	壬午	癸未	甲申	乙酉	丙戌	丁亥	戊子	己丑	庚寅	辛卯	壬辰	癸巳	甲午	乙未	丙申	丁酉	戊戌	己亥	庚子	辛丑	壬寅	癸卯	甲辰	乙巳	丙午	丁未	戊申	己酉	庚戌
음력	28	29	30	4/1	2	3	4	5	6	7	8	9	10	11	12	13	14	15	16	17	18	19	20	21	22	23	24	25	26	27	28
대운 남	2	1	1	1	1	입	10	10	9	9	9	8	8	8	7	7	7	6	6	6	소	5	5	4	4	4	3	3	3	2	2
대운 여	9	9	9	10	10	하	1	1	1	1	2	2	2	3	3	3	4	4	4	5	만	5	6	6	6	7	7	7	8	8	8

망종 6일 09시 20분 ⇨ **【庚午月(경오월)】**(망종, 하지~ 소서 전) 하지 22일 01시 59분

양력 6 / 음력 04/29 ~ 05/29

양력	1	2	3	4	5	6	7	8	9	10	11	12	13	14	15	16	17	18	19	20	21	22	23	24	25	26	27	28	29	30
요일	일	월	화	수	목	금	토	일	월	화	수	목	금	토	일	월	화	수	목	금	토	일	월	화	수	목	금	토	일	월
일진 日辰	辛亥	壬子	癸丑	甲寅	乙卯	丙辰	丁巳	戊午	己未	庚申	辛酉	壬戌	癸亥	甲子	乙丑	丙寅	丁卯	戊辰	己巳	庚午	辛未	壬申	癸酉	甲戌	乙亥	丙子	丁丑	戊寅	己卯	庚辰
음력	29	5/1	2	3	4	5	6	7	8	9	10	11	12	13	14	15	16	17	18	19	20	21	22	23	24	25	26	27	28	29
대운 남	2	1	1	1	1	망	10	10	9	9	9	8	8	8	7	7	7	6	6	6	5	하	5	4	4	4	3	3	3	2
대운 여	9	9	9	10	10	종	1	1	1	1	2	2	2	3	3	3	4	4	4	5	5	지	6	6	6	7	7	7	8	8

대장군(서방), 삼살(남방), 상문(동북방),조객(서북방), 납음(해중금), 【삼재(인,묘,진)년】

한식(4월06일), 초복(7월20일), 중복(7월30일), 말복(8월09일)

甲子年(갑자년)

1924

소서 7일 19시 30분 ⇨ **【辛未月(신미월)】**(소서, 대서~ 입추 전) 대서 23일 12시 58분

7 (음력 05/30–06/30)	1	2	3	4	5	6	7	8	9	10	11	12	13	14	15	16	17	18	19	20	21	22	23	24	25	26	27	28	29	30	31
요일	화	수	목	금	토	일	월	화	수	목	금	토	일	월	화	수	목	금	토	일	월	화	수	목	금	토	일	월	화	수	목
일진 日辰	辛巳	壬午	癸未	甲申	乙酉	丙戌	丁亥	戊子	己丑	庚寅	辛卯	壬辰	癸巳	甲午	乙未	丙申	丁酉	戊戌	己亥	庚子	辛丑	壬寅	癸卯	甲辰	乙巳	丙午	丁未	戊申	己酉	庚戌	辛亥
음력	30	6/1	2	3	4	5	6	7	8	9	10	11	12	13	14	15	16	17	18	19	20	21	22	23	24	25	26	27	28	29	30
대운 남	2	2	1	1	1	1	소	10	10	10	9	9	9	8	8	8	7	7	7	6	6	6	대	5	5	4	4	4	3	3	3
대운 여	8	9	9	9	10	10	서	1	1	1	1	2	2	2	3	3	3	4	4	4	5	5	서	6	6	6	7	7	7	8	8

입추 8일 05시 12분 ⇨ **【壬申月(임신월)】**(입추, 처서~ 백로 전) 처서 23일 19시 48분

8 (음력 07/01–08/02)	1	2	3	4	5	6	7	8	9	10	11	12	13	14	15	16	17	18	19	20	21	22	23	24	25	26	27	28	29	30	31
요일	금	토	일	월	화	수	목	금	토	일	월	화	수	목	금	토	일	월	화	수	목	금	토	일	월	화	수	목	금	토	일
일진 日辰	壬子	癸丑	甲寅	乙卯	丙辰	丁巳	戊午	己未	庚申	辛酉	壬戌	癸亥	甲子	乙丑	丙寅	丁卯	戊辰	己巳	庚午	辛未	壬申	癸酉	甲戌	乙亥	丙子	丁丑	戊寅	己卯	庚辰	辛巳	壬午
음력	7/1	2	3	4	5	6	7	8	9	10	11	12	13	14	15	16	17	18	19	20	21	22	23	24	25	26	27	28	29	8/1	2
대운 남	8	8	9	9	9	소	1	1	1	1	2	2	2	3	3	8	7	7	7	6	6	6	처	5	5	4	4	4	3	3	3
대운 여	2	1	1	1	1	한	10	9	9	9	8	8	8	7	7	3	3	3	4	4	4	5	서	5	6	6	6	7	7	7	8

백로 8일 07시 04분 ⇨ **【癸酉月(계유월)】**(백로, 추분-한로 전) 추분 23일 16시 58분

9 (음력 08/03–09/02)	1	2	3	4	5	6	7	8	9	10	11	12	13	14	15	16	17	18	19	20	21	22	23	24	25	26	27	28	29	30
요일	월	화	수	목	금	토	일	월	화	수	목	금	토	일	월	화	수	목	금	토	일	월	화	수	목	금	토	일	월	화
일진 日辰	癸未	甲申	乙酉	丙戌	丁亥	戊子	己丑	庚寅	辛卯	壬辰	癸巳	甲午	乙未	丙申	丁酉	戊戌	己亥	庚子	辛丑	壬寅	癸卯	甲辰	乙巳	丙午	丁未	戊申	己酉	庚戌	辛亥	壬子
음력	3	4	5	6	7	8	9	10	11	12	13	14	15	16	17	18	19	20	21	22	23	24	25	26	27	28	29	30	9/1	2
대운 남	2	2	2	1	1	1	1	백	10	9	9	9	8	8	8	7	7	7	6	6	6	5	추	5	4	4	4	3	3	3
대운 여	8	8	9	9	9	10	10	로	1	1	1	1	2	2	2	3	3	3	4	4	4	5	분	5	6	6	6	7	7	7

한로 8일 22시 52분 ⇨ **【甲戌月(갑술월)】**(한로, 상강~ 입동 전) 상강 24일 01시 44분

10 (음력 09/03–10/04)	1	2	3	4	5	6	7	8	9	10	11	12	13	14	15	16	17	18	19	20	21	22	23	24	25	26	27	28	29	30	31
요일	수	목	금	토	일	월	화	수	목	금	토	일	월	화	수	목	금	토	일	월	화	수	목	금	토	일	월	화	수	목	금
일진 日辰	癸丑	甲寅	乙卯	丙辰	丁巳	戊午	己未	庚申	辛酉	壬戌	癸亥	甲子	乙丑	丙寅	丁卯	戊辰	己巳	庚午	辛未	壬申	癸酉	甲戌	乙亥	丙子	丁丑	戊寅	己卯	庚辰	辛巳	壬午	癸未
음력	3	4	5	6	7	8	9	10	11	12	13	14	15	16	17	18	19	20	21	22	23	24	25	26	27	28	29	10/1	2	3	4
대운 남	2	2	2	1	1	1	1	한	10	10	9	9	9	8	8	8	7	7	7	6	6	6	5	상	5	4	4	4	3	3	3
대운 여	8	8	8	9	9	9	10	로	1	1	1	1	2	2	2	3	3	3	4	4	4	5	5	강	6	6	6	7	7	7	8

입동 8일 01시 29분 ⇨ **【乙亥月(을해월)】**(입동, 소설~ 대설 전) 소설 22일 22시 46분

11 (음력 10/05–11/04)	1	2	3	4	5	6	7	8	9	10	11	12	13	14	15	16	17	18	19	20	21	22	23	24	25	26	27	28	29	30
요일	토	일	월	화	수	목	금	토	일	월	회	수	목	금	토	일	월	화	수	목	금	토	일	월	화	수	목	금	토	일
일진 日辰	甲申	乙酉	丙戌	丁亥	戊子	己丑	庚寅	辛卯	壬辰	癸巳	甲午	乙未	丙申	丁酉	戊戌	己亥	庚子	辛丑	壬寅	癸卯	甲辰	乙巳	丙午	丁未	戊申	己酉	庚戌	辛亥	壬子	癸丑
음력	5	6	7	8	9	10	11	12	13	14	15	16	17	18	19	20	21	22	23	24	25	26	27	28	29	30	11/1	2	3	4
대운 남	2	2	2	1	1	1	1	입	9	9	9	8	8	8	7	7	7	6	6	6	5	소	5	4	4	4	3	3	3	2
대운 여	8	8	9	9	9	10	10	동	1	1	1	1	2	2	2	3	3	3	4	4	4	설	5	5	6	6	6	7	7	7

대설 7일 17시 53분 ⇨ **【丙子月(병자월)】**(대설, 동지~소한 전) 동지 22일 11시 46분

12 (음력 11/05–12/06)	1	2	3	4	5	6	7	8	9	10	11	12	13	14	15	16	17	18	19	20	21	22	23	24	25	26	27	28	29	30	31
요일	월	화	수	목	금	토	일	월	화	수	목	금	토	일	월	화	수	목	금	토	일	월	화	수	목	금	토	일	월	화	수
일진 日辰	甲寅	乙卯	丙辰	丁巳	戊午	己未	庚申	辛酉	壬戌	癸亥	甲子	乙丑	丙寅	丁卯	戊辰	己巳	庚午	辛未	壬申	癸酉	甲戌	乙亥	丙子	丁丑	戊寅	己卯	庚辰	辛巳	壬午	癸未	甲申
음력	5	6	7	8	9	10	11	12	13	14	15	16	17	18	19	20	21	22	23	24	25	26	27	28	29	12/1	2	3	4	5	6
대운 남	2	2	1	1	1	1	대	10	9	9	9	8	8	8	7	7	7	6	6	6	5	동	5	4	4	4	3	3	3	2	2
대운 여	8	8	8	9	9	9	설	1	1	1	1	2	2	2	3	3	3	4	4	4	5	지	5	6	6	6	7	7	7	8	8

윤4월 小 1925 乙丑年(을축년)

단기 4258년 /불기2469년 대장군(서방). 삼살(동방), 상문(동방),조객(서북방), 납음(해중금), 【삼재(해,자,축)년】

소한 6일 04시 53분 ⇨ **【丁丑月(정축월)】**(소한, 대한~ 입춘 전) 대한 20일 22시 20분

1 (음력 12/07 ~ 01/08)

양력	1	2	3	4	5	6	7	8	9	10	11	12	13	14	15	16	17	18	19	20	21	22	23	24	25	26	27	28	29	30	31
요일	목	금	토	일	월	화	수	목	금	토	일	월	화	수	목	금	토	일	월	화	수	목	금	토	일	월	화	수	목	금	토
일진 日辰	乙酉	丙戌	丁亥	戊子	己丑	庚寅	辛卯	壬辰	癸巳	甲午	乙未	丙申	丁酉	戊戌	己亥	庚子	辛丑	壬寅	癸卯	甲辰	乙巳	丙午	丁未	戊申	己酉	庚戌	辛亥	壬子	癸丑	甲寅	乙卯
음력	7	8	9	10	11	12	13	14	15	16	17	18	19	20	21	22	23	24	25	26	27	28	29	1/1	2	3	4	5	6	7	8
대운 남	2	1	1	1	1	소	9	9	9	8	8	8	7	7	7	6	6	6	5	대	5	4	4	4	3	3	3	2	2	2	1
대운 여	8	9	9	9	10	한	1	1	1	1	2	2	2	3	3	3	4	4	4	한	5	5	6	6	6	7	7	7	8	8	8

입춘 4일 16시 37분 ⇨ **【戊寅月(무인월)】**(입춘, 우수~ 경칩 전) 우수 19일 12시 43분

2 (음력 01/09 ~ 02/06)

양력	1	2	3	4	5	6	7	8	9	10	11	12	13	14	15	16	17	18	19	20	21	22	23	24	25	26	27	28
요일	일	월	화	수	목	금	토	일	월	화	수	목	금	토	일	월	화	수	목	금	토	일	월	화	수	목	금	토
일진 日辰	丙辰	丁巳	戊午	己未	庚申	辛酉	壬戌	癸亥	甲子	乙丑	丙寅	丁卯	戊辰	己巳	庚午	辛未	壬申	癸酉	甲戌	乙亥	丙子	丁丑	戊寅	己卯	庚辰	辛巳	壬午	癸未
음력	9	10	11	12	13	14	15	16	17	18	19	20	21	22	23	24	25	26	27	28	29	30	2/1	2	3	4	5	6
대운 남	1	1	1	입	1	1	1	8	9	9	9	10	경	1	1	4	4	5	우	5	6	6	6	7	7	7	8	8
대운 여	9	9	9	춘	10	9	9	2	1	1	1	1	칩	10	9	6	6	5	수	5	4	4	4	3	3	3	2	2

立春

경칩 6일 11시 00분 ⇨ **【己卯月(기묘월)】**(경칩, 춘분~ 청명 전) 춘분 21일 12시 12분

3 (음력 02/07 ~ 03/08)

양력	1	2	3	4	5	6	7	8	9	10	11	12	13	14	15	16	17	18	19	20	21	22	23	24	25	26	27	28	29	30	31
요일	일	월	화	수	목	금	토	일	월	화	수	목	금	토	일	월	화	수	목	금	토	일	월	화	수	목	금	토	일	월	화
일진 日辰	甲申	乙酉	丙戌	丁亥	戊子	己丑	庚寅	辛卯	壬辰	癸巳	甲午	乙未	丙申	丁酉	戊戌	己亥	庚子	辛丑	壬寅	癸卯	甲辰	乙巳	丙午	丁未	戊申	己酉	庚戌	辛亥	壬子	癸丑	甲寅
음력	7	8	9	10	11	12	13	14	15	16	17	18	19	20	21	22	23	24	25	26	27	28	29	3/1	2	3	4	5	6	7	8
대운 남	8	9	9	9	10	경	1	1	1	1	2	2	2	3	3	3	4	4	4	5	춘	5	6	6	6	7	7	7	8	8	8
대운 여	2	1	1	1	1	칩	10	9	9	9	8	8	8	7	7	7	6	6	6	5	분	5	4	4	4	3	3	3	2	2	2

청명 5일 16시 23분 ⇨ **【庚辰月(경진월)】**(청명, 곡우~ 입하 전) 곡우 20일 23시 51분

4 (음력 03/09 ~ 04/08)

양력	1	2	3	4	5	6	7	8	9	10	11	12	13	14	15	16	17	18	19	20	21	22	23	24	25	26	27	28	29	30
요일	수	목	금	토	일	월	화	수	목	금	토	일	월	화	수	목	금	토	일	월	화	수	목	금	토	일	월	화	수	목
일진 日辰	乙卯	丙辰	丁巳	戊午	己未	庚申	辛酉	壬戌	癸亥	甲子	乙丑	丙寅	丁卯	戊辰	己巳	庚午	辛未	壬申	癸酉	甲戌	乙亥	丙子	丁丑	戊寅	己卯	庚辰	辛巳	壬午	癸未	甲申
음력	9	10	11	12	13	14	15	16	17	18	19	20	21	22	23	24	25	26	27	28	29	30	4/1	2	3	4	5	6	7	8
대운 남	9	9	9	10	청	1	1	1	1	2	2	2	3	3	3	4	4	4	5	5	곡	6	6	6	7	7	7	8	8	8
대운 여	1	1	1	1	명	10	10	9	9	9	8	8	8	7	7	7	6	6	6	5	우	5	4	4	4	3	3	3	2	2

입하 6일 10시 18분 ⇨ **【辛巳月(신사월)】**(입하, 소만~ 망종 전) 소만 21일 23시 33분

5 (음력 04/09 ~ 윤409)

양력	1	2	3	4	5	6	7	8	9	10	11	12	13	14	15	16	17	18	19	20	21	22	23	24	25	26	27	28	29	30	31
요일	금	토	일	월	화	수	목	금	토	일	월	화	수	목	금	토	일	월	화	수	목	금	토	일	월	화	수	목	금	토	일
일진 日辰	乙酉	丙戌	丁亥	戊子	己丑	庚寅	辛卯	壬辰	癸巳	甲午	乙未	丙申	丁酉	戊戌	己亥	庚子	辛丑	壬寅	癸卯	甲辰	乙巳	丙午	丁未	戊申	己酉	庚戌	辛亥	壬子	癸丑	甲寅	乙卯
음력	9	10	11	12	13	14	15	16	17	18	19	20	21	22	23	24	25	26	27	28	29	30	윤4	2	3	4	5	6	7	8	9
대운 남	9	9	9	10	10	입	1	1	1	1	2	2	2	3	3	3	4	4	4	5	소	5	6	6	6	7	7	7	8	8	8
대운 여	2	1	1	1	1	하	10	10	9	9	9	8	8	8	7	7	7	6	6	6	만	5	5	4	4	4	3	3	3	2	2

망종 6일 14시 56분 ⇨ **【壬午月(임오월)】**(망종, 하지~ 소서 전) 하지 22일 07시 50분

6 (음력 윤410 ~ 05/10)

양력	1	2	3	4	5	6	7	8	9	10	11	12	13	14	15	16	17	18	19	20	21	22	23	24	25	26	27	28	29	30
요일	월	화	수	목	금	토	일	월	화	수	목	금	토	일	월	화	수	목	금	토	일	월	화	수	목	금	토	일	월	화
일진 日辰	丙辰	丁巳	戊午	己未	庚申	辛酉	壬戌	癸亥	甲子	乙丑	丙寅	丁卯	戊辰	己巳	庚午	辛未	壬申	癸酉	甲戌	乙亥	丙子	丁丑	戊寅	己卯	庚辰	辛巳	壬午	癸未	甲申	乙酉
음력	10	11	12	13	14	15	16	17	18	19	20	21	22	23	24	25	26	27	28	29	5/1	2	3	4	5	6	7	8	9	10
대운 남	9	9	9	10	10	망	1	1	1	1	2	2	2	3	3	3	4	4	4	5	5	하	6	6	6	7	7	7	8	8
대운 여	2	1	1	1	1	종	10	10	10	9	9	9	8	8	8	7	7	7	6	6	6	지	5	5	4	4	4	3	3	3

대장군(서방). 삼살(동방), 상문(동방),조객(서북방), 납음(해중금), 【삼재(해,자,축)년】
한식(4월6일), 초복(7월15일), 중복(7월25일), 말복(8월14일)

乙丑年(을축년)

1925

소서 8일 01시 25분 【癸未月(계미월)】(소서, 대서~ 입추 전) 대서 23일 18시 45분

양력 7	양력	1	2	3	4	5	6	7	8	9	10	11	12	13	14	15	16	17	18	19	20	21	22	23	24	25	26	27	28	29	30	31
	요일	수	목	금	토	일	월	화	수	목	금	토	일	월	화	수	목	금	토	일	월	화	수	목	금	토	일	월	화	수	목	금
	일진 日辰	丙戌	丁亥	戊子	己丑	庚寅	辛卯	壬辰	癸巳	甲午	乙未	丙申	丁酉	戊戌	己亥	庚子	辛丑	壬寅	癸卯	甲辰	乙巳	丙午	丁未	戊申	己酉	庚戌	辛亥	壬子	癸丑	甲寅	乙卯	丙辰
음력 05/11	음력	11	12	13	14	15	16	17	18	19	20	21	22	23	24	25	26	27	28	29	30	6/1	2	3	4	5	6	7	8	9	10	11
06/11	대운 남	8	9	9	9	10	10	10	소	1	1	1	1	2	2	2	3	3	3	4	4	4	5	대	5	6	6	6	7	7	7	8
	대운 여	2	2	2	1	1	1	1	서	10	10	9	9	9	8	8	8	7	7	7	6	6	6	서	5	5	4	4	4	3	3	3

입추 8일 11시 07분 【甲申月(갑신월)】(입추, 처서~ 백로 전) 처서 24일 01시 33분

양력 8	양력	1	2	3	4	5	6	7	8	9	10	11	12	13	14	15	16	17	18	19	20	21	22	23	24	25	26	27	28	29	30	31
	요일	토	일	월	화	수	목	금	토	일	월	화	수	목	금	토	일	월	화	수	목	금	토	일	월	화	수	목	금	토	일	월
	일진 日辰	丁巳	戊午	己未	庚申	辛酉	壬戌	癸亥	甲子	乙丑	丙寅	丁卯	戊辰	己巳	庚午	辛未	壬申	癸酉	甲戌	乙亥	丙子	丁丑	戊寅	己卯	庚辰	辛巳	壬午	癸未	甲申	乙酉	丙戌	丁亥
음력 06/12	음력	12	13	14	15	16	17	18	19	20	21	22	23	24	25	26	27	28	29	7/1	2	3	4	5	6	7	8	9	10	11	12	13
07/13	대운 남	8	8	9	9	9	10	10	입	1	1	1	1	2	2	2	3	3	3	4	4	4	5	5	처	6	6	6	7	7	7	8
	대운 여	2	2	2	1	1	1	1	추	10	10	9	9	9	8	8	8	7	7	7	6	6	6	5	서	5	4	4	4	3	3	3

백로 8일 13시 40분 【乙酉月(을유월)】(백로, 추분-한로 전) 추분 23일 22시 43분

양력 9	양력	1	2	3	4	5	6	7	8	9	10	11	12	13	14	15	16	17	18	19	20	21	22	23	24	25	26	27	28	29	30
	요일	화	수	목	금	토	일	월	화	수	목	금	토	일	월	화	수	목	금	토	일	월	화	수	목	금	토	일	월	화	수
	일진 日辰	戊子	己丑	庚寅	辛卯	壬辰	癸巳	甲午	乙未	丙申	丁酉	戊戌	己亥	庚子	辛丑	壬寅	癸卯	甲辰	乙巳	丙午	丁未	戊申	己酉	庚戌	辛亥	壬子	癸丑	甲寅	乙卯	丙辰	丁巳
음력 07/14	음력	14	15	16	17	18	19	20	21	22	23	24	25	26	27	28	29	30	8/1	2	3	4	5	6	7	8	9	10	11	12	13
08/13	대운 남	8	8	9	9	9	10	10	백	1	1	1	1	2	2	2	3	3	3	4	4	4	5	추	5	6	6	6	7	7	7
	대운 여	2	2	2	1	1	1	1	로	10	10	9	9	9	8	8	8	7	7	7	6	6	6	분	5	5	4	4	4	3	3

한로 9일 04시 47분 【丙戌月(병술월)】(한로, 상강~ 입동 전) 상강 24일 07시 31분

양력 10	양력	1	2	3	4	5	6	7	8	9	10	11	12	13	14	15	16	17	18	19	20	21	22	23	24	25	26	27	28	29	30	31
	요일	목	금	토	일	월	화	수	목	금	토	일	월	화	수	목	금	토	일	월	화	수	목	금	토	일	월	화	수	목	금	토
	일진 日辰	戊午	己未	庚申	辛酉	壬戌	癸亥	甲子	乙丑	丙寅	丁卯	戊辰	己巳	庚午	辛未	壬申	癸酉	甲戌	乙亥	丙子	丁丑	戊寅	己卯	庚辰	辛巳	壬午	癸未	甲申	乙酉	丙戌	丁亥	戊子
음력 08/14	음력	14	15	16	17	18	19	20	21	22	23	24	25	26	27	28	29	30	9/1	2	3	4	5	6	7	8	9	10	11	12	13	14
09/14	대운 남	8	8	8	9	9	9	10	10	한	1	1	1	1	2	2	2	3	3	3	4	4	4	5	상	5	6	6	6	7	7	7
	대운 여	3	2	2	2	1	1	1	1	로	10	9	9	9	8	8	8	7	7	7	6	6	6	5	강	5	4	4	4	3	3	3

입동 8일 07시 26분 【丁亥月(정해월)】(입동, 소설~ 대설 전) 소설 23일 04시 35분

양력 11	양력	1	2	3	4	5	6	7	8	9	10	11	12	13	14	15	16	17	18	19	20	21	22	23	24	25	26	27	28	29	30
	요일	일	월	화	수	목	금	토	일	월	화	수	목	금	토	일	월	화	수	목	금	토	일	월	화	수	목	금	토	일	월
	일진 日辰	己丑	庚寅	辛卯	壬辰	癸巳	甲午	乙未	丙申	丁酉	戊戌	己亥	庚子	辛丑	壬寅	癸卯	甲辰	乙巳	丙午	丁未	戊申	己酉	庚戌	辛亥	壬子	癸丑	甲寅	乙卯	丙辰	丁巳	戊午
음력 09/15	음력	15	16	17	18	19	20	21	22	23	24	25	26	27	28	29	10/1	2	3	4	5	6	7	8	9	10	11	12	13	14	15
10/15	대운 남	8	8	8	9	9	9	10	입	1	1	1	1	2	2	2	3	3	3	4	4	4	5	소	5	6	6	6	7	7	7
	대운 여	2	2	2	1	1	1	1	동	9	9	9	8	8	8	7	7	7	6	6	6	5	5	설	4	4	4	3	3	3	2

대설 7일 23시 52분 【戊子月(무자월)】(대설, 동지~소한 전) 동지 22일 17시 37분

양력 12	양력	1	2	3	4	5	6	7	8	9	10	11	12	13	14	15	16	17	18	19	20	21	22	23	24	25	26	27	28	29	30	31
	요일	화	수	목	금	토	일	월	화	수	목	금	토	일	월	화	수	목	금	토	일	월	화	수	목	금	토	일	월	화	수	목
	일진 日辰	己未	庚申	辛酉	壬戌	癸亥	甲子	乙丑	丙寅	丁卯	戊辰	己巳	庚午	辛未	壬申	癸酉	甲戌	乙亥	丙子	丁丑	戊寅	己卯	庚辰	辛巳	壬午	癸未	甲申	乙酉	丙戌	丁亥	戊子	己丑
음력 10/16	음력	16	17	18	19	20	21	22	23	24	25	26	27	28	29	30	11/1	2	3	4	5	6	7	8	9	10	11	12	13	14	15	16
11/16	대운 남	8	8	8	9	9	9	대	1	1	1	1	2	2	2	3	3	3	4	4	4	5	동	5	6	6	6	7	7	7	8	8
	대운 여	2	2	1	1	1	1	설	10	9	9	9	8	8	8	7	7	7	6	6	6	5	지	5	4	4	4	3	3	3	2	2

1926 丙寅年(병인년)

단기 4259년 /불기2470년 대장군(북방), 삼살(북방), 상문(동남방),조객(북방), 납음(노중화), 【삼재(신유술)년】

소한 6일 10시 54분 ⇨ 【己丑月(기축월)】(소한, 대한~ 입춘 전) 대한 21일 04시 12분

양력 1 / 음력 11/17 – 12/18

양력	1	2	3	4	5	6	7	8	9	10	11	12	13	14	15	16	17	18	19	20	21	22	23	24	25	26	27	28	29	30	31
요일	금	토	일	월	화	수	목	금	토	일	월	화	수	목	금	토	일	월	화	수	목	금	토	일	월	화	수	목	금	토	일
일진 日辰	庚寅	辛卯	壬辰	癸巳	甲午	乙未	丙申	丁酉	戊戌	己亥	庚子	辛丑	壬寅	癸卯	甲辰	乙巳	丙午	丁未	戊申	己酉	庚戌	辛亥	壬子	癸丑	甲寅	乙卯	丙辰	丁巳	戊午	己未	庚申
음력	17	18	19	20	21	22	23	24	25	26	27	28	29	12/1	2	3	4	5	6	7	8	9	10	11	12	13	14	15	16	17	18
대운 남	8	9	9	9	10	소	1	1	1	1	2	2	2	3	3	3	4	4	4	5	대	5	6	6	6	7	7	7	8	8	8
대운 여	2	1	1	1	1	한	9	9	9	8	8	8	7	7	7	6	6	6	5	5	한	4	4	4	3	3	3	2	2	2	1

입춘 4일 22시 38분 ⇨ 【庚寅月(경인월)】(입춘, 우수~ 경칩 전) 우수 19일 18시 35분

양력 2 / 음력 12/19 – 01/16

양력	1	2	3	4	5	6	7	8	9	10	11	12	13	14	15	16	17	18	19	20	21	22	23	24	25	26	27	28
요일	월	화	수	목	금	토	일	월	화	수	목	금	토	일	월	화	수	목	금	토	일	월	화	수	목	금	토	일
일진 日辰	辛酉	壬戌	癸亥	甲子	乙丑	丙寅	丁卯	戊辰	己巳	庚午	辛未	壬申	癸酉	甲戌	乙亥	丙子	丁丑	戊寅	己卯	庚辰	辛巳	壬午	癸未	甲申	乙酉	丙戌	丁亥	戊子
음력	19	20	21	22	23	24	25	26	27	28	29	30	1/1	2	3	4	5	6	7	8	9	10	11	12	13	14	15	16
대운 남	9	9	9	입	10	9	9	9	8	8	8	7	7	7	6	6	6	5	우	5	4	4	4	3	3	3	2	2
대운 여	1	1	1	춘	1	1	1	1	2	2	2	3	3	3	4	4	4	5	수	5	6	6	6	7	7	7	8	8

立春

경칩 6일 17시 00분 ⇨ 【辛卯月(신묘월)】(경칩, 춘분~ 청명 전) 춘분 21일 18시 01분

양력 3 / 음력 01/17 – 02/18

양력	1	2	3	4	5	6	7	8	9	10	11	12	13	14	15	16	17	18	19	20	21	22	23	24	25	26	27	28	29	30	31
요일	월	화	수	목	금	토	일	월	화	수	목	금	토	일	월	화	수	목	금	토	일	월	화	수	목	금	토	일	월	화	수
일진 日辰	己丑	庚寅	辛卯	壬辰	癸巳	甲午	乙未	丙申	丁酉	戊戌	己亥	庚子	辛丑	壬寅	癸卯	甲辰	乙巳	丙午	丁未	戊申	己酉	庚戌	辛亥	壬子	癸丑	甲寅	乙卯	丙辰	丁巳	戊午	己未
음력	17	18	19	20	21	22	23	24	25	26	27	28	29	2/1	2	3	4	5	6	7	8	9	10	11	12	13	14	15	16	17	18
대운 남	2	1	1	1	1	경	10	9	9	9	8	8	8	7	7	7	6	6	6	5	춘	5	4	4	4	3	3	3	2	2	2
대운 여	8	9	9	9	10	칩	1	1	1	1	2	2	2	3	3	3	4	4	4	5	분	5	6	6	6	7	7	7	8	8	8

청명 5일 22시 18분 ⇨ 【壬辰月(임진월)】(청명, 곡우~ 입하 전) 곡우 21일 05시 36분

양력 4 / 음력 02/19 – 03/19

양력	1	2	3	4	5	6	7	8	9	10	11	12	13	14	15	16	17	18	19	20	21	22	23	24	25	26	27	28	29	30
요일	목	금	토	일	월	화	수	목	금	토	일	월	화	수	목	금	토	일	월	화	수	목	금	토	일	월	화	수	목	금
일진 日辰	庚申	辛酉	壬戌	癸亥	甲子	乙丑	丙寅	丁卯	戊辰	己巳	庚午	辛未	壬申	癸酉	甲戌	乙亥	丙子	丁丑	戊寅	己卯	庚辰	辛巳	壬午	癸未	甲申	乙酉	丙戌	丁亥	戊子	己丑
음력	19	20	21	22	23	24	25	26	27	28	29	3/1	2	3	4	5	6	7	8	9	10	11	12	13	14	15	16	17	18	19
대운 남	1	1	1	1	청	10	10	9	9	9	8	8	8	7	7	7	6	6	6	5	곡	5	4	4	4	3	3	3	2	2
대운 여	9	9	9	10	명	1	1	1	1	2	2	2	3	3	3	4	4	4	5	5	우	6	6	6	7	7	7	8	8	8

입하 6일 16시 08분 ⇨ 【癸巳月(계사월)】(입하, 소만~ 망종 전) 소만 22일 05시 15분

양력 5 / 음력 03/20 – 04/20

양력	1	2	3	4	5	6	7	8	9	10	11	12	13	14	15	16	17	18	19	20	21	22	23	24	25	26	27	28	29	30	31
요일	토	일	월	화	수	목	금	토	일	월	화	수	목	금	토	일	월	화	수	목	금	토	일	월	화	수	목	금	토	일	월
일진 日辰	庚寅	辛卯	壬辰	癸巳	甲午	乙未	丙申	丁酉	戊戌	己亥	庚子	辛丑	壬寅	癸卯	甲辰	乙巳	丙午	丁未	戊申	己酉	庚戌	辛亥	壬子	癸丑	甲寅	乙卯	丙辰	丁巳	戊午	己未	庚申
음력	20	21	22	23	24	25	26	27	28	29	30	4/1	2	3	4	5	6	7	8	9	10	11	12	13	14	15	16	17	18	19	20
대운 남	2	1	1	1	1	입	10	10	9	9	9	8	8	8	7	7	7	6	6	6	5	소	5	4	4	4	3	3	3	2	2
대운 여	9	9	9	10	10	하	1	1	1	1	2	2	2	3	3	3	4	4	4	5	5	만	6	6	6	7	7	7	8	8	8

망종 6일 20시 42분 ⇨ 【甲午月(갑오월)】(망종, 하지~ 소서 전) 하지 22일 13시 30분

양력 6 / 음력 04/21 – 05/21

양력	1	2	3	4	5	6	7	8	9	10	11	12	13	14	15	16	17	18	19	20	21	22	23	24	25	26	27	28	29	30
요일	화	수	목	금	토	일	월	화	수	목	금	토	일	월	화	수	목	금	토	일	월	화	수	목	금	토	일	월	화	수
일진 日辰	辛酉	壬戌	癸亥	甲子	乙丑	丙寅	丁卯	戊辰	己巳	庚午	辛未	壬申	癸酉	甲戌	乙亥	丙子	丁丑	戊寅	己卯	庚辰	辛巳	壬午	癸未	甲申	乙酉	丙戌	丁亥	戊子	己丑	庚寅
음력	21	22	23	24	25	26	27	28	29	5/1	2	3	4	5	6	7	8	9	10	11	12	13	14	15	16	17	18	19	20	21
대운 남	2	1	1	1	1	망	10	10	10	9	9	9	8	8	8	7	7	7	6	6	6	하	5	5	4	4	4	3	3	3
대운 여	9	9	9	10	10	종	1	1	1	1	2	2	2	3	3	3	4	4	4	5	5	지	6	6	6	7	7	7	8	8

대장군(북방), 삼살(북방), 상문(동남방),조객(북방), 납음(노중화), 【삼재(신유술)년】
한식(4월6일), 초복(7월20일), 중복(7월30일), 말복(8월09일)

丙寅年(병인년)

1926

소서 8일 07시 06분 ⇨ 【乙未月(을미월)】(소서, 대서~ 입추 전) 대서 24일 00시 25분

양력 7 (음력 05/22~06/22)	1	2	3	4	5	6	7	8	9	10	11	12	13	14	15	16	17	18	19	20	21	22	23	24	25	26	27	28	29	30	31
요일	목	금	토	일	월	화	수	목	금	토	일	월	화	수	목	금	토	일	월	화	수	목	금	토	일	월	화	수	목	금	토
일진 日辰	辛卯	壬辰	癸巳	甲午	乙未	丙申	丁酉	戊戌	己亥	庚子	辛丑	壬寅	癸卯	甲辰	乙巳	丙午	丁未	戊申	己酉	庚戌	辛亥	壬子	癸丑	甲寅	乙卯	丙辰	丁巳	戊午	己未	庚申	辛酉
음력	22	23	24	25	26	27	28	29	30	6/1	2	3	4	5	6	7	8	9	10	11	12	13	14	15	16	17	18	19	20	21	22
대운 남	2	2	2	1	1	1	1	소	10	10	9	9	9	8	8	8	7	7	7	6	6	6	5	대	5	4	4	4	3	3	3
대운 여	8	9	9	9	10	10	10	서	1	1	1	1	2	2	2	3	3	3	4	4	4	5	5	서	6	6	6	7	7	7	8

입추 8일 16시 44분 ⇨ 【丙申月(병신월)】(입추, 처서~ 백로 전) 처서 24일 07시 14분

양력 8 (음력 06/23~07/24)	1	2	3	4	5	6	7	8	9	10	11	12	13	14	15	16	17	18	19	20	21	22	23	24	25	26	27	28	29	30	31
요일	일	월	화	수	목	금	토	일	월	화	수	목	금	토	일	월	화	수	목	금	토	일	월	화	수	목	금	토	일	월	화
일진 日辰	壬戌	癸亥	甲子	乙丑	丙寅	丁卯	戊辰	己巳	庚午	辛未	壬申	癸酉	甲戌	乙亥	丙子	丁丑	戊寅	己卯	庚辰	辛巳	壬午	癸未	甲申	乙酉	丙戌	丁亥	戊子	己丑	庚寅	辛卯	壬辰
음력	23	24	25	26	27	28	29	7/1	2	3	4	5	6	7	8	9	10	11	12	13	14	15	16	17	18	19	20	21	22	23	24
대운 남	2	2	2	1	1	1	1	입	10	10	9	9	9	8	8	8	7	7	7	6	6	6	5	처	5	4	4	4	3	3	3
대운 여	8	8	9	9	9	10	10	추	1	1	1	1	2	2	2	3	3	3	4	4	4	5	5	서	6	6	6	7	7	7	8

백로 8일 19시 16분 ⇨ 【丁酉月(정유월)】(백로, 추분-한로 전) 추분 24일 04시 27분

양력 9 (음력 07/25~08/24)	1	2	3	4	5	6	7	8	9	10	11	12	13	14	15	16	17	18	19	20	21	22	23	24	25	26	27	28	29	30
요일	수	목	금	토	일	월	화	수	목	금	토	일	월	화	수	목	금	토	일	월	화	수	목	금	토	일	월	화	수	목
일진 日辰	癸巳	甲午	乙未	丙申	丁酉	戊戌	己亥	庚子	辛丑	壬寅	癸卯	甲辰	乙巳	丙午	丁未	戊申	己酉	庚戌	辛亥	壬子	癸丑	甲寅	乙卯	丙辰	丁巳	戊午	己未	庚申	辛酉	壬戌
음력	25	26	27	28	29	30	8/1	2	3	4	5	6	7	8	9	10	11	12	13	14	15	16	17	18	19	20	21	22	23	24
대운 남	2	2	2	1	1	1	1	백	10	10	9	9	9	8	8	8	7	7	7	6	6	6	5	추	5	4	4	4	3	3
대운 여	8	8	9	9	9	10	10	로	1	1	1	1	2	2	2	3	3	3	4	4	4	5	5	분	6	6	6	7	7	7

한로 9일 10시 25분 ⇨ 【戊戌月(무술월)】(한로, 상강~ 입동 전) 상강 24일 13시 18분

양력 10 (음력 08/25~09/25)	1	2	3	4	5	6	7	8	9	10	11	12	13	14	15	16	17	18	19	20	21	22	23	24	25	26	27	28	29	30	31
요일	금	토	일	월	화	수	목	금	토	일	월	화	수	목	금	토	일	월	화	수	목	금	토	일	월	화	수	목	금	토	일
일진 日辰	癸亥	甲子	乙丑	丙寅	丁卯	戊辰	己巳	庚午	辛未	壬申	癸酉	甲戌	乙亥	丙子	丁丑	戊寅	己卯	庚辰	辛巳	壬午	癸未	甲申	乙酉	丙戌	丁亥	戊子	己丑	庚寅	辛卯	壬辰	癸巳
음력	25	26	27	28	29	30	9/1	2	3	4	5	6	7	8	9	10	11	12	13	14	15	16	17	18	19	20	21	22	23	24	25
대운 남	3	2	2	2	1	1	1	1	한	10	9	9	9	8	8	8	7	7	7	6	6	6	5	상	5	4	4	4	3	3	3
대운 여	8	8	8	9	9	9	10	10	로	1	1	1	1	2	2	2	3	3	3	4	4	4	5	강	5	6	6	6	7	7	7

입동 8일 13시 08분 ⇨ 【己亥月(기해월)】(입동, 소설~ 대설 전) 소설 23일 10시 28분

양력 11 (음력 09/26~10/26)	1	2	3	4	5	6	7	8	9	10	11	12	13	14	15	16	17	18	19	20	21	22	23	24	25	26	27	28	29	30
요일	월	화	수	목	금	토	일	월	화	수	목	금	토	일	월	화	수	목	금	토	일	월	화	수	목	금	토	일	월	화
일진 日辰	甲午	乙未	丙申	丁酉	戊戌	己亥	庚子	辛丑	壬寅	癸卯	甲辰	乙巳	丙午	丁未	戊申	己酉	庚戌	辛亥	壬子	癸丑	甲寅	乙卯	丙辰	丁巳	戊午	己未	庚申	辛酉	壬戌	癸亥
음력	26	27	28	29	10/1	2	3	4	5	6	7	8	9	10	11	12	13	14	15	16	17	18	19	20	21	22	23	24	25	26
대운 남	2	2	2	1	1	1	1	입	10	9	9	9	8	8	8	7	7	7	6	6	6	5	소	5	4	4	4	3	3	3
대운 여	8	8	8	9	9	9	10	동	1	1	1	1	2	2	2	3	3	3	4	4	4	5	설	5	6	6	6	7	7	7

대설 8일 05시 39분 ⇨ 【庚子月(경자월)】(대설, 동지~소한 전) 동지 22일 23시 33분

양력 12 (음력 10/27~11/27)	1	2	3	4	5	6	7	8	9	10	11	12	13	14	15	16	17	18	19	20	21	22	23	24	25	26	27	28	29	30	31
요일	수	목	금	토	일	월	화	수	목	금	토	일	월	화	수	목	금	토	일	월	화	수	목	금	토	일	월	화	수	목	금
일진 日辰	甲子	乙丑	丙寅	丁卯	戊辰	己巳	庚午	辛未	壬申	癸酉	甲戌	乙亥	丙子	丁丑	戊寅	己卯	庚辰	辛巳	壬午	癸未	甲申	乙酉	丙戌	丁亥	戊子	己丑	庚寅	辛卯	壬辰	癸巳	甲午
음력	27	28	29	30	11/1	2	3	4	5	6	7	8	9	10	11	12	13	14	15	16	17	18	19	20	21	22	23	24	25	26	27
대운 남	2	2	2	1	1	1	1	대	9	9	9	8	8	8	7	7	7	6	6	6	5	동	5	4	4	4	3	3	3	2	2
대운 여	8	8	8	9	9	9	10	설	1	1	1	1	2	2	2	3	3	3	4	4	4	지	5	5	6	6	6	7	7	7	8

1927 丁卯年(정묘년)

단기4260년 /불기2471년 대장군(북방). 삼살(서방), 상문(동남방),조객(동북방), 납음(노중화), 【삼재(사,오,미)년

소한 6일 16시 45분 ⇨ **【辛丑月(신축월)】**(소한, 대한~ 입춘 전) 대한 21일 10시 21분

양력 1 / 음력 11/28 ~ 12/28

양력	1	2	3	4	5	6	7	8	9	10	11	12	13	14	15	16	17	18	19	20	21	22	23	24	25	26	27	28	29	30	31
요일	토	일	월	화	수	목	금	토	일	월	화	수	목	금	토	일	월	화	수	목	금	토	일	월	화	수	목	금	토	일	월
일진 日辰	乙未	丙申	丁酉	戊戌	己亥	庚子	辛丑	壬寅	癸卯	甲辰	乙巳	丙午	丁未	戊申	己酉	庚戌	辛亥	壬子	癸丑	甲寅	乙卯	丙辰	丁巳	戊午	己未	庚申	辛酉	壬戌	癸亥	甲子	乙丑
음력	28	29	30	12/1	2	3	4	5	6	7	8	9	10	11	12	13	14	15	16	17	18	19	20	21	22	23	24	25	26	27	28
대운 남	2	1	1	1	1	소	10	9	9	9	8	8	8	7	7	7	6	6	6	5	대	5	4	4	4	3	3	3	2	2	2
대운 여	8	8	9	9	9	한	1	1	1	1	2	2	2	3	3	3	4	4	4	5	한	5	6	6	6	7	7	7	8	8	8

입춘 5일 04시 30분 ⇨ **【壬寅月(임인월)】**(입춘, 우수~ 경칩 전) 우수 20일 00시 34분

양력 2 / 음력 01/29 ~ 01/27

양력	1	2	3	4	5	6	7	8	9	10	11	12	13	14	15	16	17	18	19	20	21	22	23	24	25	26	27	28
요일	화	수	목	금	토	일	월	화	수	목	금	토	일	월	화	수	목	금	토	일	월	화	수	목	금	토	일	월
일진 日辰	丙寅	丁卯	戊辰	己巳	庚午	辛未	壬申	癸酉	甲戌	乙亥	丙子	丁丑	戊寅	己卯	庚辰	辛巳	壬午	癸未	甲申	乙酉	丙戌	丁亥	戊子	己丑	庚寅	辛卯	壬辰	癸巳
음력	29	1/1	2	3	4	5	6	7	8	9	10	11	12	13	14	15	16	17	18	19	20	21	22	23	24	25	26	27
대운 남	1	1	1	1	입	1	1	1	1	2	2	2	3	3	3	4	4	4	5	5	우	6	6	6	7	7	7	8
대운 여	9	9	9	10	춘	9	9	9	8	8	8	7	7	7	6	6	6	5	5	5	수	4	4	3	3	3	2	2

立春

경칩 6일 22시 50분 ⇨ **【癸卯月(계묘월)】**(경칩, 춘분~ 청명 전) 춘분 21일 23시 59분

양력 3 / 음력 01/28 ~ 02/28

양력	1	2	3	4	5	6	7	8	9	10	11	12	13	14	15	16	17	18	19	20	21	22	23	24	25	26	27	28	29	30	31
요일	화	수	목	금	토	일	월	화	수	목	금	토	일	월	화	수	목	금	토	일	월	화	수	목	금	토	일	월	화	수	목
일진 日辰	甲午	乙未	丙申	丁酉	戊戌	己亥	庚子	辛丑	壬寅	癸卯	甲辰	乙巳	丙午	丁未	戊申	己酉	庚戌	辛亥	壬子	癸丑	甲寅	乙卯	丙辰	丁巳	戊午	己未	庚申	辛酉	壬戌	癸亥	甲子
음력	28	29	30	2/1	2	3	4	5	6	7	8	9	10	11	12	13	14	15	16	17	18	19	20	21	22	23	24	25	26	27	28
대운 남	8	8	9	9	9	경	1	1	1	1	2	2	2	3	3	3	4	4	4	5	춘	5	6	6	6	7	7	7	8	8	8
대운 여	2	1	1	1	1	칩	10	10	9	9	9	8	8	8	7	7	7	6	6	6	분	5	5	4	4	4	3	3	3	2	2

청명 6일 04시 06분 ⇨ **【甲辰月(갑진월)】**(청명, 곡우~ 입하 전) 곡우 21일 11시 32분

양력 4 / 음력 02/29 ~ 03/29

양력	1	2	3	4	5	6	7	8	9	10	11	12	13	14	15	16	17	18	19	20	21	22	23	24	25	26	27	28	29	30
요일	금	토	일	월	화	수	목	금	토	일	월	화	수	목	금	토	일	월	화	수	목	금	토	일	월	화	수	목	금	토
일진 日辰	乙丑	丙寅	丁卯	戊辰	己巳	庚午	辛未	壬申	癸酉	甲戌	乙亥	丙子	丁丑	戊寅	己卯	庚辰	辛巳	壬午	癸未	甲申	乙酉	丙戌	丁亥	戊子	己丑	庚寅	辛卯	壬辰	癸巳	甲午
음력	29	3/1	2	3	4	5	6	7	8	9	10	11	12	13	14	15	16	17	18	19	20	21	22	23	24	25	26	27	28	29
대운 남	9	9	9	10	10	청	1	1	1	1	2	2	2	3	3	3	4	4	4	5	곡	5	6	6	6	7	7	7	8	8
대운 여	2	1	1	1	1	명	10	9	9	9	8	8	8	7	7	7	6	6	6	5	우	5	4	4	4	3	3	3	2	2

입하 6일 21시 53분 ⇨ **【乙巳月(을사월)】**(입하, 소만~ 망종 전) 소만 22일 11시 08분

양력 5 / 음력 04/01 ~ 05/01

양력	1	2	3	4	5	6	7	8	9	10	11	12	13	14	15	16	17	18	19	20	21	22	23	24	25	26	27	28	29	30	31
요일	일	월	화	수	목	금	토	일	월	화	수	목	금	토	일	월	화	수	목	금	토	일	월	화	수	목	금	토	일	월	화
일진 日辰	乙未	丙申	丁酉	戊戌	己亥	庚子	辛丑	壬寅	癸卯	甲辰	乙巳	丙午	丁未	戊申	己酉	庚戌	辛亥	壬子	癸丑	甲寅	乙卯	丙辰	丁巳	戊午	己未	庚申	辛酉	壬戌	癸亥	甲子	乙丑
음력	4/1	2	3	4	5	6	7	8	9	10	11	12	13	14	15	16	17	18	19	20	21	22	23	24	25	26	27	28	29	30	5/1
대운 남	8	9	9	9	10	입	1	1	1	1	2	2	2	3	3	3	4	4	4	5	5	소	6	6	6	7	7	7	8	8	8
대운 여	2	1	1	1	1	하	10	10	10	9	9	9	8	8	8	7	7	7	6	6	6	만	5	5	4	4	4	3	3	3	2

망종 7일 02시 25분 ⇨ **【丙午月(병오월)】**(망종, 하지~ 소서 전) 하지 22일 19시 22분

양력 6 / 음력 05/02 ~ 06/02

양력	1	2	3	4	5	6	7	8	9	10	11	12	13	14	15	16	17	18	19	20	21	22	23	24	25	26	27	28	29	30
요일	수	목	금	토	일	월	화	수	목	금	토	일	월	화	수	목	금	토	일	월	화	수	목	금	토	일	월	화	수	목
일진 日辰	丙寅	丁卯	戊辰	己巳	庚午	辛未	壬申	癸酉	甲戌	乙亥	丙子	丁丑	戊寅	己卯	庚辰	辛巳	壬午	癸未	甲申	乙酉	丙戌	丁亥	戊子	己丑	庚寅	辛卯	壬辰	癸巳	甲午	乙未
음력	2	3	4	5	6	7	8	9	10	11	12	13	14	15	16	17	18	19	20	21	22	23	24	25	26	27	28	29	6/1	2
대운 남	9	9	9	10	10	10	망	1	1	1	1	2	2	2	3	3	3	4	4	4	5	하	5	6	6	6	7	7	7	8
대운 여	2	2	1	1	1	1	종	10	10	9	9	9	8	8	8	7	7	7	6	6	6	지	5	5	4	4	4	3	3	3

대장군(북방), 삼살(서방), 상문(동남방),조객(동북방), 납음(노중화), 【삼재(사,오,미)년】
한식(4월6일), 초복(7월15일), 초복(7월25일), 말복(8월14일)

丁卯年(정묘년)

1927

소서 8일 12시 50분 ⇨ 【丁未月(정미월)】(소서, 대서~ 입추 전) 대서 24일 06시 17분

양력 7 / 음력 06/03 – 07/03

양력	1	2	3	4	5	6	7	8	9	10	11	12	13	14	15	16	17	18	19	20	21	22	23	24	25	26	27	28	29	30	31
요일	금	토	일	월	화	수	목	금	토	일	월	화	수	목	금	토	일	월	화	수	목	금	토	일	월	화	수	목	금	토	일
일진 日辰	丙申	丁酉	戊戌	己亥	庚子	辛丑	壬寅	癸卯	甲辰	乙巳	丙午	丁未	戊申	己酉	庚戌	辛亥	壬子	癸丑	甲寅	乙卯	丙辰	丁巳	戊午	己未	庚申	辛酉	壬戌	癸亥	甲子	乙丑	丙寅
음력	3	4	5	6	7	8	9	10	11	12	13	14	15	16	17	18	19	20	21	22	23	24	25	26	27	28	29	30	7/1	2	3
대운 남	8	8	9	9	9	10	10	소	1	1	1	1	2	2	2	3	3	3	4	4	4	5	5	대	6	6	6	7	7	7	8
대운 여	2	2	2	1	1	1	1	서	10	10	9	9	9	8	8	8	7	7	7	6	6	6	5	서	5	4	4	4	3	3	3

입추 8일 22시 31분 ⇨ 【戊申月(무신월)】(입추, 처서~ 백로 전) 처서 24일 13시 05분

양력 8 / 음력 07/04 – 08/05

양력	1	2	3	4	5	6	7	8	9	10	11	12	13	14	15	16	17	18	19	20	21	22	23	24	25	26	27	28	29	30	31
요일	월	화	수	목	금	토	일	월	화	수	목	금	토	일	월	화	수	목	금	토	일	월	화	수	목	금	토	일	월	화	수
일진 日辰	丁卯	戊辰	己巳	庚午	辛未	壬申	癸酉	甲戌	乙亥	丙子	丁丑	戊寅	己卯	庚辰	辛巳	壬午	癸未	甲申	乙酉	丙戌	丁亥	戊子	己丑	庚寅	辛卯	壬辰	癸巳	甲午	乙未	丙申	丁酉
음력	4	5	6	7	8	9	10	11	12	13	14	15	16	17	18	19	20	21	22	23	24	25	26	27	28	29	8/1	2	3	4	5
대운 남	8	8	9	9	9	10	10	입	1	1	1	1	2	2	2	3	3	3	4	4	4	5	5	처	6	6	6	7	7	7	8
대운 여	2	2	2	1	1	1	1	추	10	10	10	9	9	9	8	8	8	7	7	7	6	6	6	서	5	5	4	4	4	3	3

백로 9일 01시 06분 ⇨ 【己酉月(기유월)】(백로, 추분-한로 전) 추분 24일 10시 17분

양력 9 / 음력 08/06 – 09/05

양력	1	2	3	4	5	6	7	8	9	10	11	12	13	14	15	16	17	18	19	20	21	22	23	24	25	26	27	28	29	30
요일	목	금	토	일	월	화	수	목	금	토	일	월	화	수	목	금	토	일	월	화	수	목	금	토	일	월	화	수	목	금
일진 日辰	戊戌	己亥	庚子	辛丑	壬寅	癸卯	甲辰	乙巳	丙午	丁未	戊申	己酉	庚戌	辛亥	壬子	癸丑	甲寅	乙卯	丙辰	丁巳	戊午	己未	庚申	辛酉	壬戌	癸亥	甲子	乙丑	丙寅	丁卯
음력	6	7	8	9	10	11	12	13	14	15	16	17	18	19	20	21	22	23	24	25	26	27	28	29	30	9/1	2	3	4	5
대운 남	8	8	9	9	9	10	10	10	백	1	1	1	1	2	2	2	3	3	3	4	4	4	5	추	5	6	6	6	7	7
대운 여	3	2	2	2	1	1	1	1	로	10	9	9	9	8	8	8	7	7	7	6	6	6	5	분	5	4	4	4	3	3

한로 9일 16시 15분 ⇨ 【庚戌月(경술월)】(한로, 상강~ 입동 전) 상강 24일 19시 07분

양력 10 / 음력 09/06 – 10/06

양력	1	2	3	4	5	6	7	8	9	10	11	12	13	14	15	16	17	18	19	20	21	22	23	24	25	26	27	28	29	30	31
요일	토	일	월	화	수	목	금	토	일	월	화	수	목	금	토	일	월	화	수	목	금	토	일	월	화	수	목	금	토	일	월
일진 日辰	戊辰	己巳	庚午	辛未	壬申	癸酉	甲戌	乙亥	丙子	丁丑	戊寅	己卯	庚辰	辛巳	壬午	癸未	甲申	乙酉	丙戌	丁亥	戊子	己丑	庚寅	辛卯	壬辰	癸巳	甲午	乙未	丙申	丁酉	戊戌
음력	6	7	8	9	10	11	12	13	14	15	16	17	18	19	20	21	22	23	24	25	26	27	28	29	30	10/1	2	3	4	5	6
대운 남	7	8	8	8	9	9	9	10	한	1	1	1	1	2	2	2	3	3	3	4	4	4	5	상	5	6	6	6	7	7	7
대운 여	3	2	2	2	1	1	1	1	로	10	9	9	9	8	8	8	7	7	7	6	6	6	5	강	5	4	4	4	3	3	3

입동 8일 18시 57분 ⇨ 【辛亥月(신해월)】(입동, 소설~ 대설 전) 소설 23일 16시 41분

양력 11 / 음력 10/07 – 11/07

양력	1	2	3	4	5	6	7	8	9	10	11	12	13	14	15	16	17	18	19	20	21	22	23	24	25	26	27	28	29	30
요일	회	수	목	금	토	일	월	회	수	목	금	토	일	월	회	수	목	금	토	일	월	회	수	목	금	토	일	월	회	수
일진 日辰	己亥	庚子	辛丑	壬寅	癸卯	甲辰	乙巳	丙午	丁未	戊申	己酉	庚戌	辛亥	壬子	癸丑	甲寅	乙卯	丙辰	丁巳	戊午	己未	庚申	辛酉	壬戌	癸亥	甲子	乙丑	丙寅	丁卯	戊辰
음력	7	8	9	10	11	12	13	14	15	16	17	18	19	20	21	22	23	24	25	26	27	28	29	11/1	2	3	4	5	6	7
대운 남	8	8	8	9	9	9	10	입	1	1	1	1	2	2	2	3	3	3	4	4	4	5	소	5	6	6	6	7	7	7
대운 여	2	2	2	1	1	1	1	동	10	9	9	9	8	8	8	7	7	7	6	6	6	5	설	5	4	4	4	3	3	3

대설 8일 11시 26분 ⇨ 【壬子月(임자월)】(대설, 동지~소한 전) 동지 23일 03시 38분

양력 12 / 음력 11/08 – 12/08

양력	1	2	3	4	5	6	7	8	9	10	11	12	13	14	15	16	17	18	19	20	21	22	23	24	25	26	27	28	29	30	31
요일	목	금	토	일	월	화	수	목	금	토	일	월	화	수	목	금	토	일	월	화	수	목	금	토	일	월	화	수	목	금	토
일진 日辰	己巳	庚午	辛未	壬申	癸酉	甲戌	乙亥	丙子	丁丑	戊寅	己卯	庚辰	辛巳	壬午	癸未	甲申	乙酉	丙戌	丁亥	戊子	己丑	庚寅	辛卯	壬辰	癸巳	甲午	乙未	丙申	丁酉	戊戌	己亥
음력	8	9	10	11	12	13	14	15	16	17	18	19	20	21	22	23	24	25	26	27	28	29	30	12/1	2	3	4	5	6	7	8
대운 남	8	8	8	9	9	9	10	대	1	1	1	1	2	2	2	3	3	3	4	4	4	5	동	5	6	6	6	7	7	7	8
대운 여	2	2	2	1	1	1	1	설	9	9	9	8	8	8	7	7	7	6	6	6	5	5	지	4	4	4	3	3	3	2	2

윤2월 小 1928 戊辰年(무진년)

단기 4261년/불기2472년 대장군(북방). 삼살(남방), 상문(남방),조객(동북방), 납음(대림목), 【삼재(인,묘,진)년】

소한 06일 22시 31분 ⇨ 【癸丑月(계축월)】(소한, 대한~ 입춘 전) 대한 21일 15시 57분

양력 1 (음력 12/09 ▮ 01/09)	1	2	3	4	5	6	7	8	9	10	11	12	13	14	15	16	17	18	19	20	21	22	23	24	25	26	27	28	29	30	31
요일	일	월	화	수	목	금	토	일	월	화	수	목	금	토	일	월	화	수	목	금	토	일	월	화	수	목	금	토	일	월	화
일진	庚	辛	壬	癸	甲	乙	丙	丁	戊	己	庚	辛	壬	癸	甲	乙	丙	丁	戊	己	庚	辛	壬	癸	甲	乙	丙	丁	戊	己	庚
日辰	子	丑	寅	卯	辰	巳	午	未	申	酉	戌	亥	子	丑	寅	卯	辰	巳	午	未	申	酉	戌	亥	子	丑	寅	卯	辰	巳	午
음력	9	10	11	12	13	14	15	16	17	18	19	20	21	22	23	24	25	26	27	28	29	30	1/1	2	3	4	5	6	7	8	9
대운 남	8	8	9	9	9	소	1	1	1	1	2	2	2	3	3	3	4	4	4	5	대	5	6	6	6	7	7	7	8	8	8
대운 여	2	1	1	1	1	한	10	9	9	9	8	8	8	7	7	7	6	6	6	5	한	5	4	4	4	3	3	3	2	2	2

입춘 05일 10시 16분 ⇨ 【甲寅月(갑인월)】(입춘, 우수~ 경칩 전) 우수 20일 06시 19분

양력 2 (음력 01/10 ▮ 02/09)	1	2	3	4	5	6	7	8	9	10	11	12	13	14	15	16	17	18	19	20	21	22	23	24	25	26	27	28	29	立春
요일	수	목	금	토	일	월	화	수	목	금	토	일	월	화	수	목	금	토	일	월	화	수	목	금	토	일	월	화	수	
일진	辛	壬	癸	甲	乙	丙	丁	戊	己	庚	辛	壬	癸	甲	乙	丙	丁	戊	己	庚	辛	壬	癸	甲	乙	丙	丁	戊	己	
日辰	未	申	酉	戌	亥	子	丑	寅	卯	辰	巳	午	未	申	酉	戌	亥	子	丑	寅	卯	辰	巳	午	未	申	酉	戌	亥	
음력	10	11	12	13	14	15	16	17	18	19	20	21	22	23	24	25	26	27	28	29	2/1	2	3	4	5	6	7	8	9	
대운 남	9	9	9	10	입	10	9	9	9	8	8	8	7	7	7	6	6	6	5	우	5	4	4	4	3	3	3	2	2	
대운 여	1	1	1	1	춘	1	1	1	1	2	2	2	3	3	3	4	4	4	5	수	5	6	6	6	7	7	7	8	8	

경칩 6일 04시 37분 ⇨ 【乙卯月(을묘월)】(경칩, 춘분~ 청명 전) 춘분 21일 05시 44분

양력 3 (음력 02/10 ▮ 윤210)	1	2	3	4	5	6	7	8	9	10	11	12	13	14	15	16	17	18	19	20	21	22	23	24	25	26	27	28	29	30	31
요일	목	금	토	일	월	화	수	목	금	토	일	월	화	수	목	금	토	일	월	화	수	목	금	토	일	월	화	수	목	금	토
일진	庚	辛	壬	癸	甲	乙	丙	丁	戊	己	庚	辛	壬	癸	甲	乙	丙	丁	戊	己	庚	辛	壬	癸	甲	乙	丙	丁	戊	己	庚
日辰	子	丑	寅	卯	辰	巳	午	未	申	酉	戌	亥	子	丑	寅	卯	辰	巳	午	未	申	酉	戌	亥	子	丑	寅	卯	辰	巳	午
음력	10	11	12	13	14	15	16	17	18	19	20	21	22	23	24	25	26	27	28	29	30	윤2	2	3	4	5	6	7	8	9	10
대운 남	2	1	1	1	1	경	10	9	9	9	8	8	8	7	7	7	6	6	6	5	춘	5	4	4	4	3	3	3	2	2	2
대운 여	8	9	9	9	10	칩	1	1	1	1	2	2	2	3	3	3	4	4	4	5	분	5	6	6	6	7	7	7	8	8	8

청명 5일 09시 55분 ⇨ 【丙辰月(병진월)】(청명, 곡우~ 입하 전) 곡우 20일 17시 17분

양력 4 (음력 윤211 ▮ 03/11)	1	2	3	4	5	6	7	8	9	10	11	12	13	14	15	16	17	18	19	20	21	22	23	24	25	26	27	28	29	30
요일	일	월	화	수	목	금	토	일	월	화	수	목	금	토	일	월	화	수	목	금	토	일	월	화	수	목	금	토	일	월
일진	辛	壬	癸	甲	乙	丙	丁	戊	己	庚	辛	壬	癸	甲	乙	丙	丁	戊	己	庚	辛	壬	癸	甲	乙	丙	丁	戊	己	庚
日辰	未	申	酉	戌	亥	子	丑	寅	卯	辰	巳	午	未	申	酉	戌	亥	子	丑	寅	卯	辰	巳	午	未	申	酉	戌	亥	子
음력	11	12	13	14	15	16	17	18	19	20	21	22	23	24	25	26	27	28	29	3/1	2	3	4	5	6	7	8	9	10	11
대운 남	1	1	1	1	청	10	10	9	9	9	8	8	8	7	7	7	6	6	6	곡	5	5	4	4	4	3	3	3	2	2
대운 여	9	9	9	10	명	1	1	1	1	2	2	2	3	3	3	4	4	4	5	우	5	6	6	6	7	7	7	8	8	8

입하 6일 03시 44분 ⇨ 【丁巳月(정사월)】(입하, 소만~ 망종 전) 소만 21일 16시 52분

양력 5 (음력 03/12 ▮ 04/13)	1	2	3	4	5	6	7	8	9	10	11	12	13	14	15	16	17	18	19	20	21	22	23	24	25	26	27	28	29	30	31
요일	화	수	목	금	토	일	월	화	수	목	금	토	일	월	화	수	목	금	토	일	월	화	수	목	금	토	일	월	화	수	목
일진	辛	壬	癸	甲	乙	丙	丁	戊	己	庚	辛	壬	癸	甲	乙	丙	丁	戊	己	庚	辛	壬	癸	甲	乙	丙	丁	戊	己	庚	辛
日辰	丑	寅	卯	辰	巳	午	未	申	酉	戌	亥	子	丑	寅	卯	辰	巳	午	未	申	酉	戌	亥	子	丑	寅	卯	辰	巳	午	未
음력	12	13	14	15	16	17	18	19	20	21	22	23	24	25	26	27	28	29	4/1	2	3	4	5	6	7	8	9	10	11	12	13
대운 남	2	1	1	1	1	입	10	10	9	9	9	8	8	8	7	7	7	6	6	6	소	5	5	4	4	4	3	3	3	2	2
대운 여	9	9	9	10	10	하	1	1	1	1	2	2	2	3	3	3	4	4	4	5	만	5	6	6	6	7	7	7	8	8	8

망종 6일 08시 17분 ⇨ 【戊午月(무오월)】(망종, 하지~ 소서 전) 하지 22일 01시 06분

양력 6 (음력 04/14 ▮ 05/13)	1	2	3	4	5	6	7	8	9	10	11	12	13	14	15	16	17	18	19	20	21	22	23	24	25	26	27	28	29	30
요일	금	토	일	월	화	수	목	금	토	일	월	화	수	목	금	토	일	월	화	수	목	금	토	일	월	화	수	목	금	토
일진	壬	癸	甲	乙	丙	丁	戊	己	庚	辛	壬	癸	甲	乙	丙	丁	戊	己	庚	辛	壬	癸	甲	乙	丙	丁	戊	己	庚	辛
日辰	申	酉	戌	亥	子	丑	寅	卯	辰	巳	午	未	申	酉	戌	亥	子	丑	寅	卯	辰	巳	午	未	申	酉	戌	亥	子	丑
음력	14	15	16	17	18	19	20	21	22	23	24	25	26	27	28	29	30	5/1	2	3	4	5	6	7	8	9	10	11	12	13
대운 남	2	1	1	1	1	망	10	10	9	9	9	8	8	8	7	7	7	6	6	6	5	하	5	4	4	4	3	3	3	2
대운 여	9	9	9	10	10	종	1	1	1	1	2	2	2	3	3	3	4	4	4	5	5	지	6	6	6	7	7	7	8	8

대장군(북방). 삼살(남방), 상문(남방),조객(동북방), 납음(대림목), 【삼재(인,묘,진)년】
한식(4월6일), 초복(7월19일), 중복(7월29일), 말복(8월08일)

戊辰年(무진년)

1928

소서 7일 18시 44분 ⇨ 【己未月(기미월)】(소서, 대서~ 입추 전) 대서 23일 12시 02분

양력 7 음력 05/14 ~ 06/15	1	2	3	4	5	6	7	8	9	10	11	12	13	14	15	16	17	18	19	20	21	22	23	24	25	26	27	28	29	30	31
요일	일	월	화	수	목	금	토	일	월	화	수	목	금	토	일	월	화	수	목	금	토	일	월	화	수	목	금	토	일	월	화
일진 日辰	壬寅	癸卯	甲辰	乙巳	丙午	丁未	戊申	己酉	庚戌	辛亥	壬子	癸丑	甲寅	乙卯	丙辰	丁巳	戊午	己未	庚申	辛酉	壬戌	癸亥	甲子	乙丑	丙寅	丁卯	戊辰	己巳	庚午	辛未	壬申
음력	14	15	16	17	18	19	20	21	22	23	24	25	26	27	28	29	6/1	2	3	4	5	6	7	8	9	10	11	12	13	14	15
대운 남	2	2	1	1	1	1	소	10	10	10	9	9	9	8	8	8	7	7	7	6	6	6	대	5	5	4	4	4	3	3	3
대운 여	8	9	9	9	10	10	서	1	1	1	1	2	2	2	3	3	3	4	4	4	5	5	서	6	6	6	7	7	7	8	8

입추 8일 04시 28분 ⇨ 【庚申月(경신월)】(입추, 처서~ 백로 전) 처서 23일 18시 53분

양력 8 음력 06/16 ~ 07/17	1	2	3	4	5	6	7	8	9	10	11	12	13	14	15	16	17	18	19	20	21	22	23	24	25	26	27	28	29	30	31
요일	수	목	금	토	일	월	화	수	목	금	토	일	월	화	수	목	금	토	일	월	화	수	목	금	토	일	월	화	수	목	금
일진 日辰	癸酉	甲戌	乙亥	丙子	丁丑	戊寅	己卯	庚辰	辛巳	壬午	癸未	甲申	乙酉	丙戌	丁亥	戊子	己丑	庚寅	辛卯	壬辰	癸巳	甲午	乙未	丙申	丁酉	戊戌	己亥	庚子	辛丑	壬寅	癸卯
음력	16	17	18	19	20	21	22	23	24	25	26	27	28	29	7/1	2	3	4	5	6	7	8	9	10	11	12	13	14	15	16	17
대운 남	2	2	2	1	1	1	1	입	10	10	9	9	9	8	8	8	7	7	7	6	6	6	처	5	5	4	4	4	3	3	3
대운 여	8	9	9	9	10	10	10	추	1	1	1	1	2	2	2	3	3	3	4	4	4	5	서	5	6	6	6	7	7	7	8

백로 8일 07시 02분 ⇨ 【辛酉月(신유월)】(백로, 추분-한로 전) 추분 23일 16시 06분

양력 9 음력 07/18 ~ 08/17	1	2	3	4	5	6	7	8	9	10	11	12	13	14	15	16	17	18	19	20	21	22	23	24	25	26	27	28	29	30
요일	토	일	월	화	수	목	금	토	일	월	화	수	목	금	토	일	월	화	수	목	금	토	일	월	화	수	목	금	토	일
일진 日辰	甲辰	乙巳	丙午	丁未	戊申	己酉	庚戌	辛亥	壬子	癸丑	甲寅	乙卯	丙辰	丁巳	戊午	己未	庚申	辛酉	壬戌	癸亥	甲子	乙丑	丙寅	丁卯	戊辰	己巳	庚午	辛未	壬申	癸酉
음력	18	19	20	21	22	23	24	25	26	27	28	29	30	8/1	2	3	4	5	6	7	8	9	10	11	12	13	14	15	16	17
대운 남	2	2	2	1	1	1	1	백	10	9	9	9	8	8	8	7	7	7	6	6	6	5	추	5	4	4	4	3	3	3
대운 여	8	8	9	9	9	10	10	로	1	1	1	1	2	2	2	3	3	3	4	4	4	5	분	5	6	6	6	7	7	7

한로 8일 22시 10분 ⇨ 【壬戌月(임술월)】(한로, 상강~ 입동 전) 상강 24일 00시 55분

양력 10 음력 08/18 ~ 09/18	1	2	3	4	5	6	7	8	9	10	11	12	13	14	15	16	17	18	19	20	21	22	23	24	25	26	27	28	29	30	31
요일	월	화	수	목	금	토	일	월	화	수	목	금	토	일	월	화	수	목	금	토	일	월	화	수	목	금	토	일	월	화	수
일진 日辰	甲戌	乙亥	丙子	丁丑	戊寅	己卯	庚辰	辛巳	壬午	癸未	甲申	乙酉	丙戌	丁亥	戊子	己丑	庚寅	辛卯	壬辰	癸巳	甲午	乙未	丙申	丁酉	戊戌	己亥	庚子	辛丑	壬寅	癸卯	甲辰
음력	18	19	20	21	22	23	24	25	26	27	28	29	30	9/1	2	3	4	5	6	7	8	9	10	11	12	13	14	15	16	17	18
대운 남	2	2	2	1	1	1	1	한	10	10	9	9	9	8	8	8	7	7	7	6	6	6	5	상	5	4	4	4	3	3	3
대운 여	8	8	8	9	9	9	10	로	1	1	1	1	2	2	2	3	3	3	4	4	4	5	5	강	6	6	6	7	7	7	8

입동 8일 00시 50분 ⇨ 【癸亥月(계해월)】(입동, 소설~ 대설 전) 소설 22일 22시 00분

양력 11 음력 09/19 ~ 10/19	1	2	3	4	5	6	7	8	9	10	11	12	13	14	15	16	17	18	19	20	21	22	23	24	25	26	27	28	29	30
요일	목	금	토	일	월	화	수	목	금	토	일	월	화	수	목	금	토	일	월	화	수	목	금	토	일	월	화	수	목	금
일진 日辰	乙巳	丙午	丁未	戊申	己酉	庚戌	辛亥	壬子	癸丑	甲寅	乙卯	丙辰	丁巳	戊午	己未	庚申	辛酉	壬戌	癸亥	甲子	乙丑	丙寅	丁卯	戊辰	己巳	庚午	辛未	壬申	癸酉	甲戌
음력	19	20	21	22	23	24	25	26	27	28	29	10/1	2	3	4	5	6	7	8	9	10	11	12	13	14	15	16	17	18	19
대운 남	2	2	2	1	1	1	1	입	9	9	9	8	8	8	7	7	7	6	6	6	5	소	5	4	4	4	3	3	3	2
대운 여	8	8	9	9	9	10	10	동	1	1	1	1	2	2	2	3	3	3	4	4	4	설	5	5	6	6	6	7	7	7

대설 7일 17시 17분 ⇨ 【甲子月(갑자월)】(대설, 동지~소한 전) 동지 22일 11시 04분

양력 12 음력 10/20 ~ 11/20	1	2	3	4	5	6	7	8	9	10	11	12	13	14	15	16	17	18	19	20	21	22	23	24	25	26	27	28	29	30	31
요일	토	일	월	화	수	목	금	토	일	월	화	수	목	금	토	일	월	화	수	목	금	토	일	월	화	수	목	금	토	일	월
일진 日辰	乙亥	丙子	丁丑	戊寅	己卯	庚辰	辛巳	壬午	癸未	甲申	乙酉	丙戌	丁亥	戊子	己丑	庚寅	辛卯	壬辰	癸巳	甲午	乙未	丙申	丁酉	戊戌	己亥	庚子	辛丑	壬寅	癸卯	甲辰	乙巳
음력	20	21	22	23	24	25	26	27	28	29	30	11/1	2	3	4	5	6	7	8	9	10	11	12	13	14	15	16	17	18	19	20
대운 남	2	2	1	1	1	1	대	10	9	9	9	8	8	8	7	7	7	6	6	6	5	동	5	4	4	4	3	3	3	2	2
대운 여	8	8	8	9	9	9	설	1	1	1	1	2	2	2	3	3	3	4	4	4	5	지	5	6	6	6	7	7	7	8	8

1929 己巳年(기사년)

단기4262년 /불기2473년 대장군(동방). 삼살(동방), 상문(서남방),조객(동방), 납음(대림목),【삼재(해,자,축)년】

소한 6일 04시 22분 ⇨ 【乙丑月(을축월)】(소한, 대한~ 입춘 전) 대한 20일 21시 42분

1월 (음력 11/21 ~ 12/21)

양력	1	2	3	4	5	6	7	8	9	10	11	12	13	14	15	16	17	18	19	20	21	22	23	24	25	26	27	28	29	30	31
요일	화	수	목	금	토	일	월	화	수	목	금	토	일	월	화	수	목	금	토	일	월	화	수	목	금	토	일	월	화	수	목
일진 日辰	丙午	丁未	戊申	己酉	庚戌	辛亥	壬子	癸丑	甲寅	乙卯	丙辰	丁巳	戊午	己未	庚申	辛酉	壬戌	癸亥	甲子	乙丑	丙寅	丁卯	戊辰	己巳	庚午	辛未	壬申	癸酉	甲戌	乙亥	丙子
음력	21	22	23	24	25	26	27	28	29	30	12/1	2	3	4	5	6	7	8	9	10	11	12	13	14	15	16	17	18	19	20	21
대운 남	2	1	1	1	1	소	9	9	9	8	8	8	7	7	7	6	6	6	5	대	5	4	4	4	3	3	3	2	2	2	1
대운 여	8	9	9	9	10	한	1	1	1	1	2	2	2	3	3	3	4	4	4	한	5	5	6	6	6	7	7	7	8	8	8

입춘 4일 16시 09분 ⇨ 【丙寅月(병인월)】(입춘, 우수~ 경칩 전) 우수 19일 12시 07분

2월 (음력 12/22 ~ 01/19) 立春

양력	1	2	3	4	5	6	7	8	9	10	11	12	13	14	15	16	17	18	19	20	21	22	23	24	25	26	27	28
요일	금	토	일	월	화	수	목	금	토	일	월	화	수	목	금	토	일	월	화	수	목	금	토	일	월	화	수	목
일진 日辰	丁丑	戊寅	己卯	庚辰	辛巳	壬午	癸未	甲申	乙酉	丙戌	丁亥	戊子	己丑	庚寅	辛卯	壬辰	癸巳	甲午	乙未	丙申	丁酉	戊戌	己亥	庚子	辛丑	壬寅	癸卯	甲辰
음력	22	23	24	25	26	27	28	29	30	1/1	2	3	4	5	6	7	8	9	10	11	12	13	14	15	16	17	18	19
대운 남	1	1	1	입	1	1	1	1	2	2	2	3	3	3	4	4	4	5	우	5	6	6	6	7	7	7	8	8
대운 여	9	9	9	춘	10	9	9	9	8	8	8	7	7	7	6	6	6	5	수	5	4	4	4	3	3	3	2	2

경칩 6일 10시 32분 ⇨ 【丁卯月(정묘월)】(경칩, 춘분~ 청명 전) 춘분 21일 11시 35분

3월 (음력 01/20 ~ 02/21)

양력	1	2	3	4	5	6	7	8	9	10	11	12	13	14	15	16	17	18	19	20	21	22	23	24	25	26	27	28	29	30	31
요일	금	토	일	월	화	수	목	금	토	일	월	화	수	목	금	토	일	월	화	수	목	금	토	일	월	화	수	목	금	토	일
일진 日辰	乙巳	丙午	丁未	戊申	己酉	庚戌	辛亥	壬子	癸丑	甲寅	乙卯	丙辰	丁巳	戊午	己未	庚申	辛酉	壬戌	癸亥	甲子	乙丑	丙寅	丁卯	戊辰	己巳	庚午	辛未	壬申	癸酉	甲戌	乙亥
음력	20	21	22	23	24	25	26	27	28	29	2/1	2	3	4	5	6	7	8	9	10	11	12	13	14	15	16	17	18	19	20	21
대운 남	8	9	9	9	10	경	1	1	1	1	2	2	2	3	3	3	4	4	4	5	춘	5	6	6	6	7	7	7	8	8	8
대운 여	2	1	1	1	1	칩	10	9	9	9	8	8	8	7	7	7	6	6	6	5	분	5	4	4	4	3	3	3	2	2	2

청명 5일 15시 51분 ⇨ 【戊辰月(무진월)】(청명, 곡우~ 입하 전) 곡우 20일 23시 10분

4월 (음력 02/22 ~ 03/21)

양력	1	2	3	4	5	6	7	8	9	10	11	12	13	14	15	16	17	18	19	20	21	22	23	24	25	26	27	28	29	30
요일	월	화	수	목	금	토	일	월	화	수	목	금	토	일	월	화	수	목	금	토	일	월	화	수	목	금	토	일	월	화
일진 日辰	丙子	丁丑	戊寅	己卯	庚辰	辛巳	壬午	癸未	甲申	乙酉	丙戌	丁亥	戊子	己丑	庚寅	辛卯	壬辰	癸巳	甲午	乙未	丙申	丁酉	戊戌	己亥	庚子	辛丑	壬寅	癸卯	甲辰	乙巳
음력	22	23	24	25	26	27	28	29	30	3/1	2	3	4	5	6	7	8	9	10	11	12	13	14	15	16	17	18	19	20	21
대운 남	9	9	9	10	청	1	1	1	1	2	2	2	3	3	3	4	4	4	5	곡	5	6	6	6	7	7	7	8	8	8
대운 여	1	1	1	1	명	10	9	9	9	8	8	8	7	7	7	6	6	6	5	우	5	4	4	4	3	3	3	2	2	2

입하 6일 09시 40분 ⇨ 【己巳月(기사월)】(입하, 소만~ 망종 전) 소만 21일 22시 48분

5월 (음력 03/22 ~ 04/23)

양력	1	2	3	4	5	6	7	8	9	10	11	12	13	14	15	16	17	18	19	20	21	22	23	24	25	26	27	28	29	30	31
요일	수	목	금	토	일	월	화	수	목	금	토	일	월	화	수	목	금	토	일	월	화	수	목	금	토	일	월	화	수	목	금
일진 日辰	丙午	丁未	戊申	己酉	庚戌	辛亥	壬子	癸丑	甲寅	乙卯	丙辰	丁巳	戊午	己未	庚申	辛酉	壬戌	癸亥	甲子	乙丑	丙寅	丁卯	戊辰	己巳	庚午	辛未	壬申	癸酉	甲戌	乙亥	丙子
음력	22	23	24	25	26	27	28	29	4/1	2	3	4	5	6	7	8	9	10	11	12	13	14	15	16	17	18	19	20	21	22	23
대운 남	9	9	9	10	10	입	1	1	1	1	2	2	2	3	3	3	4	4	4	5	소	5	6	6	6	7	7	7	8	8	8
대운 여	2	1	1	1	1	하	10	10	9	9	9	8	8	8	7	7	7	6	6	6	만	5	5	4	4	4	3	3	3	2	2

망종 6일 14시 11분 ⇨ 【庚午月(경오월)】(망종, 하지~ 소서 전) 하지 22일 07시 01분

6월 (음력 04/24 ~ 05/24)

양력	1	2	3	4	5	6	7	8	9	10	11	12	13	14	15	16	17	18	19	20	21	22	23	24	25	26	27	28	29	30
요일	토	일	월	화	수	목	금	토	일	월	화	수	목	금	토	일	월	화	수	목	금	토	일	월	화	수	목	금	토	일
일진 日辰	丁丑	戊寅	己卯	庚辰	辛巳	壬午	癸未	甲申	乙酉	丙戌	丁亥	戊子	己丑	庚寅	辛卯	壬辰	癸巳	甲午	乙未	丙申	丁酉	戊戌	己亥	庚子	辛丑	壬寅	癸卯	甲辰	乙巳	丙午
음력	24	25	26	27	28	29	5/1	2	3	4	5	6	7	8	9	10	11	12	13	14	15	16	17	18	19	20	21	22	23	24
대운 남	9	9	9	10	10	망	1	1	1	1	2	2	2	3	3	3	4	4	4	5	5	하	6	6	6	7	7	7	8	8
대운 여	2	1	1	1	1	종	10	10	10	9	9	9	8	8	8	7	7	7	6	6	6	지	5	5	4	4	4	3	3	3

대장군(동방). 삼살(동방), 상문(서남방),조객(동방), 납음(대림목), 【삼재(해,자,축)년】

한식(4월6일), 초복(7월14일), 중복(7월24일), 말복(8월03일)

己巳年(기사년)

1929

소서 8일 00시 32분 ⇨ **【辛未月(신미월)】**(소서, 대서~ 입추 전) 대서 23일 17시 53분

양력 7 (음력 05/25~06/25)		1	2	3	4	5	6	7	8	9	10	11	12	13	14	15	16	17	18	19	20	21	22	23	24	25	26	27	28	29	30	31
요일		월	화	수	목	금	토	일	월	화	수	목	금	토	일	월	화	수	목	금	토	일	월	화	수	목	금	토	일	월	화	수
일진 日辰		丁未	戊申	己酉	庚戌	辛亥	壬子	癸丑	甲寅	乙卯	丙辰	丁巳	戊午	己未	庚申	辛酉	壬戌	癸亥	甲子	乙丑	丙寅	丁卯	戊辰	己巳	庚午	辛未	壬申	癸酉	甲戌	乙亥	丙子	丁丑
음력		25	26	27	28	29	30	6/1	2	3	4	5	6	7	8	9	10	11	12	13	14	15	16	17	18	19	20	21	22	23	24	25
대운	남	8	9	9	9	10	10	10	소	1	1	1	1	2	2	2	3	3	3	4	4	4	5	대	5	6	6	6	7	7	7	8
	여	2	2	2	1	1	1	1	서	10	10	9	9	9	8	8	8	7	7	7	6	6	6	서	5	5	4	4	4	3	3	3

입추 8일 10시 09분 ⇨ **【壬申月(임신월)】**(입추, 처서~ 백로 전) 처서 24일 00시 41분

양력 8 (음력 06/26~07/27)		1	2	3	4	5	6	7	8	9	10	11	12	13	14	15	16	17	18	19	20	21	22	23	24	25	26	27	28	29	30	31
요일		목	금	토	일	월	화	수	목	금	토	일	월	화	수	목	금	토	일	월	화	수	목	금	토	일	월	화	수	목	금	토
일진 日辰		戊寅	己卯	庚辰	辛巳	壬午	癸未	甲申	乙酉	丙戌	丁亥	戊子	己丑	庚寅	辛卯	壬辰	癸巳	甲午	乙未	丙申	丁酉	戊戌	己亥	庚子	辛丑	壬寅	癸卯	甲辰	乙巳	丙午	丁未	戊申
음력		26	27	28	29	7/1	2	3	4	5	6	7	8	9	10	11	12	13	14	15	16	17	18	19	20	21	22	23	24	25	26	27
대운	남	8	8	9	9	9	10	10	입	1	1	1	1	2	2	2	3	3	3	4	4	4	5	5	처	6	6	6	7	7	7	8
	여	2	2	2	1	1	1	1	추	10	10	9	9	9	8	8	8	7	7	7	6	6	6	5	서	5	4	4	4	3	3	3

백로 8일 12시 40분 ⇨ **【癸酉月(계유월)】**(백로, 추분-한로 전) 추분 23일 21시 52분

양력 9 (음력 07/28~08/28)		1	2	3	4	5	6	7	8	9	10	11	12	13	14	15	16	17	18	19	20	21	22	23	24	25	26	27	28	29	30
요일		일	월	화	수	목	금	토	일	월	화	수	목	금	토	일	월	화	수	목	금	토	일	월	화	수	목	금	토	일	월
일진 日辰		己酉	庚戌	辛亥	壬子	癸丑	甲寅	乙卯	丙辰	丁巳	戊午	己未	庚申	辛酉	壬戌	癸亥	甲子	乙丑	丙寅	丁卯	戊辰	己巳	庚午	辛未	壬申	癸酉	甲戌	乙亥	丙子	丁丑	戊寅
음력		28	29	8/1	2	3	4	5	6	7	8	9	10	11	12	13	14	15	16	17	18	19	20	21	22	23	24	25	26	27	28
대운	남	8	8	9	9	9	10	10	백	1	1	1	1	2	2	2	3	3	3	4	4	4	5	추	5	6	6	6	7	7	7
	여	2	2	2	1	1	1	1	로	10	10	9	9	9	8	8	8	7	7	7	6	6	6	분	5	5	4	4	4	3	3

한로 9일 03시 47분 ⇨ **【甲戌月(갑술월)】**(한로, 상강~ 입동 전) 상강 24일 06시 41분

양력 10 (음력 08/29~09/29)		1	2	3	4	5	6	7	8	9	10	11	12	13	14	15	16	17	18	19	20	21	22	23	24	25	26	27	28	29	30	31
요일		화	수	목	금	토	일	월	화	수	목	금	토	일	월	화	수	목	금	토	일	월	화	수	목	금	토	일	월	화	수	목
일진 日辰		己卯	庚辰	辛巳	壬午	癸未	甲申	乙酉	丙戌	丁亥	戊子	己丑	庚寅	辛卯	壬辰	癸巳	甲午	乙未	丙申	丁酉	戊戌	己亥	庚子	辛丑	壬寅	癸卯	甲辰	乙巳	丙午	丁未	戊申	己酉
음력		29	30	9/1	2	3	4	5	6	7	8	9	10	11	12	13	14	15	16	17	18	19	20	21	22	23	24	25	26	27	28	29
대운	남	8	8	8	9	9	9	10	10	한	1	1	1	1	2	2	2	3	3	3	4	4	4	5	상	5	6	6	6	7	7	7
	여	3	2	2	2	1	1	1	1	로	10	9	9	9	8	8	8	7	7	7	6	6	6	5	강	5	4	4	4	3	3	3

입동 8일 06시 28분 ⇨ **【乙亥月(을해월)】**(입동, 소설~ 대설 전) 소설 23일 03시 48분

양력 11 (음력 10/01~10/30)		1	2	3	4	5	6	7	8	9	10	11	12	13	14	15	16	17	18	19	20	21	22	23	24	25	26	27	28	29	30
요일		금	토	일	월	화	수	목	금	토	일	월	화	수	목	금	토	일	월	화	수	목	금	토	일	월	화	수	목	금	토
일진 日辰		庚戌	辛亥	壬子	癸丑	甲寅	乙卯	丙辰	丁巳	戊午	己未	庚申	辛酉	壬戌	癸亥	甲子	乙丑	丙寅	丁卯	戊辰	己巳	庚午	辛未	壬申	癸酉	甲戌	乙亥	丙子	丁丑	戊寅	己卯
음력		10/1	2	3	4	5	6	7	8	9	10	11	12	13	14	15	16	17	18	19	20	21	22	23	24	25	26	27	28	29	30
대운	남	8	8	8	9	9	9	10	입	1	1	1	1	2	2	2	3	3	3	4	4	4	5	소	5	6	6	6	7	7	7
	여	2	2	2	1	1	1	1	동	9	9	9	8	8	8	7	7	7	6	6	6	5	5	설	4	4	4	3	3	3	2

대설 7일 22시 56분 ⇨ **【丙子月(병자월)】**(대설, 동지~소한 전) 동지 22일 16시 53분

양력 12 (음력 11/01~12/01)		1	2	3	4	5	6	7	8	9	10	11	12	13	14	15	16	17	18	19	20	21	22	23	24	25	26	27	28	29	30	31
요일		일	월	화	수	목	금	토	일	월	화	수	목	금	토	일	월	화	수	목	금	토	일	월	화	수	목	금	토	일	월	화
일진 日辰		庚辰	辛巳	壬午	癸未	甲申	乙酉	丙戌	丁亥	戊子	己丑	庚寅	辛卯	壬辰	癸巳	甲午	乙未	丙申	丁酉	戊戌	己亥	庚子	辛丑	壬寅	癸卯	甲辰	乙巳	丙午	丁未	戊申	己酉	庚戌
음력		11/1	2	3	4	5	6	7	8	9	10	11	12	13	14	15	16	17	18	19	20	21	22	23	24	25	26	27	28	29	30	12/1
대운	남	8	8	8	9	9	9	대	1	1	1	1	2	2	2	3	3	3	4	4	4	5	동	5	6	6	6	7	7	7	8	8
	여	2	2	1	1	1	1	설	10	9	9	9	8	8	8	7	7	7	6	6	6	5	지	5	4	4	4	3	3	3	2	2

윤6월 小 1930 庚午年(경오년)

단기 4263년 /불기2474년 대장군(동방). 삼살(북방), 상문(서남방),조객(동남방), 납음(노방토), 【삼재(신유술)년】

소한 06일 10시 30분 ⇨ **【丁丑月(정축월)】**(소한, 대한~ 입춘 전) 대한 21일 03시 33분

양력 1 (음력 12/02 ~ 01/02)		1	2	3	4	5	6	7	8	9	10	11	12	13	14	15	16	17	18	19	20	21	22	23	24	25	26	27	28	29	30	31
요일		수	목	금	토	일	월	화	수	목	금	토	일	월	화	수	목	금	토	일	월	화	수	목	금	토	일	월	화	수	목	금
일진 日辰		辛亥	壬子	癸丑	甲寅	乙卯	丙辰	丁巳	戊午	己未	庚申	辛酉	壬戌	癸亥	甲子	乙丑	丙寅	丁卯	戊辰	己巳	庚午	辛未	壬申	癸酉	甲戌	乙亥	丙子	丁丑	戊寅	己卯	庚辰	辛巳
음력		2	3	4	5	6	7	8	9	10	11	12	13	14	15	16	17	18	19	20	21	22	23	24	25	26	27	28	29	30	1/1	2
대운	남	8	9	9	9	10	소	1	1	1	1	2	2	2	3	3	3	4	4	4	5	대	5	6	6	6	7	7	7	8	8	8
	여	2	1	1	1	1	한	9	9	9	8	8	8	7	7	7	6	6	6	5	5	한	4	4	4	3	3	3	2	2	2	1

입춘 4일 21시 51분 ⇨ **【戊寅月(무인월)】**(입춘, 우수~ 경칩 전) 우수 19일 18시 00분

양력 2 (음력 01/03 ~ 02/01)		1	2	3	4	5	6	7	8	9	10	11	12	13	14	15	16	17	18	19	20	21	22	23	24	25	26	27	28
요일		토	일	월	화	수	목	금	토	일	월	화	수	목	금	토	일	월	화	수	목	금	토	일	월	화	수	목	금
일진 日辰		壬午	癸未	甲申	乙酉	丙戌	丁亥	戊子	己丑	庚寅	辛卯	壬辰	癸巳	甲午	乙未	丙申	丁酉	戊戌	己亥	庚子	辛丑	壬寅	癸卯	甲辰	乙巳	丙午	丁未	戊申	己酉
음력		3	4	5	6	7	8	9	10	11	12	13	14	15	16	17	18·	19	20	21	22	23	24	25	26	27	29	30	2/1
대운	남	9	9	9	입	10	9	9	9	8	8	8	7	7	7	6	6	6	5	우	5	4	4	4	3	3	3	2	2
	여	1	1	1	춘	1	1	1	1	2	2	2	3	3	3	4	4	4	5	수	5	6	6	6	7	7	7	8	8

立春

경칩 6일 16시 17분 ⇨ **【己卯月(기묘월)】**(경칩, 춘분~ 청명 전) 춘분 21일 17시 30분

양력 3 (음력 02/02 ~ 03/02)		1	2	3	4	5	6	7	8	9	10	11	12	13	14	15	16	17	18	19	20	21	22	23	24	25	26	27	28	29	30	31
요일		토	일	월	화	수	목	금	토	일	월	화	수	목	금	토	일	월	화	수	목	금	토	일	월	화	수	목	금	토	일	월
일진 日辰		庚戌	辛亥	壬子	癸丑	甲寅	乙卯	丙辰	丁巳	戊午	己未	庚申	辛酉	壬戌	癸亥	甲子	乙丑	丙寅	丁卯	戊辰	己巳	庚午	辛未	壬申	癸酉	甲戌	乙亥	丙子	丁丑	戊寅	己卯	庚辰
음력		2	3	4	5	6	7	8	9	10	11	12	13	14	15	16	17	18	19	20	21	22	23	24	25	26	27	28	29	30	3/1	2
대운	남	2	1	1	1	1	경	10	9	9	9	8	8	8	7	7	7	6	6	6	5	춘	5	4	4	4	3	3	3	2	2	2
	여	8	9	9	9	10	칩	1	1	1	1	2	2	2	3	3	3	4	4	4	5	분	5	6	6	6	7	7	7	8	8	8

청명 5일 21시 37분 ⇨ **【庚辰月(경진월)】**(청명, 곡우~ 입하 전) 곡우 21일 05시 06분

양력 4 (음력 03/03 ~ 04/02)		1	2	3	4	5	6	7	8	9	10	11	12	13	14	15	16	17	18	19	20	21	22	23	24	25	26	27	28	29	30
요일		화	수	목	금	토	일	월	화	수	목	금	토	일	월	화	수	목	금	토	일	월	화	수	목	금	토	일	월	화	수
일진 日辰		辛巳	壬午	癸未	甲申	乙酉	丙戌	丁亥	戊子	己丑	庚寅	辛卯	壬辰	癸巳	甲午	乙未	丙申	丁酉	戊戌	己亥	庚子	辛丑	壬寅	癸卯	甲辰	乙巳	丙午	丁未	戊申	己酉	庚戌
음력		3	4	5	6	7	8	9	10	11	12	13	14	15	16	17	18	19	20	21	22	23	24	25	26	27	28	29	30	4/1	2
대운	남	1	1	1	1	청	10	10	9	9	9	8	8	8	7	7	7	6	6	6	5	곡	5	4	4	4	3	3	3	2	2
	여	9	9	9	10	명	1	1	1	1	2	2	2	3	3	3	4	4	4	5	5	우	6	6	6	7	7	7	8	8	8

입하 6일 15시 27분 ⇨ **【辛巳月(신사월)】**(입하, 소만~ 망종 전) 소만 22일 04시 42분

양력 5 (음력 04/03 ~ 05/04)		1	2	3	4	5	6	7	8	9	10	11	12	13	14	15	16	17	18	19	20	21	22	23	24	25	26	27	28	29	30	31
요일		목	금	토	일	월	화	수	목	금	토	일	월	화	수	목	금	토	일	월	화	수	목	금	토	일	월	화	수	목	금	토
일진 日辰		辛亥	壬子	癸丑	甲寅	乙卯	丙辰	丁巳	戊午	己未	庚申	辛酉	壬戌	癸亥	甲子	乙丑	丙寅	丁卯	戊辰	己巳	庚午	辛未	壬申	癸酉	甲戌	乙亥	丙子	丁丑	戊寅	己卯	庚辰	辛巳
음력		3	4	5	6	7	8	9	10	11	12	13	14	15	16	17	18	19	20	21	22	23	24	25	26	27	28	29	5/1	2	3	4
대운	남	2	1	1	1	1	입	10	10	9	9	9	8	8	8	7	7	7	6	6	6	5	소	5	4	4	4	3	3	3	2	2
	여	9	9	9	10	10	하	1	1	1	1	2	2	2	3	3	3	4	4	4	5	5	만	6	6	6	7	7	7	8	8	8

망종 6일 19시 58분 ⇨ **【壬午月(임오월)】**(망종, 하지~ 소서 전) 하지 22일 12시 53분

양력 6 (음력 05/05 ~ 06/05)		1	2	3	4	5	6	7	8	9	10	11	12	13	14	15	16	17	18	19	20	21	22	23	24	25	26	27	28	29	30
요일		일	월	화	수	목	금	토	일	월	화	수	목	금	토	일	월	화	수	목	금	토	일	월	화	수	목	금	토	일	월
일진 日辰		壬午	癸未	甲申	乙酉	丙戌	丁亥	戊子	己丑	庚寅	辛卯	壬辰	癸巳	甲午	乙未	丙申	丁酉	戊戌	己亥	庚子	辛丑	壬寅	癸卯	甲辰	乙巳	丙午	丁未	戊申	己酉	庚戌	辛亥
음력		5	6	7	8	9	10	11	12	13	14	15	16	17	18	19	20	21	22	23	24	25	26	27	28	29	6/1	2	3	4	5
대운	남	2	1	1	1	1	망	10	10	10	9	9	9	8	8	8	7	7	7	6	6	6	하	5	5	4	4	4	3	3	3
	여	9	9	9	10	10	종	1	1	1	1	2	2	2	3	3	3	4	4	4	5	5	지	6	6	6	7	7	7	8	8

대장군(동방), 삼살(북방), 상문(서남방),조객(동남방), 납음(노방토), 【삼재(신유술)년】
한식(4월06일), 초복(7월19일), 중복(7월29일), 말복(8월08일)

庚午年(경오년)

소서 8일 06시 20분 ⇨ 【癸未月(계미월)】(소서, 대서~ 입추 전) 대서 23일 23시 42분

양력 7 / 음력 06/06 ~ 윤606		1	2	3	4	5	6	7	8	9	10	11	12	13	14	15	16	17	18	19	20	21	22	23	24	25	26	27	28	29	30	31
요일		화	수	목	금	토	일	월	화	수	목	금	토	일	월	화	수	목	금	토	일	월	화	수	목	금	토	일	월	화	수	목
일진 日辰		壬子	癸丑	甲寅	乙卯	丙辰	丁巳	戊午	己未	庚申	辛酉	壬戌	癸亥	甲子	乙丑	丙寅	丁卯	戊辰	己巳	庚午	辛未	壬申	癸酉	甲戌	乙亥	丙子	丁丑	戊寅	己卯	庚辰	辛巳	壬午
음력		6	7	8	9	10	11	12	13	14	15	16	17	18	19	20	21	22	23	24	25	26	27	28	29	30	윤6	2	3	4	5	6
대운	남	2	2	2	1	1	1	1	소	10	10	9	9	9	8	8	8	7	7	7	6	6	6	대	5	5	4	4	4	3	3	3
대운	여	8	9	9	9	10	10	10	서	1	1	1	1	2	2	2	3	3	3	4	4	4	5	서	5	6	6	6	7	7	7	8

입추 8일 15시 57분 ⇨ 【甲申月(갑신월)】(입추, 처서~ 백로 전) 처서 24일 06시 26분

양력 8 / 음력 윤607 ~ 07/08		1	2	3	4	5	6	7	8	9	10	11	12	13	14	15	16	17	18	19	20	21	22	23	24	25	26	27	28	29	30	31
요일		금	토	일	월	화	수	목	금	토	일	월	화	수	목	금	토	일	월	화	수	목	금	토	일	월	화	수	목	금	토	일
일진 日辰		癸未	甲申	乙酉	丙戌	丁亥	戊子	己丑	庚寅	辛卯	壬辰	癸巳	甲午	乙未	丙申	丁酉	戊戌	己亥	庚子	辛丑	壬寅	癸卯	甲辰	乙巳	丙午	丁未	戊申	己酉	庚戌	辛亥	壬子	癸丑
음력		7	8	9	10	11	12	13	14	15	16	17	18	19	20	21	22	23	24	25	26	27	28	29	7/1	2	3	4	5	6	7	8
대운	남	2	2	2	1	1	1	1	입	10	10	9	9	9	8	8	8	7	7	7	6	6	6	5	처	5	4	4	4	3	3	3
대운	여	8	8	9	9	9	10	10	추	1	1	1	1	2	2	2	3	3	3	4	4	4	5	5	서	6	6	6	7	7	7	8

백로 8일 18시 28분 ⇨ 【乙酉月(을유월)】(백로, 추분-한로 전) 추분 24일 03시 36분

양력 9 / 음력 07/09 ~ 08/09		1	2	3	4	5	6	7	8	9	10	11	12	13	14	15	16	17	18	19	20	21	22	23	24	25	26	27	28	29	30
요일		월	화	수	목	금	토	일	월	화	수	목	금	토	일	월	화	수	목	금	토	일	월	화	수	목	금	토	일	월	화
일진 日辰		甲寅	乙卯	丙辰	丁巳	戊午	己未	庚申	辛酉	壬戌	癸亥	甲子	乙丑	丙寅	丁卯	戊辰	己巳	庚午	辛未	壬申	癸酉	甲戌	乙亥	丙子	丁丑	戊寅	己卯	庚辰	辛巳	壬午	癸未
음력		9	10	11	12	13	14	15	16	17	18	19	20	21	22	23	24	25	26	27	28	29	8/1	2	3	4	5	6	7	8	9
대운	남	2	2	2	1	1	1	1	백	10	10	9	9	9	8	8	8	7	7	7	6	6	6	5	추	5	4	4	4	3	3
대운	여	8	8	9	9	9	10	10	로	1	1	1	1	2	2	2	3	3	3	4	4	4	5	5	분	6	6	6	7	7	7

한로 9일 09시 38분 ⇨ 【丙戌月(병술월)】(한로, 상강~ 입동 전) 상강 24일 12시 26분

양력 10 / 음력 08/10 ~ 09/10		1	2	3	4	5	6	7	8	9	10	11	12	13	14	15	16	17	18	19	20	21	22	23	24	25	26	27	28	29	30	31
요일		수	목	금	토	일	월	화	수	목	금	토	일	월	화	수	목	금	토	일	월	화	수	목	금	토	일	월	화	수	목	금
일진 日辰		甲申	乙酉	丙戌	丁亥	戊子	己丑	庚寅	辛卯	壬辰	癸巳	甲午	乙未	丙申	丁酉	戊戌	己亥	庚子	辛丑	壬寅	癸卯	甲辰	乙巳	丙午	丁未	戊申	己酉	庚戌	辛亥	壬子	癸丑	甲寅
음력		10	11	12	13	14	15	16	17	18	19	20	21	22	23	24	25	26	27	28	29	30	9/1	2	3	4	5	6	7	8	9	10
대운	남	3	2	2	2	1	1	1	1	한	10	9	9	9	8	8	8	7	7	7	6	6	6	5	상	5	4	4	4	3	3	3
대운	여	8	8	8	9	9	9	10	10	로	1	1	1	1	2	2	2	3	3	3	4	4	4	5	강	5	6	6	6	7	7	7

입동 8일 12시 20분 ⇨ 【丁亥月(정해월)】(입동, 소설~ 대설 전) 소설 23일 09시 34분

양력 11 / 음력 09/11 ~ 10/11		1	2	3	4	5	6	7	8	9	10	11	12	13	14	15	16	17	18	19	20	21	22	23	24	25	26	27	28	29	30
요일		토	일	월	화	수	목	금	토	일	월	화	수	목	금	토	일	월	화	수	목	금	토	일	월	화	수	목	금	토	일
일진 日辰		乙卯	丙辰	丁巳	戊午	己未	庚申	辛酉	壬戌	癸亥	甲子	乙丑	丙寅	丁卯	戊辰	己巳	庚午	辛未	壬申	癸酉	甲戌	乙亥	丙子	丁丑	戊寅	己卯	庚辰	辛巳	壬午	癸未	甲申
음력		11	12	13	14	15	16	17	18	19	20	21	22	23	24	25	26	27	28	29	10/1	2	3	4	5	6	7	8	9	10	11
대운	남	2	2	2	1	1	1	1	입	10	9	9	9	8	8	8	7	7	7	6	6	6	5	소	5	4	4	4	3	3	3
대운	여	8	8	8	9	9	9	10	동	1	1	1	1	2	2	2	3	3	3	4	4	4	5	설	5	6	6	6	7	7	7

대설 8일 04시 51분 ⇨ 【戊子月(무자월)】(대설, 동지~소한 전) 동지 22일 22시 40분

양력 12 / 음력 10/12 ~ 11/12		1	2	3	4	5	6	7	8	9	10	11	12	13	14	15	16	17	18	19	20	21	22	23	24	25	26	27	28	29	30	31
요일		월	화	수	목	금	토	일	월	화	수	목	금	토	일	월	화	수	목	금	토	일	월	화	수	목	금	토	일	월	화	수
일진 日辰		乙酉	丙戌	丁亥	戊子	己丑	庚寅	辛卯	壬辰	癸巳	甲午	乙未	丙申	丁酉	戊戌	己亥	庚子	辛丑	壬寅	癸卯	甲辰	乙巳	丙午	丁未	戊申	己酉	庚戌	辛亥	壬子	癸丑	甲寅	乙卯
음력		12	13	14	15	16	17	18	19	20	21	22	23	24	25	26	27	28	29	30	11/1	2	3	4	5	6	7	8	9	10	11	12
대운	남	2	2	2	1	1	1	1	대	9	9	9	8	8	8	7	7	7	6	6	6	5	동	5	4	4	4	3	3	3	2	2
대운	여	8	8	8	9	9	9	10	설	1	1	1	1	2	2	2	3	3	3	4	4	4	지	5	5	6	6	6	7	7	7	8

1931 辛未年(신미년)

단기 4264년 /불기2475년 대장군(동방). 삼살(서방), 상문(서방),조객(동남방), 납음(로방토), 【삼재(사,오,미)년】

소한 6일 15시 56분 ⇨ 【己丑月(기축월)】(소한, 대한~ 입춘 전) 대한 21일 09시 18분

양력 1 / 음력 11/13 ~ 12/13

양력	1	2	3	4	5	6	7	8	9	10	11	12	13	14	15	16	17	18	19	20	21	22	23	24	25	26	27	28	29	30	31
요일	목	금	토	일	월	화	수	목	금	토	일	월	화	수	목	금	토	일	월	화	수	목	금	토	일	월	화	수	목	금	토
일진 日辰	丙辰	丁巳	戊午	己未	庚申	辛酉	壬戌	癸亥	甲子	乙丑	丙寅	丁卯	戊辰	己巳	庚午	辛未	壬申	癸酉	甲戌	乙亥	丙子	丁丑	戊寅	己卯	庚辰	辛巳	壬午	癸未	甲申	乙酉	丙戌
음력	13	14	15	16	17	18	19	20	21	22	23	24	25	26	27	28	29	30	12/1	2	3	4	5	6	7	8	9	10	11	12	13
대운 남	2	1	1	1	1	소	10	9	9	9	8	8	8	7	7	7	6	6	6	5	대	5	4	4	4	3	3	3	2	2	2
대운 여	8	8	9	9	9	한	1	1	1	1	2	2	2	3	3	3	4	4	4	5	한	5	6	6	6	7	7	7	8	8	8

입춘 5일 03시 41분 ⇨ 【庚寅月(경인월)】(입춘, 우수~ 경칩 전) 우수 19일 23시 40분

양력 2 / 음력 12/14 ~ 01/12

양력	1	2	3	4	5	6	7	8	9	10	11	12	13	14	15	16	17	18	19	20	21	22	23	24	25	26	27	28
요일	일	월	화	수	목	금	토	일	월	화	수	목	금	토	일	월	화	수	목	금	토	일	월	화	수	목	금	토
일진 日辰	丁亥	戊子	己丑	庚寅	辛卯	壬辰	癸巳	甲午	乙未	丙申	丁酉	戊戌	己亥	庚子	辛丑	壬寅	癸卯	甲辰	乙巳	丙午	丁未	戊申	己酉	庚戌	辛亥	壬子	癸丑	甲寅
음력	14	15	16	17	18	19	20	21	22	23	24	25	26	27	28	29	1/1	2	3	4	5	6	7	8	9	10	11	12
대운 남	2	1	1	1	1	입	10	9	9	9	8	8	8	7	7	4	4	4	우	5	5	6	6	6	7	7	7	8
대운 여	8	8	9	9	9	춘	1	1	1	1	2	2	2	3	3	6	6	5	수	5	4	4	4	3	3	3	2	2

立春

경칩 6일 22시 02분 ⇨ 【辛卯月(신묘월)】(경칩, 춘분~ 청명 전) 춘분 21일 23시 06분

양력 3 / 음력 01/13 ~ 02/13

양력	1	2	3	4	5	6	7	8	9	10	11	12	13	14	15	16	17	18	19	20	21	22	23	24	25	26	27	28	29	30	31
요일	일	월	화	수	목	금	토	일	월	화	수	목	금	토	일	월	화	수	목	금	토	일	월	화	수	목	금	토	일	월	화
일진 日辰	乙卯	丙辰	丁巳	戊午	己未	庚申	辛酉	壬戌	癸亥	甲子	乙丑	丙寅	丁卯	戊辰	己巳	庚午	辛未	壬申	癸酉	甲戌	乙亥	丙子	丁丑	戊寅	己卯	庚辰	辛巳	壬午	癸未	甲申	乙酉
음력	13	14	15	16	17	18	19	20	21	22	23	24	25	26	27	28	29	30	2/1	2	3	4	5	6	7	8	9	10	11	12	13
대운 남	8	8	9	9	9	경	1	1	1	1	2	2	2	3	3	3	4	4	4	5	춘	5	6	6	6	7	7	7	8	8	8
대운 여	2	1	1	1	1	칩	10	10	9	9	9	8	8	8	7	7	7	6	6	6	분	5	5	4	4	4	3	3	3	2	2

청명 6일 03시 20분 ⇨ 【壬辰月(임진월)】(청명, 곡우~ 입하 전) 곡우 21일 10시 40분

양력 4 / 음력 02/14 ~ 03/13

양력	1	2	3	4	5	6	7	8	9	10	11	12	13	14	15	16	17	18	19	20	21	22	23	24	25	26	27	28	29	30
요일	수	목	금	토	일	월	화	수	목	금	토	일	월	화	수	목	금	토	일	월	화	수	목	금	토	일	월	화	수	목
일진 日辰	丙戌	丁亥	戊子	己丑	庚寅	辛卯	壬辰	癸巳	甲午	乙未	丙申	丁酉	戊戌	己亥	庚子	辛丑	壬寅	癸卯	甲辰	乙巳	丙午	丁未	戊申	己酉	庚戌	辛亥	壬子	癸丑	甲寅	乙卯
음력	14	15	16	17	18	19	20	21	22	23	24	25	26	27	28	29	30	3/1	2	3	4	5	6	7	8	9	10	11	12	13
대운 남	9	9	9	10	10	청	1	1	1	1	2	2	2	3	3	3	4	4	4	5	곡	5	6	6	6	7	7	7	8	8
대운 여	2	1	1	1	1	명	10	9	9	9	8	8	8	7	7	7	6	6	6	5	우	5	4	4	4	3	3	3	2	2

입하 6일 03시 20분 ⇨ 【癸巳月(계사월)】(입하, 소만~ 망종 전) 소만 22일 10시 15분

양력 5 / 음력 03/14 ~ 04/14

양력	1	2	3	4	5	6	7	8	9	10	11	12	13	14	15	16	17	18	19	20	21	22	23	24	25	26	27	28	29	30	31
요일	금	토	일	월	화	수	목	금	토	일	월	화	수	목	금	토	일	월	화	수	목	금	토	일	월	화	수	목	금	토	일
일진 日辰	丙辰	丁巳	戊午	己未	庚申	辛酉	壬戌	癸亥	甲子	乙丑	丙寅	丁卯	戊辰	己巳	庚午	辛未	壬申	癸酉	甲戌	乙亥	丙子	丁丑	戊寅	己卯	庚辰	辛巳	壬午	癸未	甲申	乙酉	丙戌
음력	14	15	16	17	18	19	20	21	22	23	24	25	26	27	28	29	30	4/1	2	3	4	5	6	7	8	9	10	11	12	13	14
대운 남	8	9	9	9	10	입	1	1	1	1	2	2	2	3	3	3	4	4	4	5	5	소	6	6	6	7	7	7	8	8	8
대운 여	2	1	1	1	1	하	10	10	10	9	9	9	8	8	8	7	7	7	6	6	6	만	5	5	4	4	4	3	3	3	2

망종 7일 01시 42분 ⇨ 【甲午月(갑오월)】(망종, 하지~ 소서 전) 하지 22일 18시 28분

양력 6 / 음력 04/15 ~ 05/15

양력	1	2	3	4	5	6	7	8	9	10	11	12	13	14	15	16	17	18	19	20	21	22	23	24	25	26	27	28	29	30
요일	월	화	수	목	금	토	일	월	화	수	목	금	토	일	월	화	수	목	금	토	일	월	화	수	목	금	토	일	월	화
일진 日辰	丁亥	戊子	己丑	庚寅	辛卯	壬辰	癸巳	甲午	乙未	丙申	丁酉	戊戌	己亥	庚子	辛丑	壬寅	癸卯	甲辰	乙巳	丙午	丁未	戊申	己酉	庚戌	辛亥	壬子	癸丑	甲寅	乙卯	丙辰
음력	15	16	17	18	19	20	21	22	23	24	25	26	27	28	29	5/1	2	3	4	5	6	7	8	9	10	11	12	13	14	15
대운 남	9	9	9	10	10	10	망	1	1	1	1	2	2	2	3	3	3	4	4	4	5	하	5	6	6	6	7	7	7	8
대운 여	2	2	1	1	1	1	종	10	10	9	9	9	8	8	8	7	7	7	6	6	6	지	5	5	4	4	4	3	3	3

대장군(동방). 삼살(서방), 상문(서방),조객(동남방), 납음(로방토), 【삼재(사,오,미)년】
한식(4월06일), 초복(7월14일), 중복(7월24일), 말복(8월13일)

辛未年(신미년)

1931

소서 8일 12시 06분 ⇨ 【乙未月(을미월)】(소서, 대서~ 입추 전) 대서 24일 05시 21분

양력 7	1	2	3	4	5	6	7	8	9	10	11	12	13	14	15	16	17	18	19	20	21	22	23	24	25	26	27	28	29	30	31
요일	수	목	금	토	일	월	화	수	목	금	토	일	월	화	수	목	금	토	일	월	화	수	목	금	토	일	월	화	수	목	금
일진	丁	戊	己	庚	辛	壬	癸	甲	乙	丙	丁	戊	己	庚	辛	壬	癸	甲	乙	丙	丁	戊	己	庚	辛	壬	癸	甲	乙	丙	丁
日辰	巳	午	未	申	酉	戌	亥	子	丑	寅	卯	辰	巳	午	未	申	酉	戌	亥	子	丑	寅	卯	辰	巳	午	未	申	酉	戌	亥
음력 (05/16–06/17)	16	17	18	19	20	21	22	23	24	25	26	27	28	29	6/1	2	3	4	5	6	7	8	9	10	11	12	13	14	15	16	17
대운 남	8	8	9	9	9	10	10	소	1	1	1	1	2	2	2	3	3	3	4	4	4	5	5	대	6	6	6	7	7	7	8
대운 여	2	2	2	1	1	1	1	서	10	10	9	9	9	8	8	8	7	7	7	6	6	6	5	서	5	4	4	4	3	3	3

입추 8일 21시 45분 ⇨ 【丙申月(병신월)】(입추, 처서~ 백로 전) 처서 24일 12시 10분

양력 8	1	2	3	4	5	6	7	8	9	10	11	12	13	14	15	16	17	18	19	20	21	22	23	24	25	26	27	28	29	30	31
요일	토	일	월	화	수	목	금	토	일	월	화	수	목	금	토	일	월	화	수	목	금	토	일	월	화	수	목	금	토	일	월
일진	戊	己	庚	辛	壬	癸	甲	乙	丙	丁	戊	己	庚	辛	壬	癸	甲	乙	丙	丁	戊	己	庚	辛	壬	癸	甲	乙	丙	丁	戊
日辰	子	丑	寅	卯	辰	巳	午	未	申	酉	戌	亥	子	丑	寅	卯	辰	巳	午	未	申	酉	戌	亥	子	丑	寅	卯	辰	巳	午
음력 (06/18–07/18)	18	19	20	21	22	23	24	25	26	27	28	29	30	7/1	2	3	4	5	6	7	8	9	10	11	12	13	14	15	16	17	18
대운 남	8	8	9	9	9	10	10	입	1	1	1	1	2	2	2	3	3	3	4	4	4	5	5	처	6	6	6	7	7	7	8
대운 여	2	2	2	1	1	1	1	추	10	10	10	9	9	9	8	8	8	7	7	7	6	6	6	서	5	5	4	4	4	3	3

백로 8일 00시 17분 ⇨【丁酉月(정유월)】(백로, 추분-한로 전) 추분 24일 09시 23분

양력 9	1	2	3	4	5	6	7	8	9	10	11	12	13	14	15	16	17	18	19	20	21	22	23	24	25	26	27	28	29	30
요일	화	수	목	금	토	일	월	화	수	목	금	토	일	월	화	수	목	금	토	일	월	화	수	목	금	토	일	월	화	수
일진	己	庚	辛	壬	癸	甲	乙	丙	丁	戊	己	庚	辛	壬	癸	甲	乙	丙	丁	戊	己	庚	辛	壬	癸	甲	乙	丙	丁	戊
日辰	未	申	酉	戌	亥	子	丑	寅	卯	辰	巳	午	未	申	酉	戌	亥	子	丑	寅	卯	辰	巳	午	未	申	酉	戌	亥	子
음력 (07/19–08/19)	19	20	21	22	23	24	25	26	27	28	29	8/1	2	3	4	5	6	7	8	9	10	11	12	13	14	15	16	17	18	19
대운 남	8	8	9	9	9	10	10	10	백	1	1	1	1	2	2	2	3	3	3	4	4	4	5	추	5	6	6	6	7	7
대운 여	3	2	2	2	1	1	1	1	로	10	9	9	9	8	8	8	7	7	7	6	6	6	5	분	5	4	4	4	3	3

한로 9일 15시 27분 ⇨【戊戌月(무술월)】(한로, 상강~ 입동 전) 상강 24일 18시 16분

양력 10	1	2	3	4	5	6	7	8	9	10	11	12	13	14	15	16	17	18	19	20	21	22	23	24	25	26	27	28	29	30	31
요일	목	금	토	일	월	화	수	목	금	토	일	월	화	수	목	금	토	일	월	화	수	목	금	토	일	월	화	수	목	금	토
일진	己	庚	辛	壬	癸	甲	乙	丙	丁	戊	己	庚	辛	壬	癸	甲	乙	丙	丁	戊	己	庚	辛	壬	癸	甲	乙	丙	丁	戊	己
日辰	丑	寅	卯	辰	巳	午	未	申	酉	戌	亥	子	丑	寅	卯	辰	巳	午	未	申	酉	戌	亥	子	丑	寅	卯	辰	巳	午	未
음력 (08/20–09/21)	20	21	22	23	24	25	26	27	28	29	9/1	2	3	4	5	6	7	8	9	10	11	12	13	14	15	16	17	18	19	20	21
대운 남	7	8	8	8	9	9	9	10	한	1	1	1	1	2	2	2	3	3	3	4	4	4	5	상	5	6	6	6	7	7	7
대운 여	3	2	2	2	1	1	1	1	로	10	9	9	9	8	8	8	7	7	7	6	6	6	5	강	5	4	4	4	3	3	3

입동 8일 18시 10분 ⇨ 【己亥月(기해월)】(입동, 소설~ 대설 전) 소설 23일 15시 25분

양력 11	1	2	3	4	5	6	7	8	9	10	11	12	13	14	15	16	17	18	19	20	21	22	23	24	25	26	27	28	29	30
요일	일	월	화	수	목	금	토	일	월	화	수	목	금	토	일	월	화	수	목	금	토	일	월	화	수	목	금	토	일	월
일진	庚	辛	壬	癸	甲	乙	丙	丁	戊	己	庚	辛	壬	癸	甲	乙	丙	丁	戊	己	庚	辛	壬	癸	甲	乙	丙	丁	戊	己
日辰	申	酉	戌	亥	子	丑	寅	卯	辰	巳	午	未	申	酉	戌	亥	子	丑	寅	卯	辰	巳	午	未	申	酉	戌	亥	子	丑
음력 (09/22–10/21)	22	23	24	25	26	27	28	29	30	10/1	2	3	4	5	6	7	8	9	10	11	12	13	14	15	16	17	18	19	20	21
대운 남	8	8	8	9	9	9	10	입	1	1	1	1	2	2	2	3	3	3	4	4	4	5	소	5	6	6	6	7	7	7
대운 여	2	2	2	1	1	1	1	동	10	9	9	9	8	8	8	7	7	7	6	6	6	5	설	5	4	4	4	3	3	3

대설 8일 10시 40분 ⇨ 【庚子月(경자월)】(대설, 동지~소한 전) 동지 23일 04시 30분

양력 12	1	2	3	4	5	6	7	8	9	10	11	12	13	14	15	16	17	18	19	20	21	22	23	24	25	26	27	28	29	30	31
요일	화	수	목	금	토	일	월	화	수	목	금	토	일	월	화	수	목	금	토	일	월	화	수	목	금	토	일	월	화	수	목
일진	庚	辛	壬	癸	甲	乙	丙	丁	戊	己	庚	辛	壬	癸	甲	乙	丙	丁	戊	己	庚	辛	壬	癸	甲	乙	丙	丁	戊	己	庚
日辰	寅	卯	辰	巳	午	未	申	酉	戌	亥	子	丑	寅	卯	辰	巳	午	未	申	酉	戌	亥	子	丑	寅	卯	辰	巳	午	未	申
음력 (10/22–11/23)	22	23	24	25	26	27	28	29	11/1	2	3	4	5	6	7	8	9	10	11	12	13	14	15	16	17	18	19	20	21	22	23
대운 남	8	8	8	9	9	9	10	대	1	1	1	1	2	2	2	3	3	3	4	4	4	5	동	5	6	6	6	7	7	7	8
대운 여	2	2	2	1	1	1	1	설	9	9	9	8	8	8	7	7	7	6	6	6	5	5	지	4	4	4	3	3	3	2	2

1932 壬申年(임신년)

단기 4265년 /불기2476년 대장군(남방). 삼살(남방), 상문(서북방),조객(남방), 납음(검봉금), 【삼재(인,묘,진)년】

소한 6일 21시 45분 ⇨ **【辛丑月(신축월)】**(소한, 대한~ 입춘 전) 대한 21일 15시 07분

양력 1 (음력 11/24~12/24)	1	2	3	4	5	6	7	8	9	10	11	12	13	14	15	16	17	18	19	20	21	22	23	24	25	26	27	28	29	30	31
요일	금	토	일	월	화	수	목	금	토	일	월	화	수	목	금	토	일	월	화	수	목	금	토	일	월	화	수	목	금	토	일
일진 日辰	辛酉	壬戌	癸亥	甲子	乙丑	丙寅	丁卯	戊辰	己巳	庚午	辛未	壬申	癸酉	甲戌	乙亥	丙子	丁丑	戊寅	己卯	庚辰	辛巳	壬午	癸未	甲申	乙酉	丙戌	丁亥	戊子	己丑	庚寅	辛卯
음력	24	25	26	27	28	29	30	12/1	2	3	4	5	6	7	8	9	10	11	12	13	14	15	16	17	18	19	20	21	22	23	24
대운 남	8	8	9	9	9	소	1	1	1	1	2	2	2	3	3	3	4	4	4	5	대	5	6	6	6	7	7	7	8	8	8
대운 여	2	1	1	1	1	한	10	9	9	9	8	8	8	7	7	7	6	6	6	5	한	5	4	4	4	3	3	3	2	2	2

입춘 5일 09시 29분 ⇨ **【壬寅月(임인월)】**(입춘, 우수~ 경칩 전) 우수 20일 05시 28분

양력 2 (음력 01/25~02/24)	1	2	3	4	5	6	7	8	9	10	11	12	13	14	15	16	17	18	19	20	21	22	23	24	25	26	27	28	29	
요일	월	화	수	목	금	토	일	월	화	수	목	금	토	일	월	화	수	목	금	토	일	월	화	수	목	금	토	일	월	立春
일진 日辰	壬辰	癸巳	甲午	乙未	丙申	丁酉	戊戌	己亥	庚子	辛丑	壬寅	癸卯	甲辰	乙巳	丙午	丁未	戊申	己酉	庚戌	辛亥	壬子	癸丑	甲寅	乙卯	丙辰	丁巳	戊午	己未	庚申	
음력	25	26	27	28	29	1/1	2	3	4	5	6	7	8	9	10	11	12	13	14	15	16	17	18	19	20	21	22	23	24	
대운 남	9	9	9	10	입	10	9	9	9	8	8	8	7	7	7	6	6	6	5	우	5	4	4	4	3	3	3	2	2	
대운 여	1	1	1	1	춘	1	1	1	1	2	2	2	3	3	3	4	4	4	5	수	5	6	6	6	7	7	7	8	8	

경칩 6일 03시 49분 ⇨ **【癸卯月(계묘월)】**(경칩, 춘분~ 청명 전) 춘분 21일 04시 54분

양력 3 (음력 01/25~02/25)	1	2	3	4	5	6	7	8	9	10	11	12	13	14	15	16	17	18	19	20	21	22	23	24	25	26	27	28	29	30	31
요일	화	수	목	금	토	일	월	화	수	목	금	토	일	월	화	수	목	금	토	일	월	화	수	목	금	토	일	월	화	수	목
일진 日辰	辛酉	壬戌	癸亥	甲子	乙丑	丙寅	丁卯	戊辰	己巳	庚午	辛未	壬申	癸酉	甲戌	乙亥	丙子	丁丑	戊寅	己卯	庚辰	辛巳	壬午	癸未	甲申	乙酉	丙戌	丁亥	戊子	己丑	庚寅	辛卯
음력	25	26	27	28	29	30	2/1	2	3	4	5	6	7	8	9	10	11	12	13	14	15	16	17	18	19	20	21	22	23	24	25
대운 남	2	1	1	1	1	경	10	9	9	9	8	8	8	7	7	7	6	6	6	5	춘	5	4	4	4	3	3	3	2	2	2
대운 여	8	9	9	9	10	칩	1	1	1	1	2	2	2	3	3	3	4	4	4	5	분	5	6	6	6	7	7	7	8	8	8

청명 5일 09시 06분 ⇨ **【甲辰月(갑진월)】**(청명, 곡우~ 입하 전) 곡우 20일 16시 28분

양력 4 (음력 02/26~03/25)	1	2	3	4	5	6	7	8	9	10	11	12	13	14	15	16	17	18	19	20	21	22	23	24	25	26	27	28	29	30
요일	금	토	일	월	화	수	목	금	토	일	월	화	수	목	금	토	일	월	화	수	목	금	토	일	월	화	수	목	금	토
일진 日辰	壬辰	癸巳	甲午	乙未	丙申	丁酉	戊戌	己亥	庚子	辛丑	壬寅	癸卯	甲辰	乙巳	丙午	丁未	戊申	己酉	庚戌	辛亥	壬子	癸丑	甲寅	乙卯	丙辰	丁巳	戊午	己未	庚申	辛酉
음력	26	27	28	29	30	3/1	2	3	4	5	6	7	8	9	10	11	12	13	14	15	16	17	18	19	20	21	22	23	24	25
대운 남	1	1	1	1	청	10	10	9	9	9	8	8	8	7	7	7	6	6	6	곡	5	5	4	4	4	3	3	3	2	2
대운 여	9	9	9	10	명	1	1	1	1	2	2	2	3	3	3	4	4	4	5	우	5	6	6	6	7	7	7	8	8	8

입하 6일 02시 55분 ⇨ **【乙巳月(을사월)】**(입하, 소만~ 망종 전) 소만 21일 16시 07분

양력 5 (음력 03/26~04/26)	1	2	3	4	5	6	7	8	9	10	11	12	13	14	15	16	17	18	19	20	21	22	23	24	25	26	27	28	29	30	31
요일	일	월	화	수	목	금	토	일	월	화	수	목	금	토	일	월	화	수	목	금	토	일	월	화	수	목	금	토	일	월	화
일진 日辰	壬戌	癸亥	甲子	乙丑	丙寅	丁卯	戊辰	己巳	庚午	辛未	壬申	癸酉	甲戌	乙亥	丙子	丁丑	戊寅	己卯	庚辰	辛巳	壬午	癸未	甲申	乙酉	丙戌	丁亥	戊子	己丑	庚寅	辛卯	壬辰
음력	26	27	28	29	30	4/1	2	3	4	5	6	7	8	9	10	11	12	13	14	15	16	17	18	19	20	21	22	23	24	25	26
대운 남	2	1	1	1	1	입	10	10	9	9	9	8	8	8	7	7	7	6	6	6	소	5	5	4	4	4	3	3	3	2	2
대운 여	9	9	9	10	10	하	1	1	1	1	2	2	2	3	3	3	4	4	4	5	만	5	6	6	6	7	7	7	8	8	8

망종 6일 07시 28분 ⇨ **【丙午月(병오월)】**(망종, 하지~ 소서 전) 하지 22일 00시 23분

양력 6 (음력 04/27~05/27)	1	2	3	4	5	6	7	8	9	10	11	12	13	14	15	16	17	18	19	20	21	22	23	24	25	26	27	28	29	30
요일	수	목	금	토	일	월	화	수	목	금	토	일	월	화	수	목	금	토	일	월	화	수	목	금	토	일	월	화	수	목
일진 日辰	癸巳	甲午	乙未	丙申	丁酉	戊戌	己亥	庚子	辛丑	壬寅	癸卯	甲辰	乙巳	丙午	丁未	戊申	己酉	庚戌	辛亥	壬子	癸丑	甲寅	乙卯	丙辰	丁巳	戊午	己未	庚申	辛酉	壬戌
음력	27	28	29	5/1	2	3	4	5	6	7	8	9	10	11	12	13	14	15	16	17	18	19	20	21	22	23	24	25	26	27
대운 남	2	1	1	1	1	망	10	10	9	9	9	8	8	8	7	7	7	6	6	6	5	하	5	4	4	4	3	3	3	2
대운 여	9	9	9	10	10	종	1	1	1	1	2	2	2	3	3	3	4	4	4	5	5	지	6	6	6	7	7	7	8	8

대장군(남방), 삼살(남방), 상문(서북방),조객(남방), 납음(검봉금), 【삼재(인,묘,진)년】
한식(4월06일), 초복(7월18일), 중복(7월24일), 말복(8월07일)

壬申年(임신년)

1932

소서 7일 17시 52분 ⇨ **【丁未月(정미월)】**(소서, 대서~ 입추 전) 대서 23일 11시 18분

7 (음력 05/28~06/28)	1	2	3	4	5	6	7	8	9	10	11	12	13	14	15	16	17	18	19	20	21	22	23	24	25	26	27	28	29	30	31
요일	금	토	일	월	화	수	목	금	토	일	월	화	수	목	금	토	일	월	화	수	목	금	토	일	월	화	수	목	금	토	일
일진 日辰	癸亥	甲子	乙丑	丙寅	丁卯	戊辰	己巳	庚午	辛未	壬申	癸酉	甲戌	乙亥	丙子	丁丑	戊寅	己卯	庚辰	辛巳	壬午	癸未	甲申	乙酉	丙戌	丁亥	戊子	己丑	庚寅	辛卯	壬辰	癸巳
음력	28	29	30	6/1	2	3	4	5	6	7	8	9	10	11	12	13	14	15	16	17	18	19	20	21	22	23	24	25	26	27	28
대운 남	2	2	1	1	1	1	소	10	10	10	9	9	9	8	8	8	7	7	7	6	6	6	대	5	5	4	4	4	3	3	3
대운 여	8	9	9	9	10	10	서	1	1	1	1	2	2	2	3	3	3	4	4	4	5	5	서	6	6	6	7	7	7	8	8

입추 8일 03시 32분 ⇨ **【戊申月(무신월)】**(입추, 처서~ 백로 전) 처서 23일 18시 06분

8 (음력 06/29~07/30)	1	2	3	4	5	6	7	8	9	10	11	12	13	14	15	16	17	18	19	20	21	22	23	24	25	26	27	28	29	30	31
요일	월	화	수	목	금	토	일	월	화	수	목	금	토	일	월	화	수	목	금	토	일	월	화	수	목	금	토	일	월	화	수
일진 日辰	甲午	乙未	丙申	丁酉	戊戌	己亥	庚子	辛丑	壬寅	癸卯	甲辰	乙巳	丙午	丁未	戊申	己酉	庚戌	辛亥	壬子	癸丑	甲寅	乙卯	丙辰	丁巳	戊午	己未	庚申	辛酉	壬戌	癸亥	甲子
음력	29	7/1	2	3	4	5	6	7	8	9	10	11	12	13	14	15	16	17	18	19	20	21	22	23	24	25	26	27	28	29	30
대운 남	2	2	2	1	1	1	1	입	10	10	9	9	9	8	8	8	7	7	7	6	6	6	처	5	5	4	4	4	3	3	3
대운 여	8	9	9	9	10	10	10	추	1	1	1	1	2	2	2	3	3	3	4	4	4	5	서	5	6	6	6	7	7	7	8

백로 8일 06시 03분 ⇨ **【己酉月(기유월)】**(백로, 추분-한로 전) 추분 23일 15시 16분

9 (음력 08/01~09/01)	1	2	3	4	5	6	7	8	9	10	11	12	13	14	15	16	17	18	19	20	21	22	23	24	25	26	27	28	29	30
요일	목	금	토	일	월	화	수	목	금	토	일	월	화	수	목	금	토	일	월	화	수	목	금	토	일	월	화	수	목	금
일진 日辰	乙丑	丙寅	丁卯	戊辰	己巳	庚午	辛未	壬申	癸酉	甲戌	乙亥	丙子	丁丑	戊寅	己卯	庚辰	辛巳	壬午	癸未	甲申	乙酉	丙戌	丁亥	戊子	己丑	庚寅	辛卯	壬辰	癸巳	甲午
음력	8/1	2	3	4	5	6	7	8	9	10	11	12	13	14	15	16	17	18	19	20	21	22	23	24	25	26	27	28	29	9/1
대운 남	2	2	2	1	1	1	1	백	10	9	9	9	8	8	8	7	7	7	6	6	6	5	추	5	4	4	4	3	3	3
대운 여	8	8	9	9	9	10	10	로	1	1	1	1	2	2	2	3	3	3	4	4	4	5	분	5	6	6	6	7	7	7

한로 8일 21시 10분 ⇨ **【庚戌月(경술월)】**(한로, 상강~ 입동 전) 상강 24일 00시 04분

10 (음력 09/02~10/03)	1	2	3	4	5	6	7	8	9	10	11	12	13	14	15	16	17	18	19	20	21	22	23	24	25	26	27	28	29	30	31
요일	토	일	월	화	수	목	금	토	일	월	화	수	목	금	토	일	월	화	수	목	금	토	일	월	화	수	목	금	토	일	월
일진 日辰	乙未	丙申	丁酉	戊戌	己亥	庚子	辛丑	壬寅	癸卯	甲辰	乙巳	丙午	丁未	戊申	己酉	庚戌	辛亥	壬子	癸丑	甲寅	乙卯	丙辰	丁巳	戊午	己未	庚申	辛酉	壬戌	癸亥	甲子	乙丑
음력	2	3	4	5	6	7	8	9	10	11	12	13	14	15	16	17	18	19	20	21	22	23	24	25	26	27	28	29	10/1	2	3
대운 남	2	2	2	1	1	1	1	한	10	9	9	9	8	8	8	7	7	7	6	6	6	5	5	상	4	4	4	3	3	3	2
대운 여	8	8	8	9	9	9	10	로	1	1	1	1	2	2	2	3	3	3	4	4	4	5	5	강	6	6	6	7	7	7	8

입동 7일 23시 50분 ⇨ **【辛亥月(신해월)】**(입동, 소설~ 대설 전) 소설 22일 21시 10분

11 (음력 10/04~11/03)	1	2	3	4	5	6	7	8	9	10	11	12	13	14	15	16	17	18	19	20	21	22	23	24	25	26	27	28	29	30
요일	화	수	목	금	토	일	월	화	수	목	금	토	일	월	화	수	목	금	토	일	월	화	수	목	금	토	일	월	화	수
일진 日辰	丙寅	丁卯	戊辰	己巳	庚午	辛未	壬申	癸酉	甲戌	乙亥	丙子	丁丑	戊寅	己卯	庚辰	辛巳	壬午	癸未	甲申	乙酉	丙戌	丁亥	戊子	己丑	庚寅	辛卯	壬辰	癸巳	甲午	乙未
음력	4	5	6	7	8	9	10	11	12	13	14	15	16	17	18	19	20	21	22	23	24	25	26	27	28	29	30	11/1	2	3
대운 남	2	2	1	1	1	1	입	10	9	9	9	8	8	8	7	7	7	6	6	6	5	소	5	4	4	4	3	3	3	2
대운 여	8	8	9	9	9	10	동	1	1	1	1	2	2	2	3	3	3	4	4	4	5	설	5	6	6	6	7	7	7	8

대설 7일 16시 18분 ⇨ **【壬子月(임자월)】**(대설, 동지~소한 전) 동지 22일 10시 14분

12 (음력 11/04~12/05)	1	2	3	4	5	6	7	8	9	10	11	12	13	14	15	16	17	18	19	20	21	22	23	24	25	26	27	28	29	30	31
요일	목	금	토	일	월	화	수	목	금	토	일	월	화	수	목	금	토	일	월	화	수	목	금	토	일	월	화	수	목	금	토
일진 日辰	丙申	丁酉	戊戌	己亥	庚子	辛丑	壬寅	癸卯	甲辰	乙巳	丙午	丁未	戊申	己酉	庚戌	辛亥	壬子	癸丑	甲寅	乙卯	丙辰	丁巳	戊午	己未	庚申	辛酉	壬戌	癸亥	甲子	乙丑	丙寅
음력	4	5	6	7	8	9	10	11	12	13	14	15	16	17	18	19	20	21	22	23	24	25	26	27	28	29	12/1	2	3	4	5
대운 남	2	2	1	1	1	1	대	10	9	9	9	8	8	8	7	7	7	6	6	6	5	동	5	4	4	4	3	3	3	2	2
대운 여	8	8	9	9	9	10	설	1	1	1	1	2	2	2	3	3	3	4	4	4	5	지	5	6	6	6	7	7	7	8	8

윤5월 大 1933 癸酉年(계유년)

단기 4266년 /불기2477년 대장군(남방),삼살(동방),상문(서북방),조객(서남방), 납음(검봉금), 【삼재(해,자,축)년】

소한 6일 03시 23분 ➪ **【癸丑月(계축월)】**(소한, 대한~ 입춘 전) 대한 20일 20시 53분

양력 1 / 음력 12/06 ~ 01/06

양력	1	2	3	4	5	6	7	8	9	10	11	12	13	14	15	16	17	18	19	20	21	22	23	24	25	26	27	28	29	30	31
요일	일	월	화	수	목	금	토	일	월	화	수	목	금	토	일	월	화	수	목	금	토	일	월	화	수	목	금	토	일	월	화
일진 日辰	丁卯	戊辰	己巳	庚午	辛未	壬申	癸酉	甲戌	乙亥	丙子	丁丑	戊寅	己卯	庚辰	辛巳	壬午	癸未	甲申	乙酉	丙戌	丁亥	戊子	己丑	庚寅	辛卯	壬辰	癸巳	甲午	乙未	丙申	丁酉
음력	6	7	8	9	10	11	12	13	14	15	16	17	18	19	20	21	22	23	24	25	26	27	28	29	30	1/1	2	3	4	5	6
대운 남	2	1	1	1	1	소	9	9	9	8	8	8	7	7	7	6	6	6	5	대	5	4	4	4	3	3	3	2	2	2	1
대운 여	8	9	9	9	10	한	1	1	1	1	2	2	2	3	3	3	4	4	4	한	5	5	6	6	6	7	7	7	8	8	8

입춘 4일 15시 09분 ➪ **【甲寅月(갑인월)】**(입춘, 우수~ 경칩 전) 우수 19일 11시 16분

양력 2 / 음력 01/07 ~ 02/05

양력	1	2	3	4	5	6	7	8	9	10	11	12	13	14	15	16	17	18	19	20	21	22	23	24	25	26	27	28
요일	수	목	금	토	일	월	화	수	목	금	토	일	월	화	수	목	금	토	일	월	화	수	목	금	토	일	월	화
일진 日辰	戊戌	己亥	庚子	辛丑	壬寅	癸卯	甲辰	乙巳	丙午	丁未	戊申	己酉	庚戌	辛亥	壬子	癸丑	甲寅	乙卯	丙辰	丁巳	戊午	己未	庚申	辛酉	壬戌	癸亥	甲子	乙丑
음력	7	8	9	10	11	12	13	14	15	16	17	18	19	20	21	22	23	24	25	26	27	28	29	2/1	2	3	4	5
대운 남	1	1	1	입	1	1	1	1	2	2	2	3	3	3	4	4	4	5	우	5	6	6	6	7	7	7	8	8
대운 여	9	9	9	춘	10	9	9	9	8	8	8	7	7	7	6	6	6	5	수	5	4	4	4	6	6	6	2	2

立春

경칩 6일 09시 31분 ➪ **【乙卯月(을묘월)】**(경칩, 춘분~ 청명 전) 춘분 21일 10시 43분

양력 3 / 음력 02/06 ~ 03/06

양력	1	2	3	4	5	6	7	8	9	10	11	12	13	14	15	16	17	18	19	20	21	22	23	24	25	26	27	28	29	30	31
요일	수	목	금	토	일	월	화	수	목	금	토	일	월	화	수	목	금	토	일	월	화	수	목	금	토	일	월	화	수	목	금
일진 日辰	丙寅	丁卯	戊辰	己巳	庚午	辛未	壬申	癸酉	甲戌	乙亥	丙子	丁丑	戊寅	己卯	庚辰	辛巳	壬午	癸未	甲申	乙酉	丙戌	丁亥	戊子	己丑	庚寅	辛卯	壬辰	癸巳	甲午	乙未	丙申
음력	6	7	8	9	10	11	12	13	14	15	16	17	18	19	20	21	22	23	24	25	26	27	28	29	30	3/1	2	3	4	5	6
대운 남	8	9	9	9	10	경	1	1	1	1	2	2	2	3	3	3	4	4	4	5	춘	5	6	6	6	7	7	7	8	8	8
대운 여	2	1	1	1	1	칩	10	9	9	9	8	8	8	7	7	7	6	6	6	5	분	5	4	4	4	3	3	3	2	2	2

청명 5일 14시 51분 ➪ **【丙辰月(병진월)】**(청명, 곡우~ 입하 전) 곡우 20일 22시 18분

양력 4 / 음력 03/07 ~ 04/06

양력	1	2	3	4	5	6	7	8	9	10	11	12	13	14	15	16	17	18	19	20	21	22	23	24	25	26	27	28	29	30
요일	토	일	월	화	수	목	금	토	일	월	화	수	목	금	토	일	월	화	수	목	금	토	일	월	화	수	목	금	토	일
일진 日辰	丁酉	戊戌	己亥	庚子	辛丑	壬寅	癸卯	甲辰	乙巳	丙午	丁未	戊申	己酉	庚戌	辛亥	壬子	癸丑	甲寅	乙卯	丙辰	丁巳	戊午	己未	庚申	辛酉	壬戌	癸亥	甲子	乙丑	丙寅
음력	7	8	9	10	11	12	13	14	15	16	17	18	19	20	21	22	23	24	25	26	27	28	29	30	4/1	2	3	4	5	6
대운 남	9	9	9	10	청	1	1	1	1	2	2	2	3	3	3	4	4	4	5	곡	5	6	6	6	7	7	7	8	8	8
대운 여	1	1	1	1	명	10	10	9	9	9	8	8	8	7	7	7	6	6	6	우	5	5	4	4	4	3	3	3	2	2

입하 6일 08시 42분 ➪ **【丁巳月(정사월)】**(입하, 소만~ 망종 전) 소만 21일 21시 57분

양력 5 / 음력 04/07 ~ 05/08

양력	1	2	3	4	5	6	7	8	9	10	11	12	13	14	15	16	17	18	19	20	21	22	23	24	25	26	27	28	29	30	31
요일	월	화	수	목	금	토	일	월	화	수	목	금	토	일	월	화	수	목	금	토	일	월	화	수	목	금	토	일	월	화	수
일진 日辰	丁卯	戊辰	己巳	庚午	辛未	壬申	癸酉	甲戌	乙亥	丙子	丁丑	戊寅	己卯	庚辰	辛巳	壬午	癸未	甲申	乙酉	丙戌	丁亥	戊子	己丑	庚寅	辛卯	壬辰	癸巳	甲午	乙未	丙申	丁酉
음력	7	8	9	10	11	12	13	14	15	16	17	18	19	20	21	22	23	24	25	26	27	28	29	5/1	2	3	4	5	6	7	8
대운 남	9	9	9	10	10	입	1	1	1	1	2	2	2	3	3	3	4	4	4	5	소	5	6	6	6	7	7	7	8	8	8
대운 여	2	1	1	1	1	하	10	10	9	9	9	8	8	8	7	7	7	6	6	6	만	5	5	4	4	4	3	3	3	2	2

망종 6일 13시 17분 ➪ **【戊午月(무오월)】**(망종, 하지~ 소서 전) 하지 22일 06시 12분

양력 6 / 음력 05/09 ~ 윤508

양력	1	2	3	4	5	6	7	8	9	10	11	12	13	14	15	16	17	18	19	20	21	22	23	24	25	26	27	28	29	30
요일	목	금	토	일	월	화	수	목	금	토	일	월	화	수	목	금	토	일	월	화	수	목	금	토	일	월	화	수	목	금
일진 日辰	戊戌	己亥	庚子	辛丑	壬寅	癸卯	甲辰	乙巳	丙午	丁未	戊申	己酉	庚戌	辛亥	壬子	癸丑	甲寅	乙卯	丙辰	丁巳	戊午	己未	庚申	辛酉	壬戌	癸亥	甲子	乙丑	丙寅	丁卯
음력	9	10	11	12	13	14	15	16	17	18	19	20	21	22	23	24	25	26	27	28	29	30	윤5	2	3	4	5	6	7	8
대운 남	9	9	9	10	10	망	1	1	1	1	2	2	2	3	3	3	4	4	4	5	5	하	6	6	6	7	7	7	8	8
대운 여	2	1	1	1	1	종	10	10	9	9	9	8	8	8	7	7	7	6	6	6	5	지	5	4	4	4	3	3	3	2

대장군(남방),삼살(동방),상문(서북방),조객(서남방), 납음(검봉금), 【삼재(해,자,축)년】
한식(4월06일), 초복(7월13일), 중복(7월23일), 말복(8월12일)

癸酉年(계유년)

1933

소서 7일 23시 44분 ⇨ **【己未月(기미월)】**(소서, 대서~ 입추 전) 대서 23일 17시 05분

양력 7	1	2	3	4	5	6	7	8	9	10	11	12	13	14	15	16	17	18	19	20	21	22	23	24	25	26	27	28	29	30	31
요일	토	일	월	화	수	목	금	토	일	월	화	수	목	금	토	일	월	화	수	목	금	토	일	월	화	수	목	금	토	일	월
일진 日辰	戊辰	己巳	庚午	辛未	壬申	癸酉	甲戌	乙亥	丙子	丁丑	戊寅	己卯	庚辰	辛巳	壬午	癸未	甲申	乙酉	丙戌	丁亥	戊子	己丑	庚寅	辛卯	壬辰	癸巳	甲午	乙未	丙申	丁酉	戊戌
음력 05/28–06/28	9	10	11	12	13	14	15	16	17	18	19	20	21	22	23	24	25	26	27	28	29	30	6/1	2	3	4	5	6	7	8	9
대운 남	8	9	9	9	10	10	소	1	1	1	1	2	2	2	3	3	3	4	4	4	5	5	대	6	6	6	7	7	7	8	8
대운 여	2	2	1	1	1	1	서	10	10	10	9	9	9	8	8	8	7	7	7	6	6	6	서	5	5	4	4	4	3	3	3

입추 8일 09시 26분 ⇨ **【庚申月(경신월)】**(입추, 처서~ 백로 전) 처서 23일 23시 52분

양력 8	1	2	3	4	5	6	7	8	9	10	11	12	13	14	15	16	17	18	19	20	21	22	23	24	25	26	27	28	29	30	31
요일	화	수	목	금	토	일	월	화	수	목	금	토	일	월	화	수	목	금	토	일	월	화	수	목	금	토	일	월	화	수	목
일진 日辰	己亥	庚子	辛丑	壬寅	癸卯	甲辰	乙巳	丙午	丁未	戊申	己酉	庚戌	辛亥	壬子	癸丑	甲寅	乙卯	丙辰	丁巳	戊午	己未	庚申	辛酉	壬戌	癸亥	甲子	乙丑	丙寅	丁卯	戊辰	己巳
음력 06/10–07/11	10	11	12	13	14	15	16	17	18	19	20	21	22	23	24	25	26	27	28	29	7/1	2	3	4	5	6	7	8	9	10	11
대운 남	8	9	9	9	10	10	10	입	1	1	1	1	2	2	2	3	3	3	4	4	4	5	처	5	6	6	6	7	7	7	8
대운 여	2	2	2	1	1	1	1	추	10	10	9	9	9	8	8	8	7	7	7	6	6	6	서	5	5	4	4	4	3	3	3

백로 8일 11시 58분 ⇨ **【辛酉月(신유월)】**(백로, 추분-한로 전) 추분 23일 21시 01분

양력 9	1	2	3	4	5	6	7	8	9	10	11	12	13	14	15	16	17	18	19	20	21	22	23	24	25	26	27	28	29	30
요일	금	토	일	월	화	수	목	금	토	일	월	화	수	목	금	토	일	월	화	수	목	금	토	일	월	화	수	목	금	토
일진 日辰	庚午	辛未	壬申	癸酉	甲戌	乙亥	丙子	丁丑	戊寅	己卯	庚辰	辛巳	壬午	癸未	甲申	乙酉	丙戌	丁亥	戊子	己丑	庚寅	辛卯	壬辰	癸巳	甲午	乙未	丙申	丁酉	戊戌	己亥
음력 07/12–08/11	12	13	14	15	16	17	18	19	20	21	22	23	24	25	26	27	28	29	30	8/1	2	3	4	5	6	7	8	9	10	11
대운 남	8	8	9	9	9	10	10	백	1	1	1	1	2	2	2	3	3	3	4	4	4	5	추	5	6	6	6	7	7	7
대운 여	2	2	2	1	1	1	1	로	10	10	9	9	9	8	8	8	7	7	7	6	6	6	분	5	5	4	4	4	3	3

한로 9일 03시 04분 ⇨ **【壬戌月(임술월)】**(한로, 상강~ 입동 전) 상강 24일 05시 48분

양력 10	1	2	3	4	5	6	7	8	9	10	11	12	13	14	15	16	17	18	19	20	21	22	23	24	25	26	27	28	29	30	31
요일	일	월	화	수	목	금	토	일	월	화	수	목	금	토	일	월	화	수	목	금	토	일	월	화	수	목	금	토	일	월	화
일진 日辰	庚子	辛丑	壬寅	癸卯	甲辰	乙巳	丙午	丁未	戊申	己酉	庚戌	辛亥	壬子	癸丑	甲寅	乙卯	丙辰	丁巳	戊午	己未	庚申	辛酉	壬戌	癸亥	甲子	乙丑	丙寅	丁卯	戊辰	己巳	庚午
음력 08/12–09/13	12	13	14	15	16	17	18	19	20	21	22	23	24	25	26	27	28	29	9/1	2	3	4	5	6	7	8	9	10	11	12	13
대운 남	8	8	8	9	9	9	10	10	한	1	1	1	1	2	2	2	3	3	3	4	4	4	5	상	5	6	6	6	7	7	7
대운 여	3	2	2	2	1	1	1	1	로	10	9	9	9	8	8	8	7	7	7	6	6	6	5	강	5	4	4	4	3	3	3

입동 8일 05시 43분 ⇨ **【癸亥月(계해월)】**(입동, 소설~ 대설 전) 소설 23일 02시 53분

양력 11	1	2	3	4	5	6	7	8	9	10	11	12	13	14	15	16	17	18	19	20	21	22	23	24	25	26	27	28	29	30
요일	수	목	금	토	일	월	화	수	목	금	토	일	월	화	수	목	금	토	일	월	화	수	목	금	토	일	월	화	수	목
일진 日辰	辛未	壬申	癸酉	甲戌	乙亥	丙子	丁丑	戊寅	己卯	庚辰	辛巳	壬午	癸未	甲申	乙酉	丙戌	丁亥	戊子	己丑	庚寅	辛卯	壬辰	癸巳	甲午	乙未	丙申	丁酉	戊戌	己亥	庚子
음력 09/14–11/13	14	15	16	17	18	19	20	21	22	23	24	25	26	27	28	29	30	10/1	2	3	4	5	6	7	8	9	10	11	12	13
대운 남	8	8	8	9	9	9	10	입	1	1	1	1	2	2	2	3	3	3	4	4	4	5	소	5	6	6	6	7	7	7
대운 여	2	2	2	1	1	1	1	동	9	9	9	8	8	8	7	7	7	6	6	6	5	5	설	4	4	4	3	3	3	2

대설 7일 22시 11분 ⇨ **【甲子月(갑자월)】**(대설, 동지~소한 전) 동지 22일 15시 58분

양력 12	1	2	3	4	5	6	7	8	9	10	11	12	13	14	15	16	17	18	19	20	21	22	23	24	25	26	27	28	29	30	31
요일	금	토	일	월	화	수	목	금	토	일	월	화	수	목	금	토	일	월	화	수	목	금	토	일	월	화	수	목	금	토	일
일진 日辰	辛丑	壬寅	癸卯	甲辰	乙巳	丙午	丁未	戊申	己酉	庚戌	辛亥	壬子	癸丑	甲寅	乙卯	丙辰	丁巳	戊午	己未	庚申	辛酉	壬戌	癸亥	甲子	乙丑	丙寅	丁卯	戊辰	己巳	庚午	辛未
음력 10/14–11/15	14	15	16	17	18	19	20	21	22	23	24	25	26	27	28	29	11/1	2	3	4	5	6	7	8	9	10	11	12	13	14	15
대운 남	8	8	8	9	9	9	대	1	1	1	1	2	2	2	3	3	3	4	4	4	5	동	5	6	6	6	7	7	7	8	8
대운 여	2	2	1	1	1	1	설	10	9	9	9	8	8	8	7	7	7	6	6	6	5	지	5	4	4	4	3	3	3	2	2

1934 甲戌年(갑술년)

단기4267년/불기2478년 대장군(남방), 삼살(북방), 상문(북방),조객(서남방), 납음(산두화), 【삼재(신,유,술)년】

소한 6일 09시 17분 ⇨ 【乙丑月(을축월)】(소한, 대한~ 입춘 전) 대한 21일 02시 37분

양력 1 / 음력 11/16 ~ 12/17

양력	1	2	3	4	5	6	7	8	9	10	11	12	13	14	15	16	17	18	19	20	21	22	23	24	25	26	27	28	29	30	31
요일	월	화	수	목	금	토	일	월	화	수	목	금	토	일	월	화	수	목	금	토	일	월	화	수	목	금	토	일	월	화	수
일진 日辰	壬申	癸酉	甲戌	乙亥	丙子	丁丑	戊寅	己卯	庚辰	辛巳	壬午	癸未	甲申	乙酉	丙戌	丁亥	戊子	己丑	庚寅	辛卯	壬辰	癸巳	甲午	乙未	丙申	丁酉	戊戌	己亥	庚子	辛丑	壬寅
음력	16	17	18	19	20	21	22	23	24	25	26	27	28	29	12/1	2	3	4	5	6	7	8	9	10	11	12	13	14	15	16	17
대운 남	8	9	9	9	10	소	1	1	1	1	2	2	2	3	3	3	4	4	4	5	대	5	6	6	6	7	7	7	8	8	8
대운 여	2	1	1	1	1	한	9	9	9	8	8	8	7	7	7	6	6	6	5	5	한	4	4	4	3	3	3	2	2	2	1

입춘 4일 21시 04분 ⇨ 【丙寅月(병인월)】(입춘, 우수~ 경칩 전) 우수 19일 17시 02분

양력 2 / 음력 12/18 ~ 01/15

양력	1	2	3	4	5	6	7	8	9	10	11	12	13	14	15	16	17	18	19	20	21	22	23	24	25	26	27	28
요일	목	금	토	일	월	화	수	목	금	토	일	월	화	수	목	금	토	일	월	화	수	목	금	토	일	월	화	수
일진 日辰	癸卯	甲辰	乙巳	丙午	丁未	戊申	己酉	庚戌	辛亥	壬子	癸丑	甲寅	乙卯	丙辰	丁巳	戊午	己未	庚申	辛酉	壬戌	癸亥	甲子	乙丑	丙寅	丁卯	戊辰	己巳	庚午
음력	18	19	20	21	22	23	24	25	26	27	28	29	30	1/1	2	3	4	5	6	7	8	9	10	11	12	13	14	15
대운 남	9	9	9	입	10	9	9	9	8	8	8	7	7	7	6	6	6	5	우	5	4	4	4	3	3	3	2	2
대운 여	1	1	1	춘	1	1	1	1	2	2	2	3	3	3	4	4	4	5	수	5	6	6	6	7	7	7	8	8

立春

경칩 6일 15시 26분 ⇨ 【丁卯月(정묘월)】(경칩, 춘분~ 청명 전) 춘분 21일 16시 28분

양력 3 / 음력 01/16 ~ 02/17

양력	1	2	3	4	5	6	7	8	9	10	11	12	13	14	15	16	17	18	19	20	21	22	23	24	25	26	27	28	29	30	31
요일	목	금	토	일	월	화	수	목	금	토	일	월	화	수	목	금	토	일	월	화	수	목	금	토	일	월	화	수	목	금	토
일진 日辰	辛未	壬申	癸酉	甲戌	乙亥	丙子	丁丑	戊寅	己卯	庚辰	辛巳	壬午	癸未	甲申	乙酉	丙戌	丁亥	戊子	己丑	庚寅	辛卯	壬辰	癸巳	甲午	乙未	丙申	丁酉	戊戌	己亥	庚子	辛丑
음력	16	17	18	19	20	21	22	23	24	25	26	27	28	29	2/1	2	3	4	5	6	7	8	9	10	11	12	13	14	15	16	17
대운 남	2	1	1	1	1	경	10	9	9	9	8	8	8	7	7	7	6	6	6	5	춘	5	4	4	4	3	3	3	2	2	2
대운 여	8	9	9	9	10	칩	1	1	1	1	2	2	2	3	3	3	4	4	4	5	분	5	6	6	6	7	7	7	8	8	8

청명 5일 20시 44분 ⇨ 【戊辰月(무진월)】(청명, 곡우~ 입하 전) 곡우 21일 04시 00분

양력 4 / 음력 02/18 ~ 03/17

양력	1	2	3	4	5	6	7	8	9	10	11	12	13	14	15	16	17	18	19	20	21	22	23	24	25	26	27	28	29	30
요일	일	월	화	수	목	금	토	일	월	화	수	목	금	토	일	월	화	수	목	금	토	일	월	화	수	목	금	토	일	월
일진 日辰	壬寅	癸卯	甲辰	乙巳	丙午	丁未	戊申	己酉	庚戌	辛亥	壬子	癸丑	甲寅	乙卯	丙辰	丁巳	戊午	己未	庚申	辛酉	壬戌	癸亥	甲子	乙丑	丙寅	丁卯	戊辰	己巳	庚午	辛未
음력	18	19	20	21	22	23	24	25	26	27	28	29	30	3/1	2	3	4	5	6	7	8	9	10	11	12	13	14	15	16	17
대운 남	1	1	1	1	청	10	10	9	9	9	8	8	8	7	7	7	6	6	6	5	곡	5	4	4	4	3	3	3	2	2
대운 여	9	9	9	10	명	1	1	1	1	2	2	2	3	3	3	4	4	4	5	5	우	6	6	6	7	7	7	8	8	8

입하 6일 14시 31분 ⇨ 【己巳月(기사월)】(입하, 소만~ 망종 전) 소만 22일 03시 35분

양력 5 / 음력 03/18 ~ 04/19

양력	1	2	3	4	5	6	7	8	9	10	11	12	13	14	15	16	17	18	19	20	21	22	23	24	25	26	27	28	29	30	31
요일	화	수	목	금	토	일	월	화	수	목	금	토	일	월	화	수	목	금	토	일	월	화	수	목	금	토	일	월	화	수	목
일진 日辰	壬申	癸酉	甲戌	乙亥	丙子	丁丑	戊寅	己卯	庚辰	辛巳	壬午	癸未	甲申	乙酉	丙戌	丁亥	戊子	己丑	庚寅	辛卯	壬辰	癸巳	甲午	乙未	丙申	丁酉	戊戌	己亥	庚子	辛丑	壬寅
음력	18	19	20	21	22	23	24	25	26	27	28	29	4/1	2	3	4	5	6	7	8	9	10	11	12	13	14	15	16	17	18	19
대운 남	2	1	1	1	1	입	10	10	9	9	9	8	8	8	7	7	7	6	6	6	5	소	5	4	4	4	3	3	3	2	2
대운 여	9	9	9	10	10	하	1	1	1	1	2	2	2	3	3	3	4	4	4	5	5	만	6	6	6	7	7	7	8	8	8

망종 6일 19시 01분 ⇨ 【庚午月(경오월)】(망종, 하지~ 소서 전) 하지 22일 11시 48분

양력 6 / 음력 04/20 ~ 05/19

양력	1	2	3	4	5	6	7	8	9	10	11	12	13	14	15	16	17	18	19	20	21	22	23	24	25	26	27	28	29	30
요일	금	토	일	월	화	수	목	금	토	일	월	화	수	목	금	토	일	월	화	수	목	금	토	일	월	화	수	목	금	토
일진 日辰	癸卯	甲辰	乙巳	丙午	丁未	戊申	己酉	庚戌	辛亥	壬子	癸丑	甲寅	乙卯	丙辰	丁巳	戊午	己未	庚申	辛酉	壬戌	癸亥	甲子	乙丑	丙寅	丁卯	戊辰	己巳	庚午	辛未	壬申
음력	20	21	22	23	24	25	26	27	28	29	30	5/1	2	3	4	5	6	7	8	9	10	11	12	13	14	15	16	17	18	19
대운 남	2	1	1	1	1	망	10	10	10	9	9	9	8	8	8	7	7	7	6	6	6	하	5	5	4	4	4	3	3	3
대운 여	9	9	9	10	10	종	1	1	1	1	2	2	2	3	3	3	4	4	4	5	5	지	6	6	6	7	7	7	8	8

대장군(남방). 삼살(북방), 상문(북방),조객(서남방), 납음(산두화), 【삼재(신,유,술)년】
한식(4월06일), 초복(7월14일), 초복(7월24일), 말복(8월03일)

甲戌年(갑술년)

1934

소서 8일 05시 24분 ⇨ 【辛未月(신미월)】(소서, 대서~ 입추 전) 대서 23일 22시 42분

양력 7 / 음력 05/20 ~ 06/20

양력	1	2	3	4	5	6	7	8	9	10	11	12	13	14	15	16	17	18	19	20	21	22	23	24	25	26	27	28	29	30	31
요일	일	월	화	수	목	금	토	일	월	화	수	목	금	토	일	월	화	수	목	금	토	일	월	화	수	목	금	토	일	월	화
일진 日辰	癸酉	甲戌	乙亥	丙子	丁丑	戊寅	己卯	庚辰	辛巳	壬午	癸未	甲申	乙酉	丙戌	丁亥	戊子	己丑	庚寅	辛卯	壬辰	癸巳	甲午	乙未	丙申	丁酉	戊戌	己亥	庚子	辛丑	壬寅	癸卯
음력	20	21	22	23	24	25	26	27	28	29	30	6/1	2	3	4	5	6	7	8	9	10	11	12	13	14	15	16	17	18	19	20
대운 남	2	2	2	1	1	1	1	소	10	10	9	9	9	8	8	7	7	7	6	6	6	대	5	5	4	4	4	3	3	3	3
대운 여	8	9	9	9	10	10	10	서	1	1	1	1	2	2	3	3	3	4	4	4	5	서	5	6	6	6	7	7	7	8	8

입추 8일 15시 04분 ⇨ 【壬申月(임신월)】(입추, 처서~ 백로 전) 처서 24일 05시 32분

양력 8 / 음력 06/21 ~ 07/22

양력	1	2	3	4	5	6	7	8	9	10	11	12	13	14	15	16	17	18	19	20	21	22	23	24	25	26	27	28	29	30	31
요일	수	목	금	토	일	월	화	수	목	금	토	일	월	화	수	목	금	토	일	월	화	수	목	금	토	일	월	화	수	목	금
일진 日辰	甲辰	乙巳	丙午	丁未	戊申	己酉	庚戌	辛亥	壬子	癸丑	甲寅	乙卯	丙辰	丁巳	戊午	己未	庚申	辛酉	壬戌	癸亥	甲子	乙丑	丙寅	丁卯	戊辰	己巳	庚午	辛未	壬申	癸酉	甲戌
음력	21	22	23	24	25	26	27	28	29	7/1	2	3	4	5	6	7	8	9	10	11	12	13	14	15	16	17	18	19	20	21	22
대운 남	2	2	2	1	1	1	1	입	10	10	9	9	9	8	8	8	7	7	7	6	6	6	5	처	5	4	4	4	3	3	3
대운 여	8	8	9	9	9	10	10	추	1	1	1	1	2	2	2	3	3	3	4	4	4	5	5	서	6	6	6	7	7	7	8

백로 8일 17시 36분 ⇨ 【癸酉月(계유월)】(백로, 추분-한로 전) 추분 24일 02시 45분

양력 9 / 음력 07/23 ~ 08/22

양력	1	2	3	4	5	6	7	8	9	10	11	12	13	14	15	16	17	18	19	20	21	22	23	24	25	26	27	28	29	30
요일	토	일	월	화	수	목	금	토	일	월	화	수	목	금	토	일	월	화	수	목	금	토	일	월	화	수	목	금	토	일
일진 日辰	乙亥	丙子	丁丑	戊寅	己卯	庚辰	辛巳	壬午	癸未	甲申	乙酉	丙戌	丁亥	戊子	己丑	庚寅	辛卯	壬辰	癸巳	甲午	乙未	丙申	丁酉	戊戌	己亥	庚子	辛丑	壬寅	癸卯	甲辰
음력	23	24	25	26	27	28	29	30	8/1	2	3	4	5	6	7	8	9	10	11	12	13	14	15	16	17	18	19	20	21	22
대운 남	2	2	2	1	1	1	1	백	10	10	9	9	9	8	8	8	7	7	7	6	6	6	5	추	5	4	4	4	3	3
대운 여	8	8	9	9	9	10	10	로	1	1	1	1	2	2	2	3	3	3	4	4	4	5	5	분	6	6	6	7	7	7

한로 9일 08시 45분 ⇨ 【甲戌月(갑술월)】(한로, 상강~ 입동 전) 상강 24일 11시 36분

양력 10 / 음력 08/23 ~ 09/23

양력	1	2	3	4	5	6	7	8	9	10	11	12	13	14	15	16	17	18	19	20	21	22	23	24	25	26	27	28	29	30	31
요일	월	화	수	목	금	토	일	월	화	수	목	금	토	일	월	화	수	목	금	토	일	월	화	수	목	금	토	일	월	화	수
일진 日辰	乙巳	丙午	丁未	戊申	己酉	庚戌	辛亥	壬子	癸丑	甲寅	乙卯	丙辰	丁巳	戊午	己未	庚申	辛酉	壬戌	癸亥	甲子	乙丑	丙寅	丁卯	戊辰	己巳	庚午	辛未	壬申	癸酉	甲戌	乙亥
음력	23	24	25	26	27	28	29	30	9/1	2	3	4	5	6	7	8	9	10	11	12	13	14	15	16	17	18	19	20	21	22	23
대운 남	3	2	2	2	1	1	1	1	한	10	9	9	9	8	8	8	7	7	7	6	6	6	5	상	5	4	4	4	3	3	3
대운 여	8	8	8	9	9	9	10	10	로	1	1	1	1	2	2	2	3	3	3	4	4	4	5	강	5	6	6	6	7	7	7

입동 8일 11시 27분 ⇨ 【乙亥月(을해월)】(입동, 소설~ 대설 전) 소설 23일 08시 44분

양력 11 / 음력 09/24 ~ 10/24

양력	1	2	3	4	5	6	7	8	9	10	11	12	13	14	15	16	17	18	19	20	21	22	23	24	25	26	27	28	29	30
요일	목	금	토	일	월	화	수	목	금	토	일	월	화	수	목	금	토	일	월	화	수	목	금	토	일	월	화	수	목	금
일진 日辰	丙子	丁丑	戊寅	己卯	庚辰	辛巳	壬午	癸未	甲申	乙酉	丙戌	丁亥	戊子	己丑	庚寅	辛卯	壬辰	癸巳	甲午	乙未	丙申	丁酉	戊戌	己亥	庚子	辛丑	壬寅	癸卯	甲辰	乙巳
음력	24	25	26	27	28	29	10/1	2	3	4	5	6	7	8	9	10	11	12	13	14	15	16	17	18	19	20	21	22	23	24
대운 남	2	2	2	1	1	1	1	입	10	9	9	9	8	8	8	7	7	7	6	6	6	5	소	5	4	4	4	3	3	3
대운 여	8	8	8	9	9	9	10	동	1	1	1	1	2	2	2	3	3	3	4	4	4	5	설	5	6	6	6	7	7	7

대설 8일 03시 57분 ⇨ 【丙子月(병자월)】(대설, 동지~소한 전) 동지 22일 21시 49분

양력 12 / 음력 10/25 ~ 11/25

양력	1	2	3	4	5	6	7	8	9	10	11	12	13	14	15	16	17	18	19	20	21	22	23	24	25	26	27	28	29	30	31
요일	토	일	월	화	수	목	금	토	일	월	화	수	목	금	토	일	월	화	수	목	금	토	일	월	화	수	목	금	토	일	월
일진 日辰	丙午	丁未	戊申	己酉	庚戌	辛亥	壬子	癸丑	甲寅	乙卯	丙辰	丁巳	戊午	己未	庚申	辛酉	壬戌	癸亥	甲子	乙丑	丙寅	丁卯	戊辰	己巳	庚午	辛未	壬申	癸酉	甲戌	乙亥	丙子
음력	25	26	27	28	29	30	11/1	2	3	4	5	6	7	8	9	10	11	12	13	14	15	16	17	18	19	20	21	22	23	24	25
대운 남	2	2	2	1	1	1	1	대	9	9	9	8	8	8	7	7	7	6	6	6	5	동	5	4	4	4	3	3	3	2	2
대운 여	8	8	8	9	9	9	10	설	1	1	1	1	2	2	2	3	3	3	4	4	4	지	5	5	6	6	6	7	7	7	8

1935 乙亥年(을해년)

단기 4254년 /불기2465년 대장군(남방), 삼살(동방), 상문(서북방),조객(서남방), 납음(석류목), 【삼재(해,자,축)년】

소한 6일 15시 02분 ⇨ **【丁丑月(정축월)】**(소한, 대한~ 입춘 전) 대한 21일 08시 28분

1 (음력 11/26~12/27)	양력	1	2	3	4	5	6	7	8	9	10	11	12	13	14	15	16	17	18	19	20	21	22	23	24	25	26	27	28	29	30	31
	요일	화	수	목	금	토	일	월	화	수	목	금	토	일	월	화	수	목	금	토	일	월	화	수	목	금	토	일	월	화	수	목
	일진 日辰	丁丑	戊寅	己卯	庚辰	辛巳	壬午	癸未	甲申	乙酉	丙戌	丁亥	戊子	己丑	庚寅	辛卯	壬辰	癸巳	甲午	乙未	丙申	丁酉	戊戌	己亥	庚子	辛丑	壬寅	癸卯	甲辰	乙巳	丙午	丁未
	음력	26	27	28	29	12/1	2	3	4	5	6	7	8	9	10	11	12	13	14	15	16	17	18	19	20	21	22	23	24	25	26	27
대운	남	2	1	1	1	1	소	10	9	9	9	8	8	8	7	7	7	6	6	6	5	대	5	4	4	4	3	3	3	2	2	2
	여	8	8	9	9	9	한	1	1	1	1	2	2	2	3	3	3	4	4	4	5	한	5	6	6	6	7	7	7	8	8	8

입춘 5일 02시 49분 ⇨ **【戊寅月(무인월)】**(입춘, 우수~ 경칩 전) 우수 19일 22시 52분

2 (음력 12/28~01/25)	양력	1	2	3	4	5	6	7	8	9	10	11	12	13	14	15	16	17	18	19	20	21	22	23	24	25	26	27	28
	요일	금	토	일	월	화	수	목	금	토	일	월	화	수	목	금	토	일	월	화	수	목	금	토	일	월	화	수	목
	일진 日辰	戊申	己酉	庚戌	辛亥	壬子	癸丑	甲寅	乙卯	丙辰	丁巳	戊午	己未	庚申	辛酉	壬戌	癸亥	甲子	乙丑	丙寅	丁卯	戊辰	己巳	庚午	辛未	壬申	癸酉	甲戌	乙亥
	음력	28	29	30	1/1	2	3	4	5	6	7	8	9	10	11	12	13	14	15	16	17	18	19	20	21	22	23	24	25
대운	남	1	1	1	1	입	1	1	1	1	2	2	2	3	3	3	4	4	4	우	5	5	6	6	6	7	7	7	8
	여	9	9	9	10	춘	9	9	9	8	8	8	7	7	7	6	6	6	5	수	5	4	4	4	3	3	3	2	2

立春

경칩 6일 21시 10분 ⇨ **【己卯月(기묘월)】**(경칩, 춘분~ 청명 전) 춘분 21일 22시 58분

3 (음력 01/26~02/27)	양력	1	2	3	4	5	6	7	8	9	10	11	12	13	14	15	16	17	18	19	20	21	22	23	24	25	26	27	28	29	30	31
	요일	금	토	일	월	화	수	목	금	토	일	월	화	수	목	금	토	일	월	화	수	목	금	토	일	월	화	수	목	금	토	일
	일진 日辰	丙子	丁丑	戊寅	己卯	庚辰	辛巳	壬午	癸未	甲申	乙酉	丙戌	丁亥	戊子	己丑	庚寅	辛卯	壬辰	癸巳	甲午	乙未	丙申	丁酉	戊戌	己亥	庚子	辛丑	壬寅	癸卯	甲辰	乙巳	丙午
	음력	26	27	28	29	2/1	2	3	4	5	6	7	8	9	10	11	12	13	14	15	16	17	18	19	20	21	22	23	24	25	26	27
대운	남	8	8	9	9	9	경	1	1	1	1	2	2	2	3	3	3	4	4	4	5	춘	5	6	6	6	7	7	7	8	8	8
	여	2	1	1	1	1	칩	10	10	9	9	9	8	8	8	7	7	7	6	6	6	분	5	5	4	4	4	3	3	3	2	2

청명 6일 02시 06분 ⇨ **【庚辰月(경진월)】**(청명, 곡우~ 입하 전) 곡우 21일 09시 50분

4 (음력 02/28~03/28)	양력	1	2	3	4	5	6	7	8	9	10	11	12	13	14	15	16	17	18	19	20	21	22	23	24	25	26	27	28	29	30
	요일	월	화	수	목	금	토	일	월	화	수	목	금	토	일	월	화	수	목	금	토	일	월	화	수	목	금	토	일	월	화
	일진 日辰	丁未	戊申	己酉	庚戌	辛亥	壬子	癸丑	甲寅	乙卯	丙辰	丁巳	戊午	己未	庚申	辛酉	壬戌	癸亥	甲子	乙丑	丙寅	丁卯	戊辰	己巳	庚午	辛未	壬申	癸酉	甲戌	乙亥	丙子
	음력	28	29	3/1	2	3	4	5	6	7	8	9	10	11	12	13	14	15	16	17	18	19	20	21	22	23	24	25	26	27	28
대운	남	9	9	9	10	10	청	1	1	1	1	2	2	2	3	3	3	4	4	4	5	곡	5	6	6	6	7	7	7	8	8
	여	2	1	1	1	1	명	10	9	9	9	8	8	8	7	7	7	6	6	6	5	우	5	4	4	4	3	3	3	2	2

입하 6일 20시 12분 ⇨ **【辛巳月(신사월)】**(입하, 소만~ 망종 전) 소만 22일 09시 25분

5 (음력 03/29~04/29)	양력	1	2	3	4	5	6	7	8	9	10	11	12	13	14	15	16	17	18	19	20	21	22	23	24	25	26	27	28	29	30	31
	요일	수	목	금	토	일	월	화	수	목	금	토	일	월	화	수	목	금	토	일	월	화	수	목	금	토	일	월	화	수	목	금
	일진 日辰	丁丑	戊寅	己卯	庚辰	辛巳	壬午	癸未	甲申	乙酉	丙戌	丁亥	戊子	己丑	庚寅	辛卯	壬辰	癸巳	甲午	乙未	丙申	丁酉	戊戌	己亥	庚子	辛丑	壬寅	癸卯	甲辰	乙巳	丙午	丁未
	음력	29	30	4/1	2	3	4	5	6	7	8	9	10	11	12	13	14	15	16	17	18	19	20	21	22	23	24	25	26	27	28	29
대운	남	8	9	9	9	10	입	1	1	1	1	2	2	2	3	3	3	4	4	4	5	5	소	6	6	6	7	7	7	8	8	8
	여	2	1	1	1	1	하	10	10	10	9	9	9	8	8	8	7	7	7	6	6	6	만	5	5	4	4	4	3	3	3	2

망종 7일 00시 42분 ⇨ **【壬午月(임오월)】**(망종, 하지~ 소서 전) 하지 22일 17시 38분

6 (음력 05/01~05/30)	양력	1	2	3	4	5	6	7	8	9	10	11	12	13	14	15	16	17	18	19	20	21	22	23	24	25	26	27	28	29	30
	요일	토	일	월	화	수	목	금	토	일	월	화	수	목	금	토	일	월	화	수	목	금	토	일	월	화	수	목	금	토	일
	일진 日辰	戊申	己酉	庚戌	辛亥	壬子	癸丑	甲寅	乙卯	丙辰	丁巳	戊午	己未	庚申	辛酉	壬戌	癸亥	甲子	乙丑	丙寅	丁卯	戊辰	己巳	庚午	辛未	壬申	癸酉	甲戌	乙亥	丙子	丁丑
	음력	5/1	2	3	4	5	6	7	8	9	10	11	12	13	14	15	16	17	18	19	20	21	22	23	24	25	26	27	28	29	30
대운	남	9	9	9	10	10	10	망	1	1	1	1	2	2	2	3	3	3	4	4	4	5	하	5	6	6	6	7	7	7	8
	여	2	2	1	1	1	1	종	10	10	9	9	9	8	8	8	7	7	7	6	6	6	지	5	5	4	4	4	3	3	3

대장군(서방). 삼살(서방), 상문(동북방),조객(서방), 납음(산두화), 【삼재(사,오,미)년】
한식(4월6일), 초복(7월16일), 중복(7월23일), 말복(8월02일)

乙亥年(을해년)

소서 8일 11시 06분 ➩ 【癸未月(계미월)】(소서, 대서~ 입추 전) 대서 24일 04시 33분

양력 7 / 음력 06/01 ~ 07/02

양력	1	2	3	4	5	6	7	8	9	10	11	12	13	14	15	16	17	18	19	20	21	22	23	24	25	26	27	28	29	30	31
요일	월	화	수	목	금	토	일	월	화	수	목	금	토	일	월	화	수	목	금	토	일	월	화	수	목	금	토	일	월	화	수
일진 日辰	戊寅	己卯	庚辰	辛巳	壬午	癸未	甲申	乙酉	丙戌	丁亥	戊子	己丑	庚寅	辛卯	壬辰	癸巳	甲午	乙未	丙申	丁酉	戊戌	己亥	庚子	辛丑	壬寅	癸卯	甲辰	乙巳	丙午	丁未	戊申
음력	6/1	2	3	4	5	6	7	8	9	10	11	12	13	14	15	16	17	18	19	20	21	22	23	24	25	26	27	28	29	7/1	2
대운 남	8	8	9	9	9	10	10	소	1	1	1	1	2	2	2	3	3	3	4	4	4	5	5	대	6	6	6	7	7	7	8
대운 여	2	2	2	1	1	1	1	서	10	10	9	9	9	8	8	8	7	7	7	6	6	6	5	서	5	4	4	4	3	3	3

입추 8일 20시 48분 ➩ 【甲申月(갑신월)】(입추, 처서~ 백로 전) 처서 24일 11시 24분

양력 8 / 음력 07/03 ~ 08/03

양력	1	2	3	4	5	6	7	8	9	10	11	12	13	14	15	16	17	18	19	20	21	22	23	24	25	26	27	28	29	30	31
요일	목	금	토	일	월	화	수	목	금	토	일	월	화	수	목	금	토	일	월	화	수	목	금	토	일	월	화	수	목	금	토
일진 日辰	己酉	庚戌	辛亥	壬子	癸丑	甲寅	乙卯	丙辰	丁巳	戊午	己未	庚申	辛酉	壬戌	癸亥	甲子	乙丑	丙寅	丁卯	戊辰	己巳	庚午	辛未	壬申	癸酉	甲戌	乙亥	丙子	丁丑	戊寅	己卯
음력	3	4	5	6	7	8	9	10	11	12	13	14	15	16	17	18	19	20	21	22	23	24	25	26	27	28	29	30	8/1	2	3
대운 남	8	8	9	9	9	10	10	입	1	1	1	1	2	2	2	3	3	3	4	4	4	5	5	처	6	6	6	7	7	7	8
대운 여	2	2	2	1	1	1	1	추	10	10	9	9	9	8	8	8	7	7	7	6	6	6	5	서	5	4	4	4	3	3	3

백로8일 23시 24분 ➩ 【乙酉月(을유월)】(백로, 추분-한로 전) 추분 24일 08시 38분

양력 9 / 음력 08/04 ~ 09/03

양력	1	2	3	4	5	6	7	8	9	10	11	12	13	14	15	16	17	18	19	20	21	22	23	24	25	26	27	28	29	30
요일	일	월	화	수	목	금	토	일	월	화	수	목	금	토	일	월	화	수	목	금	토	일	월	화	수	목	금	토	일	월
일진 日辰	庚辰	辛巳	壬午	癸未	甲申	乙酉	丙戌	丁亥	戊子	己丑	庚寅	辛卯	壬辰	癸巳	甲午	乙未	丙申	丁酉	戊戌	己亥	庚子	辛丑	壬寅	癸卯	甲辰	乙巳	丙午	丁未	戊申	己酉
음력	4	5	6	7	8	9	10	11	12	13	14	15	16	17	18	19	20	21	22	23	24	25	26	27	28	29	30	9/1	2	3
대운 남	8	8	9	9	9	10	10	백	1	1	1	1	2	2	2	3	3	3	4	4	4	5	5	추	6	6	6	7	7	7
대운 여	2	2	2	1	1	1	1	로	10	10	9	9	9	8	8	8	7	7	7	6	6	6	5	분	5	4	4	4	3	3

한로 9일 14시 36분 ➩ 【丙戌月(병술월)】(한로, 상강~ 입동 전) 상강 24일 17시 29분

양력 10 / 음력 09/04 ~ 10/05

양력	1	2	3	4	5	6	7	8	9	10	11	12	13	14	15	16	17	18	19	20	21	22	23	24	25	26	27	28	29	30	31
요일	화	수	목	금	토	일	월	화	수	목	금	토	일	월	화	수	목	금	토	일	월	화	수	목	금	토	일	월	화	수	목
일진 日辰	庚戌	辛亥	壬子	癸丑	甲寅	乙卯	丙辰	丁巳	戊午	己未	庚申	辛酉	壬戌	癸亥	甲子	乙丑	丙寅	丁卯	戊辰	己巳	庚午	辛未	壬申	癸酉	甲戌	乙亥	丙子	丁丑	戊寅	己卯	庚辰
음력	4	5	6	7	8	9	10	11	12	13	14	15	16	17	18	19	20	21	22	23	24	25	26	27	28	29	10/1	2	3	4	5
대운 남	8	8	8	9	9	9	10	10	한	1	1	1	1	2	2	2	3	3	3	4	4	4	5	상	5	6	6	6	7	7	7
대운 여	3	2	2	2	1	1	1	1	로	10	9	9	9	8	8	8	7	7	7	6	6	6	5	강	5	4	4	4	3	3	3

입동 8일 17시 18분 ➩ 【丁亥月(정해월)】(입동, 소설~ 대설 전) 소설 23일 14시 35분

양력 11 / 음력 10/06 ~ 11/05

양력	1	2	3	4	5	6	7	8	9	10	11	12	13	14	15	16	17	18	19	20	21	22	23	24	25	26	27	28	29	30
요일	금	토	일	월	화	수	목	금	토	일	월	화	수	목	금	토	일	월	화	수	목	금	토	일	월	화	수	목	금	토
일진 日辰	辛巳	壬午	癸未	甲申	乙酉	丙戌	丁亥	戊子	己丑	庚寅	辛卯	壬辰	癸巳	甲午	乙未	丙申	丁酉	戊戌	己亥	庚子	辛丑	壬寅	癸卯	甲辰	乙巳	丙午	丁未	戊申	己酉	庚戌
음력	6	7	8	9	10	11	12	13	14	15	16	17	18	19	20	21	22	23	24	25	26	27	28	29	30	11/1	2	3	4	5
대운 남	8	8	8	9	9	9	10	입	1	1	1	1	2	2	2	3	3	3	4	4	4	5	소	5	6	6	6	7	7	7
대운 여	2	2	2	1	1	1	1	동	10	9	9	9	8	8	8	7	7	7	6	6	6	5	설	5	4	4	4	3	3	3

대설 8일 09시 45분 ➩ 【戊子月(무자월)】(대설, 동지~소한 전) 동지 23일 03시 37분

양력 12 / 음력 11/06 ~ 12/06

양력	1	2	3	4	5	6	7	8	9	10	11	12	13	14	15	16	17	18	19	20	21	22	23	24	25	26	27	28	29	30	31
요일	일	월	화	수	목	금	토	일	월	화	수	목	금	토	일	월	화	수	목	금	토	일	월	화	수	목	금	토	일	월	화
일진 日辰	辛亥	壬子	癸丑	甲寅	乙卯	丙辰	丁巳	戊午	己未	庚申	辛酉	壬戌	癸亥	甲子	乙丑	丙寅	丁卯	戊辰	己巳	庚午	辛未	壬申	癸酉	甲戌	乙亥	丙子	丁丑	戊寅	己卯	庚辰	辛巳
음력	6	7	8	9	10	11	12	13	14	15	16	17	18	19	20	21	22	23	24	25	26	27	28	29	30	12/1	2	3	4	5	6
대운 남	8	8	8	9	9	9	10	대	1	1	1	1	2	2	2	3	3	3	4	4	4	5	동	5	6	6	6	7	7	7	8
대운 여	2	2	2	1	1	1	1	설	9	9	9	8	8	8	7	7	7	6	6	6	5	5	지	4	4	4	3	3	3	2	2

윤3월 大 1936 丙子年(병자년)

단기 4269년 /불기2480년 대장군(서방), 삼살(남방), 상문(동북방), 조객(서북방),납음(간하수), 삼재(인,묘,진)년

소한 6일 20시 47분 ⇨ **【己丑月(기축월)】**(소한, 대한~ 입춘 전) 대한 21일 14시 12분

1	양력	1	2	3	4	5	6	7	8	9	10	11	12	13	14	15	16	17	18	19	20	21	22	23	24	25	26	27	28	29	30	31
	요일	수	목	금	토	일	월	화	수	목	금	토	일	월	화	수	목	금	토	일	월	화	수	목	금	토	일	월	화	수	목	금
	일진 日辰	壬午	癸未	甲申	乙酉	丙戌	丁亥	戊子	己丑	庚寅	辛卯	壬辰	癸巳	甲午	乙未	丙申	丁酉	戊戌	己亥	庚子	辛丑	壬寅	癸卯	甲辰	乙巳	丙午	丁未	戊申	己酉	庚戌	辛亥	壬子
음력 12/07 ~ 01/08	음력	7	8	9	10	11	12	13	14	15	16	17	18	19	20	21	22	23	24	25	26	27	28	29	1/1	2	3	4	5	6	7	8
대운	남	8	9	9	9	10	소	1	1	1	1	2	2	2	3	3	3	4	4	4	5	대	5	6	6	6	7	7	7	8	8	8
	여	2	1	1	1	1	한	9	9	9	8	8	8	7	7	7	6	6	6	5	5	한	4	4	4	3	3	3	2	2	2	1

입춘 5일 08시 29분 ⇨ **【庚寅月(경인월)】**(입춘, 우수~ 경칩 전) 우수 20일 04시 33분

2	양력	1	2	3	4	5	6	7	8	9	10	11	12	13	14	15	16	17	18	19	20	21	22	23	24	25	26	27	28	29	立春
	요일	토	일	월	화	수	목	금	토	일	월	화	수	목	금	토	일	월	화	수	목	금	토	일	월	화	수	목	금	토	
	일진 日辰	癸丑	甲寅	乙卯	丙辰	丁巳	戊午	己未	庚申	辛酉	壬戌	癸亥	甲子	乙丑	丙寅	丁卯	戊辰	己巳	庚午	辛未	壬申	癸酉	甲戌	乙亥	丙子	丁丑	戊寅	己卯	庚辰	辛巳	
음력 01/09 ~ 02/07	음력	9	10	11	12	13	14	15	16	17	18	19	20	21	22	23	24	25	26	27	28	29	30	2/1	2	3	4	5	6	7	
대운	남	9	9	9	입	10	9	9	9	8	8	8	7	7	7	6	6	6	5	우	5	4	4	4	3	3	3	2	2	8	
	여	1	1	1	춘	1	1	1	1	2	2	2	3	3	3	4	4	4	5	수	5	6	6	6	7	7	7	8	8	2	

경칩 6일 02시 49분 ⇨ **【辛卯月(신묘월)】**(경칩, 춘분~ 청명 전) 춘분 21일 03시 58분

3	양력	1	2	3	4	5	6	7	8	9	10	11	12	13	14	15	16	17	18	19	20	21	22	23	24	25	26	27	28	29	30	31
	요일	일	월	화	수	목	금	토	일	월	화	수	목	금	토	일	월	화	수	목	금	토	일	월	화	수	목	금	토	일	월	화
	일진 日辰	壬午	癸未	甲申	乙酉	丙戌	丁亥	戊子	己丑	庚寅	辛卯	壬辰	癸巳	甲午	乙未	丙申	丁酉	戊戌	己亥	庚子	辛丑	壬寅	癸卯	甲辰	乙巳	丙午	丁未	戊申	己酉	庚戌	辛亥	壬子
음력 02/08 ~ 03/09	음력	8	9	10	11	12	13	14	15	16	17	18	19	20	21	22	23	24	25	26	27	28	29	3/1	2	3	4	5	6	7	8	9
대운	남	2	1	1	1	1	경	10	9	9	9	8	8	8	7	7	7	6	6	6	5	춘	5	4	4	4	3	3	3	2	2	2
	여	8	9	9	9	10	칩	1	1	1	1	2	2	2	3	3	3	4	4	4	5	분	5	6	6	6	7	7	7	8	8	8

청명 5일 08시 07분 ⇨ **【壬辰月(임진월)】**(청명, 곡우~ 입하 전) 곡우 20일 15시 31분

4	양력	1	2	3	4	5	6	7	8	9	10	11	12	13	14	15	16	17	18	19	20	21	22	23	24	25	26	27	28	29	30
	요일	수	목	금	토	일	월	화	수	목	금	토	일	월	화	수	목	금	토	일	월	화	수	목	금	토	일	월	화	수	목
	일진 日辰	癸丑	甲寅	乙卯	丙辰	丁巳	戊午	己未	庚申	辛酉	壬戌	癸亥	甲子	乙丑	丙寅	丁卯	戊辰	己巳	庚午	辛未	壬申	癸酉	甲戌	乙亥	丙子	丁丑	戊寅	己卯	庚辰	辛巳	壬午
음력 03/10 ~ 윤310	음력	10	11	12	13	14	15	16	17	18	19	20	21	22	23	24	25	26	27	28	29	윤3	2	3	4	5	6	7	8	9	10
대운	남	1	1	1	1	청	10	10	9	9	9	8	8	8	7	7	7	6	6	6	5	곡	5	4	4	4	3	3	3	2	2
	여	9	9	9	10	명	1	1	1	1	2	2	2	3	3	3	4	4	4	5	5	우	6	6	6	7	7	7	8	8	8

입하 6일 01시 57분 ⇨ **【癸巳月(계사월)】**(입하, 소만~ 망종 전) 소만 21일 15시 07분

5	양력	1	2	3	4	5	6	7	8	9	10	11	12	13	14	15	16	17	18	19	20	21	22	23	24	25	26	27	28	29	30	31
	요일	금	토	일	월	화	수	목	금	토	일	월	화	수	목	금	토	일	월	화	수	목	금	토	일	월	화	수	목	금	토	일
	일진 日辰	癸未	甲申	乙酉	丙戌	丁亥	戊子	己丑	庚寅	辛卯	壬辰	癸巳	甲午	乙未	丙申	丁酉	戊戌	己亥	庚子	辛丑	壬寅	癸卯	甲辰	乙巳	丙午	丁未	戊申	己酉	庚戌	辛亥	壬子	癸丑
음력 윤311 ~ 04/11	음력	11	12	13	14	15	16	17	18	19	20	21	22	23	24	25	26	27	28	29	30	4/1	2	3	4	5	6	7	8	9	10	11
대운	남	2	1	1	1	1	입	10	10	9	9	9	8	8	8	7	7	7	6	6	6	5	소	5	4	4	4	3	3	3	2	2
	여	9	9	9	10	10	하	1	1	1	1	2	2	2	3	3	3	4	4	4	5	5	만	6	6	6	7	7	7	8	8	8

망종 6일 06시 31분 ⇨ **【甲午月(갑오월)】**(망종, 하지~ 소서 전) 하지 21일 23시 22분

6	양력	1	2	3	4	5	6	7	8	9	10	11	12	13	14	15	16	17	18	19	20	21	22	23	24	25	26	27	28	29	30
	요일	월	화	수	목	금	토	일	월	화	수	목	금	토	일	월	화	수	목	금	토	일	월	화	수	목	금	토	일	월	화
	일진 日辰	甲寅	乙卯	丙辰	丁巳	戊午	己未	庚申	辛酉	壬戌	癸亥	甲子	乙丑	丙寅	丁卯	戊辰	己巳	庚午	辛未	壬申	癸酉	甲戌	乙亥	丙子	丁丑	戊寅	己卯	庚辰	辛巳	壬午	癸未
음력 04/12 ~ 05/12	음력	12	13	14	15	16	17	18	19	20	21	22	23	24	25	26	27	28	29	5/1	2	3	4	5	6	7	8	9	10	11	12
대운	남	2	1	1	1	1	망	10	10	10	9	9	9	8	8	8	7	7	7	6	6	6	하	5	5	4	4	4	3	3	3
	여	9	9	9	10	10	종	1	1	1	1	2	2	2	3	3	3	4	4	4	5	5	지	6	6	6	7	7	7	8	8

대장군(서방), 삼살(남방), 상문(동북방), 조객(서북방),납음(간하수), 삼재(인,묘,진)
한식(4월6일), 초복(7월17일), 중복(7월27일), 말복(8월16일)

丙子年(병자년)

1936

소서 7일 16시 58분 ⇨ **【乙未月(을미월)】**(소서, 대서~ 입추 전) 대서 23일 10시 18분

양력 7 / 음력 05/13 ~ 06/13

양력	1	2	3	4	5	6	7	8	9	10	11	12	13	14	15	16	17	18	19	20	21	22	23	24	25	26	27	28	29	30	31
요일	수	목	금	토	일	월	화	수	목	금	토	일	월	화	수	목	금	토	일	월	화	수	목	금	토	일	월	화	수	목	금
일진	甲	乙	丙	丁	戊	己	庚	辛	壬	癸	甲	乙	丙	丁	戊	己	庚	辛	壬	癸	甲	乙	丙	丁	戊	己	庚	辛	壬	癸	甲
日辰	申	酉	戌	亥	子	丑	寅	卯	辰	巳	午	未	申	酉	戌	亥	子	丑	寅	卯	辰	巳	午	未	申	酉	戌	亥	子	丑	寅
음력	13	14	15	16	17	18	19	20	21	22	23	24	25	26	27	28	29	30	6/1	2	3	4	5	6	7	8	9	10	11	12	13
대운 남	2	2	2	1	1	1	1	소	10	10	9	9	9	8	8	8	7	7	7	6	6	6	5	대	5	4	4	4	3	3	3
대운 여	8	9	9	9	10	10	10	서	1	1	1	1	2	2	2	3	3	3	4	4	4	5	5	서	6	6	6	7	7	7	8

입추 8일 02시 43분 ⇨ **【丙申月(병신월)】**(입추, 처서~ 백로 전) 처서 23일 17시 11분

양력 8 / 음력 06/14 ~ 07/15

양력	1	2	3	4	5	6	7	8	9	10	11	12	13	14	15	16	17	18	19	20	21	22	23	24	25	26	27	28	29	30	31
요일	토	일	월	화	수	목	금	토	일	월	화	수	목	금	토	일	월	화	수	목	금	토	일	월	화	수	목	금	토	일	월
일진	乙	丙	丁	戊	己	庚	辛	壬	癸	甲	乙	丙	丁	戊	己	庚	辛	壬	癸	甲	乙	丙	丁	戊	己	庚	辛	壬	癸	甲	乙
日辰	卯	辰	巳	午	未	申	酉	戌	亥	子	丑	寅	卯	辰	巳	午	未	申	酉	戌	亥	子	丑	寅	卯	辰	巳	午	未	申	酉
음력	14	15	16	17	18	19	20	21	22	23	24	25	26	27	28	29	7/1	2	3	4	5	6	7	8	9	10	11	12	13	14	15
대운 남	2	2	2	1	1	1	1	입	10	10	9	9	9	8	8	8	7	7	7	6	6	6	5	처	5	4	4	4	3	3	3
대운 여	8	8	9	9	9	10	10	추	1	1	1	1	2	2	2	3	3	3	4	4	4	5	5	서	6	6	6	7	7	7	8

백로 8일 05시 21분 ⇨ **【丁酉月(정유월)】**(백로, 추분-한로 전) 추분 23일 14시 26분

양력 9 / 음력 07/16 ~ 08/15

양력	1	2	3	4	5	6	7	8	9	10	11	12	13	14	15	16	17	18	19	20	21	22	23	24	25	26	27	28	29	30
요일	화	수	목	금	토	일	월	화	수	목	금	토	일	월	화	수	목	금	토	일	월	화	수	목	금	토	일	월	화	수
일진	丙	丁	戊	己	庚	辛	壬	癸	甲	乙	丙	丁	戊	己	庚	辛	壬	癸	甲	乙	丙	丁	戊	己	庚	辛	壬	癸	甲	乙
日辰	戌	亥	子	丑	寅	卯	辰	巳	午	未	申	酉	戌	亥	子	丑	寅	卯	辰	巳	午	未	申	酉	戌	亥	子	丑	寅	卯
음력	16	17	18	19	20	21	22	23	24	25	26	27	28	29	30	8/1	2	3	4	5	6	7	8	9	10	11	12	13	14	15
대운 남	2	2	2	1	1	1	1	백	10	10	9	9	9	8	8	8	7	7	7	6	6	6	5	추	5	4	4	4	3	3
대운 여	8	8	9	9	9	10	10	로	1	1	1	1	2	2	2	3	3	3	4	4	4	5	5	분	6	6	6	7	7	7

한로 8일 20시 32분 ⇨ **【戊戌月(무술월)】**(한로, 상강~ 입동 전) 상강 23일 23시 18분

양력 10 / 음력 09/16 ~ 09/17

양력	1	2	3	4	5	6	7	8	9	10	11	12	13	14	15	16	17	18	19	20	21	22	23	24	25	26	27	28	29	30	31
요일	목	금	토	일	월	화	수	목	금	토	일	월	화	수	목	금	토	일	월	화	수	목	금	토	일	월	화	수	목	금	토
일진	丙	丁	戊	己	庚	辛	壬	癸	甲	乙	丙	丁	戊	己	庚	辛	壬	癸	甲	乙	丙	丁	戊	己	庚	辛	壬	癸	甲	乙	丙
日辰	辰	巳	午	未	申	酉	戌	亥	子	丑	寅	卯	辰	巳	午	未	申	酉	戌	亥	子	丑	寅	卯	辰	巳	午	未	申	酉	戌
음력	16	17	18	19	20	21	22	23	24	25	26	27	28	29	9/1	2	3	4	5	6	7	8	9	10	11	12	13	14	15	16	17
대운 남	3	2	2	2	1	1	1	1	한	10	9	9	9	8	8	8	7	7	7	6	6	6	5	상	5	4	4	4	3	3	3
대운 여	8	8	8	9	9	9	10	10	로	1	1	1	1	2	2	2	3	3	3	4	4	4	5	강	5	6	6	6	7	7	7

입동 7일 23시 15분 ⇨ **【己亥月(기해월)】**(입동, 소설~ 대설 전) 소설 22일 20시 25분

양력 11 / 음력 09/18 ~ 10/17

양력	1	2	3	4	5	6	7	8	9	10	11	12	13	14	15	16	17	18	19	20	21	22	23	24	25	26	27	28	29	30
요일	일	월	화	수	목	금	토	일	월	화	수	목	금	토	일	월	화	수	목	금	토	일	월	화	수	목	금	토	일	월
일진	丁	戊	己	庚	辛	壬	癸	甲	乙	丙	丁	戊	己	庚	辛	壬	癸	甲	乙	丙	丁	戊	己	庚	辛	壬	癸	甲	乙	丙
日辰	亥	子	丑	寅	卯	辰	巳	午	未	申	酉	戌	亥	子	丑	寅	卯	辰	巳	午	未	申	酉	戌	亥	子	丑	寅	卯	辰
음력	18	19	20	21	22	23	24	25	26	27	28	29	30	10/1	2	3	4	5	6	7	8	9	10	11	12	13	14	15	16	17
대운 남	2	2	2	1	1	1	1	입	10	9	9	9	8	8	8	7	7	7	6	6	6	5	소	5	4	4	4	3	3	3
대운 여	8	8	8	9	9	9	10	동	1	1	1	1	2	2	2	3	3	3	4	4	4	5	설	5	6	6	6	7	7	7

대설 7일 15시 42분 ⇨ **【庚子月(경자월)】**(대설, 동지~소한 전) 동지 22일 09시 27분

양력 12 / 음력 10/18 ~ 11/18

양력	1	2	3	4	5	6	7	8	9	10	11	12	13	14	15	16	17	18	19	20	21	22	23	24	25	26	27	28	29	30	31
요일	화	수	목	금	토	일	월	화	수	목	금	토	일	월	화	수	목	금	토	일	월	화	수	목	금	토	일	월	화	수	목
일진	丁	戊	己	庚	辛	壬	癸	甲	乙	丙	丁	戊	己	庚	辛	壬	癸	甲	乙	丙	丁	戊	己	庚	辛	壬	癸	甲	乙	丙	丁
日辰	巳	午	未	申	酉	戌	亥	子	丑	寅	卯	辰	巳	午	未	申	酉	戌	亥	子	丑	寅	卯	辰	巳	午	未	申	酉	戌	亥
음력	18	19	20	21	22	23	24	25	26	27	28	29	30	11/1	2	3	4	5	6	7	8	9	10	11	12	13	14	15	16	17	18
대운 남	2	2	2	1	1	1	1	대	9	9	9	8	8	8	7	7	7	6	6	6	5	동	5	4	4	4	3	3	3	2	2
대운 여	8	8	8	9	9	9	10	설	1	1	1	1	2	2	2	3	3	3	4	4	4	지	5	5	6	6	6	7	7	7	8

1937 丁丑年(정축년)

단기 4270년 /불기2481년 대장군(서방). 삼살(동방), 상문(동방),조객(서북방), 납음(간하수), 【삼재(해,자,축)년】

소한 6일 02시 44분 ⇨ **【辛丑月(신축월)】**(소한, 대한~ 입춘 전) 대한 20일 20시 01분

1 (음력 11/19~12/19)	1	2	3	4	5	6	7	8	9	10	11	12	13	14	15	16	17	18	19	20	21	22	23	24	25	26	27	28	29	30	31
요일	금	토	일	월	화	수	목	금	토	일	월	화	수	목	금	토	일	월	화	수	목	금	토	일	월	화	수	목	금	토	일
일진 日辰	戊子	己丑	庚寅	辛卯	壬辰	癸巳	甲午	乙未	丙申	丁酉	戊戌	己亥	庚子	辛丑	壬寅	癸卯	甲辰	乙巳	丙午	丁未	戊申	己酉	庚戌	辛亥	壬子	癸丑	甲寅	乙卯	丙辰	丁巳	戊午
음력	19	20	21	22	23	24	25	26	27	28	29	30	12/1	2	3	4	5	6	7	8	9	10	11	12	13	14	15	16	17	18	19
대운 남	2	1	1	1	1	소	9	9	9	8	8	8	7	7	7	6	6	6	5	대	5	4	4	4	3	3	3	2	2	2	1
대운 여	8	9	9	9	10	한	1	1	1	1	2	2	2	3	3	3	4	4	4	한	5	5	6	6	6	7	7	7	8	8	8

입춘 4일 14시 26분 ⇨ **【壬寅月(임인월)】**(입춘, 우수~ 경칩 전) 우수 19일 10시 21분

2 (음력 12/20~01/18)	1	2	3	4	5	6	7	8	9	10	11	12	13	14	15	16	17	18	19	20	21	22	23	24	25	26	27	28
요일	월	화	수	목	금	토	일	월	화	수	목	금	토	일	월	화	수	목	금	토	일	월	화	수	목	금	토	일
일진 日辰	己未	庚申	辛酉	壬戌	癸亥	甲子	乙丑	丙寅	丁卯	戊辰	己巳	庚午	辛未	壬申	癸酉	甲戌	乙亥	丙子	丁丑	戊寅	己卯	庚辰	辛巳	壬午	癸未	甲申	乙酉	丙戌
음력	20	21	22	23	24	25	26	27	28	29	1/1	2	3	4	5	6	7	8	9	10	11	12	13	14	15	16	17	18
대운 남	1	1	1	입	1	1	1	1	2	2	2	3	3	3	4	4	4	5	우	5	6	6	6	7	7	7	8	8
대운 여	9	9	9	춘	10	9	9	9	8	8	8	7	7	7	6	6	6	5	수	5	4	4	4	3	3	3	2	2

立春

경칩 6일 08시 44분 ⇨ **【癸卯月(계묘월)】**(경칩, 춘분~ 청명 전) 춘분 21일 09시 45분

3 (음력 01/19~02/19)	1	2	3	4	5	6	7	8	9	10	11	12	13	14	15	16	17	18	19	20	21	22	23	24	25	26	27	28	29	30	31
요일	월	화	수	목	금	토	일	월	화	수	목	금	토	일	월	화	수	목	금	토	일	월	화	수	목	금	토	일	월	화	수
일진 日辰	丁亥	戊子	己丑	庚寅	辛卯	壬辰	癸巳	甲午	乙未	丙申	丁酉	戊戌	己亥	庚子	辛丑	壬寅	癸卯	甲辰	乙巳	丙午	丁未	戊申	己酉	庚戌	辛亥	壬子	癸丑	甲寅	乙卯	丙辰	丁巳
음력	19	20	21	22	23	24	25	26	27	28	29	30	2/1	2	3	4	5	6	7	8	9	10	11	12	13	14	15	16	17	18	19
대운 남	8	9	9	9	10	경	1	1	1	1	2	2	2	3	3	3	4	4	4	5	춘	5	6	6	6	7	7	7	8	8	8
대운 여	2	1	1	1	1	칩	10	9	9	9	8	8	8	7	7	7	6	6	6	5	분	5	4	4	4	3	3	3	2	2	2

청명 5일 14시 01분 ⇨ **【甲辰月(갑진월)】**(청명, 곡우~ 입하 전) 곡우 20일 21시 19분

4 (음력 02/20~03/20)	1	2	3	4	5	6	7	8	9	10	11	12	13	14	15	16	17	18	19	20	21	22	23	24	25	26	27	28	29	30
요일	목	금	토	일	월	화	수	목	금	토	일	월	화	수	목	금	토	일	월	화	수	목	금	토	일	월	화	수	목	금
일진 日辰	戊午	己未	庚申	辛酉	壬戌	癸亥	甲子	乙丑	丙寅	丁卯	戊辰	己巳	庚午	辛未	壬申	癸酉	甲戌	乙亥	丙子	丁丑	戊寅	己卯	庚辰	辛巳	壬午	癸未	甲申	乙酉	丙戌	丁亥
음력	20	21	22	23	24	25	26	27	28	29	3/1	2	3	4	5	6	7	8	9	10	11	12	13	14	15	16	17	18	19	20
대운 남	9	9	9	10	청	1	1	1	1	2	2	2	3	3	3	4	4	4	5	곡	5	6	6	6	7	7	7	8	8	8
대운 여	1	1	1	1	명	10	10	9	9	9	8	8	8	7	7	7	6	6	6	우	5	5	4	4	4	3	3	3	2	2

입하 6일 07시 51분 ⇨ **【乙巳月(을사월)】**(입하, 소만~ 망종 전) 소만 21일 20시 57분

5 (음력 03/21~04/22)	1	2	3	4	5	6	7	8	9	10	11	12	13	14	15	16	17	18	19	20	21	22	23	24	25	26	27	28	29	30	31
요일	토	일	월	화	수	목	금	토	일	월	화	수	목	금	토	일	월	화	수	목	금	토	일	월	화	수	목	금	토	일	월
일진 日辰	戊子	己丑	庚寅	辛卯	壬辰	癸巳	甲午	乙未	丙申	丁酉	戊戌	己亥	庚子	辛丑	壬寅	癸卯	甲辰	乙巳	丙午	丁未	戊申	己酉	庚戌	辛亥	壬子	癸丑	甲寅	乙卯	丙辰	丁巳	戊午
음력	21	22	23	24	25	26	27	28	29	4/1	2	3	4	5	6	7	8	9	10	11	12	13	14	15	16	17	18	19	20	21	22
대운 남	9	9	9	10	10	입	1	1	1	1	2	2	2	3	3	3	4	4	4	5	소	5	6	6	6	7	7	7	8	8	8
대운 여	2	1	1	1	1	하	10	10	9	9	9	8	8	8	7	7	7	6	6	6	만	5	5	4	4	4	3	3	3	2	2

망종 6일 12시 23분 ⇨ **【丙午月(병오월)】**(망종, 하지~ 소서 전) 하지 22일 05시 12분

6 (음력 04/23~05/22)	1	2	3	4	5	6	7	8	9	10	11	12	13	14	15	16	17	18	19	20	21	22	23	24	25	26	27	28	29	30
요일	화	수	목	금	토	일	월	화	수	목	금	토	일	월	화	수	목	금	토	일	월	화	수	목	금	토	일	월	화	수
일진 日辰	己未	庚申	辛酉	壬戌	癸亥	甲子	乙丑	丙寅	丁卯	戊辰	己巳	庚午	辛未	壬申	癸酉	甲戌	乙亥	丙子	丁丑	戊寅	己卯	庚辰	辛巳	壬午	癸未	甲申	乙酉	丙戌	丁亥	戊子
음력	23	24	25	26	27	28	29	30	5/1	2	3	4	5	6	7	8	9	10	11	12	13	14	15	16	17	18	19	20	21	22
대운 남	9	9	9	10	10	망	1	1	1	1	2	2	2	3	3	3	4	4	4	5	5	하	6	6	6	7	7	7	8	8
대운 여	2	1	1	1	1	종	10	10	9	9	9	8	8	8	7	7	7	6	6	6	5	지	5	4	4	4	3	3	3	2

대장군(서방). 삼살(동방), 상문(동방),조객(서북방), 납음(간하수), 【삼재(해,자,축)년】
한식(4월06일), 초복(7월12일), 중복(7월22일), 말복(8월11일)

丁丑年(정축년)

1937

소서 7일 22시 46분 ⇨ 【丁未月(정미월)】(소서, 대서~ 입추 전) 대서 23일 16시 07분

7 (음력 05/23~06/24)		1	2	3	4	5	6	7	8	9	10	11	12	13	14	15	16	17	18	19	20	21	22	23	24	25	26	27	28	29	30	31
요일		목	금	토	일	월	화	수	목	금	토	일	월	화	수	목	금	토	일	월	화	수	목	금	토	일	월	화	수	목	금	토
일진 日辰		己丑	庚寅	辛卯	壬辰	癸巳	甲午	乙未	丙申	丁酉	戊戌	己亥	庚子	辛丑	壬寅	癸卯	甲辰	乙巳	丙午	丁未	戊申	己酉	庚戌	辛亥	壬子	癸丑	甲寅	乙卯	丙辰	丁巳	戊午	己未
음력		23	24	25	26	27	28	29	6/1	2	3	4	5	6	7	8	9	10	11	12	13	14	15	16	17	18	19	20	21	22	23	24
대운	남	8	9	9	9	10	10	소	1	1	1	1	2	2	2	3	3	3	4	4	4	5	5	대	6	6	6	7	7	7	8	8
	여	2	2	1	1	1	1	서	10	10	10	9	9	9	8	8	8	7	7	7	6	6	6	서	5	5	4	4	4	3	3	3

입추 8일 08시 25분 ⇨ 【戊申月(무신월)】(입추, 처서~ 백로 전) 처서 23일 22시 58분

8 (음력 06/25~07/26)		1	2	3	4	5	6	7	8	9	10	11	12	13	14	15	16	17	18	19	20	21	22	23	24	25	26	27	28	29	30	31
요일		일	월	화	수	목	금	토	일	월	화	수	목	금	토	일	월	화	수	목	금	토	일	월	화	수	목	금	토	일	월	화
일진 日辰		庚申	辛酉	壬戌	癸亥	甲子	乙丑	丙寅	丁卯	戊辰	己巳	庚午	辛未	壬申	癸酉	甲戌	乙亥	丙子	丁丑	戊寅	己卯	庚辰	辛巳	壬午	癸未	甲申	乙酉	丙戌	丁亥	戊子	己丑	庚寅
음력		25	26	27	28	29	7/1	2	3	4	5	6	7	8	9	10	11	12	13	14	15	16	17	18	19	20	21	22	23	24	25	26
대운	남	8	9	9	9	10	10	10	입	1	1	1	1	2	2	2	3	3	3	4	4	4	5	처	5	6	6	6	7	7	7	8
	여	2	2	2	1	1	1	1	추	10	10	9	9	9	8	8	8	7	7	7	6	6	6	서	5	5	4	4	4	3	3	3

백로 8일 10시 59분 ⇨ 【己酉月(기유월)】(백로, 추분-한로 전) 추분 23일 20시 13분

9 (음력 07/27~08/26)		1	2	3	4	5	6	7	8	9	10	11	12	13	14	15	16	17	18	19	20	21	22	23	24	25	26	27	28	29	30
요일		수	목	금	토	일	월	화	수	목	금	토	일	월	화	수	목	금	토	일	월	화	수	목	금	토	일	월	화	수	목
일진 日辰		辛卯	壬辰	癸巳	甲午	乙未	丙申	丁酉	戊戌	己亥	庚子	辛丑	壬寅	癸卯	甲辰	乙巳	丙午	丁未	戊申	己酉	庚戌	辛亥	壬子	癸丑	甲寅	乙卯	丙辰	丁巳	戊午	己未	庚申
음력		27	28	29	30	8/1	2	3	4	5	6	7	8	9	10	11	12	13	14	15	16	17	18	19	20	21	22	23	24	25	26
대운	남	8	8	9	9	9	10	10	백	1	1	1	1	2	2	2	3	3	3	4	4	4	5	추	5	6	6	6	7	7	7
	여	2	2	2	1	1	1	1	로	10	10	9	9	9	8	8	8	7	7	7	6	6	6	분	5	5	4	4	4	3	3

한로 9일 02시 11분 ⇨ 【庚戌月(경술월)】(한로, 상강~ 입동 전) 상강 24일 05시 07분

10 (음력 08/28~09/28)		1	2	3	4	5	6	7	8	9	10	11	12	13	14	15	16	17	18	19	20	21	22	23	24	25	26	27	28	29	30	31
요일		금	토	일	월	화	수	목	금	토	일	월	화	수	목	금	토	일	월	화	수	목	금	토	일	월	화	수	목	금	토	일
일진 日辰		辛酉	壬戌	癸亥	甲子	乙丑	丙寅	丁卯	戊辰	己巳	庚午	辛未	壬申	癸酉	甲戌	乙亥	丙子	丁丑	戊寅	己卯	庚辰	辛巳	壬午	癸未	甲申	乙酉	丙戌	丁亥	戊子	己丑	庚寅	辛卯
음력		27	28	29	9/1	2	3	4	5	6	7	8	9	10	11	12	13	14	15	16	17	18	19	20	21	22	23	24	25	26	27	28
대운	남	8	8	8	9	9	9	10	10	한	1	1	1	1	2	2	2	3	3	3	4	4	4	5	상	5	6	6	6	7	7	7
	여	3	2	2	2	1	1	1	1	로	10	9	9	9	8	8	8	7	7	7	6	6	6	5	강	5	4	4	4	3	3	3

입동 8일 04시 55분 ⇨ 【辛亥月(신해월)】(입동, 소설~ 대설 전) 소설 23일 02시 17분

11 (음력 09/29~10/28)		1	2	3	4	5	6	7	8	9	10	11	12	13	14	15	16	17	18	19	20	21	22	23	24	25	26	27	28	29	30
요일		월	화	수	목	금	토	일	월	화	수	목	금	토	일	월	화	수	목	금	토	일	월	화	수	목	금	토	일	월	화
일진 日辰		壬辰	癸巳	甲午	乙未	丙申	丁酉	戊戌	己亥	庚子	辛丑	壬寅	癸卯	甲辰	乙巳	丙午	丁未	戊申	己酉	庚戌	辛亥	壬子	癸丑	甲寅	乙卯	丙辰	丁巳	戊午	己未	庚申	辛酉
음력		29	30	10/1	2	3	4	5	6	7	8	9	10	11	12	13	14	15	16	17	18	19	20	21	22	23	24	25	26	27	28
대운	남	8	8	8	9	9	9	10	입	1	1	1	1	2	2	2	3	3	3	4	4	4	5	소	5	6	6	6	7	7	7
	여	2	2	2	1	1	1	1	동	9	9	9	8	8	8	7	7	7	6	6	6	5	5	설	4	4	4	3	3	3	2

대설 7일 21시 26분 ⇨ 【壬子月(임자월)】(대설, 동지~소한 전) 동지 22일 15시 22분

12 (음력 10/29~11/29)		1	2	3	4	5	6	7	8	9	10	11	12	13	14	15	16	17	18	19	20	21	22	23	24	25	26	27	28	29	30	31
요일		수	목	금	토	일	월	화	수	목	금	토	일	월	화	수	목	금	토	일	월	화	수	목	금	토	일	월	화	수	목	금
일진 日辰		壬戌	癸亥	甲子	乙丑	丙寅	丁卯	戊辰	己巳	庚午	辛未	壬申	癸酉	甲戌	乙亥	丙子	丁丑	戊寅	己卯	庚辰	辛巳	壬午	癸未	甲申	乙酉	丙戌	丁亥	戊子	己丑	庚寅	辛卯	壬辰
음력		29	30	11/1	2	3	4	5	6	7	8	9	10	11	12	13	14	15	16	17	18	19	20	21	22	23	24	25	26	27	28	29
대운	남	8	8	8	9	9	9	대	1	1	1	1	2	2	2	3	3	3	4	4	4	5	동	5	6	6	6	7	7	7	8	8
	여	2	2	1	1	1	1	설	10	9	9	9	8	8	8	7	7	7	6	6	6	5	지	5	4	4	4	3	3	3	2	2

윤7월 大 1938 戊寅年(무인년)

단기4254년/불기2465년 대장군(북방). 삼살(북방). 상문(동남방),조객(북방). 납음(성두토). 【삼재(신,유,술)년】

소한 6일 08시 31분 ⇨ 【癸丑月(계축월)】(소한, 대한~ 입춘 전) 대한 21일 01시 59분

양력 1월 / 음력 11/30 ~ 01/01

양력	1	2	3	4	5	6	7	8	9	10	11	12	13	14	15	16	17	18	19	20	21	22	23	24	25	26	27	28	29	30	31
요일	일	월	화	수	목	금	토	일	월	화	수	목	금	토	일	월	화	수	목	금	토	일	월	화	수	목	금	토	일	월	화
일진 日辰	癸巳	甲午	乙未	丙申	丁酉	戊戌	己亥	庚子	辛丑	壬寅	癸卯	甲辰	乙巳	丙午	丁未	戊申	己酉	庚戌	辛亥	壬子	癸丑	甲寅	乙卯	丙辰	丁巳	戊午	己未	庚申	辛酉	壬戌	癸亥
음력	30	12/1	2	3	4	5	6	7	8	9	10	11	12	13	14	15	16	17	18	19	20	21	22	23	24	25	26	27	28	29	1/1
대운 남	8	9	9	9	10	소	1	1	1	1	2	2	2	3	3	3	4	4	4	5	대	5	6	6	6	7	7	7	8	8	8
대운 여	2	1	1	1	1	한	9	9	9	8	8	8	7	7	7	6	6	6	5	5	한	4	4	4	3	3	3	2	2	2	1

입춘 4일 20시 15분 ⇨ 【甲寅月(갑인월)】(입춘, 우수~ 경칩 전) 우수 19일 16시 20분

양력 2월 / 음력 01/02 ~ 01/29

양력	1	2	3	4	5	6	7	8	9	10	11	12	13	14	15	16	17	18	19	20	21	22	23	24	25	26	27	28
요일	수	목	금	토	일	월	화	수	목	금	토	일	월	화	수	목	금	토	일	월	화	수	목	금	토	일	월	화
일진 日辰	甲子	乙丑	丙寅	丁卯	戊辰	己巳	庚午	辛未	壬申	癸酉	甲戌	乙亥	丙子	丁丑	戊寅	己卯	庚辰	辛巳	壬午	癸未	甲申	乙酉	丙戌	丁亥	戊子	己丑	庚寅	辛卯
음력	2	3	4	5	6	7	8	9	10	11	12	13	14	15	16	17	18	19	20	21	22	23	24	25	26	27	28	29
대운 남	9	9	9	입	10	9	9	9	8	8	8	7	7	7	6	6	6	5	우	5	4	4	4	3	3	3	2	2
대운 여	1	1	1	춘	1	1	1	1	2	2	2	3	3	3	4	4	4	5	수	5	6	6	6	7	7	7	8	8

立春

경칩 6일 14시 34분 ⇨ 【乙卯月(을묘월)】(경칩, 춘분~ 청명 전) 춘분 21일 15시 45분

양력 3월 / 음력 01/30 ~ 02/30

양력	1	2	3	4	5	6	7	8	9	10	11	12	13	14	15	16	17	18	19	20	21	22	23	24	25	26	27	28	29	30	31
요일	목	금	토	일	월	화	수	목	금	토	일	월	화	수	목	금	토	일	월	화	수	목	금	토	일	월	화	수	목	금	토
일진 日辰	壬辰	癸巳	甲午	乙未	丙申	丁酉	戊戌	己亥	庚子	辛丑	壬寅	癸卯	甲辰	乙巳	丙午	丁未	戊申	己酉	庚戌	辛亥	壬子	癸丑	甲寅	乙卯	丙辰	丁巳	戊午	己未	庚申	辛酉	壬戌
음력	30	2/1	2	3	4	5	6	7	8	9	10	11	12	13	14	15	16	17	18	19	20	21	22	23	24	25	26	27	28	29	30
대운 남	2	1	1	1	1	경	10	9	9	9	8	8	8	7	7	7	6	6	6	5	춘	5	4	4	4	3	3	3	2	2	2
대운 여	8	9	9	9	10	칩	1	1	1	1	2	2	2	3	3	3	4	4	4	5	분	5	6	6	6	7	7	7	8	8	8

청명 5일 19시 49분 ⇨ 【丙辰月(병진월)】(청명, 곡우~ 입하 전) 곡우 21일 03시 15분

양력 4월 / 음력 03/01 ~ 04/01

양력	1	2	3	4	5	6	7	8	9	10	11	12	13	14	15	16	17	18	19	20	21	22	23	24	25	26	27	28	29	30
요일	일	월	화	수	목	금	토	일	월	화	수	목	금	토	일	월	화	수	목	금	토	일	월	화	수	목	금	토	일	월
일진 日辰	癸亥	甲子	乙丑	丙寅	丁卯	戊辰	己巳	庚午	辛未	壬申	癸酉	甲戌	乙亥	丙子	丁丑	戊寅	己卯	庚辰	辛巳	壬午	癸未	甲申	乙酉	丙戌	丁亥	戊子	己丑	庚寅	辛卯	壬辰
음력	3/1	2	3	4	5	6	7	8	9	10	11	12	13	14	15	16	17	18	19	20	21	22	23	24	25	26	27	28	29	4/1
대운 남	1	1	1	1	청	10	10	9	9	9	8	8	8	7	7	7	6	6	6	5	곡	5	4	4	4	3	3	3	2	2
대운 여	9	9	9	10	명	1	1	1	1	2	2	2	3	3	3	4	4	4	5	5	우	6	6	6	7	7	7	8	8	8

입하 6일 13시 35분 ⇨ 【丁巳月(정사월)】(입하, 소만~ 망종 전) 소만 22일 02시 50분

양력 5월 / 음력 04/02 ~ 05/03

양력	1	2	3	4	5	6	7	8	9	10	11	12	13	14	15	16	17	18	19	20	21	22	23	24	25	26	27	28	29	30	31
요일	화	수	목	금	토	일	월	화	수	목	금	토	일	월	화	수	목	금	토	일	월	화	수	목	금	토	일	월	화	수	목
일진 日辰	癸巳	甲午	乙未	丙申	丁酉	戊戌	己亥	庚子	辛丑	壬寅	癸卯	甲辰	乙巳	丙午	丁未	戊申	己酉	庚戌	辛亥	壬子	癸丑	甲寅	乙卯	丙辰	丁巳	戊午	己未	庚申	辛酉	壬戌	癸亥
음력	2	3	4	5	6	7	8	9	10	11	12	13	14	15	16	17	18	19	20	21	22	23	24	25	26	27	28	29	5/1	2	3
대운 남	2	1	1	1	1	입	10	10	9	9	9	8	8	8	7	7	7	6	6	6	5	소	5	4	4	4	3	3	3	2	2
대운 여	9	9	9	10	10	하	1	1	1	1	2	2	2	3	3	3	4	4	4	5	5	만	6	6	6	7	7	7	8	8	8

망종 6일 18시 07분 ⇨ 【戊午月(무오월)】(망종, 하지~ 소서 전) 하지 22일 11시 04분

양력 6월 / 음력 05/04 ~ 06/03

양력	1	2	3	4	5	6	7	8	9	10	11	12	13	14	15	16	17	18	19	20	21	22	23	24	25	26	27	28	29	30
요일	금	토	일	월	화	수	목	금	토	일	월	화	수	목	금	토	일	월	화	수	목	금	토	일	월	화	수	목	금	토
일진 日辰	甲子	乙丑	丙寅	丁卯	戊辰	己巳	庚午	辛未	壬申	癸酉	甲戌	乙亥	丙子	丁丑	戊寅	己卯	庚辰	辛巳	壬午	癸未	甲申	乙酉	丙戌	丁亥	戊子	己丑	庚寅	辛卯	壬辰	癸巳
음력	4	5	6	7	8	9	10	11	12	13	14	15	16	17	18	19	20	21	22	23	24	25	26	27	28	29	30	6/1	2	3
대운 남	2	1	1	1	1	망	10	10	10	9	9	9	8	8	8	7	7	7	6	6	6	하	5	5	4	4	4	3	3	3
대운 여	9	9	9	10	10	종	1	1	1	1	2	2	2	3	3	3	4	4	4	5	5	지	6	6	6	7	7	7	8	8

대장군(북방). 삼살(북방), 상문(동남방),조객(북방), 납음(성두토), 【삼재(신,유,술)년】

한식(4월6일), 초복(7월17일), 중복(7월27일), 말복(8월16일)

戊寅年(무인년)

소서 8일 04시 31분 ⇨ **【己未月(기미월)】**(소서, 대서~ 입추 전) 대서 23일 21시 57분

양력 7 / 음력 06/04 ~ 07/05

양력	1	2	3	4	5	6	7	8	9	10	11	12	13	14	15	16	17	18	19	20	21	22	23	24	25	26	27	28	29	30	31
요일	일	월	화	수	목	금	토	일	월	화	수	목	금	토	일	월	화	수	목	금	토	일	월	화	수	목	금	토	일	월	화
일진 日辰	甲午	乙未	丙申	丁酉	戊戌	己亥	庚子	辛丑	壬寅	癸卯	甲辰	乙巳	丙午	丁未	戊申	己酉	庚戌	辛亥	壬子	癸丑	甲寅	乙卯	丙辰	丁巳	戊午	己未	庚申	辛酉	壬戌	癸亥	甲子
음력	4	5	6	7	8	9	10	11	12	13	14	15	16	17	18	19	20	21	22	23	24	25	26	27	28	29	7/1	2	3	4	5
대운 남	2	2	2	1	1	1	1	소	10	10	9	9	9	8	8	8	7	7	7	6	6	6	대	5	5	4	4	4	3	3	3
대운 여	8	9	9	9	10	10	10	서	1	1	1	1	2	2	2	3	3	3	4	4	4	5	서	5	6	6	6	7	7	7	8

입추 8일 14시 13분 ⇨ **【庚申月(경신월)】**(입추, 처서~ 백로 전) 처서 24일 04시 46분

양력 8 / 음력 07/06 ~ 윤707

양력	1	2	3	4	5	6	7	8	9	10	11	12	13	14	15	16	17	18	19	20	21	22	23	24	25	26	27	28	29	30	31
요일	수	목	금	토	일	월	화	수	목	금	토	일	월	화	수	목	금	토	일	월	화	수	목	금	토	일	월	화	수	목	금
일진 日辰	乙丑	丙寅	丁卯	戊辰	己巳	庚午	辛未	壬申	癸酉	甲戌	乙亥	丙子	丁丑	戊寅	己卯	庚辰	辛巳	壬午	癸未	甲申	乙酉	丙戌	丁亥	戊子	己丑	庚寅	辛卯	壬辰	癸巳	甲午	乙未
음력	6	7	8	9	10	11	12	13	14	15	16	17	18	19	20	21	22	23	24	25	26	27	28	29	윤7	2	3	4	5	6	7
대운 남	2	2	2	1	1	1	1	입	10	10	9	9	9	8	8	8	7	7	7	6	6	6	5	처	5	4	4	4	3	3	3
대운 여	8	8	9	9	9	10	10	추	1	1	1	1	2	2	2	3	3	3	4	4	4	5	5	서	6	6	6	7	7	7	8

백로 8일 16시 48분 ⇨ **【辛酉月(신유월)】**(백로, 추분-한로 전) 추분24일 02시 00분

양력 9 / 음력 윤708 ~ 08/07

양력	1	2	3	4	5	6	7	8	9	10	11	12	13	14	15	16	17	18	19	20	21	22	23	24	25	26	27	28	29	30
요일	토	일	월	화	수	목	금	토	일	월	화	수	목	금	토	일	월	화	수	목	금	토	일	월	화	수	목	금	토	일
일진 日辰	丙申	丁酉	戊戌	己亥	庚子	辛丑	壬寅	癸卯	甲辰	乙巳	丙午	丁未	戊申	己酉	庚戌	辛亥	壬子	癸丑	甲寅	乙卯	丙辰	丁巳	戊午	己未	庚申	辛酉	壬戌	癸亥	甲子	乙丑
음력	8	9	10	11	12	13	14	15	16	17	18	19	20	21	22	23	24	25	26	27	28	29	30	8/1	2	3	4	5	6	7
대운 남	2	2	2	1	1	1	1	백	10	10	9	9	9	8	8	8	7	7	7	6	6	6	5	추	5	4	4	4	3	3
대운 여	8	8	9	9	9	10	10	로	1	1	1	1	2	2	2	3	3	3	4	4	4	5	5	분	6	6	6	7	7	7

한로 9일 08시 01분 ⇨ **【壬戌月(임술월)】**(한로, 상강~ 입동 전) 상강 24일 10시 54분

양력 10 / 음력 08/08 ~ 09/09

양력	1	2	3	4	5	6	7	8	9	10	11	12	13	14	15	16	17	18	19	20	21	22	23	24	25	26	27	28	29	30	31
요일	월	화	수	목	금	토	일	월	화	수	목	금	토	일	월	화	수	목	금	토	일	월	화	수	목	금	토	일	월	화	수
일진 日辰	丙寅	丁卯	戊辰	己巳	庚午	辛未	壬申	癸酉	甲戌	乙亥	丙子	丁丑	戊寅	己卯	庚辰	辛巳	壬午	癸未	甲申	乙酉	丙戌	丁亥	戊子	己丑	庚寅	辛卯	壬辰	癸巳	甲午	乙未	丙申
음력	8	9	10	11	12	13	14	15	16	17	18	19	20	21	22	23	24	25	26	27	28	29	9/1	2	3	4	5	6	7	8	9
대운 남	3	2	2	2	1	1	1	1	한	10	9	9	9	8	8	8	7	7	7	6	6	6	5	상	5	4	4	4	3	3	3
대운 여	8	8	8	9	9	9	10	10	로	1	1	1	1	2	2	2	3	3	3	4	4	4	5	강	5	6	6	6	7	7	7

입동 8일 10시 48분 ⇨ **【癸亥月(계해월)】**(입동, 소설~ 대설 전) 소설 23일 08시 06분

양력 11 / 음력 09/10 ~ 10/09

양력	1	2	3	4	5	6	7	8	9	10	11	12	13	14	15	16	17	18	19	20	21	22	23	24	25	26	27	28	29	30
요일	목	금	토	일	월	화	수	목	금	토	일	월	화	수	목	금	토	일	월	화	수	목	금	토	일	월	화	수	목	금
일진 日辰	丁酉	戊戌	己亥	庚子	辛丑	壬寅	癸卯	甲辰	乙巳	丙午	丁未	戊申	己酉	庚戌	辛亥	壬子	癸丑	甲寅	乙卯	丙辰	丁巳	戊午	己未	庚申	辛酉	壬戌	癸亥	甲子	乙丑	丙寅
음력	10	11	12	13	14	15	16	17	18	19	20	21	22	23	24	25	26	27	28	29	30	10/1	2	3	4	5	6	7	8	9
대운 남	2	2	2	1	1	1	1	입	10	9	9	9	8	8	8	7	7	7	6	6	6	5	소	5	4	4	4	3	3	3
대운 여	8	8	8	9	9	9	10	동	1	1	1	1	2	2	2	3	3	3	4	4	4	5	설	5	6	6	6	7	7	7

대설 8일 03시 22분 ⇨ **【甲子月(갑자월)】**(대설, 동지~소한 전) 동지 22일 21시 13분

양력 12 / 음력 10/10 ~ 11/10

양력	1	2	3	4	5	6	7	8	9	10	11	12	13	14	15	16	17	18	19	20	21	22	23	24	25	26	27	28	29	30	31
요일	토	일	월	화	수	목	금	토	일	월	화	수	목	금	토	일	월	화	수	목	금	토	일	월	화	수	목	금	토	일	월
일진 日辰	丁卯	戊辰	己巳	庚午	辛未	壬申	癸酉	甲戌	乙亥	丙子	丁丑	戊寅	己卯	庚辰	辛巳	壬午	癸未	甲申	乙酉	丙戌	丁亥	戊子	己丑	庚寅	辛卯	壬辰	癸巳	甲午	乙未	丙申	丁酉
음력	10	11	12	13	14	15	16	17	18	19	20	21	22	23	24	25	26	27	28	29	30	11/1	2	3	4	5	6	7	8	9	10
대운 남	2	2	2	1	1	1	1	대	9	9	9	8	8	8	7	7	7	6	6	6	5	동	5	4	4	4	3	3	3	2	2
대운 여	8	8	8	9	9	9	10	설	1	1	1	1	2	2	2	3	3	3	4	4	4	지	5	5	6	6	6	7	7	7	8

1939 己卯年(기묘년)

단기4272년 /불기2483년 대장군(북방). 삼살(서방), 상문(동남방),조객(동북방), 납음(성두토), 【삼재(사,오,미)년】

소한 6일 14시 28분 ⇨ **【乙丑月(을축월)】**(소한, 대한~ 입춘 전) 대한 21일 07시 51분

양력 1 / 음력 11/11 ~ 12/12

양력	1	2	3	4	5	6	7	8	9	10	11	12	13	14	15	16	17	18	19	20	21	22	23	24	25	26	27	28	29	30	31
요일	화	수	목	금	토	일	월	화	수	목	금	토	일	월	화	수	목	금	토	일	월	화	수	목	금	토	일	월	화	수	목
일진 日辰	戊戌	己亥	庚子	辛丑	壬寅	癸卯	甲辰	乙巳	丙午	丁未	戊申	己酉	庚戌	辛亥	壬子	癸丑	甲寅	乙卯	丙辰	丁巳	戊午	己未	庚申	辛酉	壬戌	癸亥	甲子	乙丑	丙寅	丁卯	戊辰
음력	11	12	13	14	15	16	17	18	19	20	21	22	23	24	25	26	27	28	29	12/1	2	3	4	5	6	7	8	9	10	11	12
대운 남	2	1	1	1	1	소	10	9	9	9	8	8	8	7	7	7	6	6	6	5	대	5	4	4	4	3	3	3	2	2	2
대운 여	8	8	9	9	9	한	1	1	1	1	2	2	2	3	3	3	4	4	4	5	한	5	6	6	6	7	7	7	8	8	8

입춘 5일 02시 10분 ⇨ **【丙寅月(병인월)】**(입춘, 우수~ 경칩 전) 우수 19일 22시 02분

양력 2 / 음력 12/13 ~ 01/10

양력	1	2	3	4	5	6	7	8	9	10	11	12	13	14	15	16	17	18	19	20	21	22	23	24	25	26	27	28	
요일	금	토	일	월	화	수	목	금	토	일	월	화	수	목	금	토	일	월	화	수	목	금	토	일	월	화	수	목	
일진 日辰	己巳	庚午	辛未	壬申	癸酉	甲戌	乙亥	丙子	丁丑	戊寅	己卯	庚辰	辛巳	壬午	癸未	甲申	乙酉	丙戌	丁亥	戊子	己丑	庚寅	辛卯	壬辰	癸巳	甲午	乙未	丙申	立春
음력	13	14	15	16	17	18	19	20	21	22	23	24	25	26	27	28	29	30	1/1	2	3	4	5	6	7	8	9	10	
대운 남	1	1	1	1	입	1	1	1	1	2	2	2	3	3	3	4	4	4	우	5	5	6	6	6	7	7	7	8	
대운 여	9	9	9	10	춘	9	9	9	8	8	8	7	7	7	6	6	6	5	수	5	4	4	4	3	3	3	2	2	

경칩 6일 20시 26분 ⇨ **【丁卯月(정묘월)】**(경칩, 춘분~ 청명 전) 춘분 21일 21시 28분

양력 3 / 음력 01/11 ~ 02/11

양력	1	2	3	4	5	6	7	8	9	10	11	12	13	14	15	16	17	18	19	20	21	22	23	24	25	26	27	28	29	30	31
요일	금	토	일	월	화	수	목	금	토	일	월	화	수	목	금	토	일	월	화	수	목	금	토	일	월	화	수	목	금	토	일
일진 日辰	丁酉	戊戌	己亥	庚子	辛丑	壬寅	癸卯	甲辰	乙巳	丙午	丁未	戊申	己酉	庚戌	辛亥	壬子	癸丑	甲寅	乙卯	丙辰	丁巳	戊午	己未	庚申	辛酉	壬戌	癸亥	甲子	乙丑	丙寅	丁卯
음력	11	12	13	14	15	16	17	18	19	20	21	22	23	24	25	26	27	28	29	30	2/1	2	3	4	5	6	7	8	9	10	11
대운 남	8	8	9	9	9	경	1	1	1	1	2	2	2	3	3	3	4	4	4	5	춘	5	6	6	6	7	7	7	8	8	8
대운 여	2	1	1	1	1	칩	10	10	9	9	9	8	8	8	7	7	7	6	6	6	분	5	5	4	4	4	3	3	3	2	2

청명 6일 01시 37분 ⇨ **【戊辰月(무진월)】**(청명, 곡우~ 입하 전) 곡우 21일 08시 55분

양력 4 / 음력 02/12 ~ 03/11

양력	1	2	3	4	5	6	7	8	9	10	11	12	13	14	15	16	17	18	19	20	21	22	23	24	25	26	27	28	29	30
요일	월	화	수	목	금	토	일	월	화	수	목	금	토	일	월	화	수	목	금	토	일	월	화	수	목	금	토	일	월	화
일진 日辰	戊辰	己巳	庚午	辛未	壬申	癸酉	甲戌	乙亥	丙子	丁丑	戊寅	己卯	庚辰	辛巳	壬午	癸未	甲申	乙酉	丙戌	丁亥	戊子	己丑	庚寅	辛卯	壬辰	癸巳	甲午	乙未	丙申	丁酉
음력	12	13	14	15	16	17	18	19	20	21	22	23	24	25	26	27	28	29	30	3/1	2	3	4	5	6	7	8	9	10	11
대운 남	9	9	9	10	10	청	1	1	1	1	2	2	2	3	3	3	4	4	4	5	곡	5	6	6	6	7	7	7	8	8
대운 여	2	1	1	1	1	명	10	9	9	9	8	8	8	7	7	7	6	6	6	5	우	5	4	4	4	3	3	3	2	2

입하 6일 19시 21분 ⇨ **【己巳月(기사월)】**(입하, 소만~ 망종 전) 소만 22일 08시 27분

양력 5 / 음력 03/12 ~ 04/13

양력	1	2	3	4	5	6	7	8	9	10	11	12	13	14	15	16	17	18	19	20	21	22	23	24	25	26	27	28	29	30	31
요일	수	목	금	토	일	월	화	수	목	금	토	일	월	화	수	목	금	토	일	월	화	수	목	금	토	일	월	화	수	목	금
일진 日辰	戊戌	己亥	庚子	辛丑	壬寅	癸卯	甲辰	乙巳	丙午	丁未	戊申	己酉	庚戌	辛亥	壬子	癸丑	甲寅	乙卯	丙辰	丁巳	戊午	己未	庚申	辛酉	壬戌	癸亥	甲子	乙丑	丙寅	丁卯	戊辰
음력	12	13	14	15	16	17	18	19	20	21	22	23	24	25	26	27	28	29	4/1	2	3	4	5	6	7	8	9	10	11	12	13
대운 남	8	9	9	9	10	입	1	1	1	1	2	2	2	3	3	3	4	4	4	5	5	소	6	6	6	7	7	7	8	8	8
대운 여	2	1	1	1	1	하	10	10	9	9	9	8	8	8	7	7	7	6	6	6	5	만	5	4	4	4	3	3	3	2	2

망종 6일 23시 52분 ⇨ **【庚午月(경오월)】**(망종, 하지~ 소서 전) 하지 22일 16시 39분

양력 6 / 음력 04/14 ~ 05/14

양력	1	2	3	4	5	6	7	8	9	10	11	12	13	14	15	16	17	18	19	20	21	22	23	24	25	26	27	28	29	30
요일	토	일	월	화	수	목	금	토	일	월	화	수	목	금	토	일	월	화	수	목	금	토	일	월	화	수	목	금	토	일
일진 日辰	己巳	庚午	辛未	壬申	癸酉	甲戌	乙亥	丙子	丁丑	戊寅	己卯	庚辰	辛巳	壬午	癸未	甲申	乙酉	丙戌	丁亥	戊子	己丑	庚寅	辛卯	壬辰	癸巳	甲午	乙未	丙申	丁酉	戊戌
음력	14	15	16	17	18	19	20	21	22	23	24	25	26	27	28	29	5/1	2	3	4	5	6	7	8	9	10	11	12	13	14
대운 남	9	9	9	10	10	망	1	1	1	1	2	2	2	3	3	3	4	4	4	5	5	하	6	6	6	7	7	7	8	8
대운 여	2	1	1	1	1	종	10	10	10	9	9	9	8	8	8	7	7	7	6	6	6	지	5	5	4	4	4	3	3	3

대장군(북방). 삼살(서방), 상문(동남방),조객(동북방), 납음(성두토),【삼재(사,오,미)년】
한식(4월06일), 초복(7월12일), 중복(7월22일), 말복(8월11일)

己卯年(기묘년)

1939

소서 8일 10시 18분 ⇨ 【辛未月(신미월)】(소서, 대서~ 입추 전) 대서 24일 03시 37분

양력 7 / 음력 05/15 ~ 06/15

양력	1	2	3	4	5	6	7	8	9	10	11	12	13	14	15	16	17	18	19	20	21	22	23	24	25	26	27	28	29	30	31
요일	월	화	수	목	금	토	일	월	화	수	목	금	토	일	월	화	수	목	금	토	일	월	화	수	목	금	토	일	월	화	수
일진	己	庚	辛	壬	癸	甲	乙	丙	丁	戊	己	庚	辛	壬	癸	甲	乙	丙	丁	戊	己	庚	辛	壬	癸	甲	乙	丙	丁	戊	己
日辰	亥	子	丑	寅	卯	辰	巳	午	未	申	酉	戌	亥	子	丑	寅	卯	辰	巳	午	未	申	酉	戌	亥	子	丑	寅	卯	辰	巳
음력	15	16	17	18	19	20	21	22	23	24	25	26	27	28	29	30	6/1	2	3	4	5	6	7	8	9	10	11	12	13	14	15
대운 남	8	9	9	9	10	10	10	소	1	1	1	1	2	2	2	3	3	3	4	4	4	5	5	대	6	6	6	7	7	7	8
대운 여	2	2	2	1	1	1	1	서	10	10	9	9	9	8	8	8	7	7	7	6	6	6	5	서	5	4	4	4	3	3	3

입추 8일 20시 04분 ⇨ 【壬申月(임신월)】(입추, 처서~ 백로 전) 처서 24일 10시 31분

양력 8 / 음력 06/16 ~ 07/17

양력	1	2	3	4	5	6	7	8	9	10	11	12	13	14	15	16	17	18	19	20	21	22	23	24	25	26	27	28	29	30	31
요일	목	금	토	일	월	화	수	목	금	토	일	월	화	수	목	금	토	일	월	화	수	목	금	토	일	월	화	수	목	금	토
일진	庚	辛	壬	癸	甲	乙	丙	丁	戊	己	庚	辛	壬	癸	甲	乙	丙	丁	戊	己	庚	辛	壬	癸	甲	乙	丙	丁	戊	己	庚
日辰	午	未	申	酉	戌	亥	子	丑	寅	卯	辰	巳	午	未	申	酉	戌	亥	子	丑	寅	卯	辰	巳	午	未	申	酉	戌	亥	子
음력	16	17	18	19	20	21	22	23	24	25	26	27	28	29	7/1	2	3	4	5	6	7	8	9	10	11	12	13	14	15	16	17
대운 남	8	8	9	9	9	10	10	입	1	1	1	1	2	2	2	3	3	3	4	4	4	5	5	처	6	6	6	7	7	7	8
대운 여	2	2	2	1	1	1	1	추	10	10	9	9	9	8	8	8	7	7	7	6	6	6	5	서	5	4	4	4	3	3	3

백로 8일 22시 42분 ⇨ 【癸酉月(계유월)】(백로, 추분-한로 전) 추분24일 07시 49분

양력 9 / 음력 07/18 ~ 08/18

양력	1	2	3	4	5	6	7	8	9	10	11	12	13	14	15	16	17	18	19	20	21	22	23	24	25	26	27	28	29	30
요일	일	월	화	수	목	금	토	일	월	화	수	목	금	토	일	월	화	수	목	금	토	일	월	화	수	목	금	토	일	월
일진	辛	壬	癸	甲	乙	丙	丁	戊	己	庚	辛	壬	癸	甲	乙	丙	丁	戊	己	庚	辛	壬	癸	甲	乙	丙	丁	戊	己	庚
日辰	丑	寅	卯	辰	巳	午	未	申	酉	戌	亥	子	丑	寅	卯	辰	巳	午	未	申	酉	戌	亥	子	丑	寅	卯	辰	巳	午
음력	18	19	20	21	22	23	24	25	26	27	28	29	8/1	2	3	4	5	6	7	8	9	10	11	12	13	14	15	16	17	18
대운 남	8	8	9	9	9	10	10	백	1	1	1	1	2	2	2	3	3	3	4	4	4	5	5	추	6	6	6	7	7	7
대운 여	2	2	2	1	1	1	1	로	10	10	9	9	9	8	8	8	7	7	7	6	6	6	5	분	5	4	4	4	3	3

한로 9일 13시 57분 ⇨ 【甲戌月(갑술월)】(한로, 상강~ 입동 전) 상강 24일 16시 46분

양력 10 / 음력 08/19 ~ 09/19

양력	1	2	3	4	5	6	7	8	9	10	11	12	13	14	15	16	17	18	19	20	21	22	23	24	25	26	27	28	29	30	31
요일	화	수	목	금	토	일	월	화	수	목	금	토	일	월	화	수	목	금	토	일	월	화	수	목	금	토	일	월	화	수	목
일진	辛	壬	癸	甲	乙	丙	丁	戊	己	庚	辛	壬	癸	甲	乙	丙	丁	戊	己	庚	辛	壬	癸	甲	乙	丙	丁	戊	己	庚	辛
日辰	未	申	酉	戌	亥	子	丑	寅	卯	辰	巳	午	未	申	酉	戌	亥	子	丑	寅	卯	辰	巳	午	未	申	酉	戌	亥	子	丑
음력	19	20	21	22	23	24	25	26	27	28	29	30	9/1	2	3	4	5	6	7	8	9	10	11	12	13	14	15	16	17	18	19
대운 남	8	8	8	9	9	9	10	10	한	1	1	1	1	2	2	2	3	3	3	4	4	4	상	5	5	6	6	6	7	7	7
대운 여	3	2	2	2	1	1	1	1	로	10	9	9	9	8	8	8	7	7	7	6	6	6	강	5	5	4	4	4	3	3	3

입동 8일 16시 44분 ⇨ 【乙亥月(을해월)】(입동, 소설~ 대설 전) 소설 23일 13시 59분

양력 11 / 음력 09/02 ~ 10/20

양력	1	2	3	4	5	6	7	8	9	10	11	12	13	14	15	16	17	18	19	20	21	22	23	24	25	26	27	28	29	30
요일	금	토	일	월	화	수	목	금	토	일	월	화	수	목	금	토	일	월	화	수	목	금	토	일	월	화	수	목	금	토
일진	壬	癸	甲	乙	丙	丁	戊	己	庚	辛	壬	癸	甲	乙	丙	丁	戊	己	庚	辛	壬	癸	甲	乙	丙	丁	戊	己	庚	辛
日辰	寅	卯	辰	巳	午	未	申	酉	戌	亥	子	丑	寅	卯	辰	巳	午	未	申	酉	戌	亥	子	丑	寅	卯	辰	巳	午	未
음력	20	21	22	23	24	25	26	27	28	29	10/1	2	3	4	5	6	7	8	9	10	11	12	13	14	15	16	17	18	19	20
대운 남	8	8	8	9	9	9	10	입	1	1	1	1	2	2	2	3	3	3	4	4	4	5	소	5	6	6	6	7	7	7
대운 여	2	2	2	1	1	1	1	동	10	9	9	9	8	8	8	7	7	7	6	6	6	5	설	5	4	4	4	3	3	3

대설 8일 09시 17분 ⇨ 【丙子月(병자월)】(대설, 동지~소한 전) 동지 23일 03시 06분

양력 12 / 음력 10/21 ~ 11/21

양력	1	2	3	4	5	6	7	8	9	10	11	12	13	14	15	16	17	18	19	20	21	22	23	24	25	26	27	28	29	30	31
요일	일	월	화	수	목	금	토	일	월	화	수	목	금	토	일	월	화	수	목	금	토	일	월	화	수	목	금	토	일	월	화
일진	壬	癸	甲	乙	丙	丁	戊	己	庚	辛	壬	癸	甲	乙	丙	丁	戊	己	庚	辛	壬	癸	甲	乙	丙	丁	戊	己	庚	辛	壬
日辰	申	酉	戌	亥	子	丑	寅	卯	辰	巳	午	未	申	酉	戌	亥	子	丑	寅	卯	辰	巳	午	未	申	酉	戌	亥	子	丑	寅
음력	21	22	23	24	25	26	27	28	29	30	11/1	2	3	4	5	6	7	8	9	10	11	12	13	14	15	16	17	18	19	20	21
대운 남	8	8	8	9	9	9	10	대	1	1	1	1	2	2	2	3	3	3	4	4	4	5	동	5	6	6	6	7	7	7	8
대운 여	2	2	2	1	1	1	1	설	9	9	9	8	8	8	7	7	7	6	6	6	5	5	지	4	4	4	3	3	3	2	2

1940 庚辰年(경진년)

단기 4263년 /불기2474년 대장군(북방), 삼살(남방), 상문(남방), 조객(동북방),납음(백납금), 삼재(인,묘,진)년

소한 6일 20시 24분 ⇨ **【丁丑月(정축월)】**(소한, 대한~ 입춘 전) 대한 21일 13시 44분

1 (음력 11/22~12/23)	양력	1	2	3	4	5	6	7	8	9	10	11	12	13	14	15	16	17	18	19	20	21	22	23	24	25	26	27	28	29	30	31
	요일	토	일	월	화	수	목	금	토	일	월	화	수	목	금	토	일	월	화	수	목	금	토	일	월	화	수	목	금	토	일	월
	일진 日辰	癸卯	甲辰	乙巳	丙午	丁未	戊申	己酉	庚戌	辛亥	壬子	癸丑	甲寅	乙卯	丙辰	丁巳	戊午	己未	庚申	辛酉	壬戌	癸亥	甲子	乙丑	丙寅	丁卯	戊辰	己巳	庚午	辛未	壬申	癸酉
	음력	22	23	24	25	26	27	28	29	12/1	2	3	4	5	6	7	8	9	10	11	12	13	14	15	16	17	18	19	20	21	22	23
대운	남	8	8	9	9	9	소	1	1	1	1	2	2	2	3	3	3	4	4	4	5	대	5	6	6	6	7	7	7	8	8	8
	여	2	1	1	1	1	한	10	9	9	9	8	8	8	7	7	7	6	6	6	5	한	5	4	4	4	3	3	3	2	2	2

입춘 5일 08시 08분 ⇨ **【戊寅月(무인월)】**(입춘, 우수~ 경칩 전) 우수 20일 04시 04분

2 (음력 12/24~01/22)	양력	1	2	3	4	5	6	7	8	9	10	11	12	13	14	15	16	17	18	19	20	21	22	23	24	25	26	27	28	29	立春
	요일	화	수	목	금	토	일	월	화	수	목	금	토	일	월	화	수	목	금	토	일	월	화	수	목	금	토	일	월	화	
	일진 日辰	甲戌	乙亥	丙子	丁丑	戊寅	己卯	庚辰	辛巳	壬午	癸未	甲申	乙酉	丙戌	丁亥	戊子	己丑	庚寅	辛卯	壬辰	癸巳	甲午	乙未	丙申	丁酉	戊戌	己亥	庚子	辛丑	壬寅	
	음력	24	25	26	27	28	29	30	1/1	2	3	4	5	6	7	8	9	10	11	12	13	14	15	16	17	18	19	20	21	22	
대운	남	9	9	9	10	입	10	9	9	9	8	8	8	7	7	7	6	6	6	5	우	5	4	4	4	3	3	3	2	2	
	여	1	1	1	1	춘	1	1	1	1	2	2	2	3	3	3	4	4	4	5	수	5	6	6	6	7	7	7	8	8	

경칩 6일 02시 24분 ⇨ **【己卯月(기묘월)】**(경칩, 춘분~ 청명 전) 춘분 21일 03시 24분

3 (음력 01/23~02/23)	양력	1	2	3	4	5	6	7	8	9	10	11	12	13	14	15	16	17	18	19	20	21	22	23	24	25	26	27	28	29	30	31
	요일	화	수	목	금	토	일	월	화	수	목	금	토	일	월	화	수	목	금	토	일	월	화	수	목	금	토	일	월	화	수	목
	일진 日辰	癸卯	甲辰	乙巳	丙午	丁未	戊申	己酉	庚戌	辛亥	壬子	癸丑	甲寅	乙卯	丙辰	丁巳	戊午	己未	庚申	辛酉	壬戌	癸亥	甲子	乙丑	丙寅	丁卯	戊辰	己巳	庚午	辛未	壬申	癸酉
	음력	23	24	25	26	27	28	29	30	2/1	2	3	4	5	6	7	8	9	10	11	12	13	14	15	16	17	18	19	20	21	22	23
대운	남	2	1	1	1	1	경	10	9	9	9	8	8	8	7	7	7	6	6	6	5	춘	5	4	4	4	3	3	3	2	2	2
	여	8	9	9	9	10	칩	1	1	1	1	2	2	2	3	3	3	4	4	4	5	분	5	6	6	6	7	7	7	8	8	8

청명 5일 07시 35분 ⇨ **【庚辰月(경진월)】**(청명, 곡우~ 입하 전) 곡우 20일 14시 51분

4 (음력 02/24~03/23)	양력	1	2	3	4	5	6	7	8	9	10	11	12	13	14	15	16	17	18	19	20	21	22	23	24	25	26	27	28	29	30
	요일	금	토	일	월	화	수	목	금	토	일	월	화	수	목	금	토	일	월	화	수	목	금	토	일	월	화	수	목	금	토
	일진 日辰	甲戌	乙亥	丙子	丁丑	戊寅	己卯	庚辰	辛巳	壬午	癸未	甲申	乙酉	丙戌	丁亥	戊子	己丑	庚寅	辛卯	壬辰	癸巳	甲午	乙未	丙申	丁酉	戊戌	己亥	庚子	辛丑	壬寅	癸卯
	음력	24	25	26	27	28	29	30	3/1	2	3	4	5	6	7	8	9	10	11	12	13	14	15	16	17	18	19	20	21	22	23
대운	남	1	1	1	1	청	10	10	9	9	9	8	8	8	7	7	7	6	6	6	곡	5	5	4	4	4	3	3	3	2	2
	여	9	9	9	10	명	1	1	1	1	2	2	2	3	3	3	4	4	4	5	우	5	6	6	6	7	7	7	8	8	8

입하 6일 01시 16분 ⇨ **【辛巳月(신사월)】**(입하, 소만~ 망종 전) 소만 21일 14시 23분

5 (음력 03/24~04/25)	양력	1	2	3	4	5	6	7	8	9	10	11	12	13	14	15	16	17	18	19	20	21	22	23	24	25	26	27	28	29	30	31
	요일	일	월	화	수	목	금	토	일	월	화	수	목	금	토	일	월	화	수	목	금	토	일	월	화	수	목	금	토	일	월	화
	일진 日辰	甲辰	乙巳	丙午	丁未	戊申	己酉	庚戌	辛亥	壬子	癸丑	甲寅	乙卯	丙辰	丁巳	戊午	己未	庚申	辛酉	壬戌	癸亥	甲子	乙丑	丙寅	丁卯	戊辰	己巳	庚午	辛未	壬申	癸酉	甲戌
	음력	24	25	26	27	28	29	4/1	2	3	4	5	6	7	8	9	10	11	12	13	14	15	16	17	18	19	20	21	22	23	24	25
대운	남	2	1	1	1	1	입	10	10	9	9	9	8	8	8	7	7	7	6	6	6	소	5	5	4	4	4	3	3	3	2	2
	여	9	9	9	10	10	하	1	1	1	1	2	2	2	3	3	3	4	4	4	5	만	5	6	6	6	7	7	7	8	8	8

망종 6일 05시 44분 ⇨ **【壬午月(임오월)】**(망종, 하지~ 소서 전) 하지 21일 22시 36분

6 (음력 04/26~05/25)	양력	1	2	3	4	5	6	7	8	9	10	11	12	13	14	15	16	17	18	19	20	21	22	23	24	25	26	27	28	29	30
	요일	수	목	금	토	일	월	화	수	목	금	토	일	월	화	수	목	금	토	일	월	화	수	목	금	토	일	월	화	수	목
	일진 日辰	乙亥	丙子	丁丑	戊寅	己卯	庚辰	辛巳	壬午	癸未	甲申	乙酉	丙戌	丁亥	戊子	己丑	庚寅	辛卯	壬辰	癸巳	甲午	乙未	丙申	丁酉	戊戌	己亥	庚子	辛丑	壬寅	癸卯	甲辰
	음력	26	27	28	29	30	5/1	2	3	4	5	6	7	8	9	10	11	12	13	14	15	16	17	18	19	20	21	22	23	24	25
대운	남	2	1	1	1	1	망	10	10	9	9	9	8	8	8	7	7	7	6	6	6	하	5	5	4	4	4	3	3	3	2
	여	9	9	9	10	10	종	1	1	1	1	2	2	2	3	3	3	4	4	4	5	지	5	6	6	6	7	7	7	8	8

대장군(북방), 삼살(남방), 상문(남방), 조객(동북방),납음(백납금), 삼재(인,묘,진)년
한식(4월06일), 초복(7월16일), 중복(7월26일), 말복(8월15일)

庚辰年(경진년)

1940

소서 7일 16시 08분 ⇨ **【癸未月(계미월)】**(소서, 대서~ 입추 전) 대서23 09시 34분

양력 7 / 음력 05/26 ~ 06/27

양력	1	2	3	4	5	6	7	8	9	10	11	12	13	14	15	16	17	18	19	20	21	22	23	24	25	26	27	28	29	30	31
요일	금	토	일	월	화	수	목	금	토	일	월	화	수	목	금	토	일	월	화	수	목	금	토	일	월	화	수	목	금	토	일
일진 日辰	乙巳	丙午	丁未	戊申	己酉	庚戌	辛亥	壬子	癸丑	甲寅	乙卯	丙辰	丁巳	戊午	己未	庚申	辛酉	壬戌	癸亥	甲子	乙丑	丙寅	丁卯	戊辰	己巳	庚午	辛未	壬申	癸酉	甲戌	乙亥
음력	26	27	28	29	6/1	2	3	4	5	6	7	8	9	10	11	12	13	14	15	16	17	18	19	20	21	22	23	24	25	26	27
대운 남	2	2	1	1	1	1	소	10	10	10	9	9	9	8	8	8	7	7	7	6	6	6	대	5	5	4	4	4	3	3	3
대운 여	8	9	9	9	10	10	서	1	1	1	1	2	2	2	3	3	3	4	4	4	5	5	서	6	6	6	7	7	7	8	8

입추 8일 01시 52분 ⇨ **【甲申月(갑신월)】**(입추, 처서~ 백로 전) 처서 23일 16시 29분

양력 8 / 음력 06/28 ~ 07/28

양력	1	2	3	4	5	6	7	8	9	10	11	12	13	14	15	16	17	18	19	20	21	22	23	24	25	26	27	28	29	30	31
요일	월	화	수	목	금	토	일	월	화	수	목	금	토	일	월	화	수	목	금	토	일	월	화	수	목	금	토	일	월	화	수
일진 日辰	丙子	丁丑	戊寅	己卯	庚辰	辛巳	壬午	癸未	甲申	乙酉	丙戌	丁亥	戊子	己丑	庚寅	辛卯	壬辰	癸巳	甲午	乙未	丙申	丁酉	戊戌	己亥	庚子	辛丑	壬寅	癸卯	甲辰	乙巳	丙午
음력	28	29	30	7/1	2	3	4	5	6	7	8	9	10	11	12	13	14	15	16	17	18	19	20	21	22	23	24	25	26	27	28
대운 남	2	2	2	1	1	1	1	입	10	10	9	9	9	8	8	8	7	7	7	6	6	6	처	5	5	4	4	4	3	3	3
대운 여	8	9	9	9	10	10	10	추	1	1	1	1	2	2	2	3	3	3	4	4	4	5	서	5	6	6	6	7	7	7	8

백로 8일 04시 29분 ⇨ **【乙酉月(을유월)】**(백로, 추분-한로 전) 추분 23일 13시 46분

양력 9 / 음력 07/29 ~ 08/29

양력	1	2	3	4	5	6	7	8	9	10	11	12	13	14	15	16	17	18	19	20	21	22	23	24	25	26	27	28	29	30
요일	목	금	토	일	월	화	수	목	금	토	일	월	화	수	목	금	토	일	월	화	수	목	금	토	일	월	화	수	목	금
일진 日辰	丁未	戊申	己酉	庚戌	辛亥	壬子	癸丑	甲寅	乙卯	丙辰	丁巳	戊午	己未	庚申	辛酉	壬戌	癸亥	甲子	乙丑	丙寅	丁卯	戊辰	己巳	庚午	辛未	壬申	癸酉	甲戌	乙亥	丙子
음력	29	8/1	2	3	4	5	6	7	8	9	10	11	12	13	14	15	16	17	18	19	20	21	22	23	24	25	26	27	28	29
대운 남	2	2	2	1	1	1	1	백	10	9	9	9	8	8	8	7	7	7	6	6	6	5	추	5	4	4	4	3	3	3
대운 여	8	8	9	9	9	10	10	로	1	1	1	1	2	2	2	3	3	3	4	4	4	5	분	5	6	6	6	7	7	7

한로 8일 19시 42분 ⇨ **【丙戌月(병술월)】**(한로, 상강~ 입동 전) 상강 23일 22시 39분

양력 10 / 음력 09/01 ~ 10/01

양력	1	2	3	4	5	6	7	8	9	10	11	12	13	14	15	16	17	18	19	20	21	22	23	24	25	26	27	28	29	30	31
요일	토	일	월	화	수	목	금	토	일	월	화	수	목	금	토	일	월	화	수	목	금	토	일	월	화	수	목	금	토	일	월
일진 日辰	丁丑	戊寅	己卯	庚辰	辛巳	壬午	癸未	甲申	乙酉	丙戌	丁亥	戊子	己丑	庚寅	辛卯	壬辰	癸巳	甲午	乙未	丙申	丁酉	戊戌	己亥	庚子	辛丑	壬寅	癸卯	甲辰	乙巳	丙午	丁未
음력	9/1	2	3	4	5	6	7	8	9	10	11	12	13	14	15	16	17	18	19	20	21	22	23	24	25	26	27	28	29	30	10/1
대운 남	2	2	2	1	1	1	1	한	10	9	9	9	8	8	8	7	7	7	6	6	6	5	상	5	4	4	4	3	3	3	2
대운 여	8	8	8	9	9	9	10	로	1	1	1	1	2	2	2	3	3	3	4	4	4	5	강	5	6	6	6	7	7	7	8

입동 7일 22시 27분 ⇨ **【丁亥月(정해월)】**(입동, 소설~ 대설 전) 소설 22일 19시 49분

양력 11 / 음력 10/02 ~ 11/02

양력	1	2	3	4	5	6	7	8	9	10	11	12	13	14	15	16	17	18	19	20	21	22	23	24	25	26	27	28	29	30
요일	화	수	목	금	토	일	월	화	수	목	금	토	일	월	화	수	목	금	토	일	월	하	수	목	금	토	일	월	화	수
일진 日辰	戊申	己酉	庚戌	辛亥	壬子	癸丑	甲寅	乙卯	丙辰	丁巳	戊午	己未	庚申	辛酉	壬戌	癸亥	甲子	乙丑	丙寅	丁卯	戊辰	己巳	庚午	辛未	壬申	癸酉	甲戌	乙亥	丙子	丁丑
음력	2	3	4	5	6	7	8	9	10	11	12	13	14	15	16	17	18	19	20	21	22	23	24	25	26	27	28	29	11/1	2
대운 남	2	2	1	1	1	1	입	10	9	9	9	8	8	8	7	7	7	6	6	6	5	소	5	4	4	4	3	3	3	2
대운 여	8	8	9	9	9	10	동	1	1	1	1	2	2	2	3	3	3	4	4	4	5	설	5	6	6	6	7	7	7	8

대설 7일 14시 58분 ⇨ **【戊子月(무자월)】**(대설, 동지~소한 전) 동지 22일 08시 55분

양력 12 / 음력 11/03 ~ 12/03

양력	1	2	3	4	5	6	7	8	9	10	11	12	13	14	15	16	17	18	19	20	21	22	23	24	25	26	27	28	29	30	31
요일	목	금	토	일	월	화	수	목	금	토	일	월	화	수	목	금	토	일	월	화	수	목	금	토	일	월	화	수	목	금	토
일진 日辰	戊寅	己卯	庚辰	辛巳	壬午	癸未	甲申	乙酉	丙戌	丁亥	戊子	己丑	庚寅	辛卯	壬辰	癸巳	甲午	乙未	丙申	丁酉	戊戌	己亥	庚子	辛丑	壬寅	癸卯	甲辰	乙巳	丙午	丁未	戊申
음력	3	4	5	6	7	8	9	10	11	12	13	14	15	16	17	18	19	20	21	22	23	24	25	26	27	28	29	30	12/1	2	3
대운 남	2	2	1	1	1	1	대	10	9	9	9	8	8	8	7	7	7	6	6	6	5	동	5	4	4	4	3	3	3	2	2
대운 여	8	8	9	9	9	10	설	1	1	1	1	2	2	2	3	3	3	4	4	4	5	지	5	6	6	6	7	7	7	8	8

윤6월 大 1941 辛巳年(신사년)

단기4274년/불기2485년 대장군(동방), 삼살(동방), 상문(서남방),조객(동방), 납음(백납금), 【삼재(해,자,축)년】

소한 6일 02시 04분 ⇨ **【己丑月(기축월)】**(소한, 대한~ 입춘 전) 대한 20일 19시 34분

1 (음력 12/04~01/05)		1	2	3	4	5	6	7	8	9	10	11	12	13	14	15	16	17	18	19	20	21	22	23	24	25	26	27	28	29	30	31
요일		수	목	금	토	일	월	화	수	목	금	토	일	월	화	수	목	금	토	일	월	화	수	목	금	토	일	월	화	수	목	금
일진 日辰		己酉	庚戌	辛亥	壬子	癸丑	甲寅	乙卯	丙辰	丁巳	戊午	己未	庚申	辛酉	壬戌	癸亥	甲子	乙丑	丙寅	丁卯	戊辰	己巳	庚午	辛未	壬申	癸酉	甲戌	乙亥	丙子	丁丑	戊寅	己卯
음력		4	5	6	7	8	9	10	11	12	13	14	15	16	17	18	19	20	21	22	23	24	25	26	27	28	29	1/1	2	3	4	5
대운	남	2	1	1	1	1	소	9	9	9	8	8	8	7	7	7	6	6	6	5	대	5	4	4	4	3	3	3	2	2	2	1
대운	여	8	9	9	9	10	한	1	1	1	1	2	2	2	3	3	3	4	4	4	한	5	5	6	6	6	7	7	7	8	8	8

입춘 4일 13시 50분 ⇨ **【庚寅月(경인월)】**(입춘, 우수~ 경칩 전) 우수 19일 09시 56분

2 (음력 01/06~02/03)		1	2	3	4	5	6	7	8	9	10	11	12	13	14	15	16	17	18	19	20	21	22	23	24	25	26	27	28	
요일		토	일	월	화	수	목	금	토	일	월	화	수	목	금	토	일	월	화	수	목	금	토	일	월	화	수	목	금	
일진 日辰		庚辰	辛巳	壬午	癸未	甲申	乙酉	丙戌	丁亥	戊子	己丑	庚寅	辛卯	壬辰	癸巳	甲午	乙未	丙申	丁酉	戊戌	己亥	庚子	辛丑	壬寅	癸卯	甲辰	乙巳	丙午	丁未	立春
음력		6	7	8	9	10	11	12	13	14	15	16	17	18	19	20	21	22	23	24	25	26	27	28	29	30	2/1	2	3	
대운	남	1	1	1	입	1	1	1	1	2	2	2	3	3	3	4	4	4	5	우	5	6	6	6	7	7	7	8	8	
대운	여	9	9	9	춘	10	9	9	9	8	8	8	7	7	7	6	6	6	5	수	5	4	4	4	3	3	3	2	2	

경칩 6일 08시 10분 ⇨ **【辛卯月(신묘월)】**(경칩, 춘분~ 청명 전) 춘분 21일 09시 20분

3 (음력 02/04~03/04)		1	2	3	4	5	6	7	8	9	10	11	12	13	14	15	16	17	18	19	20	21	22	23	24	25	26	27	28	29	30	31
요일		토	일	월	화	수	목	금	토	일	월	화	수	목	금	토	일	월	화	수	목	금	토	일	월	화	수	목	금	토	일	월
일진 日辰		戊申	己酉	庚戌	辛亥	壬子	癸丑	甲寅	乙卯	丙辰	丁巳	戊午	己未	庚申	辛酉	壬戌	癸亥	甲子	乙丑	丙寅	丁卯	戊辰	己巳	庚午	辛未	壬申	癸酉	甲戌	乙亥	丙子	丁丑	戊寅
음력		4	5	6	7	8	9	10	11	12	13	14	15	16	17	18	19	20	21	22	23	24	25	26	27	28	29	30	3/1	2	3	4
대운	남	8	9	9	9	10	경	1	1	1	1	2	2	2	3	3	3	4	4	4	5	춘	5	6	6	6	7	7	7	8	8	8
대운	여	2	1	1	1	1	칩	10	9	9	9	8	8	8	7	7	7	6	6	6	5	분	5	4	4	4	3	3	3	2	2	2

청명 5일 13시 25분 ⇨ **【壬辰月(임진월)】**(청명, 곡우~ 입하 전) 곡우 20일 20시 50분

4 (음력 03/05~04/05)		1	2	3	4	5	6	7	8	9	10	11	12	13	14	15	16	17	18	19	20	21	22	23	24	25	26	27	28	29	30
요일		화	수	목	금	토	일	월	화	수	목	금	토	일	월	화	수	목	금	토	일	월	화	수	목	금	토	일	월	화	수
일진 日辰		己卯	庚辰	辛巳	壬午	癸未	甲申	乙酉	丙戌	丁亥	戊子	己丑	庚寅	辛卯	壬辰	癸巳	甲午	乙未	丙申	丁酉	戊戌	己亥	庚子	辛丑	壬寅	癸卯	甲辰	乙巳	丙午	丁未	戊申
음력		5	6	7	8	9	10	11	12	13	14	15	16	17	18	19	20	21	22	23	24	25	26	27	28	29	4/1	2	3	4	5
대운	남	9	9	10	청	1	1	1	1	2	2	2	3	3	3	4	4	4	5	5	곡	6	6	6	7	7	7	8	8	8	9
대운	여	1	1	1	명	10	10	9	9	9	8	8	8	7	7	7	6	6	6	5	우	5	4	4	4	3	3	3	2	2	2

입하 6일 07시 10분 ⇨ **【癸巳月(계사월)】**(입하, 소만~ 망종 전) 소만 21일 20시 23분

5 (음력 04/06~05/06)		1	2	3	4	5	6	7	8	9	10	11	12	13	14	15	16	17	18	19	20	21	22	23	24	25	26	27	28	29	30	31
요일		목	금	토	일	월	화	수	목	금	토	일	월	화	수	목	금	토	일	월	화	수	목	금	토	일	월	화	수	목	금	토
일진 日辰		己酉	庚戌	辛亥	壬子	癸丑	甲寅	乙卯	丙辰	丁巳	戊午	己未	庚申	辛酉	壬戌	癸亥	甲子	乙丑	丙寅	丁卯	戊辰	己巳	庚午	辛未	壬申	癸酉	甲戌	乙亥	丙子	丁丑	戊寅	己卯
음력		6	7	8	9	10	11	12	13	14	15	16	17	18	19	20	21	22	23	24	25	26	27	28	29	30	5/1	2	3	4	5	6
대운	남	9	9	10	10	입	1	1	1	1	2	2	2	3	3	3	4	4	4	5	5	소	6	6	6	7	7	7	8	8	8	9
대운	여	1	1	1	1	하	10	10	9	9	9	8	8	8	7	7	7	6	6	6	5	만	5	4	4	4	3	3	3	2	2	2

망종 6일 11시 39분 ⇨ **【甲午月(갑오월)】**(망종, 하지~ 소서 전) 하지 22일 04시 33분

6 (음력 05/07~06/06)		1	2	3	4	5	6	7	8	9	10	11	12	13	14	15	16	17	18	19	20	21	22	23	24	25	26	27	28	29	30
요일		일	월	화	수	목	금	토	일	월	화	수	목	금	토	일	월	화	수	목	금	토	일	월	화	수	목	금	토	일	월
일진 日辰		庚辰	辛巳	壬午	癸未	甲申	乙酉	丙戌	丁亥	戊子	己丑	庚寅	辛卯	壬辰	癸巳	甲午	乙未	丙申	丁酉	戊戌	己亥	庚子	辛丑	壬寅	癸卯	甲辰	乙巳	丙午	丁未	戊申	己酉
음력		7	8	9	10	11	12	13	14	15	16	17	18	19	20	21	22	23	24	25	26	27	28	29	30	6/1	2	3	4	5	6
대운	남	9	9	10	10	망	1	1	1	1	2	2	2	3	3	3	4	4	4	5	5	하	6	6	6	7	7	7	8	8	8
대운	여	1	1	1	1	종	10	10	10	9	9	9	8	8	8	7	7	7	6	6	6	지	5	5	4	4	4	3	3	3	2

대장군(동방). 삼살(동방), 상문(서남방),조객(동방), 납음(백납금), 【삼재(해,자,축)년】
한식(4월6일), 초복(7월21일), 중복(7월31일), 말복(8월10일)

辛巳年(신사년)

1941

소서 7일 22시 03분 ⇨ 【乙未月(을미월)】(소서, 대서~ 입추 전) 대서 23일 15시 26분

양력 7 / 음력 06/07 ~ 06/27

양력	1	2	3	4	5	6	7	8	9	10	11	12	13	14	15	16	17	18	19	20	21	22	23	24	25	26	27	28	29	30	31
요일	화	수	목	금	토	일	월	화	수	목	금	토	일	월	화	수	목	금	토	일	월	화	수	목	금	토	일	월	화	수	목
일진 日辰	庚戌	辛亥	壬子	癸丑	甲寅	乙卯	丙辰	丁巳	戊午	己未	庚申	辛酉	壬戌	癸亥	甲子	乙丑	丙寅	丁卯	戊辰	己巳	庚午	辛未	壬申	癸酉	甲戌	乙亥	丙子	丁丑	戊寅	己卯	庚辰
음력	7	8	9	10	11	12	13	14	15	16	17	18	19	20	21	22	23	24	25	26	27	28	29	윤6	2	3	4	5	6	7	8
대운 남	9	9	9	10	10	10	소	1	1	1	1	2	2	2	3	3	3	4	4	4	5	대	5	6	6	6	7	7	7	8	8
대운 여	2	2	1	1	1	1	서	10	10	9	9	9	8	8	8	7	7	7	6	6	6	서	5	5	4	4	4	3	3	3	2

입추 8일 07시 46분 ⇨ 【丙申月(병신월)】(입추, 처서~ 백로 전) 처서 23일 22시 17분

양력 8 / 음력 윤609 ~ 07/09

양력	1	2	3	4	5	6	7	8	9	10	11	12	13	14	15	16	17	18	19	20	21	22	23	24	25	26	27	28	29	30	31
요일	금	토	일	월	화	수	목	금	토	일	월	화	수	목	금	토	일	월	화	수	목	금	토	일	월	화	수	목	금	토	일
일진 日辰	辛巳	壬午	癸未	甲申	乙酉	丙戌	丁亥	戊子	己丑	庚寅	辛卯	壬辰	癸巳	甲午	乙未	丙申	丁酉	戊戌	己亥	庚子	辛丑	壬寅	癸卯	甲辰	乙巳	丙午	丁未	戊申	己酉	庚戌	辛亥
음력	9	10	11	12	13	14	15	16	17	18	19	20	21	22	23	24	25	26	27	28	29	30	7/1	2	3	4	5	6	7	8	9
대운 남	8	9	9	9	10	10	입	1	1	1	1	2	2	2	3	3	3	4	4	4	5	5	처	6	6	6	7	7	7	8	8
대운 여	2	2	1	1	1	1	추	10	10	9	9	9	8	8	8	7	7	7	6	6	6	5	서	5	4	4	4	3	3	3	2

백로 8일 10시 24분 ⇨ 【丁酉月(정유월)】(백로, 추분-한로 전) 추분 23일 19시 33분

양력 9 / 음력 07/08 ~ 08/10

양력	1	2	3	4	5	6	7	8	9	10	11	12	13	14	15	16	17	18	19	20	21	22	23	24	25	26	27	28	29	30
요일	월	화	수	목	금	토	일	월	화	수	목	금	토	일	월	화	수	목	금	토	일	월	화	수	목	금	토	일	월	화
일진 日辰	壬子	癸丑	甲寅	乙卯	丙辰	丁巳	戊午	己未	庚申	辛酉	壬戌	癸亥	甲子	乙丑	丙寅	丁卯	戊辰	己巳	庚午	辛未	壬申	癸酉	甲戌	乙亥	丙子	丁丑	戊寅	己卯	庚辰	辛巳
음력	10	11	12	13	14	15	16	17	18	19	20	21	22	23	24	25	26	27	28	29	8/1	2	3	4	5	6	7	8	9	10
대운 남	8	9	9	9	10	10	백	1	1	1	1	2	2	2	3	3	3	4	4	4	5	5	추	6	6	6	7	7	7	8
대운 여	2	2	1	1	1	1	로	10	10	9	9	9	8	8	8	7	7	7	6	6	6	5	분	5	4	4	4	3	3	3

한로 9일 01시 38분 ⇨ 【戊戌月(무술월)】(한로, 상강~ 입동 전) 상강 24일 04시 27분

양력 10 / 음력 08/11 ~ 09/12

양력	1	2	3	4	5	6	7	8	9	10	11	12	13	14	15	16	17	18	19	20	21	22	23	24	25	26	27	28	29	30	31
요일	수	목	금	토	일	월	화	수	목	금	토	일	월	화	수	목	금	토	일	월	화	수	목	금	토	일	월	화	수	목	금
일진 日辰	壬午	癸未	甲申	乙酉	丙戌	丁亥	戊子	己丑	庚寅	辛卯	壬辰	癸巳	甲午	乙未	丙申	丁酉	戊戌	己亥	庚子	辛丑	壬寅	癸卯	甲辰	乙巳	丙午	丁未	戊申	己酉	庚戌	辛亥	壬子
음력	11	12	13	14	15	16	17	18	19	20	21	22	23	24	25	26	27	28	29	9/1	2	3	4	5	6	7	8	9	10	11	12
대운 남	8	8	8	9	9	9	10	10	한	1	1	1	1	2	2	2	3	3	3	4	4	4	5	상	5	6	6	6	7	7	7
대운 여	3	2	2	2	1	1	1	1	로	10	9	9	9	8	8	8	7	7	7	6	6	6	5	강	5	4	4	4	3	3	3

입동 8일 04시 24분 ⇨ 【己亥月(기해월)】(입동, 소설~ 대설 전) 소설 23일 01시 38분

양력 11 / 음력 09/13 ~ 10/12

양력	1	2	3	4	5	6	7	8	9	10	11	12	13	14	15	16	17	18	19	20	21	22	23	24	25	26	27	28	29	30
요일	토	일	월	화	수	목	금	토	일	월	화	수	목	금	토	일	월	화	수	목	금	토	일	월	회	수	목	금	토	일
일진 日辰	癸丑	甲寅	乙卯	丙辰	丁巳	戊午	己未	庚申	辛酉	壬戌	癸亥	甲子	乙丑	丙寅	丁卯	戊辰	己巳	庚午	辛未	壬申	癸酉	甲戌	乙亥	丙子	丁丑	戊寅	己卯	庚辰	辛巳	壬午
음력	13	14	15	16	17	18	19	20	21	22	23	24	25	26	27	28	29	30	10/1	2	3	4	5	6	7	8	9	10	11	12
대운 남	8	8	9	9	9	10	입	1	1	1	1	2	2	2	3	3	3	4	4	4	5	소	5	6	6	6	7	7	7	8
대운 여	2	2	1	1	1	1	동	10	9	9	9	8	8	8	7	7	7	6	6	6	5	설	5	4	4	4	3	3	3	2

대설 7일 20시 56분 ⇨ 【庚子月(경자월)】(대설, 동지~소한 전) 동지 22일 14시 44분

양력 12 / 음력 10/13 ~ 11/14

양력	1	2	3	4	5	6	7	8	9	10	11	12	13	14	15	16	17	18	19	20	21	22	23	24	25	26	27	28	29	30	31
요일	월	화	수	목	금	토	일	월	화	수	목	금	토	일	월	화	수	목	금	토	일	월	화	수	목	금	토	일	월	화	수
일진 日辰	癸未	甲申	乙酉	丙戌	丁亥	戊子	己丑	庚寅	辛卯	壬辰	癸巳	甲午	乙未	丙申	丁酉	戊戌	己亥	庚子	辛丑	壬寅	癸卯	甲辰	乙巳	丙午	丁未	戊申	己酉	庚戌	辛亥	壬子	癸丑
음력	13	14	15	16	17	18	19	20	21	22	23	24	25	26	27	28	29	11/1	2	3	4	5	6	7	8	9	10	11	12	13	14
대운 남	8	8	9	9	9	10	대	1	1	1	1	2	2	2	3	3	3	4	4	4	동	5	5	6	6	6	7	7	7	8	8
대운 여	2	2	1	1	1	1	설	9	9	9	8	8	8	7	7	7	6	6	6	5	지	5	4	4	4	3	3	3	2	2	2

1942 壬午年(임오년)

단기4275년/불기2486년 대장군(동방),삼살(북방),상문(서남방),조객(동남방), 납음(양류목),【삼재(신,유,술)년】

소한 6일 08시 02분 ⇨ 【辛丑月(신축월)】(소한, 대한~ 입춘 전) 대한 21일 01시 24분

양력 1 / 음력 11/15 ~ 12/15

양력	1	2	3	4	5	6	7	8	9	10	11	12	13	14	15	16	17	18	19	20	21	22	23	24	25	26	27	28	29	30	31
요일	목	금	토	일	월	화	수	목	금	토	일	월	화	수	목	금	토	일	월	화	수	목	금	토	일	월	화	수	목	금	토
일진 日辰	甲寅	乙卯	丙辰	丁巳	戊午	己未	庚申	辛酉	壬戌	癸亥	甲子	乙丑	丙寅	丁卯	戊辰	己巳	庚午	辛未	壬申	癸酉	甲戌	乙亥	丙子	丁丑	戊寅	己卯	庚辰	辛巳	壬午	癸未	甲申
음력	15	16	17	18	19	20	21	22	23	24	25	26	27	28	29	30	12/1	2	3	4	5	6	7	8	9	10	11	12	13	14	15
대운 남	8	9	9	9	10	소	1	1	1	1	2	2	2	3	3	3	4	4	4	5	대	5	6	6	6	7	7	7	8	8	8
대운 여	2	1	1	1	1	한	9	9	9	8	8	8	7	7	7	6	6	6	5	5	한	4	4	4	3	3	3	2	2	2	1

입춘 4일 19시 49분 ⇨ 【壬寅月(임인월)】(입춘, 우수~ 경칩 전) 우수 19일 15시 47분

양력 2 / 음력 12/16 ~ 01/14

양력	1	2	3	4	5	6	7	8	9	10	11	12	13	14	15	16	17	18	19	20	21	22	23	24	25	26	27	28
요일	일	월	화	수	목	금	토	일	월	화	수	목	금	토	일	월	화	수	목	금	토	일	월	화	수	목	금	토
일진 日辰	乙酉	丙戌	丁亥	戊子	己丑	庚寅	辛卯	壬辰	癸巳	甲午	乙未	丙申	丁酉	戊戌	己亥	庚子	辛丑	壬寅	癸卯	甲辰	乙巳	丙午	丁未	戊申	己酉	庚戌	辛亥	壬子
음력	16	17	18	19	20	21	22	23	24	25	26	27	28	29	1/1	2	3	4	5	6	7	8	9	10	11	12	13	14
대운 남	9	9	9	입	10	9	9	9	8	8	8	7	7	7	6	6	6	5	우	5	4	4	4	3	3	3	2	2
대운 여	1	1	1	춘	1	1	1	1	2	2	2	3	3	3	4	4	4	5	수	5	6	6	6	7	7	7	8	8

立春

경칩 6일 14시 09분 ⇨ 【癸卯月(계묘월)】(경칩, 춘분~ 청명 전) 춘분 21일 15시 11분

양력 3 / 음력 01/15 ~ 02/15

양력	1	2	3	4	5	6	7	8	9	10	11	12	13	14	15	16	17	18	19	20	21	22	23	24	25	26	27	28	29	30	31
요일	일	월	화	수	목	금	토	일	월	화	수	목	금	토	일	월	화	수	목	금	토	일	월	화	수	목	금	토	일	월	화
일진 日辰	癸丑	甲寅	乙卯	丙辰	丁巳	戊午	己未	庚申	辛酉	壬戌	癸亥	甲子	乙丑	丙寅	丁卯	戊辰	己巳	庚午	辛未	壬申	癸酉	甲戌	乙亥	丙子	丁丑	戊寅	己卯	庚辰	辛巳	壬午	癸未
음력	15	16	17	18	19	20	21	22	23	24	25	26	27	28	29	30	2/1	2	3	4	5	6	7	8	9	10	11	12	13	14	15
대운 남	2	1	1	1	1	경	10	9	9	9	8	8	8	7	7	7	6	6	6	5	춘	5	4	4	4	3	3	3	2	2	2
대운 여	8	9	9	9	10	칩	1	1	1	1	2	2	2	3	3	3	4	4	4	5	분	5	6	6	6	7	7	7	8	8	8

청명 5일 19시 24분 ⇨ 【甲辰月(갑진월)】(청명, 곡우~ 입하 전) 곡우 21일 02시 39분

양력 4 / 음력 02/16 ~ 03/16

양력	1	2	3	4	5	6	7	8	9	10	11	12	13	14	15	16	17	18	19	20	21	22	23	24	25	26	27	28	29	30
요일	수	목	금	토	일	월	화	수	목	금	토	일	월	화	수	목	금	토	일	월	화	수	목	금	토	일	월	화	수	목
일진 日辰	甲申	乙酉	丙戌	丁亥	戊子	己丑	庚寅	辛卯	壬辰	癸巳	甲午	乙未	丙申	丁酉	戊戌	己亥	庚子	辛丑	壬寅	癸卯	甲辰	乙巳	丙午	丁未	戊申	己酉	庚戌	辛亥	壬子	癸丑
음력	16	17	18	19	20	21	22	23	24	25	26	27	28	29	3/1	2	3	4	5	6	7	8	9	10	11	12	13	14	15	16
대운 남	1	1	1	1	청	10	10	9	9	9	8	8	8	7	7	7	6	6	6	5	곡	5	4	4	4	3	3	3	2	2
대운 여	9	9	9	10	명	1	1	1	1	2	2	2	3	3	3	4	4	4	5	5	우	6	6	6	7	7	7	8	8	8

입하 6일 13시 07분 ⇨ 【乙巳月(을사월)】(입하, 소만~ 망종 전) 소만 22일 02시 09분

양력 5 / 음력 03/17 ~ 04/17

양력	1	2	3	4	5	6	7	8	9	10	11	12	13	14	15	16	17	18	19	20	21	22	23	24	25	26	27	28	29	30	31
요일	금	토	일	월	화	수	목	금	토	일	월	화	수	목	금	토	일	월	화	수	목	금	토	일	월	화	수	목	금	토	일
일진 日辰	甲寅	乙卯	丙辰	丁巳	戊午	己未	庚申	辛酉	壬戌	癸亥	甲子	乙丑	丙寅	丁卯	戊辰	己巳	庚午	辛未	壬申	癸酉	甲戌	乙亥	丙子	丁丑	戊寅	己卯	庚辰	辛巳	壬午	癸未	甲申
음력	17	18	19	20	21	22	23	24	25	26	27	28	29	30	4/1	2	3	4	5	6	7	8	9	10	11	12	13	14	15	16	17
대운 남	2	1	1	1	1	입	10	10	9	9	9	8	8	8	7	7	7	6	6	6	5	소	5	4	4	4	3	3	3	2	2
대운 여	9	9	9	10	10	하	1	1	1	1	2	2	2	3	3	3	4	4	4	5	5	만	6	6	6	7	7	7	8	8	8

망종 6일 17시 33분 ⇨ 【丙午月(병오월)】(망종, 하지~ 소서 전) 하지 22일 10시 16분

양력 6 / 음력 04/18 ~ 05/17

양력	1	2	3	4	5	6	7	8	9	10	11	12	13	14	15	16	17	18	19	20	21	22	23	24	25	26	27	28	29	30
요일	월	화	수	목	금	토	일	월	화	수	목	금	토	일	월	화	수	목	금	토	일	월	화	수	목	금	토	일	월	화
일진 日辰	乙酉	丙戌	丁亥	戊子	己丑	庚寅	辛卯	壬辰	癸巳	甲午	乙未	丙申	丁酉	戊戌	己亥	庚子	辛丑	壬寅	癸卯	甲辰	乙巳	丙午	丁未	戊申	己酉	庚戌	辛亥	壬子	癸丑	甲寅
음력	18	19	20	21	22	23	24	25	26	27	28	29	30	5/1	2	3	4	5	6	7	8	9	10	11	12	13	14	15	16	17
대운 남	2	1	1	1	1	망	10	10	10	9	9	9	8	8	8	7	7	7	6	6	6	하	5	5	4	4	4	3	3	3
대운 여	9	9	9	10	10	종	1	1	1	1	2	2	2	3	3	3	4	4	4	5	5	지	6	6	6	7	7	7	8	8

대장군(동방).삼살(북방),상문(서남방),조객(동남방), 납음(양류목),【삼재(신,유,술)년】

한식(4월6일), 초복(7월16일), 중복(7월26일), 말복(8월15일)

壬午年(임오년)

1942

소서 8일 03시 52분 ⇨ 【丁未月(정미월)】(소서, 대서~ 입추 전) 대서 23일 21시 07분

양력 7	1	2	3	4	5	6	7	8	9	10	11	12	13	14	15	16	17	18	19	20	21	22	23	24	25	26	27	28	29	30	31
요일	수	목	금	토	일	월	화	수	목	금	토	일	월	화	수	목	금	토	일	월	화	수	목	금	토	일	월	화	수	목	금
일진 日辰	乙卯	丙辰	丁巳	戊午	己未	庚申	辛酉	壬戌	癸亥	甲子	乙丑	丙寅	丁卯	戊辰	己巳	庚午	辛未	壬申	癸酉	甲戌	乙亥	丙子	丁丑	戊寅	己卯	庚辰	辛巳	壬午	癸未	甲申	乙酉
음력 (05/18~06/19)	18	19	20	21	22	23	24	25	26	27	28	29	6/1	2	3	4	5	6	7	8	9	10	11	12	13	14	15	16	17	18	19
대운 남	2	2	2	1	1	1	1	소	10	10	9	9	9	8	8	8	7	7	7	6	6	6	대	5	5	4	4	4	3	3	3
대운 여	8	9	9	9	10	10	10	서	1	1	1	1	2	2	2	3	3	3	4	4	4	5	서	5	6	6	6	7	7	7	8

입추 8일 13시 30분 ⇨ 【戊申月(무신월)】(입추, 처서~ 백로 전) 처서 24일 03시 58분

양력 8	1	2	3	4	5	6	7	8	9	10	11	12	13	14	15	16	17	18	19	20	21	22	23	24	25	26	27	28	29	30	31
요일	토	일	월	화	수	목	금	토	일	월	화	수	목	금	토	일	월	화	수	목	금	토	일	월	화	수	목	금	토	일	월
일진 日辰	丙戌	丁亥	戊子	己丑	庚寅	辛卯	壬辰	癸巳	甲午	乙未	丙申	丁酉	戊戌	己亥	庚子	辛丑	壬寅	癸卯	甲辰	乙巳	丙午	丁未	戊申	己酉	庚戌	辛亥	壬子	癸丑	甲寅	乙卯	丙辰
음력 (06/20~07/20)	20	21	22	23	24	25	26	27	28	29	30	7/1	2	3	4	5	6	7	8	9	10	11	12	13	14	15	16	17	18	19	20
대운 남	2	2	2	1	1	1	1	입	10	10	9	9	9	8	8	8	7	7	7	6	6	6	5	처	5	4	4	4	3	3	3
대운 여	8	8	9	9	9	10	10	추	1	1	1	1	2	2	2	3	3	3	4	4	4	5	5	서	6	6	6	7	7	7	8

백로 6일 16시 06분 ⇨ 【己酉月(기유월)】(백로, 추분-한로 전) 추분 24일 10시 16분

양력 9	1	2	3	4	5	6	7	8	9	10	11	12	13	14	15	16	17	18	19	20	21	22	23	24	25	26	27	28	29	30
요일	화	수	목	금	토	일	월	화	수	목	금	토	일	월	화	수	목	금	토	일	월	화	수	목	금	토	일	월	화	수
일진 日辰	丁巳	戊午	己未	庚申	辛酉	壬戌	癸亥	甲子	乙丑	丙寅	丁卯	戊辰	己巳	庚午	辛未	壬申	癸酉	甲戌	乙亥	丙子	丁丑	戊寅	己卯	庚辰	辛巳	壬午	癸未	甲申	乙酉	丙戌
음력 (07/21~08/20)	21	22	23	24	25	26	27	28	29	30	8/1	2	3	4	5	6	7	8	9	10	11	12	13	14	15	16	17	18	19	20
대운 남	2	2	2	1	1	1	1	백	10	10	9	9	9	8	8	8	7	7	7	6	6	6	5	추	5	4	4	4	3	3
대운 여	8	8	9	9	9	10	10	로	1	1	1	1	2	2	2	3	3	3	4	4	4	5	5	분	6	6	6	7	7	7

한로 9일 07시 22분 ⇨ 【庚戌月(경술월)】(한로, 상강~ 입동 전) 상강 24일 10시 15분

양력 10	1	2	3	4	5	6	7	8	9	10	11	12	13	14	15	16	17	18	19	20	21	22	23	24	25	26	27	28	29	30	31
요일	목	금	토	일	월	화	수	목	금	토	일	월	화	수	목	금	토	일	월	화	수	목	금	토	일	월	화	수	목	금	토
일진 日辰	丁亥	戊子	己丑	庚寅	辛卯	壬辰	癸巳	甲午	乙未	丙申	丁酉	戊戌	己亥	庚子	辛丑	壬寅	癸卯	甲辰	乙巳	丙午	丁未	戊申	己酉	庚戌	辛亥	壬子	癸丑	甲寅	乙卯	丙辰	丁巳
음력 (08/21~09/22)	21	22	23	24	25	26	27	28	29	9/1	2	3	4	5	6	7	8	9	10	11	12	13	14	15	16	17	18	19	20	21	22
대운 남	3	2	2	2	1	1	1	1	한	10	9	9	9	8	8	8	7	7	7	6	6	6	5	상	5	4	4	4	3	3	3
대운 여	8	8	8	9	9	9	10	10	로	1	1	1	1	2	2	2	3	3	3	4	4	4	5	강	5	6	6	6	7	7	7

입동 8일 10시 11분 ⇨ 【辛亥月(신해월)】(입동, 소설~ 대설 전) 소설 23일 07시 30분

양력 11	1	2	3	4	5	6	7	8	9	10	11	12	13	14	15	16	17	18	19	20	21	22	23	24	25	26	27	28	29	30
요일	일	월	화	수	목	금	토	일	월	회	수	목	금	토	일	월	회	수	목	금	도	일	월	화	수	목	금	토	일	월
일진 日辰	戊午	己未	庚申	辛酉	壬戌	癸亥	甲子	乙丑	丙寅	丁卯	戊辰	己巳	庚午	辛未	壬申	癸酉	甲戌	乙亥	丙子	丁丑	戊寅	己卯	庚辰	辛巳	壬午	癸未	甲申	乙酉	丙戌	丁亥
음력 (09/23~10/22)	23	24	25	26	27	28	29	30	10/1	2	3	4	5	6	7	8	9	10	11	12	13	14	15	16	17	18	19	20	21	22
대운 남	2	2	2	1	1	1	1	입	10	9	9	9	8	8	8	7	7	7	6	6	6	5	소	5	4	4	4	3	3	3
대운 여	8	8	8	9	9	9	10	동	1	1	1	1	2	2	2	3	3	3	4	4	4	5	설	5	6	6	6	7	7	7

대설 8일 02시 47분 ⇨ 【壬子月(임자월)】(대설, 동지~소한 전) 동지 22일 20시 40분

양력 12	1	2	3	4	5	6	7	8	9	10	11	12	13	14	15	16	17	18	19	20	21	22	23	24	25	26	27	28	29	30	31
요일	화	수	목	금	토	일	월	화	수	목	금	토	일	월	화	수	목	금	토	일	월	화	수	목	금	토	일	월	화	수	목
일진 日辰	戊子	己丑	庚寅	辛卯	壬辰	癸巳	甲午	乙未	丙申	丁酉	戊戌	己亥	庚子	辛丑	壬寅	癸卯	甲辰	乙巳	丙午	丁未	戊申	己酉	庚戌	辛亥	壬子	癸丑	甲寅	乙卯	丙辰	丁巳	戊午
음력 (10/23~11/24)	23	24	25	26	27	28	29	11/1	2	3	4	5	6	7	8	9	10	11	12	13	14	15	16	17	18	19	20	21	22	23	24
대운 남	2	2	2	1	1	1	1	대	9	9	9	8	8	8	7	7	7	6	6	6	5	동	5	4	4	4	3	3	3	2	2
대운 여	8	8	8	9	9	9	10	설	1	1	1	1	2	2	2	3	3	3	4	4	4	지	5	5	6	6	6	7	7	7	8

1943 癸未年(계미년)

단기4276년 /불기2487년 대장군(동방), 삼살(서방), 상문(서방),조객(동남방), 납음(양류목), 【삼재(사,오,미)년】

소한 6일 13시 55분 ⇨ **【癸丑月(계축월)】**(소한, 대한~ 입춘 전) 대한 21일 07시 19분

양력 1 (음력 11/25~12/26)	1	2	3	4	5	6	7	8	9	10	11	12	13	14	15	16	17	18	19	20	21	22	23	24	25	26	27	28	29	30	31
요일	금	토	일	월	화	수	목	금	토	일	월	화	수	목	금	토	일	월	화	수	목	금	토	일	월	화	수	목	금	토	일
일진 日辰	己未	庚申	辛酉	壬戌	癸亥	甲子	乙丑	丙寅	丁卯	戊辰	己巳	庚午	辛未	壬申	癸酉	甲戌	乙亥	丙子	丁丑	戊寅	己卯	庚辰	辛巳	壬午	癸未	甲申	乙酉	丙戌	丁亥	戊子	己丑
음력	25	26	27	28	29	12/1	2	3	4	5	6	7	8	9	10	11	12	13	14	15	16	17	18	19	20	21	22	23	24	25	26
대운 남	2	1	1	1	1	소	10	9	9	9	8	8	8	7	7	7	6	6	6	5	대	5	4	4	4	3	3	3	2	2	2
대운 여	8	8	9	9	9	한	1	1	1	1	2	2	2	3	3	3	4	4	4	5	한	5	6	6	6	7	7	7	8	8	8

입춘 5일 01시 40분 ⇨ **【甲寅月(갑인월)】**(입춘, 우수~ 경칩 전) 우수 21일 21시 40분

양력 2 (음력 12/27~01/24)	1	2	3	4	5	6	7	8	9	10	11	12	13	14	15	16	17	18	19	20	21	22	23	24	25	26	27	28	
요일	월	화	수	목	금	토	일	월	화	수	목	금	토	일	월	화	수	목	금	토	일	월	화	수	목	금	토	일	
일진 日辰	庚寅	辛卯	壬辰	癸巳	甲午	乙未	丙申	丁酉	戊戌	己亥	庚子	辛丑	壬寅	癸卯	甲辰	乙巳	丙午	丁未	戊申	己酉	庚戌	辛亥	壬子	癸丑	甲寅	乙卯	丙辰	丁巳	立春
음력	27	28	29	30	1/1	2	3	4	5	6	7	8	9	10	11	12	13	14	15	16	17	18	19	20	21	22	23	24	
대운 남	1	1	1	1	입	1	1	1	1	2	2	2	3	3	3	4	4	4	5	5	우	6	6	6	7	7	7	8	
대운 여	9	9	9	10	춘	9	9	9	8	8	8	7	7	7	6	6	6	5	5	5	수	4	4	3	3	3	2	2	

경칩 6일 19시 59분 ⇨ **【乙卯月(을묘월)】**(경칩, 춘분~ 청명 전) 춘분 21일 21시 03분

양력 3 (음력 01/25~02/26)	1	2	3	4	5	6	7	8	9	10	11	12	13	14	15	16	17	18	19	20	21	22	23	24	25	26	27	28	29	30	31
요일	월	화	수	목	금	토	일	월	화	수	목	금	토	일	월	화	수	목	금	토	일	월	화	수	목	금	토	일	월	화	수
일진 日辰	戊午	己未	庚申	辛酉	壬戌	癸亥	甲子	乙丑	丙寅	丁卯	戊辰	己巳	庚午	辛未	壬申	癸酉	甲戌	乙亥	丙子	丁丑	戊寅	己卯	庚辰	辛巳	壬午	癸未	甲申	乙酉	丙戌	丁亥	戊子
음력	25	26	27	28	29	2/1	2	3	4	5	6	7	8	9	10	11	12	13	14	15	16	17	18	19	20	21	22	23	24	25	26
대운 남	8	8	9	9	9	경	1	1	1	1	2	2	2	3	3	3	4	4	4	5	춘	5	6	6	6	7	7	7	8	8	8
대운 여	2	1	1	1	1	칩	10	10	9	9	9	8	8	8	7	7	7	6	6	6	분	5	5	4	4	4	3	3	3	2	2

청명 6일 01시 11분 ⇨ **【丙辰月(병진월)】**(청명, 곡우~ 입하 전) 곡우 21일 08시 32분

양력 4 (음력 02/27~03/26)	1	2	3	4	5	6	7	8	9	10	11	12	13	14	15	16	17	18	19	20	21	22	23	24	25	26	27	28	29	30
요일	목	금	토	일	월	화	수	목	금	토	일	월	화	수	목	금	토	일	월	화	수	목	금	토	일	월	화	수	목	금
일진 日辰	己丑	庚寅	辛卯	壬辰	癸巳	甲午	乙未	丙申	丁酉	戊戌	己亥	庚子	辛丑	壬寅	癸卯	甲辰	乙巳	丙午	丁未	戊申	己酉	庚戌	辛亥	壬子	癸丑	甲寅	乙卯	丙辰	丁巳	戊午
음력	27	28	29	30	3/1	2	3	4	5	6	7	8	9	10	11	12	13	14	15	16	17	18	19	20	21	22	23	24	25	26
대운 남	9	9	9	10	10	청	1	1	1	1	2	2	2	3	3	3	4	4	4	5	곡	5	6	6	6	7	7	7	8	8
대운 여	2	1	1	1	1	명	10	9	9	9	8	8	8	7	7	7	6	6	6	5	우	5	4	4	4	3	3	3	2	2

입하 6일 18시 53분 ⇨ **【丁巳月(정사월)】**(입하, 소만~ 망종 전) 소만 22일 08시 03분

양력 5 (음력 03/27~04/28)	1	2	3	4	5	6	7	8	9	10	11	12	13	14	15	16	17	18	19	20	21	22	23	24	25	26	27	28	29	30	31
요일	토	일	월	화	수	목	금	토	일	월	화	수	목	금	토	일	월	화	수	목	금	토	일	월	화	수	목	금	토	일	월
일진 日辰	己未	庚申	辛酉	壬戌	癸亥	甲子	乙丑	丙寅	丁卯	戊辰	己巳	庚午	辛未	壬申	癸酉	甲戌	乙亥	丙子	丁丑	戊寅	己卯	庚辰	辛巳	壬午	癸未	甲申	乙酉	丙戌	丁亥	戊子	己丑
음력	27	28	29	4/1	2	3	4	5	6	7	8	9	10	11	12	13	14	15	16	17	18	19	20	21	22	23	24	25	26	27	28
대운 남	8	9	9	9	10	입	1	1	1	1	2	2	2	3	3	3	4	4	4	5	5	소	6	6	6	7	7	7	8	8	8
대운 여	2	1	1	1	1	하	10	10	9	9	9	8	8	8	7	7	7	6	6	6	5	만	5	4	4	4	3	3	3	2	2

망종 6일 23시 19분 ⇨ **【戊午月(무오월)】**(망종, 하지~ 소서 전) 하지 22일 16시 12분

양력 6 (음력 04/29~05/28)	1	2	3	4	5	6	7	8	9	10	11	12	13	14	15	16	17	18	19	20	21	22	23	24	25	26	27	28	29	30
요일	화	수	목	금	토	일	월	화	수	목	금	토	일	월	화	수	목	금	토	일	월	화	수	목	금	토	일	월	화	수
일진 日辰	庚寅	辛卯	壬辰	癸巳	甲午	乙未	丙申	丁酉	戊戌	己亥	庚子	辛丑	壬寅	癸卯	甲辰	乙巳	丙午	丁未	戊申	己酉	庚戌	辛亥	壬子	癸丑	甲寅	乙卯	丙辰	丁巳	戊午	己未
음력	29	30	5/1	2	3	4	5	6	7	8	9	10	11	12	13	14	15	16	17	18	19	20	21	22	23	24	25	26	27	28
대운 남	9	9	9	10	10	망	1	1	1	1	2	2	2	3	3	3	4	4	4	5	5	하	6	6	6	7	7	7	8	8
대운 여	2	1	1	1	1	종	10	10	10	9	9	9	8	8	8	7	7	7	6	6	6	지	5	5	4	4	4	3	3	3

대장군(동방). 삼살(서방), 상문(서방),조객(동남방), 납음(양류목), 【삼재(사,오,미)년】
한식(4월6일), 초복(7월21일), 초복(7월31일), 말복(8월10일)

癸未年(계미년)

소서 8일 09시 39분 ⇨ 【己未月(기미월)】(소서, 대서~ 입추 전) 대서 24일 03시 05분

양력 7 / 음력 05/29 ~ 06/30

양력	1	2	3	4	5	6	7	8	9	10	11	12	13	14	15	16	17	18	19	20	21	22	23	24	25	26	27	28	29	30	31
요일	목	금	토	일	월	화	수	목	금	토	일	월	화	수	목	금	토	일	월	화	수	목	금	토	일	월	화	수	목	금	토
일진 日辰	庚申	辛酉	壬戌	癸亥	甲子	乙丑	丙寅	丁卯	戊辰	己巳	庚午	辛未	壬申	癸酉	甲戌	乙亥	丙子	丁丑	戊寅	己卯	庚辰	辛巳	壬午	癸未	甲申	乙酉	丙戌	丁亥	戊子	己丑	庚寅
음력	29	6/1	2	3	4	5	6	7	8	9	10	11	12	13	14	15	16	17	18	19	20	21	22	23	24	25	26	27	28	29	30
대운 남	8	9	9	9	10	10	10	소	1	1	1	1	2	2	2	3	3	3	4	4	4	5	5	대	6	6	6	7	7	7	8
대운 여	2	2	2	1	1	1	1	서	10	10	9	9	9	8	8	8	7	7	7	6	6	6	5	서	5	4	4	4	3	3	3

입추 8일 19시 19분 ⇨ 【庚申月(경신월)】(입추, 처서~ 백로 전) 처서 24일 09시 55분

양력 8 / 음력 07/01 ~ 08/01

양력	1	2	3	4	5	6	7	8	9	10	11	12	13	14	15	16	17	18	19	20	21	22	23	24	25	26	27	28	29	30	31
요일	일	월	화	수	목	금	토	일	월	화	수	목	금	토	일	월	화	수	목	금	토	일	월	화	수	목	금	토	일	월	화
일진 日辰	辛卯	壬辰	癸巳	甲午	乙未	丙申	丁酉	戊戌	己亥	庚子	辛丑	壬寅	癸卯	甲辰	乙巳	丙午	丁未	戊申	己酉	庚戌	辛亥	壬子	癸丑	甲寅	乙卯	丙辰	丁巳	戊午	己未	庚申	辛酉
음력	7/1	2	3	4	5	6	7	8	9	10	11	12	13	14	15	16	17	18	19	20	21	22	23	24	25	26	27	28	29	30	8/1
대운 남	8	8	9	9	9	10	10	입	1	1	1	1	2	2	2	3	3	3	4	4	4	5	5	처	6	6	6	7	7	7	8
대운 여	2	2	2	1	1	1	1	추	10	10	9	9	9	8	8	8	7	7	7	6	6	6	5	서	5	4	4	4	3	3	3

백로 8일 21시 55분 ⇨ 【辛酉月(신유월)】(백로, 추분-한로 전) 추분824일 07시 12분

양력 9 / 음력 08/02 ~ 09/02

양력	1	2	3	4	5	6	7	8	9	10	11	12	13	14	15	16	17	18	19	20	21	22	23	24	25	26	27	28	29	30
요일	수	목	금	토	일	월	화	수	목	금	토	일	월	화	수	목	금	토	일	월	화	수	목	금	토	일	월	화	수	목
일진 日辰	壬戌	癸亥	甲子	乙丑	丙寅	丁卯	戊辰	己巳	庚午	辛未	壬申	癸酉	甲戌	乙亥	丙子	丁丑	戊寅	己卯	庚辰	辛巳	壬午	癸未	甲申	乙酉	丙戌	丁亥	戊子	己丑	庚寅	辛卯
음력	2	3	4	5	6	7	8	9	10	11	12	13	14	15	16	17	18	19	20	21	22	23	24	25	26	27	28	29	9/1	2
대운 남	8	8	9	9	9	10	10	백	1	1	1	1	2	2	2	3	3	3	4	4	4	5	5	추	6	6	6	7	7	7
대운 여	2	2	2	1	1	1	1	로	10	10	9	9	9	8	8	8	7	7	7	6	6	6	5	분	5	4	4	4	3	3

한로 9일 13시 11분 ⇨ 【壬戌月(임술월)】(한로, 상강~ 입동 전) 상강 24일 16시 08분

양력 10 / 음력 09/03 ~ 10/03

양력	1	2	3	4	5	6	7	8	9	10	11	12	13	14	15	16	17	18	19	20	21	22	23	24	25	26	27	28	29	30	31
요일	금	토	일	월	화	수	목	금	토	일	월	화	수	목	금	토	일	월	화	수	목	금	토	일	월	화	수	목	금	토	일
일진 日辰	壬辰	癸巳	甲午	乙未	丙申	丁酉	戊戌	己亥	庚子	辛丑	壬寅	癸卯	甲辰	乙巳	丙午	丁未	戊申	己酉	庚戌	辛亥	壬子	癸丑	甲寅	乙卯	丙辰	丁巳	戊午	己未	庚申	辛酉	壬戌
음력	3	4	5	6	7	8	9	10	11	12	13	14	15	16	17	18	19	20	21	22	23	24	25	26	27	28	29	30	10/1	2	3
대운 남	8	8	8	9	9	9	10	10	한	1	1	1	1	2	2	2	3	3	3	4	4	4	5	상	5	6	6	6	7	7	7
대운 여	3	2	2	2	1	1	1	1	로	10	9	9	9	8	8	8	7	7	7	6	6	6	5	강	5	4	4	4	3	3	3

입동 8일 15시 59분 ⇨ 【癸亥月(계해월)】(입동, 소설~ 대설 전) 소설 23일 13시 22분

양력 11 / 음력 10/04 ~ 11/03

양력	1	2	3	4	5	6	7	8	9	10	11	12	13	14	15	16	17	18	19	20	21	22	23	24	25	26	27	28	29	30
요일	월	화	수	목	금	토	일	월	화	수	목	금	토	일	월	화	수	목	금	토	일	월	화	수	목	금	토	일	월	화
일진 日辰	癸亥	甲子	乙丑	丙寅	丁卯	戊辰	己巳	庚午	辛未	壬申	癸酉	甲戌	乙亥	丙子	丁丑	戊寅	己卯	庚辰	辛巳	壬午	癸未	甲申	乙酉	丙戌	丁亥	戊子	己丑	庚寅	辛卯	壬辰
음력	4	5	6	7	8	9	10	11	12	13	14	15	16	17	18	19	20	21	22	23	24	25	26	27	28	29	30	11/1	2	3
대운 남	8	8	8	9	9	9	10	입	1	1	1	1	2	2	2	3	3	3	4	4	4	5	소	5	6	6	6	7	7	7
대운 여	2	2	2	1	1	1	1	동	10	9	9	9	8	8	8	7	7	7	6	6	6	5	설	5	4	4	4	3	3	3

대설 8일 08시 33분 ⇨ 【甲子月(갑자월)】(대설, 동지~소한 전) 동지 22일 02시 29분

양력 12 / 음력 11/04 ~ 12/05

양력	1	2	3	4	5	6	7	8	9	10	11	12	13	14	15	16	17	18	19	20	21	22	23	24	25	26	27	28	29	30	31
요일	수	목	금	토	일	월	화	수	목	금	토	일	월	화	수	목	금	토	일	월	화	수	목	금	토	일	월	화	수	목	금
일진 日辰	癸巳	甲午	乙未	丙申	丁酉	戊戌	己亥	庚子	辛丑	壬寅	癸卯	甲辰	乙巳	丙午	丁未	戊申	己酉	庚戌	辛亥	壬子	癸丑	甲寅	乙卯	丙辰	丁巳	戊午	己未	庚申	辛酉	壬戌	癸亥
음력	4	5	6	7	8	9	10	11	12	13	14	15	16	17	18	19	20	21	22	23	24	25	26	27	28	29	12/1	2	3	4	5
대운 남	8	8	8	9	9	9	10	대	1	1	1	1	2	2	2	3	3	3	4	4	4	5	동	5	6	6	6	7	7	7	8
대운 여	2	2	2	1	1	1	1	설	9	9	9	8	8	8	7	7	7	6	6	6	5	5	지	4	4	4	3	3	3	2	2

윤4월 大 1944 甲申年(갑신년)

단기 4277년 /불기2488년 대장군(남방), 삼살(남방), 상문(서북방), 조객(남방),납음(천중수), 삼재(인,묘,진)년

소한 6일 19시 39분 ⇨ **【乙丑月(을축월)】**(소한, 대한~ 입춘 전) 대한 21일 13시 07분

양력 1 / 음력 12/06 ~ 01/06

양력	1	2	3	4	5	6	7	8	9	10	11	12	13	14	15	16	17	18	19	20	21	22	23	24	25	26	27	28	29	30	31
요일	토	일	월	화	수	목	금	토	일	월	화	수	목	금	토	일	월	화	수	목	금	토	일	월	화	수	목	금	토	일	월
일진 日辰	甲子	乙丑	丙寅	丁卯	戊辰	己巳	庚午	辛未	壬申	癸酉	甲戌	乙亥	丙子	丁丑	戊寅	己卯	庚辰	辛巳	壬午	癸未	甲申	乙酉	丙戌	丁亥	戊子	己丑	庚寅	辛卯	壬辰	癸巳	甲午
음력	6	7	8	9	10	11	12	13	14	15	16	17	18	19	20	21	22	23	24	25	26	27	28	29	30	1/1	2	3	4	5	6
대운 남	8	8	9	9	9	소	1	1	1	1	2	2	2	3	3	3	4	4	4	5	대	5	6	6	6	7	7	7	8	8	8
대운 여	2	1	1	1	1	한	10	9	9	9	8	8	8	7	7	7	6	6	6	5	한	5	4	4	4	3	3	3	2	2	2

입춘5일 07시 23분 ⇨ **【丙寅月(병인월)】**(입춘, 우수~ 경칩 전) 우수 20일 03시 27분

양력 2 / 음력 01/07 ~ 02/06

양력	1	2	3	4	5	6	7	8	9	10	11	12	13	14	15	16	17	18	19	20	21	22	23	24	25	26	27	28	29	
요일	화	수	목	금	토	일	월	화	수	목	금	토	일	월	화	수	목	금	토	일	월	화	수	목	금	토	일	월	화	
일진 日辰	乙未	丙申	丁酉	戊戌	己亥	庚子	辛丑	壬寅	癸卯	甲辰	乙巳	丙午	丁未	戊申	己酉	庚戌	辛亥	壬子	癸丑	甲寅	乙卯	丙辰	丁巳	戊午	己未	庚申	辛酉	壬戌	癸亥	立春
음력	7	8	9	10	11	12	13	14	15	16	17	18	19	20	21	22	23	24	25	26	27	28	29	2/1	2	3	4	5	6	
대운 남	9	9	9	10	입	10	9	9	9	8	8	8	7	7	7	6	6	6	5	우	5	4	4	4	3	3	3	2	2	
대운 여	1	1	1	1	춘	1	1	1	1	2	2	2	3	3	3	4	4	4	5	수	5	6	6	6	7	7	7	8	8	

경칩 6일 01시 40분 ⇨ **【丁卯月(정묘월)】**(경칩, 춘분~ 청명 전) 춘분 21일 02시 49분

양력 3 / 음력 02/07 ~ 03/08

양력	1	2	3	4	5	6	7	8	9	10	11	12	13	14	15	16	17	18	19	20	21	22	23	24	25	26	27	28	29	30	31
요일	수	목	금	토	일	월	화	수	목	금	토	일	월	화	수	목	금	토	일	월	화	수	목	금	토	일	월	화	수	목	금
일진 日辰	甲子	乙丑	丙寅	丁卯	戊辰	己巳	庚午	辛未	壬申	癸酉	甲戌	乙亥	丙子	丁丑	戊寅	己卯	庚辰	辛巳	壬午	癸未	甲申	乙酉	丙戌	丁亥	戊子	己丑	庚寅	辛卯	壬辰	癸巳	甲午
음력	7	8	9	10	11	12	13	14	15	16	17	18	19	20	21	22	23	24	25	26	27	28	29	3/1	2	3	4	5	6	7	8
대운 남	2	1	1	1	1	경	10	9	9	9	8	8	8	7	7	7	6	6	6	5	춘	5	4	4	4	3	3	3	2	2	2
대운 여	8	9	9	9	10	칩	1	1	1	1	2	2	2	3	3	3	4	4	4	5	분	5	6	6	6	7	7	7	8	8	8

청명 5일 06시 54분 ⇨ **【戊辰月(무진월)】**(청명, 곡우~ 입하 전) 곡우 20일 14시 18분

양력 4 / 음력 03/09 ~ 04/08

양력	1	2	3	4	5	6	7	8	9	10	11	12	13	14	15	16	17	18	19	20	21	22	23	24	25	26	27	28	29	30
요일	토	일	월	화	수	목	금	토	일	월	화	수	목	금	토	일	월	화	수	목	금	토	일	월	화	수	목	금	토	일
일진 日辰	乙未	丙申	丁酉	戊戌	己亥	庚子	辛丑	壬寅	癸卯	甲辰	乙巳	丙午	丁未	戊申	己酉	庚戌	辛亥	壬子	癸丑	甲寅	乙卯	丙辰	丁巳	戊午	己未	庚申	辛酉	壬戌	癸亥	甲子
음력	9	10	11	12	13	14	15	16	17	18	19	20	21	22	23	24	25	26	27	28	29	30	4/1	2	3	4	5	6	7	8
대유 남	1	1	1	1	청	10	10	9	9	9	8	8	8	7	7	7	6	6	6	곡	5	5	4	4	4	3	3	3	2	2
대유 여	9	9	9	10	명	1	1	1	1	2	2	2	3	3	3	4	4	4	5	우	5	6	6	6	7	7	7	8	8	8

입하 6일 00시 40분 ⇨ **【己巳月(기사월)】**(입히, 소만~ 망종 전) 소만 21일 13시 51분

양력 5 / 음력 04/09 ~ 윤410

양력	1	2	3	4	5	6	7	8	9	10	11	12	13	14	15	16	17	18	19	20	21	22	23	24	25	26	27	28	29	30	31
요일	월	화	수	목	금	토	일	월	화	수	목	금	토	일	월	화	수	목	금	토	일	월	화	수	목	금	토	일	월	화	수
일진 日辰	乙丑	丙寅	丁卯	戊辰	己巳	庚午	辛未	壬申	癸酉	甲戌	乙亥	丙子	丁丑	戊寅	己卯	庚辰	辛巳	壬午	癸未	甲申	乙酉	丙戌	丁亥	戊子	己丑	庚寅	辛卯	壬辰	癸巳	甲午	乙未
음력	9	10	11	12	13	14	15	16	17	18	19	20	21	22	23	24	25	26	27	28	29	윤4	2	3	4	5	6	7	8	9	10
대운 남	2	1	1	1	1	입	10	10	9	9	9	8	8	8	7	7	7	6	6	6	소	5	5	4	4	4	3	3	3	2	2
대운 여	9	9	9	10	10	하	1	1	1	1	2	2	2	3	3	3	4	4	4	5	만	5	6	6	6	7	7	7	8	8	8

망종 6일 05시 11분 ⇨ **【庚午月(경오월)】**(망종, 하지~ 소서 전) 하지 21일 22시 02분

양력 6 / 음력 윤411 ~ 05/10

양력	1	2	3	4	5	6	7	8	9	10	11	12	13	14	15	16	17	18	19	20	21	22	23	24	25	26	27	28	29	30
요일	목	금	토	일	월	화	수	목	금	토	일	월	화	수	목	금	토	일	월	화	수	목	금	토	일	월	화	수	목	금
일진 日辰	丙申	丁酉	戊戌	己亥	庚子	辛丑	壬寅	癸卯	甲辰	乙巳	丙午	丁未	戊申	己酉	庚戌	辛亥	壬子	癸丑	甲寅	乙卯	丙辰	丁巳	戊午	己未	庚申	辛酉	壬戌	癸亥	甲子	乙丑
음력	11	12	13	14	15	16	17	18	19	20	21	22	23	24	25	26	27	28	29	30	5/1	2	3	4	5	6	7	8	9	10
대운 남	2	1	1	1	1	망	10	10	9	9	9	8	8	8	7	7	7	6	6	6	하	5	5	4	4	4	3	3	3	2
대운 여	9	9	9	10	10	종	1	1	1	1	2	2	2	3	3	3	4	4	4	5	지	5	6	6	6	7	7	7	8	8

대장군(남방), 삼살(남방), 상문(서북방), 조객(남방),납음(천중수), 삼재(인,묘,진)년
한식(4월06일), 초복(7월15일), 중복(7월25일), 말복(8월14일)

甲申年(갑신년)

소서 7일 15시 36분 ⇨ **【辛未月(신미월)】**(소서, 대서~ 입추 전) 대서 23일 08시 56분

양력 7 / 음력 05/11 ~ 06/12

양력	1	2	3	4	5	6	7	8	9	10	11	12	13	14	15	16	17	18	19	20	21	22	23	24	25	26	27	28	29	30	31
요일	토	일	월	화	수	목	금	토	일	월	화	수	목	금	토	일	월	화	수	목	금	토	일	월	화	수	목	금	토	일	월
일진 日辰	丙寅	丁卯	戊辰	己巳	庚午	辛未	壬申	癸酉	甲戌	乙亥	丙子	丁丑	戊寅	己卯	庚辰	辛巳	壬午	癸未	甲申	乙酉	丙戌	丁亥	戊子	己丑	庚寅	辛卯	壬辰	癸巳	甲午	乙未	丙申
음력	11	12	13	14	15	16	17	18	19	20	21	22	23	24	25	26	27	28	29	6/1	2	3	4	5	6	7	8	9	10	11	12
대운 남	2	2	1	1	1	1	소	10	10	10	9	9	9	8	8	8	7	7	7	6	6	6	대	5	5	4	4	4	3	3	3
대운 여	8	9	9	9	10	10	서	1	1	1	1	2	2	2	3	3	3	4	4	4	5	5	서	6	6	6	7	7	7	8	8

입추 8일 01시 19분 ⇨ **【壬申月(임신월)】**(입추, 처서~ 백로 전) 처서 23일 15시 46분

양력 8 / 음력 06/13 ~ 07/13

양력	1	2	3	4	5	6	7	8	9	10	11	12	13	14	15	16	17	18	19	20	21	22	23	24	25	26	27	28	29	30	31
요일	화	수	목	금	토	일	월	화	수	목	금	토	일	월	화	수	목	금	토	일	월	화	수	목	금	토	일	월	화	수	목
일진 日辰	丁酉	戊戌	己亥	庚子	辛丑	壬寅	癸卯	甲辰	乙巳	丙午	丁未	戊申	己酉	庚戌	辛亥	壬子	癸丑	甲寅	乙卯	丙辰	丁巳	戊午	己未	庚申	辛酉	壬戌	癸亥	甲子	乙丑	丙寅	丁卯
음력	13	14	15	16	17	18	19	20	21	22	23	24	25	26	27	28	29	30	7/1	2	3	4	5	6	7	8	9	10	11	12	13
대운 남	2	2	2	1	1	1	1	입	10	10	9	9	9	8	8	8	7	7	7	6	6	6	처	5	5	4	4	4	3	3	3
대운 여	8	9	9	9	10	10	10	추	1	1	1	1	2	2	2	3	3	3	4	4	4	5	서	5	6	6	6	7	7	7	8

백로 8일 03시 56분 ⇨ **【癸酉月(계유월)】**(백로, 추분-한로 전) 추분 23일 13시 02분

양력 9 / 음력 07/14 ~ 08/14

양력	1	2	3	4	5	6	7	8	9	10	11	12	13	14	15	16	17	18	19	20	21	22	23	24	25	26	27	28	29	30
요일	금	토	일	월	화	수	목	금	토	일	월	화	수	목	금	토	일	월	화	수	목	금	토	일	월	화	수	목	금	토
일진 日辰	戊辰	己巳	庚午	辛未	壬申	癸酉	甲戌	乙亥	丙子	丁丑	戊寅	己卯	庚辰	辛巳	壬午	癸未	甲申	乙酉	丙戌	丁亥	戊子	己丑	庚寅	辛卯	壬辰	癸巳	甲午	乙未	丙申	丁酉
음력	14	15	16	17	18	19	20	21	22	23	24	25	26	27	28	29	8/1	2	3	4	5	6	7	8	9	10	11	12	13	14
대운 남	2	2	2	1	1	1	1	백	10	9	9	9	8	8	8	7	7	7	6	6	6	5	추	5	4	4	4	3	3	3
대운 여	8	8	9	9	9	10	10	로	1	1	1	1	2	2	2	3	3	3	4	4	4	5	분	5	6	6	6	7	7	7

한로 9일 19시 09분 ⇨ **【甲戌月(갑술월)】**(한로, 상강~ 입동 전) 상강 23일 21시 56분

양력 10 / 음력 08/15 ~ 09/15

양력	1	2	3	4	5	6	7	8	9	10	11	12	13	14	15	16	17	18	19	20	21	22	23	24	25	26	27	28	29	30	31
요일	일	월	화	수	목	금	토	일	월	화	수	목	금	토	일	월	화	수	목	금	토	일	월	화	수	목	금	토	일	월	화
일진 日辰	戊戌	己亥	庚子	辛丑	壬寅	癸卯	甲辰	乙巳	丙午	丁未	戊申	己酉	庚戌	辛亥	壬子	癸丑	甲寅	乙卯	丙辰	丁巳	戊午	己未	庚申	辛酉	壬戌	癸亥	甲子	乙丑	丙寅	丁卯	戊辰
음력	15	16	17	18	19	20	21	22	23	24	25	26	27	28	29	30	9/1	2	3	4	5	6	7	8	9	10	11	12	13	14	15
대운 남	2	2	2	1	1	1	1	한	10	9	9	9	8	8	8	7	7	7	6	6	6	5	상	5	4	4	4	3	3	3	2
대운 여	8	8	8	9	9	9	10	로	1	1	1	1	2	2	2	3	3	3	4	4	4	5	강	5	6	6	6	7	7	7	8

입동 7일 21시 55분 ⇨ **【乙亥月(을해월)】**(입동, 소설~ 대설 전) 소설 22일 19시 08분

양력 11 / 음력 09/16 ~ 10/15

양력	1	2	3	4	5	6	7	8	9	10	11	12	13	14	15	16	17	18	19	20	21	22	23	24	25	26	27	28	29	30
요일	수	목	금	토	일	월	화	수	목	금	토	일	월	화	수	목	금	토	일	월	화	수	목	금	도	일	월	화	수	목
일진 日辰	己巳	庚午	辛未	壬申	癸酉	甲戌	乙亥	丙子	丁丑	戊寅	己卯	庚辰	辛巳	壬午	癸未	甲申	乙酉	丙戌	丁亥	戊子	己丑	庚寅	辛卯	壬辰	癸巳	甲午	乙未	丙申	丁酉	戊戌
음력	16	17	18	19	20	21	22	23	24	25	26	27	28	29	30	10/1	2	3	4	5	6	7	8	9	10	11	12	13	14	15
대운 남	2	2	1	1	1	1	입	10	9	9	9	8	8	8	7	7	7	6	6	6	5	소	5	4	4	4	3	3	3	2
대운 여	8	8	9	9	9	10	동	1	1	1	1	2	2	2	3	3	3	4	4	4	5	설	5	6	6	6	7	7	7	8

대설 7일 14시 28분 ⇨ **【丙子月(병자월)】**(대설, 동지~소한 전) 동지 22일 08시 15분

양력 12 / 음력 10/16 ~ 11/17

양력	1	2	3	4	5	6	7	8	9	10	11	12	13	14	15	16	17	18	19	20	21	22	23	24	25	26	27	28	29	30	31
요일	금	토	일	월	화	수	목	금	토	일	월	화	수	목	금	토	일	월	화	수	목	금	토	일	월	화	수	목	금	토	일
일진 日辰	己亥	庚子	辛丑	壬寅	癸卯	甲辰	乙巳	丙午	丁未	戊申	己酉	庚戌	辛亥	壬子	癸丑	甲寅	乙卯	丙辰	丁巳	戊午	己未	庚申	辛酉	壬戌	癸亥	甲子	乙丑	丙寅	丁卯	戊辰	己巳
음력	16	17	18	19	20	21	22	23	24	25	26	27	28	29	11/1	2	3	4	5	6	7	8	9	10	11	12	13	14	15	16	17
대운 남	2	2	1	1	1	1	대	10	9	9	9	8	8	8	7	7	7	6	6	6	5	동	5	4	4	4	3	3	3	2	2
대운 여	8	8	9	9	9	10	설	1	1	1	1	2	2	2	3	3	3	4	4	4	5	지	5	6	6	6	7	7	7	8	8

1945 乙酉年(을유년)

단기4278년 /불기2489년 대장군(남방), 삼살(동방), 상문(서북방),조객(서남방), 납음(천중수), 【삼재(해,자,축)년】

소한 6일 01시 34분 ⇨ **【丁丑月(정축월)】**(소한, 대한~ 입춘 전) 대한 20일 18시 54분

1	양력	1	2	3	4	5	6	7	8	9	10	11	12	13	14	15	16	17	18	19	20	21	22	23	24	25	26	27	28	29	30	31
	요일	월	화	수	목	금	토	일	월	화	수	목	금	토	일	월	화	수	목	금	토	일	월	화	수	목	금	토	일	월	화	수
	일진 日辰	庚午	辛未	壬申	癸酉	甲戌	乙亥	丙子	丁丑	戊寅	己卯	庚辰	辛巳	壬午	癸未	甲申	乙酉	丙戌	丁亥	戊子	己丑	庚寅	辛卯	壬辰	癸巳	甲午	乙未	丙申	丁酉	戊戌	己亥	庚子
음력 11/18 ~ 12/18	음력	18	19	20	21	22	23	24	25	26	27	28	29	30	12/1	2	3	4	5	6	7	8	9	10	11	12	13	14	15	16	17	18
대운	남	2	1	1	1	1	소	9	9	9	8	8	8	7	7	7	6	6	6	5	대	5	4	4	4	3	3	3	2	2	2	1
	여	8	9	9	9	10	한	1	1	1	1	2	2	2	3	3	3	4	4	4	한	5	5	6	6	6	7	7	7	8	8	8

입춘 4일 13시 19분 ⇨ **【戊寅月(무인월)】**(입춘, 우수~ 경칩 전) 우수 19일 09시 15분

2	양력	1	2	3	4	5	6	7	8	9	10	11	12	13	14	15	16	17	18	19	20	21	22	23	24	25	26	27	28	
	요일	목	금	토	일	월	화	수	목	금	토	일	월	화	수	목	금	토	일	월	화	수	목	금	토	일	월	화	수	
	일진 日辰	辛丑	壬寅	癸卯	甲辰	乙巳	丙午	丁未	戊申	己酉	庚戌	辛亥	壬子	癸丑	甲寅	乙卯	丙辰	丁巳	戊午	己未	庚申	辛酉	壬戌	癸亥	甲子	乙丑	丙寅	丁卯	戊辰	立春
음력 12/19 ~ 01/16	음력	19	20	21	22	23	24	25	26	27	28	29	30	1/1	2	3	4	5	6	7	8	9	10	11	12	13	14	15	16	
대운	남	1	1	1	입	1	1	1	1	2	2	2	3	3	3	4	4	4	5	우	5	6	6	6	7	7	7	8	8	
	여	9	9	9	춘	10	9	9	9	8	8	8	7	7	7	6	6	6	5	수	5	4	4	4	3	3	3	2	2	

경칩 6일 07시 38분 ⇨ **【己卯月(기묘월)】**(경칩, 춘분~ 청명 전) 춘분 21일 08시 37분

3	양력	1	2	3	4	5	6	7	8	9	10	11	12	13	14	15	16	17	18	19	20	21	22	23	24	25	26	27	28	29	30	31
	요일	목	금	토	일	월	화	수	목	금	토	일	월	화	수	목	금	토	일	월	화	수	목	금	토	일	월	화	수	목	금	토
	일진 日辰	己巳	庚午	辛未	壬申	癸酉	甲戌	乙亥	丙子	丁丑	戊寅	己卯	庚辰	辛巳	壬午	癸未	甲申	乙酉	丙戌	丁亥	戊子	己丑	庚寅	辛卯	壬辰	癸巳	甲午	乙未	丙申	丁酉	戊戌	己亥
음력 01/17 ~ 02/18	음력	17	18	19	20	21	22	23	24	25	26	27	28	29	2/1	2	3	4	5	6	7	8	9	10	11	12	13	14	15	16	17	18
대운	남	8	9	9	9	10	경	1	1	1	1	2	2	2	3	3	3	4	4	4	5	춘	5	6	6	6	7	7	7	8	8	8
	여	2	1	1	1	1	칩	10	9	9	9	8	8	8	7	7	7	6	6	6	5	분	5	4	4	4	3	3	3	2	2	2

청명 5일 12시 52분 ⇨ **【庚辰月(경진월)】**(청명, 곡우~ 입하 전) 곡우 20일 20시 07분

4	양력	1	2	3	4	5	6	7	8	9	10	11	12	13	14	15	16	17	18	19	20	21	22	23	24	25	26	27	28	29	30
	요일	일	월	화	수	목	금	토	일	월	화	수	목	금	토	일	월	화	수	목	금	토	일	월	화	수	목	금	토	일	월
	일진 日辰	庚子	辛丑	壬寅	癸卯	甲辰	乙巳	丙午	丁未	戊申	己酉	庚戌	辛亥	壬子	癸丑	甲寅	乙卯	丙辰	丁巳	戊午	己未	庚申	辛酉	壬戌	癸亥	甲子	乙丑	丙寅	丁卯	戊辰	己巳
음력 02/19 ~ 03/19	음력	19	20	21	22	23	24	25	26	27	28	29	3/1	2	3	4	5	6	7	8	9	10	11	12	13	14	15	16	17	18	19
대운	남	9	9	9	10	청	1	1	1	1	2	2	2	3	3	3	4	4	4	5	곡	5	6	6	6	7	7	7	8	8	8
	여	1	1	1	1	명	10	10	9	9	9	8	8	8	7	7	7	6	6	6	우	5	5	4	4	4	3	3	3	2	2

입하 6일 06시 37분 ⇨ **【辛巳月(신사월)】**(입하, 소만~ 망종 전) 소만 21일 19시 40분

5	양력	1	2	3	4	5	6	7	8	9	10	11	12	13	14	15	16	17	18	19	20	21	22	23	24	25	26	27	28	29	30	31
	요일	화	수	목	금	토	일	월	화	수	목	금	토	일	월	화	수	목	금	토	일	월	화	수	목	금	토	일	월	화	수	목
	일진 日辰	庚午	辛未	壬申	癸酉	甲戌	乙亥	丙子	丁丑	戊寅	己卯	庚辰	辛巳	壬午	癸未	甲申	乙酉	丙戌	丁亥	戊子	己丑	庚寅	辛卯	壬辰	癸巳	甲午	乙未	丙申	丁酉	戊戌	己亥	庚子
음력 03/20 ~ 04/20	음력	20	21	22	23	24	25	26	27	28	29	30	4/1	2	3	4	5	6	7	8	9	10	11	12	13	14	15	16	17	18	19	20
대운	남	9	9	9	10	10	입	1	1	1	1	2	2	2	3	3	3	4	4	4	5	소	5	6	6	6	7	7	7	8	8	8
	여	2	1	1	1	1	하	10	10	9	9	9	8	8	8	7	7	7	6	6	6	만	5	5	4	4	4	3	3	3	2	2

망종 6일 11시 05분 ⇨ **【壬午月(임오월)】**(망종, 하지~ 소서 전) 하지 22일 03시 52분

6	양력	1	2	3	4	5	6	7	8	9	10	11	12	13	14	15	16	17	18	19	20	21	22	23	24	25	26	27	28	29	30
	요일	금	토	일	월	화	수	목	금	토	일	월	화	수	목	금	토	일	월	화	수	목	금	토	일	월	화	수	목	금	토
	일진 日辰	辛丑	壬寅	癸卯	甲辰	乙巳	丙午	丁未	戊申	己酉	庚戌	辛亥	壬子	癸丑	甲寅	乙卯	丙辰	丁巳	戊午	己未	庚申	辛酉	壬戌	癸亥	甲子	乙丑	丙寅	丁卯	戊辰	己巳	庚午
음력 04/21 ~ 05/21	음력	21	22	23	24	25	26	27	28	29	5/1	2	3	4	5	6	7	8	9	10	11	12	13	14	15	16	17	18	19	20	21
대운	남	9	9	9	10	10	망	1	1	1	1	2	2	2	3	3	3	4	4	4	5	5	하	6	6	6	7	7	7	8	8
	여	2	1	1	1	1	종	10	10	9	9	9	8	8	8	7	7	7	6	6	6	5	지	5	4	4	4	3	3	3	2

대장군(남방), 삼살(동방), 상문(서북방),조객(서남방), 납음(천중수), 【삼재(해,자,축)년】
한식(4월06일), 초복(7월20일), 중복(7월30일), 말복(8월09일)

乙酉年(을유년)

1945

소서 7일 21시 27분 ⇨ 【癸未月(계미월)】(소서, 대서~ 입추 전) 대서 23일 14시 45분

7 (음력 05/22~06/23)		1	2	3	4	5	6	7	8	9	10	11	12	13	14	15	16	17	18	19	20	21	22	23	24	25	26	27	28	29	30	31
요일		일	월	화	수	목	금	토	일	월	화	수	목	금	토	일	월	화	수	목	금	토	일	월	화	수	목	금	토	일	월	화
일진 日辰		辛未	壬申	癸酉	甲戌	乙亥	丙子	丁丑	戊寅	己卯	庚辰	辛巳	壬午	癸未	甲申	乙酉	丙戌	丁亥	戊子	己丑	庚寅	辛卯	壬辰	癸巳	甲午	乙未	丙申	丁酉	戊戌	己亥	庚子	辛丑
음력		22	23	24	25	26	27	28	29	6/1	2	3	4	5	6	7	8	9	10	11	12	13	14	15	16	17	18	19	20	21	22	23
대운	남	8	9	9	9	10	10	소	1	1	1	1	2	2	2	3	3	3	4	4	4	5	5	대	6	6	6	7	7	7	8	8
대운	여	2	2	1	1	1	1	서	10	10	10	9	9	9	8	8	8	7	7	7	6	6	6	서	5	5	4	4	4	3	3	3

입추 8일 07시 05분 ⇨ 【甲申月(갑신월)】(입추, 처서~ 백로 전) 처서 23일 21시 35분

8 (음력 06/24~07/24)		1	2	3	4	5	6	7	8	9	10	11	12	13	14	15	16	17	18	19	20	21	22	23	24	25	26	27	28	29	30	31
요일		수	목	금	토	일	월	화	수	목	금	토	일	월	화	수	목	금	토	일	월	화	수	목	금	토	일	월	화	수	목	금
일진 日辰		壬寅	癸卯	甲辰	乙巳	丙午	丁未	戊申	己酉	庚戌	辛亥	壬子	癸丑	甲寅	乙卯	丙辰	丁巳	戊午	己未	庚申	辛酉	壬戌	癸亥	甲子	乙丑	丙寅	丁卯	戊辰	己巳	庚午	辛未	壬申
음력		24	25	26	27	28	29	30	7/1	2	3	4	5	6	7	8	9	10	11	12	13	14	15	16	17	18	19	20	21	22	23	24
대운	남	8	9	9	9	10	10	10	입	1	1	1	1	2	2	2	3	3	3	4	4	4	5	처	5	6	6	6	7	7	7	8
대운	여	2	2	2	1	1	1	1	추	10	10	9	9	9	8	8	8	7	7	7	6	6	6	서	5	5	4	4	4	3	3	3

백로 8일 09시 38분 ⇨ 【乙酉月(을유월)】(백로, 추분-한로 전) 추분 23일 18시 50분

9 (음력 07/25~08/25)		1	2	3	4	5	6	7	8	9	10	11	12	13	14	15	16	17	18	19	20	21	22	23	24	25	26	27	28	29	30
요일		토	일	월	화	수	목	금	토	일	월	화	수	목	금	토	일	월	화	수	목	금	토	일	월	화	수	목	금	토	일
일진 日辰		癸酉	甲戌	乙亥	丙子	丁丑	戊寅	己卯	庚辰	辛巳	壬午	癸未	甲申	乙酉	丙戌	丁亥	戊子	己丑	庚寅	辛卯	壬辰	癸巳	甲午	乙未	丙申	丁酉	戊戌	己亥	庚子	辛丑	壬寅
음력		25	26	27	28	29	8/1	2	3	4	5	6	7	8	9	10	11	12	13	14	15	16	17	18	19	20	21	22	23	24	25
대운	남	8	8	9	9	9	10	10	백	1	1	1	1	2	2	2	3	3	3	4	4	4	5	추	5	6	6	6	7	7	7
대운	여	2	2	2	1	1	1	1	로	10	10	9	9	9	8	8	8	7	7	7	6	6	6	분	5	5	4	4	4	3	3

한로 9일 00시 49분 ⇨ 【丙戌月(병술월)】(한로, 상강~ 입동 전) 상강 24일 03시 44분

10 (음력 08/26~09/26)		1	2	3	4	5	6	7	8	9	10	11	12	13	14	15	16	17	18	19	20	21	22	23	24	25	26	27	28	29	30	31
요일		월	화	수	목	금	토	일	월	화	수	목	금	토	일	월	화	수	목	금	토	일	월	화	수	목	금	토	일	월	화	수
일진 日辰		癸卯	甲辰	乙巳	丙午	丁未	戊申	己酉	庚戌	辛亥	壬子	癸丑	甲寅	乙卯	丙辰	丁巳	戊午	己未	庚申	辛酉	壬戌	癸亥	甲子	乙丑	丙寅	丁卯	戊辰	己巳	庚午	辛未	壬申	癸酉
음력		26	27	28	29	30	9/1	2	3	4	5	6	7	8	9	10	11	12	13	14	15	16	17	18	19	20	21	22	23	24	25	26
대운	남	8	8	8	9	9	9	10	10	한	1	1	1	1	2	2	2	3	3	3	4	4	4	5	상	5	6	6	6	7	7	7
대운	여	3	2	2	2	1	1	1	1	로	10	9	9	9	8	8	8	7	7	7	6	6	6	5	강	5	4	4	4	3	3	3

입동 8일 03시 34분 ⇨ 【丁亥月(정해월)】(입동, 소설~ 대설 전) 소설 23일 00시 55분

11 (음력 09/27~10/26)		1	2	3	4	5	6	7	8	9	10	11	12	13	14	15	16	17	18	19	20	21	22	23	24	25	26	27	28	29	30
요일		목	금	토	일	월	화	수	목	금	토	일	월	화	수	목	금	토	일	월	화	수	목	금	토	일	월	화	수	목	금
일진 日辰		甲戌	乙亥	丙子	丁丑	戊寅	己卯	庚辰	辛巳	壬午	癸未	甲申	乙酉	丙戌	丁亥	戊子	己丑	庚寅	辛卯	壬辰	癸巳	甲午	乙未	丙申	丁酉	戊戌	己亥	庚子	辛丑	壬寅	癸卯
음력		27	28	29	30	10/1	2	3	4	5	6	7	8	9	10	11	12	13	14	15	16	17	18	19	20	21	22	23	24	25	26
대운	남	8	8	8	9	9	9	10	입	1	1	1	1	2	2	2	3	3	3	4	4	4	5	소	5	6	6	6	7	7	7
대운	여	2	2	2	1	1	1	1	동	9	9	9	8	8	8	7	7	7	6	6	6	5	5	설	4	4	4	3	3	3	2

대설 7일 02시 08분 ⇨ 【戊子月(무자월)】(대설, 동지~소한 전) 동지 22일 14시 04분

12 (음력 10/27~11/27)		1	2	3	4	5	6	7	8	9	10	11	12	13	14	15	16	17	18	19	20	21	22	23	24	25	26	27	28	29	30	31
요일		토	일	월	화	수	목	금	토	일	월	화	수	목	금	토	일	월	화	수	목	금	토	일	월	화	수	목	금	토	일	월
일진 日辰		甲辰	乙巳	丙午	丁未	戊申	己酉	庚戌	辛亥	壬子	癸丑	甲寅	乙卯	丙辰	丁巳	戊午	己未	庚申	辛酉	壬戌	癸亥	甲子	乙丑	丙寅	丁卯	戊辰	己巳	庚午	辛未	壬申	癸酉	甲戌
음력		27	28	29	30	11/1	2	3	4	5	6	7	8	9	10	11	12	13	14	15	16	17	18	19	20	21	22	23	24	25	26	27
대운	남	8	8	8	9	9	9	대	1	1	1	1	2	2	2	3	3	3	4	4	4	5	동	5	6	6	6	7	7	7	8	8
대운	여	2	2	1	1	1	1	설	10	9	9	9	8	8	8	7	7	7	6	6	6	5	지	5	4	4	4	3	3	3	2	2

1946 丙戌年(병술년)

단기4279년 /불기2490년 대장군(남방), 삼살(북방), 상문(북방),조객(서남방), 납음(옥상토), 【삼재(신,유,술)년】

소한 6일 07시 16분 ⇨ 【己丑月(기축월)】(소한, 대한~ 입춘 전) 대한 21일 00시 45분

양력 1 / 음력 11/28 ~ 12/29

양력	1	2	3	4	5	6	7	8	9	10	11	12	13	14	15	16	17	18	19	20	21	22	23	24	25	26	27	28	29	30	31
요일	화	수	목	금	토	일	월	화	수	목	금	토	일	월	화	수	목	금	토	일	월	화	수	목	금	토	일	월	화	수	목
일진 日辰	乙亥	丙子	丁丑	戊寅	己卯	庚辰	辛巳	壬午	癸未	甲申	乙酉	丙戌	丁亥	戊子	己丑	庚寅	辛卯	壬辰	癸巳	甲午	乙未	丙申	丁酉	戊戌	己亥	庚子	辛丑	壬寅	癸卯	甲辰	乙巳
음력	28	29	12/1	2	3	4	5	6	7	8	9	10	11	12	13	14	15	16	17	18	19	20	21	22	23	24	25	26	27	28	29
대운 남	8	9	9	9	10	소	1	1	1	1	2	2	2	3	3	3	4	4	4	5	대	5	6	6	6	7	7	7	8	8	8
대운 여	2	1	1	1	1	한	9	9	9	8	8	8	7	7	7	6	6	6	5	5	한	4	4	4	3	3	3	2	2	2	1

입춘 4일 19시 04분 ⇨ 【庚寅月(경인월)】(입춘, 우수~ 경칩 전) 우수 19일 15시 09분

양력 2 / 음력 12/30 ~ 01/27

양력	1	2	3	4	5	6	7	8	9	10	11	12	13	14	15	16	17	18	19	20	21	22	23	24	25	26	27	28	
요일	금	토	일	월	화	수	목	금	토	일	월	화	수	목	금	토	일	월	화	수	목	금	토	일	월	화	수	목	
일진 日辰	丙午	丁未	戊申	己酉	庚戌	辛亥	壬子	癸丑	甲寅	乙卯	丙辰	丁巳	戊午	己未	庚申	辛酉	壬戌	癸亥	甲子	乙丑	丙寅	丁卯	戊辰	己巳	庚午	辛未	壬申	癸酉	立春
음력	30	1/1	2	3	4	5	6	7	8	9	10	11	12	13	14	15	16	17	18	19	20	21	22	23	24	25	26	27	
대운 남	9	9	9	입	10	9	9	9	8	8	8	7	7	7	6	6	6	5	우	5	4	4	4	3	3	3	2	2	
대운 여	1	1	1	춘	1	1	1	1	2	2	2	3	3	3	4	4	4	5	수	5	6	6	6	7	7	7	8	8	

경칩 6일 13시 25분 ⇨ 【辛卯月(신묘월)】(경칩, 춘분~ 청명 전) 춘분 21일 14시 33분

양력 3 / 음력 01/28 ~ 02/28

양력	1	2	3	4	5	6	7	8	9	10	11	12	13	14	15	16	17	18	19	20	21	22	23	24	25	26	27	28	29	30	31
요일	금	토	일	월	화	수	목	금	토	일	월	화	수	목	금	토	일	월	화	수	목	금	토	일	월	화	수	목	금	토	일
일진 日辰	甲戌	乙亥	丙子	丁丑	戊寅	己卯	庚辰	辛巳	壬午	癸未	甲申	乙酉	丙戌	丁亥	戊子	己丑	庚寅	辛卯	壬辰	癸巳	甲午	乙未	丙申	丁酉	戊戌	己亥	庚子	辛丑	壬寅	癸卯	甲辰
음력	28	29	30	2/1	2	3	4	5	6	7	8	9	10	11	12	13	14	15	16	17	18	19	20	21	22	23	24	25	26	27	28
대운 남	2	1	1	1	1	경	10	9	9	9	8	8	8	7	7	7	6	6	6	5	춘	5	4	4	4	3	3	3	2	2	2
대운 여	8	9	9	9	10	칩	1	1	1	1	2	2	2	3	3	3	4	4	4	5	분	5	6	6	6	7	7	7	8	8	8

청명 5일 18시 39분 ⇨ 【壬辰月(임진월)】(청명, 곡우~ 입하 전) 곡우 21일 02시 02분

양력 4 / 음력 02/29 ~ 03/29

양력	1	2	3	4	5	6	7	8	9	10	11	12	13	14	15	16	17	18	19	20	21	22	23	24	25	26	27	28	29	30
요일	월	화	수	목	금	토	일	월	화	수	목	금	토	일	월	화	수	목	금	토	일	월	화	수	목	금	토	일	월	화
일진 日辰	乙巳	丙午	丁未	戊申	己酉	庚戌	辛亥	壬子	癸丑	甲寅	乙卯	丙辰	丁巳	戊午	己未	庚申	辛酉	壬戌	癸亥	甲子	乙丑	丙寅	丁卯	戊辰	己巳	庚午	辛未	壬申	癸酉	甲戌
음력	29	3/1	2	3	4	5	6	7	8	9	10	11	12	13	14	15	16	17	18	19	20	21	22	23	24	25	26	27	28	29
대운 남	1	1	1	1	청	10	10	9	9	9	8	8	8	7	7	7	6	6	6	5	곡	5	4	4	4	3	3	3	2	2
대운 여	9	9	9	10	명	1	1	1	1	2	2	2	3	3	3	4	4	4	5	5	우	6	6	6	7	7	7	8	8	8

입하 6일 12시 12분 ⇨ 【癸巳月(계사월)】(입하, 소만~ 망종 전) 소만 22일 01시 34분

양력 5 / 음력 04/01 ~ 05/01

양력	1	2	3	4	5	6	7	8	9	10	11	12	13	14	15	16	17	18	19	20	21	22	23	24	25	26	27	28	29	30	31
요일	수	목	금	토	일	월	화	수	목	금	토	일	월	화	수	목	금	토	일	월	화	수	목	금	토	일	월	화	수	목	금
일진 日辰	乙亥	丙子	丁丑	戊寅	己卯	庚辰	辛巳	壬午	癸未	甲申	乙酉	丙戌	丁亥	戊子	己丑	庚寅	辛卯	壬辰	癸巳	甲午	乙未	丙申	丁酉	戊戌	己亥	庚子	辛丑	壬寅	癸卯	甲辰	乙巳
음력	4/1	2	3	4	5	6	7	8	9	10	11	12	13	14	15	16	17	18	19	20	21	22	23	24	25	26	27	28	29	30	5/1
대운 남	2	1	1	1	1	입	10	10	9	9	9	8	8	8	7	7	7	6	6	6	5	소	5	4	4	4	3	3	3	2	2
대운 여	9	9	9	10	10	하	1	1	1	1	2	2	2	3	3	3	4	4	4	5	5	만	6	6	6	7	7	7	8	8	8

망종 6일 16시 49분 ⇨ 【甲午月(갑오월)】(망종, 하지~ 소서 전) 하지 22일 09시 44분

양력 6 / 음력 05/02 ~ 06/02

양력	1	2	3	4	5	6	7	8	9	10	11	12	13	14	15	16	17	18	19	20	21	22	23	24	25	26	27	28	29	30
요일	토	일	월	화	수	목	금	토	일	월	화	수	목	금	토	일	월	화	수	목	금	토	일	월	화	수	목	금	토	일
일진 日辰	丙午	丁未	戊申	己酉	庚戌	辛亥	壬子	癸丑	甲寅	乙卯	丙辰	丁巳	戊午	己未	庚申	辛酉	壬戌	癸亥	甲子	乙丑	丙寅	丁卯	戊辰	己巳	庚午	辛未	壬申	癸酉	甲戌	乙亥
음력	2	3	4	5	6	7	8	9	10	11	12	13	14	15	16	17	18	19	20	21	22	23	24	25	26	27	28	29	6/1	2
대운 남	2	1	1	1	1	망	10	10	10	9	9	9	8	8	8	7	7	7	6	6	6	하	5	5	4	4	4	3	3	3
대운 여	9	9	9	10	10	종	1	1	1	1	2	2	2	3	3	3	4	4	4	5	5	지	6	6	6	7	7	7	8	8

대장군(남방). 삼살(북방), 상문(북방),조객(서남방), 납음(옥상토), 【삼재(신,유,술)년】
한식(4월06일), 초복(7월15일), 중복(7월25일), 말복(8월14일)

丙戌年(병술년)

1946

소서 8일 03시 11분 ⇨ 【乙未月(을미월)】(소서, 대서~ 입추 전) 대서 23일 20시 37분

음력 06/03 ~ 07/04

양력 7	1	2	3	4	5	6	7	8	9	10	11	12	13	14	15	16	17	18	19	20	21	22	23	24	25	26	27	28	29	30	31
요일	월	화	수	목	금	토	일	월	화	수	목	금	토	일	월	화	수	목	금	토	일	월	화	수	목	금	토	일	월	화	수
일진 日辰	丙子	丁丑	戊寅	己卯	庚辰	辛巳	壬午	癸未	甲申	乙酉	丙戌	丁亥	戊子	己丑	庚寅	辛卯	壬辰	癸巳	甲午	乙未	丙申	丁酉	戊戌	己亥	庚子	辛丑	壬寅	癸卯	甲辰	乙巳	丙午
음력	3	4	5	6	7	8	9	10	11	12	13	14	15	16	17	18	19	20	21	22	23	24	25	26	27	28	29	7/1	2	3	4
대운 남	2	2	2	1	1	1	1	소	10	10	9	9	9	8	8	8	7	7	7	6	6	6	대	5	5	4	4	4	3	3	3
대운 여	8	9	9	9	10	10	10	서	1	1	1	1	2	2	2	3	3	3	4	4	4	5	서	5	6	6	6	7	7	7	8

입추 8일 12시 52분 ⇨ 【丙申月(병신월)】(입추, 처서~ 백로 전) 처서 24일 03시 26분

음력 07/05 ~ 08/05

양력 8	1	2	3	4	5	6	7	8	9	10	11	12	13	14	15	16	17	18	19	20	21	22	23	24	25	26	27	28	29	30	31
요일	목	금	토	일	월	화	수	목	금	토	일	월	화	수	목	금	토	일	월	화	수	목	금	토	일	월	화	수	목	금	토
일진 日辰	丁未	戊申	己酉	庚戌	辛亥	壬子	癸丑	甲寅	乙卯	丙辰	丁巳	戊午	己未	庚申	辛酉	壬戌	癸亥	甲子	乙丑	丙寅	丁卯	戊辰	己巳	庚午	辛未	壬申	癸酉	甲戌	乙亥	丙子	丁丑
음력	5	6	7	8	9	10	11	12	13	14	15	16	17	18	19	20	21	22	23	24	25	26	27	28	29	30	8/1	2	3	4	5
대운 남	2	2	2	1	1	1	1	입	10	10	9	9	9	8	8	8	7	7	7	6	6	6	5	처	5	4	4	4	3	3	3
대운 여	8	8	9	9	9	10	10	추	1	1	1	1	2	2	2	3	3	3	4	4	4	5	5	서	6	6	6	7	7	7	8

백로 8일 15시 27분 ⇨ 【丁酉月(정유월)】(백로, 추분-한로 전) 추분 24일 00시 41분

음력 08/06 ~ 09/06

양력 9	1	2	3	4	5	6	7	8	9	10	11	12	13	14	15	16	17	18	19	20	21	22	23	24	25	26	27	28	29	30
요일	일	월	화	수	목	금	토	일	월	화	수	목	금	토	일	월	화	수	목	금	토	일	월	화	수	목	금	토	일	월
일진 日辰	戊寅	己卯	庚辰	辛巳	壬午	癸未	甲申	乙酉	丙戌	丁亥	戊子	己丑	庚寅	辛卯	壬辰	癸巳	甲午	乙未	丙申	丁酉	戊戌	己亥	庚子	辛丑	壬寅	癸卯	甲辰	乙巳	丙午	丁未
음력	6	7	8	9	10	11	12	13	14	15	16	17	18	19	20	21	22	23	24	25	26	27	28	29	9/1	2	3	4	5	6
대운 남	2	2	2	1	1	1	1	백	10	10	9	9	9	8	8	8	7	7	7	6	6	6	5	추	5	4	4	4	3	3
대운 여	8	8	9	9	9	10	10	로	1	1	1	1	2	2	2	3	3	3	4	4	4	5	5	분	6	6	6	7	7	7

한로 9일 06시 41분 ⇨ 【戊戌月(무술월)】(한로, 상강~ 입동 전) 상강 24일 09시 35분

음력 09/07 ~ 10/07

양력 10	1	2	3	4	5	6	7	8	9	10	11	12	13	14	15	16	17	18	19	20	21	22	23	24	25	26	27	28	29	30	31
요일	화	수	목	금	토	일	월	화	수	목	금	토	일	월	화	수	목	금	토	일	월	화	수	목	금	토	일	월	화	수	목
일진 日辰	戊申	己酉	庚戌	辛亥	壬子	癸丑	甲寅	乙卯	丙辰	丁巳	戊午	己未	庚申	辛酉	壬戌	癸亥	甲子	乙丑	丙寅	丁卯	戊辰	己巳	庚午	辛未	壬申	癸酉	甲戌	乙亥	丙子	丁丑	戊寅
음력	7	8	9	10	11	12	13	14	15	16	17	18	19	20	21	22	23	24	25	26	27	28	29	30	10/1	2	3	4	5	6	7
대운 남	3	2	2	2	1	1	1	1	한	10	9	9	9	8	8	8	7	7	7	6	6	6	5	상	5	4	4	4	3	3	3
대운 여	8	8	8	9	9	9	10	10	로	1	1	1	1	2	2	2	3	3	3	4	4	4	5	강	5	6	6	6	7	7	7

입동 8일 09시 27분 ⇨ 【己亥月(기해월)】(입동, 소설~ 대설 전) 소설 23일 06시 46분

음력 10/08 ~ 11/07

양력 11	1	2	3	4	5	6	7	8	9	10	11	12	13	14	15	16	17	18	19	20	21	22	23	24	25	26	27	28	29	30
요일	금	토	일	월	화	수	목	금	토	일	월	화	수	목	금	토	일	월	화	수	목	금	토	일	월	화	수	목	금	토
일진 日辰	己卯	庚辰	辛巳	壬午	癸未	甲申	乙酉	丙戌	丁亥	戊子	己丑	庚寅	辛卯	壬辰	癸巳	甲午	乙未	丙申	丁酉	戊戌	己亥	庚子	辛丑	壬寅	癸卯	甲辰	乙巳	丙午	丁未	戊申
음력	8	9	10	11	12	13	14	15	16	17	18	19	20	21	22	23	24	25	26	27	28	29	30	11/1	2	3	4	5	6	7
대운 남	2	2	2	1	1	1	1	입	10	9	9	9	8	8	8	7	7	7	6	6	6	5	소	5	4	4	4	3	3	3
대운 여	8	8	8	9	9	9	10	동	1	1	1	1	2	2	2	3	3	3	4	4	4	5	설	5	6	6	6	7	7	7

대설 8일 02시 00분 ⇨ 【庚子月(경자월)】(대설, 동지~소한 전) 동지 22일 19시 53분

음력 11/08 ~ 12/09

양력 12	1	2	3	4	5	6	7	8	9	10	11	12	13	14	15	16	17	18	19	20	21	22	23	24	25	26	27	28	29	30	31
요일	일	월	화	수	목	금	토	일	월	화	수	목	금	토	일	월	화	수	목	금	토	일	월	화	수	목	금	토	일	월	화
일진 日辰	己酉	庚戌	辛亥	壬子	癸丑	甲寅	乙卯	丙辰	丁巳	戊午	己未	庚申	辛酉	壬戌	癸亥	甲子	乙丑	丙寅	丁卯	戊辰	己巳	庚午	辛未	壬申	癸酉	甲戌	乙亥	丙子	丁丑	戊寅	己卯
음력	8	9	10	11	12	13	14	15	16	17	18	19	20	21	22	23	24	25	26	27	28	29	12/1	2	3	4	5	6	7	8	9
대운 남	2	2	2	1	1	1	1	대	9	9	9	8	8	8	7	7	7	6	6	6	5	동	5	4	4	4	3	3	3	2	2
대운 여	8	8	8	9	9	9	10	설	1	1	1	1	2	2	2	3	3	3	4	4	4	지	5	5	6	6	6	7	7	7	8

윤2월 小 1947 丁亥年(정해년)

단기4280년 /불기2491년 대장군(서방), 삼살(서방), 상문(동북방),조객(서방), 납음(옥상토), 【삼재(사,오,미)년】

소한 6일 13시 06분 ⇨ 【辛丑月(신축월)】(소한, 대한~ 입춘 전) 대한 21일 06시 32분

양력 1 (음력 12/10~01/10)	1	2	3	4	5	6	7	8	9	10	11	12	13	14	15	16	17	18	19	20	21	22	23	24	25	26	27	28	29	30	31
요일	수	목	금	토	일	월	화	수	목	금	토	일	월	화	수	목	금	토	일	월	화	수	목	금	토	일	월	화	수	목	금
일진 日辰	庚辰	辛巳	壬午	癸未	甲申	乙酉	丙戌	丁亥	戊子	己丑	庚寅	辛卯	壬辰	癸巳	甲午	乙未	丙申	丁酉	戊戌	己亥	庚子	辛丑	壬寅	癸卯	甲辰	乙巳	丙午	丁未	戊申	己酉	庚戌
음력	10	11	12	13	14	15	16	17	18	19	20	21	22	23	24	25	26	27	28	29	30	1/1	2	3	4	5	6	7	8	9	10
대운 남	2	1	1	1	1	소	10	9	9	9	8	8	8	7	7	7	6	6	6	5	대	5	4	4	4	3	3	3	2	2	2
대운 여	8	8	9	9	9	한	1	1	1	1	2	2	2	3	3	3	4	4	4	5	한	5	6	6	6	7	7	7	8	8	8

입춘 5일 00시 50분 ⇨ 【壬寅月(임인월)】(입춘, 우수~ 경칩 전) 우수 19일 20시 52분

양력 2 (음력 01/11~02/08)	1	2	3	4	5	6	7	8	9	10	11	12	13	14	15	16	17	18	19	20	21	22	23	24	25	26	27	28	
요일	토	일	월	화	수	목	금	토	일	월	화	수	목	금	토	일	월	화	수	목	금	토	일	월	화	수	목	금	
일진 日辰	辛亥	壬子	癸丑	甲寅	乙卯	丙辰	丁巳	戊午	己未	庚申	辛酉	壬戌	癸亥	甲子	乙丑	丙寅	丁卯	戊辰	己巳	庚午	辛未	壬申	癸酉	甲戌	乙亥	丙子	丁丑	戊寅	立春
음력	11	12	13	14	15	16	17	18	19	20	21	22	23	24	25	26	27	28	29	30	2/1	2	3	4	5	6	7	8	
대운 남	1	1	1	1	입	1	1	1	1	2	2	2	3	3	3	4	4	4	우	5	5	6	6	6	7	7	7	8	
대운 여	9	9	9	10	춘	9	9	9	8	8	8	7	7	7	6	6	6	5	수	5	4	4	4	3	3	3	2	2	

경칩 6일 19시 08분 ⇨ 【癸卯月(계묘월)】(경칩, 춘분~ 청명 전) 춘분 21일 20시 13분

양력 3 (음력 02/09~윤209)	1	2	3	4	5	6	7	8	9	10	11	12	13	14	15	16	17	18	19	20	21	22	23	24	25	26	27	28	29	30	31
요일	토	일	월	화	수	목	금	토	일	월	화	수	목	금	토	일	월	화	수	목	금	토	일	월	화	수	목	금	토	일	월
일진 日辰	己卯	庚辰	辛巳	壬午	癸未	甲申	乙酉	丙戌	丁亥	戊子	己丑	庚寅	辛卯	壬辰	癸巳	甲午	乙未	丙申	丁酉	戊戌	己亥	庚子	辛丑	壬寅	癸卯	甲辰	乙巳	丙午	丁未	戊申	己酉
음력	9	10	11	12	13	14	15	16	17	18	19	20	21	22	23	24	25	26	27	28	29	30	윤2	2	3	4	5	6	7	8	9
대운 남	8	8	9	9	9	경	1	1	1	1	2	2	2	3	3	3	4	4	4	5	춘	5	6	6	6	7	7	7	8	8	8
대운 여	2	1	1	1	1	칩	10	10	9	9	9	8	8	8	7	7	7	6	6	6	분	5	5	4	4	4	3	3	3	2	2

청명 6일 00시 20분 ⇨ 【甲辰月(갑진월)】(청명, 곡우~ 입하 전) 곡우 21일 07시 39분

양력 4 (음력 윤210~03/10)	1	2	3	4	5	6	7	8	9	10	11	12	13	14	15	16	17	18	19	20	21	22	23	24	25	26	27	28	29	30
요일	화	수	목	금	토	일	월	화	수	목	금	토	일	월	화	수	목	금	토	일	월	화	수	목	금	토	일	월	화	수
일진 日辰	庚戌	辛亥	壬子	癸丑	甲寅	乙卯	丙辰	丁巳	戊午	己未	庚申	辛酉	壬戌	癸亥	甲子	乙丑	丙寅	丁卯	戊辰	己巳	庚午	辛未	壬申	癸酉	甲戌	乙亥	丙子	丁丑	戊寅	己卯
음력	10	11	12	13	14	15	16	17	18	19	20	21	22	23	24	25	26	27	28	29	3/1	2	3	4	5	6	7	8	9	10
대운 남	9	9	9	10	10	청	1	1	1	1	2	2	2	3	3	3	4	4	4	5	곡	5	6	6	6	7	7	7	8	8
대운 여	2	1	1	1	1	명	10	9	9	9	8	8	8	7	7	7	6	6	6	5	우	5	4	4	4	3	3	3	2	2

입하 6일 18시 03분 ⇨ 【乙巳月(을사월)】(입하, 소만~ 망종 전) 소만 22일 07시 09분

양력 5 (음력 03/11~04/12)	1	2	3	4	5	6	7	8	9	10	11	12	13	14	15	16	17	18	19	20	21	22	23	24	25	26	27	28	29	30	31
요일	목	금	토	일	월	화	수	목	금	토	일	월	화	수	목	금	토	일	월	화	수	목	금	토	일	월	화	수	목	금	토
일진 日辰	庚辰	辛巳	壬午	癸未	甲申	乙酉	丙戌	丁亥	戊子	己丑	庚寅	辛卯	壬辰	癸巳	甲午	乙未	丙申	丁酉	戊戌	己亥	庚子	辛丑	壬寅	癸卯	甲辰	乙巳	丙午	丁未	戊申	己酉	庚戌
음력	11	12	13	14	15	16	17	18	19	20	21	22	23	24	25	26	27	28	29	4/1	2	3	4	5	6	7	8	9	10	11	12
대운 남	8	9	9	9	10	입	1	1	1	1	2	2	2	3	3	3	4	4	4	5	5	소	6	6	6	7	7	7	8	8	8
대운 여	2	1	1	1	1	하	10	10	9	9	9	8	8	8	7	7	7	6	6	6	5	만	5	4	4	4	3	3	3	2	2

망종 6일 22시 31분 ⇨ 【丙午月(병오월)】(망종, 하지~ 소서 전) 하지 22일 15시 19분

양력 6 (음력 04/13~05/12)	1	2	3	4	5	6	7	8	9	10	11	12	13	14	15	16	17	18	19	20	21	22	23	24	25	26	27	28	29	30
요일	일	월	화	수	목	금	토	일	월	화	수	목	금	토	일	월	화	수	목	금	토	일	월	화	수	목	금	토	일	월
일진 日辰	辛亥	壬子	癸丑	甲寅	乙卯	丙辰	丁巳	戊午	己未	庚申	辛酉	壬戌	癸亥	甲子	乙丑	丙寅	丁卯	戊辰	己巳	庚午	辛未	壬申	癸酉	甲戌	乙亥	丙子	丁丑	戊寅	己卯	庚辰
음력	13	14	15	16	17	18	19	20	21	22	23	24	25	26	27	28	29	30	5/1	2	3	4	5	6	7	8	9	10	11	12
대운 남	9	9	9	10	10	망	1	1	1	1	2	2	2	3	3	3	4	4	4	5	5	하	6	6	6	7	7	7	8	8
대운 여	2	1	1	1	1	종	10	10	10	9	9	9	8	8	8	7	7	7	6	6	6	지	5	5	4	4	4	3	3	3

대장군(서방), 삼살(서방), 상문(동북방),조객(서방), 납음(옥상토), 【삼재(사,오,미)년】

한식(4월06일), 초복(7월20일), 중복(7월30일), 말복(8월09일)

丁亥年(정해년)

소서 8일 08시 56분 ⇨ 【丁未月(정미월)】(소서, 대서~ 입추 전) 대서 24일 02시 14분

양력 7 / 음력 05/13 - 06/14

양력	1	2	3	4	5	6	7	8	9	10	11	12	13	14	15	16	17	18	19	20	21	22	23	24	25	26	27	28	29	30	31
요일	화	수	목	금	토	일	월	화	수	목	금	토	일	월	화	수	목	금	토	일	월	화	수	목	금	토	일	월	화	수	목
일진 日辰	辛巳	壬午	癸未	甲申	乙酉	丙戌	丁亥	戊子	己丑	庚寅	辛卯	壬辰	癸巳	甲午	乙未	丙申	丁酉	戊戌	己亥	庚子	辛丑	壬寅	癸卯	甲辰	乙巳	丙午	丁未	戊申	己酉	庚戌	辛亥
음력	13	14	15	16	17	18	19	20	21	22	23	24	25	26	27	28	29	6/1	2	3	4	5	6	7	8	9	10	11	12	13	14
대운 남	8	9	9	9	10	10	10	소	1	1	1	1	2	2	2	3	3	3	4	4	4	5	5	대	6	6	6	7	7	7	8
대운 여	2	2	2	1	1	1	1	서	10	10	9	9	9	8	8	8	7	7	7	6	6	6	5	서	5	4	4	4	3	3	3

입추 8일 18시 41분 ⇨ 【戊申月(무신월)】(입추, 처서~ 백로 전) 처서 24일 06시 29분

양력 8 / 음력 06/15 - 07/16

양력	1	2	3	4	5	6	7	8	9	10	11	12	13	14	15	16	17	18	19	20	21	22	23	24	25	26	27	28	29	30	31
요일	금	토	일	월	화	수	목	금	토	일	월	화	수	목	금	토	일	월	화	수	목	금	토	일	월	화	수	목	금	토	일
일진 日辰	壬子	癸丑	甲寅	乙卯	丙辰	丁巳	戊午	己未	庚申	辛酉	壬戌	癸亥	甲子	乙丑	丙寅	丁卯	戊辰	己巳	庚午	辛未	壬申	癸酉	甲戌	乙亥	丙子	丁丑	戊寅	己卯	庚辰	辛巳	壬午
음력	15	16	17	18	19	20	21	22	23	24	25	26	27	28	29	7/1	2	3	4	5	6	7	8	9	10	11	12	13	14	15	16
대운 남	8	8	9	9	9	10	10	입	1	1	1	1	2	2	2	3	3	3	4	4	4	5	5	처	6	6	6	7	7	7	8
대운 여	2	2	2	1	1	1	1	추	10	10	9	9	9	8	8	8	7	7	7	6	6	6	5	서	5	4	4	4	3	3	3

백로 8일 21시 21분 ⇨ 【己酉月(기유월)】(백로, 추분-한로 전) 추분24일 06시 29분

양력 9 / 음력 07/17 - 08/16

양력	1	2	3	4	5	6	7	8	9	10	11	12	13	14	15	16	17	18	19	20	21	22	23	24	25	26	27	28	29	30
요일	월	화	수	목	금	토	일	월	화	수	목	금	토	일	월	화	수	목	금	토	일	월	화	수	목	금	토	일	월	화
일진 日辰	癸未	甲申	乙酉	丙戌	丁亥	戊子	己丑	庚寅	辛卯	壬辰	癸巳	甲午	乙未	丙申	丁酉	戊戌	己亥	庚子	辛丑	壬寅	癸卯	甲辰	乙巳	丙午	丁未	戊申	己酉	庚戌	辛亥	壬子
음력	17	18	19	20	21	22	23	24	25	26	27	28	29	30	8/1	2	3	4	5	6	7	8	9	10	11	12	13	14	15	16
대운 남	8	8	9	9	9	10	10	백	1	1	1	1	2	2	2	3	3	3	4	4	4	5	5	추	6	6	6	7	7	7
대운 여	2	2	2	1	1	1	1	로	10	10	9	9	9	8	8	8	7	7	7	6	6	6	5	분	5	4	4	4	3	3

한로 9일 12시 37분 ⇨ 【庚戌月(경술월)】(한로, 상강~ 입동 전) 상강 24일 15시 26분

양력 10 / 음력 08/17 - 09/18

양력	1	2	3	4	5	6	7	8	9	10	11	12	13	14	15	16	17	18	19	20	21	22	23	24	25	26	27	28	29	30	31
요일	수	목	금	토	일	월	화	수	목	금	토	일	월	화	수	목	금	토	일	월	화	수	목	금	토	일	월	화	수	목	금
일진 日辰	癸丑	甲寅	乙卯	丙辰	丁巳	戊午	己未	庚申	辛酉	壬戌	癸亥	甲子	乙丑	丙寅	丁卯	戊辰	己巳	庚午	辛未	壬申	癸酉	甲戌	乙亥	丙子	丁丑	戊寅	己卯	庚辰	辛巳	壬午	癸未
음력	17	18	19	20	21	22	23	24	25	26	27	28	29	9/1	2	3	4	5	6	7	8	9	10	11	12	13	14	15	16	17	18
대운 남	8	8	8	9	9	9	10	10	한	1	1	1	1	2	2	2	3	3	3	4	4	4	5	상	5	6	6	6	7	7	7
대운 여	3	2	2	2	1	1	1	1	로	10	9	9	9	8	8	8	7	7	7	6	6	6	5	강	5	4	4	4	3	3	3

입동 8일 15시 24분 ⇨ 【辛亥月(신해월)】(입동, 소설~ 대설 전) 소설 23일 12시 38분

양력 11 / 음력 09/19 - 10/18

양력	1	2	3	4	5	6	7	8	9	10	11	12	13	14	15	16	17	18	19	20	21	22	23	24	25	26	27	28	29	30
요일	토	일	월	화	수	목	금	토	일	월	화	수	목	금	토	일	월	화	수	목	금	토	일	월	화	수	목	금	토	일
일진 日辰	甲申	乙酉	丙戌	丁亥	戊子	己丑	庚寅	辛卯	壬辰	癸巳	甲午	乙未	丙申	丁酉	戊戌	己亥	庚子	辛丑	壬寅	癸卯	甲辰	乙巳	丙午	丁未	戊申	己酉	庚戌	辛亥	壬子	癸丑
음력	19	20	21	22	23	24	25	26	27	28	29	30	10/1	2	3	4	5	6	7	8	9	10	11	12	13	14	15	16	17	18
대운 남	8	8	8	9	9	9	10	입	1	1	1	1	2	2	2	3	3	3	4	4	4	5	소	5	6	6	6	7	7	7
대운 여	2	2	2	1	1	1	1	동	10	9	9	9	8	8	8	7	7	7	6	6	6	5	설	5	4	4	4	3	3	3

대설 8일 07시 56분 ⇨ 【壬子月(임자월)】(대설, 동지~소한 전) 동지 23일 01시 43분

양력 12 / 음력 10/19 - 11/20

양력	1	2	3	4	5	6	7	8	9	10	11	12	13	14	15	16	17	18	19	20	21	22	23	24	25	26	27	28	29	30	31
요일	월	화	수	목	금	토	일	월	화	수	목	금	토	일	월	화	수	목	금	토	일	월	화	수	목	금	토	일	월	화	수
일진 日辰	甲寅	乙卯	丙辰	丁巳	戊午	己未	庚申	辛酉	壬戌	癸亥	甲子	乙丑	丙寅	丁卯	戊辰	己巳	庚午	辛未	壬申	癸酉	甲戌	乙亥	丙子	丁丑	戊寅	己卯	庚辰	辛巳	壬午	癸未	甲申
음력	19	20	21	22	23	24	25	26	27	28	29	11/1	2	3	4	5	6	7	8	9	10	11	12	13	14	15	16	17	18	19	20
대운 남	8	8	8	9	9	9	10	대	1	1	1	1	2	2	2	3	3	3	4	4	4	5	동	5	6	6	6	7	7	7	8
대운 여	2	2	2	1	1	1	1	설	9	9	9	8	8	8	7	7	7	6	6	6	5	5	지	4	4	4	3	3	3	2	2

1948 戊子年(무자년)

단기4281년 /불기2492년 대장군(서방), 삼살(남방), 상문(동북방), 조객(서북방),납음(벽력화), 삼재(인,묘,진)

소한 6일 19시 00분 ⇨ **【癸丑月(계축월)】**(소한, 대한~ 입춘 전) 대한 21일 12시 18분

양력 **1** / 음력 11/21 ~ 12/21

양력	1	2	3	4	5	6	7	8	9	10	11	12	13	14	15	16	17	18	19	20	21	22	23	24	25	26	27	28	29	30	31
요일	목	금	토	일	월	화	수	목	금	토	일	월	화	수	목	금	토	일	월	화	수	목	금	토	일	월	화	수	목	금	토
일진 日辰	乙酉	丙戌	丁亥	戊子	己丑	庚寅	辛卯	壬辰	癸巳	甲午	乙未	丙申	丁酉	戊戌	己亥	庚子	辛丑	壬寅	癸卯	甲辰	乙巳	丙午	丁未	戊申	己酉	庚戌	辛亥	壬子	癸丑	甲寅	乙卯
음력	21	22	23	24	25	26	27	28	29	30	12/1	2	3	4	5	6	7	8	9	10	11	12	13	14	15	16	17	18	19	20	21
대운 남	8	8	9	9	9	소	1	1	1	1	2	2	2	3	3	3	4	4	4	5	대	5	6	6	6	7	7	7	8	8	8
대운 여	2	1	1	1	1	한	10	9	9	9	8	8	8	7	7	7	6	6	6	5	한	5	4	4	4	3	3	3	2	2	2

입춘 5일 06시 42분 ⇨ **【甲寅月(갑인월)】**(입춘, 우수~ 경칩 전) 우수 20일 02시 37분

양력 **2** / 음력 12/22 ~ 01/02

양력	1	2	3	4	5	6	7	8	9	10	11	12	13	14	15	16	17	18	19	20	21	22	23	24	25	26	27	28	29	
요일	일	월	화	수	목	금	토	일	월	화	수	목	금	토	일	월	화	수	목	금	토	일	월	화	수	목	금	토	일	
일진 日辰	丙辰	丁巳	戊午	己未	庚申	辛酉	壬戌	癸亥	甲子	乙丑	丙寅	丁卯	戊辰	己巳	庚午	辛未	壬申	癸酉	甲戌	乙亥	丙子	丁丑	戊寅	己卯	庚辰	辛巳	壬午	癸未	甲申	立春
음력	22	23	24	25	26	27	28	29	30	1/1	2	3	4	5	6	7	8	9	10	11	12	13	14	15	16	17	18	19	20	
대운 남	9	9	9	10	입	10	9	9	9	8	8	8	7	7	7	6	6	6	5	우	5	4	4	4	3	3	3	2	2	
대운 여	1	1	1	1	춘	1	1	1	1	2	2	2	3	3	3	4	4	4	5	수	5	6	6	6	7	7	7	8	8	

경칩 6일 00시 58분 ⇨ **【乙卯月(을묘월)】**(경칩, 춘분~ 청명 전) 춘분 21일 01시 57분

양력 **3** / 음력 01/21 ~ 02/21

양력	1	2	3	4	5	6	7	8	9	10	11	12	13	14	15	16	17	18	19	20	21	22	23	24	25	26	27	28	29	30	31
요일	월	화	수	목	금	토	일	월	화	수	목	금	토	일	월	화	수	목	금	토	일	월	화	수	목	금	토	일	월	화	수
일진 日辰	乙酉	丙戌	丁亥	戊子	己丑	庚寅	辛卯	壬辰	癸巳	甲午	乙未	丙申	丁酉	戊戌	己亥	庚子	辛丑	壬寅	癸卯	甲辰	乙巳	丙午	丁未	戊申	己酉	庚戌	辛亥	壬子	癸丑	甲寅	乙卯
음력	21	22	23	24	25	26	27	28	29	30	2/1	2	3	4	5	6	7	8	9	10	11	12	13	14	15	16	17	18	19	20	21
대운 남	2	1	1	1	1	경	10	9	9	9	8	8	8	7	7	7	6	6	6	5	춘	5	4	4	4	3	3	3	2	2	2
대운 여	8	9	9	9	10	칩	1	1	1	1	2	2	2	3	3	3	4	4	4	5	분	5	6	6	6	7	7	7	8	8	8

청명 5일 06시 09분 ⇨ **【丙辰月(병진월)】**(청명, 곡우~ 입하 전) 곡우 20일 13시 25분

양력 **4** / 음력 02/22 ~ 03/22

양력	1	2	3	4	5	6	7	8	9	10	11	12	13	14	15	16	17	18	19	20	21	22	23	24	25	26	27	28	29	30
요일	목	금	토	일	월	화	수	목	금	토	일	월	화	수	목	금	토	일	월	화	수	목	금	토	일	월	화	수	목	금
일진 日辰	丙辰	丁巳	戊午	己未	庚申	辛酉	壬戌	癸亥	甲子	乙丑	丙寅	丁卯	戊辰	己巳	庚午	辛未	壬申	癸酉	甲戌	乙亥	丙子	丁丑	戊寅	己卯	庚辰	辛巳	壬午	癸未	甲申	乙酉
음력	22	23	24	25	26	27	28	29	3/1	2	3	4	5	6	7	8	9	10	11	12	13	14	15	16	17	18	19	20	21	22
대운 남	1	1	1	1	청	10	9	9	9	8	8	8	7	7	7	6	6	6	5	곡	5	4	4	4	3	3	3	2	2	2
대운 여	9	9	9	10	명	1	1	1	1	2	2	2	3	3	3	4	4	4	5	우	5	6	6	6	7	7	7	8	8	8

입하 5일 23시 52분 ⇨ **【丁巳月(정사월)】**(입하, 소만~ 망종 전) 소만 21일 12시 58분

양력 **5** / 음력 03/23 ~ 04/23

양력	1	2	3	4	5	6	7	8	9	10	11	12	13	14	15	16	17	18	19	20	21	22	23	24	25	26	27	28	29	30	31
요일	토	일	월	화	수	목	금	토	일	월	화	수	목	금	토	일	월	화	수	목	금	토	일	월	화	수	목	금	토	일	월
일진 日辰	丙戌	丁亥	戊子	己丑	庚寅	辛卯	壬辰	癸巳	甲午	乙未	丙申	丁酉	戊戌	己亥	庚子	辛丑	壬寅	癸卯	甲辰	乙巳	丙午	丁未	戊申	己酉	庚戌	辛亥	壬子	癸丑	甲寅	乙卯	丙辰
음력	23	24	25	26	27	28	29	30	4/1	2	3	4	5	6	7	8	9	10	11	12	13	14	15	16	17	18	19	20	21	22	23
대운 남	1	1	1	1	입	10	10	10	9	9	9	8	8	8	7	7	7	6	6	6	소	5	5	4	4	4	3	3	3	2	2
대운 여	9	9	9	10	하	1	1	1	1	2	2	2	3	3	3	4	4	4	5	5	만	6	6	6	7	7	7	8	8	8	9

망종 6일 05시 20분 ⇨ **【戊午月(무오월)】**(망종, 하지~ 소서 전) 하지 21일 22시 11분

양력 **6** / 음력 04/24 ~ 05/24

양력	1	2	3	4	5	6	7	8	9	10	11	12	13	14	15	16	17	18	19	20	21	22	23	24	25	26	27	28	29	30
요일	화	수	목	금	토	일	월	화	수	목	금	토	일	월	화	수	목	금	토	일	월	화	수	목	금	토	일	월	화	수
일진 日辰	丁巳	戊午	己未	庚申	辛酉	壬戌	癸亥	甲子	乙丑	丙寅	丁卯	戊辰	己巳	庚午	辛未	壬申	癸酉	甲戌	乙亥	丙子	丁丑	戊寅	己卯	庚辰	辛巳	壬午	癸未	甲申	乙酉	丙戌
음력	24	25	26	27	28	29	5/1	2	3	4	5	6	7	8	9	10	11	12	13	14	15	16	17	18	19	20	21	22	23	24
대운 남	2	1	1	1	1	망	10	10	9	9	9	8	8	8	7	7	7	6	6	6	하	5	5	4	4	4	3	3	3	2
대운 여	9	9	10	10	10	종	1	1	1	1	2	2	2	3	3	3	4	4	4	5	지	5	6	6	6	7	7	7	8	8

대장군(서방), 삼살(남방), 상문(동북방), 조객(서북방), 납음(벽력화), 삼재(인,묘,진)

한식(4월06일), 초복(7월14일), 중복(7월24일), 말복(8월13일)

戊子年(무자년)

서머타임 시작 5월31일 23시→24시로 조정
종료 9월12일 24시→23시로 조정
수정한 시간으로 표기(동경표준시 사용)

소서 7일 15시 44분 ⇨ **【己未月(기미월)】**(소서, 대서~ 입추 전) 대서 23일 09시 08분

양력 7 / 음력 05/25 ~ 06/25

양력	1	2	3	4	5	6	7	8	9	10	11	12	13	14	15	16	17	18	19	20	21	22	23	24	25	26	27	28	29	30	31
요일	목	금	토	일	월	화	수	목	금	토	일	월	화	수	목	금	토	일	월	화	수	목	금	토	일	월	화	수	목	금	토
일진 日辰	丁亥	戊子	己丑	庚寅	辛卯	壬辰	癸巳	甲午	乙未	丙申	丁酉	戊戌	己亥	庚子	辛丑	壬寅	癸卯	甲辰	乙巳	丙午	丁未	戊申	己酉	庚戌	辛亥	壬子	癸丑	甲寅	乙卯	丙辰	丁巳
음력	25	26	27	28	29	30	6/1	2	3	4	5	6	7	8	9	10	11	12	13	14	15	16	17	18	19	20	21	22	23	24	25
대운 남	2	2	1	1	1	1	소	10	10	10	9	9	9	8	8	8	7	7	7	6	6	6	대	5	5	4	4	4	3	3	3
대운 여	8	9	9	9	10	10	서	1	1	1	1	2	2	2	3	3	3	4	4	4	5	5	서	6	6	6	7	7	7	8	8

입추 8일 01시 26분 ⇨ **【庚申月(경신월)】**(입추, 처서~ 백로 전) 처서 23일 16시 03분

양력 8 / 음력 06/26 ~ 07/27

양력	1	2	3	4	5	6	7	8	9	10	11	12	13	14	15	16	17	18	19	20	21	22	23	24	25	26	27	28	29	30	31
요일	일	월	화	수	목	금	토	일	월	화	수	목	금	토	일	월	화	수	목	금	토	일	월	화	수	목	금	토	일	월	화
일진 日辰	戊午	己未	庚申	辛酉	壬戌	癸亥	甲子	乙丑	丙寅	丁卯	戊辰	己巳	庚午	辛未	壬申	癸酉	甲戌	乙亥	丙子	丁丑	戊寅	己卯	庚辰	辛巳	壬午	癸未	甲申	乙酉	丙戌	丁亥	戊子
음력	26	27	28	29	7/1	2	3	4	5	6	7	8	9	10	11	12	13	14	15	16	17	18	19	20	21	22	23	24	25	26	27
대운 남	2	2	2	1	1	1	1	입	10	10	9	9	9	8	8	8	7	7	7	6	6	6	처	5	5	4	4	4	3	3	3
대운 여	8	9	9	9	10	10	10	추	1	1	1	1	2	2	2	3	3	3	4	4	4	5	서	5	6	6	6	7	7	7	8

백로 8일 04시 05분 ⇨ **【辛酉月(신유월)】**(백로, 추분-한로 전) 추분23일 13시 22분

양력 9 / 음력 07/28 ~ 08/28

양력	1	2	3	4	5	6	7	8	9	10	11	12	13	14	15	16	17	18	19	20	21	22	23	24	25	26	27	28	29	30
요일	수	목	금	토	일	월	화	수	목	금	토	일	월	화	수	목	금	토	일	월	화	수	목	금	토	일	월	화	수	목
일진 日辰	己丑	庚寅	辛卯	壬辰	癸巳	甲午	乙未	丙申	丁酉	戊戌	己亥	庚子	辛丑	壬寅	癸卯	甲辰	乙巳	丙午	丁未	戊申	己酉	庚戌	辛亥	壬子	癸丑	甲寅	乙卯	丙辰	丁巳	戊午
음력	28	29	8/1	2	3	4	5	6	7	8	9	10	11	12	13	14	15	16	17	18	19	20	21	22	23	24	25	26	27	28
대운 남	2	2	2	1	1	1	1	백	10	9	9	9	8	8	8	7	7	7	6	6	6	5	추	5	4	4	4	3	3	3
대운 여	8	8	9	9	9	10	10	로	1	1	1	1	2	2	2	3	3	3	4	4	4	5	분	5	6	6	6	7	7	7

한로 8일 18시 20분 ⇨ **【壬戌月(임술월)】**(한로, 상강~ 입동 전) 상강 23일 21시 38분

양력 10 / 음력 08/29 ~ 09/29

양력	1	2	3	4	5	6	7	8	9	10	11	12	13	14	15	16	17	18	19	20	21	22	23	24	25	26	27	28	29	30	31
요일	금	토	일	월	화	수	목	금	토	일	월	화	수	목	금	토	일	월	화	수	목	금	토	일	월	화	수	목	금	토	일
일진 日辰	己未	庚申	辛酉	壬戌	癸亥	甲子	乙丑	丙寅	丁卯	戊辰	己巳	庚午	辛未	壬申	癸酉	甲戌	乙亥	丙子	丁丑	戊寅	己卯	庚辰	辛巳	壬午	癸未	甲申	乙酉	丙戌	丁亥	戊子	己丑
음력	29	30	9/1	2	3	4	5	6	7	8	9	10	11	12	13	14	15	16	17	18	19	20	21	22	23	24	25	26	27	28	29
대운 남	2	2	2	1	1	1	1	한	10	9	9	9	8	8	8	7	7	7	6	6	6	5	상	5	4	4	4	3	3	3	2
대운 여	8	8	8	9	9	9	10	로	1	1	1	1	2	2	2	3	3	3	4	4	4	5	강	5	6	6	6	7	7	7	8

입동 7일 21시 07분 ⇨ **【癸亥月(계해월)】**(입동, 소설~ 대설 전) 소설 22일 18시 29분

양력 11 / 음력 10/01 ~ 10/30

양력	1	2	3	4	5	6	7	8	9	10	11	12	13	14	15	16	17	18	19	20	21	22	23	24	25	26	27	28	29	30
요일	월	화	수	목	금	토	일	월	화	수	목	금	토	일	월	화	수	목	금	토	일	월	화	수	목	금	토	일	월	화
일진 日辰	庚寅	辛卯	壬辰	癸巳	甲午	乙未	丙申	丁酉	戊戌	己亥	庚子	辛丑	壬寅	癸卯	甲辰	乙巳	丙午	丁未	戊申	己酉	庚戌	辛亥	壬子	癸丑	甲寅	乙卯	丙辰	丁巳	戊午	己未
음력	10/1	2	3	4	5	6	7	8	9	10	11	12	13	14	15	16	17	18	19	20	21	22	23	24	25	26	27	28	29	30
대운 남	2	2	1	1	1	1	입	10	9	9	9	8	8	8	7	7	7	6	6	6	5	소	5	4	4	4	3	3	3	2
대운 여	8	8	9	9	9	10	동	1	1	1	1	2	2	2	3	3	3	4	4	4	5	설	5	6	6	6	7	7	7	8

대설 7일 13시 38분 ⇨ **【甲子月(갑자월)】**(대설, 동지~소한 전) 동지 22일 07시 33분

양력 12 / 음력 11/01 ~ 12/02

양력	1	2	3	4	5	6	7	8	9	10	11	12	13	14	15	16	17	18	19	20	21	22	23	24	25	26	27	28	29	30	31
요일	수	목	금	토	일	월	화	수	목	금	토	일	월	화	수	목	금	토	일	월	화	수	목	금	토	일	월	화	수	목	금
일진 日辰	庚申	辛酉	壬戌	癸亥	甲子	乙丑	丙寅	丁卯	戊辰	己巳	庚午	辛未	壬申	癸酉	甲戌	乙亥	丙子	丁丑	戊寅	己卯	庚辰	辛巳	壬午	癸未	甲申	乙酉	丙戌	丁亥	戊子	己丑	庚寅
음력	11/1	2	3	4	5	6	7	8	9	10	11	12	13	14	15	16	17	18	19	20	21	22	23	24	25	26	27	28	29	12/1	2
대운 남	2	2	1	1	1	1	대	10	9	9	9	8	8	8	7	7	7	6	6	6	5	동	5	4	4	4	3	3	3	2	2
대운 여	8	8	9	9	9	10	설	1	1	1	1	2	2	2	3	3	3	4	4	4	5	지	5	6	6	6	7	7	7	8	8

윤7월 小 1949 己丑年(기축년)

단기4282년 /불기2493년대장군(서방). 삼살(동방), 상문(동방),조객(서북방), 납음(벽력화), 【삼재(해,자,축)년】

소한 6일 00시 41분 ⇨ **【乙丑月(을축월)】**(소한, 대한~ 입춘 전) 대한 20일 18시 09분

양력 1 (음력 12/03 ~ 01/03)		1	2	3	4	5	6	7	8	9	10	11	12	13	14	15	16	17	18	19	20	21	22	23	24	25	26	27	28	29	30	31
요일		토	일	월	화	수	목	금	토	일	월	화	수	목	금	토	일	월	화	수	목	금	토	일	월	화	수	목	금	토	일	월
일진 日辰		辛卯	壬辰	癸巳	甲午	乙未	丙申	丁酉	戊戌	己亥	庚子	辛丑	壬寅	癸卯	甲辰	乙巳	丙午	丁未	戊申	己酉	庚戌	辛亥	壬子	癸丑	甲寅	乙卯	丙辰	丁巳	戊午	己未	庚申	辛酉
음력		3	4	5	6	7	8	9	10	11	12	13	14	15	16	17	18	19	20	21	22	23	24	25	26	27	28	29	30	1/1	2	3
대운	남	2	1	1	1	1	소	9	9	9	8	8	8	7	7	7	6	6	6	5	대	5	4	4	4	3	3	3	2	2	2	1
	여	8	9	9	9	10	한	1	1	1	1	2	2	2	3	3	3	4	4	4	한	5	5	6	6	6	7	7	7	8	8	8

입춘 4일 12시 23분 ⇨ **【丙寅月(병인월)】**(입춘, 우수~ 경칩 전) 우수 19일 08시 27분

양력 2 (음력 01/04 ~ 02/01)		1	2	3	4	5	6	7	8	9	10	11	12	13	14	15	16	17	18	19	20	21	22	23	24	25	26	27	28	
요일		화	수	목	금	토	일	월	화	수	목	금	토	일	월	화	수	목	금	토	일	월	화	수	목	금	토	일	월	
일진 日辰		壬戌	癸亥	甲子	乙丑	丙寅	丁卯	戊辰	己巳	庚午	辛未	壬申	癸酉	甲戌	乙亥	丙子	丁丑	戊寅	己卯	庚辰	辛巳	壬午	癸未	甲申	乙酉	丙戌	丁亥	戊子	己丑	立春
음력		4	5	6	7	8	9	10	11	12	13	14	15	16	17	18	19	20	21	22	23	24	25	26	27	28	29	30	2/1	
대운	남	1	1	1	입	1	1	1	1	2	2	2	3	3	3	4	4	4	5	우	5	6	6	6	7	7	7	8	8	
	여	9	9	9	춘	10	9	9	9	8	8	8	7	7	7	6	6	6	5	수	5	4	4	4	3	3	3	2	2	

경칩 6일 06시 39분 ⇨ **【丁卯月(정묘월)】**(경칩, 춘분~ 청명 전) 춘분 21일 07시 48분

양력 3 (음력 02/02 ~ 03/02)		1	2	3	4	5	6	7	8	9	10	11	12	13	14	15	16	17	18	19	20	21	22	23	24	25	26	27	28	29	30	31
요일		화	수	목	금	토	일	월	화	수	목	금	토	일	월	화	수	목	금	토	일	월	화	수	목	금	토	일	월	화	수	목
일진 日辰		庚寅	辛卯	壬辰	癸巳	甲午	乙未	丙申	丁酉	戊戌	己亥	庚子	辛丑	壬寅	癸卯	甲辰	乙巳	丙午	丁未	戊申	己酉	庚戌	辛亥	壬子	癸丑	甲寅	乙卯	丙辰	丁巳	戊午	己未	庚申
음력		2	3	4	5	6	7	8	9	10	11	12	13	14	15	16	17	18	19	20	21	22	23	24	25	26	27	28	29	30	3/1	2
대운	남	8	9	9	9	10	경	1	1	1	1	2	2	2	3	3	3	4	4	4	5	춘	5	6	6	6	7	7	7	8	8	8
	여	2	1	1	1	1	칩	10	9	9	9	8	8	8	7	7	7	6	6	6	5	분	5	4	4	4	3	3	3	2	2	2

청명 5일 12시 52분 ⇨ **【戊辰月(무진월)】**(청명, 곡우~ 입하 전) 곡우 20일 20시 17분

양력 4 (음력 03/03 ~ 04/03)		1	2	3	4	5	6	7	8	9	10	11	12	13	14	15	16	17	18	19	20	21	22	23	24	25	26	27	28	29	30
요일		금	토	일	월	화	수	목	금	토	일	월	화	수	목	금	토	일	월	화	수	목	금	토	일	월	화	수	목	금	토
일진 日辰		辛酉	壬戌	癸亥	甲子	乙丑	丙寅	丁卯	戊辰	己巳	庚午	辛未	壬申	癸酉	甲戌	乙亥	丙子	丁丑	戊寅	己卯	庚辰	辛巳	壬午	癸未	甲申	乙酉	丙戌	丁亥	戊子	己丑	庚寅
음력		3	4	5	6	7	8	9	10	11	12	13	14	15	16	17	18	19	20	21	22	23	24	25	26	27	28	29	4/1	2	3
대운	남	9	9	9	10	청	1	1	1	1	2	2	2	3	3	3	4	4	4	5	곡	5	6	6	6	7	7	7	8	8	8
	여	1	1	1	1	명	10	10	9	9	9	8	8	8	7	7	7	6	6	6	우	5	5	4	4	4	3	3	3	2	2

입하 6일 06시 37분 ⇨ **【己巳月(기사월)】**(입하, 소만~ 망종 전) 소만 21일 19시 51분

양력 5 (음력 04/04 ~ 05/04)		1	2	3	4	5	6	7	8	9	10	11	12	13	14	15	16	17	18	19	20	21	22	23	24	25	26	27	28	29	30	31
요일		일	월	화	수	목	금	토	일	월	화	수	목	금	토	일	월	화	수	목	금	토	일	월	화	수	목	금	토	일	월	화
일진 日辰		辛卯	壬辰	癸巳	甲午	乙未	丙申	丁酉	戊戌	己亥	庚子	辛丑	壬寅	癸卯	甲辰	乙巳	丙午	丁未	戊申	己酉	庚戌	辛亥	壬子	癸丑	甲寅	乙卯	丙辰	丁巳	戊午	己未	庚申	辛酉
음력		4	5	6	7	8	9	10	11	12	13	14	15	16	17	18	19	20	21	22	23	24	25	26	27	28	29	30	5/1	2	3	4
대운	남	9	9	9	10	10	입	1	1	1	1	2	2	2	3	3	3	4	4	4	5	소	5	6	6	6	7	7	7	8	8	8
	여	2	1	1	1	1	하	10	10	9	9	9	8	8	8	7	7	7	6	6	6	만	5	5	4	4	4	3	3	3	2	2

망종 6일 11시 07분 ⇨ **【庚午月(경오월)】**(망종, 하지~ 소서 전) 하지 22일 04시 03분

양력 6 (음력 05/05 ~ 06/05)		1	2	3	4	5	6	7	8	9	10	11	12	13	14	15	16	17	18	19	20	21	22	23	24	25	26	27	28	29	30
요일		수	목	금	토	일	월	화	수	목	금	토	일	월	화	수	목	금	토	일	월	화	수	목	금	토	일	월	화	수	목
일진 日辰		壬戌	癸亥	甲子	乙丑	丙寅	丁卯	戊辰	己巳	庚午	辛未	壬申	癸酉	甲戌	乙亥	丙子	丁丑	戊寅	己卯	庚辰	辛巳	壬午	癸未	甲申	乙酉	丙戌	丁亥	戊子	己丑	庚寅	辛卯
음력		5	6	7	8	9	10	11	12	13	14	15	16	17	18	19	20	21	22	23	24	25	26	27	28	29	6/1	2	3	4	5
대운	남	9	9	9	10	10	망	1	1	1	1	2	2	2	3	3	3	4	4	4	5	5	하	6	6	6	7	7	7	8	8
	여	2	1	1	1	1	종	10	10	9	9	9	8	8	8	7	7	7	6	6	6	5	지	5	4	4	4	3	3	3	2

대장군(동방). 삼살(동방). 상문(서남방).조객(동방). 납음(대림목). 【삼재(해,자,축)년】

한식(4월06일). 초복(7월19일). 중복(7월29일). 말복(8월08일)

서머타임 시작 4월02일 23시→24시로 조정
종료 9월10일 24시→23시로 조정
수정한 시간으로 표기(동경표준시 사용)

己丑年(기축년)

1949

소서 7일 21시 32분 ⇨ 【辛未月(신미월)】(소서, 대서~ 입추 전) 대서 23일 14시 57분

양력 7 / 음력 06/06 – 07/06

양력	1	2	3	4	5	6	7	8	9	10	11	12	13	14	15	16	17	18	19	20	21	22	23	24	25	26	27	28	29	30	31
요일	금	토	일	월	화	수	목	금	토	일	월	화	수	목	금	토	일	월	화	수	목	금	토	일	월	화	수	목	금	토	일
일진 日辰	壬辰	癸巳	甲午	乙未	丙申	丁酉	戊戌	己亥	庚子	辛丑	壬寅	癸卯	甲辰	乙巳	丙午	丁未	戊申	己酉	庚戌	辛亥	壬子	癸丑	甲寅	乙卯	丙辰	丁巳	戊午	己未	庚申	辛酉	壬戌
음력	6	7	8	9	10	11	12	13	14	15	16	17	18	19	20	21	22	23	24	25	26	27	28	29	30	7/1	2	3	4	5	6
대운 남	8	9	9	9	10	10	소	1	1	1	1	2	2	2	3	3	3	4	4	4	5	5	대	6	6	6	7	7	7	8	8
대운 여	2	2	1	1	1	1	서	10	10	10	9	9	9	8	8	8	7	7	7	6	6	6	서	5	5	4	4	4	3	3	3

입추 8일 07시 15분 ⇨ 【壬申月(임신월)】(입추, 처서~ 백로 전) 처서 23일 21시 48분

양력 8 / 음력 07/07 – 윤708

양력	1	2	3	4	5	6	7	8	9	10	11	12	13	14	15	16	17	18	19	20	21	22	23	24	25	26	27	28	29	30	31
요일	월	화	수	목	금	토	일	월	화	수	목	금	토	일	월	화	수	목	금	토	일	월	화	수	목	금	토	일	월	화	수
일진 日辰	癸亥	甲子	乙丑	丙寅	丁卯	戊辰	己巳	庚午	辛未	壬申	癸酉	甲戌	乙亥	丙子	丁丑	戊寅	己卯	庚辰	辛巳	壬午	癸未	甲申	乙酉	丙戌	丁亥	戊子	己丑	庚寅	辛卯	壬辰	癸巳
음력	7	8	9	10	11	12	13	14	15	16	17	18	19	20	21	22	23	24	25	26	27	28	29	윤7	2	3	4	5	6	7	8
대운 남	8	9	9	9	10	10	10	입	1	1	1	1	2	2	2	3	3	3	4	4	4	5	처	5	6	6	6	7	7	7	8
대운 여	2	2	2	1	1	1	1	추	10	10	9	9	9	8	8	8	7	7	7	6	6	6	서	5	5	4	4	4	3	3	3

백로 8일 09시 54분 ⇨ 【癸酉月(계유월)】(백로, 추분-한로 전) 추분 23일 18시 06분

양력 9 / 음력 윤709 – 08/09

양력	1	2	3	4	5	6	7	8	9	10	11	12	13	14	15	16	17	18	19	20	21	22	23	24	25	26	27	28	29	30
요일	목	금	토	일	월	화	수	목	금	토	일	월	화	수	목	금	토	일	월	화	수	목	금	토	일	월	화	수	목	금
일진 日辰	甲午	乙未	丙申	丁酉	戊戌	己亥	庚子	辛丑	壬寅	癸卯	甲辰	乙巳	丙午	丁未	戊申	己酉	庚戌	辛亥	壬子	癸丑	甲寅	乙卯	丙辰	丁巳	戊午	己未	庚申	辛酉	壬戌	癸亥
음력	9	10	11	12	13	14	15	16	17	18	19	20	21	22	23	24	25	26	27	28	29	8/1	2	3	4	5	6	7	8	9
대운 남	8	8	9	9	9	10	10	백	1	1	1	1	2	2	2	3	3	3	4	4	4	5	추	5	6	6	6	7	7	7
대운 여	2	2	2	1	1	1	1	로	10	10	9	9	9	8	8	8	7	7	7	6	6	6	분	5	5	4	4	4	3	3

한로 9일 00시 11분 ⇨ 【甲戌月(갑술월)】(한로, 상강~ 입동 전) 상강 24일 03시 03분

양력 10 / 음력 08/10 – 09/10

양력	1	2	3	4	5	6	7	8	9	10	11	12	13	14	15	16	17	18	19	20	21	22	23	24	25	26	27	28	29	30	31
요일	토	일	월	화	수	목	금	토	일	월	화	수	목	금	토	일	월	화	수	목	금	토	일	월	화	수	목	금	토	일	월
일진 日辰	甲子	乙丑	丙寅	丁卯	戊辰	己巳	庚午	辛未	壬申	癸酉	甲戌	乙亥	丙子	丁丑	戊寅	己卯	庚辰	辛巳	壬午	癸未	甲申	乙酉	丙戌	丁亥	戊子	己丑	庚寅	辛卯	壬辰	癸巳	甲午
음력	10	11	12	13	14	15	16	17	18	19	20	21	22	23	24	25	26	27	28	29	30	9/1	2	3	4	5	6	7	8	9	10
대운 남	8	8	8	9	9	9	10	10	한	1	1	1	1	2	2	2	3	3	3	4	4	4	5	상	5	6	6	6	7	7	7
대운 여	3	2	2	2	1	1	1	1	로	10	9	9	9	8	8	8	7	7	7	6	6	6	5	강	5	4	4	4	3	3	3

입동 8일 03시 00분 ⇨ 【乙亥月(을해월)】(입동, 소설~ 대설 전) 소설 23일 00시 16분

양력 11 / 음력 09/11 – 10/11

양력	1	2	3	4	5	6	7	8	9	10	11	12	13	14	15	16	17	18	19	20	21	22	23	24	25	26	27	28	29	30
요일	화	수	목	금	토	일	월	화	수	목	금	토	일	월	화	수	목	금	토	일	월	화	수	목	금	토	일	월	화	수
일진 日辰	乙未	丙申	丁酉	戊戌	己亥	庚子	辛丑	壬寅	癸卯	甲辰	乙巳	丙午	丁未	戊申	己酉	庚戌	辛亥	壬子	癸丑	甲寅	乙卯	丙辰	丁巳	戊午	己未	庚申	辛酉	壬戌	癸亥	甲子
음력	11	12	13	14	15	16	17	18	19	20	21	22	23	24	25	26	27	28	29	10/1	2	3	4	5	6	7	8	9	10	11
대운 남	8	8	8	9	9	9	10	입	1	1	1	1	2	2	2	3	3	3	4	4	4	5	소	5	6	6	6	7	7	7
대운 여	2	2	2	1	1	1	1	동	9	9	9	8	8	8	7	7	7	6	6	6	5	5	설	4	4	4	3	3	3	2

대설 7일 19시 33분 ⇨ 【丙子月(병자월)】(대설, 동지~소한 전) 동지 22일 13시 23분

양력 12 / 음력 10/12 – 11/12

양력	1	2	3	4	5	6	7	8	9	10	11	12	13	14	15	16	17	18	19	20	21	22	23	24	25	26	27	28	29	30	31
요일	목	금	토	일	월	화	수	목	금	토	일	월	화	수	목	금	토	일	월	화	수	목	금	토	일	월	화	수	목	금	토
일진 日辰	乙丑	丙寅	丁卯	戊辰	己巳	庚午	辛未	壬申	癸酉	甲戌	乙亥	丙子	丁丑	戊寅	己卯	庚辰	辛巳	壬午	癸未	甲申	乙酉	丙戌	丁亥	戊子	己丑	庚寅	辛卯	壬辰	癸巳	甲午	乙未
음력	12	13	14	15	16	17	18	19	20	21	22	23	24	25	26	27	28	29	30	11/1	2	3	4	5	6	7	8	9	10	11	12
대운 남	8	8	8	9	9	9	대	1	1	1	1	2	2	2	3	3	3	4	4	4	5	동	5	6	6	6	7	7	7	8	8
대운 여	2	2	1	1	1	1	설	10	9	9	9	8	8	8	7	7	7	6	6	6	5	지	5	4	4	4	3	3	3	2	2

1950 庚寅年(경인년)

단기 4283년 /불기2494년 대장군(북방), 삼살(북방), 상문(동암방),조객(북방), 납음(송백목), 【삼재(신,유,술)년】

소한 6일 06시 39분 ⇨ **【丁丑月(정축월)】**(소한, 대한~ 입춘 전) 대한 21일 00시 00분

1월 (음력 11/13–12/14)	1	2	3	4	5	6	7	8	9	10	11	12	13	14	15	16	17	18	19	20	21	22	23	24	25	26	27	28	29	30	31
요일	일	월	화	수	목	금	토	일	월	화	수	목	금	토	일	월	화	수	목	금	토	일	월	화	수	목	금	토	일	월	화
일진 日辰	丙申	丁酉	戊戌	己亥	庚子	辛丑	壬寅	癸卯	甲辰	乙巳	丙午	丁未	戊申	己酉	庚戌	辛亥	壬子	癸丑	甲寅	乙卯	丙辰	丁巳	戊午	己未	庚申	辛酉	壬戌	癸亥	甲子	乙丑	丙寅
음력	13	14	15	16	17	18	19	20	21	22	23	24	25	26	27	28	29	12/1	2	3	4	5	6	7	8	9	10	11	12	13	14
대운 남	8	9	9	9	10	소	1	1	1	1	2	2	2	3	3	3	4	4	4	5	대	5	6	6	6	7	7	7	8	8	8
대운 여	2	1	1	1	1	한	9	9	9	8	8	8	7	7	7	6	6	6	5	5	한	4	4	4	3	3	3	2	2	2	1

입춘 4일 18시 21분 ⇨ **【戊寅月(무인월)】**(입춘, 우수~ 경칩 전) 우수 19일 14시 18분

2월 (음력 12/15–01/12)	1	2	3	4	5	6	7	8	9	10	11	12	13	14	15	16	17	18	19	20	21	22	23	24	25	26	27	28	
요일	수	목	금	토	일	월	화	수	목	금	토	일	월	화	수	목	금	토	일	월	화	수	목	금	토	일	월	화	
일진 日辰	丁卯	戊辰	己巳	庚午	辛未	壬申	癸酉	甲戌	乙亥	丙子	丁丑	戊寅	己卯	庚辰	辛巳	壬午	癸未	甲申	乙酉	丙戌	丁亥	戊子	己丑	庚寅	辛卯	壬辰	癸巳	甲午	立春
음력	15	16	17	18	19	20	21	22	23	24	25	26	27	28	29	30	1/1	2	3	4	5	6	7	8	9	10	11	12	
대운 남	9	9	9	입	10	9	9	9	8	8	8	7	7	7	6	6	6	5	우	5	4	4	4	3	3	3	2	2	
대운 여	1	1	1	춘	1	1	1	1	2	2	2	3	3	3	4	4	4	5	수	5	6	6	6	7	7	7	8	8	

경칩 6일 12시 35분 ⇨ **【己卯月(기묘월)】**(경칩, 춘분~ 청명 전) 춘분 21일 13시 35분

3월 (음력 01/13–02/13)	1	2	3	4	5	6	7	8	9	10	11	12	13	14	15	16	17	18	19	20	21	22	23	24	25	26	27	28	29	30	31
요일	수	목	금	토	일	월	화	수	목	금	토	일	월	화	수	목	금	토	일	월	화	수	목	금	토	일	월	화	수	목	금
일진 日辰	乙未	丙申	丁酉	戊戌	己亥	庚子	辛丑	壬寅	癸卯	甲辰	乙巳	丙午	丁未	戊申	己酉	庚戌	辛亥	壬子	癸丑	甲寅	乙卯	丙辰	丁巳	戊午	己未	庚申	辛酉	壬戌	癸亥	甲子	乙丑
음력	13	14	15	16	17	18	19	20	21	22	23	24	25	26	27	28	29	30	2/1	2	3	4	5	6	7	8	9	10	11	12	13
대운 남	2	1	1	1	1	경	10	9	9	9	8	8	8	7	7	7	6	6	6	5	춘	5	4	4	4	3	3	3	2	2	2
대운 여	8	9	9	9	10	칩	1	1	1	1	2	2	2	3	3	3	4	4	4	5	분	5	6	6	6	7	7	7	8	8	8

청명 5일 18시 44분 ⇨ **【庚辰月(경진월)】**(청명, 곡우~ 입하 전) 곡우 21일 01시 59분

4월 (음력 02/14–03/14)	1	2	3	4	5	6	7	8	9	10	11	12	13	14	15	16	17	18	19	20	21	22	23	24	25	26	27	28	29	30
요일	토	일	월	화	수	목	금	토	일	월	화	수	목	금	토	일	월	화	수	목	금	토	일	월	화	수	목	금	토	일
일진 日辰	丙寅	丁卯	戊辰	己巳	庚午	辛未	壬申	癸酉	甲戌	乙亥	丙子	丁丑	戊寅	己卯	庚辰	辛巳	壬午	癸未	甲申	乙酉	丙戌	丁亥	戊子	己丑	庚寅	辛卯	壬辰	癸巳	甲午	乙未
음력	14	15	16	17	18	19	20	21	22	23	24	25	26	27	28	29	3/1	2	3	4	5	6	7	8	9	10	11	12	13	14
대운 남	1	1	1	1	청	10	10	9	9	9	8	8	8	7	7	7	6	6	6	5	곡	5	4	4	4	3	3	3	2	2
대운 여	9	9	9	10	명	1	1	1	1	2	2	2	3	3	3	4	4	4	5	5	우	6	6	6	7	7	7	8	8	8

입하 6일 12시 25분 ⇨ **【辛巳月(신사월)】**(입하, 소만~ 망종 전) 소만 22일 01시 27분

5월 (음력 03/15–04/15)	1	2	3	4	5	6	7	8	9	10	11	12	13	14	15	16	17	18	19	20	21	22	23	24	25	26	27	28	29	30	31
요일	월	화	수	목	금	토	일	월	화	수	목	금	토	일	월	화	수	목	금	토	일	월	화	수	목	금	토	일	월	화	수
일진 日辰	丙申	丁酉	戊戌	己亥	庚子	辛丑	壬寅	癸卯	甲辰	乙巳	丙午	丁未	戊申	己酉	庚戌	辛亥	壬子	癸丑	甲寅	乙卯	丙辰	丁巳	戊午	己未	庚申	辛酉	壬戌	癸亥	甲子	乙丑	丙寅
음력	15	16	17	18	19	20	21	22	23	24	25	26	27	28	29	30	4/1	2	3	4	5	6	7	8	9	10	11	12	13	14	15
대운 남	2	1	1	1	1	입	10	10	9	9	9	8	8	8	7	7	7	6	6	6	5	소	5	4	4	4	3	3	3	2	2
대운 여	9	9	9	10	10	하	1	1	1	1	2	2	2	3	3	3	4	4	4	5	5	만	6	6	6	7	7	7	8	8	8

망종 6일 16시 51분 ⇨ **【壬午月(임오월)】**(망종, 하지~ 소서 전) 하지 22일 09시 36분

6월 (음력 04/16–05/15)	1	2	3	4	5	6	7	8	9	10	11	12	13	14	15	16	17	18	19	20	21	22	23	24	25	26	27	28	29	30
요일	목	금	토	일	월	화	수	목	금	토	일	월	화	수	목	금	토	일	월	화	수	목	금	토	일	월	화	수	목	금
일진 日辰	丁卯	戊辰	己巳	庚午	辛未	壬申	癸酉	甲戌	乙亥	丙子	丁丑	戊寅	己卯	庚辰	辛巳	壬午	癸未	甲申	乙酉	丙戌	丁亥	戊子	己丑	庚寅	辛卯	壬辰	癸巳	甲午	乙未	丙申
음력	16	17	18	19	20	21	22	23	24	25	26	27	28	29	30	5/1	2	3	4	5	6	7	8	9	10	11	12	13	14	15
대운 남	2	1	1	1	1	망	10	10	10	9	9	9	8	8	8	7	7	7	6	6	6	하	5	5	4	4	4	3	3	3
대운 여	9	9	9	10	10	종	1	1	1	1	2	2	2	3	3	3	4	4	4	5	5	지	6	6	6	7	7	7	8	8

대장군(북방), 삼살(북방), 상문(동암방),조객(북방), 납음(송백목), 【삼재(신,유,술)년】
한식(4월06일), 초복(7월14일), 초복(7월24일), 말복(8월13일)
庚寅年(경인년)

서머타임 시작 3월31일 23시→24시로 조정
종료 9월09일 24시→23시로 조정
수정한 시간으로 표기(동경표준시 사용)

1950

소서 8일 03시 13분 ⇨ **【癸未月(계미월)】**(소서, 대서~ 입추 전) 대서 23일 20시 30분

양력	양력	1	2	3	4	5	6	7	8	9	10	11	12	13	14	15	16	17	18	19	20	21	22	23	24	25	26	27	28	29	30	31
7	요일	토	일	월	화	수	목	금	토	일	월	화	수	목	금	토	일	월	화	수	목	금	토	일	월	화	수	목	금	토	일	월
음력	일진 日辰	丁酉	戊戌	己亥	庚子	辛丑	壬寅	癸卯	甲辰	乙巳	丙午	丁未	戊申	己酉	庚戌	辛亥	壬子	癸丑	甲寅	乙卯	丙辰	丁巳	戊午	己未	庚申	辛酉	壬戌	癸亥	甲子	乙丑	丙寅	丁卯
05/16	음력	16	17	18	19	20	21	22	23	24	25	26	27	28	29	6/1	2	3	4	5	6	7	8	9	10	11	12	13	14	15	16	17
~	대운 남	2	2	2	1	1	1	1	소	10	10	9	9	9	8	8	8	7	7	7	6	6	6	대	5	5	4	4	4	3	3	3
06/17	대운 여	8	9	9	9	10	10	10	서	1	1	1	1	2	2	2	3	3	3	4	4	4	5	서	5	6	6	6	7	7	7	8

입추 8일 12시 55분 ⇨ **【甲申月(갑신월)】**(입추, 처서~ 백로 전) 처서 24일 03시 23분

양력	양력	1	2	3	4	5	6	7	8	9	10	11	12	13	14	15	16	17	18	19	20	21	22	23	24	25	26	27	28	29	30	31
8	요일	화	수	목	금	토	일	월	화	수	목	금	토	일	월	화	수	목	금	토	일	월	화	수	목	금	토	일	월	화	수	목
음력	일진 日辰	戊辰	己巳	庚午	辛未	壬申	癸酉	甲戌	乙亥	丙子	丁丑	戊寅	己卯	庚辰	辛巳	壬午	癸未	甲申	乙酉	丙戌	丁亥	戊子	己丑	庚寅	辛卯	壬辰	癸巳	甲午	乙未	丙申	丁酉	戊戌
06/18	음력	18	19	20	21	22	23	24	25	26	27	28	29	30	7/1	2	3	4	5	6	7	8	9	10	11	12	13	14	15	16	17	18
~	대운 남	2	2	2	1	1	1	1	입	10	10	9	9	9	8	8	8	7	7	7	6	6	6	5	처	5	4	4	4	3	3	3
07/18	대운 여	8	8	9	9	9	10	10	추	1	1	1	1	2	2	2	3	3	3	4	4	4	5	5	서	6	6	6	7	7	7	8

백로 8일 15시 34분 ⇨ **【乙酉月(을유월)】**(백로, 추분-한로 전) 추분23일 23시 44분

양력	양력	1	2	3	4	5	6	7	8	9	10	11	12	13	14	15	16	17	18	19	20	21	22	23	24	25	26	27	28	29	30
9	요일	금	토	일	월	화	수	목	금	토	일	월	화	수	목	금	토	일	월	화	수	목	금	토	일	월	화	수	목	금	토
음력	일진 日辰	己亥	庚子	辛丑	壬寅	癸卯	甲辰	乙巳	丙午	丁未	戊申	己酉	庚戌	辛亥	壬子	癸丑	甲寅	乙卯	丙辰	丁巳	戊午	己未	庚申	辛酉	壬戌	癸亥	甲子	乙丑	丙寅	丁卯	戊辰
07/19	음력	19	20	21	22	23	24	25	26	27	28	29	8/1	2	3	4	5	6	7	8	9	10	11	12	13	14	15	16	17	18	19
~	대운 남	2	2	2	1	1	1	1	백	10	10	9	9	9	8	8	8	7	7	7	6	6	6	추	5	5	4	4	4	3	3
08/19	대운 여	8	8	9	9	9	10	10	로	1	1	1	1	2	2	2	3	3	3	4	4	4	5	분	5	6	6	6	7	7	7

한로 9일 05시 52분 ⇨ **【丙戌月(병술월)】**(한로, 상강~ 입동 전) 상강 24일 08시 45분

양력	양력	1	2	3	4	5	6	7	8	9	10	11	12	13	14	15	16	17	18	19	20	21	22	23	24	25	26	27	28	29	30	31
10	요일	일	월	화	수	목	금	토	일	월	화	수	목	금	토	일	월	화	수	목	금	토	일	월	화	수	목	금	토	일	월	화
음력	일진 日辰	己巳	庚午	辛未	壬申	癸酉	甲戌	乙亥	丙子	丁丑	戊寅	己卯	庚辰	辛巳	壬午	癸未	甲申	乙酉	丙戌	丁亥	戊子	己丑	庚寅	辛卯	壬辰	癸巳	甲午	乙未	丙申	丁酉	戊戌	己亥
08/20	음력	20	21	22	23	24	25	26	27	28	29	9/1	2	3	4	5	6	7	8	9	10	11	12	13	14	15	16	17	18	19	20	21
~	대운 남	3	2	2	2	1	1	1	1	한	10	9	9	9	8	8	8	7	7	7	6	6	6	5	상	5	4	4	4	3	3	3
09/21	대운 여	8	8	8	9	9	9	10	10	로	1	1	1	1	2	2	2	3	3	3	4	4	4	5	강	5	6	6	6	7	7	7

입동 8일 08시 44분 ⇨ **【丁亥月(정해월)】**(입동, 소설~ 대설 전) 소설 23일 06시 03분

양력	양력	1	2	3	4	5	6	7	8	9	10	11	12	13	14	15	16	17	18	19	20	21	22	23	24	25	26	27	28	29	30
11	요일	수	목	금	토	일	월	화	수	목	금	토	일	월	화	수	목	금	도	일	월	화	수	목	금	토	일	월	화	수	목
음력	일진 日辰	庚子	辛丑	壬寅	癸卯	甲辰	乙巳	丙午	丁未	戊申	己酉	庚戌	辛亥	壬子	癸丑	甲寅	乙卯	丙辰	丁巳	戊午	己未	庚申	辛酉	壬戌	癸亥	甲子	乙丑	丙寅	丁卯	戊辰	己巳
09/22	음력	22	23	24	25	26	27	28	29	30	10/1	2	3	4	5	6	7	8	9	10	11	12	13	14	15	16	17	18	19	20	21
~	대운 남	2	2	2	1	1	1	1	입	10	9	9	9	8	8	8	7	7	7	6	6	6	5	소	5	4	4	4	3	3	3
10/21	대운 여	8	8	8	9	9	9	10	동	1	1	1	1	2	2	2	3	3	3	4	4	4	5	설	5	6	6	6	7	7	7

대설 8일 01시 22분 ⇨ **【戊子月(무자월)】**(대설, 동지~소한 전) 동지 22일 19시 13분

양력	양력	1	2	3	4	5	6	7	8	9	10	11	12	13	14	15	16	17	18	19	20	21	22	23	24	25	26	27	28	29	30	31
12	요일	금	토	일	월	화	수	목	금	토	일	월	화	수	목	금	토	일	월	화	수	목	금	토	일	월	화	수	목	금	토	일
음력	일진 日辰	庚午	辛未	壬申	癸酉	甲戌	乙亥	丙子	丁丑	戊寅	己卯	庚辰	辛巳	壬午	癸未	甲申	乙酉	丙戌	丁亥	戊子	己丑	庚寅	辛卯	壬辰	癸巳	甲午	乙未	丙申	丁酉	戊戌	己亥	庚子
10/22	음력	22	23	24	25	26	27	28	29	11/1	2	3	4	5	6	7	8	9	10	11	12	13	14	15	16	17	18	19	20	21	22	23
~	대운 남	2	2	2	1	1	1	1	대	9	9	9	8	8	8	7	7	7	6	6	6	5	동	5	4	4	4	3	3	3	2	2
11/23	대운 여	8	8	8	9	9	9	10	설	1	1	1	1	2	2	2	3	3	3	4	4	4	지	5	5	6	6	6	7	7	7	8

1951 辛卯年(신묘년)

단기4284년 /불기2495년 대장군(북방), 삼살(서방), 상문(동남방),조객(동북방), 납음(송백목), 【삼재(사,오,미)년】

소한 6일 12시 30분 ⇨ 【己丑月(기축월)】(소한, 대한~ 입춘 전) 대한 21일 05시 52분

양력 **1** / 음력 11/24 ~ 12/24

양력		1	2	3	4	5	6	7	8	9	10	11	12	13	14	15	16	17	18	19	20	21	22	23	24	25	26	27	28	29	30	31
요일		월	화	수	목	금	토	일	월	화	수	목	금	토	일	월	화	수	목	금	토	일	월	화	수	목	금	토	일	월	화	수
일진 日辰		辛丑	壬寅	癸卯	甲辰	乙巳	丙午	丁未	戊申	己酉	庚戌	辛亥	壬子	癸丑	甲寅	乙卯	丙辰	丁巳	戊午	己未	庚申	辛酉	壬戌	癸亥	甲子	乙丑	丙寅	丁卯	戊辰	己巳	庚午	辛未
음력		24	25	26	27	28	29	30	12/1	2	3	4	5	6	7	8	9	10	11	12	13	14	15	16	17	18	19	20	21	22	23	24
대운	남	2	1	1	1	1	소	10	9	9	9	8	8	8	7	7	7	6	6	6	5	대	5	4	4	4	3	3	3	2	2	2
	여	8	8	9	9	9	한	1	1	1	1	2	2	2	3	3	3	4	4	4	5	한	5	6	6	6	7	7	7	8	8	8

입춘 5일 00시 13분 ⇨ 【庚寅月(경인월)】(입춘, 우수~ 경칩 전) 우수 19일 20시 10분

양력 **2** / 음력 12/25 ~ 01/23

양력		1	2	3	4	5	6	7	8	9	10	11	12	13	14	15	16	17	18	19	20	21	22	23	24	25	26	27	28
요일		목	금	토	일	월	화	수	목	금	토	일	월	화	수	목	금	토	일	월	화	수	목	금	토	일	월	화	수
일진 日辰		壬申	癸酉	甲戌	乙亥	丙子	丁丑	戊寅	己卯	庚辰	辛巳	壬午	癸未	甲申	乙酉	丙戌	丁亥	戊子	己丑	庚寅	辛卯	壬辰	癸巳	甲午	乙未	丙申	丁酉	戊戌	己亥
음력		25	26	27	28	29	1/1	2	3	4	5	6	7	8	9	10	11	12	13	14	15	16	17	18	19	20	21	22	23
대운	남	1	1	1	1	입	1	1	1	1	2	2	2	3	3	3	4	4	4	우	5	5	6	6	6	7	7	7	8
	여	9	9	9	10	춘	9	9	9	8	8	8	7	7	7	6	6	6	5	수	5	4	4	4	3	3	3	2	2

立春

경칩 6일 18시 27분 ⇨ 【辛卯月(신묘월)】(경칩, 춘분~ 청명 전) 춘분 21일 19시 26분

양력 **3** / 음력 01/24 ~ 02/24

양력		1	2	3	4	5	6	7	8	9	10	11	12	13	14	15	16	17	18	19	20	21	22	23	24	25	26	27	28	29	30	31
요일		목	금	토	일	월	화	수	목	금	토	일	월	화	수	목	금	토	일	월	화	수	목	금	토	일	월	화	수	목	금	토
일진 日辰		庚子	辛丑	壬寅	癸卯	甲辰	乙巳	丙午	丁未	戊申	己酉	庚戌	辛亥	壬子	癸丑	甲寅	乙卯	丙辰	丁巳	戊午	己未	庚申	辛酉	壬戌	癸亥	甲子	乙丑	丙寅	丁卯	戊辰	己巳	庚午
음력		24	25	26	27	28	29	30	2/1	2	3	4	5	6	7	8	9	10	11	12	13	14	15	16	17	18	19	20	21	22	23	24
대운	남	8	8	9	9	9	경	1	1	1	1	2	2	2	3	3	3	4	4	4	5	춘	5	6	6	6	7	7	7	8	8	8
	여	2	1	1	1	1	칩	10	9	9	9	8	8	8	7	7	7	6	6	6	5	분	5	4	4	4	3	3	3	2	2	2

청명 5일 23시 33분 ⇨ 【壬辰月(임진월)】(청명, 곡우~ 입하 전) 곡우 21일 06시 48분

양력 **4** / 음력 02/25 ~ 03/25

양력		1	2	3	4	5	6	7	8	9	10	11	12	13	14	15	16	17	18	19	20	21	22	23	24	25	26	27	28	29	30
요일		일	월	화	수	목	금	토	일	월	화	수	목	금	토	일	월	화	수	목	금	토	일	월	화	수	목	금	토	일	월
일진 日辰		辛未	壬申	癸酉	甲戌	乙亥	丙子	丁丑	戊寅	己卯	庚辰	辛巳	壬午	癸未	甲申	乙酉	丙戌	丁亥	戊子	己丑	庚寅	辛卯	壬辰	癸巳	甲午	乙未	丙申	丁酉	戊戌	己亥	庚子
음력		25	26	27	28	29	3/1	2	3	4	5	6	7	8	9	10	11	12	13	14	15	16	17	18	19	20	21	22	23	24	25
대운	남	9	9	9	10	청	1	1	1	1	2	2	2	3	3	3	4	4	4	5	5	곡	6	6	6	7	7	7	8	8	8
	여	1	1	1	1	명	10	10	9	9	9	8	8	8	7	7	7	6	6	6	5	우	5	4	4	4	3	3	3	2	2

입하 6일 17시 09분 ⇨ 【癸巳月(계사월)】(입하, 소민~ 망종 전) 소만 22일 07시 15분

양력 **5** / 음력 03/26 ~ 04/26

양력		1	2	3	4	5	6	7	8	9	10	11	12	13	14	15	16	17	18	19	20	21	22	23	24	25	26	27	28	29	30	31
요일		화	수	목	금	토	일	월	화	수	목	금	토	일	월	화	수	목	금	토	일	월	화	수	목	금	토	일	월	화	수	목
일진 日辰		辛丑	壬寅	癸卯	甲辰	乙巳	丙午	丁未	戊申	己酉	庚戌	辛亥	壬子	癸丑	甲寅	乙卯	丙辰	丁巳	戊午	己未	庚申	辛酉	壬戌	癸亥	甲子	乙丑	丙寅	丁卯	戊辰	己巳	庚午	辛未
음력		26	27	28	29	30	4/1	2	3	4	5	6	7	8	9	10	11	12	13	14	15	16	17	18	19	20	21	22	23	24	25	26
대운	남	9	9	9	10	10	입	1	1	1	1	2	2	2	3	3	3	4	4	4	5	5	소	6	6	6	7	7	7	8	8	8
	여	2	1	1	1	1	하	10	10	9	9	9	8	8	8	7	7	7	6	6	6	5	만	5	4	4	4	3	3	3	2	2

망종 6일 22시 33분 ⇨ 【甲午月(갑오월)】(망종, 하지~ 소서 전) 하지 22일 15시 25분

양력 **6** / 음력 04/27 ~ 05/26

양력		1	2	3	4	5	6	7	8	9	10	11	12	13	14	15	16	17	18	19	20	21	22	23	24	25	26	27	28	29	30
요일		금	토	일	월	화	수	목	금	토	일	월	화	수	목	금	토	일	월	화	수	목	금	토	일	월	화	수	목	금	토
일진 日辰		壬申	癸酉	甲戌	乙亥	丙子	丁丑	戊寅	己卯	庚辰	辛巳	壬午	癸未	甲申	乙酉	丙戌	丁亥	戊子	己丑	庚寅	辛卯	壬辰	癸巳	甲午	乙未	丙申	丁酉	戊戌	己亥	庚子	辛丑
음력		27	28	29	30	5/1	2	3	4	5	6	7	8	9	10	11	12	13	14	15	16	17	18	19	20	21	22	23	24	25	26
대운	남	9	9	9	10	10	망	1	1	1	1	2	2	2	3	3	3	4	4	4	5	5	하	6	6	6	7	7	7	8	8
	여	2	1	1	1	1	종	10	10	10	9	9	9	8	8	8	7	7	7	6	6	6	지	5	5	4	4	4	3	3	3

대장군(북방), 삼살(서방), 상문(동남방),조객(동북방), 납음(송백목), 【삼재(사,오,미)년】

한식(4월06일), 초복(7월19일), 중복(7월29일), 말복(8월08일) 서머타임 시작 3월31일 23시→24시로 조정
종료 9월09일 24시→23시로 조정
수정한 시간으로 표기(동경표준시 사용)

辛卯年(신묘년)

소서 8일 08시 54분 ⇨ 【乙未月(을미월)】(소서, 대서~ 입추 전) 대서 24일 02시 21분

양력 7	양력	1	2	3	4	5	6	7	8	9	10	11	12	13	14	15	16	17	18	19	20	21	22	23	24	25	26	27	28	29	30	31
	요일	일	월	화	수	목	금	토	일	월	화	수	목	금	토	일	월	화	수	목	금	토	일	월	화	수	목	금	토	일	월	화
	일진 日辰	壬寅	癸卯	甲辰	乙巳	丙午	丁未	戊申	己酉	庚戌	辛亥	壬子	癸丑	甲寅	乙卯	丙辰	丁巳	戊午	己未	庚申	辛酉	壬戌	癸亥	甲子	乙丑	丙寅	丁卯	戊辰	己巳	庚午	辛未	壬申
음력 05/27 ~ 06/28	음력	27	28	29	6/1	2	3	4	5	6	7	8	9	10	11	12	13	14	15	16	17	18	19	20	21	22	23	24	25	26	27	28
대운	남	8	9	9	9	10	10	10	소	1	1	1	1	2	2	2	3	3	3	4	4	4	5	5	대	6	6	6	7	7	7	8
	여	2	2	2	1	1	1	1	서	10	10	9	9	9	8	8	8	7	7	7	6	6	6	5	서	5	4	4	4	3	3	3

입추 8일 18시 37분 ⇨ 【丙申月(병신월)】(입추, 처서~ 백로 전) 처서 24일 09시 16분

양력 8	양력	1	2	3	4	5	6	7	8	9	10	11	12	13	14	15	16	17	18	19	20	21	22	23	24	25	26	27	28	29	30	31
	요일	수	목	금	토	일	월	화	수	목	금	토	일	월	화	수	목	금	토	일	월	화	수	목	금	토	일	월	화	수	목	금
	일진 日辰	癸酉	甲戌	乙亥	丙子	丁丑	戊寅	己卯	庚辰	辛巳	壬午	癸未	甲申	乙酉	丙戌	丁亥	戊子	己丑	庚寅	辛卯	壬辰	癸巳	甲午	乙未	丙申	丁酉	戊戌	己亥	庚子	辛丑	壬寅	癸卯
음력 06/29 ~ 07/29	음력	29	30	7/1	2	3	4	5	6	7	8	9	10	11	12	13	14	15	16	17	18	19	20	21	22	23	24	25	26	27	28	29
대운	남	8	8	9	9	9	10	10	입	1	1	1	1	2	2	2	3	3	3	4	4	4	5	5	처	6	6	6	7	7	7	8
	여	2	2	2	1	1	1	1	추	10	10	9	9	9	8	8	8	7	7	7	6	6	6	5	서	5	4	4	4	3	3	3

백로 8일 21시 18분 ⇨ 【丁酉月(정유월)】(백로, 추분-한로 전) 추분24일 05시 37분

양력 9	양력	1	2	3	4	5	6	7	8	9	10	11	12	13	14	15	16	17	18	19	20	21	22	23	24	25	26	27	28	29	30
	요일	토	일	월	화	수	목	금	토	일	월	화	수	목	금	토	일	월	화	수	목	금	토	일	월	화	수	목	금	토	일
	일진 日辰	甲辰	乙巳	丙午	丁未	戊申	己酉	庚戌	辛亥	壬子	癸丑	甲寅	乙卯	丙辰	丁巳	戊午	己未	庚申	辛酉	壬戌	癸亥	甲子	乙丑	丙寅	丁卯	戊辰	己巳	庚午	辛未	壬申	癸酉
음력 08/01 ~ 08/30	음력	8/1	2	3	4	5	6	7	8	9	10	11	12	13	14	15	16	17	18	19	20	21	22	23	24	25	26	27	28	29	30
대운	남	8	8	9	9	9	10	10	백	1	1	1	1	2	2	2	3	3	3	4	4	4	5	5	추	6	6	6	7	7	7
	여	2	2	2	1	1	1	1	로	10	10	9	9	9	8	8	8	7	7	7	6	6	6	5	분	5	4	4	4	3	3

한로 9일 11시 36분 ⇨ 【戊戌月(무술월)】(한로, 상강~ 입동 전) 상강 24일 14시 36분

양력 10	양력	1	2	3	4	5	6	7	8	9	10	11	12	13	14	15	16	17	18	19	20	21	22	23	24	25	26	27	28	29	30	31
	요일	월	화	수	목	금	토	일	월	화	수	목	금	토	일	월	화	수	목	금	토	일	월	화	수	목	금	토	일	월	화	수
	일진 日辰	甲戌	乙亥	丙子	丁丑	戊寅	己卯	庚辰	辛巳	壬午	癸未	甲申	乙酉	丙戌	丁亥	戊子	己丑	庚寅	辛卯	壬辰	癸巳	甲午	乙未	丙申	丁酉	戊戌	己亥	庚子	辛丑	壬寅	癸卯	甲辰
음력 09/01 ~ 10/02	음력	9/1	2	3	4	5	6	7	8	9	10	11	12	13	14	15	16	17	18	19	20	21	22	23	24	25	26	27	28	29	10/1	2
대운	남	8	8	8	9	9	9	10	10	한	1	1	1	1	2	2	2	3	3	3	4	4	4	5	상	5	6	6	6	7	7	7
	여	3	2	2	2	1	1	1	1	로	10	9	9	9	8	8	8	7	7	7	6	6	6	5	강	5	4	4	4	3	3	3

입동 8일 14시 27분 ⇨ 【己亥月(기해월)】(입동, 소설~ 대설 전) 소설 23일 11시 51분

양력 11	양력	1	2	3	4	5	6	7	8	9	10	11	12	13	14	15	16	17	18	19	20	21	22	23	24	25	26	27	28	29	30
	요일	목	금	토	일	월	화	수	목	금	토	일	월	화	수	목	금	토	일	월	화	수	목	금	토	일	월	화	수	목	금
	일진 日辰	乙巳	丙午	丁未	戊申	己酉	庚戌	辛亥	壬子	癸丑	甲寅	乙卯	丙辰	丁巳	戊午	己未	庚申	辛酉	壬戌	癸亥	甲子	乙丑	丙寅	丁卯	戊辰	己巳	庚午	辛未	壬申	癸酉	甲戌
음력 10/03 ~ 11/02	음력	3	4	5	6	7	8	9	10	11	12	13	14	15	16	17	18	19	20	21	22	23	24	25	26	27	28	29	30	11/1	2
대운	남	8	8	8	9	9	9	10	입	1	1	1	1	2	2	2	3	3	3	4	4	4	5	소	5	6	6	6	7	7	7
	여	2	2	2	1	1	1	1	동	10	9	9	9	8	8	8	7	7	7	6	6	6	5	설	5	4	4	4	3	3	3

대설 8일 07시 02분 ⇨ 【庚子月(경자월)】(대설, 동지~소한 전) 동지 23일 01시 00분

양력 12	양력	1	2	3	4	5	6	7	8	9	10	11	12	13	14	15	16	17	18	19	20	21	22	23	24	25	26	27	28	29	30	31
	요일	토	일	월	화	수	목	금	토	일	월	화	수	목	금	토	일	월	화	수	목	금	토	일	월	화	수	목	금	토	일	월
	일진 日辰	乙亥	丙子	丁丑	戊寅	己卯	庚辰	辛巳	壬午	癸未	甲申	乙酉	丙戌	丁亥	戊子	己丑	庚寅	辛卯	壬辰	癸巳	甲午	乙未	丙申	丁酉	戊戌	己亥	庚子	辛丑	壬寅	癸卯	甲辰	乙巳
음력 11/03 ~ 12/04	음력	3	4	5	6	7	8	9	10	11	12	13	14	15	16	17	18	19	20	21	22	23	24	25	26	27	28	29	12/1	2	3	4
대운	남	8	8	8	9	9	9	10	대	1	1	1	1	2	2	2	3	3	3	4	4	4	5	동	5	6	6	6	7	7	7	8
	여	2	2	2	1	1	1	1	설	9	9	9	8	8	8	7	7	7	6	6	6	5	5	지	4	4	4	3	3	3	2	2

윤5월 大 1952 壬辰年(임진년)

단기 4285년 /불기2496년 대장군(북방), 삼살(남방), 상문(남방), 조객(동북방),납음(장류수), 삼재(인,묘,진)

소한 6일 18시 10분 ⇨ **【辛丑月(신축월)】**(소한, 대한~ 입춘 전) 대한 21일 11시 38분

양력 1 / 음력 12/05 ~ 01/05

양력	1	2	3	4	5	6	7	8	9	10	11	12	13	14	15	16	17	18	19	20	21	22	23	24	25	26	27	28	29	30	31
요일	화	수	목	금	토	일	월	화	수	목	금	토	일	월	화	수	목	금	토	일	월	화	수	목	금	토	일	월	화	수	목
일진 日辰	丙午	丁未	戊申	己酉	庚戌	辛亥	壬子	癸丑	甲寅	乙卯	丙辰	丁巳	戊午	己未	庚申	辛酉	壬戌	癸亥	甲子	乙丑	丙寅	丁卯	戊辰	己巳	庚午	辛未	壬申	癸酉	甲戌	乙亥	丙子
음력	5	6	7	8	9	10	11	12	13	14	15	16	17	18	19	20	21	22	23	24	25	26	27	28	29	30	1/1	2	3	4	5
대운 남	8	8	9	9	9	소	1	1	1	1	2	2	2	3	3	3	4	4	4	5	대	5	6	6	6	7	7	7	8	8	8
대운 여	2	1	1	1	1	한	10	9	9	9	8	8	8	7	7	7	6	6	6	5	한	5	4	4	4	3	3	3	2	2	2

입춘 5일 05시 53분 ⇨ **【壬寅月(임인월)】**(입춘, 우수~ 경칩 전) 우수 20일 01시 57분

양력 2 / 음력 01/06 ~ 02/05 — 立春

양력	1	2	3	4	5	6	7	8	9	10	11	12	13	14	15	16	17	18	19	20	21	22	23	24	25	26	27	28	29
요일	금	토	일	월	화	수	목	금	토	일	월	화	수	목	금	토	일	월	화	수	목	금	토	일	월	화	수	목	금
일진 日辰	丁丑	戊寅	己卯	庚辰	辛巳	壬午	癸未	甲申	乙酉	丙戌	丁亥	戊子	己丑	庚寅	辛卯	壬辰	癸巳	甲午	乙未	丙申	丁酉	戊戌	己亥	庚子	辛丑	壬寅	癸卯	甲辰	乙巳
음력	6	7	8	9	10	11	12	13	14	15	16	17	18	19	20	21	22	23	24	25	26	27	28	29	2/1	2	3	4	5
대운 남	9	9	9	10	입	10	9	9	9	8	8	8	7	7	7	6	6	6	5	우	5	4	4	4	3	3	3	2	2
대운 여	1	1	1	1	춘	1	1	1	1	2	2	2	3	3	3	4	4	4	5	수	5	6	6	6	7	7	7	8	8

경칩 6일 00시 07분 ⇨ **【癸卯月(계묘월)】**(경칩, 춘분~ 청명 전) 춘분 21일 01시 14분

양력 3 / 음력 02/06 ~ 03/06

양력	1	2	3	4	5	6	7	8	9	10	11	12	13	14	15	16	17	18	19	20	21	22	23	24	25	26	27	28	29	30	31
요일	토	일	월	화	수	목	금	토	일	월	화	수	목	금	토	일	월	화	수	목	금	토	일	월	화	수	목	금	토	일	월
일진 日辰	丙午	丁未	戊申	己酉	庚戌	辛亥	壬子	癸丑	甲寅	乙卯	丙辰	丁巳	戊午	己未	庚申	辛酉	壬戌	癸亥	甲子	乙丑	丙寅	丁卯	戊辰	己巳	庚午	辛未	壬申	癸酉	甲戌	乙亥	丙子
음력	6	7	8	9	10	11	12	13	14	15	16	17	18	19	20	21	22	23	24	25	26	27	28	29	30	3/1	2	3	4	5	6
대운 남	2	1	1	1	1	경	10	9	9	9	8	8	8	7	7	7	6	6	6	5	춘	5	4	4	4	3	3	3	2	2	2
대운 여	8	9	9	9	10	칩	1	1	1	1	2	2	2	3	3	3	4	4	4	5	분	5	6	6	6	7	7	7	8	8	8

청명 5일 05시 15분 ⇨ **【甲辰月(갑진월)】**(청명, 곡우~ 입하 전) 곡우 20일 12시 37분

양력 4 / 음력 03/07 ~ 04/07

양력	1	2	3	4	5	6	7	8	9	10	11	12	13	14	15	16	17	18	19	20	21	22	23	24	25	26	27	28	29	30
요일	화	수	목	금	토	일	월	화	수	목	금	토	일	월	화	수	목	금	토	일	월	화	수	목	금	토	일	월	화	수
일진 日辰	丁丑	戊寅	己卯	庚辰	辛巳	壬午	癸未	甲申	乙酉	丙戌	丁亥	戊子	己丑	庚寅	辛卯	壬辰	癸巳	甲午	乙未	丙申	丁酉	戊戌	己亥	庚子	辛丑	壬寅	癸卯	甲辰	乙巳	丙午
음력	7	8	9	10	11	12	13	14	15	16	17	18	19	20	21	22	23	24	25	26	27	28	29	4/1	2	3	4	5	6	7
대운 남	1	1	1	1	청	10	9	9	9	8	8	8	7	7	7	6	6	6	5	곡	5	4	4	4	3	3	3	2	2	2
대운 여	9	9	9	10	명	1	1	1	1	2	2	2	3	3	3	4	4	4	5	우	5	6	6	6	7	7	7	8	8	8

입하 5일 22시 54분 ⇨ **【乙巳月(을사월)】**(입하, 소만~ 망종 전) 소만 21일 12시 04분

양력 5 / 음력 04/08 ~ 05/08

양력	1	2	3	4	5	6	7	8	9	10	11	12	13	14	15	16	17	18	19	20	21	22	23	24	25	26	27	28	29	30	31
요일	목	금	토	일	월	화	수	목	금	토	일	월	화	수	목	금	토	일	월	화	수	목	금	토	일	월	화	수	목	금	토
일진 日辰	丁未	戊申	己酉	庚戌	辛亥	壬子	癸丑	甲寅	乙卯	丙辰	丁巳	戊午	己未	庚申	辛酉	壬戌	癸亥	甲子	乙丑	丙寅	丁卯	戊辰	己巳	庚午	辛未	壬申	癸酉	甲戌	乙亥	丙子	丁丑
음력	8	9	10	11	12	13	14	15	16	17	18	19	20	21	22	23	24	25	26	27	28	29	30	5/1	2	3	4	5	6	7	8
대운 남	1	1	1	1	입	10	10	10	9	9	9	8	8	8	7	7	7	6	6	6	소	5	5	4	4	4	3	3	3	2	2
대운 여	9	9	9	10	하	1	1	1	1	2	2	2	3	3	3	4	4	4	5	5	만	6	6	6	7	7	7	8	8	8	9

망종 6일 03시 20분 ⇨ **【丙午月(병오월)】**(망종, 하지~ 소서 전) 하지 21일 20시 13분

양력 6 / 음력 05/09 ~ 윤509

양력	1	2	3	4	5	6	7	8	9	10	11	12	13	14	15	16	17	18	19	20	21	22	23	24	25	26	27	28	29	30
요일	일	월	화	수	목	금	토	일	월	화	수	목	금	토	일	월	화	수	목	금	토	일	월	화	수	목	금	토	일	월
일진 日辰	戊寅	己卯	庚辰	辛巳	壬午	癸未	甲申	乙酉	丙戌	丁亥	戊子	己丑	庚寅	辛卯	壬辰	癸巳	甲午	乙未	丙申	丁酉	戊戌	己亥	庚子	辛丑	壬寅	癸卯	甲辰	乙巳	丙午	丁未
음력	9	10	11	12	13	14	15	16	17	18	19	20	21	22	23	24	25	26	27	28	29	윤5	2	3	4	5	6	7	8	9
대운 남	2	1	1	1	1	망	10	10	9	9	9	8	8	8	7	7	7	6	6	6	하	5	5	4	4	4	3	3	3	2
대운 여	9	9	10	10	10	종	1	1	1	1	2	2	2	3	3	3	4	4	4	5	지	5	6	6	6	7	7	7	8	8

대장군(남방), 삼살(남방), 상문(서북방),조객(남방), 납음(검봉금), 【삼재(인,묘,진)년】
한식(4월06일), 초복(7월13일), 중복(7월23일), 말복(8월12일)

壬辰年(임진년)

1952

소서 7일 13시 45분 ⇨ 【丁未月(정미월)】(소서, 대서~ 입추 전) 대서 23일 07시 07분

양력	양력	1	2	3	4	5	6	7	8	9	10	11	12	13	14	15	16	17	18	19	20	21	22	23	24	25	26	27	28	29	30	31
7	요일	화	수	목	금	토	일	월	화	수	목	금	토	일	월	화	수	목	금	토	일	월	화	수	목	금	토	일	월	화	수	목
	일진 日辰	戊申	己酉	庚戌	辛亥	壬子	癸丑	甲寅	乙卯	丙辰	丁巳	戊午	己未	庚申	辛酉	壬戌	癸亥	甲子	乙丑	丙寅	丁卯	戊辰	己巳	庚午	辛未	壬申	癸酉	甲戌	乙亥	丙子	丁丑	戊寅
음력 윤510 ~ 06/10	음력	10	11	12	13	14	15	16	17	18	19	20	21	22	23	24	25	26	27	28	29	30	6/1	2	3	4	5	6	7	8	9	10
대운	남	2	2	1	1	1	1	소	10	10	9	9	9	8	8	8	7	7	7	6	6	6	5	대	5	4	4	4	3	3	3	2
	여	8	9	9	9	10	10	서	1	1	1	1	2	2	2	3	3	3	4	4	4	5	5	서	6	6	6	7	7	7	8	8

입추 7일 23시 31분 ⇨ 【戊申月(무신월)】(입추, 처서~ 백로 전) 처서 23일 14시 03분

양력	양력	1	2	3	4	5	6	7	8	9	10	11	12	13	14	15	16	17	18	19	20	21	22	23	24	25	26	27	28	29	30	31
8	요일	금	토	일	월	화	수	목	금	토	일	월	화	수	목	금	토	일	월	화	수	목	금	토	일	월	화	수	목	금	토	일
	일진 日辰	己卯	庚辰	辛巳	壬午	癸未	甲申	乙酉	丙戌	丁亥	戊子	己丑	庚寅	辛卯	壬辰	癸巳	甲午	乙未	丙申	丁酉	戊戌	己亥	庚子	辛丑	壬寅	癸卯	甲辰	乙巳	丙午	丁未	戊申	己酉
음력 06/11 ~ 07/11	음력	11	12	13	14	15	16	17	18	19	20	21	22	23	24	25	26	27	28	29	30	7/1	2	3	4	5	6	7	8	9	10	11
대운	남	2	2	1	1	1	1	입	10	10	10	9	9	9	8	8	8	7	7	7	6	6	6	처	5	5	4	4	4	3	3	3
	여	8	9	9	9	10	10	추	1	1	1	1	2	2	2	3	3	3	4	4	4	5	5	서	6	6	6	7	7	7	8	8

백로 8일 02시 14분 ⇨ 【己酉月(기유월)】(백로, 추분-한로 전) 추분7일 11시 24분

양력	양력	1	2	3	4	5	6	7	8	9	10	11	12	13	14	15	16	17	18	19	20	21	22	23	24	25	26	27	28	29	30
9	요일	월	화	수	목	금	토	일	월	화	수	목	금	토	일	월	화	수	목	금	토	일	월	화	수	목	금	토	일	월	화
	일진 日辰	庚戌	辛亥	壬子	癸丑	甲寅	乙卯	丙辰	丁巳	戊午	己未	庚申	辛酉	壬戌	癸亥	甲子	乙丑	丙寅	丁卯	戊辰	己巳	庚午	辛未	壬申	癸酉	甲戌	乙亥	丙子	丁丑	戊寅	己卯
음력 07/12 ~ 08/12	음력	12	13	14	15	16	17	18	19	20	21	22	23	24	25	26	27	28	29	8/1	2	3	4	5	6	7	8	9	10	11	12
대운	남	2	2	2	1	1	1	1	백	10	9	9	9	8	8	8	7	7	7	6	6	6	5	추	5	4	4	4	3	3	3
	여	8	9	9	9	10	10	10	로	1	1	1	1	2	2	2	3	3	3	4	4	4	5	분	5	6	6	6	7	7	7

한로 8일 17시 32분 ⇨ 【庚戌月(경술월)】(한로, 상강~ 입동 전) 상강 23일 20시 22분

양력	양력	1	2	3	4	5	6	7	8	9	10	11	12	13	14	15	16	17	18	19	20	21	22	23	24	25	26	27	28	29	30	31
10	요일	수	목	금	토	일	월	화	수	목	금	토	일	월	화	수	목	금	토	일	월	화	수	목	금	토	일	월	화	수	목	금
	일진 日辰	庚辰	辛巳	壬午	癸未	甲申	乙酉	丙戌	丁亥	戊子	己丑	庚寅	辛卯	壬辰	癸巳	甲午	乙未	丙申	丁酉	戊戌	己亥	庚子	辛丑	壬寅	癸卯	甲辰	乙巳	丙午	丁未	戊申	己酉	庚戌
음력 08/13 ~ 09/13	음력	13	14	15	16	17	18	19	20	21	22	23	24	25	26	27	28	29	30	9/1	2	3	4	5	6	7	8	9	10	11	12	13
대운	남	2	2	2	1	1	1	1	한	10	9	9	9	8	8	8	7	7	7	6	6	6	5	상	5	4	4	4	3	3	3	2
	여	8	8	8	9	9	9	10	로	1	1	1	1	2	2	2	3	3	3	4	4	4	5	강	5	6	6	6	7	7	7	8

입동 7일 20시 22분 ⇨ 【辛亥月(신해월)】(입동, 소설~ 대설 전) 소설 22일 17시 36분

양력	양력	1	2	3	4	5	6	7	8	9	10	11	12	13	14	15	16	17	18	19	20	21	22	23	24	25	26	27	28	29	30
11	요일	토	일	월	화	수	목	금	토	일	월	화	수	목	금	토	일	월	화	수	목	금	토	일	월	화	수	목	금	토	일
	일진 日辰	辛亥	壬子	癸丑	甲寅	乙卯	丙辰	丁巳	戊午	己未	庚申	辛酉	壬戌	癸亥	甲子	乙丑	丙寅	丁卯	戊辰	己巳	庚午	辛未	壬申	癸酉	甲戌	乙亥	丙子	丁丑	戊寅	己卯	庚辰
음력 09/14 ~ 10/14	음력	14	15	16	17	18	19	20	21	22	23	24	25	26	27	28	29	10/1	2	3	4	5	6	7	8	9	10	11	12	13	14
대운	남	2	2	1	1	1	1	입	10	9	9	9	8	8	8	7	7	7	6	6	6	5	소	5	4	4	4	3	3	3	2
	여	8	8	9	9	9	10	동	1	1	1	1	2	2	2	3	3	3	4	4	4	5	설	5	6	6	6	7	7	7	8

대설 7일 12시 56분 ⇨ 【壬子月(임자월)】(대설, 동지~소한 전) 동지 22일 06시 43분

양력	양력	1	2	3	4	5	6	7	8	9	10	11	12	13	14	15	16	17	18	19	20	21	22	23	24	25	26	27	28	29	30	31
12	요일	월	화	수	목	금	토	일	월	화	수	목	금	토	일	월	화	수	목	금	토	일	월	화	수	목	금	토	일	월	화	수
음력	일진 日辰	辛巳	壬午	癸未	甲申	乙酉	丙戌	丁亥	戊子	己丑	庚寅	辛卯	壬辰	癸巳	甲午	乙未	丙申	丁酉	戊戌	己亥	庚子	辛丑	壬寅	癸卯	甲辰	乙巳	丙午	丁未	戊申	己酉	庚戌	辛亥
10/15 ~ 11/15	음력	15	16	17	18	19	20	21	22	23	24	25	26	27	28	29	30	11/1	2	3	4	5	6	7	8	9	10	11	12	13	14	15
대운	남	2	2	1	1	1	1	대	10	9	9	9	8	8	8	7	7	7	6	6	6	5	동	5	4	4	4	3	3	3	2	2
	여	8	8	9	9	9	10	설	1	1	1	1	2	2	2	3	3	3	4	4	4	5	지	5	6	6	6	7	7	7	8	8

1953 癸巳年(계사년)

단기4286년 /불기2497년 대장군(동방), 삼살(동방), 상문(서남방),조객(동방), 납음(장류수), 【삼재(해,자,축)년】

소한 6일 00시 02분 ⇨ **【癸丑月(계축월)】**(소한, 대한~ 입춘 전) 대한 20일 17시 21분

양력 1 / 음력 11/16 ~ 12/17

양력	1	2	3	4	5	6	7	8	9	10	11	12	13	14	15	16	17	18	19	20	21	22	23	24	25	26	27	28	29	30	31
요일	목	금	토	일	월	화	수	목	금	토	일	월	화	수	목	금	토	일	월	화	수	목	금	토	일	월	화	수	목	금	토
일진 日辰	壬子	癸丑	甲寅	乙卯	丙辰	丁巳	戊午	己未	庚申	辛酉	壬戌	癸亥	甲子	乙丑	丙寅	丁卯	戊辰	己巳	庚午	辛未	壬申	癸酉	甲戌	乙亥	丙子	丁丑	戊寅	己卯	庚辰	辛巳	壬午
음력	16	17	18	19	20	21	22	23	24	25	26	27	28	29	12/1	2	3	4	5	6	7	8	9	10	11	12	13	14	15	16	17
대운 남	2	1	1	1	1	소	9	9	9	8	8	8	7	7	7	6	6	6	5	대	5	4	4	4	3	3	3	2	2	2	1
대운 여	8	9	9	9	10	한	1	1	1	1	2	2	2	3	3	3	4	4	4	한	5	5	6	6	6	7	7	7	8	8	8

입춘 4일 11시 46분 ⇨ **【甲寅月(갑인월)】**(입춘, 우수~ 경칩 전) 우수 19일 07시 41분

양력 2 / 음력 12/18 ~ 01/15

양력	1	2	3	4	5	6	7	8	9	10	11	12	13	14	15	16	17	18	19	20	21	22	23	24	25	26	27	28	立春
요일	일	월	화	수	목	금	토	일	월	화	수	목	금	토	일	월	화	수	목	금	토	일	월	화	수	목	금	토	
일진 日辰	癸未	甲申	乙酉	丙戌	丁亥	戊子	己丑	庚寅	辛卯	壬辰	癸巳	甲午	乙未	丙申	丁酉	戊戌	己亥	庚子	辛丑	壬寅	癸卯	甲辰	乙巳	丙午	丁未	戊申	己酉	庚戌	
음력	18	19	20	21	22	23	24	25	26	27	28	29	30	1/1	2	3	4	5	6	7	8	9	10	11	12	13	14	15	
대운 남	1	1	1	입	1	1	1	1	2	2	2	3	3	3	4	4	4	5	우	5	6	6	6	7	7	7	8	8	
대운 여	9	9	9	춘	10	9	9	9	8	8	8	7	7	7	6	6	6	5	수	5	4	4	4	3	3	3	2	2	

경칩 6일 06시 02분 ⇨ **【乙卯月(을묘월)】**(경칩, 춘분~ 청명 전) 춘분 21일 07시 01분

양력 3 / 음력 01/16 ~ 02/17

양력	1	2	3	4	5	6	7	8	9	10	11	12	13	14	15	16	17	18	19	20	21	22	23	24	25	26	27	28	29	30	31
요일	일	월	화	수	목	금	토	일	월	화	수	목	금	토	일	월	화	수	목	금	토	일	월	화	수	목	금	토	일	월	화
일진 日辰	辛亥	壬子	癸丑	甲寅	乙卯	丙辰	丁巳	戊午	己未	庚申	辛酉	壬戌	癸亥	甲子	乙丑	丙寅	丁卯	戊辰	己巳	庚午	辛未	壬申	癸酉	甲戌	乙亥	丙子	丁丑	戊寅	己卯	庚辰	辛巳
음력	16	17	18	19	20	21	22	23	24	25	26	27	28	29	2/1	2	3	4	5	6	7	8	9	10	11	12	13	14	15	16	17
대운 남	8	9	9	9	10	경	1	1	1	1	2	2	2	3	3	3	4	4	4	5	춘	5	6	6	6	7	7	7	8	8	8
대운 여	2	1	1	1	1	칩	10	9	9	9	8	8	8	7	7	7	6	6	6	5	분	5	4	4	4	3	3	3	2	2	2

청명 5일 11시 13분 ⇨ **【丙辰月(병진월)】**(청명, 곡우~ 입하 전) 곡우 20일 18시 25분

양력 4 / 음력 02/18 ~ 03/17

양력	1	2	3	4	5	6	7	8	9	10	11	12	13	14	15	16	17	18	19	20	21	22	23	24	25	26	27	28	29	30
요일	수	목	금	토	일	월	화	수	목	금	토	일	월	화	수	목	금	토	일	월	화	수	목	금	토	일	월	화	수	목
일진 日辰	壬午	癸未	甲申	乙酉	丙戌	丁亥	戊子	己丑	庚寅	辛卯	壬辰	癸巳	甲午	乙未	丙申	丁酉	戊戌	己亥	庚子	辛丑	壬寅	癸卯	甲辰	乙巳	丙午	丁未	戊申	己酉	庚戌	辛亥
음력	18	19	20	21	22	23	24	25	26	27	28	29	30	3/1	2	3	4	5	6	7	8	9	10	11	12	13	14	15	16	17
대운 남	9	9	9	10	청	1	1	1	1	2	2	2	3	3	3	4	4	4	5	곡	5	6	6	6	7	7	7	8	8	8
대운 여	1	1	1	1	명	10	10	9	9	9	8	8	8	7	7	7	6	6	6	우	5	5	4	4	4	3	3	3	2	2

입하 6일 04시 52분 ⇨ **【丁巳月(정사월)】**(입하, 소만~ 망종 전) 소반 21일 17시 53분

양력 5 / 음력 03/18 ~ 04/19

양력	1	2	3	4	5	6	7	8	9	10	11	12	13	14	15	16	17	18	19	20	21	22	23	24	25	26	27	28	29	30	31
요일	금	토	일	월	화	수	목	금	토	일	월	화	수	목	금	토	일	월	화	수	목	금	토	일	월	화	수	목	금	토	일
일진 日辰	壬子	癸丑	甲寅	乙卯	丙辰	丁巳	戊午	己未	庚申	辛酉	壬戌	癸亥	甲子	乙丑	丙寅	丁卯	戊辰	己巳	庚午	辛未	壬申	癸酉	甲戌	乙亥	丙子	丁丑	戊寅	己卯	庚辰	辛巳	壬午
음력	18	19	20	21	22	23	24	25	26	27	28	29	4/1	2	3	4	5	6	7	8	9	10	11	12	13	14	15	16	17	18	19
대운 남	9	9	9	10	10	입	1	1	1	1	2	2	2	3	3	3	4	4	4	5	소	5	6	6	6	7	7	7	8	8	8
대운 여	2	1	1	1	1	하	10	10	9	9	9	8	8	8	7	7	7	6	6	6	만	5	5	4	4	4	3	3	3	2	2

망종 6일 09시 16분 ⇨ **【戊午月(무오월)】**(망종, 하지~ 소서 전) 하지 22일 02시 00분

양력 6 / 음력 04/20 ~ 05/20

양력	1	2	3	4	5	6	7	8	9	10	11	12	13	14	15	16	17	18	19	20	21	22	23	24	25	26	27	28	29	30
요일	월	화	수	목	금	토	일	월	화	수	목	금	토	일	월	화	수	목	금	토	일	월	화	수	목	금	토	일	월	화
일진 日辰	癸未	甲申	乙酉	丙戌	丁亥	戊子	己丑	庚寅	辛卯	壬辰	癸巳	甲午	乙未	丙申	丁酉	戊戌	己亥	庚子	辛丑	壬寅	癸卯	甲辰	乙巳	丙午	丁未	戊申	己酉	庚戌	辛亥	壬子
음력	20	21	22	23	24	25	26	27	28	29	5/1	2	3	4	5	6	7	8	9	10	11	12	13	14	15	16	17	18	19	20
대운 남	9	9	9	10	10	망	1	1	1	1	2	2	2	3	3	3	4	4	4	5	5	하	6	6	6	7	7	7	8	8
대운 여	2	1	1	1	1	종	10	10	9	9	9	8	8	8	7	7	7	6	6	6	5	지	5	4	4	4	3	3	3	2

대장군(동방), 삼살(동방), 상문(서남방),조객(동방), 납음(장류수), 【삼재(해,자,축)년】
한식(4월06일), 초복(7월18일), 중복(7월28일), 말복(8월17일)

癸巳年(계사년)

1953

소서 7일 19시 35분 ⇨ **【己未月(기미월)】**(소서, 대서~ 입추 전) 대서 23일 12시 52분

양력 7	1	2	3	4	5	6	7	8	9	10	11	12	13	14	15	16	17	18	19	20	21	22	23	24	25	26	27	28	29	30	31
요일	수	목	금	토	일	월	화	수	목	금	토	일	월	화	수	목	금	토	일	월	화	수	목	금	토	일	월	화	수	목	금
일진 日辰	癸丑	甲寅	乙卯	丙辰	丁巳	戊午	己未	庚申	辛酉	壬戌	癸亥	甲子	乙丑	丙寅	丁卯	戊辰	己巳	庚午	辛未	壬申	癸酉	甲戌	乙亥	丙子	丁丑	戊寅	己卯	庚辰	辛巳	壬午	癸未
음력 (05/21–06/21)	21	22	23	24	25	26	27	28	29	30	6/1	2	3	4	5	6	7	8	9	10	11	12	13	14	15	16	17	18	19	20	21
대운 남	8	9	9	9	10	10	소	1	1	1	1	2	2	2	3	3	3	4	4	4	5	5	대	6	6	6	7	7	7	8	8
대운 여	2	2	1	1	1	1	서	10	10	10	9	9	9	8	8	8	7	7	7	6	6	6	서	5	5	4	4	4	3	3	3

입추 8일 05시 15분 ⇨ **【庚申月(경신월)】**(입추, 처서~ 백로 전) 처서 23일 19시 45분

양력 8	1	2	3	4	5	6	7	8	9	10	11	12	13	14	15	16	17	18	19	20	21	22	23	24	25	26	27	28	29	30	31
요일	토	일	월	화	수	목	금	토	일	월	화	수	목	금	토	일	월	화	수	목	금	토	일	월	화	수	목	금	토	일	월
일진 日辰	甲申	乙酉	丙戌	丁亥	戊子	己丑	庚寅	辛卯	壬辰	癸巳	甲午	乙未	丙申	丁酉	戊戌	己亥	庚子	辛丑	壬寅	癸卯	甲辰	乙巳	丙午	丁未	戊申	己酉	庚戌	辛亥	壬子	癸丑	甲寅
음력 (06/22–07/22)	22	23	24	25	26	27	28	29	30	7/1	2	3	4	5	6	7	8	9	10	11	12	13	14	15	16	17	18	19	20	21	22
대운 남	8	9	9	9	10	10	10	입	1	1	1	1	2	2	2	3	3	3	4	4	4	5	처	5	6	6	6	7	7	7	8
대운 여	2	2	2	1	1	1	1	추	10	10	9	9	9	8	8	8	7	7	7	6	6	6	서	5	5	4	4	4	3	3	3

백로 8일 07시 35분 ⇨ **【辛酉月(신유월)】**(백로, 추분-한로 전) 추분 23일 17시 06분

양력 9	1	2	3	4	5	6	7	8	9	10	11	12	13	14	15	16	17	18	19	20	21	22	23	24	25	26	27	28	29	30
요일	화	수	목	금	토	일	월	화	수	목	금	토	일	월	화	수	목	금	토	일	월	화	수	목	금	토	일	월	화	수
일진 日辰	乙卯	丙辰	丁巳	戊午	己未	庚申	辛酉	壬戌	癸亥	甲子	乙丑	丙寅	丁卯	戊辰	己巳	庚午	辛未	壬申	癸酉	甲戌	乙亥	丙子	丁丑	戊寅	己卯	庚辰	辛巳	壬午	癸未	甲申
음력 (07/23–08/23)	23	24	25	26	27	28	29	8/1	2	3	4	5	6	7	8	9	10	11	12	13	14	15	16	17	18	19	20	21	22	23
대운 남	8	8	9	9	9	10	10	백	1	1	1	1	2	2	2	3	3	3	4	4	4	5	추	5	6	6	6	7	7	7
대운 여	2	2	2	1	1	1	1	로	10	9	9	9	8	8	8	7	7	7	6	6	6	5	분	5	4	4	4	3	3	3

한로 8일 23시 10분 ⇨ **【壬戌月(임술월)】**(한로, 상강~ 입동 전) 상강 24일 02시 06분

양력 10	1	2	3	4	5	6	7	8	9	10	11	12	13	14	15	16	17	18	19	20	21	22	23	24	25	26	27	28	29	30	31
요일	목	금	토	일	월	화	수	목	금	토	일	월	화	수	목	금	토	일	월	화	수	목	금	토	일	월	화	수	목	금	토
일진 日辰	乙酉	丙戌	丁亥	戊子	己丑	庚寅	辛卯	壬辰	癸巳	甲午	乙未	丙申	丁酉	戊戌	己亥	庚子	辛丑	壬寅	癸卯	甲辰	乙巳	丙午	丁未	戊申	己酉	庚戌	辛亥	壬子	癸丑	甲寅	乙卯
음력 (08/24–09/24)	24	25	26	27	28	29	30	9/1	2	3	4	5	6	7	8	9	10	11	12	13	14	15	16	17	18	19	20	21	22	23	24
대운 남	8	8	8	9	9	9	10	한	1	1	1	1	2	2	2	3	3	3	4	4	4	5	5	상	6	6	6	7	7	7	8
대운 여	2	2	2	1	1	1	1	로	10	10	9	9	9	8	8	8	7	7	7	6	6	6	5	강	5	4	4	4	3	3	3

입동 8일 02시 01분 ⇨ **【癸亥月(계해월)】**(입동, 소설~ 대설 전) 소설 22일 23시 22분

양력 11	1	2	3	4	5	6	7	8	9	10	11	12	13	14	15	16	17	18	19	20	21	22	23	24	25	26	27	28	29	30
요일	일	월	화	수	목	금	토	일	월	화	수	목	금	토	일	월	화	수	목	금	토	일	월	화	수	목	금	토	일	월
일진 日辰	丙辰	丁巳	戊午	己未	庚申	辛酉	壬戌	癸亥	甲子	乙丑	丙寅	丁卯	戊辰	己巳	庚午	辛未	壬申	癸酉	甲戌	乙亥	丙子	丁丑	戊寅	己卯	庚辰	辛巳	壬午	癸未	甲申	乙酉
음력 (09/25–10/24)	25	26	27	28	29	30	10/1	2	3	4	5	6	7	8	9	10	11	12	13	14	15	16	17	18	19	20	21	22	23	24
대운 남	8	8	9	9	9	10	10	입	1	1	1	1	2	2	2	3	3	3	4	4	4	소	1	1	1	1	2	2	2	3
대운 여	2	2	2	1	1	1	1	동	9	9	9	8	8	8	7	7	7	6	6	6	5	설	5	4	4	4	3	3	3	2

대설 7일 18시 37분 ⇨ **【甲子月(갑자월)】**(대설, 동지~소한 전) 동지 22일 12시 31분

양력 12	1	2	3	4	5	6	7	8	9	10	11	12	13	14	15	16	17	18	19	20	21	22	23	24	25	26	27	28	29	30	31
요일	화	수	목	금	토	일	월	화	수	목	금	토	일	월	화	수	목	금	토	일	월	화	수	목	금	토	일	월	화	수	목
일진 日辰	丙戌	丁亥	戊子	己丑	庚寅	辛卯	壬辰	癸巳	甲午	乙未	丙申	丁酉	戊戌	己亥	庚子	辛丑	壬寅	癸卯	甲辰	乙巳	丙午	丁未	戊申	己酉	庚戌	辛亥	壬子	癸丑	甲寅	乙卯	丙辰
음력 (10/25–11/26)	25	26	27	28	29	11/1	2	3	4	5	6	7	8	9	10	11	12	13	14	15	16	17	18	19	20	21	22	23	24	25	26
대운 남	3	4	4	4	5	5	대	6	6	6	7	7	7	8	8	8	9	9	9	10	10	동	1	1	1	1	2	2	2	3	3
대운 여	2	2	1	1	1	1	설	10	9	9	9	8	8	8	7	7	7	6	6	6	5	지	5	4	4	4	3	3	3	2	2

1954 甲午年(갑오년)

단기4287년 /불기2498년 대장군(동방), 삼살(북방), 상문(서남방),조객(동남방), 납음(사중금), 【삼재(신,유,술)년】

소한 6일 05시 45분 ⇨ **【乙丑月(을축월)】**(소한, 대한~ 입춘 전) 대한 20일 23시 11분

1월	1	2	3	4	5	6	7	8	9	10	11	12	13	14	15	16	17	18	19	20	21	22	23	24	25	26	27	28	29	30	31
요일	금	토	일	월	화	수	목	금	토	일	월	화	수	목	금	토	일	월	화	수	목	금	토	일	월	화	수	목	금	토	일
일진 日辰	丁巳	戊午	己未	庚申	辛酉	壬戌	癸亥	甲子	乙丑	丙寅	丁卯	戊辰	己巳	庚午	辛未	壬申	癸酉	甲戌	乙亥	丙子	丁丑	戊寅	己卯	庚辰	辛巳	壬午	癸未	甲申	乙酉	丙戌	丁亥
음력 (11/27~12/27)	27	28	29	30	12/1	2	3	4	5	6	7	8	9	10	11	12	13	14	15	16	17	18	19	20	21	22	23	24	25	26	27
대운 남	3	4	4	4	5	소	5	6	6	6	7	7	7	8	8	8	9	9	9	대	1	1	1	1	2	2	2	3	3	3	4
대운 여	2	1	1	1	1	한	9	9	9	8	8	8	7	7	7	6	6	6	5	한	5	4	4	4	3	3	3	2	2	2	1

입춘 4일 17시 31분 ⇨ **【丙寅月(병인월)】**(입춘, 우수~ 경칩 전) 우수 19일 13시 32분

2월	1	2	3	4	5	6	7	8	9	10	11	12	13	14	15	16	17	18	19	20	21	22	23	24	25	26	27	28
요일	월	화	수	목	금	토	일	월	화	수	목	금	토	일	월	화	수	목	금	토	일	월	화	수	목	금	토	일
일진 日辰	戊子	己丑	庚寅	辛卯	壬辰	癸巳	甲午	乙未	丙申	丁酉	戊戌	己亥	庚子	辛丑	壬寅	癸卯	甲辰	乙巳	丙午	丁未	戊申	己酉	庚戌	辛亥	壬子	癸丑	甲寅	乙卯
음력 (12/28~01/25)	28	29	30	1/1	2	3	4	5	6	7	8	9	10	11	12	13	14	15	16	17	18	19	20	21	22	23	24	25
대운 남	4	4	5	입	10	9	9	9	8	8	8	7	7	7	6	6	6	5	우	5	4	4	4	3	3	3	2	2
대운 여	1	1	1	춘	1	1	1	1	2	2	2	3	3	3	4	4	4	5	수	5	6	6	6	7	7	7	8	8

立春

경칩 6일 11시 49분 ⇨ **【丁卯月(정묘월)】**(경칩, 춘분~ 청명 전) 춘분 21일 12시 23분

3월	1	2	3	4	5	6	7	8	9	10	11	12	13	14	15	16	17	18	19	20	21	22	23	24	25	26	27	28	29	30	31
요일	월	화	수	목	금	토	일	월	화	수	목	금	토	일	월	화	수	목	금	토	일	월	화	수	목	금	토	일	월	화	수
일진 日辰	丙辰	丁巳	戊午	己未	庚申	辛酉	壬戌	癸亥	甲子	乙丑	丙寅	丁卯	戊辰	己巳	庚午	辛未	壬申	癸酉	甲戌	乙亥	丙子	丁丑	戊寅	己卯	庚辰	辛巳	壬午	癸未	甲申	乙酉	丙戌
음력 (01/26~02/27)	26	27	28	29	2/1	2	3	4	5	6	7	8	9	10	11	12	13	14	15	16	17	18	19	20	21	22	23	24	25	26	27
대운 남	2	1	1	1	1	경	10	9	9	9	8	8	8	7	7	7	6	6	6	5	춘	5	4	4	4	3	3	3	2	2	2
대운 여	8	9	9	9	10	칩	1	1	1	1	2	2	2	3	3	3	4	4	4	5	분	5	6	6	6	7	7	7	8	8	8

청명 5일 16시 29분 ⇨ **【戊辰月(무진월)】**(청명, 곡우~ 입하 전) 곡우 20일 23시 50분

4월	1	2	3	4	5	6	7	8	9	10	11	12	13	14	15	16	17	18	19	20	21	22	23	24	25	26	27	28	29	30
요일	목	금	토	일	월	화	수	목	금	토	일	월	화	수	목	금	토	일	월	화	수	목	금	토	일	월	화	수	목	금
일진 日辰	丁亥	戊子	己丑	庚寅	辛卯	壬辰	癸巳	甲午	乙未	丙申	丁酉	戊戌	己亥	庚子	辛丑	壬寅	癸卯	甲辰	乙巳	丙午	丁未	戊申	己酉	庚戌	辛亥	壬子	癸丑	甲寅	乙卯	丙辰
음력 (02/28~03/28)	28	29	3/1	2	3	4	5	6	7	8	9	10	11	12	13	14	15	16	17	18	19	20	21	22	23	24	25	26	27	28
대운 남	1	1	1	1	청	10	10	9	9	9	8	8	8	7	7	7	6	6	6	곡	5	5	4	4	4	3	3	3	2	2
대운 여	9	9	9	10	명	1	1	1	1	2	2	2	3	3	3	4	4	4	5	우	5	6	6	6	7	7	7	8	8	8

입하 6일 10시 08분 ⇨ **【己巳月(기사월)】**(입하, 소만~ 망종 전) 소만 21일 23시 17분

5월	1	2	3	4	5	6	7	8	9	10	11	12	13	14	15	16	17	18	19	20	21	22	23	24	25	26	27	28	29	30	31
요일	토	일	월	화	수	목	금	토	일	월	화	수	목	금	토	일	월	화	수	목	금	토	일	월	화	수	목	금	토	일	월
일진 日辰	丁巳	戊午	己未	庚申	辛酉	壬戌	癸亥	甲子	乙丑	丙寅	丁卯	戊辰	己巳	庚午	辛未	壬申	癸酉	甲戌	乙亥	丙子	丁丑	戊寅	己卯	庚辰	辛巳	壬午	癸未	甲申	乙酉	丙戌	丁亥
음력 (03/29~04/29)	29	30	4/1	2	3	4	5	6	7	8	9	10	11	12	13	14	15	16	17	18	19	20	21	22	23	24	25	26	27	28	29
대운 남	2	1	1	1	1	입	10	10	9	9	9	8	8	8	7	7	7	6	6	6	소	5	5	4	4	4	3	3	3	2	2
대운 여	9	9	9	10		하	1	1	1	1	2	2	2	3	3	3	4	4	4	5	만	5	6	6	6	7	7	7	8	8	8

망종 6일 14시 31분 ⇨ **【庚午月(경오월)】**(망종, 하지~ 소서 전) 하지 22일 07시 24분

6월	1	2	3	4	5	6	7	8	9	10	11	12	13	14	15	16	17	18	19	20	21	22	23	24	25	26	27	28	29	30
요일	화	수	목	금	토	일	월	화	수	목	금	토	일	월	화	수	목	금	토	일	월	화	수	목	금	토	일	월	화	수
일진 日辰	戊子	己丑	庚寅	辛卯	壬辰	癸巳	甲午	乙未	丙申	丁酉	戊戌	己亥	庚子	辛丑	壬寅	癸卯	甲辰	乙巳	丙午	丁未	戊申	己酉	庚戌	辛亥	壬子	癸丑	甲寅	乙卯	丙辰	丁巳
음력 (05/01~06/01)	5/1	2	3	4	5	6	7	8	9	10	11	12	13	14	15	16	17	18	19	20	21	22	23	24	25	26	27	28	29	6/1
대운 남	2	1	1	1	1	망	10	10	10	9	9	9	8	8	8	7	7	7	6	6	6	하	5	5	4	4	4	3	3	3
대운 여	9	9	9	10	10	종	1	1	1	1	2	2	2	3	3	3	4	4	4	5	5	지	6	6	6	7	7	7	8	8

대장군(동방). 삼살(북방), 상문(서남방),조객(동남방), 납음(사중금), 【삼재(신,유,술)년】
한식(4월06일), 초복(7월13일), 중복(7월23일), 말복(8월12일)

甲午年(갑오년)

1954

소서 8일 00시 49분 ⇨ **【辛未月(신미월)】**(소서, 대서~ 입추 전) 대서 23일 18시 51분

양력 7 / 음력 06/02 ~ 07/02

양력	1	2	3	4	5	6	7	8	9	10	11	12	13	14	15	16	17	18	19	20	21	22	23	24	25	26	27	28	29	30	31
요일	목	금	토	일	월	화	수	목	금	토	일	월	화	수	목	금	토	일	월	화	수	목	금	토	일	월	화	수	목	금	토
일진 日辰	戊午	己未	庚申	辛酉	壬戌	癸亥	甲子	乙丑	丙寅	丁卯	戊辰	己巳	庚午	辛未	壬申	癸酉	甲戌	乙亥	丙子	丁丑	戊寅	己卯	庚辰	辛巳	壬午	癸未	甲申	乙酉	丙戌	丁亥	戊子
음력	2	3	4	5	6	7	8	9	10	11	12	13	14	15	16	17	18	19	20	21	22	23	24	25	26	27	28	29	30	7/1	2
대운 남	2	2	2	1	1	1	1	소	10	10	9	9	9	8	8	8	7	7	7	6	6	6	대	5	5	4	4	4	3	3	3
대운 여	8	9	9	9	10	10	10	서	1	1	1	1	2	2	2	3	3	3	4	4	4	5	서	5	6	6	6	7	7	7	8

입추 8일 10시 29분 ⇨ **【壬申月(임신월)】**(입추, 처서~ 백로 전) 처서 24일 01시 06분

양력 8 / 음력 07/03 ~ 08/04

양력	1	2	3	4	5	6	7	8	9	10	11	12	13	14	15	16	17	18	19	20	21	22	23	24	25	26	27	28	29	30	31
요일	일	월	화	수	목	금	토	일	월	화	수	목	금	토	일	월	화	수	목	금	토	일	월	화	수	목	금	토	일	월	화
일진 日辰	己丑	庚寅	辛卯	壬辰	癸巳	甲午	乙未	丙申	丁酉	戊戌	己亥	庚子	辛丑	壬寅	癸卯	甲辰	乙巳	丙午	丁未	戊申	己酉	庚戌	辛亥	壬子	癸丑	甲寅	乙卯	丙辰	丁巳	戊午	己未
음력	3	4	5	6	7	8	9	10	11	12	13	14	15	16	17	18	19	20	21	22	23	24	25	26	27	28	29	8/1	2	3	4
대운 남	2	2	2	1	1	1	1	입	10	10	9	9	9	8	8	8	7	7	7	6	6	6	5	처	5	4	4	4	3	3	3
대운 여	8	8	9	9	9	10	10	추	1	1	1	1	2	2	2	3	3	3	4	4	4	5	5	서	6	6	6	7	7	7	8

백로 8일 13시 08분 ⇨ **【癸酉月(계유월)】**(백로, 추분-한로 전) 추분 23일 22시 55분

양력 9 / 음력 08/05 ~ 09/04

양력	1	2	3	4	5	6	7	8	9	10	11	12	13	14	15	16	17	18	19	20	21	22	23	24	25	26	27	28	29	30
요일	수	목	금	토	일	월	화	수	목	금	토	일	월	화	수	목	금	토	일	월	화	수	목	금	토	일	월	화	수	목
일진 日辰	庚申	辛酉	壬戌	癸亥	甲子	乙丑	丙寅	丁卯	戊辰	己巳	庚午	辛未	壬申	癸酉	甲戌	乙亥	丙子	丁丑	戊寅	己卯	庚辰	辛巳	壬午	癸未	甲申	乙酉	丙戌	丁亥	戊子	己丑
음력	5	6	7	8	9	10	11	12	13	14	15	16	17	18	19	20	21	22	23	24	25	26	27	28	29	30	9/1	2	3	4
대운 남	2	2	2	1	1	1	1	백	10	10	9	9	9	8	8	8	7	7	7	6	6	6	추	5	5	4	4	4	3	3
대운 여	8	8	9	9	9	10	10	로	1	1	1	1	2	2	2	3	3	3	4	4	4	5	분	5	6	6	6	7	7	7

한로 9일 04시 27분 ⇨ **【甲戌月(갑술월)】**(한로, 상강~ 입동 전) 상강 24일 07시 26분

양력 10 / 음력 09/05 ~ 10/05

양력	1	2	3	4	5	6	7	8	9	10	11	12	13	14	15	16	17	18	19	20	21	22	23	24	25	26	27	28	29	30	31
요일	금	토	일	월	화	수	목	금	토	일	월	화	수	목	금	토	일	월	화	수	목	금	토	일	월	화	수	목	금	토	일
일진 日辰	庚寅	辛卯	壬辰	癸巳	甲午	乙未	丙申	丁酉	戊戌	己亥	庚子	辛丑	壬寅	癸卯	甲辰	乙巳	丙午	丁未	戊申	己酉	庚戌	辛亥	壬子	癸丑	甲寅	乙卯	丙辰	丁巳	戊午	己未	庚申
음력	5	6	7	8	9	10	11	12	13	14	15	16	17	18	19	20	21	22	23	24	25	26	27	28	29	30	10/1	2	3	4	5
대운 남	3	2	2	2	1	1	1	1	한	10	9	9	9	8	8	8	7	7	7	6	6	6	5	상	5	4	4	4	3	3	3
대운 여	8	8	8	9	9	9	10	10	로	1	1	1	1	2	2	2	3	3	3	4	4	4	5	강	5	6	6	6	7	7	7

입동 8일 07시 21분 ⇨ **【乙亥月(을해월)】**(입동, 소설~ 대설 전) 소설 23일 04시 44분

양력 11 / 음력 10/06 ~ 11/06

양력	1	2	3	4	5	6	7	8	9	10	11	12	13	14	15	16	17	18	19	20	21	22	23	24	25	26	27	28	29	30
요일	월	화	수	목	금	토	일	월	회	수	목	금	토	일	월	회	수	목	금	토	일	월	화	수	목	금	토	일	월	화
일진 日辰	辛酉	壬戌	癸亥	甲子	乙丑	丙寅	丁卯	戊辰	己巳	庚午	辛未	壬申	癸酉	甲戌	乙亥	丙子	丁丑	戊寅	己卯	庚辰	辛巳	壬午	癸未	甲申	乙酉	丙戌	丁亥	戊子	己丑	庚寅
음력	6	7	8	9	10	11	12	13	14	15	16	17	18	19	20	21	22	23	24	25	26	27	28	29	11/1	2	3	4	5	6
대운 남	2	2	2	1	1	1	1	입	9	9	9	8	8	8	7	7	7	6	6	6	5	5	소	4	4	4	3	3	3	2
대운 여	8	8	8	9	9	9	10	동	1	1	1	1	2	2	2	3	3	3	4	4	4	5	설	5	6	6	6	7	7	7

대설 7일 23시 59분 ⇨ **【丙子月(병자월)】**(대설, 동지~소한 전) 동지 22일 17시 54분

양력 12 / 음력 11/07 ~ 12/07

양력	1	2	3	4	5	6	7	8	9	10	11	12	13	14	15	16	17	18	19	20	21	22	23	24	25	26	27	28	29	30	31
요일	수	목	금	토	일	월	화	수	목	금	토	일	월	화	수	목	금	토	일	월	화	수	목	금	토	일	월	화	수	목	금
일진 日辰	辛卯	壬辰	癸巳	甲午	乙未	丙申	丁酉	戊戌	己亥	庚子	辛丑	壬寅	癸卯	甲辰	乙巳	丙午	丁未	戊申	己酉	庚戌	辛亥	壬子	癸丑	甲寅	乙卯	丙辰	丁巳	戊午	己未	庚申	辛酉
음력	7	8	9	10	11	12	13	14	15	16	17	18	19	20	21	22	23	24	25	26	27	28	29	30	12/1	2	3	4	5	6	7
대운 남	2	2	1	1	1	1	대	10	9	9	9	8	8	8	7	7	7	6	6	6	5	동	5	4	4	4	3	3	3	2	2
대운 여	8	8	8	9	9	9	설	1	1	1	1	2	2	2	3	3	3	4	4	4	5	지	5	6	6	6	7	7	7	8	8

윤3월 大 1955 乙未年(을미년)

단기4288년 /불기2499년 대장군(동방), 삼살(서방), 상문(서방),조객(동남방), 납음(사중금), 【삼재(사,오,미)년】

소한 6일 11시 06분 ⇨ 【丁丑月(정축월)】(소한, 대한~ 입춘 전) 대한 21일 04시 32분

양력 1 / 음력 12/08 ~ 01/08

양력	1	2	3	4	5	6	7	8	9	10	11	12	13	14	15	16	17	18	19	20	21	22	23	24	25	26	27	28	29	30	31
요일	토	일	월	화	수	목	금	토	일	월	화	수	목	금	토	일	월	화	수	목	금	토	일	월	화	수	목	금	토	일	월
일진 日辰	壬戌	癸亥	甲子	乙丑	丙寅	丁卯	戊辰	己巳	庚午	辛未	壬申	癸酉	甲戌	乙亥	丙子	丁丑	戊寅	己卯	庚辰	辛巳	壬午	癸未	甲申	乙酉	丙戌	丁亥	戊子	己丑	庚寅	辛卯	壬辰
음력	8	9	10	11	12	13	14	15	16	17	18	19	20	21	22	23	24	25	26	27	28	29	30	1/1	2	3	4	5	6	7	8
대운 남	2	1	1	1	1	소	9	9	9	8	8	8	7	7	7	6	6	6	5	대	5	4	4	4	3	3	3	2	2	2	1
대운 여	8	9	9	9	10	한	1	1	1	1	2	2	2	3	3	3	4	4	4	한	5	5	6	6	6	7	7	7	8	8	8

입춘 4일 22시 48분 ⇨ 【戊寅月(무인월)】(입춘, 우수~ 경칩 전) 우수 19일 18시 49분

양력 2 / 음력 01/09 ~ 02/06

양력	1	2	3	4	5	6	7	8	9	10	11	12	13	14	15	16	17	18	19	20	21	22	23	24	25	26	27	28
요일	화	수	목	금	토	일	월	화	수	목	금	토	일	월	화	수	목	금	토	일	월	화	수	목	금	토	일	월
일진 日辰	癸巳	甲午	乙未	丙申	丁酉	戊戌	己亥	庚子	辛丑	壬寅	癸卯	甲辰	乙巳	丙午	丁未	戊申	己酉	庚戌	辛亥	壬子	癸丑	甲寅	乙卯	丙辰	丁巳	戊午	己未	庚申
음력	9	10	11	12	13	14	15	16	17	18	19	20	21	22	23	24	25	26	27	28	29	30	2/1	2	3	4	5	6
대운 남	1	1	1	입	1	1	1	1	2	2	2	3	3	3	4	4	4	5	우	5	6	6	6	7	7	7	8	8
대운 여	9	9	9	춘	10	9	9	9	8	8	8	7	7	7	6	6	6	5	수	5	4	4	4	3	3	3	2	2

立春

경칩 6일 17시 01분 ⇨ 【己卯月(기묘월)】(경칩, 춘분~ 청명 전) 춘분 21일 18시 05분

양력 3 / 음력 02/07 ~ 03/08

양력	1	2	3	4	5	6	7	8	9	10	11	12	13	14	15	16	17	18	19	20	21	22	23	24	25	26	27	28	29	30	31
요일	화	수	목	금	토	일	월	화	수	목	금	토	일	월	화	수	목	금	토	일	월	화	수	목	금	토	일	월	화	수	목
일진 日辰	辛酉	壬戌	癸亥	甲子	乙丑	丙寅	丁卯	戊辰	己巳	庚午	辛未	壬申	癸酉	甲戌	乙亥	丙子	丁丑	戊寅	己卯	庚辰	辛巳	壬午	癸未	甲申	乙酉	丙戌	丁亥	戊子	己丑	庚寅	辛卯
음력	7	8	9	10	11	12	13	14	15	16	17	18	19	20	21	22	23	24	25	26	27	28	29	3/1	2	3	4	5	6	7	8
대운 남	8	9	9	9	10	경	1	1	1	1	2	2	2	3	3	3	4	4	4	5	춘	5	6	6	6	7	7	7	8	8	8
대운 여	2	1	1	1	1	칩	10	9	9	9	8	8	8	7	7	7	6	6	6	5	분	5	4	4	4	3	3	3	2	2	2

청명 5일 22시 09분 ⇨ 【庚辰月(경진월)】(청명, 곡우~ 입하 전) 곡우 21일 05시 28분

양력 4 / 음력 03/09 ~ 윤309

양력	1	2	3	4	5	6	7	8	9	10	11	12	13	14	15	16	17	18	19	20	21	22	23	24	25	26	27	28	29	30
요일	금	토	일	월	화	수	목	금	토	일	월	화	수	목	금	토	일	월	화	수	목	금	토	일	월	화	수	목	금	토
일진 日辰	壬辰	癸巳	甲午	乙未	丙申	丁酉	戊戌	己亥	庚子	辛丑	壬寅	癸卯	甲辰	乙巳	丙午	丁未	戊申	己酉	庚戌	辛亥	壬子	癸丑	甲寅	乙卯	丙辰	丁巳	戊午	己未	庚申	辛酉
음력	9	10	11	12	13	14	15	16	17	18	19	20	21	22	23	24	25	26	27	28	29	윤3	2	3	4	5	6	7	8	9
대운 남	9	9	9	10	청	1	1	1	1	2	2	2	3	3	3	4	4	4	5	5	곡	6	6	6	7	7	7	8	8	8
대운 여	1	1	1	1	명	10	10	9	9	9	8	8	8	7	7	7	6	6	6	5	우	5	4	4	4	3	3	3	2	2

입하 6일 16시 48분 ⇨ 【辛巳月(신사월)】(입하, 소만~ 망종 전) 소만 22일 05시 54분

양력 5 / 음력 윤310 ~ 04/10

양력	1	2	3	4	5	6	7	8	9	10	11	12	13	14	15	16	17	18	19	20	21	22	23	24	25	26	27	28	29	30	31
요일	일	월	화	수	목	금	토	일	월	화	수	목	금	토	일	월	화	수	목	금	토	일	월	화	수	목	금	토	일	월	화
일진 日辰	壬戌	癸亥	甲子	乙丑	丙寅	丁卯	戊辰	己巳	庚午	辛未	壬申	癸酉	甲戌	乙亥	丙子	丁丑	戊寅	己卯	庚辰	辛巳	壬午	癸未	甲申	乙酉	丙戌	丁亥	戊子	己丑	庚寅	辛卯	壬辰
음력	10	11	12	13	14	15	16	17	18	19	20	21	22	23	24	25	26	27	28	29	30	4/1	2	3	4	5	6	7	8	9	10
대운 남	9	9	9	10	10	입	1	1	1	1	2	2	2	3	3	3	4	4	4	5	5	소	6	6	6	7	7	7	8	8	8
대운 여	2	1	1	1	1	하	10	10	9	9	9	8	8	8	7	7	7	6	6	6	5	만	5	4	4	4	3	3	3	2	2

망종 6일 21시 13분 ⇨ 【壬午月(임오월)】(망종, 하지~ 소서 전) 하지 22일 14시 01분

양력 6 / 음력 04/11 ~ 05/11

양력	1	2	3	4	5	6	7	8	9	10	11	12	13	14	15	16	17	18	19	20	21	22	23	24	25	26	27	28	29	30
요일	수	목	금	토	일	월	화	수	목	금	토	일	월	화	수	목	금	토	일	월	화	수	목	금	토	일	월	화	수	목
일진 日辰	癸巳	甲午	乙未	丙申	丁酉	戊戌	己亥	庚子	辛丑	壬寅	癸卯	甲辰	乙巳	丙午	丁未	戊申	己酉	庚戌	辛亥	壬子	癸丑	甲寅	乙卯	丙辰	丁巳	戊午	己未	庚申	辛酉	壬戌
음력	11	12	13	14	15	16	17	18	19	20	21	22	23	24	25	26	27	28	29	5/1	2	3	4	5	6	7	8	9	10	11
대운 남	9	9	9	10	10	망	1	1	1	1	2	2	2	3	3	3	4	4	4	5	5	하	6	6	6	7	7	7	8	8
대운 여	2	1	1	1	1	종	10	10	10	9	9	9	8	8	8	7	7	7	6	6	6	지	5	5	4	4	4	3	3	3

대장군(동방). 삼살(서방), 상문(서방),조객(동남방), 납음(사중금), 【삼재(사,오,미)년】

한식(4월06일), 초복(7월18일), 중복(7월28일), 말복(8월17일)

서머타임 시작 3월31일 23시→24시로 조정
종료 9월09일 24시→23시로 조정
수정한 시간으로 표기(동경표준시 사용)

乙未年(을미년)

1955

소서 8일 07시 36분 ⇨ 【癸未月(계미월)】(소서, 대서~ 입추 전) 대서 24일 00시 55분

양력 **7** 음력 05/12 – 06/13

양력	1	2	3	4	5	6	7	8	9	10	11	12	13	14	15	16	17	18	19	20	21	22	23	24	25	26	27	28	29	30	31
요일	금	토	일	월	화	수	목	금	토	일	월	화	수	목	금	토	일	월	화	수	목	금	토	일	월	화	수	목	금	토	일
일진 日辰	癸亥	甲子	乙丑	丙寅	丁卯	戊辰	己巳	庚午	辛未	壬申	癸酉	甲戌	乙亥	丙子	丁丑	戊寅	己卯	庚辰	辛巳	壬午	癸未	甲申	乙酉	丙戌	丁亥	戊子	己丑	庚寅	辛卯	壬辰	癸巳
음력	12	13	14	15	16	17	18	19	20	21	22	23	24	25	26	27	28	29	6/1	2	3	4	5	6	7	8	9	10	11	12	13
대운 남	8	9	9	9	10	10	10	소	1	1	1	1	2	2	2	3	3	3	4	4	4	5	5	대	6	6	6	7	7	7	8
대운 여	2	2	2	1	1	1	1	서	10	10	9	9	9	8	8	8	7	7	7	6	6	6	5	서	5	4	4	4	3	3	3

입추 8일 17시 20분 ⇨ 【甲申月(갑신월)】(입추, 처서~ 백로 전) 처서 24일 07시 49분

양력 **8** 음력 06/14 – 07/14

양력	1	2	3	4	5	6	7	8	9	10	11	12	13	14	15	16	17	18	19	20	21	22	23	24	25	26	27	28	29	30	31
요일	월	화	수	목	금	토	일	월	화	수	목	금	토	일	월	화	수	목	금	토	일	월	화	수	목	금	토	일	월	화	수
일진 日辰	甲午	乙未	丙申	丁酉	戊戌	己亥	庚子	辛丑	壬寅	癸卯	甲辰	乙巳	丙午	丁未	戊申	己酉	庚戌	辛亥	壬子	癸丑	甲寅	乙卯	丙辰	丁巳	戊午	己未	庚申	辛酉	壬戌	癸亥	甲子
음력	14	15	16	17	18	19	20	21	22	23	24	25	26	27	28	29	30	7/1	2	3	4	5	6	7	8	9	10	11	12	13	14
대운 남	8	8	9	9	9	10	10	입	1	1	1	1	2	2	2	3	3	3	4	4	4	5	5	처	6	6	6	7	7	7	8
대운 여	2	2	2	1	1	1	1	추	10	10	9	9	9	8	8	8	7	7	7	6	6	6	5	서	5	4	4	4	3	3	3

백로 8일 20시 02분 ⇨ 【乙酉月(을유월)】(백로, 추분-한로 전) 추분 24일 04시 11분

양력 **9** 음력 07/15 – 08/15

양력	1	2	3	4	5	6	7	8	9	10	11	12	13	14	15	16	17	18	19	20	21	22	23	24	25	26	27	28	29	30
요일	목	금	토	일	월	화	수	목	금	토	일	월	화	수	목	금	토	일	월	화	수	목	금	토	일	월	화	수	목	금
일진 日辰	乙丑	丙寅	丁卯	戊辰	己巳	庚午	辛未	壬申	癸酉	甲戌	乙亥	丙子	丁丑	戊寅	己卯	庚辰	辛巳	壬午	癸未	甲申	乙酉	丙戌	丁亥	戊子	己丑	庚寅	辛卯	壬辰	癸巳	甲午
음력	15	16	17	18	19	20	21	22	23	24	25	26	27	28	29	8/1	2	3	4	5	6	7	8	9	10	11	12	13	14	15
대운 남	8	8	9	9	9	10	10	백	1	1	1	1	2	2	2	3	3	3	4	4	4	5	5	추	6	6	6	7	7	7
대운 여	2	2	2	1	1	1	1	로	10	10	9	9	9	8	8	8	7	7	7	6	6	6	5	분	5	4	4	4	3	3

한로 9일 10시 22분 ⇨ 【丙戌月(병술월)】(한로, 상강~ 입동 전) 상강 24일 13시 13분

양력 **10** 음력 08/16 – 09/16

양력	1	2	3	4	5	6	7	8	9	10	11	12	13	14	15	16	17	18	19	20	21	22	23	24	25	26	27	28	29	30	31
요일	토	일	월	화	수	목	금	토	일	월	화	수	목	금	토	일	월	화	수	목	금	토	일	월	화	수	목	금	토	일	월
일진 日辰	乙未	丙申	丁酉	戊戌	己亥	庚子	辛丑	壬寅	癸卯	甲辰	乙巳	丙午	丁未	戊申	己酉	庚戌	辛亥	壬子	癸丑	甲寅	乙卯	丙辰	丁巳	戊午	己未	庚申	辛酉	壬戌	癸亥	甲子	乙丑
음력	16	17	18	19	20	21	22	23	24	25	26	27	28	29	30	9/1	2	3	4	5	6	7	8	9	10	11	12	13	14	15	16
대운 남	8	8	8	9	9	9	10	10	한	1	1	1	1	2	2	2	3	3	3	4	4	4	5	상	5	6	6	6	7	7	7
대운 여	3	2	2	2	1	1	1	1	로	10	9	9	9	8	8	8	7	7	7	6	6	6	5	강	5	4	4	4	3	3	3

입동 8일 13시 15분 ⇨ 【丁亥月(정해월)】(입동, 소설~ 대설 전) 소설 23일 10시 31분

양력 **11** 음력 09/17 – 10/17

양력	1	2	3	4	5	6	7	8	9	10	11	12	13	14	15	16	17	18	19	20	21	22	23	24	25	26	27	28	29	30
요일	화	수	목	금	토	일	월	화	수	목	금	토	일	월	화	수	목	금	토	일	월	화	수	목	금	토	일	월	화	수
일진 日辰	丙寅	丁卯	戊辰	己巳	庚午	辛未	壬申	癸酉	甲戌	乙亥	丙子	丁丑	戊寅	己卯	庚辰	辛巳	壬午	癸未	甲申	乙酉	丙戌	丁亥	戊子	己丑	庚寅	辛卯	壬辰	癸巳	甲午	乙未
음력	17	18	19	20	21	22	23	24	25	26	27	28	29	10/1	2	3	4	5	6	7	8	9	10	11	12	13	14	15	16	17
대운 남	8	8	8	9	9	9	10	입	1	1	1	1	2	2	2	3	3	3	4	4	4	5	소	5	6	6	6	7	7	7
대운 여	2	2	2	1	1	1	1	동	10	9	9	9	8	8	8	7	7	7	6	6	6	5	설	5	4	4	4	3	3	3

대설 8일 05시 53분 ⇨ 【戊子月(무자월)】(대설, 동지~소한 전) 동지 22일 23시 41분

양력 **12** 음력 10/18 – 11/18

양력	1	2	3	4	5	6	7	8	9	10	11	12	13	14	15	16	17	18	19	20	21	22	23	24	25	26	27	28	29	30	31
요일	목	금	토	일	월	화	수	목	금	토	일	월	화	수	목	금	토	일	월	화	수	목	금	토	일	월	화	수	목	금	토
일진 日辰	丙申	丁酉	戊戌	己亥	庚子	辛丑	壬寅	癸卯	甲辰	乙巳	丙午	丁未	戊申	己酉	庚戌	辛亥	壬子	癸丑	甲寅	乙卯	丙辰	丁巳	戊午	己未	庚申	辛酉	壬戌	癸亥	甲子	乙丑	丙寅
음력	18	19	20	21	22	23	24	25	26	27	28	29	30	11/1	2	3	4	5	6	7	8	9	10	11	12	13	14	15	16	17	18
대운 남	8	8	8	9	9	9	10	대	1	1	1	1	2	2	2	3	3	3	4	4	4	동	5	5	6	6	6	7	7	7	8
대운 여	2	2	2	1	1	1	1	설	9	9	9	8	8	8	7	7	7	6	6	6	5	지	5	4	4	4	3	3	3	2	2

1956 丙申年(병신년)

단기4289년 /불기2500년 대장군(남방), 삼살(남방), 상문(서북방), 조객(남방),납음(산하화),삼재(인,묘,진)

소한 6일 17시 00분 ⇨ 【己丑月(기축월)】(소한, 대한~ 입춘 전) 대한 21일 10시 18분

양력 1 / 음력 11/19 ~ 12/19

양력	1	2	3	4	5	6	7	8	9	10	11	12	13	14	15	16	17	18	19	20	21	22	23	24	25	26	27	28	29	30	31
요일	일	월	화	수	목	금	토	일	월	화	수	목	금	토	일	월	화	수	목	금	토	일	월	화	수	목	금	토	일	월	화
일진 日辰	丁卯	戊辰	己巳	庚午	辛未	壬申	癸酉	甲戌	乙亥	丙子	丁丑	戊寅	己卯	庚辰	辛巳	壬午	癸未	甲申	乙酉	丙戌	丁亥	戊子	己丑	庚寅	辛卯	壬辰	癸巳	甲午	乙未	丙申	丁酉
음력	19	20	21	22	23	24	25	26	27	28	29	30	12/1	2	3	4	5	6	7	8	9	10	11	12	13	14	15	16	17	18	19
대운 남	8	8	9	9	9	소	1	1	1	1	2	2	2	3	3	3	4	4	4	5	대	5	6	6	6	7	7	7	8	8	8
대운 여	2	1	1	1	1	한	10	9	9	9	8	8	8	7	7	7	6	6	6	5	한	5	4	4	4	3	3	3	2	2	2

입춘 5일 04시 42분 ⇨ 【庚寅月(경인월)】(입춘, 우수~ 경칩 전) 우수 20일 00시 35분

양력 2 / 음력 12/20 ~ 01/18 / 立春

양력	1	2	3	4	5	6	7	8	9	10	11	12	13	14	15	16	17	18	19	20	21	22	23	24	25	26	27	28	29
요일	수	목	금	토	일	월	화	수	목	금	토	일	월	화	수	목	금	토	일	월	화	수	목	금	토	일	월	화	수
일진 日辰	戊戌	己亥	庚子	辛丑	壬寅	癸卯	甲辰	乙巳	丙午	丁未	戊申	己酉	庚戌	辛亥	壬子	癸丑	甲寅	乙卯	丙辰	丁巳	戊午	己未	庚申	辛酉	壬戌	癸亥	甲子	乙丑	丙寅
음력	20	21	22	23	24	25	26	27	28	29	30	1/1	2	3	4	5	6	7	8	9	10	11	12	13	14	15	16	17	18
대운 남	9	9	9	10	입	9	9	9	8	8	8	7	7	7	6	6	6	5	5	우	4	4	4	3	3	3	2	2	2
대운 여	1	1	1	1	춘	1	1	1	1	2	2	2	3	3	3	4	4	4	5	수	5	6	6	6	7	7	7	8	8

경칩 5일 22시 54분 ⇨ 【辛卯月(신묘월)】(경칩, 춘분~ 청명 전) 춘분 20일 23시 50분

양력 3 / 음력 01/19 ~ 02/20

양력	1	2	3	4	5	6	7	8	9	10	11	12	13	14	15	16	17	18	19	20	21	22	23	24	25	26	27	28	29	30	31
요일	목	금	토	일	월	화	수	목	금	토	일	월	화	수	목	금	토	일	월	화	수	목	금	토	일	월	화	수	목	금	토
일진 日辰	丁卯	戊辰	己巳	庚午	辛未	壬申	癸酉	甲戌	乙亥	丙子	丁丑	戊寅	己卯	庚辰	辛巳	壬午	癸未	甲申	乙酉	丙戌	丁亥	戊子	己丑	庚寅	辛卯	壬辰	癸巳	甲午	乙未	丙申	丁酉
음력	19	20	21	22	23	24	25	26	27	28	29	2/1	2	3	4	5	6	7	8	9	10	11	12	13	14	15	16	17	18	19	20
대운 남	1	1	1	1	경	10	10	9	9	9	8	8	8	7	7	7	6	6	6	춘	5	5	4	4	4	3	3	3	2	2	2
대운 여	8	9	9	9	칩	1	1	1	1	2	2	2	3	3	3	4	4	4	5	분	5	6	6	6	7	7	7	8	8	8	9

청명 5일 04시 01분 ⇨ 【壬辰月(임진월)】(청명, 곡우~ 입하 전) 곡우 20일 11시 13분

양력 4 / 음력 02/21 ~ 03/20

양력	1	2	3	4	5	6	7	8	9	10	11	12	13	14	15	16	17	18	19	20	21	22	23	24	25	26	27	28	29	30
요일	일	월	화	수	목	금	토	일	월	화	수	목	금	토	일	월	화	수	목	금	토	일	월	화	수	목	금	토	일	월
일진 日辰	戊戌	己亥	庚子	辛丑	壬寅	癸卯	甲辰	乙巳	丙午	丁未	戊申	己酉	庚戌	辛亥	壬子	癸丑	甲寅	乙卯	丙辰	丁巳	戊午	己未	庚申	辛酉	壬戌	癸亥	甲子	乙丑	丙寅	丁卯
음력	21	22	23	24	25	26	27	28	29	30	3/1	2	3	4	5	6	7	8	9	10	11	12	13	14	15	16	17	18	19	20
대운 남	1	1	1	1	청	10	9	9	9	8	8	8	7	7	7	6	6	6	5	곡	5	4	4	4	3	3	3	2	2	2
대운 여	9	9	10	10	명	1	1	1	1	2	2	2	3	3	3	4	4	4	5	우	5	6	6	6	7	7	7	8	8	8

입하 6일 11시 04분 ⇨ 【癸巳月(계사월)】(입하, 소만~ 망종 전) 소만 21일 11시 43분

양력 5 / 음력 03/21 ~ 04/22

양력	1	2	3	4	5	6	7	8	9	10	11	12	13	14	15	16	17	18	19	20	21	22	23	24	25	26	27	28	29	30	31
요일	화	수	목	금	토	일	월	화	수	목	금	토	일	월	화	수	목	금	토	일	월	화	수	목	금	토	일	월	화	수	목
일진 日辰	戊辰	己巳	庚午	辛未	壬申	癸酉	甲戌	乙亥	丙子	丁丑	戊寅	己卯	庚辰	辛巳	壬午	癸未	甲申	乙酉	丙戌	丁亥	戊子	己丑	庚寅	辛卯	壬辰	癸巳	甲午	乙未	丙申	丁酉	戊戌
음력	21	22	23	24	25	26	27	28	29	4/1	2	3	4	5	6	7	8	9	10	11	12	13	14	15	16	17	18	19	20	21	22
대운 남	1	1	1	1	입	10	10	10	9	9	9	8	8	8	7	7	7	6	6	6	소	5	5	4	4	4	3	3	3	2	2
대운 여	9	9	9	10	하	1	1	1	1	2	2	2	3	3	3	4	4	4	5	5	만	6	6	6	7	7	7	8	8	8	9

망종 6일 03시 06분 ⇨ 【甲午月(갑오월)】(망종, 하지~ 소서 전) 하지 21일 19시 54분

양력 6 / 음력 04/23 ~ 05/22

양력	1	2	3	4	5	6	7	8	9	10	11	12	13	14	15	16	17	18	19	20	21	22	23	24	25	26	27	28	29	30
요일	금	토	일	월	화	수	목	금	토	일	월	화	수	목	금	토	일	월	화	수	목	금	토	일	월	화	수	목	금	토
일진 日辰	己亥	庚子	辛丑	壬寅	癸卯	甲辰	乙巳	丙午	丁未	戊申	己酉	庚戌	辛亥	壬子	癸丑	甲寅	乙卯	丙辰	丁巳	戊午	己未	庚申	辛酉	壬戌	癸亥	甲子	乙丑	丙寅	丁卯	戊辰
음력	23	24	25	26	27	28	29	30	5/1	2	3	4	5	6	7	8	9	10	11	12	13	14	15	16	17	18	19	20	21	22
대운 남	2	1	1	1	1	망	10	10	9	9	9	8	8	8	7	7	7	6	6	6	소	5	5	4	4	4	3	3	3	2
대운 여	9	9	10	10	10	종	1	1	1	1	2	2	2	3	3	3	4	4	4	5	만	5	6	6	6	7	7	7	8	8

대장군(남방), 삼살(남방), 상문(서북방), 조객(남방),납음(산하화),삼재(인,묘,진)

한식(4월05일), 초복(7월12일), 중복(7월22일), 말복(8월11일)

서머타임 시작 5월20일 00시→01시로 조정
종료 9월30일 01시→00시로 조정
수정한 시간으로 표기(동경표준시 사용)

丙申年(병신년)

1956

소서 7일 13시 28분 ⇨ 【乙未月(을미월)】(소서, 대서~ 입추 전) 대서 23일 06시 50분

7월 (음력 05/23 ~ 06/24)

양력	1	2	3	4	5	6	7	8	9	10	11	12	13	14	15	16	17	18	19	20	21	22	23	24	25	26	27	28	29	30	31
요일	일	월	화	수	목	금	토	일	월	화	수	목	금	토	일	월	화	수	목	금	토	일	월	화	수	목	금	토	일	월	화
일진 日辰	己巳	庚午	辛未	壬申	癸酉	甲戌	乙亥	丙子	丁丑	戊寅	己卯	庚辰	辛巳	壬午	癸未	甲申	乙酉	丙戌	丁亥	戊子	己丑	庚寅	辛卯	壬辰	癸巳	甲午	乙未	丙申	丁酉	戊戌	己亥
음력	23	24	25	26	27	28	29	6/1	2	3	4	5	6	7	8	9	10	11	12	13	14	15	16	17	18	19	20	21	22	23	24
대운 남	2	2	1	1	1	1	소	10	10	9	9	9	8	8	8	7	7	7	6	6	6	5	대	5	4	4	4	3	3	3	2
대운 여	8	9	9	9	10	10	서	1	1	1	1	2	2	2	3	3	3	4	4	4	5	5	서	6	6	6	7	7	7	8	8

입추 7일 23시 10분 ⇨ 【丙申月(병신월)】(입추, 처서~ 백로 전) 처서 23일 13시 45분

8월 (음력 06/25 ~ 07/26)

양력	1	2	3	4	5	6	7	8	9	10	11	12	13	14	15	16	17	18	19	20	21	22	23	24	25	26	27	28	29	30	31
요일	수	목	금	토	일	월	화	수	목	금	토	일	월	화	수	목	금	토	일	월	화	수	목	금	토	일	월	화	수	목	금
일진 日辰	庚子	辛丑	壬寅	癸卯	甲辰	乙巳	丙午	丁未	戊申	己酉	庚戌	辛亥	壬子	癸丑	甲寅	乙卯	丙辰	丁巳	戊午	己未	庚申	辛酉	壬戌	癸亥	甲子	乙丑	丙寅	丁卯	戊辰	己巳	庚午
음력	25	26	27	28	29	7/1	2	3	4	5	6	7	8	9	10	11	12	13	14	15	16	17	18	19	20	21	22	23	24	25	26
대운 남	2	2	1	1	1	1	입	10	10	10	9	9	9	8	8	8	7	7	7	6	6	6	처	5	5	4	4	4	3	3	3
대운 여	8	9	9	9	10	10	추	1	1	1	1	2	2	2	3	3	3	4	4	4	5	5	서	6	6	6	7	7	7	8	8

백로 8일 01시 49분 ⇨ 【丁酉月(정유월)】(백로, 추분-한로 전) 추분 23일 11시 05분

9월 (음력 07/27 ~ 08/26)

양력	1	2	3	4	5	6	7	8	9	10	11	12	13	14	15	16	17	18	19	20	21	22	23	24	25	26	27	28	29	30
요일	토	일	월	화	수	목	금	토	일	월	화	수	목	금	토	일	월	화	수	목	금	토	일	월	화	수	목	금	토	일
일진 日辰	辛未	壬申	癸酉	甲戌	乙亥	丙子	丁丑	戊寅	己卯	庚辰	辛巳	壬午	癸未	甲申	乙酉	丙戌	丁亥	戊子	己丑	庚寅	辛卯	壬辰	癸巳	甲午	乙未	丙申	丁酉	戊戌	己亥	庚子
음력	27	28	29	30	8/1	2	3	4	5	6	7	8	9	10	11	12	13	14	15	16	17	18	19	20	21	22	23	24	25	26
대운 남	2	2	2	1	1	1	1	백	10	9	9	9	8	8	8	7	7	7	6	6	6	5	추	5	4	4	4	3	3	3
대운 여	8	9	9	9	10	10	10	로	1	1	1	1	2	2	2	3	3	3	4	4	4	5	분	5	6	6	6	7	7	7

한로 8일 16시 06분 ⇨ 【戊戌月(무술월)】(한로, 상강~ 입동 전) 상강 23일 19시 04분

10월 (음력 08/27 ~ 09/28)

양력	1	2	3	4	5	6	7	8	9	10	11	12	13	14	15	16	17	18	19	20	21	22	23	24	25	26	27	28	29	30	31
요일	월	화	수	목	금	토	일	월	화	수	목	금	토	일	월	화	수	목	금	토	일	월	화	수	목	금	토	일	월	화	수
일진 日辰	辛丑	壬寅	癸卯	甲辰	乙巳	丙午	丁未	戊申	己酉	庚戌	辛亥	壬子	癸丑	甲寅	乙卯	丙辰	丁巳	戊午	己未	庚申	辛酉	壬戌	癸亥	甲子	乙丑	丙寅	丁卯	戊辰	己巳	庚午	辛未
음력	27	28	29	9/1	2	3	4	5	6	7	8	9	10	11	12	13	14	15	16	17	18	19	20	21	22	23	24	25	26	27	28
대운 남	2	2	2	1	1	1	1	한	10	9	9	9	8	8	8	7	7	7	6	6	6	5	상	5	4	4	4	3	3	3	2
대운 여	8	8	8	9	9	9	10	로	1	1	1	1	2	2	2	3	3	3	4	4	4	5	강	5	6	6	6	7	7	7	8

입동 7일 18시 56분 ⇨ 【己亥月(기해월)】(입동, 소설~ 대설 전) 소설 22일 16시 20분

11월 (음력 09/29 ~ 10/28)

양력	1	2	3	4	5	6	7	8	9	10	11	12	13	14	15	16	17	18	19	20	21	22	23	24	25	26	27	28	29	30
요일	목	금	토	일	월	화	수	목	금	토	일	월	화	수	목	금	토	일	월	화	수	목	금	토	일	월	화	수	목	금
일진 日辰	壬申	癸酉	甲戌	乙亥	丙子	丁丑	戊寅	己卯	庚辰	辛巳	壬午	癸未	甲申	乙酉	丙戌	丁亥	戊子	己丑	庚寅	辛卯	壬辰	癸巳	甲午	乙未	丙申	丁酉	戊戌	己亥	庚子	辛丑
음력	29	30	10/1	2	3	4	5	6	7	8	9	10	11	12	13	14	15	16	17	18	19	20	21	22	23	24	25	26	27	28
대운 남	2	2	1	1	1	1	입	10	9	9	9	8	8	8	7	7	7	6	6	6	5	소	5	4	4	4	3	3	3	2
대운 여	8	8	9	9	9	10	동	1	1	1	1	2	2	2	3	3	3	4	4	4	5	설	5	6	6	6	7	7	7	8

대설 7일 11시 32분 ⇨ 【庚子月(경자월)】(대설, 동지~소한 전) 동지 22일 05시 29분

12월 (음력 10/29 ~ 11/30)

양력	1	2	3	4	5	6	7	8	9	10	11	12	13	14	15	16	17	18	19	20	21	22	23	24	25	26	27	28	29	30	31
요일	토	일	월	화	수	목	금	토	일	월	화	수	목	금	토	일	월	화	수	목	금	토	일	월	화	수	목	금	토	일	월
일진 日辰	壬寅	癸卯	甲辰	乙巳	丙午	丁未	戊申	己酉	庚戌	辛亥	壬子	癸丑	甲寅	乙卯	丙辰	丁巳	戊午	己未	庚申	辛酉	壬戌	癸亥	甲子	乙丑	丙寅	丁卯	戊辰	己巳	庚午	辛未	壬申
음력	29	11/1	2	3	4	5	6	7	8	9	10	11	12	13	14	15	16	17	18	19	20	21	22	23	24	25	26	27	28	29	30
대운 남	2	2	1	1	1	1	대	9	9	9	8	8	8	7	7	7	6	6	6	5	5	동	4	4	4	3	3	3	2	2	2
대운 여	8	8	9	9	9	10	설	1	1	1	1	2	2	2	3	3	3	4	4	4	5	지	5	6	6	6	7	7	7	8	8

윤8월 小 1957 丁酉年(정유년)

단기4290년 /불기2501년 대장군(남방). 삼살(동방), 상문(서북방),조객(서남방),납음(산하화),【삼재(해,자,축)년】

소한 5일 22시 40분 ⇨ **【辛丑月(신축월)】**(소한, 대한~ 입춘 전) 대한 20일 16시 09분

양력 1 / 음력 12/01 ~ 01/01

양력	1	2	3	4	5	6	7	8	9	10	11	12	13	14	15	16	17	18	19	20	21	22	23	24	25	26	27	28	29	30	31
요일	화	수	목	금	토	일	월	화	수	목	금	토	일	월	화	수	목	금	토	일	월	화	수	목	금	토	일	월	화	수	목
일진	癸	甲	乙	丙	丁	戊	己	庚	辛	壬	癸	甲	乙	丙	丁	戊	己	庚	辛	壬	癸	甲	乙	丙	丁	戊	己	庚	辛	壬	癸
日辰	酉	戌	亥	子	丑	寅	卯	辰	巳	午	未	申	酉	戌	亥	子	丑	寅	卯	辰	巳	午	未	申	酉	戌	亥	子	丑	寅	卯
음력	12/1	2	3	4	5	6	7	8	9	10	11	12	13	14	15	16	17	18	19	20	21	22	23	24	25	26	27	28	29	30	1/1
대운 남	1	1	1	1	소	10	9	9	9	8	8	8	7	7	7	6	6	6	5	대	5	4	4	4	3	3	3	2	2	2	1
대운 여	8	9	9	9	한	1	1	1	1	2	2	2	3	3	3	4	4	4	5	한	5	6	6	6	7	7	7	8	8	8	9

입춘 4일 10시 25분 ⇨ **【壬寅月(임인월)】**(입춘, 우수~ 경칩 전) 우수 19일 06시 28분

양력 2 / 음력 01/02 ~ 01/29

양력	1	2	3	4	5	6	7	8	9	10	11	12	13	14	15	16	17	18	19	20	21	22	23	24	25	26	27	28	
요일	금	토	일	월	화	수	목	금	토	일	월	화	수	목	금	토	일	월	화	수	목	금	토	일	월	화	수	목	
일진	甲	乙	丙	丁	戊	己	庚	辛	壬	癸	甲	乙	丙	丁	戊	己	庚	辛	壬	癸	甲	乙	丙	丁	戊	己	庚	辛	立春
日辰	辰	巳	午	未	申	酉	戌	亥	子	丑	寅	卯	辰	巳	午	未	申	酉	戌	亥	子	丑	寅	卯	辰	巳	午	未	
음력	2	3	4	5	6	7	8	9	10	11	12	13	14	15	16	17	18	19	20	21	22	23	24	25	26	27	28	29	
대운 남	1	1	1	입	1	1	1	1	2	2	2	3	3	3	4	4	4	5	우	5	6	6	6	7	7	7	8	8	
대운 여	9	9	10	춘	10	9	9	9	8	8	8	7	7	7	6	6	6	5	수	5	4	4	4	3	3	3	2	2	

경칩 6일 04시 40분 ⇨ **【癸卯月(계묘월)】**(경칩, 춘분~ 청명 전) 춘분 21일 05시 46분

양력 3 / 음력 01/30 ~ 03/01

양력	1	2	3	4	5	6	7	8	9	10	11	12	13	14	15	16	17	18	19	20	21	22	23	24	25	26	27	28	29	30	31
요일	금	토	일	월	화	수	목	금	토	일	월	화	수	목	금	토	일	월	화	수	목	금	토	일	월	화	수	목	금	토	일
일진	壬	癸	甲	乙	丙	丁	戊	己	庚	辛	壬	癸	甲	乙	丙	丁	戊	己	庚	辛	壬	癸	甲	乙	丙	丁	戊	己	庚	辛	壬
日辰	申	酉	戌	亥	子	丑	寅	卯	辰	巳	午	未	申	酉	戌	亥	子	丑	寅	卯	辰	巳	午	未	申	酉	戌	亥	子	丑	寅
음력	30	2/1	2	3	4	5	6	7	8	9	10	11	12	13	14	15	16	17	18	19	20	21	22	23	24	25	26	27	28	29	3/1
대운 남	8	9	9	9	10	경	1	1	1	1	2	2	2	3	3	3	4	4	4	5	춘	5	6	6	6	7	7	7	8	8	8
대운 여	2	1	1	1	1	칩	10	9	9	9	8	8	8	7	7	7	6	6	6	5	분	5	4	4	4	3	3	3	2	2	2

청명 5일 09시 49분 ⇨ **【甲辰月(갑진월)】**(청명, 곡우~ 입하 전) 곡우 20일 17시 11분

양력 4 / 음력 03/02 ~ 04/01

양력	1	2	3	4	5	6	7	8	9	10	11	12	13	14	15	16	17	18	19	20	21	22	23	24	25	26	27	28	29	30
요일	월	화	수	목	금	토	일	월	화	수	목	금	토	일	월	화	수	목	금	토	일	월	화	수	목	금	토	일	월	화
일진	癸	甲	乙	丙	丁	戊	己	庚	辛	壬	癸	甲	乙	丙	丁	戊	己	庚	辛	壬	癸	甲	乙	丙	丁	戊	己	庚	辛	壬
日辰	卯	辰	巳	午	未	申	酉	戌	亥	子	丑	寅	卯	辰	巳	午	未	申	酉	戌	亥	子	丑	寅	卯	辰	巳	午	未	申
음력	2	3	4	5	6	7	8	9	10	11	12	13	14	15	16	17	18	19	20	21	22	23	24	25	26	27	28	29	30	4/1
대운 남	9	9	9	10	청	1	1	1	1	2	2	2	3	3	3	4	4	4	5	곡	5	6	6	6	7	7	7	8	8	8
대운 여	1	1	1	1	명	10	10	9	9	9	8	8	8	7	7	7	6	6	6	우	5	5	4	4	4	3	3	3	2	2

입하 6일 04시 28분 ⇨ **【乙巳月(을사월)】**(입하, 소만~ 망종 전) 소만 21일 17시 40분

양력 5 / 음력 04/02 ~ 05/03

양력	1	2	3	4	5	6	7	8	9	10	11	12	13	14	15	16	17	18	19	20	21	22	23	24	25	26	27	28	29	30	31
요일	수	목	금	토	일	월	화	수	목	금	토	일	월	화	수	목	금	토	일	월	화	수	목	금	토	일	월	화	수	목	금
일진	癸	甲	乙	丙	丁	戊	己	庚	辛	壬	癸	甲	乙	丙	丁	戊	己	庚	辛	壬	癸	甲	乙	丙	丁	戊	己	庚	辛	壬	癸
日辰	酉	戌	亥	子	丑	寅	卯	辰	巳	午	未	申	酉	戌	亥	子	丑	寅	卯	辰	巳	午	未	申	酉	戌	亥	子	丑	寅	卯
음력	2	3	4	5	6	7	8	9	10	11	12	13	14	15	16	17	18	19	20	21	22	23	24	25	26	27	28	29	5/1	2	3
대운 남	9	9	9	10	10	입	1	1	1	1	2	2	2	3	3	3	4	4	4	5	소	5	6	6	6	7	7	7	8	8	8
대운 여	2	1	1	1	1	하	10	10	9	9	9	8	8	8	7	7	7	6	6	6	만	5	5	4	4	4	3	3	3	2	2

망종 6일 08시 55분 ⇨ **【丙午月(병오월)】**(망종, 하지~ 소서 전) 하지 22일 01시 51분

양력 6 / 음력 05/04 ~ 06/03

양력	1	2	3	4	5	6	7	8	9	10	11	12	13	14	15	16	17	18	19	20	21	22	23	24	25	26	27	28	29	30
요일	토	일	월	화	수	목	금	토	일	월	화	수	목	금	토	일	월	화	수	목	금	토	일	월	화	수	목	금	토	일
일진	甲	乙	丙	丁	戊	己	庚	辛	壬	癸	甲	乙	丙	丁	戊	己	庚	辛	壬	癸	甲	乙	丙	丁	戊	己	庚	辛	壬	癸
日辰	辰	巳	午	未	申	酉	戌	亥	子	丑	寅	卯	辰	巳	午	未	申	酉	戌	亥	子	丑	寅	卯	辰	巳	午	未	申	酉
음력	4	5	6	7	8	9	10	11	12	13	14	15	16	17	18	19	20	21	22	23	24	25	26	27	28	29	30	6/1	2	3
대운 남	9	9	9	10	10	망	1	1	1	1	2	2	2	3	3	3	4	4	4	5	5	하	6	6	6	7	7	7	8	8
대운 여	2	1	1	1	1	종	10	10	9	9	9	8	8	8	7	7	7	6	6	6	5	지	5	4	4	4	3	3	3	2

대장군(남방), 삼살(동방), 상문(서북방),조객(서남방),납음(산하화),【삼재(해,자,축)년】

한식(4월06일), 초복(7월17일), 중복(7월27일), 말복(8월15일)

서머타임 시작 5월05일 00시→01시로 조정
종료 9월22일 01시→00시로 조정
수정한 시간으로 표기(동경표준시 사용)

丁酉年(정유년)

소서 7일 19시 18분 ⇨ 【丁未月(정미월)】(소서, 대서~ 입추 전) 대서 23일 12시 45분

양력 7	양력	1	2	3	4	5	6	7	8	9	10	11	12	13	14	15	16	17	18	19	20	21	22	23	24	25	26	27	28	29	30	31
	요일	월	화	수	목	금	토	일	월	화	수	목	금	토	일	월	화	수	목	금	토	일	월	화	수	목	금	토	일	월	화	수
	일진 日辰	甲戌	乙亥	丙子	丁丑	戊寅	己卯	庚辰	辛巳	壬午	癸未	甲申	乙酉	丙戌	丁亥	戊子	己丑	庚寅	辛卯	壬辰	癸巳	甲午	乙未	丙申	丁酉	戊戌	己亥	庚子	辛丑	壬寅	癸卯	甲辰
음력 06/04 ~ 07/05	음력	4	5	6	7	8	9	10	11	12	13	14	15	16	17	18	19	20	21	22	23	24	25	26	27	28	29	7/1	2	3	4	5
대운	남	8	9	9	9	10	10	소	1	1	1	1	2	2	2	3	3	3	4	4	4	5	5	대	6	6	6	7	7	7	8	8
	여	2	2	1	1	1	1	서	10	10	10	9	9	9	8	8	8	7	7	7	6	6	6	서	5	5	4	4	4	3	3	3

입추 8일 05시 02분 ⇨ 【戊申月(무신월)】(입추, 처서~ 백로 전) 처서 23일 19시 38분

양력 8	양력	1	2	3	4	5	6	7	8	9	10	11	12	13	14	15	16	17	18	19	20	21	22	23	24	25	26	27	28	29	30	31
	요일	목	금	토	일	월	화	수	목	금	토	일	월	화	수	목	금	토	일	월	화	수	목	금	토	일	월	화	수	목	금	토
	일진 日辰	乙巳	丙午	丁未	戊申	己酉	庚戌	辛亥	壬子	癸丑	甲寅	乙卯	丙辰	丁巳	戊午	己未	庚申	辛酉	壬戌	癸亥	甲子	乙丑	丙寅	丁卯	戊辰	己巳	庚午	辛未	壬申	癸酉	甲戌	乙亥
음력 07/06 ~ 08/07	음력	6	7	8	9	10	11	12	13	14	15	16	17	18	19	20	21	22	23	24	25	26	27	28	29	8/1	2	3	4	5	6	7
대운	남	8	9	9	9	10	10	10	입	1	1	1	1	2	2	2	3	3	3	4	4	4	5	처	5	6	6	6	7	7	7	8
	여	2	2	2	1	1	1	1	추	10	10	9	9	9	8	8	8	7	7	7	6	6	6	서	5	5	4	4	4	3	3	3

백로 8일 07시 42분 ⇨ 【己酉月(기유월)】(백로, 추분-한로 전) 추분 23일 15시 56분

양력 9	양력	1	2	3	4	5	6	7	8	9	10	11	12	13	14	15	16	17	18	19	20	21	22	23	24	25	26	27	28	29	30
	요일	일	월	화	수	목	금	토	일	월	화	수	목	금	토	일	월	화	수	목	금	토	일	월	화	수	목	금	토	일	월
	일진 日辰	丙子	丁丑	戊寅	己卯	庚辰	辛巳	壬午	癸未	甲申	乙酉	丙戌	丁亥	戊子	己丑	庚寅	辛卯	壬辰	癸巳	甲午	乙未	丙申	丁酉	戊戌	己亥	庚子	辛丑	壬寅	癸卯	甲辰	乙巳
음력 08/08 ~ 윤807	음력	8	9	10	11	12	13	14	15	16	17	18	19	20	21	22	23	24	25	26	27	28	29	30	윤8	2	3	4	5	6	7
대운	남	8	8	9	9	9	10	10	백	1	1	1	1	2	2	2	3	3	3	4	4	4	5	추	5	6	6	6	7	7	7
	여	2	2	2	1	1	1	1	로	10	9	9	9	8	8	8	7	7	7	6	6	6	5	분	5	4	4	4	3	3	3

한로 8일 22시 00분 ⇨ 【庚戌月(경술월)】(한로, 상강~ 입동 전) 상강 24일 00시 54분

양력 10	양력	1	2	3	4	5	6	7	8	9	10	11	12	13	14	15	16	17	18	19	20	21	22	23	24	25	26	27	28	29	30	31
	요일	화	수	목	금	토	일	월	화	수	목	금	토	일	월	화	수	목	금	토	일	월	화	수	목	금	토	일	월	화	수	목
	일진 日辰	丙午	丁未	戊申	己酉	庚戌	辛亥	壬子	癸丑	甲寅	乙卯	丙辰	丁巳	戊午	己未	庚申	辛酉	壬戌	癸亥	甲子	乙丑	丙寅	丁卯	戊辰	己巳	庚午	辛未	壬申	癸酉	甲戌	乙亥	丙子
음력 윤808 ~ 09/09	음력	8	9	10	11	12	13	14	15	16	17	18	19	20	21	22	23	24	25	26	27	28	29	9/1	2	3	4	5	6	7	8	9
대운	남	8	8	8	9	9	9	10	한	1	1	1	1	2	2	2	3	3	3	4	4	4	5	5	상	6	6	6	7	7	7	8
	여	2	2	2	1	1	1	1	로	10	10	9	9	9	8	8	8	7	7	7	6	6	6	5	강	5	4	4	4	3	3	3

입동 8일 00시 50분 ⇨ 【辛亥月(신해월)】(입동, 소설~ 대설 전) 소설 22일 22시 09분

양력 11	양력	1	2	3	4	5	6	7	8	9	10	11	12	13	14	15	16	17	18	19	20	21	22	23	24	25	26	27	28	29	30
	요일	금	토	일	월	화	수	목	금	토	일	월	화	수	목	금	토	일	월	화	수	목	금	토	일	월	화	수	목	금	토
	일진 日辰	丁丑	戊寅	己卯	庚辰	辛巳	壬午	癸未	甲申	乙酉	丙戌	丁亥	戊子	己丑	庚寅	辛卯	壬辰	癸巳	甲午	乙未	丙申	丁酉	戊戌	己亥	庚子	辛丑	壬寅	癸卯	甲辰	乙巳	丙午
음력 09/10 ~ 10/09	음력	10	11	12	13	14	15	16	17	18	19	20	21	22	23	24	25	26	27	28	29	30	10/1	2	3	4	5	6	7	8	9
대운	남	8	8	9	9	9	10	10	입	1	1	1	1	2	2	2	3	3	3	4	4	4	5	소	5	6	6	6	7	7	7
	여	2	2	2	1	1	1	1	동	9	9	9	8	8	8	7	7	7	6	6	6	5	5	설	4	4	4	3	3	3	2

대설 7일 17시 26분 ⇨ 【壬子月(임자월)】(대설, 동지~소한 전) 동지 22일 11시 19분

양력 12	양력	1	2	3	4	5	6	7	8	9	10	11	12	13	14	15	16	17	18	19	20	21	22	23	24	25	26	27	28	29	30	31
	요일	일	월	화	수	목	금	토	일	월	화	수	목	금	토	일	월	화	수	목	금	토	일	월	화	수	목	금	토	일	월	화
	일진 日辰	丁未	戊申	己酉	庚戌	辛亥	壬子	癸丑	甲寅	乙卯	丙辰	丁巳	戊午	己未	庚申	辛酉	壬戌	癸亥	甲子	乙丑	丙寅	丁卯	戊辰	己巳	庚午	辛未	壬申	癸酉	甲戌	乙亥	丙子	丁丑
음력 10/10 ~ 11/11	음력	10	11	12	13	14	15	16	17	18	19	20	21	22	23	24	25	26	27	28	29	11/1	2	3	4	5	6	7	8	9	10	11
대운	남	8	8	8	9	9	9	대	1	1	1	1	2	2	2	3	3	3	4	4	4	5	동	5	6	6	6	7	7	7	8	8
	여	2	2	1	1	1	1	설	10	9	9	9	8	8	8	7	7	7	6	6	6	5	지	5	4	4	4	3	3	3	2	2

1958 戊戌年(무술년)

단기 4291년/불기2502년 대장군(서방), 삼살(서방), 상문(동북방),조객(서방),납음(평지목),【삼재(사,오,미)년】

소한 6일 04시 34분 ⇨ **【癸丑月(계축월)】**(소한, 대한~ 입춘 전) 대한 20일 21시 58분

양력 1 / 음력 11/12 ~ 12/12

양력	1	2	3	4	5	6	7	8	9	10	11	12	13	14	15	16	17	18	19	20	21	22	23	24	25	26	27	28	29	30	31
요일	수	목	금	토	일	월	화	수	목	금	토	일	월	화	수	목	금	토	일	월	화	수	목	금	토	일	월	화	수	목	금
일진 日辰	戊寅	己卯	庚辰	辛巳	壬午	癸未	甲申	乙酉	丙戌	丁亥	戊子	己丑	庚寅	辛卯	壬辰	癸巳	甲午	乙未	丙申	丁酉	戊戌	己亥	庚子	辛丑	壬寅	癸卯	甲辰	乙巳	丙午	丁未	戊申
음력	12	13	14	15	16	17	18	19	20	21	22	23	24	25	26	27	28	29	30	12/1	2	3	4	5	6	7	8	9	10	11	12
대운 남	8	9	9	9	10	소	1	1	1	1	2	2	2	3	3	3	4	4	4	대	5	5	6	6	6	7	7	7	8	8	8
대운 여	2	1	1	1	1	한	9	9	9	8	8	8	7	7	7	6	6	6	5	한	5	4	4	4	3	3	3	2	2	2	1

입춘 4일 16시 19분 ⇨ **【甲寅月(갑인월)】**(입춘, 우수~ 경칩 전) 우수 19일 12시 18분

양력 / 음력 12/13 ~ 01/10

양력	1	2	3	4	5	6	7	8	9	10	11	12	13	14	15	16	17	18	19	20	21	22	23	24	25	26	27	28	
요일	토	일	월	화	수	목	금	토	일	월	화	수	목	금	토	일	월	화	수	목	금	토	일	월	화	수	목	금	
일진 日辰	己酉	庚戌	辛亥	壬子	癸丑	甲寅	乙卯	丙辰	丁巳	戊午	己未	庚申	辛酉	壬戌	癸亥	甲子	乙丑	丙寅	丁卯	戊辰	己巳	庚午	辛未	壬申	癸酉	甲戌	乙亥	丙子	立春
음력	13	14	15	16	17	18	19	20	21	22	23	24	25	26	27	28	29	30	1/1	2	3	4	5	6	7	8	9	10	
대운 남	9	9	9	입	10	9	9	9	8	8	8	7	7	7	6	6	6	5	우	5	4	4	4	3	3	3	2	2	
대운 여	1	1	1	춘	1	1	1	1	2	2	2	3	3	3	4	4	4	5	수	5	6	6	6	7	7	7	8	8	

경칩 6일 10시 35분 ⇨ **【乙卯月(을묘월)】**(경칩, 춘분~ 청명 전) 춘분 21일 11시 36분

양력 3 / 음력 01/11 ~ 02/12

양력	1	2	3	4	5	6	7	8	9	10	11	12	13	14	15	16	17	18	19	20	21	22	23	24	25	26	27	28	29	30	31
요일	토	일	월	화	수	목	금	토	일	월	화	수	목	금	토	일	월	화	수	목	금	토	일	월	화	수	목	금	토	일	월
일진 日辰	丁丑	戊寅	己卯	庚辰	辛巳	壬午	癸未	甲申	乙酉	丙戌	丁亥	戊子	己丑	庚寅	辛卯	壬辰	癸巳	甲午	乙未	丙申	丁酉	戊戌	己亥	庚子	辛丑	壬寅	癸卯	甲辰	乙巳	丙午	丁未
음력	11	12	13	14	15	16	17	18	19	20	21	22	23	24	25	26	27	28	29	2/1	2	3	4	5	6	7	8	9	10	11	12
대운 남	2	1	1	1	1	경	10	9	9	9	8	8	8	7	7	7	6	6	6	5	춘	5	4	4	4	3	3	3	2	2	2
대운 여	8	9	9	9	10	칩	1	1	1	1	2	2	2	3	3	3	4	4	4	5	분	5	6	6	6	7	7	7	8	8	8

청명 5일 15시 42분 ⇨ **【丙辰月(병진월)】**(청명, 곡우~ 입하 전) 곡우 20일 22시 57분

양력 4 / 음력 02/13 ~ 03/12

양력	1	2	3	4	5	6	7	8	9	10	11	12	13	14	15	16	17	18	19	20	21	22	23	24	25	26	27	28	29	30
요일	화	수	목	금	토	일	월	화	수	목	금	토	일	월	화	수	목	금	토	일	월	화	수	목	금	토	일	월	화	수
일진 日辰	戊申	己酉	庚戌	辛亥	壬子	癸丑	甲寅	乙卯	丙辰	丁巳	戊午	己未	庚申	辛酉	壬戌	癸亥	甲子	乙丑	丙寅	丁卯	戊辰	己巳	庚午	辛未	壬申	癸酉	甲戌	乙亥	丙子	丁丑
음력	13	14	15	16	17	18	19	20	21	22	23	24	25	26	27	28	29	30	3/1	2	3	4	5	6	7	8	9	10	11	12
대운 남	1	1	1	1	청	10	10	9	9	9	8	8	8	7	7	7	6	6	6	곡	5	5	4	4	4	3	3	3	2	2
대운 여	9	9	9	10	명	1	1	1	1	2	2	2	3	3	3	4	4	4	5	우	5	6	6	6	7	7	7	8	8	8

입하 6일 14시 42분 ⇨ **【丁巳月(정사월)】**(입하, 소만~ 망종 전) 소만 23일 23시 21분

양력 5 / 음력 03/13 ~ 04/13

양력	1	2	3	4	5	6	7	8	9	10	11	12	13	14	15	16	17	18	19	20	21	22	23	24	25	26	27	28	29	30	31
요일	목	금	토	일	월	화	수	목	금	토	일	월	화	수	목	금	토	일	월	화	수	목	금	토	일	월	화	수	목	금	토
일진 日辰	戊寅	己卯	庚辰	辛巳	壬午	癸未	甲申	乙酉	丙戌	丁亥	戊子	己丑	庚寅	辛卯	壬辰	癸巳	甲午	乙未	丙申	丁酉	戊戌	己亥	庚子	辛丑	壬寅	癸卯	甲辰	乙巳	丙午	丁未	戊申
음력	13	14	15	16	17	18	19	20	21	22	23	24	25	26	27	28	29	30	4/1	2	3	4	5	6	7	8	9	10	11	12	13
대운 남	2	1	1	1	1	입	10	10	9	9	9	8	8	8	7	7	7	6	6	6	소	5	5	4	4	4	3	3	3	2	2
대운 여	9	9	9	10	10	하	1	1	1	1	2	2	2	3	3	4	4	4	5	5	만	6	6	6	7	7	7	8	8	8	9

망종 6일 14시 42분 ⇨ **【戊午月(무오월)】**(망종, 하지~ 소서 전) 하지 22일 07시 27분

양력 6 / 음력 04/14 ~ 05/14

양력	1	2	3	4	5	6	7	8	9	10	11	12	13	14	15	16	17	18	19	20	21	22	23	24	25	26	27	28	29	30
요일	일	월	화	수	목	금	토	일	월	화	수	목	금	토	일	월	화	수	목	금	토	일	월	화	수	목	금	토	일	월
일진 日辰	己酉	庚戌	辛亥	壬子	癸丑	甲寅	乙卯	丙辰	丁巳	戊午	己未	庚申	辛酉	壬戌	癸亥	甲子	乙丑	丙寅	丁卯	戊辰	己巳	庚午	辛未	壬申	癸酉	甲戌	乙亥	丙子	丁丑	戊寅
음력	14	15	16	17	18	19	20	21	22	23	24	25	26	27	28	29	5/1	2	3	4	5	6	7	8	9	10	11	12	13	14
대운 남	2	1	1	1	1	망	10	10	10	9	9	9	8	8	8	7	7	7	6	6	6	하	5	5	4	4	4	3	3	3
대운 여	9	9	10	10	10	종	1	1	1	1	2	2	2	3	3	3	4	4	4	5	5	지	6	6	6	7	7	7	8	8

대장군(서방), 삼살(서방), 상문(동북방),조객(서방),납음(평지목), 【삼재(사,오,미)년】

한식(4월06일), 초복(7월12일), 중복(7월22일), 말복(8월11일)

서머타임 시작 5월04일 00시→01시로 조정
종료 9월21일 01시→00시로 조정
수정한 시간으로 표기(동경표준시 사용)

戊戌年(무술년)

1958

소서 8일 01시 03분 ⇨ **【己未月(기미월)】**(소서, 대서~ 입추 전) 대서 23일 18시 20분

양력 7	양력	1	2	3	4	5	6	7	8	9	10	11	12	13	14	15	16	17	18	19	20	21	22	23	24	25	26	27	28	29	30	31
	요일	화	수	목	금	토	일	월	화	수	목	금	토	일	월	화	수	목	금	토	일	월	화	수	목	금	토	일	월	화	수	목
	일진 日辰	己卯	庚辰	辛巳	壬午	癸未	甲申	乙酉	丙戌	丁亥	戊子	己丑	庚寅	辛卯	壬辰	癸巳	甲午	乙未	丙申	丁酉	戊戌	己亥	庚子	辛丑	壬寅	癸卯	甲辰	乙巳	丙午	丁未	戊申	己酉
음력 05/15 ~ 06/15	음력	15	16	17	18	19	20	21	22	23	24	25	26	27	28	29	30	6/1	2	3	4	5	6	7	8	9	10	11	12	13	14	15
대운	남	2	2	2	1	1	1	1	소	10	10	9	9	9	8	8	8	7	7	7	6	6	6	대	5	5	4	4	4	3	3	3
	여	8	9	9	9	10	10	10	서	1	1	1	1	2	2	2	3	3	3	4	4	4	5	서	5	6	6	6	7	7	7	8

입추 8일 10시 47분 ⇨ **【庚申月(경신월)】**(입추, 처서~ 백로 전) 처서 24일 01시 16분

양력 8	양력	1	2	3	4	5	6	7	8	9	10	11	12	13	14	15	16	17	18	19	20	21	22	23	24	25	26	27	28	29	30	31
	요일	금	토	일	월	화	수	목	금	토	일	월	화	수	목	금	토	일	월	화	수	목	금	토	일	월	화	수	목	금	토	일
	일진 日辰	庚戌	辛亥	壬子	癸丑	甲寅	乙卯	丙辰	丁巳	戊午	己未	庚申	辛酉	壬戌	癸亥	甲子	乙丑	丙寅	丁卯	戊辰	己巳	庚午	辛未	壬申	癸酉	甲戌	乙亥	丙子	丁丑	戊寅	己卯	庚辰
음력 06/16 ~ 07/17	음력	16	17	18	19	20	21	22	23	24	25	26	27	28	29	7/1	2	3	4	5	6	7	8	9	10	11	12	13	14	15	16	17
대운	남	2	2	2	1	1	1	1	입	10	10	9	9	9	8	8	8	7	7	7	6	6	6	5	처	5	4	4	4	3	3	3
	여	8	8	9	9	9	10	10	추	1	1	1	1	2	2	2	3	3	3	4	4	4	5	5	서	6	6	6	7	7	7	8

백로 8일 13시 29분 ⇨ **【辛酉月(신유월)】**(백로, 추분-한로 전) 추분 23일 21시 29분

양력 9	양력	1	2	3	4	5	6	7	8	9	10	11	12	13	14	15	16	17	18	19	20	21	22	23	24	25	26	27	28	29	30
	요일	월	화	수	목	금	토	일	월	화	수	목	금	토	일	월	화	수	목	금	토	일	월	화	수	목	금	토	일	월	화
	일진 日辰	辛巳	壬午	癸未	甲申	乙酉	丙戌	丁亥	戊子	己丑	庚寅	辛卯	壬辰	癸巳	甲午	乙未	丙申	丁酉	戊戌	己亥	庚子	辛丑	壬寅	癸卯	甲辰	乙巳	丙午	丁未	戊申	己酉	庚戌
음력 07/18 ~ 08/18	음력	18	19	20	21	22	23	24	25	26	27	28	29	8/1	2	3	4	5	6	7	8	9	10	11	12	13	14	15	16	17	18
대운	남	2	2	2	1	1	1	1	백	10	10	9	9	9	8	8	8	7	7	7	6	6	6	추	5	5	4	4	4	3	3
	여	8	8	9	9	9	10	10	로	1	1	1	1	2	2	2	3	3	3	4	4	4	5	분	5	6	6	6	7	7	7

한로 9일 03시 49분 ⇨ **【壬戌月(임술월)】**(한로, 상강~ 입동 전) 상강 24일 06시 41분

양력 10	양력	1	2	3	4	5	6	7	8	9	10	11	12	13	14	15	16	17	18	19	20	21	22	23	24	25	26	27	28	29	30	31
	요일	수	목	금	토	일	월	화	수	목	금	토	일	월	화	수	목	금	토	일	월	화	수	목	금	토	일	월	화	수	목	금
	일진 日辰	辛亥	壬子	癸丑	甲寅	乙卯	丙辰	丁巳	戊午	己未	庚申	辛酉	壬戌	癸亥	甲子	乙丑	丙寅	丁卯	戊辰	己巳	庚午	辛未	壬申	癸酉	甲戌	乙亥	丙子	丁丑	戊寅	己卯	庚辰	辛巳
음력 08/19 ~ 09/19	음력	19	20	21	22	23	24	25	26	27	28	29	30	9/1	2	3	4	5	6	7	8	9	10	11	12	13	14	15	16	17	18	19
대운	남	3	2	2	2	1	1	1	1	한	10	9	9	9	8	8	8	7	7	7	6	6	6	5	상	5	4	4	4	3	3	3
	여	8	8	8	9	9	9	10	10	로	1	1	1	1	2	2	2	3	3	3	4	4	4	5	강	5	6	6	6	7	7	7

입동 8일 06시 42분 ⇨ **【癸亥月(계해월)】**(입동, 소설~ 대설 전) 소설 23일 03시 59분

양력 11	양력	1	2	3	4	5	6	7	8	9	10	11	12	13	14	15	16	17	18	19	20	21	22	23	24	25	26	27	28	29	30
	요일	토	일	월	화	수	목	금	토	일	월	화	수	목	금	토	일	월	화	수	목	금	토	일	월	화	수	목	금	토	일
	일진 日辰	壬午	癸未	甲申	乙酉	丙戌	丁亥	戊子	己丑	庚寅	辛卯	壬辰	癸巳	甲午	乙未	丙申	丁酉	戊戌	己亥	庚子	辛丑	壬寅	癸卯	甲辰	乙巳	丙午	丁未	戊申	己酉	庚戌	辛亥
음력 09/20 ~ 10/20	음력	20	21	22	23	24	25	26	27	28	29	10/1	2	3	4	5	6	7	8	9	10	11	12	13	14	15	16	17	18	19	20
대운	남	2	2	2	1	1	1	1	입	9	9	9	8	8	8	7	7	7	6	6	6	5	5	소	4	4	4	3	3	3	2
	여	8	8	8	9	9	9	10	동	1	1	1	1	2	2	2	3	3	3	4	4	4	5	설	5	6	6	6	7	7	7

대설 7일 23시 20분 ⇨ **【甲子月(갑자월)】**(대설, 동지~소한 전) 동지 22일 17시 10분

양력 12	양력	1	2	3	4	5	6	7	8	9	10	11	12	13	14	15	16	17	18	19	20	21	22	23	24	25	26	27	28	29	30	31
	요일	월	화	수	목	금	토	일	월	화	수	목	금	토	일	월	화	수	목	금	토	일	월	화	수	목	금	토	일	월	화	수
	일진 日辰	壬子	癸丑	甲寅	乙卯	丙辰	丁巳	戊午	己未	庚申	辛酉	壬戌	癸亥	甲子	乙丑	丙寅	丁卯	戊辰	己巳	庚午	辛未	壬申	癸酉	甲戌	乙亥	丙子	丁丑	戊寅	己卯	庚辰	辛巳	壬午
음력 10/21 ~ 11/21	음력	21	22	23	24	25	26	27	28	29	30	11/1	2	3	4	5	6	7	8	9	10	11	12	13	14	15	16	17	18	19	20	21
대운	남	2	2	1	1	1	1	대	10	9	9	9	8	8	8	7	7	7	6	6	6	5	동	5	4	4	4	3	3	3	2	2
	여	8	8	8	9	9	9	설	1	1	1	1	2	2	2	3	3	3	4	4	4	5	지	5	6	6	6	7	7	7	8	8

1959 己亥年(기해년)

단기 4292년 /불기2503년 대장군(서방). 삼살(서방), 상문(동북방),조객(서방), 납음(평지목), 【삼재(사,오,미년】

소한 6일 10시 28분 ⇨ 【乙丑月(을축월)】(소한, 대한~ 입춘 전) 대한 21일 03시 49분

양력 1 / 음력 11/22 ~ 12/23

양력	1	2	3	4	5	6	7	8	9	10	11	12	13	14	15	16	17	18	19	20	21	22	23	24	25	26	27	28	29	30	31
요일	목	금	토	일	월	화	수	목	금	토	일	월	화	수	목	금	토	일	월	화	수	목	금	토	일	월	화	수	목	금	토
일진 日辰	癸未	甲申	乙酉	丙戌	丁亥	戊子	己丑	庚寅	辛卯	壬辰	癸巳	甲午	乙未	丙申	丁酉	戊戌	己亥	庚子	辛丑	壬寅	癸卯	甲辰	乙巳	丙午	丁未	戊申	己酉	庚戌	辛亥	壬子	癸丑
음력	22	23	24	25	26	27	28	29	12/1	2	3	4	5	6	7	8	9	10	11	12	13	14	15	16	17	18	19	20	21	22	23
대운 남	2	1	1	1	1	소	9	9	9	8	8	8	7	7	7	6	6	6	5	5	대	4	4	4	3	3	3	2	2	2	1
대운 여	8	9	9	9	10	한	1	1	1	1	2	2	2	3	3	3	4	4	4	5	한	5	6	6	6	7	7	7	8	8	8

입춘 4일 22시 12분 ⇨ 【丙寅月(병인월)】(입춘, 우수~ 경칩 전) 우수 19일 18시 08분

양력 2 / 음력 12/24 ~ 01/21

양력	1	2	3	4	5	6	7	8	9	10	11	12	13	14	15	16	17	18	19	20	21	22	23	24	25	26	27	28
요일	일	월	화	수	목	금	토	일	월	화	수	목	금	토	일	월	화	수	목	금	토	일	월	화	수	목	금	토
일진 日辰	甲寅	乙卯	丙辰	丁巳	戊午	己未	庚申	辛酉	壬戌	癸亥	甲子	乙丑	丙寅	丁卯	戊辰	己巳	庚午	辛未	壬申	癸酉	甲戌	乙亥	丙子	丁丑	戊寅	己卯	庚辰	辛巳
음력	24	25	26	27	28	29	30	1/1	2	3	4	5	6	7	8	9	10	11	12	13	14	15	16	17	18	19	20	21
대운 남	1	1	1	입	1	1	1	1	2	2	2	3	3	3	4	4	4	5	우	5	6	6	6	7	7	7	8	8
대운 여	9	9	9	춘	10	9	9	9	8	8	8	7	7	7	6	6	6	5	수	5	4	4	4	3	3	3	2	2

立春

경칩 6일 16시 27분 ⇨ 【丁卯月(정묘월)】(경칩, 춘분~ 청명 전) 춘분 21일 17시 25분

양력 3 / 음력 01/22 ~ 02/23

양력	1	2	3	4	5	6	7	8	9	10	11	12	13	14	15	16	17	18	19	20	21	22	23	24	25	26	27	28	29	30	31
요일	일	월	화	수	목	금	토	일	월	화	수	목	금	토	일	월	화	수	목	금	토	일	월	화	수	목	금	토	일	월	화
일진 日辰	壬午	癸未	甲申	乙酉	丙戌	丁亥	戊子	己丑	庚寅	辛卯	壬辰	癸巳	甲午	乙未	丙申	丁酉	戊戌	己亥	庚子	辛丑	壬寅	癸卯	甲辰	乙巳	丙午	丁未	戊申	己酉	庚戌	辛亥	壬子
음력	22	23	24	25	26	27	28	29	2/1	2	3	4	5	6	7	8	9	10	11	12	13	14	15	16	17	18	19	20	21	22	23
대운 남	8	9	9	9	10	경	1	1	1	1	2	2	2	3	3	3	4	4	4	5	춘	5	6	6	6	7	7	7	8	8	8
대운 여	2	1	1	1	1	칩	10	9	9	9	8	8	8	7	7	7	6	6	6	5	분	5	4	4	4	3	3	3	2	2	2

청명 5일 21시 33분 ⇨ 【戊辰月(무진월)】(청명, 곡우~ 입하 전) 곡우 21일 04시 46분

양력 4 / 음력 02/24 ~ 03/23

양력	1	2	3	4	5	6	7	8	9	10	11	12	13	14	15	16	17	18	19	20	21	22	23	24	25	26	27	28	29	30
요일	수	목	금	토	일	월	화	수	목	금	토	일	월	화	수	목	금	토	일	월	화	수	목	금	토	일	월	화	수	목
일진 日辰	癸丑	甲寅	乙卯	丙辰	丁巳	戊午	己未	庚申	辛酉	壬戌	癸亥	甲子	乙丑	丙寅	丁卯	戊辰	己巳	庚午	辛未	壬申	癸酉	甲戌	乙亥	丙子	丁丑	戊寅	己卯	庚辰	辛巳	壬午
음력	24	25	26	27	28	29	30	3/1	2	3	4	5	6	7	8	9	10	11	12	13	14	15	16	17	18	19	20	21	22	23
대운 남	9	9	9	10	청	1	1	1	1	2	2	2	3	3	3	4	4	4	5	5	곡	6	6	6	7	7	7	8	8	8
대운 여	1	1	1	1	명	10	10	9	9	9	8	8	8	7	7	7	6	6	6	5	우	5	4	4	4	3	3	3	2	2

입하 6일 16시 09분 ⇨ 【己巳月(기사월)】(입하, 소만~ 망종 전) 소만 22일 05시 12분

양력 5 / 음력 03/24 ~ 04/24

양력	1	2	3	4	5	6	7	8	9	10	11	12	13	14	15	16	17	18	19	20	21	22	23	24	25	26	27	28	29	30	31
요일	금	토	일	월	화	수	목	금	토	일	월	화	수	목	금	토	일	월	화	수	목	금	토	일	월	화	수	목	금	토	일
일진 日辰	癸未	甲申	乙酉	丙戌	丁亥	戊子	己丑	庚寅	辛卯	壬辰	癸巳	甲午	乙未	丙申	丁酉	戊戌	己亥	庚子	辛丑	壬寅	癸卯	甲辰	乙巳	丙午	丁未	戊申	己酉	庚戌	辛亥	壬子	癸丑
음력	24	25	26	27	28	29	30	4/1	2	3	4	5	6	7	8	9	10	11	12	13	14	15	16	17	18	19	20	21	22	23	24
대운 남	9	9	9	10	10	입	1	1	1	1	2	2	2	3	3	3	4	4	4	5	5	소	6	6	6	7	7	7	8	8	8
대운 여	2	1	1	1	1	하	10	10	9	9	9	8	8	8	7	7	7	6	6	6	5	만	5	4	4	4	3	3	3	2	2

망종 6일 20시 30분 ⇨ 【庚午月(경오월)】(망종, 하지~ 소서 전) 하지 22일 13시 20분

양력 6 / 음력 04/25 ~ 05/25

양력	1	2	3	4	5	6	7	8	9	10	11	12	13	14	15	16	17	18	19	20	21	22	23	24	25	26	27	28	29	30
요일	월	화	수	목	금	토	일	월	화	수	목	금	토	일	월	화	수	목	금	토	일	월	화	수	목	금	토	일	월	화
일진 日辰	甲寅	乙卯	丙辰	丁巳	戊午	己未	庚申	辛酉	壬戌	癸亥	甲子	乙丑	丙寅	丁卯	戊辰	己巳	庚午	辛未	壬申	癸酉	甲戌	乙亥	丙子	丁丑	戊寅	己卯	庚辰	辛巳	壬午	癸未
음력	25	26	27	28	29	5/1	2	3	4	5	6	7	8	9	10	11	12	13	14	15	16	17	18	19	20	21	22	23	24	25
대운 남	9	9	9	10	10	망	1	1	1	1	2	2	2	3	3	3	4	4	4	5	5	하	6	6	6	7	7	7	8	8
대운 여	2	1	1	1	1	종	10	10	10	9	9	9	8	8	8	7	7	7	6	6	6	지	5	5	4	4	4	3	3	3

대장군(서방). 삼살(서방), 상문(동북방),조객(서방), 납음(평지목), 【삼재(사,오,미년】

한식(4월06일), 초복(7월17일), 중복(7월27일), 말복(8월16일)

서머타임 시작 5월03일 00시→01시로 조정
종료 9월20일 01시→00시로 조정
수정한 시간으로 표기(동경표준시 사용)

己亥年(기해년)

1959

소서 8일 06시 50분 ⇨ 【辛未月(신미월)】(소서, 대서~ 입추 전) 대서 24일 00시 15분

7 음력 05/26 – 06/26

양력	1	2	3	4	5	6	7	8	9	10	11	12	13	14	15	16	17	18	19	20	21	22	23	24	25	26	27	28	29	30	31
요일	수	목	금	토	일	월	화	수	목	금	토	일	월	화	수	목	금	토	일	월	화	수	목	금	토	일	월	화	수	목	금
일진	甲	乙	丙	丁	戊	己	庚	辛	壬	癸	甲	乙	丙	丁	戊	己	庚	辛	壬	癸	甲	乙	丙	丁	戊	己	庚	辛	壬	癸	甲
日辰	申	酉	戌	亥	子	丑	寅	卯	辰	巳	午	未	申	酉	戌	亥	子	丑	寅	卯	辰	巳	午	未	申	酉	戌	亥	子	丑	寅
음력	26	27	28	29	30	6/1	2	3	4	5	6	7	8	9	10	11	12	13	14	15	16	17	18	19	20	21	22	23	24	25	26
대운 남	8	9	9	9	10	10	10	소	1	1	1	1	2	2	2	3	3	3	4	4	4	5	5	대	6	6	6	7	7	7	8
대운 여	2	2	2	1	1	1	1	서	10	10	9	9	9	8	8	8	7	7	7	6	6	6	5	서	5	4	4	4	3	3	3

입추 8일 16시 34분 ⇨ 【壬申月(임신월)】(입추, 처서~ 백로 전) 처서 24일 07시 14분

8 음력 06/27 – 07/28

양력	1	2	3	4	5	6	7	8	9	10	11	12	13	14	15	16	17	18	19	20	21	22	23	24	25	26	27	28	29	30	31
요일	토	일	월	화	수	목	금	토	일	월	화	수	목	금	토	일	월	화	수	목	금	토	일	월	화	수	목	금	토	일	월
일진	乙	丙	丁	戊	己	庚	辛	壬	癸	甲	乙	丙	丁	戊	己	庚	辛	壬	癸	甲	乙	丙	丁	戊	己	庚	辛	壬	癸	甲	乙
日辰	卯	辰	巳	午	未	申	酉	戌	亥	子	丑	寅	卯	辰	巳	午	未	申	酉	戌	亥	子	丑	寅	卯	辰	巳	午	未	申	酉
음력	27	28	29	7/1	2	3	4	5	6	7	8	9	10	11	12	13	14	15	16	17	18	19	20	21	22	23	24	25	26	27	28
대운 남	8	8	9	9	9	10	10	입	1	1	1	1	2	2	2	3	3	3	4	4	4	5	5	처	6	6	6	7	7	7	8
대운 여	2	2	2	1	1	1	1	추	10	10	9	9	9	8	8	8	7	7	7	6	6	6	5	서	5	4	4	4	3	3	3

백로 8일 12시 32분 ⇨ 【癸酉月(계유월)】(백로, 추분-한로 전) 추분 24일 03시 38분

9 음력 07/29 – 08/28

양력	1	2	3	4	5	6	7	8	9	10	11	12	13	14	15	16	17	18	19	20	21	22	23	24	25	26	27	28	29	30
요일	화	수	목	금	토	일	월	화	수	목	금	토	일	월	화	수	목	금	토	일	월	화	수	목	금	토	일	월	화	수
일진	丙	丁	戊	己	庚	辛	壬	癸	甲	乙	丙	丁	戊	己	庚	辛	壬	癸	甲	乙	丙	丁	戊	己	庚	辛	壬	癸	甲	乙
日辰	戌	亥	子	丑	寅	卯	辰	巳	午	未	申	酉	戌	亥	子	丑	寅	卯	辰	巳	午	未	申	酉	戌	亥	子	丑	寅	卯
음력	29	30	8/1	2	3	4	5	6	7	8	9	10	11	12	13	14	15	16	17	18	19	20	21	22	23	24	25	26	27	28
대운 남	8	8	9	9	9	10	10	백	1	1	1	1	2	2	2	3	3	3	4	4	4	5	5	추	6	6	6	7	7	7
대운 여	2	2	2	1	1	1	1	로	10	10	9	9	9	8	8	8	7	7	7	6	6	6	5	분	5	4	4	4	3	3

한로 9일 09시 40분 ⇨ 【甲戌月(갑술월)】(한로, 상강~ 입동 전) 상강 24일 12시 41분

10 음력 08/29 – 10/01

양력	1	2	3	4	5	6	7	8	9	10	11	12	13	14	15	16	17	18	19	20	21	22	23	24	25	26	27	28	29	30	31
요일	목	금	토	일	월	화	수	목	금	토	일	월	화	수	목	금	토	일	월	화	수	목	금	토	일	월	화	수	목	금	토
일진	丙	丁	戊	己	庚	辛	壬	癸	甲	乙	丙	丁	戊	己	庚	辛	壬	癸	甲	乙	丙	丁	戊	己	庚	辛	壬	癸	甲	乙	丙
日辰	辰	巳	午	未	申	酉	戌	亥	子	丑	寅	卯	辰	巳	午	未	申	酉	戌	亥	子	丑	寅	卯	辰	巳	午	未	申	酉	戌
음력	29	9/1	2	3	4	5	6	7	8	9	10	11	12	13	14	15	16	17	18	19	20	21	22	23	24	25	26	27	28	29	30
대운 남	8	8	8	9	9	9	10	10	한	1	1	1	1	2	2	2	3	3	3	4	4	4	5	상	5	6	6	6	7	7	7
대운 여	3	2	2	2	1	1	1	1	로	10	9	9	9	8	8	8	7	7	7	6	6	6	5	강	5	4	4	4	3	3	3

입동 8일 12시 32분 ⇨ 【乙亥月(을해월)】(입동, 소설~ 대설 전) 소설 23일 09시 57분

11 음력 10/01 – 11/01

양력	1	2	3	4	5	6	7	8	9	10	11	12	13	14	15	16	17	18	19	20	21	22	23	24	25	26	27	28	29	30
요일	일	월	화	수	목	금	토	일	월	화	수	목	금	토	일	월	화	수	목	금	토	일	월	화	수	목	금	토	일	월
일진	丁	戊	己	庚	辛	壬	癸	甲	乙	丙	丁	戊	己	庚	辛	壬	癸	甲	乙	丙	丁	戊	己	庚	辛	壬	癸	甲	乙	丙
日辰	亥	子	丑	寅	卯	辰	巳	午	未	申	酉	戌	亥	子	丑	寅	卯	辰	巳	午	未	申	酉	戌	亥	子	丑	寅	卯	辰
음력	10/1	2	3	4	5	6	7	8	9	10	11	12	13	14	15	16	17	18	19	20	21	22	23	24	25	26	27	28	29	11/1
대운 남	8	8	8	9	9	9	10	입	1	1	1	1	2	2	2	3	3	3	4	4	4	5	소	5	6	6	6	7	7	7
대운 여	2	2	2	1	1	1	1	동	10	9	9	9	8	8	8	7	7	7	6	6	6	5	설	5	4	4	4	3	3	3

대설 8일 05시 07분 ⇨ 【丙子月(병자월)】(대설, 동지~소한 전) 동지 22일 23시 04분

12 음력 11/02 – 12/02

양력	1	2	3	4	5	6	7	8	9	10	11	12	13	14	15	16	17	18	19	20	21	22	23	24	25	26	27	28	29	30	31
요일	화	수	목	금	토	일	월	화	수	목	금	토	일	월	화	수	목	금	토	일	월	화	수	목	금	토	일	월	화	수	목
일진	丁	戊	己	庚	辛	壬	癸	甲	乙	丙	丁	戊	己	庚	辛	壬	癸	甲	乙	丙	丁	戊	己	庚	辛	壬	癸	甲	乙	丙	丁
日辰	巳	午	未	申	酉	戌	亥	子	丑	寅	卯	辰	巳	午	未	申	酉	戌	亥	子	丑	寅	卯	辰	巳	午	未	申	酉	戌	亥
음력	2	3	4	5	6	7	8	9	10	11	12	13	14	15	16	17	18	19	20	21	22	23	24	25	26	27	28	29	30	12/1	2
대운 남	8	8	8	9	9	9	10	대	1	1	1	1	2	2	2	3	3	3	4	4	4	동	5	5	6	6	6	7	7	7	8
대운 여	2	2	2	1	1	1	1	설	9	9	9	8	8	8	7	7	7	6	6	6	5	지	5	4	4	4	3	3	3	2	2

윤6월 小 **1960** 庚子年(경자년)

단기4293년 /불기2504년 대장군(서방), 삼살(남방), 상문(동북방),조객(서북방),납음(벽상토), 삼재(인,묘,진)

소한 6일 16시 12분 ⇨ **【丁丑月(정축월)】**(소한, 대한~ 입춘 전) 대한 21일 09시 40분

양력 1 (음력 12/03~01/04)	1	2	3	4	5	6	7	8	9	10	11	12	13	14	15	16	17	18	19	20	21	22	23	24	25	26	27	28	29	30	31
요일	금	토	일	월	화	수	목	금	토	일	월	화	수	목	금	토	일	월	화	수	목	금	토	일	월	화	수	목	금	토	일
일진 日辰	戊子	己丑	庚寅	辛卯	壬辰	癸巳	甲午	乙未	丙申	丁酉	戊戌	己亥	庚子	辛丑	壬寅	癸卯	甲辰	乙巳	丙午	丁未	戊申	己酉	庚戌	辛亥	壬子	癸丑	甲寅	乙卯	丙辰	丁巳	戊午
음력	3	4	5	6	7	8	9	10	11	12	13	14	15	16	17	18	19	20	21	22	23	24	25	26	27	28	29	1/1	2	3	4
대운 남	8	8	9	9	9	소	1	1	1	1	2	2	2	3	3	3	4	4	4	5	대	5	6	6	6	7	7	7	8	8	8
대운 여	2	1	1	1	1	한	10	9	9	9	8	8	8	7	7	7	6	6	6	5	한	5	4	4	4	3	3	3	2	2	2

입춘 5일 03시 53분 ⇨ **【戊寅月(무인월)】**(입춘, 우수~ 경칩 전) 우수 19일 23시 56분

양력 2 (음력 01/05~02/03)	1	2	3	4	5	6	7	8	9	10	11	12	13	14	15	16	17	18	19	20	21	22	23	24	25	26	27	28	29	
요일	월	화	수	목	금	토	일	월	화	수	목	금	토	일	월	화	수	목	금	토	일	월	화	수	목	금	토	일	월	
일진 日辰	己未	庚申	辛酉	壬戌	癸亥	甲子	乙丑	丙寅	丁卯	戊辰	己巳	庚午	辛未	壬申	癸酉	甲戌	乙亥	丙子	丁丑	戊寅	己卯	庚辰	辛巳	壬午	癸未	甲申	乙酉	丙戌	丁亥	立春
음력	5	6	7	8	9	10	11	12	13	14	15	16	17	18	19	20	21	22	23	24	25	26	27	28	29	30	2/1	2	3	
대운 남	9	9	9	10	입	9	9	9	8	8	8	7	7	7	6	6	6	5	우	5	4	4	4	3	3	3	2	2	2	
대운 여	1	1	1	1	춘	1	1	1	1	2	2	2	3	3	3	4	4	4	수	5	5	6	6	6	7	7	7	8	8	

경칩 5일 22시 06분 ⇨ **【己卯月(기묘월)】**(경칩, 춘분~ 청명 전) 춘분 20일 23시 13분

양력 3 (음력 02/04~03/05)	1	2	3	4	5	6	7	8	9	10	11	12	13	14	15	16	17	18	19	20	21	22	23	24	25	26	27	28	29	30	31
요일	화	수	목	금	토	일	월	화	수	목	금	토	일	월	화	수	목	금	토	일	월	화	수	목	금	토	일	월	화	수	목
일진 日辰	戊子	己丑	庚寅	辛卯	壬辰	癸巳	甲午	乙未	丙申	丁酉	戊戌	己亥	庚子	辛丑	壬寅	癸卯	甲辰	乙巳	丙午	丁未	戊申	己酉	庚戌	辛亥	壬子	癸丑	甲寅	乙卯	丙辰	丁巳	戊午
음력	4	5	6	7	8	9	10	11	12	13	14	15	16	17	18	19	20	21	22	23	24	25	26	27	28	29	3/1	2	3	4	5
대운 남	1	1	1	1	경	10	10	9	9	9	8	8	8	7	7	7	6	6	6	춘	5	5	4	4	4	3	3	3	2	2	2
대운 여	8	9	9	9	칩	1	1	1	1	2	2	2	3	3	3	4	4	4	5	분	5	6	6	6	7	7	7	8	8	8	9

청명 5일 03시 14분 ⇨ **【庚辰月(경진월)】**(청명, 곡우~ 입하 전) 곡우 20일 10시 36분

양력 4 (음력 03/06~04/05)	1	2	3	4	5	6	7	8	9	10	11	12	13	14	15	16	17	18	19	20	21	22	23	24	25	26	27	28	29	30
요일	금	토	일	월	화	수	목	금	토	일	월	화	수	목	금	토	일	월	화	수	목	금	토	일	월	화	수	목	금	토
일진 日辰	己未	庚申	辛酉	壬戌	癸亥	甲子	乙丑	丙寅	丁卯	戊辰	己巳	庚午	辛未	壬申	癸酉	甲戌	乙亥	丙子	丁丑	戊寅	己卯	庚辰	辛巳	壬午	癸未	甲申	乙酉	丙戌	丁亥	戊子
음력	6	7	8	9	10	11	12	13	14	15	16	17	18	19	20	21	22	23	24	25	26	27	28	29	30	4/1	2	3	4	5
대운 남	1	1	1	1	청	10	9	9	9	8	8	8	7	7	7	6	6	6	5	곡	5	4	4	4	3	3	3	2	2	2
대운 여	9	9	10	10	명	1	1	1	1	2	2	2	3	3	3	4	4	4	5	우	5	6	6	6	7	7	7	8	8	8

입하 5일 21시 53분 ⇨ **【辛巳月(신사월)】**(입하, 소만~ 망종 전) 소만 21일 11시 04분

양력 5 (음력 04/06~05/07)	1	2	3	4	5	6	7	8	9	10	11	12	13	14	15	16	17	18	19	20	21	22	23	24	25	26	27	28	29	30	31
요일	일	월	화	수	목	금	토	일	월	화	수	목	금	토	일	월	화	수	목	금	토	일	월	화	수	목	금	토	일	월	화
일진 日辰	己丑	庚寅	辛卯	壬辰	癸巳	甲午	乙未	丙申	丁酉	戊戌	己亥	庚子	辛丑	壬寅	癸卯	甲辰	乙巳	丙午	丁未	戊申	己酉	庚戌	辛亥	壬子	癸丑	甲寅	乙卯	丙辰	丁巳	戊午	己未
음력	6	7	8	9	10	11	12	13	14	15	16	17	18	19	20	21	22	23	24	25	26	27	28	29	5/1	2	3	4	5	6	7
대운 남	1	1	1	1	입	10	10	10	9	9	9	8	8	8	7	7	7	6	6	6	소	5	5	4	4	4	3	3	3	2	2
대운 여	9	9	9	10	하	1	1	1	1	2	2	2	3	3	3	4	4	4	5	5	만	6	6	6	7	7	7	8	8	8	9

망종 6일 02시 19분 ⇨ **【壬午月(임오월)】**(망종, 하지~ 소서 전) 하지 21일 19시 12분

양력 6 (음력 05/08~06/07)	1	2	3	4	5	6	7	8	9	10	11	12	13	14	15	16	17	18	19	20	21	22	23	24	25	26	27	28	29	30
요일	수	목	금	토	일	월	화	수	목	금	토	일	월	화	수	목	금	토	일	월	화	수	목	금	토	일	월	화	수	목
일진 日辰	庚申	辛酉	壬戌	癸亥	甲子	乙丑	丙寅	丁卯	戊辰	己巳	庚午	辛未	壬申	癸酉	甲戌	乙亥	丙子	丁丑	戊寅	己卯	庚辰	辛巳	壬午	癸未	甲申	乙酉	丙戌	丁亥	戊子	己丑
음력	8	9	10	11	12	13	14	15	16	17	18	19	20	21	22	23	24	25	26	27	28	29	30	6/1	2	3	4	5	6	7
대운 남	2	1	1	1	1	망	10	10	9	9	9	8	8	8	7	7	7	6	6	6	하	5	5	4	4	4	3	3	3	2
대운 여	9	9	10	10	10	종	1	1	1	1	2	2	2	3	3	3	4	4	4	5	지	5	6	6	6	7	7	7	8	8

대장군(서방), 삼살(남방), 상문(동북방),조객(서북방),납음(벽상토), 삼재(인,묘,진)
한식(4월05일), 초복(7월11일), 중복(7월21일), 말복(8월10일)

庚子年(경자년)

서머타임 시작 5월01일 00시→01시로 조정
종료 9월18일 01시→00시로 조정
수정한 시간으로 표기(동경표준시 사용)

소서 7일 12시 43분 ⇨ **【癸未月(계미월)】**(소서, 대서~ 입추 전) 대서23 06시 07분

7월 (음력 06/08 ~ 윤608)

양력	1	2	3	4	5	6	7	8	9	10	11	12	13	14	15	16	17	18	19	20	21	22	23	24	25	26	27	28	29	30	31
요일	금	토	일	월	화	수	목	금	토	일	월	화	수	목	금	토	일	월	화	수	목	금	토	일	월	화	수	목	금	토	일
일진 日辰	庚寅	辛卯	壬辰	癸巳	甲午	乙未	丙申	丁酉	戊戌	己亥	庚子	辛丑	壬寅	癸卯	甲辰	乙巳	丙午	丁未	戊申	己酉	庚戌	辛亥	壬子	癸丑	甲寅	乙卯	丙辰	丁巳	戊午	己未	庚申
음력	8	9	10	11	12	13	14	15	16	17	18	19	20	21	22	23	24	25	26	27	28	29	30	윤6	2	3	4	5	6	7	8
대운 남	2	2	1	1	1	1	소	10	10	9	9	9	8	8	8	7	7	7	6	6	6	5	대	5	4	4	4	3	3	3	2
대운 여	8	9	9	9	10	10	서	1	1	1	1	2	2	2	3	3	3	4	4	4	5	5	서	6	6	6	7	7	7	8	8

입추 7일 22시 30분 ⇨ **【甲申月(갑신월)】**(입추, 처서~ 백로 전) 처서 23일 13시 04분

8월 (음력 윤609 ~ 07/10)

양력	1	2	3	4	5	6	7	8	9	10	11	12	13	14	15	16	17	18	19	20	21	22	23	24	25	26	27	28	29	30	31
요일	월	화	수	목	금	토	일	월	화	수	목	금	토	일	월	화	수	목	금	토	일	월	화	수	목	금	토	일	월	화	수
일진 日辰	辛酉	壬戌	癸亥	甲子	乙丑	丙寅	丁卯	戊辰	己巳	庚午	辛未	壬申	癸酉	甲戌	乙亥	丙子	丁丑	戊寅	己卯	庚辰	辛巳	壬午	癸未	甲申	乙酉	丙戌	丁亥	戊子	己丑	庚寅	辛卯
음력	9	10	11	12	13	14	15	16	17	18	19	20	21	22	23	24	25	26	27	28	29	7/1	2	3	4	5	6	7	8	9	10
대운 남	2	2	1	1	1	1	입	10	10	10	9	9	9	8	8	8	7	7	7	6	6	6	처	5	5	4	4	4	3	3	3
대운 여	8	9	9	9	10	10	추	1	1	1	1	2	2	2	3	3	3	4	4	4	5	5	서	6	6	6	7	7	7	8	8

백로 8일 01시 15분 ⇨ **【乙酉月(을유월)】**(백로, 추분-한로 전) 추분 23일 09시 29분

9월 (음력 07/11 ~ 08/10)

양력	1	2	3	4	5	6	7	8	9	10	11	12	13	14	15	16	17	18	19	20	21	22	23	24	25	26	27	28	29	30
요일	목	금	토	일	월	화	수	목	금	토	일	월	화	수	목	금	토	일	월	화	수	목	금	토	일	월	화	수	목	금
일진 日辰	壬辰	癸巳	甲午	乙未	丙申	丁酉	戊戌	己亥	庚子	辛丑	壬寅	癸卯	甲辰	乙巳	丙午	丁未	戊申	己酉	庚戌	辛亥	壬子	癸丑	甲寅	乙卯	丙辰	丁巳	戊午	己未	庚申	辛酉
음력	11	12	13	14	15	16	17	18	19	20	21	22	23	24	25	26	27	28	29	30	8/1	2	3	4	5	6	7	8	9	10
대운 남	2	2	2	1	1	1	1	백	10	9	9	9	8	8	8	7	7	7	6	6	6	5	추	5	4	4	4	3	3	3
대운 여	8	9	9	9	10	10	10	로	1	1	1	1	2	2	2	3	3	3	4	4	4	5	분	5	6	6	6	7	7	7

한로 8일 15시 39분 ⇨ **【丙戌月(병술월)】**(한로, 상강~ 입동 전) 상강 23일 18시 32분

10월 (음력 08/11 ~ 09/12)

양력	1	2	3	4	5	6	7	8	9	10	11	12	13	14	15	16	17	18	19	20	21	22	23	24	25	26	27	28	29	30	31
요일	토	일	월	화	수	목	금	토	일	월	화	수	목	금	토	일	월	화	수	목	금	토	일	월	화	수	목	금	토	일	월
일진 日辰	壬戌	癸亥	甲子	乙丑	丙寅	丁卯	戊辰	己巳	庚午	辛未	壬申	癸酉	甲戌	乙亥	丙子	丁丑	戊寅	己卯	庚辰	辛巳	壬午	癸未	甲申	乙酉	丙戌	丁亥	戊子	己丑	庚寅	辛卯	壬辰
음력	11	12	13	14	15	16	17	18	19	20	21	22	23	24	25	26	27	28	29	9/1	2	3	4	5	6	7	8	9	10	11	12
대운 남	2	2	2	1	1	1	1	한	10	9	9	9	8	8	8	7	7	7	6	6	6	5	상	5	4	4	4	3	3	3	2
대운 여	8	8	8	9	9	9	10	로	1	1	1	1	2	2	2	3	3	3	4	4	4	5	강	5	6	6	6	7	7	7	8

입동 7일 18시 32분 ⇨ **【丁亥月(정해월)】**(입동, 소설~ 대설 전) 소설 22일 15시 48분

11월 (음력 09/13 ~ 10/12)

양력	1	2	3	4	5	6	7	8	9	10	11	12	13	14	15	16	17	18	19	20	21	22	23	24	25	26	27	28	29	30
요일	화	수	목	금	토	일	월	화	수	목	금	토	일	월	화	수	목	금	토	일	월	화	수	목	금	토	일	월	화	수
일진 日辰	癸巳	甲午	乙未	丙申	丁酉	戊戌	己亥	庚子	辛丑	壬寅	癸卯	甲辰	乙巳	丙午	丁未	戊申	己酉	庚戌	辛亥	壬子	癸丑	甲寅	乙卯	丙辰	丁巳	戊午	己未	庚申	辛酉	壬戌
음력	13	14	15	16	17	18	19	20	21	22	23	24	25	26	27	28	29	30	10/1	2	3	4	5	6	7	8	9	10	11	12
대운 남	2	2	1	1	1	1	입	10	9	9	9	8	8	8	7	7	7	6	6	6	5	소	5	4	4	4	3	3	3	2
대운 여	8	8	9	9	9	10	동	1	1	1	1	2	2	2	3	3	3	4	4	4	5	설	5	6	6	6	7	7	7	8

대설 7일 11시 08분 ⇨ **【戊子月(무자월)】**(대설, 동지~소한 전) 동지 22일 04시 56분

12월 (음력 10/13 ~ 11/14)

양력	1	2	3	4	5	6	7	8	9	10	11	12	13	14	15	16	17	18	19	20	21	22	23	24	25	26	27	28	29	30	31
요일	목	금	토	일	월	화	수	목	금	토	일	월	화	수	목	금	토	일	월	화	수	목	금	토	일	월	화	수	목	금	토
일진 日辰	癸亥	甲子	乙丑	丙寅	丁卯	戊辰	己巳	庚午	辛未	壬申	癸酉	甲戌	乙亥	丙子	丁丑	戊寅	己卯	庚辰	辛巳	壬午	癸未	甲申	乙酉	丙戌	丁亥	戊子	己丑	庚寅	辛卯	壬辰	癸巳
음력	13	14	15	16	17	18	19	20	21	22	23	24	25	26	27	28	29	11/1	2	3	4	5	6	7	8	9	10	11	12	13	14
대운 남	2	2	1	1	1	1	대	9	9	9	8	8	8	7	7	7	6	6	6	5	5	동	4	4	4	3	3	3	2	2	2
대운 여	8	8	9	9	9	10	설	1	1	1	1	2	2	2	3	3	3	4	4	4	5	지	5	6	6	6	7	7	7	8	8

1961 辛丑年(신축년)

단기 4294년 /불기2505년 대장군(서방), 삼살(동방), 상문(동방),조객(서북방), 납음(벽상토), 【삼재(해,자,축)년】

소한 5일 22시 13분 ⇨ 【己丑月(기축월)】(소한, 대한~ 입춘 전) 대한 20일 15시 31분

1 음력 11/15 ~ 12/15

양력	1	2	3	4	5	6	7	8	9	10	11	12	13	14	15	16	17	18	19	20	21	22	23	24	25	26	27	28	29	30	31
요일	일	월	화	수	목	금	토	일	월	화	수	목	금	토	일	월	화	수	목	금	토	일	월	화	수	목	금	토	일	월	화
일진 日辰	甲午	乙未	丙申	丁酉	戊戌	己亥	庚子	辛丑	壬寅	癸卯	甲辰	乙巳	丙午	丁未	戊申	己酉	庚戌	辛亥	壬子	癸丑	甲寅	乙卯	丙辰	丁巳	戊午	己未	庚申	辛酉	壬戌	癸亥	甲子
음력	15	16	17	18	19	20	21	22	23	24	25	26	27	28	29	30	12/1	2	3	4	5	6	7	8	9	10	11	12	13	14	15
대운 남	1	1	1	1	소	10	9	9	9	8	8	8	7	7	7	6	6	6	5	대	5	4	4	4	3	3	3	2	2	2	1
대운 여	8	9	9	9	한	1	1	1	1	2	2	2	3	3	3	4	4	4	5	한	5	6	6	6	7	7	7	8	8	8	9

입춘 4일 09시 52분 ⇨ 【庚寅月(경인월)】(입춘, 우수~ 경칩 전) 우수 19일 05시 46분

2 음력 12/16 ~ 01/14

양력	1	2	3	4	5	6	7	8	9	10	11	12	13	14	15	16	17	18	19	20	21	22	23	24	25	26	27	28	
요일	수	목	금	토	일	월	화	수	목	금	토	일	월	화	수	목	금	토	일	월	화	수	목	금	토	일	월	화	
일진 日辰	乙丑	丙寅	丁卯	戊辰	己巳	庚午	辛未	壬申	癸酉	甲戌	乙亥	丙子	丁丑	戊寅	己卯	庚辰	辛巳	壬午	癸未	甲申	乙酉	丙戌	丁亥	戊子	己丑	庚寅	辛卯	壬辰	立春
음력	16	17	18	19	20	21	22	23	24	25	26	27	28	29	1/1	2	3	4	5	6	7	8	9	10	11	12	13	14	
대운 남	1	1	1	입	1	1	1	1	2	2	2	3	3	3	4	4	4	5	우	5	6	6	6	7	7	7	8	8	
대운 여	9	9	10	춘	10	9	9	9	8	8	8	7	7	7	6	6	6	5	수	5	4	4	4	3	3	3	2	2	

경칩 6일 04시 05분 ⇨ 【辛卯月(신묘월)】(경칩, 춘분~ 청명 전) 춘분 21일 05시 02분

3 음력 01/15 ~ 02/15

양력	1	2	3	4	5	6	7	8	9	10	11	12	13	14	15	16	17	18	19	20	21	22	23	24	25	26	27	28	29	30	31
요일	수	목	금	토	일	월	화	수	목	금	토	일	월	화	수	목	금	토	일	월	화	수	목	금	토	일	월	화	수	목	금
일진 日辰	癸巳	甲午	乙未	丙申	丁酉	戊戌	己亥	庚子	辛丑	壬寅	癸卯	甲辰	乙巳	丙午	丁未	戊申	己酉	庚戌	辛亥	壬子	癸丑	甲寅	乙卯	丙辰	丁巳	戊午	己未	庚申	辛酉	壬戌	癸亥
음력	15	16	17	18	19	20	21	22	23	24	25	26	27	28	29	30	2/1	2	3	4	5	6	7	8	9	10	11	12	13	14	15
대운 남	8	9	9	9	10	경	1	1	1	1	2	2	2	3	3	3	4	4	4	5	춘	5	6	6	6	7	7	7	8	8	8
대운 여	2	1	1	1	1	칩	10	9	9	9	8	8	8	7	7	7	6	6	6	5	분	5	4	4	4	3	3	3	2	2	2

청명 5일 09시 12분 ⇨ 【壬辰月(임진월)】(청명, 곡우~ 입하 전) 곡우 20일 16시 25분

4 음력 02/16 ~ 03/16

양력	1	2	3	4	5	6	7	8	9	10	11	12	13	14	15	16	17	18	19	20	21	22	23	24	25	26	27	28	29	30
요일	토	일	월	화	수	목	금	토	일	월	화	수	목	금	토	일	월	화	수	목	금	토	일	월	화	수	목	금	토	일
일진 日辰	甲子	乙丑	丙寅	丁卯	戊辰	己巳	庚午	辛未	壬申	癸酉	甲戌	乙亥	丙子	丁丑	戊寅	己卯	庚辰	辛巳	壬午	癸未	甲申	乙酉	丙戌	丁亥	戊子	己丑	庚寅	辛卯	壬辰	癸巳
음력	16	17	18	19	20	21	22	23	24	25	26	27	28	29	3/1	2	3	4	5	6	7	8	9	10	11	12	13	14	15	16
대운 남	9	9	9	10	청	1	1	1	1	2	2	2	3	3	3	4	4	4	5	곡	5	6	6	6	7	7	7	8	8	8
대운 여	1	1	1	1	명	10	10	9	9	9	8	8	8	7	7	7	6	6	6	우	5	5	4	4	4	3	3	3	2	2

입하 6일 02시 51분 ⇨ 【癸巳月(계사월)】(입하, 소만~ 망종 전) 소만 21일 15시 52분

5 음력 03/17 ~ 04/17

양력	1	2	3	4	5	6	7	8	9	10	11	12	13	14	15	16	17	18	19	20	21	22	23	24	25	26	27	28	29	30	31
요일	월	화	수	목	금	토	일	월	화	수	목	금	토	일	월	화	수	목	금	토	일	월	화	수	목	금	토	일	월	화	수
일진 日辰	甲午	乙未	丙申	丁酉	戊戌	己亥	庚子	辛丑	壬寅	癸卯	甲辰	乙巳	丙午	丁未	戊申	己酉	庚戌	辛亥	壬子	癸丑	甲寅	乙卯	丙辰	丁巳	戊午	己未	庚申	辛酉	壬戌	癸亥	甲子
음력	17	18	19	20	21	22	23	24	25	26	27	28	29	30	4/1	2	3	4	5	6	7	8	9	10	11	12	13	14	15	16	17
대운 남	9	9	9	10	10	입	1	1	1	1	2	2	2	3	3	3	4	4	4	5	소	5	6	6	6	7	7	7	8	8	8
대운 여	2	1	1	1	1	하	10	10	9	9	9	8	8	8	7	7	7	6	6	6	만	5	5	4	4	4	3	3	3	2	2

망종 6일 07시 16분 ⇨ 【甲午月(갑오월)】(망종, 하지~ 소서 전) 하지 22일 00시 00분

6 음력 04/18 ~ 05/18

양력	1	2	3	4	5	6	7	8	9	10	11	12	13	14	15	16	17	18	19	20	21	22	23	24	25	26	27	28	29	30
요일	목	금	토	일	월	화	수	목	금	토	일	월	화	수	목	금	토	일	월	화	수	목	금	토	일	월	화	수	목	금
일진 日辰	乙丑	丙寅	丁卯	戊辰	己巳	庚午	辛未	壬申	癸酉	甲戌	乙亥	丙子	丁丑	戊寅	己卯	庚辰	辛巳	壬午	癸未	甲申	乙酉	丙戌	丁亥	戊子	己丑	庚寅	辛卯	壬辰	癸巳	甲午
음력	18	19	20	21	22	23	24	25	26	27	28	29	5/1	2	3	4	5	6	7	8	9	10	11	12	13	14	15	16	17	18
대운 남	9	9	9	10	10	망	1	1	1	1	2	2	2	3	3	3	4	4	4	5	5	하	6	6	6	7	7	7	8	8
대운 여	2	1	1	1	1	종	10	10	9	9	9	8	8	8	7	7	7	6	6	6	5	지	5	4	4	4	3	3	3	2

대장군(서방). 삼살(동방), 상문(동방),조객(서북방), 납음(벽상토), 【삼재(해,자,축)년】

한식(4월06일), 초복(7월16일), 중복(7월26일), 말복(8월15일)

辛丑年(신축년)

1961

소서 7일 17시 37분 ⇨ **【乙未月(을미월)】**(소서, 대서~ 입추 전) 대서 23일 10시 54분

양력 **7** 음력 05/19 ~ 06/19

양력	1	2	3	4	5	6	7	8	9	10	11	12	13	14	15	16	17	18	19	20	21	22	23	24	25	26	27	28	29	30	31
요일	토	일	월	화	수	목	금	토	일	월	화	수	목	금	토	일	월	화	수	목	금	토	일	월	화	수	목	금	토	일	월
일진 日辰	乙未	丙申	丁酉	戊戌	己亥	庚子	辛丑	壬寅	癸卯	甲辰	乙巳	丙午	丁未	戊申	己酉	庚戌	辛亥	壬子	癸丑	甲寅	乙卯	丙辰	丁巳	戊午	己未	庚申	辛酉	壬戌	癸亥	甲子	乙丑
음력	19	20	21	22	23	24	25	26	27	28	29	30	6/1	2	3	4	5	6	7	8	9	10	11	12	13	14	15	16	17	18	19
대운 남	8	9	9	9	10	10	소	1	1	1	1	2	2	2	3	3	3	4	4	4	5	5	대	6	6	6	7	7	7	8	8
대운 여	2	2	1	1	1	1	서	10	10	10	9	9	9	8	8	8	7	7	7	6	6	6	서	5	5	4	4	4	3	3	3

입추 8일 03시 18분 ⇨ **【丙申月(병신월)】**(입추, 처서~ 백로 전) 처서 23일 18시 19분

양력 **8** 음력 06/20 ~ 07/21

양력	1	2	3	4	5	6	7	8	9	10	11	12	13	14	15	16	17	18	19	20	21	22	23	24	25	26	27	28	29	30	31
요일	화	수	목	금	토	일	월	화	수	목	금	토	일	월	화	수	목	금	토	일	월	화	수	목	금	토	일	월	화	수	목
일진 日辰	丙寅	丁卯	戊辰	己巳	庚午	辛未	壬申	癸酉	甲戌	乙亥	丙子	丁丑	戊寅	己卯	庚辰	辛巳	壬午	癸未	甲申	乙酉	丙戌	丁亥	戊子	己丑	庚寅	辛卯	壬辰	癸巳	甲午	乙未	丙申
음력	20	21	22	23	24	25	26	27	28	29	7/1	2	3	4	5	6	7	8	9	10	11	12	13	14	15	16	17	18	19	20	21
대운 남	8	9	9	9	10	10	10	입	1	1	1	1	2	2	2	3	3	3	4	4	4	5	처	5	6	6	6	7	7	7	8
대운 여	2	2	2	1	1	1	1	추	10	10	9	9	9	8	8	8	7	7	7	6	6	6	서	5	5	4	4	4	3	3	3

백로 8일 06시 29분 ⇨ **【丁酉月(정유월)】**(백로, 추분-한로 전) 추분 23일 15시 42분

양력 **9** 음력 07/22 ~ 08/21

양력	1	2	3	4	5	6	7	8	9	10	11	12	13	14	15	16	17	18	19	20	21	22	23	24	25	26	27	28	29	30
요일	금	토	일	월	화	수	목	금	토	일	월	화	수	목	금	토	일	월	화	수	목	금	토	일	월	화	수	목	금	토
일진 日辰	丁酉	戊戌	己亥	庚子	辛丑	壬寅	癸卯	甲辰	乙巳	丙午	丁未	戊申	己酉	庚戌	辛亥	壬子	癸丑	甲寅	乙卯	丙辰	丁巳	戊午	己未	庚申	辛酉	壬戌	癸亥	甲子	乙丑	丙寅
음력	22	23	24	25	26	27	28	29	30	8/1	2	3	4	5	6	7	8	9	10	11	12	13	14	15	16	17	18	19	20	21
대운 남	8	8	9	9	9	10	10	백	1	1	1	1	2	2	2	3	3	3	4	4	4	5	추	5	6	6	6	7	7	7
대운 여	2	2	2	1	1	1	1	로	10	9	9	9	8	8	8	7	7	7	6	6	6	5	분	5	4	4	4	3	3	3

한로 8일 21시 51분 ⇨ **【戊戌月(무술월)】**(한로, 상강~ 입동 전) 상강 24일 00시 47분

양력 **10** 음력 08/22 ~ 09/22

양력	1	2	3	4	5	6	7	8	9	10	11	12	13	14	15	16	17	18	19	20	21	22	23	24	25	26	27	28	29	30	31
요일	일	월	화	수	목	금	토	일	월	화	수	목	금	토	일	월	화	수	목	금	토	일	월	화	수	목	금	토	일	월	화
일진 日辰	丁卯	戊辰	己巳	庚午	辛未	壬申	癸酉	甲戌	乙亥	丙子	丁丑	戊寅	己卯	庚辰	辛巳	壬午	癸未	甲申	乙酉	丙戌	丁亥	戊子	己丑	庚寅	辛卯	壬辰	癸巳	甲午	乙未	丙申	丁酉
음력	22	23	24	25	26	27	28	29	30	9/1	2	3	4	5	6	7	8	9	10	11	12	13	14	15	16	17	18	19	20	21	22
대운 남	8	8	8	9	9	9	10	한	1	1	1	1	2	2	2	3	3	3	4	4	4	5	5	상	6	6	6	7	7	7	8
대운 여	2	2	2	1	1	1	1	로	10	10	9	9	9	8	8	8	7	7	7	6	6	6	5	강	5	4	4	4	3	3	3

입동 8일 00시 46분 ⇨ **【己亥月(기해월)】**(입동, 소설~ 대설 전) 소설 22일 22시 08분

양력 **11** 음력 09/23 ~ 10/23

양력	1	2	3	4	5	6	7	8	9	10	11	12	13	14	15	16	17	18	19	20	21	22	23	24	25	26	27	28	29	30
요일	수	목	금	토	일	월	화	수	목	금	토	일	월	화	수	목	금	토	일	월	화	수	목	금	토	일	월	화	수	목
일진 日辰	戊戌	己亥	庚子	辛丑	壬寅	癸卯	甲辰	乙巳	丙午	丁未	戊申	己酉	庚戌	辛亥	壬子	癸丑	甲寅	乙卯	丙辰	丁巳	戊午	己未	庚申	辛酉	壬戌	癸亥	甲子	乙丑	丙寅	丁卯
음력	23	24	25	26	27	28	29	10/1	2	3	4	5	6	7	8	9	10	11	12	13	14	15	16	17	18	19	20	21	22	23
대운 남	8	8	9	9	9	10	10	입	1	1	1	1	2	2	2	3	3	3	4	4	4	소	5	5	6	6	6	7	7	7
대운 여	2	2	2	1	1	1	1	동	9	9	9	8	8	8	7	7	7	6	6	6	5	설	5	4	4	4	3	3	3	2

대설 7일 17시 26분 ⇨ **【庚子月(경자월)】**(대설, 동지~소한 전) 동지 22일 11시 19분

양력 **12** 음력 10/24 ~ 11/24

양력	1	2	3	4	5	6	7	8	9	10	11	12	13	14	15	16	17	18	19	20	21	22	23	24	25	26	27	28	29	30	31
요일	금	토	일	월	화	수	목	금	토	일	월	화	수	목	금	토	일	월	화	수	목	금	토	일	월	화	수	목	금	토	일
일진 日辰	戊辰	己巳	庚午	辛未	壬申	癸酉	甲戌	乙亥	丙子	丁丑	戊寅	己卯	庚辰	辛巳	壬午	癸未	甲申	乙酉	丙戌	丁亥	戊子	己丑	庚寅	辛卯	壬辰	癸巳	甲午	乙未	丙申	丁酉	戊戌
음력	24	25	26	27	28	29	30	11/1	2	3	4	5	6	7	8	9	10	11	12	13	14	15	16	17	18	19	20	21	22	23	24
대운 남	8	8	8	9	9	9	대	1	1	1	1	2	2	2	3	3	3	4	4	4	5	동	5	6	6	6	7	7	7	8	8
대운 여	2	2	1	1	1	1	설	10	9	9	9	8	8	8	7	7	7	6	6	6	5	지	5	4	4	4	3	3	3	2	2

1962 壬寅年(임인년)

단기4295년 /불기2506년 대장군(북방). 삼살(북방), 상문(동남방),조객(북방), 납음(금박금), 【삼재(신,유,술)년】

소한 6일 04시 35분 ⇨ **【辛丑月(신축월)】**(소한, 대한~ 입춘 전) 대한 20일 21시 58분

양력 **1** / 음력 11/25 ~ 12/26

양력	1	2	3	4	5	6	7	8	9	10	11	12	13	14	15	16	17	18	19	20	21	22	23	24	25	26	27	28	29	30	31
요일	월	화	수	목	금	토	일	월	화	수	목	금	토	일	월	화	수	목	금	토	일	월	화	수	목	금	토	일	월	화	수
일진 日辰	己亥	庚子	辛丑	壬寅	癸卯	甲辰	乙巳	丙午	丁未	戊申	己酉	庚戌	辛亥	壬子	癸丑	甲寅	乙卯	丙辰	丁巳	戊午	己未	庚申	辛酉	壬戌	癸亥	甲子	乙丑	丙寅	丁卯	戊辰	己巳
음력	25	26	27	28	29	12/1	2	3	4	5	6	7	8	9	10	11	12	13	14	15	16	17	18	19	20	21	22	23	24	25	26
대운 남	8	9	9	9	10	소	1	1	1	1	2	2	2	3	3	3	4	4	4	대	5	5	6	6	6	7	7	7	8	8	8
대운 여	2	1	1	1	1	한	9	9	9	8	8	8	7	7	7	6	6	6	5	한	5	4	4	4	3	3	3	2	2	2	1

입춘 4일 16시 17분 ⇨ **【壬寅月(임인월)】**(입춘, 우수~ 경칩 전) 우수 19일 12시 15분

양력 **2** / 음력 12/27 ~ 01/24

양력	1	2	3	4	5	6	7	8	9	10	11	12	13	14	15	16	17	18	19	20	21	22	23	24	25	26	27	28
요일	목	금	토	일	월	화	수	목	금	토	일	월	화	수	목	금	토	일	월	화	수	목	금	토	일	월	화	수
일진 日辰	庚午	辛未	壬申	癸酉	甲戌	乙亥	丙子	丁丑	戊寅	己卯	庚辰	辛巳	壬午	癸未	甲申	乙酉	丙戌	丁亥	戊子	己丑	庚寅	辛卯	壬辰	癸巳	甲午	乙未	丙申	丁酉
음력	27	28	29	30	1/1	2	3	4	5	6	7	8	9	10	11	12	13	14	15	16	17	18	19	20	21	22	23	24
대운 남	9	9	9	입	10	9	9	9	8	8	8	7	7	7	6	6	6	5	우	5	4	4	4	3	3	3	2	2
대운 여	1	1	1	춘	1	1	1	1	2	2	2	3	3	3	4	4	4	5	수	5	6	6	6	7	7	7	8	8

立春

경칩 6일 10시 30분 ⇨ **【癸卯月(계묘월)】**(경칩, 춘분~ 청명 전) 춘분 21일 11시 30분

양력 **3** / 음력 01/25 ~ 02/26

양력	1	2	3	4	5	6	7	8	9	10	11	12	13	14	15	16	17	18	19	20	21	22	23	24	25	26	27	28	29	30	31
요일	목	금	토	일	월	화	수	목	금	토	일	월	화	수	목	금	토	일	월	화	수	목	금	토	일	월	화	수	목	금	토
일진 日辰	戊戌	己亥	庚子	辛丑	壬寅	癸卯	甲辰	乙巳	丙午	丁未	戊申	己酉	庚戌	辛亥	壬子	癸丑	甲寅	乙卯	丙辰	丁巳	戊午	己未	庚申	辛酉	壬戌	癸亥	甲子	乙丑	丙寅	丁卯	戊辰
음력	25	26	27	28	29	2/1	2	3	4	5	6	7	8	9	10	11	12	13	14	15	16	17	18	19	20	21	22	23	24	25	26
대운 남	2	1	1	1	1	경	10	9	9	9	8	8	8	7	7	7	6	6	6	5	춘	5	4	4	4	3	3	3	2	2	2
대운 여	8	9	9	9	10	칩	1	1	1	1	2	2	2	3	3	3	4	4	4	5	분	5	6	6	6	7	7	7	8	8	8

청명 5일 15시 34분 ⇨ **【甲辰月(갑진월)】**(청명, 곡우~ 입하 전) 곡우 20일 22시 51분

양력 **4** / 음력 02/27 ~ 03/26

양력	1	2	3	4	5	6	7	8	9	10	11	12	13	14	15	16	17	18	19	20	21	22	23	24	25	26	27	28	29	30
요일	일	월	화	수	목	금	토	일	월	화	수	목	금	토	일	월	화	수	목	금	토	일	월	화	수	목	금	토	일	월
일진 日辰	己巳	庚午	辛未	壬申	癸酉	甲戌	乙亥	丙子	丁丑	戊寅	己卯	庚辰	辛巳	壬午	癸未	甲申	乙酉	丙戌	丁亥	戊子	己丑	庚寅	辛卯	壬辰	癸巳	甲午	乙未	丙申	丁酉	戊戌
음력	27	28	29	30	3/1	2	3	4	5	6	7	8	9	10	11	12	13	14	15	16	17	18	19	20	21	22	23	24	25	26
대운 남	1	1	1	1	청	10	10	9	9	9	8	8	8	7	7	7	6	6	6	곡	5	5	4	4	4	3	3	3	2	2
대운 여	9	9	9	10	명	1	1	1	1	2	2	2	3	3	3	4	4	4	5	우	5	6	6	6	7	7	7	8	8	8

입하 6일 09시 10분 ⇨ **【乙巳月(을사월)】**(입하, 소만~ 망종 전) 소만 21일 22시 17분

양력 **5** / 음력 03/27 ~ 04/28

양력	1	2	3	4	5	6	7	8	9	10	11	12	13	14	15	16	17	18	19	20	21	22	23	24	25	26	27	28	29	30	31
요일	화	수	목	금	토	일	월	화	수	목	금	토	일	월	화	수	목	금	토	일	월	화	수	목	금	토	일	월	화	수	목
일진 日辰	己亥	庚子	辛丑	壬寅	癸卯	甲辰	乙巳	丙午	丁未	戊申	己酉	庚戌	辛亥	壬子	癸丑	甲寅	乙卯	丙辰	丁巳	戊午	己未	庚申	辛酉	壬戌	癸亥	甲子	乙丑	丙寅	丁卯	戊辰	己巳
음력	27	28	29	4/1	2	3	4	5	6	7	8	9	10	11	12	13	14	15	16	17	18	19	20	21	22	23	24	25	26	27	28
대운 남	2	1	1	1	1	입	10	10	9	9	9	8	8	8	7	7	7	6	6	6	소	5	5	4	4	4	3	3	3	2	2
대운 여	9	9	9	10	10	하	1	1	1	1	2	2	2	3	3	3	4	4	4	5	만	5	6	6	6	7	7	7	8	8	8

망종 6일 13시 31분 ⇨ **【丙午月(병오월)】**(망종, 하지~ 소서 전) 하지 22일 06시 24분

양력 **6** / 음력 04/29 ~ 05/29

양력	1	2	3	4	5	6	7	8	9	10	11	12	13	14	15	16	17	18	19	20	21	22	23	24	25	26	27	28	29	30
요일	금	토	일	월	화	수	목	금	토	일	월	화	수	목	금	토	일	월	화	수	목	금	토	일	월	화	수	목	금	토
일진 日辰	庚午	辛未	壬申	癸酉	甲戌	乙亥	丙子	丁丑	戊寅	己卯	庚辰	辛巳	壬午	癸未	甲申	乙酉	丙戌	丁亥	戊子	己丑	庚寅	辛卯	壬辰	癸巳	甲午	乙未	丙申	丁酉	戊戌	己亥
음력	29	5/1	2	3	4	5	6	7	8	9	10	11	12	13	14	15	16	17	18	19	20	21	22	23	24	25	26	27	28	29
대운 남	2	1	1	1	1	망	10	10	9	9	9	8	8	8	7	7	7	6	6	6	5	하	5	4	4	4	3	3	3	2
대운 여	9	9	9	10	10	종	1	1	1	1	2	2	2	3	3	3	4	4	4	5	5	지	6	6	6	7	7	7	8	8

대장군(북방), 삼살(북방), 상문(동남방),조객(북방), 납음(금박금), 【삼재(신,유,술)년】
한식(4월06일), 초복(7월21일), 중복(7월31일), 말복(8월10일)

壬寅年(임인년)

1962

소서 7일 23시 51분 ⇨ 【丁未月(정미월)】(소서, 대서~ 입추 전) 대서 23일 17시 18분

양력 7 / 음력 05/30~07/01	양력	1	2	3	4	5	6	7	8	9	10	11	12	13	14	15	16	17	18	19	20	21	22	23	24	25	26	27	28	29	30	31
	요일	일	월	화	수	목	금	토	일	월	화	수	목	금	토	일	월	화	수	목	금	토	일	월	화	수	목	금	토	일	월	화
	일진 日辰	庚子	辛丑	壬寅	癸卯	甲辰	乙巳	丙午	丁未	戊申	己酉	庚戌	辛亥	壬子	癸丑	甲寅	乙卯	丙辰	丁巳	戊午	己未	庚申	辛酉	壬戌	癸亥	甲子	乙丑	丙寅	丁卯	戊辰	己巳	庚午
	음력	30	6/1	2	3	4	5	6	7	8	9	10	11	12	13	14	15	16	17	18	19	20	21	22	23	24	25	26	27	28	29	7/1
대운	남	2	2	1	1	1	1	소	10	10	10	9	9	9	8	8	8	7	7	7	6	6	6	대	5	5	4	4	4	3	3	3
대운	여	8	9	9	9	10	10	서	1	1	1	1	2	2	2	3	3	3	4	4	4	5	5	서	6	6	6	7	7	7	8	8

입추 8일 09시 34분 ⇨ 【戊申月(무신월)】(입추, 처서~ 백로 전) 처서 24일 00시 12분

양력 8 / 음력 07/02~08/02	양력	1	2	3	4	5	6	7	8	9	10	11	12	13	14	15	16	17	18	19	20	21	22	23	24	25	26	27	28	29	30	31
	요일	수	목	금	토	일	월	화	수	목	금	토	일	월	화	수	목	금	토	일	월	화	수	목	금	토	일	월	화	수	목	금
	일진 日辰	辛未	壬申	癸酉	甲戌	乙亥	丙子	丁丑	戊寅	己卯	庚辰	辛巳	壬午	癸未	甲申	乙酉	丙戌	丁亥	戊子	己丑	庚寅	辛卯	壬辰	癸巳	甲午	乙未	丙申	丁酉	戊戌	己亥	庚子	辛丑
	음력	2	3	4	5	6	7	8	9	10	11	12	13	14	15	16	17	18	19	20	21	22	23	24	25	26	27	28	29	30	8/1	2
대운	남	2	2	2	1	1	1	1	입	10	10	9	9	9	8	8	8	7	7	7	6	6	6	5	처	5	4	4	4	3	3	3
대운	여	8	9	9	9	10	10	10	추	1	1	1	1	2	2	2	3	3	3	4	4	4	5	5	서	6	6	6	7	7	7	8

백로 8일 12시 15분 ⇨ 【己酉月(기유월)】(백로, 추분-한로 전) 추분 23일 21시 35분

양력 9 / 음력 08/03~09/02	양력	1	2	3	4	5	6	7	8	9	10	11	12	13	14	15	16	17	18	19	20	21	22	23	24	25	26	27	28	29	30
	요일	토	일	월	화	수	목	금	토	일	월	화	수	목	금	토	일	월	화	수	목	금	토	일	월	화	수	목	금	토	일
	일진 日辰	壬寅	癸卯	甲辰	乙巳	丙午	丁未	戊申	己酉	庚戌	辛亥	壬子	癸丑	甲寅	乙卯	丙辰	丁巳	戊午	己未	庚申	辛酉	壬戌	癸亥	甲子	乙丑	丙寅	丁卯	戊辰	己巳	庚午	辛未
	음력	3	4	5	6	7	8	9	10	11	12	13	14	15	16	17	18	19	20	21	22	23	24	25	26	27	28	29	30	9/1	2
대운	남	2	2	2	1	1	1	1	백	10	10	9	9	9	8	8	8	7	7	7	6	6	6	추	5	5	4	4	4	3	3
대운	여	8	8	9	9	9	10	10	로	1	1	1	1	2	2	2	3	3	3	4	4	4	5	분	5	6	6	6	7	7	7

한로 9일 03시 38분 ⇨ 【庚戌月(경술월)】(한로, 상강~ 입동 전) 상강 24일 06시 40분

양력 10 / 음력 09/03~10/04	양력	1	2	3	4	5	6	7	8	9	10	11	12	13	14	15	16	17	18	19	20	21	22	23	24	25	26	27	28	29	30	31
	요일	월	화	수	목	금	토	일	월	화	수	목	금	토	일	월	화	수	목	금	토	일	월	화	수	목	금	토	일	월	화	수
	일진 日辰	壬申	癸酉	甲戌	乙亥	丙子	丁丑	戊寅	己卯	庚辰	辛巳	壬午	癸未	甲申	乙酉	丙戌	丁亥	戊子	己丑	庚寅	辛卯	壬辰	癸巳	甲午	乙未	丙申	丁酉	戊戌	己亥	庚子	辛丑	壬寅
	음력	3	4	5	6	7	8	9	10	11	12	13	14	15	16	17	18	19	20	21	22	23	24	25	26	27	28	29	10/1	2	3	4
대운	남	3	2	2	2	1	1	1	1	한	10	9	9	9	8	8	8	7	7	7	6	6	6	5	상	5	4	4	4	3	3	3
대운	여	8	8	8	9	9	9	10	10	로	1	1	1	1	2	2	2	3	3	3	4	4	4	5	강	5	6	6	6	7	7	7

입동 8일 06시 35분 ⇨ 【辛亥月(신해월)】(입동, 소설~ 대설 전) 소설 23일 04시 02분

양력 11 / 음력 10/05~11/04	양력	1	2	3	4	5	6	7	8	9	10	11	12	13	14	15	16	17	18	19	20	21	22	23	24	25	26	27	28	29	30
	요일	목	금	토	일	월	화	수	목	금	토	일	월	화	수	목	금	토	일	월	화	수	목	금	토	일	월	화	수	목	금
	일진 日辰	癸卯	甲辰	乙巳	丙午	丁未	戊申	己酉	庚戌	辛亥	壬子	癸丑	甲寅	乙卯	丙辰	丁巳	戊午	己未	庚申	辛酉	壬戌	癸亥	甲子	乙丑	丙寅	丁卯	戊辰	己巳	庚午	辛未	壬申
	음력	5	6	7	8	9	10	11	12	13	14	15	16	17	18	19	20	21	22	23	24	25	26	27	28	29	30	11/1	2	3	4
대운	남	2	2	2	1	1	1	1	입	9	9	9	8	8	8	7	7	7	6	6	6	5	5	소	4	4	4	3	3	3	2
대운	여	8	8	8	9	9	9	10	동	1	1	1	1	2	2	2	3	3	3	4	4	4	5	설	5	6	6	6	7	7	7

대설 7일 23시 17분 ⇨ 【壬子月(임자월)】(대설, 동지~소한 전) 동지 22일 17시 15분

양력 12 / 음력 11/05~12/05	양력	1	2	3	4	5	6	7	8	9	10	11	12	13	14	15	16	17	18	19	20	21	22	23	24	25	26	27	28	29	30	31
	요일	토	일	월	화	수	목	금	토	일	월	화	수	목	금	토	일	월	화	수	목	금	토	일	월	화	수	목	금	토	일	월
	일진 日辰	癸酉	甲戌	乙亥	丙子	丁丑	戊寅	己卯	庚辰	辛巳	壬午	癸未	甲申	乙酉	丙戌	丁亥	戊子	己丑	庚寅	辛卯	壬辰	癸巳	甲午	乙未	丙申	丁酉	戊戌	己亥	庚子	辛丑	壬寅	癸卯
	음력	5	6	7	8	9	10	11	12	13	14	15	16	17	18	19	20	21	22	23	24	25	26	27	28	29	30	12/1	2	3	4	5
대운	남	2	2	1	1	1	1	대	10	9	9	9	8	8	8	7	7	7	6	6	6	5	동	5	4	4	4	3	3	3	2	2
대운	여	8	8	8	9	9	9	설	1	1	1	1	2	2	2	3	3	3	4	4	4	5	지	5	6	6	6	7	7	7	8	8

윤4월 小 1963 癸卯年(계묘년)

단기4296년 /불기2507년 대장군(북방), 삼살(서방), 상문(동남방),조객(동북방), 납음(금박금),【삼재(사,오,미)년】

소한 6일 10시 26분 ⇨ 【癸丑月(계축월)】(소한, 대한~ 입춘 전) 대한 21일 03시 54분

양력 1 / 음력 12/06 ~ 01/07

양력	1	2	3	4	5	6	7	8	9	10	11	12	13	14	15	16	17	18	19	20	21	22	23	24	25	26	27	28	29	30	31
요일	화	수	목	금	토	일	월	화	수	목	금	토	일	월	화	수	목	금	토	일	월	화	수	목	금	토	일	월	화	수	목
일진 日辰	甲辰	乙巳	丙午	丁未	戊申	己酉	庚戌	辛亥	壬子	癸丑	甲寅	乙卯	丙辰	丁巳	戊午	己未	庚申	辛酉	壬戌	癸亥	甲子	乙丑	丙寅	丁卯	戊辰	己巳	庚午	辛未	壬申	癸酉	甲戌
음력	6	7	8	9	10	11	12	13	14	15	16	17	18	19	20	21	22	23	24	25	26	27	28	29	1/1	2	3	4	5	6	7
대운 남	2	1	1	1	1	소	9	9	9	8	8	8	7	7	7	6	6	6	5	5	대	4	4	4	3	3	3	2	2	2	1
대운 여	8	9	9	9	10	한	1	1	1	1	2	2	2	3	3	3	4	4	4	5	한	5	6	6	6	7	7	7	8	8	8

입춘 4일 22시 08분 ⇨ 【甲寅月(갑인월)】(입춘, 우수~ 경칩 전) 우수 19일 18시 09분

양력 2 / 음력 01/08 ~ 02/05

양력	1	2	3	4	5	6	7	8	9	10	11	12	13	14	15	16	17	18	19	20	21	22	23	24	25	26	27	28
요일	금	토	일	월	화	수	목	금	토	일	월	화	수	목	금	토	일	월	화	수	목	금	토	일	월	화	수	목
일진 日辰	乙亥	丙子	丁丑	戊寅	己卯	庚辰	辛巳	壬午	癸未	甲申	乙酉	丙戌	丁亥	戊子	己丑	庚寅	辛卯	壬辰	癸巳	甲午	乙未	丙申	丁酉	戊戌	己亥	庚子	辛丑	壬寅
음력	8	9	10	11	12	13	14	15	16	17	18	19	20	21	22	23	24	25	26	27	28	29	30	2/1	2	3	4	5
대운 남	1	1	1	입	1	1	1	1	2	2	2	3	3	3	4	4	4	5	우	5	6	6	6	7	7	7	8	8
대운 여	9	9	9	춘	10	9	9	9	8	8	8	7	7	7	6	6	6	5	수	5	4	4	4	3	3	3	2	2

立春

경칩 6일 16시 17분 ⇨ 【乙卯月(을묘월)】(경칩, 춘분~ 청명 전) 춘분 21일 17시 20분

양력 3 / 음력 02/06 ~ 03/07

양력	1	2	3	4	5	6	7	8	9	10	11	12	13	14	15	16	17	18	19	20	21	22	23	24	25	26	27	28	29	30	31
요일	금	토	일	월	화	수	목	금	토	일	월	화	수	목	금	토	일	월	화	수	목	금	토	일	월	화	수	목	금	토	일
일진 日辰	癸卯	甲辰	乙巳	丙午	丁未	戊申	己酉	庚戌	辛亥	壬子	癸丑	甲寅	乙卯	丙辰	丁巳	戊午	己未	庚申	辛酉	壬戌	癸亥	甲子	乙丑	丙寅	丁卯	戊辰	己巳	庚午	辛未	壬申	癸酉
음력	6	7	8	9	10	11	12	13	14	15	16	17	18	19	20	21	22	23	24	25	26	27	28	29	3/1	2	3	4	5	6	7
대운 남	8	9	9	9	10	경	1	1	1	1	2	2	2	3	3	3	4	4	4	5	춘	5	6	6	6	7	7	7	8	8	8
대운 여	2	1	1	1	1	칩	10	9	9	9	8	8	8	7	7	7	6	6	6	5	분	5	4	4	4	3	3	3	2	2	2

청명 5일 21시 19분 ⇨ 【丙辰月(병진월)】(청명, 곡우~ 입하 전) 곡우 21일 04시 36분

양력 4 / 음력 03/08 ~ 04/07

양력	1	2	3	4	5	6	7	8	9	10	11	12	13	14	15	16	17	18	19	20	21	22	23	24	25	26	27	28	29	30
요일	월	화	수	목	금	토	일	월	화	수	목	금	토	일	월	화	수	목	금	토	일	월	화	수	목	금	토	일	월	화
일진 日辰	甲戌	乙亥	丙子	丁丑	戊寅	己卯	庚辰	辛巳	壬午	癸未	甲申	乙酉	丙戌	丁亥	戊子	己丑	庚寅	辛卯	壬辰	癸巳	甲午	乙未	丙申	丁酉	戊戌	己亥	庚子	辛丑	壬寅	癸卯
음력	8	9	10	11	12	13	14	15	16	17	18	19	20	21	22	23	24	25	26	27	28	29	30	4/1	2	3	4	5	6	7
대운 남	9	9	9	10	청	1	1	1	1	2	2	2	3	3	3	4	4	4	5	5	곡	6	6	`6	7	7	7	8	8	8
대운 여	1	1	1	1	명	10	10	9	9	9	8	8	8	7	7	7	6	6	6	5	우	5	4	4	4	3	3	3	2	2

입하 6일 14시 52분 ⇨ 【丁巳月(정사월)】(입하, 소만~ 망종 전) 소만 22일 03시 58분

양력 5 / 음력 04/08 ~ 윤409

양력	1	2	3	4	5	6	7	8	9	10	11	12	13	14	15	16	17	18	19	20	21	22	23	24	25	26	27	28	29	30	31
요일	수	목	금	토	일	월	화	수	목	금	토	일	월	화	수	목	금	토	일	월	화	수	목	금	토	일	월	화	수	목	금
일진 日辰	甲辰	乙巳	丙午	丁未	戊申	己酉	庚戌	辛亥	壬子	癸丑	甲寅	乙卯	丙辰	丁巳	戊午	己未	庚申	辛酉	壬戌	癸亥	甲子	乙丑	丙寅	丁卯	戊辰	己巳	庚午	辛未	壬申	癸酉	甲戌
음력	8	9	10	11	12	13	14	15	16	17	18	19	20	21	22	23	24	25	26	27	28	29	윤4	2	3	4	5	6	7	8	9
대운 남	9	9	9	10	10	입	1	1	1	1	2	2	2	3	3	3	4	4	4	5	5	소	6	6	6	7	7	7	8	8	8
대운 여	2	1	1	1	1	하	10	10	9	9	9	8	8	8	7	7	7	6	6	6	5	만	5	4	4	4	3	3	3	2	2

망종 6일 19시 14분 ⇨ 【戊午月(무오월)】(망종, 하지~ 소서 전) 하지 22일 12시 04분

양력 6 / 음력 윤410 ~ 05/10

양력	1	2	3	4	5	6	7	8	9	10	11	12	13	14	15	16	17	18	19	20	21	22	23	24	25	26	27	28	29	30
요일	토	일	월	화	수	목	금	토	일	월	화	수	목	금	토	일	월	화	수	목	금	토	일	월	화	수	목	금	토	일
일진 日辰	乙亥	丙子	丁丑	戊寅	己卯	庚辰	辛巳	壬午	癸未	甲申	乙酉	丙戌	丁亥	戊子	己丑	庚寅	辛卯	壬辰	癸巳	甲午	乙未	丙申	丁酉	戊戌	己亥	庚子	辛丑	壬寅	癸卯	甲辰
음력	10	11	12	13	14	15	16	17	18	19	20	21	22	23	24	25	26	27	28	29	5/1	2	3	4	5	6	7	8	9	10
대운 남	9	9	9	10	10	망	1	1	1	1	2	2	2	3	3	3	4	4	4	5	5	하	6	6	6	7	7	7	8	8
대운 여	2	1	1	1	1	종	10	10	10	9	9	9	8	8	8	7	7	7	6	6	6	지	5	5	4	4	4	3	3	3

대장군(북방). 삼살(서방), 상문(동남방),조객(동북방), 납음(금박금), 【삼재(사,오,미)년】
한식(4월06일), 초복(7월16일), 중복(7월26일), 말복(8월15일)

癸卯年(계묘년)

1963

소서 8일 05시 38분 ⇨ **【己未月(기미월)】**(소서, 대서~ 입추 전) 대서 23일 22시 59분

양력 7 (음력 05/11~06/11)		1	2	3	4	5	6	7	8	9	10	11	12	13	14	15	16	17	18	19	20	21	22	23	24	25	26	27	28	29	30	31
요일		월	화	수	목	금	토	일	월	화	수	목	금	토	일	월	화	수	목	금	토	일	월	화	수	목	금	토	일	월	화	수
일진 日辰		乙巳	丙午	丁未	戊申	己酉	庚戌	辛亥	壬子	癸丑	甲寅	乙卯	丙辰	丁巳	戊午	己未	庚申	辛酉	壬戌	癸亥	甲子	乙丑	丙寅	丁卯	戊辰	己巳	庚午	辛未	壬申	癸酉	甲戌	乙亥
음력		11	12	13	14	15	16	17	18	19	20	21	22	23	24	25	26	27	28	29	30	6/1	2	3	4	5	6	7	8	9	10	11
대운	남	8	9	9	9	10	10	10	소	1	1	1	1	2	2	2	3	3	3	4	4	4	5	대	5	6	6	6	7	7	7	8
	여	2	2	2	1	1	1	1	서	10	10	9	9	9	8	8	8	7	7	7	6	6	6	서	5	5	4	4	4	3	3	3

입추 8일 15시 25분 ⇨ **【庚申月(경신월)】**(입추, 처서~ 백로 전) 처서 24일 05시 58분

양력 8 (음력 06/12~07/13)		1	2	3	4	5	6	7	8	9	10	11	12	13	14	15	16	17	18	19	20	21	22	23	24	25	26	27	28	29	30	31
요일		목	금	토	일	월	화	수	목	금	토	일	월	화	수	목	금	토	일	월	화	수	목	금	토	일	월	화	수	목	금	토
일진 日辰		丙子	丁丑	戊寅	己卯	庚辰	辛巳	壬午	癸未	甲申	乙酉	丙戌	丁亥	戊子	己丑	庚寅	辛卯	壬辰	癸巳	甲午	乙未	丙申	丁酉	戊戌	己亥	庚子	辛丑	壬寅	癸卯	甲辰	乙巳	丙午
음력		12	13	14	15	16	17	18	19	20	21	22	23	24	25	26	27	28	29	7/1	2	3	4	5	6	7	8	9	10	11	12	13
대운	남	8	8	9	9	9	10	10	입	1	1	1	1	2	2	2	3	3	3	4	4	4	5	5	처	6	6	6	7	7	7	8
	여	2	2	2	1	1	1	1	추	10	10	9	9	9	8	8	8	7	7	7	6	6	6	5	서	5	4	4	4	3	3	3

백로 8일 18시 12분 ⇨ **【辛酉月(신유월)】**(백로, 추분-한로 전) 추분 8일 03시 24분

양력 9 (음력 07/14~08/13)		1	2	3	4	5	6	7	8	9	10	11	12	13	14	15	16	17	18	19	20	21	22	23	24	25	26	27	28	29	30
요일		일	월	화	수	목	금	토	일	월	화	수	목	금	토	일	월	화	수	목	금	토	일	월	화	수	목	금	토	일	월
일진 日辰		丁未	戊申	己酉	庚戌	辛亥	壬子	癸丑	甲寅	乙卯	丙辰	丁巳	戊午	己未	庚申	辛酉	壬戌	癸亥	甲子	乙丑	丙寅	丁卯	戊辰	己巳	庚午	辛未	壬申	癸酉	甲戌	乙亥	丙子
음력		14	15	16	17	18	19	20	21	22	23	24	25	26	27	28	29	30	8/1	2	3	4	5	6	7	8	9	10	11	12	13
대운	남	8	8	9	9	9	10	10	백	1	1	1	1	2	2	2	3	3	3	4	4	4	5	5	추	6	6	6	7	7	7
	여	2	2	2	1	1	1	1	로	10	10	9	9	9	8	8	8	7	7	7	6	6	6	5	분	5	4	4	4	3	3

한로 9일 09시 36분 ⇨ **【壬戌月(임술월)】**(한로, 상강~ 입동 전) 상강 24일 12시 29분

양력 10 (음력 08/14~09/15)		1	2	3	4	5	6	7	8	9	10	11	12	13	14	15	16	17	18	19	20	21	22	23	24	25	26	27	28	29	30	31
요일		화	수	목	금	토	일	월	화	수	목	금	토	일	월	화	수	목	금	토	일	월	화	수	목	금	토	일	월	화	수	목
일진 日辰		丁丑	戊寅	己卯	庚辰	辛巳	壬午	癸未	甲申	乙酉	丙戌	丁亥	戊子	己丑	庚寅	辛卯	壬辰	癸巳	甲午	乙未	丙申	丁酉	戊戌	己亥	庚子	辛丑	壬寅	癸卯	甲辰	乙巳	丙午	丁未
음력		14	15	16	17	18	19	20	21	22	23	24	25	26	27	28	29	9/1	2	3	4	5	6	7	8	9	10	11	12	13	14	15
대운	남	8	8	8	9	9	9	10	10	한	1	1	1	1	2	2	2	3	3	3	4	4	4	5	상	5	6	6	6	7	7	7
	여	3	2	2	2	1	1	1	1	로	10	9	9	9	8	8	8	7	7	7	6	6	6	5	강	5	4	4	4	3	3	3

입동 8일 12시 32분 ⇨ **【癸亥月(계해월)】**(입동, 소설~ 대설 전) 소설 23일 09시 49분

양력 11 (음력 09/16~10/15)		1	2	3	4	5	6	7	8	9	10	11	12	13	14	15	16	17	18	19	20	21	22	23	24	25	26	27	28	29	30
요일		금	토	일	월	화	수	목	금	토	일	월	화	수	목	금	토	일	월	화	수	목	금	토	일	월	화	수	목	금	토
일진 日辰		戊申	己酉	庚戌	辛亥	壬子	癸丑	甲寅	乙卯	丙辰	丁巳	戊午	己未	庚申	辛酉	壬戌	癸亥	甲子	乙丑	丙寅	丁卯	戊辰	己巳	庚午	辛未	壬申	癸酉	甲戌	乙亥	丙子	丁丑
음력		16	17	18	19	20	21	22	23	24	25	26	27	28	29	30	10/1	2	3	4	5	6	7	8	9	10	11	12	13	14	15
대운	남	8	8	8	9	9	9	10	입	1	1	1	1	2	2	2	3	3	3	4	4	4	5	소	5	6	6	6	7	7	7
	여	2	2	2	1	1	1	1	동	10	9	9	9	8	8	8	7	7	7	6	6	6	5	설	5	4	4	4	3	3	3

대설 8일 05시 13분 ⇨ **【甲子月(병자월)】**(대설, 동지~소한 전) 동지 22일 23시 02분

양력 12 (음력 10/16~11/16)		1	2	3	4	5	6	7	8	9	10	11	12	13	14	15	16	17	18	19	20	21	22	23	24	25	26	27	28	29	30	31
요일		일	월	화	수	목	금	토	일	월	화	수	목	금	토	일	월	화	수	목	금	토	일	월	화	수	목	금	토	일	월	화
일진 日辰		戊寅	己卯	庚辰	辛巳	壬午	癸未	甲申	乙酉	丙戌	丁亥	戊子	己丑	庚寅	辛卯	壬辰	癸巳	甲午	乙未	丙申	丁酉	戊戌	己亥	庚子	辛丑	壬寅	癸卯	甲辰	乙巳	丙午	丁未	戊申
음력		16	17	18	19	20	21	22	23	24	25	26	27	28	29	30	11/1	2	3	4	5	6	7	8	9	10	11	12	13	14	15	16
대운	남	8	8	8	9	9	9	10	대	1	1	1	1	2	2	2	3	3	3	4	4	4	동	5	5	6	6	6	7	7	7	8
	여	2	2	2	1	1	1	1	설	9	9	9	8	8	8	7	7	7	6	6	6	5	지	5	4	4	4	3	3	3	2	2

1964 甲辰年(갑진년)

단기 4297년 /불기2508년 대장군(북방), 삼살(남방), 상문(남방), 조객(동북방),납음(복등화), 삼재(인,묘,진)

소한 6일 16시 22분 ⇨ 【乙丑月(을축월)】(소한, 대한~ 입춘 전) 대한 21일 09시 41분

1 (음력 11/17 ~ 12/17)		1	2	3	4	5	6	7	8	9	10	11	12	13	14	15	16	17	18	19	20	21	22	23	24	25	26	27	28	29	30	31
요일		수	목	금	토	일	월	화	수	목	금	토	일	월	화	수	목	금	토	일	월	화	수	목	금	토	일	월	화	수	목	금
일진 日辰		己酉	庚戌	辛亥	壬子	癸丑	甲寅	乙卯	丙辰	丁巳	戊午	己未	庚申	辛酉	壬戌	癸亥	甲子	乙丑	丙寅	丁卯	戊辰	己巳	庚午	辛未	壬申	癸酉	甲戌	乙亥	丙子	丁丑	戊寅	己卯
음력		17	18	19	20	21	22	23	24	25	26	27	28	29	30	12/1	2	3	4	5	6	7	8	9	10	11	12	13	14	15	16	17
대운	남	8	8	9	9	9	소	1	1	1	1	2	2	2	3	3	3	4	4	4	5	대	5	6	6	6	7	7	7	8	8	8
	여	2	1	1	1	1	한	10	9	9	9	8	8	8	7	7	7	6	6	6	5	한	5	4	4	4	3	3	3	2	2	2

입춘 5일 04시 05분 ⇨ 【丙寅月(병인월)】(입춘, 우수~ 경칩 전) 우수 19일 23시 57분

2 (음력 12/18 ~ 01/17)		1	2	3	4	5	6	7	8	9	10	11	12	13	14	15	16	17	18	19	20	21	22	23	24	25	26	27	28	29
요일		토	일	월	화	수	목	금	토	일	월	화	수	목	금	토	일	월	화	수	목	금	토	일	월	화	수	목	금	토
일진 日辰		庚辰	辛巳	壬午	癸未	甲申	乙酉	丙戌	丁亥	戊子	己丑	庚寅	辛卯	壬辰	癸巳	甲午	乙未	丙申	丁酉	戊戌	己亥	庚子	辛丑	壬寅	癸卯	甲辰	乙巳	丙午	丁未	戊申
음력		18	19	20	21	22	23	24	25	26	27	28	29	1/1	2	3	4	5	6	7	8	9	10	11	12	13	14	15	16	17
대운	남	9	9	9	10	입	9	9	9	8	8	8	7	7	7	6	6	6	5	우	5	4	4	4	3	3	3	2	2	2
	여	1	1	1	1	춘	1	1	1	1	2	2	2	3	3	3	4	4	4	수	5	5	6	6	6	7	7	7	8	8

立春

경칩 5일 22시 16분 ⇨ 【丁卯月(정묘월)】(경칩, 춘분~ 청명 전) 춘분 20일 23시 10분

3 (음력 01/18 ~ 02/18)		1	2	3	4	5	6	7	8	9	10	11	12	13	14	15	16	17	18	19	20	21	22	23	24	25	26	27	28	29	30	31
요일		일	월	화	수	목	금	토	일	월	화	수	목	금	토	일	월	화	수	목	금	토	일	월	화	수	목	금	토	일	월	화
일진 日辰		己酉	庚戌	辛亥	壬子	癸丑	甲寅	乙卯	丙辰	丁巳	戊午	己未	庚申	辛酉	壬戌	癸亥	甲子	乙丑	丙寅	丁卯	戊辰	己巳	庚午	辛未	壬申	癸酉	甲戌	乙亥	丙子	丁丑	戊寅	己卯
음력		18	19	20	21	22	23	24	25	26	27	28	29	30	2/1	2	3	4	5	6	7	8	9	10	11	12	13	14	15	16	17	18
대운	남	1	1	1	1	경	10	10	9	9	9	8	8	8	7	7	7	6	6	6	춘	5	5	4	4	4	3	3	3	2	2	2
	여	8	9	9	9	칩	1	1	1	1	2	2	2	3	3	3	4	4	4	5	분	5	6	6	6	7	7	7	8	8	8	9

청명 5일 03시 18분 ⇨ 【戊辰月(무진월)】(청명, 곡우~ 입하 전) 곡우 20일 10시 27분

4 (음력 02/19 ~ 03/19)		1	2	3	4	5	6	7	8	9	10	11	12	13	14	15	16	17	18	19	20	21	22	23	24	25	26	27	28	29	30
요일		수	목	금	토	일	월	화	수	목	금	토	일	월	화	수	목	금	토	일	월	화	수	목	금	토	일	월	화	수	목
일진 日辰		庚辰	辛巳	壬午	癸未	甲申	乙酉	丙戌	丁亥	戊子	己丑	庚寅	辛卯	壬辰	癸巳	甲午	乙未	丙申	丁酉	戊戌	己亥	庚子	辛丑	壬寅	癸卯	甲辰	乙巳	丙午	丁未	戊申	己酉
음력		19	20	21	22	23	24	25	26	27	28	29	3/1	2	3	4	5	6	7	8	9	10	11	12	13	14	15	16	17	18	19
대운	남	1	1	1	1	청	10	9	9	9	8	8	8	7	7	7	6	6	6	5	곡	5	4	4	4	3	3	3	2	2	2
	여	9	9	10	10	명	1	1	1	1	2	2	2	3	3	3	4	4	4	5	우	5	6	6	6	7	7	7	8	8	8

입하 5일 20시 51분 ⇨ 【己巳月(기사월)】(입하, 소만~ 망종 전) 소만 21일 09시 50분

5 (음력 03/20 ~ 04/20)		1	2	3	4	5	6	7	8	9	10	11	12	13	14	15	16	17	18	19	20	21	22	23	24	25	26	27	28	29	30	31
요일		금	토	일	월	화	수	목	금	토	일	월	화	수	목	금	토	일	월	화	수	목	금	토	일	월	화	수	목	금	토	일
일진 日辰		庚戌	辛亥	壬子	癸丑	甲寅	乙卯	丙辰	丁巳	戊午	己未	庚申	辛酉	壬戌	癸亥	甲子	乙丑	丙寅	丁卯	戊辰	己巳	庚午	辛未	壬申	癸酉	甲戌	乙亥	丙子	丁丑	戊寅	己卯	庚辰
음력		20	21	22	23	24	25	26	27	28	29	30	4/1	2	3	4	5	6	7	8	9	10	11	12	13	14	15	16	17	18	19	20
대운	남	1	1	1	1	입	10	10	10	9	9	9	8	8	8	7	7	7	6	6	6	소	5	5	4	4	4	3	3	3	2	2
	여	9	9	9	10	하	1	1	1	1	2	2	2	3	3	3	4	4	4	5	5	만	6	6	6	7	7	7	8	8	8	9

망종 6일 01시 12분 ⇨ 【庚午月(경오월)】(망종, 하지~ 소서 전) 하지 21일 17시 57분

6 (음력 04/21 ~ 05/21)		1	2	3	4	5	6	7	8	9	10	11	12	13	14	15	16	17	18	19	20	21	22	23	24	25	26	27	28	29	30
요일		월	화	수	목	금	토	일	월	화	수	목	금	토	일	월	화	수	목	금	토	일	월	화	수	목	금	토	일	월	화
일진 日辰		辛巳	壬午	癸未	甲申	乙酉	丙戌	丁亥	戊子	己丑	庚寅	辛卯	壬辰	癸巳	甲午	乙未	丙申	丁酉	戊戌	己亥	庚子	辛丑	壬寅	癸卯	甲辰	乙巳	丙午	丁未	戊申	己酉	庚戌
음력		21	22	23	24	25	26	27	28	29	5/1	2	3	4	5	6	7	8	9	10	11	12	13	14	15	16	17	18	19	20	21
대운	남	2	1	1	1	1	망	10	10	9	9	9	8	8	8	7	7	7	6	6	6	하	5	5	4	4	4	3	3	3	2
	여	9	9	10	10	10	종	1	1	1	1	2	2	2	3	3	3	4	4	4	5	지	5	6	6	6	7	7	7	8	8

대장군(북방), 삼살(남방), 상문(남방), 조객(동북방),납음(복등화), 삼재(인,묘,진)
한식(4월05일), 초복(7월20일), 중복(7월30일), 말복(8월09일)

甲辰年(갑진년)

1964

소서 7일 11시 32분 ⇨ **【辛未月(신미월)】**(소서, 대서~ 입추 전) 대서 23일 04시 53분

양력 7 / 음력 05/22 ~ 06/23

양력	1	2	3	4	5	6	7	8	9	10	11	12	13	14	15	16	17	18	19	20	21	22	23	24	25	26	27	28	29	30	31
요일	수	목	금	토	일	월	화	수	목	금	토	일	월	화	수	목	금	토	일	월	화	수	목	금	토	일	월	화	수	목	금
일진 日辰	辛亥	壬子	癸丑	甲寅	乙卯	丙辰	丁巳	戊午	己未	庚申	辛酉	壬戌	癸亥	甲子	乙丑	丙寅	丁卯	戊辰	己巳	庚午	辛未	壬申	癸酉	甲戌	乙亥	丙子	丁丑	戊寅	己卯	庚辰	辛巳
음력	22	23	24	25	26	27	28	29	6/1	2	3	4	5	6	7	8	9	10	11	12	13	14	15	16	17	18	19	20	21	22	23
대운 남	2	2	1	1	1	1	소	10	10	9	9	9	8	8	8	7	7	7	6	6	6	5	대	5	4	4	4	3	3	3	2
대운 여	8	9	9	9	10	10	서	1	1	1	1	2	2	2	3	3	3	4	4	4	5	5	서	6	6	6	7	7	7	8	8

입추 7일 21시 16분 ⇨ **【壬申月(임신월)】**(입추, 처서~ 백로 전) 처서 23일 11시 51분

양력 8 / 음력 06/24 ~ 07/24

양력	1	2	3	4	5	6	7	8	9	10	11	12	13	14	15	16	17	18	19	20	21	22	23	24	25	26	27	28	29	30	31
요일	토	일	월	화	수	목	금	토	일	월	화	수	목	금	토	일	월	화	수	목	금	토	일	월	화	수	목	금	토	일	월
일진 日辰	壬午	癸未	甲申	乙酉	丙戌	丁亥	戊子	己丑	庚寅	辛卯	壬辰	癸巳	甲午	乙未	丙申	丁酉	戊戌	己亥	庚子	辛丑	壬寅	癸卯	甲辰	乙巳	丙午	丁未	戊申	己酉	庚戌	辛亥	壬子
음력	24	25	26	27	28	29	30	7/1	2	3	4	5	6	7	8	9	10	11	12	13	14	15	16	17	18	19	20	21	22	23	24
대운 남	2	2	1	1	1	1	입	10	10	9	9	9	8	8	8	7	7	7	6	6	6	5	처	5	4	4	4	3	3	3	2
대운 여	8	9	9	9	10	10	추	1	1	1	1	2	2	2	3	3	3	4	4	4	5	5	서	6	6	6	7	7	7	8	8

백로 7일 23시 59분 ⇨ **【癸酉月(계유월)】**(백로, 추분-한로 전) 추분23일 09시 17분

양력 9 / 음력 07/25 ~ 08/25

양력	1	2	3	4	5	6	7	8	9	10	11	12	13	14	15	16	17	18	19	20	21	22	23	24	25	26	27	28	29	30
요일	화	수	목	금	토	일	월	화	수	목	금	토	일	월	화	수	목	금	토	일	월	화	수	목	금	토	일	월	화	수
일진 日辰	癸丑	甲寅	乙卯	丙辰	丁巳	戊午	己未	庚申	辛酉	壬戌	癸亥	甲子	乙丑	丙寅	丁卯	戊辰	己巳	庚午	辛未	壬申	癸酉	甲戌	乙亥	丙子	丁丑	戊寅	己卯	庚辰	辛巳	壬午
음력	25	26	27	28	29	8/1	2	3	4	5	6	7	8	9	10	11	12	13	14	15	16	17	18	19	20	21	22	23	24	25
대운 남	2	2	1	1	1	1	백	10	10	9	9	9	8	8	8	7	7	7	6	6	6	5	추	5	4	4	4	3	3	3
대운 여	8	9	9	9	10	10	로	1	1	1	1	2	2	2	3	3	3	4	4	4	5	5	분	6	6	6	7	7	7	8

한로 8일 15시 22분 ⇨ **【甲戌月(갑술월)】**(한로, 상강~ 입동 전) 상강 23일 18시 21분

양력 10 / 음력 08/26 ~ 09/26

양력	1	2	3	4	5	6	7	8	9	10	11	12	13	14	15	16	17	18	19	20	21	22	23	24	25	26	27	28	29	30	31
요일	목	금	토	일	월	화	수	목	금	토	일	월	화	수	목	금	토	일	월	화	수	목	금	토	일	월	화	수	목	금	토
일진 日辰	癸未	甲申	乙酉	丙戌	丁亥	戊子	己丑	庚寅	辛卯	壬辰	癸巳	甲午	乙未	丙申	丁酉	戊戌	己亥	庚子	辛丑	壬寅	癸卯	甲辰	乙巳	丙午	丁未	戊申	己酉	庚戌	辛亥	壬子	癸丑
음력	26	27	28	29	30	9/1	2	3	4	5	6	7	8	9	10	11	12	13	14	15	16	17	18	19	20	21	22	23	24	25	26
대운 남	2	2	2	1	1	1	1	한	10	9	9	9	8	8	8	7	7	7	6	6	6	5	상	5	4	4	4	3	3	3	2
대운 여	8	8	9	9	9	10	10	로	1	1	1	1	2	2	2	3	3	3	4	4	4	5	강	5	6	6	6	7	7	7	8

입동 7일 18시 15분 ⇨ **【乙亥月(을해월)】**(입동, 소설~ 대설 전) 소설 22일 15시 39분

양력 11 / 음력 09/27 ~ 10/27

양력	1	2	3	4	5	6	7	8	9	10	11	12	13	14	15	16	17	18	19	20	21	22	23	24	25	26	27	28	29	30
요일	일	월	화	수	목	금	토	일	월	화	수	목	금	토	일	월	화	수	목	금	토	일	월	화	수	목	금	토	일	월
일진 日辰	甲寅	乙卯	丙辰	丁巳	戊午	己未	庚申	辛酉	壬戌	癸亥	甲子	乙丑	丙寅	丁卯	戊辰	己巳	庚午	辛未	壬申	癸酉	甲戌	乙亥	丙子	丁丑	戊寅	己卯	庚辰	辛巳	壬午	癸未
음력	27	28	29	10/1	2	3	4	5	6	7	8	9	10	11	12	13	14	15	16	17	18	19	20	21	22	23	24	25	26	27
대운 남	2	2	1	1	1	1	입	10	9	9	9	8	8	8	7	7	7	6	6	6	5	소	5	4	4	4	3	3	3	2
대운 여	8	8	9	9	9	10	동	1	1	1	1	2	2	2	3	3	3	4	4	4	5	설	5	6	6	6	7	7	7	8

대설 7일 10시 53분 ⇨ **【丙子月(병자월)】**(대설, 동지~소한 전) 동지 22일 04시 50분

양력 12 / 음력 10/28 ~ 11/28

양력	1	2	3	4	5	6	7	8	9	10	11	12	13	14	15	16	17	18	19	20	21	22	23	24	25	26	27	28	29	30	31
요일	화	수	목	금	토	일	월	화	수	목	금	토	일	월	화	수	목	금	토	일	월	화	수	목	금	토	일	월	화	수	목
일진 日辰	甲申	乙酉	丙戌	丁亥	戊子	己丑	庚寅	辛卯	壬辰	癸巳	甲午	乙未	丙申	丁酉	戊戌	己亥	庚子	辛丑	壬寅	癸卯	甲辰	乙巳	丙午	丁未	戊申	己酉	庚戌	辛亥	壬子	癸丑	甲寅
음력	28	29	30	11/1	2	3	4	5	6	7	8	9	10	11	12	13	14	15	16	17	18	19	20	21	22	23	24	25	26	27	28
대운 남	2	2	1	1	1	1	대	9	9	9	8	8	8	7	7	7	6	6	6	5	5	동	4	4	4	3	3	3	2	2	2
대운 여	8	8	9	9	9	10	설	1	1	1	1	2	2	2	3	3	3	4	4	4	5	지	5	6	6	6	7	7	7	8	8

1965 乙巳年(을사년

단기 4298년 /불기2509년 대장군(동방). 삼살(동방). 상문(서남방).조객(동방). 납음(복등화). 【삼재(해,자,축)년】

소한 5일 22시 02분 ➪ 【丁丑月(정축월)】(소한, 대한~ 입춘 전) 대한 20일 15시 29분

양력 1 / 음력 11/29 - 12/29

양력	1	2	3	4	5	6	7	8	9	10	11	12	13	14	15	16	17	18	19	20	21	22	23	24	25	26	27	28	29	30	31
요일	금	토	일	월	화	수	목	금	토	일	월	화	수	목	금	토	일	월	화	수	목	금	토	일	월	화	수	목	금	토	일
일진 日辰	乙卯	丙辰	丁巳	戊午	己未	庚申	辛酉	壬戌	癸亥	甲子	乙丑	丙寅	丁卯	戊辰	己巳	庚午	辛未	壬申	癸酉	甲戌	乙亥	丙子	丁丑	戊寅	己卯	庚辰	辛巳	壬午	癸未	甲申	乙酉
음력	29	30	12/1	2	3	4	5	6	7	8	9	10	11	12	13	14	15	16	17	18	19	20	21	22	23	24	25	26	27	28	29
대운 남	1	1	1	1	소	10	9	9	9	8	8	8	7	7	7	6	6	6	5	대	5	4	4	4	3	3	3	2	2	2	1
대운 여	8	9	9	9	한	1	1	1	1	2	2	2	3	3	3	4	4	4	5	한	5	6	6	6	7	7	7	8	8	8	9

입춘 4일 09시 46분 ➪ 【戊寅月(무인월)】(입춘, 우수~ 경칩 전) 우수 19일 05시 48분

양력 2 / 음력 12/30 - 01/27

양력	1	2	3	4	5	6	7	8	9	10	11	12	13	14	15	16	17	18	19	20	21	22	23	24	25	26	27	28
요일	월	화	수	목	금	토	일	월	화	수	목	금	토	일	월	화	수	목	금	토	일	월	화	수	목	금	토	일
일진 日辰	丙戌	丁亥	戊子	己丑	庚寅	辛卯	壬辰	癸巳	甲午	乙未	丙申	丁酉	戊戌	己亥	庚子	辛丑	壬寅	癸卯	甲辰	乙巳	丙午	丁未	戊申	己酉	庚戌	辛亥	壬子	癸丑
음력	30	1/1	2	3	4	5	6	7	8	9	10	11	12	13	14	15	16	17	18	19	20	21	22	23	24	25	26	27
대운 남	1	1	1	입	1	1	1	1	2	2	2	3	3	3	4	4	4	5	우	5	6	6	6	7	7	7	8	8
대운 여	9	9	10	춘	10	9	9	9	8	8	8	7	7	7	6	6	6	5	수	5	4	4	4	3	3	3	2	2

立春

경칩 6일 04시 01분 ➪ 【己卯月(기묘월)】(경칩, 춘분~ 청명 전) 춘분 21일 05시 05분

양력 3 / 음력 01/28 - 02/29

양력	1	2	3	4	5	6	7	8	9	10	11	12	13	14	15	16	17	18	19	20	21	22	23	24	25	26	27	28	29	30	31
요일	월	화	수	목	금	토	일	월	화	수	목	금	토	일	월	화	수	목	금	토	일	월	화	수	목	금	토	일	월	화	수
일진 日辰	甲寅	乙卯	丙辰	丁巳	戊午	己未	庚申	辛酉	壬戌	癸亥	甲子	乙丑	丙寅	丁卯	戊辰	己巳	庚午	辛未	壬申	癸酉	甲戌	乙亥	丙子	丁丑	戊寅	己卯	庚辰	辛巳	壬午	癸未	甲申
음력	28	29	2/1	2	3	4	5	6	7	8	9	10	11	12	13	14	15	16	17	18	19	20	21	22	23	24	25	26	27	28	29
대운 남	8	9	9	9	10	경	1	1	1	1	2	2	2	3	3	3	4	4	4	5	춘	5	6	6	6	7	7	7	8	8	8
대운 여	2	1	1	1	1	칩	10	9	9	9	8	8	8	7	7	7	6	6	6	5	분	5	4	4	4	3	3	3	2	2	2

청명 5일 09시 07분 ➪ 【庚辰月(경진월)】(청명, 곡우~ 입하 전) 곡우 20일 16시 26분

양력 4 / 음력 02/30 - 03/29

양력	1	2	3	4	5	6	7	8	9	10	11	12	13	14	15	16	17	18	19	20	21	22	23	24	25	26	27	28	29	30
요일	목	금	토	일	월	화	수	목	금	토	일	월	화	수	목	금	토	일	월	화	수	목	금	토	일	월	화	수	목	금
일진 日辰	乙酉	丙戌	丁亥	戊子	己丑	庚寅	辛卯	壬辰	癸巳	甲午	乙未	丙申	丁酉	戊戌	己亥	庚子	辛丑	壬寅	癸卯	甲辰	乙巳	丙午	丁未	戊申	己酉	庚戌	辛亥	壬子	癸丑	甲寅
음력	30	3/1	2	3	4	5	6	7	8	9	10	11	12	13	14	15	16	17	18	19	20	21	22	23	24	25	26	27	28	29
대운 남	9	9	9	10	청	1	1	1	1	2	2	2	3	3	3	4	4	4	5	곡	5	6	6	6	7	7	7	8	8	8
대운 여	1	1	1	1	명	10	10	9	9	9	8	8	8	7	7	7	6	6	6	우	5	5	4	4	4	3	3	3	2	2

입하 6일 02시 42분 ➪ 【辛巳月(신사월)】(입하, 소만~ 망종 전) 소반 21일 15시 49분

양력 5 / 음력 04/01 - 05/01

양력	1	2	3	4	5	6	7	8	9	10	11	12	13	14	15	16	17	18	19	20	21	22	23	24	25	26	27	28	29	30	31
요일	토	일	월	화	수	목	금	토	일	월	화	수	목	금	토	일	월	화	수	목	금	토	일	월	화	수	목	금	토	일	월
일진 日辰	乙卯	丙辰	丁巳	戊午	己未	庚申	辛酉	壬戌	癸亥	甲子	乙丑	丙寅	丁卯	戊辰	己巳	庚午	辛未	壬申	癸酉	甲戌	乙亥	丙子	丁丑	戊寅	己卯	庚辰	辛巳	壬午	癸未	甲申	乙酉
음력	4/1	2	3	4	5	6	7	8	9	10	11	12	13	14	15	16	17	18	19	20	21	22	23	24	25	26	27	28	29	30	5/
대운 남	9	9	9	10	10	입	1	1	1	1	2	2	2	3	3	3	4	4	4	5	소	5	6	6	6	7	7	7	8	8	8
대운 여	2	1	1	1	1	하	10	10	9	9	9	8	8	8	7	7	7	6	6	6	만	5	5	4	4	4	3	3	3	2	2

망종 6일 07시 02분 ➪ 【壬午月(임오월)】(망종, 하지~ 소서 전) 하지 21일 23시 56분

양력 6 / 음력 05/02 - 06/02

양력	1	2	3	4	5	6	7	8	9	10	11	12	13	14	15	16	17	18	19	20	21	22	23	24	25	26	27	28	29	30
요일	화	수	목	금	토	일	월	화	수	목	금	토	일	월	화	수	목	금	토	일	월	화	수	목	금	토	일	월	화	수
일진 日辰	丙戌	丁亥	戊子	己丑	庚寅	辛卯	壬辰	癸巳	甲午	乙未	丙申	丁酉	戊戌	己亥	庚子	辛丑	壬寅	癸卯	甲辰	乙巳	丙午	丁未	戊申	己酉	庚戌	辛亥	壬子	癸丑	甲寅	乙卯
음력	2	3	4	5	6	7	8	9	10	11	12	13	14	15	16	17	18	19	20	21	22	23	24	25	26	27	28	29	6/1	2
대운 남	9	9	9	10	10	망	1	1	1	1	2	2	2	3	3	3	4	4	4	5	하	5	6	6	6	7	7	7	8	8
대운 여	2	1	1	1	1	종	10	10	9	9	9	8	8	8	7	7	7	6	6	6	지	5	5	4	4	4	3	3	3	2

대장군(동방). 삼살(동방), 상문(서남방),조객(동방), 납음(복등화), 【삼재(해,자,축)년】
한식(4월06일), 초복(7월15일), 중복(7월25일), 말복(8월14일)

乙巳年(을사년)

1965

소서 7일 17시 21분 ⇨ 【癸未月(계미월)】(소서, 대서~ 입추 전) 대서 23일 10시 48분

7	양력	1	2	3	4	5	6	7	8	9	10	11	12	13	14	15	16	17	18	19	20	21	22	23	24	25	26	27	28	29	30	31
	요일	목	금	토	일	월	화	수	목	금	토	일	월	화	수	목	금	토	일	월	화	수	목	금	토	일	월	화	수	목	금	토
	일진 日辰	丙辰	丁巳	戊午	己未	庚申	辛酉	壬戌	癸亥	甲子	乙丑	丙寅	丁卯	戊辰	己巳	庚午	辛未	壬申	癸酉	甲戌	乙亥	丙子	丁丑	戊寅	己卯	庚辰	辛巳	壬午	癸未	甲申	乙酉	丙戌
음력 06/03 ~ 07/04	음력	3	4	5	6	7	8	9	10	11	12	13	14	15	16	17	18	19	20	21	22	23	24	25	26	27	28	29	7/1	2	3	4
대운	남	8	9	9	9	10	10	소	1	1	1	1	2	2	2	3	3	3	4	4	4	5	5	대	6	6	6	7	7	7	8	8
	여	2	2	1	1	1	1	서	10	10	10	9	9	9	8	8	8	7	7	7	6	6	6	서	5	5	4	4	4	3	3	3

입추 8일 03시 05분 ⇨ 【甲申月(갑신월)】(입추, 처서~ 백로 전) 처서 23일 17시 43분

8	양력	1	2	3	4	5	6	7	8	9	10	11	12	13	14	15	16	17	18	19	20	21	22	23	24	25	26	27	28	29	30	31
	요일	일	월	화	수	목	금	토	일	월	화	수	목	금	토	일	월	화	수	목	금	토	일	월	화	수	목	금	토	일	월	화
	일진 日辰	丁亥	戊子	己丑	庚寅	辛卯	壬辰	癸巳	甲午	乙未	丙申	丁酉	戊戌	己亥	庚子	辛丑	壬寅	癸卯	甲辰	乙巳	丙午	丁未	戊申	己酉	庚戌	辛亥	壬子	癸丑	甲寅	乙卯	丙辰	丁巳
음력 07/05 ~ 08/05	음력	5	6	7	8	9	10	11	12	13	14	15	16	17	18	19	20	21	22	23	24	25	26	27	28	29	30	8/1	2	3	4	5
대운	남	8	9	9	9	10	10	10	입	1	1	1	1	2	2	2	3	3	3	4	4	4	5	처	5	6	6	6	7	7	7	8
	여	2	2	2	1	1	1	1	추	10	10	9	9	9	8	8	8	7	7	7	6	6	6	서	5	5	4	4	4	3	3	3

백로 8일 05시 48분 ⇨ 【乙酉月(을유월)】(백로, 추분-한로 전) 추분 23일 15시 06분

9	양력	1	2	3	4	5	6	7	8	9	10	11	12	13	14	15	16	17	18	19	20	21	22	23	24	25	26	27	28	29	30
	요일	수	목	금	토	일	월	화	수	목	금	토	일	월	화	수	목	금	토	일	월	화	수	목	금	토	일	월	화	수	목
	일진 日辰	戊午	己未	庚申	辛酉	壬戌	癸亥	甲子	乙丑	丙寅	丁卯	戊辰	己巳	庚午	辛未	壬申	癸酉	甲戌	乙亥	丙子	丁丑	戊寅	己卯	庚辰	辛巳	壬午	癸未	甲申	乙酉	丙戌	丁亥
음력 08/06 ~ 09/06	음력	6	7	8	9	10	11	12	13	14	15	16	17	18	19	20	21	22	23	24	25	26	27	28	29	9/1	2	3	4	5	6
대운	남	8	8	9	9	9	10	10	백	1	1	1	1	2	2	2	3	3	3	4	4	4	5	추	5	6	6	6	7	7	7
	여	2	2	2	1	1	1	1	로	10	9	9	9	8	8	8	7	7	7	6	6	6	5	분	5	4	4	4	3	3	3

한로 8일 21시 11분 ⇨ 【丙戌月(병술월)】(한로, 상강~ 입동 전) 상강 24일 00시 10분

10	양력	1	2	3	4	5	6	7	8	9	10	11	12	13	14	15	16	17	18	19	20	21	22	23	24	25	26	27	28	29	30	31
	요일	금	토	일	월	화	수	목	금	토	일	월	화	수	목	금	토	일	월	화	수	목	금	토	일	월	화	수	목	금	토	일
	일진 日辰	戊子	己丑	庚寅	辛卯	壬辰	癸巳	甲午	乙未	丙申	丁酉	戊戌	己亥	庚子	辛丑	壬寅	癸卯	甲辰	乙巳	丙午	丁未	戊申	己酉	庚戌	辛亥	壬子	癸丑	甲寅	乙卯	丙辰	丁巳	戊午
음력 09/07 ~ 10/08	음력	7	8	9	10	11	12	13	14	15	16	17	18	19	20	21	22	23	24	25	26	27	28	29	10/1	2	3	4	5	6	7	8
대운	남	8	8	8	9	9	9	10	한	1	1	1	1	2	2	2	3	3	3	4	4	4	5	5	상	6	6	6	7	7	7	8
	여	2	2	2	1	1	1	1	로	10	10	9	9	9	8	8	8	7	7	7	6	6	6	5	강	5	4	4	4	3	3	3

입동 8일 00시 07분 ⇨ 【丁亥月(정해월)】(입동, 소설~ 대설 전) 소설 22일 21시 29분

11	양력	1	2	3	4	5	6	7	8	9	10	11	12	13	14	15	16	17	18	19	20	21	22	23	24	25	26	27	28	29	30
	요일	월	화	수	목	금	토	일	월	화	수	목	금	토	일	월	화	수	목	금	토	일	월	화	수	목	금	토	일	월	화
	일진 日辰	己未	庚申	辛酉	壬戌	癸亥	甲子	乙丑	丙寅	丁卯	戊辰	己巳	庚午	辛未	壬申	癸酉	甲戌	乙亥	丙子	丁丑	戊寅	己卯	庚辰	辛巳	壬午	癸未	甲申	乙酉	丙戌	丁亥	戊子
음력 10/09 ~ 11/08	음력	9	10	11	12	13	14	15	16	17	18	19	20	21	22	23	24	25	26	27	28	29	30	11/1	2	3	4	5	6	7	8
대운	남	8	8	9	9	9	10	10	입	1	1	1	1	2	2	2	3	3	3	4	4	4	소	5	5	6	6	6	7	7	7
	여	2	2	2	1	1	1	1	동	9	9	9	8	8	8	7	7	7	6	6	6	5	설	5	4	4	4	3	3	3	2

대설 7일 16시 46분 ⇨ 【戊子月(무자월)】(대설, 동지~소한 전) 동지 22일 10시 40분

12	양력	1	2	3	4	5	6	7	8	9	10	11	12	13	14	15	16	17	18	19	20	21	22	23	24	25	26	27	28	29	30	31
	요일	수	목	금	토	일	월	화	수	목	금	토	일	월	화	수	목	금	토	일	월	화	수	목	금	토	일	월	화	수	목	금
	일진 日辰	己丑	庚寅	辛卯	壬辰	癸巳	甲午	乙未	丙申	丁酉	戊戌	己亥	庚子	辛丑	壬寅	癸卯	甲辰	乙巳	丙午	丁未	戊申	己酉	庚戌	辛亥	壬子	癸丑	甲寅	乙卯	丙辰	丁巳	戊午	己未
음력 11/09 ~ 12/09	음력	9	10	11	12	13	14	15	16	17	18	19	20	21	22	23	24	25	26	27	28	29	30	12/1	2	3	4	5	6	7	8	9
대운	남	8	8	8	9	9	9	대	1	1	1	1	2	2	2	3	3	3	4	4	4	5	동	5	6	6	6	7	7	7	8	8
	여	2	2	1	1	1	1	설	10	9	9	9	8	8	8	7	7	7	6	6	6	5	지	5	4	4	4	3	3	3	2	2

윤3월 小 1966 丙午年(병오년)

단기 4299년 /불기2510년 대장군(남방). 삼살(동방), 상문(서북방),조객(서남방), 납음(석류목), 【삼재(해,자,축)년】

소한 6일 03시 54분 ⇨ **【己丑月(기축월)】**(소한, 대한~ 입춘 전) 대한 20일 21시 20분

양력 1	1	2	3	4	5	6	7	8	9	10	11	12	13	14	15	16	17	18	19	20	21	22	23	24	25	26	27	28	29	30	31
요일	토	일	월	화	수	목	금	토	일	월	화	수	목	금	토	일	월	화	수	목	금	토	일	월	화	수	목	금	토	일	월
일진 日辰	庚申	辛酉	壬戌	癸亥	甲子	乙丑	丙寅	丁卯	戊辰	己巳	庚午	辛未	壬申	癸酉	甲戌	乙亥	丙子	丁丑	戊寅	己卯	庚辰	辛巳	壬午	癸未	甲申	乙酉	丙戌	丁亥	戊子	己丑	庚寅
음력 (12/10 ~ 01/10)	10	11	12	13	14	15	16	17	18	19	20	21	22	23	24	25	26	27	28	29	30	1/1	2	3	4	5	6	7	8	9	10
대운 남	8	9	9	9	10	소	1	1	1	1	2	2	2	3	3	3	4	4	4	대	5	5	6	6	6	7	7	7	8	8	8
대운 여	2	1	1	1	1	한	9	9	9	8	8	8	7	7	7	6	6	6	5	한	5	4	4	4	3	3	3	2	2	2	1

입춘 4일 15시 38분 ⇨ **【庚寅月(경인월)】**(입춘, 우수~ 경칩 전) 우수 19일 11시 38분

양력 2	1	2	3	4	5	6	7	8	9	10	11	12	13	14	15	16	17	18	19	20	21	22	23	24	25	26	27	28	
요일	화	수	목	금	토	일	월	화	수	목	금	토	일	월	화	수	목	금	토	일	월	화	수	목	금	토	일	월	
일진 日辰	辛卯	壬辰	癸巳	甲午	乙未	丙申	丁酉	戊戌	己亥	庚子	辛丑	壬寅	癸卯	甲辰	乙巳	丙午	丁未	戊申	己酉	庚戌	辛亥	壬子	癸丑	甲寅	乙卯	丙辰	丁巳	戊午	立春
음력 (01/11 ~ 02/09)	11	12	13	14	15	16	17	18	19	20	21	22	23	24	25	26	27	28	29	2/1	2	3	4	5	6	7	8	9	
대운 남	9	9	9	입	10	9	9	9	8	8	8	7	7	7	6	6	6	5	우	5	4	4	4	3	3	3	2	2	
대운 여	1	1	1	춘	1	1	1	1	2	2	2	3	3	3	4	4	4	5	수	5	6	6	6	7	7	7	8	8	

경칩 6일 09시 51분 ⇨ **【辛卯月(신묘월)】**(경칩, 춘분~ 청명 전) 춘분 21일 10시 53분

양력 3	1	2	3	4	5	6	7	8	9	10	11	12	13	14	15	16	17	18	19	20	21	22	23	24	25	26	27	28	29	30	31
요일	화	수	목	금	토	일	월	화	수	목	금	토	일	월	화	수	목	금	토	일	월	화	수	목	금	토	일	월	화	수	목
일진 日辰	己未	庚申	辛酉	壬戌	癸亥	甲子	乙丑	丙寅	丁卯	戊辰	己巳	庚午	辛未	壬申	癸酉	甲戌	乙亥	丙子	丁丑	戊寅	己卯	庚辰	辛巳	壬午	癸未	甲申	乙酉	丙戌	丁亥	戊子	己丑
음력 (02/10 ~ 03/10)	10	11	12	13	14	15	16	17	18	19	20	21	22	23	24	25	26	27	28	29	30	3/1	2	3	4	5	6	7	8	9	10
대운 남	2	1	1	1	1	경	10	9	9	9	8	8	8	7	7	7	6	6	6	5	춘	5	4	4	4	3	3	3	2	2	2
대운 여	8	9	9	9	10	칩	1	1	1	1	2	2	2	3	3	3	4	4	4	5	분	5	6	6	6	7	7	7	8	8	8

청명 5일 14시 57분 ⇨ **【壬辰月(임진월)】**(청명, 곡우~ 입하 전) 곡우 21일 22시 12분

양력 4	1	2	3	4	5	6	7	8	9	10	11	12	13	14	15	16	17	18	19	20	21	22	23	24	25	26	27	28	29	30
요일	금	토	일	월	화	수	목	금	토	일	월	화	수	목	금	토	일	월	화	수	목	금	토	일	월	화	수	목	금	토
일진 日辰	庚寅	辛卯	壬辰	癸巳	甲午	乙未	丙申	丁酉	戊戌	己亥	庚子	辛丑	壬寅	癸卯	甲辰	乙巳	丙午	丁未	戊申	己酉	庚戌	辛亥	壬子	癸丑	甲寅	乙卯	丙辰	丁巳	戊午	己未
음력 (03/11 ~ 윤310)	11	12	13	14	15	16	17	18	19	20	21	22	23	24	25	26	27	28	29	30	윤3	2	3	4	5	6	7	8	9	10
대운 남	1	1	1	1	청	10	10	9	9	9	8	8	8	7	7	7	6	6	6	곡	5	5	4	4	4	3	3	3	2	2
대운 여	9	9	9	10	명	1	1	1	1	2	2	2	3	3	3	4	4	4	5	우	5	6	6	6	7	7	7	8	8	8

입하 6일 08시 30분 ⇨ **【癸巳月(계사월)】**(입하, 소만~ 망종 전) 소만 21일 21시 32분

양력 5	1	2	3	4	5	6	7	8	9	10	11	12	13	14	15	16	17	18	19	20	21	22	23	24	25	26	27	28	29	30	31
요일	일	월	화	수	목	금	토	일	월	화	수	목	금	토	일	월	화	수	목	금	토	일	월	화	수	목	금	토	일	월	화
일진 日辰	庚申	辛酉	壬戌	癸亥	甲子	乙丑	丙寅	丁卯	戊辰	己巳	庚午	辛未	壬申	癸酉	甲戌	乙亥	丙子	丁丑	戊寅	己卯	庚辰	辛巳	壬午	癸未	甲申	乙酉	丙戌	丁亥	戊子	己丑	庚寅
음력 (윤311 ~ 04/12)	11	12	13	14	15	16	17	18	19	20	21	22	23	24	25	26	27	28	29	4/1	2	3	4	5	6	7	8	9	10	11	12
대운 남	2	1	1	1	1	입	10	10	9	9	9	8	8	8	7	7	7	6	6	6	소	5	5	4	4	4	3	3	3	2	2
대운 여	9	9	9	10	10	하	1	1	1	1	2	2	2	3	3	3	4	4	4	5	만	5	6	6	6	7	7	7	8	8	8

망종 6일 12시 50분 ⇨ **【甲午月(갑오월)】**(망종, 하지~ 소서 전) 하지 22일 05시 33분

양력 6	1	2	3	4	5	6	7	8	9	10	11	12	13	14	15	16	17	18	19	20	21	22	23	24	25	26	27	28	29	30
요일	수	목	금	토	일	월	화	수	목	금	토	일	월	화	수	목	금	토	일	월	화	수	목	금	토	일	월	화	수	목
일진 日辰	辛卯	壬辰	癸巳	甲午	乙未	丙申	丁酉	戊戌	己亥	庚子	辛丑	壬寅	癸卯	甲辰	乙巳	丙午	丁未	戊申	己酉	庚戌	辛亥	壬子	癸丑	甲寅	乙卯	丙辰	丁巳	戊午	己未	庚申
음력 (04/13 ~ 05/12)	13	14	15	16	17	18	19	20	21	22	23	24	25	26	27	28	29	30	5/1	2	3	4	5	6	7	8	9	10	11	12
대운 남	2	1	1	1	1	망	10	10	9	9	9	8	8	8	7	7	7	6	6	6	5	하	5	4	4	4	3	3	3	2
대운 여	9	9	9	10	10	종	1	1	1	1	2	2	2	3	3	3	4	4	4	5	5	지	6	6	6	7	7	7	8	8

대장군(남방), 삼살(동방), 상문(서북방),조객(서남방), 납음(석류목), 【삼재(해,자,축)년】
한식(4월6일), 초복(7월16일), 초복(7월26일), 말복(8월16일)

丙午年(병오년)

1966

소서 7일 23시 07분 ⇨ 【乙未月(을미월)】(소서, 대서~ 입추 전) 대서 23일 16시 23분

양력 7 (음력 05/13~06/14)	1	2	3	4	5	6	7	8	9	10	11	12	13	14	15	16	17	18	19	20	21	22	23	24	25	26	27	28	29	30	31
요일	금	토	일	월	화	수	목	금	토	일	월	화	수	목	금	토	일	월	화	수	목	금	토	일	월	화	수	목	금	토	일
일진 日辰	辛酉	壬戌	癸亥	甲子	乙丑	丙寅	丁卯	戊辰	己巳	庚午	辛未	壬申	癸酉	甲戌	乙亥	丙子	丁丑	戊寅	己卯	庚辰	辛巳	壬午	癸未	甲申	乙酉	丙戌	丁亥	戊子	己丑	庚寅	辛卯
음력	13	14	15	16	17	18	19	20	21	22	23	24	25	26	27	28	29	6/1	2	3	4	5	6	7	8	9	10	11	12	13	14
대운 남	2	2	1	1	1	1	소	10	10	10	9	9	9	8	8	8	7	7	7	6	6	6	대	5	5	4	4	4	3	3	3
대운 여	8	9	9	9	10	10	서	1	1	1	1	2	2	2	3	3	3	4	4	4	5	5	서	6	6	6	7	7	7	8	8

입추 8일 08시 49분 ⇨ 【丙申月(병신월)】(입추, 처서~ 백로 전) 처서 23일 23시 18분

양력 8 (음력 06/15~07/16)	1	2	3	4	5	6	7	8	9	10	11	12	13	14	15	16	17	18	19	20	21	22	23	24	25	26	27	28	29	30	31
요일	월	화	수	목	금	토	일	월	화	수	목	금	토	일	월	화	수	목	금	토	일	월	화	수	목	금	토	일	월	화	수
일진 日辰	壬辰	癸巳	甲午	乙未	丙申	丁酉	戊戌	己亥	庚子	辛丑	壬寅	癸卯	甲辰	乙巳	丙午	丁未	戊申	己酉	庚戌	辛亥	壬子	癸丑	甲寅	乙卯	丙辰	丁巳	戊午	己未	庚申	辛酉	壬戌
음력	15	16	17	18	19	20	21	22	23	24	25	26	27	28	29	7/1	2	3	4	5	6	7	8	9	10	11	12	13	14	15	16
대운 남	2	2	2	1	1	1	1	입	10	10	9	9	9	8	8	8	7	7	7	6	6	6	처	5	5	4	4	4	3	3	3
대운 여	8	9	9	9	10	10	10	추	1	1	1	1	2	2	2	3	3	3	4	4	4	5	서	5	6	6	6	7	7	7	8

백로 8일 11시 32분 ⇨ 【丁酉月(정유월)】(백로, 추분-한로 전) 추분 23일 20시 43분

양력 9 (음력 07/17~08/16)	1	2	3	4	5	6	7	8	9	10	11	12	13	14	15	16	17	18	19	20	21	22	23	24	25	26	27	28	29	30
요일	목	금	토	일	월	화	수	목	금	토	일	월	화	수	목	금	토	일	월	화	수	목	금	토	일	월	화	수	목	금
일진 日辰	癸亥	甲子	乙丑	丙寅	丁卯	戊辰	己巳	庚午	辛未	壬申	癸酉	甲戌	乙亥	丙子	丁丑	戊寅	己卯	庚辰	辛巳	壬午	癸未	甲申	乙酉	丙戌	丁亥	戊子	己丑	庚寅	辛卯	壬辰
음력	17	18	19	20	21	22	23	24	25	26	27	28	29	30	8/1	2	3	4	5	6	7	8	9	10	11	12	13	14	15	16
대운 남	2	2	2	1	1	1	1	백	10	10	9	9	9	8	8	8	7	7	7	6	6	6	추	5	5	4	4	4	3	3
대운 여	8	8	9	9	9	10	10	로	1	1	1	1	2	2	2	3	3	3	4	4	4	5	분	5	6	6	6	7	7	7

한로 9일 02시 57분 ⇨ 【戊戌月(무술월)】(한로, 상강~ 입동 전) 상강 24일 05시 51분

양력 10 (음력 08/17~09/18)	1	2	3	4	5	6	7	8	9	10	11	12	13	14	15	16	17	18	19	20	21	22	23	24	25	26	27	28	29	30	31
요일	토	일	월	화	수	목	금	토	일	월	화	수	목	금	토	일	월	화	수	목	금	토	일	월	화	수	목	금	토	일	월
일진 日辰	癸巳	甲午	乙未	丙申	丁酉	戊戌	己亥	庚子	辛丑	壬寅	癸卯	甲辰	乙巳	丙午	丁未	戊申	己酉	庚戌	辛亥	壬子	癸丑	甲寅	乙卯	丙辰	丁巳	戊午	己未	庚申	辛酉	壬戌	癸亥
음력	17	18	19	20	21	22	23	24	25	26	27	28	29	9/1	2	3	4	5	6	7	8	9	10	11	12	13	14	15	16	17	18
대운 남	3	2	2	2	1	1	1	1	한	10	9	9	9	8	8	8	7	7	7	6	6	6	5	상	5	4	4	4	3	3	3
대운 여	8	8	8	9	9	9	10	10	로	1	1	1	1	2	2	2	3	3	3	4	4	4	5	강	5	6	6	6	7	7	7

입동 8일 05시 55분 ⇨ 【己亥月(기해월)】(입동, 소설~ 대설 전) 소설 23일 03시 14분

양력 11 (음력 09/19~10/19)	1	2	3	4	5	6	7	8	9	10	11	12	13	14	15	16	17	18	19	20	21	22	23	24	25	26	27	28	29	30
요일	화	수	목	금	토	일	월	화	수	목	금	토	일	월	화	수	목	금	토	일	월	화	수	목	금	토	일	월	화	수
일진 日辰	甲子	乙丑	丙寅	丁卯	戊辰	己巳	庚午	辛未	壬申	癸酉	甲戌	乙亥	丙子	丁丑	戊寅	己卯	庚辰	辛巳	壬午	癸未	甲申	乙酉	丙戌	丁亥	戊子	己丑	庚寅	辛卯	壬辰	癸巳
음력	19	20	21	22	23	24	25	26	27	28	29	10/1	2	3	4	5	6	7	8	9	10	11	12	13	14	15	16	17	18	19
대운 남	2	2	2	1	1	1	1	입	9	9	9	8	8	8	7	7	7	6	6	6	5	5	소	4	4	4	3	3	3	2
대운 여	8	8	8	9	9	9	10	동	1	1	1	1	2	2	2	3	3	3	4	4	4	5	설	5	6	6	6	7	7	7

대설 7일 22시 38분 ⇨ 【庚子月(경자월)】(대설, 동지~소한 전) 동지 22일 16시 28분

양력 12 (음력 10/20~11/20)	1	2	3	4	5	6	7	8	9	10	11	12	13	14	15	16	17	18	19	20	21	22	23	24	25	26	27	28	29	30	31
요일	목	금	토	일	월	화	수	목	금	토	일	월	화	수	목	금	토	일	월	화	수	목	금	토	일	월	화	수	목	금	토
일진 日辰	甲午	乙未	丙申	丁酉	戊戌	己亥	庚子	辛丑	壬寅	癸卯	甲辰	乙巳	丙午	丁未	戊申	己酉	庚戌	辛亥	壬子	癸丑	甲寅	乙卯	丙辰	丁巳	戊午	己未	庚申	辛酉	壬戌	癸亥	甲子
음력	20	21	22	23	24	25	26	27	28	29	30	11/1	2	3	4	5	6	7	8	9	10	11	12	13	14	15	16	17	18	19	20
대운 남	2	2	1	1	1	1	대	10	9	9	9	8	8	8	7	7	7	6	6	6	5	동	5	4	4	4	3	3	3	2	2
대운 여	8	8	8	9	9	9	설	1	1	1	1	2	2	2	3	3	3	4	4	4	5	지	5	6	6	6	7	7	7	8	8

1967 丁未年(정미년)

단기 4300년 /불기2511년 대장군(남방), 삼살(동방), 상문(서북방),조객(서남방), 납음(석류목), 【삼재(해,자,축)년】

소한 6일 09시 48분 ⇨ **【辛丑月(신축월)】**(소한, 대한~ 입춘 전) 대한 21일 03시 08분

양력 1월 / 음력 11/21 ~ 12/21

양력	1	2	3	4	5	6	7	8	9	10	11	12	13	14	15	16	17	18	19	20	21	22	23	24	25	26	27	28	29	30	31
요일	일	월	화	수	목	금	토	일	월	화	수	목	금	토	일	월	화	수	목	금	토	일	월	화	수	목	금	토	일	월	화
일진 日辰	乙丑	丙寅	丁卯	戊辰	己巳	庚午	辛未	壬申	癸酉	甲戌	乙亥	丙子	丁丑	戊寅	己卯	庚辰	辛巳	壬午	癸未	甲申	乙酉	丙戌	丁亥	戊子	己丑	庚寅	辛卯	壬辰	癸巳	甲午	乙未
음력	21	22	23	24	25	26	27	28	29	30	12/1	2	3	4	5	6	7	8	9	10	11	12	13	14	15	16	17	18	19	20	21
대운 남	2	1	1	1	1	소	9	9	9	8	8	8	7	7	7	6	6	6	5	5	대	4	4	4	3	3	3	2	2	2	1
대운 여	8	9	9	9	10	한	1	1	1	1	2	2	2	3	3	3	4	4	4	5	한	5	6	6	6	7	7	7	8	8	8

입춘 4일 21시 31분 ⇨ **【壬寅月(임인월)】**(입춘, 우수~ 경칩 전) 우수 19일 17시 24분

양력 2월 / 음력 12/22 ~ 01/20

양력	1	2	3	4	5	6	7	8	9	10	11	12	13	14	15	16	17	18	19	20	21	22	23	24	25	26	27	28	立春
요일	수	목	금	토	일	월	화	수	목	금	토	일	월	화	수	목	금	토	일	월	화	수	목	금	토	일	월	화	
일진 日辰	丙申	丁酉	戊戌	己亥	庚子	辛丑	壬寅	癸卯	甲辰	乙巳	丙午	丁未	戊申	己酉	庚戌	辛亥	壬子	癸丑	甲寅	乙卯	丙辰	丁巳	戊午	己未	庚申	辛酉	壬戌	癸亥	
음력	22	23	24	25	26	27	28	29	1/1	2	3	4	5	6	7	8	9	10	11	12	13	14	15	16	17	18	19	20	
대운 남	1	1	1	입	1	1	1	1	2	2	2	3	3	3	4	4	4	5	우	5	6	6	6	7	7	7	8	8	
대운 여	9	9	9	춘	10	9	9	9	8	8	8	7	7	7	6	6	6	5	수	5	4	4	4	3	3	3	2	2	

경칩 6일 15시 42분 ⇨ **【癸卯月(계묘월)】**(경칩, 춘분~ 청명 전) 춘분 21일 16시 37분

양력 3월 / 음력 01/21 ~ 02/21

양력	1	2	3	4	5	6	7	8	9	10	11	12	13	14	15	16	17	18	19	20	21	22	23	24	25	26	27	28	29	30	31
요일	수	목	금	토	일	월	화	수	목	금	토	일	월	화	수	목	금	토	일	월	화	수	목	금	토	일	월	화	수	목	금
일진 日辰	甲子	乙丑	丙寅	丁卯	戊辰	己巳	庚午	辛未	壬申	癸酉	甲戌	乙亥	丙子	丁丑	戊寅	己卯	庚辰	辛巳	壬午	癸未	甲申	乙酉	丙戌	丁亥	戊子	己丑	庚寅	辛卯	壬辰	癸巳	甲午
음력	21	22	23	24	25	26	27	28	29	30	2/1	2	3	4	5	6	7	8	9	10	11	12	13	14	15	16	17	18	19	20	21
대운 남	8	9	9	9	10	경	1	1	1	1	2	2	2	3	3	3	4	4	4	5	춘	5	6	6	6	7	7	7	8	8	8
대운 여	2	1	1	1	1	칩	10	9	9	9	8	8	8	7	7	7	6	6	6	5	분	5	4	4	4	3	3	3	2	2	2

청명 5일 20시 45분 ⇨ **【甲辰月(갑진월)】**(청명, 곡우~ 입하 전) 곡우 21일 03시 55분

양력 4월 / 음력 02/22 ~ 03/21

양력	1	2	3	4	5	6	7	8	9	10	11	12	13	14	15	16	17	18	19	20	21	22	23	24	25	26	27	28	29	30
요일	토	일	월	화	수	목	금	토	일	월	화	수	목	금	토	일	월	화	수	목	금	토	일	월	화	수	목	금	토	일
일진 日辰	乙未	丙申	丁酉	戊戌	己亥	庚子	辛丑	壬寅	癸卯	甲辰	乙巳	丙午	丁未	戊申	己酉	庚戌	辛亥	壬子	癸丑	甲寅	乙卯	丙辰	丁巳	戊午	己未	庚申	辛酉	壬戌	癸亥	甲子
음력	22	23	24	25	26	27	28	29	30	3/1	2	3	4	5	6	7	8	9	10	11	12	13	14	15	16	17	18	19	20	21
대운 남	9	9	9	10	청	1	1	1	1	2	2	2	3	3	3	4	4	4	5	5	곡	6	6	6	7	7	7	8	8	8
대운 여	1	1	1	1	명	10	10	9	9	9	8	8	8	7	7	7	6	6	6	5	우	5	4	4	4	3	3	3	2	2

입하 6일 14시 17분 ⇨ **【乙巳月(을사월)】**(입하, 소만~ 망종 전) 소만 22일 03시 18분

양력 5월 / 음력 03/22 ~ 04/23

양력	1	2	3	4	5	6	7	8	9	10	11	12	13	14	15	16	17	18	19	20	21	22	23	24	25	26	27	28	29	30	31
요일	월	화	수	목	금	토	일	월	화	수	목	금	토	일	월	화	수	목	금	토	일	월	화	수	목	금	토	일	월	화	수
일진 日辰	乙丑	丙寅	丁卯	戊辰	己巳	庚午	辛未	壬申	癸酉	甲戌	乙亥	丙子	丁丑	戊寅	己卯	庚辰	辛巳	壬午	癸未	甲申	乙酉	丙戌	丁亥	戊子	己丑	庚寅	辛卯	壬辰	癸巳	甲午	乙未
음력	22	23	24	25	26	27	28	29	4/1	2	3	4	5	6	7	8	9	10	11	12	13	14	15	16	17	18	19	20	21	22	23
대운 남	9	9	9	10	10	입	1	1	1	1	2	2	2	3	3	3	4	4	4	5	5	소	6	6	6	7	7	7	8	8	8
대운 여	2	1	1	1	1	하	10	10	9	9	9	8	8	8	7	7	7	6	6	6	5	만	5	4	4	4	3	3	3	2	2

망종 6일 18시 36분 ⇨ **【丙午月(병오월)】**(망종, 하지~ 소서 전) 하지 22일 11시 23분

양력 6월 / 음력 04/24 ~ 05/23

양력	1	2	3	4	5	6	7	8	9	10	11	12	13	14	15	16	17	18	19	20	21	22	23	24	25	26	27	28	29	30
요일	목	금	토	일	월	화	수	목	금	토	일	월	화	수	목	금	토	일	월	화	수	목	금	토	일	월	화	수	목	금
일진 日辰	丙申	丁酉	戊戌	己亥	庚子	辛丑	壬寅	癸卯	甲辰	乙巳	丙午	丁未	戊申	己酉	庚戌	辛亥	壬子	癸丑	甲寅	乙卯	丙辰	丁巳	戊午	己未	庚申	辛酉	壬戌	癸亥	甲子	乙丑
음력	24	25	26	27	28	29	30	5/1	2	3	4	5	6	7	8	9	10	11	12	13	14	15	16	17	18	19	20	21	22	23
대운 남	9	9	9	10	10	망	1	1	1	1	2	2	2	3	3	3	4	4	4	5	5	하	6	6	6	7	7	7	8	8
대운 여	2	1	1	1	1	종	10	10	10	9	9	9	8	8	8	7	7	7	6	6	6	지	5	5	4	4	4	3	3	3

대장군(동방), 삼살(서방), 상문(서방),조객(동남방), 납음(천하수), 【삼재(사,오,미년】
한식(4월06일), 초복(7월15일), 중복(7월25일), 말복(8월14일)

丁未年(정미년)

1967

소서 8일 04시 53분 ⇨ 【丁未月(정미월)】(소서, 대서~ 입추 전) 대서 23일 22시 16분

양력 7 / 음력 05/24 ~ 06/24

양력		1	2	3	4	5	6	7	8	9	10	11	12	13	14	15	16	17	18	19	20	21	22	23	24	25	26	27	28	29	30	31
요일		토	일	월	화	수	목	금	토	일	월	화	수	목	금	토	일	월	화	수	목	금	토	일	월	화	수	목	금	토	일	월
일진 日辰		丙寅	丁卯	戊辰	己巳	庚午	辛未	壬申	癸酉	甲戌	乙亥	丙子	丁丑	戊寅	己卯	庚辰	辛巳	壬午	癸未	甲申	乙酉	丙戌	丁亥	戊子	己丑	庚寅	辛卯	壬辰	癸巳	甲午	乙未	丙申
음력		24	25	26	27	28	29	30	6/1	2	3	4	5	6	7	8	9	10	11	12	13	14	15	16	17	18	19	20	21	22	23	24
대운	남	8	9	9	9	10	10	10	소	1	1	1	1	2	2	2	3	3	3	4	4	4	5	대	5	6	6	6	7	7	7	8
	여	2	2	2	1	1	1	1	서	10	10	9	9	9	8	8	8	7	7	7	6	6	6	서	5	5	4	4	4	3	3	3

입추 8일 14시 35분 ⇨ 【戊申月(무신월)】(입추, 처서~ 백로 전) 처서 24일 05시 12분

양력 8 / 음력 06/25 ~ 07/26

양력		1	2	3	4	5	6	7	8	9	10	11	12	13	14	15	16	17	18	19	20	21	22	23	24	25	26	27	28	29	30	31
요일		화	수	목	금	토	일	월	화	수	목	금	토	일	월	화	수	목	금	토	일	월	화	수	목	금	토	일	월	화	수	목
일진 日辰		丁酉	戊戌	己亥	庚子	辛丑	壬寅	癸卯	甲辰	乙巳	丙午	丁未	戊申	己酉	庚戌	辛亥	壬子	癸丑	甲寅	乙卯	丙辰	丁巳	戊午	己未	庚申	辛酉	壬戌	癸亥	甲子	乙丑	丙寅	丁卯
음력		25	26	27	28	29	7/1	2	3	4	5	6	7	8	9	10	11	12	13	14	15	16	17	18	19	20	21	22	23	24	25	26
대운	남	8	8	9	9	9	10	10	입	1	1	1	1	2	2	2	3	3	3	4	4	4	5	5	처	6	6	6	7	7	7	8
	여	2	2	2	1	1	1	1	추	10	10	9	9	9	8	8	8	7	7	7	6	6	6	5	서	5	4	4	4	3	3	3

백로 8일 17시 18분 ⇨ 【己酉月(기유월)】(백로, 추분-한로 전) 추분 24일 02시 38분

양력 9 / 음력 07/27 ~ 08/27

양력		1	2	3	4	5	6	7	8	9	10	11	12	13	14	15	16	17	18	19	20	21	22	23	24	25	26	27	28	29	30
요일		금	토	일	월	화	수	목	금	토	일	월	화	수	목	금	토	일	월	화	수	목	금	토	일	월	화	수	목	금	토
일진 日辰		戊辰	己巳	庚午	辛未	壬申	癸酉	甲戌	乙亥	丙子	丁丑	戊寅	己卯	庚辰	辛巳	壬午	癸未	甲申	乙酉	丙戌	丁亥	戊子	己丑	庚寅	辛卯	壬辰	癸巳	甲午	乙未	丙申	丁酉
음력		27	28	29	8/1	2	3	4	5	6	7	8	9	10	11	12	13	14	15	16	17	18	19	20	21	22	23	24	25	26	27
대운	남	8	8	9	9	9	10	10	백	1	1	1	1	2	2	2	3	3	3	4	4	4	5	5	추	6	6	6	7	7	7
	여	2	2	2	1	1	1	1	로	10	10	9	9	9	8	8	8	7	7	7	6	6	6	5	분	5	4	4	4	3	3

한로 9일 08시 41분 ⇨ 【庚戌月(경술월)】(한로, 상강~ 입동 전) 상강 24일 11시 44분

양력 10 / 음력 08/28 ~ 09/28

양력		1	2	3	4	5	6	7	8	9	10	11	12	13	14	15	16	17	18	19	20	21	22	23	24	25	26	27	28	29	30	31
요일		일	월	화	수	목	금	토	일	월	화	수	목	금	토	일	월	화	수	목	금	토	일	월	화	수	목	금	토	일	월	화
일진 日辰		戊戌	己亥	庚子	辛丑	壬寅	癸卯	甲辰	乙巳	丙午	丁未	戊申	己酉	庚戌	辛亥	壬子	癸丑	甲寅	乙卯	丙辰	丁巳	戊午	己未	庚申	辛酉	壬戌	癸亥	甲子	乙丑	丙寅	丁卯	戊辰
음력		28	29	30	9/1	2	3	4	5	6	7	8	9	10	11	12	13	14	15	16	17	18	19	20	21	22	23	24	25	26	27	28
대운	남	8	8	8	9	9	9	10	10	한	1	1	1	1	2	2	2	3	3	3	4	4	4	5	상	5	6	6	6	7	7	7
	여	3	2	2	2	1	1	1	1	로	10	9	9	9	8	8	8	7	7	7	6	6	6	5	강	5	4	4	4	3	3	3

입동 8일 11시 37분 ⇨ 【辛亥月(신해월)】(입동, 소설~ 대설 전) 소설 23일 09시 04분

양력 11 / 음력 09/29 ~ 10/29

양력		1	2	3	4	5	6	7	8	9	10	11	12	13	14	15	16	17	18	19	20	21	22	23	24	25	26	27	28	29	30
요일		수	목	금	토	일	월	화	수	목	금	토	일	월	화	수	목	금	토	일	월	화	수	목	금	토	일	월	화	수	목
일진 日辰		己巳	庚午	辛未	壬申	癸酉	甲戌	乙亥	丙子	丁丑	戊寅	己卯	庚辰	辛巳	壬午	癸未	甲申	乙酉	丙戌	丁亥	戊子	己丑	庚寅	辛卯	壬辰	癸巳	甲午	乙未	丙申	丁酉	戊戌
음력		29	10/1	2	3	4	5	6	7	8	9	10	11	12	13	14	15	16	17	18	19	20	21	22	23	24	25	26	27	28	29
대운	남	8	8	8	9	9	9	10	입	1	1	1	1	2	2	2	3	3	3	4	4	4	5	소	5	6	6	6	7	7	7
	여	2	2	2	1	1	1	1	동	10	9	9	9	8	8	8	7	7	7	6	6	6	5	설	5	4	4	4	3	3	3

대설 8일 04시 18분 ⇨ 【壬子月(임자월)】(대설, 동지~소한 전) 동지 22일 22시 16분

양력 12 / 음력 10/30 ~ 12/01

양력		1	2	3	4	5	6	7	8	9	10	11	12	13	14	15	16	17	18	19	20	21	22	23	24	25	26	27	28	29	30	31
요일		금	토	일	월	화	수	목	금	토	일	월	화	수	목	금	토	일	월	화	수	목	금	토	일	월	화	수	목	금	토	일
일진 日辰		己亥	庚子	辛丑	壬寅	癸卯	甲辰	乙巳	丙午	丁未	戊申	己酉	庚戌	辛亥	壬子	癸丑	甲寅	乙卯	丙辰	丁巳	戊午	己未	庚申	辛酉	壬戌	癸亥	甲子	乙丑	丙寅	丁卯	戊辰	己巳
음력		30	11/1	2	3	4	5	6	7	8	9	10	11	12	13	14	15	16	17	18	19	20	21	22	23	24	25	26	27	28	29	12/1
대운	남	8	8	8	9	9	9	10	대	1	1	1	1	2	2	2	3	3	3	4	4	4	동	5	5	6	6	6	7	7	7	8
	여	2	2	2	1	1	1	1	설	9	9	9	8	8	8	7	7	7	6	6	6	5	지	5	4	4	4	3	3	3	2	2

윤7월 小 1968 戊申年(무신년)

단기 4301년 /불기2512년 대장군(남방), 삼살(남방), 상문(서북방), 조객(남방),납음(대역토), 삼재(인,묘,진)

소한 6일 15시 26분 ⇨ **【癸丑月(계축월)】**(소한, 대한~ 입춘 전) 대한 21일 08시 54분

양력 **1** 음력 12/02 ~ 01/02

양력	1	2	3	4	5	6	7	8	9	10	11	12	13	14	15	16	17	18	19	20	21	22	23	24	25	26	27	28	29	30	31
요일	월	화	수	목	금	토	일	월	화	수	목	금	토	일	월	화	수	목	금	토	일	월	화	수	목	금	토	일	월	화	수
일진 日辰	庚午	辛未	壬申	癸酉	甲戌	乙亥	丙子	丁丑	戊寅	己卯	庚辰	辛巳	壬午	癸未	甲申	乙酉	丙戌	丁亥	戊子	己丑	庚寅	辛卯	壬辰	癸巳	甲午	乙未	丙申	丁酉	戊戌	己亥	庚子
음력	2	3	4	5	6	7	8	9	10	11	12	13	14	15	16	17	18	19	20	21	22	23	24	25	26	27	28	29	30	1/1	2
대운 남	8	8	9	9	9	소	1	1	1	1	2	2	2	3	3	3	4	4	4	5	대	5	6	6	6	7	7	7	8	8	8
대운 여	2	1	1	1	1	한	10	9	9	9	8	8	8	7	7	7	6	6	6	5	한	5	4	4	4	3	3	3	2	2	2

입춘 5일 03시 07분 ⇨ **【甲寅月(갑인월)】**(입춘, 우수~ 경칩 전) 우수 19일 23시 09분

양력 **2** 음력 01/03 ~ 02/02 立春

양력	1	2	3	4	5	6	7	8	9	10	11	12	13	14	15	16	17	18	19	20	21	22	23	24	25	26	27	28	29
요일	목	금	토	일	월	화	수	목	금	토	일	월	화	수	목	금	토	일	월	화	수	목	금	토	일	월	화	수	목
일진 日辰	辛丑	壬寅	癸卯	甲辰	乙巳	丙午	丁未	戊申	己酉	庚戌	辛亥	壬子	癸丑	甲寅	乙卯	丙辰	丁巳	戊午	己未	庚申	辛酉	壬戌	癸亥	甲子	乙丑	丙寅	丁卯	戊辰	己巳
음력	3	4	5	6	7	8	9	10	11	12	13	14	15	16	17	18	19	20	21	22	23	24	25	26	27	28	29	2/1	2
대운 남	9	9	9	10	입	9	9	9	8	8	8	7	7	7	6	6	6	5	우	5	4	4	4	3	3	3	2	2	2
대운 여	1	1	1	1	춘	1	1	1	1	2	2	2	3	3	3	4	4	4	수	5	5	6	6	6	7	7	7	8	8

경칩 5일 21시 18분 ⇨ **【乙卯月(을묘월)】**(경칩, 춘분~ 청명 전) 춘분 20일 22시 22분

양력 **3** 음력 02/03 ~ 03/03

양력	1	2	3	4	5	6	7	8	9	10	11	12	13	14	15	16	17	18	19	20	21	22	23	24	25	26	27	28	29	30	31
요일	금	토	일	월	화	수	목	금	토	일	월	화	수	목	금	토	일	월	화	수	목	금	토	일	월	화	수	목	금	토	일
일진 日辰	庚午	辛未	壬申	癸酉	甲戌	乙亥	丙子	丁丑	戊寅	己卯	庚辰	辛巳	壬午	癸未	甲申	乙酉	丙戌	丁亥	戊子	己丑	庚寅	辛卯	壬辰	癸巳	甲午	乙未	丙申	丁酉	戊戌	己亥	庚子
음력	3	4	5	6	7	8	9	10	11	12	13	14	15	16	17	18	19	20	21	22	23	24	25	26	27	28	29	30	3/1	2	3
대운 남	1	1	1	1	경	10	10	9	9	9	8	8	8	7	7	7	6	6	6	춘	5	5	4	4	4	3	3	3	2	2	2
대운 여	8	9	9	9	칩	1	1	1	1	2	2	2	3	3	3	4	4	4	5	분	5	6	6	6	7	7	7	8	8	8	9

청명 5일 02시 21분 ⇨ **【丙辰月(병진월)】**(청명, 곡우~ 입하 전) 곡우 20일 09시 41분

양력 **4** 음력 03/04 ~ 04/03

양력	1	2	3	4	5	6	7	8	9	10	11	12	13	14	15	16	17	18	19	20	21	22	23	24	25	26	27	28	29	30
요일	월	화	수	목	금	토	일	월	화	수	목	금	토	일	월	화	수	목	금	토	일	월	화	수	목	금	토	일	월	화
일진 日辰	辛丑	壬寅	癸卯	甲辰	乙巳	丙午	丁未	戊申	己酉	庚戌	辛亥	壬子	癸丑	甲寅	乙卯	丙辰	丁巳	戊午	己未	庚申	辛酉	壬戌	癸亥	甲子	乙丑	丙寅	丁卯	戊辰	己巳	庚午
음력	4	5	6	7	8	9	10	11	12	13	14	15	16	17	18	19	20	21	22	23	24	25	26	27	28	29	30	4/1	2	3
대운 남	1	1	1	1	청	10	9	9	9	8	8	8	7	7	7	6	6	6	5	곡	5	4	4	4	3	3	3	2	2	2
대운 여	9	9	10	10	명	1	1	1	1	2	2	2	3	3	3	4	4	4	5	우	5	6	6	6	7	7	7	8	8	8

입하 5일 19시 56분 ⇨ **【丁巳月(정사월)】**(입하, 소만~ 망종 전) 소만 21일 09시 06분

양력 **5** 음력 04/04 ~ 05/05

양력	1	2	3	4	5	6	7	8	9	10	11	12	13	14	15	16	17	18	19	20	21	22	23	24	25	26	27	28	29	30	31
요일	수	목	금	토	일	월	화	수	목	금	토	일	월	화	수	목	금	토	일	월	화	수	목	금	토	일	월	화	수	목	금
일진 日辰	辛未	壬申	癸酉	甲戌	乙亥	丙子	丁丑	戊寅	己卯	庚辰	辛巳	壬午	癸未	甲申	乙酉	丙戌	丁亥	戊子	己丑	庚寅	辛卯	壬辰	癸巳	甲午	乙未	丙申	丁酉	戊戌	己亥	庚子	辛丑
음력	4	5	6	7	8	9	10	11	12	13	14	15	16	17	18	19	20	21	22	23	24	25	26	27	28	29	5/1	2	3	4	5
대운 남	1	1	1	1	입	10	10	10	9	9	9	8	8	8	7	7	7	6	6	6	소	5	5	4	4	4	3	3	3	2	2
대운 여	9	9	9	10	하	1	1	1	1	2	2	2	3	3	3	4	4	4	5	5	만	6	6	6	7	7	7	8	8	8	9

망종 6일 00시 19분 ⇨ **【戊午月(무오월)】**(망종, 하지~ 소서 전) 하지 21일 17시 13분

양력 **6** 음력 05/06 ~ 06/05

양력	1	2	3	4	5	6	7	8	9	10	11	12	13	14	15	16	17	18	19	20	21	22	23	24	25	26	27	28	29	30
요일	토	일	월	화	수	목	금	토	일	월	화	수	목	금	토	일	월	화	수	목	금	토	일	월	화	수	목	금	토	일
일진 日辰	壬寅	癸卯	甲辰	乙巳	丙午	丁未	戊申	己酉	庚戌	辛亥	壬子	癸丑	甲寅	乙卯	丙辰	丁巳	戊午	己未	庚申	辛酉	壬戌	癸亥	甲子	乙丑	丙寅	丁卯	戊辰	己巳	庚午	辛未
음력	6	7	8	9	10	11	12	13	14	15	16	17	18	19	20	21	22	23	24	25	26	27	28	29	30	6/1	2	3	4	5
대운 남	2	1	1	1	1	망	10	10	9	9	9	8	8	8	7	7	7	6	6	6	하	5	5	4	4	4	3	3	3	2
대운 여	9	9	10	10	10	종	1	1	1	1	2	2	2	3	3	3	4	4	4	5	지	5	6	6	6	7	7	7	8	8

대장군(남방), 삼살(남방), 상문(서북방), 조객(남방),납음(대역토), 삼재(인,묘,진)
한식(4월06일), 초복(7월19일), 중복(7월29일), 말복(8월08일)

戊申年(무신년)

소서 7일 10시 42분 ⇨ 【己未月(기미월)】(소서, 대서~ 입추 전) 대서 23일 04시 07분

양력 7 / 음력 06/06 ~ 07/07

양력	1	2	3	4	5	6	7	8	9	10	11	12	13	14	15	16	17	18	19	20	21	22	23	24	25	26	27	28	29	30	31
요일	월	화	수	목	금	토	일	월	화	수	목	금	토	일	월	화	수	목	금	토	일	월	화	수	목	금	토	일	월	화	수
일진 日辰	壬申	癸酉	甲戌	乙亥	丙子	丁丑	戊寅	己卯	庚辰	辛巳	壬午	癸未	甲申	乙酉	丙戌	丁亥	戊子	己丑	庚寅	辛卯	壬辰	癸巳	甲午	乙未	丙申	丁酉	戊戌	己亥	庚子	辛丑	壬寅
음력	6	7	8	9	10	11	12	13	14	15	16	17	18	19	20	21	22	23	24	25	26	27	28	29	7/1	2	3	4	5	6	7
대운 남	2	2	1	1	1	1	소	10	10	9	9	9	8	8	8	7	7	7	6	6	6	5	대	5	4	4	4	3	3	3	2
대운 여	8	9	9	9	10	10	서	1	1	1	1	2	2	2	3	3	3	4	4	4	5	5	서	6	6	6	7	7	7	8	8

입추 7일 20시 27분 ⇨ 【庚申月(경신월)】(입추, 처서~ 백로 전) 처서 23일 11시 03분

양력 8 / 음력 07/08 ~ 윤708

양력	1	2	3	4	5	6	7	8	9	10	11	12	13	14	15	16	17	18	19	20	21	22	23	24	25	26	27	28	29	30	31
요일	목	금	토	일	월	화	수	목	금	토	일	월	화	수	목	금	토	일	월	화	수	목	금	토	일	월	화	수	목	금	토
일진 日辰	癸卯	甲辰	乙巳	丙午	丁未	戊申	己酉	庚戌	辛亥	壬子	癸丑	甲寅	乙卯	丙辰	丁巳	戊午	己未	庚申	辛酉	壬戌	癸亥	甲子	乙丑	丙寅	丁卯	戊辰	己巳	庚午	辛未	壬申	癸酉
음력	8	9	10	11	12	13	14	15	16	17	18	19	20	21	22	23	24	25	26	27	28	29	30	윤7	2	3	4	5	6	7	8
대운 남	2	2	1	1	1	1	입	10	10	9	9	9	8	8	8	7	7	7	6	6	6	5	처	5	4	4	4	3	3	3	2
대운 여	8	9	9	9	10	10	추	1	1	1	1	2	2	2	3	3	3	4	4	4	5	5	서	6	6	6	7	7	7	8	8

백로 7일 23시 11분 ⇨ 【辛酉月(신유월)】(백로, 추분-한로 전) 추분23일 08시 26분

양력 9 / 음력 윤709 ~ 08/09

양력	1	2	3	4	5	6	7	8	9	10	11	12	13	14	15	16	17	18	19	20	21	22	23	24	25	26	27	28	29	30
요일	일	월	화	수	목	금	토	일	월	화	수	목	금	토	일	월	화	수	목	금	토	일	월	화	수	목	금	토	일	월
일진 日辰	甲戌	乙亥	丙子	丁丑	戊寅	己卯	庚辰	辛巳	壬午	癸未	甲申	乙酉	丙戌	丁亥	戊子	己丑	庚寅	辛卯	壬辰	癸巳	甲午	乙未	丙申	丁酉	戊戌	己亥	庚子	辛丑	壬寅	癸卯
음력	9	10	11	12	13	14	15	16	17	18	19	20	21	22	23	24	25	26	27	28	29	8/1	2	3	4	5	6	7	8	9
대운 남	2	2	1	1	1	1	백	10	10	9	9	9	8	8	8	7	7	7	6	6	6	5	추	5	4	4	4	3	3	3
대운 여	8	9	9	9	10	10	로	1	1	1	1	2	2	2	3	3	3	4	4	4	5	5	분	6	6	6	7	7	7	8

한로 8일 14시 34분 ⇨ 【壬戌月(임술월)】(한로, 상강~ 입동 전) 상강 23일 17시 30분

양력 10 / 음력 08/10 ~ 09/10

양력	1	2	3	4	5	6	7	8	9	10	11	12	13	14	15	16	17	18	19	20	21	22	23	24	25	26	27	28	29	30	31
요일	화	수	목	금	토	일	월	화	수	목	금	토	일	월	화	수	목	금	토	일	월	화	수	목	금	토	일	월	화	수	목
일진 日辰	甲辰	乙巳	丙午	丁未	戊申	己酉	庚戌	辛亥	壬子	癸丑	甲寅	乙卯	丙辰	丁巳	戊午	己未	庚申	辛酉	壬戌	癸亥	甲子	乙丑	丙寅	丁卯	戊辰	己巳	庚午	辛未	壬申	癸酉	甲戌
음력	10	11	12	13	14	15	16	17	18	19	20	21	22	23	24	25	26	27	28	29	30	9/1	2	3	4	5	6	7	8	9	10
대운 남	2	2	2	1	1	1	1	한	10	9	9	9	8	8	8	7	7	7	6	6	6	5	상	5	4	4	4	3	3	3	2
대운 여	8	8	9	9	9	10	10	로	1	1	1	1	2	2	2	3	3	3	4	4	4	5	강	5	6	6	6	7	7	7	8

입동 7일 17시 29분 ⇨ 【癸亥月(계해월)】(입동, 소설~ 대설 전) 소설 22일 14시 49분

양력 11 / 음력 09/11 ~ 10/11

양력	1	2	3	4	5	6	7	8	9	10	11	12	13	14	15	16	17	18	19	20	21	22	23	24	25	26	27	28	29	30
요일	금	토	일	월	화	수	목	금	토	일	월	화	수	목	금	토	일	월	화	수	목	금	토	일	월	화	수	목	금	토
일진 日辰	乙亥	丙子	丁丑	戊寅	己卯	庚辰	辛巳	壬午	癸未	甲申	乙酉	丙戌	丁亥	戊子	己丑	庚寅	辛卯	壬辰	癸巳	甲午	乙未	丙申	丁酉	戊戌	己亥	庚子	辛丑	壬寅	癸卯	甲辰
음력	11	12	13	14	15	16	17	18	19	20	21	22	23	24	25	26	27	28	29	10/1	2	3	4	5	6	7	8	9	10	11
대운 남	2	2	1	1	1	1	입	10	9	9	9	8	8	8	7	7	7	6	6	6	5	소	5	4	4	4	3	3	3	2
대운 여	8	8	9	9	9	10	동	1	1	1	1	2	2	2	3	3	3	4	4	4	5	설	5	6	6	6	7	7	7	8

대설 7일 10시 08분 ⇨ 【甲子月(갑자월)】(대설, 동지~소한 전) 동지 22일 04시 00분

양력 12 / 음력 10/12 ~ 11/12

양력	1	2	3	4	5	6	7	8	9	10	11	12	13	14	15	16	17	18	19	20	21	22	23	24	25	26	27	28	29	30	31
요일	일	월	화	수	목	금	토	일	월	화	수	목	금	토	일	월	화	수	목	금	토	일	월	화	수	목	금	토	일	월	화
일진 日辰	乙巳	丙午	丁未	戊申	己酉	庚戌	辛亥	壬子	癸丑	甲寅	乙卯	丙辰	丁巳	戊午	己未	庚申	辛酉	壬戌	癸亥	甲子	乙丑	丙寅	丁卯	戊辰	己巳	庚午	辛未	壬申	癸酉	甲戌	乙亥
음력	12	13	14	15	16	17	18	19	20	21	22	23	24	25	26	27	28	29	30	11/1	2	3	4	5	6	7	8	9	10	11	12
대운 남	2	2	1	1	1	1	대	9	9	9	8	8	8	7	7	7	6	6	6	5	5	동	4	4	4	3	3	3	2	2	2
대운 여	8	8	9	9	9	10	설	1	1	1	1	2	2	2	3	3	3	4	4	4	5	지	5	6	6	6	7	7	7	8	8

1969 己酉年(기유년)

단기 4302년 /불기2513년 대장군(남방), 삼살(동방), 상문(서북방),조객(서남방),납음(대역토),【삼재(해,자,축)년】

소한 5일 21시 17분 ➡ 【乙丑月(을축월)】(소한, 대한~ 입춘 전) 대한 20일 14시 38분

양력 1	양력	1	2	3	4	5	6	7	8	9	10	11	12	13	14	15	16	17	18	19	20	21	22	23	24	25	26	27	28	29	30	31
	요일	수	목	금	토	일	월	화	수	목	금	토	일	월	화	수	목	금	토	일	월	화	수	목	금	토	일	월	화	수	목	금
	일진 日辰	丙子	丁丑	戊寅	己卯	庚辰	辛巳	壬午	癸未	甲申	乙酉	丙戌	丁亥	戊子	己丑	庚寅	辛卯	壬辰	癸巳	甲午	乙未	丙申	丁酉	戊戌	己亥	庚子	辛丑	壬寅	癸卯	甲辰	乙巳	丙午
음력 11/13 ~ 12/14	음력	13	14	15	16	17	18	19	20	21	22	23	24	25	26	27	28	29	12/1	2	3	4	5	6	7	8	9	10	11	12	13	14
대운	남	1	1	1	1	소	10	9	9	9	8	8	8	7	7	7	6	6	6	5	대	5	4	4	4	3	3	3	2	2	2	1
	여	8	9	9	9	한	1	1	1	1	2	2	2	3	3	3	4	4	4	5	한	5	6	6	6	7	7	7	8	8	8	9

입춘 4일 08시 59분 ➡ 【丙寅月(병인월)】(입춘, 우수~ 경칩 전) 우수 19일 04시 55분

양력 2	양력	1	2	3	4	5	6	7	8	9	10	11	12	13	14	15	16	17	18	19	20	21	22	23	24	25	26	27	28	立春
	요일	토	일	월	화	수	목	금	토	일	월	화	수	목	금	토	일	월	화	수	목	금	토	일	월	화	수	목	금	
	일진 日辰	丁未	戊申	己酉	庚戌	辛亥	壬子	癸丑	甲寅	乙卯	丙辰	丁巳	戊午	己未	庚申	辛酉	壬戌	癸亥	甲子	乙丑	丙寅	丁卯	戊辰	己巳	庚午	辛未	壬申	癸酉	甲戌	
음력 12/15 ~ 01/12	음력	15	16	17	18	19	20	21	22	23	24	25	26	27	28	29	30	1/1	2	3	4	5	6	7	8	9	10	11	12	
대운	남	1	1	1	입	1	1	1	1	2	2	2	3	3	3	4	4	4	5	우	5	6	6	6	7	7	7	8	8	
	여	9	9	10	춘	10	9	9	9	8	8	8	7	7	7	6	6	6	5	수	5	4	4	4	3	3	3	2	2	

경칩 6일 03시 11분 ➡ 【丁卯月(정묘월)】(경칩, 춘분~ 청명 전) 춘분 21일 04시 08분

양력 3	양력	1	2	3	4	5	6	7	8	9	10	11	12	13	14	15	16	17	18	19	20	21	22	23	24	25	26	27	28	29	30	31
	요일	토	일	월	화	수	목	금	토	일	월	화	수	목	금	토	일	월	화	수	목	금	토	일	월	화	수	목	금	토	일	월
	일진 日辰	乙亥	丙子	丁丑	戊寅	己卯	庚辰	辛巳	壬午	癸未	甲申	乙酉	丙戌	丁亥	戊子	己丑	庚寅	辛卯	壬辰	癸巳	甲午	乙未	丙申	丁酉	戊戌	己亥	庚子	辛丑	壬寅	癸卯	甲辰	乙巳
음력 01/13 ~ 02/14	음력	13	14	15	16	17	18	19	20	21	22	23	24	25	26	27	28	29	2/1	2	3	4	5	6	7	8	9	10	11	12	13	14
대운	남	8	9	9	9	10	경	1	1	1	1	2	2	2	3	3	3	4	4	4	5	춘	5	6	6	6	7	7	7	8	8	8
	여	2	1	1	1	1	칩	10	9	9	9	8	8	8	7	7	7	6	6	6	5	분	5	4	4	4	3	3	3	2	2	2

청명 5일 08시 15분 ➡ 【戊辰月(무진월)】(청명, 곡우~ 입하 전) 곡우 20일 15시 17분

양력 4	양력	1	2	3	4	5	6	7	8	9	10	11	12	13	14	15	16	17	18	19	20	21	22	23	24	25	26	27	28	29	30
	요일	화	수	목	금	토	일	월	화	수	목	금	토	일	월	화	수	목	금	토	일	월	화	수	목	금	토	일	월	화	수
	일진 日辰	丙午	丁未	戊申	己酉	庚戌	辛亥	壬子	癸丑	甲寅	乙卯	丙辰	丁巳	戊午	己未	庚申	辛酉	壬戌	癸亥	甲子	乙丑	丙寅	丁卯	戊辰	己巳	庚午	辛未	壬申	癸酉	甲戌	乙亥
음력 02/15 ~ 03/14	음력	15	16	17	18	19	20	21	22	23	24	25	26	27	28	29	30	3/1	2	3	4	5	6	7	8	9	10	11	12	13	14
대운	남	9	9	9	10	청	1	1	1	1	2	2	2	3	3	3	4	4	4	5	곡	5	6	6	6	7	7	7	8	8	8
	여	1	1	1	1	명	10	10	9	9	9	8	8	8	7	7	7	6	6	6	우	5	5	4	4	4	3	3	3	2	2

입하 6일 01시 50분 ➡ 【己巳月(기사월)】(입하, 소만~ 망종 전) 소만 21일 14시 50분

양력 5	양력	1	2	3	4	5	6	7	8	9	10	11	12	13	14	15	16	17	18	19	20	21	22	23	24	25	26	27	28	29	30	31
	요일	목	금	토	일	월	화	수	목	금	토	일	월	화	수	목	금	토	일	월	화	수	목	금	토	일	월	화	수	목	금	토
	일진 日辰	丙子	丁丑	戊寅	己卯	庚辰	辛巳	壬午	癸未	甲申	乙酉	丙戌	丁亥	戊子	己丑	庚寅	辛卯	壬辰	癸巳	甲午	乙未	丙申	丁酉	戊戌	己亥	庚子	辛丑	壬寅	癸卯	甲辰	乙巳	丙午
음력 03/15 ~ 04/16	음력	15	16	17	18	19	20	21	22	23	24	25	26	27	28	29	4/1	2	3	4	5	6	7	8	9	10	11	12	13	14	15	16
대운	남	9	9	9	10	10	입	1	1	1	1	2	2	2	3	3	3	4	4	4	5	소	5	6	6	6	7	7	7	8	8	8
	여	2	1	1	1	1	하	10	10	9	9	9	8	8	8	7	7	7	6	6	6	만	5	5	4	4	4	3	3	3	2	2

망종 6일 06시 12분 ➡ 【庚午月(경오월)】(망종, 하지~ 소서 전) 하지 21일 22시 55분

양력 6	양력	1	2	3	4	5	6	7	8	9	10	11	12	13	14	15	16	17	18	19	20	21	22	23	24	25	26	27	28	29	30
	요일	일	월	화	수	목	금	토	일	월	화	수	목	금	토	일	월	화	수	목	금	토	일	월	화	수	목	금	토	일	월
	일진 日辰	丁未	戊申	己酉	庚戌	辛亥	壬子	癸丑	甲寅	乙卯	丙辰	丁巳	戊午	己未	庚申	辛酉	壬戌	癸亥	甲子	乙丑	丙寅	丁卯	戊辰	己巳	庚午	辛未	壬申	癸酉	甲戌	乙亥	丙子
음력 04/17 ~ 05/16	음력	17	18	19	20	21	22	23	24	25	26	27	28	29	30	5/1	2	3	4	5	6	7	8	9	10	11	12	13	14	15	16
대운	남	9	9	9	10	10	망	1	1	1	1	2	2	2	3	3	3	4	4	4	5	하	5	6	6	6	7	7	7	8	8
	여	2	1	1	1	1	종	10	10	9	9	9	8	8	8	7	7	7	6	6	6	지	5	5	4	4	4	3	3	3	2

대장군(남방). 삼살(동방), 상문(서북방),조객(서남방),납음(대역토),【삼재(해,자,축)년】

한식(4월06일), 초복(7월14일), 초복(7월24일), 말복(8월13일)

己酉年(기유년)

1969

소서 7일 16시 32분 ⇨ 【辛未月(신미월)】(소서, 대서~ 입추 전) 대서 23일 09시 48분

양력 7 / 음력 05/17 ~ 06/18

양력		1	2	3	4	5	6	7	8	9	10	11	12	13	14	15	16	17	18	19	20	21	22	23	24	25	26	27	28	29	30	31
요일		화	수	목	금	토	일	월	화	수	목	금	토	일	월	화	수	목	금	토	일	월	화	수	목	금	토	일	월	화	수	목
일진 日辰		丁丑	戊寅	己卯	庚辰	辛巳	壬午	癸未	甲申	乙酉	丙戌	丁亥	戊子	己丑	庚寅	辛卯	壬辰	癸巳	甲午	乙未	丙申	丁酉	戊戌	己亥	庚子	辛丑	壬寅	癸卯	甲辰	乙巳	丙午	丁未
음력		17	18	19	20	21	22	23	24	25	26	27	28	29	6/1	2	3	4	5	6	7	8	9	10	11	12	13	14	15	16	17	18
대운	남	8	9	9	9	10	10	소	1	1	1	1	2	2	2	3	3	3	4	4	4	5	5	대	6	6	6	7	7	7	8	8
	여	2	2	1	1	1	1	서	10	10	10	9	9	9	8	8	8	7	7	7	6	6	6	서	5	5	4	4	4	3	3	3

입추 8일 02시 14분 ⇨ 【壬申月(임신월)】(입추, 처서~ 백로 전) 처서 23일 16시 44분

양력 8 / 음력 06/19 ~ 07/19

양력		1	2	3	4	5	6	7	8	9	10	11	12	13	14	15	16	17	18	19	20	21	22	23	24	25	26	27	28	29	30	31
요일		금	토	일	월	화	수	목	금	토	일	월	화	수	목	금	토	일	월	화	수	목	금	토	일	월	화	수	목	금	토	일
일진 日辰		戊申	己酉	庚戌	辛亥	壬子	癸丑	甲寅	乙卯	丙辰	丁巳	戊午	己未	庚申	辛酉	壬戌	癸亥	甲子	乙丑	丙寅	丁卯	戊辰	己巳	庚午	辛未	壬申	癸酉	甲戌	乙亥	丙子	丁丑	戊寅
음력		19	20	21	22	23	24	25	26	27	28	29	30	7/1	2	3	4	5	6	7	8	9	10	11	12	13	14	15	16	17	18	19
대운	남	8	9	9	9	10	10	10	입	1	1	1	1	2	2	2	3	3	3	4	4	4	5	처	5	6	6	6	7	7	7	8
	여	2	2	2	1	1	1	1	추	10	10	9	9	9	8	8	8	7	7	7	6	6	6	서	5	5	4	4	4	3	3	3

백로 8일 04시 55분 ⇨ 【癸酉月(계유월)】(백로, 추분-한로 전) 추분 23일 04시 17분

양력 9 / 음력 07/20 ~ 08/19

양력		1	2	3	4	5	6	7	8	9	10	11	12	13	14	15	16	17	18	19	20	21	22	23	24	25	26	27	28	29	30
요일		월	화	수	목	금	토	일	월	화	수	목	금	토	일	월	화	수	목	금	토	일	월	화	수	목	금	토	일	월	화
일진 日辰		己卯	庚辰	辛巳	壬午	癸未	甲申	乙酉	丙戌	丁亥	戊子	己丑	庚寅	辛卯	壬辰	癸巳	甲午	乙未	丙申	丁酉	戊戌	己亥	庚子	辛丑	壬寅	癸卯	甲辰	乙巳	丙午	丁未	戊申
음력		20	21	22	23	24	25	26	27	28	29	30	8/1	2	3	4	5	6	7	8	9	10	11	12	13	14	15	16	17	18	19
대운	남	8	8	9	9	9	10	10	백	1	1	1	1	2	2	2	3	3	3	4	4	4	5	추	5	6	6	6	7	7	7
	여	2	2	2	1	1	1	1	로	10	9	9	9	8	8	8	7	7	7	6	6	6	5	분	5	4	4	4	3	3	3

한로 8일 20시 17분 ⇨ 【甲戌月(갑술월)】(한로, 상강~ 입동 전) 상강 23일 14시 07분

양력 10 / 음력 09/20 ~ 09/21

양력		1	2	3	4	5	6	7	8	9	10	11	12	13	14	15	16	17	18	19	20	21	22	23	24	25	26	27	28	29	30	31
요일		수	목	금	토	일	월	화	수	목	금	토	일	월	화	수	목	금	토	일	월	화	수	목	금	토	일	월	화	수	목	금
일진 日辰		己酉	庚戌	辛亥	壬子	癸丑	甲寅	乙卯	丙辰	丁巳	戊午	己未	庚申	辛酉	壬戌	癸亥	甲子	乙丑	丙寅	丁卯	戊辰	己巳	庚午	辛未	壬申	癸酉	甲戌	乙亥	丙子	丁丑	戊寅	己卯
음력		20	21	22	23	24	25	26	27	28	29	9/1	2	3	4	5	6	7	8	9	10	11	12	13	14	15	16	17	18	19	20	21
대운	남	8	8	8	9	9	9	10	한	1	1	1	1	2	2	2	3	3	3	4	4	4	5	상	5	6	6	6	7	7	7	8
	여	2	2	2	1	1	1	1	로	10	9	9	9	8	8	8	7	7	7	6	6	6	5	강	5	4	4	4	3	3	3	2

입동 7일 23시 11분 ⇨ 【乙亥月(을해월)】(입동, 소설~ 대설 전) 소설 22일 20시 31분

양력 11 / 음력 09/22 ~ 10/21

양력		1	2	3	4	5	6	7	8	9	10	11	12	13	14	15	16	17	18	19	20	21	22	23	24	25	26	27	28	29	30
요일		토	일	월	화	수	목	금	토	일	월	화	수	목	금	토	일	월	화	수	목	금	토	일	월	화	수	목	금	토	일
일진 日辰		庚辰	辛巳	壬午	癸未	甲申	乙酉	丙戌	丁亥	戊子	己丑	庚寅	辛卯	壬辰	癸巳	甲午	乙未	丙申	丁酉	戊戌	己亥	庚子	辛丑	壬寅	癸卯	甲辰	乙巳	丙午	丁未	戊申	己酉
음력		22	23	24	25	26	27	28	29	30	10/1	2	3	4	5	6	7	8	9	10	11	12	13	14	15	16	17	18	19	20	21
대운	남	8	8	9	9	9	10	입	1	1	1	1	2	2	2	3	3	3	4	4	4	5	소	5	6	6	6	7	7	7	8
	여	2	2	1	1	1	1	동	10	9	9	9	8	8	8	7	7	7	6	6	6	5	설	5	4	4	4	3	3	3	2

대설 7일 15시 51분 ⇨ 【丙子月(병자월)】(대설, 동지~소한 전) 동지 22일 09시 44분

양력 12 / 음력 10/22 ~ 11/23

양력		1	2	3	4	5	6	7	8	9	10	11	12	13	14	15	16	17	18	19	20	21	22	23	24	25	26	27	28	29	30	31
요일		월	화	수	목	금	토	일	월	화	수	목	금	토	일	월	화	수	목	금	토	일	월	화	수	목	금	토	일	월	화	수
일진 日辰		庚戌	辛亥	壬子	癸丑	甲寅	乙卯	丙辰	丁巳	戊午	己未	庚申	辛酉	壬戌	癸亥	甲子	乙丑	丙寅	丁卯	戊辰	己巳	庚午	辛未	壬申	癸酉	甲戌	乙亥	丙子	丁丑	戊寅	己卯	庚辰
음력		22	23	24	25	26	27	28	29	11/1	2	3	4	5	6	7	8	9	10	11	12	13	14	15	16	17	18	19	20	21	22	23
대운	남	8	8	9	9	9	10	대	1	1	1	1	2	2	2	3	3	3	4	4	4	5	동	5	6	6	6	7	7	7	8	8
	여	2	2	1	1	1	1	설	10	9	9	9	8	8	8	7	7	7	6	6	6	5	지	5	4	4	4	3	3	3	2	2

1970 庚戌年(경술년)

단기4303년 /불기2514년 대장군(남방), 삼살(북방), 상문(북방),조객(서남방), 납음(차천금), 【삼재(신,유,술)년】

소한 6일 03시 02분 ➡ **【丁丑月(정축월)】**(소한, 대한~ 입춘 전) 대한 20일 20시 24분

양력 1 / 음력 11/24 ~ 12/24

양력	1	2	3	4	5	6	7	8	9	10	11	12	13	14	15	16	17	18	19	20	21	22	23	24	25	26	27	28	29	30	31
요일	목	금	토	일	월	화	수	목	금	토	일	월	화	수	목	금	토	일	월	화	수	목	금	토	일	월	화	수	목	금	토
일진 日辰	辛巳	壬午	癸未	甲申	乙酉	丙戌	丁亥	戊子	己丑	庚寅	辛卯	壬辰	癸巳	甲午	乙未	丙申	丁酉	戊戌	己亥	庚子	辛丑	壬寅	癸卯	甲辰	乙巳	丙午	丁未	戊申	己酉	庚戌	辛亥
음력	24	25	26	27	28	29	30	12/1	2	3	4	5	6	7	8	9	10	11	12	13	14	15	16	17	18	19	20	21	22	23	24
대운 남	8	9	9	9	10	소	1	1	1	1	2	2	2	3	3	3	4	4	4	대	5	5	6	6	6	7	7	7	8	8	8
대운 여	2	1	1	1	1	한	9	9	9	8	8	8	7	7	7	6	6	6	5	한	5	4	4	4	3	3	3	2	2	2	1

입춘 4일 14시 46분 ➡ **【戊寅月(무인월)】**(입춘, 우수~ 경칩 전) 우수 19일 10시 42분

양력 2 / 음력 12/25 ~ 01/23

양력	1	2	3	4	5	6	7	8	9	10	11	12	13	14	15	16	17	18	19	20	21	22	23	24	25	26	27	28
요일	일	월	화	수	목	금	토	일	월	화	수	목	금	토	일	월	화	수	목	금	토	일	월	화	수	목	금	토
일진 日辰	壬子	癸丑	甲寅	乙卯	丙辰	丁巳	戊午	己未	庚申	辛酉	壬戌	癸亥	甲子	乙丑	丙寅	丁卯	戊辰	己巳	庚午	辛未	壬申	癸酉	甲戌	乙亥	丙子	丁丑	戊寅	己卯
음력	25	26	27	28	29	1/1	2	3	4	5	6	7	8	9	10	11	12	13	14	15	16	17	18	19	20	21	22	23
대운 남	9	9	9	입	10	9	9	9	8	8	8	7	7	7	6	6	6	5	우	5	4	4	4	3	3	3	2	2
대운 여	1	1	1	춘	1	1	1	1	2	2	2	3	3	3	4	4	4	5	수	5	6	6	6	7	7	7	8	8

立春

경칩 6일 08시 58분 ➡ **【己卯月(기묘월)】**(경칩, 춘분~ 청명 전) 춘분 21일 09시 56분

양력 3 / 음력 01/24 ~ 02/24

양력	1	2	3	4	5	6	7	8	9	10	11	12	13	14	15	16	17	18	19	20	21	22	23	24	25	26	27	28	29	30	31
요일	일	월	화	수	목	금	토	일	월	화	수	목	금	토	일	월	화	수	목	금	토	일	월	화	수	목	금	토	일	월	화
일진 日辰	庚辰	辛巳	壬午	癸未	甲申	乙酉	丙戌	丁亥	戊子	己丑	庚寅	辛卯	壬辰	癸巳	甲午	乙未	丙申	丁酉	戊戌	己亥	庚子	辛丑	壬寅	癸卯	甲辰	乙巳	丙午	丁未	戊申	己酉	庚戌
음력	24	25	26	27	28	29	30	2/1	2	3	4	5	6	7	8	9	10	11	12	13	14	15	16	17	18	19	20	21	22	23	24
대운 남	2	1	1	1	1	경	10	9	9	9	8	8	8	7	7	7	6	6	6	5	춘	5	4	4	4	3	3	3	2	2	2
대운 여	8	9	9	9	10	칩	1	1	1	1	2	2	2	3	3	3	4	4	4	5	분	5	6	6	6	7	7	7	8	8	8

청명 5일 14시 02분 ➡ **【庚辰月(경진월)】**(청명, 곡우~ 입하 전) 곡우 20일 21시 15분

양력 4 / 음력 02/25 ~ 03/25

양력	1	2	3	4	5	6	7	8	9	10	11	12	13	14	15	16	17	18	19	20	21	22	23	24	25	26	27	28	29	30
요일	수	목	금	토	일	월	화	수	목	금	토	일	월	화	수	목	금	토	일	월	화	수	목	금	토	일	월	화	수	목
일진 日辰	辛亥	壬子	癸丑	甲寅	乙卯	丙辰	丁巳	戊午	己未	庚申	辛酉	壬戌	癸亥	甲子	乙丑	丙寅	丁卯	戊辰	己巳	庚午	辛未	壬申	癸酉	甲戌	乙亥	丙子	丁丑	戊寅	己卯	庚辰
음력	25	26	27	28	29	3/1	2	3	4	5	6	7	8	9	10	11	12	13	14	15	16	17	18	19	20	21	22	23	24	25
대운 남	1	1	1	1	청	10	10	9	9	9	8	8	8	7	7	7	6	6	6	곡	5	5	4	4	4	3	3	3	2	2
대운 여	9	9	9	10	명	1	1	1	1	2	2	2	3	3	3	4	4	4	5	우	5	6	6	6	7	7	7	8	8	8

입하 6일 07시 34분 ➡ **【辛巳月(신사월)】**(입하, 소만~ 망종 전) 소만 21일 20시 37분

양력 5 / 음력 03/26 ~ 04/27

양력	1	2	3	4	5	6	7	8	9	10	11	12	13	14	15	16	17	18	19	20	21	22	23	24	25	26	27	28	29	30	31
요일	금	토	일	월	화	수	목	금	토	일	월	화	수	목	금	토	일	월	화	수	목	금	토	일	월	화	수	목	금	토	일
일진 日辰	辛巳	壬午	癸未	甲申	乙酉	丙戌	丁亥	戊子	己丑	庚寅	辛卯	壬辰	癸巳	甲午	乙未	丙申	丁酉	戊戌	己亥	庚子	辛丑	壬寅	癸卯	甲辰	乙巳	丙午	丁未	戊申	己酉	庚戌	辛亥
음력	26	27	28	29	4/1	2	3	4	5	6	7	8	9	10	11	12	13	14	15	16	17	18	19	20	21	22	23	24	25	26	27
대운 남	2	1	1	1	1	입	10	10	9	9	9	8	8	8	7	7	7	6	6	6	소	5	5	4	4	4	3	3	3	2	2
대운 여	9	9	9	10	10	하	1	1	1	1	2	2	2	3	3	3	4	4	4	5	만	5	6	6	6	7	7	7	8	8	8

망종 6일 11시 52분 ➡ **【壬午月(임오월)】**(망종, 하지~ 소서 전) 하지 22일 04시 43분

양력 6 / 음력 04/28 ~ 05/27

양력	1	2	3	4	5	6	7	8	9	10	11	12	13	14	15	16	17	18	19	20	21	22	23	24	25	26	27	28	29	30
요일	월	화	수	목	금	토	일	월	화	수	목	금	토	일	월	화	수	목	금	토	일	월	화	수	목	금	토	일	월	화
일진 日辰	壬子	癸丑	甲寅	乙卯	丙辰	丁巳	戊午	己未	庚申	辛酉	壬戌	癸亥	甲子	乙丑	丙寅	丁卯	戊辰	己巳	庚午	辛未	壬申	癸酉	甲戌	乙亥	丙子	丁丑	戊寅	己卯	庚辰	辛巳
음력	28	29	30	5/1	2	3	4	5	6	7	8	9	10	11	12	13	14	15	16	17	18	19	20	21	22	23	24	25	26	27
대운 남	2	1	1	1	1	망	10	10	9	9	9	8	8	8	7	7	7	6	6	6	5	하	5	4	4	4	3	3	3	2
대운 여	9	9	9	10	10	종	1	1	1	1	2	2	2	3	3	3	4	4	4	5	5	지	6	6	6	7	7	7	8	8

대장군(남방), 삼살(북방), 상문(북방),조객(서남방), 납음(차천금), 【삼재(신,유,술)년】
한식(4월06일), 초복(7월19일), 중복(7월29일), 말복(8월08일)

庚戌年(경술년)

1970

소서 7일 22시 11분 ⇨ **【癸未月(계미월)】**(소서, 대서~ 입추 전) 대서 23일 15시 37분

7 (음력 05/30 ~ 06/28)

양력	1	2	3	4	5	6	7	8	9	10	11	12	13	14	15	16	17	18	19	20	21	22	23	24	25	26	27	28	29	30	31
요일	수	목	금	토	일	월	화	수	목	금	토	일	월	화	수	목	금	토	일	월	화	수	목	금	토	일	월	화	수	목	금
일진	壬	癸	甲	乙	丙	丁	戊	己	庚	辛	壬	癸	甲	乙	丙	丁	戊	己	庚	辛	壬	癸	甲	乙	丙	丁	戊	己	庚	辛	壬
日辰	午	未	申	酉	戌	亥	子	丑	寅	卯	辰	巳	午	未	申	酉	戌	亥	子	丑	寅	卯	辰	巳	午	未	申	酉	戌	亥	子
음력	28	29	30	6/1	2	3	4	5	6	7	8	9	10	11	12	13	14	15	16	17	18	19	20	21	22	23	24	25	26	27	28
대운 남	2	2	1	1	1	1	소	10	10	10	9	9	9	8	8	8	7	7	7	6	6	6	대	5	5	4	4	4	3	3	3
대운 여	8	9	9	9	10	10	서	1	1	1	1	2	2	2	3	3	3	4	4	4	5	5	서	6	6	6	7	7	7	8	8

입추 8일 07시 54분 ⇨ **【甲申月(갑신월)】**(입추, 처서~ 백로 전) 처서 23일 22시 34분

8 (음력 06/29 ~ 07/30)

양력	1	2	3	4	5	6	7	8	9	10	11	12	13	14	15	16	17	18	19	20	21	22	23	24	25	26	27	28	29	30	31
요일	토	일	월	화	수	목	금	토	일	월	화	수	목	금	토	일	월	화	수	목	금	토	일	월	화	수	목	금	토	일	월
일진	癸	甲	乙	丙	丁	戊	己	庚	辛	壬	癸	甲	乙	丙	丁	戊	己	庚	辛	壬	癸	甲	乙	丙	丁	戊	己	庚	辛	壬	癸
日辰	丑	寅	卯	辰	巳	午	未	申	酉	戌	亥	子	丑	寅	卯	辰	巳	午	未	申	酉	戌	亥	子	丑	寅	卯	辰	巳	午	未
음력	29	7/1	2	3	4	5	6	7	8	9	10	11	12	13	14	15	16	17	18	19	20	21	22	23	24	25	26	27	28	29	30
대운 남	2	2	2	1	1	1	1	입	10	10	9	9	9	8	8	8	7	7	7	6	6	6	처	5	5	4	4	4	3	3	3
대운 여	8	9	9	9	10	10	10	추	1	1	1	1	2	2	2	3	3	3	4	4	4	5	서	5	6	6	6	7	7	7	8

백로 8일 10시 38분 ⇨ **【乙酉月(을유월)】**(백로, 추분-한로 전) 추분 23일 19시 59분

9 (음력 08/01 ~ 09/01)

양력	1	2	3	4	5	6	7	8	9	10	11	12	13	14	15	16	17	18	19	20	21	22	23	24	25	26	27	28	29	30
요일	화	수	목	금	토	일	월	화	수	목	금	토	일	월	화	수	목	금	토	일	월	화	수	목	금	토	일	월	화	수
일진	甲	乙	丙	丁	戊	己	庚	辛	壬	癸	甲	乙	丙	丁	戊	己	庚	辛	壬	癸	甲	乙	丙	丁	戊	己	庚	辛	壬	癸
日辰	申	酉	戌	亥	子	丑	寅	卯	辰	巳	午	未	申	酉	戌	亥	子	丑	寅	卯	辰	巳	午	未	申	酉	戌	亥	子	丑
음력	8/1	2	3	4	5	6	7	8	9	10	11	12	13	14	15	16	17	18	19	20	21	22	23	24	25	26	27	28	29	9/1
대운 남	2	2	2	1	1	1	1	백	10	10	9	9	9	8	8	8	7	7	7	6	6	6	상	5	5	4	4	4	3	3
대운 여	8	8	9	9	9	10	10	로	1	1	1	1	2	2	2	3	3	3	4	4	4	5	강	5	6	6	6	7	7	7

한로 9일 02시 02분 ⇨ **【丙戌月(병술월)】**(한로, 상강~ 입동 전) 상강 24일 05시 05분

10 (음력 09/02 ~ 10/02)

양력	1	2	3	4	5	6	7	8	9	10	11	12	13	14	15	16	17	18	19	20	21	22	23	24	25	26	27	28	29	30	31
요일	목	금	토	일	월	화	수	목	금	토	일	월	화	수	목	금	토	일	월	화	수	목	금	토	일	월	화	수	목	금	토
일진	甲	乙	丙	丁	戊	己	庚	辛	壬	癸	甲	乙	丙	丁	戊	己	庚	辛	壬	癸	甲	乙	丙	丁	戊	己	庚	辛	壬	癸	甲
日辰	寅	卯	辰	巳	午	未	申	酉	戌	亥	子	丑	寅	卯	辰	巳	午	未	申	酉	戌	亥	子	丑	寅	卯	辰	巳	午	未	申
음력	2	3	4	5	6	7	8	9	10	11	12	13	14	15	16	17	18	19	20	21	22	23	24	25	26	27	28	29	30	10/1	2
대운 남	3	2	2	2	1	1	1	1	한	10	9	9	9	8	8	8	7	7	7	6	6	6	5	상	5	4	4	4	3	3	3
대운 여	8	8	8	9	9	9	10	10	로	1	1	1	1	2	2	2	3	3	3	4	4	4	5	강	5	6	6	6	7	7	7

입동 8일 04시 58분 ⇨ **【丁亥月(정해월)】**(입동, 소설~ 대설 전) 소설 23일 05시 25분

11 (음력 10/03 ~ 11/02)

양력	1	2	3	4	5	6	7	8	9	10	11	12	13	14	15	16	17	18	19	20	21	22	23	24	25	26	27	28	29	30
요일	일	월	화	수	목	금	토	일	월	화	수	목	금	토	일	월	화	수	목	금	토	일	월	화	수	목	금	토	일	월
일진	乙	丙	丁	戊	己	庚	辛	壬	癸	甲	乙	丙	丁	戊	己	庚	辛	壬	癸	甲	乙	丙	丁	戊	己	庚	辛	壬	癸	甲
日辰	酉	戌	亥	子	丑	寅	卯	辰	巳	午	未	申	酉	戌	亥	子	丑	寅	卯	辰	巳	午	未	申	酉	戌	亥	子	丑	寅
음력	3	4	5	6	7	8	9	10	11	12	13	14	15	16	17	18	19	20	21	22	23	24	25	26	27	28	29	30	11/1	2
대운 남	2	2	2	1	1	1	1	입	9	9	9	8	8	8	7	7	7	6	6	6	5	5	소	4	4	4	3	3	3	2
대운 여	8	8	8	9	9	9	10	동	1	1	1	1	2	2	2	3	3	3	4	4	4	5	설	5	6	6	6	7	7	7

대설 7일 21시 37분 ⇨ **【戊子月(무자월)】**(대설, 동지~소한 전) 동지 22일 15시 36분

12 (음력 11/03 ~ 12/04)

양력	1	2	3	4	5	6	7	8	9	10	11	12	13	14	15	16	17	18	19	20	21	22	23	24	25	26	27	28	29	30	31
요일	화	수	목	금	토	일	월	화	수	목	금	토	일	월	화	수	목	금	토	일	월	화	수	목	금	토	일	월	화	수	목
일진	乙	丙	丁	戊	己	庚	辛	壬	癸	甲	乙	丙	丁	戊	己	庚	辛	壬	癸	甲	乙	丙	丁	戊	己	庚	辛	壬	癸	甲	乙
日辰	卯	辰	巳	午	未	申	酉	戌	亥	子	丑	寅	卯	辰	巳	午	未	申	酉	戌	亥	子	丑	寅	卯	辰	巳	午	未	申	酉
음력	3	4	5	6	7	8	9	10	11	12	13	14	15	16	17	18	19	20	21	22	23	24	25	26	27	28	29	12/1	2	3	4
대운 남	2	2	1	1	1	1	대	10	9	9	9	8	8	8	7	7	7	6	6	6	5	동	5	4	4	4	3	3	3	2	2
대운 여	8	8	8	9	9	9	설	1	1	1	1	2	2	2	3	3	3	4	4	4	5	지	5	6	6	6	7	7	7	8	8

윤5월 小 1971 辛亥年(신해년)

단기 4304년 /불기2515년 대장군(서방). 삼살(서방), 상문(동북방),조객(서방), 납음(차천금), 【삼재(사,오,미)년】

소한 6일 08시 45분 ⇨ **【己丑月(기축월)】**(소한, 대한~ 입춘 전) 대한 21일 02시 13분

양력 1 / 음력 12/05 ~ 01/05

양력	1	2	3	4	5	6	7	8	9	10	11	12	13	14	15	16	17	18	19	20	21	22	23	24	25	26	27	28	29	30	31
요일	금	토	일	월	화	수	목	금	토	일	월	화	수	목	금	토	일	월	화	수	목	금	토	일	월	화	수	목	금	토	일
일진 日辰	丙戌	丁亥	戊子	己丑	庚寅	辛卯	壬辰	癸巳	甲午	乙未	丙申	丁酉	戊戌	己亥	庚子	辛丑	壬寅	癸卯	甲辰	乙巳	丙午	丁未	戊申	己酉	庚戌	辛亥	壬子	癸丑	甲寅	乙卯	丙辰
음력	5	6	7	8	9	10	11	12	13	14	15	16	17	18	19	20	21	22	23	24	25	26	27	28	29	30	1/1	2	3	4	5
대운 남	2	1	1	1	1	소	9	9	9	8	8	8	7	7	7	6	6	6	5	5	춘	4	4	4	3	3	3	2	2	2	1
대운 여	8	9	9	9	10	한	1	1	1	1	2	2	2	3	3	3	4	4	4	5	분	5	6	6	6	7	7	7	8	8	8

입춘 4일 20시 25분 ⇨ **【庚寅月(경인월)】**(입춘, 우수~ 경칩 전) 우수 19일 16시 27분

양력 2 / 음력 01/06 ~ 02/04

양력	1	2	3	4	5	6	7	8	9	10	11	12	13	14	15	16	17	18	19	20	21	22	23	24	25	26	27	28
요일	월	화	수	목	금	토	일	월	화	수	목	금	토	일	월	화	수	목	금	토	일	월	화	수	목	금	토	일
일진 日辰	丁巳	戊午	己未	庚申	辛酉	壬戌	癸亥	甲子	乙丑	丙寅	丁卯	戊辰	己巳	庚午	辛未	壬申	癸酉	甲戌	乙亥	丙子	丁丑	戊寅	己卯	庚辰	辛巳	壬午	癸未	甲申
음력	6	7	8	9	10	11	12	13	14	15	16	17	18	19	20	21	22	23	24	25	26	27	28	29	2/1	2	3	4
대운 남	1	1	1	입	1	1	1	1	2	2	2	3	3	3	4	4	4	5	우	5	6	6	6	7	7	7	8	8
대운 여	9	9	9	춘	10	9	9	9	8	8	8	7	7	7	6	6	6	5	수	5	4	4	4	3	3	3	2	2

立春

경칩 6일 14시 35분 ⇨ **【辛卯月(신묘월)】**(경칩, 춘분~ 청명 전) 춘분 21일 15시 38분

양력 3 / 음력 02/05 ~ 03/05

양력	1	2	3	4	5	6	7	8	9	10	11	12	13	14	15	16	17	18	19	20	21	22	23	24	25	26	27	28	29	30	31
요일	월	화	수	목	금	토	일	월	화	수	목	금	토	일	월	화	수	목	금	토	일	월	화	수	목	금	토	일	월	화	수
일진 日辰	乙酉	丙戌	丁亥	戊子	己丑	庚寅	辛卯	壬辰	癸巳	甲午	乙未	丙申	丁酉	戊戌	己亥	庚子	辛丑	壬寅	癸卯	甲辰	乙巳	丙午	丁未	戊申	己酉	庚戌	辛亥	壬子	癸丑	甲寅	乙卯
음력	5	6	7	8	9	10	11	12	13	14	15	16	17	18	19	20	21	22	23	24	25	26	27	28	29	30	3/1	2	3	4	5
대운 남	8	9	9	9	10	경	1	1	1	1	2	2	2	3	3	3	4	4	4	5	춘	5	6	6	6	7	7	7	8	8	8
대운 여	2	1	1	1	1	칩	10	9	9	9	8	8	8	7	7	7	6	6	6	5	분	5	4	4	4	3	3	3	2	2	2

청명 5일 19시 35분 ⇨ **【壬辰月(임진월)】**(청명, 곡우~ 입하 전) 곡우 21일 02시 54분

양력 4 / 음력 03/06 ~ 04/06

양력	1	2	3	4	5	6	7	8	9	10	11	12	13	14	15	16	17	18	19	20	21	22	23	24	25	26	27	28	29	30
요일	목	금	토	일	월	화	수	목	금	토	일	월	화	수	목	금	토	일	월	화	수	목	금	토	일	월	화	수	목	금
일진 日辰	丙辰	丁巳	戊午	己未	庚申	辛酉	壬戌	癸亥	甲子	乙丑	丙寅	丁卯	戊辰	己巳	庚午	辛未	壬申	癸酉	甲戌	乙亥	丙子	丁丑	戊寅	己卯	庚辰	辛巳	壬午	癸未	甲申	乙酉
음력	6	7	8	9	10	11	12	13	14	15	16	17	18	19	20	21	22	23	24	25	26	27	28	29	4/1	2	3	4	5	6
대운 남	9	9	9	10	청	1	1	1	1	2	2	2	3	3	3	4	4	4	5	5	곡	6	6	6	7	7	7	8	8	8
대운 여	1	1	1	1	명	10	10	9	9	9	8	8	8	7	7	7	6	6	6	5	우	5	4	4	4	3	3	3	2	2

입하 6일 13시 08분 ⇨ **【癸巳月(계사월)】**(입하, 소만~ 망종 전) 소만 22일 02시 15분

양력 5 / 음력 04/07 ~ 05/08

양력	1	2	3	4	5	6	7	8	9	10	11	12	13	14	15	16	17	18	19	20	21	22	23	24	25	26	27	28	29	30	31
요일	토	일	월	화	수	목	금	토	일	월	화	수	목	금	토	일	월	화	수	목	금	토	일	월	화	수	목	금	토	일	월
일진 日辰	丙戌	丁亥	戊子	己丑	庚寅	辛卯	壬辰	癸巳	甲午	乙未	丙申	丁酉	戊戌	己亥	庚子	辛丑	壬寅	癸卯	甲辰	乙巳	丙午	丁未	戊申	己酉	庚戌	辛亥	壬子	癸丑	甲寅	乙卯	丙辰
음력	7	8	9	10	11	12	13	14	15	16	17	18	19	20	21	22	23	24	25	26	27	28	29	5/1	2	3	4	5	6	7	8
대운 남	9	9	9	10	10	입	1	1	1	1	2	2	2	3	3	3	4	4	4	5	5	소	6	6	6	7	7	7	8	8	8
대운 여	2	1	1	1	1	하	10	10	9	9	9	8	8	8	7	7	7	6	6	6	5	만	5	4	4	4	3	3	3	2	2

망종 6일 17시 29분 ⇨ **【甲午月(갑오월)】**(망종, 하지~ 소서 전) 하지 22일 10시 20분

양력 6 / 음력 05/09 ~ 윤508

양력	1	2	3	4	5	6	7	8	9	10	11	12	13	14	15	16	17	18	19	20	21	22	23	24	25	26	27	28	29	30
요일	화	수	목	금	토	일	월	화	수	목	금	토	일	월	화	수	목	금	토	일	월	화	수	목	금	토	일	월	화	수
일진 日辰	丁巳	戊午	己未	庚申	辛酉	壬戌	癸亥	甲子	乙丑	丙寅	丁卯	戊辰	己巳	庚午	辛未	壬申	癸酉	甲戌	乙亥	丙子	丁丑	戊寅	己卯	庚辰	辛巳	壬午	癸未	甲申	乙酉	丙戌
음력	9	10	11	12	13	14	15	16	17	18	19	20	21	22	23	24	25	26	27	28	29	30	윤5	2	3	4	5	6	7	8
대운 남	9	9	9	10	10	망	1	1	1	1	2	2	2	3	3	3	4	4	4	5	5	하	6	6	6	7	7	7	8	8
대운 여	2	1	1	1	1	종	10	10	10	9	9	9	8	8	8	7	7	7	6	6	6	지	5	5	4	4	4	3	3	3

대장군(서방), 삼살(서방), 상문(동북방),조객(서방), 납음(차천금), 【삼재(사,오,미)년】
한식(4월06일), 초복(7월14일), 중복(7월24일), 말복(8월13일)

辛亥年(신해년)

1971

소서 8일 03시 51분 ⇨ 【乙未月(을미월)】(소서, 대서~ 입추 전) 대서 23일 21시 15분

7월 (음력 윤509 ▮ 06/10)

양력	1	2	3	4	5	6	7	8	9	10	11	12	13	14	15	16	17	18	19	20	21	22	23	24	25	26	27	28	29	30	31
요일	목	금	토	일	월	화	수	목	금	토	일	월	화	수	목	금	토	일	월	화	수	목	금	토	일	월	화	수	목	금	토
일진 日辰	丁亥	戊子	己丑	庚寅	辛卯	壬辰	癸巳	甲午	乙未	丙申	丁酉	戊戌	己亥	庚子	辛丑	壬寅	癸卯	甲辰	乙巳	丙午	丁未	戊申	己酉	庚戌	辛亥	壬子	癸丑	甲寅	乙卯	丙辰	丁巳
음력	9	10	11	12	13	14	15	16	17	18	19	20	21	22	23	24	25	26	27	28	29	6/1	2	3	4	5	6	7	8	9	10
대운 남	8	9	9	9	10	10	10	소	1	1	1	1	2	2	2	3	3	3	4	4	4	5	대	5	6	6	6	7	7	7	8
대운 여	2	2	2	1	1	1	1	서	10	10	9	9	9	8	8	8	7	7	7	6	6	6	서	5	5	4	4	4	3	3	3

입추 8일 13시 40분 ⇨ 【丙申月(병신월)】(입추, 처서~ 백로 전) 처서 24일 04시 15분

8월 (음력 06/11 ▮ 07/11)

양력	1	2	3	4	5	6	7	8	9	10	11	12	13	14	15	16	17	18	19	20	21	22	23	24	25	26	27	28	29	30	31
요일	일	월	화	수	목	금	토	일	월	화	수	목	금	토	일	월	화	수	목	금	토	일	월	화	수	목	금	토	일	월	화
일진 日辰	戊午	己未	庚申	辛酉	壬戌	癸亥	甲子	乙丑	丙寅	丁卯	戊辰	己巳	庚午	辛未	壬申	癸酉	甲戌	乙亥	丙子	丁丑	戊寅	己卯	庚辰	辛巳	壬午	癸未	甲申	乙酉	丙戌	丁亥	戊子
음력	11	12	13	14	15	16	17	18	19	20	21	22	23	24	25	26	27	28	29	30	7/1	2	3	4	5	6	7	8	9	10	11
대운 남	8	8	9	9	9	10	10	입	1	1	1	1	2	2	2	3	3	3	4	4	4	5	5	처	6	6	6	7	7	7	8
대운 여	2	2	2	1	1	1	1	추	10	10	9	9	9	8	8	8	7	7	7	6	6	6	5	서	5	4	4	4	3	3	3

백로 8일 16시 30분 ⇨ 【丁酉月(정유월)】(백로, 추분-한로 전) 추분 24일 01시 45분

9월 (음력 07/12 ▮ 08/12)

양력	1	2	3	4	5	6	7	8	9	10	11	12	13	14	15	16	17	18	19	20	21	22	23	24	25	26	27	28	29	30
요일	수	목	금	토	일	월	화	수	목	금	토	일	월	화	수	목	금	토	일	월	화	수	목	금	토	일	월	화	수	목
일진 日辰	己丑	庚寅	辛卯	壬辰	癸巳	甲午	乙未	丙申	丁酉	戊戌	己亥	庚子	辛丑	壬寅	癸卯	甲辰	乙巳	丙午	丁未	戊申	己酉	庚戌	辛亥	壬子	癸丑	甲寅	乙卯	丙辰	丁巳	戊午
음력	12	13	14	15	16	17	18	19	20	21	22	23	24	25	26	27	28	29	8/1	2	3	4	5	6	7	8	9	10	11	12
대운 남	8	8	9	9	9	10	10	백	1	1	1	1	2	2	2	3	3	3	4	4	4	5	5	추	6	6	6	7	7	7
대운 여	2	2	2	1	1	1	1	로	10	10	9	9	9	8	8	8	7	7	7	6	6	6	5	분	5	4	4	4	3	3

한로 9일 07시 59분 ⇨ 【戊戌月(무술월)】(한로, 상강~ 입동 전) 상강 24일 10시 53분

10월 (음력 08/13 ▮ 09/13)

양력	1	2	3	4	5	6	7	8	9	10	11	12	13	14	15	16	17	18	19	20	21	22	23	24	25	26	27	28	29	30	31
요일	금	토	일	월	화	수	목	금	토	일	월	화	수	목	금	토	일	월	화	수	목	금	토	일	월	화	수	목	금	토	일
일진 日辰	己未	庚申	辛酉	壬戌	癸亥	甲子	乙丑	丙寅	丁卯	戊辰	己巳	庚午	辛未	壬申	癸酉	甲戌	乙亥	丙子	丁丑	戊寅	己卯	庚辰	辛巳	壬午	癸未	甲申	乙酉	丙戌	丁亥	戊子	己丑
음력	13	14	15	16	17	18	19	20	21	22	23	24	25	26	27	28	29	30	9/1	2	3	4	5	6	7	8	9	10	11	12	13
대운 남	8	8	8	9	9	9	10	10	한	1	1	1	1	2	2	2	3	3	3	4	4	4	5	상	5	6	6	6	7	7	7
대운 여	3	2	2	2	1	1	1	1	로	10	9	9	9	8	8	8	7	7	7	6	6	6	5	강	5	4	4	4	3	3	3

입동 8일 10시 57분 ⇨ 【己亥月(기해월)】(입동, 소설~ 대설 전) 소설 23일 08시 14분

11월 (음력 09/14 ▮ 10/13)

양력	1	2	3	4	5	6	7	8	9	10	11	12	13	14	15	16	17	18	19	20	21	22	23	24	25	26	27	28	29	30
요일	월	화	수	목	금	토	일	월	화	수	목	금	토	일	월	화	수	목	금	토	일	월	화	수	목	금	토	일	월	화
일진 日辰	庚寅	辛卯	壬辰	癸巳	甲午	乙未	丙申	丁酉	戊戌	己亥	庚子	辛丑	壬寅	癸卯	甲辰	乙巳	丙午	丁未	戊申	己酉	庚戌	辛亥	壬子	癸丑	甲寅	乙卯	丙辰	丁巳	戊午	己未
음력	14	15	16	17	18	19	20	21	22	23	24	25	26	27	28	29	30	10/1	2	3	4	5	6	7	8	9	10	11	12	13
대운 남	8	8	8	9	9	9	10	입	1	1	1	1	2	2	2	3	3	3	4	4	4	5	소	5	6	6	6	7	7	7
대운 여	2	2	2	1	1	1	1	동	10	9	9	9	8	8	8	7	7	7	6	6	6	5	설	5	4	4	4	3	3	3

대설 8일 03시 36분 ⇨ 【庚子月(경자월)】(대설, 동지~소한 전) 동지 22일 21시 24분

12월 (음력 10/14 ▮ 11/14)

양력	1	2	3	4	5	6	7	8	9	10	11	12	13	14	15	16	17	18	19	20	21	22	23	24	25	26	27	28	29	30	31
요일	수	목	금	토	일	월	화	수	목	금	토	일	월	화	수	목	금	토	일	월	화	수	목	금	토	일	월	화	수	목	금
일진 日辰	庚申	辛酉	壬戌	癸亥	甲子	乙丑	丙寅	丁卯	戊辰	己巳	庚午	辛未	壬申	癸酉	甲戌	乙亥	丙子	丁丑	戊寅	己卯	庚辰	辛巳	壬午	癸未	甲申	乙酉	丙戌	丁亥	戊子	己丑	庚寅
음력	14	15	16	17	18	19	20	21	22	23	24	25	26	27	28	29	30	11/1	2	3	4	5	6	7	8	9	10	11	12	13	14
대운 남	8	8	8	9	9	9	10	대	1	1	1	1	2	2	2	3	3	3	4	4	4	동	5	5	6	6	6	7	7	7	8
대운 여	2	2	2	1	1	1	1	설	9	9	9	8	8	8	7	7	7	6	6	6	5	지	5	4	4	4	3	3	3	2	2

1972 壬子年(임자년)

단기4305년 /불기2516년 대장군(서방), 삼살(남방), 상문(동북방), 조객(서북방),납음(상석목), 삼재(인,묘,진)

소한 6일 14시 42분 ⇨ **【辛丑月(신축월)】**(소한, 대한~ 입춘 전) 대한 21일 07시 59분

양력	양력	1	2	3	4	5	6	7	8	9	10	11	12	13	14	15	16	17	18	19	20	21	22	23	24	25	26	27	28	29	30	31
1	요일	토	일	월	화	수	목	금	토	일	월	화	수	목	금	토	일	월	화	수	목	금	토	일	월	화	수	목	금	토	일	월
	일진 日辰	辛卯	壬辰	癸巳	甲午	乙未	丙申	丁酉	戊戌	己亥	庚子	辛丑	壬寅	癸卯	甲辰	乙巳	丙午	丁未	戊申	己酉	庚戌	辛亥	壬子	癸丑	甲寅	乙卯	丙辰	丁巳	戊午	己未	庚申	辛酉
음력 11/15 ~ 12/16	음력	15	16	17	18	19	20	21	22	23	24	25	26	27	28	29	12/1	2	3	4	5	6	7	8	9	10	11	12	13	14	15	16
대운	남	8	8	9	9	9	소	1	1	1	1	2	2	2	3	3	3	4	4	4	5	대	5	6	6	6	7	7	7	8	8	8
	여	2	1	1	1	1	한	10	9	9	9	8	8	8	7	7	7	6	6	6	5	한	5	4	4	4	3	3	3	2	2	2

입춘 5일 02시 20분 ⇨ **【壬寅月(임인월)】**(입춘, 우수~ 경칩 전) 우수 19일 22시 11분

양력	양력	1	2	3	4	5	6	7	8	9	10	11	12	13	14	15	16	17	18	19	20	21	22	23	24	25	26	27	28	29	
2	요일	화	수	목	금	토	일	월	화	수	목	금	토	일	월	화	수	목	금	토	일	월	화	수	목	금	토	일	월	화	
	일진 日辰	壬戌	癸亥	甲子	乙丑	丙寅	丁卯	戊辰	己巳	庚午	辛未	壬申	癸酉	甲戌	乙亥	丙子	丁丑	戊寅	己卯	庚辰	辛巳	壬午	癸未	甲申	乙酉	丙戌	丁亥	戊子	己丑	庚寅	立春
음력 12/17 ~ 01/15	음력	17	18	19	20	21	22	23	24	25	26	27	28	29	30	1/1	2	3	4	5	6	7	8	9	10	11	12	13	14	15	
대운	남	9	9	9	10	입	9	9	9	8	8	8	7	7	7	6	6	6	5	우	5	4	4	4	3	3	3	2	2	2	
	여	1	1	1	1	춘	1	1	1	1	2	2	2	3	3	3	4	4	4	수	5	5	6	6	6	7	7	7	8	8	

경칩 5일 20시 28분 ⇨ **【癸卯月(계묘월)】**(경칩, 춘분~ 청명 전) 춘분 20일 21시 21분

양력	양력	1	2	3	4	5	6	7	8	9	10	11	12	13	14	15	16	17	18	19	20	21	22	23	24	25	26	27	28	29	30	31
3	요일	수	목	금	토	일	월	화	수	목	금	토	일	월	화	수	목	금	토	일	월	화	수	목	금	토	일	월	화	수	목	금
	일진 日辰	辛卯	壬辰	癸巳	甲午	乙未	丙申	丁酉	戊戌	己亥	庚子	辛丑	壬寅	癸卯	甲辰	乙巳	丙午	丁未	戊申	己酉	庚戌	辛亥	壬子	癸丑	甲寅	乙卯	丙辰	丁巳	戊午	己未	庚申	辛酉
음력 01/16 ~ 02/17	음력	16	17	18	19	20	21	22	23	24	25	26	27	28	29	2/1	2	3	4	5	6	7	8	9	10	11	12	13	14	15	16	17
대운	남	1	1	1	1	경	10	10	9	9	9	8	8	8	7	7	7	6	6	6	춘	5	5	4	4	4	3	3	3	2	2	2
	여	8	9	9	9	칩	1	1	1	1	2	2	2	3	3	3	4	4	4	5	분	5	6	6	6	7	7	7	8	8	8	9

청명 5일 01시 29분 ⇨ **【甲辰月(갑진월)】**(청명, 곡우~ 입하 전) 곡우 20일 08시 37분

양력	양력	1	2	3	4	5	6	7	8	9	10	11	12	13	14	15	16	17	18	19	20	21	22	23	24	25	26	27	28	29	30
4	요일	토	일	월	화	수	목	금	토	일	월	화	수	목	금	토	일	월	화	수	목	금	토	일	월	화	수	목	금	토	일
	일진 日辰	壬戌	癸亥	甲子	乙丑	丙寅	丁卯	戊辰	己巳	庚午	辛未	壬申	癸酉	甲戌	乙亥	丙子	丁丑	戊寅	己卯	庚辰	辛巳	壬午	癸未	甲申	乙酉	丙戌	丁亥	戊子	己丑	庚寅	辛卯
음력 02/18 ~ 03/17	음력	18	19	20	21	22	23	24	25	26	27	28	29	30	3/1	2	3	4	5	6	7	8	9	10	11	12	13	14	15	16	17
대운	남	1	1	1	1	청	10	9	9	9	8	8	8	7	7	7	6	6	6	5	곡	5	4	4	4	3	3	3	2	2	2
	여	9	9	10	10	명	1	1	1	1	2	2	2	3	3	3	4	4	4	5	우	5	6	6	6	7	7	7	8	8	8

입하 5일 19시 01분 ⇨ **【乙巳月(을사월)】**(입하, 소만~ 망종 전) 소만 21일 07시 59분

양력	양력	1	2	3	4	5	6	7	8	9	10	11	12	13	14	15	16	17	18	19	20	21	22	23	24	25	26	27	28	29	30	31
5	요일	월	화	수	목	금	토	일	월	화	수	목	금	토	일	월	화	수	목	금	토	일	월	화	수	목	금	토	일	월	화	수
	일진 日辰	壬辰	癸巳	甲午	乙未	丙申	丁酉	戊戌	己亥	庚子	辛丑	壬寅	癸卯	甲辰	乙巳	丙午	丁未	戊申	己酉	庚戌	辛亥	壬子	癸丑	甲寅	乙卯	丙辰	丁巳	戊午	己未	庚申	辛酉	壬戌
음력 03/18 ~ 04/19	음력	18	19	20	21	22	23	24	25	26	27	28	29	4/1	2	3	4	5	6	7	8	9	10	11	12	13	14	15	16	17	18	19
대운	남	1	1	1	1	입	10	10	9	9	9	8	8	8	7	7	7	6	6	6	5	소	5	4	4	4	3	3	3	2	2	2
	여	9	9	9	10	하	1	1	1	1	2	2	2	3	3	3	4	4	4	5	5	만	6	6	6	7	7	7	8	8	8	9

망종 5일 23시 22분 ⇨ **【丙午月(병오월)】**(망종, 하지~ 소서 전) 하지 21일 16시 06분

양력	양력	1	2	3	4	5	6	7	8	9	10	11	12	13	14	15	16	17	18	19	20	21	22	23	24	25	26	27	28	29	30
6	요일	목	금	토	일	월	화	수	목	금	토	일	월	화	수	목	금	토	일	월	화	수	목	금	토	일	월	화	수	목	금
	일진 日辰	癸亥	甲子	乙丑	丙寅	丁卯	戊辰	己巳	庚午	辛未	壬申	癸酉	甲戌	乙亥	丙子	丁丑	戊寅	己卯	庚辰	辛巳	壬午	癸未	甲申	乙酉	丙戌	丁亥	戊子	己丑	庚寅	辛卯	壬辰
음력 04/20 ~ 05/20	음력	20	21	22	23	24	25	26	27	28	29	5/1	2	3	4	5	6	7	8	9	10	11	12	13	14	15	16	17	18	19	20
대운	남	1	1	1	1	망	10	10	10	9	9	9	8	8	8	7	7	7	6	6	6	하	5	5	4	4	4	3	3	3	2
	여	9	9	10	10	종	1	1	1	1	2	2	2	3	3	3	4	4	4	5	5	지	6	6	6	7	7	7	8	8	8

대장군(서방), 삼살(남방), 상문(동북방), 조객(서북방),납음(상석목), 삼재(인,묘,진)
한식(4월05일), 초복(7월18일), 중복(7월28일), 말복(8월07일)

壬子年(임자년)

1972

소서 7일 09시 43분 ⇨ **【丁未月(정미월)】**(소서, 대서~ 입추 전) 대서 23일 03시 03분

양력 7	양력	1	2	3	4	5	6	7	8	9	10	11	12	13	14	15	16	17	18	19	20	21	22	23	24	25	26	27	28	29	30	31
	요일	토	일	월	화	수	목	금	토	일	월	화	수	목	금	토	일	월	화	수	목	금	토	일	월	화	수	목	금	토	일	월
	일진 日辰	癸巳	甲午	乙未	丙申	丁酉	戊戌	己亥	庚子	辛丑	壬寅	癸卯	甲辰	乙巳	丙午	丁未	戊申	己酉	庚戌	辛亥	壬子	癸丑	甲寅	乙卯	丙辰	丁巳	戊午	己未	庚申	辛酉	壬戌	癸亥
음력 05/21 – 06/21	음력	21	22	23	24	25	26	27	28	29	30	6/1	2	3	4	5	6	7	8	9	10	11	12	13	14	15	16	17	18	19	20	21
대운	남	2	2	1	1	1	1	소	10	10	9	9	9	8	8	8	7	7	7	6	6	6	5	대	5	4	4	4	3	3	3	2
	여	9	9	9	10	10	10	서	1	1	1	1	2	2	2	3	3	3	4	4	4	5	5	서	6	6	6	7	7	7	8	8

입추 7일 19시 29분 ⇨ **【戊申月(무신월)】**(입추, 처서~ 백로 전) 처서 23일 10시 03분

양력 8	양력	1	2	3	4	5	6	7	8	9	10	11	12	13	14	15	16	17	18	19	20	21	22	23	24	25	26	27	28	29	30	31
	요일	화	수	목	금	토	일	월	화	수	목	금	토	일	월	화	수	목	금	토	일	월	화	수	목	금	토	일	월	화	수	목
	일진 日辰	甲子	乙丑	丙寅	丁卯	戊辰	己巳	庚午	辛未	壬申	癸酉	甲戌	乙亥	丙子	丁丑	戊寅	己卯	庚辰	辛巳	壬午	癸未	甲申	乙酉	丙戌	丁亥	戊子	己丑	庚寅	辛卯	壬辰	癸巳	甲午
음력 06/22 – 07/23	음력	22	23	24	25	26	27	28	29	7/1	2	3	4	5	6	7	8	9	10	11	12	13	14	15	16	17	18	19	20	21	22	23
대운	남	2	2	1	1	1	1	입	10	10	9	9	9	8	8	8	7	7	7	6	6	6	5	처	5	4	4	4	3	3	3	2
	여	8	9	9	9	10	10	추	1	1	1	1	2	2	2	3	3	3	4	4	4	5	5	서	6	6	6	7	7	7	8	8

백로 7일 22시 15분 ⇨ **【己酉月(기유월)】**(백로, 추분-한로 전) 추분 23일 07시 33분

양력 9	양력	1	2	3	4	5	6	7	8	9	10	11	12	13	14	15	16	17	18	19	20	21	22	23	24	25	26	27	28	29	30
	요일	금	토	일	월	화	수	목	금	토	일	월	화	수	목	금	토	일	월	화	수	목	금	토	일	월	화	수	목	금	토
	일진 日辰	乙未	丙申	丁酉	戊戌	己亥	庚子	辛丑	壬寅	癸卯	甲辰	乙巳	丙午	丁未	戊申	己酉	庚戌	辛亥	壬子	癸丑	甲寅	乙卯	丙辰	丁巳	戊午	己未	庚申	辛酉	壬戌	癸亥	甲子
음력 07/24 – 08/23	음력	24	25	26	27	28	29	30	8/1	2	3	4	5	6	7	8	9	10	11	12	13	14	15	16	17	18	19	20	21	22	23
대운	남	2	2	1	1	1	1	백	10	10	9	9	9	8	8	8	7	7	7	6	6	6	5	추	5	4	4	4	3	3	3
	여	8	9	9	9	10	10	로	1	1	1	1	2	2	2	3	3	3	4	4	4	5	5	분	6	6	6	7	7	7	8

한로 8일 13시 42분 ⇨ **【庚戌月(경술월)】**(한로, 상강~ 입동 전) 상강 23일 16시 41분

양력 10	양력	1	2	3	4	5	6	7	8	9	10	11	12	13	14	15	16	17	18	19	20	21	22	23	24	25	26	27	28	29	30	31
	요일	일	월	화	수	목	금	토	일	월	화	수	목	금	토	일	월	화	수	목	금	토	일	월	화	수	목	금	토	일	월	화
	일진 日辰	乙丑	丙寅	丁卯	戊辰	己巳	庚午	辛未	壬申	癸酉	甲戌	乙亥	丙子	丁丑	戊寅	己卯	庚辰	辛巳	壬午	癸未	甲申	乙酉	丙戌	丁亥	戊子	己丑	庚寅	辛卯	壬辰	癸巳	甲午	乙未
음력 08/24 – 09/25	음력	24	25	26	27	28	29	9/1	2	3	4	5	6	7	8	9	10	11	12	13	14	15	16	17	18	19	20	21	22	23	24	25
대운	남	2	2	2	1	1	1	1	한	10	9	9	9	8	8	8	7	7	7	6	6	6	5	상	5	4	4	4	3	3	3	2
	여	8	8	9	9	9	10	10	로	1	1	1	1	2	2	2	3	3	3	4	4	4	5	강	5	6	6	6	7	7	7	8

입동 7일 16시 39분 ⇨ **【辛亥月(신해월)】**(입동, 소설~ 대설 전) 소설 22일 14시 03분

양력 11	양력	1	2	3	4	5	6	7	8	9	10	11	12	13	14	15	16	17	18	19	20	21	22	23	24	25	26	27	28	29	30
	요일	수	목	금	토	일	월	화	수	목	금	토	일	월	화	수	목	금	토	일	월	화	수	목	금	토	일	월	화	수	목
	일진 日辰	丙申	丁酉	戊戌	己亥	庚子	辛丑	壬寅	癸卯	甲辰	乙巳	丙午	丁未	戊申	己酉	庚戌	辛亥	壬子	癸丑	甲寅	乙卯	丙辰	丁巳	戊午	己未	庚申	辛酉	壬戌	癸亥	甲子	乙丑
음력 09/26 – 10/25	음력	26	27	28	29	30	10/1	2	3	4	5	6	7	8	9	10	11	12	13	14	15	16	17	18	19	20	21	22	23	24	25
대운	남	2	2	1	1	1	1	입	10	9	9	9	8	8	8	7	7	7	6	6	6	5	소	5	4	4	4	3	3	3	2
	여	8	8	9	9	9	10	동	1	1	1	1	2	2	2	3	3	3	4	4	4	5	설	5	6	6	6	7	7	7	8

대설 7일 09시 19분 ⇨ **【壬子月(임자월)】**(대설, 동지~소한 전) 동지 22일 03시 13분

양력 12	양력	1	2	3	4	5	6	7	8	9	10	11	12	13	14	15	16	17	18	19	20	21	22	23	24	25	26	27	28	29	30	31
	요일	금	토	일	월	화	수	목	금	토	일	월	화	수	목	금	토	일	월	화	수	목	금	토	일	월	화	수	목	금	토	일
	일진 日辰	丙寅	丁卯	戊辰	己巳	庚午	辛未	壬申	癸酉	甲戌	乙亥	丙子	丁丑	戊寅	己卯	庚辰	辛巳	壬午	癸未	甲申	乙酉	丙戌	丁亥	戊子	己丑	庚寅	辛卯	壬辰	癸巳	甲午	乙未	丙申
음력 10/26 – 11/26	음력	26	27	28	29	30	11/1	2	3	4	5	6	7	8	9	10	11	12	13	14	15	16	17	18	19	20	21	22	23	24	25	26
대운	남	2	2	1	1	1	1	대	9	9	9	8	8	8	7	7	7	6	6	6	5	5	동	4	4	4	3	3	3	2	2	2
	여	8	8	9	9	9	10	설	1	1	1	1	2	2	2	3	3	3	4	4	4	5	지	5	6	6	6	7	7	7	8	8

1973 癸丑年(계축년)

단기 4306년 /불기2517년 대장군(서방), 삼살(동방), 상문(동방),조객(서북방), 납음(상석목), 【삼재(해,자,축)년】

소한 5일 20시 26분 ⇨ **【癸丑月(계축월)】**(소한, 대한~ 입춘 전) 대한 20일 13시 49분

양력 **1** / 음력 11/27 ~ 12/27

양력	1	2	3	4	5	6	7	8	9	10	11	12	13	14	15	16	17	18	19	20	21	22	23	24	25	26	27	28	29	30	31
요일	월	화	수	목	금	토	일	월	화	수	목	금	토	일	월	화	수	목	금	토	일	월	화	수	목	금	토	일	월	화	수
일진 日辰	丁酉	戊戌	己亥	庚子	辛丑	壬寅	癸卯	甲辰	乙巳	丙午	丁未	戊申	己酉	庚戌	辛亥	壬子	癸丑	甲寅	乙卯	丙辰	丁巳	戊午	己未	庚申	辛酉	壬戌	癸亥	甲子	乙丑	丙寅	丁卯
음력	27	28	29	30	12/1	2	3	4	5	6	7	8	9	10	11	12	13	14	15	16	17	18	19	20	21	22	23	24	25	26	27
대운 남	1	1	1	1	소	10	9	9	9	8	8	8	7	7	7	6	6	6	5	대	5	4	4	4	3	3	3	2	2	2	1
대운 여	8	9	9	9	한	1	1	1	1	2	2	2	3	3	3	4	4	4	5	한	5	6	6	6	7	7	7	8	8	8	9

입춘 4일 08시 04분 ⇨ **【甲寅月(갑인월)】**(입춘, 우수~ 경칩 전) 우수 19일 04시 01분

양력 **2** / 음력 12/28 ~ 01/26

양력	1	2	3	4	5	6	7	8	9	10	11	12	13	14	15	16	17	18	19	20	21	22	23	24	25	26	27	28	
요일	목	금	토	일	월	화	수	목	금	토	일	월	화	수	목	금	토	일	월	화	수	목	금	토	일	월	화	수	
일진 日辰	戊辰	己巳	庚午	辛未	壬申	癸酉	甲戌	乙亥	丙子	丁丑	戊寅	己卯	庚辰	辛巳	壬午	癸未	甲申	乙酉	丙戌	丁亥	戊子	己丑	庚寅	辛卯	壬辰	癸巳	甲午	乙未	立春
음력	28	29	1/1	2	3	4	5	6	7	8	9	10	11	12	13	14	15	16	17	18	19	20	21	22	23	24	25	26	
대운 남	1	1	1	입	1	1	1	1	2	2	2	3	3	3	4	4	4	5	우	5	6	6	6	7	7	7	8	8	
대운 여	9	9	10	춘	10	9	9	9	8	8	8	7	7	7	6	6	6	5	수	5	4	4	4	3	3	3	2	2	

경칩 6일 02시 13분 ⇨ **【乙卯月(을묘월)】**(경칩, 춘분~ 청명 전) 춘분 21일 03시 13분

양력 **3** / 음력 01/27 ~ 02/27

양력	1	2	3	4	5	6	7	8	9	10	11	12	13	14	15	16	17	18	19	20	21	22	23	24	25	26	27	28	29	30	31
요일	목	금	토	일	월	화	수	목	금	토	일	월	화	수	목	금	토	일	월	화	수	목	금	토	일	월	화	수	목	금	토
일진 日辰	丙申	丁酉	戊戌	己亥	庚子	辛丑	壬寅	癸卯	甲辰	乙巳	丙午	丁未	戊申	己酉	庚戌	辛亥	壬子	癸丑	甲寅	乙卯	丙辰	丁巳	戊午	己未	庚申	辛酉	壬戌	癸亥	甲子	乙丑	丙寅
음력	27	28	29	30	2/1	2	3	4	5	6	7	8	9	10	11	12	13	14	15	16	17	18	19	20	21	22	23	24	25	26	27
대운 남	8	9	9	9	10	경	1	1	1	1	2	2	2	3	3	3	4	4	4	5	춘	5	6	6	6	7	7	7	8	8	8
대운 여	2	1	1	1	1	칩	10	9	9	9	8	8	8	7	7	7	6	6	6	5	분	5	4	4	4	3	3	3	2	2	2

청명 5일 07시 14분 ⇨ **【丙辰月(병진월)】**(청명, 곡우~ 입하 전) 곡우 21일 13시 54분

양력 **4** / 음력 02/28 ~ 03/28

양력	1	2	3	4	5	6	7	8	9	10	11	12	13	14	15	16	17	18	19	20	21	22	23	24	25	26	27	28	29	30
요일	일	월	화	수	목	금	토	일	월	화	수	목	금	토	일	월	화	수	목	금	토	일	월	화	수	목	금	토	일	월
일진 日辰	丁卯	戊辰	己巳	庚午	辛未	壬申	癸酉	甲戌	乙亥	丙子	丁丑	戊寅	己卯	庚辰	辛巳	壬午	癸未	甲申	乙酉	丙戌	丁亥	戊子	己丑	庚寅	辛卯	壬辰	癸巳	甲午	乙未	丙申
음력	28	29	3/1	2	3	4	5	6	7	8	9	10	11	12	13	14	15	16	17	18	19	20	21	22	23	24	25	26	27	28
대운 남	9	9	9	10	청	1	1	1	1	2	2	2	3	3	3	4	4	4	5	곡	5	6	6	6	7	7	7	8	8	8
대운 여	1	1	1	1	명	10	10	9	9	9	8	8	8	7	7	7	6	6	6	우	5	5	4	4	4	3	3	3	2	2

입하 6일 00시 46분 ⇨ **【丁巳月(정사월)】**(입하, 소만~ 망종 전) 소만 21일 13시 54분

양력 **5** / 음력 03/29 ~ 04/29

양력	1	2	3	4	5	6	7	8	9	10	11	12	13	14	15	16	17	18	19	20	21	22	23	24	25	26	27	28	29	30	31
요일	화	수	목	금	토	일	월	화	수	목	금	토	일	월	화	수	목	금	토	일	월	화	수	목	금	토	일	월	화	수	목
일진 日辰	丁酉	戊戌	己亥	庚子	辛丑	壬寅	癸卯	甲辰	乙巳	丙午	丁未	戊申	己酉	庚戌	辛亥	壬子	癸丑	甲寅	乙卯	丙辰	丁巳	戊午	己未	庚申	辛酉	壬戌	癸亥	甲子	乙丑	丙寅	丁卯
음력	29	30	4/1	2	3	4	5	6	7	8	9	10	11	12	13	14	15	16	17	18	19	20	21	22	23	24	25	26	27	28	29
대운 남	9	9	9	10	10	입	1	1	1	1	2	2	2	3	3	3	4	4	4	5	소	5	6	6	6	7	7	7	8	8	8
대운 여	2	1	1	1	1	하	10	10	9	9	9	8	8	8	7	7	7	6	6	6	만	5	5	4	4	4	3	3	3	2	2

망종 6일 05시 07분 ⇨ **【戊午月(무오월)】**(망종, 하지~ 소서 전) 하지 21일 22시 01분

양력 **6** / 음력 05/01 ~ 06/01

양력	1	2	3	4	5	6	7	8	9	10	11	12	13	14	15	16	17	18	19	20	21	22	23	24	25	26	27	28	29	30
요일	금	토	일	월	화	수	목	금	토	일	월	화	수	목	금	토	일	월	화	수	목	금	토	일	월	화	수	목	금	토
일진 日辰	戊辰	己巳	庚午	辛未	壬申	癸酉	甲戌	乙亥	丙子	丁丑	戊寅	己卯	庚辰	辛巳	壬午	癸未	甲申	乙酉	丙戌	丁亥	戊子	己丑	庚寅	辛卯	壬辰	癸巳	甲午	乙未	丙申	丁酉
음력	5/1	2	3	4	5	6	7	8	9	10	11	12	13	14	15	16	17	18	19	20	21	22	23	24	25	26	27	28	29	6/1
대운 남	9	9	9	10	10	망	1	1	1	1	2	2	2	3	3	3	4	4	4	5	하	5	6	6	6	7	7	7	8	8
대운 여	2	1	1	1	1	종	10	10	9	9	9	8	8	8	7	7	7	6	6	6	지	5	5	4	4	4	3	3	3	2

대장군(서방). 삼살(동방), 상문(동방),조객(서북방), 납음(상석목), 【삼재(해,자,축)년】

한식(4월06일), 초복(7월13일), 중복(7월23일), 말복(8월12일)

癸丑年(계축년)

1973

소서 7일 15시 27분 ⇨ **【己未月(기미월)】**(소서, 대서~ 입추 전) 대서 23일 08시 56분

양력 **7** 음력 06/02 ~ 07/02

양력	1	2	3	4	5	6	7	8	9	10	11	12	13	14	15	16	17	18	19	20	21	22	23	24	25	26	27	28	29	30	31
요일	일	월	화	수	목	금	토	일	월	화	수	목	금	토	일	월	화	수	목	금	토	일	월	화	수	목	금	토	일	월	화
일진 日辰	戊戌	己亥	庚子	辛丑	壬寅	癸卯	甲辰	乙巳	丙午	丁未	戊申	己酉	庚戌	辛亥	壬子	癸丑	甲寅	乙卯	丙辰	丁巳	戊午	己未	庚申	辛酉	壬戌	癸亥	甲子	乙丑	丙寅	丁卯	戊辰
음력	2	3	4	5	6	7	8	9	10	11	12	13	14	15	16	17	18	19	20	21	22	23	24	25	26	27	28	29	30	7/1	2
대운 남	8	9	9	9	10	10	소	1	1	1	1	2	2	2	3	3	3	4	4	4	5	5	대	6	6	6	7	7	7	8	8
대운 여	2	2	1	1	1	1	서	10	10	10	9	9	9	8	8	8	7	7	7	6	6	6	서	5	5	4	4	4	3	3	3

입추 8일 01시 13분 ⇨ **【庚申月(경신월)】**(입추, 처서~ 백로 전) 처서 23일 15시 54분

양력 **8** 음력 07/03 ~ 08/04

양력	1	2	3	4	5	6	7	8	9	10	11	12	13	14	15	16	17	18	19	20	21	22	23	24	25	26	27	28	29	30	31
요일	수	목	금	토	일	월	화	수	목	금	토	일	월	화	수	목	금	토	일	월	화	수	목	금	토	일	월	화	수	목	금
일진 日辰	己巳	庚午	辛未	壬申	癸酉	甲戌	乙亥	丙子	丁丑	戊寅	己卯	庚辰	辛巳	壬午	癸未	甲申	乙酉	丙戌	丁亥	戊子	己丑	庚寅	辛卯	壬辰	癸巳	甲午	乙未	丙申	丁酉	戊戌	己亥
음력	3	4	5	6	7	8	9	10	11	12	13	14	15	16	17	18	19	20	21	22	23	24	25	26	27	28	29	8/1	2	3	4
대운 남	8	9	9	9	10	10	10	입	1	1	1	1	2	2	2	3	3	3	4	4	4	5	처	5	6	6	6	7	7	7	8
대운 여	2	2	2	1	1	1	1	추	10	10	9	9	9	8	8	8	7	7	7	6	6	6	서	5	5	4	4	4	3	3	3

백로 8일 03시 59분 ⇨ **【辛酉月(신유월)】**(백로, 추분-한로 전) 추분 23일 13시 21분

양력 **9** 음력 08/05 ~ 09/05

양력	1	2	3	4	5	6	7	8	9	10	11	12	13	14	15	16	17	18	19	20	21	22	23	24	25	26	27	28	29	30
요일	토	일	월	화	수	목	금	토	일	월	화	수	목	금	토	일	월	화	수	목	금	토	일	월	화	수	목	금	토	일
일진 日辰	庚子	辛丑	壬寅	癸卯	甲辰	乙巳	丙午	丁未	戊申	己酉	庚戌	辛亥	壬子	癸丑	甲寅	乙卯	丙辰	丁巳	戊午	己未	庚申	辛酉	壬戌	癸亥	甲子	乙丑	丙寅	丁卯	戊辰	己巳
음력	5	6	7	8	9	10	11	12	13	14	15	16	17	18	19	20	21	22	23	24	25	26	27	28	29	9/1	2	3	4	5
대운 남	8	8	9	9	9	10	10	백	1	1	1	1	2	2	2	3	3	3	4	4	4	5	추	5	6	6	6	7	7	7
대운 여	2	2	2	1	1	1	1	로	10	9	9	9	8	8	8	7	7	7	6	6	6	5	분	5	4	4	4	3	3	3

한로 8일 19시 27분 ⇨ **【壬戌月(임술월)】**(한로, 상강~ 입동 전) 상강 23일 22시 30분

양력 **10** 음력 09/06 ~ 10/06

양력	1	2	3	4	5	6	7	8	9	10	11	12	13	14	15	16	17	18	19	20	21	22	23	24	25	26	27	28	29	30	31
요일	월	화	수	목	금	토	일	월	화	수	목	금	토	일	월	화	수	목	금	토	일	월	화	수	목	금	토	일	월	화	수
일진 日辰	庚午	辛未	壬申	癸酉	甲戌	乙亥	丙子	丁丑	戊寅	己卯	庚辰	辛巳	壬午	癸未	甲申	乙酉	丙戌	丁亥	戊子	己丑	庚寅	辛卯	壬辰	癸巳	甲午	乙未	丙申	丁酉	戊戌	己亥	庚子
음력	6	7	8	9	10	11	12	13	14	15	16	17	18	19	20	21	22	23	24	25	26	27	28	29	30	10/1	2	3	4	5	6
대운 남	8	8	8	9	9	9	10	한	1	1	1	1	2	2	2	3	3	3	4	4	4	5	상	5	6	6	6	7	7	7	8
대운 여	2	2	2	1	1	1	1	로	10	9	9	9	8	8	8	7	7	7	6	6	6	5	강	5	4	4	4	3	3	3	2

입동 7일 22시 28분 ⇨ **【癸亥月(계해월)】**(입동, 소설~ 대설 전) 소설 22일 19시 54분

양력 **11** 음력 10/07 ~ 11/06

양력	1	2	3	4	5	6	7	8	9	10	11	12	13	14	15	16	17	18	19	20	21	22	23	24	25	26	27	28	29	30
요일	목	금	토	일	월	화	수	목	금	토	일	월	화	수	목	금	토	일	월	화	수	목	금	토	일	월	화	수	목	금
일진 日辰	辛丑	壬寅	癸卯	甲辰	乙巳	丙午	丁未	戊申	己酉	庚戌	辛亥	壬子	癸丑	甲寅	乙卯	丙辰	丁巳	戊午	己未	庚申	辛酉	壬戌	癸亥	甲子	乙丑	丙寅	丁卯	戊辰	己巳	庚午
음력	7	8	9	10	11	12	13	14	15	16	17	18	19	20	21	22	23	24	25	26	27	28	29	30	11/1	2	3	4	5	6
대운 남	8	8	9	9	9	10	입	1	1	1	1	2	2	2	3	3	3	4	4	4	5	소	5	6	6	6	7	7	7	8
대운 여	2	2	1	1	1	1	동	10	9	9	9	8	8	8	7	7	7	6	6	6	5	설	5	4	4	4	3	3	3	2

대설 7일 15시 10분 ⇨ **【甲子月(갑자월)】**(대설, 동지~소한 전) 동지 22일 09시 08분

양력 **12** 음력 11/07 ~ 12/07

양력	1	2	3	4	5	6	7	8	9	10	11	12	13	14	15	16	17	18	19	20	21	22	23	24	25	26	27	28	29	30	31
요일	토	일	월	화	수	목	금	토	일	월	화	수	목	금	토	일	월	화	수	목	금	토	일	월	화	수	목	금	토	일	월
일진 日辰	辛未	壬申	癸酉	甲戌	乙亥	丙子	丁丑	戊寅	己卯	庚辰	辛巳	壬午	癸未	甲申	乙酉	丙戌	丁亥	戊子	己丑	庚寅	辛卯	壬辰	癸巳	甲午	乙未	丙申	丁酉	戊戌	己亥	庚子	辛丑
음력	7	8	9	10	11	12	13	14	15	16	17	18	19	20	21	22	23	24	25	26	27	28	29	30	12/1	2	3	4	5	6	7
대운 남	8	8	9	9	9	10	대	1	1	1	1	2	2	2	3	3	3	4	4	4	5	동	5	6	6	6	7	7	7	8	8
대운 여	2	2	1	1	1	1	설	10	9	9	9	8	8	8	7	7	7	6	6	6	5	지	5	4	4	4	3	3	3	2	2

윤4월 小 1974 甲寅年(갑인년)

단기4307년 /불기2518년 대장군(북방), 삼살(북방), 상문(동남방),조객(북방), 납음(대계수), 【삼재(신,유,술)년】

소한 6일 02시 20분 ⇨ 【乙丑月(을축월)】(소한, 대한~ 입춘 전) 대한 20일 19시 46분

양력 1 / 음력 12/08 ~ 01/09

양력	1	2	3	4	5	6	7	8	9	10	11	12	13	14	15	16	17	18	19	20	21	22	23	24	25	26	27	28	29	30	31
요일	화	수	목	금	토	일	월	화	수	목	금	토	일	월	화	수	목	금	토	일	월	화	수	목	금	토	일	월	화	수	목
일진 日辰	壬寅	癸卯	甲辰	乙巳	丙午	丁未	戊申	己酉	庚戌	辛亥	壬子	癸丑	甲寅	乙卯	丙辰	丁巳	戊午	己未	庚申	辛酉	壬戌	癸亥	甲子	乙丑	丙寅	丁卯	戊辰	己巳	庚午	辛未	壬申
음력	8	9	10	11	12	13	14	15	16	17	18	19	20	21	22	23	24	25	26	27	28	29	1/1	2	3	4	5	6	7	8	9
대운 남	8	9	9	9	10	소	1	1	1	1	2	2	2	3	3	3	4	4	4	대	5	5	6	6	6	7	7	7	8	8	8
대운 여	2	1	1	1	1	한	9	9	9	8	8	8	7	7	7	6	6	6	5	한	5	4	4	4	3	3	3	2	2	2	1

입춘 4일 14시 00분 ⇨ 【丙寅月(병인월)】(입춘, 우수~ 경칩 전) 우수 19일 09시 59분

양력 2 / 음력 01/10 ~ 02/07

양력	1	2	3	4	5	6	7	8	9	10	11	12	13	14	15	16	17	18	19	20	21	22	23	24	25	26	27	28
요일	금	토	일	월	화	수	목	금	토	일	월	화	수	목	금	토	일	월	화	수	목	금	토	일	월	화	수	목
일진 日辰	癸酉	甲戌	乙亥	丙子	丁丑	戊寅	己卯	庚辰	辛巳	壬午	癸未	甲申	乙酉	丙戌	丁亥	戊子	己丑	庚寅	辛卯	壬辰	癸巳	甲午	乙未	丙申	丁酉	戊戌	己亥	庚子
음력	10	11	12	13	14	15	16	17	18	19	20	21	22	23	24	25	26	27	28	29	30	2/1	2	3	4	5	6	7
대운 남	4	4	4	대	5	5	6	6	6	7	7	7	8	8	8	6	6	5	우	5	4	4	4	3	3	3	2	2
대운 여	6	6	5	한	5	4	4	4	3	3	3	2	2	2	1	4	4	5	수	5	6	6	6	7	7	7	8	8

立春

경칩 6일 08시 07분 ⇨ 【丁卯月(정묘월)】(경칩, 춘분~ 청명 전) 춘분 21일 09시 07분

양력 3 / 음력 02/08 ~ 03/08

양력	1	2	3	4	5	6	7	8	9	10	11	12	13	14	15	16	17	18	19	20	21	22	23	24	25	26	27	28	29	30	31
요일	금	토	일	월	화	수	목	금	토	일	월	화	수	목	금	토	일	월	화	수	목	금	토	일	월	화	수	목	금	토	일
일진 日辰	辛丑	壬寅	癸卯	甲辰	乙巳	丙午	丁未	戊申	己酉	庚戌	辛亥	壬子	癸丑	甲寅	乙卯	丙辰	丁巳	戊午	己未	庚申	辛酉	壬戌	癸亥	甲子	乙丑	丙寅	丁卯	戊辰	己巳	庚午	辛未
음력	8	9	10	11	12	13	14	15	16	17	18	19	20	21	22	23	24	25	26	27	28	29	30	3/1	2	3	4	5	6	7	8
대운 남	2	1	1	1	1	경	10	9	9	9	8	8	8	7	7	7	6	6	6	5	춘	5	4	4	4	3	3	3	2	2	2
대운 여	8	9	9	9	10	칩	1	1	1	1	2	2	2	3	3	3	4	4	4	5	분	5	6	6	6	7	7	7	8	8	8

청명 5일 13시 05분 ⇨ 【戊辰月(무진월)】(청명, 곡우~ 입하 전) 곡우 20일 20시 19분

양력 4 / 음력 03/09 ~ 04/09

양력	1	2	3	4	5	6	7	8	9	10	11	12	13	14	15	16	17	18	19	20	21	22	23	24	25	26	27	28	29	30
요일	월	화	수	목	금	토	일	월	화	수	목	금	토	일	월	화	수	목	금	토	일	월	화	수	목	금	토	일	월	화
일진 日辰	壬申	癸酉	甲戌	乙亥	丙子	丁丑	戊寅	己卯	庚辰	辛巳	壬午	癸未	甲申	乙酉	丙戌	丁亥	戊子	己丑	庚寅	辛卯	壬辰	癸巳	甲午	乙未	丙申	丁酉	戊戌	己亥	庚子	辛丑
음력	9	10	11	12	13	14	15	16	17	18	19	20	21	22	23	24	25	26	27	28	29	4/1	2	3	4	5	6	7	8	9
대운 남	1	1	1	1	청	10	10	9	9	9	8	8	8	7	7	7	6	6	6	곡	5	5	4	4	4	3	3	3	2	2
대운 여	9	9	9	10	명	1	1	1	1	2	2	2	3	3	3	4	4	4	5	우	5	6	6	6	7	7	7	8	8	8

입하 6일 06시 34분 ⇨ 【己巳月(기사월)】(입하, 소만~ 망종 전) 소만 21일 19시 36분

양력 5 / 음력 04/10 ~ 윤410

양력	1	2	3	4	5	6	7	8	9	10	11	12	13	14	15	16	17	18	19	20	21	22	23	24	25	26	27	28	29	30	31
요일	수	목	금	토	일	월	화	수	목	금	토	일	월	화	수	목	금	토	일	월	화	수	목	금	토	일	월	화	수	목	금
일진 日辰	壬寅	癸卯	甲辰	乙巳	丙午	丁未	戊申	己酉	庚戌	辛亥	壬子	癸丑	甲寅	乙卯	丙辰	丁巳	戊午	己未	庚申	辛酉	壬戌	癸亥	甲子	乙丑	丙寅	丁卯	戊辰	己巳	庚午	辛未	壬申
음력	10	11	12	13	14	15	16	17	18	19	20	21	22	23	24	25	26	27	28	29	30	윤4	2	3	4	5	6	7	8	9	10
대운 남	2	1	1	1	1	입	10	10	9	9	9	8	8	8	7	7	7	6	6	6	소	5	5	4	4	4	3	3	3	2	2
대운 여	9	9	9	10	10	하	1	1	1	1	2	2	2	3	3	3	4	4	4	5	만	5	6	6	6	7	7	7	8	8	8

망종 6일 10시 52분 ⇨ 【庚午月(경오월)】(망종, 하지~ 소서 전) 하지 22일 03시 38분

양력 6 / 음력 윤411 ~ 05/11

양력	1	2	3	4	5	6	7	8	9	10	11	12	13	14	15	16	17	18	19	20	21	22	23	24	25	26	27	28	29	30
요일	토	일	월	화	수	목	금	토	일	월	화	수	목	금	토	일	월	화	수	목	금	토	일	월	화	수	목	금	토	일
일진 日辰	癸酉	甲戌	乙亥	丙子	丁丑	戊寅	己卯	庚辰	辛巳	壬午	癸未	甲申	乙酉	丙戌	丁亥	戊子	己丑	庚寅	辛卯	壬辰	癸巳	甲午	乙未	丙申	丁酉	戊戌	己亥	庚子	辛丑	壬寅
음력	11	12	13	14	15	16	17	18	19	20	21	22	23	24	25	26	27	28	29	5/1	2	3	4	5	6	7	8	9	10	11
대운 남	2	1	1	1	1	망	10	10	9	9	9	8	8	8	7	7	7	6	6	6	5	하	5	4	4	4	3	3	3	2
대운 여	9	9	9	10	10	종	1	1	1	1	2	2	2	3	3	3	4	4	4	5	5	지	6	6	6	7	7	7	8	8

대장군(북방). 삼살(북방), 상문(동남방),조객(북방), 납음(대계수), 【삼재(신,유,술)년】
한식(4월06일), 초복(7월18일), 중복(7월28일), 말복(8월17일)

甲寅年(갑인년)

1974

소서 7일 21시 11분 ⇨ 【辛未月(신미월)】(소서, 대서~ 입추 전) 대서 23일 14시 30분

7월 (음력 05/12~06/13)	1	2	3	4	5	6	7	8	9	10	11	12	13	14	15	16	17	18	19	20	21	22	23	24	25	26	27	28	29	30	31
요일	월	화	수	목	금	토	일	월	화	수	목	금	토	일	월	화	수	목	금	토	일	월	화	수	목	금	토	일	월	화	수
일진 日辰	癸卯	甲辰	乙巳	丙午	丁未	戊申	己酉	庚戌	辛亥	壬子	癸丑	甲寅	乙卯	丙辰	丁巳	戊午	己未	庚申	辛酉	壬戌	癸亥	甲子	乙丑	丙寅	丁卯	戊辰	己巳	庚午	辛未	壬申	癸酉
음력	12	13	14	15	16	17	18	19	20	21	22	23	24	25	26	27	28	29	6/1	2	3	4	5	6	7	8	9	10	11	12	13
대운 남	2	2	1	1	1	1	소	10	10	10	9	9	9	8	8	8	7	7	7	6	6	6	대	5	5	4	4	4	3	3	3
대운 여	8	9	9	9	10	10	서	1	1	1	1	2	2	2	3	3	3	4	4	4	5	5	서	6	6	6	7	7	7	8	8

입추 8일 06시 57분 ⇨ 【壬申月(임신월)】(입추, 처서~ 백로 전) 처서 23일 21시 29분

8월 (음력 06/14~07/14)	1	2	3	4	5	6	7	8	9	10	11	12	13	14	15	16	17	18	19	20	21	22	23	24	25	26	27	28	29	30	31
요일	목	금	토	일	월	화	수	목	금	토	일	월	화	수	목	금	토	일	월	화	수	목	금	토	일	월	화	수	목	금	토
일진 日辰	甲戌	乙亥	丙子	丁丑	戊寅	己卯	庚辰	辛巳	壬午	癸未	甲申	乙酉	丙戌	丁亥	戊子	己丑	庚寅	辛卯	壬辰	癸巳	甲午	乙未	丙申	丁酉	戊戌	己亥	庚子	辛丑	壬寅	癸卯	甲辰
음력	14	15	16	17	18	19	20	21	22	23	24	25	26	27	28	29	30	7/1	2	3	4	5	6	7	8	9	10	11	12	13	14
대운 남	2	2	2	1	1	1	1	입	10	10	9	9	9	8	8	8	7	7	7	6	6	6	처	5	5	4	4	4	3	3	3
대운 여	8	9	9	9	10	10	10	추	1	1	1	1	2	2	2	3	3	3	4	4	4	5	서	5	6	6	6	7	7	7	8

백로 8일 09시 45분 ⇨ 【癸酉月(계유월)】(백로, 추분-한로 전) 추분 23일 18시 59분

9월 (음력 07/15~08/15)	1	2	3	4	5	6	7	8	9	10	11	12	13	14	15	16	17	18	19	20	21	22	23	24	25	26	27	28	29	30
요일	일	월	화	수	목	금	토	일	월	화	수	목	금	토	일	월	화	수	목	금	토	일	월	화	수	목	금	토	일	월
일진 日辰	乙巳	丙午	丁未	戊申	己酉	庚戌	辛亥	壬子	癸丑	甲寅	乙卯	丙辰	丁巳	戊午	己未	庚申	辛酉	壬戌	癸亥	甲子	乙丑	丙寅	丁卯	戊辰	己巳	庚午	辛未	壬申	癸酉	甲戌
음력	15	16	17	18	19	20	21	22	23	24	25	26	27	28	29	8/1	2	3	4	5	6	7	8	9	10	11	12	13	14	15
대운 남	2	2	2	1	1	1	1	백	10	10	9	9	9	8	8	8	7	7	7	6	6	6	추	5	5	4	4	4	3	3
대운 여	8	8	9	9	9	10	10	로	1	1	1	1	2	2	2	3	3	3	4	4	4	5	분	5	6	6	6	7	7	7

한로 9일 01시 15분 ⇨ 【甲戌月(갑술월)】(한로, 상강~ 입동 전) 상강 24일 04시 11분

10월 (음력 08/16~09/17)	1	2	3	4	5	6	7	8	9	10	11	12	13	14	15	16	17	18	19	20	21	22	23	24	25	26	27	28	29	30	31
요일	화	수	목	금	토	일	월	화	수	목	금	토	일	월	화	수	목	금	토	일	월	화	수	목	금	토	일	월	화	수	목
일진 日辰	乙亥	丙子	丁丑	戊寅	己卯	庚辰	辛巳	壬午	癸未	甲申	乙酉	丙戌	丁亥	戊子	己丑	庚寅	辛卯	壬辰	癸巳	甲午	乙未	丙申	丁酉	戊戌	己亥	庚子	辛丑	壬寅	癸卯	甲辰	乙巳
음력	16	17	18	19	20	21	22	23	24	25	26	27	28	29	9/1	2	3	4	5	6	7	8	9	10	11	12	13	14	15	16	17
대운 남	3	2	2	2	1	1	1	1	한	10	9	9	9	8	8	8	7	7	7	6	6	6	5	상	5	4	4	4	3	3	3
대운 여	8	8	8	9	9	9	10	10	로	1	1	1	1	2	2	2	3	3	3	4	4	4	5	강	5	6	6	6	7	7	7

입동 8일 04시 18분 ⇨ 【乙亥月(을해월)】(입동, 소설~ 대설 전) 소설 23일 01시 39분

11월 (음력 09/18~10/17)	1	2	3	4	5	6	7	8	9	10	11	12	13	14	15	16	17	18	19	20	21	22	23	24	25	26	27	28	29	30
요일	금	토	일	월	화	수	목	금	토	일	월	화	수	목	금	토	일	월	화	수	목	금	토	일	월	화	수	목	금	토
일진 日辰	丙午	丁未	戊申	己酉	庚戌	辛亥	壬子	癸丑	甲寅	乙卯	丙辰	丁巳	戊午	己未	庚申	辛酉	壬戌	癸亥	甲子	乙丑	丙寅	丁卯	戊辰	己巳	庚午	辛未	壬申	癸酉	甲戌	乙亥
음력	18	19	20	21	22	23	24	25	26	27	28	29	30	10/1	2	3	4	5	6	7	8	9	10	11	12	13	14	15	16	17
대운 남	2	2	2	1	1	1	1	입	9	9	9	8	8	8	7	7	7	6	6	6	5	5	소	4	4	4	3	3	3	2
대운 여	8	8	8	9	9	9	10	동	1	1	1	1	2	2	2	3	3	3	4	4	4	5	설	5	6	6	6	7	7	7

대설 7일 21시 05분 ⇨ 【丙子月(병자월)】(대설, 동지~소한 전) 동지 22일 14시 56분

12월 (음력 10/18~11/18)	1	2	3	4	5	6	7	8	9	10	11	12	13	14	15	16	17	18	19	20	21	22	23	24	25	26	27	28	29	30	31
요일	일	월	화	수	목	금	토	일	월	화	수	목	금	토	일	월	화	수	목	금	토	일	월	화	수	목	금	토	일	월	화
일진 日辰	丙子	丁丑	戊寅	己卯	庚辰	辛巳	壬午	癸未	甲申	乙酉	丙戌	丁亥	戊子	己丑	庚寅	辛卯	壬辰	癸巳	甲午	乙未	丙申	丁酉	戊戌	己亥	庚子	辛丑	壬寅	癸卯	甲辰	乙巳	丙午
음력	18	19	20	21	22	23	24	25	26	27	28	29	30	11/1	2	3	4	5	6	7	8	9	10	11	12	13	14	15	16	17	18
대운 남	2	2	1	1	1	1	대	10	9	9	9	8	8	8	7	7	7	6	6	6	5	동	5	4	4	4	3	3	3	2	2
대운 여	8	8	9	9	9	10	설	1	1	1	1	2	2	2	3	3	3	4	4	4	5	지	5	6	6	6	7	7	7	8	8

1975 乙卯年(을묘년)

단기 4308년 /불기2519년 대장군(북방). 삼살(서방). 상문(동남방).조객(동북방). 납음(대계수). 【삼재(사.오.미)년】

소한 6일 08시 18분 ⇨ **【丁丑月(정축월)】**(소한, 대한~ 입춘 전) 대한 21일 01시 37분

양력 **1** 음력 11/19 ~ 12/20

양력	1	2	3	4	5	6	7	8	9	10	11	12	13	14	15	16	17	18	19	20	21	22	23	24	25	26	27	28	29	30	31
요일	수	목	금	토	일	월	화	수	목	금	토	일	월	화	수	목	금	토	일	월	화	수	목	금	토	일	월	화	수	목	금
일진 日辰	丁未	戊申	己酉	庚戌	辛亥	壬子	癸丑	甲寅	乙卯	丙辰	丁巳	戊午	己未	庚申	辛酉	壬戌	癸亥	甲子	乙丑	丙寅	丁卯	戊辰	己巳	庚午	辛未	壬申	癸酉	甲戌	乙亥	丙子	丁丑
음력	19	20	21	22	23	24	25	26	27	28	29	12/1	2	3	4	5	6	7	8	9	10	11	12	13	14	15	16	17	18	19	20
대운 남	2	1	1	1	1	소	9	9	9	8	8	8	7	7	7	6	6	6	5	5	대	4	4	4	3	3	3	2	2	2	1
대운 여	8	9	9	9	10	한	1	1	1	1	2	2	2	3	3	3	4	4	4	5	한	5	6	6	6	7	7	7	8	8	8

입춘 4일 19시 59분 ⇨ **【戊寅月(무인월)】**(입춘, 우수~ 경칩 전) 우수 19일 15시 50분

양력 **2** 음력 12/21 ~ 01/18

양력	1	2	3	4	5	6	7	8	9	10	11	12	13	14	15	16	17	18	19	20	21	22	23	24	25	26	27	28
요일	토	일	월	화	수	목	금	토	일	월	화	수	목	금	토	일	월	화	수	목	금	토	일	월	화	수	목	금
일진 日辰	戊寅	己卯	庚辰	辛巳	壬午	癸未	甲申	乙酉	丙戌	丁亥	戊子	己丑	庚寅	辛卯	壬辰	癸巳	甲午	乙未	丙申	丁酉	戊戌	己亥	庚子	辛丑	壬寅	癸卯	甲辰	乙巳
음력	21	22	23	24	25	26	27	28	29	30	1/1	2	3	4	5	6	7	8	9	10	11	12	13	14	15	16	17	18
대운 남	1	1	1	입	1	1	1	1	2	2	2	3	3	3	4	4	4	5	우	5	6	6	6	7	7	7	8	8
대운 여	9	9	9	춘	10	9	9	9	8	8	8	7	7	7	6	6	6	5	수	5	4	4	4	3	3	3	2	2

立春

경칩 6일 14시 06분 ⇨ **【己卯月(기묘월)】**(경칩, 춘분~ 청명 전) 춘분 21일 14시 57분

양력 **3** 음력 01/19 ~ 02/19

양력	1	2	3	4	5	6	7	8	9	10	11	12	13	14	15	16	17	18	19	20	21	22	23	24	25	26	27	28	29	30	31
요일	토	일	월	화	수	목	금	토	일	월	화	수	목	금	토	일	월	화	수	목	금	토	일	월	화	수	목	금	토	일	월
일진 日辰	丙午	丁未	戊申	己酉	庚戌	辛亥	壬子	癸丑	甲寅	乙卯	丙辰	丁巳	戊午	己未	庚申	辛酉	壬戌	癸亥	甲子	乙丑	丙寅	丁卯	戊辰	己巳	庚午	辛未	壬申	癸酉	甲戌	乙亥	丙子
음력	19	20	21	22	23	24	25	26	27	28	29	30	2/1	2	3	4	5	6	7	8	9	10	11	12	13	14	15	16	17	18	19
대운 남	8	9	9	9	10	경	1	1	1	1	2	2	2	3	3	3	4	4	4	5	춘	5	6	6	6	7	7	7	8	8	8
대운 여	2	1	1	1	1	칩	10	9	9	9	8	8	8	7	7	7	6	6	6	5	분	5	4	4	4	3	3	3	2	2	2

청명 5일 19시 02분 ⇨ **【庚辰月(경진월)】**(청명, 곡우~ 입하 전) 곡우 21일 02시 07분

양력 **4** 음력 02/20 ~ 03/19

양력	1	2	3	4	5	6	7	8	9	10	11	12	13	14	15	16	17	18	19	20	21	22	23	24	25	26	27	28	29	30
요일	화	수	목	금	토	일	월	화	수	목	금	토	일	월	화	수	목	금	토	일	월	화	수	목	금	토	일	월	화	수
일진 日辰	丁丑	戊寅	己卯	庚辰	辛巳	壬午	癸未	甲申	乙酉	丙戌	丁亥	戊子	己丑	庚寅	辛卯	壬辰	癸巳	甲午	乙未	丙申	丁酉	戊戌	己亥	庚子	辛丑	壬寅	癸卯	甲辰	乙巳	丙午
음력	20	21	22	23	24	25	26	27	28	29	30	3/1	2	3	4	5	6	7	8	9	10	11	12	13	14	15	16	17	18	19
대운 남	9	9	9	10	청	1	1	1	1	2	2	2	3	3	3	4	4	4	5	5	곡	6	6	6	7	7	7	8	8	8
대운 여	1	1	1	1	명	10	10	9	9	9	8	8	8	7	7	7	6	6	6	5	우	5	4	4	4	3	3	3	2	2

입하 6일 12시 27분 ⇨ **【辛巳月(신사월)】**(입하, 소만~ 망종 전) 소만 22일 01시 24분

양력 **5** 음력 03/20 ~ 04/21

양력	1	2	3	4	5	6	7	8	9	10	11	12	13	14	15	16	17	18	19	20	21	22	23	24	25	26	27	28	29	30	31
요일	목	금	토	일	월	화	수	목	금	토	일	월	화	수	목	금	토	일	월	화	수	목	금	토	일	월	화	수	목	금	토
일진 日辰	丁未	戊申	己酉	庚戌	辛亥	壬子	癸丑	甲寅	乙卯	丙辰	丁巳	戊午	己未	庚申	辛酉	壬戌	癸亥	甲子	乙丑	丙寅	丁卯	戊辰	己巳	庚午	辛未	壬申	癸酉	甲戌	乙亥	丙子	丁丑
음력	20	21	22	23	24	25	26	27	28	29	4/1	2	3	4	5	6	7	8	9	10	11	12	13	14	15	16	17	18	19	20	21
대운 남	9	9	9	10	10	입	1	1	1	1	2	2	2	3	3	3	4	4	4	5	5	소	6	6	6	7	7	7	8	8	8
대운 여	2	1	1	1	1	하	10	10	9	9	9	8	8	8	7	7	7	6	6	6	5	만	5	4	4	4	3	3	3	2	2

망종 6일 16시 42분 ⇨ **【壬午月(임오월)】**(망종, 하지~ 소서 전) 하지 22일 09시 26분

양력 **6** 음력 04/22 ~ 05/21

양력	1	2	3	4	5	6	7	8	9	10	11	12	13	14	15	16	17	18	19	20	21	22	23	24	25	26	27	28	29	30
요일	일	월	화	수	목	금	토	일	월	화	수	목	금	토	일	월	화	수	목	금	토	일	월	화	수	목	금	토	일	월
일진 日辰	戊寅	己卯	庚辰	辛巳	壬午	癸未	甲申	乙酉	丙戌	丁亥	戊子	己丑	庚寅	辛卯	壬辰	癸巳	甲午	乙未	丙申	丁酉	戊戌	己亥	庚子	辛丑	壬寅	癸卯	甲辰	乙巳	丙午	丁未
음력	22	23	24	25	26	27	28	29	30	5/1	2	3	4	5	6	7	8	9	10	11	12	13	14	15	16	17	18	19	20	21
대운 남	9	9	9	10	10	망	1	1	1	1	2	2	2	3	3	3	4	4	4	5	5	하	6	6	6	7	7	7	8	8
대운 여	2	1	1	1	1	종	10	10	10	9	9	9	8	8	8	7	7	7	6	6	6	지	5	5	4	4	4	3	3	3

대장군(북방). 삼살(서방), 상문(동남방),조객(동북방), 납음(대계수), 【삼재(사,오,미)년】
한식(4월06일), 초복(7월13일), 중복(7월23일), 말복(8월12일)

乙卯年(을묘년)

1975

소서 8일 02시 59분 ⇨ 【癸未月(계미월)】(소서, 대서~ 입추 전) 대서 23일 20시 22분

양력 7 / 음력 05/22 – 06/23

양력	1	2	3	4	5	6	7	8	9	10	11	12	13	14	15	16	17	18	19	20	21	22	23	24	25	26	27	28	29	30	31
요일	화	수	목	금	토	일	월	화	수	목	금	토	일	월	화	수	목	금	토	일	월	화	수	목	금	토	일	월	화	수	목
일진 日辰	戊申	己酉	庚戌	辛亥	壬子	癸丑	甲寅	乙卯	丙辰	丁巳	戊午	己未	庚申	辛酉	壬戌	癸亥	甲子	乙丑	丙寅	丁卯	戊辰	己巳	庚午	辛未	壬申	癸酉	甲戌	乙亥	丙子	丁丑	戊寅
음력	22	23	24	25	26	27	28	29	6/1	2	3	4	5	6	7	8	9	10	11	12	13	14	15	16	17	18	19	20	21	22	23
대운 남	8	9	9	9	10	10	10	소	1	1	1	1	2	2	2	3	3	3	4	4	4	5	대	5	6	6	6	7	7	7	8
대운 여	2	2	2	1	1	1	1	서	10	10	9	9	9	8	8	8	7	7	7	6	6	6	서	5	5	4	4	4	3	3	3

입추 8일 12시 45분 ⇨ 【甲申月(갑신월)】(입추, 처서~ 백로 전) 처서 24일 03시 24분

양력 8 / 음력 06/24 – 07/25

양력	1	2	3	4	5	6	7	8	9	10	11	12	13	14	15	16	17	18	19	20	21	22	23	24	25	26	27	28	29	30	31
요일	금	토	일	월	화	수	목	금	토	일	월	화	수	목	금	토	일	월	화	수	목	금	토	일	월	화	수	목	금	토	일
일진 日辰	己卯	庚辰	辛巳	壬午	癸未	甲申	乙酉	丙戌	丁亥	戊子	己丑	庚寅	辛卯	壬辰	癸巳	甲午	乙未	丙申	丁酉	戊戌	己亥	庚子	辛丑	壬寅	癸卯	甲辰	乙巳	丙午	丁未	戊申	己酉
음력	24	25	26	27	28	29	7/1	2	3	4	5	6	7	8	9	10	11	12	13	14	15	16	17	18	19	20	21	22	23	24	25
대운 남	8	8	9	9	9	10	10	입	1	1	1	1	2	2	2	3	3	3	4	4	4	5	5	처	6	6	6	7	7	7	8
대운 여	2	2	2	1	1	1	1	추	10	10	9	9	9	8	8	8	7	7	7	6	6	6	5	서	5	4	4	4	3	3	3

백로 8일 15시 33분 ⇨ 【乙酉月(을유월)】(백로, 추분-한로 전) 추분 24일 00시 55분

양력 9 / 음력 07/26 – 08/25

양력	1	2	3	4	5	6	7	8	9	10	11	12	13	14	15	16	17	18	19	20	21	22	23	24	25	26	27	28	29	30
요일	월	화	수	목	금	토	일	월	화	수	목	금	토	일	월	화	수	목	금	토	일	월	화	수	목	금	토	일	월	화
일진 日辰	庚戌	辛亥	壬子	癸丑	甲寅	乙卯	丙辰	丁巳	戊午	己未	庚申	辛酉	壬戌	癸亥	甲子	乙丑	丙寅	丁卯	戊辰	己巳	庚午	辛未	壬申	癸酉	甲戌	乙亥	丙子	丁丑	戊寅	己卯
음력	26	27	28	29	30	8/1	2	3	4	5	6	7	8	9	10	11	12	13	14	15	16	17	18	19	20	21	22	23	24	25
대운 남	8	8	9	9	9	10	10	백	1	1	1	1	2	2	2	3	3	3	4	4	4	5	5	추	6	6	6	7	7	7
대운 여	2	2	2	1	1	1	1	로	10	10	9	9	9	8	8	8	7	7	7	6	6	6	5	분	5	4	4	4	3	3

한로 9일 07시 02분 ⇨ 【丙戌月(병술월)】(한로, 상강~ 입동 전) 상강 24일 10시 06분

양력 10 / 음력 08/26 – 09/27

양력	1	2	3	4	5	6	7	8	9	10	11	12	13	14	15	16	17	18	19	20	21	22	23	24	25	26	27	28	29	30	31
요일	수	목	금	토	일	월	화	수	목	금	토	일	월	화	수	목	금	토	일	월	화	수	목	금	토	일	월	화	수	목	금
일진 日辰	庚辰	辛巳	壬午	癸未	甲申	乙酉	丙戌	丁亥	戊子	己丑	庚寅	辛卯	壬辰	癸巳	甲午	乙未	丙申	丁酉	戊戌	己亥	庚子	辛丑	壬寅	癸卯	甲辰	乙巳	丙午	丁未	戊申	己酉	庚戌
음력	26	27	28	29	9/1	2	3	4	5	6	7	8	9	10	11	12	13	14	15	16	17	18	19	20	21	22	23	24	25	26	27
대운 남	8	8	8	9	9	9	10	10	한	1	1	1	1	2	2	2	3	3	3	4	4	4	5	상	5	6	6	6	7	7	7
대운 여	3	2	2	2	1	1	1	1	로	10	9	9	9	8	8	8	7	7	7	6	6	6	5	강	5	4	4	4	3	3	3

입동 8일 10시 03분 ⇨ 【丁亥月(정해월)】(입동, 소설~ 대설 전) 소설 23일 07시 31분

양력 11 / 음력 09/28 – 10/28

양력	1	2	3	4	5	6	7	8	9	10	11	12	13	14	15	16	17	18	19	20	21	22	23	24	25	26	27	28	29	30
요일	토	일	월	화	수	목	금	토	일	월	화	수	목	금	토	일	월	화	수	목	금	토	일	월	화	수	목	금	토	일
일진 日辰	辛亥	壬子	癸丑	甲寅	乙卯	丙辰	丁巳	戊午	己未	庚申	辛酉	壬戌	癸亥	甲子	乙丑	丙寅	丁卯	戊辰	己巳	庚午	辛未	壬申	癸酉	甲戌	乙亥	丙子	丁丑	戊寅	己卯	庚辰
음력	28	29	10/1	2	3	4	5	6	7	8	9	10	11	12	13	14	15	16	17	18	19	20	21	22	23	24	25	26	27	28
대운 남	8	8	8	9	9	9	10	입	1	1	1	1	2	2	2	3	3	3	4	4	4	5	소	5	6	6	6	7	7	7
대운 여	2	2	2	1	1	1	1	동	10	9	9	9	8	8	8	7	7	7	6	6	6	5	설	5	4	4	4	3	3	3

대설 8일 02시 46분 ⇨ 【戊子月(무자월)】(대설, 동지~소한 전) 동지 22일 20시 46분

양력 12 / 음력 10/29 – 11/29

양력	1	2	3	4	5	6	7	8	9	10	11	12	13	14	15	16	17	18	19	20	21	22	23	24	25	26	27	28	29	30	31
요일	월	화	수	목	금	토	일	월	화	수	목	금	토	일	월	화	수	목	금	토	일	월	화	수	목	금	토	일	월	화	수
일진 日辰	辛巳	壬午	癸未	甲申	乙酉	丙戌	丁亥	戊子	己丑	庚寅	辛卯	壬辰	癸巳	甲午	乙未	丙申	丁酉	戊戌	己亥	庚子	辛丑	壬寅	癸卯	甲辰	乙巳	丙午	丁未	戊申	己酉	庚戌	辛亥
음력	29	30	11/1	2	3	4	5	6	7	8	9	10	11	12	13	14	15	16	17	18	19	20	21	22	23	24	25	26	27	28	29
대운 남	8	8	8	9	9	9	10	대	1	1	1	1	2	2	2	3	3	3	4	4	4	동	5	5	6	6	6	7	7	7	8
대운 여	2	2	2	1	1	1	1	설	9	9	9	8	8	8	7	7	7	6	6	6	5	지	5	4	4	4	3	3	3	2	2

윤8월 小 **1976** 丙辰年(병진년)

단기4309년 /불기2520년 대장군(북방), 삼살(남방), 상문(남방), 조객(동북방),납음(사중토), 삼재(인,묘,진)

소한 6일 13시 58분 ⇨ **【己丑月(기축월)】**(소한, 대한~ 입춘 전) 대한 21일 07시 25분

양력 1 / 음력 12/01 ~ 01/01

양력	1	2	3	4	5	6	7	8	9	10	11	12	13	14	15	16	17	18	19	20	21	22	23	24	25	26	27	28	29	30	31
요일	목	금	토	일	월	화	수	목	금	토	일	월	화	수	목	금	토	일	월	화	수	목	금	토	일	월	화	수	목	금	토
일진 日辰	壬子	癸丑	甲寅	乙卯	丙辰	丁巳	戊午	己未	庚申	辛酉	壬戌	癸亥	甲子	乙丑	丙寅	丁卯	戊辰	己巳	庚午	辛未	壬申	癸酉	甲戌	乙亥	丙子	丁丑	戊寅	己卯	庚辰	辛巳	壬午
음력	12/1	2	3	4	5	6	7	8	9	10	11	12	13	14	15	16	17	18	19	20	21	22	23	24	25	26	27	28	29	30	1/1
대운 남	8	8	9	9	9	소	1	1	1	1	2	2	2	3	3	3	4	4	4	5	대	5	6	6	6	7	7	7	8	8	8
대운 여	2	1	1	1	1	한	10	9	9	9	8	8	8	7	7	7	6	6	6	5	한	5	4	4	4	3	3	3	2	2	2

입춘 5일 01시 39분 ⇨ **【庚寅月(경인월)】**(입춘, 우수~ 경칩 전) 우수 19일 21시 40분

양력 2 / 음력 01/02 ~ 01/30

양력	1	2	3	4	5	6	7	8	9	10	11	12	13	14	15	16	17	18	19	20	21	22	23	24	25	26	27	28	29	
요일	일	월	화	수	목	금	토	일	월	화	수	목	금	토	일	월	화	수	목	금	토	일	월	화	수	목	금	토	일	立春
일진 日辰	癸未	甲申	乙酉	丙戌	丁亥	戊子	己丑	庚寅	辛卯	壬辰	癸巳	甲午	乙未	丙申	丁酉	戊戌	己亥	庚子	辛丑	壬寅	癸卯	甲辰	乙巳	丙午	丁未	戊申	己酉	庚戌	辛亥	
음력	2	3	4	5	6	7	8	9	10	11	12	13	14	15	16	17	18	19	20	21	22	23	24	25	26	27	28	29	30	
대운 남	9	9	9	10	입	9	9	9	8	8	8	7	7	7	6	6	6	5	우	5	4	4	4	3	3	3	2	2	2	
대운 여	1	1	1	1	춘	1	1	1	1	2	2	2	3	3	3	4	4	4	수	5	5	6	6	6	7	7	7	8	8	

경칩 5일 19시 48분 ⇨ **【辛卯月(신묘월)】**(경칩, 춘분~ 청명 전) 춘분 20일 20시 50분

양력 3 / 음력 02/01 ~ 03/01

양력	1	2	3	4	5	6	7	8	9	10	11	12	13	14	15	16	17	18	19	20	21	22	23	24	25	26	27	28	29	30	31
요일	월	화	수	목	금	토	일	월	화	수	목	금	토	일	월	화	수	목	금	토	일	월	화	수	목	금	토	일	월	화	수
일진 日辰	壬子	癸丑	甲寅	乙卯	丙辰	丁巳	戊午	己未	庚申	辛酉	壬戌	癸亥	甲子	乙丑	丙寅	丁卯	戊辰	己巳	庚午	辛未	壬申	癸酉	甲戌	乙亥	丙子	丁丑	戊寅	己卯	庚辰	辛巳	壬午
음력	2/1	2	3	4	5	6	7	8	9	10	11	12	13	14	15	16	17	18	19	20	21	22	23	24	25	26	27	28	29	30	3/1
대운 남	1	1	1	1	경	10	10	9	9	9	8	8	8	7	7	7	6	6	6	춘	5	5	4	4	4	3	3	3	2	2	2
대운 여	8	9	9	9	칩	1	1	1	1	2	2	2	3	3	3	4	4	4	5	분	5	6	6	6	7	7	7	8	8	8	9

청명 5일 00시 46분 ⇨ **【壬辰月(임진월)】**(청명, 곡우~ 입하 전) 곡우 20일 08시 30분

양력 4 / 음력 03/02 ~ 04/02

양력	1	2	3	4	5	6	7	8	9	10	11	12	13	14	15	16	17	18	19	20	21	22	23	24	25	26	27	28	29	30
요일	목	금	토	일	월	화	수	목	금	토	일	월	화	수	목	금	토	일	월	화	수	목	금	토	일	월	화	수	목	금
일진 日辰	癸未	甲申	乙酉	丙戌	丁亥	戊子	己丑	庚寅	辛卯	壬辰	癸巳	甲午	乙未	丙申	丁酉	戊戌	己亥	庚子	辛丑	壬寅	癸卯	甲辰	乙巳	丙午	丁未	戊申	己酉	庚戌	辛亥	壬子
음력	2	3	4	5	6	7	8	9	10	11	12	13	14	15	16	17	18	19	20	21	22	23	24	25	26	27	28	29	4/1	2
대운 남	1	1	1	1	청	10	9	9	9	8	8	8	7	7	7	6	6	6	5	곡	5	4	4	4	3	3	3	2	2	2
대운 여	9	9	10	10	명	1	1	1	1	2	2	2	3	3	3	4	4	4	5	우	5	6	6	6	7	7	7	8	8	8

입하 5일 18시 44분 ⇨ **【癸巳月(계사월)】**(입하, 소만~ 망종 전) 소만 21일 07시 21분

양력 5 / 음력 04/03 ~ 05/03

양력	1	2	3	4	5	6	7	8	9	10	11	12	13	14	15	16	17	18	19	20	21	22	23	24	25	26	27	28	29	30	31
요일	토	일	월	화	수	목	금	토	일	월	화	수	목	금	토	일	월	화	수	목	금	토	일	월	화	수	목	금	토	일	월
일진 日辰	癸丑	甲寅	乙卯	丙辰	丁巳	戊午	己未	庚申	辛酉	壬戌	癸亥	甲子	乙丑	丙寅	丁卯	戊辰	己巳	庚午	辛未	壬申	癸酉	甲戌	乙亥	丙子	丁丑	戊寅	己卯	庚辰	辛巳	壬午	癸未
음력	3	4	5	6	7	8	9	10	11	12	13	14	15	16	17	18	19	20	21	22	23	24	25	26	27	28	29	30	5/1	2	3
대운 남	1	1	1	1	입	10	10	9	9	9	8	8	8	7	7	7	6	6	6	5	소	5	4	4	4	3	3	3	2	2	2
대운 여	9	9	9	10	하	1	1	1	1	2	2	2	3	3	3	4	4	4	5	5	만	6	6	6	7	7	7	8	8	8	9

망종 5일 22시 31분 ⇨ **【甲午月(갑오월)】**(망종, 하지~ 소서 전) 하지 21일 15시 24분

양력 6 / 음력 05/04 ~ 06/04

양력	1	2	3	4	5	6	7	8	9	10	11	12	13	14	15	16	17	18	19	20	21	22	23	24	25	26	27	28	29	30
요일	화	수	목	금	토	일	월	화	수	목	금	토	일	월	화	수	목	금	토	일	월	화	수	목	금	토	일	월	화	수
일진 日辰	甲申	乙酉	丙戌	丁亥	戊子	己丑	庚寅	辛卯	壬辰	癸巳	甲午	乙未	丙申	丁酉	戊戌	己亥	庚子	辛丑	壬寅	癸卯	甲辰	乙巳	丙午	丁未	戊申	己酉	庚戌	辛亥	壬子	癸丑
음력	4	5	6	7	8	9	10	11	12	13	14	15	16	17	18	19	20	21	22	23	24	25	26	27	28	29	6/1	2	3	4
대운 남	1	1	1	1	망	10	10	10	9	9	9	8	8	8	7	7	7	6	6	6	하	5	5	4	4	4	3	3	3	2
대운 여	9	9	10	10	종	1	1	1	1	2	2	2	3	3	3	4	4	4	5	5	지	6	6	6	7	7	7	8	8	8

대장군(북방), 삼살(남방), 상문(남방), 조객(동북방),납음(사중토), 삼재(인,묘,진)
한식(4월06일), 초복(7월17일), 중복(7월27일), 말복(8월16일

丙辰年(병진년)

1976

소서 7일 08시 51분 ⇨ 【乙未月(을미월)】(소서, 대서~ 입추 전) 대서 23일 02시 19분

양력 7	양력	1	2	3	4	5	6	7	8	9	10	11	12	13	14	15	16	17	18	19	20	21	22	23	24	25	26	27	28	29	30	31
	요일	목	금	토	일	월	화	수	목	금	토	일	월	화	수	목	금	토	일	월	화	수	목	금	토	일	월	화	수	목	금	토
음력	일진 日辰	甲寅	乙卯	丙辰	丁巳	戊午	己未	庚申	辛酉	壬戌	癸亥	甲子	乙丑	丙寅	丁卯	戊辰	己巳	庚午	辛未	壬申	癸酉	甲戌	乙亥	丙子	丁丑	戊寅	己卯	庚辰	辛巳	壬午	癸未	甲申
06/05	음력	5	6	7	8	9	10	11	12	13	14	15	16	17	18	19	20	21	22	23	24	25	26	27	28	29	30	7/1	2	3	4	5
07/05	대운 남	2	2	1	1	1	1	소	10	10	9	9	9	8	8	8	7	7	7	6	6	6	5	대	5	4	4	4	3	3	3	2
	대운 여	9	9	9	10	10	10	서	1	1	1	1	2	2	2	3	3	3	4	4	4	5	5	서	6	6	6	7	7	7	8	8

입추 7일 18시 38분 ⇨ 【丙申月(병신월)】(입추, 처서~ 백로 전) 처서 23일 09시 18분

양력 8	양력	1	2	3	4	5	6	7	8	9	10	11	12	13	14	15	16	17	18	19	20	21	22	23	24	25	26	27	28	29	30	31
	요일	일	월	화	수	목	금	토	일	월	화	수	목	금	토	일	월	화	수	목	금	토	일	월	화	수	목	금	토	일	월	화
음력	일진 日辰	乙酉	丙戌	丁亥	戊子	己丑	庚寅	辛卯	壬辰	癸巳	甲午	乙未	丙申	丁酉	戊戌	己亥	庚子	辛丑	壬寅	癸卯	甲辰	乙巳	丙午	丁未	戊申	己酉	庚戌	辛亥	壬子	癸丑	甲寅	乙卯
07/06	음력	6	7	8	9	10	11	12	13	14	15	16	17	18	19	20	21	22	23	24	25	26	27	28	29	8/1	2	3	4	5	6	7
08/07	대운 남	2	2	1	1	1	1	입	10	10	9	9	9	8	8	8	7	7	7	6	6	6	5	처	5	4	4	4	3	3	3	2
	대운 여	8	9	9	9	10	10	추	1	1	1	1	2	2	2	3	3	3	4	4	4	5	5	서	6	6	6	7	7	7	8	8

백로 7일 21시 28분 ⇨ 【丁酉月(정유월)】(백로, 추분-한로 전) 추분 23일 06시 48분

양력 9	양력	1	2	3	4	5	6	7	8	9	10	11	12	13	14	15	16	17	18	19	20	21	22	23	24	25	26	27	28	29	30
	요일	수	목	금	토	일	월	화	수	목	금	토	일	월	화	수	목	금	토	일	월	화	수	목	금	토	일	월	화	수	목
음력	일진 日辰	丙辰	丁巳	戊午	己未	庚申	辛酉	壬戌	癸亥	甲子	乙丑	丙寅	丁卯	戊辰	己巳	庚午	辛未	壬申	癸酉	甲戌	乙亥	丙子	丁丑	戊寅	己卯	庚辰	辛巳	壬午	癸未	甲申	乙酉
08/08	음력	8	9	10	11	12	13	14	15	16	17	18	19	20	21	22	23	24	25	26	27	28	29	30	윤8	2	3	4	5	6	7
윤807	대운 남	2	2	1	1	1	1	백	10	10	9	9	9	8	8	8	7	7	7	6	6	6	5	추	5	4	4	4	3	3	3
	대운 여	8	9	9	9	10	10	로	1	1	1	1	2	2	2	3	3	3	4	4	4	5	5	분	6	6	6	7	7	7	8

한로 8일 12시 58분 ⇨ 【戊戌月(무술월)】(한로, 상강~ 입동 전) 상강 23일 15시 58분

양력 10	양력	1	2	3	4	5	6	7	8	9	10	11	12	13	14	15	16	17	18	19	20	21	22	23	24	25	26	27	28	29	30	31
	요일	금	토	일	월	화	수	목	금	토	일	월	화	수	목	금	토	일	월	화	수	목	금	토	일	월	화	수	목	금	토	일
음력	일진 日辰	丙戌	丁亥	戊子	己丑	庚寅	辛卯	壬辰	癸巳	甲午	乙未	丙申	丁酉	戊戌	己亥	庚子	辛丑	壬寅	癸卯	甲辰	乙巳	丙午	丁未	戊申	己酉	庚戌	辛亥	壬子	癸丑	甲寅	乙卯	丙辰
윤808	음력	8	9	10	11	12	13	14	15	16	17	18	19	20	21	22	23	24	25	26	27	28	29	9/1	2	3	4	5	6	7	8	9
09/09	대운 남	2	2	2	1	1	1	1	한	10	9	9	9	8	8	8	7	7	7	6	6	6	5	상	5	4	4	4	3	3	3	2
	대운 여	8	8	9	9	9	10	10	로	1	1	1	1	2	2	2	3	3	3	4	4	4	5	강	5	6	6	6	7	7	7	8

입동 7일 15시 59분 ⇨ 【己亥月(기해월)】(입동, 소설~ 대설 전) 소설 22일 13시 22분

양력 11	양력	1	2	3	4	5	6	7	8	9	10	11	12	13	14	15	16	17	18	19	20	21	22	23	24	25	26	27	28	29	30
	요일	월	화	수	목	금	토	일	월	화	수	목	금	토	일	월	화	수	목	금	토	일	월	화	수	목	금	토	일	월	화
음력	일진 日辰	丁巳	戊午	己未	庚申	辛酉	壬戌	癸亥	甲子	乙丑	丙寅	丁卯	戊辰	己巳	庚午	辛未	壬申	癸酉	甲戌	乙亥	丙子	丁丑	戊寅	己卯	庚辰	辛巳	壬午	癸未	甲申	乙酉	丙戌
09/10	음력	10	11	12	13	14	15	16	17	18	19	20	21	22	23	24	25.	26	27	28	29	30	10/1	2	3	4	5	6	7	8	9
10/09	대운 남	2	2	1	1	1	1	입	10	9	9	9	8	8	8	7	7	7	6	6	6	5	소	5	4	4	4	3	3	3	2
	대운 여	8	8	9	9	9	10	동	1	1	1	1	2	2	2	3	3	3	4	4	4	5	설	5	6	6	6	7	7	7	8

대설 7일 08시 41분 ⇨ 【庚子月(경자월)】(대설, 동지~소한 전) 동지 22일 02시 35분

양력 12	양력	1	2	3	4	5	6	7	8	9	10	11	12	13	14	15	16	17	18	19	20	21	22	23	24	25	26	27	28	29	30	31
	요일	수	목	금	토	일	월	화	수	목	금	토	일	월	화	수	목	금	토	일	월	화	수	목	금	토	일	월	화	수	목	금
음력	일진 日辰	丁亥	戊子	己丑	庚寅	辛卯	壬辰	癸巳	甲午	乙未	丙申	丁酉	戊戌	己亥	庚子	辛丑	壬寅	癸卯	甲辰	乙巳	丙午	丁未	戊申	己酉	庚戌	辛亥	壬子	癸丑	甲寅	乙卯	丙辰	丁巳
10/10	음력	10	11	12	13	14	15	16	17	18	19	20	21	22	23	24	25	26	27	28	29	11/1	2	3	4	5	6	7	8	9	10	11
11/11	대운 남	2	2	1	1	1	1	대	9	9	9	8	8	8	7	7	7	6	6	6	5	5	동	4	4	4	3	3	3	2	2	2
	대운 여	8	8	9	9	9	10	설	1	1	1	1	2	2	2	3	3	3	4	4	4	5	지	5	6	6	6	7	7	7	8	8

1977 丁巳年(정사년)

단기 4310년 /불기2521년 대장군(동방). 삼살(동방), 상문(서남방),조객(동방), 납음(사중토), 【삼재(해,자,축)년】

소한 5일 19시 51분 ⇨ 【辛丑月(신축월)】(소한, 대한~ 입춘 전) 대한 20일 13시 15분

양력 1 / 음력 11/12 ~ 12/13

양력	1	2	3	4	5	6	7	8	9	10	11	12	13	14	15	16	17	18	19	20	21	22	23	24	25	26	27	28	29	30	31
요일	토	일	월	화	수	목	금	토	일	월	화	수	목	금	토	일	월	화	수	목	금	토	일	월	화	수	목	금	토	일	월
일진 日辰	戊午	己未	庚申	辛酉	壬戌	癸亥	甲子	乙丑	丙寅	丁卯	戊辰	己巳	庚午	辛未	壬申	癸酉	甲戌	乙亥	丙子	丁丑	戊寅	己卯	庚辰	辛巳	壬午	癸未	甲申	乙酉	丙戌	丁亥	戊子
음력	12	13	14	15	16	17	18	19	20	21	22	23	24	25	26	27	28	29	12/1	2	3	4	5	6	7	8	9	10	11	12	13
대운 남	1	1	1	1	소	10	9	9	9	8	8	8	7	7	7	6	6	6	5	대	5	4	4	4	3	3	3	2	2	2	1
대운 여	8	9	9	9	한	1	1	1	1	2	2	2	3	3	3	4	4	4	5	한	5	6	6	6	7	7	7	8	8	8	9

입춘 4일 07시 33분 ⇨ 【壬寅月(임인월)】(입춘, 우수~ 경칩 전) 우수 19일 03시 31분

양력 2 / 음력 12/14 ~ 01/11

양력	1	2	3	4	5	6	7	8	9	10	11	12	13	14	15	16	17	18	19	20	21	22	23	24	25	26	27	28
요일	화	수	목	금	토	일	월	화	수	목	금	토	일	월	화	수	목	금	토	일	월	화	수	목	금	토	일	월
일진 日辰	己丑	庚寅	辛卯	壬辰	癸巳	甲午	乙未	丙申	丁酉	戊戌	己亥	庚子	辛丑	壬寅	癸卯	甲辰	乙巳	丙午	丁未	戊申	己酉	庚戌	辛亥	壬子	癸丑	甲寅	乙卯	丙辰
음력	14	15	16	17	18	19	20	21	22	23	24	25	26	27	28	29	30	1/1	2	3	4	5	6	7	8	9	10	11
대운 남	1	1	1	입	1	1	1	1	2	2	2	3	3	3	4	4	4	5	우	5	6	6	6	7	7	7	8	8
대운 여	9	9	10	춘	10	9	9	9	8	8	8	7	7	7	6	6	6	5	수	5	4	4	4	3	3	3	2	2

立春

경칩 6일 01시 44분 ⇨ 【癸卯月(계묘월)】(경칩, 춘분~ 청명 전) 춘분 21일 02시 42분

양력 3 / 음력 01/12 ~ 02/12

양력	1	2	3	4	5	6	7	8	9	10	11	12	13	14	15	16	17	18	19	20	21	22	23	24	25	26	27	28	29	30	31
요일	화	수	목	금	토	일	월	화	수	목	금	토	일	월	화	수	목	금	토	일	월	화	수	목	금	토	일	월	화	수	목
일진 日辰	丁巳	戊午	己未	庚申	辛酉	壬戌	癸亥	甲子	乙丑	丙寅	丁卯	戊辰	己巳	庚午	辛未	壬申	癸酉	甲戌	乙亥	丙子	丁丑	戊寅	己卯	庚辰	辛巳	壬午	癸未	甲申	乙酉	丙戌	丁亥
음력	12	13	14	15	16	17	18	19	20	21	22	23	24	25	26	27	28	29	30	2/1	2	3	4	5	6	7	8	9	10	11	12
대운 남	8	9	9	9	10	경	1	1	1	1	2	2	2	3	3	3	4	4	4	5	춘	5	6	6	6	7	7	7	8	8	8
대운 여	2	1	1	1	1	칩	10	9	9	9	8	8	8	7	7	7	6	6	6	5	분	5	4	4	4	3	3	3	2	2	2

청명 5일 06시 46분 ⇨ 【甲辰月(갑진월)】(청명, 곡우~ 입하 전) 곡우 20일 13시 57분

양력 4 / 음력 02/13 ~ 03/13

양력	1	2	3	4	5	6	7	8	9	10	11	12	13	14	15	16	17	18	19	20	21	22	23	24	25	26	27	28	29	30
요일	금	토	일	월	화	수	목	금	토	일	월	화	수	목	금	토	일	월	화	수	목	금	토	일	월	화	수	목	금	토
일진 日辰	戊子	己丑	庚寅	辛卯	壬辰	癸巳	甲午	乙未	丙申	丁酉	戊戌	己亥	庚子	辛丑	壬寅	癸卯	甲辰	乙巳	丙午	丁未	戊申	己酉	庚戌	辛亥	壬子	癸丑	甲寅	乙卯	丙辰	丁巳
음력	13	14	15	16	17	18	19	20	21	22	23	24	25	26	27	28	29	3/1	2	3	4	5	6	7	8	9	10	11	12	13
대운 남	9	9	9	10	청	1	1	1	1	2	2	2	3	3	3	4	4	4	5	곡	5	6	6	6	7	7	7	8	8	8
대운 여	1	1	1	1	명	10	10	9	9	9	8	8	8	7	7	7	6	6	6	우	5	5	4	4	4	3	3	3	2	2

입하 6일 00시 16분 ⇨ 【乙巳月(을사월)】(입하, 소만~ 망종 전) 소만 21일 13시 14분

양력 5 / 음력 03/14 ~ 04/14

양력	1	2	3	4	5	6	7	8	9	10	11	12	13	14	15	16	17	18	19	20	21	22	23	24	25	26	27	28	29	30	31
요일	일	월	화	수	목	금	토	일	월	화	수	목	금	토	일	월	화	수	목	금	토	일	월	화	수	목	금	토	일	월	화
일진 日辰	戊午	己未	庚申	辛酉	壬戌	癸亥	甲子	乙丑	丙寅	丁卯	戊辰	己巳	庚午	辛未	壬申	癸酉	甲戌	乙亥	丙子	丁丑	戊寅	己卯	庚辰	辛巳	壬午	癸未	甲申	乙酉	丙戌	丁亥	戊子
음력	14	15	16	17	18	19	20	21	22	23	24	25	26	27	28	29	30	4/1	2	3	4	5	6	7	8	9	10	11	12	13	14
대운 남	9	9	9	10	10	입	1	1	1	1	2	2	2	3	3	3	4	4	4	5	소	5	6	6	6	7	7	7	8	8	8
대운 여	2	1	1	1	1	하	10	10	9	9	9	8	8	8	7	7	7	6	6	6	만	5	5	4	4	4	3	3	3	2	2

망종 6일 04시 32분 ⇨ 【丙午月(병오월)】(망종, 하지~ 소서 전) 하지 21일 21시 14분

양력 6 / 음력 04/15 ~ 05/14

양력	1	2	3	4	5	6	7	8	9	10	11	12	13	14	15	16	17	18	19	20	21	22	23	24	25	26	27	28	29	30
요일	수	목	금	토	일	월	화	수	목	금	토	일	월	화	수	목	금	토	일	월	화	수	목	금	토	일	월	화	수	목
일진 日辰	己丑	庚寅	辛卯	壬辰	癸巳	甲午	乙未	丙申	丁酉	戊戌	己亥	庚子	辛丑	壬寅	癸卯	甲辰	乙巳	丙午	丁未	戊申	己酉	庚戌	辛亥	壬子	癸丑	甲寅	乙卯	丙辰	丁巳	戊午
음력	15	16	17	18	19	20	21	22	23	24	25	26	27	28	29	30	5/1	2	3	4	5	6	7	8	9	10	11	12	13	14
대운 남	9	9	9	10	10	망	1	1	1	1	2	2	2	3	3	3	4	4	4	5	하	5	6	6	6	7	7	7	8	8
대운 여	2	1	1	1	1	종	10	10	9	9	9	8	8	8	7	7	7	6	6	6	지	5	5	4	4	4	3	3	3	2

대장군(동방), 삼살(동방), 상문(서남방),조객(동방), 납음(사중토), 【삼재(해,자,축)년】
한식(4월06일), 초복(7월12일), 중복(7월22일), 말복(8월11일)

丁巳年(정사년)

1977

소서 7일 14시 48분 ⇨ 【丁未月(정미월)】(소서, 대서~ 입추 전) 대서 23일 08시 04분

양력 7 / 음력 05/15 ~ 06/16

양력	1	2	3	4	5	6	7	8	9	10	11	12	13	14	15	16	17	18	19	20	21	22	23	24	25	26	27	28	29	30	31
요일	금	토	일	월	화	수	목	금	토	일	월	화	수	목	금	토	일	월	화	수	목	금	토	일	월	화	수	목	금	토	일
일진 日辰	己未	庚申	辛酉	壬戌	癸亥	甲子	乙丑	丙寅	丁卯	戊辰	己巳	庚午	辛未	壬申	癸酉	甲戌	乙亥	丙子	丁丑	戊寅	己卯	庚辰	辛巳	壬午	癸未	甲申	乙酉	丙戌	丁亥	戊子	己丑
음력	15	16	17	18	19	20	21	22	23	24	25	26	27	28	29	6/1	2	3	4	5	6	7	8	9	10	11	12	13	14	15	16
대운 남	8	9	9	9	10	10	소	1	1	1	1	2	2	2	3	3	3	4	4	4	5	5	대	6	6	6	7	7	7	8	8
대운 여	2	2	1	1	1	1	서	10	10	10	9	9	9	8	8	8	7	7	7	6	6	6	서	5	5	4	4	4	3	3	3

입추 8일 00시 30분 ⇨ 【戊申月(무신월)】(입추, 처서~ 백로 전) 처서 23일 15시 00분

양력 8 / 음력 06/17 ~ 07/17

양력	1	2	3	4	5	6	7	8	9	10	11	12	13	14	15	16	17	18	19	20	21	22	23	24	25	26	27	28	29	30	31
요일	월	화	수	목	금	토	일	월	화	수	목	금	토	일	월	화	수	목	금	토	일	월	화	수	목	금	토	일	월	화	수
일진 日辰	庚寅	辛卯	壬辰	癸巳	甲午	乙未	丙申	丁酉	戊戌	己亥	庚子	辛丑	壬寅	癸卯	甲辰	乙巳	丙午	丁未	戊申	己酉	庚戌	辛亥	壬子	癸丑	甲寅	乙卯	丙辰	丁巳	戊午	己未	庚申
음력	17	18	19	20	21	22	23	24	25	26	27	28	29	30	7/1	2	3	4	5	6	7	8	9	10	11	12	13	14	15	16	17
대운 남	8	9	9	9	10	10	10	입	1	1	1	1	2	2	2	3	3	3	4	4	4	5	처	5	6	6	6	7	7	7	8
대운 여	2	2	2	1	1	1	1	추	10	10	9	9	9	8	8	8	7	7	7	6	6	6	서	5	5	4	4	4	3	3	3

백로 8일 03시 16분 ⇨ 【己酉月(기유월)】(백로, 추분-한로 전) 추분 23일 12시 30분

양력 9 / 음력 07/18 ~ 08/18

양력	1	2	3	4	5	6	7	8	9	10	11	12	13	14	15	16	17	18	19	20	21	22	23	24	25	26	27	28	29	30
요일	목	금	토	일	월	화	수	목	금	토	일	월	화	수	목	금	토	일	월	화	수	목	금	토	일	월	화	수	목	금
일진 日辰	辛酉	壬戌	癸亥	甲子	乙丑	丙寅	丁卯	戊辰	己巳	庚午	辛未	壬申	癸酉	甲戌	乙亥	丙子	丁丑	戊寅	己卯	庚辰	辛巳	壬午	癸未	甲申	乙酉	丙戌	丁亥	戊子	己丑	庚寅
음력	18	19	20	21	22	23	24	25	26	27	28	29	8/1	2	3	4	5	6	7	8	9	10	11	12	13	14	15	16	17	18
대운 남	8	8	9	9	9	10	10	백	1	1	1	1	2	2	2	3	3	3	4	4	4	5	추	5	6	6	6	7	7	7
대운 여	2	2	2	1	1	1	1	로	10	9	9	9	8	8	8	7	7	7	6	6	6	5	분	5	4	4	4	3	3	3

한로 8일 18시 44분 ⇨ 【庚戌月(경술월)】(한로, 상강~ 입동 전) 상강 23일 21시 41분

양력 10 / 음력 08/19 ~ 09/19

양력	1	2	3	4	5	6	7	8	9	10	11	12	13	14	15	16	17	18	19	20	21	22	23	24	25	26	27	28	29	30	31
요일	토	일	월	화	수	목	금	토	일	월	화	수	목	금	토	일	월	화	수	목	금	토	일	월	화	수	목	금	토	일	월
일진 日辰	辛卯	壬辰	癸巳	甲午	乙未	丙申	丁酉	戊戌	己亥	庚子	辛丑	壬寅	癸卯	甲辰	乙巳	丙午	丁未	戊申	己酉	庚戌	辛亥	壬子	癸丑	甲寅	乙卯	丙辰	丁巳	戊午	己未	庚申	辛酉
음력	19	20	21	22	23	24	25	26	27	28	29	30	9/1	2	3	4	5	6	7	8	9	10	11	12	13	14	15	16	17	18	19
대운 남	8	8	8	9	9	9	10	한	1	1	1	1	2	2	2	3	3	3	4	4	4	5	상	5	6	6	6	7	7	7	8
대운 여	2	2	2	1	1	1	1	로	10	9	9	9	8	8	8	7	7	7	6	6	6	5	강	5	4	4	4	3	3	3	2

입동 7일 21시 46분 ⇨ 【辛亥月(신해월)】(입동, 소설~ 대설 전) 소설 22일 19시 07분

양력 11 / 음력 09/20 ~ 10/20

양력	1	2	3	4	5	6	7	8	9	10	11	12	13	14	15	16	17	18	19	20	21	22	23	24	25	26	27	28	29	30
요일	화	수	목	금	토	일	월	화	수	목	금	토	일	월	화	수	목	금	토	일	월	화	수	목	금	토	일	월	화	수
일진 日辰	壬戌	癸亥	甲子	乙丑	丙寅	丁卯	戊辰	己巳	庚午	辛未	壬申	癸酉	甲戌	乙亥	丙子	丁丑	戊寅	己卯	庚辰	辛巳	壬午	癸未	甲申	乙酉	丙戌	丁亥	戊子	己丑	庚寅	辛卯
음력	20	21	22	23	24	25	26	27	28	29	10/1	2	3	4	5	6	7	8	9	10	11	12	13	14	15	16	17	18	19	20
대운 남	8	8	9	9	9	10	입	1	1	1	1	2	2	2	3	3	3	4	4	4	5	소	5	6	6	6	7	7	7	8
대운 여	2	2	1	1	1	1	동	10	9	9	9	8	8	8	7	7	7	6	6	6	5	설	5	4	4	4	3	3	3	2

대설 7일 14시 31분 ⇨ 【壬子月(임자월)】(대설, 동지~소한 전) 동지 22일 08시 24분

양력 12 / 음력 10/21 ~ 11/21

양력	1	2	3	4	5	6	7	8	9	10	11	12	13	14	15	16	17	18	19	20	21	22	23	24	25	26	27	28	29	30	31
요일	목	금	토	일	월	화	수	목	금	토	일	월	화	수	목	금	토	일	월	화	수	목	금	토	일	월	화	수	목	금	토
일진 日辰	壬辰	癸巳	甲午	乙未	丙申	丁酉	戊戌	己亥	庚子	辛丑	壬寅	癸卯	甲辰	乙巳	丙午	丁未	戊申	己酉	庚戌	辛亥	壬子	癸丑	甲寅	乙卯	丙辰	丁巳	戊午	己未	庚申	辛酉	壬戌
음력	21	22	23	24	25	26	27	28	29	30	11/1	2	3	4	5	6	7	8	9	10	11	12	13	14	15	16	17	18	19	20	21
대운 남	8	8	9	9	9	10	대	1	1	1	1	2	2	2	3	3	3	4	4	4	5	동	5	6	6	6	7	7	7	8	8
대운 여	2	2	1	1	1	1	설	10	9	9	9	8	8	8	7	7	7	6	6	6	5	지	5	4	4	4	3	3	3	2	2

1978 戊午年(무오년)

단기4311년 /불기2522년 대장군(동방), 삼살(북방), 상문(서남방),조객(동남방), 납음(천상화), 【삼재(신,유,술)년】

소한 6일 01시 44분 ⇨ 【癸丑月(계축월)】(소한, 대한~ 입춘 전) 대한 20일 19시 04분

1 (음력 11/22 ~ 12/23)																															
양력	1	2	3	4	5	6	7	8	9	10	11	12	13	14	15	16	17	18	19	20	21	22	23	24	25	26	27	28	29	30	31
요일	일	월	화	수	목	금	토	일	월	화	수	목	금	토	일	월	화	수	목	금	토	일	월	화	수	목	금	토	일	월	화
일진 日辰	癸亥	甲子	乙丑	丙寅	丁卯	戊辰	己巳	庚午	辛未	壬申	癸酉	甲戌	乙亥	丙子	丁丑	戊寅	己卯	庚辰	辛巳	壬午	癸未	甲申	乙酉	丙戌	丁亥	戊子	己丑	庚寅	辛卯	壬辰	癸巳
음력	22	23	24	25	26	27	28	29	12/1	2	3	4	5	6	7	8	9	10	11	12	13	14	15	16	17	18	19	20	21	22	23
대운 남	8	9	9	9	10	소	1	1	1	1	2	2	2	3	3	3	4	4	4	대	5	5	6	6	6	7	7	7	8	8	8
대운 여	2	1	1	1	1	한	9	9	9	8	8	8	7	7	7	6	6	6	5	한	5	4	4	4	3	3	3	2	2	2	1

입춘 4일 13시 27분 ⇨ 【甲寅月(갑인월)】(입춘, 우수~ 경칩 전) 우수 19일 09시 21분

2 (음력 12/24 ~ 01/22)																												
양력	1	2	3	4	5	6	7	8	9	10	11	12	13	14	15	16	17	18	19	20	21	22	23	24	25	26	27	28
요일	수	목	금	토	일	월	화	수	목	금	토	일	월	화	수	목	금	토	일	월	화	수	목	금	토	일	월	화
일진 日辰	甲午	乙未	丙申	丁酉	戊戌	己亥	庚子	辛丑	壬寅	癸卯	甲辰	乙巳	丙午	丁未	戊申	己酉	庚戌	辛亥	壬子	癸丑	甲寅	乙卯	丙辰	丁巳	戊午	己未	庚申	辛酉
음력	24	25	26	27	28	29	1/1	2	3	4	5	6	7	8	9	10	11	12	13	14	15	16	17	18	19	20	21	22
대운 남	9	9	9	입	10	9	9	9	8	8	8	7	7	7	6	6	6	5	우	5	4	4	4	3	3	3	2	2
대운 여	1	1	1	춘	1	1	1	1	2	2	2	3	3	3	4	4	4	5	수	5	6	6	6	7	7	7	8	8

立春

경칩 6일 07시 38분 ⇨ 【乙卯月(을묘월)】(경칩, 춘분~ 청명 전) 춘분 21일 08시 34분

3 (음력 01/23 ~ 02/23)																															
양력	1	2	3	4	5	6	7	8	9	10	11	12	13	14	15	16	17	18	19	20	21	22	23	24	25	26	27	28	29	30	31
요일	수	목	금	토	일	월	화	수	목	금	토	일	월	화	수	목	금	토	일	월	화	수	목	금	토	일	월	화	수	목	금
일진 日辰	壬戌	癸亥	甲子	乙丑	丙寅	丁卯	戊辰	己巳	庚午	辛未	壬申	癸酉	甲戌	乙亥	丙子	丁丑	戊寅	己卯	庚辰	辛巳	壬午	癸未	甲申	乙酉	丙戌	丁亥	戊子	己丑	庚寅	辛卯	壬辰
음력	23	24	25	26	27	28	29	30	2/1	2	3	4	5	6	7	8	9	10	11	12	13	14	15	16	17	18	19	20	21	22	23
대운 남	2	1	1	1	1	경	10	9	9	9	8	8	8	7	7	7	6	6	6	5	춘	5	4	4	4	3	3	3	2	2	2
대운 여	8	9	9	9	10	칩	1	1	1	1	2	2	2	3	3	3	4	4	4	5	분	5	6	6	6	7	7	7	8	8	8

청명 5일 12시 39분 ⇨ 【丙辰月(병진월)】(청명, 곡우~ 입하 전) 곡우 20일 19시 50분

4 (음력 02/24 ~ 03/23)																														
양력	1	2	3	4	5	6	7	8	9	10	11	12	13	14	15	16	17	18	19	20	21	22	23	24	25	26	27	28	29	30
요일	토	일	월	화	수	목	금	토	일	월	화	수	목	금	토	일	월	화	수	목	금	토	일	월	화	수	목	금	토	일
일진 日辰	癸巳	甲午	乙未	丙申	丁酉	戊戌	己亥	庚子	辛丑	壬寅	癸卯	甲辰	乙巳	丙午	丁未	戊申	己酉	庚戌	辛亥	壬子	癸丑	甲寅	乙卯	丙辰	丁巳	戊午	己未	庚申	辛酉	壬戌
음력	24	25	26	27	28	29	30	3/1	2	3	4	5	6	7	8	9	10	11	12	13	14	15	16	17	18	19	20	21	22	23
대운 남	1	1	1	1	청	10	10	9	9	9	8	8	8	7	7	7	6	6	6	곡	5	5	4	4	4	3	3	3	2	2
대운 여	9	9	9	10	명	1	1	1	1	2	2	2	3	3	3	4	4	4	5	우	5	6	6	6	7	7	7	8	8	8

입하 6일 06시 09분 ⇨ 【丁巳月(성사월)】(입하, 소만~ 망종 전) 소반 21일 19시 08분

5 (음력 03/24 ~ 04/25)																															
양력	1	2	3	4	5	6	7	8	9	10	11	12	13	14	15	16	17	18	19	20	21	22	23	24	25	26	27	28	29	30	31
요일	월	화	수	목	금	토	일	월	화	수	목	금	토	일	월	화	수	목	금	토	일	월	화	수	목	금	토	일	월	화	수
일진 日辰	癸亥	甲子	乙丑	丙寅	丁卯	戊辰	己巳	庚午	辛未	壬申	癸酉	甲戌	乙亥	丙子	丁丑	戊寅	己卯	庚辰	辛巳	壬午	癸未	甲申	乙酉	丙戌	丁亥	戊子	己丑	庚寅	辛卯	壬辰	癸巳
음력	24	25	26	27	28	29	4/1	2	3	4	5	6	7	8	9	10	11	12	13	14	15	16	17	18	19	20	21	22	23	24	25
대운 남	2	1	1	1	1	입	10	10	9	9	9	8	8	8	7	7	7	6	6	6	소	5	5	4	4	4	3	3	3	2	2
대운 여	9	9	9	10	10	하	1	1	1	1	2	2	2	3	3	3	4	4	4	5	만	5	6	6	6	7	7	7	8	8	8

망종 6일 10시 23분 ⇨ 【戊午月(무오월)】(망종, 하지~ 소서 전) 하지 22일 03시 10분

6 (음력 04/26 ~ 05/25)																														
양력	1	2	3	4	5	6	7	8	9	10	11	12	13	14	15	16	17	18	19	20	21	22	23	24	25	26	27	28	29	30
요일	목	금	토	일	월	화	수	목	금	토	일	월	화	수	목	금	토	일	월	화	수	목	금	토	일	월	화	수	목	금
일진 日辰	甲午	乙未	丙申	丁酉	戊戌	己亥	庚子	辛丑	壬寅	癸卯	甲辰	乙巳	丙午	丁未	戊申	己酉	庚戌	辛亥	壬子	癸丑	甲寅	乙卯	丙辰	丁巳	戊午	己未	庚申	辛酉	壬戌	癸亥
음력	26	27	28	29	30	5/1	2	3	4	5	6	7	8	9	10	11	12	13	14	15	16	17	18	19	20	21	22	23	24	25
대운 남	2	1	1	1	1	망	10	10	9	9	9	8	8	8	7	7	7	6	6	6	5	하	5	4	4	4	3	3	3	2
대운 여	9	9	9	10	10	종	1	1	1	1	2	2	2	3	3	3	4	4	4	5	5	지	6	6	6	7	7	7	8	8

대장군(동방). 삼살(북방), 상문(서남방),조객(동남방), 납음(천상화), 【삼재(신,유,술)년】
한식(4월06일), 초복(7월17일), 중복(7월27일), 말복(8월16일)

戊午年(무오년)

1978

소서 7일 20시 37분 ⇨ 【己未月(기미월)】(소서, 대서~ 입추 전) 대서 23일 14시 00분

양력 7 / 음력 05/26 ~ 06/27

양력	1	2	3	4	5	6	7	8	9	10	11	12	13	14	15	16	17	18	19	20	21	22	23	24	25	26	27	28	29	30	31
요일	토	일	월	화	수	목	금	토	일	월	화	수	목	금	토	일	월	화	수	목	금	토	일	월	화	수	목	금	토	일	월
일진 日辰	甲子	乙丑	丙寅	丁卯	戊辰	己巳	庚午	辛未	壬申	癸酉	甲戌	乙亥	丙子	丁丑	戊寅	己卯	庚辰	辛巳	壬午	癸未	甲申	乙酉	丙戌	丁亥	戊子	己丑	庚寅	辛卯	壬辰	癸巳	甲午
음력	26	27	28	29	6/1	2	3	4	5	6	7	8	9	10	11	12	13	14	15	16	17	18	19	20	21	22	23	24	25	26	27
대운 남	2	2	1	1	1	1	소	10	10	10	9	9	9	8	8	8	7	7	7	6	6	6	대	5	5	4	4	4	3	3	3
대운 여	8	9	9	9	10	10	서	1	1	1	1	2	2	2	3	3	3	4	4	4	5	5	서	6	6	6	7	7	7	8	8

입추 8일 06시 18분 ⇨ 【庚申月(경신월)】(입추, 처서~ 백로 전) 처서 23일 20시 57분

양력 8 / 음력 06/28 ~ 07/28

양력	1	2	3	4	5	6	7	8	9	10	11	12	13	14	15	16	17	18	19	20	21	22	23	24	25	26	27	28	29	30	31
요일	화	수	목	금	토	일	월	화	수	목	금	토	일	월	화	수	목	금	토	일	월	화	수	목	금	토	일	월	화	수	목
일진 日辰	乙未	丙申	丁酉	戊戌	己亥	庚子	辛丑	壬寅	癸卯	甲辰	乙巳	丙午	丁未	戊申	己酉	庚戌	辛亥	壬子	癸丑	甲寅	乙卯	丙辰	丁巳	戊午	己未	庚申	辛酉	壬戌	癸亥	甲子	乙丑
음력	28	29	30	7/1	2	3	4	5	6	7	8	9	10	11	12	13	14	15	16	17	18	19	20	21	22	23	24	25	26	27	28
대운 남	2	2	2	1	1	1	1	입	10	10	9	9	9	8	8	8	7	7	7	6	6	6	처	5	5	4	4	4	3	3	3
대운 여	8	9	9	9	10	10	10	추	1	1	1	1	2	2	2	3	3	3	4	4	4	5	서	5	6	6	6	7	7	7	8

백로 8일 09시 02분 ⇨ 【辛酉月(신유월)】(백로, 추분-한로 전) 추분 23일 18시 26분

양력 9 / 음력 07/29 ~ 08/28

양력	1	2	3	4	5	6	7	8	9	10	11	12	13	14	15	16	17	18	19	20	21	22	23	24	25	26	27	28	29	30
요일	금	토	일	월	화	수	목	금	토	일	월	화	수	목	금	토	일	월	화	수	목	금	토	일	월	화	수	목	금	토
일진 日辰	丙寅	丁卯	戊辰	己巳	庚午	辛未	壬申	癸酉	甲戌	乙亥	丙子	丁丑	戊寅	己卯	庚辰	辛巳	壬午	癸未	甲申	乙酉	丙戌	丁亥	戊子	己丑	庚寅	辛卯	壬辰	癸巳	甲午	乙未
음력	29	30	8/1	2	3	4	5	6	7	8	9	10	11	12	13	14	15	16	17	18	19	20	21	22	23	24	25	26	27	28
대운 남	2	2	2	1	1	1	1	백	10	10	9	9	9	8	8	8	7	7	7	6	6	6	추	5	5	4	4	4	3	3
대운 여	8	8	9	9	9	10	10	로	1	1	1	1	2	2	2	3	3	3	4	4	4	5	분	5	6	6	6	7	7	7

한로 9일 00시 31분 ⇨ 【壬戌月(임술월)】(한로, 상강~ 입동 전) 상강 24일 03시 37분

양력 10 / 음력 08/29 ~ 09/30

양력	1	2	3	4	5	6	7	8	9	10	11	12	13	14	15	16	17	18	19	20	21	22	23	24	25	26	27	28	29	30	31
요일	일	월	화	수	목	금	토	일	월	화	수	목	금	토	일	월	화	수	목	금	토	일	월	화	수	목	금	토	일	월	화
일진 日辰	丙申	丁酉	戊戌	己亥	庚子	辛丑	壬寅	癸卯	甲辰	乙巳	丙午	丁未	戊申	己酉	庚戌	辛亥	壬子	癸丑	甲寅	乙卯	丙辰	丁巳	戊午	己未	庚申	辛酉	壬戌	癸亥	甲子	乙丑	丙寅
음력	29	9/1	2	3	4	5	6	7	8	9	10	11	12	13	14	15	16	17	18	19	20	21	22	23	24	25	26	27	28	29	30
대운 남	3	2	2	2	1	1	1	1	한	10	9	9	9	8	8	8	7	7	7	6	6	6	5	상	5	4	4	4	3	3	3
대운 여	8	8	8	9	9	9	10	10	로	1	1	1	1	2	2	2	3	3	3	4	4	4	5	강	5	6	6	6	7	7	7

입동 8일 03시 34분 ⇨ 【癸亥月(계해월)】(입동, 소설~ 대설 전) 소설 23일 01시 05분

양력 11 / 음력 10/01 ~ 11/01

양력	1	2	3	4	5	6	7	8	9	10	11	12	13	14	15	16	17	18	19	20	21	22	23	24	25	26	27	28	29	30
요일	수	목	금	토	일	월	화	수	목	금	토	일	월	화	수	목	금	토	일	월	화	수	목	금	토	일	월	화	수	목
일진 日辰	丁卯	戊辰	己巳	庚午	辛未	壬申	癸酉	甲戌	乙亥	丙子	丁丑	戊寅	己卯	庚辰	辛巳	壬午	癸未	甲申	乙酉	丙戌	丁亥	戊子	己丑	庚寅	辛卯	壬辰	癸巳	甲午	乙未	丙申
음력	10/1	2	3	4	5	6	7	8	9	10	11	12	13	14	15	16	17	18	19	20	21	22	23	24	25	26	27	28	29	11/1
대운 남	2	2	2	1	1	1	1	입	9	9	9	8	8	8	7	7	7	6	6	6	5	5	소	4	4	4	3	3	3	2
대운 여	8	8	8	9	9	9	10	동	1	1	1	1	2	2	2	3	3	3	4	4	4	5	설	5	6	6	6	7	7	7

대설 7일 20시 20분 ⇨ 【甲子月(갑자월)】(대설, 동지~소한 전) 동지 22일 14시 21분

양력 12 / 음력 11/02 ~ 12/02

양력	1	2	3	4	5	6	7	8	9	10	11	12	13	14	15	16	17	18	19	20	21	22	23	24	25	26	27	28	29	30	31
요일	금	토	일	월	화	수	목	금	토	일	월	화	수	목	금	토	일	월	화	수	목	금	토	일	월	화	수	목	금	토	일
일진 日辰	丁酉	戊戌	己亥	庚子	辛丑	壬寅	癸卯	甲辰	乙巳	丙午	丁未	戊申	己酉	庚戌	辛亥	壬子	癸丑	甲寅	乙卯	丙辰	丁巳	戊午	己未	庚申	辛酉	壬戌	癸亥	甲子	乙丑	丙寅	丁卯
음력	2	3	4	5	6	7	8	9	10	11	12	13	14	15	16	17	18	19	20	21	22	23	24	25	26	27	28	29	30	12/1	2
대운 남	2	2	1	1	1	1	대	10	9	9	9	8	8	8	7	7	7	6	6	6	5	동	5	4	4	4	3	3	3	2	2
대운 여	8	8	8	9	9	9	설	1	1	1	1	2	2	2	3	3	3	4	4	4	5	지	5	6	6	6	7	7	7	8	8

윤6월 大 1979 己未年(기미년)

단기4312년 /불기2523년 대장군(동방), 삼살(서방), 상문(서방),조객(동남방), 납음(천상화), 【삼재(사,오,미)년】

소한 6일 07시 32분 ⇨ **【乙丑月(을축월)】**(소한, 대한~ 입춘 전) 대한 21일 01시 00분

양력 1 / 음력 12/03 ~ 01/04

양력	1	2	3	4	5	6	7	8	9	10	11	12	13	14	15	16	17	18	19	20	21	22	23	24	25	26	27	28	29	30	31
요일	월	화	수	목	금	토	일	월	화	수	목	금	토	일	월	화	수	목	금	토	일	월	화	수	목	금	토	일	월	화	수
일진	戊	己	庚	辛	壬	癸	甲	乙	丙	丁	戊	己	庚	辛	壬	癸	甲	乙	丙	丁	戊	己	庚	辛	壬	癸	甲	乙	丙	丁	戊
日辰	辰	巳	午	未	申	酉	戌	亥	子	丑	寅	卯	辰	巳	午	未	申	酉	戌	亥	子	丑	寅	卯	辰	巳	午	未	申	酉	戌
음력	3	4	5	6	7	8	9	10	11	12	13	14	15	16	17	18	19	20	21	22	23	24	25	26	27	28	29	1/1	2	3	4
대운 남	2	1	1	1	1	소	9	9	9	8	8	8	7	7	7	6	6	6	5	5	대	4	4	4	3	3	3	2	2	2	1
대운 여	8	9	9	9	10	한	1	1	1	1	2	2	2	3	3	3	4	4	4	5	한	5	6	6	6	7	7	7	8	8	8

입춘 4일 19시 12분 ⇨ **【丙寅月(병인월)】**(입춘, 우수~ 경칩 전) 우수 19일 15시 13분

양력 2 / 음력 01/05 ~ 02/02

양력	1	2	3	4	5	6	7	8	9	10	11	12	13	14	15	16	17	18	19	20	21	22	23	24	25	26	27	28
요일	목	금	토	일	월	화	수	목	금	토	일	월	화	수	목	금	토	일	월	화	수	목	금	토	일	월	화	수
일진	己	庚	辛	壬	癸	甲	乙	丙	丁	戊	己	庚	辛	壬	癸	甲	乙	丙	丁	戊	己	庚	辛	壬	癸	甲	乙	丙
日辰	亥	子	丑	寅	卯	辰	巳	午	未	申	酉	戌	亥	子	丑	寅	卯	辰	巳	午	未	申	酉	戌	亥	子	丑	寅
음력	5	6	7	8	9	10	11	12	13	14	15	16	17	18	19	20	21	22	23	24	25	26	27	28	29	30	2/1	2
대운 남	1	1	1	입	1	1	1	1	2	2	2	3	3	3	4	4	4	5	우	5	6	6	6	7	7	7	8	8
대운 여	9	9	9	춘	10	9	9	9	8	8	8	7	7	7	6	6	6	5	수	5	4	4	4	3	3	3	2	2

立春

경칩 6일 13시 20분 ⇨ **【丁卯月(정묘월)】**(경칩, 춘분~ 청명 전) 춘분 21일 14시 22분

양력 3 / 음력 02/03 ~ 03/04

양력	1	2	3	4	5	6	7	8	9	10	11	12	13	14	15	16	17	18	19	20	21	22	23	24	25	26	27	28	29	30	31
요일	목	금	토	일	월	화	수	목	금	토	일	월	화	수	목	금	토	일	월	화	수	목	금	토	일	월	화	수	목	금	토
일진	丁	戊	己	庚	辛	壬	癸	甲	乙	丙	丁	戊	己	庚	辛	壬	癸	甲	乙	丙	丁	戊	己	庚	辛	壬	癸	甲	乙	丙	丁
日辰	卯	辰	巳	午	未	申	酉	戌	亥	子	丑	寅	卯	辰	巳	午	未	申	酉	戌	亥	子	丑	寅	卯	辰	巳	午	未	申	酉
음력	3	4	5	6	7	8	9	10	11	12	13	14	15	16	17	18	19	20	21	22	23	24	25	26	27	28	29	3/1	2	3	4
대운 남	8	9	9	9	10	경	1	1	1	1	2	2	2	3	3	3	4	4	4	5	춘	5	6	6	6	7	7	7	8	8	8
대운 여	2	1	1	1	1	칩	10	9	9	9	8	8	8	7	7	7	6	6	6	5	분	5	4	4	4	3	3	3	2	2	2

청명 5일 18시 18분 ⇨ **【戊辰月(무진월)】**(청명, 곡우~ 입하 전) 곡우 21일 01시 35분

양력 4 / 음력 03/05 ~ 04/05

양력	1	2	3	4	5	6	7	8	9	10	11	12	13	14	15	16	17	18	19	20	21	22	23	24	25	26	27	28	29	30
요일	일	월	화	수	목	금	토	일	월	화	수	목	금	토	일	월	화	수	목	금	토	일	월	화	수	목	금	토	일	월
일진	戊	己	庚	辛	壬	癸	甲	乙	丙	丁	戊	己	庚	辛	壬	癸	甲	乙	丙	丁	戊	己	庚	辛	壬	癸	甲	乙	丙	丁
日辰	戌	亥	子	丑	寅	卯	辰	巳	午	未	申	酉	戌	亥	子	丑	寅	卯	辰	巳	午	未	申	酉	戌	亥	子	丑	寅	卯
음력	5	6	7	8	9	10	11	12	13	14	15	16	17	18	19	20	21	22	23	24	25	26	27	28	29	4/1	2	3	4	5
대운 남	9	9	9	10	청	1	1	1	1	2	2	2	3	3	3	4	4	4	5	5	곡	6	6	6	7	7	7	8	8	8
대운 여	1	1	1	1	명	10	10	9	9	9	8	8	8	7	7	7	6	6	6	5	우	5	4	4	4	3	3	3	2	2

입하 6일 11시 47분 ⇨ **【己巳月(기사월)】**(입하, 소만~ 망종 전) 소만 22일 00시 54분

양력 5 / 음력 04/06 ~ 05/06

양력	1	2	3	4	5	6	7	8	9	10	11	12	13	14	15	16	17	18	19	20	21	22	23	24	25	26	27	28	29	30	31
요일	화	수	목	금	토	일	월	화	수	목	금	토	일	월	화	수	목	금	토	일	월	화	수	목	금	토	일	월	화	수	목
일진	戊	己	庚	辛	壬	癸	甲	乙	丙	丁	戊	己	庚	辛	壬	癸	甲	乙	丙	丁	戊	己	庚	辛	壬	癸	甲	乙	丙	丁	戊
日辰	辰	巳	午	未	申	酉	戌	亥	子	丑	寅	卯	辰	巳	午	未	申	酉	戌	亥	子	丑	寅	卯	辰	巳	午	未	申	酉	戌
음력	6	7	8	9	10	11	12	13	14	15	16	17	18	19	20	21	22	23	24	25	26	27	28	29	30	5/1	2	3	4	5	6
대운 남	9	9	9	10	10	입	1	1	1	1	2	2	2	3	3	3	4	4	4	5	5	소	6	6	6	7	7	7	8	8	8
대운 여	2	1	1	1	1	하	10	10	9	9	9	8	8	8	7	7	7	6	6	6	5	만	5	4	4	4	3	3	3	2	2

망종 6일 16시 05분 ⇨ **【庚午月(경오월)】**(망종, 하지~ 소서 전) 하지 22일 08시 56분

양력 6 / 음력 05/07 ~ 06/07

양력	1	2	3	4	5	6	7	8	9	10	11	12	13	14	15	16	17	18	19	20	21	22	23	24	25	26	27	28	29	30
요일	금	토	일	월	화	수	목	금	토	일	월	화	수	목	금	토	일	월	화	수	목	금	토	일	월	화	수	목	금	토
일진	己	庚	辛	壬	癸	甲	乙	丙	丁	戊	己	庚	辛	壬	癸	甲	乙	丙	丁	戊	己	庚	辛	壬	癸	甲	乙	丙	丁	戊
日辰	亥	子	丑	寅	卯	辰	巳	午	未	申	酉	戌	亥	子	丑	寅	卯	辰	巳	午	未	申	酉	戌	亥	子	丑	寅	卯	辰
음력	7	8	9	10	11	12	13	14	15	16	17	18	19	20	21	22	23	24	25	26	27	28	29	6/1	2	3	4	5	6	7
대운 남	9	9	9	10	10	망	1	1	1	1	2	2	2	3	3	3	4	4	4	5	5	하	6	6	6	7	7	7	8	8
대운 여	2	1	1	1	1	종	10	10	10	9	9	9	8	8	8	7	7	7	6	6	6	지	5	5	4	4	4	3	3	3

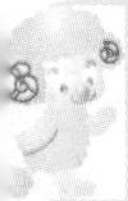

대장군(동방), 삼살(서방), 상문(서방),조객(동남방), 납음(천상화), 【삼재(사,오,미)년】
한식(4월06일), 초복(7월12일), 중복(7월22일), 말복(8월11일)

己未年(기미년)

1979

서 8일 02시 25분 ➡ 【辛未月(신미월)】(소서, 대서~ 입추 전) 대서 23일 19시 49분

양력 7 / 음력 6/08 ~ 윤608

양력	1	2	3	4	5	6	7	8	9	10	11	12	13	14	15	16	17	18	19	20	21	22	23	24	25	26	27	28	29	30	31
요일	일	월	화	수	목	금	토	일	월	화	수	목	금	토	일	월	화	수	목	금	토	일	월	화	수	목	금	토	일	월	화
일진 日辰	己巳	庚午	辛未	壬申	癸酉	甲戌	乙亥	丙子	丁丑	戊寅	己卯	庚辰	辛巳	壬午	癸未	甲申	乙酉	丙戌	丁亥	戊子	己丑	庚寅	辛卯	壬辰	癸巳	甲午	乙未	丙申	丁酉	戊戌	己亥
음력	8	9	10	11	12	13	14	15	16	17	18	19	20	21	22	23	24	25	26	27	28	29	30	윤6	2	3	4	5	6	7	8
대운 남	8	9	9	9	10	10	10	소	1	1	1	1	2	2	2	3	3	3	4	4	4	5	대	5	6	6	6	7	7	7	8
대운 여	2	2	2	1	1	1	1	서	10	10	9	9	9	8	8	8	7	7	7	6	6	6	서	5	5	4	4	4	3	3	3

입추 8일 12시 11분 ➡ 【壬申月(임신월)】(입추, 처서~ 백로 전) 처서 24일 02시 47분

양력 8 / 음력 609 ~ 7/09

양력	1	2	3	4	5	6	7	8	9	10	11	12	13	14	15	16	17	18	19	20	21	22	23	24	25	26	27	28	29	30	31
요일	수	목	금	토	일	월	화	수	목	금	토	일	월	화	수	목	금	토	일	월	화	수	목	금	토	일	월	화	수	목	금
일진 日辰	庚子	辛丑	壬寅	癸卯	甲辰	乙巳	丙午	丁未	戊申	己酉	庚戌	辛亥	壬子	癸丑	甲寅	乙卯	丙辰	丁巳	戊午	己未	庚申	辛酉	壬戌	癸亥	甲子	乙丑	丙寅	丁卯	戊辰	己巳	庚午
음력	9	10	11	12	13	14	15	16	17	18	19	20	21	22	23	24	25	26	27	28	29	30	7/1	2	3	4	5	6	7	8	9
대운 남	8	8	9	9	9	10	10	입	1	1	1	1	2	2	2	3	3	3	4	4	4	5	5	처	6	6	6	7	7	7	8
대운 여	2	2	2	1	1	1	1	추	10	10	9	9	9	8	8	8	7	7	7	6	6	6	5	서	5	4	4	4	3	3	3

로 8일 15시 00분 ➡ 【癸酉月(계유월)】(백로, 추분-한로 전) 추분 24일 00시 17분

양력 9 / 음력 7/10 ~ 8/10

양력	1	2	3	4	5	6	7	8	9	10	11	12	13	14	15	16	17	18	19	20	21	22	23	24	25	26	27	28	29	30
요일	토	일	월	화	수	목	금	토	일	월	화	수	목	금	토	일	월	화	수	목	금	토	일	월	화	수	목	금	토	일
일진 日辰	辛未	壬申	癸酉	甲戌	乙亥	丙子	丁丑	戊寅	己卯	庚辰	辛巳	壬午	癸未	甲申	乙酉	丙戌	丁亥	戊子	己丑	庚寅	辛卯	壬辰	癸巳	甲午	乙未	丙申	丁酉	戊戌	己亥	庚子
음력	10	11	12	13	14	15	16	17	18	19	20	21	22	23	24	25	26	27	28	29	8/1	2	3	4	5	6	7	8	9	10
대운 남	8	8	9	9	9	10	10	백	1	1	1	1	2	2	2	3	3	3	4	4	4	5	5	추	6	6	6	7	7	7
대운 여	2	2	2	1	1	1	1	로	10	10	9	9	9	8	8	8	7	7	7	6	6	6	5	분	5	4	4	4	3	3

로 9일 06시 30분 ➡ 【甲戌月(갑술월)】(한로, 상강~ 입동 전) 상강 24일 09시 28분

양력 10 / 음력 8/11 ~ 9/11

양력	1	2	3	4	5	6	7	8	9	10	11	12	13	14	15	16	17	18	19	20	21	22	23	24	25	26	27	28	29	30	31
요일	월	화	수	목	금	토	일	월	화	수	목	금	토	일	월	화	수	목	금	토	일	월	화	수	목	금	토	일	월	화	수
일진 日辰	辛丑	壬寅	癸卯	甲辰	乙巳	丙午	丁未	戊申	己酉	庚戌	辛亥	壬子	癸丑	甲寅	乙卯	丙辰	丁巳	戊午	己未	庚申	辛酉	壬戌	癸亥	甲子	乙丑	丙寅	丁卯	戊辰	己巳	庚午	辛未
음력	11	12	13	14	15	16	17	18	19	20	21	22	23	24	25	26	27	28	29	30	9/1	2	3	4	5	6	7	8	9	10	11
대운 남	8	8	8	9	9	9	10	10	한	1	1	1	1	2	2	2	3	3	3	4	4	4	5	상	5	6	6	6	7	7	7
대운 여	3	2	2	2	1	1	1	1	로	10	9	9	9	8	8	8	7	7	7	6	6	6	5	강	5	4	4	4	3	3	3

입동 8일 09시 33분 ➡ 【乙亥月(을해월)】(입동, 소설~ 대설 전) 소설 23일 06시 54분

양력 11 / 음력 9/12 ~ 10/11

양력	1	2	3	4	5	6	7	8	9	10	11	12	13	14	15	16	17	18	19	20	21	22	23	24	25	26	27	28	29	30
요일	목	금	토	일	월	화	수	목	금	토	일	월	화	수	목	금	토	일	월	화	수	목	금	토	일	월	화	수	목	금
일진 日辰	壬申	癸酉	甲戌	乙亥	丙子	丁丑	戊寅	己卯	庚辰	辛巳	壬午	癸未	甲申	乙酉	丙戌	丁亥	戊子	己丑	庚寅	辛卯	壬辰	癸巳	甲午	乙未	丙申	丁酉	戊戌	己亥	庚子	辛丑
음력	12	13	14	15	16	17	18	19	20	21	22	23	24	25	26	27	28	29	30	10/1	2	3	4	5	6	7	8	9	10	11
대운 남	8	8	8	9	9	9	10	입	1	1	1	1	2	2	2	3	3	3	4	4	4	5	소	5	6	6	6	7	7	7
대운 여	2	2	2	1	1	1	1	동	10	9	9	9	8	8	8	7	7	7	6	6	6	5	설	5	4	4	4	3	3	3

대설 8일 02시 18분 ➡ 【丙子月(병자월)】(대설, 동지~소한 전) 동지 22일 20시 10분

양력 12 / 음력 10/12 ~ 11/13

양력	1	2	3	4	5	6	7	8	9	10	11	12	13	14	15	16	17	18	19	20	21	22	23	24	25	26	27	28	29	30	31
요일	토	일	월	화	수	목	금	토	일	월	화	수	목	금	토	일	월	화	수	목	금	토	일	월	화	수	목	금	토	일	월
일진 日辰	壬寅	癸卯	甲辰	乙巳	丙午	丁未	戊申	己酉	庚戌	辛亥	壬子	癸丑	甲寅	乙卯	丙辰	丁巳	戊午	己未	庚申	辛酉	壬戌	癸亥	甲子	乙丑	丙寅	丁卯	戊辰	己巳	庚午	辛未	壬申
음력	12	13	14	15	16	17	18	19	20	21	22	23	24	25	26	27	28	29	11/1	2	3	4	5	6	7	8	9	10	11	12	13
대운 남	8	8	8	9	9	9	10	대	1	1	1	1	2	2	2	3	3	3	4	4	4	동	5	5	6	6	6	7	7	7	8
대운 여	2	2	2	1	1	1	1	설	9	9	9	8	8	8	7	7	7	6	6	6	5	지	5	4	4	4	3	3	3	2	2

1980 庚申年(경신년)

단기4313년 /불기2524년 대장군(남방), 삼살(남방), 상문(서북방), 조객(남방),납음(석류목), 삼재(인,묘,진)

소한 6일 13시 29분 ⇨ **【丁丑月(정축월)】**(소한, 대한~ 입춘 전) 대한 21일 06시 49분

양력 **1** 음력 11/14 ~ 12/14

양력	1	2	3	4	5	6	7	8	9	10	11	12	13	14	15	16	17	18	19	20	21	22	23	24	25	26	27	28	29	30	31
요일	화	수	목	금	토	일	월	화	수	목	금	토	일	월	화	수	목	금	토	일	월	화	수	목	금	토	일	월	화	수	목
일진 日辰	癸酉	甲戌	乙亥	丙子	丁丑	戊寅	己卯	庚辰	辛巳	壬午	癸未	甲申	乙酉	丙戌	丁亥	戊子	己丑	庚寅	辛卯	壬辰	癸巳	甲午	乙未	丙申	丁酉	戊戌	己亥	庚子	辛丑	壬寅	癸卯
음력	14	15	16	17	18	19	20	21	22	23	24	25	26	27	28	29	30	12/1	2	3	4	5	6	7	8	9	10	11	12	13	14
대운 남	8	8	9	9	9	소	1	1	1	1	2	2	2	3	3	3	4	4	4	5	대	5	6	6	6	7	7	7	8	8	8
대운 여	2	1	1	1	1	한	10	9	9	9	8	8	8	7	7	7	6	6	6	5	한	5	4	4	4	3	3	3	2	2	2

입춘 5일 01시 09분 ⇨ **【戊寅月(무인월)】**(입춘, 우수~ 경칩 전) 우수 19일 21시 02분

양력 **2** 음력 12/15 ~ 01/14 立春

양력	1	2	3	4	5	6	7	8	9	10	11	12	13	14	15	16	17	18	19	20	21	22	23	24	25	26	27	28	29
요일	금	토	일	월	화	수	목	금	토	일	월	화	수	목	금	토	일	월	화	수	목	금	토	일	월	화	수	목	금
일진 日辰	甲辰	乙巳	丙午	丁未	戊申	己酉	庚戌	辛亥	壬子	癸丑	甲寅	乙卯	丙辰	丁巳	戊午	己未	庚申	辛酉	壬戌	癸亥	甲子	乙丑	丙寅	丁卯	戊辰	己巳	庚午	辛未	壬申
음력	15	16	17	18	19	20	21	22	23	24	25	26	27	28	29	1/1	2	3	4	5	6	7	8	9	10	11	12	13	14
대운 남	9	9	9	10	입	9	9	9	8	8	8	7	7	7	6	6	6	5	우	5	4	4	4	3	3	3	2	2	2
대운 여	1	1	1	1	춘	1	1	1	1	2	2	2	3	3	3	4	4	4	수	5	5	6	6	6	7	7	7	8	8

경칩 5일 19시 17분 ⇨ **【己卯月(기묘월)】**(경칩, 춘분~ 청명 전) 춘분 20일 20시 10분

양력 **3** 음력 01/15 ~ 02/15

양력	1	2	3	4	5	6	7	8	9	10	11	12	13	14	15	16	17	18	19	20	21	22	23	24	25	26	27	28	29	30	31
요일	토	일	월	화	수	목	금	토	일	월	화	수	목	금	토	일	월	화	수	목	금	토	일	월	화	수	목	금	토	일	월
일진 日辰	癸酉	甲戌	乙亥	丙子	丁丑	戊寅	己卯	庚辰	辛巳	壬午	癸未	甲申	乙酉	丙戌	丁亥	戊子	己丑	庚寅	辛卯	壬辰	癸巳	甲午	乙未	丙申	丁酉	戊戌	己亥	庚子	辛丑	壬寅	癸卯
음력	15	16	17	18	19	20	21	22	23	24	25	26	27	28	29	30	2/1	2	3	4	5	6	7	8	9	10	11	12	13	14	15
대운 남	1	1	1	1	경	10	10	9	9	9	8	8	8	7	7	7	6	6	6	춘	5	5	4	4	4	3	3	3	2	2	2
대운 여	8	9	9	9	칩	1	1	1	1	2	2	2	3	3	3	4	4	4	5	분	5	6	6	6	7	7	7	8	8	8	9

청명 5일 00시 15분 ⇨ **【庚辰月(경진월)】**(청명, 곡우~ 입하 전) 곡우 20일 07시 23분

양력 **4** 음력 02/16 ~ 03/16

양력	1	2	3	4	5	6	7	8	9	10	11	12	13	14	15	16	17	18	19	20	21	22	23	24	25	26	27	28	29	30
요일	화	수	목	금	토	일	월	화	수	목	금	토	일	월	화	수	목	금	토	일	월	화	수	목	금	토	일	월	화	수
일진 日辰	甲辰	乙巳	丙午	丁未	戊申	己酉	庚戌	辛亥	壬子	癸丑	甲寅	乙卯	丙辰	丁巳	戊午	己未	庚申	辛酉	壬戌	癸亥	甲子	乙丑	丙寅	丁卯	戊辰	己巳	庚午	辛未	壬申	癸酉
음력	16	17	18	19	20	21	22	23	24	25	26	27	28	29	3/1	2	3	4	5	6	7	8	9	10	11	12	13	14	15	16
대운 남	1	1	1	1	청	10	9	9	9	8	8	8	7	7	7	6	6	6	5	곡	5	4	4	4	3	3	3	2	2	2
대운 여	9	9	10	10	명	1	1	1	1	2	2	2	3	3	3	4	4	4	5	우	5	6	6	6	7	7	7	8	8	8

입하 5일 17시 45분 ⇨ **【辛巳月(신사월)】**(입하, 소만~ 망종 전) 소만 21일 06시 42분

양력 **5** 음력 03/17 ~ 04/18

양력	1	2	3	4	5	6	7	8	9	10	11	12	13	14	15	16	17	18	19	20	21	22	23	24	25	26	27	28	29	30	31
요일	목	금	토	일	월	화	수	목	금	토	일	월	화	수	목	금	토	일	월	화	수	목	금	토	일	월	화	수	목	금	토
일진 日辰	甲戌	乙亥	丙子	丁丑	戊寅	己卯	庚辰	辛巳	壬午	癸未	甲申	乙酉	丙戌	丁亥	戊子	己丑	庚寅	辛卯	壬辰	癸巳	甲午	乙未	丙申	丁酉	戊戌	己亥	庚子	辛丑	壬寅	癸卯	甲辰
음력	17	18	19	20	21	22	23	24	25	26	27	28	29	4/1	2	3	4	5	6	7	8	9	10	11	12	13	14	15	16	17	18
대운 남	1	1	1	1	입	10	10	9	9	9	8	8	8	7	7	7	6	6	6	5	소	5	4	4	4	3	3	3	2	2	2
대운 여	9	9	9	10	하	1	1	1	1	2	2	2	3	3	3	4	4	4	5	5	만	6	6	6	7	7	7	8	8	8	9

망종 5일 22시 04분 ⇨ **【壬午月(임오월)】**(망종, 하지~ 소서 전) 하지 21일 14시 47분

양력 **6** 음력 04/19 ~ 05/18

양력	1	2	3	4	5	6	7	8	9	10	11	12	13	14	15	16	17	18	19	20	21	22	23	24	25	26	27	28	29	30
요일	일	월	화	수	목	금	토	일	월	화	수	목	금	토	일	월	화	수	목	금	토	일	월	화	수	목	금	토	일	월
일진 日辰	乙巳	丙午	丁未	戊申	己酉	庚戌	辛亥	壬子	癸丑	甲寅	乙卯	丙辰	丁巳	戊午	己未	庚申	辛酉	壬戌	癸亥	甲子	乙丑	丙寅	丁卯	戊辰	己巳	庚午	辛未	壬申	癸酉	甲戌
음력	19	20	21	22	23	24	25	26	27	28	29	30	5/1	2	3	4	5	6	7	8	9	10	11	12	13	14	15	16	17	18
대운 남	1	1	1	1	망	10	10	10	9	9	9	8	8	8	7	7	7	6	6	6	하	5	5	4	4	4	3	3	3	2
대운 여	9	9	10	10	종	1	1	1	1	2	2	2	3	3	3	4	4	4	5	5	지	6	6	6	7	7	7	8	8	8

대장군(남방), 삼살(남방), 상문(서북방), 조객(남방),납음(석류목), 삼재(인,묘,진)
한식(4월06일), 초복(7월16일), 중복(7월26일), 말복(8월15일)

庚申年(경신년)

1980

소서 7일 08시 24분 ⇨ **【癸未月(계미월)】**(소서, 대서~ 입추 전) 대서 23일 01시 42분

양력 7	양력	1	2	3	4	5	6	7	8	9	10	11	12	13	14	15	16	17	18	19	20	21	22	23	24	25	26	27	28	29	30	31
	요일	화	수	목	금	토	일	월	화	수	목	금	토	일	월	화	수	목	금	토	일	월	화	수	목	금	토	일	월	화	수	목
	일진 日辰	乙亥	丙子	丁丑	戊寅	己卯	庚辰	辛巳	壬午	癸未	甲申	乙酉	丙戌	丁亥	戊子	己丑	庚寅	辛卯	壬辰	癸巳	甲午	乙未	丙申	丁酉	戊戌	己亥	庚子	辛丑	壬寅	癸卯	甲辰	乙巳
음력 05/19 ~ 06/20	음력	19	20	21	22	23	24	25	26	27	28	29	6/1	2	3	4	5	6	7	8	9	10	11	12	13	14	15	16	17	18	19	20
대운	남	2	2	1	1	1	1	소	10	10	9	9	9	8	8	8	7	7	7	6	6	6	5	대	5	4	4	4	3	3	3	2
	여	9	9	9	10	10	10	서	1	1	1	1	2	2	2	3	3	3	4	4	4	5	5	서	6	6	6	7	7	7	8	8

입추 7일 18시 09분 ⇨ **【甲申月(갑신월)】**(입추, 처서~ 백로 전) 처서 23일 08시 41분

양력 8	양력	1	2	3	4	5	6	7	8	9	10	11	12	13	14	15	16	17	18	19	20	21	22	23	24	25	26	27	28	29	30	31
	요일	금	토	일	월	화	수	목	금	토	일	월	화	수	목	금	토	일	월	화	수	목	금	토	일	월	화	수	목	금	토	일
	일진 日辰	丙午	丁未	戊申	己酉	庚戌	辛亥	壬子	癸丑	甲寅	乙卯	丙辰	丁巳	戊午	己未	庚申	辛酉	壬戌	癸亥	甲子	乙丑	丙寅	丁卯	戊辰	己巳	庚午	辛未	壬申	癸酉	甲戌	乙亥	丙子
음력 06/21 ~ 07/21	음력	21	22	23	24	25	26	27	28	29	30	7/1	2	3	4	5	6	7	8	9	10	11	12	13	14	15	16	17	18	19	20	21
대운	남	2	2	1	1	1	1	입	10	10	9	9	9	8	8	8	7	7	7	6	6	6	5	처	5	4	4	4	3	3	3	2
	여	8	9	9	9	10	10	추	1	1	1	1	2	2	2	3	3	3	4	4	4	5	5	서	6	6	6	7	7	7	8	8

백로 7일 20시 53분 ⇨ **【乙酉月(을유월)】**(백로, 추분-한로 전) 추분 23일 06시 09분

양력 9	양력	1	2	3	4	5	6	7	8	9	10	11	12	13	14	15	16	17	18	19	20	21	22	23	24	25	26	27	28	29	30
	요일	월	화	수	목	금	토	일	월	화	수	목	금	토	일	월	화	수	목	금	토	일	월	화	수	목	금	토	일	월	화
	일진 日辰	丁丑	戊寅	己卯	庚辰	辛巳	壬午	癸未	甲申	乙酉	丙戌	丁亥	戊子	己丑	庚寅	辛卯	壬辰	癸巳	甲午	乙未	丙申	丁酉	戊戌	己亥	庚子	辛丑	壬寅	癸卯	甲辰	乙巳	丙午
음력 07/22 ~ 08/22	음력	22	23	24	25	26	27	28	29	8/1	2	3	4	5	6	7	8	9	10	11	12	13	14	15	16	17	18	19	20	21	22
대운	남	2	2	1	1	1	1	백	10	10	9	9	9	8	8	8	7	7	7	6	6	6	5	추	5	4	4	4	3	3	3
	여	8	9	9	9	10	10	로	1	1	1	1	2	2	2	3	3	3	4	4	4	5	5	분	6	6	6	7	7	7	8

한로 8일 12시 19분 ⇨ **【丙戌月(병술월)】**(한로, 상강~ 입동 전) 상강 23일 15시 18분

양력 10	양력	1	2	3	4	5	6	7	8	9	10	11	12	13	14	15	16	17	18	19	20	21	22	23	24	25	26	27	28	29	30	31
	요일	수	목	금	토	일	월	화	수	목	금	토	일	월	화	수	목	금	토	일	월	화	수	목	금	토	일	월	화	수	목	금
	일진 日辰	丁未	戊申	己酉	庚戌	辛亥	壬子	癸丑	甲寅	乙卯	丙辰	丁巳	戊午	己未	庚申	辛酉	壬戌	癸亥	甲子	乙丑	丙寅	丁卯	戊辰	己巳	庚午	辛未	壬申	癸酉	甲戌	乙亥	丙子	丁丑
음력 08/23 ~ 09/23	음력	23	24	25	26	27	28	29	30	9/1	2	3	4	5	6	7	8	9	10	11	12	13	14	15	16	17	18	19	20	21	22	23
대운	남	2	2	2	1	1	1	1	한	10	9	9	9	8	8	8	7	7	7	6	6	6	5	상	5	4	4	4	3	3	3	2
	여	8	8	9	9	9	10	10	로	1	1	1	1	2	2	2	3	3	3	4	4	4	5	강	5	6	6	6	7	7	7	8

입동 7일 15시 18분 ⇨ **【丁亥月(정해월)】**(입동, 소설~ 대설 전) 소설 22일 12시 42분

양력 11	양력	1	2	3	4	5	6	7	8	9	10	11	12	13	14	15	16	17	18	19	20	21	22	23	24	25	26	27	28	29	30
	요일	토	일	월	화	수	목	금	토	일	월	화	수	목	금	토	일	월	화	수	목	금	토	일	월	화	수	목	금	토	일
	일진 日辰	戊寅	己卯	庚辰	辛巳	壬午	癸未	甲申	乙酉	丙戌	丁亥	戊子	己丑	庚寅	辛卯	壬辰	癸巳	甲午	乙未	丙申	丁酉	戊戌	己亥	庚子	辛丑	壬寅	癸卯	甲辰	乙巳	丙午	丁未
음력 09/24 ~ 10/23	음력	24	25	26	27	28	29	30	10/1	2	3	4	5	6	7	8	9	10	11	12	13	14	15	16	17	18	19	20	21	22	23
대운	남	2	2	1	1	1	1	입	10	9	9	9	8	8	8	7	7	7	6	6	6	5	소	5	4	4	4	3	3	3	2
	여	8	8	9	9	9	10	동	1	1	1	1	2	2	2	3	3	3	4	4	4	5	설	5	6	6	6	7	7	7	8

대설 7일 08시 01분 ⇨ **【戊子月(무자월)】**(대설, 동지~소한 전) 동지 22일 01시 56분

양력 12	양력	1	2	3	4	5	6	7	8	9	10	11	12	13	14	15	16	17	18	19	20	21	22	23	24	25	26	27	28	29	30	31
	요일	월	화	수	목	금	토	일	월	화	수	목	금	토	일	월	화	수	목	금	토	일	월	화	수	목	금	토	일	월	화	수
	일진 日辰	戊申	己酉	庚戌	辛亥	壬子	癸丑	甲寅	乙卯	丙辰	丁巳	戊午	己未	庚申	辛酉	壬戌	癸亥	甲子	乙丑	丙寅	丁卯	戊辰	己巳	庚午	辛未	壬申	癸酉	甲戌	乙亥	丙子	丁丑	戊寅
음력 10/24 ~ 11/25	음력	24	25	26	27	28	29	11/1	2	3	4	5	6	7	8	9	10	11	12	13	14	15	16	17	18	19	20	21	22	23	24	25
대운	남	2	2	1	1	1	1	대	9	9	9	8	8	8	7	7	7	6	6	6	5	5	동	4	4	4	3	3	3	2	2	2
	여	8	8	9	9	9	10	설	1	1	1	1	2	2	2	3	3	3	4	4	4	5	지	5	6	6	6	7	7	7	8	8

1981 辛酉年(신유년)

단기4314년 /불기2525년 대장군(남방), 삼살(동방), 상문(서북방),조객(서남방), 납음(석류목), 【삼재(해,자,축)년】

소한 5일 19시 13분 ⇨ **【己丑月(기축월)】**(소한, 대한~ 입춘 전) 대한 20일 12시 36분

양력 1 (음력 11/26~12/26)	양력	1	2	3	4	5	6	7	8	9	10	11	12	13	14	15	16	17	18	19	20	21	22	23	24	25	26	27	28	29	30	31
	요일	목	금	토	일	월	화	수	목	금	토	일	월	화	수	목	금	토	일	월	화	수	목	금	토	일	월	화	수	목	금	토
	일진 日辰	己卯	庚辰	辛巳	壬午	癸未	甲申	乙酉	丙戌	丁亥	戊子	己丑	庚寅	辛卯	壬辰	癸巳	甲午	乙未	丙申	丁酉	戊戌	己亥	庚子	辛丑	壬寅	癸卯	甲辰	乙巳	丙午	丁未	戊申	己酉
	음력	26	27	28	29	30	12/1	2	3	4	5	6	7	8	9	10	11	12	13	14	15	16	17	18	19	20	21	22	23	24	25	26
대운	남	1	1	1	1	소	10	9	9	9	8	8	8	7	7	7	6	6	6	5	대	5	4	4	4	3	3	3	2	2	2	1
	여	8	9	9	9	한	1	1	1	1	2	2	2	3	3	3	4	4	4	5	한	5	6	6	6	7	7	7	8	8	8	9

입춘 4일 06시 55분 ⇨ **【庚寅月(경인월)】**(입춘, 우수~ 경칩 전) 우수 19일 02시 52분

양력 2 (음력 12/27~01/24)	양력	1	2	3	4	5	6	7	8	9	10	11	12	13	14	15	16	17	18	19	20	21	22	23	24	25	26	27	28	立春
	요일	일	월	화	수	목	금	토	일	월	화	수	목	금	토	일	월	화	수	목	금	토	일	월	화	수	목	금	토	
	일진 日辰	庚戌	辛亥	壬子	癸丑	甲寅	乙卯	丙辰	丁巳	戊午	己未	庚申	辛酉	壬戌	癸亥	甲子	乙丑	丙寅	丁卯	戊辰	己巳	庚午	辛未	壬申	癸酉	甲戌	乙亥	丙子	丁丑	
	음력	27	28	29	30	1/1	2	3	4	5	6	7	8	9	10	11	12	13	14	15	16	17	18	19	20	21	22	23	24	
대운	남	1	1	1	입	1	1	1	1	2	2	2	3	3	3	4	4	4	5	우	5	6	6	6	7	7	7	8	8	
	여	9	9	10	춘	10	9	9	9	8	8	8	7	7	7	6	6	6	5	수	5	4	4	4	3	3	3	2	2	

경칩 6일 01시 05분 ⇨ **【辛卯月(신묘월)】**(경칩, 춘분~ 청명 전) 춘분 21일 02시 03분

양력 3 (음력 01/25~02/26)	양력	1	2	3	4	5	6	7	8	9	10	11	12	13	14	15	16	17	18	19	20	21	22	23	24	25	26	27	28	29	30	31
	요일	일	월	화	수	목	금	토	일	월	화	수	목	금	토	일	월	화	수	목	금	토	일	월	화	수	목	금	토	일	월	화
	일진 日辰	戊寅	己卯	庚辰	辛巳	壬午	癸未	甲申	乙酉	丙戌	丁亥	戊子	己丑	庚寅	辛卯	壬辰	癸巳	甲午	乙未	丙申	丁酉	戊戌	己亥	庚子	辛丑	壬寅	癸卯	甲辰	乙巳	丙午	丁未	戊申
	음력	25	26	27	28	29	2/1	2	3	4	5	6	7	8	9	10	11	12	13	14	15	16	17	18	19	20	21	22	23	24	25	26
대운	남	8	9	9	9	10	경	1	1	1	1	2	2	2	3	3	3	4	4	4	5	춘	5	6	6	6	7	7	7	8	8	8
	여	2	1	1	1	1	칩	10	9	9	9	8	8	8	7	7	7	6	6	6	5	분	5	4	4	4	3	3	3	2	2	2

청명 5일 06시 05분 ⇨ **【壬辰月(임진월)】**(청명, 곡우~ 입하 전) 곡우 20일 13시 19분

양력 4 (음력 02/27~03/26)	양력	1	2	3	4	5	6	7	8	9	10	11	12	13	14	15	16	17	18	19	20	21	22	23	24	25	26	27	28	29	30
	요일	수	목	금	토	일	월	화	수	목	금	토	일	월	화	수	목	금	토	일	월	화	수	목	금	토	일	월	화	수	목
	일진 日辰	己酉	庚戌	辛亥	壬子	癸丑	甲寅	乙卯	丙辰	丁巳	戊午	己未	庚申	辛酉	壬戌	癸亥	甲子	乙丑	丙寅	丁卯	戊辰	己巳	庚午	辛未	壬申	癸酉	甲戌	乙亥	丙子	丁丑	戊寅
	음력	27	28	29	30	3/1	2	3	4	5	6	7	8	9	10	11	12	13	14	15	16	17	18	19	20	21	22	23	24	25	26
대운	남	9	9	9	10	청	1	1	1	1	2	2	2	3	3	3	4	4	4	5	곡	5	6	6	6	7	7	7	8	8	8
	여	1	1	1	1	명	10	9	9	9	8	8	8	7	7	7	6	6	6	5	우	5	4	4	4	3	3	3	2	2	2

입하 5일 23시 55분 ⇨ **【癸巳月(계사월)】**(입하, 소만~ 망종 전) 소만 21일 12시 39분

양력 5 (음력 03/27~04/28)	양력	1	2	3	4	5	6	7	8	9	10	11	12	13	14	15	16	17	18	19	20	21	22	23	24	25	26	27	28	29	30	31
	요일	금	토	일	월	화	수	목	금	토	일	월	화	수	목	금	토	일	월	화	수	목	금	토	일	월	화	수	목	금	토	일
	일진 日辰	己卯	庚辰	辛巳	壬午	癸未	甲申	乙酉	丙戌	丁亥	戊子	己丑	庚寅	辛卯	壬辰	癸巳	甲午	乙未	丙申	丁酉	戊戌	己亥	庚子	辛丑	壬寅	癸卯	甲辰	乙巳	丙午	丁未	戊申	己酉
	음력	27	28	29	4/1	2	3	4	5	6	7	8	9	10	11	12	13	14	15	16	17	18	19	20	21	22	23	24	25	26	27	28
대운	남	9	9	9	10	입	1	1	1	1	2	2	2	3	3	3	4	4	4	5	5	소	6	6	6	7	7	7	8	8	8	9
	여	1	1	1	1	하	10	10	10	9	9	9	8	8	8	7	7	7	6	6	6	만	5	5	4	4	4	3	3	3	2	2

망종 6일 03시 53분 ⇨ **【甲午月(갑오월)】**(망종, 하지~ 소서 전) 하지 21일 20시 45분

양력 6 (음력 04/29~05/29)	양력	1	2	3	4	5	6	7	8	9	10	11	12	13	14	15	16	17	18	19	20	21	22	23	24	25	26	27	28	29	30
	요일	월	화	수	목	금	토	일	월	화	수	목	금	토	일	월	화	수	목	금	토	일	월	화	수	목	금	토	일	월	화
	일진 日辰	庚戌	辛亥	壬子	癸丑	甲寅	乙卯	丙辰	丁巳	戊午	己未	庚申	辛酉	壬戌	癸亥	甲子	乙丑	丙寅	丁卯	戊辰	己巳	庚午	辛未	壬申	癸酉	甲戌	乙亥	丙子	丁丑	戊寅	己卯
	음력	29	5/1	2	3	4	5	6	7	8	9	10	11	12	13	14	15	16	17	18	19	20	21	22	23	24	25	26	27	28	29
대운	남	9	9	10	10	10	망	1	1	1	1	2	2	2	3	3	3	4	4	4	5	하	5	6	6	6	7	7	7	8	8
	여	2	1	1	1	1	종	10	10	9	9	9	8	8	8	7	7	7	6	6	6	지	5	5	4	4	4	3	3	3	2

대장군(남방), 삼살(동방), 상문(서북방),조객(서남방), 납음(석류목), 【삼재(해,자,축)년】
한식(4월06일), 초복(7월11일), 중복(7월21일), 말복(8월10일)

辛酉年(신유년)

1981

소서 7일 17시 42분 ⇨ **【乙未月(을미월)】**(소서, 대서~ 입추 전) 대서 23일 07시 40분

양력 7 / 음력 05/30 ▮ 07/01

양력	1	2	3	4	5	6	7	8	9	10	11	12	13	14	15	16	17	18	19	20	21	22	23	24	25	26	27	28	29	30	31
요일	수	목	금	토	일	월	화	수	목	금	토	일	월	화	수	목	금	토	일	월	화	수	목	금	토	일	월	화	수	목	금
일진 日辰	庚辰	辛巳	壬午	癸未	甲申	乙酉	丙戌	丁亥	戊子	己丑	庚寅	辛卯	壬辰	癸巳	甲午	乙未	丙申	丁酉	戊戌	己亥	庚子	辛丑	壬寅	癸卯	甲辰	乙巳	丙午	丁未	戊申	己酉	庚戌
음력	30	6/1	2	3	4	5	6	7	8	9	10	11	12	13	14	15	16	17	18	19	20	21	22	23	24	25	26	27	28	29	7/1
대운 남	8	9	9	9	10	10	소	1	1	1	1	2	2	2	3	3	3	4	4	4	5	5	대	6	6	6	7	7	7	8	8
대운 여	2	2	1	1	1	1	서	10	10	9	9	9	8	8	8	7	7	7	6	6	6	5	서	5	4	4	4	3	3	3	2

입추 7일 23시 57분 ⇨ **【丙申月(병신월)】**(입추, 처서~ 백로 전) 처서 23일 14시 38분

양력 8 / 음력 07/02 ▮ 08/03

양력	1	2	3	4	5	6	7	8	9	10	11	12	13	14	15	16	17	18	19	20	21	22	23	24	25	26	27	28	29	30	31
요일	토	일	월	화	수	목	금	토	일	월	화	수	목	금	토	일	월	화	수	목	금	토	일	월	화	수	목	금	토	일	월
일진 日辰	辛亥	壬子	癸丑	甲寅	乙卯	丙辰	丁巳	戊午	己未	庚申	辛酉	壬戌	癸亥	甲子	乙丑	丙寅	丁卯	戊辰	己巳	庚午	辛未	壬申	癸酉	甲戌	乙亥	丙子	丁丑	戊寅	己卯	庚辰	辛巳
음력	2	3	4	5	6	7	8	9	10	11	12	13	14	15	16	17	18	19	20	21	22	23	24	25	26	27	28	29	8/1	2	3
대운 남	8	9	9	9	10	10	입	1	1	1	1	2	2	2	3	3	3	4	4	4	5	5	처	6	6	6	7	7	7	8	8
대운 여	2	2	1	1	1	1	추	10	10	10	9	9	9	8	8	8	7	7	7	6	6	6	서	5	5	4	4	4	3	3	3

백로 8일 02시 43분 ⇨ **【丁酉月(정유월)】**(백로, 추분-한로 전) 추분 23일 12시 06분

양력 9 / 음력 08/04 ▮ 09/03

양력	1	2	3	4	5	6	7	8	9	10	11	12	13	14	15	16	17	18	19	20	21	22	23	24	25	26	27	28	29	30
요일	화	수	목	금	토	일	월	화	수	목	금	토	일	월	화	수	목	금	토	일	월	화	수	목	금	토	일	월	화	수
일진 日辰	壬午	癸未	甲申	乙酉	丙戌	丁亥	戊子	己丑	庚寅	辛卯	壬辰	癸巳	甲午	乙未	丙申	丁酉	戊戌	己亥	庚子	辛丑	壬寅	癸卯	甲辰	乙巳	丙午	丁未	戊申	己酉	庚戌	辛亥
음력	4	5	6	7	8	9	10	11	12	13	14	15	16	17	18	19	20	21	22	23	24	25	26	27	28	29	30	9/1	2	3
대운 남	8	9	9	9	10	10	10	백	1	1	1	1	2	2	2	3	3	3	4	4	4	5	추	5	6	6	6	7	7	7
대운 여	2	2	2	1	1	1	1	로	10	9	9	9	8	8	8	7	7	7	6	6	6	5	분	5	4	4	4	3	3	3

한로 8일 18시 10분 ⇨ **【戊戌月(무술월)】**(한로, 상강~ 입동 전) 상강 23일 12시 13분

양력 10 / 음력 09/04 ▮ 10/04

양력	1	2	3	4	5	6	7	8	9	10	11	12	13	14	15	16	17	18	19	20	21	22	23	24	25	26	27	28	29	30	31
요일	목	금	토	일	월	화	수	목	금	토	일	월	화	수	목	금	토	일	월	화	수	목	금	토	일	월	화	수	목	금	토
일진 日辰	壬子	癸丑	甲寅	乙卯	丙辰	丁巳	戊午	己未	庚申	辛酉	壬戌	癸亥	甲子	乙丑	丙寅	丁卯	戊辰	己巳	庚午	辛未	壬申	癸酉	甲戌	乙亥	丙子	丁丑	戊寅	己卯	庚辰	辛巳	壬午
음력	4	5	6	7	8	9	10	11	12	13	14	15	16	17	18	19	20	21	22	23	24	25	26	27	28	29	30	10/1	2	3	4
대운 남	8	8	8	9	9	9	10	한	1	1	1	1	2	2	2	3	3	3	4	4	4	5	상	5	6	6	6	7	7	7	8
대운 여	2	2	2	1	1	1	1	로	10	9	9	9	8	8	8	7	7	7	6	6	6	5	강	5	4	4	4	3	3	3	2

입동 7일 12시 09분 ⇨ **【己亥月(기해월)】**(입동, 소설~ 대설 전) 소설 22일 18시 36분

양력 11 / 음력 10/05 ▮ 11/05

양력	1	2	3	4	5	6	7	8	9	10	11	12	13	14	15	16	17	18	19	20	21	22	23	24	25	26	27	28	29	30
요일	일	월	화	수	목	금	토	일	월	화	수	목	금	토	일	월	화	수	목	금	토	일	월	화	수	목	금	토	일	월
일진 日辰	癸未	甲申	乙酉	丙戌	丁亥	戊子	己丑	庚寅	辛卯	壬辰	癸巳	甲午	乙未	丙申	丁酉	戊戌	己亥	庚子	辛丑	壬寅	癸卯	甲辰	乙巳	丙午	丁未	戊申	己酉	庚戌	辛亥	壬子
음력	5	6	7	8	9	10	11	12	13	14	15	16	17	18	19	20	21	22	23	24	25	26	27	28	29	11/1	2	3	4	5
대운 남	8	8	9	9	9	10	입	1	1	1	1	2	2	2	3	3	3	4	4	4	5	소	5	6	6	6	7	7	7	8
대운 여	2	2	1	1	1	1	동	10	9	9	9	8	8	8	7	7	7	6	6	6	5	설	5	4	4	4	3	3	3	2

대설 7일 13시 15분 ⇨ **【庚子月(경자월)】**(대설, 동지~소한 전) 동지 22일 07시 51분

양력 12 / 음력 11/06 ▮ 12/06

양력	1	2	3	4	5	6	7	8	9	10	11	12	13	14	15	16	17	18	19	20	21	22	23	24	25	26	27	28	29	30	31
요일	화	수	목	금	토	일	월	화	수	목	금	토	일	월	화	수	목	금	토	일	월	화	수	목	금	토	일	월	화	수	목
일진 日辰	癸丑	甲寅	乙卯	丙辰	丁巳	戊午	己未	庚申	辛酉	壬戌	癸亥	甲子	乙丑	丙寅	丁卯	戊辰	己巳	庚午	辛未	壬申	癸酉	甲戌	乙亥	丙子	丁丑	戊寅	己卯	庚辰	辛巳	壬午	癸未
음력	6	7	8	9	10	11	12	13	14	15	16	17	18	19	20	21	22	23	24	25	26	27	28	29	30	12/1	2	3	4	5	6
대운 남	8	8	9	9	9	10	대	1	1	1	1	2	2	2	3	3	3	4	4	4	5	동	5	6	6	6	7	7	7	8	8
대운 여	2	2	1	1	1	1	설	10	9	9	9	8	8	8	7	7	7	6	6	6	5	지	5	4	4	4	3	3	3	2	2

윤4월 小 1982 壬戌年(임술년)

단기4315년 /불기2526년 대장군(남방), 삼살(북방), 상문(북방),조객(서남방), 납음(대해수), 【삼재(신,유,술)년】

소한 6일 01시 03분 ⇨ **【辛丑月(신축월)】**(소한, 대한~ 입춘 전) 대한 20일 18시 31분

양력 1 / 음력 12/07 ~ 01/07

양력	1	2	3	4	5	6	7	8	9	10	11	12	13	14	15	16	17	18	19	20	21	22	23	24	25	26	27	28	29	30	31
요일	금	토	일	월	화	수	목	금	토	일	월	화	수	목	금	토	일	월	화	수	목	금	토	일	월	화	수	목	금	토	일
일진 日辰	甲申	乙酉	丙戌	丁亥	戊子	己丑	庚寅	辛卯	壬辰	癸巳	甲午	乙未	丙申	丁酉	戊戌	己亥	庚子	辛丑	壬寅	癸卯	甲辰	乙巳	丙午	丁未	戊申	己酉	庚戌	辛亥	壬子	癸丑	甲寅
음력	7	8	9	10	11	12	13	14	15	16	17	18	19	20	21	22	23	24	25	26	27	28	29	30	1/1	2	3	4	5	6	7
대운 남	8	9	9	9	10	소	1	1	1	1	2	2	2	3	3	3	4	4	4	대	5	5	6	6	6	7	7	7	8	8	8
대운 여	2	1	1	1	1	한	9	9	9	8	8	8	7	7	7	6	6	6	5	한	5	4	4	4	3	3	3	2	2	2	1

입춘 4일 12시 45분 ⇨ **【壬寅月(임인월)】**(입춘, 우수~ 경칩 전) 우수 19일 07시 47분

양력 2 / 음력 01/08 ~ 02/05

양력	1	2	3	4	5	6	7	8	9	10	11	12	13	14	15	16	17	18	19	20	21	22	23	24	25	26	27	28	
요일	월	화	수	목	금	토	일	월	화	수	목	금	토	일	월	화	수	목	금	토	일	월	화	수	목	금	토	일	
일진 日辰	乙卯	丙辰	丁巳	戊午	己未	庚申	辛酉	壬戌	癸亥	甲子	乙丑	丙寅	丁卯	戊辰	己巳	庚午	辛未	壬申	癸酉	甲戌	乙亥	丙子	丁丑	戊寅	己卯	庚辰	辛巳	壬午	立春
음력	8	9	10	11	12	13	14	15	16	17	18	19	20	21	22	23	24	25	26	27	28	29	30	2/1	2	3	4	5	
대운 남	9	9	9	입	10	9	9	9	8	8	8	7	7	7	6	6	6	5	우	5	4	4	4	3	3	3	2	2	
대운 여	1	1	1	춘	1	1	1	2	2	2	3	3	3	4	4	4	5	5	수	6	6	6	7	7	7	8	8	8	

경칩 6일 06시 55분 ⇨ **【癸卯月(계묘월)】**(경칩, 춘분~ 청명 전) 춘분 21일 07시 56분

양력 3 / 음력 02/06 ~ 03/07

양력	1	2	3	4	5	6	7	8	9	10	11	12	13	14	15	16	17	18	19	20	21	22	23	24	25	26	27	28	29	30	31
요일	월	화	수	목	금	토	일	월	화	수	목	금	토	일	월	화	수	목	금	토	일	월	화	수	목	금	토	일	월	화	수
일진 日辰	癸未	甲申	乙酉	丙戌	丁亥	戊子	己丑	庚寅	辛卯	壬辰	癸巳	甲午	乙未	丙申	丁酉	戊戌	己亥	庚子	辛丑	壬寅	癸卯	甲辰	乙巳	丙午	丁未	戊申	己酉	庚戌	辛亥	壬子	癸丑
음력	6	7	8	9	10	11	12	13	14	15	16	17	18	19	20	21	22	23	24	25	26	27	28	29	3/1	2	3	4	5	6	7
대운 남	2	1	1	1	1	경	10	9	9	9	8	8	8	7	7	7	6	6	6	5	춘	5	4	4	4	3	3	3	2	2	2
대운 여	9	9	9	10	10	칩	1	1	1	1	2	2	2	3	3	3	4	4	4	5	분	5	6	6	6	7	7	7	8	8	8

청명 5일 11시 53분 ⇨ **【甲辰月(갑진월)】**(청명, 곡우~ 입하 전) 곡우 20일 19시 08분

양력 4 / 음력 03/08 ~ 04/07

양력	1	2	3	4	5	6	7	8	9	10	11	12	13	14	15	16	17	18	19	20	21	22	23	24	25	26	27	28	29	30
요일	목	금	토	일	월	화	수	목	금	토	일	월	화	수	목	금	토	일	월	화	수	목	금	토	일	월	화	수	목	금
일진 日辰	甲寅	乙卯	丙辰	丁巳	戊午	己未	庚申	辛酉	壬戌	癸亥	甲子	乙丑	丙寅	丁卯	戊辰	己巳	庚午	辛未	壬申	癸酉	甲戌	乙亥	丙子	丁丑	戊寅	己卯	庚辰	辛巳	壬午	癸未
음력	8	9	10	11	12	13	14	15	16	17	18	19	20	21	22	23	24	25	26	27	28	29	30	4/1	2	3	4	5	6	7
대운 남	1	1	1	1	청	10	10	9	9	9	8	8	8	7	7	7	6	6	6	곡	5	5	4	4	4	3	3	3	2	2
대운 여	9	9	9	10	명	1	1	1	1	2	2	2	3	3	3	4	4	4	5	우	5	6	6	6	7	7	7	8	8	8

입하 6일 05시 20분 ⇨ **【乙巳月(을사월)】**(입하, 소만~ 망종 전) 소반 21일 18시 23분

양력 5 / 음력 04/08 ~ 윤409

양력	1	2	3	4	5	6	7	8	9	10	11	12	13	14	15	16	17	18	19	20	21	22	23	24	25	26	27	28	29	30	31
요일	토	일	월	화	수	목	금	토	일	월	화	수	목	금	토	일	월	화	수	목	금	토	일	월	화	수	목	금	토	일	월
일진 日辰	甲申	乙酉	丙戌	丁亥	戊子	己丑	庚寅	辛卯	壬辰	癸巳	甲午	乙未	丙申	丁酉	戊戌	己亥	庚子	辛丑	壬寅	癸卯	甲辰	乙巳	丙午	丁未	戊申	己酉	庚戌	辛亥	壬子	癸丑	甲寅
음력	8	9	10	11	12	13	14	15	16	17	18	19	20	21	22	23	24	25	26	27	28	29	윤4	2	3	4	5	6	7	8	9
대운 남	2	1	1	1	1	입	10	10	9	9	9	8	8	8	7	7	7	6	6	6	소	5	5	4	4	4	3	3	3	2	2
대운 여	9	9	9	10	10	하	1	1	1	1	2	2	2	3	3	3	4	4	4	5	만	5	6	6	6	7	7	7	8	8	8

망종 6일 09시 36분 ⇨ **【丙午月(병오월)】**(망종, 하지~ 소서 전) 하지 22일 02시 23분

양력 6 / 음력 윤410 ~ 05/10

양력	1	2	3	4	5	6	7	8	9	10	11	12	13	14	15	16	17	18	19	20	21	22	23	24	25	26	27	28	29	30
요일	화	수	목	금	토	일	월	화	수	목	금	토	일	월	화	수	목	금	토	일	월	화	수	목	금	토	일	월	화	수
일진 日辰	乙卯	丙辰	丁巳	戊午	己未	庚申	辛酉	壬戌	癸亥	甲子	乙丑	丙寅	丁卯	戊辰	己巳	庚午	辛未	壬申	癸酉	甲戌	乙亥	丙子	丁丑	戊寅	己卯	庚辰	辛巳	壬午	癸未	甲申
음력	10	11	12	13	14	15	16	17	18	19	20	21	22	23	24	25	26	27	28	29	5/1	2	3	4	5	6	7	8	9	10
대운 남	2	1	1	1	1	망	10	10	9	9	9	8	8	8	7	7	7	6	6	6	5	하	5	4	4	4	3	3	3	2
대운 여	9	9	9	10	10	종	1	1	1	1	2	2	2	3	3	3	4	4	4	5	5	지	6	6	6	7	7	7	8	8

대장군(남방). 삼살(북방), 상문(북방),조객(서남방), 납음(대해수), 【삼재(신,유,술)년】
한식(4월06일), 초복(7월16일), 중복(7월26일), 말복(8월15일)

壬戌年(임술년)

소서 7일 19시 55분 ⇨ **【丁未月(정미월)】**(소서, 대서~ 입추 전) 대서 23일 13시 16분

	양력	1	2	3	4	5	6	7	8	9	10	11	12	13	14	15	16	17	18	19	20	21	22	23	24	25	26	27	28	29	30	31
양력 7	요일	목	금	토	일	월	화	수	목	금	토	일	월	화	수	목	금	토	일	월	화	수	목	금	토	일	월	화	수	목	금	토
음력	일진 日辰	乙酉	丙戌	丁亥	戊子	己丑	庚寅	辛卯	壬辰	癸巳	甲午	乙未	丙申	丁酉	戊戌	己亥	庚子	辛丑	壬寅	癸卯	甲辰	乙巳	丙午	丁未	戊申	己酉	庚戌	辛亥	壬子	癸丑	甲寅	乙卯
05/11	음력	11	12	13	14	15	16	17	18	19	20	21	22	23	24	25	26	27	28	29	30	6/1	2	3	4	5	6	7	8	9	10	11
06/11	대운 남	2	2	1	1	1	1	소	10	10	10	9	9	9	8	8	8	7	7	7	6	6	6	대	5	5	4	4	4	3	3	3
	대운 여	8	9	9	9	10	10	서	1	1	1	1	2	2	2	3	3	3	4	4	4	5	5	서	6	6	6	7	7	7	8	8

입추 8일 05시 42분 ⇨ **【戊申月(무신월)】**(입추, 처서~ 백로 전) 처서 23일 20시 15분

	양력	1	2	3	4	5	6	7	8	9	10	11	12	13	14	15	16	17	18	19	20	21	22	23	24	25	26	27	28	29	30	31
양력 8	요일	일	월	화	수	목	금	토	일	월	화	수	목	금	토	일	월	화	수	목	금	토	일	월	화	수	목	금	토	일	월	화
음력	일진 日辰	丙辰	丁巳	戊午	己未	庚申	辛酉	壬戌	癸亥	甲子	乙丑	丙寅	丁卯	戊辰	己巳	庚午	辛未	壬申	癸酉	甲戌	乙亥	丙子	丁丑	戊寅	己卯	庚辰	辛巳	壬午	癸未	甲申	乙酉	丙戌
06/12	음력	12	13	14	15	16	17	18	19	20	21	22	23	24	25	26	27	28	29	7/1	2	3	4	5	6	7	8	9	10	11	12	13
07/13	대운 남	2	2	2	1	1	1	1	입	10	10	9	9	9	8	8	8	7	7	7	6	6	6	처	5	5	4	4	4	3	3	3
	대운 여	8	9	9	9	10	10	10	추	1	1	1	1	2	2	2	3	3	3	4	4	4	5	서	5	6	6	6	7	7	7	8

백로 8일 08시 32분 ⇨ **【己酉月(기유월)】**(백로, 추분-한로 전) 추분 23일 17시 47분

	양력	1	2	3	4	5	6	7	8	9	10	11	12	13	14	15	16	17	18	19	20	21	22	23	24	25	26	27	28	29	30
양력 9	요일	수	목	금	토	일	월	화	수	목	금	토	일	월	화	수	목	금	토	일	월	화	수	목	금	토	일	월	화	수	목
음력	일진 日辰	丁亥	戊子	己丑	庚寅	辛卯	壬辰	癸巳	甲午	乙未	丙申	丁酉	戊戌	己亥	庚子	辛丑	壬寅	癸卯	甲辰	乙巳	丙午	丁未	戊申	己酉	庚戌	辛亥	壬子	癸丑	甲寅	乙卯	丙辰
07/14	음력	14	15	16	17	18	19	20	21	22	23	24	25	26	27	28	29	8/1	2	3	4	5	6	7	8	9	10	11	12	13	14
08/14	대운 남	2	2	2	1	1	1	1	백	10	10	9	9	9	8	8	8	7	7	7	6	6	6	추	5	5	4	4	4	3	3
	대운 여	8	8	9	9	9	10	10	로	1	1	1	1	2	2	2	3	3	3	4	4	4	5	분	5	6	6	6	7	7	7

한로 9일 00시 02분 ⇨ **【庚戌月(경술월)】**(한로, 상강~ 입동 전) 상강 24일 02시 58분

	양력	1	2	3	4	5	6	7	8	9	10	11	12	13	14	15	16	17	18	19	20	21	22	23	24	25	26	27	28	29	30	31
양력 10	요일	금	토	일	월	화	수	목	금	토	일	월	화	수	목	금	토	일	월	화	수	목	금	토	일	월	화	수	목	금	토	일
음력	일진 日辰	丁巳	戊午	己未	庚申	辛酉	壬戌	癸亥	甲子	乙丑	丙寅	丁卯	戊辰	己巳	庚午	辛未	壬申	癸酉	甲戌	乙亥	丙子	丁丑	戊寅	己卯	庚辰	辛巳	壬午	癸未	甲申	乙酉	丙戌	丁亥
08/15	음력	15	16	17	18	19	20	21	22	23	24	25	26	27	28	29	30	9/1	2	3	4	5	6	7	8	9	10	11	12	13	14	15
09/15	대운 남	3	2	2	2	1	1	1	1	한	10	9	9	9	8	8	8	7	7	7	6	6	6	5	상	5	4	4	4	3	3	3
	대운 여	8	8	8	9	9	9	10	10	로	1	1	1	1	2	2	2	3	3	3	4	4	4	5	강	5	6	6	6	7	7	7

입동 8일 03시 04분 ⇨ **【辛亥月(신해월)】**(입동, 소설~ 대설 전) 소설 23일 00시 24분

	양력	1	2	3	4	5	6	7	8	9	10	11	12	13	14	15	16	17	18	19	20	21	22	23	24	25	26	27	28	29	30
양력 11	요일	월	화	수	목	금	토	일	월	화	수	목	금	토	일	월	화	수	목	금	토	일	월	화	수	목	금	토	일	월	화
음력	일진 日辰	戊子	己丑	庚寅	辛卯	壬辰	癸巳	甲午	乙未	丙申	丁酉	戊戌	己亥	庚子	辛丑	壬寅	癸卯	甲辰	乙巳	丙午	丁未	戊申	己酉	庚戌	辛亥	壬子	癸丑	甲寅	乙卯	丙辰	丁巳
09/16	음력	16	17	18	19	20	21	22	23	24	25	26	27	28	29	30	10/1	2	3	4	5	6	7	8	9	10	11	12	13	14	15
10/15	대운 남	2	2	2	1	1	1	1	입	9	9	9	8	8	8	7	7	7	6	6	6	5	5	소	4	4	4	3	3	3	2
	대운 여	8	8	8	9	9	9	10	동	1	1	1	1	2	2	2	3	3	3	4	4	4	5	설	5	6	6	6	7	7	7

대설 7일 19시 48분 ⇨ **【壬子月(임자월)】**(대설, 동지~소한 전) 동지 22일 13시 39분

	양력	1	2	3	4	5	6	7	8	9	10	11	12	13	14	15	16	17	18	19	20	21	22	23	24	25	26	27	28	29	30	31
양력 12	요일	수	목	금	토	일	월	화	수	목	금	토	일	월	화	수	목	금	토	일	월	화	수	목	금	토	일	월	화	수	목	금
음력	일진 日辰	戊午	己未	庚申	辛酉	壬戌	癸亥	甲子	乙丑	丙寅	丁卯	戊辰	己巳	庚午	辛未	壬申	癸酉	甲戌	乙亥	丙子	丁丑	戊寅	己卯	庚辰	辛巳	壬午	癸未	甲申	乙酉	丙戌	丁亥	戊子
10/16	음력	16	17	18	19	20	21	22	23	24	25	26	27	28	29	11/1	2	3	4	5	6	7	8	9	10	11	12	13	14	15	16	17
11/17	대운 남	2	2	1	1	1	1	대	10	9	9	9	8	8	8	7	7	7	6	6	6	5	동	5	4	4	4	3	3	3	2	2
	대운 여	8	8	8	9	9	9	설	1	1	1	1	2	2	2	3	3	3	4	4	4	5	지	5	6	6	6	7	7	7	8	8

1983 癸亥年(계해년)

단기4316년 /불기2527년 대장군(서방). 삼살(서방), 상문(동북방),조객(서방), 납음(대해수),【삼재(사,오,미)년】

소한 6일 06시 59분 ⇨ 【癸丑月(계축월)】(소한, 대한~ 입춘 전) 대한 21일 00시 17분

양력 1 / 음력 11/18 ~ 12/18

양력	1	2	3	4	5	6	7	8	9	10	11	12	13	14	15	16	17	18	19	20	21	22	23	24	25	26	27	28	29	30	31
요일	토	일	월	화	수	목	금	토	일	월	화	수	목	금	토	일	월	화	수	목	금	토	일	월	화	수	목	금	토	일	월
일진 日辰	己丑	庚寅	辛卯	壬辰	癸巳	甲午	乙未	丙申	丁酉	戊戌	己亥	庚子	辛丑	壬寅	癸卯	甲辰	乙巳	丙午	丁未	戊申	己酉	庚戌	辛亥	壬子	癸丑	甲寅	乙卯	丙辰	丁巳	戊午	己未
음력	18	19	20	21	22	23	24	25	26	27	28	29	30	12/1	2	3	4	5	6	7	8	9	10	11	12	13	14	15	16	17	18
대운 남	2	1	1	1	1	소	9	9	9	8	8	8	7	7	7	6	6	6	5	5	대	4	4	4	3	3	3	2	2	2	1
대운 여	8	9	9	9	10	한	1	1	1	1	2	2	2	3	3	3	4	4	4	5	한	5	6	6	6	7	7	7	8	8	8

입춘 4일 18시 40분 ⇨ 【甲寅月(갑인월)】(입춘, 우수~ 경칩 전) 우수 19일 14시 31분

양력 2 / 음력 12/19 ~ 01/16

양력	1	2	3	4	5	6	7	8	9	10	11	12	13	14	15	16	17	18	19	20	21	22	23	24	25	26	27	28
요일	화	수	목	금	토	일	월	화	수	목	금	토	일	월	화	수	목	금	토	일	월	화	수	목	금	토	일	월
일진 日辰	庚申	辛酉	壬戌	癸亥	甲子	乙丑	丙寅	丁卯	戊辰	己巳	庚午	辛未	壬申	癸酉	甲戌	乙亥	丙子	丁丑	戊寅	己卯	庚辰	辛巳	壬午	癸未	甲申	乙酉	丙戌	丁亥
음력	19	20	21	22	23	24	25	26	27	28	29	30	1/1	2	3	4	5	6	7	8	9	10	11	12	13	14	15	16
대운 남	1	1	1	입	1	1	1	1	2	2	2	3	3	3	4	4	4	5	우	5	6	6	6	7	7	7	8	8
대운 여	9	9	9	춘	10	9	9	9	8	8	8	7	7	7	6	6	6	5	수	5	4	4	4	3	3	3	2	2

立春

경칩 6일 12시 47분 ⇨ 【乙卯月(을묘월)】(경칩, 춘분~ 청명 전) 춘분 21일 13시 39분

양력 3 / 음력 01/17 ~ 02/17

양력	1	2	3	4	5	6	7	8	9	10	11	12	13	14	15	16	17	18	19	20	21	22	23	24	25	26	27	28	29	30	31
요일	화	수	목	금	토	일	월	화	수	목	금	토	일	월	화	수	목	금	토	일	월	화	수	목	금	토	일	월	화	수	목
일진 日辰	戊子	己丑	庚寅	辛卯	壬辰	癸巳	甲午	乙未	丙申	丁酉	戊戌	己亥	庚子	辛丑	壬寅	癸卯	甲辰	乙巳	丙午	丁未	戊申	己酉	庚戌	辛亥	壬子	癸丑	甲寅	乙卯	丙辰	丁巳	戊午
음력	17	18	19	20	21	22	23	24	25	26	27	28	29	30	2/1	2	3	4	5	6	7	8	9	10	11	12	13	14	15	16	17
대운 남	8	9	9	9	10	경	1	1	1	1	2	2	2	3	3	3	4	4	4	5	춘	5	6	6	6	7	7	7	8	8	8
대운 여	2	1	1	1	1	칩	10	9	9	9	8	8	8	7	7	7	6	6	6	5	분	5	4	4	4	3	3	3	2	2	2

청명 5일 17시 44분 ⇨ 【丙辰月(병진월)】(청명, 곡우~ 입하 전) 곡우 21일 00시 50분

양력 4 / 음력 02/18 ~ 03/18

양력	1	2	3	4	5	6	7	8	9	10	11	12	13	14	15	16	17	18	19	20	21	22	23	24	25	26	27	28	29	30
요일	금	토	일	월	화	수	목	금	토	일	월	화	수	목	금	토	일	월	화	수	목	금	토	일	월	화	수	목	금	토
일진 日辰	己未	庚申	辛酉	壬戌	癸亥	甲子	乙丑	丙寅	丁卯	戊辰	己巳	庚午	辛未	壬申	癸酉	甲戌	乙亥	丙子	丁丑	戊寅	己卯	庚辰	辛巳	壬午	癸未	甲申	乙酉	丙戌	丁亥	戊子
음력	18	19	20	21	22	23	24	25	26	27	28	29	3/1	2	3	4	5	6	7	8	9	10	11	12	13	14	15	16	17	18
대운 남	9	9	9	10	청	1	1	1	1	2	2	2	3	3	3	4	4	4	5	5	곡	6	6	6	7	7	7	8	8	8
대운 여	1	1	1	1	명	10	10	9	9	9	8	8	8	7	7	7	6	6	6	5	우	5	4	4	4	3	3	3	2	2

입하 6일 11시 11분 ⇨ 【丁巳月(정사월)】(입하, 소만~ 망종 전) 소만 22일 00시 06분

양력 5 / 음력 03/19 ~ 04/19

양력	1	2	3	4	5	6	7	8	9	10	11	12	13	14	15	16	17	18	19	20	21	22	23	24	25	26	27	28	29	30	31
요일	일	월	화	수	목	금	토	일	월	화	수	목	금	토	일	월	화	수	목	금	토	일	월	화	수	목	금	토	일	월	화
일진 日辰	己丑	庚寅	辛卯	壬辰	癸巳	甲午	乙未	丙申	丁酉	戊戌	己亥	庚子	辛丑	壬寅	癸卯	甲辰	乙巳	丙午	丁未	戊申	己酉	庚戌	辛亥	壬子	癸丑	甲寅	乙卯	丙辰	丁巳	戊午	己未
음력	19	20	21	22	23	24	25	26	27	28	29	30	4/1	2	3	4	5	6	7	8	9	10	11	12	13	14	15	16	17	18	19
대운 남	9	9	9	10	10	입	1	1	1	1	2	2	2	3	3	3	4	4	4	5	5	소	6	6	6	7	7	7	8	8	8
대운 여	2	1	1	1	1	하	10	10	9	9	9	8	8	8	7	7	7	6	6	6	5	만	5	4	4	4	3	3	3	2	2

망종 6일 15시 26분 ⇨ 【戊午月(무오월)】(망종, 하지~ 소서 전) 하지 22일 08시 09분

양력 6 / 음력 04/20 ~ 05/20

양력	1	2	3	4	5	6	7	8	9	10	11	12	13	14	15	16	17	18	19	20	21	22	23	24	25	26	27	28	29	30
요일	수	목	금	토	일	월	화	수	목	금	토	일	월	화	수	목	금	토	일	월	화	수	목	금	토	일	월	화	수	목
일진 日辰	庚申	辛酉	壬戌	癸亥	甲子	乙丑	丙寅	丁卯	戊辰	己巳	庚午	辛未	壬申	癸酉	甲戌	乙亥	丙子	丁丑	戊寅	己卯	庚辰	辛巳	壬午	癸未	甲申	乙酉	丙戌	丁亥	戊子	己丑
음력	20	21	22	23	24	25	26	27	28	29	5/1	2	3	4	5	6	7	8	9	10	11	12	13	14	15	16	17	18	19	20
대운 남	9	9	9	10	10	망	1	1	1	1	2	2	2	3	3	3	4	4	4	5	5	하	6	6	6	7	7	7	8	8
대운 여	2	1	1	1	1	종	10	10	10	9	9	9	8	8	8	7	7	7	6	6	6	지	5	5	4	4	4	3	3	3

대장군(서방), 삼살(서방), 상문(동북방),조객(서방), 납음(대해수), 【삼재(사,오,미)년】
한식(4월06일), 초복(7월21일), 중복(7월31일), 말복(8월10일)

癸亥年(계해년)

1983

소서 8일 01시 43분 ⇨ **【己未月(기미월)】**(소서, 대서~ 입추 전) 대서 23일 19시 04분

7 (음력 05/21~06/22)	1	2	3	4	5	6	7	8	9	10	11	12	13	14	15	16	17	18	19	20	21	22	23	24	25	26	27	28	29	30	31
요일	금	토	일	월	화	수	목	금	토	일	월	화	수	목	금	토	일	월	화	수	목	금	토	일	월	화	수	목	금	토	일
일진 日辰	庚寅	辛卯	壬辰	癸巳	甲午	乙未	丙申	丁酉	戊戌	己亥	庚子	辛丑	壬寅	癸卯	甲辰	乙巳	丙午	丁未	戊申	己酉	庚戌	辛亥	壬子	癸丑	甲寅	乙卯	丙辰	丁巳	戊午	己未	庚申
음력	21	22	23	24	25	26	27	28	29	6/1	2	3	4	5	6	7	8	9	10	11	12	13	14	15	16	17	18	19	20	21	22
대운 남	8	9	9	9	10	10	10	소	1	1	1	1	2	2	2	3	3	3	4	4	4	5	대	5	6	6	6	7	7	7	8
대운 여	2	2	2	1	1	1	1	서	10	10	9	9	9	8	8	8	7	7	7	6	6	6	서	5	5	4	4	4	3	3	3

입추 8일 11시 30분 ⇨ **【庚申月(경신월)】**(입추, 처서~ 백로 전) 처서 24일 02시 07분

8 (음력 06/23~07/23)	1	2	3	4	5	6	7	8	9	10	11	12	13	14	15	16	17	18	19	20	21	22	23	24	25	26	27	28	29	30	31
요일	월	화	수	목	금	토	일	월	화	수	목	금	토	일	월	화	수	목	금	토	일	월	화	수	목	금	토	일	월	화	수
일진 日辰	辛酉	壬戌	癸亥	甲子	乙丑	丙寅	丁卯	戊辰	己巳	庚午	辛未	壬申	癸酉	甲戌	乙亥	丙子	丁丑	戊寅	己卯	庚辰	辛巳	壬午	癸未	甲申	乙酉	丙戌	丁亥	戊子	己丑	庚寅	辛卯
음력	23	24	25	26	27	28	29	30	7/1	2	3	4	5	6	7	8	9	10	11	12	13	14	15	16	17	18	19	20	21	22	23
대운 남	8	8	9	9	9	10	10	입	1	1	1	1	2	2	2	3	3	3	4	4	4	5	5	처	6	6	6	7	7	7	8
대운 여	2	2	2	1	1	1	1	추	10	10	9	9	9	8	8	8	7	7	7	6	6	6	5	서	5	4	4	4	3	3	3

백로 8일 14시 20분 ⇨ **【辛酉月(신유월)】**(백로, 추분-한로 전) 추분23일 23시 42분

9 (음력 07/24~08/24)	1	2	3	4	5	6	7	8	9	10	11	12	13	14	15	16	17	18	19	20	21	22	23	24	25	26	27	28	29	30
요일	목	금	토	일	월	화	수	목	금	토	일	월	화	수	목	금	토	일	월	화	수	목	금	토	일	월	화	수	목	금
일진 日辰	壬辰	癸巳	甲午	乙未	丙申	丁酉	戊戌	己亥	庚子	辛丑	壬寅	癸卯	甲辰	乙巳	丙午	丁未	戊申	己酉	庚戌	辛亥	壬子	癸丑	甲寅	乙卯	丙辰	丁巳	戊午	己未	庚申	辛酉
음력	24	25	26	27	28	29	8/1	2	3	4	5	6	7	8	9	10	11	12	13	14	15	16	17	18	19	20	21	22	23	24
대운 남	8	8	9	9	9	10	10	백	1	1	1	1	2	2	2	3	3	3	4	4	4	5	추	5	6	6	6	7	7	7
대운 여	2	2	2	1	1	1	1	로	10	10	9	9	9	8	8	8	7	7	7	6	6	6	분	5	5	4	4	4	3	3

한로 9일 05시 51분 ⇨ **【壬戌月(임술월)】**(한로, 상강~ 입동 전) 상강 24일 08시 54분

10 (음력 08/25~09/26)	1	2	3	4	5	6	7	8	9	10	11	12	13	14	15	16	17	18	19	20	21	22	23	24	25	26	27	28	29	30	31
요일	토	일	월	화	수	목	금	토	일	월	화	수	목	금	토	일	월	화	수	목	금	토	일	월	화	수	목	금	토	일	월
일진 日辰	壬戌	癸亥	甲子	乙丑	丙寅	丁卯	戊辰	己巳	庚午	辛未	壬申	癸酉	甲戌	乙亥	丙子	丁丑	戊寅	己卯	庚辰	辛巳	壬午	癸未	甲申	乙酉	丙戌	丁亥	戊子	己丑	庚寅	辛卯	壬辰
음력	25	26	27	28	29	9/1	2	3	4	5	6	7	8	9	10	11	12	13	14	15	16	17	18	19	20	21	22	23	24	25	26
대운 남	8	8	8	9	9	9	10	10	한	1	1	1	1	2	2	2	3	3	3	4	4	4	5	상	5	6	6	6	7	7	7
대운 여	3	2	2	2	1	1	1	1	로	10	9	9	9	8	8	8	7	7	7	6	6	6	5	강	5	4	4	4	3	3	3

입동 8일 08시 52분 ⇨ **【癸亥月(계해월)】**(입동, 소설~ 대설 전) 소설 23일 06시 19분

11 (음력 09/27~10/26)	1	2	3	4	5	6	7	8	9	10	11	12	13	14	15	16	17	18	19	20	21	22	23	24	25	26	27	28	29	30
요일	화	수	목	금	토	일	월	화	수	목	금	토	일	월	화	수	목	금	토	일	월	화	수	목	금	토	일	월	화	수
일진 日辰	癸巳	甲午	乙未	丙申	丁酉	戊戌	己亥	庚子	辛丑	壬寅	癸卯	甲辰	乙巳	丙午	丁未	戊申	己酉	庚戌	辛亥	壬子	癸丑	甲寅	乙卯	丙辰	丁巳	戊午	己未	庚申	辛酉	壬戌
음력	27	28	29	30	10/1	2	3	4	5	6	7	8	9	10	11	12	13	14	15	16	17	18	19	20	21	22	23	24	25	26
대운 남	8	8	8	9	9	9	10	입	1	1	1	1	2	2	2	3	3	3	4	4	4	5	소	5	6	6	6	7	7	7
대운 여	2	2	2	1	1	1	1	동	10	9	9	9	8	8	8	7	7	7	6	6	6	5	설	5	4	4	4	3	3	3

대설 8일 01시 34분 ⇨ **【甲子月(갑자월)】**(대설, 동지~소한 전) 동지 22일 19시 30분

12 (음력 10/27~11/28)	1	2	3	4	5	6	7	8	9	10	11	12	13	14	15	16	17	18	19	20	21	22	23	24	25	26	27	28	29	30	31
요일	목	금	토	일	월	화	수	목	금	토	일	월	화	수	목	금	토	일	월	화	수	목	금	토	일	월	화	수	목	금	토
일진 日辰	癸亥	甲子	乙丑	丙寅	丁卯	戊辰	己巳	庚午	辛未	壬申	癸酉	甲戌	乙亥	丙子	丁丑	戊寅	己卯	庚辰	辛巳	壬午	癸未	甲申	乙酉	丙戌	丁亥	戊子	己丑	庚寅	辛卯	壬辰	癸巳
음력	27	28	29	11/1	2	3	4	5	6	7	8	9	10	11	12	13	14	15	16	17	18	19	20	21	22	23	24	25	26	27	28
대운 남	8	8	8	9	9	9	10	대	1	1	1	1	2	2	2	3	3	3	4	4	4	동	5	5	6	6	6	7	7	7	8
대운 여	2	2	2	1	1	1	1	설	9	9	9	8	8	8	7	7	7	6	6	6	5	지	5	4	4	4	3	3	3	2	2

윤10월 小 1984 甲子年(갑자년)

단기4317년 /불기2528년 대장군(서방), 삼살(남방), 상문(동북방), 조객(서북방),납음(해중금), 삼재(인,묘,진)

소한 6일 12시 41분 ⇨ **【乙丑月(을축월)】**(소한, 대한~ 입춘 전) 대한 21일 06시 05분

양력 1 / 음력 11/29 ~ 12/29

양력	1	2	3	4	5	6	7	8	9	10	11	12	13	14	15	16	17	18	19	20	21	22	23	24	25	26	27	28	29	30	31
요일	일	월	화	수	목	금	토	일	월	화	수	목	금	토	일	월	화	수	목	금	토	일	월	화	수	목	금	토	일	월	화
일진 日辰	甲午	乙未	丙申	丁酉	戊戌	己亥	庚子	辛丑	壬寅	癸卯	甲辰	乙巳	丙午	丁未	戊申	己酉	庚戌	辛亥	壬子	癸丑	甲寅	乙卯	丙辰	丁巳	戊午	己未	庚申	辛酉	壬戌	癸亥	甲子
음력	29	30	12/1	2	3	4	5	6	7	8	9	10	11	12	13	14	15	16	17	18	19	20	21	22	23	24	25	26	27	28	29
대운 남	8	8	9	9	9	소	1	1	1	1	2	2	2	3	3	3	4	4	4	5	대	5	6	6	6	7	7	7	8	8	8
대운 여	2	1	1	1	1	한	10	9	9	9	8	8	8	7	7	7	6	6	6	5	한	5	4	4	4	3	3	3	2	2	2

입춘 5일 00시 19분 ⇨ **【丙寅月(병인월)】**(입춘, 우수~ 경칩 전) 우수 19일 20시 16분

양력 2 / 음력 12/30 ~ 01/28

양력	1	2	3	4	5	6	7	8	9	10	11	12	13	14	15	16	17	18	19	20	21	22	23	24	25	26	27	28	29	立春
요일	수	목	금	토	일	월	화	수	목	금	토	일	월	화	수	목	금	토	일	월	화	수	목	금	토	일	월	화	수	
일진 日辰	乙丑	丙寅	丁卯	戊辰	己巳	庚午	辛未	壬申	癸酉	甲戌	乙亥	丙子	丁丑	戊寅	己卯	庚辰	辛巳	壬午	癸未	甲申	乙酉	丙戌	丁亥	戊子	己丑	庚寅	辛卯	壬辰	癸巳	
음력	30	1/1	2	3	4	5	6	7	8	9	10	11	12	13	14	15	16	17	18	19	20	21	22	23	24	25	26	27	28	
대운 남	9	9	9	10	입	9	9	9	8	8	8	7	7	7	6	6	6	5	우	5	4	4	4	3	3	3	2	2	2	
대운 여	1	1	1	1	춘	1	1	1	1	2	2	2	3	3	3	4	4	4	수	5	5	6	6	6	7	7	7	8	8	

경칩 5일 18시 25분 ⇨ **【丁卯月(정묘월)】**(경칩, 춘분~ 청명 전) 춘분 20일 19시 25분

양력 3 / 음력 01/29 ~ 02/29

양력	1	2	3	4	5	6	7	8	9	10	11	12	13	14	15	16	17	18	19	20	21	22	23	24	25	26	27	28	29	30	31
요일	목	금	토	일	월	화	수	목	금	토	일	월	화	수	목	금	토	일	월	화	수	목	금	토	일	월	화	수	목	금	토
일진 日辰	甲午	乙未	丙申	丁酉	戊戌	己亥	庚子	辛丑	壬寅	癸卯	甲辰	乙巳	丙午	丁未	戊申	己酉	庚戌	辛亥	壬子	癸丑	甲寅	乙卯	丙辰	丁巳	戊午	己未	庚申	辛酉	壬戌	癸亥	甲子
음력	29	30	2/1	2	3	4	5	6	7	8	9	10	11	12	13	14	15	16	17	18	19	20	21	22	23	24	25	26	27	28	29
대운 남	1	1	1	1	경	10	9	9	9	8	8	8	7	7	7	6	6	6	5	춘	5	4	4	4	3	3	3	2	2	2	1
대운 여	8	9	9	9	칩	1	1	1	1	2	2	2	3	3	3	4	4	4	5	분	5	6	6	6	7	7	7	8	8	8	9

청명 5일 18시 25분 ⇨ **【戊辰月(무진월)】**(청명, 곡우~ 입하 전) 곡우 20일 06시 38분

양력 4 / 음력 03/01 ~ 03/30

양력	1	2	3	4	5	6	7	8	9	10	11	12	13	14	15	16	17	18	19	20	21	22	23	24	25	26	27	28	29	30
요일	일	월	화	수	목	금	토	일	월	화	수	목	금	토	일	월	화	수	목	금	토	일	월	화	수	목	금	토	일	월
일진 日辰	乙丑	丙寅	丁卯	戊辰	己巳	庚午	辛未	壬申	癸酉	甲戌	乙亥	丙子	丁丑	戊寅	己卯	庚辰	辛巳	壬午	癸未	甲申	乙酉	丙戌	丁亥	戊子	己丑	庚寅	辛卯	壬辰	癸巳	甲午
음력	3/1	2	3	4	5	6	7	8	9	10	11	12	13	14	15	16	17	18	19	20	21	22	23	24	25	26	27	28	29	30
대운 남	1	1	1	청	10	10	9	9	9	8	8	8	7	7	7	6	6	6	5	곡	5	4	4	4	3	3	3	2	2	2
대운 여	9	9	10	명	1	1	1	1	2	2	2	3	3	3	4	4	4	5	5	우	6	6	6	7	7	7	8	8	8	9

입하 5일 16시 51분 ⇨ **【己巳月(기사월)】**(입하, 소만~ 망종 전) 소만 21일 05시 58분

양력 5 / 음력 04/01 ~ 05/01

양력	1	2	3	4	5	6	7	8	9	10	11	12	13	14	15	16	17	18	19	20	21	22	23	24	25	26	27	28	29	30	31
요일	화	수	목	금	토	일	월	화	수	목	금	토	일	월	화	수	목	금	토	일	월	화	수	목	금	토	일	월	화	수	목
일진 日辰	乙未	丙申	丁酉	戊戌	己亥	庚子	辛丑	壬寅	癸卯	甲辰	乙巳	丙午	丁未	戊申	己酉	庚戌	辛亥	壬子	癸丑	甲寅	乙卯	丙辰	丁巳	戊午	己未	庚申	辛酉	壬戌	癸亥	甲子	乙丑
음력	4/1	2	3	4	5	6	7	8	9	10	11	12	13	14	15	16	17	18	19	20	21	22	23	24	25	26	27	28	29	30	5/1
대운 남	1	1	1	1	입	10	10	9	9	9	8	8	8	7	7	7	6	6	6	5	소	5	4	4	4	3	3	3	2	2	2
대운 여	9	9	10	10	하	1	1	1	1	2	2	2	3	3	3	4	4	4	5	5	만	6	6	6	7	7	7	8	8	8	9

망종 5일 21시 09분 ⇨ **【庚午月(경오월)】**(망종, 하지~ 소서 전) 하지 21일 14시 02분

양력 6 / 음력 05/02 ~ 06/02

양력	1	2	3	4	5	6	7	8	9	10	11	12	13	14	15	16	17	18	19	20	21	22	23	24	25	26	27	28	29	30
요일	금	토	일	월	화	수	목	금	토	일	월	화	수	목	금	토	일	월	화	수	목	금	토	일	월	화	수	목	금	토
일진 日辰	丙寅	丁卯	戊辰	己巳	庚午	辛未	壬申	癸酉	甲戌	乙亥	丙子	丁丑	戊寅	己卯	庚辰	辛巳	壬午	癸未	甲申	乙酉	丙戌	丁亥	戊子	己丑	庚寅	辛卯	壬辰	癸巳	甲午	乙未
음력	2	3	4	5	6	7	8	9	10	11	12	13	14	15	16	17	18	19	20	21	22	23	24	25	26	27	28	29	6/1	2
대운 남	1	1	1	1	망	10	10	10	9	9	9	8	8	8	7	7	7	6	6	6	하	5	5	4	4	4	3	3	3	2
대운 여	9	9	10	10	종	1	1	1	1	2	2	2	3	3	3	4	4	4	5	5	지	6	6	6	7	7	7	8	8	8

대장군(서방), 삼살(남방), 상문(동북방), 조객(서북방),납음(해중금), 삼재(인,묘,진)
한식(4월05일), 초복(7월15일), 중복(7월25일), 말복(8월14일)

甲子年(갑자년)

1984

소서 7일 07시 29분 ⇨ **【辛未月(신미월)】**(소서, 대서~ 입추 전) 대서 23일 20시 58분

7 (음력 06/03 ~ 07/04)

양력	1	2	3	4	5	6	7	8	9	10	11	12	13	14	15	16	17	18	19	20	21	22	23	24	25	26	27	28	29	30	31
요일	일	월	화	수	목	금	토	일	월	화	수	목	금	토	일	월	화	수	목	금	토	일	월	화	수	목	금	토	일	월	화
일진 日辰	丙申	丁酉	戊戌	己亥	庚子	辛丑	壬寅	癸卯	甲辰	乙巳	丙午	丁未	戊申	己酉	庚戌	辛亥	壬子	癸丑	甲寅	乙卯	丙辰	丁巳	戊午	己未	庚申	辛酉	壬戌	癸亥	甲子	乙丑	丙寅
음력	3	4	5	6	7	8	9	10	11	12	13	14	15	16	17	18	19	20	21	22	23	24	25	26	27	28	29	7/1	2	3	4
대운 남	2	2	1	1	1	1	소	10	10	9	9	9	8	8	8	7	7	7	6	6	6	5	대	5	4	4	4	3	3	3	2
대운 여	9	9	9	10	10	10	서	1	1	1	1	2	2	2	3	3	3	4	4	4	5	5	서	6	6	6	7	7	7	8	8

입추 7일 17시 18분 ⇨ **【壬申月(임신월)】**(입추, 처서~ 백로 전) 처서 23일 08시 00분

8 (음력 07/05 ~ 08/05)

양력	1	2	3	4	5	6	7	8	9	10	11	12	13	14	15	16	17	18	19	20	21	22	23	24	25	26	27	28	29	30	31
요일	수	목	금	토	일	월	화	수	목	금	토	일	월	화	수	목	금	토	일	월	화	수	목	금	토	일	월	화	수	목	금
일진 日辰	丁卯	戊辰	己巳	庚午	辛未	壬申	癸酉	甲戌	乙亥	丙子	丁丑	戊寅	己卯	庚辰	辛巳	壬午	癸未	甲申	乙酉	丙戌	丁亥	戊子	己丑	庚寅	辛卯	壬辰	癸巳	甲午	乙未	丙申	丁酉
음력	5	6	7	8	9	10	11	12	13	14	15	16	17	18	19	20	21	22	23	24	25	26	27	28	29	30	8/1	2	3	4	5
대운 남	2	2	1	1	1	1	입	10	10	9	9	9	8	8	8	7	7	7	6	6	6	5	처	5	4	4	4	3	3	3	2
대운 여	8	9	9	9	10	10	추	1	1	1	1	2	2	2	3	3	3	4	4	4	5	5	서	6	6	6	7	7	7	8	8

백로 7일 20시 10분 ⇨ **【癸酉月(계유월)】**(백로, 추분-한로 전) 추분 23일 05시 33분

9 (음력 08/06 ~ 09/06)

양력	1	2	3	4	5	6	7	8	9	10	11	12	13	14	15	16	17	18	19	20	21	22	23	24	25	26	27	28	29	30
요일	토	일	월	화	수	목	금	토	일	월	화	수	목	금	토	일	월	화	수	목	금	토	일	월	화	수	목	금	토	일
일진 日辰	戊戌	己亥	庚子	辛丑	壬寅	癸卯	甲辰	乙巳	丙午	丁未	戊申	己酉	庚戌	辛亥	壬子	癸丑	甲寅	乙卯	丙辰	丁巳	戊午	己未	庚申	辛酉	壬戌	癸亥	甲子	乙丑	丙寅	丁卯
음력	6	7	8	9	10	11	12	13	14	15	16	17	18	19	20	21	22	23	24	25	26	27	28	29	9/1	2	3	4	5	6
대운 남	2	2	1	1	1	1	백	10	10	9	9	9	8	8	8	7	7	7	6	6	6	5	추	5	4	4	4	3	3	3
대운 여	8	9	9	9	10	10	로	1	1	1	1	2	2	2	3	3	3	4	4	4	5	5	분	6	6	6	7	7	7	8

한로 8일 11시 43분 ⇨ **【甲戌月(갑술월)】**(한로, 상강~ 입동 전) 상강 23일 14시 66분

10 (음력 09/07 ~ 10/08)

양력	1	2	3	4	5	6	7	8	9	10	11	12	13	14	15	16	17	18	19	20	21	22	23	24	25	26	27	28	29	30	31
요일	월	화	수	목	금	토	일	월	화	수	목	금	토	일	월	화	수	목	금	토	일	월	화	수	목	금	토	일	월	화	수
일진 日辰	戊辰	己巳	庚午	辛未	壬申	癸酉	甲戌	乙亥	丙子	丁丑	戊寅	己卯	庚辰	辛巳	壬午	癸未	甲申	乙酉	丙戌	丁亥	戊子	己丑	庚寅	辛卯	壬辰	癸巳	甲午	乙未	丙申	丁酉	戊戌
음력	7	8	9	10	11	12	13	14	15	16	17	18	19	20	21	22	23	24	25	26	27	28	29	10/1	2	3	4	5	6	7	8
대운 남	2	2	2	1	1	1	1	한	10	9	9	9	8	8	8	7	7	7	6	6	6	5	상	5	4	4	4	3	3	3	2
대운 여	8	8	9	9	9	10	10	로	1	1	1	1	2	2	2	3	3	3	4	4	4	5	강	5	6	6	6	7	7	7	8

입동 7일 14시 46분 ⇨ **【乙亥月(을해월)】**(입동, 소설~ 대설 전) 소설 22일 12시 11분

11 (음력 10/09 ~ 윤 108)

양력	1	2	3	4	5	6	7	8	9	10	11	12	13	14	15	16	17	18	19	20	21	22	23	24	25	26	27	28	29	30
요일	목	금	토	일	월	화	수	목	금	토	일	월	화	수	목	금	토	일	월	화	수	목	금	토	일	월	화	수	목	금
일진 日辰	己亥	庚子	辛丑	壬寅	癸卯	甲辰	乙巳	丙午	丁未	戊申	己酉	庚戌	辛亥	壬子	癸丑	甲寅	乙卯	丙辰	丁巳	戊午	己未	庚申	辛酉	壬戌	癸亥	甲子	乙丑	丙寅	丁卯	戊辰
음력	9	10	11	12	13	14	15	16	17	18	19	20	21	22	23	24	25	26	27	28	29	30	윤10	2	3	4	5	6	7	8
대운 남	2	2	1	1	1	1	입	10	9	9	9	8	8	8	7	7	7	6	6	6	5	소	5	4	4	4	3	3	3	2
대운 여	8	8	9	9	9	10	동	1	1	1	1	2	2	2	3	3	3	4	4	4	5	설	5	6	6	6	7	7	7	8

대설 7일 07시 28분 ⇨ **【丙子月(병자월)】**(대설, 동지~소한 전) 동지 22일 01시 23분

12 (음력 10/09 ~ 11/10)

양력	1	2	3	4	5	6	7	8	9	10	11	12	13	14	15	16	17	18	19	20	21	22	23	24	25	26	27	28	29	30	31
요일	토	일	월	화	수	목	금	토	일	월	화	수	목	금	토	일	월	화	수	목	금	토	일	월	화	수	목	금	토	일	월
일진 日辰	己巳	庚午	辛未	壬申	癸酉	甲戌	乙亥	丙子	丁丑	戊寅	己卯	庚辰	辛巳	壬午	癸未	甲申	乙酉	丙戌	丁亥	戊子	己丑	庚寅	辛卯	壬辰	癸巳	甲午	乙未	丙申	丁酉	戊戌	己亥
음력	9	10	11	12	13	14	15	16	17	18	19	20	21	22	23	24	25	26	27	28	29	11/1	2	3	4	5	6	7	8	9	10
대운 남	2	2	1	1	1	1	입	10	9	9	9	8	8	8	7	7	6	6	6	5	5	동	4	4	4	3	3	3	2	2	2
대운 여	8	8	9	9	9	10	동	1	1	1	1	2	2	2	3	3	3	4	4	4	5	지	5	6	6	6	7	7	7	8	8

1985 乙丑年(을축년)

단기 4318년 /불기2529년 대장군(서방). 삼살(동방). 상문(동방).조객(서북방). 납음(해중금). 【삼재(해.자.축)년】

소한 5일 18시 35분 ⇨ 【丁丑月(정축월)】(소한, 대한~ 입춘 전) 대한 20일 11시 58분

양력 1 / 음력 11/11 ~ 12/11

양력	1	2	3	4	5	6	7	8	9	10	11	12	13	14	15	16	17	18	19	20	21	22	23	24	25	26	27	28	29	30	31
요일	화	수	목	금	토	일	월	화	수	목	금	토	일	월	화	수	목	금	토	일	월	화	수	목	금	토	일	월	화	수	목
일진 日辰	庚子	辛丑	壬寅	癸卯	甲辰	乙巳	丙午	丁未	戊申	己酉	庚戌	辛亥	壬子	癸丑	甲寅	乙卯	丙辰	丁巳	戊午	己未	庚申	辛酉	壬戌	癸亥	甲子	乙丑	丙寅	丁卯	戊辰	己巳	庚午
음력	11	12	13	14	15	16	17	18	19	20	21	22	23	24	25	26	27	28	29	30	12/1	2	3	4	5	6	7	8	9	10	11
대운 남	1	1	1	1	소	10	9	9	9	8	8	8	7	7	7	6	6	6	5	대	5	4	4	4	3	3	3	2	2	2	1
대운 여	8	9	9	9	한	1	1	1	1	2	2	2	3	3	3	4	4	4	5	한	5	6	6	6	7	7	7	8	8	8	9

입춘 4일 06시 12분 ⇨ 【戊寅月(무인월)】(입춘, 우수~ 경칩 전) 우수 19일 02시 07분

양력 2 / 음력 12/12 ~ 01/09

양력	1	2	3	4	5	6	7	8	9	10	11	12	13	14	15	16	17	18	19	20	21	22	23	24	25	26	27	28
요일	금	토	일	월	화	수	목	금	토	일	월	화	수	목	금	토	일	월	화	수	목	금	토	일	월	화	수	목
일진 日辰	辛未	壬申	癸酉	甲戌	乙亥	丙子	丁丑	戊寅	己卯	庚辰	辛巳	壬午	癸未	甲申	乙酉	丙戌	丁亥	戊子	己丑	庚寅	辛卯	壬辰	癸巳	甲午	乙未	丙申	丁酉	戊戌
음력	12	13	14	15	16	17	18	19	20	21	22	23	24	25	26	27	28	29	30	1/1	2	3	4	5	6	7	8	9
대운 남	1	1	1	입	1	1	1	1	2	2	2	3	3	3	4	4	4	5	우	5	6	6	6	7	7	7	8	8
대운 여	9	9	10	춘	10	9	9	9	8	8	8	7	7	7	6	6	6	5	수	5	4	4	4	3	3	3	2	2

立春

경칩 6일 00시 16분 ⇨ 【己卯月(기묘월)】(경칩, 춘분~ 청명 전) 춘분 21일 01시 14분

양력 3 / 음력 01/10 ~ 02/11

양력	1	2	3	4	5	6	7	8	9	10	11	12	13	14	15	16	17	18	19	20	21	22	23	24	25	26	27	28	29	30	31
요일	금	토	일	월	화	수	목	금	토	일	월	화	수	목	금	토	일	월	화	수	목	금	토	일	월	화	수	목	금	토	일
일진 日辰	己亥	庚子	辛丑	壬寅	癸卯	甲辰	乙巳	丙午	丁未	戊申	己酉	庚戌	辛亥	壬子	癸丑	甲寅	乙卯	丙辰	丁巳	戊午	己未	庚申	辛酉	壬戌	癸亥	甲子	乙丑	丙寅	丁卯	戊辰	己巳
음력	10	11	12	13	14	15	16	17	18	19	20	21	22	23	24	25	26	27	28	29	2/1	2	3	4	5	6	7	8	9	10	11
대운 남	8	9	9	9	10	경	1	1	1	1	2	2	2	3	3	3	4	4	4	5	춘	5	6	6	6	7	7	7	8	8	8
대운 여	2	1	1	1	1	칩	10	9	9	9	8	8	8	7	7	7	6	6	6	5	분	5	4	4	4	3	3	3	2	2	2

청명 5일 05시 14분 ⇨ 【庚辰月(경진월)】(청명, 곡우~ 입하 전) 곡우 20일 12시 26분

양력 4 / 음력 02/12 ~ 03/11

양력	1	2	3	4	5	6	7	8	9	10	11	12	13	14	15	16	17	18	19	20	21	22	23	24	25	26	27	28	29	30
요일	월	화	수	목	금	토	일	월	화	수	목	금	토	일	월	화	수	목	금	토	일	월	화	수	목	금	토	일	월	화
일진 日辰	庚午	辛未	壬申	癸酉	甲戌	乙亥	丙子	丁丑	戊寅	己卯	庚辰	辛巳	壬午	癸未	甲申	乙酉	丙戌	丁亥	戊子	己丑	庚寅	辛卯	壬辰	癸巳	甲午	乙未	丙申	丁酉	戊戌	己亥
음력	12	13	14	15	16	17	18	19	20	21	22	23	24	25	26	27	28	29	30	3/1	2	3	4	5	6	7	8	9	10	11
대운 남	9	9	9	10	10	청	1	1	1	1	2	2	2	3	3	3	4	4	4	곡	5	5	6	6	6	7	7	7	8	8
대운 여	1	1	1	1	1	명	10	9	9	9	8	8	8	7	7	7	6	6	6	우	5	5	4	4	4	3	3	3	2	2

입하 5일 22시 43분 ⇨ 【辛巳月(신사월)】(입하, 소만~ 망종 전) 소만 21일 11시 43분

양력 5 / 음력 03/12 ~ 04/12

양력	1	2	3	4	5	6	7	8	9	10	11	12	13	14	15	16	17	18	19	20	21	22	23	24	25	26	27	28	29	30	31
요일	수	목	금	토	일	월	화	수	목	금	토	일	월	화	수	목	금	토	일	월	화	수	목	금	토	일	월	화	수	목	금
일진 日辰	庚子	辛丑	壬寅	癸卯	甲辰	乙巳	丙午	丁未	戊申	己酉	庚戌	辛亥	壬子	癸丑	甲寅	乙卯	丙辰	丁巳	戊午	己未	庚申	辛酉	壬戌	癸亥	甲子	乙丑	丙寅	丁卯	戊辰	己巳	庚午
음력	12	13	14	15	16	17	18	19	20	21	22	23	24	25	26	27	28	29	30	4/1	2	3	4	5	6	7	8	9	10	11	12
대운 남	8	9	9	9	입	1	1	1	1	2	2	2	3	3	3	4	4	4	5	5	소	6	6	6	7	7	7	8	8	8	9
대운 여	2	1	1	1	하	10	10	10	9	9	9	8	8	8	7	7	7	6	6	6	만	5	5	4	4	4	3	3	3	2	2

망종 6일 03시 00분 ⇨ 【壬午月(임오월)】(망종, 하지~ 소서 전) 하지 21일 19시 44분

양력 6 / 음력 04/13 ~ 05/13

양력	1	2	3	4	5	6	7	8	9	10	11	12	13	14	15	16	17	18	19	20	21	22	23	24	25	26	27	28	29	30
요일	토	일	월	화	수	목	금	토	일	월	화	수	목	금	토	일	월	화	수	목	금	토	일	월	화	수	목	금	토	일
일진 日辰	辛未	壬申	癸酉	甲戌	乙亥	丙子	丁丑	戊寅	己卯	庚辰	辛巳	壬午	癸未	甲申	乙酉	丙戌	丁亥	戊子	己丑	庚寅	辛卯	壬辰	癸巳	甲午	乙未	丙申	丁酉	戊戌	己亥	庚子
음력	13	14	15	16	17	18	19	20	21	22	23	24	25	26	27	28	29	5/1	2	3	4	5	6	7	8	9	10	11	12	13
대운 남	9	9	10	10	10	망	1	1	1	1	2	2	2	3	3	3	4	4	4	5	하	5	6	6	6	7	7	7	8	8
대운 여	2	1	1	1	1	종	10	10	9	9	9	8	8	8	7	7	7	6	6	6	지	5	5	4	4	4	3	3	3	2

대장군(서방), 삼살(동방), 상문(동방),조객(서북방), 납음(해중금), 【삼재(해,자,축)년】
한식(4월06일), 초복(7월20일), 중복(7월30일), 말복(8월09일)

乙丑年(을축년)

1985

소서 7일 13시 19분 ⇨ 【癸未月(계미월)】(소서, 대서~ 입추 전) 대서 23일 06시 36분

양력	양력	1	2	3	4	5	6	7	8	9	10	11	12	13	14	15	16	17	18	19	20	21	22	23	24	25	26	27	28	29	30	31
7	요일	월	화	수	목	금	토	일	월	화	수	목	금	토	일	월	화	수	목	금	토	일	월	화	수	목	금	토	일	월	화	수
	일진	辛	壬	癸	甲	乙	丙	丁	戊	己	庚	辛	壬	癸	甲	乙	丙	丁	戊	己	庚	辛	壬	癸	甲	乙	丙	丁	戊	己	庚	辛
음력	日辰	丑	寅	卯	辰	巳	午	未	申	酉	戌	亥	子	丑	寅	卯	辰	巳	午	未	申	酉	戌	亥	子	丑	寅	卯	辰	巳	午	未
05/14	음력	14	15	16	17	18	19	20	21	22	23	24	25	26	27	28	29	30	6/1	2	3	4	5	6	7	8	9	10	11	12	13	14
06/14	대운 남	8	9	9	9	10	10	소	1	1	1	1	2	2	2	3	3	3	4	4	4	5	5	대	6	6	6	7	7	7	8	8
	대운 여	2	2	1	1	1	1	서	10	10	9	9	9	8	8	8	7	7	7	6	6	6	5	서	5	4	4	4	3	3	3	2

입추 7일 23시 04분 ⇨ 【甲申月(갑신월)】(입추, 처서~ 백로 전) 처서 23일 13시 36분

양력	양력	1	2	3	4	5	6	7	8	9	10	11	12	13	14	15	16	17	18	19	20	21	22	23	24	25	26	27	28	29	30	31
8	요일	목	금	토	일	월	화	수	목	금	토	일	월	화	수	목	금	토	일	월	화	수	목	금	토	일	월	화	수	목	금	토
	일진	壬	癸	甲	乙	丙	丁	戊	己	庚	辛	壬	癸	甲	乙	丙	丁	戊	己	庚	辛	壬	癸	甲	乙	丙	丁	戊	己	庚	辛	壬
음력	日辰	申	酉	戌	亥	子	丑	寅	卯	辰	巳	午	未	申	酉	戌	亥	子	丑	寅	卯	辰	巳	午	未	申	酉	戌	亥	子	丑	寅
06/15	음력	15	16	17	18	19	20	21	22	23	24	25	26	27	28	29	7/1	2	3	4	5	6	7	8	9	10	11	12	13	14	15	16
07/16	대운 남	8	9	9	9	10	10	입	1	1	1	1	2	2	2	3	3	3	4	4	4	5	5	처	6	6	6	7	7	7	8	8
	대운 여	2	2	1	1	1	1	추	10	10	10	9	9	9	8	8	8	7	7	7	6	6	6	서	5	5	4	4	4	3	3	3

백로 8일 01시 53분 ⇨ 【乙酉月(을유월)】(백로, 추분-한로 전) 추분 23일 11시 07분

양력	양력	1	2	3	4	5	6	7	8	9	10	11	12	13	14	15	16	17	18	19	20	21	22	23	24	25	26	27	28	29	30
9	요일	일	월	화	수	목	금	토	일	월	화	수	목	금	토	일	월	화	수	목	금	토	일	월	화	수	목	금	토	일	월
	일진	癸	甲	乙	丙	丁	戊	己	庚	辛	壬	癸	甲	乙	丙	丁	戊	己	庚	辛	壬	癸	甲	乙	丙	丁	戊	己	庚	辛	壬
음력	日辰	卯	辰	巳	午	未	申	酉	戌	亥	子	丑	寅	卯	辰	巳	午	未	申	酉	戌	亥	子	丑	寅	卯	辰	巳	午	未	申
07/17	음력	17	18	19	20	21	22	23	24	25	26	27	28	29	30	8/1	2	3	4	5	6	7	8	9	10	11	12	13	14	15	16
08/16	대운 남	8	9	9	9	10	10	10	백	1	1	1	1	2	2	2	3	3	3	4	4	4	5	추	5	6	6	6	7	7	7
	대운 여	2	2	2	1	1	1	1	로	10	9	9	9	8	8	8	7	7	7	6	6	6	5	분	5	4	4	4	3	3	3

한로 8일 17시 25분 ⇨ 【丙戌月(병술월)】(한로, 상강~ 입동 전) 상강 23일 20시 22분

양력	양력	1	2	3	4	5	6	7	8	9	10	11	12	13	14	15	16	17	18	19	20	21	22	23	24	25	26	27	28	29	30	31
10	요일	화	수	목	금	토	일	월	화	수	목	금	토	일	월	화	수	목	금	토	일	월	화	수	목	금	토	일	월	화	수	목
	일진	癸	甲	乙	丙	丁	戊	己	庚	辛	壬	癸	甲	乙	丙	丁	戊	己	庚	辛	壬	癸	甲	乙	丙	丁	戊	己	庚	辛	壬	癸
음력	日辰	酉	戌	亥	子	丑	寅	卯	辰	巳	午	未	申	酉	戌	亥	子	丑	寅	卯	辰	巳	午	未	申	酉	戌	亥	子	丑	寅	卯
08/17	음력	17	18	19	20	21	22	23	24	25	26	27	28	29	9/1	2	3	4	5	6	7	8	9	10	11	12	13	14	15	16	17	18
09/18	대운 남	8	8	8	9	9	9	10	한	1	1	1	1	2	2	2	3	3	3	4	4	4	5	상	5	6	6	6	7	7	7	8
	대운 여	2	2	2	1	1	1	1	로	10	9	9	9	8	8	8	7	7	7	6	6	6	5	강	5	4	4	4	3	3	3	2

입동 7일 20시 29분 ⇨ 【丁亥月(정해월)】(입동, 소설~ 대설 전) 소설 22일 17시 51분

양력	양력	1	2	3	4	5	6	7	8	9	10	11	12	13	14	15	16	17	18	19	20	21	22	23	24	25	26	27	28	29	30
11	요일	금	토	일	월	화	수	목	금	토	일	월	화	수	목	금	토	일	월	화	수	목	금	토	일	월	화	수	목	금	토
	일진	甲	乙	丙	丁	戊	己	庚	辛	壬	癸	甲	乙	丙	丁	戊	己	庚	辛	壬	癸	甲	乙	丙	丁	戊	己	庚	辛	壬	癸
음력	日辰	辰	巳	午	未	申	酉	戌	亥	子	丑	寅	卯	辰	巳	午	未	申	酉	戌	亥	子	丑	寅	卯	辰	巳	午	未	申	酉
09/19	음력	19	20	21	22	23	24	25	26	27	28	29	10/1	2	3	4	5	6	7	8	9	10	11	12	13	14	15	16	17	18	19
10/19	대운 남	8	8	9	9	9	10	입	1	1	1	1	2	2	2	3	3	3	4	4	4	5	소	5	6	6	6	7	7	7	8
	대운 여	2	2	1	1	1	1	동	10	9	9	9	8	8	8	7	7	7	6	6	6	5	설	5	4	4	4	3	3	3	2

대설 7일 13시 16분 ⇨ 【戊子月(무자월)】(대설, 동지~소한 전) 동지 22일 07시 08분

양력	양력	1	2	3	4	5	6	7	8	9	10	11	12	13	14	15	16	17	18	19	20	21	22	23	24	25	26	27	28	29	30	31
12	요일	일	월	화	수	목	금	토	일	월	화	수	목	금	토	일	월	화	수	목	금	토	일	월	화	수	목	금	토	일	월	화
	일진	甲	乙	丙	丁	戊	己	庚	辛	壬	癸	甲	乙	丙	丁	戊	己	庚	辛	壬	癸	甲	乙	丙	丁	戊	己	庚	辛	壬	癸	甲
음력	日辰	戌	亥	子	丑	寅	卯	辰	巳	午	未	申	酉	戌	亥	子	丑	寅	卯	辰	巳	午	未	申	酉	戌	亥	子	丑	寅	卯	辰
10/20	음력	20	21	22	23	24	25	26	27	28	29	30	11/1	2	3	4	5	6	7	8	9	10	11	12	13	14	15	16	17	18	19	20
11/20	대운 남	8	8	9	9	9	10	대	1	1	1	1	2	2	2	3	3	3	4	4	4	5	동	5	6	6	6	7	7	7	8	8
	대운 여	2	2	1	1	1	1	설	10	9	9	9	8	8	8	7	7	7	6	6	6	5	지	5	4	4	4	3	3	3	2	2

1986 丙寅年(병인년)

단기 4319년 /불기2530년 대장군(북방). 삼살(북방), 상문(동남방),조객(북방), 납음(노중화), 【삼재(신,유,술)년】

소한 6일 00시 28분 ⇨ **【己丑月(기축월)】**(소한, 대한~ 입춘 전) 대한 20일 17시 46분

양력 1	양력	1	2	3	4	5	6	7	8	9	10	11	12	13	14	15	16	17	18	19	20	21	22	23	24	25	26	27	28	29	30	31
	요일	수	목	금	토	일	월	화	수	목	금	토	일	월	화	수	목	금	토	일	월	화	수	목	금	토	일	월	화	수	목	금
음력 11/21~12/22	일진 日辰	乙巳	丙午	丁未	戊申	己酉	庚戌	辛亥	壬子	癸丑	甲寅	乙卯	丙辰	丁巳	戊午	己未	庚申	辛酉	壬戌	癸亥	甲子	乙丑	丙寅	丁卯	戊辰	己巳	庚午	辛未	壬申	癸酉	甲戌	乙亥
	음력	21	22	23	24	25	26	27	28	29	12/1	2	3	4	5	6	7	8	9	10	11	12	13	14	15	16	17	18	19	20	21	22
대운	남	8	9	9	9	10	소	1	1	1	1	2	2	2	3	3	3	4	4	4	대	5	5	6	6	6	7	7	7	8	8	8
	여	2	1	1	1	1	한	9	9	9	8	8	8	7	7	7	6	6	6	5	한	5	4	4	4	3	3	3	2	2	2	1

입춘 4일 12시 08분 ⇨ **【庚寅月(경인월)】**(입춘, 우수~ 경칩 전) 우수 19일 07시 58분

양력 2	양력	1	2	3	4	5	6	7	8	9	10	11	12	13	14	15	16	17	18	19	20	21	22	23	24	25	26	27	28	
	요일	토	일	월	화	수	목	금	토	일	월	화	수	목	금	토	일	월	화	수	목	금	토	일	월	화	수	목	금	
음력 12/23~01/20	일진 日辰	丙子	丁丑	戊寅	己卯	庚辰	辛巳	壬午	癸未	甲申	乙酉	丙戌	丁亥	戊子	己丑	庚寅	辛卯	壬辰	癸巳	甲午	乙未	丙申	丁酉	戊戌	己亥	庚子	辛丑	壬寅	癸卯	立春
	음력	23	24	25	26	27	28	29	30	1/1	2	3	4	5	6	7	8	9	10	11	12	13	14	15	16	17	18	19	20	
대운	남	9	9	9	입	10	9	9	9	8	8	8	7	7	7	6	6	6	5	우	5	4	4	4	3	3	3	2	2	
	여	1	1	1	춘	1	1	1	1	2	2	2	3	3	3	4	4	4	5	수	5	6	6	6	7	7	7	8	8	

경칩 6일 06시 12분 ⇨ **【辛卯月(신묘월)】**(경칩, 춘분~ 청명 전) 춘분 21일 07시 03분

양력 3	양력	1	2	3	4	5	6	7	8	9	10	11	12	13	14	15	16	17	18	19	20	21	22	23	24	25	26	27	28	29	30	31
	요일	토	일	월	화	수	목	금	토	일	월	화	수	목	금	토	일	월	화	수	목	금	토	일	월	회	수	목	금	토	일	월
음력 01/21~02/22	일진 日辰	甲辰	乙巳	丙午	丁未	戊申	己酉	庚戌	辛亥	壬子	癸丑	甲寅	乙卯	丙辰	丁巳	戊午	己未	庚申	辛酉	壬戌	癸亥	甲子	乙丑	丙寅	丁卯	戊辰	己巳	庚午	辛未	壬申	癸酉	甲戌
	음력	21	22	23	24	25	26	27	28	29	2/1	2	3	4	5	6	7	8	9	10	11	12	13	14	15	16	17	18	19	20	21	22
대운	남	2	1	1	1	1	경	10	9	9	9	8	8	8	7	7	7	6	6	6	5	춘	5	4	4	4	3	3	3	2	2	2
	여	8	9	9	9	10	칩	1	1	1	1	2	2	2	3	3	3	4	4	4	5	분	5	6	6	6	7	7	7	8	8	8

청명 5일 11시 06분 ⇨ **【壬辰月(임진월)】**(청명, 곡우~ 입하 전) 곡우 20일 18시 12분

양력 4	양력	1	2	3	4	5	6	7	8	9	10	11	12	13	14	15	16	17	18	19	20	21	22	23	24	25	26	27	28	29	30
	요일	화	수	목	금	토	일	월	화	수	목	금	토	일	월	화	수	목	금	토	일	월	화	수	목	금	토	일	월	화	수
음력 02/23~03/22	일진 日辰	乙亥	丙子	丁丑	戊寅	己卯	庚辰	辛巳	壬午	癸未	甲申	乙酉	丙戌	丁亥	戊子	己丑	庚寅	辛卯	壬辰	癸巳	甲午	乙未	丙申	丁酉	戊戌	己亥	庚子	辛丑	壬寅	癸卯	甲辰
	음력	23	24	25	26	27	28	29	30	3/1	2	3	4	5	6	7	8	9	10	11	12	13	14	15	16	17	18	19	20	21	22
대운	남	1	1	1	1	청	10	10	9	9	9	8	8	8	7	7	7	6	6	6	곡	5	5	4	4	4	3	3	3	2	2
	여	9	9	9	10	명	1	1	1	1	2	2	2	3	3	3	4	4	4	5	우	5	6	6	6	7	7	7	8	8	8

입하 6일 04시 31분 ⇨ **【癸巳月(계사월)】**(입하, 소만~ 망종 전) 소만 21일 17시 28분

양력 5	양력	1	2	3	4	5	6	7	8	9	10	11	12	13	14	15	16	17	18	19	20	21	22	23	24	25	26	27	28	29	30	31
	요일	목	금	토	일	월	화	수	목	금	토	일	월	화	수	목	금	토	일	월	화	수	목	금	토	일	월	화	수	목	금	토
음력 03/23~04/23	일진 日辰	乙巳	丙午	丁未	戊申	己酉	庚戌	辛亥	壬子	癸丑	甲寅	乙卯	丙辰	丁巳	戊午	己未	庚申	辛酉	壬戌	癸亥	甲子	乙丑	丙寅	丁卯	戊辰	己巳	庚午	辛未	壬申	癸酉	甲戌	乙亥
	음력	23	24	25	26	27	28	29	30	4/1	2	3	4	5	6	7	8	9	10	11	12	13	14	15	16	17	18	19	20	21	22	23
대운	남	2	1	1	1	1	입	10	10	9	9	9	8	8	8	7	7	7	6	6	6	소	5	5	4	4	4	3	3	3	2	2
	여	9	9	9	10	10	하	1	1	1	1	2	2	2	3	3	3	4	4	4	5	만	5	6	6	6	7	7	7	8	8	8

망종 6일 08시 44분 ⇨ **【甲午月(갑오월)】**(망종, 하지~ 소서 전) 하지 22일 01시 30분

양력 6	양력	1	2	3	4	5	6	7	8	9	10	11	12	13	14	15	16	17	18	19	20	21	22	23	24	25	26	27	28	29	30
	요일	일	월	화	수	목	금	토	일	월	화	수	목	금	토	일	월	화	수	목	금	토	일	월	화	수	목	금	토	일	월
음력 04/24~05/24	일진 日辰	丙子	丁丑	戊寅	己卯	庚辰	辛巳	壬午	癸未	甲申	乙酉	丙戌	丁亥	戊子	己丑	庚寅	辛卯	壬辰	癸巳	甲午	乙未	丙申	丁酉	戊戌	己亥	庚子	辛丑	壬寅	癸卯	甲辰	乙巳
	음력	24	25	26	27	28	29	5/1	2	3	4	5	6	7	8	9	10	11	12	13	14	15	16	17	18	19	20	21	22	23	24
대운	남	2	1	1	1	1	망	10	10	9	9	9	8	8	8	7	7	7	6	6	6	5	하	5	4	4	4	3	3	3	2
	여	9	9	9	10	10	종	1	1	1	1	2	2	2	3	3	3	4	4	4	5	5	지	6	6	6	7	7	7	8	8

대장군(북방), 삼살(북방), 상문(동남방),조객(북방), 납음(노중화), 【삼재(신,유,술)년】
한식(4월06일), 초복(7월15일), 중복(7월25일), 말복(8월14일)

丙寅年(병인년)

1986

소서 7일 19시 01분 ⇨ 【乙未月(을미월)】(소서, 대서~ 입추 전) 대서 23일 12시 24분

양력 7 / 음력 05/25 ~ 06/25

양력	1	2	3	4	5	6	7	8	9	10	11	12	13	14	15	16	17	18	19	20	21	22	23	24	25	26	27	28	29	30	31
요일	화	수	목	금	토	일	월	화	수	목	금	토	일	월	화	수	목	금	토	일	월	화	수	목	금	토	일	월	화	수	목
일진 日辰	丙午	丁未	戊申	己酉	庚戌	辛亥	壬子	癸丑	甲寅	乙卯	丙辰	丁巳	戊午	己未	庚申	辛酉	壬戌	癸亥	甲子	乙丑	丙寅	丁卯	戊辰	己巳	庚午	辛未	壬申	癸酉	甲戌	乙亥	丙子
음력	25	26	27	28	29	30	6/1	2	3	4	5	6	7	8	9	10	11	12	13	14	15	16	17	18	19	20	21	22	23	24	25
대운 남	2	2	1	1	1	1	소	10	10	10	9	9	9	8	8	8	7	7	7	6	6	6	대	5	5	4	4	4	3	3	3
대운 여	8	9	9	9	10	10	서	1	1	1	1	2	2	2	3	3	3	4	4	4	5	5	서	6	6	6	7	7	7	8	8

입추 8일 04시 46분 ⇨ 【丙申月(병신월)】(입추, 처서~ 백로 전) 처서 23일 19시 26분

양력 8 / 음력 06/26 ~ 07/26

양력	1	2	3	4	5	6	7	8	9	10	11	12	13	14	15	16	17	18	19	20	21	22	23	24	25	26	27	28	29	30	31
요일	금	토	일	월	화	수	목	금	토	일	월	화	수	목	금	토	일	월	화	수	목	금	토	일	월	화	수	목	금	토	일
일진 日辰	丁丑	戊寅	己卯	庚辰	辛巳	壬午	癸未	甲申	乙酉	丙戌	丁亥	戊子	己丑	庚寅	辛卯	壬辰	癸巳	甲午	乙未	丙申	丁酉	戊戌	己亥	庚子	辛丑	壬寅	癸卯	甲辰	乙巳	丙午	丁未
음력	26	27	28	29	30	7/1	2	3	4	5	6	7	8	9	10	11	12	13	14	15	16	17	18	19	20	21	22	23	24	25	26
대운 남	2	2	2	1	1	1	1	입	10	10	9	9	9	8	8	8	7	7	7	6	6	6	처	5	5	4	4	4	3	3	3
대운 여	8	9	9	9	10	10	10	추	1	1	1	1	2	2	2	3	3	3	4	4	4	5	서	5	6	6	6	7	7	7	8

백로 8일 07시 35분 ⇨ 【丁酉月(정유월)】(백로, 추분-한로 전) 추분 23일 16시 59분

양력 9 / 음력 07/27 ~ 08/27

양력	1	2	3	4	5	6	7	8	9	10	11	12	13	14	15	16	17	18	19	20	21	22	23	24	25	26	27	28	29	30
요일	월	화	수	목	금	토	일	월	화	수	목	금	토	일	월	화	수	목	금	토	일	월	화	수	목	금	토	일	월	화
일진 日辰	戊申	己酉	庚戌	辛亥	壬子	癸丑	甲寅	乙卯	丙辰	丁巳	戊午	己未	庚申	辛酉	壬戌	癸亥	甲子	乙丑	丙寅	丁卯	戊辰	己巳	庚午	辛未	壬申	癸酉	甲戌	乙亥	丙子	丁丑
음력	27	28	29	8/1	2	3	4	5	6	7	8	9	10	11	12	13	14	15	16	17	18	19	20	21	22	23	24	25	26	27
대운 남	2	2	2	1	1	1	1	백	10	10	9	9	9	8	8	8	7	7	7	6	6	6	추	5	5	4	4	4	3	3
대운 여	8	8	9	9	9	10	10	로	1	1	1	1	2	2	2	3	3	3	4	4	4	5	분	5	6	6	6	7	7	7

한로 8일 23시 07분 ⇨ 【戊戌月(무술월)】(한로, 상강~ 입동 전) 상강 24일 02시 14분

양력 10 / 음력 08/28 ~ 09/28

양력	1	2	3	4	5	6	7	8	9	10	11	12	13	14	15	16	17	18	19	20	21	22	23	24	25	26	27	28	29	30	31
요일	수	목	금	토	일	월	화	수	목	금	토	일	월	화	수	목	금	토	일	월	화	수	목	금	토	일	월	화	수	목	금
일진 日辰	戊寅	己卯	庚辰	辛巳	壬午	癸未	甲申	乙酉	丙戌	丁亥	戊子	己丑	庚寅	辛卯	壬辰	癸巳	甲午	乙未	丙申	丁酉	戊戌	己亥	庚子	辛丑	壬寅	癸卯	甲辰	乙巳	丙午	丁未	戊申
음력	28	29	30	9/1	2	3	4	5	6	7	8	9	10	11	12	13	14	15	16	17	18	19	20	21	22	23	24	25	26	27	28
대운 남	2	2	2	1	1	1	1	한	10	10	9	9	9	8	8	8	7	7	7	6	6	6	5	상	5	4	4	4	3	3	3
대운 여	8	8	8	9	9	9	10	로	1	1	1	1	2	2	2	3	3	3	4	4	4	5	5	강	6	6	6	7	7	7	8

입동 8일 02시 13분 ⇨ 【己亥月(기해월)】(입동, 소설~ 대설 전) 소설 22일 23시 44분

양력 11 / 음력 09/29 ~ 10/29

양력	1	2	3	4	5	6	7	8	9	10	11	12	13	14	15	16	17	18	19	20	21	22	23	24	25	26	27	28	29	30
요일	토	일	월	화	수	목	금	토	일	월	화	수	목	금	토	일	월	화	수	목	금	토	일	월	화	수	목	금	토	일
일진 日辰	己酉	庚戌	辛亥	壬子	癸丑	甲寅	乙卯	丙辰	丁巳	戊午	己未	庚申	辛酉	壬戌	癸亥	甲子	乙丑	丙寅	丁卯	戊辰	己巳	庚午	辛未	壬申	癸酉	甲戌	乙亥	丙子	丁丑	戊寅
음력	29	10/1	2	3	4	5	6	7	8	9	10	11	12	13	14	15	16	17	18	19	20	21	22	23	24	25	26	27	28	29
대운 남	2	2	2	1	1	1	1	입	9	9	9	8	8	8	7	7	7	6	6	6	5	소	5	4	4	4	3	3	3	2
대운 여	8	8	9	9	9	10	10	동	1	1	1	1	2	2	2	3	3	3	4	4	4	설	5	5	6	6	6	7	7	7

대설 7일 19시 01분 ⇨ 【庚子月(경자월)】(대설, 동지~소한 전) 동지 22일 13시 02분

양력 12 / 음력 10/30 ~ 12/01

양력	1	2	3	4	5	6	7	8	9	10	11	12	13	14	15	16	17	18	19	20	21	22	23	24	25	26	27	28	29	30	31
요일	월	화	수	목	금	토	일	월	화	수	목	금	토	일	월	화	수	목	금	토	일	월	화	수	목	금	토	일	월	화	수
일진 日辰	己卯	庚辰	辛巳	壬午	癸未	甲申	乙酉	丙戌	丁亥	戊子	己丑	庚寅	辛卯	壬辰	癸巳	甲午	乙未	丙申	丁酉	戊戌	己亥	庚子	辛丑	壬寅	癸卯	甲辰	乙巳	丙午	丁未	戊申	己酉
음력	30	11/1	2	3	4	5	6	7	8	9	10	11	12	13	14	15	16	17	18	19	20	21	22	23	24	25	26	27	28	29	12/1
대운 남	2	2	1	1	1	1	대	10	9	9	9	8	8	8	7	7	7	6	6	6	5	동	5	4	4	4	3	3	3	2	2
대운 여	8	8	8	9	9	9	설	1	1	1	1	2	2	2	3	3	3	4	4	4	5	지	5	6	6	6	7	7	7	8	8

윤6월 小 **1987** 丁卯年(정묘년)

단기 4320년 /불기2531년 대장군(남방). 삼살(동방), 상문(서북방),조객(서남방), 납음(석류목), 【삼재(해,자,축)년】

소한 6일 06시 13분 ⇨ **【辛丑月(신축월)】**(소한, 대한~ 입춘 전) 대한 23일 19시 06분

양력 1	양력	1	2	3	4	5	6	7	8	9	10	11	12	13	14	15	16	17	18	19	20	21	22	23	24	25	26	27	28	29	30	31
	요일	목	금	토	일	월	화	수	목	금	토	일	월	화	수	목	금	토	일	월	화	수	목	금	토	일	월	화	수	목	금	토
	일진 日辰	庚戌	辛亥	壬子	癸丑	甲寅	乙卯	丙辰	丁巳	戊午	己未	庚申	辛酉	壬戌	癸亥	甲子	乙丑	丙寅	丁卯	戊辰	己巳	庚午	辛未	壬申	癸酉	甲戌	乙亥	丙子	丁丑	戊寅	己卯	庚辰
음력 12/02 ~ 01/03	음력	2	3	4	5	6	7	8	9	10	11	12	13	14	15	16	17	18	19	20	21	22	23	24	25	26	27	28	29	1/1	2	3
대운	남	2	1	1	1	1	소	9	9	9	8	8	8	7	7	7	6	6	6	5	대	5	4	4	4	3	3	3	2	2	2	1
	여	8	9	9	9	10	한	1	1	1	1	2	2	2	3	3	3	4	4	4	한	5	5	6	6	6	7	7	7	8	8	8

입춘 4일 17시 20분 ⇨ **【壬寅月(임인월)】**(입춘, 우수~ 경칩 전) 우수 19일 13시 20분

양력 2	양력	1	2	3	4	5	6	7	8	9	10	11	12	13	14	15	16	17	18	19	20	21	22	23	24	25	26	27	28	
	요일	일	월	화	수	목	금	토	일	월	화	수	목	금	토	일	월	화	수	목	금	토	일	월	화	수	목	금	토	
	일진 日辰	辛巳	壬午	癸未	甲申	乙酉	丙戌	丁亥	戊子	己丑	庚寅	辛卯	壬辰	癸巳	甲午	乙未	丙申	丁酉	戊戌	己亥	庚子	辛丑	壬寅	癸卯	甲辰	乙巳	丙午	丁未	戊申	立春
음력 01/04 ~ 02/01	음력	4	5	6	7	8	9	10	11	12	13	14	15	16	17	18	19	20	21	22	23	24	25	26	27	28	29	30	2/1	
대운	남	1	1	1	입	1	1	1	1	2	2	2	3	3	3	4	4	4	5	우	5	6	6	6	7	7	7	8	8	
	여	9	9	9	춘	10	9	9	9	8	8	8	7	7	7	6	6	6	5	수	5	4	4	4	3	3	3	2	2	

경칩 6일 11시 45분 ⇨ **【癸卯月(계묘월)】**(경칩, 춘분~ 청명 전) 춘분 21일 12시 52분

양력 3	양력	1	2	3	4	5	6	7	8	9	10	11	12	13	14	15	16	17	18	19	20	21	22	23	24	25	26	27	28	29	30	31
	요일	일	월	화	수	목	금	토	일	월	화	수	목	금	토	일	월	화	수	목	금	토	일	월	화	수	목	금	토	일	월	화
	일진 日辰	己酉	庚戌	辛亥	壬子	癸丑	甲寅	乙卯	丙辰	丁巳	戊午	己未	庚申	辛酉	壬戌	癸亥	甲子	乙丑	丙寅	丁卯	戊辰	己巳	庚午	辛未	壬申	癸酉	甲戌	乙亥	丙子	丁丑	戊寅	己卯
음력 02/02 ~ 03/03	음력	2	3	4	5	6	7	8	9	10	11	12	13	14	15	16	17	18	19	20	21	22	23	24	25	26	27	28	29	3/1	2	3
대운	남	8	9	9	9	10	경	1	1	1	1	2	2	2	3	3	3	4	4	4	5	춘	5	6	6	6	7	7	7	8	8	8
	여	2	1	1	1	1	칩	10	9	9	9	8	8	8	7	7	7	6	6	6	5	분	5	4	4	4	3	3	3	2	2	2

청명 5일 16시 44분 ⇨ **【甲辰月(갑진월)】**(청명, 곡우~ 입하 전) 곡우 20일 23시 58분

양력 4	양력	1	2	3	4	5	6	7	8	9	10	11	12	13	14	15	16	17	18	19	20	21	22	23	24	25	26	27	28	29	30
	요일	수	목	금	토	일	월	화	수	목	금	토	일	월	화	수	목	금	토	일	월	화	수	목	금	토	일	월	화	수	목
	일진 日辰	庚辰	辛巳	壬午	癸未	甲申	乙酉	丙戌	丁亥	戊子	己丑	庚寅	辛卯	壬辰	癸巳	甲午	乙未	丙申	丁酉	戊戌	己亥	庚子	辛丑	壬寅	癸卯	甲辰	乙巳	丙午	丁未	戊申	己酉
음력 03/04 ~ 04/03	음력	4	5	6	7	8	9	10	11	12	13	14	15	16	17	18	19	20	21	22	23	24	25	26	27	28	29	30	4/1	2	3
대운	남	9	9	9	10	청	1	1	1	1	2	2	2	3	3	3	4	4	4	5	곡	5	6	6	6	7	7	7	8	8	8
	여	1	1	1	1	명	10	10	9	9	9	8	8	8	7	7	7	6	6	6	우	5	5	4	4	4	3	3	3	2	2

입하 6일 10시 06분 ⇨ **【乙巳月(을사월)】**(입하, 소만~ 망종 전) 소만 22일 00시 10분

양력 5	양력	1	2	3	4	5	6	7	8	9	10	11	12	13	14	15	16	17	18	19	20	21	22	23	24	25	26	27	28	29	30	31
	요일	금	토	일	월	화	수	목	금	토	일	월	화	수	목	금	토	일	월	화	수	목	금	토	일	월	화	수	목	금	토	일
	일진 日辰	庚戌	辛亥	壬子	癸丑	甲寅	乙卯	丙辰	丁巳	戊午	己未	庚申	辛酉	壬戌	癸亥	甲子	乙丑	丙寅	丁卯	戊辰	己巳	庚午	辛未	壬申	癸酉	甲戌	乙亥	丙子	丁丑	戊寅	己卯	庚辰
음력 04/04 ~ 05/04	음력	4	5	6	7	8	9	10	11	12	13	14	15	16	17	18	19	20	21	22	23	24	25	26	27	28	29	30	5/1	2	3	4
대운	남	9	9	9	10	10	입	1	1	1	1	2	2	2	3	3	3	4	4	4	5	5	소	6	6	6	7	7	7	8	8	8
	여	2	1	1	1	1	하	10	10	9	9	9	8	8	8	7	7	7	6	6	6	5	만	5	4	4	4	3	3	3	2	2

망종 6일 15시 19분 ⇨ **【丙午月(병오월)】**(망종, 하지~ 소서 전) 하지 22일 08시 11분

양력 6	양력	1	2	3	4	5	6	7	8	9	10	11	12	13	14	15	16	17	18	19	20	21	22	23	24	25	26	27	28	29	30
	요일	월	화	수	목	금	토	일	월	화	수	목	금	토	일	월	화	수	목	금	토	일	월	화	수	목	금	토	일	월	화
	일진 日辰	辛巳	壬午	癸未	甲申	乙酉	丙戌	丁亥	戊子	己丑	庚寅	辛卯	壬辰	癸巳	甲午	乙未	丙申	丁酉	戊戌	己亥	庚子	辛丑	壬寅	癸卯	甲辰	乙巳	丙午	丁未	戊申	己酉	庚戌
음력 05/05 ~ 06/05	음력	5	6	7	8	9	10	11	12	13	14	15	16	17	18	19	20	21	22	23	24	25	26	27	28	29	6/1	2	3	4	5
대운	남	9	9	9	10	10	망	1	1	1	1	2	2	2	3	3	3	4	4	4	5	5	하	6	6	6	7	7	7	8	8
	여	2	1	1	1	1	종	10	10	10	9	9	9	8	8	8	7	7	7	6	6	6	지	5	5	4	4	4	3	3	3

대장군(북방), 삼살(서방), 상문(동남방),조객(동북방),납음(노중화), 【삼재(사,오,미)년】

한식(4월06일), 초복(7월20일), 중복(7월30일), 말복(8월09일) 서머타임 시작 5월10일 02시→03시로 조정 종료10월11일 03시→02시로 조정 수정한 시간으로 표기(동경표준시 사용)

丁卯年(정묘년)

1987

소서 8일 01시 39분 ⇨ 【丁未月(정미월)】(소서, 대서~ 입추 전) 대서 23일 19시 06분

양력 7 음력 6/06 윤606

양력	1	2	3	4	5	6	7	8	9	10	11	12	13	14	15	16	17	18	19	20	21	22	23	24	25	26	27	28	29	30	31
요일	수	목	금	토	일	월	화	수	목	금	토	일	월	화	수	목	금	토	일	월	화	수	목	금	토	일	월	화	수	목	금
일진 日辰	辛亥	壬子	癸丑	甲寅	乙卯	丙辰	丁巳	戊午	己未	庚申	辛酉	壬戌	癸亥	甲子	乙丑	丙寅	丁卯	戊辰	己巳	庚午	辛未	壬申	癸酉	甲戌	乙亥	丙子	丁丑	戊寅	己卯	庚辰	辛巳
음력	6	7	8	9	10	11	12	13	14	15	16	17	18	19	20	21	22	23	24	25	26	27	28	29	30	윤6	2	3	4	5	6
대운 남	8	9	9	9	10	10	10	소	1	1	1	1	2	2	2	3	3	3	4	4	4	5	대	5	6	6	6	7	7	7	8
대운 여	2	2	2	1	1	1	1	서	10	10	9	9	9	8	8	8	7	7	7	6	6	6	서	5	5	4	4	4	3	3	3

입추 8일 11시 29분 ⇨ 【戊申月(무신월)】(입추, 처서~ 백로 전) 처서 24일 02시 10분

양력 8 음력 윤607 7/08

양력	1	2	3	4	5	6	7	8	9	10	11	12	13	14	15	16	17	18	19	20	21	22	23	24	25	26	27	28	29	30	31
요일	토	일	월	화	수	목	금	토	일	월	화	수	목	금	토	일	월	화	수	목	금	토	일	월	화	수	목	금	토	일	월
일진 日辰	壬午	癸未	甲申	乙酉	丙戌	丁亥	戊子	己丑	庚寅	辛卯	壬辰	癸巳	甲午	乙未	丙申	丁酉	戊戌	己亥	庚子	辛丑	壬寅	癸卯	甲辰	乙巳	丙午	丁未	戊申	己酉	庚戌	辛亥	壬子
음력	7	8	9	10	11	12	13	14	15	16	17	18	19	20	21	22	23	24	25	26	27	28	29	7/1	2	3	4	5	6	7	8
대운 남	8	8	9	9	9	10	10	입	1	1	1	1	2	2	2	3	3	3	4	4	4	5	5	처	6	6	6	7	7	7	8
대운 여	2	2	2	1	1	1	1	추	10	10	9	9	9	8	8	8	7	7	7	6	6	6	5	서	5	4	4	4	3	3	3

백로 8일 14시 24분 ⇨ 【己酉月(기유월)】(백로, 추분-한로 전) 추분 23일 23시 45분

양력 9 음력 07/09 08/08

양력	1	2	3	4	5	6	7	8	9	10	11	12	13	14	15	16	17	18	19	20	21	22	23	24	25	26	27	28	29	30
요일	화	수	목	금	토	일	월	화	수	목	금	토	일	월	화	수	목	금	토	일	월	화	수	목	금	토	일	월	화	수
일진 日辰	癸丑	甲寅	乙卯	丙辰	丁巳	戊午	己未	庚申	辛酉	壬戌	癸亥	甲子	乙丑	丙寅	丁卯	戊辰	己巳	庚午	辛未	壬申	癸酉	甲戌	乙亥	丙子	丁丑	戊寅	己卯	庚辰	辛巳	壬午
음력	9	10	11	12	13	14	15	16	17	18	19	20	21	22	23	24	25	26	27	28	29	30	8/1	2	3	4	5	6	7	8
대운 남	8	8	9	9	9	10	10	백	1	1	1	1	2	2	2	3	3	3	4	4	4	5	추	5	6	6	6	7	7	7
대운 여	2	2	2	1	1	1	1	로	10	10	9	9	9	8	8	8	7	7	7	6	6	6	분	5	5	4	4	4	3	3

한로 9일 06시 00분 ⇨ 【庚戌月(경술월)】(한로, 상강~ 입동 전) 상강 24일 08시 01분

양력 10 음력 08/09 9/09

양력	1	2	3	4	5	6	7	8	9	10	11	12	13	14	15	16	17	18	19	20	21	22	23	24	25	26	27	28	29	30	31
요일	목	금	토	일	월	화	수	목	금	토	일	월	화	수	목	금	토	일	월	화	수	목	금	토	일	월	화	수	목	금	토
일진 日辰	癸未	甲申	乙酉	丙戌	丁亥	戊子	己丑	庚寅	辛卯	壬辰	癸巳	甲午	乙未	丙申	丁酉	戊戌	己亥	庚子	辛丑	壬寅	癸卯	甲辰	乙巳	丙午	丁未	戊申	己酉	庚戌	辛亥	壬子	癸丑
음력	9	10	11	12	13	14	15	16	17	18	19	20	21	22	23	24	25	26	27	28	29	30	9/1	2	3	4	5	6	7	8	9
대운 남	8	8	8	9	9	9	10	10	한	1	1	1	1	2	2	2	3	3	3	4	4	4	5	상	5	6	6	6	7	7	7
대운 여	3	2	2	2	1	1	1	1	로	10	9	9	9	8	8	8	7	7	7	6	6	6	5	강	5	4	4	4	3	3	3

입동 8일 08시 06분 ⇨ 【辛亥月(신해월)】(입동, 소설~ 대설 전) 소설 23일 05시 29분

양력 11 음력 09/10 10/10

양력	1	2	3	4	5	6	7	8	9	10	11	12	13	14	15	16	17	18	19	20	21	22	23	24	25	26	27	28	29	30
요일	일	월	화	수	목	금	토	일	월	화	수	목	금	토	일	월	화	수	목	금	토	일	월	화	수	목	금	토	일	월
일진 日辰	甲寅	乙卯	丙辰	丁巳	戊午	己未	庚申	辛酉	壬戌	癸亥	甲子	乙丑	丙寅	丁卯	戊辰	己巳	庚午	辛未	壬申	癸酉	甲戌	乙亥	丙子	丁丑	戊寅	己卯	庚辰	辛巳	壬午	癸未
음력	10	11	12	13	14	15	16	17	18	19	20	21	22	23	24	25	26	27	28	29	10/1	2	3	4	5	6	7	8	9	10
대운 남	8	8	8	9	9	9	10	입	1	1	1	1	2	2	2	3	3	3	4	4	4	5	소	5	6	6	6	7	7	7
대운 여	2	2	2	1	1	1	1	동	10	9	9	9	8	8	8	7	7	7	6	6	6	5	설	5	4	4	4	3	3	3

대설 8일 00시 52분 ⇨ 【壬子月(임자월)】(대설, 동지~소한 전) 동지 22일 18시 분

양력 12 음력 10/11 11/11

양력	1	2	3	4	5	6	7	8	9	10	11	12	13	14	15	16	17	18	19	20	21	22	23	24	25	26	27	28	29	30	31
요일	화	수	목	금	토	일	월	화	수	목	금	토	일	월	화	수	목	금	토	일	월	화	수	목	금	토	일	월	화	수	목
일진 日辰	甲申	乙酉	丙戌	丁亥	戊子	己丑	庚寅	辛卯	壬辰	癸巳	甲午	乙未	丙申	丁酉	戊戌	己亥	庚子	辛丑	壬寅	癸卯	甲辰	乙巳	丙午	丁未	戊申	己酉	庚戌	辛亥	壬子	癸丑	甲寅
음력	11	12	13	14	15	16	17	18	19	20	21	22	23	24	25	26	27	28	29	30	11/1	2	3	4	5	6	7	8	9	10	11
대운 남	8	8	8	9	9	9	10	대	1	1	1	1	2	2	2	3	3	3	4	4	4	동	5	5	6	6	6	7	7	7	8
대운 여	2	2	2	1	1	1	1	설	9	9	9	8	8	8	7	7	7	6	6	6	5	지	5	4	4	4	3	3	3	2	2

1988 戊辰年(무진년)

단기4321년 /불기2532년 대장군(북방), 삼살(남방), 상문(남방), 조객(동북방),납음(대림목), 삼재(인,묘,진)

소한 6일 12시 04분 ⇨ **【癸丑月(계축월)】**(소한, 대한~ 입춘 전) 대한 22일 05시 24분

양력 1 / 음력 11/12 ~ 12/13

양력		1	2	3	4	5	6	7	8	9	10	11	12	13	14	15	16	17	18	19	20	21	22	23	24	25	26	27	28	29	30	31
요일		금	토	일	월	화	수	목	금	토	일	월	화	수	목	금	토	일	월	화	수	목	금	토	일	월	화	수	목	금	토	일
일진 日辰		乙卯	丙辰	丁巳	戊午	己未	庚申	辛酉	壬戌	癸亥	甲子	乙丑	丙寅	丁卯	戊辰	己巳	庚午	辛未	壬申	癸酉	甲戌	乙亥	丙子	丁丑	戊寅	己卯	庚辰	辛巳	壬午	癸未	甲申	乙酉
음력		12	13	14	15	16	17	18	19	20	21	22	23	24	25	26	27	28	29	12/1	2	3	4	5	6	7	8	9	10	11	12	13
대운	남	8	8	9	9	9	소	1	1	1	1	2	2	2	3	3	3	4	4	4	5	대	5	5	6	6	6	7	7	7	8	8
대운	여	2	1	1	1	1	한	9	9	9	8	8	8	7	7	7	6	6	6	5	5	한	4	4	4	3	3	3	2	2	2	1

입춘 4일 23시 43분 ⇨ **【甲寅月(갑인월)】**(입춘, 우수~ 경칩 전) 우수 19일 19시 35분

양력 2 / 음력 12/14 ~ 01/02

양력		1	2	3	4	5	6	7	8	9	10	11	12	13	14	15	16	17	18	19	20	21	22	23	24	25	26	27	28	29	
요일		월	화	수	목	금	토	일	월	화	수	목	금	토	일	월	화	수	목	금	토	일	월	화	수	목	금	토	일	월	立春
일진 日辰		丙戌	丁亥	戊子	己丑	庚寅	辛卯	壬辰	癸巳	甲午	乙未	丙申	丁酉	戊戌	己亥	庚子	辛丑	壬寅	癸卯	甲辰	乙巳	丙午	丁未	戊申	己酉	庚戌	辛亥	壬子	癸丑	甲寅	
음력		14	15	16	17	18	19	20	21	22	23	24	25	26	27	28	29	30	1/1	2	3	4	5	6	7	8	9	10	11	12	
대운	남	8	9	9	입	10	9	9	9	8	8	8	7	7	7	6	6	6	5	우	5	4	4	4	3	3	3	2	2	2	
대운	여	1	1	1	춘	1	1	1	1	2	2	2	3	3	3	4	4	4	5	수	5	6	6	6	7	7	7	8	8	8	

경칩 5일 17시 47분 ⇨ **【乙卯月(을묘월)】**(경칩, 춘분~ 청명 전) 춘분 20일 18시 39분

양력 3 / 음력 01/13 ~ 02/14

양력		1	2	3	4	5	6	7	8	9	10	11	12	13	14	15	16	17	18	19	20	21	22	23	24	25	26	27	28	29	30	31
요일		화	수	목	금	토	일	월	화	수	목	금	토	일	월	화	수	목	금	토	일	월	화	수	목	금	토	일	월	화	수	목
일진 日辰		乙卯	丙辰	丁巳	戊午	己未	庚申	辛酉	壬戌	癸亥	甲子	乙丑	丙寅	丁卯	戊辰	己巳	庚午	辛未	壬申	癸酉	甲戌	乙亥	丙子	丁丑	戊寅	己卯	庚辰	辛巳	壬午	癸未	甲申	乙酉
음력		13	14	15	16	17	18	19	20	21	22	23	24	25	26	27	28	29	2/1	2	3	4	5	6	7	8	9	10	11	12	13	14
대운	남	1	1	1	1	경	10	9	9	9	8	8	8	7	7	7	6	6	6	5	춘	5	4	4	4	3	3	3	2	2	2	1
대운	여	9	9	9	10	칩	1	1	1	1	2	2	2	3	3	3	4	4	4	5	분	5	6	6	6	7	7	7	8	8	8	9

청명 4일 22시 39분 ⇨ **【丙辰月(병진월)】**(청명, 곡우~ 입하 전) 곡우 20일 05시 45분

양력 4 / 음력 02/15 ~ 03/15

양력		1	2	3	4	5	6	7	8	9	10	11	12	13	14	15	16	17	18	19	20	21	22	23	24	25	26	27	28	29	30
요일		금	토	일	월	화	수	목	금	토	일	월	화	수	목	금	토	일	월	화	수	목	금	토	일	월	화	수	목	금	토
일진 日辰		丙戌	丁亥	戊子	己丑	庚寅	辛卯	壬辰	癸巳	甲午	乙未	丙申	丁酉	戊戌	己亥	庚子	辛丑	壬寅	癸卯	甲辰	乙巳	丙午	丁未	戊申	己酉	庚戌	辛亥	壬子	癸丑	甲寅	乙卯
음력		15	16	17	18	19	20	21	22	23	24	25	26	27	28	29	3/1	2	3	4	5	6	7	8	9	10	11	12	13	14	15
대운	남	1	1	1	청	10	10	9	9	9	8	8	8	7	7	7	6	6	6	5	곡	5	4	4	4	3	3	3	2	2	2
대운	여	9	9	10	명	1	1	1	1	2	2	2	3	3	3	4	4	4	5	5	우	6	6	6	7	7	7	8	8	8	9

입하 5일 16시 02분 ⇨ **【丁巳月(정사월)】**(입하, 소만~ 망종 전) 소만 21일 05시 57분

양력 5 / 음력 03/16 ~ 04/16

양력		1	2	3	4	5	6	7	8	9	10	11	12	13	14	15	16	17	18	19	20	21	22	23	24	25	26	27	28	29	30	31
요일		일	월	화	수	목	금	토	일	월	화	수	목	금	토	일	월	화	수	목	금	토	일	월	화	수	목	금	토	일	월	화
일진 日辰		丙辰	丁巳	戊午	己未	庚申	辛酉	壬戌	癸亥	甲子	乙丑	丙寅	丁卯	戊辰	己巳	庚午	辛未	壬申	癸酉	甲戌	乙亥	丙子	丁丑	戊寅	己卯	庚辰	辛巳	壬午	癸未	甲申	乙酉	丙戌
음력		16	17	18	19	20	21	22	23	24	25	26	27	28	29	30	4/1	2	3	4	5	6	7	8	9	10	11	12	13	14	15	16
대운	남	1	1	1	1	입	10	10	9	9	9	8	8	8	7	7	7	6	6	6	5	소	5	4	4	4	3	3	3	2	2	2
대운	여	9	9	10	10	하	1	1	1	1	2	2	2	3	3	3	4	4	4	5	5	만	6	6	6	7	7	7	8	8	8	9

망종 5일 21시 15분 ⇨ **【戊午月(무오월)】**(망종, 하지~ 소서 전) 하지 21일 13시 57분

양력 6 / 음력 04/17 ~ 05/17

양력		1	2	3	4	5	6	7	8	9	10	11	12	13	14	15	16	17	18	19	20	21	22	23	24	25	26	27	28	29	30
요일		수	목	금	토	일	월	화	수	목	금	토	일	월	화	수	목	금	토	일	월	화	수	목	금	토	일	월	화	수	목
일진 日辰		丁亥	戊子	己丑	庚寅	辛卯	壬辰	癸巳	甲午	乙未	丙申	丁酉	戊戌	己亥	庚子	辛丑	壬寅	癸卯	甲辰	乙巳	丙午	丁未	戊申	己酉	庚戌	辛亥	壬子	癸丑	甲寅	乙卯	丙辰
음력		17	18	19	20	21	22	23	24	25	26	27	28	29	5/1	2	3	4	5	6	7	8	9	10	11	12	13	14	15	16	17
대운	남	1	1	1	1	망	10	10	10	9	9	9	8	8	8	7	7	7	6	6	6	하	5	5	4	4	4	3	3	3	2
대운	여	9	9	10	10	종	1	1	1	1	2	2	2	3	3	3	4	4	4	5	5	지	6	6	6	7	7	7	8	8	8

대장군(북방), 삼살(남방), 상문(남방), 조객(동북방),납음(대림목), 삼재(인,묘,진)
한식(4월05일), 초복(7월14일), 중복(7월24일), 말복(8월13일)

戊辰年(무진년)

1988

소서 7일 07시 33분 ⇨ **【己未月(기미월)】**(소서, 대서~ 입추 전) 대서 23일 00시 51분

양력 7 / 음력 05/18 ~ 06/18

양력	1	2	3	4	5	6	7	8	9	10	11	12	13	14	15	16	17	18	19	20	21	22	23	24	25	26	27	28	29	30	31
요일	금	토	일	월	화	수	목	금	토	일	월	화	수	목	금	토	일	월	화	수	목	금	토	일	월	화	수	목	금	토	일
일진 日辰	丁巳	戊午	己未	庚申	辛酉	壬戌	癸亥	甲子	乙丑	丙寅	丁卯	戊辰	己巳	庚午	辛未	壬申	癸酉	甲戌	乙亥	丙子	丁丑	戊寅	己卯	庚辰	辛巳	壬午	癸未	甲申	乙酉	丙戌	丁亥
음력	18	19	20	21	22	23	24	25	26	27	28	29	30	6/1	2	3	4	5	6	7	8	9	10	11	12	13	14	15	16	17	18
대운 남	2	2	1	1	1	1	소	10	10	9	9	9	8	8	8	7	7	7	6	6	6	5	대	5	4	4	4	3	3	3	2
대운 여	9	9	9	10	10	10	서	1	1	1	1	2	2	2	3	3	3	4	4	4	5	5	서	6	6	6	7	7	7	8	8

입추 7일 17시 20분 ⇨ **【庚申月(경신월)】**(입추, 처서~ 백로 전) 처서 23일 07시 54분

양력 8 / 음력 06/19 ~ 07/20

양력	1	2	3	4	5	6	7	8	9	10	11	12	13	14	15	16	17	18	19	20	21	22	23	24	25	26	27	28	29	30	31
요일	월	화	수	목	금	토	일	월	화	수	목	금	토	일	월	화	수	목	금	토	일	월	화	수	목	금	토	일	월	화	수
일진 日辰	戊子	己丑	庚寅	辛卯	壬辰	癸巳	甲午	乙未	丙申	丁酉	戊戌	己亥	庚子	辛丑	壬寅	癸卯	甲辰	乙巳	丙午	丁未	戊申	己酉	庚戌	辛亥	壬子	癸丑	甲寅	乙卯	丙辰	丁巳	戊午
음력	19	20	21	22	23	24	25	26	27	28	29	7/1	2	3	4	5	6	7	8	9	10	11	12	13	14	15	16	17	18	19	20
대운 남	2	2	1	1	1	1	입	10	10	9	9	9	8	8	8	7	7	7	6	6	6	5	처	5	4	4	4	3	3	3	2
대운 여	8	9	9	9	10	10	추	1	1	1	1	2	2	2	3	3	3	4	4	4	5	5	서	6	6	6	7	7	7	8	8

백로 7일 20시 12분 ⇨ **【辛酉月(신유월)】**(백로, 추분-한로 전) 추분 23일 05시 29분

양력 9 / 음력 07/21 ~ 08/20

양력	1	2	3	4	5	6	7	8	9	10	11	12	13	14	15	16	17	18	19	20	21	22	23	24	25	26	27	28	29	30
요일	목	금	토	일	월	화	수	목	금	토	일	월	화	수	목	금	토	일	월	화	수	목	금	토	일	월	화	수	목	금
일진 日辰	己未	庚申	辛酉	壬戌	癸亥	甲子	乙丑	丙寅	丁卯	戊辰	己巳	庚午	辛未	壬申	癸酉	甲戌	乙亥	丙子	丁丑	戊寅	己卯	庚辰	辛巳	壬午	癸未	甲申	乙酉	丙戌	丁亥	戊子
음력	21	22	23	24	25	26	27	28	29	30	8/1	2	3	4	5	6	7	8	9	10	11	12	13	14	15	16	17	18	19	20
대운 남	2	2	1	1	1	1	백	10	10	9	9	9	8	8	8	7	7	7	6	6	6	5	추	5	4	4	4	3	3	3
대운 여	8	9	9	9	10	10	로	1	1	1	1	2	2	2	3	3	3	4	4	4	5	5	분	6	6	6	7	7	7	8

한로 8일 11시 45분 ⇨ **【壬戌月(임술월)】**(한로, 상강~ 입동 전) 상강 23일 13시 44분

양력 10 / 음력 08/21 ~ 09/21

양력	1	2	3	4	5	6	7	8	9	10	11	12	13	14	15	16	17	18	19	20	21	22	23	24	25	26	27	28	29	30	31
요일	토	일	월	화	수	목	금	토	일	월	화	수	목	금	토	일	월	화	수	목	금	토	일	월	화	수	목	금	토	일	월
일진 日辰	己丑	庚寅	辛卯	壬辰	癸巳	甲午	乙未	丙申	丁酉	戊戌	己亥	庚子	辛丑	壬寅	癸卯	甲辰	乙巳	丙午	丁未	戊申	己酉	庚戌	辛亥	壬子	癸丑	甲寅	乙卯	丙辰	丁巳	戊午	己未
음력	21	22	23	24	25	26	27	28	29	30	9/1	2	3	4	5	6	7	8	9	10	11	12	13	14	15	16	17	18	19	20	21
대운 남	2	2	2	1	1	1	1	한	10	9	9	9	8	8	8	7	7	7	6	6	6	5	상	5	4	4	4	3	3	3	2
대운 여	8	8	9	9	9	10	10	로	1	1	1	1	2	2	2	3	3	3	4	4	4	5	강	5	6	6	6	7	7	7	8

입동 7일 13시 49분 ⇨ **【癸亥月(계해월)】**(입동, 소설~ 대설 전) 소설 22일 11시 12분

양력 11 / 음력 09/22 ~ 10/22

양력	1	2	3	4	5	6	7	8	9	10	11	12	13	14	15	16	17	18	19	20	21	22	23	24	25	26	27	28	29	30
요일	화	수	목	금	토	일	월	화	수	목	금	토	일	월	화	수	목	금	토	일	월	화	수	목	금	토	일	월	화	수
일진 日辰	庚申	辛酉	壬戌	癸亥	甲子	乙丑	丙寅	丁卯	戊辰	己巳	庚午	辛未	壬申	癸酉	甲戌	乙亥	丙子	丁丑	戊寅	己卯	庚辰	辛巳	壬午	癸未	甲申	乙酉	丙戌	丁亥	戊子	己丑
음력	22	23	24	25	26	27	28	29	10/1	2	3	4	5	6	7	8	9	10	11	12	13	14	15	16	17	18	19	20	21	22
대운 남	2	2	1	1	1	1	입	10	9	9	9	8	8	8	7	7	7	6	6	6	5	소	5	4	4	4	3	3	3	2
대운 여	8	8	9	9	9	10	동	1	1	1	1	2	2	2	3	3	3	4	4	4	5	설	5	6	6	6	7	7	7	8

대설 7일 06시 34분 ⇨ **【甲子月(갑자월)】**(대설, 동지~소한 전) 동지 22일 00시 28분

양력 12 / 음력 10/23 ~ 11/23

양력	1	2	3	4	5	6	7	8	9	10	11	12	13	14	15	16	17	18	19	20	21	22	23	24	25	26	27	28	29	30	31
요일	목	금	토	일	월	화	수	목	금	토	일	월	화	수	목	금	토	일	월	화	수	목	금	토	일	월	화	수	목	금	토
일진 日辰	庚寅	辛卯	壬辰	癸巳	甲午	乙未	丙申	丁酉	戊戌	己亥	庚子	辛丑	壬寅	癸卯	甲辰	乙巳	丙午	丁未	戊申	己酉	庚戌	辛亥	壬子	癸丑	甲寅	乙卯	丙辰	丁巳	戊午	己未	庚申
음력	23	24	25	26	27	28	29	30	11/1	2	3	4	5	6	7	8	9	10	11	12	13	14	15	16	17	18	19	20	21	22	23
대운 남	2	2	1	1	1	1	대	9	9	9	8	8	8	7	7	7	6	6	6	5	5	동	4	4	4	3	3	3	2	2	2
대운 여	8	8	9	9	9	10	설	1	1	1	1	2	2	2	3	3	3	4	4	4	5	지	5	6	6	6	7	7	7	8	8

1989 己巳年(기사년)

단기 4322년 /불기2533년 대장군(동방), 삼살(동방), 상문(서남방),조객(동방), 납음(대림목), 【삼재(해,자,축)년】

소한 5일 17시 46분 ⇨ **【乙丑月(을축월)】**(소한, 대한~ 입춘 전) 대한 20일 11시 07분

양력	양력	1	2	3	4	5	6	7	8	9	10	11	12	13	14	15	16	17	18	19	20	21	22	23	24	25	26	27	28	29	30	31
1	요일	일	월	화	수	목	금	토	일	월	화	수	목	금	토	일	월	화	수	목	금	토	일	월	화	수	목	금	토	일	월	화
	일진 日辰	辛酉	壬戌	癸亥	甲子	乙丑	丙寅	丁卯	戊辰	己巳	庚午	辛未	壬申	癸酉	甲戌	乙亥	丙子	丁丑	戊寅	己卯	庚辰	辛巳	壬午	癸未	甲申	乙酉	丙戌	丁亥	戊子	己丑	庚寅	辛卯
음력 11/24	음력	24	25	26	27	28	29	30	12/1	2	3	4	5	6	7	8	9	10	11	12	13	14	15	16	17	18	19	20	21	22	23	24
12/24 대운	남	1	1	1	1	소	10	9	9	9	8	8	8	7	7	7	6	6	6	5	대	5	4	4	4	3	3	3	2	2	2	1
	여	8	9	9	9	한	1	1	1	1	2	2	2	3	3	3	4	4	4	5	한	5	6	6	6	7	7	7	8	8	8	9

입춘 4일 05시 27분 ⇨ **【丙寅月(병인월)】**(입춘, 우수~ 경칩 전) 우수 19일 01시 21분

양력	양력	1	2	3	4	5	6	7	8	9	10	11	12	13	14	15	16	17	18	19	20	21	22	23	24	25	26	27	28	
2	요일	수	목	금	토	일	월	화	수	목	금	토	일	월	화	수	목	금	토	일	월	화	수	목	금	토	일	월	화	
	일진 日辰	壬辰	癸巳	甲午	乙未	丙申	丁酉	戊戌	己亥	庚子	辛丑	壬寅	癸卯	甲辰	乙巳	丙午	丁未	戊申	己酉	庚戌	辛亥	壬子	癸丑	甲寅	乙卯	丙辰	丁巳	戊午	己未	立春
음력 12/25	음력	25	26	27	28	29	1/1	2	3	4	5	6	7	8	9	10	11	12	13	14	15	16	17	18	19	20	21	22	23	
01/23 대운	남	1	1	1	입	1	1	1	1	2	2	2	3	3	3	4	4	4	5	우	5	6	6	6	7	7	7	8	8	
	여	9	9	10	춘	9	9	9	8	8	8	7	7	7	6	6	6	5	5	수	4	4	4	3	3	3	2	2	2	

경칩 5일 23시 34분 ⇨ **【丁卯月(정묘월)】**(경칩, 춘분~ 청명 전) 춘분 21일 00시 28분

양력	양력	1	2	3	4	5	6	7	8	9	10	11	12	13	14	15	16	17	18	19	20	21	22	23	24	25	26	27	28	29	30	31
3	요일	수	목	금	토	일	월	화	수	목	금	토	일	월	화	수	목	금	토	일	월	화	수	목	금	토	일	월	화	수	목	금
	일진 日辰	庚申	辛酉	壬戌	癸亥	甲子	乙丑	丙寅	丁卯	戊辰	己巳	庚午	辛未	壬申	癸酉	甲戌	乙亥	丙子	丁丑	戊寅	己卯	庚辰	辛巳	壬午	癸未	甲申	乙酉	丙戌	丁亥	戊子	己丑	庚寅
음력 01/24	음력	24	25	26	27	28	29	30	2/1	2	3	4	5	6	7	8	9	10	11	12	13	14	15	16	17	18	19	20	21	22	23	24
02/24 대운	남	9	9	9	10	경	1	1	1	1	2	2	2	3	3	3	4	4	4	5	5	춘	6	6	6	7	7	7	8	8	8	9
	여	1	1	1	1	칩	10	10	9	9	9	8	8	8	7	7	7	6	6	6	5	분	5	4	4	4	3	3	3	2	2	2

청명 5일 04시 30분 ⇨ **【戊辰月(무진월)】**(청명, 곡우~ 입하 전) 곡우 20일 11시 39분

양력	양력	1	2	3	4	5	6	7	8	9	10	11	12	13	14	15	16	17	18	19	20	21	22	23	24	25	26	27	28	29	30
4	요일	토	일	월	화	수	목	금	토	일	월	화	수	목	금	토	일	월	화	수	목	금	토	일	월	화	수	목	금	토	일
	일진 日辰	辛卯	壬辰	癸巳	甲午	乙未	丙申	丁酉	戊戌	己亥	庚子	辛丑	壬寅	癸卯	甲辰	乙巳	丙午	丁未	戊申	己酉	庚戌	辛亥	壬子	癸丑	甲寅	乙卯	丙辰	丁巳	戊午	己未	庚申
음력 02/25	음력	25	26	27	28	29	3/1	2	3	4	5	6	7	8	9	10	11	12	13	14	15	16	17	18	19	20	21	22	23	24	25
03/25 대운	남	9	9	10	10	청	1	1	1	1	2	2	2	3	3	3	4	4	4	5	곡	5	6	6	6	7	7	7	8	8	8
	여	1	1	1	1	명	10	9	9	9	8	8	8	7	7	7	6	6	6	5	우	5	4	4	4	3	3	3	2	2	2

입하 2일 21시 54분 ⇨ **【己巳月(기사월)】**(입하, 소만~ 망종 전) 소만 21일 10시 54분

양력	양력	1	2	3	4	5	6	7	8	9	10	11	12	13	14	15	16	17	18	19	20	21	22	23	24	25	26	27	28	29	30	31
5	요일	월	화	수	목	금	토	일	월	화	수	목	금	토	일	월	화	수	목	금	토	일	월	화	수	목	금	토	일	월	화	수
	일진 日辰	辛酉	壬戌	癸亥	甲子	乙丑	丙寅	丁卯	戊辰	己巳	庚午	辛未	壬申	癸酉	甲戌	乙亥	丙子	丁丑	戊寅	己卯	庚辰	辛巳	壬午	癸未	甲申	乙酉	丙戌	丁亥	戊子	己丑	庚寅	辛卯
음력 03/26	음력	26	27	28	29	4/1	2	3	4	5	6	7	8	9	10	11	12	13	14	15	16	17	18	19	20	21	22	23	24	25	26	27
04/27 대운	남	9	9	9	10	입	1	1	1	1	2	2	2	3	3	3	4	4	4	5	5	소	6	6	6	7	7	7	8	8	8	9
	여	1	1	1	1	하	10	10	10	9	9	9	8	8	8	7	7	7	6	6	6	만	5	5	4	4	4	3	3	3	2	2

망종 6일 02시 05분 ⇨ **【庚午月(경오월)】**(망종, 하지~ 소서 전) 하지 21일 18시 53분

양력	양력	1	2	3	4	5	6	7	8	9	10	11	12	13	14	15	16	17	18	19	20	21	22	23	24	25	26	27	28	29	30
6	요일	목	금	토	일	월	화	수	목	금	토	일	월	화	수	목	금	토	일	월	화	수	목	금	토	일	월	화	수	목	금
	일진 日辰	壬辰	癸巳	甲午	乙未	丙申	丁酉	戊戌	己亥	庚子	辛丑	壬寅	癸卯	甲辰	乙巳	丙午	丁未	戊申	己酉	庚戌	辛亥	壬子	癸丑	甲寅	乙卯	丙辰	丁巳	戊午	己未	庚申	辛酉
음력 04/28	음력	28	29	30	5/1	2	3	4	5	6	7	8	9	10	11	12	13	14	15	16	17	18	19	20	21	22	23	24	25	26	27
05/27 대운	남	9	9	10	10	10	망	1	1	1	1	2	2	2	3	3	3	4	4	4	5	하	5	6	6	6	7	7	7	8	8
	여	2	1	1	1	1	종	10	10	9	9	9	8	8	8	7	7	7	6	6	6	지	5	5	4	4	4	3	3	3	2

대장군(동방). 삼살(동방), 상문(서남방),조객(동방), 납음(대림목), 【삼재(해,자,축)년】
한식(4월06일), 초복(7월19일), 중복(7월29일), 말복(8월08일)

己巳年(기사년)

소서 7일 12시 19분 ⇨ 【辛未月(신미월)】(소서, 대서~ 입추 전) 대서 23일 05시 45분

양력 7	양력	1	2	3	4	5	6	7	8	9	10	11	12	13	14	15	16	17	18	19	20	21	22	23	24	25	26	27	28	29	30	31
	요일	토	일	월	화	수	목	금	토	일	월	화	수	목	금	토	일	월	화	수	목	금	토	일	월	화	수	목	금	토	일	월
	일진 日辰	壬戌	癸亥	甲子	乙丑	丙寅	丁卯	戊辰	己巳	庚午	辛未	壬申	癸酉	甲戌	乙亥	丙子	丁丑	戊寅	己卯	庚辰	辛巳	壬午	癸未	甲申	乙酉	丙戌	丁亥	戊子	己丑	庚寅	辛卯	壬辰
음력 05/28 ~ 06/29	음력	28	29	6/1	2	3	4	5	6	7	8	9	10	11	12	13	14	15	16	17	18	19	20	21	22	23	24	25	26	27	28	29
대운	남	8	9	9	9	10	10	소	1	1	1	1	2	2	2	3	3	3	4	4	4	5	5	대	6	6	6	7	7	7	8	8
	여	2	2	1	1	1	1	서	10	10	9	9	9	8	8	8	7	7	7	6	6	6	5	서	5	4	4	4	3	3	3	2

입추 7일 22시 04분 ⇨ 【壬申月(임신월)】(입추, 처서~ 백로 전) 처서 23일 12시 46분

양력 8	양력	1	2	3	4	5	6	7	8	9	10	11	12	13	14	15	16	17	18	19	20	21	22	23	24	25	26	27	28	29	30	31
	요일	화	수	목	금	토	일	월	화	수	목	금	토	일	월	화	수	목	금	토	일	월	화	수	목	금	토	일	월	화	수	목
	일진 日辰	癸巳	甲午	乙未	丙申	丁酉	戊戌	己亥	庚子	辛丑	壬寅	癸卯	甲辰	乙巳	丙午	丁未	戊申	己酉	庚戌	辛亥	壬子	癸丑	甲寅	乙卯	丙辰	丁巳	戊午	己未	庚申	辛酉	壬戌	癸亥
음력 06/30 ~ 08/01	음력	30	7/1	2	3	4	5	6	7	8	9	10	11	12	13	14	15	16	17	18	19	20	21	22	23	24	25	26	27	28	29	8/1
대운	남	8	9	9	9	10	10	입	1	1	1	1	2	2	2	3	3	3	4	4	4	5	5	처	6	6	6	7	7	7	8	8
	여	2	2	1	1	1	1	추	10	10	10	9	9	9	8	8	8	7	7	7	6	6	6	서	5	5	4	4	4	3	3	3

백로8일 00시 54분 ⇨ 【癸酉月(계유월)】(백로, 추분-한로 전) 추분23일 10시 20분

양력 9	양력	1	2	3	4	5	6	7	8	9	10	11	12	13	14	15	16	17	18	19	20	21	22	23	24	25	26	27	28	29	30
	요일	금	토	일	월	화	수	목	금	토	일	월	화	수	목	금	토	일	월	화	수	목	금	토	일	월	화	수	목	금	토
	일진 日辰	甲子	乙丑	丙寅	丁卯	戊辰	己巳	庚午	辛未	壬申	癸酉	甲戌	乙亥	丙子	丁丑	戊寅	己卯	庚辰	辛巳	壬午	癸未	甲申	乙酉	丙戌	丁亥	戊子	己丑	庚寅	辛卯	壬辰	癸巳
음력 08/02 ~ 09/01	음력	2	3	4	5	6	7	8	9	10	11	12	13	14	15	16	17	18	19	20	21	22	23	24	25	26	27	28	29	30	9/1
대운	남	8	9	9	9	10	10	10	백	1	1	1	1	2	2	2	3	3	3	4	4	4	5	추	5	6	6	6	7	7	7
	여	2	2	2	1	1	1	1	로	10	9	9	9	8	8	8	7	7	7	6	6	6	5	분	5	4	4	4	3	3	3

한로 8일 16시 27분 ⇨ 【甲戌月(갑술월)】(한로, 상강~ 입동 전) 상강 23일 19시 35분

양력 10	양력	1	2	3	4	5	6	7	8	9	10	11	12	13	14	15	16	17	18	19	20	21	22	23	24	25	26	27	28	29	30	31
	요일	일	월	화	수	목	금	토	일	월	화	수	목	금	토	일	월	화	수	목	금	토	일	월	화	수	목	금	토	일	월	화
	일진 日辰	甲午	乙未	丙申	丁酉	戊戌	己亥	庚子	辛丑	壬寅	癸卯	甲辰	乙巳	丙午	丁未	戊申	己酉	庚戌	辛亥	壬子	癸丑	甲寅	乙卯	丙辰	丁巳	戊午	己未	庚申	辛酉	壬戌	癸亥	甲子
음력 09/02 ~ 10/02	음력	2	3	4	5	6	7	8	9	10	11	12	13	14	15	16	17	18	19	20	21	22	23	24	25	26	27	28	29	30	10/1	2
대운	남	8	8	8	9	9	9	10	한	1	1	1	1	2	2	2	3	3	3	4	4	4	5	상	5	6	6	6	7	7	7	8
	여	2	2	2	1	1	1	1	로	10	9	9	9	8	8	8	7	7	7	6	6	6	5	강	5	4	4	4	3	3	3	2

입동 7일 19시 34분 ⇨ 【乙亥月(을해월)】(입동, 소설~ 대설 전) 소설 22일 17시 05분

양력 11	양력	1	2	3	4	5	6	7	8	9	10	11	12	13	14	15	16	17	18	19	20	21	22	23	24	25	26	27	28	29	30
	요일	수	목	금	토	일	월	화	수	목	금	토	일	월	화	수	목	금	토	일	월	화	수	목	금	토	일	월	화	수	목
	일진 日辰	乙丑	丙寅	丁卯	戊辰	己巳	庚午	辛未	壬申	癸酉	甲戌	乙亥	丙子	丁丑	戊寅	己卯	庚辰	辛巳	壬午	癸未	甲申	乙酉	丙戌	丁亥	戊子	己丑	庚寅	辛卯	壬辰	癸巳	甲午
음력 10/03 ~ 11/03	음력	3	4	5	6	7	8	9	10	11	12	13	14	15	16	17	18	19	20	21	22	23	24	25	26	27	28	29	11/1	2	3
대운	남	8	8	9	9	9	10	입	1	1	1	1	2	2	2	3	3	3	4	4	4	5	소	5	6	6	6	7	7	7	8
	여	2	2	1	1	1	1	동	10	9	9	9	8	8	8	7	7	7	6	6	6	5	설	5	4	4	4	3	3	3	2

대설 7일 12시 21분 ⇨ 【丙子月(병자월)】(대설, 동지~소한 전) 동지 22일 06시 22분

양력 12	양력	1	2	3	4	5	6	7	8	9	10	11	12	13	14	15	16	17	18	19	20	21	22	23	24	25	26	27	28	29	30	31
	요일	금	토	일	월	화	수	목	금	토	일	월	화	수	목	금	토	일	월	화	수	목	금	토	일	월	화	수	목	금	토	일
	일진 日辰	乙未	丙申	丁酉	戊戌	己亥	庚子	辛丑	壬寅	癸卯	甲辰	乙巳	丙午	丁未	戊申	己酉	庚戌	辛亥	壬子	癸丑	甲寅	乙卯	丙辰	丁巳	戊午	己未	庚申	辛酉	壬戌	癸亥	甲子	乙丑
음력 11/04 ~ 12/04	음력	4	5	6	7	8	9	10	11	12	13	14	15	16	17	18	19	20	21	22	23	24	25	26	27	28	29	30	12/1	2	3	4
대운	남	8	8	9	9	9	10	대	1	1	1	1	2	2	2	3	3	3	4	4	4	5	동	5	6	6	6	7	7	7	8	8
	여	2	2	1	1	1	1	설	9	9	9	8	8	8	7	7	7	6	6	6	5	5	지	4	4	4	3	3	3	2	2	2

윤5월 小 1990 庚午年(경오년)

단기 4323년 /불기2534년 대장군(동방), 삼살(북방), 상문(서남방),조객(동남방), 납음(노방토), 【삼재(신,유,술)년】

소한 5일 23시 33분 ⇨ **【丁丑月(정축월)】**(소한, 대한~ 입춘 전) 대한 20일 17시 02분

양력 **1** 음력 12/05 ~ 01/05

양력	1	2	3	4	5	6	7	8	9	10	11	12	13	14	15	16	17	18	19	20	21	22	23	24	25	26	27	28	29	30	31
요일	월	화	수	목	금	토	일	월	화	수	목	금	토	일	월	화	수	목	금	토	일	월	화	수	목	금	토	일	월	화	수
일진 日辰	丙寅	丁卯	戊辰	己巳	庚午	辛未	壬申	癸酉	甲戌	乙亥	丙子	丁丑	戊寅	己卯	庚辰	辛巳	壬午	癸未	甲申	乙酉	丙戌	丁亥	戊子	己丑	庚寅	辛卯	壬辰	癸巳	甲午	乙未	丙申
음력	5	6	7	8	9	10	11	12	13	14	15	16	17	18	19	20	21	22	23	24	25	26	27	28	29	30	1/1	2	3	4	5
대운 남	8	9	9	9	소	1	1	1	1	2	2	2	3	3	3	4	4	4	5	대	5	6	6	6	7	7	7	8	8	8	9
대운 여	1	1	1	1	한	10	9	9	9	8	8	8	7	7	7	6	6	6	5	한	5	4	4	4	3	3	3	2	2	2	1

입춘 4일 11시 14분 ⇨ **【戊寅月(무인월)】**(입춘, 우수~ 경칩 전) 우수 19일 07시 14분

양력 **2** 음력 01/06 ~ 02/04

양력	1	2	3	4	5	6	7	8	9	10	11	12	13	14	15	16	17	18	19	20	21	22	23	24	25	26	27	28	
요일	목	금	토	일	월	화	수	목	금	토	일	월	화	수	목	금	토	일	월	화	수	목	금	토	일	월	화	수	
일진 日辰	丁酉	戊戌	己亥	庚子	辛丑	壬寅	癸卯	甲辰	乙巳	丙午	丁未	戊申	己酉	庚戌	辛亥	壬子	癸丑	甲寅	乙卯	丙辰	丁巳	戊午	己未	庚申	辛酉	壬戌	癸亥	甲子	立春
음력	6	7	8	9	10	11	12	13	14	15	16	17	18	19	20	21	22	23	24	25	26	27	28	29	2/1	2	3	4	
대운 남	9	9	10	입	10	9	9	9	8	8	8	7	7	7	6	6	6	5	우	5	4	4	4	3	3	3	2	2	
대운 여	1	1	1	춘	1	1	1	1	2	2	2	3	3	3	4	4	4	5	수	5	6	6	6	7	7	7	8	8	

경칩 6일 05시 19분 ⇨ **【己卯月(기묘월)】**(경칩, 춘분~ 청명 전) 춘분 21일 06시 19분

양력 **3** 음력 02/05 ~ 03/05

양력	1	2	3	4	5	6	7	8	9	10	11	12	13	14	15	16	17	18	19	20	21	22	23	24	25	26	27	28	29	30	31
요일	목	금	토	일	월	화	수	목	금	토	일	월	화	수	목	금	토	일	월	화	수	목	금	토	일	월	화	수	목	금	토
일진 日辰	乙丑	丙寅	丁卯	戊辰	己巳	庚午	辛未	壬申	癸酉	甲戌	乙亥	丙子	丁丑	戊寅	己卯	庚辰	辛巳	壬午	癸未	甲申	乙酉	丙戌	丁亥	戊子	己丑	庚寅	辛卯	壬辰	癸巳	甲午	乙未
음력	5	6	7	8	9	10	11	12	13	14	15	16	17	18	19	20	21	22	23	24	25	26	27	28	29	30	3/1	2	3	4	5
대운 남	2	1	1	1	1	경	10	9	9	9	8	8	8	7	7	7	6	6	6	5	춘	5	4	4	4	3	3	3	2	2	2
대운 여	8	9	9	9	10	칩	1	1	1	1	2	2	2	3	3	3	4	4	4	5	분	5	6	6	6	7	7	7	8	8	8

청명 5일 10시 13분 ⇨ **【庚辰月(경진월)】**(청명, 곡우~ 입하 전) 곡우 20일 17시 27분

양력 **4** 음력 03/06 ~ 04/06

양력	1	2	3	4	5	6	7	8	9	10	11	12	13	14	15	16	17	18	19	20	21	22	23	24	25	26	27	28	29	30
요일	일	월	화	수	목	금	토	일	월	화	수	목	금	토	일	월	화	수	목	금	토	일	월	화	수	목	금	토	일	월
일진 日辰	丙申	丁酉	戊戌	己亥	庚子	辛丑	壬寅	癸卯	甲辰	乙巳	丙午	丁未	戊申	己酉	庚戌	辛亥	壬子	癸丑	甲寅	乙卯	丙辰	丁巳	戊午	己未	庚申	辛酉	壬戌	癸亥	甲子	乙丑
음력	6	7	8	9	10	11	12	13	14	15	16	17	18	19	20	21	22	23	24	25	26	27	28	29	4/1	2	3	4	5	6
대운 남	1	1	1	1	청	10	10	9	9	9	8	8	8	7	7	7	6	6	6	곡	5	5	4	4	4	3	3	3	2	2
대운 여	9	9	9	10	명	1	1	1	1	2	2	2	3	3	3	4	4	4	5	우	5	6	6	6	7	7	7	8	8	8

입하 6일 03시 35분 ⇨ **【辛巳月(신사월)】**(입하, 소만~ 망종 전) 소만 21일 16시 37분

양력 **5** 음력 04/07 ~ 05/08

양력	1	2	3	4	5	6	7	8	9	10	11	12	13	14	15	16	17	18	19	20	21	22	23	24	25	26	27	28	29	30	31
요일	화	수	목	금	토	일	월	화	수	목	금	토	일	월	화	수	목	금	토	일	월	화	수	목	금	토	일	월	화	수	목
일진 日辰	丙寅	丁卯	戊辰	己巳	庚午	辛未	壬申	癸酉	甲戌	乙亥	丙子	丁丑	戊寅	己卯	庚辰	辛巳	壬午	癸未	甲申	乙酉	丙戌	丁亥	戊子	己丑	庚寅	辛卯	壬辰	癸巳	甲午	乙未	丙申
음력	7	8	9	10	11	12	13	14	15	16	17	18	19	20	21	22	23	24	25	26	27	28	29	5/1	2	3	4	5	6	7	8
대운 남	2	1	1	1	1	입	10	10	9	9	9	8	8	8	7	7	7	6	6	6	소	5	5	4	4	4	3	3	3	2	2
대운 여	9	9	9	10	10	하	1	1	1	1	2	2	2	3	3	3	4	4	4	5	만	5	6	6	6	7	7	7	8	8	8

망종 6일 07시 46분 ⇨ **【壬午月(임오월)】**(망종, 하지~ 소서 전) 하지 22일 00시 33분

양력 **6** 음력 05/09 ~ 윤508

양력	1	2	3	4	5	6	7	8	9	10	11	12	13	14	15	16	17	18	19	20	21	22	23	24	25	26	27	28	29	30
요일	금	토	일	월	화	수	목	금	토	일	월	화	수	목	금	토	일	월	화	수	목	금	토	일	월	화	수	목	금	토
일진 日辰	丁酉	戊戌	己亥	庚子	辛丑	壬寅	癸卯	甲辰	乙巳	丙午	丁未	戊申	己酉	庚戌	辛亥	壬子	癸丑	甲寅	乙卯	丙辰	丁巳	戊午	己未	庚申	辛酉	壬戌	癸亥	甲子	乙丑	丙寅
음력	9	10	11	12	13	14	15	16	17	18	19	20	21	22	23	24	25	26	27	28	29	30	윤5	2	3	4	5	6	7	8
대운 남	2	1	1	1	1	망	10	10	9	9	9	8	8	8	7	7	7	6	6	6	5	하	5	4	4	4	3	3	3	2
대운 여	9	9	9	10	10	종	1	1	1	1	2	2	2	3	3	3	4	4	4	5	5	지	6	6	6	7	7	7	8	8

대장군(동방), 삼살(북방), 상문(서남방),조객(동남방), 납음(노방토), 【삼재(신,유,술)년】
한식(4월06일), 초복(7월14일), 중복(7월24일), 말복(8월13일)

庚午年(경오년)

소서 7일 18시 00분 ⇨ 【癸未月(계미월)】(소서, 대서~ 입추 전) 대서 23일 11시 22분

양력 7 / 음력 윤509 ~ 06/10

양력	1	2	3	4	5	6	7	8	9	10	11	12	13	14	15	16	17	18	19	20	21	22	23	24	25	26	27	28	29	30	31
요일	일	월	화	수	목	금	토	일	월	화	수	목	금	토	일	월	화	수	목	금	토	일	월	화	수	목	금	토	일	월	화
일진 日辰	丁卯	戊辰	己巳	庚午	辛未	壬申	癸酉	甲戌	乙亥	丙子	丁丑	戊寅	己卯	庚辰	辛巳	壬午	癸未	甲申	乙酉	丙戌	丁亥	戊子	己丑	庚寅	辛卯	壬辰	癸巳	甲午	乙未	丙申	丁酉
음력	9	10	11	12	13	14	15	16	17	18	19	20	21	22	23	24	25	26	27	28	29	6/1	2	3	4	5	6	7	8	9	10
대운 남	2	2	1	1	1	1	소	10	10	10	9	9	9	8	8	8	7	7	7	6	6	6	대	5	5	4	4	4	3	3	3
대운 여	8	9	9	9	10	10	서	1	1	1	1	2	2	2	3	3	3	4	4	4	5	5	서	6	6	6	7	7	7	8	8

입추 8일 03시 46분 ⇨ 【甲申月(갑신월)】(입추, 처서~ 백로 전) 처서 23일 18시 21분

양력 8 / 음력 06/11 ~ 07/12

양력	1	2	3	4	5	6	7	8	9	10	11	12	13	14	15	16	17	18	19	20	21	22	23	24	25	26	27	28	29	30	31
요일	수	목	금	토	일	월	화	수	목	금	토	일	월	화	수	목	금	토	일	월	화	수	목	금	토	일	월	화	수	목	금
일진 日辰	戊戌	己亥	庚子	辛丑	壬寅	癸卯	甲辰	乙巳	丙午	丁未	戊申	己酉	庚戌	辛亥	壬子	癸丑	甲寅	乙卯	丙辰	丁巳	戊午	己未	庚申	辛酉	壬戌	癸亥	甲子	乙丑	丙寅	丁卯	戊辰
음력	11	12	13	14	15	16	17	18	19	20	21	22	23	24	25	26	27	28	29	7/1	2	3	4	5	6	7	8	9	10	11	12
대운 남	2	2	2	1	1	1	1	입	10	10	9	9	9	8	8	8	7	7	7	6	6	6	5	처	5	4	4	4	3	3	3
대운 여	8	9	9	9	10	10	10	추	1	1	1	1	2	2	2	3	3	3	4	4	4	5	5	서	6	6	6	7	7	7	8

백로 8일 06시 37분 ⇨ 【乙酉月(을유월)】(백로, 추분-한로 전) 추분 23일 15시 55분

양력 9 / 음력 07/13 ~ 08/12

양력	1	2	3	4	5	6	7	8	9	10	11	12	13	14	15	16	17	18	19	20	21	22	23	24	25	26	27	28	29	30
요일	토	일	월	화	수	목	금	토	일	월	화	수	목	금	토	일	월	화	수	목	금	토	일	월	화	수	목	금	토	일
일진 日辰	己巳	庚午	辛未	壬申	癸酉	甲戌	乙亥	丙子	丁丑	戊寅	己卯	庚辰	辛巳	壬午	癸未	甲申	乙酉	丙戌	丁亥	戊子	己丑	庚寅	辛卯	壬辰	癸巳	甲午	乙未	丙申	丁酉	戊戌
음력	13	14	15	16	17	18	19	20	21	22	23	24	25	26	27	28	29	30	8/1	2	3	4	5	6	7	8	9	10	11	12
대운 남	2	2	2	1	1	1	1	백	10	9	9	9	8	8	8	7	7	7	6	6	6	5	추	5	4	4	4	3	3	3
대운 여	8	8	9	9	9	10	10	로	1	1	1	1	2	2	2	3	3	3	4	4	4	5	분	5	6	6	6	7	7	7

한로 5일 22시 14분 ⇨ 【丙戌月(병술월)】(한로, 상강~ 입동 전) 상강 24일 01시 14분

양력 10 / 음력 08/13 ~ 09/13

양력	1	2	3	4	5	6	7	8	9	10	11	12	13	14	15	16	17	18	19	20	21	22	23	24	25	26	27	28	29	30	31
요일	월	화	수	목	금	토	일	월	화	수	목	금	토	일	월	화	수	목	금	토	일	월	화	수	목	금	토	일	월	화	수
일진 日辰	己亥	庚子	辛丑	壬寅	癸卯	甲辰	乙巳	丙午	丁未	戊申	己酉	庚戌	辛亥	壬子	癸丑	甲寅	乙卯	丙辰	丁巳	戊午	己未	庚申	辛酉	壬戌	癸亥	甲子	乙丑	丙寅	丁卯	戊辰	己巳
음력	13	14	15	16	17	18	19	20	21	22	23	24	25	26	27	28	29	30	9/1	2	3	4	5	6	7	8	9	10	11	12	13
대운 남	2	2	2	1	1	1	1	한	10	10	9	9	9	8	8	8	7	7	7	6	6	6	5	상	5	4	4	4	3	3	3
대운 여	8	8	8	9	9	9	10	로	1	1	1	1	2	2	2	3	3	3	4	4	4	5	5	강	6	6	6	7	7	7	8

입동 8일 01시 23분 ⇨ 【丁亥月(정해월)】(입동, 소설~ 대설 전) 소설 22일 22시 47분

양력 11 / 음력 09/14 ~ 10/14

양력	1	2	3	4	5	6	7	8	9	10	11	12	13	14	15	16	17	18	19	20	21	22	23	24	25	26	27	28	29	30
요일	목	금	토	일	월	화	수	목	금	토	일	월	화	수	목	금	토	일	월	화	수	목	금	토	일	월	화	수	목	금
일진 日辰	庚午	辛未	壬申	癸酉	甲戌	乙亥	丙子	丁丑	戊寅	己卯	庚辰	辛巳	壬午	癸未	甲申	乙酉	丙戌	丁亥	戊子	己丑	庚寅	辛卯	壬辰	癸巳	甲午	乙未	丙申	丁酉	戊戌	己亥
음력	14	15	16	17	18	19	20	21	22	23	24	25	26	27	28	29	10/1	2	3	4	5	6	7	8	9	10	11	12	13	14
대운 남	2	2	2	1	1	1	1	입	9	9	9	8	8	8	7	7	7	6	6	6	5	소	5	4	4	4	3	3	3	2
대운 여	8	8	9	9	9	10	10	동	1	1	1	1	2	2	2	3	3	3	4	4	4	설	5	5	6	6	6	7	7	7

대설 7일 18시 14분 ⇨ 【戊子月(무자월)】(대설, 동지~소한 전) 동지 22일 12시 07분

양력 12 / 음력 10/15 ~ 11/15

양력	1	2	3	4	5	6	7	8	9	10	11	12	13	14	15	16	17	18	19	20	21	22	23	24	25	26	27	28	29	30	31
요일	토	일	월	화	수	목	금	토	일	월	화	수	목	금	토	일	월	화	수	목	금	토	일	월	화	수	목	금	토	일	월
일진 日辰	庚子	辛丑	壬寅	癸卯	甲辰	乙巳	丙午	丁未	戊申	己酉	庚戌	辛亥	壬子	癸丑	甲寅	乙卯	丙辰	丁巳	戊午	己未	庚申	辛酉	壬戌	癸亥	甲子	乙丑	丙寅	丁卯	戊辰	己巳	庚午
음력	15	16	17	18	19	20	21	22	23	24	25	26	27	28	29	30	11/1	2	3	4	5	6	7	8	9	10	11	12	13	14	15
대운 남	2	2	1	1	1	1	대	10	9	9	9	8	8	8	7	7	7	6	6	6	5	동	5	4	4	4	3	3	3	2	2
대운 여	8	8	8	9	9	9	설	1	1	1	1	2	2	2	3	3	3	4	4	4	5	지	5	6	6	6	7	7	7	8	8

1991 辛未年(신미년)

단기4324년 /불기2535년 대장군(동방), 삼살(서방), 상문(서방),조객(동남방), 납음(노방토), 【삼재(사,오,미)년】

소한 6일 05시 28분 ⇨ **【己丑月(기축월)】**(소한, 대한~ 입춘 전) 대한 20일 22시 47분

양력 **1** 음력 11/16 ~ 12/16

양력	1	2	3	4	5	6	7	8	9	10	11	12	13	14	15	16	17	18	19	20	21	22	23	24	25	26	27	28	29	30	31
요일	화	수	목	금	토	일	월	화	수	목	금	토	일	월	화	수	목	금	토	일	월	화	수	목	금	토	일	월	화	수	목
일진 日辰	辛未	壬申	癸酉	甲戌	乙亥	丙子	丁丑	戊寅	己卯	庚辰	辛巳	壬午	癸未	甲申	乙酉	丙戌	丁亥	戊子	己丑	庚寅	辛卯	壬辰	癸巳	甲午	乙未	丙申	丁酉	戊戌	己亥	庚子	辛丑
음력	16	17	18	19	20	21	22	23	24	25	26	27	28	29	30	12/1	2	3	4	5	6	7	8	9	10	11	12	13	14	15	16
대운 남	2	1	1	1	1	소	9	9	9	8	8	8	7	7	7	6	6	6	5	대	5	4	4	4	3	3	3	2	2	2	1
대운 여	8	9	9	9	10	한	1	1	1	1	2	2	2	3	3	3	4	4	4	한	5	5	6	6	6	7	7	7	8	8	8

입춘 4일 17시 08분 ⇨ **【庚寅月(경인월)】**(입춘, 우수~ 경칩 전) 우수 19일 12시 58분

양력 **2** 음력 12/17 ~ 01/14

양력	1	2	3	4	5	6	7	8	9	10	11	12	13	14	15	16	17	18	19	20	21	22	23	24	25	26	27	28	
요일	금	토	일	월	화	수	목	금	토	일	월	화	수	목	금	토	일	월	화	수	목	금	토	일	월	화	수	목	
일진 日辰	壬寅	癸卯	甲辰	乙巳	丙午	丁未	戊申	己酉	庚戌	辛亥	壬子	癸丑	甲寅	乙卯	丙辰	丁巳	戊午	己未	庚申	辛酉	壬戌	癸亥	甲子	乙丑	丙寅	丁卯	戊辰	己巳	立春
음력	17	18	19	20	21	22	23	24	25	26	27	28	29	30	1/1	2	3	4	5	6	7	8	9	10	11	12	13	14	
대운 남	1	1	1	입	1	1	1	1	2	2	2	3	3	3	4	4	4	5	우	5	6	6	6	7	7	7	8	8	
대운 여	9	9	9	춘	10	9	9	9	8	8	8	7	7	7	6	6	6	5	수	5	4	4	4	3	3	3	2	2	

경칩 6일 11시 12분 ⇨ **【辛卯月(신묘월)】**(경칩, 춘분~ 청명 전) 춘분 21일 12시 02분

양력 **3** 음력 01/15 ~ 02/16

양력	1	2	3	4	5	6	7	8	9	10	11	12	13	14	15	16	17	18	19	20	21	22	23	24	25	26	27	28	29	30	31
요일	금	토	일	월	화	수	목	금	토	일	월	화	수	목	금	토	일	월	화	수	목	금	토	일	월	화	수	목	금	토	일
일진 日辰	庚午	辛未	壬申	癸酉	甲戌	乙亥	丙子	丁丑	戊寅	己卯	庚辰	辛巳	壬午	癸未	甲申	乙酉	丙戌	丁亥	戊子	己丑	庚寅	辛卯	壬辰	癸巳	甲午	乙未	丙申	丁酉	戊戌	己亥	庚子
음력	15	16	17	18	19	20	21	22	23	24	25	26	27	28	29	2/1	2	3	4	5	6	7	8	9	10	11	12	13	14	15	16
대운 남	8	9	9	9	10	경	1	1	1	1	2	2	2	3	3	3	4	4	4	5	춘	5	6	6	6	7	7	7	8	8	8
대운 여	2	1	1	1	1	칩	10	9	9	9	8	8	8	7	7	7	6	6	6	5	분	5	4	4	4	3	3	3	2	2	2

청명 5일 16시 05분 ⇨ **【壬辰月(임진월)】**(청명, 곡우~ 입하 전) 곡우 20일 23시 08분

양력 **4** 음력 02/17 ~ 03/16

양력	1	2	3	4	5	6	7	8	9	10	11	12	13	14	15	16	17	18	19	20	21	22	23	24	25	26	27	28	29	30
요일	월	화	수	목	금	토	일	월	화	수	목	금	토	일	월	화	수	목	금	토	일	월	화	수	목	금	토	일	월	화
일진 日辰	辛丑	壬寅	癸卯	甲辰	乙巳	丙午	丁未	戊申	己酉	庚戌	辛亥	壬子	癸丑	甲寅	乙卯	丙辰	丁巳	戊午	己未	庚申	辛酉	壬戌	癸亥	甲子	乙丑	丙寅	丁卯	戊辰	己巳	庚午
음력	17	18	19	20	21	22	23	24	25	26	27	28	29	30	3/1	2	3	4	5	6	7	8	9	10	11	12	13	14	15	16
대운 남	9	9	9	10	청	1	1	1	1	2	2	2	3	3	3	4	4	4	5	곡	5	6	6	6	7	7	7	8	8	8
대운 여	1	1	1	1	명	10	10	9	9	9	8	8	8	7	7	7	6	6	6	우	5	5	4	4	4	3	3	3	2	2

입하 6일 09시 27분 ⇨ **【癸巳月(계사월)】**(입하, 소만~ 망종 전) 소만 21일 22시 20분

양력 **5** 음력 03/17 ~ 04/18

양력	1	2	3	4	5	6	7	8	9	10	11	12	13	14	15	16	17	18	19	20	21	22	23	24	25	26	27	28	29	30	31
요일	수	목	금	토	일	월	화	수	목	금	토	일	월	화	수	목	금	토	일	월	화	수	목	금	토	일	월	화	수	목	금
일진 日辰	辛未	壬申	癸酉	甲戌	乙亥	丙子	丁丑	戊寅	己卯	庚辰	辛巳	壬午	癸未	甲申	乙酉	丙戌	丁亥	戊子	己丑	庚寅	辛卯	壬辰	癸巳	甲午	乙未	丙申	丁酉	戊戌	己亥	庚子	辛丑
음력	17	18	19	20	21	22	23	24	25	26	27	28	29	4/1	2	3	4	5	6	7	8	9	10	11	12	13	14	15	16	17	18
대운 남	9	9	9	10	10	입	1	1	1	1	2	2	2	3	3	3	4	4	4	5	소	5	6	6	6	7	7	7	8	8	8
대운 여	2	1	1	1	1	하	10	10	9	9	9	8	8	8	7	7	7	6	6	6	만	5	5	4	4	4	3	3	3	2	2

망종 6일 13시 38분 ⇨ **【甲午月(갑오월)】**(망종, 하지~ 소서 전) 하지 22일 06시 18분

양력 **6** 음력 04/19 ~ 05/19

양력	1	2	3	4	5	6	7	8	9	10	11	12	13	14	15	16	17	18	19	20	21	22	23	24	25	26	27	28	29	30
요일	토	일	월	화	수	목	금	토	일	월	화	수	목	금	토	일	월	화	수	목	금	토	일	월	화	수	목	금	토	일
일진 日辰	壬寅	癸卯	甲辰	乙巳	丙午	丁未	戊申	己酉	庚戌	辛亥	壬子	癸丑	甲寅	乙卯	丙辰	丁巳	戊午	己未	庚申	辛酉	壬戌	癸亥	甲子	乙丑	丙寅	丁卯	戊辰	己巳	庚午	辛未
음력	19	20	21	22	23	24	25	26	27	28	29	5/1	2	3	4	5	6	7	8	9	10	11	12	13	14	15	16	17	18	19
대운 남	9	9	9	10	10	망	1	1	1	1	2	2	2	3	3	3	4	4	4	5	5	하	6	6	6	7	7	7	8	8
대운 여	2	1	1	1	1	종	10	10	9	9	9	8	8	8	7	7	7	6	6	6	5	지	5	4	4	4	3	3	3	2

대장군(동방). 삼살(서방), 상문(서방),조객(동남방), 납음(노방토), 【삼재(사,오,미)년】
한식(4월06일), 초복(7월19일), 중복(7월29일), 말복(8월08일)

辛未年(신미년)

소서 7일 23시 53분 ⇨ **【乙未月(을미월)】**(소서, 대서~ 입추 전) 대서 23일 17시 11분

양력 7 / 음력 05/20 – 06/20

양력	1	2	3	4	5	6	7	8	9	10	11	12	13	14	15	16	17	18	19	20	21	22	23	24	25	26	27	28	29	30	31
요일	월	화	수	목	금	토	일	월	화	수	목	금	토	일	월	화	수	목	금	토	일	월	화	수	목	금	토	일	월	화	수
일진 日辰	壬申	癸酉	甲戌	乙亥	丙子	丁丑	戊寅	己卯	庚辰	辛巳	壬午	癸未	甲申	乙酉	丙戌	丁亥	戊子	己丑	庚寅	辛卯	壬辰	癸巳	甲午	乙未	丙申	丁酉	戊戌	己亥	庚子	辛丑	壬寅
음력	20	21	22	23	24	25	26	27	28	29	30	6/1	2	3	4	5	6	7	8	9	10	11	12	13	14	15	16	17	18	19	20
대운 남	8	9	9	9	10	10	소	1	1	1	1	2	2	2	3	3	3	4	4	4	5	5	대	6	6	6	7	7	7	8	8
대운 여	2	2	1	1	1	1	서	10	10	10	9	9	9	8	8	8	7	7	7	6	6	6	서	5	5	4	4	4	3	3	3

입추 8일 09시 37분 ⇨ **【丙申月(병신월)】**(입추, 처서~ 백로 전) 처서 24일 00시 12분

양력 8 / 음력 06/21 – 07/22

양력	1	2	3	4	5	6	7	8	9	10	11	12	13	14	15	16	17	18	19	20	21	22	23	24	25	26	27	28	29	30	31
요일	목	금	토	일	월	화	수	목	금	토	일	월	화	수	목	금	토	일	월	화	수	목	금	토	일	월	화	수	목	금	토
일진 日辰	癸卯	甲辰	乙巳	丙午	丁未	戊申	己酉	庚戌	辛亥	壬子	癸丑	甲寅	乙卯	丙辰	丁巳	戊午	己未	庚申	辛酉	壬戌	癸亥	甲子	乙丑	丙寅	丁卯	戊辰	己巳	庚午	辛未	壬申	癸酉
음력	21	22	23	24	25	26	27	28	29	7/1	2	3	4	5	6	7	8	9	10	11	12	13	14	15	16	17	18	19	20	21	22
대운 남	8	9	9	9	10	10	10	입	1	1	1	1	2	2	2	3	3	3	4	4	4	5	5	처	6	6	6	7	7	7	8
대운 여	2	2	2	1	1	1	1	추	10	10	9	9	9	8	8	8	7	7	7	6	6	6	5	서	5	4	4	4	3	3	3

백로 8일 12시 27분 ⇨ **【丁酉月(정유월)】**(백로, 추분-한로 전) 추분23일 21시 48분

양력 9 / 음력 07/23 – 08/23

양력	1	2	3	4	5	6	7	8	9	10	11	12	13	14	15	16	17	18	19	20	21	22	23	24	25	26	27	28	29	30
요일	일	월	화	수	목	금	토	일	월	화	수	목	금	토	일	월	화	수	목	금	토	일	월	화	수	목	금	토	일	월
일진 日辰	甲戌	乙亥	丙子	丁丑	戊寅	己卯	庚辰	辛巳	壬午	癸未	甲申	乙酉	丙戌	丁亥	戊子	己丑	庚寅	辛卯	壬辰	癸巳	甲午	乙未	丙申	丁酉	戊戌	己亥	庚子	辛丑	壬寅	癸卯
음력	23	24	25	26	27	28	29	8/1	2	3	4	5	6	7	8	9	10	11	12	13	14	15	16	17	18	19	20	21	22	23
대운 남	8	8	9	9	9	10	10	백	1	1	1	1	2	2	2	3	3	3	4	4	4	5	추	5	6	6	6	7	7	7
대운 여	2	2	2	1	1	1	1	로	10	10	9	9	9	8	8	8	7	7	7	6	6	6	분	5	5	4	4	4	3	3

한로 9일 04시 01분 ⇨ **【戊戌月(무술월)】**(한로, 상강~ 입동 전) 상강 24일 07시 05분

양력 10 / 음력 08/24 – 09/24

양력	1	2	3	4	5	6	7	8	9	10	11	12	13	14	15	16	17	18	19	20	21	22	23	24	25	26	27	28	29	30	31
요일	화	수	목	금	토	일	월	화	수	목	금	토	일	월	화	수	목	금	토	일	월	화	수	목	금	토	일	월	화	수	목
일진 日辰	甲辰	乙巳	丙午	丁未	戊申	己酉	庚戌	辛亥	壬子	癸丑	甲寅	乙卯	丙辰	丁巳	戊午	己未	庚申	辛酉	壬戌	癸亥	甲子	乙丑	丙寅	丁卯	戊辰	己巳	庚午	辛未	壬申	癸酉	甲戌
음력	24	25	26	27	28	29	30	9/1	2	3	4	5	6	7	8	9	10	11	12	13	14	15	16	17	18	19	20	21	22	23	24
대운 남	8	8	8	9	9	9	10	10	한	1	1	1	1	2	2	2	3	3	3	4	4	4	5	상	5	6	6	6	7	7	7
대운 여	3	2	2	2	1	1	1	1	로	10	9	9	9	8	8	8	7	7	7	6	6	6	5	강	5	4	4	4	3	3	3

입동 8일 07시 08분 ⇨ **【己亥月(기해월)】**(입동, 소설~ 대설 전) 소설 23일 04시 35분

양력 11 / 음력 09/25 – 10/25

양력	1	2	3	4	5	6	7	8	9	10	11	12	13	14	15	16	17	18	19	20	21	22	23	24	25	26	27	28	29	30
요일	금	토	일	월	화	수	목	금	토	일	월	화	수	목	금	토	일	월	화	수	목	금	토	일	월	화	수	목	금	토
일진 日辰	乙亥	丙子	丁丑	戊寅	己卯	庚辰	辛巳	壬午	癸未	甲申	乙酉	丙戌	丁亥	戊子	己丑	庚寅	辛卯	壬辰	癸巳	甲午	乙未	丙申	丁酉	戊戌	己亥	庚子	辛丑	壬寅	癸卯	甲辰
음력	25	26	27	28	29	10/1	2	3	4	5	6	7	8	9	10	11	12	13	14	15	16	17	18	19	20	21	22	23	24	25
대운 남	8	8	8	9	9	9	10	입	1	1	1	1	2	2	2	3	3	3	4	4	4	5	소	5	6	6	6	7	7	7
대운 여	2	2	2	1	1	1	1	동	9	9	9	8	8	8	7	7	7	6	6	6	5	5	설	4	4	4	3	3	3	2

대설 7일 23시 56분 ⇨ **【庚子月(경자월)】**(대설, 동지~소한 전) 동지 22일 17시 53분

양력 12 / 음력 10/26 – 11/26

양력	1	2	3	4	5	6	7	8	9	10	11	12	13	14	15	16	17	18	19	20	21	22	23	24	25	26	27	28	29	30	31
요일	일	월	화	수	목	금	토	일	월	화	수	목	금	토	일	월	화	수	목	금	토	일	월	화	수	목	금	토	일	월	화
일진 日辰	乙巳	丙午	丁未	戊申	己酉	庚戌	辛亥	壬子	癸丑	甲寅	乙卯	丙辰	丁巳	戊午	己未	庚申	辛酉	壬戌	癸亥	甲子	乙丑	丙寅	丁卯	戊辰	己巳	庚午	辛未	壬申	癸酉	甲戌	乙亥
음력	26	27	28	29	30	11/1	2	3	4	5	6	7	8	9	10	11	12	13	14	15	16	17	18	19	20	21	22	23	24	25	26
대운 남	8	8	8	9	9	9	대	1	1	1	1	2	2	2	3	3	3	4	4	4	동	5	5	6	6	6	7	7	7	8	8
대운 여	2	2	1	1	1	1	설	10	9	9	9	8	8	8	7	7	7	6	6	6	지	5	5	4	4	4	3	3	3	2	2

1992 壬申年(임신년)

단기4325년 /불기2536년 대장군(남방), 삼살(남방), 상문(서북방),조객(남방), 납음(검봉금), 【삼재(인,묘,진)년】

소한 6일 11시 09분 ⇨ **【辛丑月(신축월)】**(소한, 대한~ 입춘 전) 대한 21일 04시 33분

양력 1 / 음력 11/27 ~ 12/27

양력	1	2	3	4	5	6	7	8	9	10	11	12	13	14	15	16	17	18	19	20	21	22	23	24	25	26	27	28	29	30	31
요일	수	목	금	토	일	월	화	수	목	금	토	일	월	화	수	목	금	토	일	월	화	수	목	금	토	일	월	화	수	목	금
일진 日辰	丙子	丁丑	戊寅	己卯	庚辰	辛巳	壬午	癸未	甲申	乙酉	丙戌	丁亥	戊子	己丑	庚寅	辛卯	壬辰	癸巳	甲午	乙未	丙申	丁酉	戊戌	己亥	庚子	辛丑	壬寅	癸卯	甲辰	乙巳	丙午
음력	27	28	29	30	12/1	2	3	4	5	6	7	8	9	10	11	12	13	14	15	16	17	18	19	20	21	22	23	24	25	26	27
대운 남	8	9	9	9	10	소	1	1	1	1	2	2	2	3	3	3	4	4	4	5	대	5	6	6	6	7	7	7	8	8	8
대운 여	2	1	1	1	1	한	9	9	9	8	8	8	7	7	7	6	6	6	5	5	한	4	4	4	3	3	3	2	2	2	1

입춘 4일 22시 48분 ⇨ **【壬寅月(임인월)】**(입춘, 우수~ 경칩 전) 우수 19일 18시 44분

양력 2 / 음력 11/28 ~ 01/26 — 立春

양력	1	2	3	4	5	6	7	8	9	10	11	12	13	14	15	16	17	18	19	20	21	22	23	24	25	26	27	28	29
요일	토	일	월	화	수	목	금	토	일	월	화	수	목	금	토	일	월	화	수	목	금	토	일	월	화	수	목	금	토
일진 日辰	丁未	戊申	己酉	庚戌	辛亥	壬子	癸丑	甲寅	乙卯	丙辰	丁巳	戊午	己未	庚申	辛酉	壬戌	癸亥	甲子	乙丑	丙寅	丁卯	戊辰	己巳	庚午	辛未	壬申	癸酉	甲戌	乙亥
음력	28	29	30	1/1	2	3	4	5	6	7	8	9	10	11	12	13	14	15	16	17	18	19	20	21	22	23	24	25	26
대운 남	9	9	9	입	10	9	9	9	8	8	8	7	7	7	6	6	6	5	우	5	4	4	4	3	3	3	2	2	2
대운 여	1	1	1	춘	1	1	1	1	2	2	2	3	3	3	4	4	4	5	수	5	6	6	6	7	7	7	8	8	8

경칩 5일 16시 52분 ⇨ **【癸卯月(계묘월)】**(경칩, 춘분~ 청명 전) 춘분 20일 17시 48분

양력 3 / 음력 01/27 ~ 02/28

양력	1	2	3	4	5	6	7	8	9	10	11	12	13	14	15	16	17	18	19	20	21	22	23	24	25	26	27	28	29	30	31
요일	일	월	화	수	목	금	토	일	월	화	수	목	금	토	일	월	화	수	목	금	토	일	월	화	수	목	금	토	일	월	화
일진 日辰	丙子	丁丑	戊寅	己卯	庚辰	辛巳	壬午	癸未	甲申	乙酉	丙戌	丁亥	戊子	己丑	庚寅	辛卯	壬辰	癸巳	甲午	乙未	丙申	丁酉	戊戌	己亥	庚子	辛丑	壬寅	癸卯	甲辰	乙巳	丙午
음력	27	28	29	2/1	2	3	4	5	6	7	8	9	10	11	12	13	14	15	16	17	18	19	20	21	22	23	24	25	26	27	28
대운 남	1	1	1	1	경	10	9	9	9	8	8	8	7	7	7	6	6	6	5	춘	5	4	4	4	3	3	3	2	2	2	1
대운 여	9	9	9	10	칩	1	1	1	1	2	2	2	3	3	3	4	4	4	5	분	5	6	6	6	7	7	7	8	8	8	9

청명 4일 21시 45분 ⇨ **【甲辰月(갑진월)】**(청명, 곡우~ 입하 전) 곡우 20일 04시 57분

양력 4 / 음력 02/29 ~ 03/28

양력	1	2	3	4	5	6	7	8	9	10	11	12	13	14	15	16	17	18	19	20	21	22	23	24	25	26	27	28	29	30
요일	수	목	금	토	일	월	화	수	목	금	토	일	월	화	수	목	금	토	일	월	화	수	목	금	토	일	월	화	수	목
일진 日辰	丁未	戊申	己酉	庚戌	辛亥	壬子	癸丑	甲寅	乙卯	丙辰	丁巳	戊午	己未	庚申	辛酉	壬戌	癸亥	甲子	乙丑	丙寅	丁卯	戊辰	己巳	庚午	辛未	壬申	癸酉	甲戌	乙亥	丙子
음력	29	30	3/1	2	3	4	5	6	7	8	9	10	11	12	13	14	15	16	17	18	19	20	21	22	23	24	25	26	27	28
대운 남	1	1	1	청	10	10	9	9	9	8	8	8	7	7	7	6	6	6	5	곡	5	4	4	4	3	3	3	2	2	2
대운 여	9	9	10	명	1	1	1	1	2	2	2	3	3	3	4	4	4	5	5	우	6	6	6	7	7	7	8	8	8	9

입하 5일 15시 09분 ⇨ **【乙巳月(을사월)】**(입하, 소만~ 망종 전) 소만 21일 04시 12분

양력 5 / 음력 03/29 ~ 04/29

양력	1	2	3	4	5	6	7	8	9	10	11	12	13	14	15	16	17	18	19	20	21	22	23	24	25	26	27	28	29	30	31
요일	금	토	일	월	화	수	목	금	토	일	월	화	수	목	금	토	일	월	화	수	목	금	토	일	월	화	수	목	금	토	일
일진 日辰	丁丑	戊寅	己卯	庚辰	辛巳	壬午	癸未	甲申	乙酉	丙戌	丁亥	戊子	己丑	庚寅	辛卯	壬辰	癸巳	甲午	乙未	丙申	丁酉	戊戌	己亥	庚子	辛丑	壬寅	癸卯	甲辰	乙巳	丙午	丁未
음력	29	30	4/1	2	3	4	5	6	7	8	9	10	11	12	13	14	15	16	17	18	19	20	21	22	23	24	25	26	27	28	29
대운 남	1	1	1	1	입	10	10	9	9	9	8	8	8	7	7	7	6	6	6	5	소	5	4	4	4	3	3	3	2	2	2
대운 여	9	9	10	10	하	1	1	1	1	2	2	2	3	3	3	4	4	4	5	5	만	6	6	6	7	7	7	8	8	8	9

망종 5일 19시 22분 ⇨ **【丙午月(병오월)】**(망종, 하지~ 소서 전) 하지 21일 12시 14분

양력 6 / 음력 05/01 ~ 06/01

양력	1	2	3	4	5	6	7	8	9	10	11	12	13	14	15	16	17	18	19	20	21	22	23	24	25	26	27	28	29	30
요일	월	화	수	목	금	토	일	월	화	수	목	금	토	일	월	화	수	목	금	토	일	월	화	수	목	금	토	일	월	화
일진 日辰	戊申	己酉	庚戌	辛亥	壬子	癸丑	甲寅	乙卯	丙辰	丁巳	戊午	己未	庚申	辛酉	壬戌	癸亥	甲子	乙丑	丙寅	丁卯	戊辰	己巳	庚午	辛未	壬申	癸酉	甲戌	乙亥	丙子	丁丑
음력	5/1	2	3	4	5	6	7	8	9	10	11	12	13	14	15	16	17	18	19	20	21	22	23	24	25	26	27	28	29	6/1
대운 남	1	1	1	1	망	10	10	10	9	9	9	8	8	8	7	7	7	6	6	6	하	5	5	4	4	4	3	3	3	2
대운 여	9	9	10	10	종	1	1	1	1	2	2	2	3	3	3	4	4	4	5	5	지	6	6	6	7	7	7	8	8	8

대장군(남방). 삼살(남방), 상문(서북방),조객(남방), 납음(검봉금), 【삼재(인,묘,진)년】
한식(4월05일), 초복(7월13일), 중복(7월23일), 말복(8월12일)

壬申年(임신년)

소서 7일 05시 40분 ⇨ 【丁未月(정미월)】(소서, 대서~ 입추 전) 대서 22일 23시 09분

양력 7 (음력 06/02~07/02)	1	2	3	4	5	6	7	8	9	10	11	12	13	14	15	16	17	18	19	20	21	22	23	24	25	26	27	28	29	30	31
요일	수	목	금	토	일	월	화	수	목	금	토	일	월	화	수	목	금	토	일	월	화	수	목	금	토	일	월	화	수	목	금
일진 日辰	戊寅	己卯	庚辰	辛巳	壬午	癸未	甲申	乙酉	丙戌	丁亥	戊子	己丑	庚寅	辛卯	壬辰	癸巳	甲午	乙未	丙申	丁酉	戊戌	己亥	庚子	辛丑	壬寅	癸卯	甲辰	乙巳	丙午	丁未	戊申
음력	2	3	4	5	6	7	8	9	10	11	12	13	14	15	16	17	18	19	20	21	22	23	24	25	26	27	28	29	30	7/1	2
대운 남	2	2	1	1	1	1	소	10	10	9	9	9	8	8	8	7	7	7	6	6	6	대	5	5	4	4	4	3	3	3	2
대운 여	9	9	9	10	10	10	서	1	1	1	1	2	2	2	3	3	3	4	4	4	5	서	5	6	6	6	7	7	7	8	8

입추 7일 15시 27분 ⇨ 【戊申月(무신월)】(입추, 처서~ 백로 전) 처서 23일 06시 10분

양력 8 (음력 07/03~08/04)	1	2	3	4	5	6	7	8	9	10	11	12	13	14	15	16	17	18	19	20	21	22	23	24	25	26	27	28	29	30	31
요일	토	일	월	화	수	목	금	토	일	월	화	수	목	금	토	일	월	화	수	목	금	토	일	월	화	수	목	금	토	일	월
일진 日辰	己酉	庚戌	辛亥	壬子	癸丑	甲寅	乙卯	丙辰	丁巳	戊午	己未	庚申	辛酉	壬戌	癸亥	甲子	乙丑	丙寅	丁卯	戊辰	己巳	庚午	辛未	壬申	癸酉	甲戌	乙亥	丙子	丁丑	戊寅	己卯
음력	3	4	5	6	7	8	9	10	11	12	13	14	15	16	17	18	19	20	21	22	23	24	25	26	27	28	29	8/1	2	3	4
대운 남	2	2	1	1	1	1	입	10	10	9	9	9	8	8	8	7	7	7	6	6	6	5	처	5	4	4	4	3	3	3	2
대운 여	8	9	9	9	10	10	추	1	1	1	1	2	2	2	3	3	3	4	4	4	5	5	서	6	6	6	7	7	7	8	8

백로 7일 18시 18분 ⇨ 【己酉月(기유월)】(백로, 추분-한로 전) 추분 23일 03시 43분

양력 9 (음력 08/05~09/05)	1	2	3	4	5	6	7	8	9	10	11	12	13	14	15	16	17	18	19	20	21	22	23	24	25	26	27	28	29	30
요일	화	수	목	금	토	일	월	화	수	목	금	토	일	월	화	수	목	금	토	일	월	화	수	목	금	토	일	월	화	수
일진 日辰	庚辰	辛巳	壬午	癸未	甲申	乙酉	丙戌	丁亥	戊子	己丑	庚寅	辛卯	壬辰	癸巳	甲午	乙未	丙申	丁酉	戊戌	己亥	庚子	辛丑	壬寅	癸卯	甲辰	乙巳	丙午	丁未	戊申	己酉
음력	5	6	7	8	9	10	11	12	13	14	15	16	17	18	19	20	21	22	23	24	25	26	27	28	29	9/1	2	3	4	5
대운 남	2	2	1	1	1	1	백	10	10	9	9	9	8	8	8	7	7	7	6	6	6	5	추	5	4	4	4	3	3	3
대운 여	8	9	9	9	10	10	로	1	1	1	1	2	2	2	3	3	3	4	4	4	5	5	분	6	6	6	7	7	7	8

한로 8일 09시 51분 ⇨ 【庚戌月(경술월)】(한로, 상강~ 입동 전) 상강 23일 12시 57분

양력 10 (음력 09/06~10/06)	1	2	3	4	5	6	7	8	9	10	11	12	13	14	15	16	17	18	19	20	21	22	23	24	25	26	27	28	29	30	31
요일	목	금	토	일	월	화	수	목	금	토	일	월	화	수	목	금	토	일	월	화	수	목	금	토	일	월	화	수	목	금	토
일진 日辰	庚戌	辛亥	壬子	癸丑	甲寅	乙卯	丙辰	丁巳	戊午	己未	庚申	辛酉	壬戌	癸亥	甲子	乙丑	丙寅	丁卯	戊辰	己巳	庚午	辛未	壬申	癸酉	甲戌	乙亥	丙子	丁丑	戊寅	己卯	庚辰
음력	6	7	8	9	10	11	12	13	14	15	16	17	18	19	20	21	22	23	24	25	26	27	28	29	30	10/1	2	3	4	5	6
대운 남	2	2	2	1	1	1	1	한	10	9	9	9	8	8	8	7	7	7	6	6	6	5	상	5	4	4	4	3	3	3	2
대운 여	8	8	9	9	9	10	10	로	1	1	1	1	2	2	2	3	3	3	4	4	4	5	강	5	6	6	6	7	7	7	8

입동 7일 12시 57분 ⇨ 【辛亥月(신해월)】(입동, 소설~ 대설 전) 소설 22일 10시 26분

양력 11 (음력 10/07~11/07)	1	2	3	4	5	6	7	8	9	10	11	12	13	14	15	16	17	18	19	20	21	22	23	24	25	26	27	28	29	30
요일	일	월	화	수	목	금	토	일	월	화	수	목	금	토	일	월	화	수	목	금	토	일	월	화	수	목	금	토	일	월
일진 日辰	辛巳	壬午	癸未	甲申	乙酉	丙戌	丁亥	戊子	己丑	庚寅	辛卯	壬辰	癸巳	甲午	乙未	丙申	丁酉	戊戌	己亥	庚子	辛丑	壬寅	癸卯	甲辰	乙巳	丙午	丁未	戊申	己酉	庚戌
음력	7	8	9	10	11	12	13	14	15	16	17	18	19	20	21	22	23	24	25	26	27	28	29	11/1	2	3	4	5	6	7
대운 남	2	2	1	1	1	1	입	10	9	9	9	8	8	8	7	7	7	6	6	6	5	소	5	4	4	4	3	3	3	2
대운 여	8	8	9	9	9	10	동	1	1	1	1	2	2	2	3	3	3	4	4	4	5	설	5	6	6	6	7	7	7	8

대설 7일 05시 44분 ⇨ 【壬子月(임자월)】(대설, 동지~소한 전) 동지 21일 23시 53분

양력 12 (음력 11/08~12/08)	1	2	3	4	5	6	7	8	9	10	11	12	13	14	15	16	17	18	19	20	21	22	23	24	25	26	27	28	29	30	31
요일	화	수	목	금	토	일	월	화	수	목	금	토	일	월	화	수	목	금	토	일	월	화	수	목	금	토	일	월	화	수	목
일진 日辰	辛亥	壬子	癸丑	甲寅	乙卯	丙辰	丁巳	戊午	己未	庚申	辛酉	壬戌	癸亥	甲子	乙丑	丙寅	丁卯	戊辰	己巳	庚午	辛未	壬申	癸酉	甲戌	乙亥	丙子	丁丑	戊寅	己卯	庚辰	辛巳
음력	8	9	10	11	12	13	14	15	16	17	18	19	20	21	22	23	24	25	26	27	28	29	30	12/1	2	3	4	5	6	7	8
대운 남	2	2	1	1	1	1	대	9	9	9	8	8	8	7	7	7	6	6	6	5	동	5	4	4	4	3	3	3	2	2	2
대운 여	8	8	9	9	9	10	설	1	1	1	1	2	2	2	3	3	3	4	4	4	지	5	5	6	6	6	7	7	7	8	8

윤3월 小 **1993** 癸酉年(계유년)

단기 4326년 /불기2537년 대장군(남방), 삼살(동방), 상문(서북방),조객(서남방), 납음(검봉금), 【삼재(해,자,축)년】

소한 5일 16시 57분 ⇨ **【癸丑月(계축월)】**(소한, 대한~ 입춘 전) 대한 20일 10시 23분

양력 **1** / 음력 12/09 ~ 01/09

양력	1	2	3	4	5	6	7	8	9	10	11	12	13	14	15	16	17	18	19	20	21	22	23	24	25	26	27	28	29	30	31
요일	금	토	일	월	화	수	목	금	토	일	월	화	수	목	금	토	일	월	화	수	목	금	토	일	월	화	수	목	금	토	일
일진 日辰	壬午	癸未	甲申	乙酉	丙戌	丁亥	戊子	己丑	庚寅	辛卯	壬辰	癸巳	甲午	乙未	丙申	丁酉	戊戌	己亥	庚子	辛丑	壬寅	癸卯	甲辰	乙巳	丙午	丁未	戊申	己酉	庚戌	辛亥	壬子
음력	9	10	11	12	13	14	15	16	17	18	19	20	21	22	23	24	25	26	27	28	29	30	1/1	2	3	4	5	6	7	8	9
대운 남	1	1	1	1	소	10	9	9	9	8	8	8	7	7	7	6	6	6	5	대	5	4	4	4	3	3	3	2	2	2	1
대운 여	8	9	9	9	한	1	1	1	1	2	2	2	3	3	3	4	4	4	5	한	5	6	6	6	7	7	7	8	8	8	9

입춘 4일 04시 37분 ⇨ **【甲寅月(갑인월)】**(입춘, 우수~ 경칩 전) 우수 19일 00시 35분

양력 **2** / 음력 01/10 ~ 02/08

양력	1	2	3	4	5	6	7	8	9	10	11	12	13	14	15	16	17	18	19	20	21	22	23	24	25	26	27	28	
요일	월	화	수	목	금	토	일	월	화	수	목	금	토	일	월	화	수	목	금	토	일	월	화	수	목	금	토	일	
일진 日辰	癸丑	甲寅	乙卯	丙辰	丁巳	戊午	己未	庚申	辛酉	壬戌	癸亥	甲子	乙丑	丙寅	丁卯	戊辰	己巳	庚午	辛未	壬申	癸酉	甲戌	乙亥	丙子	丁丑	戊寅	己卯	庚辰	立春
음력	10	11	12	13	14	15	16	17	18	19	20	21	22	23	24	25	26	27	28	29	2/1	2	3	4	5	6	7	8	
대운 남	1	1	1	입	1	1	1	1	2	2	2	3	3	3	4	4	4	5	우	5	6	6	6	7	7	7	8	8	
대운 여	9	9	10	춘	9	9	9	8	8	8	7	7	7	6	6	6	5	5	수	4	4	4	3	3	3	2	2	2	

경칩 5일 22시 43분 ⇨ **【乙卯月(을묘월)】**(경칩, 춘분~ 청명 전) 춘분 20일 23시 41분

양력 **3** / 음력 02/09 ~ 03/09

양력	1	2	3	4	5	6	7	8	9	10	11	12	13	14	15	16	17	18	19	20	21	22	23	24	25	26	27	28	29	30	31
요일	월	화	수	목	금	토	일	월	화	수	목	금	토	일	월	화	수	목	금	토	일	월	화	수	목	금	토	일	월	화	수
일진 日辰	辛巳	壬午	癸未	甲申	乙酉	丙戌	丁亥	戊子	己丑	庚寅	辛卯	壬辰	癸巳	甲午	乙未	丙申	丁酉	戊戌	己亥	庚子	辛丑	壬寅	癸卯	甲辰	乙巳	丙午	丁未	戊申	己酉	庚戌	辛亥
음력	9	10	11	12	13	14	15	16	17	18	19	20	21	22	23	24	25	26	27	28	29	30	3/1	2	3	4	5	6	7	8	9
대운 남	8	9	9	9	경	1	1	1	1	2	2	2	3	3	3	4	4	4	5	춘	5	6	6	6	7	7	7	8	8	8	9
대운 여	1	1	1	1	칩	10	10	9	9	9	8	8	8	7	7	7	6	6	6	분	5	5	4	4	4	3	3	3	2	2	2

청명 5일 03시 37분 ⇨ **【丙辰月(병진월)】**(청명, 곡우~ 입하 전) 곡우 20일 10시 49분

양력 **4** / 음력 03/10 ~ 윤309

양력	1	2	3	4	5	6	7	8	9	10	11	12	13	14	15	16	17	18	19	20	21	22	23	24	25	26	27	28	29	30
요일	목	금	토	일	월	화	수	목	금	토	일	월	화	수	목	금	토	일	월	화	수	목	금	토	일	월	화	수	목	금
일진 日辰	壬子	癸丑	甲寅	乙卯	丙辰	丁巳	戊午	己未	庚申	辛酉	壬戌	癸亥	甲子	乙丑	丙寅	丁卯	戊辰	己巳	庚午	辛未	壬申	癸酉	甲戌	乙亥	丙子	丁丑	戊寅	己卯	庚辰	辛巳
음력	10	11	12	13	14	15	16	17	18	19	20	21	22	23	24	25	26	27	28	29	30	윤3	2	3	4	5	6	7	8	9
대운 남	9	9	10	10	청	1	1	1	1	2	2	2	3	3	3	4	4	4	5	곡	5	6	6	6	7	7	7	8	8	8
대운 여	1	1	1	1	명	10	9	9	9	8	8	8	7	7	7	6	6	6	5	우	5	4	4	4	3	3	3	2	2	2

입하 5일 21시 02분 ⇨ **【丁巳月(정사월)】**(입하, 소만~ 망종 전) 소만 21일 10시 02분

양력 **5** / 음력 윤310 ~ 04/11

양력	1	2	3	4	5	6	7	8	9	10	11	12	13	14	15	16	17	18	19	20	21	22	23	24	25	26	27	28	29	30	31
요일	토	일	월	화	수	목	금	토	일	월	화	수	목	금	토	일	월	화	수	목	금	토	일	월	화	수	목	금	토	일	월
일진 日辰	壬午	癸未	甲申	乙酉	丙戌	丁亥	戊子	己丑	庚寅	辛卯	壬辰	癸巳	甲午	乙未	丙申	丁酉	戊戌	己亥	庚子	辛丑	壬寅	癸卯	甲辰	乙巳	丙午	丁未	戊申	己酉	庚戌	辛亥	壬子
음력	10	11	12	13	14	15	16	17	18	19	20	21	22	23	24	25	26	27	28	29	4/1	2	3	4	5	6	7	8	9	10	11
대운 남	9	9	9	10	입	1	1	1	1	2	2	2	3	3	3	4	4	4	5	5	소	6	6	6	7	7	7	8	8	8	9
대운 여	1	1	1	1	하	10	10	10	9	9	9	8	8	8	7	7	7	6	6	6	만	5	5	4	4	4	3	3	3	2	2

망종 6일 01시 15분 ⇨ **【戊午月(무오월)】**(망종, 하지~ 소서 전) 하지 22일 18시 00분

양력 **6** / 음력 04/12 ~ 05/11

양력	1	2	3	4	5	6	7	8	9	10	11	12	13	14	15	16	17	18	19	20	21	22	23	24	25	26	27	28	29	30
요일	화	수	목	금	토	일	월	화	수	목	금	토	일	월	화	수	목	금	토	일	월	화	수	목	금	토	일	월	화	수
일진 日辰	癸丑	甲寅	乙卯	丙辰	丁巳	戊午	己未	庚申	辛酉	壬戌	癸亥	甲子	乙丑	丙寅	丁卯	戊辰	己巳	庚午	辛未	壬申	癸酉	甲戌	乙亥	丙子	丁丑	戊寅	己卯	庚辰	辛巳	壬午
음력	12	13	14	15	16	17	18	19	20	21	22	23	24	25	26	27	28	29	30	5/1	2	3	4	5	6	7	8	9	10	11
대운 남	9	9	10	10	10	망	1	1	1	1	2	2	2	3	3	3	4	4	4	5	하	5	6	6	6	7	7	7	8	8
대운 여	2	1	1	1	1	종	10	10	9	9	9	8	8	8	7	7	7	6	6	6	지	5	5	4	4	4	3	3	3	2

대장군(남방), 삼살(동방), 상문(서북방),조객(서남방), 납음(검봉금), 【삼재(해,자,축)년】
한식(4월06일), 초복(7월18일), 중복(7월28일), 말복(8월07일)

癸酉年(계유년)

【己未月(기미월)】(소서, 대서~ 입추 전)

소서 7일 11시 32분 ⇨ 대서 23일 04시 51분

양력 7 / 음력 05/12 ~ 06/13

양력	1	2	3	4	5	6	7	8	9	10	11	12	13	14	15	16	17	18	19	20	21	22	23	24	25	26	27	28	29	30	31
요일	목	금	토	일	월	화	수	목	금	토	일	월	화	수	목	금	토	일	월	화	수	목	금	토	일	월	화	수	목	금	토
일진 日辰	癸未	甲申	乙酉	丙戌	丁亥	戊子	己丑	庚寅	辛卯	壬辰	癸巳	甲午	乙未	丙申	丁酉	戊戌	己亥	庚子	辛丑	壬寅	癸卯	甲辰	乙巳	丙午	丁未	戊申	己酉	庚戌	辛亥	壬子	癸丑
음력	12	13	14	15	16	17	18	19	20	21	22	23	24	25	26	27	28	29	6/1	2	3	4	5	6	7	8	9	10	11	12	13
대운 남	8	9	9	9	10	10	소	1	1	1	1	2	2	2	3	3	3	4	4	4	5	5	대	6	6	6	7	7	7	8	8
대운 여	2	2	1	1	1	1	서	10	10	9	9	9	8	8	8	7	7	7	6	6	6	5	서	5	4	4	4	3	3	3	2

【庚申月(경신월)】(입추, 처서~ 백로 전)

입추 7일 21시 18분 ⇨ 처서 23일 11시 50분

양력 8 / 음력 06/14 ~ 07/14

양력	1	2	3	4	5	6	7	8	9	10	11	12	13	14	15	16	17	18	19	20	21	22	23	24	25	26	27	28	29	30	31
요일	일	월	화	수	목	금	토	일	월	화	수	목	금	토	일	월	화	수	목	금	토	일	월	화	수	목	금	토	일	월	화
일진 日辰	甲寅	乙卯	丙辰	丁巳	戊午	己未	庚申	辛酉	壬戌	癸亥	甲子	乙丑	丙寅	丁卯	戊辰	己巳	庚午	辛未	壬申	癸酉	甲戌	乙亥	丙子	丁丑	戊寅	己卯	庚辰	辛巳	壬午	癸未	甲申
음력	14	15	16	17	18	19	20	21	22	23	24	25	26	27	28	29	30	7/1	2	3	4	5	6	7	8	9	10	11	12	13	14
대운 남	8	9	9	9	10	10	입	1	1	1	1	2	2	2	3	3	3	4	4	4	5	5	처	6	6	6	7	7	7	8	8
대운 여	2	2	1	1	1	1	추	10	10	10	9	9	9	8	8	8	7	7	7	6	6	6	서	5	5	4	4	4	3	3	3

【辛酉月(신유월)】(백로, 추분-한로 전)

백로 8일 00시 08분 ⇨ 추분 23일 09시 22분

양력 9 / 음력 07/15 ~ 08/15

양력	1	2	3	4	5	6	7	8	9	10	11	12	13	14	15	16	17	18	19	20	21	22	23	24	25	26	27	28	29	30
요일	수	목	금	토	일	월	화	수	목	금	토	일	월	화	수	목	금	토	일	월	화	수	목	금	토	일	월	화	수	목
일진 日辰	乙酉	丙戌	丁亥	戊子	己丑	庚寅	辛卯	壬辰	癸巳	甲午	乙未	丙申	丁酉	戊戌	己亥	庚子	辛丑	壬寅	癸卯	甲辰	乙巳	丙午	丁未	戊申	己酉	庚戌	辛亥	壬子	癸丑	甲寅
음력	15	16	17	18	19	20	21	22	23	24	25	26	27	28	29	8/1	2	3	4	5	6	7	8	9	10	11	12	13	14	15
대운 남	8	9	9	9	10	10	10	백	1	1	1	1	2	2	2	3	3	3	4	4	4	5	추	5	6	6	6	7	7	7
대운 여	2	2	2	1	1	1	1	로	10	9	9	9	8	8	8	7	7	7	6	6	6	5	분	5	4	4	4	3	3	3

【壬戌月(임술월)】(한로, 상강~ 입동 전)

한로 8일 15시 40분 ⇨ 상강 23일 18시 37분

양력 10 / 음력 08/16 ~ 09/17

양력	1	2	3	4	5	6	7	8	9	10	11	12	13	14	15	16	17	18	19	20	21	22	23	24	25	26	27	28	29	30	31
요일	금	토	일	월	화	수	목	금	토	일	월	화	수	목	금	토	일	월	화	수	목	금	토	일	월	화	수	목	금	토	일
일진 日辰	乙卯	丙辰	丁巳	戊午	己未	庚申	辛酉	壬戌	癸亥	甲子	乙丑	丙寅	丁卯	戊辰	己巳	庚午	辛未	壬申	癸酉	甲戌	乙亥	丙子	丁丑	戊寅	己卯	庚辰	辛巳	壬午	癸未	甲申	乙酉
음력	16	17	18	19	20	21	22	23	24	25	26	27	28	29	9/1	2	3	4	5	6	7	8	9	10	11	12	13	14	15	16	17
대운 남	8	8	8	9	9	9	10	한	1	1	1	1	2	2	2	3	3	3	4	4	4	5	상	5	6	6	6	7	7	7	8
대운 여	2	2	2	1	1	1	1	로	10	9	9	9	8	8	8	7	7	7	6	6	6	5	강	5	4	4	4	3	3	3	2

【癸亥月(계해월)】(입동, 소설~ 대설 전)

입동 7일 18시 46분 ⇨ 소설 22일 16시 07분

양력 11 / 음력 09/18 ~ 10/17

양력	1	2	3	4	5	6	7	8	9	10	11	12	13	14	15	16	17	18	19	20	21	22	23	24	25	26	27	28	29	30
요일	월	화	수	목	금	토	일	월	화	수	목	금	토	일	월	화	수	목	금	토	일	월	화	수	목	금	토	일	월	화
일진 日辰	丙戌	丁亥	戊子	己丑	庚寅	辛卯	壬辰	癸巳	甲午	乙未	丙申	丁酉	戊戌	己亥	庚子	辛丑	壬寅	癸卯	甲辰	乙巳	丙午	丁未	戊申	己酉	庚戌	辛亥	壬子	癸丑	甲寅	乙卯
음력	18	19	20	21	22	23	24	25	26	27	28	29	30	10/1	2	3	4	5	6	7	8	9	10	11	12	13	14	15	16	17
대운 남	8	8	9	9	9	10	입	1	1	1	1	2	2	2	3	3	3	4	4	4	5	소	5	6	6	6	7	7	7	8
대운 여	2	2	1	1	1	1	동	10	9	9	9	8	8	8	7	7	7	6	6	6	5	설	5	4	4	4	3	3	3	2

【甲子月(갑자월)】(대설, 동지~소한 전)

대설 7일 11시 34분 ⇨ 동지 22일 05시 26분

양력 12 / 음력 10/18 ~ 11/19

양력	1	2	3	4	5	6	7	8	9	10	11	12	13	14	15	16	17	18	19	20	21	22	23	24	25	26	27	28	29	30	31
요일	수	목	금	토	일	월	화	수	목	금	토	일	월	화	수	목	금	토	일	월	화	수	목	금	토	일	월	화	수	목	금
일진 日辰	丙辰	丁巳	戊午	己未	庚申	辛酉	壬戌	癸亥	甲子	乙丑	丙寅	丁卯	戊辰	己巳	庚午	辛未	壬申	癸酉	甲戌	乙亥	丙子	丁丑	戊寅	己卯	庚辰	辛巳	壬午	癸未	甲申	乙酉	丙戌
음력	18	19	20	21	22	23	24	25	26	27	28	29	11/1	2	3	4	5	6	7	8	9	10	11	12	13	14	15	16	17	18	19
대운 남	8	8	9	9	9	10	대	1	1	1	1	2	2	2	3	3	3	4	4	4	5	동	5	6	6	6	7	7	7	8	8
대운 여	2	2	1	1	1	1	설	9	9	9	8	8	8	7	7	7	6	6	6	5	5	지	4	4	4	3	3	3	2	2	2

1994 甲戌年(갑술년)

단기 4327년 /불기2538년 대장군(남방), 삼살(북방), 상문(북방),조객(서남방), 납음(산두화), 【삼재(신,유,술)년】

소한 5일 22시 48분 ⇨ 【乙丑月(을축월)】(소한, 대한~ 입춘 전) 대한 20일 16시 07분

양력 1 / 음력 11/20 ~ 12/20

양력	1	2	3	4	5	6	7	8	9	10	11	12	13	14	15	16	17	18	19	20	21	22	23	24	25	26	27	28	29	30	31
요일	토	일	월	화	수	목	금	토	일	월	화	수	목	금	토	일	월	화	수	목	금	토	일	월	화	수	목	금	토	일	월
일진	丁	戊	己	庚	辛	壬	癸	甲	乙	丙	丁	戊	己	庚	辛	壬	癸	甲	乙	丙	丁	戊	己	庚	辛	壬	癸	甲	乙	丙	丁
日辰	亥	子	丑	寅	卯	辰	巳	午	未	申	酉	戌	亥	子	丑	寅	卯	辰	巳	午	未	申	酉	戌	亥	子	丑	寅	卯	辰	巳
음력	20	21	22	23	24	25	26	27	28	29	30	12/1	2	3	4	5	6	7	8	9	10	11	12	13	14	15	16	17	18	19	20
대운 남	8	9	9	9	소	1	1	1	1	2	2	2	3	3	3	4	4	4	5	대	5	6	6	6	7	7	7	8	8	8	9
대운 여	1	1	1	1	한	10	9	9	9	8	8	8	7	7	7	6	6	6	5	한	5	4	4	4	3	3	3	2	2	2	1

입춘 4일 10시 31분 ⇨ 【丙寅月(병인월)】(입춘, 우수~ 경칩 전) 우수 19일 06시 22분

양력 2 / 음력 12/21 ~ 01/19

양력	1	2	3	4	5	6	7	8	9	10	11	12	13	14	15	16	17	18	19	20	21	22	23	24	25	26	27	28	
요일	화	수	목	금	토	일	월	화	수	목	금	토	일	월	화	수	목	금	토	일	월	화	수	목	금	토	일	월	立春
일진	戊	己	庚	辛	壬	癸	甲	乙	丙	丁	戊	己	庚	辛	壬	癸	甲	乙	丙	丁	戊	己	庚	辛	壬	癸	甲	乙	
日辰	午	未	申	酉	戌	亥	子	丑	寅	卯	辰	巳	午	未	申	酉	戌	亥	子	丑	寅	卯	辰	巳	午	未	申	酉	
음력	21	22	23	24	25	26	27	28	29	1/1	2	3	4	5	6	7	8	9	10	11	12	13	14	15	16	17	18	19	
대운 남	9	9	10	입	10	9	9	9	8	8	8	7	7	7	6	6	6	5	우	5	4	4	4	3	3	3	2	2	
대운 여	1	1	1	춘	1	1	1	1	2	2	2	3	3	3	4	4	4	5	수	5	6	6	6	7	7	7	8	8	

경칩 6일 04시 38분 ⇨ 【丁卯月(정묘월)】(경칩, 춘분~ 청명 전) 춘분 21일 05시 28분

양력 3 / 음력 01/20 ~ 02/20

양력	1	2	3	4	5	6	7	8	9	10	11	12	13	14	15	16	17	18	19	20	21	22	23	24	25	26	27	28	29	30	31
요일	화	수	목	금	토	일	월	화	수	목	금	토	일	월	화	수	목	금	토	일	월	화	수	목	금	토	일	월	화	수	목
일진	丙	丁	戊	己	庚	辛	壬	癸	甲	乙	丙	丁	戊	己	庚	辛	壬	癸	甲	乙	丙	丁	戊	己	庚	辛	壬	癸	甲	乙	丙
日辰	戌	亥	子	丑	寅	卯	辰	巳	午	未	申	酉	戌	亥	子	丑	寅	卯	辰	巳	午	未	申	酉	戌	亥	子	丑	寅	卯	辰
음력	20	21	22	23	24	25	26	27	28	29	30	2/1	2	3	4	5	6	7	8	9	10	11	12	13	14	15	16	17	18	19	20
대운 남	2	1	1	1	1	경	10	9	9	9	8	8	8	7	7	7	6	6	6	5	춘	5	4	4	4	3	3	3	2	2	2
대운 여	8	9	9	9	10	칩	1	1	1	1	2	2	2	3	3	3	4	4	4	5	분	5	6	6	6	7	7	7	8	8	8

청명 5일 09시 32분 ⇨ 【戊辰月(무진월)】(청명, 곡우~ 입하 전) 곡우 20일 16시 36분

양력 4 / 음력 02/21 ~ 03/20

양력	1	2	3	4	5	6	7	8	9	10	11	12	13	14	15	16	17	18	19	20	21	22	23	24	25	26	27	28	29	30
요일	금	토	일	월	화	수	목	금	토	일	월	화	수	목	금	토	일	월	화	수	목	금	토	일	월	화	수	목	금	토
일진	丁	戊	己	庚	辛	壬	癸	甲	乙	丙	丁	戊	己	庚	辛	壬	癸	甲	乙	丙	丁	戊	己	庚	辛	壬	癸	甲	乙	丙
日辰	巳	午	未	申	酉	戌	亥	子	丑	寅	卯	辰	巳	午	未	申	酉	戌	亥	子	丑	寅	卯	辰	巳	午	未	申	酉	戌
음력	21	22	23	24	25	26	27	28	29	30	3/1	2	3	4	5	6	7	8	9	10	11	12	13	14	15	16	17	18	19	20
대운 남	1	1	1	1	청	10	10	9	9	9	8	8	8	7	7	7	6	6	6	곡	5	5	4	4	4	3	3	3	2	2
대운 여	9	9	9	10	명	1	1	1	1	2	2	2	3	3	3	4	4	4	5	우	5	6	6	6	7	7	7	8	8	8

입하 6일 02시 54분 ⇨ 【己巳月(기사월)】(입하, 소만~ 망종 전) 소만 21일 15시 48분

양력 5 / 음력 03/21 ~ 04/21

양력	1	2	3	4	5	6	7	8	9	10	11	12	13	14	15	16	17	18	19	20	21	22	23	24	25	26	27	28	29	30	31
요일	일	월	화	수	목	금	토	일	월	화	수	목	금	토	일	월	화	수	목	금	토	일	월	화	수	목	금	토	일	월	화
일진	丁	戊	己	庚	辛	壬	癸	甲	乙	丙	丁	戊	己	庚	辛	壬	癸	甲	乙	丙	丁	戊	己	庚	辛	壬	癸	甲	乙	丙	丁
日辰	亥	子	丑	寅	卯	辰	巳	午	未	申	酉	戌	亥	子	丑	寅	卯	辰	巳	午	未	申	酉	戌	亥	子	丑	寅	卯	辰	巳
음력	21	22	23	24	25	26	27	28	29	30	4/1	2	3	4	5	6	7	8	9	10	11	12	13	14	15	16	17	18	19	20	21
대운 남	2	1	1	1	1	입	10	10	9	9	9	8	8	8	7	7	7	6	6	6	소	5	5	4	4	4	3	3	3	2	2
대운 여	9	9	9	10	10	하	1	1	1	1	2	2	2	3	3	3	4	4	4	5	만	5	6	6	6	7	7	7	8	8	8

망종 6일 07시 05분 ⇨ 【庚午月(경오월)】(망종, 하지~ 소서 전) 하지 21일 23시 48분

양력 6 / 음력 04/22 ~ 05/22

양력	1	2	3	4	5	6	7	8	9	10	11	12	13	14	15	16	17	18	19	20	21	22	23	24	25	26	27	28	29	30
요일	수	목	금	토	일	월	화	수	목	금	토	일	월	화	수	목	금	토	일	월	화	수	목	금	토	일	월	화	수	목
일진	戊	己	庚	辛	壬	癸	甲	乙	丙	丁	戊	己	庚	辛	壬	癸	甲	乙	丙	丁	戊	己	庚	辛	壬	癸	甲	乙	丙	丁
日辰	午	未	申	酉	戌	亥	子	丑	寅	卯	辰	巳	午	未	申	酉	戌	亥	子	丑	寅	卯	辰	巳	午	未	申	酉	戌	亥
음력	22	23	24	25	26	27	28	29	5/1	2	3	4	5	6	7	8	9	10	11	12	13	14	15	16	17	18	19	20	21	22
대운 남	2	1	1	1	1	망	10	10	9	9	9	8	8	8	7	7	7	6	6	6	하	5	5	4	4	4	3	3	3	2
대운 여	9	9	9	10	10	종	1	1	1	1	2	2	2	3	3	3	4	4	4	5	지	5	6	6	6	7	7	7	8	8

대장군(남방). 삼살(북방), 상문(북방),조객(서남방), 납음(산두화), 【삼재(신,유,술)년】
한식(4월06일), 초복(7월13일), 중복(7월23일), 말복(8월12일)

甲戌年(갑술년)

1994

소서 7일 17시 19분 ⇨ **【辛未月(신미월)】**(소서, 대서~ 입추 전) 대서 23일 10시 41분

7 (음력 05/23–06/23)	1	2	3	4	5	6	7	8	9	10	11	12	13	14	15	16	17	18	19	20	21	22	23	24	25	26	27	28	29	30	31
요일	금	토	일	월	화	수	목	금	토	일	월	화	수	목	금	토	일	월	화	수	목	금	토	일	월	화	수	목	금	토	일
일진 日辰	戊子	己丑	庚寅	辛卯	壬辰	癸巳	甲午	乙未	丙申	丁酉	戊戌	己亥	庚子	辛丑	壬寅	癸卯	甲辰	乙巳	丙午	丁未	戊申	己酉	庚戌	辛亥	壬子	癸丑	甲寅	乙卯	丙辰	丁巳	戊午
음력	23	24	25	26	27	28	29	30	6/1	2	3	4	5	6	7	8	9	10	11	12	13	14	15	16	17	18	19	20	21	22	23
대운 남	2	2	1	1	1	1	소	10	10	10	9	9	9	8	8	8	7	7	7	6	6	6	대	5	5	4	4	4	3	3	3
대운 여	8	9	9	9	10	10	서	1	1	1	1	2	2	2	3	3	3	4	4	4	5	5	서	6	6	6	7	7	7	8	8

입추 8일 03시 04분 ⇨ **【壬申月(임신월)】**(입추, 처서~ 백로 전) 처서 23일 17시 44분

8 (음력 06/24–07/25)	1	2	3	4	5	6	7	8	9	10	11	12	13	14	15	16	17	18	19	20	21	22	23	24	25	26	27	28	29	30	31
요일	월	화	수	목	금	토	일	월	화	수	목	금	토	일	월	화	수	목	금	토	일	월	화	수	목	금	토	일	월	화	수
일진 日辰	己未	庚申	辛酉	壬戌	癸亥	甲子	乙丑	丙寅	丁卯	戊辰	己巳	庚午	辛未	壬申	癸酉	甲戌	乙亥	丙子	丁丑	戊寅	己卯	庚辰	辛巳	壬午	癸未	甲申	乙酉	丙戌	丁亥	戊子	己丑
음력	24	25	26	27	28	29	7/1	2	3	4	5	6	7	8	9	10	11	12	13	14	15	16	17	18	19	20	21	22	23	24	25
대운 남	2	2	2	1	1	1	1	입	10	10	9	9	9	8	8	8	7	7	7	6	6	6	처	5	5	4	4	4	3	3	3
대운 여	8	9	9	9	10	10	10	추	1	1	1	1	2	2	2	3	3	3	4	4	4	5	서	5	6	6	6	7	7	7	8

백로 8일 05시 55분 ⇨ **【癸酉月(계유월)】**(백로, 추분-한로 전) 추분23일 15시 19분

9 (음력 07/26–08/25)	1	2	3	4	5	6	7	8	9	10	11	12	13	14	15	16	17	18	19	20	21	22	23	24	25	26	27	28	29	30
요일	목	금	토	일	월	화	수	목	금	토	일	월	화	수	목	금	토	일	월	화	수	목	금	토	일	월	화	수	목	금
일진 日辰	庚寅	辛卯	壬辰	癸巳	甲午	乙未	丙申	丁酉	戊戌	己亥	庚子	辛丑	壬寅	癸卯	甲辰	乙巳	丙午	丁未	戊申	己酉	庚戌	辛亥	壬子	癸丑	甲寅	乙卯	丙辰	丁巳	戊午	己未
음력	26	27	28	29	30	8/1	2	3	4	5	6	7	8	9	10	11	12	13	14	15	16	17	18	19	20	21	22	23	24	25
대운 남	2	2	2	1	1	1	1	백	10	9	9	9	8	8	8	7	7	7	6	6	6	5	추	5	4	4	4	3	3	3
대운 여	8	8	9	9	9	10	10	로	1	1	1	1	2	2	2	3	3	3	4	4	4	5	분	5	6	6	6	7	7	7

한로 8일 21시 29분 ⇨ **【甲戌月(갑술월)】**(한로, 상강~ 입동 전) 상강 24일 00시 36분

10 (음력 08/26–09/27)	1	2	3	4	5	6	7	8	9	10	11	12	13	14	15	16	17	18	19	20	21	22	23	24	25	26	27	28	29	30	31
요일	토	일	월	화	수	목	금	토	일	월	화	수	목	금	토	일	월	화	수	목	금	토	일	월	화	수	목	금	토	일	월
일진 日辰	庚申	辛酉	壬戌	癸亥	甲子	乙丑	丙寅	丁卯	戊辰	己巳	庚午	辛未	壬申	癸酉	甲戌	乙亥	丙子	丁丑	戊寅	己卯	庚辰	辛巳	壬午	癸未	甲申	乙酉	丙戌	丁亥	戊子	己丑	庚寅
음력	26	27	28	29	9/1	2	3	4	5	6	7	8	9	10	11	12	13	14	15	16	17	18	19	20	21	22	23	24	25	26	27
대운 남	2	2	2	1	1	1	1	한	10	10	9	9	9	8	8	8	7	7	7	6	6	6	5	상	5	4	4	4	3	3	3
대운 여	8	8	8	9	9	9	10	로	1	1	1	1	2	2	2	3	3	3	4	4	4	5	5	강	6	6	6	7	7	7	8

입동 8일 00시 36분 ⇨ **【乙亥月(을해월)】**(입동, 소설~ 대설 전) 소설 22일 22시 06분

11 (음력 09/28–10/28)	1	2	3	4	5	6	7	8	9	10	11	12	13	14	15	16	17	18	19	20	21	22	23	24	25	26	27	28	29	30
요일	화	수	목	금	토	일	월	화	수	목	금	토	일	월	화	수	목	금	토	일	월	화	수	목	금	토	일	월	화	수
일진 日辰	辛卯	壬辰	癸巳	甲午	乙未	丙申	丁酉	戊戌	己亥	庚子	辛丑	壬寅	癸卯	甲辰	乙巳	丙午	丁未	戊申	己酉	庚戌	辛亥	壬子	癸丑	甲寅	乙卯	丙辰	丁巳	戊午	己未	庚申
음력	28	29	10/1	2	3	4	5	6	7	8	9	10	11	12	13	14	15	16	17	18	19	20	21	22	23	24	25	26	27	28
대운 남	2	2	2	1	1	1	1	입	9	9	9	8	8	8	7	7	7	6	6	6	5	소	5	4	4	4	3	3	3	2
대운 여	8	8	9	9	9	10	10	동	1	1	1	1	2	2	2	3	3	3	4	4	4	설	5	5	6	6	6	7	7	7

대설 7일 17시 23분 ⇨ **【丙子月(병자월)】**(대설, 동지~소한 전) 동지 22일 11시 23분

12 (음력 10/29–11/29)	1	2	3	4	5	6	7	8	9	10	11	12	13	14	15	16	17	18	19	20	21	22	23	24	25	26	27	28	29	30	31
요일	목	금	토	일	월	화	수	목	금	토	일	월	화	수	목	금	토	일	월	화	수	목	금	토	일	월	화	수	목	금	토
일진 日辰	辛酉	壬戌	癸亥	甲子	乙丑	丙寅	丁卯	戊辰	己巳	庚午	辛未	壬申	癸酉	甲戌	乙亥	丙子	丁丑	戊寅	己卯	庚辰	辛巳	壬午	癸未	甲申	乙酉	丙戌	丁亥	戊子	己丑	庚寅	辛卯
음력	29	30	11/1	2	3	4	5	6	7	8	9	10	11	12	13	14	15	16	17	18	19	20	21	22	23	24	25	26	27	28	29
대운 남	2	2	1	1	1	1	대	10	9	9	9	8	8	8	7	7	7	6	6	6	5	동	5	4	4	4	3	3	3	2	2
대운 여	8	8	8	9	9	9	설	1	1	1	1	2	2	2	3	3	3	4	4	4	5	지	5	6	6	6	7	7	7	8	8

윤8월 小 1995 乙亥年(을해년)

단기 4328년 /불기2539년 대장군(서방). 삼살(서방), 상문(동북방),조객(서방), 납음(산두화), 【삼재(사,오,미)년】

소한 6일 10시 31분 ⇨ 【丁丑月(정축월)】(소한, 대한~ 입춘 전) 대한 21일 03시 53분

양력 1 / 음력 12/01~01/01	양력	1	2	3	4	5	6	7	8	9	10	11	12	13	14	15	16	17	18	19	20	21	22	23	24	25	26	27	28	29	30	31
	요일	일	월	화	수	목	금	토	일	월	화	수	목	금	토	일	월	화	수	목	금	토	일	월	화	수	목	금	토	일	월	화
	일진 日辰	壬辰	癸巳	甲午	乙未	丙申	丁酉	戊戌	己亥	庚子	辛丑	壬寅	癸卯	甲辰	乙巳	丙午	丁未	戊申	己酉	庚戌	辛亥	壬子	癸丑	甲寅	乙卯	丙辰	丁巳	戊午	己未	庚申	辛酉	壬戌
	음력	12/1	2	3	4	5	6	7	8	9	10	11	12	13	14	15	16	17	18	19	20	21	22	23	24	25	26	27	28	29	30	1/1
	대운 남	2	1	1	1	1	소	9	9	9	8	8	8	7	7	7	6	6	6	5	대	5	4	4	4	3	3	3	2	2	2	1
	대운 여	8	9	9	9	10	한	1	1	1	1	2	2	2	3	3	3	4	4	4	한	5	5	6	6	6	7	7	7	8	8	8

입춘 4일 16시 13분 ⇨ 【戊寅月(무인월)】(입춘, 우수~ 경칩 전) 우수 19일 12시 11분

양력 2 / 음력 01/02~01/29	양력	1	2	3	4	5	6	7	8	9	10	11	12	13	14	15	16	17	18	19	20	21	22	23	24	25	26	27	28	
	요일	수	목	금	토	일	월	화	수	목	금	토	일	월	화	수	목	금	토	일	월	화	수	목	금	토	일	월	화	
	일진 日辰	癸亥	甲子	乙丑	丙寅	丁卯	戊辰	己巳	庚午	辛未	壬申	癸酉	甲戌	乙亥	丙子	丁丑	戊寅	己卯	庚辰	辛巳	壬午	癸未	甲申	乙酉	丙戌	丁亥	戊子	己丑	庚寅	立春
	음력	2	3	4	5	6	7	8	9	10	11	12	13	14	15	16	17	18	19	20	21	22	23	24	25	26	27	28	29	
	대운 남	1	1	1	입	1	1	1	1	2	2	2	3	3	3	4	4	4	5	우	5	6	6	6	7	7	7	8	8	
	대운 여	9	9	9	춘	10	9	9	9	8	8	8	7	7	7	6	6	6	5	수	5	4	4	4	3	3	3	2	2	

경칩 6일 10시 16분 ⇨ 【己卯月(기묘월)】(경칩, 춘분~ 청명 전) 춘분 21일 11시 15분

양력 3 / 음력 02/01~03/01	양력	1	2	3	4	5	6	7	8	9	10	11	12	13	14	15	16	17	18	19	20	21	22	23	24	25	26	27	28	29	30	31
	요일	수	목	금	토	일	월	화	수	목	금	토	일	월	화	수	목	금	토	일	월	화	수	목	금	토	일	월	화	수	목	금
	일진 日辰	辛卯	壬辰	癸巳	甲午	乙未	丙申	丁酉	戊戌	己亥	庚子	辛丑	壬寅	癸卯	甲辰	乙巳	丙午	丁未	戊申	己酉	庚戌	辛亥	壬子	癸丑	甲寅	乙卯	丙辰	丁巳	戊午	己未	庚申	辛酉
	음력	2/1	2	3	4	5	6	7	8	9	10	11	12	13	14	15	16	17	18	19	20	21	22	23	24	25	26	27	28	29	30	3/1
	대운 남	8	9	9	9	10	경	1	1	1	1	2	2	2	3	3	3	4	4	4	5	춘	5	6	6	6	7	7	7	8	8	8
	대운 여	2	1	1	1	1	칩	10	9	9	9	8	8	8	7	7	7	6	6	6	5	분	5	4	4	4	3	3	3	2	2	2

청명 5일 15시 08분 ⇨ 【庚辰月(경진월)】(청명, 곡우~ 입하 전) 곡우 20일 22시 22분

양력 4 / 음력 03/02~04/01	양력	1	2	3	4	5	6	7	8	9	10	11	12	13	14	15	16	17	18	19	20	21	22	23	24	25	26	27	28	29	30
	요일	토	일	월	화	수	목	금	토	일	월	화	수	목	금	토	일	월	화	수	목	금	토	일	월	화	수	목	금	토	일
	일진 日辰	壬戌	癸亥	甲子	乙丑	丙寅	丁卯	戊辰	己巳	庚午	辛未	壬申	癸酉	甲戌	乙亥	丙子	丁丑	戊寅	己卯	庚辰	辛巳	壬午	癸未	甲申	乙酉	丙戌	丁亥	戊子	己丑	庚寅	辛卯
	음력	2	3	4	5	6	7	8	9	10	11	12	13	14	15	16	17	18	19	20	21	22	23	24	25	26	27	28	29	30	4/1
	대운 남	9	9	9	10	청	1	1	1	1	2	2	2	3	3	3	4	4	4	5	곡	5	6	6	6	7	7	7	8	8	8
	대운 여	1	1	1	1	명	10	10	9	9	9	8	8	8	7	7	7	6	6	6	우	5	5	4	4	4	3	3	3	2	2

입하 6일 08시 30분 ⇨ 【辛巳月(신사월)】(입하, 소만~ 망종 전) 소만 21일 21시 34분

양력 5 / 음력 04/02~05/03	양력	1	2	3	4	5	6	7	8	9	10	11	12	13	14	15	16	17	18	19	20	21	22	23	24	25	26	27	28	29	30	31
	요일	월	화	수	목	금	토	일	월	화	수	목	금	토	일	월	화	수	목	금	토	일	월	화	수	목	금	토	일	월	화	수
	일진 日辰	壬辰	癸巳	甲午	乙未	丙申	丁酉	戊戌	己亥	庚子	辛丑	壬寅	癸卯	甲辰	乙巳	丙午	丁未	戊申	己酉	庚戌	辛亥	壬子	癸丑	甲寅	乙卯	丙辰	丁巳	戊午	己未	庚申	辛酉	壬戌
	음력	2	3	4	5	6	7	8	9	10	11	12	13	14	15	16	17	18	19	20	21	22	23	24	25	26	27	28	29	5/1	2	3
	대운 남	9	9	9	10	10	입	1	1	1	1	2	2	2	3	3	3	4	4	4	5	소	5	6	6	6	7	7	7	8	8	8
	대운 여	2	1	1	1	1	하	10	10	9	9	9	8	8	8	7	7	7	6	6	6	만	5	5	4	4	4	3	3	3	2	2

망종 6일 12시 43분 ⇨ 【壬午月(임오월)】(망종, 하지~ 소서 전) 하지 22일 05시 34분

양력 6 / 음력 05/04~06/03	양력	1	2	3	4	5	6	7	8	9	10	11	12	13	14	15	16	17	18	19	20	21	22	23	24	25	26	27	28	29	30
	요일	목	금	토	일	월	화	수	목	금	토	일	월	화	수	목	금	토	일	월	화	수	목	금	토	일	월	화	수	목	금
	일진 日辰	癸亥	甲子	乙丑	丙寅	丁卯	戊辰	己巳	庚午	辛未	壬申	癸酉	甲戌	乙亥	丙子	丁丑	戊寅	己卯	庚辰	辛巳	壬午	癸未	甲申	乙酉	丙戌	丁亥	戊子	己丑	庚寅	辛卯	壬辰
	음력	4	5	6	7	8	9	10	11	12	13	14	15	16	17	18	19	20	21	22	23	24	25	26	27	28	29	30	6/1	2	3
	대운 남	9	9	9	10	10	망	1	1	1	1	2	2	2	3	3	3	4	4	4	5	5	하	6	6	6	7	7	7	8	8
	대운 여	2	1	1	1	1	종	10	10	9	9	9	8	8	8	7	7	7	6	6	6	5	지	5	4	4	4	3	3	3	2

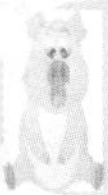

대장군(서방), 삼살(서방), 상문(동북방),조객(서방), 납음(산두화), 【삼재(사,오,미)년】
한식(4월06일), 초복(7월18일), 중복(7월28일), 말복(8월17일)

乙亥年(을해년)

1995

소서 7일 23시 01분 ⇨ 【癸未月(계미월)】(소서, 대서~ 입추 전) 대서 23일 16시 30분

7 (음력 06/04 ~ 07/04)	양력	1	2	3	4	5	6	7	8	9	10	11	12	13	14	15	16	17	18	19	20	21	22	23	24	25	26	27	28	29	30	31
	요일	토	일	월	화	수	목	금	토	일	월	화	수	목	금	토	일	월	화	수	목	금	토	일	월	화	수	목	금	토	일	월
	일진 日辰	癸巳	甲午	乙未	丙申	丁酉	戊戌	己亥	庚子	辛丑	壬寅	癸卯	甲辰	乙巳	丙午	丁未	戊申	己酉	庚戌	辛亥	壬子	癸丑	甲寅	乙卯	丙辰	丁巳	戊午	己未	庚申	辛酉	壬戌	癸亥
	음력	4	5	6	7	8	9	10	11	12	13	14	15	16	17	18	19	20	21	22	23	24	25	26	27	28	29	30	7/1	2	3	4
대운	남	8	9	9	9	10	10	소	1	1	1	1	2	2	2	3	3	3	4	4	4	5	5	대	6	6	6	7	7	7	8	8
	여	2	2	1	1	1	1	서	10	10	10	9	9	9	8	8	8	7	7	7	6	6	6	서	5	5	4	4	4	3	3	3

입추 8일 08시 52분 ⇨ 【甲申月(갑신월)】(입추, 처서~ 백로 전) 처서 23일 23시 35분

8 (음력 07/05 ~ 08/06)	양력	1	2	3	4	5	6	7	8	9	10	11	12	13	14	15	16	17	18	19	20	21	22	23	24	25	26	27	28	29	30	31
	요일	화	수	목	금	토	일	월	화	수	목	금	토	일	월	화	수	목	금	토	일	월	화	수	목	금	토	일	월	화	수	목
	일진 日辰	甲子	乙丑	丙寅	丁卯	戊辰	己巳	庚午	辛未	壬申	癸酉	甲戌	乙亥	丙子	丁丑	戊寅	己卯	庚辰	辛巳	壬午	癸未	甲申	乙酉	丙戌	丁亥	戊子	己丑	庚寅	辛卯	壬辰	癸巳	甲午
	음력	5	6	7	8	9	10	11	12	13	14	15	16	17	18	19	20	21	22	23	24	25	26	27	28	29	8/1	2	3	4	5	6
대운	남	8	9	9	9	10	10	10	입	1	1	1	1	2	2	2	3	3	3	4	4	4	5	처	5	6	6	6	7	7	7	8
	여	2	2	2	1	1	1	1	추	10	10	9	9	9	8	8	8	7	7	7	6	6	6	서	5	5	4	4	4	3	3	3

백로 8일 11시 49분 ⇨ 【乙酉月(을유월)】(백로, 추분-한로 전) 추분 23일 21시 13분

9 (음력 08/07 ~ 윤806)	양력	1	2	3	4	5	6	7	8	9	10	11	12	13	14	15	16	17	18	19	20	21	22	23	24	25	26	27	28	29	30
	요일	금	토	일	월	화	수	목	금	토	일	월	화	수	목	금	토	일	월	화	수	목	금	토	일	월	화	수	목	금	토
	일진 日辰	乙未	丙申	丁酉	戊戌	己亥	庚子	辛丑	壬寅	癸卯	甲辰	乙巳	丙午	丁未	戊申	己酉	庚戌	辛亥	壬子	癸丑	甲寅	乙卯	丙辰	丁巳	戊午	己未	庚申	辛酉	壬戌	癸亥	甲子
	음력	7	8	9	10	11	12	13	14	15	16	17	18	19	20	21	22	23	24	25	26	27	28	29	30	윤8	2	3	4	5	6
대운	남	8	8	9	9	9	10	10	백	1	1	1	1	2	2	2	3	3	3	4	4	4	5	추	5	6	6	6	7	1	7
	여	2	2	2	1	1	1	1	로	10	10	9	9	9	8	8	8	7	7	7	6	6	6	분	5	5	4	4	4	3	3

한로 9일 03시 27분 ⇨ 【丙戌月(병술월)】(한로, 상강~ 입동 전) 상강 24일 06시 32분

10 (음력 윤807 ~ 09/08)	양력	1	2	3	4	5	6	7	8	9	10	11	12	13	14	15	16	17	18	19	20	21	22	23	24	25	26	27	28	29	30	31
	요일	일	월	화	수	목	금	토	일	월	화	수	목	금	토	일	월	화	수	목	금	토	일	월	화	수	목	금	토	일	월	화
	일진 日辰	乙丑	丙寅	丁卯	戊辰	己巳	庚午	辛未	壬申	癸酉	甲戌	乙亥	丙子	丁丑	戊寅	己卯	庚辰	辛巳	壬午	癸未	甲申	乙酉	丙戌	丁亥	戊子	己丑	庚寅	辛卯	壬辰	癸巳	甲午	乙未
	음력	7	8	9	10	11	12	13	14	15	16	17	18	19	20	21	22	23	24	25	26	27	28	29	9/1	2	3	4	5	6	7	8
대운	남	8	8	8	9	9	9	10	10	한	1	1	1	1	2	2	2	3	3	3	4	4	4	5	상	5	6	6	6	7	7	7
	여	3	2	2	2	1	1	1	1	로	10	9	9	9	8	8	8	7	7	7	6	6	6	5	강	5	4	4	4	3	3	3

입동 8일 06시 36분 ⇨ 【丁亥月(정해월)】(입동, 소설~ 대설 전) 소설 23일 04시 01분

11 (음력 09/09 ~ 10/08)	양력	1	2	3	4	5	6	7	8	9	10	11	12	13	14	15	16	17	18	19	20	21	22	23	24	25	26	27	28	29	30
	요일	수	목	금	토	일	월	화	수	목	금	토	일	월	화	수	목	금	토	일	월	화	수	목	금	토	일	월	화	수	목
	일진 日辰	丙申	丁酉	戊戌	己亥	庚子	辛丑	壬寅	癸卯	甲辰	乙巳	丙午	丁未	戊申	己酉	庚戌	辛亥	壬子	癸丑	甲寅	乙卯	丙辰	丁巳	戊午	己未	庚申	辛酉	壬戌	癸亥	甲子	乙丑
	음력	9	10	11	12	13	14	15	16	17	18	19	20	21	22	23	24	25	26	27	28	29	30	10/1	2	3	4	5	6	7	8
대운	남	8	8	8	9	9	9	10	입	1	1	1	1	2	2	2	3	3	3	4	4	4	5	소	5	6	6	6	7	7	7
	여	2	2	2	1	1	1	1	동	9	9	9	8	8	8	7	7	7	6	6	6	5	5	설	4	4	4	3	3	3	2

대설 7일 23시 22분 ⇨ 【戊子月(무자월)】(대설, 동지~소한 전) 동지 22일 17시 17분

12 (음력 10/09 ~ 11/10)	양력	1	2	3	4	5	6	7	8	9	10	11	12	13	14	15	16	17	18	19	20	21	22	23	24	25	26	27	28	29	30	31
	요일	금	토	일	월	화	수	목	금	토	일	월	화	수	목	금	토	일	월	화	수	목	금	토	일	월	화	수	목	금	토	일
	일진 日辰	丙寅	丁卯	戊辰	己巳	庚午	辛未	壬申	癸酉	甲戌	乙亥	丙子	丁丑	戊寅	己卯	庚辰	辛巳	壬午	癸未	甲申	乙酉	丙戌	丁亥	戊子	己丑	庚寅	辛卯	壬辰	癸巳	甲午	乙未	丙申
	음력	9	10	11	12	13	14	15	16	17	18	19	20	21	22	23	24	25	26	27	28	29	11/1	2	3	4	5	6	7	8	9	10
대운	남	8	8	8	9	9	9	대	1	1	1	1	2	2	2	3	3	3	4	4	4	5	동	5	6	6	6	7	7	7	8	8
	여	2	2	1	1	1	1	설	10	9	9	9	8	8	8	7	7	7	6	6	6	5	지	5	4	4	4	3	3	3	2	2

1996 丙子年(병자년)

단기4329년 /불기2540년 대장군(서방), 삼살(남방), 상문(동북방), 조객(서북방),납음(간하수), 삼재(인,묘,진)

소한 6일 10시 31분 ⇨ **【己丑月(기축월)】**(소한, 대한~ 입춘 전) 대한 21일 03시 53분

양력 1 / 음력 11/11 ~ 12/12

양력	1	2	3	4	5	6	7	8	9	10	11	12	13	14	15	16	17	18	19	20	21	22	23	24	25	26	27	28	29	30	31
요일	월	화	수	목	금	토	일	월	화	수	목	금	토	일	월	화	수	목	금	토	일	월	화	수	목	금	토	일	월	화	수
일진 日辰	丁酉	戊戌	己亥	庚子	辛丑	壬寅	癸卯	甲辰	乙巳	丙午	丁未	戊申	己酉	庚戌	辛亥	壬子	癸丑	甲寅	乙卯	丙辰	丁巳	戊午	己未	庚申	辛酉	壬戌	癸亥	甲子	乙丑	丙寅	丁卯
음력	11	12	13	14	15	16	17	18	19	20	21	22	23	24	25	26	27	28	29	12/1	2	3	4	5	6	7	8	9	10	11	12
대운 남	8	9	9	9	10	소	1	1	1	1	2	2	2	3	3	3	4	4	4	5	대	5	6	6	6	7	7	7	8	8	8
대운 여	2	1	1	1	1	한	9	9	9	8	8	8	7	7	7	6	6	6	5	5	한	4	4	4	3	3	3	2	2	2	1

입춘 4일 22시 08분 ⇨ **【庚寅月(경인월)】**(입춘, 우수~ 경칩 전) 우수 19일 18시 01분

양력 2 / 음력 12/13 ~ 01/11

양력	1	2	3	4	5	6	7	8	9	10	11	12	13	14	15	16	17	18	19	20	21	22	23	24	25	26	27	28	29
요일	목	금	토	일	월	화	수	목	금	토	일	월	화	수	목	금	토	일	월	화	수	목	금	토	일	월	화	수	목
일진 日辰	戊辰	己巳	庚午	辛未	壬申	癸酉	甲戌	乙亥	丙子	丁丑	戊寅	己卯	庚辰	辛巳	壬午	癸未	甲申	乙酉	丙戌	丁亥	戊子	己丑	庚寅	辛卯	壬辰	癸巳	甲午	乙未	丙申
음력	13	14	15	16	17	18	19	20	21	22	23	24	25	26	27	28	29	30	1/1	2	3	4	5	6	7	8	9	10	11
대운 남	9	9	9	입	10	9	9	9	8	8	8	7	7	7	6	6	6	5	우	5	4	4	4	3	3	3	2	2	2
대운 여	1	1	1	춘	1	1	1	1	2	2	2	3	3	3	4	4	4	5	수	5	6	6	6	7	7	7	8	8	8

立春

경칩 5일 16시 10분 ⇨ **【辛卯月(신묘월)】**(경칩, 춘분~ 청명 전) 춘분 20일 17시 03분

양력 3 / 음력 01/12 ~ 02/13

양력	1	2	3	4	5	6	7	8	9	10	11	12	13	14	15	16	17	18	19	20	21	22	23	24	25	26	27	28	29	30	31
요일	금	토	일	월	화	수	목	금	토	일	월	화	수	목	금	토	일	월	화	수	목	금	토	일	월	화	수	목	금	토	일
일진 日辰	丁酉	戊戌	己亥	庚子	辛丑	壬寅	癸卯	甲辰	乙巳	丙午	丁未	戊申	己酉	庚戌	辛亥	壬子	癸丑	甲寅	乙卯	丙辰	丁巳	戊午	己未	庚申	辛酉	壬戌	癸亥	甲子	乙丑	丙寅	丁卯
음력	12	13	14	15	16	17	18	19	20	21	22	23	24	25	26	27	28	29	2/1	2	3	4	5	6	7	8	9	10	11	12	13
대운 남	1	1	1	1	경	10	9	9	9	8	8	8	7	7	7	6	6	6	5	춘	5	4	4	4	3	3	3	2	2	2	1
대운 여	9	9	9	10	칩	1	1	1	1	2	2	2	3	3	3	4	4	4	5	분	5	6	6	6	7	7	7	8	8	8	9

청명 4일 21시 02분 ⇨ **【壬辰月(임진월)】**(청명, 곡우~ 입하 전) 곡우 20일 04시 10분

양력 4 / 음력 02/14 ~ 03/13

양력	1	2	3	4	5	6	7	8	9	10	11	12	13	14	15	16	17	18	19	20	21	22	23	24	25	26	27	28	29	30
요일	월	화	수	목	금	토	일	월	화	수	목	금	토	일	월	화	수	목	금	토	일	월	화	수	목	금	토	일	월	화
일진 日辰	戊辰	己巳	庚午	辛未	壬申	癸酉	甲戌	乙亥	丙子	丁丑	戊寅	己卯	庚辰	辛巳	壬午	癸未	甲申	乙酉	丙戌	丁亥	戊子	己丑	庚寅	辛卯	壬辰	癸巳	甲午	乙未	丙申	丁酉
음력	14	15	16	17	18	19	20	21	22	23	24	25	26	27	28	29	30	3/1	2	3	4	5	6	7	8	9	10	11	12	13
대운 남	1	1	1	청	10	10	9	9	9	8	8	8	7	7	7	6	6	6	5	곡	5	4	4	4	3	3	3	2	2	2
대운 여	9	9	10	명	1	1	1	1	2	2	2	3	3	3	4	4	4	5	5	우	6	6	6	7	7	7	8	8	8	9

입하 5일 14시 26분 ⇨ **【癸巳月(계사월)】**(입하, 소만~ 망종 전) 소만 21일 03시 23분

양력 5 / 음력 03/14 ~ 04/15

양력	1	2	3	4	5	6	7	8	9	10	11	12	13	14	15	16	17	18	19	20	21	22	23	24	25	26	27	28	29	30	31
요일	수	목	금	토	일	월	화	수	목	금	토	일	월	화	수	목	금	토	일	월	화	수	목	금	토	일	월	화	수	목	금
일진 日辰	戊戌	己亥	庚子	辛丑	壬寅	癸卯	甲辰	乙巳	丙午	丁未	戊申	己酉	庚戌	辛亥	壬子	癸丑	甲寅	乙卯	丙辰	丁巳	戊午	己未	庚申	辛酉	壬戌	癸亥	甲子	乙丑	丙寅	丁卯	戊辰
음력	14	15	16	17	18	19	20	21	22	23	24	25	26	27	28	29	4/1	2	3	4	5	6	7	8	9	10	11	12	13	14	15
대운 남	1	1	1	1	입	10	10	9	9	9	8	8	8	7	7	7	6	6	6	5	소	5	4	4	4	3	3	3	2	2	2
대운 여	9	9	10	10	하	1	1	1	1	2	2	2	3	3	3	4	4	4	5	5	만	6	6	6	7	7	7	8	8	8	9

망종 5일 18시 41분 ⇨ **【甲午月(갑오월)】**(망종, 하지~ 소서 전) 하지 21일 11시 24분

양력 6 / 음력 04/16 ~ 05/15

양력	1	2	3	4	5	6	7	8	9	10	11	12	13	14	15	16	17	18	19	20	21	22	23	24	25	26	27	28	29	30
요일	토	일	월	화	수	목	금	토	일	월	화	수	목	금	토	일	월	화	수	목	금	토	일	월	화	수	목	금	토	일
일진 日辰	己巳	庚午	辛未	壬申	癸酉	甲戌	乙亥	丙子	丁丑	戊寅	己卯	庚辰	辛巳	壬午	癸未	甲申	乙酉	丙戌	丁亥	戊子	己丑	庚寅	辛卯	壬辰	癸巳	甲午	乙未	丙申	丁酉	戊戌
음력	16	17	18	19	20	21	22	23	24	25	26	27	28	29	30	5/1	2	3	4	5	6	7	8	9	10	11	12	13	14	15
대운 남	1	1	1	1	망	10	10	10	9	9	9	8	8	8	7	7	7	6	6	6	하	5	5	4	4	4	3	3	3	2
대운 여	9	9	10	10	종	1	1	1	1	2	2	2	3	3	3	4	4	4	5	5	지	6	6	6	7	7	7	8	8	8

대장군(남방). 삼살(동방), 상문(서북방),조객(서남방), 납음(석류목), 【삼재(해,자,축)년】
한식(4월06일), 초복(7월12일), 중복(7월22일), 말복(8월11일)

丙子年(병자년)

1996

소서 7일 05시 00분 ⇨ **【乙未月(을미월)】**(소서. 대서~ 입추 전) 대서 22일 22시 19분

	양력	1	2	3	4	5	6	7	8	9	10	11	12	13	14	15	16	17	18	19	20	21	22	23	24	25	26	27	28	29	30	31
양력 7	요일	월	화	수	목	금	토	일	월	화	수	목	금	토	일	월	화	수	목	금	토	일	월	화	수	목	금	토	일	월	화	수
	일진 日辰	己亥	庚子	辛丑	壬寅	癸卯	甲辰	乙巳	丙午	丁未	戊申	己酉	庚戌	辛亥	壬子	癸丑	甲寅	乙卯	丙辰	丁巳	戊午	己未	庚申	辛酉	壬戌	癸亥	甲子	乙丑	丙寅	丁卯	戊辰	己巳
음력 5/16 ~ 6/16	음력	16	17	18	19	20	21	22	23	24	25	26	27	28	29	30	6/1	2	3	4	5	6	7	8	9	10	11	12	13	14	15	16
	대운 남	2	2	1	1	1	1	소	10	10	9	9	9	8	8	8	7	7	7	6	6	6	대	5	5	4	4	4	3	3	3	2
	대운 여	9	9	9	10	10	10	서	1	1	1	1	2	2	2	3	3	3	4	4	4	5	서	5	6	6	6	7	7	7	8	8

입추 7일 14시 49분 ⇨ **【丙申月(병신월)】**(입추, 처서~ 백로 전) 처서 23일 05시 23분

	양력	1	2	3	4	5	6	7	8	9	10	11	12	13	14	15	16	17	18	19	20	21	22	23	24	25	26	27	28	29	30	31
양력 8	요일	목	금	토	일	월	화	수	목	금	토	일	월	화	수	목	금	토	일	월	화	수	목	금	토	일	월	화	수	목	금	토
	일진 日辰	庚午	辛未	壬申	癸酉	甲戌	乙亥	丙子	丁丑	戊寅	己卯	庚辰	辛巳	壬午	癸未	甲申	乙酉	丙戌	丁亥	戊子	己丑	庚寅	辛卯	壬辰	癸巳	甲午	乙未	丙申	丁酉	戊戌	己亥	庚子
음력 6/17 ~ 7/18	음력	17	18	19	20	21	22	23	24	25	26	27	28	29	7/1	2	3	4	5	6	7	8	9	10	11	12	13	14	15	16	17	18
	대운 남	2	2	1	1	1	1	입	10	10	9	9	9	8	8	8	7	7	7	6	6	6	5	처	5	4	4	4	3	3	3	2
	대운 여	8	9	9	9	10	10	추	1	1	1	1	2	2	2	3	3	3	4	4	4	5	5	서	6	6	6	7	7	7	8	8

백로 7일 17시 42분 ⇨ **【丁酉月(정유월)】**(백로, 추분-한로 전) 추분 23일 03시 00분

	양력	1	2	3	4	5	6	7	8	9	10	11	12	13	14	15	16	17	18	19	20	21	22	23	24	25	26	27	28	29	30
양력 9	요일	일	월	화	수	목	금	토	일	월	화	수	목	금	토	일	월	화	수	목	금	토	일	월	화	수	목	금	토	일	월
	일진 日辰	辛丑	壬寅	癸卯	甲辰	乙巳	丙午	丁未	戊申	己酉	庚戌	辛亥	壬子	癸丑	甲寅	乙卯	丙辰	丁巳	戊午	己未	庚申	辛酉	壬戌	癸亥	甲子	乙丑	丙寅	丁卯	戊辰	己巳	庚午
음력 7/19 ~ 8/18	음력	19	20	21	22	23	24	25	26	27	28	29	30	8/1	2	3	4	5	6	7	8	9	10	11	12	13	14	15	16	17	18
	대운 남	2	2	1	1	1	1	백	10	10	9	9	9	8	8	8	7	7	7	6	6	6	5	추	5	4	4	4	3	3	3
	대운 여	8	9	9	9	10	10	로	1	1	1	1	2	2	2	3	3	3	4	4	4	5	5	분	6	6	6	7	7	7	8

한로 8일 09시 19분 ⇨ **【戊戌月(무술월)】**(한로, 상강~ 입동 전) 상강 23일 12시 19분

	양력	1	2	3	4	5	6	7	8	9	10	11	12	13	14	15	16	17	18	19	20	21	22	23	24	25	26	27	28	29	30	31
양력 10	요일	화	수	목	금	토	일	월	화	수	목	금	토	일	월	화	수	목	금	토	일	월	화	수	목	금	토	일	월	화	수	목
	일진 日辰	辛未	壬申	癸酉	甲戌	乙亥	丙子	丁丑	戊寅	己卯	庚辰	辛巳	壬午	癸未	甲申	乙酉	丙戌	丁亥	戊子	己丑	庚寅	辛卯	壬辰	癸巳	甲午	乙未	丙申	丁酉	戊戌	己亥	庚子	辛丑
음력 8/19 ~ 9/20	음력	19	20	21	22	23	24	25	26	27	28	29	9/1	2	3	4	5	6	7	8	9	10	11	12	13	14	15	16	17	18	19	20
	대운 남	2	2	2	1	1	1	1	한	10	9	9	9	8	8	8	7	7	7	6	6	6	5	상	5	4	4	4	3	3	3	2
	대운 여	8	8	9	9	9	10	10	로	1	1	1	1	2	2	2	3	3	3	4	4	4	5	강	5	6	6	6	7	7	7	8

입동 7일 12시 27분 ⇨ **【己亥月(기해월)】**(입동, 소설~ 대설 전) 소설 일 09시 49분

	양력	1	2	3	4	5	6	7	8	9	10	11	12	13	14	15	16	17	18	19	20	21	22	23	24	25	26	27	28	29	30
양력 11	요일	금	토	일	월	화	수	목	금	토	일	월	화	수	목	금	토	일	월	화	수	목	금	토	일	월	화	수	목	금	토
	일진 日辰	壬寅	癸卯	甲辰	乙巳	丙午	丁未	戊申	己酉	庚戌	辛亥	壬子	癸丑	甲寅	乙卯	丙辰	丁巳	戊午	己未	庚申	辛酉	壬戌	癸亥	甲子	乙丑	丙寅	丁卯	戊辰	己巳	庚午	辛未
음력 9/21 ~ 10/20	음력	21	22	23	24	25	26	27	28	29	30	10/1	2	3	4	5	6	7	8	9	10	11	12	13	14	15	16	17	18	19	20
	대운 남	2	2	1	1	1	1	입	10	9	9	9	8	8	8	7	7	7	6	6	6	5	소	5	4	4	4	3	3	3	2
	대운 여	8	8	9	9	9	10	동	1	1	1	1	2	2	2	3	3	3	4	4	4	5	설	5	6	6	6	7	7	7	8

대설 7일 05시 14분 ⇨ **【庚子月(경자월)】**(대설, 동지~소한 전) 동지 21일 23시 06분

	양력	1	2	3	4	5	6	7	8	9	10	11	12	13	14	15	16	17	18	19	20	21	22	23	24	25	26	27	28	29	30	31
양력 12	요일	일	월	화	수	목	금	토	일	월	화	수	목	금	토	일	월	화	수	목	금	토	일	월	화	수	목	금	토	일	월	화
	일진 日辰	壬申	癸酉	甲戌	乙亥	丙子	丁丑	戊寅	己卯	庚辰	辛巳	壬午	癸未	甲申	乙酉	丙戌	丁亥	戊子	己丑	庚寅	辛卯	壬辰	癸巳	甲午	乙未	丙申	丁酉	戊戌	己亥	庚子	辛丑	壬寅
음력 10/21 ~ 11/21	음력	21	22	23	24	25	26	27	28	29	30	11/1	2	3	4	5	6	7	8	9	10	11	12	13	14	15	16	17	18	19	20	21
	대운 남	2	2	1	1	1	1	대	9	9	9	8	8	8	7	7	7	6	6	6	5	동	5	4	4	4	3	3	3	2	2	2
	대운 여	8	8	9	9	9	10	설	1	1	1	1	2	2	2	3	3	3	4	4	4	지	5	5	6	6	6	7	7	7	8	8

1997 丁丑年(정축년)

단기 4330년 /불기2541년 대장군(서방), 삼살(동방), 상문(동방),조객(서북방), 납음(간하수), 【삼재(해,자,축)년】

소한 5일 16시 24분 ⇨ 【辛丑月(신축월)】(소한, 대한~ 입춘 전) 대한 20일 09시 43분

양력 1 / 음력 11/22–12/23	양력	1	2	3	4	5	6	7	8	9	10	11	12	13	14	15	16	17	18	19	20	21	22	23	24	25	26	27	28	29	30	3
	요일	수	목	금	토	일	월	화	수	목	금	토	일	월	화	수	목	금	토	일	월	화	수	목	금	토	일	월	화	수	목	금
	일진 日辰	癸卯	甲辰	乙巳	丙午	丁未	戊申	己酉	庚戌	辛亥	壬子	癸丑	甲寅	乙卯	丙辰	丁巳	戊午	己未	庚申	辛酉	壬戌	癸亥	甲子	乙丑	丙寅	丁卯	戊辰	己巳	庚午	辛未	壬申	癸酉
	음력	22	23	24	25	26	27	28	29	12/1	2	3	4	5	6	7	8	9	10	11	12	13	14	15	16	17	18	19	20	21	22	2
대운	남	1	1	1	1	소	10	9	9	9	8	8	8	7	7	7	6	6	6	5	대	5	4	4	4	3	3	3	2	2	2	
	여	8	9	9	9	한	1	1	1	1	2	2	2	3	3	3	4	4	4	5	한	5	6	6	6	7	7	7	8	8	8	9

입춘 4일 04시 02분 ⇨ 【壬寅月(임인월)】(입춘, 우수~ 경칩 전) 우수 18일 23시 51분

양력 2 / 음력 12/24–01/21	양력	1	2	3	4	5	6	7	8	9	10	11	12	13	14	15	16	17	18	19	20	21	22	23	24	25	26	27	28	
	요일	토	일	월	화	수	목	금	토	일	월	화	수	목	금	토	일	월	화	수	목	금	토	일	월	화	수	목	금	
	일진 日辰	甲戌	乙亥	丙子	丁丑	戊寅	己卯	庚辰	辛巳	壬午	癸未	甲申	乙酉	丙戌	丁亥	戊子	己丑	庚寅	辛卯	壬辰	癸巳	甲午	乙未	丙申	丁酉	戊戌	己亥	庚子	辛丑	立春
	음력	24	25	26	27	28	29	30	1/1	2	3	4	5	6	7	8	9	10	11	12	13	14	15	16	17	18	19	20	21	
대운	남	1	1	1	입	1	1	1	1	2	2	2	3	3	3	4	4	4	우	5	5	6	6	6	7	7	7	8	8	
	여	9	9	10	춘	9	9	9	8	8	8	7	7	7	6	6	6	5	수	5	4	4	4	3	3	3	2	2	2	

경칩 5일 22시 04분 ⇨ 【癸卯月(계묘월)】(경칩, 춘분~ 청명 전) 춘분 20일 22시 55분

양력 3 / 음력 01/22–02/23	양력	1	2	3	4	5	6	7	8	9	10	11	12	13	14	15	16	17	18	19	20	21	22	23	24	25	26	27	28	29	30	3
	요일	토	일	월	화	수	목	금	토	일	월	화	수	목	금	토	일	월	화	수	목	금	토	일	월	화	수	목	금	토	일	월
	일진 日辰	壬寅	癸卯	甲辰	乙巳	丙午	丁未	戊申	己酉	庚戌	辛亥	壬子	癸丑	甲寅	乙卯	丙辰	丁巳	戊午	己未	庚申	辛酉	壬戌	癸亥	甲子	乙丑	丙寅	丁卯	戊辰	己巳	庚午	辛未	壬申
	음력	22	23	24	25	26	27	28	29	2/1	2	3	4	5	6	7	8	9	10	11	12	13	14	15	16	17	18	19	20	21	22	2
대운	남	8	9	9	9	경	1	1	1	1	2	2	2	3	3	3	4	4	4	5	춘	5	6	6	6	7	7	7	8	8	8	9
	여	1	1	1	1	칩	10	10	9	9	9	8	8	8	7	7	7	6	6	6	분	5	5	4	4	4	3	3	3	2	2	2

청명 5일 02시 56분 ⇨ 【甲辰月(갑진월)】(청명, 곡우~ 입하 전) 곡우 20일 10시 04분

양력 4 / 음력 02/24–03/24	양력	1	2	3	4	5	6	7	8	9	10	11	12	13	14	15	16	17	18	19	20	21	22	23	24	25	26	27	28	29	30
	요일	화	수	목	금	토	일	월	화	수	목	금	토	일	월	화	수	목	금	토	일	월	화	수	목	금	토	일	월	화	수
	일진 日辰	癸酉	甲戌	乙亥	丙子	丁丑	戊寅	己卯	庚辰	辛巳	壬午	癸未	甲申	乙酉	丙戌	丁亥	戊子	己丑	庚寅	辛卯	壬辰	癸巳	甲午	乙未	丙申	丁酉	戊戌	己亥	庚子	辛丑	壬寅
	음력	24	25	26	27	28	29	3/1	2	3	4	5	6	7	8	9	10	11	12	13	14	15	16	17	18	19	20	21	22	23	24
대운	남	9	9	10	10	청	1	1	1	1	2	2	2	3	3	3	4	4	4	5	곡	5	6	6	6	7	7	7	8	8	8
	여	1	1	1	1	명	10	9	9	9	8	8	8	7	7	7	6	6	6	5	우	5	4	4	4	3	3	3	2	2	2

입하 5일 20시 19분 ⇨ 【乙巳月(을사월)】(입하, 소만~ 망종 전) 소만 21일 09시 18분

양력 5 / 음력 03/25–04/25	양력	1	2	3	4	5	6	7	8	9	10	11	12	13	14	15	16	17	18	19	20	21	22	23	24	25	26	27	28	29	30	3
	요일	목	금	토	일	월	화	수	목	금	토	일	월	화	수	목	금	토	일	월	화	수	목	금	토	일	월	화	수	목	금	토
	일진 日辰	癸卯	甲辰	乙巳	丙午	丁未	戊申	己酉	庚戌	辛亥	壬子	癸丑	甲寅	乙卯	丙辰	丁巳	戊午	己未	庚申	辛酉	壬戌	癸亥	甲子	乙丑	丙寅	丁卯	戊辰	己巳	庚午	辛未	壬申	癸酉
	음력	25	26	27	28	29	30	4/1	2	3	4	5	6	7	8	9	10	11	12	13	14	15	16	17	18	19	20	21	22	23	24	2
대운	남	9	9	9	10	입	1	1	1	1	2	2	2	3	3	3	4	4	4	5	5	소	6	6	6	7	7	7	8	8	8	
	여	1	1	1	1	하	10	10	10	9	9	9	8	8	8	7	7	7	6	6	6	만	5	5	4	4	4	3	3	3	2	

망종 6일 00시 33분 ⇨ 【丙午月(병오월)】(망종, 하지~ 소서 전) 하지 21일 17시 20분

양력 6 / 음력 04/26–05/26	양력	1	2	3	4	5	6	7	8	9	10	11	12	13	14	15	16	17	18	19	20	21	22	23	24	25	26	27	28	29	30
	요일	일	월	화	수	목	금	토	일	월	화	수	목	금	토	일	월	화	수	목	금	토	일	월	화	수	목	금	토	일	월
	일진 日辰	甲戌	乙亥	丙子	丁丑	戊寅	己卯	庚辰	辛巳	壬午	癸未	甲申	乙酉	丙戌	丁亥	戊子	己丑	庚寅	辛卯	壬辰	癸巳	甲午	乙未	丙申	丁酉	戊戌	己亥	庚子	辛丑	壬寅	癸卯
	음력	26	27	28	29	5/1	2	3	4	5	6	7	8	9	10	11	12	13	14	15	16	17	18	19	20	21	22	23	24	25	26
대운	남	9	9	10	10	10	망	1	1	1	1	2	2	2	3	3	3	4	4	4	5	하	5	6	6	6	7	7	7	8	8
	여	2	1	1	1	1	종	10	10	9	9	9	8	8	8	7	7	7	6	6	6	지	5	5	4	4	4	3	3	3	2

대장군(서방). 삼살(동방), 상문(동방),조객(서북방), 납음(간하수), 【삼재(해,자,축)년】

한식(4월05일), 초복(7월17일), 중복(7월27일), 말복(8월16일)

丁丑年(정축년)

소서 7일 10시 49분 ⇨ **【丁未月(정미월)】**(소서, 대서~ 입추 전) 대서 23일 04시 15분

양력 7 / 음력 05/27 ~ 06/27

양력	1	2	3	4	5	6	7	8	9	10	11	12	13	14	15	16	17	18	19	20	21	22	23	24	25	26	27	28	29	30	31
요일	화	수	목	금	토	일	월	화	수	목	금	토	일	월	화	수	목	금	토	일	월	화	수	목	금	토	일	월	화	수	목
일진 日辰	甲辰	乙巳	丙午	丁未	戊申	己酉	庚戌	辛亥	壬子	癸丑	甲寅	乙卯	丙辰	丁巳	戊午	己未	庚申	辛酉	壬戌	癸亥	甲子	乙丑	丙寅	丁卯	戊辰	己巳	庚午	辛未	壬申	癸酉	甲戌
음력	27	28	29	30	6/1	2	3	4	5	6	7	8	9	10	11	12	13	14	15	16	17	18	19	20	21	22	23	24	25	26	27
대운 남	8	9	9	9	10	10	소	1	1	1	1	2	2	2	3	3	3	4	4	4	5	5	대	6	6	6	7	7	7	8	8
대운 여	2	2	1	1	1	1	서	10	10	9	9	9	8	8	8	7	7	7	6	6	6	5	서	5	4	4	4	3	3	3	2

입추 7일 20시 36분 ⇨ **【戊申月(무신월)】**(입추, 처서~ 백로 전) 처서 23일 11시 19분

양력 8 / 음력 06/28 ~ 07/29

양력	1	2	3	4	5	6	7	8	9	10	11	12	13	14	15	16	17	18	19	20	21	22	23	24	25	26	27	28	29	30	31
요일	금	토	일	월	화	수	목	금	토	일	월	화	수	목	금	토	일	월	화	수	목	금	토	일	월	화	수	목	금	토	일
일진 日辰	乙亥	丙子	丁丑	戊寅	己卯	庚辰	辛巳	壬午	癸未	甲申	乙酉	丙戌	丁亥	戊子	己丑	庚寅	辛卯	壬辰	癸巳	甲午	乙未	丙申	丁酉	戊戌	己亥	庚子	辛丑	壬寅	癸卯	甲辰	乙巳
음력	28	29	7/1	2	3	4	5	6	7	8	9	10	11	12	13	14	15	16	17	18	19	20	21	22	23	24	25	26	27	28	29
대운 남	8	9	9	9	10	10	입	1	1	1	1	2	2	2	3	3	3	4	4	4	5	5	처	6	6	6	7	7	7	8	8
대운 여	2	2	1	1	1	1	추	10	10	9	9	9	8	8	8	7	7	7	6	6	6	5	서	5	4	4	4	3	3	3	2

백로 7일 23시 29분 ⇨ **【己酉月(기유월)】**(백로, 추분-한로 전) 추분23일 08시 56분

양력 9 / 음력 07/30 ~ 08/29

양력	1	2	3	4	5	6	7	8	9	10	11	12	13	14	15	16	17	18	19	20	21	22	23	24	25	26	27	28	29	30
요일	월	화	수	목	금	토	일	월	화	수	목	금	토	일	월	화	수	목	금	토	일	월	화	수	목	금	토	일	월	화
일진 日辰	丙午	丁未	戊申	己酉	庚戌	辛亥	壬子	癸丑	甲寅	乙卯	丙辰	丁巳	戊午	己未	庚申	辛酉	壬戌	癸亥	甲子	乙丑	丙寅	丁卯	戊辰	己巳	庚午	辛未	壬申	癸酉	甲戌	乙亥
음력	30	8/1	2	3	4	5	6	7	8	9	10	11	12	13	14	15	16	17	18	19	20	21	22	23	24	25	26	27	28	29
대운 남	8	9	9	9	10	10	백	1	1	1	1	2	2	2	3	3	3	4	4	4	5	5	추	6	6	6	7	7	7	8
대운 여	2	2	1	1	1	1	로	10	10	9	9	9	8	8	8	7	7	7	6	6	6	5	분	5	4	4	4	3	3	3

한로 8일 15시 05분 ⇨ **【庚戌月(경술월)】**(한로, 상강~ 입동 전) 상강 23일 18시 15분

양력 10 / 음력 08/30 ~ 10/01

양력	1	2	3	4	5	6	7	8	9	10	11	12	13	14	15	16	17	18	19	20	21	22	23	24	25	26	27	28	29	30	31
요일	수	목	금	토	일	월	화	수	목	금	토	일	월	화	수	목	금	토	일	월	화	수	목	금	토	일	월	화	수	목	금
일진 日辰	丙子	丁丑	戊寅	己卯	庚辰	辛巳	壬午	癸未	甲申	乙酉	丙戌	丁亥	戊子	己丑	庚寅	辛卯	壬辰	癸巳	甲午	乙未	丙申	丁酉	戊戌	己亥	庚子	辛丑	壬寅	癸卯	甲辰	乙巳	丙午
음력	30	9/1	2	3	4	5	6	7	8	9	10	11	12	13	14	15	16	17	18	19	20	21	22	23	24	25	26	27	28	29	10/1
대운 남	8	8	9	9	9	10	10	한	1	1	1	1	2	2	2	3	3	3	4	4	4	5	상	5	6	6	6	7	7	7	8
대운 여	2	2	2	1	1	1	1	로	10	9	9	9	8	8	8	7	7	7	6	6	6	5	강	5	4	4	4	3	3	3	2

입동 7일 18시 15분 ⇨ **【辛亥月(신해월)】**(입동, 소설~ 대설 전) 소설 22일 15시 48분

양력 11 / 음력 10/02 ~ 11/01

양력	1	2	3	4	5	6	7	8	9	10	11	12	13	14	15	16	17	18	19	20	21	22	23	24	25	26	27	28	29	30
요일	토	일	월	화	수	목	금	토	일	월	화	수	목	금	토	일	월	화	수	목	금	토	일	월	화	수	목	금	토	일
일진 日辰	丁未	戊申	己酉	庚戌	辛亥	壬子	癸丑	甲寅	乙卯	丙辰	丁巳	戊午	己未	庚申	辛酉	壬戌	癸亥	甲子	乙丑	丙寅	丁卯	戊辰	己巳	庚午	辛未	壬申	癸酉	甲戌	乙亥	丙子
음력	2	3	4	5	6	7	8	9	10	11	12	13	14	15	16	17	18	19	20	21	22	23	24	25	26	27	28	29	30	11/1
대운 남	8	8	9	9	9	10	입	1	1	1	1	2	2	2	3	3	3	4	4	4	5	소	5	6	6	6	7	7	7	8
대운 여	2	2	1	1	1	1	동	10	9	9	9	8	8	8	7	7	7	6	6	6	5	설	5	4	4	4	3	3	3	2

대설 7일 11시 05분 ⇨ **【壬子月(임자월)】**(대설, 동지~소한 전) 동지 22일 05시 07분

양력 12 / 음력 11/02 ~ 12/02

양력	1	2	3	4	5	6	7	8	9	10	11	12	13	14	15	16	17	18	19	20	21	22	23	24	25	26	27	28	29	30	31
요일	월	화	수	목	금	토	일	월	화	수	목	금	토	일	월	화	수	목	금	토	일	월	화	수	목	금	토	일	월	화	수
일진 日辰	丁丑	戊寅	己卯	庚辰	辛巳	壬午	癸未	甲申	乙酉	丙戌	丁亥	戊子	己丑	庚寅	辛卯	壬辰	癸巳	甲午	乙未	丙申	丁酉	戊戌	己亥	庚子	辛丑	壬寅	癸卯	甲辰	乙巳	丙午	丁未
음력	2	3	4	5	6	7	8	9	10	11	12	13	14	15	16	17	18	19	20	21	22	23	24	25	26	27	28	29	30	12/1	2
대운 남	8	8	9	9	9	10	대	1	1	1	1	2	2	2	3	3	3	4	4	4	5	동	5	6	6	6	7	7	7	8	8
대운 여	2	2	1	1	1	1	설	9	9	9	8	8	8	7	7	7	6	6	6	5	5	지	4	4	4	3	3	3	2	2	2

윤5월 小 **1998** 戊寅年(무인년)

단기4331년 /불기2542년 대장군(북방), 삼살(북방), 상문(동남방),조객(북방), 납음(성두토), 【삼재(신,유,술)년】

소한 5일 22시 18분 ⇨ **【癸丑月(계축월)】**(소한, 대한~ 입춘 전) 대한 20일 15시 46분

양력 **1** 음력 12/03 ~ 01/04

양력	1	2	3	4	5	6	7	8	9	10	11	12	13	14	15	16	17	18	19	20	21	22	23	24	25	26	27	28	29	30	31
요일	목	금	토	일	월	화	수	목	금	도	일	월	화	수	목	금	토	일	월	화	수	목	금	토	일	월	화	수	목	금	토
일진 日辰	戊申	己酉	庚戌	辛亥	壬子	癸丑	甲寅	乙卯	丙辰	丁巳	戊午	己未	庚申	辛酉	壬戌	癸亥	甲子	乙丑	丙寅	丁卯	戊辰	己巳	庚午	辛未	壬申	癸酉	甲戌	乙亥	丙子	丁丑	戊寅
음력	3	4	5	6	7	8	9	10	11	12	13	14	15	16	17	18	19	20	21	22	23	24	25	26	27	28	29	1/1	2	3	4
대운 남	8	9	9	9	소	1	1	1	1	2	2	2	3	3	3	4	4	4	5	대	5	6	6	6	7	7	7	8	8	8	9
대운 여	1	1	1	1	한	10	9	9	9	8	8	8	7	7	7	6	6	6	5	한	5	4	4	4	3	3	3	2	2	2	1

입춘 4일 09시 57분 ⇨ **【甲寅月(갑인월)】**(입춘, 우수~ 경칩 전) 우수 19일 05시 55분

양력 **2** 음력 01/05 ~ 02/02

양력	1	2	3	4	5	6	7	8	9	10	11	12	13	14	15	16	17	18	19	20	21	22	23	24	25	26	27	28	
요일	일	월	화	수	목	금	토	일	월	화	수	목	금	토	일	월	화	수	목	금	토	일	월	화	수	목	금	토	立春
일진 日辰	己卯	庚辰	辛巳	壬午	癸未	甲申	乙酉	丙戌	丁亥	戊子	己丑	庚寅	辛卯	壬辰	癸巳	甲午	乙未	丙申	丁酉	戊戌	己亥	庚子	辛丑	壬寅	癸卯	甲辰	乙巳	丙午	
음력	5	6	7	8	9	10	11	12	13	14	15	16	17	18	19	20	21	22	23	24	25	26	27	28	29	30	2/1	2	
대운 남	9	9	10	입	10	9	9	9	8	8	8	7	7	7	6	6	6	5	우	5	4	4	4	3	3	3	2	2	
대운 여	1	1	1	춘	1	1	1	1	2	2	2	3	3	3	4	4	4	5	수	5	6	6	6	7	7	7	8	8	

경칩 6일 03시 57분 ⇨ **【乙卯月(을묘월)】**(경칩, 춘분~ 청명 전) 춘분 21일 04시 55분

양력 **3** 음력 02/03 ~ 03/04

양력	1	2	3	4	5	6	7	8	9	10	11	12	13	14	15	16	17	18	19	20	21	22	23	24	25	26	27	28	29	30	31
요일	일	월	화	수	목	금	토	일	월	화	수	목	금	토	일	월	화	수	목	금	토	일	월	화	수	목	금	토	일	월	화
일진 日辰	丁未	戊申	己酉	庚戌	辛亥	壬子	癸丑	甲寅	乙卯	丙辰	丁巳	戊午	己未	庚申	辛酉	壬戌	癸亥	甲子	乙丑	丙寅	丁卯	戊辰	己巳	庚午	辛未	壬申	癸酉	甲戌	乙亥	丙子	丁丑
음력	3	4	5	6	7	8	9	10	11	12	13	14	15	16	17	18	19	20	21	22	23	24	25	26	27	28	29	3/1	2	3	4
대운 남	2	1	1	1	1	경	10	9	9	9	8	8	8	7	7	7	6	6	6	5	춘	5	4	4	4	3	3	3	2	2	2
대운 여	8	9	9	9	10	칩	1	1	1	1	2	2	2	3	3	3	4	4	4	5	분	5	6	6	6	7	7	7	8	8	8

청명 5일 08시 45분 ⇨ **【丙辰月(병진월)】**(청명, 곡우~ 입하 전) 곡우 20일 15시 57분

양력 **4** 음력 03/05 ~ 04/05

양력	1	2	3	4	5	6	7	8	9	10	11	12	13	14	15	16	17	18	19	20	21	22	23	24	25	26	27	28	29	30
요일	수	목	금	토	일	월	화	수	목	금	토	일	월	화	수	목	금	토	일	월	화	수	목	금	토	일	월	화	수	목
일진 日辰	戊寅	己卯	庚辰	辛巳	壬午	癸未	甲申	乙酉	丙戌	丁亥	戊子	己丑	庚寅	辛卯	壬辰	癸巳	甲午	乙未	丙申	丁酉	戊戌	己亥	庚子	辛丑	壬寅	癸卯	甲辰	乙巳	丙午	丁未
음력	5	6	7	8	9	10	11	12	13	14	15	16	17	18	19	20	21	22	23	24	25	26	27	28	29	4/1	2	3	4	5
대운 남	1	1	1	1	청	10	10	9	9	9	8	8	8	7	7	7	6	6	6	곡	5	5	4	4	4	3	3	3	2	2
대운 여	9	9	9	10	명	1	1	1	1	2	2	2	3	3	3	4	4	4	5	우	5	6	6	6	7	7	7	8	8	8

입하 6일 02시 03분 ⇨ **【丁巳月(정사월)】**(입하, 소만~ 망종 전) 소만 21일 15시 05분

양력 **5** 음력 04/06 ~ 05/06

양력	1	2	3	4	5	6	7	8	9	10	11	12	13	14	15	16	17	18	19	20	21	22	23	24	25	26	27	28	29	30	31
요일	금	토	일	월	화	수	목	금	토	일	월	화	수	목	금	토	일	월	화	수	목	금	토	일	월	화	수	목	금	토	일
일진 日辰	戊申	己酉	庚戌	辛亥	壬子	癸丑	甲寅	乙卯	丙辰	丁巳	戊午	己未	庚申	辛酉	壬戌	癸亥	甲子	乙丑	丙寅	丁卯	戊辰	己巳	庚午	辛未	壬申	癸酉	甲戌	乙亥	丙子	丁丑	戊寅
음력	6	7	8	9	10	11	12	13	14	15	16	17	18	19	20	21	22	23	24	25	26	27	28	29	30	5/1	2	3	4	5	6
대운 남	2	1	1	1	1	입	10	10	9	9	9	8	8	8	7	7	7	6	6	6	소	5	5	4	4	4	3	3	3	2	2
대운 여	9	9	9	10	10	하	1	1	1	1	2	2	2	3	3	3	4	4	4	5	만	5	6	6	6	7	7	7	8	8	8

망종 6일 06시 13분 ⇨ **【戊午月(무오월)】**(망종, 하지~ 소서 전) 하지 21일 23시 03분

양력 **6** 음력 05/07 ~ 윤507

양력	1	2	3	4	5	6	7	8	9	10	11	12	13	14	15	16	17	18	19	20	21	22	23	24	25	26	27	28	29	30
요일	월	화	수	목	금	토	일	월	화	수	목	금	토	일	월	화	수	목	금	토	일	월	화	수	목	금	토	일	월	화
일진 日辰	己卯	庚辰	辛巳	壬午	癸未	甲申	乙酉	丙戌	丁亥	戊子	己丑	庚寅	辛卯	壬辰	癸巳	甲午	乙未	丙申	丁酉	戊戌	己亥	庚子	辛丑	壬寅	癸卯	甲辰	乙巳	丙午	丁未	戊申
음력	7	8	9	10	11	12	13	14	15	16	17	18	19	20	21	22	23	24	25	26	27	28	29	윤5	2	3	4	5	6	7
대운 남	2	1	1	1	1	망	10	10	9	9	9	8	8	8	7	7	7	6	6	6	하	5	5	4	4	4	3	3	3	2
대운 여	9	9	9	10	10	종	1	1	1	1	2	2	2	3	3	3	4	4	4	5	지	5	6	6	6	7	7	7	8	8

대장군(북방), 삼살(북방), 상문(동남방),조객(북방), 납음(성두토), 【삼재(신,유,술)년】
한식(4월06일), 초복(7월12일), 중복(7월22일), 말복(8월11일)

戊寅年(무인년)

1998

소서 7일 16시 30분 ⇨ **【己未月(기미월)】**(소서, 대서~ 입추 전) 대서 23일 09시 55분

양력	양력	1	2	3	4	5	6	7	8	9	10	11	12	13	14	15	16	17	18	19	20	21	22	23	24	25	26	27	28	29	30	31
7	요일	수	목	금	토	일	월	화	수	목	금	토	일	월	화	수	목	금	토	일	월	화	수	목	금	토	일	월	화	수	목	금
음력	일진 日辰	己酉	庚戌	辛亥	壬子	癸丑	甲寅	乙卯	丙辰	丁巳	戊午	己未	庚申	辛酉	壬戌	癸亥	甲子	乙丑	丙寅	丁卯	戊辰	己巳	庚午	辛未	壬申	癸酉	甲戌	乙亥	丙子	丁丑	戊寅	己卯
05/08	음력	8	9	10	11	12	13	14	15	16	17	18	19	20	21	22	23	24	25	26	27	28	29	6/1	2	3	4	5	6	7	8	9
06/09	대운 남	2	2	1	1	1	1	소	10	10	10	9	9	9	8	8	8	7	7	7	6	6	6	대	5	5	4	4	4	3	3	3
	대운 여	8	9	9	9	10	10	서	1	1	1	1	2	2	2	3	3	3	4	4	4	5	5	서	6	6	6	7	7	7	8	8

입추 8일 02시 20분 ⇨ **【庚申月(경신월)】**(입추, 처서~ 백로 전) 처서 23일 16시 59분

양력	양력	1	2	3	4	5	6	7	8	9	10	11	12	13	14	15	16	17	18	19	20	21	22	23	24	25	26	27	28	29	30	31
8	요일	토	일	월	화	수	목	금	토	일	월	화	수	목	금	토	일	월	화	수	목	금	토	일	월	화	수	목	금	토	일	월
음력	일진 日辰	庚辰	辛巳	壬午	癸未	甲申	乙酉	丙戌	丁亥	戊子	己丑	庚寅	辛卯	壬辰	癸巳	甲午	乙未	丙申	丁酉	戊戌	己亥	庚子	辛丑	壬寅	癸卯	甲辰	乙巳	丙午	丁未	戊申	己酉	庚戌
06/10	음력	10	11	12	13	14	15	16	17	18	19	20	21	22	23	24	25	26	27	28	29	30	7/1	2	3	4	5	6	7	8	9	10
07/10	대운 남	2	2	2	1	1	1	1	입	10	10	9	9	9	8	8	8	7	7	7	6	6	6	처	5	5	4	4	4	3	3	3
	대운 여	8	9	9	9	10	10	10	추	1	1	1	1	2	2	2	3	3	3	4	4	4	5	서	5	6	6	6	7	7	7	8

백로8일 05시 16분 ⇨ **【辛酉月(신유월)】**(백로, 추분-한로 전) 추분24일 14시 37분

양력	양력	1	2	3	4	5	6	7	8	9	10	11	12	13	14	15	16	17	18	19	20	21	22	23	24	25	26	27	28	29	30
9	요일	화	수	목	금	토	일	월	화	수	목	금	토	일	월	화	수	목	금	토	일	월	화	수	목	금	토	일	월	화	수
음력	일진 日辰	辛亥	壬子	癸丑	甲寅	乙卯	丙辰	丁巳	戊午	己未	庚申	辛酉	壬戌	癸亥	甲子	乙丑	丙寅	丁卯	戊辰	己巳	庚午	辛未	壬申	癸酉	甲戌	乙亥	丙子	丁丑	戊寅	己卯	庚辰
07/11	음력	11	12	13	14	15	16	17	18	19	20	21	22	23	24	25	26	27	28	29	30	8/1	2	3	4	5	6	7	8	9	10
08/10	대운 남	2	2	2	1	1	1	1	백	10	9	9	9	8	8	8	7	7	7	6	6	6	5	5	추	4	4	4	3	3	3
	대운 여	8	8	9	9	9	10	10	로	1	1	1	1	2	2	2	3	3	3	4	4	4	5	5	분	6	6	6	7	7	7

한로 8일 20시 56분 ⇨ **【壬戌月(임술월)】**(한로, 상강~ 입동 전) 상강 23일 23시 59분

양력	양력	1	2	3	4	5	6	7	8	9	10	11	12	13	14	15	16	17	18	19	20	21	22	23	24	25	26	27	28	29	30	31
10	요일	목	금	토	일	월	화	수	목	금	토	일	월	화	수	목	금	토	일	월	화	수	목	금	토	일	월	화	수	목	금	토
음력	일진 日辰	辛巳	壬午	癸未	甲申	乙酉	丙戌	丁亥	戊子	己丑	庚寅	辛卯	壬辰	癸巳	甲午	乙未	丙申	丁酉	戊戌	己亥	庚子	辛丑	壬寅	癸卯	甲辰	乙巳	丙午	丁未	戊申	己酉	庚戌	辛亥
08/11	음력	11	12	13	14	15	16	17	18	19	20	21	22	23	24	25	26	27	28	29	9/1	2	3	4	5	6	7	8	9	10	11	12
09/12	대운 남	2	2	2	1	1	1	1	한	10	10	9	9	9	8	8	8	7	7	7	6	6	6	상	5	5	4	4	4	3	3	3
	대운 여	8	8	8	9	9	9	10	로	1	1	1	1	2	2	2	3	3	3	4	4	4	5	강	5	6	6	6	7	7	7	8

입동 8일 00시 08분 ⇨ **【癸亥月(계해월)】**(입동, 소설~ 대설 전) 소설 22일 21시 34분

양력	양력	1	2	3	4	5	6	7	8	9	10	11	12	13	14	15	16	17	18	19	20	21	22	23	24	25	26	27	28	29	30
11	요일	일	월	화	수	목	금	토	일	월	화	수	목	금	토	일	월	화	수	목	금	토	일	월	화	수	목	금	토	일	월
음력	일진 日辰	壬子	癸丑	甲寅	乙卯	丙辰	丁巳	戊午	己未	庚申	辛酉	壬戌	癸亥	甲子	乙丑	丙寅	丁卯	戊辰	己巳	庚午	辛未	壬申	癸酉	甲戌	乙亥	丙子	丁丑	戊寅	己卯	庚辰	辛巳
09/13	음력	13	14	15	16	17	18	19	20	21	22	23	24	25	26	27	28	29	30	10/1	2	3	4	5	6	7	8	9	10	11	12
10/12	대운 남	2	2	2	1	1	1	1	입	9	9	9	8	8	8	7	7	7	6	6	6	5	소	5	4	4	4	3	3	3	2
	대운 여	8	8	9	9	9	10	10	동	1	1	1	1	2	2	2	3	3	3	4	4	4	설	5	5	6	6	6	7	7	7

대설 7일 17시 02분 ⇨ **【甲子月(갑자월)】**(대설, 동지~소한 전) 동지 22일 10시 56분

양력	양력	1	2	3	4	5	6	7	8	9	10	11	12	13	14	15	16	17	18	19	20	21	22	23	24	25	26	27	28	29	30	31
12	요일	화	수	목	금	토	일	월	화	수	목	금	토	일	월	화	수	목	금	토	일	월	화	수	목	금	토	일	월	화	수	목
음력	일진 日辰	壬午	癸未	甲申	乙酉	丙戌	丁亥	戊子	己丑	庚寅	辛卯	壬辰	癸巳	甲午	乙未	丙申	丁酉	戊戌	己亥	庚子	辛丑	壬寅	癸卯	甲辰	乙巳	丙午	丁未	戊申	己酉	庚戌	辛亥	壬子
10/13	음력	13	14	15	16	17	18	19	20	21	22	23	24	25	26	27	28	29	30	11/1	2	3	4	5	6	7	8	9	10	11	12	13
11/13	대운 남	2	2	1	1	1	1	대	10	9	9	9	8	8	8	7	7	7	6	6	6	5	동	5	4	4	4	3	3	3	2	2
	대운 여	8	8	8	9	9	9	설	1	1	1	1	2	2	2	3	3	3	4	4	4	5	지	5	6	6	6	7	7	7	8	8

1999 己卯年(기묘년)

단기 4332년 /불기2543년 대장군(북방), 삼살(서방), 상문(동남방),조객(동북방), 납음(성두토), 【삼재(사,오,미)년】

소한 6일 04시 17분 ⇨ **【乙丑月(을축월)】**(소한, 대한~ 입춘 전) 대한 20일 21시 37분

양력 1 / 음력 11/14 ~ 12/14

양력	1	2	3	4	5	6	7	8	9	10	11	12	13	14	15	16	17	18	19	20	21	22	23	24	25	26	27	28	29	30	31
요일	금	토	일	월	화	수	목	금	토	일	월	화	수	목	금	토	일	월	화	수	목	금	토	일	월	화	수	목	금	토	일
일진 日辰	癸丑	甲寅	乙卯	丙辰	丁巳	戊午	己未	庚申	辛酉	壬戌	癸亥	甲子	乙丑	丙寅	丁卯	戊辰	己巳	庚午	辛未	壬申	癸酉	甲戌	乙亥	丙子	丁丑	戊寅	己卯	庚辰	辛巳	壬午	癸未
음력	14	15	16	17	18	19	20	21	22	23	24	25	26	27	28	29	30	12/1	2	3	4	5	6	7	8	9	10	11	12	13	14
대운 남	2	1	1	1	1	소	9	9	9	8	8	8	7	7	7	6	6	6	5	대	5	4	4	4	3	3	3	2	2	2	1
대운 여	8	9	9	9	10	한	1	1	1	1	2	2	2	3	3	3	4	4	4	한	5	5	6	6	6	7	7	7	8	8	8

입춘 4일 15시 57분 ⇨ **【丙寅月(병인월)】**(입춘, 우수~ 경칩 전) 우수 19일 11시 47분

양력 2 / 음력 12/15 ~ 01/13

양력	1	2	3	4	5	6	7	8	9	10	11	12	13	14	15	16	17	18	19	20	21	22	23	24	25	26	27	28
요일	월	화	수	목	금	토	일	월	화	수	목	금	토	일	월	화	수	목	금	토	일	월	화	수	목	금	토	일
일진 日辰	甲申	乙酉	丙戌	丁亥	戊子	己丑	庚寅	辛卯	壬辰	癸巳	甲午	乙未	丙申	丁酉	戊戌	己亥	庚子	辛丑	壬寅	癸卯	甲辰	乙巳	丙午	丁未	戊申	己酉	庚戌	辛亥
음력	15	16	17	18	19	20	21	22	23	24	25	26	27	28	29	1/1	2	3	4	5	6	7	8	9	10	11	12	13
대운 남	1	1	1	입	1	1	1	1	2	2	2	3	3	3	4	4	4	5	우	5	6	6	6	7	7	7	8	8
대운 여	9	9	9	춘	10	9	9	9	8	8	8	7	7	7	6	6	6	5	수	5	4	4	4	3	3	3	2	2

立春

경칩 6일 09시 58분 ⇨ **【丁卯月(정묘월)】**(경칩, 춘분~ 청명 전) 춘분 21일 10시 46분

양력 3 / 음력 01/14 ~ 02/14

양력	1	2	3	4	5	6	7	8	9	10	11	12	13	14	15	16	17	18	19	20	21	22	23	24	25	26	27	28	29	30	31
요일	월	화	수	목	금	토	일	월	화	수	목	금	토	일	월	화	수	목	금	토	일	월	화	수	목	금	토	일	월	화	수
일진 日辰	壬子	癸丑	甲寅	乙卯	丙辰	丁巳	戊午	己未	庚申	辛酉	壬戌	癸亥	甲子	乙丑	丙寅	丁卯	戊辰	己巳	庚午	辛未	壬申	癸酉	甲戌	乙亥	丙子	丁丑	戊寅	己卯	庚辰	辛巳	壬午
음력	14	15	16	17	18	19	20	21	22	23	24	25	26	27	28	29	30	2/1	2	3	4	5	6	7	8	9	10	11	12	13	14
대운 남	8	9	9	9	10	경	1	1	1	1	2	2	2	3	3	3	4	4	4	5	추	5	6	6	6	7	7	7	8	8	8
대운 여	2	1	1	1	1	칩	10	9	9	9	8	8	8	7	7	7	6	6	6	5	분	5	4	4	4	3	3	3	2	2	2

청명 5일 14시 45분 ⇨ **【戊辰月(무진월)】**(청명, 곡우~ 입하 전) 곡우 20일 21시 46분

양력 4 / 음력 02/15 ~ 03/15

양력	1	2	3	4	5	6	7	8	9	10	11	12	13	14	15	16	17	18	19	20	21	22	23	24	25	26	27	28	29	30
요일	목	금	토	일	월	화	수	목	금	토	일	월	화	수	목	금	토	일	월	화	수	목	금	토	일	월	화	수	목	금
일진 日辰	癸未	甲申	乙酉	丙戌	丁亥	戊子	己丑	庚寅	辛卯	壬辰	癸巳	甲午	乙未	丙申	丁酉	戊戌	己亥	庚子	辛丑	壬寅	癸卯	甲辰	乙巳	丙午	丁未	戊申	己酉	庚戌	辛亥	壬子
음력	15	16	17	18	19	20	21	22	23	24	25	26	27	28	29	3/1	2	3	4	5	6	7	8	9	10	11	12	13	14	15
대운 남	9	9	9	10	청	1	1	1	1	2	2	2	3	3	3	4	4	4	5	곡	5	6	6	6	7	7	7	8	8	8
대운 여	1	1	1	1	명	10	10	9	9	9	8	8	8	7	7	7	6	6	6	우	5	5	4	4	4	3	3	3	2	2

입하 6일 08시 01분 ⇨ **【己巳月(기사월)】**(입하, 소만~ 망종 전) 소만 21일 20시 52분

양력 5 / 음력 03/16 ~ 04/17

양력	1	2	3	4	5	6	7	8	9	10	11	12	13	14	15	16	17	18	19	20	21	22	23	24	25	26	27	28	29	30	31
요일	토	일	월	화	수	목	금	토	일	월	화	수	목	금	토	일	월	화	수	목	금	토	일	월	화	수	목	금	토	일	월
일진 日辰	癸丑	甲寅	乙卯	丙辰	丁巳	戊午	己未	庚申	辛酉	壬戌	癸亥	甲子	乙丑	丙寅	丁卯	戊辰	己巳	庚午	辛未	壬申	癸酉	甲戌	乙亥	丙子	丁丑	戊寅	己卯	庚辰	辛巳	壬午	癸未
음력	16	17	18	19	20	21	22	23	24	25	26	27	28	29	4/1	2	3	4	5	6	7	8	9	10	11	12	13	14	15	16	17
대운 남	9	9	9	10	10	입	1	1	1	1	2	2	2	3	3	3	4	4	4	5	소	5	6	6	6	7	7	7	8	8	8
대운 여	2	1	1	1	1	하	10	10	9	9	9	8	8	8	7	7	7	6	6	6	만	5	5	4	4	4	3	3	3	2	2

망종 6일 12시 09분 ⇨ **【庚午月(경오월)】**(망종, 하지~ 소서 전) 하지 22일 04시 49분

양력 6 / 음력 04/18 ~ 05/17

양력	1	2	3	4	5	6	7	8	9	10	11	12	13	14	15	16	17	18	19	20	21	22	23	24	25	26	27	28	29	30
요일	화	수	목	금	토	일	월	화	수	목	금	토	일	월	화	수	목	금	토	일	월	화	수	목	금	토	일	월	화	수
일진 日辰	甲申	乙酉	丙戌	丁亥	戊子	己丑	庚寅	辛卯	壬辰	癸巳	甲午	乙未	丙申	丁酉	戊戌	己亥	庚子	辛丑	壬寅	癸卯	甲辰	乙巳	丙午	丁未	戊申	己酉	庚戌	辛亥	壬子	癸丑
음력	18	19	20	21	22	23	24	25	26	27	28	29	30	5/1	2	3	4	5	6	7	8	9	10	11	12	13	14	15	16	17
대운 남	9	9	9	10	10	망	1	1	1	1	2	2	2	3	3	3	4	4	4	5	5	하	6	6	6	7	7	7	8	8
대운 여	2	1	1	1	1	종	10	10	9	9	9	8	8	8	7	7	7	6	6	6	5	지	5	4	4	4	3	3	3	2

대장군(동방), 삼살(동방), 상문(서남방),조객(동방), 납음(대림목),【삼재(해,자,축)년】
한식(4월06일), 초복(7월17일), 중복(7월27일), 말복(8월16일)

己卯年(기묘년)

1999

소서 7일 22시 25분 ⇨ **【辛未月(신미월)】**(소서, 대서~ 입추 전) 대서 23일 15시 44분

양력 7 (음력 05/18~06/19)	1	2	3	4	5	6	7	8	9	10	11	12	13	14	15	16	17	18	19	20	21	22	23	24	25	26	27	28	29	30	31
요일	목	금	토	일	월	화	수	목	금	토	일	월	화	수	목	금	토	일	월	화	수	목	금	토	일	월	화	수	목	금	토
일진 日辰	甲寅	乙卯	丙辰	丁巳	戊午	己未	庚申	辛酉	壬戌	癸亥	甲子	乙丑	丙寅	丁卯	戊辰	己巳	庚午	辛未	壬申	癸酉	甲戌	乙亥	丙子	丁丑	戊寅	己卯	庚辰	辛巳	壬午	癸未	甲申
음력	18	19	20	21	22	23	24	25	26	27	28	29	6/1	2	3	4	5	6	7	8	9	10	11	12	13	14	15	16	17	18	19
대운 남	8	9	9	9	10	10	소	1	1	1	1	2	2	2	3	3	3	4	4	4	5	5	대	6	6	6	7	7	7	8	8
대운 여	2	2	1	1	1	1	서	10	10	10	9	9	9	8	8	8	7	7	7	6	6	6	서	5	5	4	4	4	3	3	3

입추 8일 08시 14분 ⇨ **【壬申月(임신월)】**(입추, 처서~ 백로 전) 처서 23일 22시 51분

양력 8 (음력 06/20~07/21)	1	2	3	4	5	6	7	8	9	10	11	12	13	14	15	16	17	18	19	20	21	22	23	24	25	26	27	28	29	30	31
요일	일	월	화	수	목	금	토	일	월	화	수	목	금	토	일	월	화	수	목	금	토	일	월	화	수	목	금	토	일	월	화
일진 日辰	乙酉	丙戌	丁亥	戊子	己丑	庚寅	辛卯	壬辰	癸巳	甲午	乙未	丙申	丁酉	戊戌	己亥	庚子	辛丑	壬寅	癸卯	甲辰	乙巳	丙午	丁未	戊申	己酉	庚戌	辛亥	壬子	癸丑	甲寅	乙卯
음력	20	21	22	23	24	25	26	27	28	29	7/1	2	3	4	5	6	7	8	9	10	11	12	13	14	15	16	17	18	19	20	21
대운 남	8	9	9	9	10	10	10	입	1	1	1	1	2	2	2	3	3	3	4	4	4	5	처	5	6	6	6	7	7	7	8
대운 여	2	2	2	1	1	1	1	추	10	10	9	9	9	8	8	8	7	7	7	6	6	6	서	5	5	4	4	4	3	3	3

백로 8일 11시 10분 ⇨ **【癸酉月(계유월)】**(백로, 추분-한로 전) 추분 23일 20시 32분

양력 9 (음력 07/22~08/21)	1	2	3	4	5	6	7	8	9	10	11	12	13	14	15	16	17	18	19	20	21	22	23	24	25	26	27	28	29	30
요일	수	목	금	토	일	월	화	수	목	금	토	일	월	화	수	목	금	토	일	월	화	수	목	금	토	일	월	화	수	목
일진 日辰	丙辰	丁巳	戊午	己未	庚申	辛酉	壬戌	癸亥	甲子	乙丑	丙寅	丁卯	戊辰	己巳	庚午	辛未	壬申	癸酉	甲戌	乙亥	丙子	丁丑	戊寅	己卯	庚辰	辛巳	壬午	癸未	甲申	乙酉
음력	22	23	24	25	26	27	28	29	30	8/1	2	3	4	5	6	7	8	9	10	11	12	13	14	15	16	17	18	19	20	21
대운 남	8	8	9	9	9	10	10	백	1	1	1	1	2	2	2	3	3	3	4	4	4	5	추	5	6	6	6	7	7	7
대운 여	2	2	2	1	1	1	1	로	10	10	9	9	9	8	8	8	7	7	7	6	6	6	분	5	5	4	4	4	3	3

한로 9일 02시 48분 ⇨ **【甲戌月(갑술월)】**(한로, 상강~ 입동 전) 상강 24일 05시 52분

양력 10 (음력 08/22~09/23)	1	2	3	4	5	6	7	8	9	10	11	12	13	14	15	16	17	18	19	20	21	22	23	24	25	26	27	28	29	30	31
요일	금	토	일	월	화	수	목	금	토	일	월	화	수	목	금	토	일	월	화	수	목	금	토	일	월	화	수	목	금	토	일
일진 日辰	丙戌	丁亥	戊子	己丑	庚寅	辛卯	壬辰	癸巳	甲午	乙未	丙申	丁酉	戊戌	己亥	庚子	辛丑	壬寅	癸卯	甲辰	乙巳	丙午	丁未	戊申	己酉	庚戌	辛亥	壬子	癸丑	甲寅	乙卯	丙辰
음력	22	23	24	25	26	27	28	29	9/1	2	3	4	5	6	7	8	9	10	11	12	13	14	15	16	17	18	19	20	21	22	23
대운 남	8	8	8	9	9	9	10	10	한	1	1	1	1	2	2	2	3	3	3	4	4	4	5	상	5	6	6	6	7	7	7
대운 여	3	2	2	2	1	1	1	1	로	10	9	9	9	8	8	8	7	7	7	6	6	6	5	강	5	4	4	4	3	3	3

입동 8일 05시 58분 ⇨ **【乙亥月(을해월)】**(입동, 소설~ 대설 전) 소설 23일 03시 25분

양력 11 (음력 09/24~10/23)	1	2	3	4	5	6	7	8	9	10	11	12	13	14	15	16	17	18	19	20	21	22	23	24	25	26	27	28	29	30
요일	월	화	수	목	금	토	일	월	화	수	목	금	토	일	월	화	수	목	금	토	일	월	화	수	목	금	토	일	월	화
일진 日辰	丁巳	戊午	己未	庚申	辛酉	壬戌	癸亥	甲子	乙丑	丙寅	丁卯	戊辰	己巳	庚午	辛未	壬申	癸酉	甲戌	乙亥	丙子	丁丑	戊寅	己卯	庚辰	辛巳	壬午	癸未	甲申	乙酉	丙戌
음력	24	25	26	27	28	29	30	10/1	2	3	4	5	6	7	8	9	10	11	12	13	14	15	16	17	18	19	20	21	22	23
대운 남	8	8	8	9	9	9	10	입	1	1	1	1	2	2	2	3	3	3	4	4	4	5	소	5	6	6	6	7	7	7
대운 여	2	2	2	1	1	1	1	동	9	9	9	8	8	8	7	7	7	6	6	6	5	5	설	4	4	4	3	3	3	2

대설 7일 22시 47분 ⇨ **【丙子月(병자월)】**(대설, 동지~소한 전) 동지 22일 16시 44분

양력 12 (음력 10/24~11/24)	1	2	3	4	5	6	7	8	9	10	11	12	13	14	15	16	17	18	19	20	21	22	23	24	25	26	27	28	29	30	31
요일	수	목	금	토	일	월	화	수	목	금	토	일	월	화	수	목	금	토	일	월	화	수	목	금	토	일	월	화	수	목	금
일진 日辰	丁亥	戊子	己丑	庚寅	辛卯	壬辰	癸巳	甲午	乙未	丙申	丁酉	戊戌	己亥	庚子	辛丑	壬寅	癸卯	甲辰	乙巳	丙午	丁未	戊申	己酉	庚戌	辛亥	壬子	癸丑	甲寅	乙卯	丙辰	丁巳
음력	24	25	26	27	28	29	30	11/1	2	3	4	5	6	7	8	9	10	11	12	13	14	15	16	17	18	19	20	21	22	23	24
대운 남	8	8	8	9	9	9	대	1	1	1	1	2	2	2	3	3	3	4	4	4	5	동	5	6	6	6	7	7	7	8	8
대운 여	2	2	1	1	1	1	설	10	9	9	9	8	8	8	7	7	7	6	6	6	5	지	5	4	4	4	3	3	3	2	2

2000 庚辰年(경진년)

단기 4333년 /불기2544년 대장군(북방), 삼살(남방), 상문(남방), 조객(동북방),납음(백납금), 삼재(인,묘,진)

소한 6일 10시 00분 ⇨ **【丁丑月(정축월)】**(소한, 대한~ 입춘 전) 대한 21일 03시 22분

1 음력 11/25 ~ 12/25

양력	1	2	3	4	5	6	7	8	9	10	11	12	13	14	15	16	17	18	19	20	21	22	23	24	25	26	27	28	29	30	31
요일	토	일	월	화	수	목	금	토	일	월	화	수	목	금	토	일	월	화	수	목	금	토	일	월	화	수	목	금	토	일	월
일진 日辰	戊午	己未	庚申	辛酉	壬戌	癸亥	甲子	乙丑	丙寅	丁卯	戊辰	己巳	庚午	辛未	壬申	癸酉	甲戌	乙亥	丙子	丁丑	戊寅	己卯	庚辰	辛巳	壬午	癸未	甲申	乙酉	丙戌	丁亥	戊子
음력	25	26	27	28	29	30	12/1	2	3	4	5	6	7	8	9	10	11	12	13	14	15	16	17	18	19	20	21	22	23	24	25
대운 남	8	9	9	9	10	소	1	1	1	1	2	2	2	3	3	3	4	4	4	5	대	5	6	6	6	7	7	7	8	8	8
대운 여	2	1	1	1	1	한	9	9	9	8	8	8	7	7	7	6	6	6	5	5	한	4	4	4	3	3	3	2	2	2	1

입춘 4일 21시 40분 ⇨ **【戊寅月(무인월)】**(입춘, 우수~ 경칩 전) 우수 19일 17시 33분

2 음력 12/26 ~ 01/25

양력	1	2	3	4	5	6	7	8	9	10	11	12	13	14	15	16	17	18	19	20	21	22	23	24	25	26	27	28	29
요일	화	수	목	금	토	일	월	화	수	목	금	토	일	월	화	수	목	금	토	일	월	화	수	목	금	토	일	월	화
일진 日辰	己丑	庚寅	辛卯	壬辰	癸巳	甲午	乙未	丙申	丁酉	戊戌	己亥	庚子	辛丑	壬寅	癸卯	甲辰	乙巳	丙午	丁未	戊申	己酉	庚戌	辛亥	壬子	癸丑	甲寅	乙卯	丙辰	丁巳
음력	26	27	28	29	1/1	2	3	4	5	6	7	8	9	10	11	12	13	14	15	16	17	18	19	20	21	22	23	24	25
대운 남	9	9	9	입	10	9	9	9	8	8	8	7	7	7	6	6	6	5	우	5	4	4	4	3	3	3	2	2	2
대운 여	1	1	1	춘	1	1	1	1	2	2	2	3	3	3	4	4	4	5	수	5	6	6	6	7	7	7	8	8	8

立春

경칩 5일 15시 42분 ⇨ **【己卯月(기묘월)】**(경칩, 춘분~ 청명 전) 춘분 20일 16시 35분

3 음력 01/26 ~ 02/26

양력	1	2	3	4	5	6	7	8	9	10	11	12	13	14	15	16	17	18	19	20	21	22	23	24	25	26	27	28	29	30	31
요일	수	목	금	토	일	월	화	수	목	금	토	일	월	화	수	목	금	토	일	월	화	수	목	금	토	일	월	화	수	목	금
일진 日辰	戊午	己未	庚申	辛酉	壬戌	癸亥	甲子	乙丑	丙寅	丁卯	戊辰	己巳	庚午	辛未	壬申	癸酉	甲戌	乙亥	丙子	丁丑	戊寅	己卯	庚辰	辛巳	壬午	癸未	甲申	乙酉	丙戌	丁亥	戊子
음력	26	27	28	29	30	2/1	2	3	4	5	6	7	8	9	10	11	12	13	14	15	16	17	18	19	20	21	22	23	24	25	26
대운 남	1	1	1	1	경	10	9	9	9	8	8	8	7	7	7	6	6	6	5	추	5	4	4	4	3	3	3	2	2	2	1
대운 여	9	9	9	10	칩	1	1	1	1	2	2	2	3	3	3	4	4	4	5	분	5	6	6	6	7	7	7	8	8	8	9

청명 4일 20시 31분 ⇨ **【庚辰月(경진월)】**(청명, 곡우~ 입하 전) 곡우 20일 03시 39분

4 음력 02/27 ~ 03/26

양력	1	2	3	4	5	6	7	8	9	10	11	12	13	14	15	16	17	18	19	20	21	22	23	24	25	26	27	28	29	30
요일	토	일	월	화	수	목	금	토	일	월	화	수	목	금	토	일	월	화	수	목	금	토	일	월	화	수	목	금	토	일
일진 日辰	己丑	庚寅	辛卯	壬辰	癸巳	甲午	乙未	丙申	丁酉	戊戌	己亥	庚子	辛丑	壬寅	癸卯	甲辰	乙巳	丙午	丁未	戊申	己酉	庚戌	辛亥	壬子	癸丑	甲寅	乙卯	丙辰	丁巳	戊午
음력	27	28	29	30	3/1	2	3	4	5	6	7	8	9	10	11	12	13	14	15	16	17	18	19	20	21	22	23	24	25	26
대운 남	1	1	1	청	10	10	9	9	9	8	8	8	7	7	7	6	6	6	5	곡	5	4	4	4	3	3	3	2	2	2
대운 여	9	9	10	명	1	1	1	1	2	2	2	3	3	3	4	4	4	5	5	우	6	6	6	7	7	7	8	8	8	9

입하 5일 13시 50분 ⇨ **【辛巳月(신사월)】**(입하, 소만~ 망종 전) 소만 21일 02시 49분

5 음력 03/27 ~ 04/28

양력	1	2	3	4	5	6	7	8	9	10	11	12	13	14	15	16	17	18	19	20	21	22	23	24	25	26	27	28	29	30	31
요일	월	화	수	목	금	토	일	월	화	수	목	금	토	일	월	화	수	목	금	토	일	월	화	수	목	금	토	일	월	화	수
일진 日辰	己未	庚申	辛酉	壬戌	癸亥	甲子	乙丑	丙寅	丁卯	戊辰	己巳	庚午	辛未	壬申	癸酉	甲戌	乙亥	丙子	丁丑	戊寅	己卯	庚辰	辛巳	壬午	癸未	甲申	乙酉	丙戌	丁亥	戊子	己丑
음력	27	28	29	4/1	2	3	4	5	6	7	8	9	10	11	12	13	14	15	16	17	18	19	20	21	22	23	24	25	26	27	28
대운 남	1	1	1	1	입	10	10	9	9	9	8	8	8	7	7	7	6	6	6	5	소	5	4	4	4	3	3	3	2	2	2
대운 여	9	9	10	10	하	1	1	1	1	2	2	2	3	3	3	4	4	4	5	5	만	6	6	6	7	7	7	8	8	8	9

망종 5일 17시 58분 ⇨ **【壬午月(임오월)】**(망종, 하지~ 소서 전) 하지 21일 10시 47분

6 음력 04/29 ~ 05/29

양력	1	2	3	4	5	6	7	8	9	10	11	12	13	14	15	16	17	18	19	20	21	22	23	24	25	26	27	28	29	30
요일	목	금	토	일	월	화	수	목	금	토	일	월	화	수	목	금	토	일	월	화	수	목	금	토	일	월	화	수	목	금
일진 日辰	庚寅	辛卯	壬辰	癸巳	甲午	乙未	丙申	丁酉	戊戌	己亥	庚子	辛丑	壬寅	癸卯	甲辰	乙巳	丙午	丁未	戊申	己酉	庚戌	辛亥	壬子	癸丑	甲寅	乙卯	丙辰	丁巳	戊午	己未
음력	29	5/1	2	3	4	5	6	7	8	9	10	11	12	13	14	15	16	17	18	19	20	21	22	23	24	25	26	27	28	29
대운 남	1	1	1	1	망	10	10	10	9	9	9	8	8	8	7	7	7	6	6	6	하	5	5	4	4	4	3	3	3	2
대운 여	9	9	10	10	종	1	1	1	1	2	2	2	3	3	3	4	4	4	5	5	지	6	6	6	7	7	7	8	8	8

대장군(북방), 삼살(남방), 상문(남방), 조객(동북방),납음(백납금), 삼재(인,묘,진)
한식(4월05일), 초복(7월11일), 중복(7월21일), 말복(8월10일)

庚辰年(경진년)

2000

소서 7일 04시 13분 ⇨ **【癸未月(계미월)】**(소서, 대서~ 입추 전) 대서22일 21시 42분

양력 **7** 음력 05/30 ~ 07/01

양력	1	2	3	4	5	6	7	8	9	10	11	12	13	14	15	16	17	18	19	20	21	22	23	24	25	26	27	28	29	30	31
요일	토	일	월	화	수	목	금	토	일	월	화	수	목	금	토	일	월	화	수	목	금	토	일	월	화	수	목	금	토	일	월
일진 日辰	庚申	辛酉	壬戌	癸亥	甲子	乙丑	丙寅	丁卯	戊辰	己巳	庚午	辛未	壬申	癸酉	甲戌	乙亥	丙子	丁丑	戊寅	己卯	庚辰	辛巳	壬午	癸未	甲申	乙酉	丙戌	丁亥	戊子	己丑	庚寅
음력	30	6/1	2	3	4	5	6	7	8	9	10	11	12	13	14	15	16	17	18	19	20	21	22	23	24	25	26	27	28	29	7/1
대운 남	2	2	1	1	1	1	소	10	10	9	9	9	8	8	8	7	7	7	6	6	6	대	5	5	4	4	4	3	3	3	2
대운 여	9	9	9	10	10	10	서	1	1	1	1	2	2	2	3	3	3	4	4	4	5	서	5	6	6	6	7	7	7	8	8

입추 7일 14시 02분 ⇨ **【甲申月(갑신월)】**(입추, 처서~ 백로 전) 처서 23일 04시 48분

양력 **8** 음력 07/02 ~ 05/03

양력	1	2	3	4	5	6	7	8	9	10	11	12	13	14	15	16	17	18	19	20	21	22	23	24	25	26	27	28	29	30	31
요일	화	수	목	금	토	일	월	화	수	목	금	토	일	월	화	수	목	금	토	일	월	화	수	목	금	토	일	월	화	수	목
일진 日辰	辛卯	壬辰	癸巳	甲午	乙未	丙申	丁酉	戊戌	己亥	庚子	辛丑	壬寅	癸卯	甲辰	乙巳	丙午	丁未	戊申	己酉	庚戌	辛亥	壬子	癸丑	甲寅	乙卯	丙辰	丁巳	戊午	己未	庚申	辛酉
음력	2	3	4	5	6	7	8	9	10	11	12	13	14	15	16	17	18	19	20	21	22	23	24	25	26	27	28	29	8/1	2	3
대운 남	2	2	1	1	1	1	입	10	10	9	9	9	8	8	8	7	7	7	6	6	6	5	처	5	4	4	4	3	3	3	2
대운 여	8	9	9	9	10	10	추	1	1	1	1	2	2	2	3	3	3	4	4	4	5	5	서	6	6	6	7	7	7	8	8

백로 7일 16시 59분 ⇨ **【乙酉月(을유월)】**(백로, 추분-한로 전) 추분 23일 02시 27분

양력 **9** 음력 08/04 ~ 09/03

양력	1	2	3	4	5	6	7	8	9	10	11	12	13	14	15	16	17	18	19	20	21	22	23	24	25	26	27	28	29	30
요일	금	토	일	월	화	수	목	금	토	일	월	화	수	목	금	토	일	월	화	수	목	금	토	일	월	화	수	목	금	토
일진 日辰	壬戌	癸亥	甲子	乙丑	丙寅	丁卯	戊辰	己巳	庚午	辛未	壬申	癸酉	甲戌	乙亥	丙子	丁丑	戊寅	己卯	庚辰	辛巳	壬午	癸未	甲申	乙酉	丙戌	丁亥	戊子	己丑	庚寅	辛卯
음력	4	5	6	7	8	9	10	11	12	13	14	15	16	17	18	19	20	21	22	23	24	25	26	27	28	29	30	9/1	2	3
대운 남	2	2	1	1	1	1	백	10	10	9	9	9	8	8	8	7	7	7	6	6	6	5	추	5	4	4	4	3	3	3
대운 여	8	9	9	9	10	10	로	1	1	1	1	2	2	2	3	3	3	4	4	4	5	5	분	6	6	6	7	7	7	8

한로 8일 08시 38분 ⇨ **【丙戌月(병술월)】**(한로, 상강~ 입동 전) 상강 23일 11시 47분

양력 **10** 음력 09/04 ~ 10/05

양력	1	2	3	4	5	6	7	8	9	10	11	12	13	14	15	16	17	18	19	20	21	22	23	24	25	26	27	28	29	30	31
요일	일	월	화	수	목	금	토	일	월	화	수	목	금	토	일	월	화	수	목	금	토	일	월	화	수	목	금	토	일	월	화
일진 日辰	壬辰	癸巳	甲午	乙未	丙申	丁酉	戊戌	己亥	庚子	辛丑	壬寅	癸卯	甲辰	乙巳	丙午	丁未	戊申	己酉	庚戌	辛亥	壬子	癸丑	甲寅	乙卯	丙辰	丁巳	戊午	己未	庚申	辛酉	壬戌
음력	4	5	6	7	8	9	10	11	12	13	14	15	16	17	18	19	20	21	22	23	24	25	26	27	28	29	10/1	2	3	4	5
대운 남	2	2	2	1	1	1	1	한	10	9	9	9	8	8	8	7	7	7	6	6	6	5	상	5	4	4	4	3	3	3	2
대운 여	8	8	9	9	9	10	10	로	1	1	1	1	2	2	2	3	3	3	4	4	4	5	강	5	6	6	6	7	7	7	8

입동 7일 11시 47분 ⇨ **【丁亥月(정해월)】**(입동, 소설~ 대설 전) 소설 22일 09시 19분

양력 **11** 음력 10/06 ~ 11/05

양력	1	2	3	4	5	6	7	8	9	10	11	12	13	14	15	16	17	18	19	20	21	22	23	24	25	26	27	28	29	30
요일	수	목	금	토	일	월	화	수	목	금	토	일	월	화	수	목	금	토	일	월	화	수	목	금	토	일	월	화	수	목
일진 日辰	癸亥	甲子	乙丑	丙寅	丁卯	戊辰	己巳	庚午	辛未	壬申	癸酉	甲戌	乙亥	丙子	丁丑	戊寅	己卯	庚辰	辛巳	壬午	癸未	甲申	乙酉	丙戌	丁亥	戊子	己丑	庚寅	辛卯	壬辰
음력	6	7	8	9	10	11	12	13	14	15	16	17	18	19	20	21	22	23	24	25	26	27	28	29	30	11/1	2	3	4	5
대운 남	2	2	1	1	1	1	입	10	9	9	9	8	8	8	7	7	7	6	6	6	5	소	5	4	4	4	3	3	3	2
대운 여	8	8	9	9	9	10	동	1	1	1	1	2	2	2	3	3	3	4	4	4	5	설	5	6	6	6	7	7	7	8

대설7일 04시 36분 ⇨ **【戊子月(무자월)】**(대설, 동지~소한 전) 동지 21일 22시 37분

양력 **12** 음력 11/06 ~ 12/06

양력	1	2	3	4	5	6	7	8	9	10	11	12	13	14	15	16	17	18	19	20	21	22	23	24	25	26	27	28	29	30	31
요일	금	토	일	월	화	수	목	금	토	일	월	화	수	목	금	토	일	월	화	수	목	금	토	일	월	화	수	목	금	토	일
일진 日辰	癸巳	甲午	乙未	丙申	丁酉	戊戌	己亥	庚子	辛丑	壬寅	癸卯	甲辰	乙巳	丙午	丁未	戊申	己酉	庚戌	辛亥	壬子	癸丑	甲寅	乙卯	丙辰	丁巳	戊午	己未	庚申	辛酉	壬戌	癸亥
음력	6	7	8	9	10	11	12	13	14	15	16	17	18	19	20	21	22	23	24	25	26	27	28	29	30	12/1	2	3	4	5	6
대운 남	2	2	1	1	1	1	대	9	9	9	8	8	8	7	7	7	6	6	6	5	동	5	4	4	4	3	3	3	2	2	2
대운 여	8	8	9	9	9	10	설	1	1	1	1	2	2	2	3	3	3	4	4	4	지	5	5	6	6	6	7	7	7	8	8

윤4월 小 2001 辛巳年(신사년)

단기4334년 /불기2545년 대장군(동방), 삼살(동방), 상문(서남방),조객(동방), 납음(백납금), 【삼재(해,자,축)년】

소한 5일 03시 49분 ⇨ 【己丑月(기축월)】(소한, 대한~ 입춘 전) 대한 20일 09시 16분

양력 1 / 음력 12/07 ~ 01/08

양력	1	2	3	4	5	6	7	8	9	10	11	12	13	14	15	16	17	18	19	20	21	22	23	24	25	26	27	28	29	30	31
요일	월	화	수	목	금	토	일	월	화	수	목	금	토	일	월	화	수	목	금	토	일	월	화	수	목	금	토	일	월	화	수
일진 日辰	甲子	乙丑	丙寅	丁卯	戊辰	己巳	庚午	辛未	壬申	癸酉	甲戌	乙亥	丙子	丁丑	戊寅	己卯	庚辰	辛巳	壬午	癸未	甲申	乙酉	丙戌	丁亥	戊子	己丑	庚寅	辛卯	壬辰	癸巳	甲午
음력	7	8	9	10	11	12	13	14	15	16	17	18	19	20	21	22	23	24	25	26	27	28	29	1/1	2	3	4	5	6	7	8
대운 남	1	1	1	1	소	10	9	9	9	8	8	8	7	7	7	6	6	6	5	대	5	4	4	4	3	3	3	2	2	2	1
대운 여	8	9	9	9	한	1	1	1	1	2	2	2	3	3	3	4	4	4	5	한	5	6	6	6	7	7	7	8	8	8	9

입춘 4일 03시 28분 ⇨ 【庚寅月(경인월)】(입춘, 우수~ 경칩 전) 우수 18일 23시 27분

양력 2 / 음력 01/09 ~ 02/06

양력	1	2	3	4	5	6	7	8	9	10	11	12	13	14	15	16	17	18	19	20	21	22	23	24	25	26	27	28	
요일	목	금	토	일	월	화	수	목	금	토	일	월	화	수	목	금	토	일	월	화	수	목	금	토	일	월	화	수	
일진 日辰	乙未	丙申	丁酉	戊戌	己亥	庚子	辛丑	壬寅	癸卯	甲辰	乙巳	丙午	丁未	戊申	己酉	庚戌	辛亥	壬子	癸丑	甲寅	乙卯	丙辰	丁巳	戊午	己未	庚申	辛酉	壬戌	立春
음력	9	10	11	12	13	14	15	16	17	18	19	20	21	22	23	24	25	26	27	28	29	30	2/1	2	3	4	5	6	
대운 남	1	1	1	입	1	1	1	1	2	2	2	3	3	3	4	4	4	우	5	5	6	6	6	7	7	7	8	8	
대운 여	9	9	10	춘	9	9	9	8	8	8	7	7	7	6	6	6	5	수	5	4	4	4	3	3	3	2	2	2	

경칩 5일 21시 32분 ⇨ 【辛卯月(신묘월)】(경칩, 춘분~ 청명 전) 춘분 20일 22시 30분

양력 3 / 음력 02/07 ~ 03/07

양력	1	2	3	4	5	6	7	8	9	10	11	12	13	14	15	16	17	18	19	20	21	22	23	24	25	26	27	28	29	30	31
요일	목	금	토	일	월	화	수	목	금	토	일	월	화	수	목	금	토	일	월	화	수	목	금	토	일	월	화	수	목	금	토
일진 日辰	癸亥	甲子	乙丑	丙寅	丁卯	戊辰	己巳	庚午	辛未	壬申	癸酉	甲戌	乙亥	丙子	丁丑	戊寅	己卯	庚辰	辛巳	壬午	癸未	甲申	乙酉	丙戌	丁亥	戊子	己丑	庚寅	辛卯	壬辰	癸巳
음력	7	8	9	10	11	12	13	14	15	16	17	18	19	20	21	22	23	24	25	26	27	28	29	30	3/1	2	3	4	5	6	7
대운 남	8	9	9	9	경	1	1	1	1	2	2	2	3	3	3	4	4	4	5	춘	5	6	6	6	7	7	7	8	8	8	9
대운 여	1	1	1	1	칩	10	10	9	9	9	8	8	8	7	7	7	6	6	6	분	5	5	4	4	4	3	3	3	2	2	2

청명 5일 02시 24분 ⇨ 【壬辰月(임진월)】(청명, 곡우~ 입하 전) 곡우 21일 08시 44분

양력 4 / 음력 03/08 ~ 04/07

양력	1	2	3	4	5	6	7	8	9	10	11	12	13	14	15	16	17	18	19	20	21	22	23	24	25	26	27	28	29	30
요일	일	월	화	수	목	금	토	일	월	화	수	목	금	토	일	월	화	수	목	금	토	일	월	화	수	목	금	토	일	월
일진 日辰	甲午	乙未	丙申	丁酉	戊戌	己亥	庚子	辛丑	壬寅	癸卯	甲辰	乙巳	丙午	丁未	戊申	己酉	庚戌	辛亥	壬子	癸丑	甲寅	乙卯	丙辰	丁巳	戊午	己未	庚申	辛酉	壬戌	癸亥
음력	8	9	10	11	12	13	14	15	16	17	18	19	20	21	22	23	24	25	26	27	28	29	30	4/1	2	3	4	5	6	7
대운 남	9	9	10	10	청	1	1	1	1	2	2	2	3	3	3	4	4	4	5	곡	5	6	6	6	7	7	7	8	8	8
대운 여	1	1	1	1	명	10	9	9	9	8	8	8	7	7	7	6	6	6	5	우	5	4	4	4	3	3	3	2	2	2

입하 6일 19시 44분 ⇨ 【癸巳月(계사월)】(입하, 소만~ 망종 전) 소만 21일 08시 44분

양력 5 / 음력 04/08 ~ 윤409

양력	1	2	3	4	5	6	7	8	9	10	11	12	13	14	15	16	17	18	19	20	21	22	23	24	25	26	27	28	29	30	31
요일	화	수	목	금	토	일	월	화	수	목	금	토	일	월	화	수	목	금	토	일	월	화	수	목	금	토	일	월	화	수	목
일진 日辰	甲子	乙丑	丙寅	丁卯	戊辰	己巳	庚午	辛未	壬申	癸酉	甲戌	乙亥	丙子	丁丑	戊寅	己卯	庚辰	辛巳	壬午	癸未	甲申	乙酉	丙戌	丁亥	戊子	己丑	庚寅	辛卯	壬辰	癸巳	甲午
음력	8	9	10	11	12	13	14	15	16	17	18	19	20	21	22	23	24	25	26	27	28	29	윤4	2	3	4	5	6	7	8	9
대운 남	9	9	9	10	입	1	1	1	1	2	2	2	3	3	3	4	4	4	5	5	소	6	6	6	7	7	7	8	8	8	9
대운 여	1	1	1	1	하	10	10	9	9	9	8	8	8	7	7	7	6	6	6	5	만	5	4	4	4	3	3	3	2	2	2

망종 5일 23시 53분 ⇨ 【甲午月(갑오월)】(망종, 하지~ 소서 전) 하지 21일 16시 37분

양력 6 / 음력 윤410 ~ 05/10

양력	1	2	3	4	5	6	7	8	9	10	11	12	13	14	15	16	17	18	19	20	21	22	23	24	25	26	27	28	29	30
요일	금	토	일	월	화	수	목	금	토	일	월	화	수	목	금	토	일	월	화	수	목	금	토	일	월	화	수	목	금	토
일진 日辰	乙未	丙申	丁酉	戊戌	己亥	庚子	辛丑	壬寅	癸卯	甲辰	乙巳	丙午	丁未	戊申	己酉	庚戌	辛亥	壬子	癸丑	甲寅	乙卯	丙辰	丁巳	戊午	己未	庚申	辛酉	壬戌	癸亥	甲子
음력	10	11	12	13	14	15	16	17	18	19	20	21	22	23	24	25	26	27	28	29	5/1	2	3	4	5	6	7	8	9	10
대운 남	9	9	10	10	망	1	1	1	1	2	2	2	3	3	3	4	4	4	5	5	하	6	6	6	7	7	7	8	8	8
대운 여	1	1	1	1	종	10	10	10	9	9	9	8	8	8	7	7	7	6	6	6	지	5	5	4	4	4	3	3	3	2

대장군(동방). 삼살(동방), 상문(서남방),조객(동방), 납음(백납금), 【삼재(해,자,축)년】
한식(4월05일), 초복(7월16일), 중복(7월26일), 말복(8월15일)

辛巳年(신사년)

2001

소서 7일 10시 06분 ⇨ 【乙未月(을미월)】(소서, 대서~ 입추 전) 대서 23일 03시 26분

양력 7 음력 05/11 ~ 06/11

양력	1	2	3	4	5	6	7	8	9	10	11	12	13	14	15	16	17	18	19	20	21	22	23	24	25	26	27	28	29	30	31
요일	일	월	화	수	목	금	토	일	월	화	수	목	금	토	일	월	화	수	목	금	토	일	월	화	수	목	금	토	일	월	화
일진 日辰	乙丑	丙寅	丁卯	戊辰	己巳	庚午	辛未	壬申	癸酉	甲戌	乙亥	丙子	丁丑	戊寅	己卯	庚辰	辛巳	壬午	癸未	甲申	乙酉	丙戌	丁亥	戊子	己丑	庚寅	辛卯	壬辰	癸巳	甲午	乙未
음력	11	12	13	14	15	16	17	18	19	20	21	22	23	24	25	26	27	28	29	30	6/1	2	3	4	5	6	7	8	9	10	11
대운 남	9	9	9	10	10	10	소	1	1	1	1	2	2	2	3	3	3	4	4	4	5	5	대	6	6	6	7	7	7	8	8
대운 여	2	2	1	1	1	1	서	10	10	9	9	9	8	8	8	7	7	7	6	6	6	5	서	5	4	4	4	3	3	3	2

입추 7일 19시 52분 ⇨ 【丙申月(병신월)】(입추, 처서~ 백로 전) 처서 23일 10시 26분

양력 8 음력 06/12 ~ 07/13

양력	1	2	3	4	5	6	7	8	9	10	11	12	13	14	15	16	17	18	19	20	21	22	23	24	25	26	27	28	29	30	31
요일	수	목	금	토	일	월	화	수	목	금	토	일	월	화	수	목	금	토	일	월	화	수	목	금	토	일	월	화	수	목	금
일진 日辰	丙申	丁酉	戊戌	己亥	庚子	辛丑	壬寅	癸卯	甲辰	乙巳	丙午	丁未	戊申	己酉	庚戌	辛亥	壬子	癸丑	甲寅	乙卯	丙辰	丁巳	戊午	己未	庚申	辛酉	壬戌	癸亥	甲子	乙丑	丙寅
음력	12	13	14	15	16	17	18	19	20	21	22	23	24	25	26	27	28	29	7/1	2	3	4	5	6	7	8	9	10	11	12	13
대운 남	8	9	9	9	10	10	입	1	1	1	1	2	2	2	3	3	3	4	4	4	5	5	처	6	6	6	7	7	7	8	8
대운 여	2	2	1	1	1	1	추	10	10	9	9	9	8	8	8	7	7	7	6	6	6	5	서	5	4	4	4	3	3	3	2

백로 7일 22시 46분 ⇨ 【丁酉月(정유월)】(백로, 추분-한로 전) 추분 23일 08시 04분

양력 9 음력 07/14 ~ 08/14

양력	1	2	3	4	5	6	7	8	9	10	11	12	13	14	15	16	17	18	19	20	21	22	23	24	25	26	27	28	29	30
요일	토	일	월	화	수	목	금	토	일	월	화	수	목	금	토	일	월	화	수	목	금	토	일	월	화	수	목	금	토	일
일진 日辰	丁卯	戊辰	己巳	庚午	辛未	壬申	癸酉	甲戌	乙亥	丙子	丁丑	戊寅	己卯	庚辰	辛巳	壬午	癸未	甲申	乙酉	丙戌	丁亥	戊子	己丑	庚寅	辛卯	壬辰	癸巳	甲午	乙未	丙申
음력	14	15	16	17	18	19	20	21	22	23	24	25	26	27	28	29	8/1	2	3	4	5	6	7	8	9	10	11	12	13	14
대운 남	8	9	9	9	10	10	백	1	1	1	1	2	2	2	3	3	3	4	4	4	5	5	추	6	6	6	7	7	7	8
대운 여	2	2	1	1	1	1	로	10	10	9	9	9	8	8	8	7	7	7	6	6	6	5	분	5	4	4	4	3	3	3

한로 9일 05시 11분 ⇨ 【戊戌月(무술월)】(한로, 상강~ 입동 전) 상강 24일 08시 02분

양력 10 음력 08/15 ~ 09/15

양력	1	2	3	4	5	6	7	8	9	10	11	12	13	14	15	16	17	18	19	20	21	22	23	24	25	26	27	28	29	30	31
요일	월	화	수	목	금	토	일	월	화	수	목	금	토	일	월	화	수	목	금	토	일	월	화	수	목	금	토	일	월	화	수
일진 日辰	丁酉	戊戌	己亥	庚子	辛丑	壬寅	癸卯	甲辰	乙巳	丙午	丁未	戊申	己酉	庚戌	辛亥	壬子	癸丑	甲寅	乙卯	丙辰	丁巳	戊午	己未	庚申	辛酉	壬戌	癸亥	甲子	乙丑	丙寅	丁卯
음력	15	16	17	18	19	20	21	22	23	24	25	26	27	28	29	30	9/1	2	3	4	5	6	7	8	9	10	11	12	13	14	15
대운 남	8	8	9	9	9	10	10	한	1	1	1	1	2	2	2	3	3	3	4	4	4	5	상	5	6	6	6	7	7	7	8
대운 여	2	2	2	1	1	1	1	로	10	9	9	9	8	8	8	7	7	7	6	6	6	5	강	5	4	4	4	3	3	3	2

입동 7일 17시 36분 ⇨ 【己亥月(기해월)】(입동, 소설~ 대설 전) 소설 22일 15시 00분

양력 11 음력 09/16 ~ 10/16

양력	1	2	3	4	5	6	7	8	9	10	11	12	13	14	15	16	17	18	19	20	21	22	23	24	25	26	27	28	29	30
요일	목	금	토	일	월	화	수	목	금	토	일	월	화	수	목	금	토	일	월	화	수	목	금	토	일	월	화	수	목	금
일진 日辰	戊辰	己巳	庚午	辛未	壬申	癸酉	甲戌	乙亥	丙子	丁丑	戊寅	己卯	庚辰	辛巳	壬午	癸未	甲申	乙酉	丙戌	丁亥	戊子	己丑	庚寅	辛卯	壬辰	癸巳	甲午	乙未	丙申	丁酉
음력	16	17	18	19	20	21	22	23	24	25	26	27	28	29	10/1	2	3	4	5	6	7	8	9	10	11	12	13	14	15	16
대운 남	8	8	9	9	9	10	입	1	1	1	1	2	2	2	3	3	3	4	4	4	5	소	5	6	6	6	7	7	7	8
대운 여	2	2	1	1	1	1	동	10	9	9	9	8	8	8	7	7	7	6	6	6	5	설	5	4	4	4	3	3	3	2

대설 7일 10시 28분 ⇨ 【庚子月(경자월)】(대설, 동지~소한 전) 동지 22일 04시 21분

양력 12 음력 10/17 ~ 11/17

양력	1	2	3	4	5	6	7	8	9	10	11	12	13	14	15	16	17	18	19	20	21	22	23	24	25	26	27	28	29	30	31
요일	토	일	월	화	수	목	금	토	일	월	화	수	목	금	토	일	월	화	수	목	금	토	일	월	화	수	목	금	토	일	월
일진 日辰	戊戌	己亥	庚子	辛丑	壬寅	癸卯	甲辰	乙巳	丙午	丁未	戊申	己酉	庚戌	辛亥	壬子	癸丑	甲寅	乙卯	丙辰	丁巳	戊午	己未	庚申	辛酉	壬戌	癸亥	甲子	乙丑	丙寅	丁卯	戊辰
음력	17	18	19	20	21	22	23	24	25	26	27	28	29	30	11/1	2	3	4	5	6	7	8	9	10	11	12	13	14	15	16	17
대운 남	8	8	9	9	9	10	대	1	1	1	1	2	2	2	3	3	3	4	4	4	5	동	5	6	6	6	7	7	7	8	8
대운 여	2	2	1	1	1	1	설	9	9	9	8	8	8	7	7	7	6	6	6	5	5	지	4	4	4	3	3	3	2	2	2

2002 壬午年(임오년)

단기 4335년 /불기2546년 대장군(동방), 삼살(북방), 상문(서남방),조객(동남방), 납음(양류목), 【삼재(신,유,술)년】

소한 5일 21시 43분 ⇨ **【辛丑月(신축월)】**(소한, 대한~ 입춘 전) 대한 20일 15시 02분

양력 1 / 음력 11/18 ~ 12/19

양력	1	2	3	4	5	6	7	8	9	10	11	12	13	14	15	16	17	18	19	20	21	22	23	24	25	26	27	28	29	30	31
요일	화	수	목	금	토	일	월	화	수	목	금	토	일	월	화	수	목	금	토	일	월	화	수	목	금	토	일	월	화	수	목
일진 日辰	己巳	庚午	辛未	壬申	癸酉	甲戌	乙亥	丙子	丁丑	戊寅	己卯	庚辰	辛巳	壬午	癸未	甲申	乙酉	丙戌	丁亥	戊子	己丑	庚寅	辛卯	壬辰	癸巳	甲午	乙未	丙申	丁酉	戊戌	己亥
음력	18	19	20	21	22	23	24	25	26	27	28	29	12/1	2	3	4	5	6	7	8	9	10	11	12	13	14	15	16	17	18	19
대운 남	8	9	9	9	소	1	1	1	1	2	2	2	3	3	3	4	4	4	5	대	5	6	6	6	7	7	7	8	8	8	9
대운 여	1	1	1	1	한	10	9	9	9	8	8	8	7	7	7	6	6	6	5	한	5	4	4	4	3	3	3	2	2	2	1

입춘 4일 09시 24분 ⇨ **【壬寅月(임인월)】** (입춘, 우수~ 경칩 전) 우수 19일 05시 13분

양력 2 / 음력 12/20 ~ 01/17

양력	1	2	3	4	5	6	7	8	9	10	11	12	13	14	15	16	17	18	19	20	21	22	23	24	25	26	27	28
요일	금	토	일	월	화	수	목	금	토	일	월	화	수	목	금	토	일	월	화	수	목	금	토	일	월	화	수	목
일진 日辰	庚子	辛丑	壬寅	癸卯	甲辰	乙巳	丙午	丁未	戊申	己酉	庚戌	辛亥	壬子	癸丑	甲寅	乙卯	丙辰	丁巳	戊午	己未	庚申	辛酉	壬戌	癸亥	甲子	乙丑	丙寅	丁卯
음력	20	21	22	23	24	25	26	27	28	29	30	1/1	2	3	4	5	6	7	8	9	10	11	12	13	14	15	16	17
대운 남	9	9	10	입	10	9	9	9	8	8	8	7	7	7	6	6	6	5	우	5	4	4	4	3	3	3	2	2
대운 여	1	1	1	춘	1	1	1	1	2	2	2	3	3	3	4	4	4	5	수	5	6	6	6	7	7	7	8	8

立春

경칩 6일 03시 28분 ⇨ **【癸卯月(계묘월)】**(경칩, 춘분~ 청명 전) 춘분 21일 04시 16분

양력 3 / 음력 01/18 ~ 02/18

양력	1	2	3	4	5	6	7	8	9	10	11	12	13	14	15	16	17	18	19	20	21	22	23	24	25	26	27	28	29	30	31
요일	금	토	일	월	화	수	목	금	토	일	월	화	수	목	금	토	일	월	화	수	목	금	토	일	월	화	수	목	금	토	일
일진 日辰	戊辰	己巳	庚午	辛未	壬申	癸酉	甲戌	乙亥	丙子	丁丑	戊寅	己卯	庚辰	辛巳	壬午	癸未	甲申	乙酉	丙戌	丁亥	戊子	己丑	庚寅	辛卯	壬辰	癸巳	甲午	乙未	丙申	丁酉	戊戌
음력	18	19	20	21	22	23	24	25	26	27	28	29	30	2/1	2	3	4	5	6	7	8	9	10	11	12	13	14	15	16	17	18
대운 남	2	1	1	1	1	경	10	9	9	9	8	8	8	7	7	7	6	6	6	5	춘	5	4	4	4	3	3	3	2	2	2
대운 여	9	9	9	10	10	칩	1	1	1	1	2	2	2	3	3	3	4	4	4	5	분	5	6	6	6	7	7	7	8	8	8

청명 5일 08시 18분 ⇨ **【甲辰月(갑진월)】**(청명, 곡우~ 입하 전) 곡우 20일 15시 20분

양력 4 / 음력 02/19 ~ 03/18

양력	1	2	3	4	5	6	7	8	9	10	11	12	13	14	15	16	17	18	19	20	21	22	23	24	25	26	27	28	29	30
요일	월	화	수	목	금	토	일	월	화	수	목	금	토	일	월	화	수	목	금	토	일	월	화	수	목	금	토	일	월	화
일진 日辰	己亥	庚子	辛丑	壬寅	癸卯	甲辰	乙巳	丙午	丁未	戊申	己酉	庚戌	辛亥	壬子	癸丑	甲寅	乙卯	丙辰	丁巳	戊午	己未	庚申	辛酉	壬戌	癸亥	甲子	乙丑	丙寅	丁卯	戊辰
음력	19	20	21	22	23	24	25	26	27	28	29	30	3/1	2	3	4	5	6	7	8	9	10	11	12	13	14	15	16	17	18
대운 남	1	1	1	1	청	10	10	9	9	9	8	8	8	7	7	7	6	6	6	곡	5	5	4	4	4	3	3	3	2	2
대운 여	9	9	9	10	명	1	1	1	1	2	2	2	3	3	3	4	4	4	5	우	5	6	6	6	7	7	7	8	8	8

입하 6일 01시 37분 ⇨ **【乙巳月(을사월)】**(입하, 소만~ 망종 전) 소만 21일 14시 29분

양력 5 / 음력 03/19 ~ 04/20

양력	1	2	3	4	5	6	7	8	9	10	11	12	13	14	15	16	17	18	19	20	21	22	23	24	25	26	27	28	29	30	31
요일	수	목	금	토	일	월	화	수	목	금	토	일	월	화	수	목	금	토	일	월	화	수	목	금	토	일	월	화	수	목	금
일진 日辰	己巳	庚午	辛未	壬申	癸酉	甲戌	乙亥	丙子	丁丑	戊寅	己卯	庚辰	辛巳	壬午	癸未	甲申	乙酉	丙戌	丁亥	戊子	己丑	庚寅	辛卯	壬辰	癸巳	甲午	乙未	丙申	丁酉	戊戌	己亥
음력	19	20	21	22	23	24	25	26	27	28	29	4/1	2	3	4	5	6	7	8	9	10	11	12	13	14	15	16	17	18	19	20
대운 남	2	1	1	1	1	입	10	10	9	9	9	8	8	8	7	7	7	6	6	6	소	5	5	4	4	4	3	3	3	2	2
대운 여	9	9	9	10	10	하	1	1	1	1	2	2	2	3	3	3	4	4	4	5	만	5	6	6	6	7	7	7	8	8	8

망종 6일 05시 45분 ⇨ **【丙午月(병오월)】**(망종, 하지~ 소서 전) 하지 21일 22시 24분

양력 6 / 음력 04/21 ~ 05/20

양력	1	2	3	4	5	6	7	8	9	10	11	12	13	14	15	16	17	18	19	20	21	22	23	24	25	26	27	28	29	30
요일	토	일	월	화	수	목	금	토	일	월	화	수	목	금	토	일	월	화	수	목	금	토	일	월	화	수	목	금	토	일
일진 日辰	庚子	辛丑	壬寅	癸卯	甲辰	乙巳	丙午	丁未	戊申	己酉	庚戌	辛亥	壬子	癸丑	甲寅	乙卯	丙辰	丁巳	戊午	己未	庚申	辛酉	壬戌	癸亥	甲子	乙丑	丙寅	丁卯	戊辰	己巳
음력	21	22	23	24	25	26	27	28	29	30	5/1	2	3	4	5	6	7	8	9	10	11	12	13	14	15	16	17	18	19	20
대운 남	2	1	1	1	1	망	10	10	9	9	9	8	8	8	7	7	7	6	6	6	하	5	5	4	4	4	3	3	3	2
대운 여	9	9	9	10	10	종	1	1	1	1	2	2	2	3	3	3	4	4	4	5	지	5	6	6	6	7	7	7	8	8

대장군(동방). 삼살(북방), 상문(서남방),조객(동남방), 납음(양류목), 【삼재(신,유,술)년】

한식(4월06일), 초복(7월11일), 중복(7월21일), 말복(8월10일)

壬午年(임오년)

2002

소서 7일 15시 56분 ⇨ 【丁未月(정미월)】(소서, 대서~ 입추 전) 대서 23일 09시 15분

7 (음력 05/21 ~ 06/22)

양력	1	2	3	4	5	6	7	8	9	10	11	12	13	14	15	16	17	18	19	20	21	22	23	24	25	26	27	28	29	30	31
요일	월	화	수	목	금	토	일	월	화	수	목	금	토	일	월	화	수	목	금	토	일	월	화	수	목	금	토	일	월	화	수
일진 日辰	庚午	辛未	壬申	癸酉	甲戌	乙亥	丙子	丁丑	戊寅	己卯	庚辰	辛巳	壬午	癸未	甲申	乙酉	丙戌	丁亥	戊子	己丑	庚寅	辛卯	壬辰	癸巳	甲午	乙未	丙申	丁酉	戊戌	己亥	庚子
음력	21	22	23	24	25	26	27	28	29	6/1	2	3	4	5	6	7	8	9	10	11	12	13	14	15	16	17	18	19	20	21	22
대운 남	2	2	1	1	1	1	소	10	10	10	9	9	9	8	8	8	7	7	7	6	6	6	대	5	5	4	4	4	3	3	3
대운 여	8	9	9	9	10	10	서	1	1	1	1	2	2	2	3	3	3	4	4	4	5	5	서	6	6	6	7	7	7	8	8

입추 8일 01시 39분 ⇨ 【戊申月(무신월)】(입추, 처서~ 백로 전) 처서 23일 16시 17분

8 (음력 06/23 ~ 07/23)

양력	1	2	3	4	5	6	7	8	9	10	11	12	13	14	15	16	17	18	19	20	21	22	23	24	25	26	27	28	29	30	31
요일	목	금	토	일	월	화	수	목	금	토	일	월	화	수	목	금	토	일	월	화	수	목	금	토	일	월	화	수	목	금	토
일진 日辰	辛丑	壬寅	癸卯	甲辰	乙巳	丙午	丁未	戊申	己酉	庚戌	辛亥	壬子	癸丑	甲寅	乙卯	丙辰	丁巳	戊午	己未	庚申	辛酉	壬戌	癸亥	甲子	乙丑	丙寅	丁卯	戊辰	己巳	庚午	辛未
음력	23	24	25	26	27	28	29	30	7/1	2	3	4	5	6	7	8	9	10	11	12	13	14	15	16	17	18	19	20	21	22	23
대운 남	2	2	2	1	1	1	1	입	10	10	9	9	9	8	8	8	7	7	7	6	6	6	처	5	5	4	4	4	3	3	3
대운 여	8	9	9	9	10	10	10	추	1	1	1	1	2	2	2	3	3	3	4	4	4	5	서	5	6	6	6	7	7	7	8

백로 8일 04시 31분 ⇨ 【己酉月(기유월)】(백로, 추분-한로 전) 추분 23일 13시 55분

9 (음력 07/24 ~ 08/24)

양력	1	2	3	4	5	6	7	8	9	10	11	12	13	14	15	16	17	18	19	20	21	22	23	24	25	26	27	28	29	30
요일	일	월	화	수	목	금	토	일	월	화	수	목	금	토	일	월	화	수	목	금	토	일	월	화	수	목	금	토	일	월
일진 日辰	壬申	癸酉	甲戌	乙亥	丙子	丁丑	戊寅	己卯	庚辰	辛巳	壬午	癸未	甲申	乙酉	丙戌	丁亥	戊子	己丑	庚寅	辛卯	壬辰	癸巳	甲午	乙未	丙申	丁酉	戊戌	己亥	庚子	辛丑
음력	24	25	26	27	28	29	8/1	2	3	4	5	6	7	8	9	10	11	12	13	14	15	16	17	18	19	20	21	22	23	24
대운 남	2	2	2	1	1	1	1	백	10	9	9	9	8	8	8	7	7	7	6	6	6	5	추	5	4	4	4	3	3	3
대운 여	8	8	9	9	9	10	10	로	1	1	1	1	2	2	2	3	3	3	4	4	4	5	분	5	6	6	6	7	7	7

한로 8일 20시 09분 ⇨ 【庚戌月(경술월)】(한로, 상강~ 입동 전) 상강 23일 23시 18분

10 (음력 08/25 ~ 09/26)

양력	1	2	3	4	5	6	7	8	9	10	11	12	13	14	15	16	17	18	19	20	21	22	23	24	25	26	27	28	29	30	31
요일	화	수	목	금	토	일	월	화	수	목	금	토	일	월	화	수	목	금	토	일	월	화	수	목	금	토	일	월	화	수	목
일진 日辰	壬寅	癸卯	甲辰	乙巳	丙午	丁未	戊申	己酉	庚戌	辛亥	壬子	癸丑	甲寅	乙卯	丙辰	丁巳	戊午	己未	庚申	辛酉	壬戌	癸亥	甲子	乙丑	丙寅	丁卯	戊辰	己巳	庚午	辛未	壬申
음력	25	26	27	28	29	9/1	2	3	4	5	6	7	8	9	10	11	12	13	14	15	16	17	18	19	20	21	22	23	24	25	26
대운 남	2	2	2	1	1	1	1	한	10	9	9	9	8	8	8	8	7	7	7	6	6	6	상	5	5	4	4	4	3	3	3
대운 여	8	8	8	9	9	9	10	로	1	1	1	1	2	2	2	3	3	3	4	4	4	5	강	5	6	6	6	7	7	7	8

입동 7일 23시 22분 ⇨ 【辛亥月(신해월)】(입동, 소설~ 대설 전) 소설 22일 20시 54분

11 (음력 09/27 ~ 10/26)

양력	1	2	3	4	5	6	7	8	9	10	11	12	13	14	15	16	17	18	19	20	21	22	23	24	25	26	27	28	29	30
요일	금	토	일	월	화	수	목	금	토	일	월	화	수	목	금	토	일	월	화	수	목	금	토	일	월	화	수	목	금	토
일진 日辰	癸酉	甲戌	乙亥	丙子	丁丑	戊寅	己卯	庚辰	辛巳	壬午	癸未	甲申	乙酉	丙戌	丁亥	戊子	己丑	庚寅	辛卯	壬辰	癸巳	甲午	乙未	丙申	丁酉	戊戌	己亥	庚子	辛丑	壬寅
음력	27	28	29	30	10/1	2	3	4	5	6	7	8	9	10	11	12	13	14	15	16	17	18	19	20	21	22	23	24	25	26
대운 남	2	2	1	1	1	1	입	10	9	9	9	8	8	8	7	7	7	6	6	6	5	소	5	4	4	4	3	3	3	2
대운 여	8	8	9	9	9	10	동	1	1	1	1	2	2	2	3	3	3	4	4	4	5	설	5	6	6	6	7	7	7	8

대설 7일 16시 14분 ⇨ 【壬子月(임자월)】(대설, 동지~소한 전) 동지 22일 10시 14분

12 (음력 10/27 ~ 11/28)

양력	1	2	3	4	5	6	7	8	9	10	11	12	13	14	15	16	17	18	19	20	21	22	23	24	25	26	27	28	29	30	31
요일	일	월	화	수	목	금	토	일	월	화	수	목	금	토	일	월	화	수	목	금	토	일	월	화	수	목	금	토	일	월	화
일진 日辰	癸卯	甲辰	乙巳	丙午	丁未	戊申	己酉	庚戌	辛亥	壬子	癸丑	甲寅	乙卯	丙辰	丁巳	戊午	己未	庚申	辛酉	壬戌	癸亥	甲子	乙丑	丙寅	丁卯	戊辰	己巳	庚午	辛未	壬申	癸酉
음력	27	28	29	11/1	2	3	4	5	6	7	8	9	10	11	12	13	14	15	16	17	18	19	20	21	22	23	24	25	26	27	28
대운 남	2	2	1	1	1	1	대	10	9	9	9	8	8	8	7	7	7	6	6	6	5	동	5	4	4	4	3	3	3	2	2
대운 여	8	8	9	9	9	10	설	1	1	1	1	2	2	2	3	3	3	4	4	4	5	지	5	6	6	6	7	7	7	8	8

2003 癸未年(계미년)

단기 4336년 /불기2547년 대장군(동방), 삼살(서방), 상문(서방),조객(동남방), 납음(양류목), 【삼재(사,오,미)년】

소한 6일 03시 27분 ⇨ **【癸丑月(계축월)】**(소한, 대한~ 입춘 전) 대한 20일 20시 52분

양력 **1** / 음력 11/29 ~ 12/29

양력	1	2	3	4	5	6	7	8	9	10	11	12	13	14	15	16	17	18	19	20	21	22	23	24	25	26	27	28	29	30	31
요일	수	목	금	토	일	월	화	수	목	금	토	일	월	화	수	목	금	토	일	월	화	수	목	금	토	일	월	화	수	목	[illegible]
일진 日辰	甲戌	乙亥	丙子	丁丑	戊寅	己卯	庚辰	辛巳	壬午	癸未	甲申	乙酉	丙戌	丁亥	戊子	己丑	庚寅	辛卯	壬辰	癸巳	甲午	乙未	丙申	丁酉	戊戌	己亥	庚子	辛丑	壬寅	癸卯	[illegible]
음력	29	30	12/1	2	3	4	5	6	7	8	9	10	11	12	13	14	15	16	17	18	19	20	21	22	23	24	25	26	27	28	[illegible]
대운 남	2	1	1	1	1	소	9	9	9	8	8	8	7	7	7	6	6	6	5	대	5	4	4	4	3	3	3	2	2	2	[illegible]
대운 여	8	9	9	9	10	한	1	1	1	1	2	2	2	3	3	3	4	4	4	한	5	5	6	6	6	7	7	7	8	8	[illegible]

입춘 4일 15시 05분 ⇨ **【甲寅月(갑인월)】**(입춘, 우수~ 경칩 전) 우수 19일 11시 00분

양력 **2** / 음력 01/01 ~ 01/28

양력	1	2	3	4	5	6	7	8	9	10	11	12	13	14	15	16	17	18	19	20	21	22	23	24	25	26	27	28
요일	토	일	월	화	수	목	금	토	일	월	화	수	목	금	토	일	월	화	수	목	금	토	일	월	화	수	목	금
일진 日辰	乙巳	丙午	丁未	戊申	己酉	庚戌	辛亥	壬子	癸丑	甲寅	乙卯	丙辰	丁巳	戊午	己未	庚申	辛酉	壬戌	癸亥	甲子	乙丑	丙寅	丁卯	戊辰	己巳	庚午	辛未	壬申
음력	1/1	2	3	4	5	6	7	8	9	10	11	12	13	14	15	16	17	18	19	20	21	22	23	24	25	26	27	28
대운 남	1	1	1	입	1	1	1	1	2	2	2	3	3	3	4	4	4	5	우	5	6	6	6	7	7	7	8	8
대운 여	9	9	9	춘	10	9	9	9	8	8	8	7	7	7	6	6	6	5	수	5	4	4	4	3	3	3	2	2

立春

경칩 6일 09시 04분 ⇨ **【乙卯月(을묘월)】**(경칩, 춘분~ 청명 전) 춘분 21일 09시 59분

양력 **3** / 음력 01/29 ~ 02/29

양력	1	2	3	4	5	6	7	8	9	10	11	12	13	14	15	16	17	18	19	20	21	22	23	24	25	26	27	28	29	30	31
요일	토	일	월	화	수	목	금	토	일	월	화	수	목	금	토	일	월	화	수	목	금	토	일	월	화	수	목	금	토	일	[illegible]
일진 日辰	癸酉	甲戌	乙亥	丙子	丁丑	戊寅	己卯	庚辰	辛巳	壬午	癸未	甲申	乙酉	丙戌	丁亥	戊子	己丑	庚寅	辛卯	壬辰	癸巳	甲午	乙未	丙申	丁酉	戊戌	己亥	庚子	辛丑	壬寅	[illegible]
음력	29	30	2/1	2	3	4	5	6	7	8	9	10	11	12	13	14	15	16	17	18	19	20	21	22	23	24	25	26	27	28	[illegible]
대운 남	8	9	9	9	10	경	1	1	1	1	2	2	2	3	3	3	4	4	4	5	춘	5	6	6	6	7	7	7	8	8	[illegible]
대운 여	2	1	1	1	1	칩	10	9	9	9	8	8	8	7	7	7	6	6	6	5	분	5	4	4	4	3	3	3	2	2	[illegible]

청명 5일 13시 52분 ⇨ **【丙辰月(병진월)】**(청명, 곡우~ 입하 전) 곡우 20일 21시 02분

양력 **4** / 음력 02/30 ~ 03/29

양력	1	2	3	4	5	6	7	8	9	10	11	12	13	14	15	16	17	18	19	20	21	22	23	24	25	26	27	28	29	30
요일	화	수	목	금	토	일	월	화	수	목	금	토	일	월	화	수	목	금	토	일	월	화	수	목	금	토	일	월	화	수
일진 日辰	甲辰	乙巳	丙午	丁未	戊申	己酉	庚戌	辛亥	壬子	癸丑	甲寅	乙卯	丙辰	丁巳	戊午	己未	庚申	辛酉	壬戌	癸亥	甲子	乙丑	丙寅	丁卯	戊辰	己巳	庚午	辛未	壬申	癸酉
음력	30	3/1	2	3	4	5	6	7	8	9	10	11	12	13	14	15	16	17	18	19	20	21	22	23	24	25	26	27	28	29
대운 남	9	9	9	10	청	1	1	1	1	2	2	2	3	3	3	4	4	4	5	하	5	6	6	6	7	7	7	8	8	8
대운 여	1	1	1	1	명	10	10	9	9	9	8	8	8	7	7	7	6	6	6	지	5	5	4	4	4	3	3	3	2	2

입하 6일 07시 10분 ⇨ **【丁巳月(정사월)】**(입하, 소만~ 망종 전) 소만 21일 20시 12분

양력 **5** / 음력 04/01 ~ 05/01

양력	1	2	3	4	5	6	7	8	9	10	11	12	13	14	15	16	17	18	19	20	21	22	23	24	25	26	27	28	29	30	31
요일	목	금	토	일	월	화	수	목	금	토	일	월	화	수	목	금	토	일	월	화	수	목	금	토	일	월	화	수	목	금	[illegible]
일진 日辰	甲戌	乙亥	丙子	丁丑	戊寅	己卯	庚辰	辛巳	壬午	癸未	甲申	乙酉	丙戌	丁亥	戊子	己丑	庚寅	辛卯	壬辰	癸巳	甲午	乙未	丙申	丁酉	戊戌	己亥	庚子	辛丑	壬寅	癸卯	[illegible]
음력	4/1	2	3	4	5	6	7	8	9	10	11	12	13	14	15	16	17	18	19	20	21	22	23	24	25	26	27	28	29	30	[illegible]
대운 남	9	9	9	10	10	입	1	1	1	1	2	2	2	3	3	3	4	4	4	5	소	5	6	6	6	7	7	7	8	8	[illegible]
대운 여	2	1	1	1	1	하	10	10	9	9	9	8	8	8	7	7	7	6	6	6	만	5	5	4	4	4	3	3	3	2	[illegible]

망종 6일 11시 19분 ⇨ **【戊午月(무오월)】**(망종, 하지~ 소서 전) 하지 22일 04시 10분

양력 **6** / 음력 05/02 ~ 06/01

양력	1	2	3	4	5	6	7	8	9	10	11	12	13	14	15	16	17	18	19	20	21	22	23	24	25	26	27	28	29	30
요일	일	월	화	수	목	금	토	일	월	화	수	목	금	토	일	월	화	수	목	금	토	일	월	화	수	목	금	토	일	월
일진 日辰	乙巳	丙午	丁未	戊申	己酉	庚戌	辛亥	壬子	癸丑	甲寅	乙卯	丙辰	丁巳	戊午	己未	庚申	辛酉	壬戌	癸亥	甲子	乙丑	丙寅	丁卯	戊辰	己巳	庚午	辛未	壬申	癸酉	甲戌
음력	2	3	4	5	6	7	8	9	10	11	12	13	14	15	16	17	18	19	20	21	22	23	24	25	26	27	28	29	30	6/1
대운 남	9	9	9	10	10	망	1	1	1	1	2	2	2	3	3	3	4	4	4	5	5	하	6	6	6	7	7	7	8	8
대운 여	2	1	1	1	1	종	10	10	9	9	9	8	8	8	7	7	7	6	6	6	5	지	5	4	4	4	3	3	3	2

대장군(동방). 삼살(서방), 상문(서방),조객(동남방), 납음(양류목), 【삼재(사,오,미)년】
한식(4월06일), 초복(7월16일), 중복(7월26일), 말복(8월15일)

癸未年(계미년)

2003

소서 8일 02시 07분 ⇨ **【己未月(기미월)】**(소서, 대서~ 입추 전) 대서 23일 19시 30분

양력 7 / 음력 06/02 – 07/03

양력	1	2	3	4	5	6	7	8	9	10	11	12	13	14	15	16	17	18	19	20	21	22	23	24	25	26	27	28	29	30	31
요일	화	수	목	금	토	일	월	화	수	목	금	토	일	월	화	수	목	금	토	일	월	화	수	목	금	토	일	월	화	수	목
일진 日辰	乙亥	丙子	丁丑	戊寅	己卯	庚辰	辛巳	壬午	癸未	甲申	乙酉	丙戌	丁亥	戊子	己丑	庚寅	辛卯	壬辰	癸巳	甲午	乙未	丙申	丁酉	戊戌	己亥	庚子	辛丑	壬寅	癸卯	甲辰	乙巳
음력	2	3	4	5	6	7	8	9	10	11	12	13	14	15	16	17	18	19	20	21	22	23	24	25	26	27	28	29	7/1	2	3
대운 남	8	9	9	9	10	10	소	1	1	1	1	2	2	2	3	3	3	4	4	4	5	5	대	6	6	6	7	7	7	8	8
대운 여	2	2	1	1	1	1	서	10	10	10	9	9	9	8	8	8	7	7	7	6	6	6	서	5	5	4	4	4	3	3	3

입추 8일 11시 44분 ⇨ **【庚申月(경신월)】**(입추, 처서~ 백로 전) 처서 24일 02시 15분

양력 8 / 음력 07/04 – 08/04

양력	1	2	3	4	5	6	7	8	9	10	11	12	13	14	15	16	17	18	19	20	21	22	23	24	25	26	27	28	29	30	31
요일	금	토	일	월	화	수	목	금	토	일	월	화	수	목	금	토	일	월	화	수	목	금	토	일	월	화	수	목	금	토	일
일진 日辰	丙午	丁未	戊申	己酉	庚戌	辛亥	壬子	癸丑	甲寅	乙卯	丙辰	丁巳	戊午	己未	庚申	辛酉	壬戌	癸亥	甲子	乙丑	丙寅	丁卯	戊辰	己巳	庚午	辛未	壬申	癸酉	甲戌	乙亥	丙子
음력	4	5	6	7	8	9	10	11	12	13	14	15	16	17	18	19	20	21	22	23	24	25	26	27	28	29	30	8/1	2	3	4
대운 남	8	9	9	9	10	10	10	입	1	1	1	1	2	2	2	3	3	3	4	4	4	5	처	5	6	6	6	7	7	7	8
대운 여	2	2	2	1	1	1	1	추	10	10	9	9	9	8	8	8	7	7	7	6	6	6	서	5	5	4	4	4	3	3	3

백로 8일 10시 20분 ⇨ **【辛酉月(신유월)】**(백로, 추분-한로 전) 추분 23일 19시 46분

양력 9 / 음력 08/05 – 09/05

양력	1	2	3	4	5	6	7	8	9	10	11	12	13	14	15	16	17	18	19	20	21	22	23	24	25	26	27	28	29	30
요일	월	화	수	목	금	토	일	월	화	수	목	금	토	일	월	화	수	목	금	토	일	월	화	수	목	금	토	일	월	화
일진 日辰	丁丑	戊寅	己卯	庚辰	辛巳	壬午	癸未	甲申	乙酉	丙戌	丁亥	戊子	己丑	庚寅	辛卯	壬辰	癸巳	甲午	乙未	丙申	丁酉	戊戌	己亥	庚子	辛丑	壬寅	癸卯	甲辰	乙巳	丙午
음력	5	6	7	8	9	10	11	12	13	14	15	16	17	18	19	20	21	22	23	24	25	26	27	28	29	9/1	2	3	4	5
대운 남	8	8	9	9	9	10	10	백	1	1	1	1	2	2	2	3	3	3	4	4	4	5	추	5	6	6	6	7	7	7
대운 여	2	2	2	1	1	1	1	로	10	10	9	9	9	8	8	8	7	7	7	6	6	6	분	5	5	4	4	4	3	3

한로 9일 02시 00분 ⇨ **【壬戌月(임술월)】**(한로, 상강~ 입동 전) 상강 24일 05시 08분

양력 10 / 음력 09/06 – 10/07

양력	1	2	3	4	5	6	7	8	9	10	11	12	13	14	15	16	17	18	19	20	21	22	23	24	25	26	27	28	29	30	31
요일	수	목	금	토	일	월	화	수	목	금	토	일	월	화	수	목	금	토	일	월	화	수	목	금	토	일	월	화	수	목	금
일진 日辰	丁未	戊申	己酉	庚戌	辛亥	壬子	癸丑	甲寅	乙卯	丙辰	丁巳	戊午	己未	庚申	辛酉	壬戌	癸亥	甲子	乙丑	丙寅	丁卯	戊辰	己巳	庚午	辛未	壬申	癸酉	甲戌	乙亥	丙子	丁丑
음력	6	7	8	9	10	11	12	13	14	15	16	17	18	19	20	21	22	23	24	25	26	27	28	29	10/1	2	3	4	5	6	7
대운 남	8	8	8	9	9	9	10	10	한	1	1	1	1	2	2	2	3	3	3	4	4	4	5	상	5	6	6	6	7	7	7
대운 여	3	2	2	2	1	1	1	1	로	10	9	9	9	8	8	8	7	7	7	6	6	6	5	강	5	4	4	4	3	3	3

입동 8일 05시 12분 ⇨ **【癸亥月(계해월)】**(입동, 소설~ 대설 전) 소설 23일 02시 43분

양력 11 / 음력 10/08 – 11/07

양력	1	2	3	4	5	6	7	8	9	10	11	12	13	14	15	16	17	18	19	20	21	22	23	24	25	26	27	28	29	30
요일	토	일	월	화	수	목	금	토	일	월	화	수	목	금	토	일	월	화	수	목	금	토	일	월	화	수	목	금	토	일
일진 日辰	戊寅	己卯	庚辰	辛巳	壬午	癸未	甲申	乙酉	丙戌	丁亥	戊子	己丑	庚寅	辛卯	壬辰	癸巳	甲午	乙未	丙申	丁酉	戊戌	己亥	庚子	辛丑	壬寅	癸卯	甲辰	乙巳	丙午	丁未
음력	8	9	10	11	12	13	14	15	16	17	18	19	20	21	22	23	24	25	26	27	28	29	30	11/1	2	3	4	5	6	7
대운 남	8	8	8	9	9	9	10	입	1	1	1	1	2	2	2	3	3	3	4	4	4	5	소	5	6	6	6	7	7	7
대운 여	2	2	2	1	1	1	1	동	9	9	9	8	8	8	7	7	7	6	6	6	5	5	설	4	4	4	3	3	3	2

대설 7일 22시 04분 ⇨ **【甲子月(갑자월)】**(대설, 동지~소한 전) 동지 22일 16시 03분

양력 12 / 음력 11/08 – 12/09

양력	1	2	3	4	5	6	7	8	9	10	11	12	13	14	15	16	17	18	19	20	21	22	23	24	25	26	27	28	29	30	31
요일	월	화	수	목	금	토	일	월	화	수	목	금	토	일	월	화	수	목	금	토	일	월	화	수	목	금	토	일	월	화	수
일진 日辰	戊申	己酉	庚戌	辛亥	壬子	癸丑	甲寅	乙卯	丙辰	丁巳	戊午	己未	庚申	辛酉	壬戌	癸亥	甲子	乙丑	丙寅	丁卯	戊辰	己巳	庚午	辛未	壬申	癸酉	甲戌	乙亥	丙子	丁丑	戊寅
음력	8	9	10	11	12	13	14	15	16	17	18	19	20	21	22	23	24	25	26	27	28	29	12/1	2	3	4	5	6	7	8	9
대운 남	8	8	8	9	9	9	대	1	1	1	1	2	2	2	3	3	3	4	4	4	5	동	5	6	6	6	7	7	7	8	8
대운 여	2	2	1	1	1	1	설	10	9	9	9	8	8	8	7	7	7	6	6	6	5	지	5	4	4	4	3	3	3	2	2

윤2월 小 2004 甲申年(갑신년)

단기 4337년 /불기2548년 대장군(남방), 삼살(남방), 상문(서북방), 조객(남방),납음(천중수), 삼재(인,묘,진)

소한 06일 09시 18분 ⇨ 【乙丑月(을축월)】(소한, 대한~ 입춘 전) 대한 21일 02시 42분

양력 1 / 음력 12/10 ~ 01/10

양력	1	2	3	4	5	6	7	8	9	10	11	12	13	14	15	16	17	18	19	20	21	22	23	24	25	26	27	28	29	30	31
요일	목	금	토	일	월	화	수	목	금	토	일	월	화	수	목	금	토	일	월	화	수	목	금	토	일	월	화	수	목	금	토
일진 日辰	己卯	庚辰	辛巳	壬午	癸未	甲申	乙酉	丙戌	丁亥	戊子	己丑	庚寅	辛卯	壬辰	癸巳	甲午	乙未	丙申	丁酉	戊戌	己亥	庚子	辛丑	壬寅	癸卯	甲辰	乙巳	丙午	丁未	戊申	己酉
음력	10	11	12	13	14	15	16	17	18	19	20	21	22	23	24	25	26	27	28	29	30	1/1	2	3	4	5	6	7	8	9	10
대운 남	8	9	9	9	10	소	1	1	1	1	2	2	2	3	3	3	4	4	4	5	대	5	6	6	6	7	7	7	8	8	8
대운 여	2	1	1	1	1	한	9	9	9	8	8	8	7	7	7	6	6	6	5	5	한	4	4	4	3	3	3	2	2	2	1

입춘 4일 20시 55분 ⇨ 【丙寅月(병인월)】(입춘, 우수~ 경칩 전) 우수 19일 16시 49분

양력 2 / 음력 01/11 ~ 02/10

양력	1	2	3	4	5	6	7	8	9	10	11	12	13	14	15	16	17	18	19	20	21	22	23	24	25	26	27	28	29	
요일	일	월	화	수	목	금	토	일	월	화	수	목	금	토	일	월	화	수	목	금	토	일	월	화	수	목	금	토	일	立春
일진 日辰	庚戌	辛亥	壬子	癸丑	甲寅	乙卯	丙辰	丁巳	戊午	己未	庚申	辛酉	壬戌	癸亥	甲子	乙丑	丙寅	丁卯	戊辰	己巳	庚午	辛未	壬申	癸酉	甲戌	乙亥	丙子	丁丑	戊寅	
음력	11	12	13	14	15	16	17	18	19	20	21	22	23	24	25	26	27	28	29	2/1	2	3	4	5	6	7	8	9	10	
대운 남	9	9	9	입	10	9	9	9	8	8	8	7	7	7	6	6	6	5	우	5	4	4	4	3	3	3	2	2	2	
대운 여	1	1	1	춘	1	1	1	1	2	2	2	3	3	3	4	4	4	5	수	5	6	6	6	7	7	7	8	8	8	

경칩 5일 14시 55분 ⇨ 【丁卯月(정묘월)】(경칩, 춘분~ 청명 전) 춘분 20일 15시 48분

양력 3 / 음력 02/11 ~ 윤2/11

양력	1	2	3	4	5	6	7	8	9	10	11	12	13	14	15	16	17	18	19	20	21	22	23	24	25	26	27	28	29	30	31
요일	월	화	수	목	금	토	일	월	화	수	목	금	토	일	월	화	수	목	금	토	일	월	화	수	목	금	토	일	월	화	수
일진 日辰	己卯	庚辰	辛巳	壬午	癸未	甲申	乙酉	丙戌	丁亥	戊子	己丑	庚寅	辛卯	壬辰	癸巳	甲午	乙未	丙申	丁酉	戊戌	己亥	庚子	辛丑	壬寅	癸卯	甲辰	乙巳	丙午	丁未	戊申	己酉
음력	11	12	13	14	15	16	17	18	19	20	21	22	23	24	25	26	27	28	29	30	윤2	2	3	4	5	6	7	8	9	10	11
대운 남	1	1	1	1	경	10	9	9	9	8	8	8	7	7	7	6	6	6	5	춘	5	4	4	4	3	3	3	2	2	2	1
대운 여	9	9	9	10	칩	1	1	1	1	2	2	2	3	3	3	4	4	4	5	분	5	6	6	6	7	7	7	8	8	8	9

청명 4일 19시 43분 ⇨ 【戊辰月(무진월)】(청명, 곡우~ 입하 전) 곡우 20일 02시 50분

양력 4 / 음력 윤2/12 ~ 03/12

양력	1	2	3	4	5	6	7	8	9	10	11	12	13	14	15	16	17	18	19	20	21	22	23	24	25	26	27	28	29	30
요일	목	금	토	일	월	화	수	목	금	토	일	월	화	수	목	금	토	일	월	화	수	목	금	토	일	월	화	수	목	금
일진 日辰	庚戌	辛亥	壬子	癸丑	甲寅	乙卯	丙辰	丁巳	戊午	己未	庚申	辛酉	壬戌	癸亥	甲子	乙丑	丙寅	丁卯	戊辰	己巳	庚午	辛未	壬申	癸酉	甲戌	乙亥	丙子	丁丑	戊寅	己卯
음력	12	13	14	15	16	17	18	19	20	21	22	23	24	25	26	27	28	29	3/1	2	3	4	5	6	7	8	9	10	11	12
대운 남	1	1	1	청	10	10	9	9	9	8	8	8	7	7	7	6	6	6	5	곡	5	4	4	4	3	3	3	2	2	2
대운 여	9	9	10	명	1	1	1	1	2	2	2	3	3	3	4	4	4	5	5	우	6	6	6	7	7	7	8	8	8	9

입하 5일 13시 02분 ⇨ 【己巳月(기사월)】(입하, 소만~ 망종 전) 소만 21일 01시 58분

양력 5 / 음력 03/13 ~ 04/13

양력	1	2	3	4	5	6	7	8	9	10	11	12	13	14	15	16	17	18	19	20	21	22	23	24	25	26	27	28	29	30	31
요일	토	일	월	화	수	목	금	토	일	월	화	수	목	금	토	일	월	화	수	목	금	토	일	월	화	수	목	금	토	일	월
일진 日辰	庚辰	辛巳	壬午	癸未	甲申	乙酉	丙戌	丁亥	戊子	己丑	庚寅	辛卯	壬辰	癸巳	甲午	乙未	丙申	丁酉	戊戌	己亥	庚子	辛丑	壬寅	癸卯	甲辰	乙巳	丙午	丁未	戊申	己酉	庚戌
음력	13	14	15	16	17	18	19	20	21	22	23	24	25	26	27	28	29	30	4/1	2	3	4	5	6	7	8	9	10	11	12	13
대운 남	1	1	1	1	입	10	10	9	9	9	8	8	8	7	7	7	6	6	6	5	소	5	4	4	4	3	3	3	2	2	2
대운 여	9	9	10	10	하	1	1	1	1	2	2	2	3	3	3	4	4	4	5	5	만	6	6	6	7	7	7	8	8	8	9

망종 5일 17시 13분 ⇨ 【庚午月(경오월)】(망종, 하지~ 소서 전) 하지 21일 09시 56분

양력 6 / 음력 04/14 ~ 05/13

양력	1	2	3	4	5	6	7	8	9	10	11	12	13	14	15	16	17	18	19	20	21	22	23	24	25	26	27	28	29	30
요일	화	수	목	금	토	일	월	화	수	목	금	토	일	월	화	수	목	금	토	일	월	화	수	목	금	토	일	월	화	수
일진 日辰	辛亥	壬子	癸丑	甲寅	乙卯	丙辰	丁巳	戊午	己未	庚申	辛酉	壬戌	癸亥	甲子	乙丑	丙寅	丁卯	戊辰	己巳	庚午	辛未	壬申	癸酉	甲戌	乙亥	丙子	丁丑	戊寅	己卯	庚辰
음력	14	15	16	17	18	19	20	21	22	23	24	25	26	27	28	29	30	5/1	2	3	4	5	6	7	8	9	10	11	12	13
대운 남	1	1	1	1	망	10	10	10	9	9	9	8	8	8	7	7	7	6	6	6	하	5	5	4	4	4	3	3	3	2
대운 여	9	9	10	10	종	1	1	1	1	2	2	2	3	3	3	4	4	4	5	5	지	6	6	6	7	7	7	8	8	8

대장군(남방), 삼살(남방), 상문(서북방), 조객(남방),납음(천중수), 삼재(인,묘,진)
한식(4월05일), 초복(7월20일), 중복(7월30일), 말복(8월09일)

甲申年(갑신년)

소서 7일 03시 31분 ⇨ **【辛未月(신미월)】**(소서, 대서~ 입추 전) 대서 22일 20시 49분

7월 (음력 05/14 ~ 06/15)

양력	1	2	3	4	5	6	7	8	9	10	11	12	13	14	15	16	17	18	19	20	21	22	23	24	25	26	27	28	29	30	31
요일	목	금	토	일	월	화	수	목	금	토	일	월	화	수	목	금	토	일	월	화	수	목	금	토	일	월	화	수	목	금	토
일진	辛	壬	癸	甲	乙	丙	丁	戊	己	庚	辛	壬	癸	甲	乙	丙	丁	戊	己	庚	辛	壬	癸	甲	乙	丙	丁	戊	己	庚	辛
日辰	巳	午	未	申	酉	戌	亥	子	丑	寅	卯	辰	巳	午	未	申	酉	戌	亥	子	丑	寅	卯	辰	巳	午	未	申	酉	戌	亥
음력	14	15	16	17	18	19	20	21	22	23	24	25	26	27	28	29	6/1	2	3	4	5	6	7	8	9	10	11	12	13	14	15
대운 남	2	2	1	1	1	1	소	10	10	9	9	9	8	8	8	7	7	7	6	6	6	대	5	5	4	4	4	3	3	3	2
대운 여	9	9	9	10	10	10	서	1	1	1	1	2	2	2	3	3	3	4	4	4	5	서	5	6	6	6	7	7	7	8	8

입추 7일 13시 19분 ⇨ **【壬申月(임신월)】**(입추, 처서~ 백로 전) 처서 23일 03시 53분

8월 (음력 06/16 ~ 07/16)

양력	1	2	3	4	5	6	7	8	9	10	11	12	13	14	15	16	17	18	19	20	21	22	23	24	25	26	27	28	29	30	31
요일	일	월	화	수	목	금	토	일	월	화	수	목	금	토	일	월	화	수	목	금	토	일	월	화	수	목	금	토	일	월	화
일진	壬	癸	甲	乙	丙	丁	戊	己	庚	辛	壬	癸	甲	乙	丙	丁	戊	己	庚	辛	壬	癸	甲	乙	丙	丁	戊	己	庚	辛	壬
日辰	子	丑	寅	卯	辰	巳	午	未	申	酉	戌	亥	子	丑	寅	卯	辰	巳	午	未	申	酉	戌	亥	子	丑	寅	卯	辰	巳	午
음력	16	17	18	19	20	21	22	23	24	25	26	27	28	29	30	7/1	2	3	4	5	6	7	8	9	10	11	12	13	14	15	16
대운 남	2	2	1	1	1	1	입	10	10	9	9	9	8	8	8	7	7	7	6	6	6	5	처	5	4	4	4	3	3	3	2
대운 여	8	9	9	9	10	10	추	1	1	1	1	2	2	2	3	3	3	4	4	4	5	5	서	6	6	6	7	7	7	8	8

백로 7일 16시 12분 ⇨ **【癸酉月(계유월)】**(백로, 추분-한로 전) 추분 23일 01시 29분

9월 (음력 07/17 ~ 08/17)

양력	1	2	3	4	5	6	7	8	9	10	11	12	13	14	15	16	17	18	19	20	21	22	23	24	25	26	27	28	29	30
요일	수	목	금	토	일	월	화	수	목	금	토	일	월	화	수	목	금	토	일	월	화	수	목	금	토	일	월	화	수	목
일진	癸	甲	乙	丙	丁	戊	己	庚	辛	壬	癸	甲	乙	丙	丁	戊	己	庚	辛	壬	癸	甲	乙	丙	丁	戊	己	庚	辛	壬
日辰	未	申	酉	戌	亥	子	丑	寅	卯	辰	巳	午	未	申	酉	戌	亥	子	丑	寅	卯	辰	巳	午	未	申	酉	戌	亥	子
음력	17	18	19	20	21	22	23	24	25	26	27	28	29	8/1	2	3	4	5	6	7	8	9	10	11	12	13	14	15	16	17
대운 남	2	2	1	1	1	1	백	10	10	9	9	9	8	8	8	7	7	7	6	6	6	5	추	5	4	4	4	3	3	3
대운 여	8	9	9	9	10	10	로	1	1	1	1	2	2	2	3	3	3	4	4	4	5	5	분	6	6	6	7	7	7	8

한로 8일 07시 49분 ⇨ **【甲戌月(갑술월)】**(한로, 상강~ 입동 전) 상강 23일 10시 48분

10월 (음력 08/18 ~ 09/18)

양력	1	2	3	4	5	6	7	8	9	10	11	12	13	14	15	16	17	18	19	20	21	22	23	24	25	26	27	28	29	30	31
요일	금	토	일	월	화	수	목	금	토	일	월	화	수	목	금	토	일	월	화	수	목	금	토	일	월	화	수	목	금	토	일
일진	癸	甲	乙	丙	丁	戊	己	庚	辛	壬	癸	甲	乙	丙	丁	戊	己	庚	辛	壬	癸	甲	乙	丙	丁	戊	己	庚	辛	壬	癸
日辰	丑	寅	卯	辰	巳	午	未	申	酉	戌	亥	子	丑	寅	卯	辰	巳	午	未	申	酉	戌	亥	子	丑	寅	卯	辰	巳	午	未
음력	18	19	20	21	22	23	24	25	26	27	28	29	30	9/1	2	3	4	5	6	7	8	9	10	11	12	13	14	15	16	17	18
대운 남	2	2	2	1	1	1	1	한	10	9	9	9	8	8	8	7	7	7	6	6	6	5	상	5	4	4	4	3	3	3	2
대운 여	8	8	9	9	9	10	10	로	1	1	1	1	2	2	2	3	3	3	4	4	4	5	강	5	6	6	6	7	7	7	8

입동 7일 10시 58분 ⇨ **【乙亥月(을해월)】**(입동, 소설~ 대설 전) 소설 22일 08시 21분

11월 (음력 09/19 ~ 10/19)

양력	1	2	3	4	5	6	7	8	9	10	11	12	13	14	15	16	17	18	19	20	21	22	23	24	25	26	27	28	29	30
요일	월	화	수	목	금	토	일	월	화	수	목	금	토	일	월	화	수	목	금	토	일	월	화	수	목	금	토	일	월	화
일진	甲	乙	丙	丁	戊	己	庚	辛	壬	癸	甲	乙	丙	丁	戊	己	庚	辛	壬	癸	甲	乙	丙	丁	戊	己	庚	辛	壬	癸
日辰	申	酉	戌	亥	子	丑	寅	卯	辰	巳	午	未	申	酉	戌	亥	子	丑	寅	卯	辰	巳	午	未	申	酉	戌	亥	子	丑
음력	19	20	21	22	23	24	25	26	27	28	29	10/1	2	3	4	5	6	7	8	9	10	11	12	13	14	15	16	17	18	19
대운 남	2	2	1	1	1	1	입	10	9	9	9	8	8	8	7	7	7	6	6	6	5	소	5	4	4	4	3	3	3	2
대운 여	8	8	9	9	9	10	동	1	1	1	1	2	2	2	3	3	3	4	4	4	5	설	5	6	6	6	7	7	7	8

대설 7일 03시 48분 ⇨ **【丙子月(병자월)】**(대설, 동지~소한 전) 동지 21일 21시 41분

12월 (음력 10/20 ~ 11/20)

양력	1	2	3	4	5	6	7	8	9	10	11	12	13	14	15	16	17	18	19	20	21	22	23	24	25	26	27	28	29	30	31
요일	수	목	금	토	일	월	화	수	목	금	토	일	월	화	수	목	금	토	일	월	화	수	목	금	토	일	월	화	수	목	금
일진	甲	乙	丙	丁	戊	己	庚	辛	壬	癸	甲	乙	丙	丁	戊	己	庚	辛	壬	癸	甲	乙	丙	丁	戊	己	庚	辛	壬	癸	甲
日辰	寅	卯	辰	巳	午	未	申	酉	戌	亥	子	丑	寅	卯	辰	巳	午	未	申	酉	戌	亥	子	丑	寅	卯	辰	巳	午	未	申
음력	20	21	22	23	24	25	26	27	28	29	30	11/1	2	3	4	5	6	7	8	9	10	11	12	13	14	15	16	17	18	19	20
대운 남	2	2	1	1	1	1	대	9	9	9	8	8	8	7	7	7	6	6	6	5	동	5	4	4	4	3	3	3	2	2	2
대운 여	8	8	9	9	9	10	설	1	1	1	1	2	2	2	3	3	3	4	4	4	지	5	5	6	6	6	7	7	7	8	8

2005 乙酉年(을유년)

단기 4338년 /불기2549년 대장군(남방), 삼살(동방), 상문(동방),조객(서북방), 납음(천중수), 【삼재(해,자,축)년】

소한 5일 15시 02분 ⇨ **【丁丑月(정축월)】**(소한, 대한~ 입춘 전) 대한 20일 08시 21분

양력 **1** 음력 11/21 ~ 12/22

양력	1	2	3	4	5	6	7	8	9	10	11	12	13	14	15	16	17	18	19	20	21	22	23	24	25	26	27	28	29	30	31
요일	토	일	월	화	수	목	금	토	일	월	화	수	목	금	토	일	월	화	수	목	금	토	일	월	화	수	목	금	토	일	월
일진 日辰	乙酉	丙戌	丁亥	戊子	己丑	庚寅	辛卯	壬辰	癸巳	甲午	乙未	丙申	丁酉	戊戌	己亥	庚子	辛丑	壬寅	癸卯	甲辰	乙巳	丙午	丁未	戊申	己酉	庚戌	辛亥	壬子	癸丑	甲寅	乙卯
음력	21	22	23	24	25	26	27	28	29	12/1	2	3	4	5	6	7	8	9	10	11	12	13	14	15	16	17	18	19	20	21	22
대운 남	1	1	1	1	소	10	9	9	9	8	8	8	7	7	7	6	6	6	5	대	5	4	4	4	3	3	3	2	2	2	1
대운 여	8	9	9	9	한	1	1	1	1	2	2	2	3	3	3	4	4	4	5	한	5	6	6	6	7	7	7	8	8	8	9

입춘 4일 02시 42분 ⇨ **【戊寅月(무인월)】**(입춘, 우수~ 경칩 전) 우수 18일 22시 31분

양력 **2** 음력 12/23 ~ 01/20

양력	1	2	3	4	5	6	7	8	9	10	11	12	13	14	15	16	17	18	19	20	21	22	23	24	25	26	27	28	
요일	화	수	목	금	토	일	월	화	수	목	금	토	일	월	화	수	목	금	토	일	월	화	수	목	금	토	일	월	
일진 日辰	丙辰	丁巳	戊午	己未	庚申	辛酉	壬戌	癸亥	甲子	乙丑	丙寅	丁卯	戊辰	己巳	庚午	辛未	壬申	癸酉	甲戌	乙亥	丙子	丁丑	戊寅	己卯	庚辰	辛巳	壬午	癸未	立春
음력	23	24	25	26	27	28	29	30	1/1	2	3	4	5	6	7	8	9	10	11	12	13	14	15	16	17	18	19	20	
대운 남	1	1	1	입	1	1	1	1	2	2	2	3	3	3	4	4	4	우	5	5	6	6	6	7	7	7	8	8	
대운 여	9	9	10	춘	9	9	9	8	8	8	7	7	7	6	6	6	5	수	5	4	4	4	3	3	3	2	2	2	

경칩 5일 20시 44분 ⇨ **【己卯月(기묘월)】**(경칩, 춘분~ 청명 전) 춘분 20일 21시 33분

양력 **3** 음력 01/21 ~ 02/22

양력	1	2	3	4	5	6	7	8	9	10	11	12	13	14	15	16	17	18	19	20	21	22	23	24	25	26	27	28	29	30	31
요일	화	수	목	금	토	일	월	화	수	목	금	토	일	월	화	수	목	금	토	일	월	화	수	목	금	토	일	월	화	수	목
일진 日辰	甲申	乙酉	丙戌	丁亥	戊子	己丑	庚寅	辛卯	壬辰	癸巳	甲午	乙未	丙申	丁酉	戊戌	己亥	庚子	辛丑	壬寅	癸卯	甲辰	乙巳	丙午	丁未	戊申	己酉	庚戌	辛亥	壬子	癸丑	甲寅
음력	21	22	23	24	25	26	27	28	29	2/1	2	3	4	5	6	7	8	9	10	11	12	13	14	15	16	17	18	19	20	21	22
대운 남	8	9	9	9	경	1	1	1	1	2	2	2	3	3	3	4	4	4	5	춘	5	6	6	6	7	7	7	8	8	8	9
대운 여	1	1	1	1	칩	10	10	9	9	9	8	8	8	7	7	7	6	6	6	분	5	5	4	4	4	3	3	3	2	2	2

청명 5일 01시 34분 ⇨ **【庚辰月(경진월)】**(청명, 곡우~ 입하 전) 곡우 20일 08시 36분

양력 **4** 음력 02/23 ~ 03/22

양력	1	2	3	4	5	6	7	8	9	10	11	12	13	14	15	16	17	18	19	20	21	22	23	24	25	26	27	28	29	30
요일	금	토	일	월	화	수	목	금	토	일	월	화	수	목	금	토	일	월	화	수	목	금	토	일	월	화	수	목	금	토
일진 日辰	乙卯	丙辰	丁巳	戊午	己未	庚申	辛酉	壬戌	癸亥	甲子	乙丑	丙寅	丁卯	戊辰	己巳	庚午	辛未	壬申	癸酉	甲戌	乙亥	丙子	丁丑	戊寅	己卯	庚辰	辛巳	壬午	癸未	甲申
음력	23	24	25	26	27	28	29	30	3/1	2	3	4	5	6	7	8	9	10	11	12	13	14	15	16	17	18	19	20	21	22
대운 남	9	9	10	10	청	1	1	1	1	2	2	2	3	3	3	4	4	4	5	곡	5	6	6	6	7	7	7	8	8	8
대운 여	1	1	1	1	명	10	9	9	9	8	8	8	7	7	7	6	6	6	5	우	5	4	4	4	3	3	3	2	2	2

입하 5일 18시 52분 ⇨ **【辛巳月(신사월)】**(입하, 소만~ 망종 전) 소만 21일 07시 47분

양력 **5** 음력 03/23 ~ 04/24

양력	1	2	3	4	5	6	7	8	9	10	11	12	13	14	15	16	17	18	19	20	21	22	23	24	25	26	27	28	29	30	31
요일	일	월	화	수	목	금	토	일	월	화	수	목	금	토	일	월	화	수	목	금	토	일	월	화	수	목	금	토	일	월	화
일진 日辰	乙酉	丙戌	丁亥	戊子	己丑	庚寅	辛卯	壬辰	癸巳	甲午	乙未	丙申	丁酉	戊戌	己亥	庚子	辛丑	壬寅	癸卯	甲辰	乙巳	丙午	丁未	戊申	己酉	庚戌	辛亥	壬子	癸丑	甲寅	乙卯
음력	23	24	25	26	27	28	29	4/1	2	3	4	5	6	7	8	9	10	11	12	13	14	15	16	17	18	19	20	21	22	23	24
대운 남	9	9	9	10	입	1	1	1	1	2	2	2	3	3	3	4	4	4	5	5	소	6	6	6	7	7	7	8	8	8	9
대운 여	1	1	1	1	하	10	10	9	9	9	8	8	8	7	7	7	6	6	6	5	만	5	4	4	4	3	3	3	2	2	2

망종 5일 23시 01분 ⇨ **【壬午月(임오월)】**(망종, 하지~ 소서 전) 하지 21일 15시 45분

양력 **6** 음력 04/25 ~ 05/24

양력	1	2	3	4	5	6	7	8	9	10	11	12	13	14	15	16	17	18	19	20	21	22	23	24	25	26	27	28	29	30
요일	수	목	금	토	일	월	화	수	목	금	토	일	월	화	수	목	금	토	일	월	화	수	목	금	토	일	월	화	수	목
일진 日辰	丙辰	丁巳	戊午	己未	庚申	辛酉	壬戌	癸亥	甲子	乙丑	丙寅	丁卯	戊辰	己巳	庚午	辛未	壬申	癸酉	甲戌	乙亥	丙子	丁丑	戊寅	己卯	庚辰	辛巳	壬午	癸未	甲申	乙酉
음력	25	26	27	28	29	30	5/1	2	3	4	5	6	7	8	9	10	11	12	13	14	15	16	17	18	19	20	21	22	23	24
대운 남	9	9	10	10	망	1	1	1	1	2	2	2	3	3	3	4	4	4	5	5	하	6	6	6	7	7	7	8	8	8
대운 여	1	1	1	1	종	10	10	10	9	9	9	8	8	8	7	7	7	6	6	6	지	5	5	4	4	4	3	3	3	2

대장군(남방). 삼살(동방), 상문(동방),조객(서북방), 납음(천중수), 【삼재(해,자,축)년】
한식(4월05일), 초복(7월15일), 중복(7월25일), 말복(8월14일)

乙酉年(을유년)

2005

소서 7일 09시 16분 ⇨ 【癸未月(계미월)】(소서, 대서~ 입추 전) 대서 23일 02시 40분

양력 7 / 음력 05/25 ~ 06/26

양력	1	2	3	4	5	6	7	8	9	10	11	12	13	14	15	16	17	18	19	20	21	22	23	24	25	26	27	28	29	30	31
요일	금	토	일	월	화	수	목	금	토	일	월	화	수	목	금	토	일	월	화	수	목	금	토	일	월	화	수	목	금	토	일
일진 日辰	丙戌	丁亥	戊子	己丑	庚寅	辛卯	壬辰	癸巳	甲午	乙未	丙申	丁酉	戊戌	己亥	庚子	辛丑	壬寅	癸卯	甲辰	乙巳	丙午	丁未	戊申	己酉	庚戌	辛亥	壬子	癸丑	甲寅	乙卯	丙辰
음력	25	26	27	28	29	6/1	2	3	4	5	6	7	8	9	10	11	12	13	14	15	16	17	18	19	20	21	22	23	24	25	26
대운 남	9	9	9	10	10	10	소	1	1	1	1	2	2	2	3	3	3	4	4	4	5	5	대	6	6	6	7	7	7	8	8
대운 여	2	2	1	1	1	1	서	10	10	9	9	9	8	8	8	7	7	7	6	6	6	5	서	5	4	4	4	3	3	3	2

입추 7일 19시 03분 ⇨ 【甲申月(갑신월)】(입추, 처서~ 백로 전) 처서 23일 09시 45분

양력 8 / 음력 06/27 ~ 07/27

양력	1	2	3	4	5	6	7	8	9	10	11	12	13	14	15	16	17	18	19	20	21	22	23	24	25	26	27	28	29	30	31
요일	월	화	수	목	금	토	일	월	화	수	목	금	토	일	월	화	수	목	금	토	일	월	화	수	목	금	토	일	월	화	수
일진 日辰	丁巳	戊午	己未	庚申	辛酉	壬戌	癸亥	甲子	乙丑	丙寅	丁卯	戊辰	己巳	庚午	辛未	壬申	癸酉	甲戌	乙亥	丙子	丁丑	戊寅	己卯	庚辰	辛巳	壬午	癸未	甲申	乙酉	丙戌	丁亥
음력	27	28	29	30	7/1	2	3	4	5	6	7	8	9	10	11	12	13	14	15	16	17	18	19	20	21	22	23	24	25	26	27
대운 남	8	9	9	9	10	10	입	1	1	1	1	2	2	2	3	3	3	4	4	4	5	5	처	6	6	6	7	7	7	8	8
대운 여	2	2	1	1	1	1	추	10	10	9	9	9	8	8	8	7	7	7	6	6	6	5	서	5	4	4	4	3	3	3	2

백로 7일 21시 56분 ⇨ 【乙酉月(을유월)】(백로, 추분-한로 전) 추분 23일 07시 22분

양력 9 / 음력 07/28 ~ 08/27

양력	1	2	3	4	5	6	7	8	9	10	11	12	13	14	15	16	17	18	19	20	21	22	23	24	25	26	27	28	29	30
요일	목	금	토	일	월	화	수	목	금	토	일	월	화	수	목	금	토	일	월	화	수	목	금	토	일	월	화	수	목	금
일진 日辰	戊子	己丑	庚寅	辛卯	壬辰	癸巳	甲午	乙未	丙申	丁酉	戊戌	己亥	庚子	辛丑	壬寅	癸卯	甲辰	乙巳	丙午	丁未	戊申	己酉	庚戌	辛亥	壬子	癸丑	甲寅	乙卯	丙辰	丁巳
음력	28	29	30	8/1	2	3	4	5	6	7	8	9	10	11	12	13	14	15	16	17	18	19	20	21	22	23	24	25	26	27
대운 남	8	9	9	9	10	10	백	1	1	1	1	2	2	2	3	3	3	4	4	4	5	5	추	6	6	6	7	7	7	8
대운 여	2	2	1	1	1	1	로	10	10	9	9	9	8	8	8	7	7	7	6	6	6	5	분	5	4	4	4	3	3	3

한로 8일 13시 33분 ⇨ 【丙戌月(병술월)】(한로, 상강~ 입동 전) 상강 23일 16시 42분

양력 10 / 음력 08/28 ~ 09/29

양력	1	2	3	4	5	6	7	8	9	10	11	12	13	14	15	16	17	18	19	20	21	22	23	24	25	26	27	28	29	30	31
요일	토	일	월	화	수	목	금	토	일	월	화	수	목	금	토	일	월	화	수	목	금	토	일	월	화	수	목	금	토	일	월
일진 日辰	戊午	己未	庚申	辛酉	壬戌	癸亥	甲子	乙丑	丙寅	丁卯	戊辰	己巳	庚午	辛未	壬申	癸酉	甲戌	乙亥	丙子	丁丑	戊寅	己卯	庚辰	辛巳	壬午	癸未	甲申	乙酉	丙戌	丁亥	戊子
음력	28	29	9/1	2	3	4	5	6	7	8	9	10	11	12	13	14	15	16	17	18	19	20	21	22	23	24	25	26	27	28	29
대운 남	8	8	9	9	9	10	10	한	1	1	1	1	2	2	2	3	3	3	4	4	4	5	상	5	6	6	6	7	7	7	8
대운 여	2	2	2	1	1	1	1	로	10	9	9	9	8	8	8	7	7	7	6	6	6	5	강	5	4	4	4	3	3	3	2

입동 7일 16시 42분 ⇨ 【丁亥月(정해월)】(입동, 소설~ 대설 전) 소설 22일 14시 14분

양력 11 / 음력 09/30 ~ 10/29

양력	1	2	3	4	5	6	7	8	9	10	11	12	13	14	15	16	17	18	19	20	21	22	23	24	25	26	27	28	29	30
요일	화	수	목	금	토	일	월	화	수	목	금	토	일	월	화	수	목	금	토	일	월	화	수	목	금	토	일	월	화	수
일진 日辰	己丑	庚寅	辛卯	壬辰	癸巳	甲午	乙未	丙申	丁酉	戊戌	己亥	庚子	辛丑	壬寅	癸卯	甲辰	乙巳	丙午	丁未	戊申	己酉	庚戌	辛亥	壬子	癸丑	甲寅	乙卯	丙辰	丁巳	戊午
음력	30	10/1	2	3	4	5	6	7	8	9	10	11	12	13	14	15	16	17	18	19	20	21	22	23	24	25	26	27	28	29
대운 남	8	8	9	9	9	10	입	1	1	1	1	2	2	2	3	3	3	4	4	4	5	소	5	6	6	6	7	7	7	8
대운 여	2	2	1	1	1	1	동	10	9	9	9	8	8	8	7	7	7	6	6	6	5	설	5	4	4	4	3	3	3	2

대설 7일 09시 32분 ⇨ 【戊子月(무자월)】(대설, 동지~소한 전) 동지 22일 03시 34분

양력 12 / 음력 10/30 ~ 12/01

양력	1	2	3	4	5	6	7	8	9	10	11	12	13	14	15	16	17	18	19	20	21	22	23	24	25	26	27	28	29	30	31
요일	목	금	토	일	월	화	수	목	금	토	일	월	화	수	목	금	토	일	월	화	수	목	금	토	일	월	화	수	목	금	토
일진 日辰	己未	庚申	辛酉	壬戌	癸亥	甲子	乙丑	丙寅	丁卯	戊辰	己巳	庚午	辛未	壬申	癸酉	甲戌	乙亥	丙子	丁丑	戊寅	己卯	庚辰	辛巳	壬午	癸未	甲申	乙酉	丙戌	丁亥	戊子	己丑
음력	30	11/1	2	3	4	5	6	7	8	9	10	11	12	13	14	15	16	17	18	19	20	21	22	23	24	25	26	27	28	29	12/1
대운 남	8	8	9	9	9	10	대	1	1	1	1	2	2	2	3	3	3	4	4	4	5	동	5	6	6	6	7	7	7	8	8
대운 여	2	2	1	1	1	1	설	9	9	9	8	8	8	7	7	7	6	6	6	5	5	지	4	4	4	3	3	3	2	2	2

윤7월 小 2006 丙戌年(병술년)

단기4339년 /불기2550년 대장군(남방). 삼살(북방), 상문(북방),조객(서남방), 납음(옥상토), 【삼재(신,유,술)년】

소한 5일 20시 46분 ⇨ **【己丑月(기축월)】**(소한, 대한~ 입춘 전) 대한 20일 14시 15분

양력 1 / 음력 12/02 ~ 01/03

양력	1	2	3	4	5	6	7	8	9	10	11	12	13	14	15	16	17	18	19	20	21	22	23	24	25	26	27	28	29	30	31
요일	일	월	화	수	목	금	토	일	월	화	수	목	금	토	일	월	화	수	목	금	토	일	월	화	수	목	금	토	일	월	화
일진 日辰	庚寅	辛卯	壬辰	癸巳	甲午	乙未	丙申	丁酉	戊戌	己亥	庚子	辛丑	壬寅	癸卯	甲辰	乙巳	丙午	丁未	戊申	己酉	庚戌	辛亥	壬子	癸丑	甲寅	乙卯	丙辰	丁巳	戊午	己未	庚申
음력	2	3	4	5	6	7	8	9	10	11	12	13	14	15	16	17	18	19	20	21	22	23	24	25	26	27	28	29	1/1	2	3
대운 남	8	9	9	9	소	1	1	1	1	2	2	2	3	3	3	4	4	4	5	대	5	6	6	6	7	7	7	8	8	8	9
대운 여	1	1	1	1	한	10	9	9	9	8	8	8	7	7	7	6	6	6	5	한	5	4	4	4	3	3	3	2	2	2	1

입춘 4일 08시 27분 ⇨ **【庚寅月(경인월)】** (입춘, 우수~ 경칩 전) 우수 19일 04시 25분

양력 2 / 음력 01/04 ~ 02/01

양력	1	2	3	4	5	6	7	8	9	10	11	12	13	14	15	16	17	18	19	20	21	22	23	24	25	26	27	28	
요일	수	목	금	토	일	월	화	수	목	금	토	일	월	화	수	목	금	토	일	월	화	수	목	금	토	일	월	화	
일진 日辰	辛酉	壬戌	癸亥	甲子	乙丑	丙寅	丁卯	戊辰	己巳	庚午	辛未	壬申	癸酉	甲戌	乙亥	丙子	丁丑	戊寅	己卯	庚辰	辛巳	壬午	癸未	甲申	乙酉	丙戌	丁亥	戊子	立春
음력	4	5	6	7	8	9	10	11	12	13	14	15	16	17	18	19	20	21	22	23	24	25	26	27	28	29	30	2/1	
대운 남	9	9	10	입	10	9	9	9	8	8	8	7	7	7	6	6	6	5	우	5	4	4	4	3	3	3	2	2	
대운 여	1	1	1	춘	1	1	1	1	2	2	2	3	3	3	4	4	4	5	수	5	6	6	6	7	7	7	8	8	

경칩 6일 02시 28분 ⇨ **【辛卯月(신묘월)】**(경칩, 춘분~ 청명 전) 춘분 21일 03시 25분

양력 3 / 음력 02/02 ~ 03/03

양력	1	2	3	4	5	6	7	8	9	10	11	12	13	14	15	16	17	18	19	20	21	22	23	24	25	26	27	28	29	30	31
요일	수	목	금	토	일	월	화	수	목	금	토	일	월	화	수	목	금	토	일	월	화	수	목	금	토	일	월	화	수	목	금
일진 日辰	己丑	庚寅	辛卯	壬辰	癸巳	甲午	乙未	丙申	丁酉	戊戌	己亥	庚子	辛丑	壬寅	癸卯	甲辰	乙巳	丙午	丁未	戊申	己酉	庚戌	辛亥	壬子	癸丑	甲寅	乙卯	丙辰	丁巳	戊午	己未
음력	2	3	4	5	6	7	8	9	10	11	12	13	14	15	16	17	18	19	20	21	22	23	24	25	26	27	28	29	3/1	2	3
대운 남	2	1	1	1	1	경	10	9	9	9	8	8	8	7	7	7	6	6	6	5	춘	5	4	4	4	3	3	3	2	2	2
대운 여	8	9	9	9	10	칩	1	1	1	1	2	2	2	3	3	3	4	4	4	5	분	5	6	6	6	7	7	7	8	8	8

청명 5일 07시 15분 ⇨ **【壬辰月(임진월)】**(청명, 곡우~ 입하 전) 곡우 20일 14시 25분

양력 4 / 음력 03/04 ~ 04/03

양력	1	2	3	4	5	6	7	8	9	10	11	12	13	14	15	16	17	18	19	20	21	22	23	24	25	26	27	28	29	30
요일	토	일	월	화	수	목	금	토	일	월	화	수	목	금	토	일	월	화	수	목	금	토	일	월	화	수	목	금	토	일
일진 日辰	庚申	辛酉	壬戌	癸亥	甲子	乙丑	丙寅	丁卯	戊辰	己巳	庚午	辛未	壬申	癸酉	甲戌	乙亥	丙子	丁丑	戊寅	己卯	庚辰	辛巳	壬午	癸未	甲申	乙酉	丙戌	丁亥	戊子	己丑
음력	4	5	6	7	8	9	10	11	12	13	14	15	16	17	18	19	20	21	22	23	24	25	26	27	28	29	30	4/1	2	3
대운 남	1	1	1	1	청	10	10	9	9	9	8	8	8	7	7	7	6	6	6	곡	5	5	4	4	4	3	3	3	2	2
대운 여	9	9	9	10	명	1	1	1	1	2	2	2	3	3	3	4	4	4	5	우	5	6	6	6	7	7	7	8	8	8

입하 6일 00시 30분 ⇨ **【癸巳月(계사월)】**(입하, 소만~ 망종 전) 소만 21일 13시 31분

양력 5 / 음력 04/04 ~ 05/04

양력	1	2	3	4	5	6	7	8	9	10	11	12	13	14	15	16	17	18	19	20	21	22	23	24	25	26	27	28	29	30	31
요일	월	화	수	목	금	토	일	월	화	수	목	금	토	일	월	화	수	목	금	토	일	월	화	수	목	금	토	일	월	화	수
일진 日辰	庚寅	辛卯	壬辰	癸巳	甲午	乙未	丙申	丁酉	戊戌	己亥	庚子	辛丑	壬寅	癸卯	甲辰	乙巳	丙午	丁未	戊申	己酉	庚戌	辛亥	壬子	癸丑	甲寅	乙卯	丙辰	丁巳	戊午	己未	庚申
음력	4	5	6	7	8	9	10	11	12	13	14	15	16	17	18	19	20	21	22	23	24	25	26	27	28	29	30	5/1	2	3	4
대운 남	2	1	1	1	1	입	10	10	9	9	9	8	8	8	7	7	7	6	6	6	소	5	5	4	4	4	3	3	3	2	2
대운 여	9	9	9	10	10	하	1	1	1	1	2	2	2	3	3	3	4	4	4	5	만	5	6	6	6	7	7	7	8	8	8

망종 6일 04시 36분 ⇨ **【甲午月(갑오월)】**(망종, 하지~ 소서 전) 하지 21일 21시 25분

양력 6 / 음력 05/06 ~ 06/05

양력	1	2	3	4	5	6	7	8	9	10	11	12	13	14	15	16	17	18	19	20	21	22	23	24	25	26	27	28	29	30
요일	목	금	토	일	월	화	수	목	금	토	일	월	화	수	목	금	토	일	월	화	수	목	금	토	일	월	화	수	목	금
일진 日辰	辛酉	壬戌	癸亥	甲子	乙丑	丙寅	丁卯	戊辰	己巳	庚午	辛未	壬申	癸酉	甲戌	乙亥	丙子	丁丑	戊寅	己卯	庚辰	辛巳	壬午	癸未	甲申	乙酉	丙戌	丁亥	戊子	己丑	庚寅
음력	6	7	8	9	10	11	12	13	14	15	16	17	18	19	20	21	22	23	24	25	26	27	28	29	30	6/1	2	3	4	5
대운 남	2	1	1	1	1	망	10	10	9	9	9	8	8	8	7	7	7	6	6	6	하	5	5	4	4	4	3	3	3	2
대운 여	9	9	9	10	10	종	1	1	1	1	2	2	2	3	3	3	4	4	4	5	지	5	6	6	6	7	7	7	8	8

대장군(남방). 삼살(북방), 상문(북방),조객(서남방), 납음(옥상토), 【삼재(신,유,술)년】
한식(4월6일), 초복(7월16일), 초복(7월26일), 말복(8월16일)

丙戌年(병술년)

2006

소서 7일 14시 51분 ⇨ **【乙未月(을미월)】**(소서, 대서~ 입추 전) 대서 23일 08시 17분

양력 7 / 음력 06/06 – 07/07

양력	1	2	3	4	5	6	7	8	9	10	11	12	13	14	15	16	17	18	19	20	21	22	23	24	25	26	27	28	29	30	31
요일	토	일	월	화	수	목	금	토	일	월	화	수	목	금	토	일	월	화	수	목	금	토	일	월	화	수	목	금	토	일	월
일진 日辰	辛卯	壬辰	癸巳	甲午	乙未	丙申	丁酉	戊戌	己亥	庚子	辛丑	壬寅	癸卯	甲辰	乙巳	丙午	丁未	戊申	己酉	庚戌	辛亥	壬子	癸丑	甲寅	乙卯	丙辰	丁巳	戊午	己未	庚申	辛酉
음력	6	7	8	9	10	11	12	13	14	15	16	17	18	19	20	21	22	23	24	25	26	27	28	29	7/1	2	3	4	5	6	7
대운 남	2	2	1	1	1	1	소	10	10	10	9	9	9	8	8	8	7	7	7	6	6	6	대	5	5	4	4	4	3	3	3
대운 여	8	9	9	9	10	10	서	1	1	1	1	2	2	2	3	3	3	4	4	4	5	5	서	6	6	6	7	7	7	8	8

입추 8일 00시 40분 ⇨ **【丙申月(병신월)】**(입추, 처서~ 백로 전) 처서 23일 15시 22분

양력 8 / 음력 07/08 – 윤708

양력	1	2	3	4	5	6	7	8	9	10	11	12	13	14	15	16	17	18	19	20	21	22	23	24	25	26	27	28	29	30	31
요일	화	수	목	금	토	일	월	화	수	목	금	토	일	월	화	수	목	금	토	일	월	화	수	목	금	토	일	월	화	수	목
일진 日辰	壬戌	癸亥	甲子	乙丑	丙寅	丁卯	戊辰	己巳	庚午	辛未	壬申	癸酉	甲戌	乙亥	丙子	丁丑	戊寅	己卯	庚辰	辛巳	壬午	癸未	甲申	乙酉	丙戌	丁亥	戊子	己丑	庚寅	辛卯	壬辰
음력	8	9	10	11	12	13	14	15	16	17	18	19	20	21	22	23	24	25	26	27	28	29	30	윤7	2	3	4	5	6	7	8
대운 남	2	2	2	1	1	1	1	입	10	10	9	9	9	8	8	8	7	7	7	6	6	6	처	5	5	4	4	4	3	3	3
대운 여	8	9	9	9	10	10	10	추	1	1	1	1	2	2	2	3	3	3	4	4	4	5	서	5	6	6	6	7	7	7	8

백로 8일 03시 38분 ⇨ **【丁酉月(정유월)】**(백로, 추분-한로 전) 추분 23일 13시 03분

양력 9 / 음력 윤709 – 08/09

양력	1	2	3	4	5	6	7	8	9	10	11	12	13	14	15	16	17	18	19	20	21	22	23	24	25	26	27	28	29	30
요일	금	토	일	월	화	수	목	금	토	일	월	화	수	목	금	토	일	월	화	수	목	금	토	일	월	화	수	목	금	토
일진 日辰	癸巳	甲午	乙未	丙申	丁酉	戊戌	己亥	庚子	辛丑	壬寅	癸卯	甲辰	乙巳	丙午	丁未	戊申	己酉	庚戌	辛亥	壬子	癸丑	甲寅	乙卯	丙辰	丁巳	戊午	己未	庚申	辛酉	壬戌
음력	9	10	11	12	13	14	15	16	17	18	19	20	21	22	23	24	25	26	27	28	29	8/1	2	3	4	5	6	7	8	9
대운 남	2	2	2	1	1	1	1	백	10	9	9	9	8	8	8	7	7	7	6	6	6	5	추	5	4	4	4	3	3	3
대운 여	8	8	9	9	9	10	10	로	1	1	1	1	2	2	2	3	3	3	4	4	4	5	분	5	6	6	6	7	7	7

한로 8일 19시 21분 ⇨ **【戊戌月(무술월)】**(한로, 상강~ 입동 전) 상강 23일 22시 26분

양력 10 / 음력 08/10 – 09/10

양력	1	2	3	4	5	6	7	8	9	10	11	12	13	14	15	16	17	18	19	20	21	22	23	24	25	26	27	28	29	30	31
요일	일	월	화	수	목	금	토	일	월	화	수	목	금	토	일	월	화	수	목	금	토	일	월	화	수	목	금	토	일	월	화
일진 日辰	癸亥	甲子	乙丑	丙寅	丁卯	戊辰	己巳	庚午	辛未	壬申	癸酉	甲戌	乙亥	丙子	丁丑	戊寅	己卯	庚辰	辛巳	壬午	癸未	甲申	乙酉	丙戌	丁亥	戊子	己丑	庚寅	辛卯	壬辰	癸巳
음력	10	11	12	13	14	15	16	17	18	19	20	21	22	23	24	25	26	27	28	29	30	9/1	2	3	4	5	6	7	8	9	10
대운 남	2	2	2	1	1	1	1	한	10	9	9	9	8	8	8	7	7	7	6	6	6	5	상	5	4	4	4	3	3	3	2
대운 여	8	8	8	9	9	9	10	로	1	1	1	1	2	2	2	3	3	3	4	4	4	5	강	5	6	6	6	7	7	7	8

입동 7일 22시 34분 ⇨ **【己亥月(기해월)】**(입동, 소설~ 대설 전) 소설 22일 20시 01분

양력 11 / 음력 09/11 – 10/10

양력	1	2	3	4	5	6	7	8	9	10	11	12	13	14	15	16	17	18	19	20	21	22	23	24	25	26	27	28	29	30
요일	수	목	금	토	일	월	화	수	목	금	토	일	월	화	수	목	금	토	일	월	화	수	목	금	토	일	월	화	수	목
일진 日辰	甲午	乙未	丙申	丁酉	戊戌	己亥	庚子	辛丑	壬寅	癸卯	甲辰	乙巳	丙午	丁未	戊申	己酉	庚戌	辛亥	壬子	癸丑	甲寅	乙卯	丙辰	丁巳	戊午	己未	庚申	辛酉	壬戌	癸亥
음력	11	12	13	14	15	16	17	18	19	20	21	22	23	24	25	26	27	28	29	30	10/1	2	3	4	5	6	7	8	9	10
대운 남	2	2	1	1	1	1	입	10	9	9	9	8	8	8	7	7	7	6	6	6	5	소	5	4	4	4	3	3	3	2
대운 여	8	8	9	9	9	10	동	1	1	1	1	2	2	2	3	3	3	4	4	4	5	설	5	6	6	6	7	7	7	8

대설 7일 15시 26분 ⇨ **【庚子月(경자월)】**(대설, 동지~소한 전) 동지 22일 19시 21분

양력 12 / 음력 10/11 – 11/12

양력	1	2	3	4	5	6	7	8	9	10	11	12	13	14	15	16	17	18	19	20	21	22	23	24	25	26	27	28	29	30	31
요일	금	토	일	월	화	수	목	금	토	일	월	화	수	목	금	토	일	월	화	수	목	금	토	일	월	화	수	목	금	토	일
일진 日辰	甲子	乙丑	丙寅	丁卯	戊辰	己巳	庚午	辛未	壬申	癸酉	甲戌	乙亥	丙子	丁丑	戊寅	己卯	庚辰	辛巳	壬午	癸未	甲申	乙酉	丙戌	丁亥	戊子	己丑	庚寅	辛卯	壬辰	癸巳	甲午
음력	11	12	13	14	15	16	17	18	19	20	21	22	23	24	25	26	27	28	29	11/1	2	3	4	5	6	7	8	9	10	11	12
대운 남	2	2	1	1	1	1	대	10	9	9	9	8	8	8	7	7	7	6	6	6	5	동	5	4	4	4	3	3	3	2	2
대운 여	8	8	9	9	9	10	설	1	1	1	1	2	2	2	3	3	3	4	4	4	5	지	5	6	6	6	7	7	7	8	8

2007 丁亥年(정해년)

단기 4340년 /불기2551년 대장군(서방). 삼살(서방). 상문(동북방).조객(서방). 납음(옥상토). 【삼재(사.오.미)년】

소한 6일 02시 39분 ⇨ **【辛丑月(신축월)】**(소한, 대한~ 입춘 전) 대한 20일 20시 00분

양력	양력	1	2	3	4	5	6	7	8	9	10	11	12	13	14	15	16	17	18	19	20	21	22	23	24	25	26	27	28	29	30	31
1	요일	월	화	수	목	금	토	일	월	화	수	목	금	토	일	월	화	수	목	금	토	일	월	화	수	목	금	토	일	월	화	수
음력	일진	乙	丙	丁	戊	己	庚	辛	壬	癸	甲	乙	丙	丁	戊	己	庚	辛	壬	癸	甲	乙	丙	丁	戊	己	庚	辛	壬	癸	甲	乙
11/13	日辰	未	申	酉	戌	亥	子	丑	寅	卯	辰	巳	午	未	申	酉	戌	亥	子	丑	寅	卯	辰	巳	午	未	申	酉	戌	亥	子	丑
~	음력	13	14	15	16	17	18	19	20	21	22	23	24	25	26	27	28	29	30	12/1	2	3	4	5	6	7	8	9	10	11	12	13
12/13	대운 남	2	1	1	1	1	소	9	9	9	8	8	8	7	7	7	6	6	6	5	대	5	4	4	4	3	3	3	2	2	2	1
	대운 여	8	9	9	9	10	한	1	1	1	1	2	2	2	3	3	3	4	4	4	한	5	5	6	6	6	7	7	7	8	8	8

입춘 4일 14시 17분 ⇨ **【壬寅月(임인월)】**(입춘, 우수~ 경칩 전) 우수 19일 10시 08분

양력	양력	1	2	3	4	5	6	7	8	9	10	11	12	13	14	15	16	17	18	19	20	21	22	23	24	25	26	27	28	
2	요일	목	금	토	일	월	화	수	목	금	토	일	월	화	수	목	금	토	일	월	화	수	목	금	토	일	월	화	수	
음력	일진	丙	丁	戊	己	庚	辛	壬	癸	甲	乙	丙	丁	戊	己	庚	辛	壬	癸	甲	乙	丙	丁	戊	己	庚	辛	壬	癸	立春
12/14	日辰	寅	卯	辰	巳	午	未	申	酉	戌	亥	子	丑	寅	卯	辰	巳	午	未	申	酉	戌	亥	子	丑	寅	卯	辰	巳	
~	음력	14	15	16	17	18	19	20	21	22	23	24	25	26	27	28	29	30	1/1	2	3	4	5	6	7	8	9	10	11	
01/11	대운 남	1	1	1	입	1	1	1	1	2	2	2	3	3	3	4	4	4	5	우	5	6	6	6	7	7	7	8	8	
	대운 여	9	9	9	춘	10	9	9	9	8	8	8	7	7	7	6	6	6	5	수	5	4	4	4	3	3	3	2	2	

경칩 6일 08시 17분 ⇨ **【癸卯月(계묘월)】**(경칩, 춘분~ 청명 전) 춘분 21일 09시 07분

양력	양력	1	2	3	4	5	6	7	8	9	10	11	12	13	14	15	16	17	18	19	20	21	22	23	24	25	26	27	28	29	30	31
3	요일	목	금	토	일	월	화	수	목	금	토	일	월	화	수	목	금	토	일	월	화	수	목	금	토	일	월	화	수	목	금	토
음력	일진	甲	乙	丙	丁	戊	己	庚	辛	壬	癸	甲	乙	丙	丁	戊	己	庚	辛	壬	癸	甲	乙	丙	丁	戊	己	庚	辛	壬	癸	甲
01/12	日辰	午	未	申	酉	戌	亥	子	丑	寅	卯	辰	巳	午	未	申	酉	戌	亥	子	丑	寅	卯	辰	巳	午	未	申	酉	戌	亥	子
~	음력	12	13	14	15	16	17	18	19	20	21	22	23	24	25	26	27	28	29	2/1	2	3	4	5	6	7	8	9	10	11	12	13
02/13	대운 남	8	9	9	9	10	경	1	1	1	1	2	2	2	3	3	3	4	4	4	5	춘	5	6	6	6	7	7	7	8	8	8
	대운 여	2	1	1	1	1	칩	10	9	9	9	8	8	8	7	7	7	6	6	6	5	분	5	4	4	4	3	3	3	2	2	2

청명 5일 13시 04분 ⇨ **【甲辰月(갑진월)】**(청명, 곡우~ 입하 전) 곡우 20일 20시 05분

양력	양력	1	2	3	4	5	6	7	8	9	10	11	12	13	14	15	16	17	18	19	20	21	22	23	24	25	26	27	28	29	30
4	요일	일	월	화	수	목	금	토	일	월	화	수	목	금	토	일	월	화	수	목	금	토	일	월	화	수	목	금	토	일	월
음력	일진	乙	丙	丁	戊	己	庚	辛	壬	癸	甲	乙	丙	丁	戊	己	庚	辛	壬	癸	甲	乙	丙	丁	戊	己	庚	辛	壬	癸	甲
02/14	日辰	丑	寅	卯	辰	巳	午	未	申	酉	戌	亥	子	丑	寅	卯	辰	巳	午	未	申	酉	戌	亥	子	丑	寅	卯	辰	巳	午
~	음력	14	15	16	17	18	19	20	21	22	23	24	25	26	27	28	29	3/1	2	3	4	5	6	7	8	9	10	11	12	13	14
03/14	대운 남	9	9	9	10	청	1	1	1	1	2	2	2	3	3	3	4	4	4	5	곡	5	6	6	6	7	7	7	8	8	8
	대운 여	1	1	1	1	명	10	10	9	9	9	8	8	8	7	7	7	6	6	6	우	5	5	4	4	4	3	3	3	2	2

입하 6일 06시 20분 ⇨ **【乙巳月(을사월)】**(입하, 소만~ 망종 전) 소만 21일 19시 11분

양력	양력	1	2	3	4	5	6	7	8	9	10	11	12	13	14	15	16	17	18	19	20	21	22	23	24	25	26	27	28	29	30	31
5	요일	화	수	목	금	토	일	월	화	수	목	금	토	일	월	화	수	목	금	토	일	월	화	수	목	금	토	일	월	화	수	목
음력	일진	乙	丙	丁	戊	己	庚	辛	壬	癸	甲	乙	丙	丁	戊	己	庚	辛	壬	癸	甲	乙	丙	丁	戊	己	庚	辛	壬	癸	甲	乙
03/15	日辰	未	申	酉	戌	亥	子	丑	寅	卯	辰	巳	午	未	申	酉	戌	亥	子	丑	寅	卯	辰	巳	午	未	申	酉	戌	亥	子	丑
~	음력	15	16	17	18	19	20	21	22	23	24	25	26	27	28	29	30	4/1	2	3	4	5	6	7	8	9	10	11	12	13	14	15
04/15	대운 남	9	9	9	10	10	입	1	1	1	1	2	2	2	3	3	3	4	4	4	5	소	5	6	6	6	7	7	7	8	8	8
	대운 여	2	1	1	1	1	하	10	10	9	9	9	8	8	8	7	7	7	6	6	6	만	5	5	4	4	4	3	3	3	2	2

망종 6일 10시 26분 ⇨ **【丙午月(병오월)】**(망종, 하지~ 소서 전) 하지 22일 03시 06분

양력	양력	1	2	3	4	5	6	7	8	9	10	11	12	13	14	15	16	17	18	19	20	21	22	23	24	25	26	27	28	29	30
6	요일	금	토	일	월	화	수	목	금	토	일	월	화	수	목	금	토	일	월	화	수	목	금	토	일	월	화	수	목	금	토
음력	일진	丙	丁	戊	己	庚	辛	壬	癸	甲	乙	丙	丁	戊	己	庚	辛	壬	癸	甲	乙	丙	丁	戊	己	庚	辛	壬	癸	甲	乙
04/16	日辰	寅	卯	辰	巳	午	未	申	酉	戌	亥	子	丑	寅	卯	辰	巳	午	未	申	酉	戌	亥	子	丑	寅	卯	辰	巳	午	未
~	음력	16	17	18	19	20	21	22	23	24	25	26	27	28	29	5/1	2	3	4	5	6	7	8	9	10	11	12	13	14	15	16
05/16	대운 남	9	9	9	10	10	망	1	1	1	1	2	2	2	3	3	3	4	4	4	5	5	하	6	6	6	7	7	7	8	8
	대운 여	2	1	1	1	1	종	10	10	9	9	9	8	8	8	7	7	7	6	6	6	5	지	5	4	4	4	3	3	3	2

대장군(서방). 삼살(서방), 상문(동북방),조객(서방), 납음(옥상토), 【삼재(사,오,미)년】

한식(4월06일), 초복(7월15일), 중복(7월25일), 말복(8월14일)

丁亥年(정해년)

소서 7일 20시 41분 ⇨ 【丁未月(정미월)】(소서, 대서~ 입추 전) 대서 23일 13시 59분

7월 (음력 05/17 ~ 06/18)

양력	1	2	3	4	5	6	7	8	9	10	11	12	13	14	15	16	17	18	19	20	21	22	23	24	25	26	27	28	29	30	31
요일	일	월	화	수	목	금	토	일	월	화	수	목	금	토	일	월	화	수	목	금	토	일	월	화	수	목	금	토	일	월	화
일진 日辰	丙申	丁酉	戊戌	己亥	庚子	辛丑	壬寅	癸卯	甲辰	乙巳	丙午	丁未	戊申	己酉	庚戌	辛亥	壬子	癸丑	甲寅	乙卯	丙辰	丁巳	戊午	己未	庚申	辛酉	壬戌	癸亥	甲子	乙丑	丙寅
음력	17	18	19	20	21	22	23	24	25	26	27	28	29	6/1	2	3	4	5	6	7	8	9	10	11	12	13	14	15	16	17	18
대운 남	8	9	9	9	10	10	소	1	1	1	1	2	2	2	3	3	3	4	4	4	5	5	대	6	6	6	7	7	7	8	8
대운 여	2	2	1	1	1	1	서	10	10	10	9	9	9	8	8	8	7	7	7	6	6	6	서	5	5	4	4	4	3	3	3

입추 8일 06시 30분 ⇨ 【戊申月(무신월)】(입추, 처서~ 백로 전) 처서 23일 21시 07분

8월 (음력 06/19 ~ 07/19)

양력	1	2	3	4	5	6	7	8	9	10	11	12	13	14	15	16	17	18	19	20	21	22	23	24	25	26	27	28	29	30	31
요일	수	목	금	토	일	월	화	수	목	금	토	일	월	화	수	목	금	토	일	월	화	수	목	금	토	일	월	화	수	목	금
일진 日辰	丁卯	戊辰	己巳	庚午	辛未	壬申	癸酉	甲戌	乙亥	丙子	丁丑	戊寅	己卯	庚辰	辛巳	壬午	癸未	甲申	乙酉	丙戌	丁亥	戊子	己丑	庚寅	辛卯	壬辰	癸巳	甲午	乙未	丙申	丁酉
음력	19	20	21	22	23	24	25	26	27	28	29	30	7/1	2	3	4	5	6	7	8	9	10	11	12	13	14	15	16	17	18	19
대운 남	8	9	9	9	10	10	10	입	1	1	1	1	2	2	2	3	3	3	4	4	4	5	처	5	6	6	6	7	7	7	8
대운 여	2	2	2	1	1	1	1	추	10	10	9	9	9	8	8	8	7	7	7	6	6	6	서	5	5	4	4	4	3	3	3

백로 8일 09시 29분 ⇨ 【己酉月(기유월)】(백로, 추분-한로 전) 추분 23일 18시 50분

9월 (음력 07/20 ~ 08/20)

양력	1	2	3	4	5	6	7	8	9	10	11	12	13	14	15	16	17	18	19	20	21	22	23	24	25	26	27	28	29	30
요일	토	일	월	화	수	목	금	토	일	월	화	수	목	금	토	일	월	화	수	목	금	토	일	월	화	수	목	금	토	일
일진 日辰	戊戌	己亥	庚子	辛丑	壬寅	癸卯	甲辰	乙巳	丙午	丁未	戊申	己酉	庚戌	辛亥	壬子	癸丑	甲寅	乙卯	丙辰	丁巳	戊午	己未	庚申	辛酉	壬戌	癸亥	甲子	乙丑	丙寅	丁卯
음력	20	21	22	23	24	25	26	27	28	29	8/1	2	3	4	5	6	7	8	9	10	11	12	13	14	15	16	17	18	19	20
대운 남	8	8	9	9	9	10	10	백	1	1	1	1	2	2	2	3	3	3	4	4	4	5	추	5	6	6	6	7	7	7
대운 여	2	2	2	1	1	1	1	로	10	10	9	9	9	8	8	8	7	7	7	6	6	6	분	5	5	4	4	4	3	3

한로 9일 01시 11분 ⇨ 【庚戌月(경술월)】(한로, 상강~ 입동 전) 상강 24일 04시 15분

10월 (음력 08/21 ~ 09/21)

양력	1	2	3	4	5	6	7	8	9	10	11	12	13	14	15	16	17	18	19	20	21	22	23	24	25	26	27	28	29	30	31
요일	월	화	수	목	금	토	일	월	화	수	목	금	토	일	월	화	수	목	금	토	일	월	화	수	목	금	토	일	월	화	수
일진 日辰	戊辰	己巳	庚午	辛未	壬申	癸酉	甲戌	乙亥	丙子	丁丑	戊寅	己卯	庚辰	辛巳	壬午	癸未	甲申	乙酉	丙戌	丁亥	戊子	己丑	庚寅	辛卯	壬辰	癸巳	甲午	乙未	丙申	丁酉	戊戌
음력	21	22	23	24	25	26	27	28	29	30	9/1	2	3	4	5	6	7	8	9	10	11	12	13	14	15	16	17	18	19	20	21
대운 남	8	8	8	9	9	9	10	10	한	1	1	1	1	2	2	2	3	3	3	4	4	4	5	상	5	6	6	6	7	7	7
대운 여	3	2	2	2	1	1	1	1	로	10	9	9	9	8	8	8	7	7	7	6	6	6	5	강	5	4	4	4	3	3	3

입동 8일 04시 23분 ⇨ 【辛亥月(신해월)】(입동, 소설~ 대설 전) 소설 23일 01시 49분

11월 (음력 09/22 ~ 10/21)

양력	1	2	3	4	5	6	7	8	9	10	11	12	13	14	15	16	17	18	19	20	21	22	23	24	25	26	27	28	29	30
요일	목	금	토	일	월	화	수	목	금	토	일	월	화	수	목	금	토	일	월	화	수	목	금	토	일	월	화	수	목	금
일진 日辰	己亥	庚子	辛丑	壬寅	癸卯	甲辰	乙巳	丙午	丁未	戊申	己酉	庚戌	辛亥	壬子	癸丑	甲寅	乙卯	丙辰	丁巳	戊午	己未	庚申	辛酉	壬戌	癸亥	甲子	乙丑	丙寅	丁卯	戊辰
음력	22	23	24	25	26	27	28	29	30	10/1	2	3	4	5	6	7	8	9	10	11	12	13	14	15	16	17	18	19	20	21
대운 남	8	8	8	9	9	9	10	입	1	1	1	1	2	2	2	3	3	3	4	4	4	5	소	5	6	6	6	7	7	7
대운 여	2	2	2	1	1	1	1	동	9	9	9	8	8	8	7	7	7	6	6	6	5	5	설	4	4	4	3	3	3	2

대설 7일 21시 13분 ⇨ 【壬子月(임자월)】(대설, 동지~소한 전) 동지 22일 15시 07분

12월 (음력 10/22 ~ 11/22)

양력	1	2	3	4	5	6	7	8	9	10	11	12	13	14	15	16	17	18	19	20	21	22	23	24	25	26	27	28	29	30	31
요일	토	일	월	화	수	목	금	토	일	월	화	수	목	금	토	일	월	화	수	목	금	토	일	월	화	수	목	금	토	일	월
일진 日辰	己巳	庚午	辛未	壬申	癸酉	甲戌	乙亥	丙子	丁丑	戊寅	己卯	庚辰	辛巳	壬午	癸未	甲申	乙酉	丙戌	丁亥	戊子	己丑	庚寅	辛卯	壬辰	癸巳	甲午	乙未	丙申	丁酉	戊戌	己亥
음력	22	23	24	25	26	27	28	29	30	11/1	2	3	4	5	6	7	8	9	10	11	12	13	14	15	16	17	18	19	20	21	22
대운 남	8	8	8	9	9	9	대	1	1	1	1	2	2	2	3	3	3	4	4	4	5	동	5	6	6	6	7	7	7	8	8
대운 여	2	2	1	1	1	1	설	10	9	9	9	8	8	8	7	7	7	6	6	6	5	지	5	4	4	4	3	3	3	2	2

2008 戊子年(무자년)

단기 4341년 /불기2552년 대장군(서방), 삼살(남방), 상문(동북방), 조객(서북방),납음(벽력화), 삼재(인,묘,진)

소한 6일 08시 24분 ⇨ **【癸丑月(계축월)】**(소한, 대한~ 입춘 전) 대한 21일 01시 43분

양력 1	양력	1	2	3	4	5	6	7	8	9	10	11	12	13	14	15	16	17	18	19	20	21	22	23	24	25	26	27	28	29	30	31
	요일	화	수	목	금	토	일	월	화	수	목	금	토	일	월	화	수	목	금	토	일	월	화	수	목	금	토	일	월	화	수	목
	일진 日辰	庚子	辛丑	壬寅	癸卯	甲辰	乙巳	丙午	丁未	戊申	己酉	庚戌	辛亥	壬子	癸丑	甲寅	乙卯	丙辰	丁巳	戊午	己未	庚申	辛酉	壬戌	癸亥	甲子	乙丑	丙寅	丁卯	戊辰	己巳	庚午
음력 11/23	음력	23	24	25	26	27	28	29	12/1	2	3	4	5	6	7	8	9	10	11	12	13	14	15	16	17	18	19	20	21	22	23	24
12/24	대운 남	8	9	9	9	10	소	1	1	1	1	2	2	2	3	3	3	4	4	4	5	대	5	6	6	6	7	7	7	8	8	8
	대운 여	2	1	1	1	1	한	9	9	9	8	8	8	7	7	7	6	6	6	5	5	한	4	4	4	3	3	3	2	2	2	1

입춘 4일 20시 00분 ⇨ **【甲寅月(갑인월)】**(입춘, 우수~ 경칩 전) 우수 19일 15시 49분

양력 2	양력	1	2	3	4	5	6	7	8	9	10	11	12	13	14	15	16	17	18	19	20	21	22	23	24	25	26	27	28	29	
	요일	금	토	일	월	화	수	목	금	토	일	월	화	수	목	금	토	일	월	화	수	목	금	토	일	월	화	수	목	금	立春
	일진 日辰	辛未	壬申	癸酉	甲戌	乙亥	丙子	丁丑	戊寅	己卯	庚辰	辛巳	壬午	癸未	甲申	乙酉	丙戌	丁亥	戊子	己丑	庚寅	辛卯	壬辰	癸巳	甲午	乙未	丙申	丁酉	戊戌	己亥	
음력 12/25	음력	25	26	27	28	29	30	1/1	2	3	4	5	6	7	8	9	10	11	12	13	14	15	16	17	18	19	20	21	22	23	
01/23	대운 남	9	9	9	입	10	9	9	9	8	8	8	7	7	7	6	6	6	5	우	5	4	4	4	3	3	3	2	2	2	
	대운 여	1	1	1	춘	1	1	1	1	2	2	2	3	3	3	4	4	4	5	수	5	6	6	6	7	7	7	8	8	8	

경칩 5일 13시 58분 ⇨ **【乙卯月(을묘월)】**(경칩, 춘분~ 청명 전) 춘분 20일 14시 47분

양력 3	양력	1	2	3	4	5	6	7	8	9	10	11	12	13	14	15	16	17	18	19	20	21	22	23	24	25	26	27	28	29	30	31
	요일	토	일	월	화	수	목	금	토	일	월	화	수	목	금	토	일	월	화	수	목	금	토	일	월	화	수	목	금	토	일	월
	일진 日辰	庚子	辛丑	壬寅	癸卯	甲辰	乙巳	丙午	丁未	戊申	己酉	庚戌	辛亥	壬子	癸丑	甲寅	乙卯	丙辰	丁巳	戊午	己未	庚申	辛酉	壬戌	癸亥	甲子	乙丑	丙寅	丁卯	戊辰	己巳	庚午
음력 01/24	음력	24	25	26	27	28	29	30	2/1	2	3	4	5	6	7	8	9	10	11	12	13	14	15	16	17	18	19	20	21	22	23	24
02/24	대운 남	1	1	1	1	경	10	9	9	9	8	8	8	7	7	7	6	6	6	5	춘	5	4	4	4	3	3	3	2	2	2	1
	대운 여	9	9	9	10	칩	1	1	1	1	2	2	2	3	3	3	4	4	4	5	분	5	6	6	6	7	7	7	8	8	8	9

청명 4일 18시 45분 ⇨ **【丙辰月(병진월)】**(청명, 곡우~ 입하 전) 곡우 20일 01시 50분

양력 4	양력	1	2	3	4	5	6	7	8	9	10	11	12	13	14	15	16	17	18	19	20	21	22	23	24	25	26	27	28	29	30
	요일	화	수	목	금	토	일	월	화	수	목	금	토	일	월	화	수	목	금	토	일	월	화	수	목	금	토	일	월	화	수
	일진 日辰	辛未	壬申	癸酉	甲戌	乙亥	丙子	丁丑	戊寅	己卯	庚辰	辛巳	壬午	癸未	甲申	乙酉	丙戌	丁亥	戊子	己丑	庚寅	辛卯	壬辰	癸巳	甲午	乙未	丙申	丁酉	戊戌	己亥	庚子
음력 02/25	음력	25	26	27	28	29	3/1	2	3	4	5	6	7	8	9	10	11	12	13	14	15	16	17	18	19	20	21	22	23	24	25
03/25	대운 남	1	1	1	청	10	10	9	9	9	8	8	8	7	7	7	6	6	6	5	곡	5	4	4	4	3	3	3	2	2	2
	대운 여	9	9	10	명	1	1	1	1	2	2	2	3	3	3	4	4	4	5	5	우	6	6	6	7	7	7	8	8	8	9

입하 5일 12시 03분 ⇨ **【丁巳月(정사월)】**(입하, 소만~ 망종 전) 소만 21일 01시 00분

양력 5	양력	1	2	3	4	5	6	7	8	9	10	11	12	13	14	15	16	17	18	19	20	21	22	23	24	25	26	27	28	29	30	31
	요일	목	금	토	일	월	화	수	목	금	토	일	월	화	수	목	금	토	일	월	화	수	목	금	토	일	월	화	수	목	금	토
	일진 日辰	辛丑	壬寅	癸卯	甲辰	乙巳	丙午	丁未	戊申	己酉	庚戌	辛亥	壬子	癸丑	甲寅	乙卯	丙辰	丁巳	戊午	己未	庚申	辛酉	壬戌	癸亥	甲子	乙丑	丙寅	丁卯	戊辰	己巳	庚午	辛未
음력 03/26	음력	26	27	28	29	4/1	2	3	4	5	6	7	8	9	10	11	12	13	14	15	16	17	18	19	20	21	22	23	24	25	26	27
04/27	대운 남	1	1	1	1	입	10	10	9	9	9	8	8	8	7	7	7	6	6	6	5	소	5	4	4	4	3	3	3	2	2	2
	대운 여	9	9	10	10	하	1	1	1	1	2	2	2	3	3	3	4	4	4	5	5	만	6	6	6	7	7	7	8	8	8	9

망종 5일 16시 11분 ⇨ **【戊午月(무오월)】**(망종, 하지~ 소서 전) 하지 21일 08시 59분

양력 6	양력	1	2	3	4	5	6	7	8	9	10	11	12	13	14	15	16	17	18	19	20	21	22	23	24	25	26	27	28	29	30
	요일	일	월	화	수	목	금	토	일	월	화	수	목	금	토	일	월	화	수	목	금	토	일	월	화	수	목	금	토	일	월
	일진 日辰	壬申	癸酉	甲戌	乙亥	丙子	丁丑	戊寅	己卯	庚辰	辛巳	壬午	癸未	甲申	乙酉	丙戌	丁亥	戊子	己丑	庚寅	辛卯	壬辰	癸巳	甲午	乙未	丙申	丁酉	戊戌	己亥	庚子	辛丑
음력 04/28	음력	28	29	30	5/1	2	3	4	5	6	7	8	9	10	11	12	13	14	15	16	17	18	19	20	21	22	23	24	25	26	27
05/27	대운 남	1	1	1	1	망	10	10	10	9	9	9	8	8	8	7	7	7	6	6	6	하	5	5	4	4	4	3	3	3	2
	대운 여	9	9	10	10	종	1	1	1	1	2	2	2	3	3	3	4	4	4	5	5	지	6	6	6	7	7	7	8	8	8

대장군(서방), 삼살(남방), 상문(동북방), 조객(서북방),납음(벽력화), 삼재(인,묘,진)

한식(4월05일), 초복(7월19일), 중복(7월29일), 말복(8월08일)

戊子年(무자년)

2008

소서 7일 02시 26분 ⇨ **【己未月(기미월)】**(소서, 대서~ 입추 전) 대서 22일 19시 54분

양력 7 / 음력 05/28–06/29

양력	1	2	3	4	5	6	7	8	9	10	11	12	13	14	15	16	17	18	19	20	21	22	23	24	25	26	27	28	29	30	31
요일	화	수	목	금	토	일	월	화	수	목	금	토	일	월	화	수	목	금	토	일	월	화	수	목	금	토	일	월	화	수	목
일진 日辰	壬寅	癸卯	甲辰	乙巳	丙午	丁未	戊申	己酉	庚戌	辛亥	壬子	癸丑	甲寅	乙卯	丙辰	丁巳	戊午	己未	庚申	辛酉	壬戌	癸亥	甲子	乙丑	丙寅	丁卯	戊辰	己巳	庚午	辛未	壬申
음력	28	29	6/1	2	3	4	5	6	7	8	9	10	11	12	13	14	15	16	17	18	19	20	21	22	23	24	25	26	27	28	29
대운 남	2	2	1	1	1	1	소	10	10	9	9	9	8	8	8	7	7	7	6	6	6	대	5	5	4	4	4	3	3	3	2
대운 여	9	9	9	10	10	10	서	1	1	1	1	2	2	2	3	3	3	4	4	4	5	서	5	6	6	6	7	7	7	8	8

입추 7일 12시 15분 ⇨ **【庚申月(경신월)】**(입추, 처서~ 백로 전) 처서 23일 00시 44분

양력 8 / 음력 07/01–08/01

양력	1	2	3	4	5	6	7	8	9	10	11	12	13	14	15	16	17	18	19	20	21	22	23	24	25	26	27	28	29	30	31
요일	금	토	일	월	화	수	목	금	토	일	월	화	수	목	금	토	일	월	화	수	목	금	토	일	월	화	수	목	금	토	일
일진 日辰	癸酉	甲戌	乙亥	丙子	丁丑	戊寅	己卯	庚辰	辛巳	壬午	癸未	甲申	乙酉	丙戌	丁亥	戊子	己丑	庚寅	辛卯	壬辰	癸巳	甲午	乙未	丙申	丁酉	戊戌	己亥	庚子	辛丑	壬寅	癸卯
음력	7/1	2	3	4	5	6	7	8	9	10	11	12	13	14	15	16	17	18	19	20	21	22	23	24	25	26	27	28	29	30	8/1
대운 남	2	2	1	1	1	1	입	10	10	9	9	9	8	8	8	7	7	7	6	6	6	5	처	5	4	4	4	3	3	3	2
대운 여	8	9	9	9	10	10	추	1	1	1	1	2	2	2	3	3	3	4	4	4	5	5	서	6	6	6	7	7	7	8	8

백로 8일 06시 56분 ⇨ **【辛酉月(신유월)】**(백로, 추분-한로 전) 추분 23일 10시 08분

양력 9 / 음력 08/02–09/02

양력	1	2	3	4	5	6	7	8	9	10	11	12	13	14	15	16	17	18	19	20	21	22	23	24	25	26	27	28	29	30
요일	월	화	수	목	금	토	일	월	화	수	목	금	토	일	월	화	수	목	금	토	일	월	화	수	목	금	토	일	월	화
일진 日辰	甲辰	乙巳	丙午	丁未	戊申	己酉	庚戌	辛亥	壬子	癸丑	甲寅	乙卯	丙辰	丁巳	戊午	己未	庚申	辛酉	壬戌	癸亥	甲子	乙丑	丙寅	丁卯	戊辰	己巳	庚午	辛未	壬申	癸酉
음력	2	3	4	5	6	7	8	9	10	11	12	13	14	15	16	17	18	19	20	21	22	23	24	25	26	27	28	29	9/1	2
대운 남	2	2	1	1	1	1	백	10	10	9	9	9	8	8	8	7	7	7	6	6	6	5	추	5	4	4	4	3	3	3
대운 여	8	9	9	9	10	10	로	1	1	1	1	2	2	2	3	3	3	4	4	4	5	5	분	6	6	6	7	7	7	8

한로 8일 06시 56분 ⇨ **【壬戌月(임술월)】**(한로, 상강~ 입동 전) 상강 23일 10시 08분

양력 10 / 음력 09/03–10/03

양력	1	2	3	4	5	6	7	8	9	10	11	12	13	14	15	16	17	18	19	20	21	22	23	24	25	26	27	28	29	30	31
요일	수	목	금	토	일	월	화	수	목	금	토	일	월	화	수	목	금	토	일	월	화	수	목	금	토	일	월	화	수	목	금
일진 日辰	甲戌	乙亥	丙子	丁丑	戊寅	己卯	庚辰	辛巳	壬午	癸未	甲申	乙酉	丙戌	丁亥	戊子	己丑	庚寅	辛卯	壬辰	癸巳	甲午	乙未	丙申	丁酉	戊戌	己亥	庚子	辛丑	壬寅	癸卯	甲辰
음력	3	4	5	6	7	8	9	10	11	12	13	14	15	16	17	18	19	20	21	22	23	24	25	26	27	28	29	30	10/1	2	3
대운 남	2	2	2	1	1	1	1	한	10	9	9	9	8	8	8	7	7	7	6	6	6	5	상	5	4	4	4	3	3	3	2
대운 여	8	8	9	9	9	10	10	로	1	1	1	1	2	2	2	3	3	3	4	4	4	5	강	5	6	6	6	7	7	7	8

입동 7일 10시 10분 ⇨ **【癸亥月(계해월)】**(입동, 소설~ 대설 전) 소설 22일 07시 44분

양력 11 / 음력 10/04–11/03

양력	1	2	3	4	5	6	7	8	9	10	11	12	13	14	15	16	17	18	19	20	21	22	23	24	25	26	27	28	29	30
요일	토	일	월	화	수	목	금	토	일	월	화	수	목	금	토	일	월	화	수	목	금	토	일	월	화	수	목	금	토	일
일진 日辰	乙巳	丙午	丁未	戊申	己酉	庚戌	辛亥	壬子	癸丑	甲寅	乙卯	丙辰	丁巳	戊午	己未	庚申	辛酉	壬戌	癸亥	甲子	乙丑	丙寅	丁卯	戊辰	己巳	庚午	辛未	壬申	癸酉	甲戌
음력	4	5	6	7	8	9	10	11	12	13	14	15	16	17	18	19	20	21	22	23	24	25	26	27	28	29	30	11/1	2	3
대운 남	2	2	1	1	1	1	입	10	9	9	9	8	8	8	7	7	7	6	6	6	5	소	5	4	4	4	3	3	3	2
대운 여	8	8	9	9	9	10	동	1	1	1	1	2	2	2	3	3	3	4	4	4	5	설	5	6	6	6	7	7	7	8

대설 7일 03시 02분 ⇨ **【甲子月(갑자월)】**(대설, 동지~소한 전) 동지 21일 21시 03분

양력 12 / 음력 11/04–12/05

양력	1	2	3	4	5	6	7	8	9	10	11	12	13	14	15	16	17	18	19	20	21	22	23	24	25	26	27	28	29	30	31
요일	월	화	수	목	금	토	일	월	화	수	목	금	토	일	월	화	수	목	금	토	일	월	화	수	목	금	토	일	월	화	수
일진 日辰	乙亥	丙子	丁丑	戊寅	己卯	庚辰	辛巳	壬午	癸未	甲申	乙酉	丙戌	丁亥	戊子	己丑	庚寅	辛卯	壬辰	癸巳	甲午	乙未	丙申	丁酉	戊戌	己亥	庚子	辛丑	壬寅	癸卯	甲辰	乙巳
음력	4	5	6	7	8	9	10	11	12	13	14	15	16	17	18	19	20	21	22	23	24	25	26	27	28	29	12/1	2	3	4	5
대운 남	2	2	1	1	1	1	대	9	9	9	8	8	8	7	7	7	6	6	6	5	동	5	4	4	4	3	3	3	2	2	2
대운 여	8	8	9	9	9	10	설	1	1	1	1	2	2	2	3	3	3	4	4	4	지	5	5	6	6	6	7	7	7	8	8

윤5월 小 2009 己丑年(기축년)

단기 4342년 /불기2553년 대장군(서방), 삼살(동방), 상문(동방),조객(서북방), 납음(벽력화), 【삼재(해,자,축)년】

소한 5일 14시 13분 ⇨ **【乙丑月(을축월)】** (소한, 대한~ 입춘 전) 대한 20일 07시 40분

양력 1 / 음력 12/06 ~ 01/06

양력		1	2	3	4	5	6	7	8	9	10	11	12	13	14	15	16	17	18	19	20	21	22	23	24	25	26	27	28	29	30	31
요일		목	금	토	일	월	화	수	목	금	토	일	월	화	수	목	금	토	일	월	화	수	목	금	토	일	월	화	수	목	금	토
일진 日辰		丙午	丁未	戊申	己酉	庚戌	辛亥	壬子	癸丑	甲寅	乙卯	丙辰	丁巳	戊午	己未	庚申	辛酉	壬戌	癸亥	甲子	乙丑	丙寅	丁卯	戊辰	己巳	庚午	辛未	壬申	癸酉	甲戌	乙亥	丙子
음력		6	7	8	9	10	11	12	13	14	15	16	17	18	19	20	21	22	23	24	25	26	27	28	29	30	1/1	2	3	4	5	6
대운	남	1	1	1	1	소	10	9	9	9	8	8	8	7	7	7	6	6	6	5	대	5	4	4	4	3	3	3	2	2	2	1
대운	여	8	9	9	9	한	1	1	1	1	2	2	2	3	3	3	4	4	4	5	한	5	6	6	6	7	7	7	8	8	8	9

입춘 4일 01시 49분 ⇨ **【丙寅月(병인월)】** (입춘, 우수~ 경칩 전) 우수 18일 21시 45분

양력 2 / 음력 01/07 ~ 02/04

양력		1	2	3	4	5	6	7	8	9	10	11	12	13	14	15	16	17	18	19	20	21	22	23	24	25	26	27	28
요일		일	월	화	수	목	금	토	일	월	화	수	목	금	토	일	월	화	수	목	금	토	일	월	화	수	목	금	토
일진 日辰		丁丑	戊寅	己卯	庚辰	辛巳	壬午	癸未	甲申	乙酉	丙戌	丁亥	戊子	己丑	庚寅	辛卯	壬辰	癸巳	甲午	乙未	丙申	丁酉	戊戌	己亥	庚子	辛丑	壬寅	癸卯	甲辰
음력		7	8	9	10	11	12	13	14	15	16	17	18	19	20	21	22	23	24	25	26	27	28	29	30	2/1	2	3	4
대운	남	1	1	1	입	1	1	1	1	2	2	2	3	3	3	4	4	4	우	5	5	6	6	6	7	7	7	8	8
대운	여	9	9	10	춘	9	9	9	8	8	8	7	7	7	6	6	6	5	수	5	4	4	4	3	3	3	2	2	2

立春

경칩 5일 19시 47분 ⇨ **【丁卯月(정묘월)】**(경칩, 춘분~ 청명 전) 춘분 20일 20시 43분

양력 3 / 음력 02/05 ~ 03/05

양력		1	2	3	4	5	6	7	8	9	10	11	12	13	14	15	16	17	18	19	20	21	22	23	24	25	26	27	28	29	30	31
요일		일	월	화	수	목	금	토	일	월	화	수	목	금	토	일	월	화	수	목	금	토	일	월	화	수	목	금	토	일	월	화
일진 日辰		乙巳	丙午	丁未	戊申	己酉	庚戌	辛亥	壬子	癸丑	甲寅	乙卯	丙辰	丁巳	戊午	己未	庚申	辛酉	壬戌	癸亥	甲子	乙丑	丙寅	丁卯	戊辰	己巳	庚午	辛未	壬申	癸酉	甲戌	乙亥
음력		5	6	7	8	9	10	11	12	13	14	15	16	17	18	19	20	21	22	23	24	25	26	27	28	29	30	3/1	2	3	4	5
대운	남	8	9	9	9	경	1	1	1	1	2	2	2	3	3	3	4	4	4	5	춘	5	6	6	6	7	7	7	8	8	8	9
대운	여	1	1	1	1	칩	10	10	9	9	9	8	8	8	7	7	7	6	6	6	분	5	5	4	4	4	3	3	3	2	2	2

청명 5일 00시 43분 ⇨ **【戊辰月(무진월)】**(청명, 곡우~ 입하 전) 곡우 20일 07시 44분

양력 4 / 음력 03/06 ~ 04/06

양력		1	2	3	4	5	6	7	8	9	10	11	12	13	14	15	16	17	18	19	20	21	22	23	24	25	26	27	28	29	30
요일		수	목	금	토	일	월	화	수	목	금	토	일	월	화	수	목	금	토	일	월	화	수	목	금	토	일	월	화	수	목
일진 日辰		丙子	丁丑	戊寅	己卯	庚辰	辛巳	壬午	癸未	甲申	乙酉	丙戌	丁亥	戊子	己丑	庚寅	辛卯	壬辰	癸巳	甲午	乙未	丙申	丁酉	戊戌	己亥	庚子	辛丑	壬寅	癸卯	甲辰	乙巳
음력		6	7	8	9	10	11	12	13	14	15	16	17	18	19	20	21	22	23	24	25	26	27	28	29	4/1	2	3	4	5	6
대운	남	9	9	10	10	청	1	1	1	1	2	2	2	3	3	3	4	4	4	5	곡	5	6	6	6	7	7	7	8	8	8
대운	여	1	1	1	1	명	10	9	9	9	8	8	8	7	7	7	6	6	6	5	우	5	4	4	4	3	3	3	2	2	2

입하 5일 17시 50분 ⇨ **【己巳月(기사월)】**(입하, 소만~ 망종 전) 소만 21일 06시 50분

양력 5 / 음력 04/07 ~ 05/08

양력		1	2	3	4	5	6	7	8	9	10	11	12	13	14	15	16	17	18	19	20	21	22	23	24	25	26	27	28	29	30	31
요일		금	토	일	월	화	수	목	금	토	일	월	화	수	목	금	토	일	월	화	수	목	금	토	일	월	화	수	목	금	토	일
일진 日辰		丙午	丁未	戊申	己酉	庚戌	辛亥	壬子	癸丑	甲寅	乙卯	丙辰	丁巳	戊午	己未	庚申	辛酉	壬戌	癸亥	甲子	乙丑	丙寅	丁卯	戊辰	己巳	庚午	辛未	壬申	癸酉	甲戌	乙亥	丙子
음력		7	8	9	10	11	12	13	14	15	16	17	18	19	20	21	22	23	24	25	26	27	28	29	5/1	2	3	4	5	6	7	8
대운	남	9	9	9	10	입	1	1	1	1	2	2	2	3	3	3	4	4	4	5	5	소	6	6	6	7	7	7	8	8	8	9
대운	여	1	1	1	1	하	10	10	9	9	9	8	8	8	7	7	7	6	6	6	5	만	5	4	4	4	3	3	3	2	2	2

망종 5일 21시 58분 ⇨ **【庚午月(경오월)】**(망종, 하지~ 소서 전) 하지 21일 14시 45분

양력 6 / 음력 05/09 ~ 윤508

양력		1	2	3	4	5	6	7	8	9	10	11	12	13	14	15	16	17	18	19	20	21	22	23	24	25	26	27	28	29	30
요일		월	화	수	목	금	토	일	월	화	수	목	금	토	일	월	화	수	목	금	토	일	월	화	수	목	금	토	일	월	화
일진 日辰		丁丑	戊寅	己卯	庚辰	辛巳	壬午	癸未	甲申	乙酉	丙戌	丁亥	戊子	己丑	庚寅	辛卯	壬辰	癸巳	甲午	乙未	丙申	丁酉	戊戌	己亥	庚子	辛丑	壬寅	癸卯	甲辰	乙巳	丙午
음력		9	10	11	12	13	14	15	16	17	18	19	20	21	22	23	24	25	26	27	28	29	30	윤5	2	3	4	5	6	7	8
대운	남	9	9	10	10	망	1	1	1	1	2	2	2	3	3	3	4	4	4	5	5	하	6	6	6	7	7	7	8	8	8
대운	여	1	1	1	1	종	10	10	10	9	9	9	8	8	8	7	7	7	6	6	6	지	5	5	4	4	4	3	3	3	2

대장군(서방). 삼살(동방), 상문(동방),조객(서북방), 납음(벽력화), 【삼재(해,자,축)년】
한식(4월05일), 초복(7월14일), 중복(7월24일), 말복(8월13일)

己丑年(기축년)

2009

소서 7일 08시 13분 ⇨ 【辛未月(신미월)】(소서. 대서~ 입추 전) 대서 23일 01시 35분

양력 7 / 음력 윤509 ~ 06/10

양력	1	2	3	4	5	6	7	8	9	10	11	12	13	14	15	16	17	18	19	20	21	22	23	24	25	26	27	28	29	30	31
요일	수	목	금	토	일	월	화	수	목	금	토	일	월	화	수	목	금	토	일	월	화	수	목	금	토	일	월	화	수	목	금
일진 日辰	丁未	戊申	己酉	庚戌	辛亥	壬子	癸丑	甲寅	乙卯	丙辰	丁巳	戊午	己未	庚申	辛酉	壬戌	癸亥	甲子	乙丑	丙寅	丁卯	戊辰	己巳	庚午	辛未	壬申	癸酉	甲戌	乙亥	丙子	丁丑
음력	9	10	11	12	13	14	15	16	17	18	19	20	21	22	23	24	25	26	27	28	29	6/1	2	3	4	5	6	7	8	9	10
대운 남	9	9	9	10	10	10	소	1	1	1	1	2	2	2	3	3	3	4	4	4	5	5	대	6	6	6	7	7	7	8	8
대운 여	2	2	1	1	1	1	서	10	10	9	9	9	8	8	8	7	7	7	6	6	6	5	서	5	4	4	4	3	3	3	2

입추 7일 18시 00분 ⇨ 【壬申月(임신월)】(입추, 처서~ 백로 전) 처서 23일 08시 38분

양력 8 / 음력 06/11 ~ 07/12

양력	1	2	3	4	5	6	7	8	9	10	11	12	13	14	15	16	17	18	19	20	21	22	23	24	25	26	27	28	29	30	31
요일	토	일	월	화	수	목	금	토	일	월	화	수	목	금	토	일	월	화	수	목	금	토	일	월	화	수	목	금	토	일	월
일진 日辰	戊寅	己卯	庚辰	辛巳	壬午	癸未	甲申	乙酉	丙戌	丁亥	戊子	己丑	庚寅	辛卯	壬辰	癸巳	甲午	乙未	丙申	丁酉	戊戌	己亥	庚子	辛丑	壬寅	癸卯	甲辰	乙巳	丙午	丁未	戊申
음력	11	12	13	14	15	16	17	18	19	20	21	22	23	24	25	26	27	28	29	7/1	2	3	4	5	6	7	8	9	10	11	12
대운 남	8	9	9	9	10	10	입	1	1	1	1	2	2	2	3	3	3	4	4	4	5	5	처	6	6	6	7	7	7	8	8
대운 여	2	2	1	1	1	1	추	10	10	9	9	9	8	8	8	7	7	7	6	6	6	5	서	5	4	4	4	3	3	3	2

백로 7일 20시 57분 ⇨ 【癸酉月(계유월)】(백로, 추분-한로 전) 추분 23일 06시 18분

양력 9 / 음력 07/13 ~ 08/12

양력	1	2	3	4	5	6	7	8	9	10	11	12	13	14	15	16	17	18	19	20	21	22	23	24	25	26	27	28	29	30
요일	화	수	목	금	토	일	월	화	수	목	금	토	일	월	화	수	목	금	토	일	월	화	수	목	금	토	일	월	화	수
일진 日辰	己酉	庚戌	辛亥	壬子	癸丑	甲寅	乙卯	丙辰	丁巳	戊午	己未	庚申	辛酉	壬戌	癸亥	甲子	乙丑	丙寅	丁卯	戊辰	己巳	庚午	辛未	壬申	癸酉	甲戌	乙亥	丙子	丁丑	戊寅
음력	13	14	15	16	17	18	19	20	21	22	23	24	25	26	27	28	29	30	8/1	2	3	4	5	6	7	8	9	10	11	12
대운 남	8	9	9	9	10	10	백	1	1	1	1	2	2	2	3	3	3	4	4	4	5	5	추	6	6	6	7	7	7	8
대운 여	2	2	1	1	1	1	로	10	10	9	9	9	8	8	8	7	7	7	6	6	6	5	분	5	4	4	4	3	3	3

한로 8일 12시 39분 ⇨ 【甲戌月(갑술월)】(한로, 상강~ 입동 전) 상강 23일 15시 43분

양력 10 / 음력 08/13 ~ 09/14

양력	1	2	3	4	5	6	7	8	9	10	11	12	13	14	15	16	17	18	19	20	21	22	23	24	25	26	27	28	29	30	31
요일	목	금	토	일	월	화	수	목	금	토	일	월	화	수	목	금	토	일	월	화	수	목	금	토	일	월	화	수	목	금	토
일진 日辰	己卯	庚辰	辛巳	壬午	癸未	甲申	乙酉	丙戌	丁亥	戊子	己丑	庚寅	辛卯	壬辰	癸巳	甲午	乙未	丙申	丁酉	戊戌	己亥	庚子	辛丑	壬寅	癸卯	甲辰	乙巳	丙午	丁未	戊申	己酉
음력	13	14	15	16	17	18	19	20	21	22	23	24	25	26	27	28	29	9/1	2	3	4	5	6	7	8	9	10	11	12	13	14
대운 남	8	8	9	9	9	10	10	한	1	1	1	1	2	2	2	3	3	3	4	4	4	5	상	5	6	6	6	7	7	7	8
대운 여	2	2	2	1	1	1	1	로	10	9	9	9	8	8	8	7	7	7	6	6	6	5	강	5	4	4	4	3	3	3	2

입동 7일 15시 55분 ⇨ 【乙亥月(을해월)】(입동, 소설~ 대설 전) 소설 22일 13시 22분

양력 11 / 음력 09/15 ~ 10/14

양력	1	2	3	4	5	6	7	8	9	10	11	12	13	14	15	16	17	18	19	20	21	22	23	24	25	26	27	28	29	30
요일	일	월	화	수	목	금	토	일	월	화	수	목	금	토	일	월	화	수	목	금	토	일	월	화	수	목	금	토	일	월
일진 日辰	庚戌	辛亥	壬子	癸丑	甲寅	乙卯	丙辰	丁巳	戊午	己未	庚申	辛酉	壬戌	癸亥	甲子	乙丑	丙寅	丁卯	戊辰	己巳	庚午	辛未	壬申	癸酉	甲戌	乙亥	丙子	丁丑	戊寅	己卯
음력	15	16	17	18	19	20	21	22	23	24	25	26	27	28	29	30	10/1	2	3	4	5	6	7	8	9	10	11	12	13	14
대운 남	8	8	9	9	9	10	입	1	1	1	1	2	2	2	3	3	3	4	4	4	5	소	5	6	6	6	7	7	7	8
대운 여	2	2	1	1	1	1	동	10	9	9	9	8	8	8	7	7	7	6	6	6	5	설	5	4	4	4	3	3	3	2

대설 7일 08시 51분 ⇨ 【丙子月(병자월)】(대설, 동지~소한 전) 동지 22일 02시 46분

양력 12 / 음력 10/15 ~ 11/16

양력	1	2	3	4	5	6	7	8	9	10	11	12	13	14	15	16	17	18	19	20	21	22	23	24	25	26	27	28	29	30	31
요일	화	수	목	금	토	일	월	화	수	목	금	토	일	월	화	수	목	금	토	일	월	화	수	목	금	토	일	월	화	수	목
일진 日辰	庚辰	辛巳	壬午	癸未	甲申	乙酉	丙戌	丁亥	戊子	己丑	庚寅	辛卯	壬辰	癸巳	甲午	乙未	丙申	丁酉	戊戌	己亥	庚子	辛丑	壬寅	癸卯	甲辰	乙巳	丙午	丁未	戊申	己酉	庚戌
음력	15	16	17	18	19	20	21	22	23	24	25	26	27	28	29	11/1	2	3	4	5	6	7	8	9	10	11	12	13	14	15	16
대운 남	8	8	9	9	9	10	대	1	1	1	1	2	2	2	3	3	3	4	4	4	5	동	5	6	6	6	7	7	7	8	8
대운 여	2	2	1	1	1	1	설	9	9	9	8	8	8	7	7	7	6	6	6	5	5	지	4	4	4	3	3	3	2	2	2

2010 庚寅年(경인년)

단기 4343년 /불기2554년 대장군(북방), 삼살(북방), 상문(동남방),조객(북방), 납음(송백목), 【삼재(신,유,술)년】

소한 5일 20시 08분 ⇨ 【丁丑月(정축월)】((소한, 대한~ 입춘 전) 대한 20일 13시 27분

양력 1 / 음력 11/17~12/17	1	2	3	4	5	6	7	8	9	10	11	12	13	14	15	16	17	18	19	20	21	22	23	24	25	26	27	28	29	30	31
요일	금	토	일	월	화	수	목	금	토	일	월	화	수	목	금	토	일	월	화	수	목	금	토	일	월	화	수	목	금	토	일
일진 日辰	辛亥	壬子	癸丑	甲寅	乙卯	丙辰	丁巳	戊午	己未	庚申	辛酉	壬戌	癸亥	甲子	乙丑	丙寅	丁卯	戊辰	己巳	庚午	辛未	壬申	癸酉	甲戌	乙亥	丙子	丁丑	戊寅	己卯	庚辰	辛巳
음력	17	18	19	20	21	22	23	24	25	26	27	28	29	30	12/1	2	3	4	5	6	7	8	9	10	11	12	13	14	15	16	17
대운 남	8	9	9	9	소	1	1	1	1	2	2	2	3	3	3	4	4	4	5	대	5	6	6	6	7	7	7	8	8	8	9
대운 여	1	1	1	1	한	10	9	9	9	8	8	8	7	7	7	6	6	6	5	한	5	4	4	4	3	3	3	2	2	2	1

입춘 4일 07시 47분 ⇨ 【戊寅月(무인월)】(입춘, 우수~ 경칩 전) 우수 19일 03시 35분

양력 2 / 음력 12/18~01/15	1	2	3	4	5	6	7	8	9	10	11	12	13	14	15	16	17	18	19	20	21	22	23	24	25	26	27	28	
요일	월	화	수	목	금	토	일	월	화	수	목	금	토	일	월	화	수	목	금	토	일	월	화	수	목	금	토	일	
일진 日辰	壬午	癸未	甲申	乙酉	丙戌	丁亥	戊子	己丑	庚寅	辛卯	壬辰	癸巳	甲午	乙未	丙申	丁酉	戊戌	己亥	庚子	辛丑	壬寅	癸卯	甲辰	乙巳	丙午	丁未	戊申	己酉	立春
음력	18	19	20	21	22	23	24	25	26	27	28	29	30	1/1	2	3	4	5	6	7	8	9	10	11	12	13	14	15	
대운 남	9	9	10	입	10	9	9	9	8	8	8	7	7	7	6	6	6	5	우	5	4	4	4	3	3	3	2	2	
대운 여	1	1	1	춘	1	1	1	1	2	2	2	3	3	3	4	4	4	5	수	5	6	6	6	7	7	7	8	8	

경칩 6일 01시 46분 ⇨ 【己卯月(기묘월)】(경칩, 춘분~ 청명 전) 춘분 21일 02시 31분

양력 3 / 음력 01/16~02/16	1	2	3	4	5	6	7	8	9	10	11	12	13	14	15	16	17	18	19	20	21	22	23	24	25	26	27	28	29	30	31
요일	월	화	수	목	금	토	일	월	화	수	목	금	토	일	월	화	수	목	금	토	일	월	화	수	목	금	토	일	월	화	수
일진 日辰	庚戌	辛亥	壬子	癸丑	甲寅	乙卯	丙辰	丁巳	戊午	己未	庚申	辛酉	壬戌	癸亥	甲子	乙丑	丙寅	丁卯	戊辰	己巳	庚午	辛未	壬申	癸酉	甲戌	乙亥	丙子	丁丑	戊寅	己卯	庚辰
음력	16	17	18	19	20	21	22	23	24	25	26	27	28	29	30	2/1	2	3	4	5	6	7	8	9	10	11	12	13	14	15	16
대운 남	2	1	1	1	1	경	10	9	9	9	8	8	8	7	7	7	6	6	6	5	춘	5	4	4	4	3	3	3	2	2	2
대운 여	8	9	9	9	10	칩	1	1	1	1	2	2	2	3	3	3	4	4	4	5	분	5	6	6	6	7	7	7	8	8	8

청명 5일 06시 30분 ⇨ 【庚辰月(경진월)】(청명, 곡우~ 입하 전) 곡우 20일 13시 29분

양력 4 / 음력 02/17~03/17	1	2	3	4	5	6	7	8	9	10	11	12	13	14	15	16	17	18	19	20	21	22	23	24	25	26	27	28	29	30
요일	목	금	토	일	월	화	수	목	금	토	일	월	화	수	목	금	토	일	월	화	수	목	금	토	일	월	화	수	목	금
일진 日辰	辛巳	壬午	癸未	甲申	乙酉	丙戌	丁亥	戊子	己丑	庚寅	辛卯	壬辰	癸巳	甲午	乙未	丙申	丁酉	戊戌	己亥	庚子	辛丑	壬寅	癸卯	甲辰	乙巳	丙午	丁未	戊申	己酉	庚戌
음력	17	18	19	20	21	22	23	24	25	26	27	28	29	3/1	2	3	4	5	6	7	8	9	10	11	12	13	14	15	16	17
대운 남	1	1	1	1	청	10	9	9	9	8	8	8	7	7	7	6	6	6	5	곡	5	4	4	4	3	3	3	2	2	2
대운 여	9	9	9	10	명	1	1	1	1	2	2	2	3	3	3	4	4	4	5	우	5	6	6	6	7	7	7	8	8	8

입하 5일 23시 43분 ⇨ 【辛巳月(신사월)】(입하, 소만~ 망종 전) 소만 21일 12시 33분

양력 5 / 음력 03/18~04/18	1	2	3	4	5	6	7	8	9	10	11	12	13	14	15	16	17	18	19	20	21	22	23	24	25	26	27	28	29	30	31
요일	토	일	월	화	수	목	금	토	일	월	화	수	목	금	토	일	월	화	수	목	금	토	일	월	화	수	목	금	토	일	월
일진 日辰	辛亥	壬子	癸丑	甲寅	乙卯	丙辰	丁巳	戊午	己未	庚申	辛酉	壬戌	癸亥	甲子	乙丑	丙寅	丁卯	戊辰	己巳	庚午	辛未	壬申	癸酉	甲戌	乙亥	丙子	丁丑	戊寅	己卯	庚辰	辛巳
음력	18	19	20	21	22	23	24	25	26	27	28	29	30	4/1	2	3	4	5	6	7	8	9	10	11	12	13	14	15	16	17	18
대운 남	1	1	1	1	입	10	10	10	9	9	9	8	8	8	7	7	7	6	6	6	소	5	5	4	4	4	3	3	3	2	2
대운 여	9	9	9	10	하	1	1	1	1	2	2	2	3	3	3	4	4	4	5	5	만	6	6	6	7	7	7	8	8	8	9

망종 6일 03시 49분 ⇨ 【壬午月(임오월)】(망종, 하지~ 소서 전) 하지 21일 20시 28분

양력 6 / 음력 04/19~05/19	1	2	3	4	5	6	7	8	9	10	11	12	13	14	15	16	17	18	19	20	21	22	23	24	25	26	27	28	29	30
요일	화	수	목	금	토	일	월	화	수	목	금	토	일	월	화	수	목	금	토	일	월	화	수	목	금	토	일	월	화	수
일진 日辰	壬午	癸未	甲申	乙酉	丙戌	丁亥	戊子	己丑	庚寅	辛卯	壬辰	癸巳	甲午	乙未	丙申	丁酉	戊戌	己亥	庚子	辛丑	壬寅	癸卯	甲辰	乙巳	丙午	丁未	戊申	己酉	庚戌	辛亥
음력	19	20	21	22	23	24	25	26	27	28	29	5/1	2	3	4	5	6	7	8	9	10	11	12	13	14	15	16	17	18	19
대운 남	2	1	1	1	1	망	10	10	9	9	9	8	8	8	7	7	7	6	6	6	하	5	5	4	4	4	3	3	3	2
대운 여	9	9	10	10	10	종	1	1	1	1	2	2	2	3	3	3	4	4	4	5	지	5	6	6	6	7	7	7	8	8

대장군(북방), 삼살(북방), 상문(동남방),조객(북방), 납음(송백목), 【삼재(신,유,술)년】
(한식(4월06일), 초복(7월19일), 중복(7월29일), 말복(8월08일)

庚寅年(경인년)

2010

소서 7일 14시 02분 ⇨ 【癸未月(계미월)】(소서, 대서~ 입추 전) 대서 23일 07시 20분

양력 7	양력	1	2	3	4	5	6	7	8	9	10	11	12	13	14	15	16	17	18	19	20	21	22	23	24	25	26	27	28	29	30	31
	요일	목	금	토	일	월	화	수	목	금	토	일	월	화	수	목	금	토	일	월	화	수	목	금	토	일	월	화	수	목	금	토
	일진	壬	癸	甲	乙	丙	丁	戊	己	庚	辛	壬	癸	甲	乙	丙	丁	戊	己	庚	辛	壬	癸	甲	乙	丙	丁	戊	己	庚	辛	壬
	日辰	子	丑	寅	卯	辰	巳	午	未	申	酉	戌	亥	子	丑	寅	卯	辰	巳	午	未	申	酉	戌	亥	子	丑	寅	卯	辰	巳	午
음력 05/20~06/20	음력	20	21	22	23	24	25	26	27	28	29	30	6/1	2	3	4	5	6	7	8	9	10	11	12	13	14	15	16	17	18	19	20
대운	남	2	2	1	1	1	1	소	10	10	9	9	9	8	8	8	7	7	7	6	6	6	5	대	5	4	4	4	3	3	3	2
	여	8	9	9	9	10	10	서	1	1	1	1	2	2	2	3	3	3	4	4	4	5	5	서	6	6	6	7	7	7	8	8

입추 7일 23시 48분 ⇨ 【甲申月(갑신월)】(입추, 처서~ 백로 전) 처서 23일 14시 26분

양력 8	양력	1	2	3	4	5	6	7	8	9	10	11	12	13	14	15	16	17	18	19	20	21	22	23	24	25	26	27	28	29	30	31
	요일	일	월	화	수	목	금	토	일	월	화	수	목	금	토	일	월	화	수	목	금	토	일	월	화	수	목	금	토	일	월	화
	일진	癸	甲	乙	丙	丁	戊	己	庚	辛	壬	癸	甲	乙	丙	丁	戊	己	庚	辛	壬	癸	甲	乙	丙	丁	戊	己	庚	辛	壬	癸
	日辰	未	申	酉	戌	亥	子	丑	寅	卯	辰	巳	午	未	申	酉	戌	亥	子	丑	寅	卯	辰	巳	午	未	申	酉	戌	亥	子	丑
음력 06/21~07/22	음력	21	22	23	24	25	26	27	28	29	7/1	2	3	4	5	6	7	8	9	10	11	12	13	14	15	16	17	18	19	20	21	22
대운	남	2	2	1	1	1	1	입	10	10	10	9	9	9	8	8	8	7	7	7	6	6	6	처	5	5	4	4	4	3	3	3
	여	8	9	9	9	10	10	추	1	1	1	1	2	2	2	3	3	3	4	4	4	5	5	서	6	6	6	7	7	7	8	8

백로 8일 02시 44분 ⇨ 【乙酉月(을유월)】(백로, 추분-한로 전) 추분 23일 12시 08분

양력 9	양력	1	2	3	4	5	6	7	8	9	10	11	12	13	14	15	16	17	18	19	20	21	22	23	24	25	26	27	28	29	30
	요일	수	목	금	토	일	월	화	수	목	금	토	일	월	화	수	목	금	토	일	월	화	수	목	금	토	일	월	화	수	목
	일진	甲	乙	丙	丁	戊	己	庚	辛	壬	癸	甲	乙	丙	丁	戊	己	庚	辛	壬	癸	甲	乙	丙	丁	戊	己	庚	辛	壬	癸
	日辰	寅	卯	辰	巳	午	未	申	酉	戌	亥	子	丑	寅	卯	辰	巳	午	未	申	酉	戌	亥	子	丑	寅	卯	辰	巳	午	未
음력 07/23~08/23	음력	23	24	25	26	27	28	29	8/1	2	3	4	5	6	7	8	9	10	11	12	13	14	15	16	17	18	19	20	21	22	23
대운	남	2	2	2	1	1	1	1	백	10	9	9	9	8	8	8	7	7	7	6	6	6	5	추	5	4	4	4	3	3	3
	여	8	9	9	9	10	10	10	로	1	1	1	1	2	2	2	3	3	3	4	4	4	5	분	5	6	6	6	7	7	7

한로 8일 18시 26분 ⇨ 【丙戌月(병술월)】(한로, 상강~ 입동 전) 상강 23일 21시 34분

양력 10	양력	1	2	3	4	5	6	7	8	9	10	11	12	13	14	15	16	17	18	19	20	21	22	23	24	25	26	27	28	29	30	31
	요일	금	토	일	월	화	수	목	금	토	일	월	화	수	목	금	토	일	월	화	수	목	금	토	일	월	화	수	목	금	토	일
	일진	甲	乙	丙	丁	戊	己	庚	辛	壬	癸	甲	乙	丙	丁	戊	己	庚	辛	壬	癸	甲	乙	丙	丁	戊	己	庚	辛	壬	癸	甲
	日辰	申	酉	戌	亥	子	丑	寅	卯	辰	巳	午	未	申	酉	戌	亥	子	丑	寅	卯	辰	巳	午	未	申	酉	戌	亥	子	丑	寅
음력 08/24~09/24	음력	24	25	26	27	28	29	30	9/1	2	3	4	5	6	7	8	9	10	11	12	13	14	15	16	17	18	19	20	21	22	23	24
대운	남	2	2	2	1	1	1	1	한	10	9	9	9	8	8	8	7	7	7	6	6	6	5	상	5	4	4	4	3	3	3	2
	여	8	8	8	9	9	9	10	로	1	1	1	1	2	2	2	3	3	3	4	4	4	5	강	5	6	6	6	7	7	7	8

입동 7일 21시 42분 ⇨ 【丁亥月(정해월)】(입동, 소설~ 대설 전) 소설 22일 19시 14분

양력 11	양력	1	2	3	4	5	6	7	8	9	10	11	12	13	14	15	16	17	18	19	20	21	22	23	24	25	26	27	28	29	30
	요일	월	화	수	목	금	토	일	월	화	수	목	금	토	일	월	화	수	목	금	토	일	월	화	수	목	금	토	일	월	화
	일진	乙	丙	丁	戊	己	庚	辛	壬	癸	甲	乙	丙	丁	戊	己	庚	辛	壬	癸	甲	乙	丙	丁	戊	己	庚	辛	壬	癸	甲
	日辰	卯	辰	巳	午	未	申	酉	戌	亥	子	丑	寅	卯	辰	巳	午	未	申	酉	戌	亥	子	丑	寅	卯	辰	巳	午	未	申
음력 09/25~10/25	음력	25	26	27	28	29	10/1	2	3	4	5	6	7	8	9	10	11	12	13	14	15	16	17	18	19	20	21	22	23	24	25
대운	남	2	2	1	1	1	1	입	10	9	9	9	8	8	8	7	7	7	6	6	6	5	소	5	4	4	4	3	3	3	2
	여	8	8	9	9	9	10	동	1	1	1	1	2	2	2	3	3	3	4	4	4	5	설	5	6	6	6	7	7	7	8

대설 7일 14시 38분 ⇨ 【戊子月(무자월)】(대설, 동지~소한 전) 동지 22일 08시 38분

양력 12	양력	1	2	3	4	5	6	7	8	9	10	11	12	13	14	15	16	17	18	19	20	21	22	23	24	25	26	27	28	29	30	31
	요일	수	목	금	토	일	월	화	수	목	금	토	일	월	화	수	목	금	토	일	월	화	수	목	금	토	일	월	화	수	목	금
	일진	乙	丙	丁	戊	己	庚	辛	壬	癸	甲	乙	丙	丁	戊	己	庚	辛	壬	癸	甲	乙	丙	丁	戊	己	庚	辛	壬	癸	甲	乙
	日辰	酉	戌	亥	子	丑	寅	卯	辰	巳	午	未	申	酉	戌	亥	子	丑	寅	卯	辰	巳	午	未	申	酉	戌	亥	子	丑	寅	卯
음력 10/26~11/26	음력	26	27	28	29	30	11/1	2	3	4	5	6	7	8	9	10	11	12	13	14	15	16	17	18	19	20	21	22	23	24	25	26
대운	남	2	2	1	1	1	1	대	10	9	9	9	8	8	8	7	7	7	6	6	6	5	동	5	4	4	4	3	3	3	2	2
	여	8	8	9	9	9	10	설	1	1	1	1	2	2	2	3	3	3	4	4	4	5	지	5	6	6	6	7	7	7	8	8

2011 辛卯年(신묘년)

단기4344년 /불기2555년 대장군(북방). 삼살(서방), 상문(동남방),조객(동북방), 납음(송백목), 【삼재(사,오,미)년】

소한 6일 01시 54분 ⇨ **【己丑月(기축월)】**(소한, 대한~ 입춘 전) 대한 20일 19시 18분

양력 1 / 음력 11/27 ~ 12/28

양력	1	2	3	4	5	6	7	8	9	10	11	12	13	14	15	16	17	18	19	20	21	22	23	24	25	26	27	28	29	30	31
요일	토	일	월	화	수	목	금	토	일	월	화	수	목	금	토	일	월	화	수	목	금	토	일	월	화	수	목	금	토	일	월
일진	丙	丁	戊	己	庚	辛	壬	癸	甲	乙	丙	丁	戊	己	庚	辛	壬	癸	甲	乙	丙	丁	戊	己	庚	辛	壬	癸	甲	乙	丙
日辰	辰	巳	午	未	申	酉	戌	亥	子	丑	寅	卯	辰	巳	午	未	申	酉	戌	亥	子	丑	寅	卯	辰	巳	午	未	申	酉	戌
음력	27	28	29	12/1	2	3	4	5	6	7	8	9	10	11	12	13	14	15	16	17	18	19	20	21	22	23	24	25	26	27	28
대운 남	2	1	1	1	1	소	9	9	9	8	8	8	7	7	7	6	6	6	5	대	5	4	4	4	3	3	3	2	2	2	1
대운 여	8	9	9	9	10	한	1	1	1	1	2	2	2	3	3	3	4	4	4	한	5	5	6	6	6	7	7	7	8	8	8

입춘 4일 13시 32분 ⇨ **【庚寅月(경인월)】** (입춘, 우수~ 경칩 전) 우수 19일 09시 24분

양력 2 / 음력 12/29 ~ 01/26

양력	1	2	3	4	5	6	7	8	9	10	11	12	13	14	15	16	17	18	19	20	21	22	23	24	25	26	27	28
요일	화	수	목	금	토	일	월	화	수	목	금	토	일	월	화	수	목	금	토	일	월	화	수	목	금	토	일	월
일진	丁	戊	己	庚	辛	壬	癸	甲	乙	丙	丁	戊	己	庚	辛	壬	癸	甲	乙	丙	丁	戊	己	庚	辛	壬	癸	甲
日辰	亥	子	丑	寅	卯	辰	巳	午	未	申	酉	戌	亥	子	丑	寅	卯	辰	巳	午	未	申	酉	戌	亥	子	丑	寅
음력	29	30	1/1	2	3	4	5	6	7	8	9	10	11	12	13	14	15	16	17	18	19	20	21	22	23	24	25	26
대운 남	1	1	1	입	1	1	1	1	2	2	2	3	3	3	4	4	4	5	우	5	6	6	6	7	7	7	8	8
대운 여	9	9	9	춘	10	9	9	9	8	8	8	7	7	7	6	6	6	5	수	5	4	4	4	3	3	3	2	2

立春

경칩 6일 07시 29분 ⇨ **【辛卯月(신묘월)】**(경칩, 춘분~ 청명 전) 춘분 21일 08시 20분

양력 3 / 음력 01/27 ~ 02/27

양력	1	2	3	4	5	6	7	8	9	10	11	12	13	14	15	16	17	18	19	20	21	22	23	24	25	26	27	28	29	30	31
요일	화	수	목	금	토	일	월	화	수	목	금	토	일	월	화	수	목	금	토	일	월	화	수	목	금	토	일	월	화	수	목
일진	乙	丙	丁	戊	己	庚	辛	壬	癸	甲	乙	丙	丁	戊	己	庚	辛	壬	癸	甲	乙	丙	丁	戊	己	庚	辛	壬	癸	甲	乙
日辰	卯	辰	巳	午	未	申	酉	戌	亥	子	丑	寅	卯	辰	巳	午	未	申	酉	戌	亥	子	丑	寅	卯	辰	巳	午	未	申	酉
음력	27	28	29	30	2/1	2	3	4	5	6	7	8	9	10	11	12	13	14	15	16	17	18	19	20	21	22	23	24	25	26	27
대운 남	8	9	9	9	10	경	1	1	1	1	2	2	2	3	3	3	4	4	4	5	춘	5	6	6	6	7	7	7	8	8	8
대운 여	2	1	1	1	1	칩	10	9	9	9	8	8	8	7	7	7	6	6	6	5	분	5	4	4	4	3	3	3	2	2	2

청명 5일 12시 11분 ⇨ **【壬辰月(임진월)】**(청명, 곡우~ 입하 전) 곡우 20일 19시 17분

양력 4 / 음력 02/28 ~ 03/28

양력	1	2	3	4	5	6	7	8	9	10	11	12	13	14	15	16	17	18	19	20	21	22	23	24	25	26	27	28	29	30
요일	금	토	일	월	화	수	목	금	토	일	월	화	수	목	금	토	일	월	화	수	목	금	토	일	월	화	수	목	금	토
일진	丙	丁	戊	己	庚	辛	壬	癸	甲	乙	丙	丁	戊	己	庚	辛	壬	癸	甲	乙	丙	丁	戊	己	庚	辛	壬	癸	甲	乙
日辰	戌	亥	子	丑	寅	卯	辰	巳	午	未	申	酉	戌	亥	子	丑	寅	卯	辰	巳	午	未	申	酉	戌	亥	子	丑	寅	卯
음력	28	29	3/1	2	3	4	5	6	7	8	9	10	11	12	13	14	15	16	17	18	19	20	21	22	23	24	25	26	27	28
대운 남	9	9	9	10	청	1	1	1	1	2	2	2	3	3	3	4	4	4	5	곡	5	6	6	6	7	7	7	8	8	8
대운 여	1	1	1	1	명	10	10	9	9	9	8	8	8	7	7	7	6	6	6	우	5	5	4	4	4	3	3	3	2	2

입하 6일 05시 22분 ⇨ **【癸巳月(계사월)】**(입하, 소만~ 망종 전) 소만 21일 18시 20분

양력 5 / 음력 03/29 ~ 04/29

양력	1	2	3	4	5	6	7	8	9	10	11	12	13	14	15	16	17	18	19	20	21	22	23	24	25	26	27	28	29	30	31
요일	일	월	화	수	목	금	토	일	월	화	수	목	금	토	일	월	화	수	목	금	토	일	월	화	수	목	금	토	일	월	화
일진	丙	丁	戊	己	庚	辛	壬	癸	甲	乙	丙	丁	戊	己	庚	辛	壬	癸	甲	乙	丙	丁	戊	己	庚	辛	壬	癸	甲	乙	丙
日辰	辰	巳	午	未	申	酉	戌	亥	子	丑	寅	卯	辰	巳	午	未	申	酉	戌	亥	子	丑	寅	卯	辰	巳	午	未	申	酉	戌
음력	29	30	4/1	2	3	4	5	6	7	8	9	10	11	12	13	14	15	16	17	18	19	20	21	22	23	24	25	26	27	28	29
대운 남	9	9	9	10	10	입	1	1	1	1	2	2	2	3	3	3	4	4	4	5	소	5	6	6	6	7	7	7	8	8	8
대운 여	2	1	1	1	1	하	10	10	9	9	9	8	8	8	7	7	7	6	6	6	만	5	5	4	4	4	3	3	3	2	2

망종 6일 09시 26분 ⇨ **【甲午月(갑오월)】**(망종, 하지~ 소서 전) 하지 22일 02시 16분

양력 6 / 음력 04/30 ~ 05/29

양력	1	2	3	4	5	6	7	8	9	10	11	12	13	14	15	16	17	18	19	20	21	22	23	24	25	26	27	28	29	30
요일	수	목	금	토	일	월	화	수	목	금	토	일	월	화	수	목	금	토	일	월	화	수	목	금	토	일	월	화	수	목
일진	丁	戊	己	庚	辛	壬	癸	甲	乙	丙	丁	戊	己	庚	辛	壬	癸	甲	乙	丙	丁	戊	己	庚	辛	壬	癸	甲	乙	丙
日辰	亥	子	丑	寅	卯	辰	巳	午	未	申	酉	戌	亥	子	丑	寅	卯	辰	巳	午	未	申	酉	戌	亥	子	丑	寅	卯	辰
음력	30	5/1	2	3	4	5	6	7	8	9	10	11	12	13	14	15	16	17	18	19	20	21	22	23	24	25	26	27	28	29
대운 남	9	9	9	10	10	망	1	1	1	1	2	2	2	3	3	3	4	4	4	5	5	하	6	6	6	7	7	7	8	8
대운 여	2	1	1	1	1	종	10	10	9	9	9	8	8	8	7	7	7	6	6	6	5	지	5	4	4	4	3	3	3	2

대장군(북방). 삼살(서방), 상문(동남방),조객(동북방), 납음(송백목), 【삼재(사,오,미)년】
한식(4월06일), 초복(7월14일), 중복(7월24일), 말복(8월13일)

辛卯年(신묘년)

2011

소서 7일 19시 41분 【乙未月(을미월)】(소서, 대서~ 입추 전) 대서 23일 13시 11분

양력 7 / 음력 06/01 ~ 07/01

양력	1	2	3	4	5	6	7	8	9	10	11	12	13	14	15	16	17	18	19	20	21	22	23	24	25	26	27	28	29	30	31
요일	금	토	일	월	화	수	목	금	토	일	월	화	수	목	금	토	일	월	화	수	목	금	토	일	월	화	수	목	금	토	일
일진 日辰	丁巳	戊午	己未	庚申	辛酉	壬戌	癸亥	甲子	乙丑	丙寅	丁卯	戊辰	己巳	庚午	辛未	壬申	癸酉	甲戌	乙亥	丙子	丁丑	戊寅	己卯	庚辰	辛巳	壬午	癸未	甲申	乙酉	丙戌	丁亥
음력	6/1	2	3	4	5	6	7	8	9	10	11	12	13	14	15	16	17	18	19	20	21	22	23	24	25	26	27	28	29	30	7/1
대운 남	8	9	9	9	10	10	소	1	1	1	1	2	2	2	3	3	3	4	4	4	5	5	대	6	6	6	7	7	7	8	8
대운 여	2	2	1	1	1	1	서	10	10	10	9	9	9	8	8	8	7	7	7	6	6	6	서	5	5	4	4	4	3	3	3

입추 8일 05시 33분 【丙申月(병신월)】(입추, 처서~ 백로 전) 처서 23일 20시 20분

양력 8 / 음력 07/02 ~ 08/03

양력	1	2	3	4	5	6	7	8	9	10	11	12	13	14	15	16	17	18	19	20	21	22	23	24	25	26	27	28	29	30	31
요일	월	화	수	목	금	토	일	월	화	수	목	금	토	일	월	화	수	목	금	토	일	월	화	수	목	금	토	일	월	화	수
일진 日辰	戊子	己丑	庚寅	辛卯	壬辰	癸巳	甲午	乙未	丙申	丁酉	戊戌	己亥	庚子	辛丑	壬寅	癸卯	甲辰	乙巳	丙午	丁未	戊申	己酉	庚戌	辛亥	壬子	癸丑	甲寅	乙卯	丙辰	丁巳	戊午
음력	2	3	4	5	6	7	8	9	10	11	12	13	14	15	16	17	18	19	20	21	22	23	24	25	26	27	28	29	8/1	2	3
대운 남	8	9	9	9	10	10	10	입	1	1	1	1	2	2	2	3	3	3	4	4	4	5	처	5	6	6	6	7	7	7	8
대운 여	2	2	2	1	1	1	1	추	10	10	9	9	9	8	8	8	7	7	7	6	6	6	서	5	5	4	4	4	3	3	3

백로 8일 08시 33분 【丁酉月(정유월)】(백로, 추분-한로 전) 추분 23일 18시 04분

양력 9 / 음력 08/04 ~ 09/04

양력	1	2	3	4	5	6	7	8	9	10	11	12	13	14	15	16	17	18	19	20	21	22	23	24	25	26	27	28	29	30
요일	목	금	토	일	월	화	수	목	금	토	일	월	화	수	목	금	토	일	월	화	수	목	금	토	일	월	화	수	목	금
일진 日辰	己未	庚申	辛酉	壬戌	癸亥	甲子	乙丑	丙寅	丁卯	戊辰	己巳	庚午	辛未	壬申	癸酉	甲戌	乙亥	丙子	丁丑	戊寅	己卯	庚辰	辛巳	壬午	癸未	甲申	乙酉	丙戌	丁亥	戊子
음력	4	5	6	7	8	9	10	11	12	13	14	15	16	17	18	19	20	21	22	23	24	25	26	27	28	29	9/1	2	3	4
대운 남	8	8	9	9	9	10	10	백	1	1	1	1	2	2	2	3	3	3	4	4	4	5	추	5	6	6	6	7	7	7
대운 여	2	2	2	1	1	1	1	로	10	10	9	9	9	8	8	8	7	7	7	6	6	6	분	5	5	4	4	4	3	3

한로 9일 00시 18분 【戊戌月(무술월)】(한로, 상강~ 입동 전) 상강 24일 03시 29분

양력 10 / 음력 09/05 ~ 10/06

양력	1	2	3	4	5	6	7	8	9	10	11	12	13	14	15	16	17	18	19	20	21	22	23	24	25	26	27	28	29	30	31
요일	토	일	월	화	수	목	금	토	일	월	화	수	목	금	토	일	월	화	수	목	금	토	일	월	화	수	목	금	토	일	월
일진 日辰	己丑	庚寅	辛卯	壬辰	癸巳	甲午	乙未	丙申	丁酉	戊戌	己亥	庚子	辛丑	壬寅	癸卯	甲辰	乙巳	丙午	丁未	戊申	己酉	庚戌	辛亥	壬子	癸丑	甲寅	乙卯	丙辰	丁巳	戊午	己未
음력	5	6	7	8	9	10	11	12	13	14	15	16	17	18	19	20	21	22	23	24	25	26	27	28	29	10/1	2	3	4	5	6
대운 남	8	8	8	9	9	9	10	10	한	1	1	1	1	2	2	2	3	3	3	4	4	4	5	상	5	6	6	6	7	7	7
대운 여	3	2	2	2	1	1	1	1	로	10	9	9	9	8	8	8	7	7	7	6	6	6	5	강	5	4	4	4	3	3	3

입동 8일 03시 34분 【己亥月(기해월)】(입동, 소설~ 대설 전) 소설 23일 01시 07분

양력 11 / 음력 10/07 ~ 11/06

양력	1	2	3	4	5	6	7	8	9	10	11	12	13	14	15	16	17	18	19	20	21	22	23	24	25	26	27	28	29	30
요일	화	수	목	금	토	일	월	화	수	목	금	토	일	월	화	수	목	금	토	일	월	화	수	목	금	토	일	월	화	수
일진 日辰	庚申	辛酉	壬戌	癸亥	甲子	乙丑	丙寅	丁卯	戊辰	己巳	庚午	辛未	壬申	癸酉	甲戌	乙亥	丙子	丁丑	戊寅	己卯	庚辰	辛巳	壬午	癸未	甲申	乙酉	丙戌	丁亥	戊子	己丑
음력	7	8	9	10	11	12	13	14	15	16	17	18	19	20	21	22	23	24	25	26	27	28	29	30	11/1	2	3	4	5	6
대운 남	8	8	8	9	9	9	10	입	1	1	1	1	2	2	2	3	3	3	4	4	4	5	소	5	6	6	6	7	7	7
대운 여	2	2	2	1	1	1	1	동	9	9	9	8	8	8	7	7	7	6	6	6	5	5	설	4	4	4	3	3	3	2

대설 7일 20시 28분 【庚子月(경자월)】(대설, 동지~소한 전) 동지 22일 14시 29분

양력 12 / 음력 11/07 ~ 12/07

양력	1	2	3	4	5	6	7	8	9	10	11	12	13	14	15	16	17	18	19	20	21	22	23	24	25	26	27	28	29	30	31
요일	목	금	토	일	월	화	수	목	금	토	일	월	화	수	목	금	토	일	월	화	수	목	금	토	일	월	화	수	목	금	토
일진 日辰	庚寅	辛卯	壬辰	癸巳	甲午	乙未	丙申	丁酉	戊戌	己亥	庚子	辛丑	壬寅	癸卯	甲辰	乙巳	丙午	丁未	戊申	己酉	庚戌	辛亥	壬子	癸丑	甲寅	乙卯	丙辰	丁巳	戊午	己未	庚申
음력	7	8	9	10	11	12	13	14	15	16	17	18	19	20	21	22	23	24	25	26	27	28	29	30	12/1	2	3	4	5	6	7
대운 남	8	8	8	9	9	9	대	1	1	1	1	2	2	2	3	3	3	4	4	4	5	동	5	6	6	6	7	7	7	8	8
대운 여	2	2	1	1	1	1	설	10	9	9	9	8	8	8	7	7	7	6	6	6	5	지	5	4	4	4	3	3	3	2	2

윤3월 大 2012 壬辰年(임진년)

단기 4345년 /불기2556년 대장군(북방), 삼살(남방), 상문(남방), 조객(동북방),납음(장류수), 삼재(인,묘,진)

소한 6일 07시 43분 ⇨ **【辛丑月(신축월)】**(소한, 대한~ 입춘 전) 대한 21일 01시 09분

양력 1 (음력 12/08~01/09)	양력	1	2	3	4	5	6	7	8	9	10	11	12	13	14	15	16	17	18	19	20	21	22	23	24	25	26	27	28	29	30	31
	요일	일	월	화	수	목	금	토	일	월	화	수	목	금	토	일	월	화	수	목	금	토	일	월	화	수	목	금	토	일	월	화
	일진	辛	壬	癸	甲	乙	丙	丁	戊	己	庚	辛	壬	癸	甲	乙	丙	丁	戊	己	庚	辛	壬	癸	甲	乙	丙	丁	戊	己	庚	辛
	日辰	酉	戌	亥	子	丑	寅	卯	辰	巳	午	未	申	酉	戌	亥	子	丑	寅	卯	辰	巳	午	未	申	酉	戌	亥	子	丑	寅	卯
	음력	8	9	10	11	12	13	14	15	16	17	18	19	20	21	22	23	24	25	26	27	28	29	1/1	2	3	4	5	6	7	8	9
대운	남	8	9	9	9	10	소	1	1	1	1	2	2	2	3	3	3	4	4	4	5	대	5	6	6	6	7	7	7	8	8	8
	여	2	1	1	1	1	한	9	9	9	8	8	8	7	7	7	6	6	6	5	5	한	4	4	4	3	3	3	2	2	2	1

입춘 4일 19시 22분 ⇨ **【壬寅月(임인월)】** (입춘, 우수~ 경칩 전) 우수 19일 15시 17분

양력 2 (음력 01/10~02/08)	양력	1	2	3	4	5	6	7	8	9	10	11	12	13	14	15	16	17	18	19	20	21	22	23	24	25	26	27	28	29	立春
	요일	수	목	금	토	일	월	화	수	목	금	토	일	월	화	수	목	금	토	일	월	화	수	목	금	토	일	월	화	수	
	일진	壬	癸	甲	乙	丙	丁	戊	己	庚	辛	壬	癸	甲	乙	丙	丁	戊	己	庚	辛	壬	癸	甲	乙	丙	丁	戊	己	庚	
	日辰	辰	巳	午	未	申	酉	戌	亥	子	丑	寅	卯	辰	巳	午	未	申	酉	戌	亥	子	丑	寅	卯	辰	巳	午	未	申	
	음력	10	11	12	13	14	15	16	17	18	19	20	21	22	23	24	25	26	27	28	29	30	2/1	2	3	4	5	6	7	8	
대운	남	9	9	9	입	10	9	9	9	8	8	8	7	7	7	6	6	6	5	우	5	4	4	4	3	3	3	2	2	2	
	여	1	1	1	춘	1	1	1	1	2	2	2	3	3	3	4	4	4	5	수	5	6	6	6	7	7	7	8	8	8	

경칩 5일 13시 20분 ⇨ **【癸卯月(계묘월)】**(경칩, 춘분~ 청명 전) 춘분 20일 14시 14분

양력 3 (음력 02/09~03/10)	양력	1	2	3	4	5	6	7	8	9	10	11	12	13	14	15	16	17	18	19	20	21	22	23	24	25	26	27	28	29	30	31
	요일	목	금	토	일	월	화	수	목	금	토	일	월	화	수	목	금	토	일	월	화	수	목	금	토	일	월	화	수	목	금	토
	일진	辛	壬	癸	甲	乙	丙	丁	戊	己	庚	辛	壬	癸	甲	乙	丙	丁	戊	己	庚	辛	壬	癸	甲	乙	丙	丁	戊	己	庚	辛
	日辰	酉	戌	亥	子	丑	寅	卯	辰	巳	午	未	申	酉	戌	亥	子	丑	寅	卯	辰	巳	午	未	申	酉	戌	亥	子	丑	寅	卯
	음력	9	10	11	12	13	14	15	16	17	18	19	20	21	22	23	24	25	26	27	28	29	3/1	2	3	4	5	6	7	8	9	10
대운	남	1	1	1	1	경	10	9	9	9	8	8	8	7	7	7	6	6	6	5	춘	5	4	4	4	3	3	3	2	2	2	1
	여	9	9	9	10	칩	1	1	1	1	2	2	2	3	3	3	4	4	4	5	분	5	6	6	6	7	7	7	8	8	8	9

청명 4일 18시 05분 ⇨ **【甲辰月(갑진월)】**(청명, 곡우~ 입하 전) 곡우 20일 01시 11분

양력 4 (음력 03/11~윤310)	양력	1	2	3	4	5	6	7	8	9	10	11	12	13	14	15	16	17	18	19	20	21	22	23	24	25	26	27	28	29	30
	요일	일	월	화	수	목	금	토	일	월	화	수	목	금	토	일	월	화	수	목	금	토	일	월	화	수	목	금	토	일	월
	일진	壬	癸	甲	乙	丙	丁	戊	己	庚	辛	壬	癸	甲	乙	丙	丁	戊	己	庚	辛	壬	癸	甲	乙	丙	丁	戊	己	庚	辛
	日辰	辰	巳	午	未	申	酉	戌	亥	子	丑	寅	卯	辰	巳	午	未	申	酉	戌	亥	子	丑	寅	卯	辰	巳	午	未	申	酉
	음력	11	12	13	14	15	16	17	18	19	20	21	22	23	24	25	26	27	28	29	30	윤3	2	3	4	5	6	7	8	9	10
대운	남	1	1	1	청	10	10	9	9	9	8	8	8	7	7	7	6	6	6	5	곡	5	4	4	4	3	3	3	2	2	2
	여	9	9	10	명	1	1	1	1	2	2	2	3	3	3	4	4	4	5	5	우	6	6	6	7	7	7	8	8	8	9

입하 5일 11시 19분 ⇨ **【乙巳月(을사월)】**(입하, 소만~ 망종 전) 소만 21일 00시 15분

양력 5 (음력 윤311~04/11)	양력	1	2	3	4	5	6	7	8	9	10	11	12	13	14	15	16	17	18	19	20	21	22	23	24	25	26	27	28	29	30	31
	요일	화	수	목	금	토	일	월	화	수	목	금	토	일	월	화	수	목	금	토	일	월	화	수	목	금	토	일	월	화	수	목
	일진	壬	癸	甲	乙	丙	丁	戊	己	庚	辛	壬	癸	甲	乙	丙	丁	戊	己	庚	辛	壬	癸	甲	乙	丙	丁	戊	己	庚	辛	壬
	日辰	戌	亥	子	丑	寅	卯	辰	巳	午	未	申	酉	戌	亥	子	丑	寅	卯	辰	巳	午	未	申	酉	戌	亥	子	丑	寅	卯	辰
	음력	11	12	13	14	15	16	17	18	19	20	21	22	23	24	25	26	27	28	29	30	4/1	2	3	4	5	6	7	8	9	10	11
대운	남	1	1	1	1	입	10	10	9	9	9	8	8	8	7	7	7	6	6	6	5	소	5	4	4	4	3	3	3	2	2	2
	여	9	9	10	10	하	1	1	1	1	2	2	2	3	3	3	4	4	4	5	5	만	6	6	6	7	7	7	8	8	8	9

망종 5일 15시 25분 ⇨ **【丙午月(병오월)】**(망종, 하지~ 소서 전) 하지 21일 08시 08분

양력 6 (음력 04/12~05/11)	양력	1	2	3	4	5	6	7	8	9	10	11	12	13	14	15	16	17	18	19	20	21	22	23	24	25	26	27	28	29	30
	요일	금	토	일	월	화	수	목	금	토	일	월	화	수	목	금	토	일	월	화	수	목	금	토	일	월	화	수	목	금	토
	일진	癸	甲	乙	丙	丁	戊	己	庚	辛	壬	癸	甲	乙	丙	丁	戊	己	庚	辛	壬	癸	甲	乙	丙	丁	戊	己	庚	辛	壬
	日辰	巳	午	未	申	酉	戌	亥	子	丑	寅	卯	辰	巳	午	未	申	酉	戌	亥	子	丑	寅	卯	辰	巳	午	未	申	酉	戌
	음력	12	13	14	15	16	17	18	19	20	21	22	23	24	25	26	27	28	29	30	5/1	2	3	4	5	6	7	8	9	10	11
대운	남	1	1	1	1	망	10	10	10	9	9	9	8	8	8	7	7	7	6	6	6	하	5	5	4	4	4	3	3	3	2
	여	9	9	10	10	종	1	1	1	1	2	2	2	3	3	3	4	4	4	5	5	지	6	6	6	7	7	7	8	8	8

대장군(북방), 삼살(남방), 상문(남방), 조객(동북방),납음(장류수), 삼재(인,묘,진)

한식(4월05일), 초복(7월18일), 중복(7월28일), 말복(8월07일)

壬辰年(임진년)

소서 7일 01시 40분 ⇨ 【丁未月(정미월)】(소서, 대서~ 입추 전) 대서 22일 19시 00분

양력 7 / 음력 05/12 ~ 06/13

양력	1	2	3	4	5	6	7	8	9	10	11	12	13	14	15	16	17	18	19	20	21	22	23	24	25	26	27	28	29	30	31
요일	일	월	화	수	목	금	토	일	월	화	수	목	금	토	일	월	화	수	목	금	토	일	월	화	수	목	금	토	일	월	화
일진 日辰	癸亥	甲子	乙丑	丙寅	丁卯	戊辰	己巳	庚午	辛未	壬申	癸酉	甲戌	乙亥	丙子	丁丑	戊寅	己卯	庚辰	辛巳	壬午	癸未	甲申	乙酉	丙戌	丁亥	戊子	己丑	庚寅	辛卯	壬辰	癸巳
음력	12	13	14	15	16	17	18	19	20	21	22	23	24	25	26	27	28	29	6/1	2	3	4	5	6	7	8	9	10	11	12	13
대운 남	2	2	1	1	1	1	소	10	10	9	9	9	8	8	8	7	7	7	6	6	6	대	5	5	4	4	4	3	3	3	2
대운 여	9	9	9	10	10	10	서	1	1	1	1	2	2	2	3	3	3	4	4	4	5	서	5	6	6	6	7	7	7	8	8

입추 7일 11시 30분 ⇨ 【戊申月(무신월)】(입추, 처서~ 백로 전) 처서 23일 02시 06분

양력 8 / 음력 06/14 ~ 07/14

양력	1	2	3	4	5	6	7	8	9	10	11	12	13	14	15	16	17	18	19	20	21	22	23	24	25	26	27	28	29	30	31
요일	수	목	금	토	일	월	화	수	목	금	토	일	월	화	수	목	금	토	일	월	화	수	목	금	토	일	월	화	수	목	금
일진 日辰	甲午	乙未	丙申	丁酉	戊戌	己亥	庚子	辛丑	壬寅	癸卯	甲辰	乙巳	丙午	丁未	戊申	己酉	庚戌	辛亥	壬子	癸丑	甲寅	乙卯	丙辰	丁巳	戊午	己未	庚申	辛酉	壬戌	癸亥	甲子
음력	14	15	16	17	18	19	20	21	22	23	24	25	26	27	28	29	30	7/1	2	3	4	5	6	7	8	9	10	11	12	13	14
대운 남	2	2	1	1	1	1	입	10	10	9	9	9	8	8	8	7	7	7	6	6	6	5	처	5	4	4	4	3	3	3	2
대운 여	8	9	9	9	10	10	추	1	1	1	1	2	2	2	3	3	3	4	4	4	4	5	서	5	6	6	6	7	7	7	8

백로 7일 14시 28분 ⇨ 【己酉月(기유월)】(백로, 추분-한로 전) 추분 22일 23시 48분

양력 9 / 음력 07/15 ~ 08/15

양력	1	2	3	4	5	6	7	8	9	10	11	12	13	14	15	16	17	18	19	20	21	22	23	24	25	26	27	28	29	30
요일	토	일	월	화	수	목	금	토	일	월	화	수	목	금	토	일	월	화	수	목	금	토	일	월	화	수	목	금	토	일
일진 日辰	乙丑	丙寅	丁卯	戊辰	己巳	庚午	辛未	壬申	癸酉	甲戌	乙亥	丙子	丁丑	戊寅	己卯	庚辰	辛巳	壬午	癸未	甲申	乙酉	丙戌	丁亥	戊子	己丑	庚寅	辛卯	壬辰	癸巳	甲午
음력	15	16	17	18	19	20	21	22	23	24	25	26	27	28	29	8/1	2	3	4	5	6	7	8	9	10	11	12	13	14	15
대운 남	2	2	1	1	1	1	백	10	10	9	9	9	8	8	8	7	7	7	6	6	6	추	5	5	4	4	4	3	3	3
대운 여	8	8	9	9	9	10	로	1	1	1	1	2	2	2	3	3	3	4	4	4	4	분	5	5	6	6	6	7	7	7

한로 8일 06시 11분 ⇨ 【庚戌月(경술월)】(한로, 상강~ 입동 전) 상강 23일 09시 13분

양력 10 / 음력 08/16 ~ 09/17

양력	1	2	3	4	5	6	7	8	9	10	11	12	13	14	15	16	17	18	19	20	21	22	23	24	25	26	27	28	29	30	31
요일	월	화	수	목	금	토	일	월	화	수	목	금	토	일	월	화	수	목	금	토	일	월	화	수	목	금	토	일	월	화	수
일진 日辰	乙未	丙申	丁酉	戊戌	己亥	庚子	辛丑	壬寅	癸卯	甲辰	乙巳	丙午	丁未	戊申	己酉	庚戌	辛亥	壬子	癸丑	甲寅	乙卯	丙辰	丁巳	戊午	己未	庚申	辛酉	壬戌	癸亥	甲子	乙丑
음력	16	17	18	19	20	21	22	23	24	25	26	27	28	29	9/1	2	3	4	5	6	7	8	9	10	11	12	13	14	15	16	17
대운 남	2	2	2	1	1	1	1	한	10	9	9	9	8	8	8	7	7	7	6	6	6	5	상	5	4	4	4	3	3	3	2
대운 여	8	8	8	9	9	9	10	로	1	1	1	1	2	2	2	3	3	3	4	4	4	5	강	5	6	6	6	7	7	7	8

입동 7일 09시 25분 ⇨ 【辛亥月(신해월)】(입동, 소설~ 대설 전) 소설 22일 06시 49분

양력 11 / 음력 09/18 ~ 10/17

양력	1	2	3	4	5	6	7	8	9	10	11	12	13	14	15	16	17	18	19	20	21	22	23	24	25	26	27	28	29	30
요일	목	금	토	일	월	화	수	목	금	토	일	월	화	수	목	금	토	일	월	화	수	목	금	토	일	월	화	수	목	금
일진 日辰	丙寅	丁卯	戊辰	己巳	庚午	辛未	壬申	癸酉	甲戌	乙亥	丙子	丁丑	戊寅	己卯	庚辰	辛巳	壬午	癸未	甲申	乙酉	丙戌	丁亥	戊子	己丑	庚寅	辛卯	壬辰	癸巳	甲午	乙未
음력	18	19	20	21	22	23	24	25	26	27	28	29	30	10/1	2	3	4	5	6	7	8	9	10	11	12	13	14	15	16	17
대운 남	2	2	1	1	1	1	입	10	9	9	9	8	8	8	7	7	7	6	6	6	5	소	5	4	4	4	3	3	3	2
대운 여	8	8	9	9	9	10	동	1	1	1	1	2	2	2	3	3	3	4	4	4	5	설	5	6	6	6	7	7	7	8

대설 7일 02시 18분 ⇨ 【壬子月(임자월)】(대설, 동지~소한 전) 동지 21일 20시 11분

양력 12 / 음력 10/18 ~ 11/19

양력	1	2	3	4	5	6	7	8	9	10	11	12	13	14	15	16	17	18	19	20	21	22	23	24	25	26	27	28	29	30	31
요일	토	일	월	화	수	목	금	토	일	월	화	수	목	금	토	일	월	화	수	목	금	토	일	월	화	수	목	금	토	일	월
일진 日辰	丙申	丁酉	戊戌	己亥	庚子	辛丑	壬寅	癸卯	甲辰	乙巳	丙午	丁未	戊申	己酉	庚戌	辛亥	壬子	癸丑	甲寅	乙卯	丙辰	丁巳	戊午	己未	庚申	辛酉	壬戌	癸亥	甲子	乙丑	丙寅
음력	18	19	20	21	22	23	24	25	26	27	28	29	11/1	2	3	4	5	6	7	8	9	10	11	12	13	14	15	16	17	18	19
대운 남	2	2	1	1	1	1	대	9	9	9	8	8	8	7	7	7	6	6	6	5	동	5	4	4	4	3	3	3	2	2	2
대운 여	8	8	9	9	9	10	설	1	1	1	1	2	2	2	3	3	3	4	4	4	지	5	5	6	6	6	7	7	7	8	8

2013 癸巳年(계사년)

단기4346년 /불기2557년 대장군(동방). 삼살(동방), 상문(서남방),조객(동방), 납음(장류수), 【삼재(해,자,축)년】

소한 5일 13시 33분 ⇨ **【癸丑月(계축월)】**(소한, 대한~ 입춘 전) 대한 20일 06시 51분

양력 1 (음력 11/20~12/20)	1	2	3	4	5	6	7	8	9	10	11	12	13	14	15	16	17	18	19	20	21	22	23	24	25	26	27	28	29	30	31
요일	화	수	목	금	토	일	월	화	수	목	금	토	일	월	화	수	목	금	토	일	월	화	수	목	금	토	일	월	화	수	목
일진 日辰	丁卯	戊辰	己巳	庚午	辛未	壬申	癸酉	甲戌	乙亥	丙子	丁丑	戊寅	己卯	庚辰	辛巳	壬午	癸未	甲申	乙酉	丙戌	丁亥	戊子	己丑	庚寅	辛卯	壬辰	癸巳	甲午	乙未	丙申	丁酉
음력	20	21	22	23	24	25	26	27	28	29	30	12/1	2	3	4	5	6	7	8	9	10	11	12	13	14	15	16	17	18	19	20
대운 남	1	1	1	1	소	10	9	9	9	8	8	8	7	7	7	6	6	6	5	대	5	4	4	4	3	3	3	2	2	2	1
대운 여	8	9	9	9	한	1	1	1	1	2	2	2	3	3	3	4	4	4	5	한	5	6	6	6	7	7	7	8	8	8	9

입춘 4일 01시 13분 ⇨ **【甲寅月(갑인월)】**(입춘, 우수~ 경칩 전) 우수 18일 21시 01분

양력 2 (음력 12/21~01/19)	1	2	3	4	5	6	7	8	9	10	11	12	13	14	15	16	17	18	19	20	21	22	23	24	25	26	27	28
요일	금	토	일	월	화	수	목	금	토	일	월	화	수	목	금	토	일	월	화	수	목	금	토	일	월	화	수	목
일진 日辰	戊戌	己亥	庚子	辛丑	壬寅	癸卯	甲辰	乙巳	丙午	丁未	戊申	己酉	庚戌	辛亥	壬子	癸丑	甲寅	乙卯	丙辰	丁巳	戊午	己未	庚申	辛酉	壬戌	癸亥	甲子	乙丑
음력	21	22	23	24	25	26	27	28	29	1/1	2	3	4	5	6	7	8	9	10	11	12	13	14	15	16	17	18	19
대운 남	1	1	1	입	1	1	1	1	2	2	2	3	3	3	4	4	4	우	5	5	6	6	6	7	7	7	8	8
대운 여	9	9	10	춘	9	9	9	8	8	8	7	7	7	6	6	6	5	수	5	4	4	4	3	3	3	2	2	2

立春

경칩 5일 19시 14분 ⇨ **【乙卯月(을묘월)】**(경칩, 춘분~ 청명 전) 춘분 20일 20시 01분

양력 3 (음력 01/20~02/20)	1	2	3	4	5	6	7	8	9	10	11	12	13	14	15	16	17	18	19	20	21	22	23	24	25	26	27	28	29	30	31
요일	금	토	일	월	화	수	목	금	토	일	월	화	수	목	금	토	일	월	화	수	목	금	토	일	월	화	수	목	금	토	일
일진 日辰	丙寅	丁卯	戊辰	己巳	庚午	辛未	壬申	癸酉	甲戌	乙亥	丙子	丁丑	戊寅	己卯	庚辰	辛巳	壬午	癸未	甲申	乙酉	丙戌	丁亥	戊子	己丑	庚寅	辛卯	壬辰	癸巳	甲午	乙未	丙申
음력	20	21	22	23	24	25	26	27	28	29	30	2/1	2	3	4	5	6	7	8	9	10	11	12	13	14	15	16	17	18	19	20
대운 남	9	9	9	10	경	1	1	1	1	2	2	2	3	3	3	4	4	4	5	춘	5	6	6	6	7	7	7	8	8	8	9
대운 여	1	1	1	1	칩	10	10	9	9	9	8	8	8	7	7	7	6	6	6	분	5	5	4	4	4	3	3	3	2	2	2

청명 5일 00시 02분 ⇨ **【丙辰月(병진월)】**(청명, 곡우~ 입하 전) 곡우 20일 07시 02분

양력 4 (음력 02/21~03/21)	1	2	3	4	5	6	7	8	9	10	11	12	13	14	15	16	17	18	19	20	21	22	23	24	25	26	27	28	29	30
요일	월	화	수	목	금	토	일	월	화	수	목	금	토	일	월	화	수	목	금	토	일	월	화	수	목	금	토	일	월	화
일진 日辰	丁酉	戊戌	己亥	庚子	辛丑	壬寅	癸卯	甲辰	乙巳	丙午	丁未	戊申	己酉	庚戌	辛亥	壬子	癸丑	甲寅	乙卯	丙辰	丁巳	戊午	己未	庚申	辛酉	壬戌	癸亥	甲子	乙丑	丙寅
음력	21	22	23	24	25	26	27	28	29	3/1	2	3	4	5	6	7	8	9	10	11	12	13	14	15	16	17	18	19	20	21
대운 남	9	9	10	10	청	1	1	1	1	2	2	2	3	3	3	4	4	4	5	곡	5	6	6	6	7	7	7	8	8	8
대운 여	1	1	1	1	명	10	9	9	9	8	8	8	7	7	7	6	6	6	5	우	5	4	4	4	3	3	3	2	2	2

입하 5일 17시 17분 ⇨ **【丁巳月(정사월)】**(입하, 소만~ 망종 전) 소만 21일 06시 09분

양력 5 (음력 03/22~04/22)	1	2	3	4	5	6	7	8	9	10	11	12	13	14	15	16	17	18	19	20	21	22	23	24	25	26	27	28	29	30	31
요일	수	목	금	토	일	월	화	수	목	금	토	일	월	화	수	목	금	토	일	월	화	수	목	금	토	일	월	화	수	목	금
일진 日辰	丁卯	戊辰	己巳	庚午	辛未	壬申	癸酉	甲戌	乙亥	丙子	丁丑	戊寅	己卯	庚辰	辛巳	壬午	癸未	甲申	乙酉	丙戌	丁亥	戊子	己丑	庚寅	辛卯	壬辰	癸巳	甲午	乙未	丙申	丁酉
음력	22	23	24	25	26	27	28	29	30	4/1	2	3	4	5	6	7	8	9	10	11	12	13	14	15	16	17	18	19	20	21	22
대운 남	9	9	9	10	입	1	1	1	1	2	2	2	3	3	3	4	4	4	5	5	소	6	6	6	7	7	7	8	8	8	9
대운 여	1	1	1	1	하	10	10	9	9	9	8	8	8	7	7	7	6	6	6	5	만	5	4	4	4	3	3	3	2	2	2

망종 5일 21시 22분 ⇨ **【戊午月(무오월)】**(망종, 하지~ 소서 전) 하지 21일 14시 03분

양력 6 (음력 04/23~05/22)	1	2	3	4	5	6	7	8	9	10	11	12	13	14	15	16	17	18	19	20	21	22	23	24	25	26	27	28	29	30
요일	토	일	월	화	수	목	금	토	일	월	화	수	목	금	토	일	월	화	수	목	금	토	일	월	화	수	목	금	토	일
일진 日辰	戊戌	己亥	庚子	辛丑	壬寅	癸卯	甲辰	乙巳	丙午	丁未	戊申	己酉	庚戌	辛亥	壬子	癸丑	甲寅	乙卯	丙辰	丁巳	戊午	己未	庚申	辛酉	壬戌	癸亥	甲子	乙丑	丙寅	丁卯
음력	23	24	25	26	27	28	29	30	5/1	2	3	4	5	6	7	8	9	10	11	12	13	14	15	16	17	18	19	20	21	22
대운 남	9	9	10	10	망	1	1	1	1	2	2	2	3	3	3	4	4	4	5	5	하	6	6	6	7	7	7	8	8	8
대운 여	1	1	1	1	종	10	10	10	9	9	9	8	8	8	7	7	7	6	6	6	지	5	5	4	4	4	3	3	3	2

대장군(동방), 삼살(동방), 상문(서남방),조객(동방), 납음(장류수), 【삼재(해,자,축)년】
한식(4월06일), 초복(7월13일), 중복(7월23일), 말복(8월12일)

癸巳年(계사년)

2013

소서 7일 07시 34분 ⇨ **【己未月(기미월)】**(소서, 대서~ 입추 전) 대서 23일 00시 55분

양력	양력	1	2	3	4	5	6	7	8	9	10	11	12	13	14	15	16	17	18	19	20	21	22	23	24	25	26	27	28	29	30	31
7	요일	월	화	수	목	금	토	일	월	화	수	목	금	토	일	월	화	수	목	금	토	일	월	화	수	목	금	토	일	월	화	수
	일진 日辰	戊辰	己巳	庚午	辛未	壬申	癸酉	甲戌	乙亥	丙子	丁丑	戊寅	己卯	庚辰	辛巳	壬午	癸未	甲申	乙酉	丙戌	丁亥	戊子	己丑	庚寅	辛卯	壬辰	癸巳	甲午	乙未	丙申	丁酉	戊戌
음력 05/23 ~ 06/24	음력	23	24	25	26	27	28	29	6/1	2	3	4	5	6	7	8	9	10	11	12	13	14	15	16	17	18	19	20	21	22	23	24
대운	남	9	9	9	10	10	10	소	1	1	1	1	2	2	2	3	3	3	4	4	4	5	5	대	6	6	6	7	7	7	8	8
	여	2	2	1	1	1	1	서	10	10	9	9	9	8	8	8	7	7	7	6	6	6	5	서	5	4	4	4	3	3	3	2

입추 7일 17시 19분 ⇨ **【庚申月(경신월)】**(입추, 처서~ 백로 전) 처서 23일 08시 01분

양력	양력	1	2	3	4	5	6	7	8	9	10	11	12	13	14	15	16	17	18	19	20	21	22	23	24	25	26	27	28	29	30	31
8	요일	목	금	토	일	월	화	수	목	금	토	일	월	화	수	목	금	토	일	월	화	수	목	금	토	일	월	화	수	목	금	토
	일진 日辰	己亥	庚子	辛丑	壬寅	癸卯	甲辰	乙巳	丙午	丁未	戊申	己酉	庚戌	辛亥	壬子	癸丑	甲寅	乙卯	丙辰	丁巳	戊午	己未	庚申	辛酉	壬戌	癸亥	甲子	乙丑	丙寅	丁卯	戊辰	己巳
음력 06/25 ~ 07/25	음력	25	26	27	28	29	30	7/1	2	3	4	5	6	7	8	9	10	11	12	13	14	15	16	17	18	19	20	21	22	23	24	25
대운	남	2	2	1	1	1	1	입	10	10	9	9	9	8	8	8	7	7	7	6	6	6	5	처	5	4	4	4	3	3	3	2
	여	8	9	9	9	10	10	추	1	1	1	1	2	2	2	3	3	3	4	4	4	4	5	서	5	6	6	6	7	7	7	8

백로 7일 20시 15분 ⇨ **【辛酉月(신유월)】**(백로, 추분-한로 전) 추분 23일 05시 43분

양력	양력	1	2	3	4	5	6	7	8	9	10	11	12	13	14	15	16	17	18	19	20	21	22	23	24	25	26	27	28	29	30
9	요일	일	월	화	수	목	금	토	일	월	화	수	목	금	토	일	월	화	수	목	금	토	일	월	화	수	목	금	토	일	월
	일진 日辰	庚午	辛未	壬申	癸酉	甲戌	乙亥	丙子	丁丑	戊寅	己卯	庚辰	辛巳	壬午	癸未	甲申	乙酉	丙戌	丁亥	戊子	己丑	庚寅	辛卯	壬辰	癸巳	甲午	乙未	丙申	丁酉	戊戌	己亥
음력 07/26 ~ 08/26	음력	26	27	28	29	8/1	2	3	4	5	6	7	8	9	10	11	12	13	14	15	16	17	18	19	20	21	22	23	24	25	26
대운	남	2	2	1	1	1	1	백	10	10	9	9	9	8	8	8	7	7	7	6	6	6	추	5	5	4	4	4	3	3	3
	여	8	8	9	9	9	10	로	1	1	1	1	2	2	2	3	3	3	4	4	4	4	분	5	5	6	6	6	7	7	7

한로 8일 11시 58분 ⇨ **【壬戌月(임술월)】**(한로, 상강~ 입동 전) 상강 23일 15시 09분

양력	양력	1	2	3	4	5	6	7	8	9	10	11	12	13	14	15	16	17	18	19	20	21	22	23	24	25	26	27	28	29	30	31
10	요일	화	수	목	금	토	일	월	화	수	목	금	토	일	월	화	수	목	금	토	일	월	화	수	목	금	토	일	월	화	수	목
	일진 日辰	庚子	辛丑	壬寅	癸卯	甲辰	乙巳	丙午	丁未	戊申	己酉	庚戌	辛亥	壬子	癸丑	甲寅	乙卯	丙辰	丁巳	戊午	己未	庚申	辛酉	壬戌	癸亥	甲子	乙丑	丙寅	丁卯	戊辰	己巳	庚午
음력 08/27 ~ 09/27	음력	27	28	29	30	9/1	2	3	4	5	6	7	8	9	10	11	12	13	14	15	16	17	18	19	20	21	22	23	24	25	26	27
대운	남	2	2	2	1	1	1	1	한	10	9	9	9	8	8	8	7	7	7	6	6	6	5	상	5	4	4	4	3	3	3	2
	여	8	8	8	9	9	9	10	로	1	1	1	1	2	2	2	3	3	3	4	4	4	5	강	5	6	6	6	7	7	7	8

입동 7일 15시 13분 ⇨ **【癸亥月(계해월)】**(입동, 소설~ 대설 전) 소설 22일 12시 47분

양력	양력	1	2	3	4	5	6	7	8	9	10	11	12	13	14	15	16	17	18	19	20	21	22	23	24	25	26	27	28	29	30
11	요일	금	토	일	월	화	수	목	금	토	일	월	화	수	목	금	토	일	월	화	수	목	금	토	일	월	화	수	목	금	토
	일진 日辰	辛未	壬申	癸酉	甲戌	乙亥	丙子	丁丑	戊寅	己卯	庚辰	辛巳	壬午	癸未	甲申	乙酉	丙戌	丁亥	戊子	己丑	庚寅	辛卯	壬辰	癸巳	甲午	乙未	丙申	丁酉	戊戌	己亥	庚子
음력 09/28 ~ 10/28	음력	28	29	10/1	2	3	4	5	6	7	8	9	10	11	12	13	14	15	16	17	18	19	20	21	22	23	24	25	26	27	28
대운	남	2	2	1	1	1	1	입	10	9	9	9	8	8	8	7	7	7	6	6	6	5	소	5	4	4	4	3	3	3	2
	여	8	8	9	9	9	10	동	1	1	1	1	2	2	2	3	3	3	4	4	4	5	설	5	6	6	6	7	7	7	8

대설 7일 08시 08분 ⇨ **【甲子月(갑자월)】**(대설, 동지~소한 전) 동지 22일 02시 10분

양력	양력	1	2	3	4	5	6	7	8	9	10	11	12	13	14	15	16	17	18	19	20	21	22	23	24	25	26	27	28	29	30	31
12	요일	일	월	화	수	목	금	토	일	월	화	수	목	금	토	일	월	화	수	목	금	토	일	월	화	수	목	금	토	일	월	화
	일진 日辰	辛丑	壬寅	癸卯	甲辰	乙巳	丙午	丁未	戊申	己酉	庚戌	辛亥	壬子	癸丑	甲寅	乙卯	丙辰	丁巳	戊午	己未	庚申	辛酉	壬戌	癸亥	甲子	乙丑	丙寅	丁卯	戊辰	己巳	庚午	辛未
음력 10/29 ~ 11/29	음력	29	30	11/1	2	3	4	5	6	7	8	9	10	11	12	13	14	15	16	17	18	19	20	21	22	23	24	25	26	27	28	29
대운	남	2	2	1	1	1	1	대	9	9	9	8	8	8	7	7	7	6	6	6	5	동	5	4	4	4	3	3	3	2	2	2
	여	8	8	9	9	9	10	설	1	1	1	1	2	2	2	3	3	3	4	4	4	지	5	5	6	6	6	7	7	7	8	8

단기 4347년 /불기2558년 대장군(동방). 삼살(북방), 상문(서남방),조객(동남방), 납음(사중금), 【삼재(신,유,술)년】

소한 5일 19시 23분 ⇨ 【乙丑月(을축월)】(소한, 대한~ 입춘 전) 대한 20일 12시 50분

양력 1 / 음력 12/01 ~ 01/01

양력	1	2	3	4	5	6	7	8	9	10	11	12	13	14	15	16	17	18	19	20	21	22	23	24	25	26	27	28	29	30	31
요일	수	목	금	토	일	월	화	수	목	금	토	일	월	화	수	목	금	토	일	월	화	수	목	금	토	일	월	화	수	목	금
일진 日辰	壬申	癸酉	甲戌	乙亥	丙子	丁丑	戊寅	己卯	庚辰	辛巳	壬午	癸未	甲申	乙酉	丙戌	丁亥	戊子	己丑	庚寅	辛卯	壬辰	癸巳	甲午	乙未	丙申	丁酉	戊戌	己亥	庚子	辛丑	壬寅
음력	12/1	2	3	4	5	6	7	8	9	10	11	12	13	14	15	16	17	18	19	20	21	22	23	24	25	26	27	28	29	30	1/1
대운 남	8	9	9	9	소	1	1	1	1	2	2	2	3	3	3	4	4	4	5	대	5	6	6	6	7	7	7	8	8	8	9
대운 여	1	1	1	1	한	10	9	9	9	8	8	8	7	7	7	6	6	6	5	한	5	4	4	4	3	3	3	2	2	2	1

입춘 4일 07시 02분 ⇨ 【丙寅月(병인월)】(입춘, 우수~ 경칩 전) 우수 19일 02시 59분

양력 2 / 음력 01/02 ~ 01/29

양력	1	2	3	4	5	6	7	8	9	10	11	12	13	14	15	16	17	18	19	20	21	22	23	24	25	26	27	28
요일	토	일	월	화	수	목	금	토	일	월	화	수	목	금	토	일	월	화	수	목	금	토	일	월	화	수	목	금
일진 日辰	癸卯	甲辰	乙巳	丙午	丁未	戊申	己酉	庚戌	辛亥	壬子	癸丑	甲寅	乙卯	丙辰	丁巳	戊午	己未	庚申	辛酉	壬戌	癸亥	甲子	乙丑	丙寅	丁卯	戊辰	己巳	庚午
음력	2	3	4	5	6	7	8	9	10	11	12	13	14	15	16	17	18	19	20	21	22	23	24	25	26	27	28	29
대운 남	9	9	10	입	10	9	9	9	8	8	8	7	7	7	6	6	6	5	우	5	4	4	4	3	3	3	2	2
대운 여	1	1	1	춘	1	1	1	1	2	2	2	3	3	3	4	4	4	5	수	5	6	6	6	7	7	7	8	8

立春

경칩 6일 01시 01분 ⇨ 【丁卯月(정묘월)】(경칩, 춘분~ 청명 전) 춘분 21일 01시 56분

양력 3 / 음력 02/01 ~ 03/01

양력	1	2	3	4	5	6	7	8	9	10	11	12	13	14	15	16	17	18	19	20	21	22	23	24	25	26	27	28	29	30	31
요일	토	일	월	화	수	목	금	토	일	월	화	수	목	금	토	일	월	화	수	목	금	토	일	월	화	수	목	금	토	일	월
일진 日辰	辛未	壬申	癸酉	甲戌	乙亥	丙子	丁丑	戊寅	己卯	庚辰	辛巳	壬午	癸未	甲申	乙酉	丙戌	丁亥	戊子	己丑	庚寅	辛卯	壬辰	癸巳	甲午	乙未	丙申	丁酉	戊戌	己亥	庚子	辛丑
음력	2/1	2	3	4	5	6	7	8	9	10	11	12	13	14	15	16	17	18	19	20	21	22	23	24	25	26	27	28	29	30	3/
대운 남	2	1	1	1	1	경	10	9	9	9	8	8	8	7	7	7	6	6	6	5	춘	5	4	4	4	3	3	3	2	2	2
대운 여	8	9	9	9	10	칩	1	1	1	1	2	2	2	3	3	3	4	4	4	5	분	5	6	6	6	7	7	7	8	8	8

청명 5일 05시 46분 ⇨ 【戊辰月(무진월)】(청명, 곡우~ 입하 전) 곡우 20일 12시 55분

양력 4 / 음력 03/02 ~ 04/02

양력	1	2	3	4	5	6	7	8	9	10	11	12	13	14	15	16	17	18	19	20	21	22	23	24	25	26	27	28	29	30
요일	화	수	목	금	토	일	월	화	수	목	금	토	일	월	화	수	목	금	토	일	월	화	수	목	금	토	일	월	화	수
일진 日辰	壬寅	癸卯	甲辰	乙巳	丙午	丁未	戊申	己酉	庚戌	辛亥	壬子	癸丑	甲寅	乙卯	丙辰	丁巳	戊午	己未	庚申	辛酉	壬戌	癸亥	甲子	乙丑	丙寅	丁卯	戊辰	己巳	庚午	辛未
음력	2	3	4	5	6	7	8	9	10	11	12	13	14	15	16	17	18	19	20	21	22	23	24	25	26	27	28	29	4/1	2
대운 남	1	1	1	1	청	10	9	9	9	8	8	8	7	7	7	6	6	6	5	곡	5	4	4	4	3	3	3	2	2	2
대운 여	9	9	9	10	명	1	1	1	1	2	2	2	3	3	3	4	4	4	5	우	5	6	6	6	7	7	7	8	8	8

입하 5일 22시 59분 ⇨ 【己巳月(기사월)】(입하, 소만~ 망종 전) 소만 21일 11시 58분

양력 5 / 음력 04/03 ~ 05/03

양력	1	2	3	4	5	6	7	8	9	10	11	12	13	14	15	16	17	18	19	20	21	22	23	24	25	26	27	28	29	30	31
요일	목	금	토	일	월	화	수	목	금	토	일	월	화	수	목	금	토	일	월	화	수	목	금	토	일	월	화	수	목	금	토
일진 日辰	壬申	癸酉	甲戌	乙亥	丙子	丁丑	戊寅	己卯	庚辰	辛巳	壬午	癸未	甲申	乙酉	丙戌	丁亥	戊子	己丑	庚寅	辛卯	壬辰	癸巳	甲午	乙未	丙申	丁酉	戊戌	己亥	庚子	辛丑	壬寅
음력	3	4	5	6	7	8	9	10	11	12	13	14	15	16	17	18	19	20	21	22	23	24	25	26	27	28	29	30	5/1	2	3
대운 남	1	1	1	1	입	10	10	10	9	9	9	8	8	8	7	7	7	6	6	6	소	5	5	4	4	4	3	3	3	2	2
대운 여	9	9	9	10	하	1	1	1	1	2	2	2	3	3	3	4	4	4	5	5	만	6	6	6	7	7	7	8	8	8	9

망종 6일 03시 02분 ⇨ 【庚午月(경오월)】(망종, 하지~ 소서 전) 하지 21일 19시 50분

양력 6 / 음력 05/04 ~ 06/04

양력	1	2	3	4	5	6	7	8	9	10	11	12	13	14	15	16	17	18	19	20	21	22	23	24	25	26	27	28	29	30
요일	일	월	화	수	목	금	토	일	월	화	수	목	금	토	일	월	화	수	목	금	토	일	월	화	수	목	금	토	일	월
일진 日辰	癸卯	甲辰	乙巳	丙午	丁未	戊申	己酉	庚戌	辛亥	壬子	癸丑	甲寅	乙卯	丙辰	丁巳	戊午	己未	庚申	辛酉	壬戌	癸亥	甲子	乙丑	丙寅	丁卯	戊辰	己巳	庚午	辛未	壬申
음력	4	5	6	7	8	9	10	11	12	13	14	15	16	17	18	19	20	21	22	23	24	25	26	27	28	29	6/1	2	3	4
대운 남	2	1	1	1	1	망	10	10	9	9	9	8	8	8	7	7	7	6	6	6	하	5	5	4	4	4	3	3	3	2
대운 여	9	9	10	10	10	종	1	1	1	1	2	2	2	3	3	3	4	4	4	5	지	5	6	6	6	7	7	7	8	8

대장군(동방), 삼살(북방), 상문(서남방),조객(동남방), 납음(사중금), 【삼재(신,유,술)년】
한식(4월06일), 초복(7월18일), 중복(7월28일), 말복(8월07일)

甲午年(갑오년)

2014

소서 7일 13시 14분 ⇨ 【辛未月(신미월)】(소서, 대서~ 입추 전) 대서 23일 06시 40분

양력 7 / 음력 06/05 ~ 07/05

양력	1	2	3	4	5	6	7	8	9	10	11	12	13	14	15	16	17	18	19	20	21	22	23	24	25	26	27	28	29	30	31
요일	화	수	목	금	토	일	월	화	수	목	금	토	일	월	화	수	목	금	토	일	월	화	수	목	금	토	일	월	화	수	목
일진 日辰	癸酉	甲戌	乙亥	丙子	丁丑	戊寅	己卯	庚辰	辛巳	壬午	癸未	甲申	乙酉	丙戌	丁亥	戊子	己丑	庚寅	辛卯	壬辰	癸巳	甲午	乙未	丙申	丁酉	戊戌	己亥	庚子	辛丑	壬寅	癸卯
음력	5	6	7	8	9	10	11	12	13	14	15	16	17	18	19	20	21	22	23	24	25	26	27	28	29	30	7/1	2	3	4	5
대운 남	2	2	1	1	1	1	소	10	10	9	9	9	8	8	8	7	7	7	6	6	6	5	대	5	4	4	4	3	3	3	2
대운 여	8	9	9	9	10	10	서	1	1	1	1	2	2	2	3	3	3	4	4	4	5	5	서	6	6	6	7	7	7	8	8

입추 7일 23시 02분 ⇨ 【壬申月(임신월)】(입추, 처서~ 백로 전) 처서 23일 13시 45분

양력 8 / 음력 07/06 ~ 08/07

양력	1	2	3	4	5	6	7	8	9	10	11	12	13	14	15	16	17	18	19	20	21	22	23	24	25	26	27	28	29	30	31
요일	금	토	일	월	화	수	목	금	토	일	월	화	수	목	금	토	일	월	화	수	목	금	토	일	월	화	수	목	금	토	일
일진 日辰	甲辰	乙巳	丙午	丁未	戊申	己酉	庚戌	辛亥	壬子	癸丑	甲寅	乙卯	丙辰	丁巳	戊午	己未	庚申	辛酉	壬戌	癸亥	甲子	乙丑	丙寅	丁卯	戊辰	己巳	庚午	辛未	壬申	癸酉	甲戌
음력	6	7	8	9	10	11	12	13	14	15	16	17	18	19	20	21	22	23	24	25	26	27	28	29	8/1	2	3	4	5	6	7
대운 남	2	2	1	1	1	1	입	10	10	10	9	9	9	8	8	8	7	7	7	6	6	6	처	5	5	4	4	4	3	3	3
대운 여	8	9	9	9	10	10	추	1	1	1	1	2	2	2	3	3	3	4	4	4	5	5	서	6	6	6	7	7	7	8	8

백로 8일 02시 01분 ⇨ 【癸酉月(계유월)】(백로, 추분-한로 전) 추분 23일 11시 28분

양력 9 / 음력 08/08 ~ 09/07

양력	1	2	3	4	5	6	7	8	9	10	11	12	13	14	15	16	17	18	19	20	21	22	23	24	25	26	27	28	29	30
요일	월	화	수	목	금	토	일	월	화	수	목	금	토	일	월	화	수	목	금	토	일	월	화	수	목	금	토	일	월	화
일진 日辰	乙亥	丙子	丁丑	戊寅	己卯	庚辰	辛巳	壬午	癸未	甲申	乙酉	丙戌	丁亥	戊子	己丑	庚寅	辛卯	壬辰	癸巳	甲午	乙未	丙申	丁酉	戊戌	己亥	庚子	辛丑	壬寅	癸卯	甲辰
음력	8	9	10	11	12	13	14	15	16	17	18	19	20	21	22	23	24	25	26	27	28	29	30	9/1	2	3	4	5	6	7
대운 남	2	2	2	1	1	1	1	백	10	9	9	9	8	8	8	7	7	7	6	6	6	5	추	5	4	4	4	3	3	3
대운 여	8	9	9	9	10	10	10	로	1	1	1	1	2	2	2	3	3	3	4	4	4	5	분	5	6	6	6	7	7	7

한로 8일 17시 47분 ⇨ 【甲戌月(갑술월)】(한로, 상강~ 입동 전) 상강 23일 20시 56분

양력 10 / 음력 09/08 ~ 윤908

양력	1	2	3	4	5	6	7	8	9	10	11	12	13	14	15	16	17	18	19	20	21	22	23	24	25	26	27	28	29	30	31
요일	수	목	금	토	일	월	화	수	목	금	토	일	월	화	수	목	금	토	일	월	화	수	목	금	토	일	월	화	수	목	금
일진 日辰	乙巳	丙午	丁未	戊申	己酉	庚戌	辛亥	壬子	癸丑	甲寅	乙卯	丙辰	丁巳	戊午	己未	庚申	辛酉	壬戌	癸亥	甲子	乙丑	丙寅	丁卯	戊辰	己巳	庚午	辛未	壬申	癸酉	甲戌	乙亥
음력	8	9	10	11	12	13	14	15	16	17	18	19	20	21	22	23	24	25	26	27	28	29	30	윤9	2	3	4	5	6	7	8
대운 남	2	2	2	1	1	1	1	한	10	9	9	9	8	8	8	7	7	7	6	6	6	5	상	5	4	4	4	3	3	3	2
대운 여	8	8	8	9	9	9	10	로	1	1	1	1	2	2	2	3	3	3	4	4	4	5	강	5	6	6	6	7	7	7	8

입동 7일 21시 06분 ⇨ 【乙亥月(을해월)】(입동, 소설~ 대설 전) 소설 22일 18시 37분

양력 11 / 음력 윤909 ~ 10/09

양력	1	2	3	4	5	6	7	8	9	10	11	12	13	14	15	16	17	18	19	20	21	22	23	24	25	26	27	28	29	30
요일	토	일	월	화	수	목	금	토	일	월	화	수	목	금	토	일	월	화	수	목	금	토	일	월	화	수	목	금	토	일
일진 日辰	丙子	丁丑	戊寅	己卯	庚辰	辛巳	壬午	癸未	甲申	乙酉	丙戌	丁亥	戊子	己丑	庚寅	辛卯	壬辰	癸巳	甲午	乙未	丙申	丁酉	戊戌	己亥	庚子	辛丑	壬寅	癸卯	甲辰	乙巳
음력	9	10	11	12	13	14	15	16	17	18	19	20	21	22	23	24	25	26	27	28	29	10/1	2	3	4	5	6	7	8	9
대운 남	2	2	1	1	1	1	입	10	9	9	9	8	8	8	7	7	7	6	6	6	5	소	5	4	4	4	3	3	3	2
대운 여	8	8	9	9	9	10	동	1	1	1	1	2	2	2	3	3	3	4	4	4	5	설	5	6	6	6	7	7	7	8

대설 7일 14시 03분 ⇨ 【丙子月(병자월)】(대설, 동지~소한 전) 동지 22일 08시 02분

양력 12 / 음력 10/10 ~ 11/10

양력	1	2	3	4	5	6	7	8	9	10	11	12	13	14	15	16	17	18	19	20	21	22	23	24	25	26	27	28	29	30	31
요일	월	화	수	목	금	토	일	월	화	수	목	금	토	일	월	화	수	목	금	토	일	월	화	수	목	금	토	일	월	화	수
일진 日辰	丙午	丁未	戊申	己酉	庚戌	辛亥	壬子	癸丑	甲寅	乙卯	丙辰	丁巳	戊午	己未	庚申	辛酉	壬戌	癸亥	甲子	乙丑	丙寅	丁卯	戊辰	己巳	庚午	辛未	壬申	癸酉	甲戌	乙亥	丙子
음력	10	11	12	13	14	15	16	17	18	19	20	21	22	23	24	25	26	27	28	29	30	11/1	2	3	4	5	6	7	8	9	10
대운 남	2	2	1	1	1	1	대	10	9	9	9	8	8	8	7	7	7	6	6	6	5	동	5	4	4	4	3	3	3	2	2
대운 여	3	3	4	4	4	5	설	1	1	1	1	2	2	2	3	3	3	4	4	4	5	지	5	6	6	6	7	7	7	8	8

2015 乙未年(을미년)

단기4348년 /불기2559년 대장군(동방), 삼살(서방), 상문(서방),조객(서남방), 납음(사중금), 【삼재(사,오,미)년】

소한 6일 01시 20분 ⇨ **【丁丑月(정축월)】**(소한, 대한~ 입춘 전) 대한 20일 18시 42분

1	양력	1	2	3	4	5	6	7	8	9	10	11	12	13	14	15	16	17	18	19	20	21	22	23	24	25	26	27	28	29	30	31
	요일	목	금	토	일	월	화	수	목	금	토	일	월	화	수	목	금	토	일	월	화	수	목	금	토	일	월	화	수	목	금	토
	일진 日辰	丁丑	戊寅	己卯	庚辰	辛巳	壬午	癸未	甲申	乙酉	丙戌	丁亥	戊子	己丑	庚寅	辛卯	壬辰	癸巳	甲午	乙未	丙申	丁酉	戊戌	己亥	庚子	辛丑	壬寅	癸卯	甲辰	乙巳	丙午	丁未
	음력	11	12	13	14	15	16	17	18	19	20	21	22	23	24	25	26	27	28	29	12/1	2	3	4	5	6	7	8	9	10	11	12
	대운 남	2	1	1	1	1	소	9	9	9	8	8	8	7	7	7	6	6	6	5	대	5	4	4	4	3	3	3	2	2	2	1
	대운 여	8	9	9	9	10	한	1	1	1	1	2	2	2	3	3	3	4	4	4	한	5	5	6	6	6	7	7	7	8	8	8
음력 11/11 ~ 12/12																																

입춘 4일 12시 58분 ⇨ **【戊寅月(무인월)】**(입춘, 우수~ 경칩 전) 우수 19일 08시 49분

2	양력	1	2	3	4	5	6	7	8	9	10	11	12	13	14	15	16	17	18	19	20	21	22	23	24	25	26	27	28
	요일	일	월	화	수	목	금	토	일	월	화	수	목	금	토	일	월	화	수	목	금	토	일	월	화	수	목	금	토
	일진 日辰	戊申	己酉	庚戌	辛亥	壬子	癸丑	甲寅	乙卯	丙辰	丁巳	戊午	己未	庚申	辛酉	壬戌	癸亥	甲子	乙丑	丙寅	丁卯	戊辰	己巳	庚午	辛未	壬申	癸酉	甲戌	乙亥
	음력	13	14	15	16	17	18	19	20	21	22	23	24	25	26	27	28	29	30	1/1	2	3	4	5	6	7	8	9	10
	대운 남	1	1	1	입	1	1	1	1	2	2	2	3	3	3	4	4	4	5	우	5	6	6	6	7	7	7	8	8
	대운 여	9	9	9	춘	10	9	9	9	8	8	8	7	7	7	6	6	6	5	수	5	4	4	4	3	3	3	2	2
음력 12/13 ~ 01/10																													

立春

경칩 6일 06시 55분 ⇨ **【己卯月(기묘월)】**(경칩, 춘분~ 청명 전) 춘분 21일 07시 44분

3	양력	1	2	3	4	5	6	7	8	9	10	11	12	13	14	15	16	17	18	19	20	21	22	23	24	25	26	27	28	29	30	31
	요일	일	월	화	수	목	금	토	일	월	화	수	목	금	토	일	월	화	수	목	금	토	일	월	화	수	목	금	토	일	월	화
	일진 日辰	丙子	丁丑	戊寅	己卯	庚辰	辛巳	壬午	癸未	甲申	乙酉	丙戌	丁亥	戊子	己丑	庚寅	辛卯	壬辰	癸巳	甲午	乙未	丙申	丁酉	戊戌	己亥	庚子	辛丑	壬寅	癸卯	甲辰	乙巳	丙午
	음력	11	12	13	14	15	16	17	18	19	20	21	22	23	24	25	26	27	28	29	2/1	2	3	4	5	6	7	8	9	10	11	12
	대운 남	8	9	9	9	10	경	1	1	1	1	2	2	2	3	3	3	4	4	4	5	춘	5	6	6	6	7	7	7	8	8	8
	대운 여	2	1	1	1	1	칩	10	9	9	9	8	8	8	7	7	7	6	6	6	5	분	5	4	4	4	3	3	3	2	2	2
음력 01/11 ~ 02/12																																

청명 5일 11시 38분 ⇨ **【庚辰月(경진월)】**(청명, 곡우~ 입하 전) 곡우 20일 18시 41분

4	양력	1	2	3	4	5	6	7	8	9	10	11	12	13	14	15	16	17	18	19	20	21	22	23	24	25	26	27	28	29	30
	요일	수	목	금	토	일	월	화	수	목	금	토	일	월	화	수	목	금	토	일	월	화	수	목	금	토	일	월	화	수	목
	일진 日辰	丁未	戊申	己酉	庚戌	辛亥	壬子	癸丑	甲寅	乙卯	丙辰	丁巳	戊午	己未	庚申	辛酉	壬戌	癸亥	甲子	乙丑	丙寅	丁卯	戊辰	己巳	庚午	辛未	壬申	癸酉	甲戌	乙亥	丙子
	음력	13	14	15	16	17	18	19	20	21	22	23	24	25	26	27	28	29	30	3/1	2	3	4	5	6	7	8	9	10	11	12
	대운 남	9	9	9	10	청	1	1	1	1	2	2	2	3	3	3	4	4	4	5	곡	5	6	6	6	7	7	7	8	8	8
	대운 여	1	1	1	1	명	10	10	9	9	9	8	8	8	7	7	7	6	6	6	우	5	5	4	4	4	3	3	3	2	2
음력 02/13 ~ 03/12																															

입하 6일 04시 52분 ⇨ **【辛巳月(신사월)】**(입하, 소만~ 망종 전) 소만 21일 17시 44분

5	양력	1	2	3	4	5	6	7	8	9	10	11	12	13	14	15	16	17	18	19	20	21	22	23	24	25	26	27	28	29	30	31
	요일	금	토	일	월	화	수	목	금	토	일	월	화	수	목	금	토	일	월	화	수	목	금	토	일	월	화	수	목	금	토	일
	일진 日辰	丁丑	戊寅	己卯	庚辰	辛巳	壬午	癸未	甲申	乙酉	丙戌	丁亥	戊子	己丑	庚寅	辛卯	壬辰	癸巳	甲午	乙未	丙申	丁酉	戊戌	己亥	庚子	辛丑	壬寅	癸卯	甲辰	乙巳	丙午	丁未
	음력	13	14	15	16	17	18	19	20	21	22	23	24	25	26	27	28	29	4/1	2	3	4	5	6	7	8	9	10	11	12	13	14
	대운 남	9	9	9	10	10	입	1	1	1	1	2	2	2	3	3	3	4	4	4	5	소	5	6	6	6	7	7	7	8	8	8
	대운 여	2	1	1	1	1	하	10	10	9	9	9	8	8	8	7	7	7	6	6	6	만	5	5	4	4	4	3	3	3	2	2
음력 03/13 ~ 04/14																																

망종 6일 08시 57분 ⇨ **【壬午月(임오월)】**(망종, 하지~ 소서 전) 하지 22일 01시 37분

6	양력	1	2	3	4	5	6	7	8	9	10	11	12	13	14	15	16	17	18	19	20	21	22	23	24	25	26	27	28	29	30
	요일	월	화	수	목	금	토	일	월	화	수	목	금	토	일	월	화	수	목	금	토	일	월	화	수	목	금	토	일	월	화
	일진 日辰	戊申	己酉	庚戌	辛亥	壬子	癸丑	甲寅	乙卯	丙辰	丁巳	戊午	己未	庚申	辛酉	壬戌	癸亥	甲子	乙丑	丙寅	丁卯	戊辰	己巳	庚午	辛未	壬申	癸酉	甲戌	乙亥	丙子	丁丑
	음력	15	16	17	18	19	20	21	22	23	24	25	26	27	28	29	5/1	2	3	4	5	6	7	8	9	10	11	12	13	14	15
	대운 남	9	9	9	10	10	망	1	1	1	1	2	2	2	3	3	3	4	4	4	5	5	하	6	6	6	7	7	7	8	8
	대운 여	2	1	1	1	1	종	10	10	9	9	9	8	8	8	7	7	7	6	6	6	5	지	5	4	4	4	3	3	3	2
음력 04/15 ~ 05/15																															

대장군(동방), 삼살(서방), 상문(서방),조객(서남방), 납음(사중금), 【삼재(사,오,미)년】
한식(4월06일), 초복(7월13일), 중복(7월23일), 말복(8월12일)

乙未年(을미년)

2015

소서 7일 19시 11분 ⇨ 【癸未月(계미월)】(소서, 대서~ 입추 전) 대서 23일 12시 30분

7	양력	1	2	3	4	5	6	7	8	9	10	11	12	13	14	15	16	17	18	19	20	21	22	23	24	25	26	27	28	29	30	31
	요일	수	목	금	토	일	월	화	수	목	금	토	일	월	화	수	목	금	토	일	월	화	수	목	금	토	일	월	화	수	목	금
	일진	戊	己	庚	辛	壬	癸	甲	乙	丙	丁	戊	己	庚	辛	壬	癸	甲	乙	丙	丁	戊	己	庚	辛	壬	癸	甲	乙	丙	丁	戊
	日辰	寅	卯	辰	巳	午	未	申	酉	戌	亥	子	丑	寅	卯	辰	巳	午	未	申	酉	戌	亥	子	丑	寅	卯	辰	巳	午	未	申
음력 05/16 ~ 06/16	음력	16	17	18	19	20	21	22	23	24	25	26	27	28	29	30	6/1	2	3	4	5	6	7	8	9	10	11	12	13	14	15	16
대운	남	8	9	9	9	10	10	소	1	1	1	1	2	2	2	3	3	3	4	4	4	5	5	대	6	6	6	7	7	7	8	8
	여	2	2	1	1	1	1	서	10	10	10	9	9	9	8	8	8	7	7	7	6	6	6	서	5	5	4	4	4	3	3	3

입추 8일 05시 00분 ⇨ 【甲申月(갑신월)】(입추, 처서~ 백로 전) 처서 23일 19시 36분

8	양력	1	2	3	4	5	6	7	8	9	10	11	12	13	14	15	16	17	18	19	20	21	22	23	24	25	26	27	28	29	30	31
	요일	토	일	월	화	수	목	금	토	일	월	화	수	목	금	토	일	월	화	수	목	금	토	일	월	화	수	목	금	토	일	월
	일진	己	庚	辛	壬	癸	甲	乙	丙	丁	戊	己	庚	辛	壬	癸	甲	乙	丙	丁	戊	己	庚	辛	壬	癸	甲	乙	丙	丁	戊	己
	日辰	酉	戌	亥	子	丑	寅	卯	辰	巳	午	未	申	酉	戌	亥	子	丑	寅	卯	辰	巳	午	未	申	酉	戌	亥	子	丑	寅	卯
음력 06/17 ~ 07/18	음력	17	18	19	20	21	22	23	24	25	26	27	28	29	7/1	2	3	4	5	6	7	8	9	10	11	12	13	14	15	16	17	18
대운	남	8	9	9	9	10	10	10	입	1	1	1	1	2	2	2	3	3	3	4	4	4	5	처	5	6	6	6	7	7	7	8
	여	2	2	2	1	1	1	1	추	10	10	9	9	9	8	8	8	7	7	7	6	6	6	서	5	5	4	4	4	3	3	3

백로 8일 07시 59분 ⇨ 【乙酉月(을유월)】(백로, 추분-한로 전) 추분 23일 17시 20분

9	양력	1	2	3	4	5	6	7	8	9	10	11	12	13	14	15	16	17	18	19	20	21	22	23	24	25	26	27	28	29	30
	요일	화	수	목	금	토	일	월	화	수	목	금	토	일	월	화	수	목	금	토	일	월	화	수	목	금	토	일	월	화	수
	일진	庚	辛	壬	癸	甲	乙	丙	丁	戊	己	庚	辛	壬	癸	甲	乙	丙	丁	戊	己	庚	辛	壬	癸	甲	乙	丙	丁	戊	己
	日辰	辰	巳	午	未	申	酉	戌	亥	子	丑	寅	卯	辰	巳	午	未	申	酉	戌	亥	子	丑	寅	卯	辰	巳	午	未	申	酉
음력 07/19 ~ 08/18	음력	19	20	21	22	23	24	25	26	27	28	29	30	8/1	2	3	4	5	6	7	8	9	10	11	12	13	14	15	16	17	18
대운	남	8	8	9	9	9	10	10	백	1	1	1	1	2	2	2	3	3	3	4	4	4	5	추	5	6	6	6	7	7	7
	여	2	2	2	1	1	1	1	로	10	9	9	9	8	8	8	7	7	7	6	6	6	5	분	5	4	4	4	3	3	3

한로 8일 23시 42분 ⇨ 【丙戌月(병술월)】(한로, 상강~ 입동 전) 상강 24일 02시 46분

10	양력	1	2	3	4	5	6	7	8	9	10	11	12	13	14	15	16	17	18	19	20	21	22	23	24	25	26	27	28	29	30	31
	요일	목	금	토	일	월	화	수	목	금	토	일	월	화	수	목	금	토	일	월	화	수	목	금	토	일	월	화	수	목	금	토
	일진	庚	辛	壬	癸	甲	乙	丙	丁	戊	己	庚	辛	壬	癸	甲	乙	丙	丁	戊	己	庚	辛	壬	癸	甲	乙	丙	丁	戊	己	庚
	日辰	戌	亥	子	丑	寅	卯	辰	巳	午	未	申	酉	戌	亥	子	丑	寅	卯	辰	巳	午	未	申	酉	戌	亥	子	丑	寅	卯	辰
음력 08/19 ~ 09/19	음력	19	20	21	22	23	24	25	26	27	28	29	30	9/1	2	3	4	5	6	7	8	9	10	11	12	13	14	15	16	17	18	19
대운	남	8	8	8	9	9	9	10	한	1	1	1	1	2	2	2	3	3	3	4	4	4	5	5	상	6	6	6	7	7	7	8
	여	2	2	2	1	1	1	1	로	10	10	9	9	9	8	8	8	7	7	7	6	6	6	5	강	5	4	4	4	3	3	3

입동 8일 23시 42분 ⇨ 【丁亥月(정해월)】(입동, 소설~ 대설 전) 소설 24일 02시 46분

11	양력	1	2	3	4	5	6	7	8	9	10	11	12	13	14	15	16	17	18	19	20	21	22	23	24	25	26	27	28	29	30
	요일	일	월	화	수	목	금	토	일	월	화	수	목	금	토	일	월	화	수	목	금	토	일	월	화	수	목	금	토	일	월
	일진	辛	壬	癸	甲	乙	丙	丁	戊	己	庚	辛	壬	癸	甲	乙	丙	丁	戊	己	庚	辛	壬	癸	甲	乙	丙	丁	戊	己	庚
	日辰	巳	午	未	申	酉	戌	亥	子	丑	寅	卯	辰	巳	午	未	申	酉	戌	亥	子	丑	寅	卯	辰	巳	午	未	申	酉	戌
음력 09/20 ~ 10/19	음력	20	21	22	23	24	25	26	27	28	29	30	10/1	2	3	4	5	6	7	8	9	10	11	12	13	14	15	16	17	18	19
대운	남	8	8	9	9	9	10	10	입	1	1	1	1	2	2	2	3	3	3	4	4	4	5	소	5	6	6	6	7	7	7
	여	2	2	2	1	1	1	1	동	9	9	9	8	8	8	7	7	7	6	6	6	5	5	설	4	4	4	3	3	3	2

대설 7일 19시 52분 ⇨ 【戊子月(무자월)】(대설, 동지~소한 전) 동지 22일 13시 47분

12	양력	1	2	3	4	5	6	7	8	9	10	11	12	13	14	15	16	17	18	19	20	21	22	23	24	25	26	27	28	29	30	31
	요일	화	수	목	금	토	일	월	화	수	목	금	토	일	월	화	수	목	금	토	일	월	화	수	목	금	토	일	월	화	수	목
	일진	辛	壬	癸	甲	乙	丙	丁	戊	己	庚	辛	壬	癸	甲	乙	丙	丁	戊	己	庚	辛	壬	癸	甲	乙	丙	丁	戊	己	庚	辛
	日辰	亥	子	丑	寅	卯	辰	巳	午	未	申	酉	戌	亥	子	丑	寅	卯	辰	巳	午	未	申	酉	戌	亥	子	丑	寅	卯	辰	巳
음력 10/20 ~ 11/21	음력	20	21	22	23	24	25	26	27	28	29	11/1	2	3	4	5	6	7	8	9	10	11	12	13	14	15	16	17	18	19	20	21
대운	남	8	8	8	9	9	9	대	1	1	1	1	2	2	2	3	3	3	4	4	4	5	동	5	6	6	6	7	7	7	8	8
	여	2	2	1	1	1	1	설	10	9	9	9	8	8	8	7	7	7	6	6	6	5	지	5	4	4	4	3	3	3	2	2

2016 丙申年(병신년)

단기 4349년 /불기2560년 대장군(남방), 삼살(남방), 상문(서북방),조객(남방), 납음(산하화), 【삼재(인,묘,진)년】

소한 6일 07시 07분 ⇨ **【己丑月(기축월)】**(소한, 대한~ 입춘 전) 대한 21일 00시 26분

양력 1 (음력 11/22 ~ 12/22)	1	2	3	4	5	6	7	8	9	10	11	12	13	14	15	16	17	18	19	20	21	22	23	24	25	26	27	28	29	30	31
요일	금	토	일	월	화	수	목	금	토	일	월	화	수	목	금	토	일	월	화	수	목	금	토	일	월	화	수	목	금	토	일
일진 日辰	壬午	癸未	甲申	乙酉	丙戌	丁亥	戊子	己丑	庚寅	辛卯	壬辰	癸巳	甲午	乙未	丙申	丁酉	戊戌	己亥	庚子	辛丑	壬寅	癸卯	甲辰	乙巳	丙午	丁未	戊申	己酉	庚戌	辛亥	壬子
음력	22	23	24	25	26	27	28	29	30	12/1	2	3	4	5	6	7	8	9	10	11	12	13	14	15	16	17	18	19	20	21	22
대운 남	8	9	9	9	10	소	1	1	1	1	2	2	2	3	3	3	4	4	4	5	대	5	6	6	6	7	7	7	8	8	8
대운 여	2	1	1	1	1	한	9	9	9	8	8	8	7	7	7	6	6	6	5	5	한	4	4	4	3	3	3	2	2	2	1

입춘 4일 18시 45분 ⇨ **【庚寅月(경인월)】** (입춘, 우수~ 경칩 전) 우수 19일 14시 33분

양력 2 (음력 12/23 ~ 01/22)	1	2	3	4	5	6	7	8	9	10	11	12	13	14	15	16	17	18	19	20	21	22	23	24	25	26	27	28	29	
요일	월	화	수	목	금	토	일	월	화	수	목	금	토	일	월	화	수	목	금	토	일	월	화	수	목	금	토	일	월	立春
일진 日辰	癸丑	甲寅	乙卯	丙辰	丁巳	戊午	己未	庚申	辛酉	壬戌	癸亥	甲子	乙丑	丙寅	丁卯	戊辰	己巳	庚午	辛未	壬申	癸酉	甲戌	乙亥	丙子	丁丑	戊寅	己卯	庚辰	辛巳	
음력	23	24	25	26	27	28	29	1/1	2	3	4	5	6	7	8	9	10	11	12	13	14	15	16	17	18	19	20	21	22	
대운 남	9	9	9	입	10	9	9	9	8	8	8	7	7	7	6	6	6	5	우	5	4	4	4	3	3	3	2	2	2	
대운 여	1	1	1	춘	1	1	1	1	2	2	2	3	3	3	4	4	4	5	수	5	6	6	6	7	7	7	8	8	8	

경칩 5일 12시 43분 ⇨ **【辛卯月(신묘월)】**(경칩, 춘분~ 청명 전) 춘분 20일 13시 29분

양력 3 (음력 01/23 ~ 02/23)	1	2	3	4	5	6	7	8	9	10	11	12	13	14	15	16	17	18	19	20	21	22	23	24	25	26	27	28	29	30	31
요일	화	수	목	금	토	일	월	화	수	목	금	토	일	월	화	수	목	금	토	일	월	화	수	목	금	토	일	월	화	수	목
일진 日辰	壬午	癸未	甲申	乙酉	丙戌	丁亥	戊子	己丑	庚寅	辛卯	壬辰	癸巳	甲午	乙未	丙申	丁酉	戊戌	己亥	庚子	辛丑	壬寅	癸卯	甲辰	乙巳	丙午	丁未	戊申	己酉	庚戌	辛亥	壬子
음력	23	24	25	26	27	28	29	30	2/1	2	3	4	5	6	7	8	9	10	11	12	13	14	15	16	17	18	19	20	21	22	23
대운 남	1	1	1	1	경	10	9	9	9	8	8	8	7	7	7	6	6	6	5	춘	5	4	4	4	3	3	3	2	2	2	1
대운 여	9	9	9	10	칩	1	1	1	1	2	2	2	3	3	3	4	4	4	5	분	5	6	6	6	7	7	7	8	8	8	9

청명 4일 17시 27분 ⇨ **【壬辰月(임진월)】**(청명, 곡우~ 입하 전) 곡우 20일 00시 29분

양력 4 (음력 02/24 ~ 03/24)	1	2	3	4	5	6	7	8	9	10	11	12	13	14	15	16	17	18	19	20	21	22	23	24	25	26	27	28	29	30
요일	금	토	일	월	화	수	목	금	토	일	월	화	수	목	금	토	일	월	화	수	목	금	토	일	월	화	수	목	금	토
일진 日辰	癸丑	甲寅	乙卯	丙辰	丁巳	戊午	己未	庚申	辛酉	壬戌	癸亥	甲子	乙丑	丙寅	丁卯	戊辰	己巳	庚午	辛未	壬申	癸酉	甲戌	乙亥	丙子	丁丑	戊寅	己卯	庚辰	辛巳	壬午
음력	24	25	26	27	28	29	3/1	2	3	4	5	6	7	8	9	10	11	12	13	14	15	16	17	18	19	20	21	22	23	24
대운 남	1	1	1	청	10	10	9	9	9	8	8	8	7	7	7	6	6	6	5	곡	5	4	4	4	3	3	3	2	2	2
대운 여	9	9	10	명	1	1	1	1	2	2	2	3	3	3	4	4	4	5	5	우	6	6	6	7	7	7	8	8	8	9

입하 5일 10시 41분 ⇨ **【癸巳月(계사월)】**(입하, 소만~ 망종 전) 소만 20일 23시 36분

양력 5 (음력 03/25 ~ 04/25)	1	2	3	4	5	6	7	8	9	10	11	12	13	14	15	16	17	18	19	20	21	22	23	24	25	26	27	28	29	30	31
요일	일	월	화	수	목	금	토	일	월	화	수	목	금	토	일	월	화	수	목	금	토	일	월	화	수	목	금	토	일	월	화
일진 日辰	癸未	甲申	乙酉	丙戌	丁亥	戊子	己丑	庚寅	辛卯	壬辰	癸巳	甲午	乙未	丙申	丁酉	戊戌	己亥	庚子	辛丑	壬寅	癸卯	甲辰	乙巳	丙午	丁未	戊申	己酉	庚戌	辛亥	壬子	癸丑
음력	25	26	27	28	29	30	4/1	2	3	4	5	6	7	8	9	10	11	12	13	14	15	16	17	18	19	20	21	22	23	24	25
대운 남	1	1	1	1	입	10	10	9	9	9	8	8	8	7	7	7	6	6	6	소	5	5	4	4	4	3	3	3	2	2	2
대운 여	9	9	10	10	하	1	1	1	1	2	2	2	3	3	3	4	4	4	5	만	5	6	6	6	7	7	7	8	8	8	9

망종 6일 14시 48분 ⇨ **【甲午月(갑오월)】**(망종, 하지~ 소서 전) 하지 21일 07시 33분

양력 6 (음력 04/26 ~ 05/26)	1	2	3	4	5	6	7	8	9	10	11	12	13	14	15	16	17	18	19	20	21	22	23	24	25	26	27	28	29	30
요일	수	목	금	토	일	월	화	수	목	금	토	일	월	화	수	목	금	토	일	월	화	수	목	금	토	일	월	화	수	목
일진 日辰	甲寅	乙卯	丙辰	丁巳	戊午	己未	庚申	辛酉	壬戌	癸亥	甲子	乙丑	丙寅	丁卯	戊辰	己巳	庚午	辛未	壬申	癸酉	甲戌	乙亥	丙子	丁丑	戊寅	己卯	庚辰	辛巳	壬午	癸未
음력	26	27	28	29	5/1	2	3	4	5	6	7	8	9	10	11	12	13	14	15	16	17	18	19	20	21	22	23	24	25	26
대운 남	1	1	1	1	망	10	10	10	9	9	9	8	8	8	7	7	7	6	6	6	하	5	5	4	4	4	3	3	3	2
대운 여	9	9	10	10	종	1	1	1	1	2	2	2	3	3	3	4	4	4	5	5	지	6	6	6	7	7	7	8	8	8

대장군(남방), 삼살(남방), 상문(서북방),조객(남방), 납음(산하화), 【삼재(인,묘,진)년】
한식(4월05일), 초복(7월17일), 중복(7월27일), 말복(8월16일)

丙申年(병신년)

2016

소서 7일 01시 02분 ⇨ **【乙未月(을미월)】**(소서, 대서~ 입추 전) 대서 22일 18시 29분

7월 (음력 05/27 ~ 06/28)

양력	1	2	3	4	5	6	7	8	9	10	11	12	13	14	15	16	17	18	19	20	21	22	23	24	25	26	27	28	29	30	31
요일	금	토	일	월	화	수	목	금	토	일	월	화	수	목	금	토	일	월	화	수	목	금	토	일	월	화	수	목	금	토	일
일진 日辰	甲申	乙酉	丙戌	丁亥	戊子	己丑	庚寅	辛卯	壬辰	癸巳	甲午	乙未	丙申	丁酉	戊戌	己亥	庚子	辛丑	壬寅	癸卯	甲辰	乙巳	丙午	丁未	戊申	己酉	庚戌	辛亥	壬子	癸丑	甲寅
음력	27	28	29	6/1	2	3	4	5	6	7	8	9	10	11	12	13	14	15	16	17	18	19	20	21	22	23	24	25	26	27	28
대운 남	2	2	1	1	1	1	소	10	10	9	9	9	8	8	8	7	7	7	6	6	6	대	5	5	4	4	4	3	3	3	2
대운 여	9	9	9	10	10	10	서	1	1	1	1	2	2	2	3	3	3	4	4	4	5	서	5	6	6	6	7	7	7	8	8

입추 7일 10시 52분 ⇨ **【丙申月(병신월)】**(입추, 처서~ 백로 전) 처서 23일 01시 38분

8월 (음력 06/29 ~ 07/29)

양력	1	2	3	4	5	6	7	8	9	10	11	12	13	14	15	16	17	18	19	20	21	22	23	24	25	26	27	28	29	30	31
요일	월	화	수	목	금	토	일	월	화	수	목	금	토	일	월	화	수	목	금	토	일	월	화	수	목	금	토	일	월	화	수
일진 日辰	乙卯	丙辰	丁巳	戊午	己未	庚申	辛酉	壬戌	癸亥	甲子	乙丑	丙寅	丁卯	戊辰	己巳	庚午	辛未	壬申	癸酉	甲戌	乙亥	丙子	丁丑	戊寅	己卯	庚辰	辛巳	壬午	癸未	甲申	乙酉
음력	29	30	7/1	2	3	4	5	6	7	8	9	10	11	12	13	14	15	16	17	18	19	20	21	22	23	24	25	26	27	28	29
대운 남	2	2	1	1	1	1	입	10	10	9	9	9	8	8	8	7	7	7	6	6	6	5	처	5	4	4	4	3	3	3	2
대운 여	9	9	9	10	10	10	추	1	1	1	1	2	2	2	3	3	3	4	4	4	5	5	서	6	6	6	7	7	7	8	8

백로 7일 13시 50분 ⇨ **【丁酉月(정유월)】**(백로, 추분-한로 전) 추분 22일 23시 20분

9월 (음력 08/01 ~ 08/30)

양력	1	2	3	4	5	6	7	8	9	10	11	12	13	14	15	16	17	18	19	20	21	22	23	24	25	26	27	28	29	30
요일	목	금	토	일	월	화	수	목	금	토	일	월	화	수	목	금	토	일	월	화	수	목	금	토	일	월	화	수	목	금
일진 日辰	丙戌	丁亥	戊子	己丑	庚寅	辛卯	壬辰	癸巳	甲午	乙未	丙申	丁酉	戊戌	己亥	庚子	辛丑	壬寅	癸卯	甲辰	乙巳	丙午	丁未	戊申	己酉	庚戌	辛亥	壬子	癸丑	甲寅	乙卯
음력	8/1	2	3	4	5	6	7	8	9	10	11	12	13	14	15	16	17	18	19	20	21	22	23	24	25	26	27	28	29	30
대운 남	2	2	1	1	1	1	백	10	10	9	9	9	8	8	8	7	7	7	6	6	6	추	5	5	4	4	4	3	3	3
대운 여	8	9	9	9	10	10	로	1	1	1	1	2	2	2	3	3	3	4	4	4	5	분	5	6	6	6	7	7	7	8

한로 8일 05시 32분 ⇨ **【戊戌月(무술월)】**(한로, 상강~ 입동 전) 상강 23일 08시 45분

10월 (음력 09/01 ~ 10/01)

양력	1	2	3	4	5	6	7	8	9	10	11	12	13	14	15	16	17	18	19	20	21	22	23	24	25	26	27	28	29	30	31
요일	토	일	월	화	수	목	금	토	일	월	화	수	목	금	토	일	월	화	수	목	금	토	일	월	화	수	목	금	토	일	월
일진 日辰	丙辰	丁巳	戊午	己未	庚申	辛酉	壬戌	癸亥	甲子	乙丑	丙寅	丁卯	戊辰	己巳	庚午	辛未	壬申	癸酉	甲戌	乙亥	丙子	丁丑	戊寅	己卯	庚辰	辛巳	壬午	癸未	甲申	乙酉	丙戌
음력	9/1	2	3	4	5	6	7	8	9	10	11	12	13	14	15	16	17	18	19	20	21	22	23	24	25	26	27	28	29	30	10/1
대운 남	2	2	2	1	1	1	1	한	9	9	9	8	8	8	7	7	7	6	6	6	5	5	상	4	4	4	3	3	3	2	2
대운 여	8	8	9	9	9	10	10	로	1	1	1	1	2	2	2	3	3	3	4	4	4	5	강	5	6	6	6	7	7	7	8

입동 6일 08시 47분 ⇨ **【己亥月(기해월)】**(입동, 소설~ 대설 전) 소설 22일 06시 21분

11월 (음력 10/02 ~ 11/02)

양력	1	2	3	4	5	6	7	8	9	10	11	12	13	14	15	16	17	18	19	20	21	22	23	24	25	26	27	28	29	30
요일	화	수	목	금	토	일	월	화	수	목	금	토	일	월	화	수	목	금	토	일	월	화	수	목	금	토	일	월	화	수
일진 日辰	丁亥	戊子	己丑	庚寅	辛卯	壬辰	癸巳	甲午	乙未	丙申	丁酉	戊戌	己亥	庚子	辛丑	壬寅	癸卯	甲辰	乙巳	丙午	丁未	戊申	己酉	庚戌	辛亥	壬子	癸丑	甲寅	乙卯	丙辰
음력	2	3	4	5	6	7	8	9	10	11	12	13	14	15	16	17	18	19	20	21	22	23	24	25	26	27	28	29	11/1	2
대운 남	2	1	1	1	1	입	10	10	9	9	9	8	8	8	7	7	7	6	6	6	5	소	5	4	4	4	3	3	3	2
대운 여	8	8	9	9	9	동	1	1	1	1	2	2	2	3	3	3	4	4	4	5	5	설	6	6	6	7	7	7	8	8

대설 7일 01시 40분 ⇨ **【庚子月(경자월)】**(대설, 동지~소한 전) 동지 21일 19시 43분

12월 (음력 11/03 ~ 12/03)

양력	1	2	3	4	5	6	7	8	9	10	11	12	13	14	15	16	17	18	19	20	21	22	23	24	25	26	27	28	29	30	31
요일	목	금	토	일	월	화	수	목	금	토	일	월	화	수	목	금	토	일	월	화	수	목	금	토	일	월	화	수	목	금	토
일진 日辰	丁巳	戊午	己未	庚申	辛酉	壬戌	癸亥	甲子	乙丑	丙寅	丁卯	戊辰	己巳	庚午	辛未	壬申	癸酉	甲戌	乙亥	丙子	丁丑	戊寅	己卯	庚辰	辛巳	壬午	癸未	甲申	乙酉	丙戌	丁亥
음력	3	4	5	6	7	8	9	10	11	12	13	14	15	16	17	18	19	20	21	22	23	24	25	26	27	28	29	30	12/1	2	3
대운 남	2	2	1	1	1	1	대	9	9	9	8	8	8	7	7	7	6	6	6	5	동	5	4	4	4	3	3	3	2	2	2
대운 여	8	9	9	9	10	10	설	1	1	1	1	2	2	2	3	3	3	4	4	4	지	5	5	6	6	6	7	7	7	8	8

윤5월 小 2017 丁酉年(정유년)

단기 4350년 /불기2561년 대장군(남방), 삼살(동방), 상문(서북방), 조객(서남방),납음(산하화), 삼재(해자축)

소한 5일 12시 55분 ⇨ **【辛丑月(신축월)】**(소한, 대한~ 입춘 전) 대한 20일 06시 23분

양력 1	양력	1	2	3	4	5	6	7	8	9	10	11	12	13	14	15	16	17	18	19	20	21	22	23	24	25	26	27	28	29	30	31
	요일	일	월	화	수	목	금	토	일	월	화	수	목	금	토	일	월	화	수	목	금	토	일	월	화	수	목	금	토	일	월	화
	일진 日辰	戊子	己丑	庚寅	辛卯	壬辰	癸巳	甲午	乙未	丙申	丁酉	戊戌	己亥	庚子	辛丑	壬寅	癸卯	甲辰	乙巳	丙午	丁未	戊申	己酉	庚戌	辛亥	壬子	癸丑	甲寅	乙卯	丙辰	丁巳	戊午
음력 12/04	음력	4	5	6	7	8	9	10	11	12	13	14	15	16	17	18	19	20	21	22	23	24	25	26	27	28	29	30	1/1	2	3	4
~ 01/04	대운 남	1	1	1	1	소	10	9	9	9	8	8	8	7	7	7	6	6	6	5	대	5	4	4	4	3	3	3	2	2	2	1
	대운 여	8	9	9	9	한	1	1	1	1	2	2	2	3	3	3	4	4	4	5	한	5	6	6	6	7	7	7	8	8	8	9

입춘 4일 00시 33분 ⇨ **【壬寅月(임인월)】**(입춘, 우수~ 경칩 전) 우수 18일 20시 30분

양력 2	양력	1	2	3	4	5	6	7	8	9	10	11	12	13	14	15	16	17	18	19	20	21	22	23	24	25	26	27	28	
	요일	수	목	금	토	일	월	화	수	목	금	토	일	월	화	수	목	금	토	일	월	화	수	목	금	토	일	월	화	立春
	일진 日辰	己未	庚申	辛酉	壬戌	癸亥	甲子	乙丑	丙寅	丁卯	戊辰	己巳	庚午	辛未	壬申	癸酉	甲戌	乙亥	丙子	丁丑	戊寅	己卯	庚辰	辛巳	壬午	癸未	甲申	乙酉	丙戌	
음력 01/05	음력	5	6	7	8	9	10	11	12	13	14	15	16	17	18	19	20	21	22	23	24	25	26	27	28	29	2/1	2	3	
~ 02/03	대운 남	1	1	1	입	1	1	1	1	2	2	2	3	3	3	4	4	4	우	5	5	6	6	6	7	7	7	8	8	
	대운 여	9	9	10	춘	9	9	9	8	8	8	7	7	7	6	6	6	5	수	5	4	4	4	3	3	3	2	2	2	

경칩 5일 18시 32분 ⇨ **【癸卯月(계묘월)】**(경칩, 춘분~ 청명 전) 춘분 20일 19시 28분

양력 3	양력	1	2	3	4	5	6	7	8	9	10	11	12	13	14	15	16	17	18	19	20	21	22	23	24	25	26	27	28	29	30	31
	요일	수	목	금	토	일	월	화	수	목	금	토	일	월	화	수	목	금	토	일	월	화	수	목	금	토	일	월	화	수	목	금
	일진 日辰	丁亥	戊子	己丑	庚寅	辛卯	壬辰	癸巳	甲午	乙未	丙申	丁酉	戊戌	己亥	庚子	辛丑	壬寅	癸卯	甲辰	乙巳	丙午	丁未	戊申	己酉	庚戌	辛亥	壬子	癸丑	甲寅	乙卯	丙辰	丁巳
음력 02/04	음력	4	5	6	7	8	9	10	11	12	13	14	15	16	17	18	19	20	21	22	23	24	25	26	27	28	29	30	3/1	2	3	4
~ 03/04	대운 남	8	9	9	9	경	1	1	1	1	2	2	2	3	3	3	4	4	4	5	춘	5	6	6	6	7	7	7	8	8	8	9
	대운 여	1	1	1	1	칩	10	9	9	9	8	8	8	7	7	7	6	6	6	5	분	5	4	4	4	3	3	3	2	2	2	1

청명 4일 23시 16분 ⇨ **【甲辰月(갑진월)】**(청명, 곡우~ 입하 전) 곡우 20일 06시 26분

양력 4	양력	1	2	3	4	5	6	7	8	9	10	11	12	13	14	15	16	17	18	19	20	21	22	23	24	25	26	27	28	29	30
	요일	토	일	월	화	수	목	금	토	일	월	화	수	목	금	토	일	월	화	수	목	금	토	일	월	화	수	목	금	토	일
	일진 日辰	戊午	己未	庚申	辛酉	壬戌	癸亥	甲子	乙丑	丙寅	丁卯	戊辰	己巳	庚午	辛未	壬申	癸酉	甲戌	乙亥	丙子	丁丑	戊寅	己卯	庚辰	辛巳	壬午	癸未	甲申	乙酉	丙戌	丁亥
음력 03/05	음력	5	6	7	8	9	10	11	12	13	14	15	16	17	18	19	20	21	22	23	24	25	26	27	28	29	4/1	2	3	4	5
~ 04/05	대운 남	9	9	10	청	1	1	1	1	2	2	2	3	3	3	4	4	4	5	5	곡	6	6	6	7	7	7	8	8	8	9
	대운 여	1	1	1	명	10	10	9	9	9	8	8	8	7	7	7	6	6	6	5	우	5	4	4	4	3	3	3	2	2	2

입하 5일 16시 30분 ⇨ **【乙巳月(을사월)】**(입하, 소만~ 망종 전) 소만 21일 05시 30분

양력 5	양력	1	2	3	4	5	6	7	8	9	10	11	12	13	14	15	16	17	18	19	20	21	22	23	24	25	26	27	28	29	30	31
	요일	월	화	수	목	금	토	일	월	화	수	목	금	토	일	월	화	수	목	금	토	일	월	화	수	목	금	토	일	월	화	수
	일진 日辰	戊子	己丑	庚寅	辛卯	壬辰	癸巳	甲午	乙未	丙申	丁酉	戊戌	己亥	庚子	辛丑	壬寅	癸卯	甲辰	乙巳	丙午	丁未	戊申	己酉	庚戌	辛亥	壬子	癸丑	甲寅	乙卯	丙辰	丁巳	戊午
음력 04/06	음력	6	7	8	9	10	11	12	13	14	15	16	17	18	19	20	21	22	23	24	25	26	27	28	29	30	5/1	2	3	4	5	6
~ 05/06	대운 남	9	9	10	10	입	1	1	1	1	2	2	2	3	3	3	4	4	4	5	5	소	6	6	6	7	7	7	8	8	8	9
	대운 여	1	1	1	1	하	10	10	9	9	9	8	8	8	7	7	7	6	6	6	5	만	5	4	4	4	3	3	3	2	2	2

망종 5일 20시 36분 ⇨ **【丙午月(병오월)】**(망종, 하지~ 소서 전) 하지 21일 13시 23분

양력 6	양력	1	2	3	4	5	6	7	8	9	10	11	12	13	14	15	16	17	18	19	20	21	22	23	24	25	26	27	28	29	30
	요일	목	금	토	일	월	화	수	목	금	토	일	월	화	수	목	금	토	일	월	화	수	목	금	토	일	월	화	수	목	금
	일진 日辰	己未	庚申	辛酉	壬戌	癸亥	甲子	乙丑	丙寅	丁卯	戊辰	己巳	庚午	辛未	壬申	癸酉	甲戌	乙亥	丙子	丁丑	戊寅	己卯	庚辰	辛巳	壬午	癸未	甲申	乙酉	丙戌	丁亥	戊子
음력 05/07	음력	7	8	9	10	11	12	13	14	15	16	17	18	19	20	21	22	23	24	25	26	27	28	29	윤5	2	3	4	5	6	7
~ 윤507	대운 남	9	9	10	10	망	1	1	1	1	2	2	2	3	3	3	4	4	4	5	5	하	6	6	6	7	7	7	8	8	8
	대운 여	1	1	1	1	종	10	10	10	9	9	9	8	8	8	7	7	7	6	6	6	지	5	5	4	4	4	3	3	3	2

대장군(남방), 삼살(동방), 상문(서북방), 조객(서남방),납음(산하화), 삼재(해자축)

한식(4월05일), 초복(7월12일), 중복(7월22일), 말복(8월11일)

丁酉年(정유년)

2017

소서 7일 06시 50분 ⇨ **【丁未月(정미월)】**(소서, 대서~ 입추 전) 대서 23일 00시 14분

양력 7	양력	1	2	3	4	5	6	7	8	9	10	11	12	13	14	15	16	17	18	19	20	21	22	23	24	25	26	27	28	29	30	31
	요일	토	일	월	화	수	목	금	토	일	월	화	수	목	금	토	일	월	화	수	목	금	토	일	월	화	수	목	금	토	일	월
	일진	己	庚	辛	壬	癸	甲	乙	丙	丁	戊	己	庚	辛	壬	癸	甲	乙	丙	丁	戊	己	庚	辛	壬	癸	甲	乙	丙	丁	戊	己
	日辰	丑	寅	卯	辰	巳	午	未	申	酉	戌	亥	子	丑	寅	卯	辰	巳	午	未	申	酉	戌	亥	子	丑	寅	卯	辰	巳	午	未
음력 윤508	음력	8	9	10	11	12	13	14	15	16	17	18	19	20	21	22	23	24	25	26	27	28	29	6/1	2	3	4	5	6	7	8	9
06/09	대운 남	9	9	9	10	10	10	소	1	1	1	1	2	2	2	3	3	3	4	4	4	5	5	대	6	6	6	7	7	7	8	8
	대운 여	2	2	1	1	1	1	서	10	10	9	9	9	8	8	8	7	7	7	6	6	6	5	서	5	4	4	4	3	3	3	2

입추 8일 11시 44분 ⇨ **【戊申月(무신월)】**(입추, 처서~ 백로 전) 처서 24일 02시 15분

양력 8	양력	1	2	3	4	5	6	7	8	9	10	11	12	13	14	15	16	17	18	19	20	21	22	23	24	25	26	27	28	29	30	31
	요일	화	수	목	금	토	일	월	화	수	목	금	토	일	월	화	수	목	금	토	일	월	화	수	목	금	토	일	월	화	수	목
	일진	庚	辛	壬	癸	甲	乙	丙	丁	戊	己	庚	辛	壬	癸	甲	乙	丙	丁	戊	己	庚	辛	壬	癸	甲	乙	丙	丁	戊	己	庚
	日辰	申	酉	戌	亥	子	丑	寅	卯	辰	巳	午	未	申	酉	戌	亥	子	丑	寅	卯	辰	巳	午	未	申	酉	戌	亥	子	丑	寅
음력 06/10	음력	10	11	12	13	14	15	16	17	18	19	20	21	22	23	24	25	26	27	28	29	30	7/1	2	3	4	5	6	7	8	9	10
07/10	대운 남	8	9	9	9	10	10	입	1	1	1	1	2	2	2	3	3	3	4	4	4	5	5	처	6	6	6	7	7	7	8	8
	대운 여	2	2	1	1	1	1	추	10	10	9	9	9	8	8	8	7	7	7	6	6	6	5	서	5	4	4	4	3	3	3	2

백로 7일 19시 38분 ⇨ **【己酉月(기유월)】**(백로, 추분-한로 전) 추분 23일 05시 01분

양력 9	양력	1	2	3	4	5	6	7	8	9	10	11	12	13	14	15	16	17	18	19	20	21	22	23	24	25	26	27	28	29	30
	요일	금	토	일	월	화	수	목	금	토	일	월	화	수	목	금	토	일	월	화	수	목	금	토	일	월	화	수	목	금	토
	일진	辛	壬	癸	甲	乙	丙	丁	戊	己	庚	辛	壬	癸	甲	乙	丙	丁	戊	己	庚	辛	壬	癸	甲	乙	丙	丁	戊	己	庚
	日辰	卯	辰	巳	午	未	申	酉	戌	亥	子	丑	寅	卯	辰	巳	午	未	申	酉	戌	亥	子	丑	寅	卯	辰	巳	午	未	申
음력 07/11	음력	11	12	13	14	15	16	17	18	19	20	21	22	23	24	25	26	27	28	29	8/1	2	3	4	5	6	7	8	9	10	11
08/11	대운 남	8	9	9	9	10	10	백	1	1	1	1	2	2	2	3	3	3	4	4	4	5	5	추	6	6	6	7	7	7	8
	대운 여	2	2	1	1	1	1	로	10	10	9	9	9	8	8	8	7	7	7	6	6	6	5	분	5	4	4	4	3	3	3

한로 8일 11시 21분 ⇨ **【庚戌月(경술월)】**(한로, 상강~ 입동 전) 상강 23일 14시 26분

양력 10	양력	1	2	3	4	5	6	7	8	9	10	11	12	13	14	15	16	17	18	19	20	21	22	23	24	25	26	27	28	29	30	31
	요일	일	월	화	수	목	금	토	일	월	화	수	목	금	토	일	월	화	수	목	금	토	일	월	화	수	목	금	토	일	월	화
	일진	辛	壬	癸	甲	乙	丙	丁	戊	己	庚	辛	壬	癸	甲	乙	丙	丁	戊	己	庚	辛	壬	癸	甲	乙	丙	丁	戊	己	庚	辛
	日辰	酉	戌	亥	子	丑	寅	卯	辰	巳	午	未	申	酉	戌	亥	子	丑	寅	卯	辰	巳	午	未	申	酉	戌	亥	子	丑	寅	卯
음력 08/12	음력	12	13	14	15	16	17	18	19	20	21	22	23	24	25	26	27	28	29	30	9/1	2	3	4	5	6	7	8	9	10	11	12
09/12	대운 남	8	8	9	9	9	10	10	한	1	1	1	1	2	2	2	3	3	3	4	4	4	5	상	5	6	6	6	7	7	7	8
	대운 여	2	2	2	1	1	1	1	로	10	9	9	9	8	8	8	7	7	7	6	6	6	5	강	5	4	4	4	3	3	3	2

입동 7일 14시 37분 ⇨ **【辛亥月(신해월)】**(입동, 소설~ 대설 전) 소설 22일 12시 04분

양력 11	양력	1	2	3	4	5	6	7	8	9	10	11	12	13	14	15	16	17	18	19	20	21	22	23	24	25	26	27	28	29	30
	요일	수	목	금	토	일	월	화	수	목	금	토	일	월	화	수	목	금	토	일	월	화	수	목	금	토	일	월	화	수	목
	일진	壬	癸	甲	乙	丙	丁	戊	己	庚	辛	壬	癸	甲	乙	丙	丁	戊	己	庚	辛	壬	癸	甲	乙	丙	丁	戊	己	庚	辛
	日辰	辰	巳	午	未	申	酉	戌	亥	子	丑	寅	卯	辰	巳	午	未	申	酉	戌	亥	子	丑	寅	卯	辰	巳	午	未	申	酉
음력 09/13	음력	13	14	15	16	17	18	19	20	21	22	23	24	25	26	27	28	29	10/1	2	3	4	5	6	7	8	9	10	11	12	13
10/13	대운 남	8	8	9	9	9	10	입	1	1	1	1	2	2	2	3	3	3	4	4	4	5	소	5	6	6	6	7	7	7	8
	대운 여	2	2	1	1	1	1	동	10	9	9	9	8	8	8	7	7	7	6	6	6	5	설	5	4	4	4	3	3	3	2

대설 7일 07시 32분 ⇨ **【壬子月(임자월)】**(대설, 동지~소한 전) 동지 22일 01시 27분

양력 12	양력	1	2	3	4	5	6	7	8	9	10	11	12	13	14	15	16	17	18	19	20	21	22	23	24	25	26	27	28	29	30	31
	요일	금	토	일	월	화	수	목	금	토	일	월	화	수	목	금	토	일	월	화	수	목	금	토	일	월	화	수	목	금	토	일
	일진	壬	癸	甲	乙	丙	丁	戊	己	庚	辛	壬	癸	甲	乙	丙	丁	戊	己	庚	辛	壬	癸	甲	乙	丙	丁	戊	己	庚	辛	壬
	日辰	戌	亥	子	丑	寅	卯	辰	巳	午	未	申	酉	戌	亥	子	丑	寅	卯	辰	巳	午	未	申	酉	戌	亥	子	丑	寅	卯	辰
음력 10/14	음력	14	15	16	17	18	19	20	21	22	23	24	25	26	27	28	29	30	11/1	2	3	4	5	6	7	8	9	10	11	12	13	14
11/14	대운 남	8	8	9	9	9	10	대	1	1	1	1	2	2	2	3	3	3	4	4	4	5	동	5	6	6	6	7	7	7	8	8
	대운 여	2	2	1	1	1	1	설	9	9	9	8	8	8	7	7	7	6	6	6	5	5	지	4	4	4	3	3	3	2	2	2

2018 戊戌年(무술년)

단기 4351년 /불기2562년 대장군(남방). 삼살(북방), 상문(북방),조객(서남방), 납음(평지목), 【삼재(신,유,술)년】

소한 5일 18시 48분 ⇨ **【癸丑月(계축월)】** (소한, 대한~ 입춘 전) 대한 20일 12시 08분

1월	양력	1	2	3	4	5	6	7	8	9	10	11	12	13	14	15	16	17	18	19	20	21	22	23	24	25	26	27	28	29	30	31
	요일	월	화	수	목	금	토	일	월	화	수	목	금	토	일	월	화	수	목	금	토	일	월	화	수	목	금	토	일	월	화	수
	일진 日辰	癸巳	甲午	乙未	丙申	丁酉	戊戌	己亥	庚子	辛丑	壬寅	癸卯	甲辰	乙巳	丙午	丁未	戊申	己酉	庚戌	辛亥	壬子	癸丑	甲寅	乙卯	丙辰	丁巳	戊午	己未	庚申	辛酉	壬戌	癸亥
음력 11/15 ~ 12/15	음력	15	16	17	18	19	20	21	22	23	24	25	26	27	28	29	30	12/1	2	3	4	5	6	7	8	9	10	11	12	13	14	15
대운	남	8	9	9	9	소	1	1	1	1	2	2	2	3	3	3	4	4	4	5	대	5	6	6	6	7	7	7	8	8	8	9
	여	1	1	1	1	한	10	9	9	9	8	8	8	7	7	7	6	6	6	5	한	5	4	4	4	3	3	3	2	2	2	1

입춘 4일 06시 28분 ⇨ **【甲寅月(갑인월)】** (입춘, 우수~ 경칩 전) 우수 19일 02시 17분

2월	양력	1	2	3	4	5	6	7	8	9	10	11	12	13	14	15	16	17	18	19	20	21	22	23	24	25	26	27	28	
	요일	목	금	토	일	월	화	수	목	금	토	일	월	화	수	목	금	토	일	월	화	수	목	금	토	일	월	화	수	
	일진 日辰	甲子	乙丑	丙寅	丁卯	戊辰	己巳	庚午	辛未	壬申	癸酉	甲戌	乙亥	丙子	丁丑	戊寅	己卯	庚辰	辛巳	壬午	癸未	甲申	乙酉	丙戌	丁亥	戊子	己丑	庚寅	辛卯	立春
음력 12/16 ~ 01/13	음력	16	17	18	19	20	21	22	23	24	25	26	27	28	29	30	1/1	2	3	4	5	6	7	8	9	10	11	12	13	
대운	남	9	9	10	입	10	9	9	9	8	8	8	7	7	7	6	6	6	5	우	5	4	4	4	3	3	3	2	2	
	여	1	1	1	춘	1	1	1	1	2	2	2	3	3	3	4	4	4	5	수	5	6	6	6	7	7	7	8	8	

경칩 6일 00시 27분 ⇨ **【乙卯月(을묘월)】** (경칩, 춘분~ 청명 전) 춘분 21일 01시 14분

3월	양력	1	2	3	4	5	6	7	8	9	10	11	12	13	14	15	16	17	18	19	20	21	22	23	24	25	26	27	28	29	30	31
	요일	목	금	토	일	월	화	수	목	금	토	일	월	화	수	목	금	토	일	월	화	수	목	금	토	일	월	화	수	목	금	토
	일진 日辰	壬辰	癸巳	甲午	乙未	丙申	丁酉	戊戌	己亥	庚子	辛丑	壬寅	癸卯	甲辰	乙巳	丙午	丁未	戊申	己酉	庚戌	辛亥	壬子	癸丑	甲寅	乙卯	丙辰	丁巳	戊午	己未	庚申	辛酉	壬戌
음력 01/14 ~ 02/15	음력	14	15	16	17	18	19	20	21	22	23	24	25	26	27	28	29	2/1	2	3	4	5	6	7	8	9	10	11	12	13	14	15
대운	남	2	1	1	1	1	경	10	9	9	9	8	8	8	7	7	7	6	6	6	5	춘	5	4	4	4	3	3	3	2	2	2
	여	8	9	9	9	10	칩	1	1	1	1	2	2	2	3	3	3	4	4	4	5	분	5	6	6	6	7	7	7	8	8	8

청명 5일 05시 12분 ⇨ **【丙辰月(병진월)】** (청명, 곡우~ 입하 전) 곡우 20일 12시 12분

4월	양력	1	2	3	4	5	6	7	8	9	10	11	12	13	14	15	16	17	18	19	20	21	22	23	24	25	26	27	28	29	30
	요일	일	월	화	수	목	금	토	일	월	화	수	목	금	토	일	월	화	수	목	금	토	일	월	화	수	목	금	토	일	월
	일진 日辰	癸亥	甲子	乙丑	丙寅	丁卯	戊辰	己巳	庚午	辛未	壬申	癸酉	甲戌	乙亥	丙子	丁丑	戊寅	己卯	庚辰	辛巳	壬午	癸未	甲申	乙酉	丙戌	丁亥	戊子	己丑	庚寅	辛卯	壬辰
음력 02/16 ~ 03/15	음력	16	17	18	19	20	21	22	23	24	25	26	27	28	29	30	3/1	2	3	4	5	6	7	8	9	10	11	12	13	14	15
대운	남	1	1	1	1	청	10	9	9	9	8	8	8	7	7	7	6	6	6	5	곡	5	4	4	4	3	3	3	2	2	2
	여	9	9	9	10	명	1	1	1	1	2	2	2	3	3	3	4	4	4	5	우	5	6	6	6	7	7	7	8	8	8

입하 5일 22시 24분 ⇨ **【丁巳月(정사월)】** (입하, 소만~ 망종 전) 소만 21일 11시 14분

5월	양력	1	2	3	4	5	6	7	8	9	10	11	12	13	14	15	16	17	18	19	20	21	22	23	24	25	26	27	28	29	30	31
	요일	화	수	목	금	토	일	월	화	수	목	금	토	일	월	화	수	목	금	토	일	월	화	수	목	금	토	일	월	화	수	목
	일진 日辰	癸巳	甲午	乙未	丙申	丁酉	戊戌	己亥	庚子	辛丑	壬寅	癸卯	甲辰	乙巳	丙午	丁未	戊申	己酉	庚戌	辛亥	壬子	癸丑	甲寅	乙卯	丙辰	丁巳	戊午	己未	庚申	辛酉	壬戌	癸亥
음력 03/16 ~ 04/17	음력	16	17	18	19	20	21	22	23	24	25	26	27	28	29	4/1	2	3	4	5	6	7	8	9	10	11	12	13	14	15	16	17
대운	남	1	1	1	1	입	10	10	10	9	9	9	8	8	8	7	7	7	6	6	6	소	5	5	4	4	4	3	3	3	2	2
	여	9	9	9	10	하	1	1	1	1	2	2	2	3	3	3	4	4	4	5	5	만	6	6	6	7	7	7	8	8	8	9

망종 6일 02시 28분 ⇨ **【戊午月(무오월)】** (망종, 하지~ 소서 전) 하지 21일 19시 06분

6월	양력	1	2	3	4	5	6	7	8	9	10	11	12	13	14	15	16	17	18	19	20	21	22	23	24	25	26	27	28	29	30
	요일	금	토	일	월	화	수	목	금	토	일	월	화	수	목	금	토	일	월	화	수	목	금	토	일	월	화	수	목	금	토
	일진 日辰	甲子	乙丑	丙寅	丁卯	戊辰	己巳	庚午	辛未	壬申	癸酉	甲戌	乙亥	丙子	丁丑	戊寅	己卯	庚辰	辛巳	壬午	癸未	甲申	乙酉	丙戌	丁亥	戊子	己丑	庚寅	辛卯	壬辰	癸巳
음력 04/18 ~ 05/17	음력	18	19	20	21	22	23	24	25	26	27	28	29	30	5/1	2	3	4	5	6	7	8	9	10	11	12	13	14	15	16	17
대운	남	2	1	1	1	1	망	10	10	9	9	9	8	8	8	7	7	7	6	6	6	하	5	5	4	4	4	3	3	3	2
	여	9	9	10	10	10	종	1	1	1	1	2	2	2	3	3	3	4	4	4	5	지	5	6	6	6	7	7	7	8	8

대장군(남방). 삼살(북방), 상문(북방),조객(서남방), 납음(평지목), 【삼재(신,유,술)년】
한식(4월06일), 초복(7월17일), 중복(7월27일), 말복(8월16일)

戊戌年(무술년)

2018

소서 7일 12시 41분 ⇨ **【己未月(기미월)】**(소서, 대서~ 입추 전) 대서 23일 05시 59분

양력 7 / 음력 05/18 ~ 06/19

양력	1	2	3	4	5	6	7	8	9	10	11	12	13	14	15	16	17	18	19	20	21	22	23	24	25	26	27	28	29	30	31
요일	일	월	화	수	목	금	토	일	월	화	수	목	금	토	일	월	화	수	목	금	토	일	월	화	수	목	금	토	일	월	화
일진 日辰	甲午	乙未	丙申	丁酉	戊戌	己亥	庚子	辛丑	壬寅	癸卯	甲辰	乙巳	丙午	丁未	戊申	己酉	庚戌	辛亥	壬子	癸丑	甲寅	乙卯	丙辰	丁巳	戊午	己未	庚申	辛酉	壬戌	癸亥	甲子
음력	18	19	20	21	22	23	24	25	26	27	28	29	6/1	2	3	4	5	6	7	8	9	10	11	12	13	14	15	16	17	18	19
대운 남	2	2	1	1	1	1	소	10	10	9	9	9	8	8	8	7	7	7	6	6	6	5	대	5	4	4	4	3	3	3	2
대운 여	8	9	9	9	10	10	서	1	1	1	1	2	2	2	3	3	3	4	4	4	5	5	서	6	6	6	7	7	7	8	8

입추 8일 01시 29분 ⇨ **【庚申月(경신월)】**(입추, 처서~ 백로 전) 처서 23일 10시 53분

양력 8 / 음력 06/20 ~ 07/21

양력	1	2	3	4	5	6	7	8	9	10	11	12	13	14	15	16	17	18	19	20	21	22	23	24	25	26	27	28	29	30	31
요일	수	목	금	토	일	월	화	수	목	금	토	일	월	화	수	목	금	토	일	월	화	수	목	금	토	일	월	화	수	목	금
일진 日辰	乙丑	丙寅	丁卯	戊辰	己巳	庚午	辛未	壬申	癸酉	甲戌	乙亥	丙子	丁丑	戊寅	己卯	庚辰	辛巳	壬午	癸未	甲申	乙酉	丙戌	丁亥	戊子	己丑	庚寅	辛卯	壬辰	癸巳	甲午	乙未
음력	20	21	22	23	24	25	26	27	28	29	7/1	2	3	4	5	6	7	8	9	10	11	12	13	14	15	16	17	18	19	20	21
대운 남	2	2	1	1	1	1	입	10	10	10	9	9	9	8	8	8	7	7	7	6	6	6	처	5	5	4	4	4	3	3	3
대운 여	8	9	9	9	10	10	추	1	1	1	1	2	2	2	3	3	3	4	4	4	5	5	서	6	6	6	7	7	7	8	8

백로 8일 01시 29분 ⇨ **【辛酉月(신유월)】**(백로, 추분-한로 전) 추분 23일 10시 53분

양력 9 / 음력 07/22 ~ 08/21

양력	1	2	3	4	5	6	7	8	9	10	11	12	13	14	15	16	17	18	19	20	21	22	23	24	25	26	27	28	29	30
요일	토	일	월	화	수	목	금	토	일	월	화	수	목	금	토	일	월	화	수	목	금	토	일	월	화	수	목	금	토	일
일진 日辰	丙申	丁酉	戊戌	己亥	庚子	辛丑	壬寅	癸卯	甲辰	乙巳	丙午	丁未	戊申	己酉	庚戌	辛亥	壬子	癸丑	甲寅	乙卯	丙辰	丁巳	戊午	己未	庚申	辛酉	壬戌	癸亥	甲子	乙丑
음력	22	23	24	25	26	27	28	29	30	8/1	2	3	4	5	6	7	8	9	10	11	12	13	14	15	16	17	18	19	20	21
대운 남	2	2	2	1	1	1	1	백	10	9	9	9	8	8	8	7	7	7	6	6	6	5	추	5	4	4	4	3	3	3
대운 여	8	9	9	9	10	10	10	로	1	1	1	1	2	2	2	3	3	3	4	4	4	5	분	5	6	6	6	7	7	7

한로 8일 17시 14분 ⇨ **【壬戌月(임술월)】**(한로, 상강~ 입동 전) 상강 23일 20시 21분

양력 10 / 음력 08/22 ~ 09/23

양력	1	2	3	4	5	6	7	8	9	10	11	12	13	14	15	16	17	18	19	20	21	22	23	24	25	26	27	28	29	30	31
요일	월	화	수	목	금	토	일	월	화	수	목	금	토	일	월	화	수	목	금	토	일	월	화	수	목	금	토	일	월	화	수
일진 日辰	丙寅	丁卯	戊辰	己巳	庚午	辛未	壬申	癸酉	甲戌	乙亥	丙子	丁丑	戊寅	己卯	庚辰	辛巳	壬午	癸未	甲申	乙酉	丙戌	丁亥	戊子	己丑	庚寅	辛卯	壬辰	癸巳	甲午	乙未	丙申
음력	22	23	24	25	26	27	28	29	9/1	2	3	4	5	6	7	8	9	10	11	12	13	14	15	16	17	18	19	20	21	22	23
대운 남	2	2	2	1	1	1	1	한	10	9	9	9	8	8	8	7	7	7	6	6	6	5	상	5	4	4	4	3	3	3	2
대운 여	8	8	8	9	9	9	10	로	1	1	1	1	2	2	2	3	3	3	4	4	4	5	강	5	6	6	6	7	7	7	8

입동 7일 20시 31분 ⇨ **【癸亥月(계해월)】**(입동, 소설~ 대설 전) 소설 22일 18시 01분

양력 11 / 음력 09/24 ~ 10/23

양력	1	2	3	4	5	6	7	8	9	10	11	12	13	14	15	16	17	18	19	20	21	22	23	24	25	26	27	28	29	30
요일	목	금	토	일	월	화	수	목	금	토	일	월	화	수	목	금	토	일	월	화	수	목	금	토	일	월	화	수	목	금
일진 日辰	丁酉	戊戌	己亥	庚子	辛丑	壬寅	癸卯	甲辰	乙巳	丙午	丁未	戊申	己酉	庚戌	辛亥	壬子	癸丑	甲寅	乙卯	丙辰	丁巳	戊午	己未	庚申	辛酉	壬戌	癸亥	甲子	乙丑	丙寅
음력	24	25	26	27	28	29	30	10/1	2	3	4	5	6	7	8	9	10	11	12	13	14	15	16	17	18	19	20	21	22	23
대운 남	2	2	1	1	1	1	입	10	9	9	9	8	8	8	7	7	7	6	6	6	5	소	5	4	4	4	3	3	3	2
대운 여	8	8	9	9	9	10	동	1	1	1	1	2	2	2	3	3	3	4	4	4	5	설	5	6	6	6	7	7	7	8

대설 7일 13시 25분 ⇨ **【甲子月(갑자월)】**(대설, 동지~소한 전) 동지 22일 07시 22분

양력 12 / 음력 10/24 ~ 11/25

양력	1	2	3	4	5	6	7	8	9	10	11	12	13	14	15	16	17	18	19	20	21	22	23	24	25	26	27	28	29	30	31
요일	토	일	월	화	수	목	금	토	일	월	화	수	목	금	토	일	월	화	수	목	금	토	일	월	화	수	목	금	토	일	월
일진 日辰	丁卯	戊辰	己巳	庚午	辛未	壬申	癸酉	甲戌	乙亥	丙子	丁丑	戊寅	己卯	庚辰	辛巳	壬午	癸未	甲申	乙酉	丙戌	丁亥	戊子	己丑	庚寅	辛卯	壬辰	癸巳	甲午	乙未	丙申	丁酉
음력	24	25	26	27	28	29	11/1	2	3	4	5	6	7	8	9	10	11	12	13	14	15	16	17	18	19	20	21	22	23	24	25
대운 남	2	2	1	1	1	1	대	10	9	9	9	8	8	8	7	7	7	6	6	6	5	동	5	4	4	4	3	3	3	2	2
대운 여	8	8	9	9	9	10	설	1	1	1	1	2	2	2	3	3	3	4	4	4	5	지	5	6	6	6	7	7	7	8	8

2019 己亥年(기해년)

단기 4352년 /불기2563년 대장군(서방). 삼살(서방), 상문(동북방),조객(서방), 납음(평지목), 【삼재(사,오,미)년】

소한 6일 00시 38분 ⇨ 【乙丑月(을축월)】(소한, 대한~ 입춘 전) 대한 20일 17시 59분

1월 (음력 11/26~12/26)	1	2	3	4	5	6	7	8	9	10	11	12	13	14	15	16	17	18	19	20	21	22	23	24	25	26	27	28	29	30	31
요일	화	수	목	금	토	일	월	화	수	목	금	토	일	월	화	수	목	금	토	일	월	화	수	목	금	토	일	월	화	수	목
일진 日辰	戊戌	己亥	庚子	辛丑	壬寅	癸卯	甲辰	乙巳	丙午	丁未	戊申	己酉	庚戌	辛亥	壬子	癸丑	甲寅	乙卯	丙辰	丁巳	戊午	己未	庚申	辛酉	壬戌	癸亥	甲子	乙丑	丙寅	丁卯	戊辰
음력	26	27	28	29	30	12/1	2	3	4	5	6	7	8	9	10	11	12	13	14	15	16	17	18	19	20	21	22	23	24	25	26
대운 남	2	1	1	1	1	소	9	9	9	8	8	8	7	7	7	6	6	6	5	대	5	4	4	4	3	3	3	2	2	2	1
대운 여	8	9	9	9	10	한	1	1	1	1	2	2	2	3	3	3	4	4	4	한	5	5	6	6	6	7	7	7	8	8	8

입춘 4일 12시 13분 ⇨ 【丙寅月(병인월)】(입춘, 우수~ 경칩 전) 우수 19일 08시 03분

2월 (음력 12/27~01/24)	1	2	3	4	5	6	7	8	9	10	11	12	13	14	15	16	17	18	19	20	21	22	23	24	25	26	27	28	
요일	금	토	일	월	화	수	목	금	토	일	월	화	수	목	금	토	일	월	화	수	목	금	토	일	월	화	수	목	
일진 日辰	己巳	庚午	辛未	壬申	癸酉	甲戌	乙亥	丙子	丁丑	戊寅	己卯	庚辰	辛巳	壬午	癸未	甲申	乙酉	丙戌	丁亥	戊子	己丑	庚寅	辛卯	壬辰	癸巳	甲午	乙未	丙申	立春
음력	27	28	29	30	1/1	2	3	4	5	6	7	8	9	10	11	12	13	14	15	16	17	18	19	20	21	22	23	24	
대운 남	1	1	1	입	1	1	1	1	2	2	2	3	3	3	4	4	4	5	우	5	6	6	6	7	7	7	8	8	
대운 여	9	9	9	춘	10	9	9	9	8	8	8	7	7	7	6	6	6	5	수	5	4	4	4	3	3	3	2	2	

경칩 6일 06시 09분 ⇨ 【丁卯月(정묘월)】(경칩, 춘분~ 청명 전) 춘분 21일 06시 57분

3월 (음력 01/25~02/25)	1	2	3	4	5	6	7	8	9	10	11	12	13	14	15	16	17	18	19	20	21	22	23	24	25	26	27	28	29	30	31
요일	금	토	일	월	화	수	목	금	토	일	월	화	수	목	금	토	일	월	화	수	목	금	토	일	월	화	수	목	금	토	일
일진 日辰	丁酉	戊戌	己亥	庚子	辛丑	壬寅	癸卯	甲辰	乙巳	丙午	丁未	戊申	己酉	庚戌	辛亥	壬子	癸丑	甲寅	乙卯	丙辰	丁巳	戊午	己未	庚申	辛酉	壬戌	癸亥	甲子	乙丑	丙寅	丁卯
음력	25	26	27	28	29	30	2/1	2	3	4	5	6	7	8	9	10	11	12	13	14	15	16	17	18	19	20	21	22	23	24	25
대운 남	8	9	9	9	10	경	1	1	1	1	2	2	2	3	3	3	4	4	4	5	춘	5	6	6	6	7	7	7	8	8	8
대운 여	2	1	1	1	1	칩	10	9	9	9	8	8	8	7	7	7	6	6	6	5	분	5	4	4	4	3	3	3	2	2	2

청명 5일 10시 50분 ⇨ 【戊辰月(무진월)】(청명, 곡우~ 입하 전) 곡우 20일 17시 54분

4월 (음력 02/26~03/26)	1	2	3	4	5	6	7	8	9	10	11	12	13	14	15	16	17	18	19	20	21	22	23	24	25	26	27	28	29	30
요일	월	화	수	목	금	토	일	월	화	수	목	금	토	일	월	화	수	목	금	토	일	월	화	수	목	금	토	일	월	화
일진 日辰	戊辰	己巳	庚午	辛未	壬申	癸酉	甲戌	乙亥	丙子	丁丑	戊寅	己卯	庚辰	辛巳	壬午	癸未	甲申	乙酉	丙戌	丁亥	戊子	己丑	庚寅	辛卯	壬辰	癸巳	甲午	乙未	丙申	丁酉
음력	26	27	28	29	3/1	2	3	4	5	6	7	8	9	10	11	12	13	14	15	16	17	18	19	20	21	22	23	24	25	26
대운 남	9	9	9	10	청	1	1	1	1	2	2	2	3	3	3	4	4	4	5	곡	5	6	6	6	7	7	7	8	8	8
대운 여	1	1	1	1	명	10	10	9	9	9	8	8	8	7	7	7	6	6	6	우	5	5	4	4	4	3	3	3	2	2

입하 6일 04시 02분 ⇨ 【己巳月(기사월)】(입하, 소만~ 망종 전) 소만 21일 16시 58분

5월 (음력 03/27~04/27)	1	2	3	4	5	6	7	8	9	10	11	12	13	14	15	16	17	18	19	20	21	22	23	24	25	26	27	28	29	30	31
요일	수	목	금	토	일	월	화	수	목	금	토	일	월	화	수	목	금	토	일	월	화	수	목	금	토	일	월	화	수	목	금
일진 日辰	戊戌	己亥	庚子	辛丑	壬寅	癸卯	甲辰	乙巳	丙午	丁未	戊申	己酉	庚戌	辛亥	壬子	癸丑	甲寅	乙卯	丙辰	丁巳	戊午	己未	庚申	辛酉	壬戌	癸亥	甲子	乙丑	丙寅	丁卯	戊辰
음력	27	28	29	30	4/1	2	3	4	5	6	7	8	9	10	11	12	13	14	15	16	17	18	19	20	21	22	23	24	25	26	27
대운 남	9	9	9	10	10	입	1	1	1	1	2	2	2	3	3	3	4	4	4	5	소	5	6	6	6	7	7	7	8	8	8
대운 여	2	1	1	1	1	하	10	10	9	9	9	8	8	8	7	7	7	6	6	6	만	5	5	4	4	4	3	3	3	2	2

망종 6일 08시 05분 ⇨ 【庚午月(경오월)】(망종, 하지~ 소서 전) 하지 22일 00시 53분

6월 (음력 04/28~05/28)	1	2	3	4	5	6	7	8	9	10	11	12	13	14	15	16	17	18	19	20	21	22	23	24	25	26	27	28	29	30
요일	토	일	월	화	수	목	금	토	일	월	화	수	목	금	토	일	월	화	수	목	금	토	일	월	화	수	목	금	토	일
일진 日辰	己巳	庚午	辛未	壬申	癸酉	甲戌	乙亥	丙子	丁丑	戊寅	己卯	庚辰	辛巳	壬午	癸未	甲申	乙酉	丙戌	丁亥	戊子	己丑	庚寅	辛卯	壬辰	癸巳	甲午	乙未	丙申	丁酉	戊戌
음력	28	29	5/1	2	3	4	5	6	7	8	9	10	11	12	13	14	15	16	17	18	19	20	21	22	23	24	25	26	27	28
대운 남	9	9	9	10	10	망	1	1	1	1	2	2	2	3	3	3	4	4	4	5	5	하	6	6	6	7	7	7	8	8
대운 여	2	1	1	1	1	종	10	10	9	9	9	8	8	8	7	7	7	6	6	6	5	지	5	4	4	4	3	3	3	2

대장군(서방), 삼살(서방), 상문(동북방),조객(서방), 납음(평지목), 【삼재(사,오,미)년】
한식(4월06일), 초복(7월12일), 중복(7월22일), 말복(8월11일)

己亥年(기해년)

2019

소서 7일 18시 20분 ⇨ **【辛未月(신미월)】**(소서, 대서~ 입추 전) 대서 23일 11시 49분

7 (음력 05/29 ~ 06/29)

양력	1	2	3	4	5	6	7	8	9	10	11	12	13	14	15	16	17	18	19	20	21	22	23	24	25	26	27	28	29	30	31
요일	월	화	수	목	금	토	일	월	화	수	목	금	토	일	월	화	수	목	금	토	일	월	화	수	목	금	토	일	월	화	수
일진 日辰	己亥	庚子	辛丑	壬寅	癸卯	甲辰	乙巳	丙午	丁未	戊申	己酉	庚戌	辛亥	壬子	癸丑	甲寅	乙卯	丙辰	丁巳	戊午	己未	庚申	辛酉	壬戌	癸亥	甲子	乙丑	丙寅	丁卯	戊辰	己巳
음력	29	30	6/1	2	3	4	5	6	7	8	9	10	11	12	13	14	15	16	17	18	19	20	21	22	23	24	25	26	27	28	29
대운 남	8	9	9	9	10	10	소	1	1	1	1	2	2	2	3	3	3	4	4	4	5	5	대	6	6	6	7	7	7	8	8
대운 여	2	2	1	1	1	1	서	10	10	10	9	9	9	8	8	8	7	7	7	6	6	6	서	5	5	4	4	4	3	3	3

입추 8일 04시 12분 ⇨ **【壬申月(임신월)】**(입추, 처서~ 백로 전) 처서 23일 19시 01분

8 (음력 07/01 ~ 08/02)

양력	1	2	3	4	5	6	7	8	9	10	11	12	13	14	15	16	17	18	19	20	21	22	23	24	25	26	27	28	29	30	31
요일	목	금	토	일	월	화	수	목	금	토	일	월	화	수	목	금	토	일	월	화	수	목	금	토	일	월	화	수	목	금	토
일진 日辰	庚午	辛未	壬申	癸酉	甲戌	乙亥	丙子	丁丑	戊寅	己卯	庚辰	辛巳	壬午	癸未	甲申	乙酉	丙戌	丁亥	戊子	己丑	庚寅	辛卯	壬辰	癸巳	甲午	乙未	丙申	丁酉	戊戌	己亥	庚子
음력	7/1	2	3	4	5	6	7	8	9	10	11	12	13	14	15	16	17	18	19	20	21	22	23	24	25	26	27	28	29	8/1	2
대운 남	8	9	9	9	10	10	10	입	1	1	1	1	2	2	2	3	3	3	4	4	4	5	처	5	6	6	6	7	7	7	8
대운 여	2	2	2	1	1	1	1	추	10	10	9	9	9	8	8	8	7	7	7	6	6	6	서	5	5	4	4	4	3	3	3

백로 8일 07시 16분 ⇨ **【癸酉月(계유월)】**(백로, 추분-한로 전) 추분 23일 16시 49분

9 (음력 08/03 ~ 09/02)

양력	1	2	3	4	5	6	7	8	9	10	11	12	13	14	15	16	17	18	19	20	21	22	23	24	25	26	27	28	29	30
요일	일	월	화	수	목	금	토	일	월	화	수	목	금	토	일	월	화	수	목	금	토	일	월	화	수	목	금	토	일	월
일진 日辰	辛丑	壬寅	癸卯	甲辰	乙巳	丙午	丁未	戊申	己酉	庚戌	辛亥	壬子	癸丑	甲寅	乙卯	丙辰	丁巳	戊午	己未	庚申	辛酉	壬戌	癸亥	甲子	乙丑	丙寅	丁卯	戊辰	己巳	庚午
음력	3	4	5	6	7	8	9	10	11	12	13	14	15	16	17	18	19	20	21	22	23	24	25	26	27	28	29	30	9/1	2
대운 남	8	8	9	9	9	10	10	백	1	1	1	1	2	2	2	3	3	3	4	4	4	5	추	5	6	6	6	7	7	7
대운 여	2	2	2	1	1	1	1	로	10	9	9	9	8	8	8	7	7	7	6	6	6	5	분	5	4	4	4	3	3	3

한로 8일 23시 05분 ⇨ **【甲戌月(갑술월)】**(한로, 상강~ 입동 전) 상강 24일 02시 19분

10 (음력 09/03 ~ 10/04)

양력	1	2	3	4	5	6	7	8	9	10	11	12	13	14	15	16	17	18	19	20	21	22	23	24	25	26	27	28	29	30	31
요일	화	수	목	금	토	일	월	화	수	목	금	토	일	월	화	수	목	금	토	일	월	화	수	목	금	토	일	월	화	수	목
일진 日辰	辛未	壬申	癸酉	甲戌	乙亥	丙子	丁丑	戊寅	己卯	庚辰	辛巳	壬午	癸未	甲申	乙酉	丙戌	丁亥	戊子	己丑	庚寅	辛卯	壬辰	癸巳	甲午	乙未	丙申	丁酉	戊戌	己亥	庚子	辛丑
음력	3	4	5	6	7	8	9	10	11	12	13	14	15	16	17	18	19	20	21	22	23	24	25	26	27	28	29	10/1	2	3	4
대운 남	8	8	8	9	9	9	10	한	1	1	1	1	2	2	2	3	3	3	4	4	4	5	5	상	6	6	6	7	7	7	8
대운 여	2	2	2	1	1	1	1	로	10	10	9	9	9	8	8	8	7	7	7	6	6	6	5	강	5	4	4	4	3	3	3

입동 8일 02시 23분 ⇨ **【乙亥月(을해월)】**(입동, 소설~ 대설 전) 소설 22일 23시 58분

11 (음력 10/05 ~ 11/04)

양력	1	2	3	4	5	6	7	8	9	10	11	12	13	14	15	16	17	18	19	20	21	22	23	24	25	26	27	28	29	30
요일	금	토	일	월	화	수	목	금	토	일	월	화	수	목	금	토	일	월	화	수	목	금	토	일	월	화	수	목	금	토
일진 日辰	壬寅	癸卯	甲辰	乙巳	丙午	丁未	戊申	己酉	庚戌	辛亥	壬子	癸丑	甲寅	乙卯	丙辰	丁巳	戊午	己未	庚申	辛酉	壬戌	癸亥	甲子	乙丑	丙寅	丁卯	戊辰	己巳	庚午	辛未
음력	5	6	7	8	9	10	11	12	13	14	15	16	17	18	19	20	21	22	23	24	25	26	27	28	29	30	11/1	2	3	4
대운 남	8	8	9	9	9	10	10	입	1	1	1	1	2	2	2	3	3	3	4	4	4	소	5	5	6	6	6	7	7	7
대운 여	2	2	2	1	1	1	1	동	9	9	9	8	8	8	7	7	7	6	6	6	5	설	5	4	4	4	3	3	3	2

대설 7일 19시 17분 ⇨ **【丙子月(병자월)】**(대설, 동지~소한 전) 동지 22일 13시 18분

12 (음력 11/05 ~ 12/06)

양력	1	2	3	4	5	6	7	8	9	10	11	12	13	14	15	16	17	18	19	20	21	22	23	24	25	26	27	28	29	30	31
요일	일	월	화	수	목	금	토	일	월	화	수	목	금	토	일	월	화	수	목	금	토	일	월	화	수	목	금	토	일	월	화
일진 日辰	壬申	癸酉	甲戌	乙亥	丙子	丁丑	戊寅	己卯	庚辰	辛巳	壬午	癸未	甲申	乙酉	丙戌	丁亥	戊子	己丑	庚寅	辛卯	壬辰	癸巳	甲午	乙未	丙申	丁酉	戊戌	己亥	庚子	辛丑	壬寅
음력	5	6	7	8	9	10	11	12	13	14	15	16	17	18	19	20	21	22	23	24	25	26	27	28	29	12/1	2	3	4	5	6
대운 남	8	8	8	9	9	9	대	1	1	1	1	2	2	2	3	3	3	4	4	4	5	동	5	6	6	6	7	7	7	8	8
대운 여	2	2	1	1	1	1	설	10	9	9	9	8	8	8	7	7	7	6	6	6	5	지	5	4	4	4	3	3	3	2	2

윤4월 小 **2020** 庚子年(경자년)

단기 4253년 /불기2564년 대장군(서방). 삼살(남방), 상문(동북방),조객(서북방), 납음(벽상토), 【삼재(인,묘,진)년】

소한 6일 06시 29분 ⇨ **【丁丑月(정축월)】** (소한, 대한~ 입춘 전) 대한 20일 23시 54분

1 (음력 12/07~01/07)	1	2	3	4	5	6	7	8	9	10	11	12	13	14	15	16	17	18	19	20	21	22	23	24	25	26	27	28	29	30	31
요일	수	목	금	토	일	월	화	수	목	금	토	일	월	화	수	목	금	토	일	월	화	수	목	금	토	일	월	화	수	목	금
일진 日辰	癸卯	甲辰	乙巳	丙午	丁未	戊申	己酉	庚戌	辛亥	壬子	癸丑	甲寅	乙卯	丙辰	丁巳	戊午	己未	庚申	辛酉	壬戌	癸亥	甲子	乙丑	丙寅	丁卯	戊辰	己巳	庚午	辛未	壬申	癸酉
음력	7	8	9	10	11	12	13	14	15	16	17	18	19	20	21	22	23	24	25	26	27	28	29	30	1/1	2	3	4	5	6	7
대운 남	8	9	9	9	10	소	1	1	1	1	2	2	2	3	3	3	4	4	4	5	대	5	6	6	6	7	7	7	8	8	8
대운 여	2	1	1	1	1	한	9	9	9	8	8	8	7	7	7	6	6	6	5	5	한	4	4	4	3	3	3	2	2	2	1

입춘 4일 18시 02분 ⇨ **【戊寅月(무인월)】** (입춘, 우수~ 경칩 전) 우수 19일 13시 56분

2 (음력 01/08~02/06)	1	2	3	4	5	6	7	8	9	10	11	12	13	14	15	16	17	18	19	20	21	22	23	24	25	26	27	28	29	
요일	토	일	월	화	수	목	금	토	일	월	화	수	목	금	토	일	월	화	수	목	금	토	일	월	화	수	목	금	토	立春
일진 日辰	甲戌	乙亥	丙子	丁丑	戊寅	己卯	庚辰	辛巳	壬午	癸未	甲申	乙酉	丙戌	丁亥	戊子	己丑	庚寅	辛卯	壬辰	癸巳	甲午	乙未	丙申	丁酉	戊戌	己亥	庚子	辛丑	壬寅	
음력	8	9	10	11	12	13	14	15	16	17	18	19	20	21	22	23	24	25	26	27	28	29	30	2/1	2	3	4	5	6	
대운 남	9	9	9	입	10	9	9	9	8	8	8	7	7	7	6	6	6	5	우	5	4	4	4	3	3	3	2	2	2	
대운 여	1	1	1	춘	1	1	1	1	2	2	2	3	3	3	4	4	4	5	수	5	6	6	6	7	7	7	8	8	8	

경칩 5일 11시 56분 ⇨ **【己卯月(기묘월)】** (경칩, 춘분~ 청명 전) 춘분 20일 12시 49분

3 (음력 02/07~03/08)	1	2	3	4	5	6	7	8	9	10	11	12	13	14	15	16	17	18	19	20	21	22	23	24	25	26	27	28	29	30	31
요일	일	월	화	수	목	금	토	일	월	화	수	목	금	토	일	월	화	수	목	금	토	일	월	화	수	목	금	토	일	월	화
일진 日辰	癸卯	甲辰	乙巳	丙午	丁未	戊申	己酉	庚戌	辛亥	壬子	癸丑	甲寅	乙卯	丙辰	丁巳	戊午	己未	庚申	辛酉	壬戌	癸亥	甲子	乙丑	丙寅	丁卯	戊辰	己巳	庚午	辛未	壬申	癸酉
음력	7	8	9	10	11	12	13	14	15	16	17	18	19	20	21	22	23	24	25	26	27	28	29	3/1	2	3	4	5	6	7	8
대운 남	1	1	1	1	경	10	9	9	9	8	8	8	7	7	7	6	6	6	5	춘	5	4	4	4	3	3	3	2	2	2	1
대운 여	9	9	9	10	칩	1	1	1	1	2	2	2	3	3	3	4	4	4	5	분	5	6	6	6	7	7	7	8	8	8	9

청명 4일 16시 37분 ⇨ **【庚辰月(경진월)】** (청명, 곡우~ 입하 전) 곡우 19일 23시 44분

4 (음력 03/09~04/08)	1	2	3	4	5	6	7	8	9	10	11	12	13	14	15	16	17	18	19	20	21	22	23	24	25	26	27	28	29	30
요일	수	목	금	토	일	월	화	수	목	금	토	일	월	화	수	목	금	토	일	월	화	수	목	금	토	일	월	화	수	목
일진 日辰	甲戌	乙亥	丙子	丁丑	戊寅	己卯	庚辰	辛巳	壬午	癸未	甲申	乙酉	丙戌	丁亥	戊子	己丑	庚寅	辛卯	壬辰	癸巳	甲午	乙未	丙申	丁酉	戊戌	己亥	庚子	辛丑	壬寅	癸卯
음력	9	10	11	12	13	14	15	16	17	18	19	20	21	22	23	24	25	26	27	28	29	30	4/1	2	3	4	5	6	7	8
대운 남	1	1	1	청	10	10	9	9	9	8	8	8	7	7	7	6	6	6	곡	5	5	4	4	4	3	3	3	2	2	2
대운 여	9	9	10	명	1	1	1	1	2	2	2	3	3	3	4	4	4	5	우	5	6	6	6	7	7	7	8	8	8	9

입하 5일 09시 50분 ⇨ **【辛巳月(신사월)】** (입하, 소만~ 망종 전) 소만 20일 22시 48분

5 (음력 04/09~윤409)	1	2	3	4	5	6	7	8	9	10	11	12	13	14	15	16	17	18	19	20	21	22	23	24	25	26	27	28	29	30	31
요일	금	토	일	월	화	수	목	금	토	일	월	화	수	목	금	토	일	월	화	수	목	금	토	일	월	화	수	목	금	토	일
일진 日辰	甲辰	乙巳	丙午	丁未	戊申	己酉	庚戌	辛亥	壬子	癸丑	甲寅	乙卯	丙辰	丁巳	戊午	己未	庚申	辛酉	壬戌	癸亥	甲子	乙丑	丙寅	丁卯	戊辰	己巳	庚午	辛未	壬申	癸酉	甲戌
음력	9	10	11	12	13	14	15	16	17	18	19	20	21	22	23	24	25	26	27	28	29	30	윤4	2	3	4	5	6	7	8	9
대운 남	1	1	1	1	입	10	10	9	9	9	8	8	8	7	7	7	6	6	6	소	5	5	4	4	4	3	3	3	2	2	2
대운 여	9	9	10	10	하	1	1	1	1	2	2	2	3	3	3	4	4	4	5	만	5	6	6	6	7	7	7	8	8	8	9

망종 5일 13시 57분 ⇨ **【壬午月(임오월)】** (망종, 하지~ 소서 전) 하지 21일 06시 43분

6 (음력 윤410~05/10)	1	2	3	4	5	6	7	8	9	10	11	12	13	14	15	16	17	18	19	20	21	22	23	24	25	26	27	28	29	30
요일	월	화	수	목	금	토	일	월	화	수	목	금	토	일	월	화	수	목	금	토	일	월	화	수	목	금	토	일	월	화
일진 日辰	乙亥	丙子	丁丑	戊寅	己卯	庚辰	辛巳	壬午	癸未	甲申	乙酉	丙戌	丁亥	戊子	己丑	庚寅	辛卯	壬辰	癸巳	甲午	乙未	丙申	丁酉	戊戌	己亥	庚子	辛丑	壬寅	癸卯	甲辰
음력	10	11	12	13	14	15	16	17	18	19	20	21	22	23	24	25	26	27	28	29	5/1	2	3	4	5	6	7	8	9	10
대운 남	1	1	1	1	망	10	10	10	9	9	9	8	8	8	7	7	7	6	6	6	춘	5	5	4	4	4	3	3	3	2
대운 여	9	9	10	10	종	1	1	1	1	2	2	2	3	3	3	4	4	4	5	5	분	6	6	6	7	7	7	8	8	8

대장군(남방), 삼살(동방), 상문(서북방),조객(서방), 납음(석류목), 【삼재(해,자,축)년】
한식(4월5일), 초복(7월16일), 초복(7월26일), 말복(8월15일)

庚子年(경자년)

2020

소서 7일 00시 13분 ⇨ **【癸未月(계미월)】**(소서, 대서~ 입추 전) 대서 22일 17시 36분

양력 7 / 음력 05/11 - 06/11

양력	1	2	3	4	5	6	7	8	9	10	11	12	13	14	15	16	17	18	19	20	21	22	23	24	25	26	27	28	29	30	31
요일	수	목	금	토	일	월	화	수	목	금	토	일	월	화	수	목	금	토	일	월	화	수	목	금	토	일	월	화	수	목	금
일진 日辰	乙巳	丙午	丁未	戊申	己酉	庚戌	辛亥	壬子	癸丑	甲寅	乙卯	丙辰	丁巳	戊午	己未	庚申	辛酉	壬戌	癸亥	甲子	乙丑	丙寅	丁卯	戊辰	己巳	庚午	辛未	壬申	癸酉	甲戌	乙亥
음력	11	12	13	14	15	16	17	18	19	20	21	22	23	24	25	26	27	28	29	30	6/1	2	3	4	5	6	7	8	9	10	11
대운 남	2	2	1	1	1	1	소	10	10	9	9	9	8	8	8	7	7	7	6	6	6	대	5	5	4	4	4	3	3	3	2
대운 여	9	9	9	10	10	10	서	1	1	1	1	2	2	2	3	3	3	4	4	4	5	서	5	6	6	6	7	7	7	8	8

입추 7일 10시 05분 ⇨ **【甲申月(갑신월)】**(입추, 처서~ 백로 전) 처서 23일 00시 44분

양력 8 / 음력 06/12 - 07/13

양력	1	2	3	4	5	6	7	8	9	10	11	12	13	14	15	16	17	18	19	20	21	22	23	24	25	26	27	28	29	30	31
요일	토	일	월	화	수	목	금	토	일	월	화	수	목	금	토	일	월	화	수	목	금	토	일	월	화	수	목	금	토	일	월
일진 日辰	丙子	丁丑	戊寅	己卯	庚辰	辛巳	壬午	癸未	甲申	乙酉	丙戌	丁亥	戊子	己丑	庚寅	辛卯	壬辰	癸巳	甲午	乙未	丙申	丁酉	戊戌	己亥	庚子	辛丑	壬寅	癸卯	甲辰	乙巳	丙午
음력	12	13	14	15	16	17	18	19	20	21	22	23	24	25	26	27	28	29	7/1	2	3	4	5	6	7	8	9	10	11	12	13
대운 남	2	2	1	1	1	1	입	10	10	9	9	9	8	8	8	7	7	7	6	6	6	5	처	5	4	4	4	3	3	3	2
대운 여	8	9	9	9	10	10	추	1	1	1	1	2	2	2	3	3	3	4	4	4	5	5	서	6	6	6	7	7	7	8	8

백로 7일 13시 07분 ⇨ **【乙酉月(을유월)】**(백로, 추분-한로 전) 추분 22일 22시 30분

양력 9 / 음력 07/14 - 08/14

양력	1	2	3	4	5	6	7	8	9	10	11	12	13	14	15	16	17	18	19	20	21	22	23	24	25	26	27	28	29	30
요일	화	수	목	금	토	일	월	화	수	목	금	토	일	월	화	수	목	금	토	일	월	화	수	목	금	토	일	월	화	수
일진 日辰	丁未	戊申	己酉	庚戌	辛亥	壬子	癸丑	甲寅	乙卯	丙辰	丁巳	戊午	己未	庚申	辛酉	壬戌	癸亥	甲子	乙丑	丙寅	丁卯	戊辰	己巳	庚午	辛未	壬申	癸酉	甲戌	乙亥	丙子
음력	14	15	16	17	18	19	20	21	22	23	24	25	26	27	28	29	8/1	2	3	4	5	6	7	8	9	10	11	12	13	14
대운 남	2	2	1	1	1	1	백	10	10	9	9	9	8	8	8	7	7	7	6	6	6	추	5	5	4	4	4	3	3	3
대운 여	8	9	9	9	10	10	로	1	1	1	1	2	2	2	3	3	3	4	4	4	5	분	5	6	6	6	7	7	7	8

한로 8일 04시 54분 ⇨ **【丙戌月(병술월)】**(한로, 상강~ 입동 전) 상강 23일 07시 59분

양력 10 / 음력 08/15 - 09/15

양력	1	2	3	4	5	6	7	8	9	10	11	12	13	14	15	16	17	18	19	20	21	22	23	24	25	26	27	28	29	30	31
요일	목	금	토	일	월	화	수	목	금	토	일	월	화	수	목	금	토	일	월	화	수	목	금	토	일	월	화	수	목	금	토
일진 日辰	丁丑	戊寅	己卯	庚辰	辛巳	壬午	癸未	甲申	乙酉	丙戌	丁亥	戊子	己丑	庚寅	辛卯	壬辰	癸巳	甲午	乙未	丙申	丁酉	戊戌	己亥	庚子	辛丑	壬寅	癸卯	甲辰	乙巳	丙午	丁未
음력	15	16	17	18	19	20	21	22	23	24	25	26	27	28	29	30	9/1	2	3	4	5	6	7	8	9	10	11	12	13	14	15
대운 남	2	2	2	1	1	1	1	한	10	9	9	9	8	8	8	7	7	7	6	6	6	5	5	상	4	4	4	3	3	3	2
대운 여	8	8	9	9	9	10	10	로	1	1	1	1	2	2	2	3	3	3	4	4	4	5	5	강	6	6	6	7	7	7	8

입동 7일 08시 13분 ⇨ **【丁亥月(정해월)】**(입동, 소설~ 대설 전) 소설 22일 05시 39분

양력 11 / 음력 09/16 - 10/16

양력	1	2	3	4	5	6	7	8	9	10	11	12	13	14	15	16	17	18	19	20	21	22	23	24	25	26	27	28	29	30
요일	일	월	화	수	목	금	토	일	월	화	수	목	금	토	일	월	화	수	목	금	토	일	월	화	수	목	금	토	일	월
일진 日辰	戊申	己酉	庚戌	辛亥	壬子	癸丑	甲寅	乙卯	丙辰	丁巳	戊午	己未	庚申	辛酉	壬戌	癸亥	甲子	乙丑	丙寅	丁卯	戊辰	己巳	庚午	辛未	壬申	癸酉	甲戌	乙亥	丙子	丁丑
음력	16	17	18	19	20	21	22	23	24	25	26	27	28	29	10/1	2	3	4	5	6	7	8	9	10	11	12	13	14	15	16
대운 남	2	2	1	1	1	1	입	10	9	9	9	8	8	8	7	7	7	6	6	6	5	소	5	4	4	4	3	3	3	2
대운 여	8	8	9	9	9	10	동	1	1	1	1	2	2	2	3	3	3	4	4	4	5	설	5	6	6	6	7	7	7	8

대설 7일 01시 08분 ⇨ **【戊子月(무자월)】**(대설, 동지~소한 전) 동지 21일 19시 01분

양력 12 / 음력 10/17 - 11/17

양력	1	2	3	4	5	6	7	8	9	10	11	12	13	14	15	16	17	18	19	20	21	22	23	24	25	26	27	28	29	30	31
요일	화	수	목	금	토	일	월	화	수	목	금	토	일	월	화	수	목	금	토	일	월	화	수	목	금	토	일	월	화	수	목
일진 日辰	戊寅	己卯	庚辰	辛巳	壬午	癸未	甲申	乙酉	丙戌	丁亥	戊子	己丑	庚寅	辛卯	壬辰	癸巳	甲午	乙未	丙申	丁酉	戊戌	己亥	庚子	辛丑	壬寅	癸卯	甲辰	乙巳	丙午	丁未	戊申
음력	17	18	19	20	21	22	23	24	25	26	27	28	29	30	11/1	2	3	4	5	6	7	8	9	10	11	12	13	14	15	16	17
대운 남	2	2	1	1	1	1	대	9	9	9	8	8	8	7	7	7	6	6	6	5	동	5	4	4	4	3	3	3	2	2	2
대운 여	8	8	9	9	9	10	설	1	1	1	1	2	2	2	3	3	3	4	4	4	지	5	5	6	6	6	7	7	7	8	8

2021 辛丑年(신축년)

단기4354년 /불기2565년 대장군(서방), 삼살(동방), 상문(동방), 조객(서북방),납음(벽상토), 【삼재(해,자,축)년】

소한 5일 12시 22분 ⇨ 【己丑月(기축월)】(소한, 대한~ 입춘 전) 대한 20일 05시 39분

양력 1 / 음력 11/18 ▮ 12/19

양력	1	2	3	4	5	6	7	8	9	10	11	12	13	14	15	16	17	18	19	20	21	22	23	24	25	26	27	28	29	30	31
요일	금	토	일	월	화	수	목	금	토	일	월	화	수	목	금	토	일	월	화	수	목	금	토	일	월	화	수	목	금	토	일
일진 日辰	己酉	庚戌	辛亥	壬子	癸丑	甲寅	乙卯	丙辰	丁巳	戊午	己未	庚申	辛酉	壬戌	癸亥	甲子	乙丑	丙寅	丁卯	戊辰	己巳	庚午	辛未	壬申	癸酉	甲戌	乙亥	丙子	丁丑	戊寅	己卯
음력	18	19	20	21	22	23	24	25	26	27	28	29	12/1	2	3	4	5	6	7	8	9	10	11	12	13	14	15	16	17	18	19
대운 남	1	1	1	1	소	9	9	9	8	8	8	7	7	7	6	6	6	5	5	대	4	4	4	3	3	3	2	2	2	1	1
대운 여	8	9	9	9	한	1	1	1	1	2	2	2	3	3	3	4	4	4	5	한	5	6	6	6	7	7	7	8	8	8	9

입춘 3일 23시 58분 ⇨ 【庚寅月(경인월)】(입춘, 우수~ 경칩 전) 우수 18일 19시 43분

양력 2 / 음력 12/20 ▮ 01/17

양력	1	2	3	4	5	6	7	8	9	10	11	12	13	14	15	16	17	18	19	20	21	22	23	24	25	26	27	28	
요일	월	화	수	목	금	토	일	월	화	수	목	금	토	일	월	화	수	목	금	토	일	월	화	수	목	금	토	일	
일진 日辰	庚辰	辛巳	壬午	癸未	甲申	乙酉	丙戌	丁亥	戊子	己丑	庚寅	辛卯	壬辰	癸巳	甲午	乙未	丙申	丁酉	戊戌	己亥	庚子	辛丑	壬寅	癸卯	甲辰	乙巳	丙午	丁未	立春
음력	20	21	22	23	24	25	26	27	28	29	30	1/1	2	3	4	5	6	7	8	9	10	11	12	13	14	15	16	17	
대운 남	1	1	입	1	1	1	1	2	2	2	3	3	3	4	4	4	5	추	5	6	6	6	7	7	7	8	8	8	
대운 여	9	9	춘	10	9	9	9	8	8	8	7	7	7	6	6	6	5	수	5	4	4	4	3	3	3	2	2	2	

경칩 5일 17시 53분 ⇨ 【辛卯月(신묘월)】(경칩, 춘분~ 청명 전) 춘분 20일 18시 36분

양력 3 / 음력 01/18 ▮ 02/19

양력	1	2	3	4	5	6	7	8	9	10	11	12	13	14	15	16	17	18	19	20	21	22	23	24	25	26	27	28	29	30	31
요일	월	화	수	목	금	토	일	월	화	수	목	금	토	일	월	화	수	목	금	토	일	월	화	수	목	금	토	일	월	화	수
일진 日辰	戊申	己酉	庚戌	辛亥	壬子	癸丑	甲寅	乙卯	丙辰	丁巳	戊午	己未	庚申	辛酉	壬戌	癸亥	甲子	乙丑	丙寅	丁卯	戊辰	己巳	庚午	辛未	壬申	癸酉	甲戌	乙亥	丙子	丁丑	戊寅
음력	18	19	20	21	22	23	24	25	26	27	28	29	2/1	2	3	4	5	6	7	8	9	10	11	12	13	14	15	16	17	18	19
대운 남	9	9	9	10	경	1	1	1	1	2	2	2	3	3	3	4	4	4	5	추	5	6	6	6	7	7	7	8	8	8	9
대운 여	1	1	1	1	칩	10	9	9	9	8	8	8	7	7	7	6	6	6	5	분	5	4	4	4	3	3	3	2	2	2	1

청명 5일 17시 53분 ⇨ 【壬辰月(임진월)】(청명, 곡우~ 입하 전) 곡우 20일 05시 32분

양력 4 / 음력 02/20 ▮ 03/19

양력	1	2	3	4	5	6	7	8	9	10	11	12	13	14	15	16	17	18	19	20	21	22	23	24	25	26	27	28	29	30
요일	목	금	토	일	월	화	수	목	금	토	일	월	화	수	목	금	토	일	월	화	수	목	금	토	일	월	화	수	목	금
일진 日辰	己卯	庚辰	辛巳	壬午	癸未	甲申	乙酉	丙戌	丁亥	戊子	己丑	庚寅	辛卯	壬辰	癸巳	甲午	乙未	丙申	丁酉	戊戌	己亥	庚子	辛丑	壬寅	癸卯	甲辰	乙巳	丙午	丁未	戊申
음력	20	21	22	23	24	25	26	27	28	29	30	3/1	2	3	4	5	6	7	8	9	10	11	12	13	14	15	16	17	18	19
대운 남	9	9	10	청	1	1	1	1	2	2	2	3	3	3	4	4	4	5	5	곡	6	6	6	7	7	7	8	8	8	9
대운 여	1	1	1	명	10	10	9	9	9	8	8	8	7	7	7	6	6	6	5	우	5	4	4	4	3	3	3	2	2	2

입하 5일 15시 46분 ⇨ 【癸巳月(계사월)】(입하, 소만~ 망종 전) 소만 21일 04시 36분

양력 5 / 음력 03/20 ▮ 04/20

양력	1	2	3	4	5	6	7	8	9	10	11	12	13	14	15	16	17	18	19	20	21	22	23	24	25	26	27	28	29	30	31
요일	토	일	월	화	수	목	금	토	일	월	화	수	목	금	토	일	월	화	수	목	금	토	일	월	화	수	목	금	토	일	월
일진 日辰	己酉	庚戌	辛亥	壬子	癸丑	甲寅	乙卯	丙辰	丁巳	戊午	己未	庚申	辛酉	壬戌	癸亥	甲子	乙丑	丙寅	丁卯	戊辰	己巳	庚午	辛未	壬申	癸酉	甲戌	乙亥	丙子	丁丑	戊寅	己卯
음력	20	21	22	23	24	25	26	27	28	29	30	4/1	2	3	4	5	6	7	8	9	10	11	12	13	14	15	16	17	18	19	20
대운 남	9	9	10	10	입	1	1	1	1	2	2	2	3	3	3	4	4	4	5	5	소	6	6	6	7	7	7	8	8	8	9
대운 여	1	1	1	1	하	10	10	9	9	9	8	8	8	7	7	7	6	6	6	5	만	5	4	4	4	3	3	3	2	2	2

망종 5일 19시 51분 ⇨ 【甲午月(갑오월)】(망종, 하지~ 소서 전) 하지 21일 12시 31분

양력 6 / 음력 04/21 ▮ 05/21

양력	1	2	3	4	5	6	7	8	9	10	11	12	13	14	15	16	17	18	19	20	21	22	23	24	25	26	27	28	29	30
요일	화	수	목	금	토	일	월	화	수	목	금	토	일	월	화	수	목	금	토	일	월	화	수	목	금	토	일	월	화	수
일진 日辰	庚辰	辛巳	壬午	癸未	甲申	乙酉	丙戌	丁亥	戊子	己丑	庚寅	辛卯	壬辰	癸巳	甲午	乙未	丙申	丁酉	戊戌	己亥	庚子	辛丑	壬寅	癸卯	甲辰	乙巳	丙午	丁未	戊申	己酉
음력	21	22	23	24	25	26	27	28	29	5/1	2	3	4	5	6	7	8	9	10	11	12	13	14	15	16	17	18	19	20	21
대운 남	9	9	10	10	망	1	1	1	1	2	2	2	3	3	3	4	4	4	5	5	하	6	6	6	7	7	7	8	8	8
대운 여	1	1	1	1	종	10	10	10	9	9	9	8	8	8	7	7	7	6	6	6	지	5	5	4	4	4	3	3	3	2

대장군(서방), 삼살(동방), 상문(동방), 조객(서북방),납음(벽상토),【삼재(해,자,축)년】
한식(4월05일), 초복(7월11일), 중복(7월21일), 말복(8월10일)

辛丑年(신축년)

소서 7일 06시 04분 ⇨ **【乙未月(을미월)】**(소서, 대서~ 입추 전) 대서 22일 23시 25분

양력 **7** 음력 05/22 ~ 06/22

양력	1	2	3	4	5	6	7	8	9	10	11	12	13	14	15	16	17	18	19	20	21	22	23	24	25	26	27	28	29	30	31
요일	목	금	토	일	월	화	수	목	금	토	일	월	화	수	목	금	토	일	월	화	수	목	금	토	일	월	화	수	목	금	토
일진 日辰	庚戌	辛亥	壬子	癸丑	甲寅	乙卯	丙辰	丁巳	戊午	己未	庚申	辛酉	壬戌	癸亥	甲子	乙丑	丙寅	丁卯	戊辰	己巳	庚午	辛未	壬申	癸酉	甲戌	乙亥	丙子	丁丑	戊寅	己卯	庚辰
음력	22	23	24	25	26	27	28	29	30	6/1	2	3	4	5	6	7	8	9	10	11	12	13	14	15	16	17	18	19	20	21	22
대운 남	9	9	9	10	10	10	소	1	1	1	1	2	2	2	3	3	3	4	4	4	5	대	5	6	6	6	7	7	7	8	8
대운 여	2	2	1	1	1	1	서	10	10	9	9	9	8	8	8	7	7	7	6	6	6	서	5	5	4	4	4	3	3	3	2

입추 7일 15시 53분 ⇨ **【丙申月(병신월)】**(입추, 처서~ 백로 전) 처서 23일 06시 34분

양력 **8** 음력 06/23 ~ 07/24

양력	1	2	3	4	5	6	7	8	9	10	11	12	13	14	15	16	17	18	19	20	21	22	23	24	25	26	27	28	29	30	31
요일	일	월	화	수	목	금	토	일	월	화	수	목	금	토	일	월	화	수	목	금	토	일	월	화	수	목	금	토	일	월	화
일진 日辰	辛巳	壬午	癸未	甲申	乙酉	丙戌	丁亥	戊子	己丑	庚寅	辛卯	壬辰	癸巳	甲午	乙未	丙申	丁酉	戊戌	己亥	庚子	辛丑	壬寅	癸卯	甲辰	乙巳	丙午	丁未	戊申	己酉	庚戌	辛亥
음력	23	24	25	26	27	28	29	7/1	2	3	4	5	6	7	8	9	10	11	12	13	14	15	16	17	18	19	20	21	22	23	24
대운 남	8	9	9	9	10	10	입	1	1	1	1	2	2	2	3	3	3	4	4	4	5	5	처	6	6	6	7	7	7	8	8
대운 여	2	2	1	1	1	1	추	10	10	9	9	9	8	8	8	7	7	7	6	6	6	5	서	5	4	4	4	3	3	3	2

백로 7일 18시 52분 ⇨ **【丁酉月(정유월)】**(백로, 추분-한로 전) 추분23일 04시 20분

양력 **9** 음력 07/25 ~ 08/24

양력	1	2	3	4	5	6	7	8	9	10	11	12	13	14	15	16	17	18	19	20	21	22	23	24	25	26	27	28	29	30
요일	수	목	금	토	일	월	화	수	목	금	토	일	월	화	수	목	금	토	일	월	화	수	목	금	토	일	월	화	수	목
일진 日辰	壬子	癸丑	甲寅	乙卯	丙辰	丁巳	戊午	己未	庚申	辛酉	壬戌	癸亥	甲子	乙丑	丙寅	丁卯	戊辰	己巳	庚午	辛未	壬申	癸酉	甲戌	乙亥	丙子	丁丑	戊寅	己卯	庚辰	辛巳
음력	25	26	27	28	29	30	8/1	2	3	4	5	6	7	8	9	10	11	12	13	14	15	16	17	18	19	20	21	22	23	24
대운 남	8	9	9	9	10	10	백	1	1	1	1	2	2	2	3	3	3	4	4	4	5	5	추	6	6	6	7	7	7	8
대운 여	2	2	1	1	1	1	로	10	10	9	9	9	8	8	8	7	7	7	6	6	6	5	분	5	4	4	4	3	3	3

한로 8일 10시 38분 ⇨ **【戊戌月(무술월)】**(한로, 상강~ 입동 전) 상강 23일 13시 50분

양력 **10** 음력 08/25 ~ 09/26

양력	1	2	3	4	5	6	7	8	9	10	11	12	13	14	15	16	17	18	19	20	21	22	23	24	25	26	27	28	29	30	31
요일	금	토	일	월	화	수	목	금	토	일	월	화	수	목	금	토	일	월	화	수	목	금	토	일	월	화	수	목	금	토	일
일진 日辰	壬午	癸未	甲申	乙酉	丙戌	丁亥	戊子	己丑	庚寅	辛卯	壬辰	癸巳	甲午	乙未	丙申	丁酉	戊戌	己亥	庚子	辛丑	壬寅	癸卯	甲辰	乙巳	丙午	丁未	戊申	己酉	庚戌	辛亥	壬子
음력	25	26	27	28	29	9/1	2	3	4	5	6	7	8	9	10	11	12	13	14	15	16	17	18	19	20	21	22	23	24	25	26
대운 남	8	8	9	9	9	10	10	한	1	1	1	1	2	2	2	3	3	3	4	4	4	5	상	5	6	6	6	7	7	7	8
대운 여	2	2	2	1	1	1	1	로	10	9	9	9	8	8	8	7	7	7	6	6	6	5	강	5	4	4	4	3	3	3	2

입동 7일 13시 58분 ⇨ **【己亥月(기해월)】**(입동, 소설~ 대설 전) 소설 22일 11시 33분

양력 **11** 음력 09/27 ~ 10/26

양력	1	2	3	4	5	6	7	8	9	10	11	12	13	14	15	16	17	18	19	20	21	22	23	24	25	26	27	28	29	30
요일	월	화	수	목	금	토	일	월	화	수	목	금	토	일	월	화	수	목	금	토	일	월	화	수	목	금	토	일	월	화
일진 日辰	癸丑	甲寅	乙卯	丙辰	丁巳	戊午	己未	庚申	辛酉	壬戌	癸亥	甲子	乙丑	丙寅	丁卯	戊辰	己巳	庚午	辛未	壬申	癸酉	甲戌	乙亥	丙子	丁丑	戊寅	己卯	庚辰	辛巳	壬午
음력	27	28	29	30	10/1	2	3	4	5	6	7	8	9	10	11	12	13	14	15	16	17	18	19	20	21	22	23	24	25	26
대운 남	8	8	9	9	9	10	입	1	1	1	1	2	2	2	3	3	3	4	4	4	5	소	5	6	6	6	7	7	7	8
대운 여	2	2	1	1	1	1	동	10	9	9	9	8	8	8	7	7	7	6	6	6	5	설	5	4	4	4	3	3	3	2

대설 7일 06시 56분 ⇨ **【庚子月(경자월)】**(대설, 동지~소한 전) 동지 22일 00시 58분

양력 **12** 음력 10/27 ~ 11/28

양력	1	2	3	4	5	6	7	8	9	10	11	12	13	14	15	16	17	18	19	20	21	22	23	24	25	26	27	28	29	30	31
요일	수	목	금	토	일	월	화	수	목	금	토	일	월	화	수	목	금	토	일	월	화	수	목	금	토	일	월	화	수	목	금
일진 日辰	癸未	甲申	乙酉	丙戌	丁亥	戊子	己丑	庚寅	辛卯	壬辰	癸巳	甲午	乙未	丙申	丁酉	戊戌	己亥	庚子	辛丑	壬寅	癸卯	甲辰	乙巳	丙午	丁未	戊申	己酉	庚戌	辛亥	壬子	癸丑
음력	27	28	29	11/1	2	3	4	5	6	7	8	9	10	11	12	13	14	15	16	17	18	19	20	21	22	23	24	25	26	27	28
대운 남	8	8	9	9	9	10	대	1	1	1	1	2	2	2	3	3	3	4	4	4	5	동	5	6	6	6	7	7	7	8	8
대운 여	2	2	1	1	1	1	설	9	9	9	8	8	8	7	7	7	6	6	6	5	5	지	4	4	4	3	3	3	2	2	2

2022 壬寅年(임인년)

단기4355년 /불기2566년 대장군(북방). 삼살(북방), 상문(동남방),조객(북방), 납음(금박금), 【삼재(신,유,술)년】

소한 5일 18시 13분 ⇨ **【辛丑月(신축월)】**(소한, 대한~ 입춘 전) 대한 20일 11시 38분

1월 (음력 11/29 ~ 12/29)

양력	1	2	3	4	5	6	7	8	9	10	11	12	13	14	15	16	17	18	19	20	21	22	23	24	25	26	27	28	29	30	31
요일	토	일	월	화	수	목	금	토	일	월	화	수	목	금	토	일	월	화	수	목	금	토	일	월	화	수	목	금	토	일	월
일진 日辰	甲寅	乙卯	丙辰	丁巳	戊午	己未	庚申	辛酉	壬戌	癸亥	甲子	乙丑	丙寅	丁卯	戊辰	己巳	庚午	辛未	壬申	癸酉	甲戌	乙亥	丙子	丁丑	戊寅	己卯	庚辰	辛巳	壬午	癸未	甲申
음력	29	30	12/1	2	3	4	5	6	7	8	9	10	11	12	13	14	15	16	17	18	19	20	21	22	23	24	25	26	27	28	29
대운 남	8	9	9	9	소	1	1	1	1	2	2	2	3	3	3	4	4	4	5	대	5	6	6	6	7	7	7	8	8	8	9
대운 여	1	1	1	1	한	10	9	9	9	8	8	8	7	7	7	6	6	6	5	한	5	4	4	4	3	3	3	2	2	2	1

입춘 4일 05시 50분 ⇨ **【壬寅月(임인월)】**(입춘, 우수~ 경칩 전) 우수 19일 01시 42분

2월 (음력 01/01 ~ 01/28) 立春

양력	1	2	3	4	5	6	7	8	9	10	11	12	13	14	15	16	17	18	19	20	21	22	23	24	25	26	27	28
요일	화	수	목	금	토	일	월	화	수	목	금	토	일	월	화	수	목	금	토	일	월	화	수	목	금	토	일	월
일진 日辰	乙酉	丙戌	丁亥	戊子	己丑	庚寅	辛卯	壬辰	癸巳	甲午	乙未	丙申	丁酉	戊戌	己亥	庚子	辛丑	壬寅	癸卯	甲辰	乙巳	丙午	丁未	戊申	己酉	庚戌	辛亥	壬子
음력	1/1	2	3	4	5	6	7	8	9	10	11	12	13	14	15	16	17	18	19	20	21	22	23	24	25	26	27	28
대운 남	9	9	10	입	9	9	9	8	8	8	7	7	7	6	6	6	5	5	우	4	4	4	3	3	3	2	2	2
대운 여	1	1	1	춘	1	1	1	1	2	2	2	3	3	3	4	4	4	5	수	5	6	6	6	7	7	7	8	8

경칩 5일 23시 43분 ⇨ **【癸卯月(계묘월)】**(경칩, 춘분~ 청명 전) 춘분 21일 00시 32분

3월 (음력 01/29 ~ 02/29)

양력	1	2	3	4	5	6	7	8	9	10	11	12	13	14	15	16	17	18	19	20	21	22	23	24	25	26	27	28	29	30	31
요일	화	수	목	금	토	일	월	화	수	목	금	토	일	월	화	수	목	금	토	일	월	화	수	목	금	토	일	월	화	수	목
일진 日辰	癸丑	甲寅	乙卯	丙辰	丁巳	戊午	己未	庚申	辛酉	壬戌	癸亥	甲子	乙丑	丙寅	丁卯	戊辰	己巳	庚午	辛未	壬申	癸酉	甲戌	乙亥	丙子	丁丑	戊寅	己卯	庚辰	辛巳	壬午	癸未
음력	29	30	2/1	2	3	4	5	6	7	8	9	10	11	12	13	14	15	16	17	18	19	20	21	22	23	24	25	26	27	28	29
대운 남	1	1	1	1	경	10	10	9	9	9	8	8	8	7	7	7	6	6	6	5	춘	5	4	4	4	3	3	3	2	2	2
대운 여	8	9	9	9	칩	1	1	1	1	2	2	2	3	3	3	4	4	4	5	5	분	6	6	6	7	7	7	8	8	8	9

청명 5일 04시 19분 ⇨ **【甲辰月(갑진월)】**(청명, 곡우~ 입하 전) 곡우 20일 11시 23분

4월 (음력 03/01 ~ 03/30)

양력	1	2	3	4	5	6	7	8	9	10	11	12	13	14	15	16	17	18	19	20	21	22	23	24	25	26	27	28	29	30
요일	금	토	일	월	화	수	목	금	토	일	월	화	수	목	금	토	일	월	화	수	목	금	토	일	월	화	수	목	금	토
일진 日辰	甲申	乙酉	丙戌	丁亥	戊子	己丑	庚寅	辛卯	壬辰	癸巳	甲午	乙未	丙申	丁酉	戊戌	己亥	庚子	辛丑	壬寅	癸卯	甲辰	乙巳	丙午	丁未	戊申	己酉	庚戌	辛亥	壬子	癸丑
음력	3/1	2	3	4	5	6	7	8	9	10	11	12	13	14	15	16	17	18	19	20	21	22	23	24	25	26	27	28	29	30
대운 남	1	1	1	1	청	10	9	9	9	8	8	8	7	7	7	6	6	6	5	곡	5	4	4	4	3	3	3	2	2	2
대운 여	9	9	10	10	명	1	1	1	1	2	2	2	3	3	3	4	4	4	5	우	5	6	6	6	7	7	7	8	8	8

입하 5일 21시 25분 ⇨ **【乙巳月(을사월)】**(입하, 소만~ 망종 전) 소만 21일 10시 22분

5월 (음력 04/01 ~ 05/02)

양력	1	2	3	4	5	6	7	8	9	10	11	12	13	14	15	16	17	18	19	20	21	22	23	24	25	26	27	28	29	30	31
요일	일	월	화	수	목	금	토	일	월	화	수	목	금	토	일	월	화	수	목	금	토	일	월	화	수	목	금	토	일	월	화
일진 日辰	甲寅	乙卯	丙辰	丁巳	戊午	己未	庚申	辛酉	壬戌	癸亥	甲子	乙丑	丙寅	丁卯	戊辰	己巳	庚午	辛未	壬申	癸酉	甲戌	乙亥	丙子	丁丑	戊寅	己卯	庚辰	辛巳	壬午	癸未	甲申
음력	4/1	2	3	4	5	6	7	8	9	10	11	12	13	14	15	16	17	18	19	20	21	22	23	24	25	26	27	28	29	5/1	2
대운 남	1	1	1	1	입	10	10	10	9	9	9	8	8	8	7	7	7	6	6	6	소	5	5	4	4	4	3	3	3	2	2
대운 여	9	9	9	10	하	1	1	1	1	2	2	2	3	3	3	4	4	4	5	5	만	6	6	6	7	7	7	8	8	8	9

망종 6일 01시 25분 ⇨ **【丙午月(병오월)】**(망종, 하지~ 소서 전) 하지 21일 18시 13분

6월 (음력 05/03 ~ 06/02)

양력	1	2	3	4	5	6	7	8	9	10	11	12	13	14	15	16	17	18	19	20	21	22	23	24	25	26	27	28	29	30
요일	수	목	금	토	일	월	화	수	목	금	토	일	월	화	수	목	금	토	일	월	화	수	목	금	토	일	월	화	수	목
일진 日辰	乙酉	丙戌	丁亥	戊子	己丑	庚寅	辛卯	壬辰	癸巳	甲午	乙未	丙申	丁酉	戊戌	己亥	庚子	辛丑	壬寅	癸卯	甲辰	乙巳	丙午	丁未	戊申	己酉	庚戌	辛亥	壬子	癸丑	甲寅
음력	3	4	5	6	7	8	9	10	11	12	13	14	15	16	17	18	19	20	21	22	23	24	25	26	27	28	29	30	6/1	2
대운 남	2	1	1	1	1	망	10	10	9	9	9	8	8	8	7	7	7	6	6	6	하	5	5	4	4	4	3	3	3	2
대운 여	9	9	10	10	10	종	1	1	1	1	2	2	2	3	3	3	4	4	4	5	지	5	6	6	6	7	7	7	8	8

대장군(북방). 삼살(북방), 상문(동남방),조객(북방), 납음(금박금), 【삼재(신,유,술)년】
한식(4월06일), 초복(7월16일), 중복(7월26일), 말복(8월15일)

壬寅年(임인년)

소서 7일 11시 37분 ➩ **【丁未月(정미월)】**(소서, 대서~ 입추 전) 대서 23일 05시 06분

양력 7 / 음력 06/03 ~ 07/03

양력		1	2	3	4	5	6	7	8	9	10	11	12	13	14	15	16	17	18	19	20	21	22	23	24	25	26	27	28	29	30	31
요일		금	토	일	월	화	수	목	금	토	일	월	화	수	목	금	토	일	월	화	수	목	금	토	일	월	화	수	목	금	토	일
일진 日辰		乙卯	丙辰	丁巳	戊午	己未	庚申	辛酉	壬戌	癸亥	甲子	乙丑	丙寅	丁卯	戊辰	己巳	庚午	辛未	壬申	癸酉	甲戌	乙亥	丙子	丁丑	戊寅	己卯	庚辰	辛巳	壬午	癸未	甲申	乙酉
음력		3	4	5	6	7	8	9	10	11	12	13	14	15	16	17	18	19	20	21	22	23	24	25	26	27	28	29	30	7/1	2	3
대운	남	2	2	1	1	1	1	소	10	10	9	9	9	8	8	8	7	7	7	6	6	6	5	대	5	4	4	4	3	3	3	2
	여	8	9	9	9	10	10	서	1	1	1	1	2	2	2	3	3	3	4	4	4	5	5	서	6	6	6	7	7	7	8	8

입추 7일 21시 28분 ➩ **【戊申月(무신월)】**(입추, 처서~ 백로 전) 처서 23일 12시 15분

양력 8 / 음력 07/04 ~ 08/05

양력		1	2	3	4	5	6	7	8	9	10	11	12	13	14	15	16	17	18	19	20	21	22	23	24	25	26	27	28	29	30	31
요일		월	화	수	목	금	토	일	월	화	수	목	금	토	일	월	화	수	목	금	토	일	월	화	수	목	금	토	일	월	화	수
일진 日辰		丙戌	丁亥	戊子	己丑	庚寅	辛卯	壬辰	癸巳	甲午	乙未	丙申	丁酉	戊戌	己亥	庚子	辛丑	壬寅	癸卯	甲辰	乙巳	丙午	丁未	戊申	己酉	庚戌	辛亥	壬子	癸丑	甲寅	乙卯	丙辰
음력		4	5	6	7	8	9	10	11	12	13	14	15	16	17	18	19	20	21	22	23	24	25	26	27	28	29	8/1	2	3	4	5
대운	남	2	2	1	1	1	1	입	10	10	10	9	9	9	8	8	8	7	7	7	6	6	6	처	5	5	4	4	4	3	3	3
	여	8	9	9	9	10	10	추	1	1	1	1	2	2	2	3	3	3	4	4	4	5	5	서	6	6	6	7	7	7	8	8

백로 8일 00시 31분 ➩ **【己酉月(기유월)】**(백로, 추분-한로 전) 추분 23일 10시 03분

양력 9 / 음력 08/06 ~ 09/05

양력		1	2	3	4	5	6	7	8	9	10	11	12	13	14	15	16	17	18	19	20	21	22	23	24	25	26	27	28	29	30
요일		목	금	토	일	월	화	수	목	금	토	일	월	화	수	목	금	토	일	월	화	수	목	금	토	일	월	화	수	목	금
일진 日辰		丁巳	戊午	己未	庚申	辛酉	壬戌	癸亥	甲子	乙丑	丙寅	丁卯	戊辰	己巳	庚午	辛未	壬申	癸酉	甲戌	乙亥	丙子	丁丑	戊寅	己卯	庚辰	辛巳	壬午	癸未	甲申	乙酉	丙戌
음력		6	7	8	9	10	11	12	13	14	15	16	17	18	19	20	21	22	23	24	25	26	27	28	29	30	9/1	2	3	4	5
대운	남	2	2	2	1	1	1	1	백	10	9	9	9	8	8	8	7	7	7	6	6	6	5	추	5	4	4	4	3	3	3
	여	8	9	9	9	10	10	10	로	1	1	1	1	2	2	2	3	3	3	4	4	4	5	분	5	6	6	6	7	7	7

한로 8일 16시 21분 ➩ **【庚戌月(경술월)】**(한로, 상강~ 입동 전) 상강 23일 19시 35분

양력 10 / 음력 09/06 ~ 10/07

양력		1	2	3	4	5	6	7	8	9	10	11	12	13	14	15	16	17	18	19	20	21	22	23	24	25	26	27	28	29	30	31
요일		토	일	월	화	수	목	금	토	일	월	화	수	목	금	토	일	월	화	수	목	금	토	일	월	화	수	목	금	토	일	월
일진 日辰		丁亥	戊子	己丑	庚寅	辛卯	壬辰	癸巳	甲午	乙未	丙申	丁酉	戊戌	己亥	庚子	辛丑	壬寅	癸卯	甲辰	乙巳	丙午	丁未	戊申	己酉	庚戌	辛亥	壬子	癸丑	甲寅	乙卯	丙辰	丁巳
음력		6	7	8	9	10	11	12	13	14	15	16	17	18	19	20	21	22	23	24	25	26	27	28	29	10/1	2	3	4	5	6	7
대운	남	2	2	2	1	1	1	1	한	10	9	9	9	8	8	8	7	7	7	6	6	6	5	상	5	4	4	4	3	3	3	2
	여	8	8	8	9	9	9	10	로	1	1	1	1	2	2	2	3	3	3	4	4	4	5	강	5	6	6	6	7	7	7	8

입동 7일 19시 44분 ➩ **【辛亥月(신해월)】**(입동, 소설~ 대설 전) 소설 22일 17시 19분

양력 11 / 음력 10/08 ~ 11/07

양력		1	2	3	4	5	6	7	8	9	10	11	12	13	14	15	16	17	18	19	20	21	22	23	24	25	26	27	28	29	30
요일		화	수	목	금	토	일	월	화	수	목	금	토	일	월	화	수	목	금	토	일	월	화	수	목	금	토	일	월	화	수
일진 日辰		戊午	己未	庚申	辛酉	壬戌	癸亥	甲子	乙丑	丙寅	丁卯	戊辰	己巳	庚午	辛未	壬申	癸酉	甲戌	乙亥	丙子	丁丑	戊寅	己卯	庚辰	辛巳	壬午	癸未	甲申	乙酉	丙戌	丁亥
음력		8	9	10	11	12	13	14	15	16	17	18	19	20	21	22	23	24	25	26	27	28	29	30	11/1	2	3	4	5	6	7
대운	남	2	2	1	1	1	1	입	10	9	9	9	8	8	8	7	7	7	6	6	6	5	소	5	4	4	4	3	3	3	2
	여	8	8	9	9	9	10	동	1	1	1	1	2	2	2	3	3	3	4	4	4	5	설	5	6	6	6	7	7	7	8

대설 7일 12시 45분 ➩ **【壬子月(임자월)】**(대설, 동지~소한 전) 동지 22일 06시 47분

양력 12 / 음력 11/08 ~ 12/09

양력		1	2	3	4	5	6	7	8	9	10	11	12	13	14	15	16	17	18	19	20	21	22	23	24	25	26	27	28	29	30	31
요일		목	금	토	일	월	화	수	목	금	토	일	월	화	수	목	금	토	일	월	화	수	목	금	토	일	월	화	수	목	금	토
일진 日辰		戊子	己丑	庚寅	辛卯	壬辰	癸巳	甲午	乙未	丙申	丁酉	戊戌	己亥	庚子	辛丑	壬寅	癸卯	甲辰	乙巳	丙午	丁未	戊申	己酉	庚戌	辛亥	壬子	癸丑	甲寅	乙卯	丙辰	丁巳	戊午
음력		8	9	10	11	12	13	14	15	16	17	18	19	20	21	22	23	24	25	26	27	28	29	12/1	2	3	4	5	6	7	8	9
대운	남	2	2	1	1	1	1	대	10	9	9	9	8	8	8	7	7	7	6	6	6	5	동	5	4	4	4	3	3	3	2	2
	여	8	8	9	9	9	10	설	1	1	1	1	2	2	2	3	3	3	4	4	4	5	지	5	6	6	6	7	7	7	8	8

윤2월 小 2023 癸卯年(계묘년)

단기4356년 /불기2567년 대장군(북방). 삼살(서방), 상문(동남방),조객(동북방), 납음(금박금), 【삼재(사,오,미)년】

소한 6일 00시 04분 ⇨ **【癸丑月(계축월)】**(소한, 대한~ 입춘 전) 대한 20일 17시 28분

양력 1 (음력 12/10 ~ 01/10)	양력	1	2	3	4	5	6	7	8	9	10	11	12	13	14	15	16	17	18	19	20	21	22	23	24	25	26	27	28	29	30	31
	요일	일	월	화	수	목	금	토	일	월	화	수	목	금	토	일	월	화	수	목	금	토	일	월	화	수	목	금	토	일	월	화
	일진 日辰	己未	庚申	辛酉	壬戌	癸亥	甲子	乙丑	丙寅	丁卯	戊辰	己巳	庚午	辛未	壬申	癸酉	甲戌	乙亥	丙子	丁丑	戊寅	己卯	庚辰	辛巳	壬午	癸未	甲申	乙酉	丙戌	丁亥	戊子	己丑
	음력	10	11	12	13	14	15	16	17	18	19	20	21	22	23	24	25	26	27	28	29	30	1/1	2	3	4	5	6	7	8	9	10
대운	남	2	1	1	1	1	소	9	9	9	8	8	8	7	7	7	6	6	6	5	대	5	4	4	4	3	3	3	2	2	2	1
	여	8	9	9	9	10	한	1	1	1	1	2	2	2	3	3	3	4	4	4	5	한	5	6	6	6	7	7	7	8	8	9

입춘 4일 11시 41분 ⇨ **【甲寅月(갑인월)】**(입춘, 우수~ 경칩 전) 우수 19일 07시 33분

양력 2 (음력 01/11 ~ 02/09)	양력	1	2	3	4	5	6	7	8	9	10	11	12	13	14	15	16	17	18	19	20	21	22	23	24	25	26	27	28	立春
	요일	수	목	금	토	일	월	화	수	목	금	토	일	월	화	수	목	금	토	일	월	화	수	목	금	토	일	월	화	
	일진 日辰	庚寅	辛卯	壬辰	癸巳	甲午	乙未	丙申	丁酉	戊戌	己亥	庚子	辛丑	壬寅	癸卯	甲辰	乙巳	丙午	丁未	戊申	己酉	庚戌	辛亥	壬子	癸丑	甲寅	乙卯	丙辰	丁巳	
	음력	11	12	13	14	15	16	17	18	19	20	21	22	23	24	25	26	27	28	29	2/1	2	3	4	5	6	7	8	9	
대운	남	1	1	1	입	1	1	1	1	2	2	2	3	3	3	4	4	4	5	우	5	6	6	6	7	7	7	8	8	
	여	9	9	10	춘	10	9	9	9	8	8	8	7	7	7	6	6	6	5	수	5	4	4	4	3	3	3	2	2	

경칩 6일 05시 35분 ⇨ **【乙卯月(을묘월)】**(경칩, 춘분~ 청명 전) 춘분 21일 06시 23분

양력 3 (음력 02/10 ~ 윤210)	양력	1	2	3	4	5	6	7	8	9	10	11	12	13	14	15	16	17	18	19	20	21	22	23	24	25	26	27	28	29	30	31
	요일	수	목	금	토	일	월	화	수	목	금	토	일	월	화	수	목	금	토	일	월	화	수	목	금	토	일	월	화	수	목	금
	일진 日辰	戊午	己未	庚申	辛酉	壬戌	癸亥	甲子	乙丑	丙寅	丁卯	戊辰	己巳	庚午	辛未	壬申	癸酉	甲戌	乙亥	丙子	丁丑	戊寅	己卯	庚辰	辛巳	壬午	癸未	甲申	乙酉	丙戌	丁亥	戊子
	음력	10	11	12	13	14	15	16	17	18	19	20	21	22	23	24	25	26	27	28	29	30	윤2	2	3	4	5	6	7	8	9	10
대운	남	8	9	9	9	10	경	1	1	1	1	2	2	2	3	3	3	4	4	4	5	춘	5	6	6	6	7	7	7	8	8	8
	여	2	1	1	1	1	칩	10	9	9	9	8	8	8	7	7	7	6	6	6	5	분	5	4	4	4	3	3	3	2	2	2

청명 5일 10시 12분 ⇨ **【丙辰月(병진월)】**(청명, 곡우~ 입하 전) 곡우 20일 17시 13분

양력 4 (음력 윤211 ~ 03/11)	양력	1	2	3	4	5	6	7	8	9	10	11	12	13	14	15	16	17	18	19	20	21	22	23	24	25	26	27	28	29	30
	요일	토	일	월	화	수	목	금	토	일	월	화	수	목	금	토	일	월	화	수	목	금	토	일	월	화	수	목	금	토	일
	일진 日辰	己丑	庚寅	辛卯	壬辰	癸巳	甲午	乙未	丙申	丁酉	戊戌	己亥	庚子	辛丑	壬寅	癸卯	甲辰	乙巳	丙午	丁未	戊申	己酉	庚戌	辛亥	壬子	癸丑	甲寅	乙卯	丙辰	丁巳	戊午
	음력	11	12	13	14	15	16	17	18	19	20	21	22	23	24	25	26	27	28	29	3/1	2	3	4	5	6	7	8	9	10	11
대운	남	9	9	9	10	청	1	1	1	1	2	2	2	3	3	3	4	4	4	5	곡	5	6	6	6	7	7	7	8	8	8
	여	1	1	1	1	명	10	10	9	9	9	8	8	8	7	7	7	6	6	6	우	5	5	4	4	4	3	3	3	2	2

입하 6일 03시 18분 ⇨ **【丁巳月(정사월)】**(입하, 소만~ 망종 전) 소만 21일 16시 08분

양력 5 (음력 03/12 ~ 04/12)	양력	1	2	3	4	5	6	7	8	9	10	11	12	13	14	15	16	17	18	19	20	21	22	23	24	25	26	27	28	29	30	31
	요일	월	화	수	목	금	토	일	월	화	수	목	금	토	일	월	화	수	목	금	토	일	월	화	수	목	금	토	일	월	화	수
	일진 日辰	己未	庚申	辛酉	壬戌	癸亥	甲子	乙丑	丙寅	丁卯	戊辰	己巳	庚午	辛未	壬申	癸酉	甲戌	乙亥	丙子	丁丑	戊寅	己卯	庚辰	辛巳	壬午	癸未	甲申	乙酉	丙戌	丁亥	戊子	己丑
	음력	12	13	14	15	16	17	18	19	20	21	22	23	24	25	26	27	28	29	30	4/1	2	3	4	5	6	7	8	9	10	11	12
대운	남	9	9	9	10	10	입	1	1	1	1	2	2	2	3	3	3	4	4	4	5	소	5	6	6	6	7	7	7	8	8	8
	여	2	1	1	1	1	하	10	10	9	9	9	8	8	8	7	7	7	6	6	6	만	5	5	4	4	4	3	3	3	2	2

망종 6일 07시 17분 ⇨ **【戊午月(무오월)】**(망종, 하지~ 소서 전) 하지 21일 23시 57분

양력 6 (음력 04/13 ~ 05/13)	양력	1	2	3	4	5	6	7	8	9	10	11	12	13	14	15	16	17	18	19	20	21	22	23	24	25	26	27	28	29	30
	요일	목	금	토	일	월	화	수	목	금	토	일	월	화	수	목	금	토	일	월	화	수	목	금	토	일	월	화	수	목	금
	일진 日辰	庚寅	辛卯	壬辰	癸巳	甲午	乙未	丙申	丁酉	戊戌	己亥	庚子	辛丑	壬寅	癸卯	甲辰	乙巳	丙午	丁未	戊申	己酉	庚戌	辛亥	壬子	癸丑	甲寅	乙卯	丙辰	丁巳	戊午	己未
	음력	13	14	15	16	17	18	19	20	21	22	23	24	25	26	27	28	29	5/1	2	3	4	5	6	7	8	9	10	11	12	13
대운	남	9	9	9	10	10	망	1	1	1	1	2	2	2	3	3	3	4	4	4	5	하	5	6	6	6	7	7	7	8	8
	여	2	1	1	1	1	종	10	10	9	9	9	8	8	8	7	7	7	6	6	6	지	5	5	4	4	4	3	3	3	2

대장군(북방), 삼살(서방), 상문(동남방),조객(동북방), 납음(금박금), 【삼재(사,오,미)년】
한식(4월06일), 초복(7월11일), 중복(7월21일), 말복(8월10일)

癸卯年(계묘년)

2023

소서 7일 17시 30분 ⇨ 【己未月(기미월)】(소서, 대서~ 입추 전) 대서 23일 10시 49분

양력 **7** 음력 05/14 ~ 06/14

양력		1	2	3	4	5	6	7	8	9	10	11	12	13	14	15	16	17	18	19	20	21	22	23	24	25	26	27	28	29	30	31
요일		토	일	월	화	수	목	금	토	일	월	화	수	목	금	토	일	월	화	수	목	금	토	일	월	화	수	목	금	토	일	월
일진 日辰		庚申	辛酉	壬戌	癸亥	甲子	乙丑	丙寅	丁卯	戊辰	己巳	庚午	辛未	壬申	癸酉	甲戌	乙亥	丙子	丁丑	戊寅	己卯	庚辰	辛巳	壬午	癸未	甲申	乙酉	丙戌	丁亥	戊子	己丑	庚寅
음력		14	15	16	17	18	19	20	21	22	23	24	25	26	27	28	29	30	6/1	2	3	4	5	6	7	8	9	10	11	12	13	14
대운	남	8	9	9	9	10	10	소	1	1	1	1	2	2	2	3	3	3	4	4	4	5	5	대	6	6	6	7	7	7	8	8
	여	2	2	1	1	1	1	서	10	10	10	9	9	9	8	8	8	7	7	7	6	6	6	서	5	5	4	4	4	3	3	3

입추 8일 03시 22분 ⇨ 【庚申月(경신월)】(입추, 처서~ 백로 전) 처서 23일 18시 00분

양력 **8** 음력 06/15 ~ 07/16

양력		1	2	3	4	5	6	7	8	9	10	11	12	13	14	15	16	17	18	19	20	21	22	23	24	25	26	27	28	29	30	31
요일		화	수	목	금	토	일	월	화	수	목	금	토	일	월	화	수	목	금	토	일	월	화	수	목	금	토	일	월	화	수	목
일진 日辰		辛卯	壬辰	癸巳	甲午	乙未	丙申	丁酉	戊戌	己亥	庚子	辛丑	壬寅	癸卯	甲辰	乙巳	丙午	丁未	戊申	己酉	庚戌	辛亥	壬子	癸丑	甲寅	乙卯	丙辰	丁巳	戊午	己未	庚申	辛酉
음력		15	16	17	18	19	20	21	22	23	24	25	26	27	28	29	7/1	2	3	4	5	6	7	8	9	10	11	12	13	14	15	16
대운	남	8	9	9	9	10	10	10	입	1	1	1	1	2	2	2	3	3	3	4	4	4	5	처	5	6	6	6	7	7	7	8
	여	2	2	2	1	1	1	1	추	10	10	9	9	9	8	8	8	7	7	7	6	6	6	서	5	5	4	4	4	3	3	3

백로 8일 06시 26분 ⇨ 【辛酉月(신유월)】(백로, 추분-한로 전) 추분 23일 15시 49분

양력 **9** 음력 07/17 ~ 08/16

양력		1	2	3	4	5	6	7	8	9	10	11	12	13	14	15	16	17	18	19	20	21	22	23	24	25	26	27	28	29	30
요일		금	토	일	월	화	수	목	금	토	일	월	화	수	목	금	토	일	월	화	수	목	금	토	일	월	화	수	목	금	토
일진 日辰		壬戌	癸亥	甲子	乙丑	丙寅	丁卯	戊辰	己巳	庚午	辛未	壬申	癸酉	甲戌	乙亥	丙子	丁丑	戊寅	己卯	庚辰	辛巳	壬午	癸未	甲申	乙酉	丙戌	丁亥	戊子	己丑	庚寅	辛卯
음력		17	18	19	20	21	22	23	24	25	26	27	28	29	30	8/1	2	3	4	5	6	7	8	9	10	11	12	13	14	15	16
대운	남	8	8	9	9	9	10	10	백	1	1	1	1	2	2	2	3	3	3	4	4	4	5	추	5	6	6	6	7	7	7
	여	2	2	2	1	1	1	1	로	10	9	9	9	8	8	8	7	7	7	6	6	6	5	분	5	4	4	4	3	3	3

한로 8일 22시 14분 ⇨ 【壬戌月(임술월)】(한로, 상강~ 입동 전) 상강 24일 01시 20분

양력 **10** 음력 08/17 ~ 09/17

양력		1	2	3	4	5	6	7	8	9	10	11	12	13	14	15	16	17	18	19	20	21	22	23	24	25	26	27	28	29	30	31
요일		일	월	화	수	목	금	토	일	월	화	수	목	금	토	일	월	화	수	목	금	토	일	월	화	수	목	금	토	일	월	화
일진 日辰		壬辰	癸巳	甲午	乙未	丙申	丁酉	戊戌	己亥	庚子	辛丑	壬寅	癸卯	甲辰	乙巳	丙午	丁未	戊申	己酉	庚戌	辛亥	壬子	癸丑	甲寅	乙卯	丙辰	丁巳	戊午	己未	庚申	辛酉	壬戌
음력		17	18	19	20	21	22	23	24	25	26	27	28	29	30	9/1	2	3	4	5	6	7	8	9	10	11	12	13	14	15	16	17
대운	남	8	8	8	9	9	9	10	한	1	1	1	1	2	2	2	3	3	3	4	4	4	5	5	상	6	6	6	7	7	7	8
	여	2	2	2	1	1	1	1	로	10	10	9	9	9	8	8	8	7	7	7	6	6	6	5	강	5	4	4	4	3	3	3

입동 8일 01시 35분 ⇨ 【癸亥月(계해월)】(입동, 소설~ 대설 전) 소설 22일 23시 02분

양력 **11** 음력 09/18 ~ 10/18

양력		1	2	3	4	5	6	7	8	9	10	11	12	13	14	15	16	17	18	19	20	21	22	23	24	25	26	27	28	29	30
요일		수	목	금	토	일	월	화	수	목	금	토	일	월	화	수	목	금	토	일	월	화	수	목	금	토	일	월	화	수	목
일진 日辰		癸亥	甲子	乙丑	丙寅	丁卯	戊辰	己巳	庚午	辛未	壬申	癸酉	甲戌	乙亥	丙子	丁丑	戊寅	己卯	庚辰	辛巳	壬午	癸未	甲申	乙酉	丙戌	丁亥	戊子	己丑	庚寅	辛卯	壬辰
음력		18	19	20	21	22	23	24	25	26	27	28	29	10/1	2	3	4	5	6	7	8	9	10	11	12	13	14	15	16	17	18
대운	남	8	8	9	9	9	10	10	입	1	1	1	1	2	2	2	3	3	3	4	4	4	소	5	5	6	6	6	7	7	7
	여	2	2	2	1	1	1	1	동	9	9	9	8	8	8	7	7	7	6	6	6	5	설	5	4	4	4	3	3	3	2

대설 7일 18시 32분 ⇨ 【甲子月(갑자월)】(대설, 동지~소한 전) 동지 22일 12시 26분

양력 **12** 음력 10/19 ~ 11/19

양력		1	2	3	4	5	6	7	8	9	10	11	12	13	14	15	16	17	18	19	20	21	22	23	24	25	26	27	28	29	30	31
요일		금	토	일	월	화	수	목	금	토	일	월	화	수	목	금	토	일	월	화	수	목	금	토	일	월	화	수	목	금	토	일
일진 日辰		癸巳	甲午	乙未	丙申	丁酉	戊戌	己亥	庚子	辛丑	壬寅	癸卯	甲辰	乙巳	丙午	丁未	戊申	己酉	庚戌	辛亥	壬子	癸丑	甲寅	乙卯	丙辰	丁巳	戊午	己未	庚申	辛酉	壬戌	癸亥
음력		19	20	21	22	23	24	25	26	27	28	29	30	11/1	2	3	4	5	6	7	8	9	10	11	12	13	14	15	16	17	18	19
대운	남	8	8	8	9	9	9	대	1	1	1	1	2	2	2	3	3	3	4	4	4	5	동	5	6	6	6	7	7	7	8	8
	여	2	2	1	1	1	1	설	10	9	9	9	8	8	8	7	7	7	6	6	6	5	지	5	4	4	4	3	3	3	2	2

2024 甲辰年(갑진년)

단기 4357년 /불기2568년 대장군(북방). 삼살(남방), 상문(남방),조객(동북방), 납음(복등화), 【삼재(인,묘,진)년】

소한 06일 05시 48분 ⇨ 【乙丑月(을축월)】(소한, 대한~ 입춘 전) 대한 20일 23시 06분

1 (음력 11/20~12/21)		1	2	3	4	5	6	7	8	9	10	11	12	13	14	15	16	17	18	19	20	21	22	23	24	25	26	27	28	29	30	31
	양력	1	2	3	4	5	6	7	8	9	10	11	12	13	14	15	16	17	18	19	20	21	22	23	24	25	26	27	28	29	30	31
	요일	월	화	수	목	금	토	일	월	화	수	목	금	토	일	월	화	수	목	금	토	일	월	화	수	목	금	토	일	월	화	수
	일진 日辰	甲子	乙丑	丙寅	丁卯	戊辰	己巳	庚午	辛未	壬申	癸酉	甲戌	乙亥	丙子	丁丑	戊寅	己卯	庚辰	辛巳	壬午	癸未	甲申	乙酉	丙戌	丁亥	戊子	己丑	庚寅	辛卯	壬辰	癸巳	甲午
	음력	20	21	22	23	24	25	26	27	28	29	12/1	2	3	4	5	6	7	8	9	10	11	12	13	14	15	16	17	18	19	20	21
대운	남	8	9	9	9	10	소	1	1	1	1	2	2	2	3	3	3	4	4	4	대	5	5	6	6	6	7	7	7	8	8	8
대운	여	2	1	1	1	1	한	9	9	9	8	8	8	7	7	7	6	6	6	5	한	5	4	4	4	3	3	3	2	2	2	1

입춘 4일 17시 26분 ⇨ 【丙寅月(병인월)】(입춘, 우수~ 경칩 전) 우수 19일 13시 12분

2 (음력 12/22~01/20)		1	2	3	4	5	6	7	8	9	10	11	12	13	14	15	16	17	18	19	20	21	22	23	24	25	26	27	28	29	
	양력	1	2	3	4	5	6	7	8	9	10	11	12	13	14	15	16	17	18	19	20	21	22	23	24	25	26	27	28	29	立春
	요일	목	금	토	일	월	화	수	목	금	토	일	월	화	수	목	금	토	일	월	화	수	목	금	토	일	월	화	수	목	
	일진 日辰	乙未	丙申	丁酉	戊戌	己亥	庚子	辛丑	壬寅	癸卯	甲辰	乙巳	丙午	丁未	戊申	己酉	庚戌	辛亥	壬子	癸丑	甲寅	乙卯	丙辰	丁巳	戊午	己未	庚申	辛酉	壬戌	癸亥	
	음력	22	23	24	25	26	27	28	29	30	1/1	2	3	4	5	6	7	8	9	10	11	12	13	14	15	16	17	18	19	20	
대운	남	9	9	9	입	10	9	9	9	8	8	8	7	7	7	6	6	6	5	우	5	4	4	4	3	3	3	2	2	2	
대운	여	1	1	1	춘	1	1	1	1	2	2	2	3	3	3	4	4	4	5	수	5	6	6	6	7	7	7	8	8	8	

경칩 5일 11시 22분 ⇨ 【丁卯月(정묘월)】(경칩, 춘분~ 청명 전) 춘분 20일 12시 05분

3 (음력 01/21~02/22)		1	2	3	4	5	6	7	8	9	10	11	12	13	14	15	16	17	18	19	20	21	22	23	24	25	26	27	28	29	30	31
	양력	1	2	3	4	5	6	7	8	9	10	11	12	13	14	15	16	17	18	19	20	21	22	23	24	25	26	27	28	29	30	31
	요일	금	토	일	월	화	수	목	금	토	일	월	화	수	목	금	토	일	월	화	수	목	금	토	일	월	화	수	목	금	토	일
	일진 日辰	甲子	乙丑	丙寅	丁卯	戊辰	己巳	庚午	辛未	壬申	癸酉	甲戌	乙亥	丙子	丁丑	戊寅	己卯	庚辰	辛巳	壬午	癸未	甲申	乙酉	丙戌	丁亥	戊子	己丑	庚寅	辛卯	壬辰	癸巳	甲午
	음력	21	22	23	24	25	26	27	28	29	2/1	2	3	4	5	6	7	8	9	10	11	12	13	14	15	16	17	18	19	20	21	22
대운	남	1	1	1	1	경	10	9	9	9	8	8	8	7	7	7	6	6	6	5	춘	5	4	4	4	3	3	3	2	2	2	1
대운	여	9	9	9	10	칩	1	1	1	1	2	2	2	3	3	3	4	4	4	5	분	5	6	6	6	7	7	7	8	8	8	9

청명 4일 16시 01분 ⇨ 【戊辰月(무진월)】(청명, 곡우~ 입하 전) 곡우 19일 20시 59분

4 (음력 02/23~03/22)		1	2	3	4	5	6	7	8	9	10	11	12	13	14	15	16	17	18	19	20	21	22	23	24	25	26	27	28	29	30
	양력	1	2	3	4	5	6	7	8	9	10	11	12	13	14	15	16	17	18	19	20	21	22	23	24	25	26	27	28	29	30
	요일	월	화	수	목	금	토	일	월	화	수	목	금	토	일	월	화	수	목	금	토	일	월	화	수	목	금	토	일	월	화
	일진 日辰	乙未	丙申	丁酉	戊戌	己亥	庚子	辛丑	壬寅	癸卯	甲辰	乙巳	丙午	丁未	戊申	己酉	庚戌	辛亥	壬子	癸丑	甲寅	乙卯	丙辰	丁巳	戊午	己未	庚申	辛酉	壬戌	癸亥	甲子
	음력	23	24	25	26	27	28	29	30	3/1	2	3	4	5	6	7	8	9	10	11	12	13	14	15	16	17	18	19	20	21	22
대운	남	1	1	1	청	10	10	9	9	9	8	8	8	7	7	7	0	6	6	곡	5	5	4	4	4	3	3	3	2	2	2
대운	여	9	9	10	명	1	1	1	1	2	2	2	3	3	3	4	4	4	5	우	5	6	6	6	7	7	7	8	8	8	9

입하 5일 09시 09분 ⇨ 【己巳月(기사월)】(입하, 소만~ 망종 전) 소만 20일 21시 58분

5 (음력 03/23~04/24)		1	2	3	4	5	6	7	8	9	10	11	12	13	14	15	16	17	18	19	20	21	22	23	24	25	26	27	28	29	30	31
	양력	1	2	3	4	5	6	7	8	9	10	11	12	13	14	15	16	17	18	19	20	21	22	23	24	25	26	27	28	29	30	31
	요일	수	목	금	토	일	월	화	수	목	금	토	일	월	화	수	목	금	토	일	월	화	수	목	금	토	일	월	화	수	목	금
	일진 日辰	乙丑	丙寅	丁卯	戊辰	己巳	庚午	辛未	壬申	癸酉	甲戌	乙亥	丙子	丁丑	戊寅	己卯	庚辰	辛巳	壬午	癸未	甲申	乙酉	丙戌	丁亥	戊子	己丑	庚寅	辛卯	壬辰	癸巳	甲午	乙未
	음력	23	24	25	26	27	28	29	4/1	2	3	4	5	6	7	8	9	10	11	12	13	14	15	16	17	18	19	20	21	22	23	24
대운	남	1	1	1	1	입	10	10	9	9	9	8	8	8	7	7	7	6	6	6	소	5	5	4	4	4	3	3	3	2	2	2
대운	여	9	9	10	10	하	1	1	1	1	2	2	2	3	3	3	4	4	4	5	만	5	6	6	6	7	7	7	8	8	8	9

망종 5일 13시 09분 ⇨ 【庚午月(경오월)】(망종, 하지~ 소서 전) 하지 21일 05시 50분

6 (음력 04/25~05/25)		1	2	3	4	5	6	7	8	9	10	11	12	13	14	15	16	17	18	19	20	21	22	23	24	25	26	27	28	29	30
	양력	1	2	3	4	5	6	7	8	9	10	11	12	13	14	15	16	17	18	19	20	21	22	23	24	25	26	27	28	29	30
	요일	토	일	월	화	수	목	금	토	일	월	화	수	목	금	토	일	월	화	수	목	금	토	일	월	화	수	목	금	토	일
	일진 日辰	丙申	丁酉	戊戌	己亥	庚子	辛丑	壬寅	癸卯	甲辰	乙巳	丙午	丁未	戊申	己酉	庚戌	辛亥	壬子	癸丑	甲寅	乙卯	丙辰	丁巳	戊午	己未	庚申	辛酉	壬戌	癸亥	甲子	乙丑
	음력	25	26	27	28	29	5/1	2	3	4	5	6	7	8	9	10	11	12	13	14	15	16	17	18	19	20	21	22	23	24	25
대운	남	1	1	1	1	망	10	10	9	9	9	8	8	8	7	7	7	6	6	6	5	하	5	4	4	4	3	3	3	2	2
대운	여	9	9	10	10	종	1	1	1	1	2	2	2	3	3	3	4	4	4	5	5	지	6	6	6	7	7	7	8	8	8

대장군(북방), 삼살(남방), 상문(남방),조객(동북방), 납음(복등화), 【삼재(인,묘,진)년】
한식(4월05일), 초복(7월15일), 중복(7월25일), 말복(8월14일)

甲辰年(갑진년)

2024

소서 6일 23시 19분 ⇨ 【辛未月(신미월)】(소서, 대서~ 입추 전) 대서 22일 16시 43분

양력 **7** 음력 05/26 ~ 06/26

양력	1	2	3	4	5	6	7	8	9	10	11	12	13	14	15	16	17	18	19	20	21	22	23	24	25	26	27	28	29	30	31
요일	월	화	수	목	금	토	일	월	화	수	목	금	토	일	월	화	수	목	금	토	일	월	화	수	목	금	토	일	월	화	수
일진 日辰	丙寅	丁卯	戊辰	己巳	庚午	辛未	壬申	癸酉	甲戌	乙亥	丙子	丁丑	戊寅	己卯	庚辰	辛巳	壬午	癸未	甲申	乙酉	丙戌	丁亥	戊子	己丑	庚寅	辛卯	壬辰	癸巳	甲午	乙未	丙申
음력	26	27	28	29	30	6/1	2	3	4	5	6	7	8	9	10	11	12	13	14	15	16	17	18	19	20	21	22	23	24	25	26
대운 남	2	1	1	1	1	소	10	10	10	9	9	9	8	8	8	7	7	7	6	6	6	대	5	5	4	4	4	3	3	3	2
대운 여	9	9	9	10	10	서	1	1	1	1	2	2	2	3	3	3	4	4	4	5	5	서	6	6	6	7	7	7	8	8	8

입추 7일 09시 08분 ⇨ 【壬申月(임신월)】(입추, 처서~ 백로 전) 처서 22일 23시 54분

양력 **8** 음력 06/27 ~ 07/28

양력	1	2	3	4	5	6	7	8	9	10	11	12	13	14	15	16	17	18	19	20	21	22	23	24	25	26	27	28	29	30	31
요일	목	금	토	일	월	화	수	목	금	토	일	월	화	수	목	금	토	일	월	화	수	목	금	토	일	월	화	수	목	금	토
일진 日辰	丁酉	戊戌	己亥	庚子	辛丑	壬寅	癸卯	甲辰	乙巳	丙午	丁未	戊申	己酉	庚戌	辛亥	壬子	癸丑	甲寅	乙卯	丙辰	丁巳	戊午	己未	庚申	辛酉	壬戌	癸亥	甲子	乙丑	丙寅	丁卯
음력	27	28	29	7/1	2	3	4	5	6	7	8	9	10	11	12	13	14	15	16	17	18	19	20	21	22	23	24	25	26	27	28
대운 남	2	2	1	1	1	1	입	10	10	9	9	9	8	8	8	7	7	7	6	6	6	처	5	5	4	4	4	3	3	3	2
대운 여	9	9	9	10	10	10	추	1	1	1	1	2	2	2	3	3	3	4	4	4	5	서	5	6	6	6	7	7	7	8	8

백로 7일 12시 10분 ⇨ 【癸酉月(계유월)】(백로, 추분-한로 전) 추분22일 21시 43분

양력 **9** 음력 07/29 ~ 08/28

양력	1	2	3	4	5	6	7	8	9	10	11	12	13	14	15	16	17	18	19	20	21	22	23	24	25	26	27	28	29	30
요일	일	월	화	수	목	금	토	일	월	화	수	목	금	토	일	월	화	수	목	금	토	일	월	화	수	목	금	토	일	월
일진 日辰	戊辰	己巳	庚午	辛未	壬申	癸酉	甲戌	乙亥	丙子	丁丑	戊寅	己卯	庚辰	辛巳	壬午	癸未	甲申	乙酉	丙戌	丁亥	戊子	己丑	庚寅	辛卯	壬辰	癸巳	甲午	乙未	丙申	丁酉
음력	29	30	8/1	2	3	4	5	6	7	8	9	10	11	12	13	14	15	16	17	18	19	20	21	22	23	24	25	26	27	28
대운 남	2	2	1	1	1	1	백	10	10	9	9	9	8	8	8	7	7	7	6	6	6	추	5	5	4	4	4	3	3	3
대운 여	8	9	9	9	10	10	로	1	1	1	1	2	2	2	3	3	3	4	4	4	5	분	5	6	6	6	7	7	7	8

한로 8일 03시 59분 ⇨ 【甲戌月(갑술월)】(한로, 상강~ 입동 전) 상강 23일 07시 14분

양력 **10** 음력 08/29 ~ 09/29

양력	1	2	3	4	5	6	7	8	9	10	11	12	13	14	15	16	17	18	19	20	21	22	23	24	25	26	27	28	29	30	31
요일	화	수	목	금	토	일	월	화	수	목	금	토	일	월	화	수	목	금	토	일	월	화	수	목	금	토	일	월	화	수	목
일진 日辰	戊戌	己亥	庚子	辛丑	壬寅	癸卯	甲辰	乙巳	丙午	丁未	戊申	己酉	庚戌	辛亥	壬子	癸丑	甲寅	乙卯	丙辰	丁巳	戊午	己未	庚申	辛酉	壬戌	癸亥	甲子	乙丑	丙寅	丁卯	戊辰
음력	29	30	9/1	2	3	4	5	6	7	8	9	10	11	12	13	14	15	16	17	18	19	20	21	22	23	24	25	26	27	28	29
대운 남	2	2	2	1	1	1	1	한	10	9	9	9	8	8	8	7	7	7	6	6	6	5	상	5	4	4	4	3	3	3	2
대운 여	8	8	9	9	9	10	10	로	1	1	1	1	2	2	2	3	3	3	4	4	4	5	강	5	6	6	6	7	7	7	8

입동 7일 07시 19분 ⇨ 【乙亥月(을해월)】(입동, 소설~ 대설 전) 소설 22일 04시 55분

양력 **11** 음력 10/01 ~ 10/30

양력	1	2	3	4	5	6	7	8	9	10	11	12	13	14	15	16	17	18	19	20	21	22	23	24	25	26	27	28	29	30
요일	금	토	일	월	화	수	목	금	토	일	월	화	수	목	금	토	일	월	화	수	목	금	토	일	월	화	수	목	금	토
일진 日辰	己巳	庚午	辛未	壬申	癸酉	甲戌	乙亥	丙子	丁丑	戊寅	己卯	庚辰	辛巳	壬午	癸未	甲申	乙酉	丙戌	丁亥	戊子	己丑	庚寅	辛卯	壬辰	癸巳	甲午	乙未	丙申	丁酉	戊戌
음력	10/1	2	3	4	5	6	7	8	9	10	11	12	13	14	15	16	17	18	19	20	21	22	23	24	25	26	27	28	29	30
대운 남	2	2	1	1	1	1	입	10	9	9	9	8	8	8	7	7	7	6	6	6	5	소	5	4	4	4	3	3	3	2
대운 여	8	8	9	9	9	10	동	1	1	1	1	2	2	2	3	3	3	4	4	4	5	설	5	6	6	6	7	7	7	8

대설 7일 00시 16분 ⇨ 【丙子月(병자월)】(대설, 동지~소한 전) 동지 21일 18시 19분

양력 **12** 음력 11/01 ~ 12/01

양력	1	2	3	4	5	6	7	8	9	10	11	12	13	14	15	16	17	18	19	20	21	22	23	24	25	26	27	28	29	30	31
요일	일	월	화	수	목	금	토	일	월	화	수	목	금	토	일	월	화	수	목	금	토	일	월	화	수	목	금	토	일	월	화
일진 日辰	己亥	庚子	辛丑	壬寅	癸卯	甲辰	乙巳	丙午	丁未	戊申	己酉	庚戌	辛亥	壬子	癸丑	甲寅	乙卯	丙辰	丁巳	戊午	己未	庚申	辛酉	壬戌	癸亥	甲子	乙丑	丙寅	丁卯	戊辰	己巳
음력	11/1	2	3	4	5	6	7	8	9	10	11	12	13	14	15	16	17	18	19	20	21	22	23	24	25	26	27	28	29	30	12/1
대운 남	2	2	1	1	1	1	대	9	9	9	8	8	8	7	7	7	6	6	6	5	동	5	4	4	4	3	3	3	2	2	2
대운 여	8	8	9	9	9	10	설	1	1	1	1	2	2	2	3	3	3	4	4	4	지	5	5	6	6	6	7	7	7	8	8

윤6월 小 2025 乙巳年(을사년)

단기 4358년 /불기2569년 대장군(동방), 삼살(동방), 상문(서남방), 조객(동방),납음(복등화), 【삼재(해,자,축)년】

소한 5일 11시 32분 ⇨ **【丁丑月(정축월)】** (소한, 대한~ 입춘 전) 대한 20일 04시 59분

양력 1 (음력 12/02~01/03)	1	2	3	4	5	6	7	8	9	10	11	12	13	14	15	16	17	18	19	20	21	22	23	24	25	26	27	28	29	30	31
요일	수	목	금	토	일	월	화	수	목	금	토	일	월	화	수	목	금	토	일	월	화	수	목	금	토	일	월	화	수	목	금
일진 日辰	庚午	辛未	壬申	癸酉	甲戌	乙亥	丙子	丁丑	戊寅	己卯	庚辰	辛巳	壬午	癸未	甲申	乙酉	丙戌	丁亥	戊子	己丑	庚寅	辛卯	壬辰	癸巳	甲午	乙未	丙申	丁酉	戊戌	己亥	庚子
음력	2	3	4	5	6	7	8	9	10	11	12	13	14	15	16	17	18	19	20	21	22	23	24	25	26	27	28	29	1/1	2	3
대운 남	1	1	1	1	소	9	9	9	8	8	8	7	7	7	6	6	6	5	5	대	4	4	4	3	3	3	2	2	2	1	1
대운 여	8	9	9	9	한	1	1	1	1	2	2	2	3	3	3	4	4	4	5	한	5	6	6	6	7	7	7	8	8	8	9

입춘 3일 22시 09분 ⇨ **【戊寅月(무인월)】** (입춘, 우수~ 경칩 전) 우수 18일 19시 05분

양력 2 (음력 01/04~02/01)	1	2	3	4	5	6	7	8	9	10	11	12	13	14	15	16	17	18	19	20	21	22	23	24	25	26	27	28
요일	토	일	월	화	수	목	금	토	일	월	화	수	목	금	토	일	월	화	수	목	금	토	일	월	화	수	목	금
일진 日辰	辛丑	壬寅	癸卯	甲辰	乙巳	丙午	丁未	戊申	己酉	庚戌	辛亥	壬子	癸丑	甲寅	乙卯	丙辰	丁巳	戊午	己未	庚申	辛酉	壬戌	癸亥	甲子	乙丑	丙寅	丁卯	戊辰
음력	4	5	6	7	8	9	10	11	12	13	14	15	16	17	18	19	20	21	22	23	24	25	26	27	28	29	30	2/1
대운 남	1	1	입	1	1	1	1	2	2	2	3	3	3	4	4	4	5	우	5	6	6	6	7	7	7	8	8	8
대운 여	9	9	춘	10	9	9	9	8	8	8	7	7	7	6	6	6	5	수	5	4	4	4	3	3	3	2	2	2

立春

경칩 5일 17시 06분 ⇨ **【己卯月(기묘월)】** (경칩, 춘분~ 청명 전) 춘분 20일 18시 00분

양력 3 (음력 02/02~03/03)	1	2	3	4	5	6	7	8	9	10	11	12	13	14	15	16	17	18	19	20	21	22	23	24	25	26	27	28	29	30	31
요일	토	일	월	화	수	목	금	토	일	월	화	수	목	금	토	일	월	화	수	목	금	토	일	월	화	수	목	금	토	일	월
일진 日辰	己巳	庚午	辛未	壬申	癸酉	甲戌	乙亥	丙子	丁丑	戊寅	己卯	庚辰	辛巳	壬午	癸未	甲申	乙酉	丙戌	丁亥	戊子	己丑	庚寅	辛卯	壬辰	癸巳	甲午	乙未	丙申	丁酉	戊戌	己亥
음력	2	3	4	5	6	7	8	9	10	11	12	13	14	15	16	17	18	19	20	21	22	23	24	25	26	27	28	29	3/1	2	3
대운 남	9	9	9	10	경	1	1	1	1	2	2	2	3	3	3	4	4	4	5	춘	5	6	6	6	7	7	7	8	8	8	9
대운 여	1	1	1	1	칩	10	9	9	9	8	8	8	7	7	7	6	6	6	5	분	5	4	4	4	3	3	3	2	2	2	1

청명 4일 21시 47분 ⇨ **【庚辰月(경진월)】** (청명, 곡우~ 입하 전) 곡우 20일 04시 55분

양력 4 (음력 03/04~04/03)	1	2	3	4	5	6	7	8	9	10	11	12	13	14	15	16	17	18	19	20	21	22	23	24	25	26	27	28	29	30
요일	화	수	목	금	토	일	월	화	수	목	금	토	일	월	화	수	목	금	토	일	월	화	수	목	금	토	일	월	화	수
일진 日辰	庚子	辛丑	壬寅	癸卯	甲辰	乙巳	丙午	丁未	戊申	己酉	庚戌	辛亥	壬子	癸丑	甲寅	乙卯	丙辰	丁巳	戊午	己未	庚申	辛酉	壬戌	癸亥	甲子	乙丑	丙寅	丁卯	戊辰	己巳
음력	4	5	6	7	8	9	10	11	12	13	14	15	16	17	18	19	20	21	22	23	24	25	26	27	28	29	30	4/1	2	3
대운 남	9	9	10	청	1	1	1	1	2	2	2	3	3	3	4	4	4	5	5	곡	6	6	6	7	7	7	8	8	8	9
대운 여	1	1	1	명	10	10	9	9	9	8	8	8	7	7	7	6	6	6	5	우	5	4	4	4	3	3	3	2	2	2

입하 5일 14시 56분 ⇨ **【辛巳月(신사월)】** (입하, 소만~ 망종 전) 소만 21일 03시 54분

양력 5 (음력 04/04~05/05)	1	2	3	4	5	6	7	8	9	10	11	12	13	14	15	16	17	18	19	20	21	22	23	24	25	26	27	28	29	30	31
요일	목	금	토	일	월	화	수	목	금	토	일	월	화	수	목	금	토	일	월	화	수	목	금	토	일	월	화	수	목	금	토
일진 日辰	庚午	辛未	壬申	癸酉	甲戌	乙亥	丙子	丁丑	戊寅	己卯	庚辰	辛巳	壬午	癸未	甲申	乙酉	丙戌	丁亥	戊子	己丑	庚寅	辛卯	壬辰	癸巳	甲午	乙未	丙申	丁酉	戊戌	己亥	庚子
음력	4	5	6	7	8	9	10	11	12	13	14	15	16	17	18	19	20	21	22	23	24	25	26	27	28	29	5/1	2	3	4	5
대운 남	9	9	10	10	입	1	1	1	1	2	2	2	3	3	3	4	4	4	5	5	소	6	6	6	7	7	7	8	8	8	9
대운 여	1	1	1	1	하	10	10	9	9	9	8	8	8	7	7	7	6	6	6	5	만	5	4	4	4	3	3	3	2	2	2

망종 5일 18시 55분 ⇨ **【壬午月(임오월)】** (망종, 하지~ 소서 전) 하지 21일 11시 41분

양력 6 (음력 05/06~06/06)	1	2	3	4	5	6	7	8	9	10	11	12	13	14	15	16	17	18	19	20	21	22	23	24	25	26	27	28	29	30
요일	일	월	화	수	목	금	토	일	월	화	수	목	금	토	일	월	화	수	목	금	토	일	월	화	수	목	금	토	일	월
일진 日辰	辛丑	壬寅	癸卯	甲辰	乙巳	丙午	丁未	戊申	己酉	庚戌	辛亥	壬子	癸丑	甲寅	乙卯	丙辰	丁巳	戊午	己未	庚申	辛酉	壬戌	癸亥	甲子	乙丑	丙寅	丁卯	戊辰	己巳	庚午
음력	6	7	8	9	10	11	12	13	14	15	16	17	18	19	20	21	22	23	24	25	26	27	28	29	6/1	2	3	4	5	6
대운 남	9	9	10	10	망	1	1	1	1	2	2	2	3	3	3	4	4	4	5	5	하	6	6	6	7	7	7	8	8	8
대운 여	1	1	1	1	종	10	10	10	9	9	9	8	8	8	7	7	7	6	6	6	지	5	5	4	4	4	3	3	3	2

대장군(동방), 삼살(동방), 상문(서남방), 조객(동방),납음(복등화), 【삼재(해,자,축)년】
한식(4월05일), 초복(7월20일), 중복(7월30일), 말복(8월09일)

乙巳年(을사년)

2025

소서 7일 05시 04분 ⇨ **【癸未月(계미월)】**(소서, 대서~ 입추 전) 대서 22일 22시 48분

양력 **7** / 음력 06/07 ~ 윤607

	1	2	3	4	5	6	7	8	9	10	11	12	13	14	15	16	17	18	19	20	21	22	23	24	25	26	27	28	29	30	31
요일	화	수	목	금	토	일	월	화	수	목	금	토	일	월	화	수	목	금	토	일	월	화	수	목	금	토	일	월	화	수	목
일진 日辰	辛未	壬申	癸酉	甲戌	乙亥	丙子	丁丑	戊寅	己卯	庚辰	辛巳	壬午	癸未	甲申	乙酉	丙戌	丁亥	戊子	己丑	庚寅	辛卯	壬辰	癸巳	甲午	乙未	丙申	丁酉	戊戌	己亥	庚子	辛丑
음력	7	8	9	10	11	12	13	14	15	16	17	18	19	20	21	22	23	24	25	26	27	28	29	30	윤6	2	3	4	5	6	7
대운 남	9	9	9	10	10	10	소	1	1	1	2	2	2	3	3	3	4	4	4	5	5	대	6	6	6	7	7	7	8	8	8
대운 여	2	2	1	1	1	1	서	10	10	9	9	9	8	8	8	7	7	7	6	6	6	서	5	5	4	4	4	3	3	3	2

입추 7일 14시 50분 ⇨ **【甲申月(갑신월)】**(입추, 처서~ 백로 전) 처서 23일 05시 33분

양력 **8** / 음력 윤608 ~ 07/09

	1	2	3	4	5	6	7	8	9	10	11	12	13	14	15	16	17	18	19	20	21	22	23	24	25	26	27	28	29	30	31
요일	금	토	일	월	화	수	목	금	토	일	월	화	수	목	금	토	일	월	화	수	목	금	토	일	월	화	수	목	금	토	일
일진 日辰	壬寅	癸卯	甲辰	乙巳	丙午	丁未	戊申	己酉	庚戌	辛亥	壬子	癸丑	甲寅	乙卯	丙辰	丁巳	戊午	己未	庚申	辛酉	壬戌	癸亥	甲子	乙丑	丙寅	丁卯	戊辰	己巳	庚午	辛未	壬申
음력	8	9	10	11	12	13	14	15	16	17	18	19	20	21	22	23	24	25	26	27	28	29	7/1	2	3	4	5	6	7	8	9
대운 남	9	9	9	10	10	10	입	1	1	1	1	2	2	2	3	3	3	4	4	4	5	5	처	6	6	6	7	7	7	8	8
대운 여	2	2	1	1	1	1	추	10	10	9	9	9	8	8	8	7	7	7	6	6	6	5	서	5	4	4	4	3	3	3	2

백로 7일 17시 51분 ⇨ **【乙酉月(을유월)】**(백로, 추분-한로 전) 추분 23일 03시 18분

양력 **9** / 음력 07/10 ~ 08/09

	1	2	3	4	5	6	7	8	9	10	11	12	13	14	15	16	17	18	19	20	21	22	23	24	25	26	27	28	29	30
요일	월	화	수	목	금	토	일	월	화	수	목	금	토	일	월	화	수	목	금	토	일	월	화	수	목	금	토	일	월	화
일진 日辰	癸酉	甲戌	乙亥	丙子	丁丑	戊寅	己卯	庚辰	辛巳	壬午	癸未	甲申	乙酉	丙戌	丁亥	戊子	己丑	庚寅	辛卯	壬辰	癸巳	甲午	乙未	丙申	丁酉	戊戌	己亥	庚子	辛丑	壬寅
음력	10	11	12	13	14	15	16	17	18	19	20	21	22	23	24	25	26	27	28	29	30	8/1	2	3	4	5	6	7	8	9
대운 남	8	9	9	9	10	10	백	1	1	1	1	2	2	2	3	3	3	4	4	4	5	5	추	6	6	6	7	7	7	8
대운 여	7	7	7	6	6	6	로	10	10	9	9	9	8	8	8	7	7	7	6	6	6	5	분	5	4	4	4	3	3	3

한로 8일 09시 40분 ⇨ **【丙戌月(병술월)】**(한로, 상강~ 입동 전) 상강 23일 12시 50분

양력 **10** / 음력 08/10 ~ 09/11

	1	2	3	4	5	6	7	8	9	10	11	12	13	14	15	16	17	18	19	20	21	22	23	24	25	26	27	28	29	30	31
요일	수	목	금	토	일	월	화	수	목	금	토	일	월	화	수	목	금	토	일	월	화	수	목	금	토	일	월	화	수	목	금
일진 日辰	癸卯	甲辰	乙巳	丙午	丁未	戊申	己酉	庚戌	辛亥	壬子	癸丑	甲寅	乙卯	丙辰	丁巳	戊午	己未	庚申	辛酉	壬戌	癸亥	甲子	乙丑	丙寅	丁卯	戊辰	己巳	庚午	辛未	壬申	癸酉
음력	10	11	12	13	14	15	16	17	18	19	20	21	22	23	24	25	26	27	28	29	9/1	2	3	4	5	6	7	8	9	10	11
대운 남	8	8	9	9	9	10	10	한	1	1	1	1	2	2	2	3	3	3	4	4	4	5	상	5	6	6	6	7	7	7	8
대운 여	2	2	2	1	1	1	1	로	10	9	9	9	8	8	8	7	7	7	6	6	6	5	강	5	4	4	4	3	3	3	2

입동 7일 13시 03분 ⇨ **【丁亥月(정해월)】**(입동, 소설~ 대설 전) 소설 22일 10시 34분

양력 **11** / 음력 09/12 ~ 10/11

	1	2	3	4	5	6	7	8	9	10	11	12	13	14	15	16	17	18	19	20	21	22	23	24	25	26	27	28	29	30
요일	토	일	월	화	수	목	금	토	일	월	화	수	목	금	토	일	월	화	수	목	금	토	일	월	화	수	목	금	토	일
일진 日辰	甲戌	乙亥	丙子	丁丑	戊寅	己卯	庚辰	辛巳	壬午	癸未	甲申	乙酉	丙戌	丁亥	戊子	己丑	庚寅	辛卯	壬辰	癸巳	甲午	乙未	丙申	丁酉	戊戌	己亥	庚子	辛丑	壬寅	癸卯
음력	12	13	14	15	16	17	18	19	20	21	22	23	24	25	26	27	28	29	30	10/1	2	3	4	5	6	7	8	9	10	11
대운 남	8	8	9	9	9	10	입	1	1	1	1	2	2	2	3	3	3	4	4	4	5	소	5	6	6	6	7	7	7	8
대운 여	2	2	1	1	1	1	동	10	9	9	9	8	8	8	7	7	7	6	6	6	5	설	5	4	4	4	3	3	3	2

대설 7일 06시 03분 ⇨ **【戊子月(무자월)】**(대설, 동지~소한 전) 동지 21일 00시 02분

양력 **12** / 음력 10/12 ~ 11/12

	1	2	3	4	5	6	7	8	9	10	11	12	13	14	15	16	17	18	19	20	21	22	23	24	25	26	27	28	29	30	31
요일	월	화	수	목	금	토	일	월	화	수	목	금	토	일	월	화	수	목	금	토	일	월	화	수	목	금	토	일	월	화	수
일진 日辰	甲辰	乙巳	丙午	丁未	戊申	己酉	庚戌	辛亥	壬子	癸丑	甲寅	乙卯	丙辰	丁巳	戊午	己未	庚申	辛酉	壬戌	癸亥	甲子	乙丑	丙寅	丁卯	戊辰	己巳	庚午	辛未	壬申	癸酉	甲戌
음력	12	13	14	15	16	17	18	19	20	21	22	23	24	25	26	27	28	29	30	11/1	2	3	4	5	6	7	8	9	10	11	12
대운 남	8	8	9	9	9	10	대	1	1	1	1	2	2	2	3	3	3	4	4	4	동	5	5	6	6	6	7	7	7	8	8
대운 여	2	2	1	1	1	1	설	9	9	9	8	8	8	7	7	7	6	6	6	5	지	5	4	4	4	3	3	3	2	2	2

2026 丙午年(병오년)

단기 4359년 /불기2570년 대장군(동방). 삼살(북방), 상문(서남방),조객(동남방), 납음(천하수), 【삼재(신유술년】

소한 5일 17시 22분 ⇨ **【己丑月(기축월)】**(소한, 대한~ 입춘 전) 대한 22일 10시 44분

양력 1	양력	1	2	3	4	5	6	7	8	9	10	11	12	13	14	15	16	17	18	19	20	21	22	23	24	25	26	27	28	29	30	31
	요일	목	금	토	일	월	화	수	목	금	토	일	월	화	수	목	금	토	일	월	화	수	목	금	토	일	월	화	수	목	금	토
	일진 日辰	乙亥	丙子	丁丑	戊寅	己卯	庚辰	辛巳	壬午	癸未	甲申	乙酉	丙戌	丁亥	戊子	己丑	庚寅	辛卯	壬辰	癸巳	甲午	乙未	丙申	丁酉	戊戌	己亥	庚子	辛丑	壬寅	癸卯	甲辰	乙巳
음력 11/13	음력	13	14	15	16	17	18	19	20	21	22	23	24	25	26	27	28	29	30	12/1	2	3	4	5	6	7	8	9	10	11	12	13
~ 12/13	대운 남	8	9	9	9	소	1	1	1	1	2	2	2	3	3	3	4	4	4	5	대	5	6	6	6	7	7	7	8	8	8	9
	대운 여	1	1	1	1	한	10	9	9	9	8	8	8	7	7	7	6	6	6	5	한	5	4	4	4	3	3	3	2	2	2	1

입춘 4일 05시 01분 ⇨ **【庚寅月(경인월)】**(입춘, 우수~ 경칩 전) 우수 19일 00시 51분

양력 2	양력	1	2	3	4	5	6	7	8	9	10	11	12	13	14	15	16	17	18	19	20	21	22	23	24	25	26	27	28	
	요일	일	월	화	수	목	금	토	일	월	화	수	목	금	토	일	월	화	수	목	금	토	일	월	화	수	목	금	토	
	일진 日辰	丙午	丁未	戊申	己酉	庚戌	辛亥	壬子	癸丑	甲寅	乙卯	丙辰	丁巳	戊午	己未	庚申	辛酉	壬戌	癸亥	甲子	乙丑	丙寅	丁卯	戊辰	己巳	庚午	辛未	壬申	癸酉	立春
음력 12/14	음력	14	15	16	17	18	19	20	21	22	23	24	25	26	27	28	29	1/1	2	3	4	5	6	7	8	9	10	11	12	
~ 01/12	대운 남	9	9	10	입	9	9	9	8	8	8	7	7	7	6	6	6	5	5	우	4	4	4	3	3	3	2	2	2	
	대운 여	1	1	1	춘	1	1	1	1	2	2	2	3	3	3	4	4	4	5	수	5	6	6	6	7	7	7	8	8	

경칩 5일 22시 58분 ⇨ **【辛卯月(신묘월)】**(경칩, 춘분~ 청명 전) 춘분 20일 23시 45분

양력 3	양력	1	2	3	4	5	6	7	8	9	10	11	12	13	14	15	16	17	18	19	20	21	22	23	24	25	26	27	28	29	30	31
	요일	일	월	화	수	목	금	토	일	월	화	수	목	금	토	일	월	화	수	목	금	토	일	월	화	수	목	금	토	일	월	화
	일진 日辰	甲戌	乙亥	丙子	丁丑	戊寅	己卯	庚辰	辛巳	壬午	癸未	甲申	乙酉	丙戌	丁亥	戊子	己丑	庚寅	辛卯	壬辰	癸巳	甲午	乙未	丙申	丁酉	戊戌	己亥	庚子	辛丑	壬寅	癸卯	甲辰
음력 01/13	음력	13	14	15	16	17	18	19	20	21	22	23	24	25	26	27	28	29	30	2/1	2	3	4	5	6	7	8	9	10	11	12	13
~ 02/13	대운 남	1	1	1	1	경	10	10	9	9	9	8	8	8	7	7	7	6	6	6	춘	5	5	4	4	4	3	3	3	2	2	2
	대운 여	8	9	9	9	칩	1	1	1	1	2	2	2	3	3	3	4	4	4	5	분	5	6	6	6	7	7	7	8	8	8	9

청명 5일 03시 39분 ⇨ **【壬辰月(임진월)】**(청명, 곡우~ 입하 전) 곡우 20일 10시 38분

양력 4	양력	1	2	3	4	5	6	7	8	9	10	11	12	13	14	15	16	17	18	19	20	21	22	23	24	25	26	27	28	29	30
	요일	수	목	금	토	일	월	화	수	목	금	토	일	월	화	수	목	금	토	일	월	화	수	목	금	토	일	월	화	수	목
	일진 日辰	乙巳	丙午	丁未	戊申	己酉	庚戌	辛亥	壬子	癸丑	甲寅	乙卯	丙辰	丁巳	戊午	己未	庚申	辛酉	壬戌	癸亥	甲子	乙丑	丙寅	丁卯	戊辰	己巳	庚午	辛未	壬申	癸酉	甲戌
음력 02/14	음력	14	15	16	17	18	19	20	21	22	23	24	25	26	27	28	29	3/1	2	3	4	5	6	7	8	9	10	11	12	13	14
~ 03/14	대운 남	1	1	1	1	청	10	9	9	9	8	8	8	7	7	7	6	6	6	5	곡	5	4	4	4	3	3	3	2	2	2
	대운 여	9	9	10	10	명	1	1	1	1	2	2	2	3	3	3	4	4	4	5	우	5	6	6	6	7	7	7	8	8	8

입하 5일 20시 48분 ⇨ **【癸巳月(계사월)】**(입하, 소만~ 망종 전) 소만 21일 09시 36분

양력 5	양력	1	2	3	4	5	6	7	8	9	10	11	12	13	14	15	16	17	18	19	20	21	22	23	24	25	26	27	28	29	30	31
	요일	금	토	일	월	화	수	목	금	토	일	월	화	수	목	금	토	일	월	화	수	목	금	토	일	월	화	수	목	금	토	일
	일진 日辰	乙亥	丙子	丁丑	戊寅	己卯	庚辰	辛巳	壬午	癸未	甲申	乙酉	丙戌	丁亥	戊子	己丑	庚寅	辛卯	壬辰	癸巳	甲午	乙未	丙申	丁酉	戊戌	己亥	庚子	辛丑	壬寅	癸卯	甲辰	乙巳
음력 03/15	음력	15	16	17	18	19	20	21	22	23	24	25	26	27	28	29	30	4/1	2	3	4	5	6	7	8	9	10	11	12	13	14	15
~ 04/15	대운 남	1	1	1	1	입	10	10	10	9	9	9	8	8	8	7	7	7	6	6	6	소	5	5	4	4	4	3	3	3	2	2
	대운 여	9	9	9	10	하	1	1	1	1	2	2	2	3	3	3	4	4	4	5	5	만	6	6	6	7	7	7	8	8	8	9

망종 6일 00시 47분 ⇨ **【甲午月(갑오월)】**(망종, 하지~ 소서 전) 하지 21일 17시 23분

양력 6	양력	1	2	3	4	5	6	7	8	9	10	11	12	13	14	15	16	17	18	19	20	21	22	23	24	25	26	27	28	29	30
	요일	월	화	수	목	금	토	일	월	화	수	목	금	토	일	월	화	수	목	금	토	일	월	화	수	목	금	토	일	월	화
	일진 日辰	丙午	丁未	戊申	己酉	庚戌	辛亥	壬子	癸丑	甲寅	乙卯	丙辰	丁巳	戊午	己未	庚申	辛酉	壬戌	癸亥	甲子	乙丑	丙寅	丁卯	戊辰	己巳	庚午	辛未	壬申	癸酉	甲戌	乙亥
음력 04/16	음력	16	17	18	19	20	21	22	23	24	25	26	27	28	29	5/1	2	3	4	5	6	7	8	9	10	11	12	13	14	15	16
~ 05/16	대운 남	2	1	1	1	1	망	10	10	9	9	9	8	8	8	7	7	7	6	6	6	하	5	5	4	4	4	3	3	3	2
	대운 여	9	9	10	10	10	종	1	1	1	1	2	2	2	3	3	3	4	4	4	5	지	5	6	6	6	7	7	7	8	8

대장군(동방), 삼살(북방), 상문(서남방),조객(동남방), 납음(천하수), 【삼재(신유술년】
한식(4월05일), 초복(7월15일), 중복(7월25일), 말복(8월14일)

丙午年(병오년)

2026

소서 7일 10시 56분 ⇨ 【乙未月(을미월)】(소서, 대서~ 입추 전) 대서 23일 04시 12분

양력	양력	1	2	3	4	5	6	7	8	9	10	11	12	13	14	15	16	17	18	19	20	21	22	23	24	25	26	27	28	29	30	31
7	요일	수	목	금	토	일	월	화	수	목	금	토	일	월	화	수	목	금	토	일	월	화	수	목	금	토	일	월	화	수	목	금
	일진 日辰	丙子	丁丑	戊寅	己卯	庚辰	辛巳	壬午	癸未	甲申	乙酉	丙戌	丁亥	戊子	己丑	庚寅	辛卯	壬辰	癸巳	甲午	乙未	丙申	丁酉	戊戌	己亥	庚子	辛丑	壬寅	癸卯	甲辰	乙巳	丙午
음력 05/17	음력	17	18	19	20	21	22	23	24	25	26	27	28	29	6/1	2	3	4	5	6	7	8	9	10	11	12	13	14	15	16	17	18
06/18	대운 남	2	2	1	1	1	1	소	10	10	9	9	9	8	8	8	7	7	7	6	6	6	5	대	5	4	4	4	3	3	3	2
	대운 여	8	9	9	9	10	10	서	1	1	1	1	2	2	2	3	3	3	4	4	4	5	5	서	6	6	6	7	7	7	8	8

입추 7일 20시 42분 ⇨ 【丙申月(병신월)】(입추, 처서~ 백로 전) 처서 23일 11시 18분

양력	양력	1	2	3	4	5	6	7	8	9	10	11	12	13	14	15	16	17	18	19	20	21	22	23	24	25	26	27	28	29	30	31
8	요일	토	일	월	화	수	목	금	토	일	월	화	수	목	금	토	일	월	화	수	목	금	토	일	월	화	수	목	금	토	일	월
	일진 日辰	丁未	戊申	己酉	庚戌	辛亥	壬子	癸丑	甲寅	乙卯	丙辰	丁巳	戊午	己未	庚申	辛酉	壬戌	癸亥	甲子	乙丑	丙寅	丁卯	戊辰	己巳	庚午	辛未	壬申	癸酉	甲戌	乙亥	丙子	丁丑
음력 06/19	음력	19	20	21	22	23	24	25	26	27	28	29	30	7/1	2	3	4	5	6	7	8	9	10	11	12	13	14	15	16	17	18	19
07/19	대운 남	2	2	1	1	1	1	입	10	10	9	9	9	8	8	8	7	7	7	6	6	6	5	처	5	4	4	4	3	3	3	2
	대운 여	8	9	9	9	10	10	추	1	1	1	1	2	2	2	3	3	3	4	4	4	5	5	서	6	6	6	7	7	7	8	8

백로 7일 23시 40분 ⇨ 【丁酉月(정유월)】(백로, 추분-한로 전) 추분 23일 09시 04분

양력	양력	1	2	3	4	5	6	7	8	9	10	11	12	13	14	15	16	17	18	19	20	21	22	23	24	25	26	27	28	29	30
9	요일	화	수	목	금	토	일	월	화	수	목	금	토	일	월	화	수	목	금	토	일	월	화	수	목	금	토	일	월	화	수
	일진 日辰	戊寅	己卯	庚辰	辛巳	壬午	癸未	甲申	乙酉	丙戌	丁亥	戊子	己丑	庚寅	辛卯	壬辰	癸巳	甲午	乙未	丙申	丁酉	戊戌	己亥	庚子	辛丑	壬寅	癸卯	甲辰	乙巳	丙午	丁未
음력 07/20	음력	20	21	22	23	24	25	26	27	28	29	8/1	2	3	4	5	6	7	8	9	10	11	12	13	14	15	16	17	18	19	20
08/20	대운 남	2	2	1	1	1	1	백	10	10	9	9	9	8	8	8	7	7	7	6	6	6	5	추	5	4	4	4	3	3	3
	대운 여	8	9	9	9	10	10	로	1	1	1	1	2	2	2	3	3	3	4	4	4	5	5	분	6	6	6	7	7	7	8

한로 8일 15시 28분 ⇨ 【戊戌月(무술월)】(한로, 상강~ 입동 전) 상강 23일 18시 37분

양력	양력	1	2	3	4	5	6	7	8	9	10	11	12	13	14	15	16	17	18	19	20	21	22	23	24	25	26	27	28	29	30	31
10	요일	목	금	토	일	월	화	수	목	금	토	일	월	화	수	목	금	토	일	월	화	수	목	금	토	일	월	화	수	목	금	토
	일진 日辰	戊申	己酉	庚戌	辛亥	壬子	癸丑	甲寅	乙卯	丙辰	丁巳	戊午	己未	庚申	辛酉	壬戌	癸亥	甲子	乙丑	丙寅	丁卯	戊辰	己巳	庚午	辛未	壬申	癸酉	甲戌	乙亥	丙子	丁丑	戊寅
음력 08/21	음력	21	22	23	24	25	26	27	28	29	30	9/1	2	3	4	5	6	7	8	9	10	11	12	13	14	15	16	17	18	19	20	21
09/21	대운 남	2	2	2	1	1	1	1	한	10	9	9	9	8	8	8	7	7	7	6	6	6	5	상	5	4	4	4	3	3	3	2
	대운 여	8	8	9	9	9	10	10	로	1	1	1	1	2	2	2	3	3	3	4	4	4	5	강	5	6	6	6	7	7	7	8

입동 7일 18시 51분 ⇨ 【己亥月(기해월)】(입동, 소설~ 대설 전) 소설 22일 16시 22분

양력	양력	1	2	3	4	5	6	7	8	9	10	11	12	13	14	15	16	17	18	19	20	21	22	23	24	25	26	27	28	29	30
11	요일	일	월	화	수	목	금	토	일	월	화	수	목	금	토	일	월	화	수	목	금	토	일	월	화	수	목	금	토	일	월
	일진 日辰	己卯	庚辰	辛巳	壬午	癸未	甲申	乙酉	丙戌	丁亥	戊子	己丑	庚寅	辛卯	壬辰	癸巳	甲午	乙未	丙申	丁酉	戊戌	己亥	庚子	辛丑	壬寅	癸卯	甲辰	乙巳	丙午	丁未	戊申
음력 09/22	음력	22	23	24	25	26	27	28	29	10/1	2	3	4	5	6	7	8	9	10	11	12	13	14	15	16	17	18	19	20	21	22
10/22	대운 남	2	2	1	1	1	1	입	10	9	9	9	8	8	8	7	7	7	6	6	6	5	소	5	4	4	4	3	3	3	2
	대운 여	8	8	9	9	9	10	동	1	1	1	1	2	2	2	3	3	3	4	4	4	5	설	5	6	6	6	7	7	7	8

대설 7일 11시 51분 ⇨ 【庚子月(경자월)】(대설, 동지~소한 전) 동지 22일 05시 49분

양력	양력	1	2	3	4	5	6	7	8	9	10	11	12	13	14	15	16	17	18	19	20	21	22	23	24	25	26	27	28	29	30	31
12	요일	화	수	목	금	토	일	월	화	수	목	금	토	일	월	화	수	목	금	토	일	월	화	수	목	금	토	일	월	화	수	목
	일진 日辰	己酉	庚戌	辛亥	壬子	癸丑	甲寅	乙卯	丙辰	丁巳	戊午	己未	庚申	辛酉	壬戌	癸亥	甲子	乙丑	丙寅	丁卯	戊辰	己巳	庚午	辛未	壬申	癸酉	甲戌	乙亥	丙子	丁丑	戊寅	己卯
음력 10/23	음력	23	24	25	26	27	28	29	30	11/1	2	3	4	5	6	7	8	9	10	11	12	13	14	15	16	17	18	19	20	21	22	23
11/23	대운 남	2	2	1	1	1	1	대	9	9	9	8	8	8	7	7	7	6	6	6	5	5	동	4	4	4	3	3	3	2	2	2
	대운 여	8	8	9	9	9	10	설	1	1	1	1	2	2	2	3	3	3	4	4	4	5	지	5	6	6	6	7	7	7	8	8

2027 丁未年(정미년)

단기 4360년 /불기2571년 대장군(동방). 삼살(서방), 상문(서방)조객(동남방), 납음(천하수), 【삼재(사,오,미)년】

소한 5일 23시 09분 ⇨ **【辛丑月(신축월)】**(소한, 대한~ 입춘 전) 대한 20일 16시 29분

1 (음력 11/24 ~ 12/24)	양력	1	2	3	4	5	6	7	8	9	10	11	12	13	14	15	16	17	18	19	20	21	22	23	24	25	26	27	28	29	30	31
	요일	금	토	일	월	화	수	목	금	토	일	월	화	수	목	금	토	일	월	화	수	목	금	토	일	월	화	수	목	금	토	일
	일진 日辰	庚辰	辛巳	壬午	癸未	甲申	乙酉	丙戌	丁亥	戊子	己丑	庚寅	辛卯	壬辰	癸巳	甲午	乙未	丙申	丁酉	戊戌	己亥	庚子	辛丑	壬寅	癸卯	甲辰	乙巳	丙午	丁未	戊申	己酉	庚戌
	음력	24	25	26	27	28	29	30	12/1	2	3	4	5	6	7	8	9	10	11	12	13	14	15	16	17	18	19	20	21	22	23	24
대운	남	1	1	1	1	소	10	9	9	9	8	8	8	7	7	7	6	6	6	5	대	5	4	4	4	3	3	3	2	2	2	1
	여	8	9	9	9	한	1	1	1	1	2	2	2	3	3	3	4	4	4	5	한	5	6	6	6	7	7	7	8	8	8	9

입춘 4일 10시 45분 ⇨ **【壬寅月(임인월)】**(입춘, 우수~ 경칩 전) 우수 19일 06시 32분

2 (음력 12/25 ~ 01/22)	양력	1	2	3	4	5	6	7	8	9	10	11	12	13	14	15	16	17	18	19	20	21	22	23	24	25	26	27	28	
	요일	월	화	수	목	금	토	일	월	화	수	목	금	토	일	월	화	수	목	금	토	일	월	화	수	목	금	토	일	
	일진 日辰	辛亥	壬子	癸丑	甲寅	乙卯	丙辰	丁巳	戊午	己未	庚申	辛酉	壬戌	癸亥	甲子	乙丑	丙寅	丁卯	戊辰	己巳	庚午	辛未	壬申	癸酉	甲戌	乙亥	丙子	丁丑	戊寅	立春
	음력	25	26	27	28	29	30	1/1	2	3	4	5	6	7	8	9	10	11	12	13	14	15	16	17	18	19	20	21	22	
대운	남	1	1	1	입	1	1	1	1	2	2	2	3	3	3	4	4	4	5	우	5	6	6	6	7	7	7	8	8	
	여	9	9	10	춘	10	9	9	9	8	8	8	7	7	7	6	6	6	5	수	5	4	4	4	3	3	3	2	2	

경칩 6일 04시 38분 ⇨ **【癸卯月(계묘월)】**(경칩, 춘분~ 청명 전) 춘분 21일 05시 24분

3 (음력 01/23 ~ 02/24)	양력	1	2	3	4	5	6	7	8	9	10	11	12	13	14	15	16	17	18	19	20	21	22	23	24	25	26	27	28	29	30	31
	요일	월	화	수	목	금	토	일	월	화	수	목	금	토	일	월	화	수	목	금	토	일	월	화	수	목	금	토	일	월	화	수
	일진 日辰	己卯	庚辰	辛巳	壬午	癸未	甲申	乙酉	丙戌	丁亥	戊子	己丑	庚寅	辛卯	壬辰	癸巳	甲午	乙未	丙申	丁酉	戊戌	己亥	庚子	辛丑	壬寅	癸卯	甲辰	乙巳	丙午	丁未	戊申	己酉
	음력	23	24	25	26	27	28	29	2/1	2	3	4	5	6	7	8	9	10	11	12	13	14	15	16	17	18	19	20	21	22	23	24
대운	남	8	9	9	9	10	경	1	1	1	1	2	2	2	3	3	3	4	4	4	5	춘	5	6	6	6	7	7	7	8	8	8
	여	2	1	1	1	1	칩	10	9	9	9	8	8	8	7	7	7	6	6	6	5	분	5	4	4	4	3	3	3	2	2	2

청명 5일 09시 16분 ⇨ **【甲辰月(갑진월)】**(청명, 곡우~ 입하 전) 곡우 20일 16시 16분

4 (음력 02/25 ~ 03/24)	양력	1	2	3	4	5	6	7	8	9	10	11	12	13	14	15	16	17	18	19	20	21	22	23	24	25	26	27	28	29	30
	요일	목	금	토	일	월	화	수	목	금	토	일	월	화	수	목	금	토	일	월	화	수	목	금	토	일	월	화	수	목	금
	일진 日辰	庚戌	辛亥	壬子	癸丑	甲寅	乙卯	丙辰	丁巳	戊午	己未	庚申	辛酉	壬戌	癸亥	甲子	乙丑	丙寅	丁卯	戊辰	己巳	庚午	辛未	壬申	癸酉	甲戌	乙亥	丙子	丁丑	戊寅	己卯
	음력	25	26	27	28	29	30	3/1	2	3	4	5	6	7	8	9	10	11	12	13	14	15	16	17	18	19	20	21	22	23	24
대운	남	9	9	9	10	청	1	1	1	1	2	2	2	3	3	3	4	4	4	5	곡	5	6	6	6	7	7	7	8	8	8
	여	1	1	1	1	명	10	10	9	9	9	8	8	8	7	7	7	6	6	6	우	5	5	4	4	4	3	3	3	2	2

입하 6일 02시 24분 ⇨ **【乙巳月(을사월)】**(입하, 소만~ 망종 전) 소만 21일 15시 17분

5 (음력 03/25 ~ 04/26)	양력	1	2	3	4	5	6	7	8	9	10	11	12	13	14	15	16	17	18	19	20	21	22	23	24	25	26	27	28	29	30	31
	요일	토	일	월	화	수	목	금	토	일	월	화	수	목	금	토	일	월	화	수	목	금	토	일	월	화	수	목	금	토	일	월
	일진 日辰	庚辰	辛巳	壬午	癸未	甲申	乙酉	丙戌	丁亥	戊子	己丑	庚寅	辛卯	壬辰	癸巳	甲午	乙未	丙申	丁酉	戊戌	己亥	庚子	辛丑	壬寅	癸卯	甲辰	乙巳	丙午	丁未	戊申	己酉	庚戌
	음력	25	26	27	28	29	4/1	2	3	4	5	6	7	8	9	10	11	12	13	14	15	16	17	18	19	20	21	22	23	24	25	26
대운	남	9	9	9	10	10	입	1	1	1	1	2	2	2	3	3	3	4	4	4	5	소	5	6	6	6	7	7	7	8	8	8
	여	2	1	1	1	1	하	10	10	9	9	9	8	8	8	7	7	7	6	6	6	만	5	5	4	4	4	3	3	3	2	2

망종 6일 06시 25분 ⇨ **【丙午月(병오월)】**(망종, 하지~ 소서 전) 하지 21일 23시 10분

6 (음력 04/27 ~ 05/26)	양력	1	2	3	4	5	6	7	8	9	10	11	12	13	14	15	16	17	18	19	20	21	22	23	24	25	26	27	28	29	30
	요일	화	수	목	금	토	일	월	화	수	목	금	토	일	월	화	수	목	금	토	일	월	화	수	목	금	토	일	월	화	수
	일진 日辰	辛亥	壬子	癸丑	甲寅	乙卯	丙辰	丁巳	戊午	己未	庚申	辛酉	壬戌	癸亥	甲子	乙丑	丙寅	丁卯	戊辰	己巳	庚午	辛未	壬申	癸酉	甲戌	乙亥	丙子	丁丑	戊寅	己卯	庚辰
	음력	27	28	29	30	5/1	2	3	4	5	6	7	8	9	10	11	12	13	14	15	16	17	18	19	20	21	22	23	24	25	26
대운	남	9	9	9	10	10	망	1	1	1	1	2	2	2	3	3	3	4	4	4	5	하	5	6	6	6	7	7	7	8	8
	여	2	1	1	1	1	종	10	10	9	9	9	8	8	8	7	7	7	6	6	6	지	5	5	4	4	4	3	3	3	2

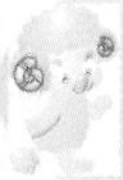

대장군(동방), 삼살(서방), 상문(서방)조객(동남방), 납음(천하수), 【삼재(사,오,미)년】

한식(4월06일), 초복(7월20일), 중복(7월30일), 말복(8월09일)

丁未年(정미년)

2027

소서 7일 16시 36분 ⇨ **【丁未月(정미월)】**(소서, 대서~ 입추 전) 대서 23일 10시 03분

양력 7 / 음력 05/27 – 06/28

양력	1	2	3	4	5	6	7	8	9	10	11	12	13	14	15	16	17	18	19	20	21	22	23	24	25	26	27	28	29	30	31
요일	목	금	토	일	월	화	수	목	금	토	일	월	화	수	목	금	토	일	월	화	수	목	금	토	일	월	화	수	목	금	토
일진 日辰	辛巳	壬午	癸未	甲申	乙酉	丙戌	丁亥	戊子	己丑	庚寅	辛卯	壬辰	癸巳	甲午	乙未	丙申	丁酉	戊戌	己亥	庚子	辛丑	壬寅	癸卯	甲辰	乙巳	丙午	丁未	戊申	己酉	庚戌	辛亥
음력	27	28	29	6/1	2	3	4	5	6	7	8	9	10	11	12	13	14	15	16	17	18	19	20	21	22	23	24	25	26	27	28
대운 남	8	9	9	9	10	10	소	1	1	1	1	2	2	2	3	3	3	4	4	4	5	5	대	6	6	6	7	7	7	8	8
대운 여	2	2	1	1	1	1	서	10	10	10	9	9	9	8	8	8	7	7	7	6	6	6	서	5	5	4	4	4	3	3	3

입추 8일 02시 26분 ⇨ **【戊申月(무신월)】**(입추, 처서~ 백로 전) 처서 23일 17시 13분

양력 8 / 음력 06/29 – 07/30

양력	1	2	3	4	5	6	7	8	9	10	11	12	13	14	15	16	17	18	19	20	21	22	23	24	25	26	27	28	29	30	31
요일	일	월	화	수	목	금	토	일	월	화	수	목	금	토	일	월	화	수	목	금	토	일	월	화	수	목	금	토	일	월	화
일진 日辰	壬子	癸丑	甲寅	乙卯	丙辰	丁巳	戊午	己未	庚申	辛酉	壬戌	癸亥	甲子	乙丑	丙寅	丁卯	戊辰	己巳	庚午	辛未	壬申	癸酉	甲戌	乙亥	丙子	丁丑	戊寅	己卯	庚辰	辛巳	壬午
음력	29	7/1	2	3	4	5	6	7	8	9	10	11	12	13	14	15	16	17	18	19	20	21	22	23	24	25	26	27	28	29	30
대운 남	8	9	9	9	10	10	10	입	1	1	1	1	2	2	2	3	3	3	4	4	4	5	처	5	6	6	6	7	7	7	8
대운 여	2	2	2	1	1	1	1	추	10	10	9	9	9	8	8	8	7	7	7	6	6	6	서	5	5	4	4	4	3	3	3

백로 8일 05시 27분 ⇨ **【己酉月(기유월)】**(백로, 추분-한로 전) 추분 23일 15시 01분

양력 9 / 음력 08/01 – 09/01

양력	1	2	3	4	5	6	7	8	9	10	11	12	13	14	15	16	17	18	19	20	21	22	23	24	25	26	27	28	29	30
요일	수	목	금	토	일	월	화	수	목	금	토	일	월	화	수	목	금	토	일	월	화	수	목	금	토	일	월	화	수	목
일진 日辰	癸未	甲申	乙酉	丙戌	丁亥	戊子	己丑	庚寅	辛卯	壬辰	癸巳	甲午	乙未	丙申	丁酉	戊戌	己亥	庚子	辛丑	壬寅	癸卯	甲辰	乙巳	丙午	丁未	戊申	己酉	庚戌	辛亥	壬子
음력	8/1	2	3	4	5	6	7	8	9	10	11	12	13	14	15	16	17	18	19	20	21	22	23	24	25	26	27	28	29	9/1
대운 남	8	8	9	9	9	10	10	백	1	1	1	1	2	2	2	3	3	3	4	4	4	5	추	5	6	6	6	7	7	7
대운 여	2	2	2	1	1	1	1	로	10	9	9	9	8	8	8	7	7	7	6	6	6	5	분	5	4	4	4	3	3	3

한로 8일 21시 16분 ⇨ **【庚戌月(경술월)】**(한로, 상강~ 입동 전) 상강 24일 00시 32분

양력 10 / 음력 09/02 – 10/03

양력	1	2	3	4	5	6	7	8	9	10	11	12	13	14	15	16	17	18	19	20	21	22	23	24	25	26	27	28	29	30	31
요일	금	토	일	월	화	수	목	금	토	일	월	화	수	목	금	토	일	월	화	수	목	금	토	일	월	화	수	목	금	토	일
일진 日辰	癸丑	甲寅	乙卯	丙辰	丁巳	戊午	己未	庚申	辛酉	壬戌	癸亥	甲子	乙丑	丙寅	丁卯	戊辰	己巳	庚午	辛未	壬申	癸酉	甲戌	乙亥	丙子	丁丑	戊寅	己卯	庚辰	辛巳	壬午	癸未
음력	2	3	4	5	6	7	8	9	10	11	12	13	14	15	16	17	18	19	20	21	22	23	24	25	26	27	28	29	10/1	2	3
대운 남	8	8	8	9	9	9	10	한	1	1	1	1	2	2	2	3	3	3	4	4	4	5	5	상	6	6	6	7	7	7	8
대운 여	2	2	2	1	1	1	1	로	10	10	9	9	9	8	8	8	7	7	7	6	6	6	5	강	5	4	4	4	3	3	3

입동 8일 00시 37분 ⇨ **【辛亥月(신해월)】**(입동, 소설~ 대설 전) 소설 22일 22시 15분

양력 11 / 음력 10/04 – 11/03

양력	1	2	3	4	5	6	7	8	9	10	11	12	13	14	15	16	17	18	19	20	21	22	23	24	25	26	27	28	29	30
요일	월	화	수	목	금	토	일	월	화	수	목	금	토	일	월	화	수	목	금	토	일	월	화	수	목	금	토	일	월	화
일진 日辰	甲申	乙酉	丙戌	丁亥	戊子	己丑	庚寅	辛卯	壬辰	癸巳	甲午	乙未	丙申	丁酉	戊戌	己亥	庚子	辛丑	壬寅	癸卯	甲辰	乙巳	丙午	丁未	戊申	己酉	庚戌	辛亥	壬子	癸丑
음력	4	5	6	7	8	9	10	11	12	13	14	15	16	17	18	19	20	21	22	23	24	25	26	27	28	29	30	11/1	2	3
대운 남	8	8	9	9	9	10	10	입	1	1	1	1	2	2	2	3	3	3	4	4	4	소	5	5	6	6	6	7	7	7
대운 여	2	2	2	1	1	1	1	동	9	9	9	8	8	8	7	7	7	6	6	6	5	설	5	4	4	4	3	3	3	2

대설 7일 17시 36분 ⇨ **【壬子月(임자월)】**(대설, 동지~소한 전) 동지 22일 11시 41분

양력 12 / 음력 11/04 – 12/04

양력	1	2	3	4	5	6	7	8	9	10	11	12	13	14	15	16	17	18	19	20	21	22	23	24	25	26	27	28	29	30	31
요일	수	목	금	토	일	월	화	수	목	금	토	일	월	화	수	목	금	토	일	월	화	수	목	금	토	일	월	화	수	목	금
일진 日辰	甲寅	乙卯	丙辰	丁巳	戊午	己未	庚申	辛酉	壬戌	癸亥	甲子	乙丑	丙寅	丁卯	戊辰	己巳	庚午	辛未	壬申	癸酉	甲戌	乙亥	丙子	丁丑	戊寅	己卯	庚辰	辛巳	壬午	癸未	甲申
음력	4	5	6	7	8	9	10	11	12	13	14	15	16	17	18	19	20	21	22	23	24	25	26	27	28	29	30	12/1	2	3	4
대운 남	8	8	8	9	9	9	대	1	1	1	1	2	2	2	3	3	3	4	4	4	5	동	5	6	6	6	7	7	7	8	8
대운 여	2	2	1	1	1	1	설	10	9	9	9	8	8	8	7	7	7	6	6	6	5	지	5	4	4	4	3	3	3	2	2

윤5월 小 2028 戊申年(무신년)

단기 4361년 /불기2572년 대장군(남방). 삼살(남방), 상문(서북방),조객(남방), 납음(대역토). 【삼재(인,묘,진)년】

소한 6일 04시 53분 【癸丑月(계축월)】 (소한, 대한~ 입춘 전) 대한 20일 22시 21분

1 (음력 12/05~01/05)	1	2	3	4	5	6	7	8	9	10	11	12	13	14	15	16	17	18	19	20	21	22	23	24	25	26	27	28	29	30	31
요일	토	일	월	화	수	목	금	토	일	월	화	수	목	금	토	일	월	화	수	목	금	토	일	월	화	수	목	금	토	일	월
일진 日辰	乙酉	丙戌	丁亥	戊子	己丑	庚寅	辛卯	壬辰	癸巳	甲午	乙未	丙申	丁酉	戊戌	己亥	庚子	辛丑	壬寅	癸卯	甲辰	乙巳	丙午	丁未	戊申	己酉	庚戌	辛亥	壬子	癸丑	甲寅	乙卯
음력	5	6	7	8	9	10	11	12	13	14	15	16	17	18	19	20	21	22	23	24	25	26	27	28	29	30	1/1	2	3	4	5
대운 남	8	9	9	9	10	소	1	1	1	1	2	2	2	3	3	3	4	4	4	대	1	1	1	1	2	2	2	3	3	3	4
대운 여	2	1	1	1	1	한	9	9	9	8	8	8	7	7	7	6	6	6	5	한	5	4	4	4	3	3	3	2	2	2	1

입춘 4일 16시 30분 【甲寅月(갑인월)】 (입춘, 우수~ 경칩 전) 우수 19일 12시 25분

2 (음력 01/06~02/05)	1	2	3	4	5	6	7	8	9	10	11	12	13	14	15	16	17	18	19	20	21	22	23	24	25	26	27	28	29
요일	화	수	목	금	토	일	월	화	수	목	금	토	일	월	화	수	목	금	토	일	월	화	수	목	금	토	일	월	화
일진 日辰	丙辰	丁巳	戊午	己未	庚申	辛酉	壬戌	癸亥	甲子	乙丑	丙寅	丁卯	戊辰	己巳	庚午	辛未	壬申	癸酉	甲戌	乙亥	丙子	丁丑	戊寅	己卯	庚辰	辛巳	壬午	癸未	甲申
음력	6	7	8	9	10	11	12	13	14	15	16	17	18	19	20	21	22	23	24	25	26	27	28	29	2/1	2	3	4	5
대운 남	4	4	5	입	10	9	9	9	8	8	8	7	7	7	6	6	6	5	우	5	4	4	4	3	3	3	2	2	2
대운 여	1	1	1	춘	1	1	1	1	2	2	2	3	3	3	4	4	4	5	수	5	6	6	6	7	7	7	8	8	8

立春

경칩 5일 10시 24분 【乙卯月(을묘월)】 (경칩, 춘분~ 청명 전) 춘분 20일 11시 16분

3 (음력 02/06~03/06)	1	2	3	4	5	6	7	8	9	10	11	12	13	14	15	16	17	18	19	20	21	22	23	24	25	26	27	28	29	30	31
요일	수	목	금	토	일	월	화	수	목	금	토	일	월	화	수	목	금	토	일	월	화	수	목	금	토	일	월	화	수	목	금
일진 日辰	乙酉	丙戌	丁亥	戊子	己丑	庚寅	辛卯	壬辰	癸巳	甲午	乙未	丙申	丁酉	戊戌	己亥	庚子	辛丑	壬寅	癸卯	甲辰	乙巳	丙午	丁未	戊申	己酉	庚戌	辛亥	壬子	癸丑	甲寅	乙卯
음력	6	7	8	9	10	11	12	13	14	15	16	17	18	19	20	21	22	23	24	25	26	27	28	29	30	3/1	2	3	4	5	6
대운 남	1	1	1	1	경	10	9	9	9	8	8	8	7	7	7	6	6	6	5	춘	5	4	4	4	3	3	3	2	2	2	1
대운 여	9	9	9	10	칩	1	1	1	1	2	2	2	3	3	3	4	4	4	5	분	5	6	6	6	7	7	7	8	8	8	9

청명 4일 15시 02분 【丙辰月(병진월)】 (청명, 곡우~ 입하 전) 곡우 19일 22시 08분

4 (음력 03/07~04/06)	1	2	3	4	5	6	7	8	9	10	11	12	13	14	15	16	17	18	19	20	21	22	23	24	25	26	27	28	29	30
요일	토	일	월	화	수	목	금	토	일	월	화	수	목	금	토	일	월	화	수	목	금	토	일	월	화	수	목	금	토	일
일진 日辰	丙辰	丁巳	戊午	己未	庚申	辛酉	壬戌	癸亥	甲子	乙丑	丙寅	丁卯	戊辰	己巳	庚午	辛未	壬申	癸酉	甲戌	乙亥	丙子	丁丑	戊寅	己卯	庚辰	辛巳	壬午	癸未	甲申	乙酉
음력	7	8	9	10	11	12	13	14	15	16	17	18	19	20	21	22	23	24	25	26	27	28	29	30	4/1	2	3	4	5	6
대운 남	1	1	1	청	10	10	9	9	9	8	8	8	7	7	7	6	6	6	곡	5	5	4	4	4	3	3	3	2	2	2
대운 여	9	9	10	명	1	1	1	1	2	2	2	3	3	3	4	4	4	5	우	5	6	6	6	7	7	7	8	8	8	9

입하 8일 08시 11분 【丁巳月(정사월)】 (입하, 소만~ 망종 전) 소만 20일 21시 09분

5 (음력 04/07~05/08)	1	2	3	4	5	6	7	8	9	10	11	12	13	14	15	16	17	18	19	20	21	22	23	24	25	26	27	28	29	30	31
요일	월	화	수	목	금	토	일	월	화	수	목	금	토	일	월	화	수	목	금	토	일	월	화	수	목	금	토	일	월	화	수
일진 日辰	丙戌	丁亥	戊子	己丑	庚寅	辛卯	壬辰	癸巳	甲午	乙未	丙申	丁酉	戊戌	己亥	庚子	辛丑	壬寅	癸卯	甲辰	乙巳	丙午	丁未	戊申	己酉	庚戌	辛亥	壬子	癸丑	甲寅	乙卯	丙辰
음력	7	8	9	10	11	12	13	14	15	16	17	18	19	20	21	22	23	24	25	26	27	28	29	5/1	2	3	4	5	6	7	8
대운 남	1	1	1	1	입	10	10	9	9	9	8	8	8	7	7	7	6	6	6	소	5	5	4	4	4	3	3	3	2	2	2
대운 여	9	9	10	10	하	1	1	1	1	2	2	2	3	3	3	4	4	4	5	만	5	6	6	6	7	7	7	8	8	8	9

망종 5일 12시 15분 【戊午月(무오월)】 (망종, 하지~ 소서 전) 하지 21일 05시 01분

6 (음력 05/09~윤508)	1	2	3	4	5	6	7	8	9	10	11	12	13	14	15	16	17	18	19	20	21	22	23	24	25	26	27	28	29	30
요일	목	금	토	일	월	화	수	목	금	토	일	월	화	수	목	금	토	일	월	화	수	목	금	토	일	월	화	수	목	금
일진 日辰	丁巳	戊午	己未	庚申	辛酉	壬戌	癸亥	甲子	乙丑	丙寅	丁卯	戊辰	己巳	庚午	辛未	壬申	癸酉	甲戌	乙亥	丙子	丁丑	戊寅	己卯	庚辰	辛巳	壬午	癸未	甲申	乙酉	丙戌
음력	9	10	11	12	13	14	15	16	17	18	19	20	21	22	23	24	25	26	27	28	29	30	윤5	2	3	4	5	6	7	8
대운 남	1	1	1	1	망	10	10	9	9	9	8	8	8	7	7	7	6	6	6	5	하	5	4	4	4	3	3	3	2	2
대운 여	9	9	10	10	종	1	1	1	1	2	2	2	3	3	3	4	4	4	5	5	지	6	6	6	7	7	7	8	8	8

대장군(남방). 삼살(남방), 상문(서북방),조객(남방), 납음(대역토), 【삼재(인,묘,진)년】
한식(4월05일), 초복(7월14일), 중복(7월24일), 말복(8월13일)

戊申年(무신년)

소서 6일 22시 29분 ⇨ 【己未月(기미월)】(소서, 대서~ 입추 전) 대서 22일 15시 53분

양력 7	양력	1	2	3	4	5	6	7	8	9	10	11	12	13	14	15	16	17	18	19	20	21	22	23	24	25	26	27	28	29	30	31
	요일	토	일	월	화	수	목	금	토	일	월	화	수	목	금	토	일	월	화	수	목	금	토	일	월	화	수	목	금	토	일	월
	일진 日辰	丁亥	戊子	己丑	庚寅	辛卯	壬辰	癸巳	甲午	乙未	丙申	丁酉	戊戌	己亥	庚子	辛丑	壬寅	癸卯	甲辰	乙巳	丙午	丁未	戊申	己酉	庚戌	辛亥	壬子	癸丑	甲寅	乙卯	丙辰	丁巳
음력 윤509 ~ 06/10	음력	9	10	11	12	13	14	15	16	17	18	19	20	21	22	23	24	25	26	27	28	29	6/1	2	3	4	5	6	7	8	9	10
대운	남	2	1	1	1	1	소	10	10	10	9	9	9	8	8	8	7	7	7	6	6	6	대	5	5	4	4	4	3	3	3	2
	여	9	9	9	10	10	서	1	1	1	1	2	2	2	3	3	3	4	4	4	5	5	서	6	6	6	7	7	7	8	8	8

입추 7일 08시 20분 ⇨ 【庚申月(경신월)】(입추, 처서~ 백로 전) 처서 22일 23시 00분

양력 8	양력	1	2	3	4	5	6	7	8	9	10	11	12	13	14	15	16	17	18	19	20	21	22	23	24	25	26	27	28	29	30	31
	요일	화	수	목	금	토	일	월	화	수	목	금	토	일	월	화	수	목	금	토	일	월	화	수	목	금	토	일	월	화	수	목
	일진 日辰	戊午	己未	庚申	辛酉	壬戌	癸亥	甲子	乙丑	丙寅	丁卯	戊辰	己巳	庚午	辛未	壬申	癸酉	甲戌	乙亥	丙子	丁丑	戊寅	己卯	庚辰	辛巳	壬午	癸未	甲申	乙酉	丙戌	丁亥	戊子
음력 06/11 ~ 07/12	음력	11	12	13	14	15	16	17	18	19	20	21	22	23	24	25	26	27	28	29	7/1	2	3	4	5	6	7	8	9	10	11	12
대운	남	2	2	1	1	1	1	입	10	10	9	9	9	8	8	8	7	7	7	6	6	6	처	5	5	4	4	4	3	3	3	2
	여	9	9	9	10	10	10	추	1	1	1	1	2	2	2	3	3	3	4	4	4	5	서	5	6	6	6	7	7	7	8	8

백로 7일 11시 21분 ⇨ 【辛酉月(신유월)】(백로, 추분-한로 전) 추분 22일 20시 44분

양력 9	양력	1	2	3	4	5	6	7	8	9	10	11	12	13	14	15	16	17	18	19	20	21	22	23	24	25	26	27	28	29	30
	요일	금	토	일	월	화	수	목	금	토	일	월	화	수	목	금	토	일	월	화	수	목	금	토	일	월	화	수	목	금	토
	일진 日辰	己丑	庚寅	辛卯	壬辰	癸巳	甲午	乙未	丙申	丁酉	戊戌	己亥	庚子	辛丑	壬寅	癸卯	甲辰	乙巳	丙午	丁未	戊申	己酉	庚戌	辛亥	壬子	癸丑	甲寅	乙卯	丙辰	丁巳	戊午
음력 07/13 ~ 08/12	음력	13	14	15	16	17	18	19	20	21	22	23	24	25	26	27	28	29	30	8/1	2	3	4	5	6	7	8	9	10	11	12
대운	남	2	2	1	1	1	1	백	10	10	9	9	9	8	8	8	7	7	7	6	6	6	추	5	5	4	4	4	3	3	3
	여	8	9	9	9	10	10	로	1	1	1	1	2	2	2	3	3	3	4	4	4	5	분	5	6	6	6	7	7	7	8

한로 8일 03시 07분 ⇨ 【壬戌月(임술월)】(한로, 상강~ 입동 전) 상강 23일 06시 12분

양력 10	양력	1	2	3	4	5	6	7	8	9	10	11	12	13	14	15	16	17	18	19	20	21	22	23	24	25	26	27	28	29	30	31
	요일	일	월	화	수	목	금	토	일	월	화	수	목	금	토	일	월	화	수	목	금	토	일	월	화	수	목	금	토	일	월	화
	일진 日辰	己未	庚申	辛酉	壬戌	癸亥	甲子	乙丑	丙寅	丁卯	戊辰	己巳	庚午	辛未	壬申	癸酉	甲戌	乙亥	丙子	丁丑	戊寅	己卯	庚辰	辛巳	壬午	癸未	甲申	乙酉	丙戌	丁亥	戊子	己丑
음력 08/13 ~ 09/14	음력	13	14	15	16	17	18	19	20	21	22	23	24	25	26	27	28	29	9/1	2	3	4	5	6	7	8	9	10	11	12	13	14
대운	남	2	2	2	1	1	1	1	한	10	9	9	9	8	8	8	7	7	7	6	6	6	5	상	5	4	4	4	3	3	3	2
	여	8	8	9	9	9	10	10	로	1	1	1	1	2	2	2	3	3	3	4	4	4	5	강	5	6	6	6	7	7	7	8

입동 7일 06시 26분 ⇨ 【癸亥月(계해월)】(입동, 소설~ 대설 전) 소설 22일 03시 53분

양력 11	양력	1	2	3	4	5	6	7	8	9	10	11	12	13	14	15	16	17	18	19	20	21	22	23	24	25	26	27	28	29	30
	요일	수	목	금	토	일	월	화	수	목	금	토	일	월	화	수	목	금	토	일	월	화	수	목	금	토	일	월	화	수	목
	일진 日辰	庚寅	辛卯	壬辰	癸巳	甲午	乙未	丙申	丁酉	戊戌	己亥	庚子	辛丑	壬寅	癸卯	甲辰	乙巳	丙午	丁未	戊申	己酉	庚戌	辛亥	壬子	癸丑	甲寅	乙卯	丙辰	丁巳	戊午	己未
음력 09/15 ~ 10/15	음력	15	16	17	18	19	20	21	22	23	24	25	26	27	28	29	10/1	2	3	4	5	6	7	8	9	10	11	12	13	14	15
대운	남	2	2	1	1	1	1	입	9	9	9	8	8	8	7	7	7	6	6	6	5	5	소	4	4	4	3	3	3	2	2
	여	8	8	9	9	9	10	동	1	1	1	1	2	2	2	3	3	3	4	4	4	5	설	5	6	6	6	7	7	7	8

대설 6일 23시 23분 ⇨ 【甲子月(갑자월)】(대설, 동지~소한 전) 동지 21일 17시 18분

양력 12	양력	1	2	3	4	5	6	7	8	9	10	11	12	13	14	15	16	17	18	19	20	21	22	23	24	25	26	27	28	29	30	31
	요일	금	토	일	월	화	수	목	금	토	일	월	화	수	목	금	토	일	월	화	수	목	금	토	일	월	화	수	목	금	토	일
	일진 日辰	庚申	辛酉	壬戌	癸亥	甲子	乙丑	丙寅	丁卯	戊辰	己巳	庚午	辛未	壬申	癸酉	甲戌	乙亥	丙子	丁丑	戊寅	己卯	庚辰	辛巳	壬午	癸未	甲申	乙酉	丙戌	丁亥	戊子	己丑	庚寅
음력 10/16 ~ 11/16	음력	16	17	18	19	20	21	22	23	24	25	26	27	28	29	30	11/1	2	3	4	5	6	7	8	9	10	11	12	13	14	15	16
대운	남	2	1	1	1	1	대	10	9	9	9	8	8	8	7	7	7	6	6	6	5	동	5	4	4	4	3	3	3	2	2	2
	여	8	8	9	9	9	설	1	1	1	1	2	2	2	3	3	3	4	4	4	5	지	5	6	6	6	7	7	7	8	8	8

2029 己酉年(기유년)

단기4362년 /불기2573년 대장군(남방), 삼살(동방), 상문(서북방), 조객(서남방),납음(대역토), 삼재(해,자,축)년

소한 5일 10시 41분 ⇨ **【乙丑月(을축월)】** (소한, 대한~ 입춘 전) 대한 20일 04시 00분

		1	2	3	4	5	6	7	8	9	10	11	12	13	14	15	16	17	18	19	20	21	22	23	24	25	26	27	28	29	30	31
양력 1	요일	월	화	수	목	금	토	일	월	화	수	목	금	토	일	월	화	수	목	금	토	일	월	화	수	목	금	토	일	월	화	수
	일진 日辰	辛卯	壬辰	癸巳	甲午	乙未	丙申	丁酉	戊戌	己亥	庚子	辛丑	壬寅	癸卯	甲辰	乙巳	丙午	丁未	戊申	己酉	庚戌	辛亥	壬子	癸丑	甲寅	乙卯	丙辰	丁巳	戊午	己未	庚申	辛酉
음력 11/17	음력	17	18	19	20	21	22	23	24	25	26	27	28	29	30	12/1	2	3	4	5	6	7	8	9	10	11	12	13	14	15	16	17
12/17	대운 남	1	1	1	1	소	9	9	9	8	8	8	7	7	7	6	6	6	5	5	대	4	4	4	3	3	3	2	2	2	1	1
	대운 여	9	9	9	10	한	1	1	1	1	2	2	2	3	3	3	4	4	4	5	한	5	6	6	6	7	7	7	8	8	8	9

입춘 3일 22시 20분 ⇨ **【丙寅月(병인월)】** (입춘, 우수~ 경칩 전) 우수 18일 18시 07분

		1	2	3	4	5	6	7	8	9	10	11	12	13	14	15	16	17	18	19	20	21	22	23	24	25	26	27	28	
양력 2	요일	목	금	토	일	월	화	수	목	금	토	일	월	화	수	목	금	토	일	월	화	수	목	금	토	일	월	화	수	立春
	일진 日辰	壬戌	癸亥	甲子	乙丑	丙寅	丁卯	戊辰	己巳	庚午	辛未	壬申	癸酉	甲戌	乙亥	丙子	丁丑	戊寅	己卯	庚辰	辛巳	壬午	癸未	甲申	乙酉	丙戌	丁亥	戊子	己丑	
음력 12/18	음력	18	19	20	21	22	23	24	25	26	27	28	29	1/1	2	3	4	5	6	7	8	9	10	11	12	13	14	15	16	
01/16	대운 남	1	1	입	1	1	1	1	2	2	2	3	3	3	4	4	4	5	우	5	6	6	6	7	7	7	8	8	8	
	대운 여	9	9	춘	10	9	9	9	8	8	8	7	7	7	6	6	6	5	수	5	4	4	4	3	3	3	2	2	2	

경칩 5일 16시 16분 ⇨ **【丁卯月(정묘월)】**(경칩, 춘분~ 청명 전) 춘분 20일 17시 01분

		1	2	3	4	5	6	7	8	9	10	11	12	13	14	15	16	17	18	19	20	21	22	23	24	25	26	27	28	29	30	31
양력 3	요일	목	금	토	일	월	화	수	목	금	토	일	월	화	수	목	금	토	일	월	화	수	목	금	토	일	월	화	수	목	금	토
	일진 日辰	庚寅	辛卯	壬辰	癸巳	甲午	乙未	丙申	丁酉	戊戌	己亥	庚子	辛丑	壬寅	癸卯	甲辰	乙巳	丙午	丁未	戊申	己酉	庚戌	辛亥	壬子	癸丑	甲寅	乙卯	丙辰	丁巳	戊午	己未	庚申
음력 01/17	음력	17	18	19	20	21	22	23	24	25	26	27	28	29	30	2/1	2	3	4	5	6	7	8	9	10	11	12	13	14	15	16	17
02/17	대운 남	9	9	9	10	경	1	1	1	1	2	2	2	3	3	3	4	4	4	5	춘	5	6	6	6	7	7	7	8	8	8	9
	대운 여	1	1	1	1	칩	10	9	9	9	8	8	8	7	7	7	6	6	6	5	분	5	4	4	4	3	3	3	2	2	2	1

청명 4일 20시 57분 ⇨ **【戊辰月(무진월)】**(청명, 곡우~ 입하 전) 곡우 20일 03시 54분

		1	2	3	4	5	6	7	8	9	10	11	12	13	14	15	16	17	18	19	20	21	22	23	24	25	26	27	28	29	30
양력 4	요일	일	월	화	수	목	금	토	일	월	화	수	목	금	토	일	월	화	수	목	금	토	일	월	화	수	목	금	토	일	월
	일진 日辰	辛酉	壬戌	癸亥	甲子	乙丑	丙寅	丁卯	戊辰	己巳	庚午	辛未	壬申	癸酉	甲戌	乙亥	丙子	丁丑	戊寅	己卯	庚辰	辛巳	壬午	癸未	甲申	乙酉	丙戌	丁亥	戊子	己丑	庚寅
음력 02/18	음력	18	19	20	21	22	23	24	25	26	27	28	29	30	3/1	2	3	4	5	6	7	8	9	10	11	12	13	14	15	16	17
03/17	대운 남	9	9	10	청	1	1	1	1	2	2	2	3	3	3	4	4	4	5	5	곡	6	6	6	7	7	7	8	8	8	9
	대운 여	1	1	1	명	10	10	9	9	9	8	8	8	7	7	7	6	6	6	5	우	5	4	4	4	3	3	3	2	2	2

입하 5일 14시 07분 ⇨ **【己巳月(기사월)】**(입하, 소만~ 망종 전) 소만 21일 02시 55분

		1	2	3	4	5	6	7	8	9	10	11	12	13	14	15	16	17	18	19	20	21	22	23	24	25	26	27	28	29	30	31
양력 5	요일	화	수	목	금	토	일	월	화	수	목	금	토	일	월	화	수	목	금	토	일	월	화	수	목	금	토	일	월	화	수	목
	일진 日辰	辛卯	壬辰	癸巳	甲午	乙未	丙申	丁酉	戊戌	己亥	庚子	辛丑	壬寅	癸卯	甲辰	乙巳	丙午	丁未	戊申	己酉	庚戌	辛亥	壬子	癸丑	甲寅	乙卯	丙辰	丁巳	戊午	己未	庚申	辛酉
음력 03/18	음력	18	19	20	21	22	23	24	25	26	27	28	29	4/1	2	3	4	5	6	7	8	9	10	11	12	13	14	15	16	17	18	19
04/19	대운 남	9	9	10	10	입	1	1	1	1	2	2	2	3	3	3	4	4	4	5	5	소	6	6	6	7	7	7	8	8	8	9
	대운 여	1	1	1	1	하	10	10	9	9	9	8	8	8	7	7	7	6	6	6	5	만	5	4	4	4	3	3	3	2	2	2

망종 5일 18시 09분 ⇨ **【庚午月(경오월)】**(망종, 하지~ 소서 전) 하지 21일 10시 47분

		1	2	3	4	5	6	7	8	9	10	11	12	13	14	15	16	17	18	19	20	21	22	23	24	25	26	27	28	29	30
양력 6	요일	금	토	일	월	화	수	목	금	토	일	월	화	수	목	금	토	일	월	화	수	목	금	토	일	월	화	수	목	금	토
	일진 日辰	壬戌	癸亥	甲子	乙丑	丙寅	丁卯	戊辰	己巳	庚午	辛未	壬申	癸酉	甲戌	乙亥	丙子	丁丑	戊寅	己卯	庚辰	辛巳	壬午	癸未	甲申	乙酉	丙戌	丁亥	戊子	己丑	庚寅	辛卯
음력 04/20	음력	20	21	22	23	24	25	26	27	28	29	30	5/1	2	3	4	5	6	7	8	9	10	11	12	13	14	15	16	17	18	19
05/19	대운 남	9	9	10	10	망	1	1	1	1	2	2	2	3	3	3	4	4	4	5	5	하	6	6	6	7	7	7	8	8	8
	대운 여	1	1	1	1	종	10	10	10	9	9	9	8	8	8	7	7	7	6	6	6	지	5	5	4	4	4	3	3	3	2

대장군(남방), 삼살(동방), 상문(서북방), 조객(서남방),납음(대역토), 삼재(해,자,축)년
한식(4월05일), 초복(7월19일), 중복(7월29일), 말복(8월08일)

己酉年(기유년)

소서 7일 04시 21분 ⇨ **【辛未月(신미월)】**(소서, 대서~ 입추 전) 대서 22일 21시 41분

양력 7 / 음력 05/20 ~ 06/20

양력	1	2	3	4	5	6	7	8	9	10	11	12	13	14	15	16	17	18	19	20	21	22	23	24	25	26	27	28	29	30	31
요일	일	월	화	수	목	금	토	일	월	화	수	목	금	토	일	월	화	수	목	금	토	일	월	화	수	목	금	토	일	월	화
일진 日辰	壬辰	癸巳	甲午	乙未	丙申	丁酉	戊戌	己亥	庚子	辛丑	壬寅	癸卯	甲辰	乙巳	丙午	丁未	戊申	己酉	庚戌	辛亥	壬子	癸丑	甲寅	乙卯	丙辰	丁巳	戊午	己未	庚申	辛酉	壬戌
음력	20	21	22	23	24	25	26	27	28	29	30	6/1	2	3	4	5	6	7	8	9	10	11	12	13	14	15	16	17	18	19	20
대운 남	9	9	9	10	10	10	소	1	1	1	1	2	2	2	3	3	3	4	4	4	5	대	5	6	6	6	7	7	7	8	8
대운 여	2	2	1	1	1	1	서	10	10	9	9	9	8	8	8	7	7	7	6	6	6	서	5	5	4	4	4	3	3	3	2

입추 7일 14시 11분 ⇨ **【壬申月(임신월)】**(입추, 처서~ 백로 전) 처서 23일 04시 50분

양력 8 / 음력 06/21 ~ 07/22

양력	1	2	3	4	5	6	7	8	9	10	11	12	13	14	15	16	17	18	19	20	21	22	23	24	25	26	27	28	29	30	31
요일	수	목	금	토	일	월	화	수	목	금	토	일	월	화	수	목	금	토	일	월	화	수	목	금	토	일	월	화	수	목	금
일진 日辰	癸亥	甲子	乙丑	丙寅	丁卯	戊辰	己巳	庚午	辛未	壬申	癸酉	甲戌	乙亥	丙子	丁丑	戊寅	己卯	庚辰	辛巳	壬午	癸未	甲申	乙酉	丙戌	丁亥	戊子	己丑	庚寅	辛卯	壬辰	癸巳
음력	21	22	23	24	25	26	27	28	29	7/1	2	3	4	5	6	7	8	9	10	11	12	13	14	15	16	17	18	19	20	21	22
대운 남	8	9	9	9	10	10	입	1	1	1	1	2	2	2	3	3	3	4	4	4	5	5	처	6	6	6	7	7	7	8	8
대운 여	2	2	1	1	1	1	추	10	10	9	9	9	8	8	8	7	7	7	6	6	6	5	서	5	4	4	4	3	3	3	2

백로 7일 17시 11분 ⇨ **【癸酉月(계유월)】**(백로, 추분-한로 전) 추분 23일 02시 37분

양력 9 / 음력 07/23 ~ 08/23

양력	1	2	3	4	5	6	7	8	9	10	11	12	13	14	15	16	17	18	19	20	21	22	23	24	25	26	27	28	29	30	
요일	토	일	월	화	수	목	금	토	일	월	화	수	목	금	토	일	월	화	수	목	금	토	일	월	화	수	목	금	토	일	
일진 日辰	甲午	乙未	丙申	丁酉	戊戌	己亥	庚子	辛丑	壬寅	癸卯	甲辰	乙巳	丙午	丁未	戊申	己酉	庚戌	辛亥	壬子	癸丑	甲寅	乙卯	丙辰	丁巳	戊午	己未	庚申	辛酉	壬戌	癸亥	
음력	23	24	25	26	27	28	29	8/1	2	3	4	5	6	7	8	9	10	11	12	13	14	15	16	17	18	19	20	21	22	23	
대운 남	8	9	9	9	10	10	백	1	1	1	1	2	2	2	3	3	3	4	4	4	5	5	추	6	6	6	7	7	7	8	
대운 여	2	2	1	1	1	1	로	10	10	9	9	9	8	8	8	7	7	7	6	6	6	5	분	5	4	4	4	3	3	3	

한로 8일 08시 57분 ⇨ **【甲戌月(갑술월)】**(한로, 상강~ 입동 전) 상강 23일 12시 07분

양력 10 / 음력 08/24 ~ 09/24

양력	1	2	3	4	5	6	7	8	9	10	11	12	13	14	15	16	17	18	19	20	21	22	23	24	25	26	27	28	29	30	
요일	월	화	수	목	금	토	일	월	화	수	목	금	토	일	월	화	수	목	금	토	일	월	화	수	목	금	토	일	월	화	수
일진 日辰	甲子	乙丑	丙寅	丁卯	戊辰	己巳	庚午	辛未	壬申	癸酉	甲戌	乙亥	丙子	丁丑	戊寅	己卯	庚辰	辛巳	壬午	癸未	甲申	乙酉	丙戌	丁亥	戊子	己丑	庚寅	辛卯	壬辰	癸巳	甲午
음력	24	25	26	27	28	29	30	9/1	2	3	4	5	6	7	8	9	10	11	12	13	14	15	16	17	18	19	20	21	22	23	24
대운 남	8	8	9	9	9	10	10	한	1	1	1	1	2	2	2	3	3	3	4	4	4	5	상	5	6	6	6	7	7	7	8
대운 여	2	2	2	1	1	1	1	로	10	9	9	9	8	8	8	7	7	7	6	6	6	5	강	5	4	4	4	3	3	3	2

입동 7일 12시 16분 ⇨ **【乙亥月(을해월)】**(입동, 소설~ 대설 전) 소설 22일 09시 48분

양력 11 / 음력 09/25 ~ 10/25

양력	1	2	3	4	5	6	7	8	9	10	11	12	13	14	15	16	17	18	19	20	21	22	23	24	25	26	27	28	29	30	
요일	목	금	토	일	월	화	수	목	금	토	일	월	화	수	목	금	토	일	월	화	수	목	금	토	일	월	화	수	목	금	
일진 日辰	乙未	丙申	丁酉	戊戌	己亥	庚子	辛丑	壬寅	癸卯	甲辰	乙巳	丙午	丁未	戊申	己酉	庚戌	辛亥	壬子	癸丑	甲寅	乙卯	丙辰	丁巳	戊午	己未	庚申	辛酉	壬戌	癸亥	甲子	
음력	25	26	27	28	29	10/1	2	3	4	5	6	7	8	9	10	11	12	13	14	15	16	17	18	19	20	21	22	23	24	25	
대운 남	8	8	9	9	9	10	입	1	1	1	1	2	2	2	3	3	3	4	4	4	5	소	5	6	6	6	7	7	7	8	
대운 여	2	2	1	1	1	1	동	10	9	9	9	8	8	8	7	7	7	6	6	6	5	설	5	4	4	4	3	3	3	2	

대설 7일 05시 13분 ⇨ **【丙子月(병자월)】**(대설, 동지~소한 전) 동지 21일 23시 13분

양력 12 / 음력 10/26 ~ 11/27

양력	1	2	3	4	5	6	7	8	9	10	11	12	13	14	15	16	17	18	19	20	21	22	23	24	25	26	27	28	29	30	31
요일	토	일	월	화	수	목	금	토	일	월	화	수	목	금	토	일	월	화	수	목	금	토	일	월	화	수	목	금	토	일	월
일진 日辰	乙丑	丙寅	丁卯	戊辰	己巳	庚午	辛未	壬申	癸酉	甲戌	乙亥	丙子	丁丑	戊寅	己卯	庚辰	辛巳	壬午	癸未	甲申	乙酉	丙戌	丁亥	戊子	己丑	庚寅	辛卯	壬辰	癸巳	甲午	乙未
음력	26	27	28	29	11/1	2	3	4	5	6	7	8	9	10	11	12	13	14	15	16	17	18	19	20	21	22	23	24	25	26	27
대운 남	8	8	9	9	9	10	대	1	1	1	1	2	2	2	3	3	3	4	4	4	동	5	5	6	6	6	7	7	7	8	8
대운 여	2	2	1	1	1	1	설	9	9	9	8	8	8	7	7	7	6	6	6	5	지	5	4	4	4	3	3	3	2	2	2

2030 庚戌年(경술년)

단기 4363년/불기2574년 대장군(남방), 삼살(북방), 상문(북방),조객(서남방), 납음(차천금), 【삼재(신,유,술)년】

소한 5일 16시 29분 ⇨ **【丁丑月(정축월)】**(소한, 대한~ 입춘 전) 대한 20일 09시 53분

양력	양력	1	2	3	4	5	6	7	8	9	10	11	12	13	14	15	16	17	18	19	20	21	22	23	24	25	26	27	28	29	30	31
1	요일	화	수	목	금	토	일	월	화	수	목	금	토	일	월	화	수	목	금	토	일	월	화	수	목	금	토	일	월	화	수	목
음력	일진 日辰	丙申	丁酉	戊戌	己亥	庚子	辛丑	壬寅	癸卯	甲辰	乙巳	丙午	丁未	戊申	己酉	庚戌	辛亥	壬子	癸丑	甲寅	乙卯	丙辰	丁巳	戊午	己未	庚申	辛酉	壬戌	癸亥	甲子	乙丑	丙寅
11/28	음력	28	29	30	12/1	2	3	4	5	6	7	8	9	10	11	12	13	14	15	16	17	18	19	20	21	22	23	24	25	26	27	28
▮	대운 남	8	9	9	9	소	1	1	1	1	2	2	2	3	3	3	4	4	4	5	대	5	6	6	6	7	7	7	8	8	8	9
12/28	대운 여	1	1	1	1	한	10	9	9	9	8	8	8	7	7	7	6	6	6	5	한	5	4	4	4	3	3	3	2	2	2	1

입춘 4일 04시 07분 ⇨ **【戊寅月(무인월)】**(입춘, 우수~ 경칩 전) 우수 18일 23시 59분

양력	양력	1	2	3	4	5	6	7	8	9	10	11	12	13	14	15	16	17	18	19	20	21	22	23	24	25	26	27	28	
2	요일	금	토	일	월	화	수	목	금	토	일	월	화	수	목	금	토	일	월	화	수	목	금	토	일	월	화	수	목	
음력	일진 日辰	丁卯	戊辰	己巳	庚午	辛未	壬申	癸酉	甲戌	乙亥	丙子	丁丑	戊寅	己卯	庚辰	辛巳	壬午	癸未	甲申	乙酉	丙戌	丁亥	戊子	己丑	庚寅	辛卯	壬辰	癸巳	甲午	立春
12/29	음력	29	30	1/1	2	3	4	5	6	7	8	9	10	11	12	13	14	15	16	17	18	19	20	21	22	23	24	25	26	
▮	대운 남	9	9	10	입	9	9	9	8	8	8	7	7	7	6	6	6	5	우	5	4	4	4	3	3	3	2	2	2	
01/26	대운 여	1	1	1	춘	1	1	1	1	2	2	2	3	3	3	4	4	4	수	5	5	6	6	6	7	7	7	8	8	

경칩 5일 22시 02분 ⇨ **【己卯月(기묘월)】**(경칩, 춘분~ 청명 전) 춘분 20일 22시 51분

양력	양력	1	2	3	4	5	6	7	8	9	10	11	12	13	14	15	16	17	18	19	20	21	22	23	24	25	26	27	28	29	30	31
3	요일	금	토	일	월	화	수	목	금	토	일	월	화	수	목	금	토	일	월	화	수	목	금	토	일	월	화	수	목	금	토	일
음력	일진 日辰	乙未	丙申	丁酉	戊戌	己亥	庚子	辛丑	壬寅	癸卯	甲辰	乙巳	丙午	丁未	戊申	己酉	庚戌	辛亥	壬子	癸丑	甲寅	乙卯	丙辰	丁巳	戊午	己未	庚申	辛酉	壬戌	癸亥	甲子	乙丑
01/27	음력	27	28	29	2/1	2	3	4	5	6	7	8	9	10	11	12	13	14	15	16	17	18	19	20	21	22	23	24	25	26	27	28
▮	대운 남	1	1	1	1	경	10	10	9	9	9	8	8	8	7	7	7	6	6	6	춘	5	5	4	4	4	3	3	3	2	2	2
02/28	대운 여	8	9	9	9	칩	1	1	1	1	2	2	2	3	3	3	4	4	4	5	분	5	6	6	6	7	7	7	8	8	8	9

청명 5일 02시 40분 ⇨ **【庚辰月(경진월)】**(청명, 곡우~ 입하 전) 곡우 20일 09시 42분

양력	양력	1	2	3	4	5	6	7	8	9	10	11	12	13	14	15	16	17	18	19	20	21	22	23	24	25	26	27	28	29	30
4	요일	월	화	수	목	금	토	일	월	화	수	목	금	토	일	월	화	수	목	금	토	일	월	화	수	목	금	토	일	월	화
음력	일진 日辰	丙寅	丁卯	戊辰	己巳	庚午	辛未	壬申	癸酉	甲戌	乙亥	丙子	丁丑	戊寅	己卯	庚辰	辛巳	壬午	癸未	甲申	乙酉	丙戌	丁亥	戊子	己丑	庚寅	辛卯	壬辰	癸巳	甲午	乙未
02/29	음력	29	30	3/1	2	3	4	5	6	7	8	9	10	11	12	13	14	15	16	17	18	19	20	21	22	23	24	25	26	27	28
▮	대운 남	1	1	1	1	청	10	9	9	9	8	8	8	7	7	7	6	6	6	5	곡	5	4	4	4	3	3	3	2	2	2
03/28	대운 여	9	9	10	10	명	1	1	1	1	2	2	2	3	3	3	4	4	4	5	우	5	6	6	6	7	7	7	8	8	8

입하 5일 19시 45분 ⇨ **【辛巳月(신사월)】**(입하, 소만~ 망종 전) 소만 21일 08시 40분

양력	양력	1	2	3	4	5	6	7	8	9	10	11	12	13	14	15	16	17	18	19	20	21	22	23	24	25	26	27	28	29	30	31
5	요일	수	목	금	토	일	월	화	수	목	금	토	일	월	화	수	목	금	토	일	월	화	수	목	금	토	일	월	화	수	목	금
음력	일진 日辰	丙申	丁酉	戊戌	己亥	庚子	辛丑	壬寅	癸卯	甲辰	乙巳	丙午	丁未	戊申	己酉	庚戌	辛亥	壬子	癸丑	甲寅	乙卯	丙辰	丁巳	戊午	己未	庚申	辛酉	壬戌	癸亥	甲子	乙丑	丙寅
03/29	음력	29	4/1	2	3	4	5	6	7	8	9	10	11	12	13	14	15	16	17	18	19	20	21	22	23	24	25	26	27	28	29	30
▮	대운 남	1	1	1	1	입	10	10	9	9	9	8	8	8	7	7	7	6	6	6	5	소	5	4	4	4	3	3	3	2	2	2
04/30	대운 여	9	9	9	10	하	1	1	1	1	2	2	2	3	3	3	4	4	4	5	5	만	6	6	6	7	7	7	8	8	8	9

망종 5일 23시 43분 ⇨ **【壬午月(임오월)】**(망종, 하지~ 소서 전) 하지 21일 16시 30분

양력	양력	1	2	3	4	5	6	7	8	9	10	11	12	13	14	15	16	17	18	19	20	21	22	23	24	25	26	27	28	29	30
6	요일	토	일	월	화	수	목	금	토	일	월	화	수	목	금	토	일	월	화	수	목	금	토	일	월	화	수	목	금	토	일
음력	일진 日辰	丁卯	戊辰	己巳	庚午	辛未	壬申	癸酉	甲戌	乙亥	丙子	丁丑	戊寅	己卯	庚辰	辛巳	壬午	癸未	甲申	乙酉	丙戌	丁亥	戊子	己丑	庚寅	辛卯	壬辰	癸巳	甲午	乙未	丙申
05/01	음력	5/1	2	3	4	5	6	7	8	9	10	11	12	13	14	15	16	17	18	19	20	21	22	23	24	25	26	27	28	29	30
▮	대운 남	1	1	1	1	망	10	10	10	9	9	9	8	8	8	7	7	7	6	6	6	하	5	5	4	4	4	3	3	3	2
05/30	대운 여	9	9	10	10	종	1	1	1	1	2	2	2	3	3	3	4	4	4	5	5	지	6	6	6	7	7	7	8	8	8

대장군(남방), 삼살(북방), 상문(북방),조객(서남방), 납음(차천금), 【삼재(신,유,술)년】
한식(4월05일), 초복(7월14일), 중복(7월24일), 말복(8월13일)

庚戌年(경술년)

2030

소서 7일 09시 54분 【癸未月(계미월)】(소서, 대서~ 입추 전) 대서 23일 03시 24분

양력 7	양력	1	2	3	4	5	6	7	8	9	10	11	12	13	14	15	16	17	18	19	20	21	22	23	24	25	26	27	28	29	30	31
	요일	월	화	수	목	금	토	일	월	화	수	목	금	토	일	월	화	수	목	금	토	일	월	화	수	목	금	토	일	월	화	수
음력	일진 日辰	丁酉	戊戌	己亥	庚子	辛丑	壬寅	癸卯	甲辰	乙巳	丙午	丁未	戊申	己酉	庚戌	辛亥	壬子	癸丑	甲寅	乙卯	丙辰	丁巳	戊午	己未	庚申	辛酉	壬戌	癸亥	甲子	乙丑	丙寅	丁卯
06/01	음력	6/1	2	3	4	5	6	7	8	9	10	11	12	13	14	15	16	17	18	19	20	21	22	23	24	25	26	27	28	29	7/1	2
07/02	대운 남	2	2	1	1	1	1	소	10	10	9	9	9	8	8	8	7	7	7	6	6	6	5	대	5	4	4	4	3	3	3	2
	대운 여	9	9	9	10	10	10	서	1	1	1	1	2	2	2	3	3	3	4	4	4	5	5	서	6	6	6	7	7	7	8	8

입추 7일 19시 46분 【甲申月(갑신월)】(입추, 처서~ 백로 전) 처서 23일 10시 35분

양력 8	양력	1	2	3	4	5	6	7	8	9	10	11	12	13	14	15	16	17	18	19	20	21	22	23	24	25	26	27	28	29	30	31
	요일	목	금	토	일	월	화	수	목	금	토	일	월	화	수	목	금	토	일	월	화	수	목	금	토	일	월	화	수	목	금	토
음력	일진 日辰	戊辰	己巳	庚午	辛未	壬申	癸酉	甲戌	乙亥	丙子	丁丑	戊寅	己卯	庚辰	辛巳	壬午	癸未	甲申	乙酉	丙戌	丁亥	戊子	己丑	庚寅	辛卯	壬辰	癸巳	甲午	乙未	丙申	丁酉	戊戌
07/03	음력	3	4	5	6	7	8	9	10	11	12	13	14	15	16	17	18	19	20	21	22	23	24	25	26	27	28	29	30	8/1	2	3
08/03	대운 남	2	2	1	1	1	1	입	10	10	9	9	9	8	8	8	7	7	7	6	6	6	5	처	5	4	4	4	3	3	3	2
	대운 여	8	9	9	9	10	10	추	1	1	1	1	2	2	2	3	3	3	4	4	4	5	5	서	6	6	6	7	7	7	8	8

백로 7일 22시 52분 【乙酉月(을유월)】(백로, 추분-한로 전) 추분 23일 08시 26분

양력 9	양력	1	2	3	4	5	6	7	8	9	10	11	12	13	14	15	16	17	18	19	20	21	22	23	24	25	26	27	28	29	30
	요일	일	월	화	수	목	금	토	일	월	화	수	목	금	토	일	월	화	수	목	금	토	일	월	화	수	목	금	토	일	월
음력	일진 日辰	己亥	庚子	辛丑	壬寅	癸卯	甲辰	乙巳	丙午	丁未	戊申	己酉	庚戌	辛亥	壬子	癸丑	甲寅	乙卯	丙辰	丁巳	戊午	己未	庚申	辛酉	壬戌	癸亥	甲子	乙丑	丙寅	丁卯	戊辰
08/04	음력	4	5	6	7	8	9	10	11	12	13	14	15	16	17	18	19	20	21	22	23	24	25	26	27	28	29	9/1	2	3	4
09/04	대운 남	2	2	1	1	1	1	백	10	10	9	9	9	8	8	8	7	7	7	6	6	6	5	추	5	4	4	4	3	3	3
	대운 여	8	9	9	9	10	10	로	1	1	1	1	2	2	2	3	3	3	4	4	4	5	5	분	6	6	6	7	7	7	8

한로 8일 14시 44분 【丙戌月(병술월)】(한로, 상강~ 입동 전) 상강 23일 05시 59분

양력 10	양력	1	2	3	4	5	6	7	8	9	10	11	12	13	14	15	16	17	18	19	20	21	22	23	24	25	26	27	28	29	30	31
	요일	화	수	목	금	토	일	월	화	수	목	금	토	일	월	화	수	목	금	토	일	월	화	수	목	금	토	일	월	화	수	목
음력	일진 日辰	己巳	庚午	辛未	壬申	癸酉	甲戌	乙亥	丙子	丁丑	戊寅	己卯	庚辰	辛巳	壬午	癸未	甲申	乙酉	丙戌	丁亥	戊子	己丑	庚寅	辛卯	壬辰	癸巳	甲午	乙未	丙申	丁酉	戊戌	己亥
09/05	음력	5	6	7	8	9	10	11	12	13	14	15	16	17	18	19	20	21	22	23	24	25	26	27	28	29	30	10/1	2	3	4	5
10/05	대운 남	2	2	2	1	1	1	1	한	10	9	9	9	8	8	8	7	7	7	6	6	6	5	상	5	4	4	4	3	3	3	2
	대운 여	8	8	9	9	9	10	10	로	1	1	1	1	2	2	2	3	3	3	4	4	4	5	강	5	6	6	6	7	7	7	8

입동 7일 18시 07분 【丁亥月(정해월)】(입동, 소설~ 대설 전) 소설 22일 15시 43분

양력 11	양력	1	2	3	4	5	6	7	8	9	10	11	12	13	14	15	16	17	18	19	20	21	22	23	24	25	26	27	28	29	30
	요일	금	토	일	월	화	수	목	금	토	일	월	화	수	목	금	토	일	월	화	수	목	금	토	일	월	화	수	목	금	토
음력	일진 日辰	庚子	辛丑	壬寅	癸卯	甲辰	乙巳	丙午	丁未	戊申	己酉	庚戌	辛亥	壬子	癸丑	甲寅	乙卯	丙辰	丁巳	戊午	己未	庚申	辛酉	壬戌	癸亥	甲子	乙丑	丙寅	丁卯	戊辰	己巳
10/06	음력	6	7	8	9	10	11	12	13	14	15	16	17	18	19	20	21	22	23	24	25	26	27	28	29	11/1	2	3	4	5	6
11/06	대운 남	2	2	1	1	1	1	입	10	9	9	9	8	8	8	7	7	7	6	6	6	5	소	5	4	4	4	3	3	3	2
	대운 여	8	8	9	9	9	10	동	1	1	1	1	2	2	2	3	3	3	4	4	4	5	설	5	6	6	6	7	7	7	8

대설 7일 11시 06분 【戊子月(무자월)】(대설, 동지~소한 전) 동지 22일 05시 08분

양력 12	양력	1	2	3	4	5	6	7	8	9	10	11	12	13	14	15	16	17	18	19	20	21	22	23	24	25	26	27	28	29	30	31
	요일	일	월	화	수	목	금	토	일	월	화	수	목	금	토	일	월	화	수	목	금	토	일	월	화	수	목	금	토	일	월	화
음력	일진 日辰	庚午	辛未	壬申	癸酉	甲戌	乙亥	丙子	丁丑	戊寅	己卯	庚辰	辛巳	壬午	癸未	甲申	乙酉	丙戌	丁亥	戊子	己丑	庚寅	辛卯	壬辰	癸巳	甲午	乙未	丙申	丁酉	戊戌	己亥	庚子
11/07	음력	7	8	9	10	11	12	13	14	15	16	17	18	19	20	21	22	23	24	25	26	27	28	29	30	12/1	2	3	4	5	6	7
12/07	대운 남	2	2	1	1	1	1	대	9	9	9	8	8	8	7	7	7	6	6	6	5	5	동	4	4	4	3	3	3	2	2	2
	대운 여	8	8	9	9	9	10	설	1	1	1	1	2	2	2	3	3	3	4	4	4	5	지	5	6	6	6	7	7	7	8	8

윤3월 小 2031 辛亥年(신해년)

단기 4364년 /불기2575년 대장군(서방). 삼살(서방), 상문(동북방),조객(서방). 납음(차천금),【삼재(사,오,미)년】

소한 5일 22시 22분 ⇨ 【己丑月(기축월)】(소한, 대한~ 입춘 전) 대한 20일 15시 47분

양력	양력	1	2	3	4	5	6	7	8	9	10	11	12	13	14	15	16	17	18	19	20	21	22	23	24	25	26	27	28	29	30	31
1	요일	수	목	금	토	일	월	화	수	목	금	토	일	월	화	수	목	금	토	일	월	화	수	목	금	토	일	월	화	수	목	금
	일진 日辰	辛丑	壬寅	癸卯	甲辰	乙巳	丙午	丁未	戊申	己酉	庚戌	辛亥	壬子	癸丑	甲寅	乙卯	丙辰	丁巳	戊午	己未	庚申	辛酉	壬戌	癸亥	甲子	乙丑	丙寅	丁卯	戊辰	己巳	庚午	辛未
음력 12/08	음력	8	9	10	11	12	13	14	15	16	17	18	19	20	21	22	23	24	25	26	27	28	29	1/1	2	3	4	5	6	7	8	9
01/09	대운 남	1	1	1	1	소	10	9	9	9	8	8	8	7	7	7	6	6	6	5	대	5	4	4	4	3	3	3	2	2	2	1
	대운 여	8	9	9	9	한	1	1	1	1	2	2	2	3	3	3	4	4	4	5	한	5	6	6	6	7	7	7	8	8	8	9

입춘 4일 09시 57분 ⇨ 【庚寅月(경인월)】(입춘, 우수~ 경칩 전) 우수 19일 05시 50분

양력	양력	1	2	3	4	5	6	7	8	9	10	11	12	13	14	15	16	17	18	19	20	21	22	23	24	25	26	27	28	
2	요일	토	일	월	화	수	목	금	토	일	월	화	수	목	금	토	일	월	화	수	목	금	토	일	월	화	수	목	금	
	일진 日辰	壬申	癸酉	甲戌	乙亥	丙子	丁丑	戊寅	己卯	庚辰	辛巳	壬午	癸未	甲申	乙酉	丙戌	丁亥	戊子	己丑	庚寅	辛卯	壬辰	癸巳	甲午	乙未	丙申	丁酉	戊戌	己亥	立春
음력 01/10	음력	10	11	12	13	14	15	16	17	18	19	20	21	22	23	24	25	26	27	28	29	30	2/1	2	3	4	5	6	7	
02/07	대운 남	1	1	1	입	1	1	1	1	2	2	2	3	3	3	4	4	4	5	우	5	6	6	6	7	7	7	8	8	
	대운 여	9	9	10	춘	10	9	9	9	8	8	8	7	7	7	6	6	6	5	수	5	4	4	4	3	3	3	2	2	

경칩 6일 03시 50분 ⇨ 【辛卯月(신묘월)】(경칩, 춘분~ 청명 전) 춘분 21일 04시 40분

양력	양력	1	2	3	4	5	6	7	8	9	10	11	12	13	14	15	16	17	18	19	20	21	22	23	24	25	26	27	28	29	30	31
3	요일	토	일	월	화	수	목	금	토	일	월	화	수	목	금	토	일	월	화	수	목	금	토	일	월	화	수	목	금	토	일	월
	일진 日辰	庚子	辛丑	壬寅	癸卯	甲辰	乙巳	丙午	丁未	戊申	己酉	庚戌	辛亥	壬子	癸丑	甲寅	乙卯	丙辰	丁巳	戊午	己未	庚申	辛酉	壬戌	癸亥	甲子	乙丑	丙寅	丁卯	戊辰	己巳	庚午
음력 02/08	음력	8	9	10	11	12	13	14	15	16	17	18	19	20	21	22	23	24	25	26	27	28	29	3/1	2	3	4	5	6	7	8	9
03/09	대운 남	8	9	9	9	10	경	1	1	1	1	2	2	2	3	3	3	4	4	4	5	춘	5	6	6	6	7	7	7	8	8	8
	대운 여	2	1	1	1	1	칩	10	9	9	9	8	8	8	7	7	7	6	6	6	5	분	5	4	4	4	3	3	3	2	2	2

청명 5일 08시 27분 ⇨ 【壬辰月(임진월)】(청명, 곡우~ 입하 전) 곡우 20일 15시 30분

양력	양력	1	2	3	4	5	6	7	8	9	10	11	12	13	14	15	16	17	18	19	20	21	22	23	24	25	26	27	28	29	30
4	요일	화	수	목	금	토	일	월	화	수	목	금	토	일	월	화	수	목	금	토	일	월	화	수	목	금	토	일	월	화	수
	일진 日辰	辛未	壬申	癸酉	甲戌	乙亥	丙子	丁丑	戊寅	己卯	庚辰	辛巳	壬午	癸未	甲申	乙酉	丙戌	丁亥	戊子	己丑	庚寅	辛卯	壬辰	癸巳	甲午	乙未	丙申	丁酉	戊戌	己亥	庚子
음력 03/10	음력	10	11	12	13	14	15	16	17	18	19	20	21	22	23	24	25	26	27	28	29	30	윤3	2	3	4	5	6	7	8	9
윤309	대운 남	9	9	9	10	청	1	1	1	1	2	2	2	3	3	3	4	4	4	5	곡	5	6	6	6	7	7	7	8	8	8
	대운 여	1	1	1	1	명	10	10	9	9	9	8	8	8	7	7	7	6	6	6	우	5	5	4	4	4	3	3	3	2	2

입하 6일 01시 34분 ⇨ 【癸巳月(계사월)】(입하, 소만~ 망종 전) 소만 21일 14시 27분

양력	양력	1	2	3	4	5	6	7	8	9	10	11	12	13	14	15	16	17	18	19	20	21	22	23	24	25	26	27	28	29	30	31
5	요일	목	금	토	일	월	화	수	목	금	토	일	월	화	수	목	금	토	일	월	화	수	목	금	토	일	월	화	수	목	금	토
	일진 日辰	辛丑	壬寅	癸卯	甲辰	乙巳	丙午	丁未	戊申	己酉	庚戌	辛亥	壬子	癸丑	甲寅	乙卯	丙辰	丁巳	戊午	己未	庚申	辛酉	壬戌	癸亥	甲子	乙丑	丙寅	丁卯	戊辰	己巳	庚午	辛未
음력 윤310	음력	10	11	12	13	14	15	16	17	18	19	20	21	22	23	24	25	26	27	28	29	4/1	2	3	4	5	6	7	8	9	10	11
04/11	대운 남	9	9	9	10	10	입	1	1	1	1	2	2	2	3	3	3	4	4	4	5	소	5	6	6	6	7	7	7	8	8	8
	대운 여	2	1	1	1	1	하	10	10	9	9	9	8	8	8	7	7	7	6	6	6	만	5	5	4	4	4	3	3	3	2	2

망종 6일 05시 34분 ⇨ 【甲午月(갑오월)】(망종, 하지~ 소서 전) 하지 21일 22시 16분

양력	양력	1	2	3	4	5	6	7	8	9	10	11	12	13	14	15	16	17	18	19	20	21	22	23	24	25	26	27	28	29	30
6	요일	일	월	화	수	목	금	토	일	월	화	수	목	금	토	일	월	화	수	목	금	토	일	월	화	수	목	금	토	일	월
	일진 日辰	壬申	癸酉	甲戌	乙亥	丙子	丁丑	戊寅	己卯	庚辰	辛巳	壬午	癸未	甲申	乙酉	丙戌	丁亥	戊子	己丑	庚寅	辛卯	壬辰	癸巳	甲午	乙未	丙申	丁酉	戊戌	己亥	庚子	辛丑
음력 04/12	음력	12	13	14	15	16	17	18	19	20	21	22	23	24	25	26	27	28	29	30	5/1	2	3	4	5	6	7	8	9	10	11
05/11	대운 남	9	9	9	10	10	망	1	1	1	1	2	2	2	3	3	3	4	4	4	5	하	5	6	6	6	7	7	7	8	8
	대운 여	2	1	1	1	1	종	10	10	9	9	9	8	8	8	7	7	7	6	6	6	지	5	5	4	4	4	3	3	3	2

대장군(서방), 삼살(서방), 상문(동북방),조객(서방), 납음(차천금), 【삼재(사,오,미)년】
한식(4월06일), 초복(7월19일), 중복(7월29일), 말복(8월08일)

辛亥年(신해년)

2031

소서 7일 15시 48분 ⇨ 【乙未月(을미월)】(소서, 대서~ 입추 전) 대서 23일 09시 09분

양력 7 / 음력 05/12 ~ 06/13

양력	1	2	3	4	5	6	7	8	9	10	11	12	13	14	15	16	17	18	19	20	21	22	23	24	25	26	27	28	29	30	31
요일	화	수	목	금	토	일	월	화	수	목	금	토	일	월	화	수	목	금	토	일	월	화	수	목	금	토	일	월	화	수	목
일진 日辰	壬寅	癸卯	甲辰	乙巳	丙午	丁未	戊申	己酉	庚戌	辛亥	壬子	癸丑	甲寅	乙卯	丙辰	丁巳	戊午	己未	庚申	辛酉	壬戌	癸亥	甲子	乙丑	丙寅	丁卯	戊辰	己巳	庚午	辛未	壬申
음력	12	13	14	15	16	17	18	19	20	21	22	23	24	25	26	27	28	29	6/1	2	3	4	5	6	7	8	9	10	11	12	13
대운 남	8	9	9	9	10	10	소	1	1	1	1	2	2	2	3	3	3	4	4	4	5	5	대	6	6	6	7	7	7	8	8
대운 여	2	2	1	1	1	1	서	10	10	10	9	9	9	8	8	8	7	7	7	6	6	6	서	5	5	4	4	4	3	3	3

입추 8일 13시 44분 ⇨ 【丙申月(병신월)】(입추, 처서~ 백로 전) 처서 23일 16시 22분

양력 8 / 음력 06/14 ~ 07/14

양력	1	2	3	4	5	6	7	8	9	10	11	12	13	14	15	16	17	18	19	20	21	22	23	24	25	26	27	28	29	30	31
요일	금	토	일	월	화	수	목	금	토	일	월	화	수	목	금	토	일	월	화	수	목	금	토	일	월	화	수	목	금	토	일
일진 日辰	癸酉	甲戌	乙亥	丙子	丁丑	戊寅	己卯	庚辰	辛巳	壬午	癸未	甲申	乙酉	丙戌	丁亥	戊子	己丑	庚寅	辛卯	壬辰	癸巳	甲午	乙未	丙申	丁酉	戊戌	己亥	庚子	辛丑	壬寅	癸卯
음력	14	15	16	17	18	19	20	21	22	23	24	25	26	27	28	29	30	7/1	2	3	4	5	6	7	8	9	10	11	12	13	14
대운 남	8	9	9	9	10	10	10	입	1	1	1	1	2	2	2	3	3	3	4	4	4	5	처	5	6	6	6	7	7	7	8
대운 여	2	2	2	1	1	1	1	추	10	10	9	9	9	8	8	8	7	7	7	6	6	6	서	5	5	4	4	4	3	3	3

백로 8일 04시 49분 ⇨ 【丁酉月(정유월)】(백로, 추분-한로 전) 추분 23일 14시 14분

양력 9 / 음력 07/15 ~ 08/14

양력	1	2	3	4	5	6	7	8	9	10	11	12	13	14	15	16	17	18	19	20	21	22	23	24	25	26	27	28	29	30
요일	월	화	수	목	금	토	일	월	화	수	목	금	토	일	월	화	수	목	금	토	일	월	화	수	목	금	토	일	월	화
일진 日辰	甲辰	乙巳	丙午	丁未	戊申	己酉	庚戌	辛亥	壬子	癸丑	甲寅	乙卯	丙辰	丁巳	戊午	己未	庚申	辛酉	壬戌	癸亥	甲子	乙丑	丙寅	丁卯	戊辰	己巳	庚午	辛未	壬申	癸酉
음력	15	16	17	18	19	20	21	22	23	24	25	26	27	28	29	30	8/1	2	3	4	5	6	7	8	9	10	11	12	13	14
대운 남	8	8	9	9	9	10	10	백	1	1	1	1	2	2	2	3	3	3	4	4	4	5	추	5	6	6	6	7	7	7
대운 여	2	2	2	1	1	1	1	로	10	9	9	9	8	8	8	7	7	7	6	6	6	5	분	5	4	4	4	3	3	3

한로 8일 20시 42분 ⇨ 【戊戌月(무술월)】(한로, 상강~ 입동 전) 상강 23일 23시 48분

양력 10 / 음력 08/15 ~ 09/16

양력	1	2	3	4	5	6	7	8	9	10	11	12	13	14	15	16	17	18	19	20	21	22	23	24	25	26	27	28	29	30	31
요일	수	목	금	토	일	월	화	수	목	금	토	일	월	화	수	목	금	토	일	월	화	수	목	금	토	일	월	화	수	목	금
일진 日辰	甲戌	乙亥	丙子	丁丑	戊寅	己卯	庚辰	辛巳	壬午	癸未	甲申	乙酉	丙戌	丁亥	戊子	己丑	庚寅	辛卯	壬辰	癸巳	甲午	乙未	丙申	丁酉	戊戌	己亥	庚子	辛丑	壬寅	癸卯	甲辰
음력	15	16	17	18	19	20	21	22	23	24	25	26	27	28	29	9/1	2	3	4	5	6	7	8	9	10	11	12	13	14	15	16
대운 남	8	8	8	9	9	9	10	한	1	1	1	1	2	2	2	3	3	3	4	4	4	5	상	5	6	6	6	7	7	7	8
대운 여	2	2	2	1	1	1	1	로	10	10	9	9	9	8	8	8	7	7	7	6	6	6	강	5	5	4	4	4	3	3	3

입동 8일 00시 04분 ⇨ 【己亥月(기해월)】(입동, 소설~ 대설 전) 소설 21일 21시 31분

양력 11 / 음력 09/17 ~ 10/16

양력	1	2	3	4	5	6	7	8	9	10	11	12	13	14	15	16	17	18	19	20	21	22	23	24	25	26	27	28	29	30
요일	토	일	월	화	수	목	금	토	일	월	화	수	목	금	토	일	월	화	수	목	금	토	일	월	화	수	목	금	토	일
일진 日辰	乙巳	丙午	丁未	戊申	己酉	庚戌	辛亥	壬子	癸丑	甲寅	乙卯	丙辰	丁巳	戊午	己未	庚申	辛酉	壬戌	癸亥	甲子	乙丑	丙寅	丁卯	戊辰	己巳	庚午	辛未	壬申	癸酉	甲戌
음력	17	18	19	20	21	22	23	24	25	26	27	28	29	30	10/1	2	3	4	5	6	7	8	9	10	11	12	13	14	15	16
대운 남	8	8	9	9	9	10	10	입	1	1	1	1	2	2	2	3	3	3	4	4	4	소	5	5	6	6	6	7	7	7
대운 여	2	2	2	1	1	1	1	동	9	9	9	8	8	8	7	7	7	6	6	6	5	설	5	4	4	4	3	3	3	2

대설 7일 17시 02분 ⇨ 【庚子月(경자월)】(대설, 동지~소한 전) 동지 22일 10시 54분

양력 12 / 음력 10/17 ~ 11/18

양력	1	2	3	4	5	6	7	8	9	10	11	12	13	14	15	16	17	18	19	20	21	22	23	24	25	26	27	28	29	30	31
요일	월	화	수	목	금	토	일	월	화	수	목	금	토	일	월	화	수	목	금	토	일	월	화	수	목	금	토	일	월	화	수
일진 日辰	乙亥	丙子	丁丑	戊寅	己卯	庚辰	辛巳	壬午	癸未	甲申	乙酉	丙戌	丁亥	戊子	己丑	庚寅	辛卯	壬辰	癸巳	甲午	乙未	丙申	丁酉	戊戌	己亥	庚子	辛丑	壬寅	癸卯	甲辰	乙巳
음력	17	18	19	20	21	22	23	24	25	26	27	28	29	11/1	2	3	4	5	6	7	8	9	10	11	12	13	14	15	16	17	18
대운 남	8	8	8	9	9	9	대	1	1	1	1	2	2	2	3	3	3	4	4	4	5	동	5	6	6	6	7	7	7	8	8
대운 여	2	2	1	1	1	1	설	10	9	9	9	8	8	8	7	7	7	6	6	6	5	지	5	4	4	4	3	3	3	2	2

2032 壬子年(임자년)

단기 4365년 /불기2576년 대장군(서방). 삼살(남방), 상문(동북방),조객(서북방), 납음(상석목), 【삼재(인,묘,진)년】

소한 6일 04시 15분 ⇨ **【辛丑月(신축월)】**(소한, 대한~ 입춘 전) 대한 20일 21시 30분

양력 **1** 음력 11/19 ~ 12/19

양력	1	2	3	4	5	6	7	8	9	10	11	12	13	14	15	16	17	18	19	20	21	22	23	24	25	26	27	28	29	30	31
요일	목	금	토	일	월	화	수	목	금	토	일	월	화	수	목	금	토	일	월	화	수	목	금	토	일	월	화	수	목	금	토
일진 日辰	丙午	丁未	戊申	己酉	庚戌	辛亥	壬子	癸丑	甲寅	乙卯	丙辰	丁巳	戊午	己未	庚申	辛酉	壬戌	癸亥	甲子	乙丑	丙寅	丁卯	戊辰	己巳	庚午	辛未	壬申	癸酉	甲戌	乙亥	丙子
음력	19	20	21	22	23	24	25	26	27	28	29	30	12/1	2	3	4	5	6	7	8	9	10	11	12	13	14	15	16	17	18	19
대운 남	8	9	9	9	10	소	1	1	1	1	2	2	2	3	3	3	4	4	4	대	5	5	6	6	6	7	7	7	8	8	8
대운 여	2	1	1	1	1	한	9	9	9	8	8	8	7	7	7	6	6	6	5	한	5	4	4	4	3	3	3	2	2	2	1

입춘 4일 15시 48분 ⇨ **【壬寅月(임인월)】** (입춘, 우수~ 경칩 전) 우수 19일 11시 31분

양력 **2** 음력 12/20 ~ 01/19

양력	1	2	3	4	5	6	7	8	9	10	11	12	13	14	15	16	17	18	19	20	21	22	23	24	25	26	27	28	29	
요일	일	월	화	수	목	금	토	일	월	화	수	목	금	토	일	월	화	수	목	금	토	일	월	화	수	목	금	토	일	立春
일진 日辰	丁丑	戊寅	己卯	庚辰	辛巳	壬午	癸未	甲申	乙酉	丙戌	丁亥	戊子	己丑	庚寅	辛卯	壬辰	癸巳	甲午	乙未	丙申	丁酉	戊戌	己亥	庚子	辛丑	壬寅	癸卯	甲辰	乙巳	
음력	20	21	22	23	24	25	26	27	28	29	1/1	2	3	4	5	6	7	8	9	10	11	12	13	14	15	16	17	18	19	
대운 남	9	9	9	입	10	9	9	9	8	8	8	7	7	7	6	6	6	5	우	5	4	4	4	3	3	3	2	2	2	
대운 여	1	1	1	춘	1	1	1	1	2	2	2	3	3	3	4	4	4	5	수	5	6	6	6	7	7	7	8	8	8	

경칩 5일 09시 39분 ⇨ **【癸卯月(계묘월)】**(경칩, 춘분~ 청명 전) 춘분 20일 10시 21분

양력 **3** 음력 01/20 ~ 02/20

양력	1	2	3	4	5	6	7	8	9	10	11	12	13	14	15	16	17	18	19	20	21	22	23	24	25	26	27	28	29	30	31
요일	월	화	수	목	금	토	일	월	화	수	목	금	토	일	월	화	수	목	금	토	일	월	화	수	목	금	토	일	월	화	수
일진 日辰	丙午	丁未	戊申	己酉	庚戌	辛亥	壬子	癸丑	甲寅	乙卯	丙辰	丁巳	戊午	己未	庚申	辛酉	壬戌	癸亥	甲子	乙丑	丙寅	丁卯	戊辰	己巳	庚午	辛未	壬申	癸酉	甲戌	乙亥	丙子
음력	20	21	22	23	24	25	26	27	28	29	30	2/1	2	3	4	5	6	7	8	9	10	11	12	13	14	15	16	17	18	19	20
대운 남	1	1	1	1	경	10	9	9	9	8	8	8	7	7	7	6	6	6	5	춘	5	4	4	4	3	3	3	2	2	2	1
대운 여	9	9	9	10	칩	1	1	1	1	2	2	2	3	3	3	4	4	4	5	분	5	6	6	6	7	7	7	8	8	8	9

청명 4일 14시 16분 ⇨ **【甲辰月(갑진월)】**(청명, 곡우~ 입하 전) 곡우 19일 21시 13분

양력 **4** 음력 02/21 ~ 03/21

양력	1	2	3	4	5	6	7	8	9	10	11	12	13	14	15	16	17	18	19	20	21	22	23	24	25	26	27	28	29	30
요일	목	금	토	일	월	화	수	목	금	토	일	월	화	수	목	금	토	일	월	화	수	목	금	토	일	월	화	수	목	금
일진 日辰	丁丑	戊寅	己卯	庚辰	辛巳	壬午	癸未	甲申	乙酉	丙戌	丁亥	戊子	己丑	庚寅	辛卯	壬辰	癸巳	甲午	乙未	丙申	丁酉	戊戌	己亥	庚子	辛丑	壬寅	癸卯	甲辰	乙巳	丙午
음력	21	22	23	24	25	26	27	28	29	3/1	2	3	4	5	6	7	8	9	10	11	12	13	14	15	16	17	18	19	20	21
대운 남	1	1	1	청	10	10	9	9	9	8	8	8	7	7	7	6	6	6	곡	5	5	4	4	4	3	3	3	2	2	2
대운 여	9	9	10	명	1	1	1	1	2	2	2	3	3	3	4	4	4	5	우	5	6	6	6	7	7	7	8	8	8	9

입하 5일 07시 25분 ⇨ **【乙巳月(을사월)】**(입하, 소만~ 망종 전) 소만 20일 20시 14분

양력 **5** 음력 03/22 ~ 04/23

양력	1	2	3	4	5	6	7	8	9	10	11	12	13	14	15	16	17	18	19	20	21	22	23	24	25	26	27	28	29	30	31
요일	토	일	월	화	수	목	금	토	일	월	화	수	목	금	토	일	월	화	수	목	금	토	일	월	화	수	목	금	토	일	월
일진 日辰	丁未	戊申	己酉	庚戌	辛亥	壬子	癸丑	甲寅	乙卯	丙辰	丁巳	戊午	己未	庚申	辛酉	壬戌	癸亥	甲子	乙丑	丙寅	丁卯	戊辰	己巳	庚午	辛未	壬申	癸酉	甲戌	乙亥	丙子	丁丑
음력	22	23	24	25	26	27	28	29	4/1	2	3	4	5	6	7	8	9	10	11	12	13	14	15	16	17	18	19	20	21	22	23
대운 남	1	1	1	1	입	10	10	9	9	9	8	8	8	7	7	7	6	6	6	소	5	5	4	4	4	3	3	3	2	2	2
대운 여	9	9	10	10	하	1	1	1	1	2	2	2	3	3	3	4	4	4	5	만	5	6	6	6	7	7	7	8	8	8	9

망종 5일 11시 27분 ⇨ **【丙午月(병오월)】**(망종, 하지~ 소서 전) 하지 21일 04시 07분

양력 **6** 음력 04/24 ~ 05/23

양력	1	2	3	4	5	6	7	8	9	10	11	12	13	14	15	16	17	18	19	20	21	22	23	24	25	26	27	28	29	30
요일	화	수	목	금	토	일	월	화	수	목	금	토	일	월	화	수	목	금	토	일	월	화	수	목	금	토	일	월	화	수
일진 日辰	戊寅	己卯	庚辰	辛巳	壬午	癸未	甲申	乙酉	丙戌	丁亥	戊子	己丑	庚寅	辛卯	壬辰	癸巳	甲午	乙未	丙申	丁酉	戊戌	己亥	庚子	辛丑	壬寅	癸卯	甲辰	乙巳	丙午	丁未
음력	24	25	26	27	28	29	30	5/1	2	3	4	5	6	7	8	9	10	11	12	13	14	15	16	17	18	19	20	21	22	23
대운 남	1	1	1	1	망	10	10	9	9	9	8	8	8	7	7	7	6	6	6	5	하	5	4	4	4	3	3	3	2	2
대운 여	9	9	10	10	종	1	1	1	1	2	2	2	3	3	3	4	4	4	5	5	지	6	6	6	7	7	7	8	8	8

대장군(서방). 삼살(남방), 상문(동북방),조객(서북방), 납음(상석목), 【삼재(인,묘,진)년】
한식(4월05일), 초복(7월13일), 중복(7월23일), 말복(8월12일)

壬子年(임자년)

2032

소서 6일 21시 40분 ⇨ **【丁未月(정미월)】**(소서, 대서~ 입추 전) 대서 22일 15시 03분

양력 7 / 음력 05/24 ~ 06/25

양력	1	2	3	4	5	6	7	8	9	10	11	12	13	14	15	16	17	18	19	20	21	22	23	24	25	26	27	28	29	30	31
요일	목	금	토	일	월	화	수	목	금	토	일	월	화	수	목	금	토	일	월	화	수	목	금	토	일	월	화	수	목	금	토
일진 日辰	戊申	己酉	庚戌	辛亥	壬子	癸丑	甲寅	乙卯	丙辰	丁巳	戊午	己未	庚申	辛酉	壬戌	癸亥	甲子	乙丑	丙寅	丁卯	戊辰	己巳	庚午	辛未	壬申	癸酉	甲戌	乙亥	丙子	丁丑	戊寅
음력	24	25	26	27	28	29	6/1	2	3	4	5	6	7	8	9	10	11	12	13	14	15	16	17	18	19	20	21	22	23	24	25
대운 남	2	1	1	1	1	소	10	10	10	9	9	9	8	8	8	7	7	7	6	6	6	대	5	5	4	4	4	3	3	3	2
대운 여	9	9	9	10	10	서	1	1	1	1	2	2	2	3	3	3	4	4	4	5	5	서	6	6	6	7	7	7	8	8	8

입추 7일 07시 31분 ⇨ **【戊申月(무신월)】**(입추, 처서~ 백로 전) 처서 22일 22시 17분

양력 8 / 음력 06/26 ~ 07/26

양력	1	2	3	4	5	6	7	8	9	10	11	12	13	14	15	16	17	18	19	20	21	22	23	24	25	26	27	28	29	30	31
요일	일	월	화	수	목	금	토	일	월	화	수	목	금	토	일	월	화	수	목	금	토	일	월	화	수	목	금	토	일	월	화
일진 日辰	己卯	庚辰	辛巳	壬午	癸未	甲申	乙酉	丙戌	丁亥	戊子	己丑	庚寅	辛卯	壬辰	癸巳	甲午	乙未	丙申	丁酉	戊戌	己亥	庚子	辛丑	壬寅	癸卯	甲辰	乙巳	丙午	丁未	戊申	己酉
음력	26	27	28	29	30	7/1	2	3	4	5	6	7	8	9	10	11	12	13	14	15	16	17	18	19	20	21	22	23	24	25	26
대운 남	2	2	1	1	1	1	입	10	10	9	9	9	8	8	8	7	7	7	6	6	6	처	5	5	4	4	4	3	3	3	2
대운 여	9	9	9	10	10	10	추	1	1	1	1	2	2	2	3	3	3	4	4	4	5	서	5	6	6	6	7	7	7	8	8

백로 7일 10시 37분 ⇨ **【己酉月(기유월)】**(백로, 추분-한로 전) 추분 22일 20시 10분

양력 9 / 음력 07/27 ~ 08/26

양력	1	2	3	4	5	6	7	8	9	10	11	12	13	14	15	16	17	18	19	20	21	22	23	24	25	26	27	28	29	30
요일	수	목	금	토	일	월	화	수	목	금	토	일	월	화	수	목	금	토	일	월	화	수	목	금	토	일	월	화	수	목
일진 日辰	庚戌	辛亥	壬子	癸丑	甲寅	乙卯	丙辰	丁巳	戊午	己未	庚申	辛酉	壬戌	癸亥	甲子	乙丑	丙寅	丁卯	戊辰	己巳	庚午	辛未	壬申	癸酉	甲戌	乙亥	丙子	丁丑	戊寅	己卯
음력	27	28	29	30	8/1	2	3	4	5	6	7	8	9	10	11	12	13	14	15	16	17	18	19	20	21	22	23	24	25	26
대운 남	2	2	1	1	1	1	백	10	10	9	9	9	8	8	8	7	7	7	6	6	6	추	5	5	4	4	4	3	3	3
대운 여	8	9	9	9	10	10	로	1	1	1	1	2	2	2	3	3	3	4	4	4	5	분	5	6	6	6	7	7	7	8

한로 8일 02시 29분 ⇨ **【庚戌月(경술월)】**(한로, 상강~ 입동 전) 상강 23일 05시 45분

양력 10 / 음력 08/27 ~ 09/28

양력	1	2	3	4	5	6	7	8	9	10	11	12	13	14	15	16	17	18	19	20	21	22	23	24	25	26	27	28	29	30	31
요일	금	토	일	월	화	수	목	금	토	일	월	화	수	목	금	토	일	월	화	수	목	금	토	일	월	화	수	목	금	토	일
일진 日辰	庚辰	辛巳	壬午	癸未	甲申	乙酉	丙戌	丁亥	戊子	己丑	庚寅	辛卯	壬辰	癸巳	甲午	乙未	丙申	丁酉	戊戌	己亥	庚子	辛丑	壬寅	癸卯	甲辰	乙巳	丙午	丁未	戊申	己酉	庚戌
음력	27	28	29	9/1	2	3	4	5	6	7	8	9	10	11	12	13	14	15	16	17	18	19	20	21	22	23	24	25	26	27	28
대운 남	2	2	2	1	1	1	1	한	10	9	9	9	8	8	8	7	7	7	6	6	6	5	상	5	4	4	4	3	3	3	2
대운 여	8	8	9	9	9	10	10	로	1	1	1	1	2	2	2	3	3	3	4	4	4	5	강	5	6	6	6	7	7	7	8

입동 7일 05시 53분 ⇨ **【辛亥月(신해월)】**(입동, 소설~ 대설 전) 소설 22일 03시 30분

양력 11 / 음력 09/29 ~ 10/28

양력	1	2	3	4	5	6	7	8	9	10	11	12	13	14	15	16	17	18	19	20	21	22	23	24	25	26	27	28	29	30
요일	월	화	수	목	금	토	일	월	화	수	목	금	토	일	월	화	수	목	금	토	일	월	화	수	목	금	토	일	월	화
일진 日辰	辛亥	壬子	癸丑	甲寅	乙卯	丙辰	丁巳	戊午	己未	庚申	辛酉	壬戌	癸亥	甲子	乙丑	丙寅	丁卯	戊辰	己巳	庚午	辛未	壬申	癸酉	甲戌	乙亥	丙子	丁丑	戊寅	己卯	庚辰
음력	29	30	10/1	2	3	4	5	6	7	8	9	10	11	12	13	14	15	16	17	18	19	20	21	22	23	24	25	26	27	28
대운 남	2	2	1	1	1	1	입	9	9	9	8	8	8	7	7	7	6	6	6	5	5	소	4	4	4	3	3	3	2	2
대운 여	8	8	9	9	9	10	동	1	1	1	1	2	2	2	3	3	3	4	4	4	5	설	5	6	6	6	7	7	7	8

대설 6일 22시 52분 ⇨ **【壬子月(임자월)】**(대설, 동지~소한 전) 동지 21일 16시 55분

양력 12 / 음력 10/29 ~ 11/29

양력	1	2	3	4	5	6	7	8	9	10	11	12	13	14	15	16	17	18	19	20	21	22	23	24	25	26	27	28	29	30	31
요일	수	목	금	토	일	월	화	수	목	금	토	일	월	화	수	목	금	토	일	월	화	수	목	금	토	일	월	화	수	목	금
일진 日辰	辛巳	壬午	癸未	甲申	乙酉	丙戌	丁亥	戊子	己丑	庚寅	辛卯	壬辰	癸巳	甲午	乙未	丙申	丁酉	戊戌	己亥	庚子	辛丑	壬寅	癸卯	甲辰	乙巳	丙午	丁未	戊申	己酉	庚戌	辛亥
음력	29	30	11/1	2	3	4	5	6	7	8	9	10	11	12	13	14	15	16	17	18	19	20	21	22	23	24	25	26	27	28	29
대운 남	2	1	1	1	1	대	10	9	9	9	8	8	8	7	7	7	6	6	6	5	동	5	4	4	4	3	3	3	2	2	2
대운 여	8	8	9	9	9	설	1	1	1	1	2	2	2	3	3	3	4	4	4	5	지	5	6	6	6	7	7	7	8	8	8

윤7월 小 **2033** 癸丑年(계축년)

단기 4366년 /불기2577년 대장군(서방), 삼살(동방), 상문(동방), 조객(서북방),납음(상석목),【삼재(해,자축)년】

소한 5일 10시 07분 ⇨ **【癸丑月(계축월)】**(소한, 대한~ 입춘 전) 대한 20일 03시 31분

양력 **1** 음력 12/01 ~ 01/01

양력	1	2	3	4	5	6	7	8	9	10	11	12	13	14	15	16	17	18	19	20	21	22	23	24	25	26	27	28	29	30	31
요일	토	일	월	화	수	목	금	토	일	월	화	수	목	금	토	일	월	화	수	목	금	토	일	월	화	수	목	금	토	일	월
일진 日辰	壬子	癸丑	甲寅	乙卯	丙辰	丁巳	戊午	己未	庚申	辛酉	壬戌	癸亥	甲子	乙丑	丙寅	丁卯	戊辰	己巳	庚午	辛未	壬申	癸酉	甲戌	乙亥	丙子	丁丑	戊寅	己卯	庚辰	辛巳	壬午
음력	12/1	2	3	4	5	6	7	8	9	10	11	12	13	14	15	16	17	18	19	20	21	22	23	24	25	26	27	28	29	30	1/1
대운 남	1	1	1	1	소	9	9	9	8	8	8	7	7	7	6	6	6	5	5	대	4	4	4	3	3	3	2	2	2	1	1
대운 여	9	9	9	10	한	1	1	1	1	2	2	2	3	3	3	4	4	4	5	한	5	6	6	6	7	7	7	8	8	8	9

입춘 3일 21시 40분 ⇨ **【甲寅月(갑인월)】**(입춘, 우수~ 경칩 전) 우수 18일 17시 32분

양력 **2** 음력 01/02 ~ 01/29

양력	1	2	3	4	5	6	7	8	9	10	11	12	13	14	15	16	17	18	19	20	21	22	23	24	25	26	27	28	
요일	화	수	목	금	토	일	월	화	수	목	금	토	일	월	화	수	목	금	토	일	월	화	수	목	금	토	일	월	
일진 日辰	癸未	甲申	乙酉	丙戌	丁亥	戊子	己丑	庚寅	辛卯	壬辰	癸巳	甲午	乙未	丙申	丁酉	戊戌	己亥	庚子	辛丑	壬寅	癸卯	甲辰	乙巳	丙午	丁未	戊申	己酉	庚戌	立春
음력	2	3	4	5	6	7	8	9	10	11	12	13	14	15	16	17	18	19	20	21	22	23	24	25	26	27	28	29	
대운 남	1	1	입	1	1	1	1	2	2	2	3	3	3	4	4	4	5	우	5	6	6	6	7	7	7	8	8	8	
대운 여	9	9	춘	10	9	9	9	8	8	8	7	7	7	6	6	6	5	수	5	4	4	4	3	3	3	2	2	2	

경칩 5일 15시 31분 ⇨ **【乙卯月(을묘월)】**(경칩, 춘분~ 청명 전) 춘분 20일 16시 21분

양력 **3** 음력 02/01 ~ 03/01

양력	1	2	3	4	5	6	7	8	9	10	11	12	13	14	15	16	17	18	19	20	21	22	23	24	25	26	27	28	29	30	31
요일	화	수	목	금	토	일	월	화	수	목	금	토	일	월	화	수	목	금	토	일	월	화	수	목	금	토	일	월	화	수	목
일진 日辰	辛亥	壬子	癸丑	甲寅	乙卯	丙辰	丁巳	戊午	己未	庚申	辛酉	壬戌	癸亥	甲子	乙丑	丙寅	丁卯	戊辰	己巳	庚午	辛未	壬申	癸酉	甲戌	乙亥	丙子	丁丑	戊寅	己卯	庚辰	辛巳
음력	2/1	2	3	4	5	6	7	8	9	10	11	12	13	14	15	16	17	18	19	20	21	22	23	24	25	26	27	28	29	30	3/1
대운 남	9	9	9	10	경	1	1	1	1	2	2	2	3	3	3	4	4	4	5	춘	5	6	6	6	7	7	7	8	8	8	9
대운 여	1	1	1	1	칩	10	9	9	9	8	8	8	7	7	7	6	6	6	5	분	5	4	4	4	3	3	3	2	2	2	1

청명 4일 20시 07분 ⇨ **【丙辰月(병진월)】**(청명, 곡우~ 입하 전) 곡우 20일 03시 12분

양력 **4** 음력 03/02 ~ 04/02

양력	1	2	3	4	5	6	7	8	9	10	11	12	13	14	15	16	17	18	19	20	21	22	23	24	25	26	27	28	29	30
요일	금	토	일	월	화	수	목	금	토	일	월	화	수	목	금	토	일	월	화	수	목	금	토	일	월	화	수	목	금	토
일진 日辰	壬午	癸未	甲申	乙酉	丙戌	丁亥	戊子	己丑	庚寅	辛卯	壬辰	癸巳	甲午	乙未	丙申	丁酉	戊戌	己亥	庚子	辛丑	壬寅	癸卯	甲辰	乙巳	丙午	丁未	戊申	己酉	庚戌	辛亥
음력	2	3	4	5	6	7	8	9	10	11	12	13	14	15	16	17	18	19	20	21	22	23	24	25	26	27	28	29	4/1	2
대운 남	9	9	10	청	1	1	1	1	2	2	2	3	3	3	4	4	4	5	5	곡	6	6	6	7	7	7	8	8	8	9
대운 여	1	1	1	명	10	10	9	9	9	8	8	8	7	7	7	6	6	6	5	우	5	4	4	4	3	3	3	2	2	2

입하 5일 13시 12분 ⇨ **【丁巳月(정사월)】**(입하, 소만~ 망종 전) 소만 21일 02시 10분

양력 **5** 음력 04/03 ~ 05/04

양력	1	2	3	4	5	6	7	8	9	10	11	12	13	14	15	16	17	18	19	20	21	22	23	24	25	26	27	28	29	30	31
요일	일	월	화	수	목	금	토	일	월	화	수	목	금	토	일	월	화	수	목	금	토	일	월	화	수	목	금	토	일	월	화
일진 日辰	壬子	癸丑	甲寅	乙卯	丙辰	丁巳	戊午	己未	庚申	辛酉	壬戌	癸亥	甲子	乙丑	丙寅	丁卯	戊辰	己巳	庚午	辛未	壬申	癸酉	甲戌	乙亥	丙子	丁丑	戊寅	己卯	庚辰	辛巳	壬午
음력	3	4	5	6	7	8	9	10	11	12	13	14	15	16	17	18	19	20	21	22	23	24	25	26	27	28	29	5/1	2	3	4
대운 남	9	9	10	10	입	1	1	1	1	2	2	2	3	3	3	4	4	4	5	5	소	6	6	6	7	7	7	8	8	8	9
대운 여	1	1	1	1	하	10	10	9	9	9	8	8	8	7	7	7	6	6	6	5	만	5	4	4	4	3	3	3	2	2	2

망종 5일 17시 12분 ⇨ **【戊午月(무오월)】**(망종, 하지~ 소서 전) 하지 21일 10시 00분

양력 **6** 음력 05/05 ~ 06/04

양력	1	2	3	4	5	6	7	8	9	10	11	12	13	14	15	16	17	18	19	20	21	22	23	24	25	26	27	28	29	30
요일	수	목	금	토	일	월	화	수	목	금	토	일	월	화	수	목	금	토	일	월	화	수	목	금	토	일	월	화	수	목
일진 日辰	癸未	甲申	乙酉	丙戌	丁亥	戊子	己丑	庚寅	辛卯	壬辰	癸巳	甲午	乙未	丙申	丁酉	戊戌	己亥	庚子	辛丑	壬寅	癸卯	甲辰	乙巳	丙午	丁未	戊申	己酉	庚戌	辛亥	壬子
음력	5	6	7	8	9	10	11	12	13	14	15	16	17	18	19	20	21	22	23	24	25	26	27	28	29	30	6/1	2	3	4
대운 남	9	9	10	10	망	1	1	1	1	2	2	2	3	3	3	4	4	4	5	5	하	6	6	6	7	7	7	8	8	8
대운 여	1	1	1	1	종	10	10	10	9	9	9	8	8	8	7	7	7	6	6	6	지	5	5	4	4	4	3	3	3	2

대장군(서방), 삼살(동방), 상문(동방), 조객(서북방),납음(상석목), 【삼재(해,자축)년】
한식(4월05일), 초복(7월18일), 중복(7월28일), 말복(8월07일)

癸丑年(계축년)

소서 7일 03시 24분 ⇨ **【己未月(기미월)】**(소서, 대서~ 입추 전) 대서 22일 20시 51분

양력 7 / 음력 06/05 ~ 07/06

양력	1	2	3	4	5	6	7	8	9	10	11	12	13	14	15	16	17	18	19	20	21	22	23	24	25	26	27	28	29	30	31
요일	금	토	일	월	화	수	목	금	토	일	월	화	수	목	금	토	일	월	화	수	목	금	토	일	월	화	수	목	금	토	일
일진 日辰	癸丑	甲寅	乙卯	丙辰	丁巳	戊午	己未	庚申	辛酉	壬戌	癸亥	甲子	乙丑	丙寅	丁卯	戊辰	己巳	庚午	辛未	壬申	癸酉	甲戌	乙亥	丙子	丁丑	戊寅	己卯	庚辰	辛巳	壬午	癸未
음력	5	6	7	8	9	10	11	12	13	14	15	16	17	18	19	20	21	22	23	24	25	26	27	28	29	7/1	2	3	4	5	6
대운 남	9	9	9	10	10	10	소	1	1	1	1	2	2	2	3	3	3	4	4	4	5	대	5	6	6	6	7	7	7	8	8
대운 여	2	2	1	1	1	1	서	10	10	9	9	9	8	8	8	7	7	7	6	6	6	서	5	5	4	4	4	3	3	3	2

입추 7일 13시 14분 ⇨ **【庚申月(경신월)】**(입추, 처서~ 백로 전) 처서 23일 04시 01분

양력 8 / 음력 07/07 ~ 윤707

양력	1	2	3	4	5	6	7	8	9	10	11	12	13	14	15	16	17	18	19	20	21	22	23	24	25	26	27	28	29	30	31
요일	월	화	수	목	금	토	일	월	화	수	목	금	토	일	월	화	수	목	금	토	일	월	화	수	목	금	토	일	월	화	수
일진 日辰	甲申	乙酉	丙戌	丁亥	戊子	己丑	庚寅	辛卯	壬辰	癸巳	甲午	乙未	丙申	丁酉	戊戌	己亥	庚子	辛丑	壬寅	癸卯	甲辰	乙巳	丙午	丁未	戊申	己酉	庚戌	辛亥	壬子	癸丑	甲寅
음력	7	8	9	10	11	12	13	14	15	16	17	18	19	20	21	22	23	24	25	26	27	28	29	30	윤7	2	3	4	5	6	7
대운 남	8	9	9	9	10	10	입	1	1	1	1	2	2	2	3	3	3	4	4	4	5	5	처	6	6	6	7	7	7	8	8
대운 여	2	2	1	1	1	1	추	10	10	9	9	9	8	8	8	7	7	7	6	6	6	5	서	5	4	4	4	3	3	3	2

백로7일 16시 19분 ⇨ **【辛酉月(신유월)】**(백로, 추분-한로 전) 추분 23일 01시 50분

양력 9 / 음력 윤708 ~ 08/08

양력	1	2	3	4	5	6	7	8	9	10	11	12	13	14	15	16	17	18	19	20	21	22	23	24	25	26	27	28	29	30
요일	목	금	토	일	월	화	수	목	금	토	일	월	화	수	목	금	토	일	월	화	수	목	금	토	일	월	화	수	목	금
일진 日辰	乙卯	丙辰	丁巳	戊午	己未	庚申	辛酉	壬戌	癸亥	甲子	乙丑	丙寅	丁卯	戊辰	己巳	庚午	辛未	壬申	癸酉	甲戌	乙亥	丙子	丁丑	戊寅	己卯	庚辰	辛巳	壬午	癸未	甲申
음력	8	9	10	11	12	13	14	15	16	17	18	19	20	21	22	23	24	25	26	27	28	29	8/1	2	3	4	5	6	7	8
대운 남	8	9	9	9	10	10	백	1	1	1	1	2	2	2	3	3	3	4	4	4	5	5	추	6	6	6	7	7	7	8
대운 여	2	2	1	1	1	1	로	10	10	9	9	9	8	8	8	7	7	7	6	6	6	5	분	5	4	4	4	3	3	3

한로 8일 08시 13분 ⇨ **【壬戌月(임술월)】**(한로, 상강~ 입동 전) 상강 23일 11시 26분

양력 10 / 음력 08/09 ~ 09/09

양력	1	2	3	4	5	6	7	8	9	10	11	12	13	14	15	16	17	18	19	20	21	22	23	24	25	26	27	28	29	30	31
요일	토	일	월	화	수	목	금	토	일	월	화	수	목	금	토	일	월	화	수	목	금	토	일	월	화	수	목	금	토	일	월
일진 日辰	乙酉	丙戌	丁亥	戊子	己丑	庚寅	辛卯	壬辰	癸巳	甲午	乙未	丙申	丁酉	戊戌	己亥	庚子	辛丑	壬寅	癸卯	甲辰	乙巳	丙午	丁未	戊申	己酉	庚戌	辛亥	壬子	癸丑	甲寅	乙卯
음력	9	10	11	12	13	14	15	16	17	18	19	20	21	22	23	24	25	26	27	28	29	30	9/1	2	3	4	5	6	7	8	9
대운 남	8	8	9	9	9	10	10	한	1	1	1	1	2	2	2	3	3	3	4	4	4	5	상	5	6	6	6	7	7	7	8
대운 여	2	2	2	1	1	1	1	로	10	9	9	9	8	8	8	7	7	7	6	6	6	5	강	5	4	4	4	3	3	3	2

입동 8일 08시 13분 ⇨ **【癸亥月(계해월)】**(입동, 소설~ 대설 전) 소설 22일 09시 15분

양력 11 / 음력 09/10 ~ 10/09

양력	1	2	3	4	5	6	7	8	9	10	11	12	13	14	15	16	17	18	19	20	21	22	23	24	25	26	27	28	29	30
요일	화	수	목	금	토	일	월	화	수	목	금	토	일	월	화	수	목	금	토	일	월	화	수	목	금	토	일	월	화	수
일진 日辰	丙辰	丁巳	戊午	己未	庚申	辛酉	壬戌	癸亥	甲子	乙丑	丙寅	丁卯	戊辰	己巳	庚午	辛未	壬申	癸酉	甲戌	乙亥	丙子	丁丑	戊寅	己卯	庚辰	辛巳	壬午	癸未	甲申	乙酉
음력	10	11	12	13	14	15	16	17	18	19	20	21	22	23	24	25	26	27	28	29	30	10/1	2	3	4	5	6	7	8	9
대운 남	8	8	9	9	9	10	입	1	1	1	1	2	2	2	3	3	3	4	4	4	5	소	5	6	6	6	7	7	7	8
대운 여	2	2	1	1	1	1	동	10	9	9	9	8	8	8	7	7	7	6	6	6	5	설	5	4	4	4	3	3	3	2

대설 7일 04시 44분 ⇨ **【甲子月(갑자월)】**(대설, 동지~소한 전) 동지 21일 22시 45분

양력 12 / 음력 10/10 ~ 11/10

양력	1	2	3	4	5	6	7	8	9	10	11	12	13	14	15	16	17	18	19	20	21	22	23	24	25	26	27	28	29	30	31
요일	목	금	토	일	월	화	수	목	금	토	일	월	화	수	목	금	토	일	월	화	수	목	금	토	일	월	화	수	목	금	토
일진 日辰	丙戌	丁亥	戊子	己丑	庚寅	辛卯	壬辰	癸巳	甲午	乙未	丙申	丁酉	戊戌	己亥	庚子	辛丑	壬寅	癸卯	甲辰	乙巳	丙午	丁未	戊申	己酉	庚戌	辛亥	壬子	癸丑	甲寅	乙卯	丙辰
음력	10	11	12	13	14	15	16	17	18	19	20	21	22	23	24	25	26	27	28	29	30	11/1	2	3	4	5	6	7	8	9	10
대운 남	8	8	9	9	9	10	대	1	1	1	1	2	2	2	3	3	3	4	4	4	동	5	5	6	6	6	7	7	7	8	8
대운 여	2	2	1	1	1	1	설	9	9	9	8	8	8	7	7	7	6	6	6	5	지	5	4	4	4	3	3	3	2	2	2

2034 甲寅年(갑인년)

단기4367년 /불기2578년 대장군(북방), 삼살(북방), 상문(동남방),조객(북방), 납음(대계수), 【삼재(신,유,술)년】

소한 5일 16시 03분 ⇨ **【乙丑月(을축월)】**(소한, 대한~ 입춘 전) 대한 20일 09시 26분

양력 1 (음력 11/11~12/12)		1	2	3	4	5	6	7	8	9	10	11	12	13	14	15	16	17	18	19	20	21	22	23	24	25	26	27	28	29	30	31
요일		일	월	화	수	목	금	토	일	월	화	수	목	금	토	일	월	화	수	목	금	토	일	월	화	수	목	금	토	일	월	화
일진 日辰		丁巳	戊午	己未	庚申	辛酉	壬戌	癸亥	甲子	乙丑	丙寅	丁卯	戊辰	己巳	庚午	辛未	壬申	癸酉	甲戌	乙亥	丙子	丁丑	戊寅	己卯	庚辰	辛巳	壬午	癸未	甲申	乙酉	丙戌	丁亥
음력		11	12	13	14	15	16	17	18	19	20	21	22	23	24	25	26	27	28	29	12/1	2	3	4	5	6	7	8	9	10	11	12
대운	남	8	9	9	9	소	1	1	1	1	2	2	2	3	3	3	4	4	4	5	대	5	6	6	6	7	7	7	8	8	8	9
	여	1	1	1	1	한	10	9	9	9	8	8	8	7	7	7	6	6	6	5	한	5	4	4	4	3	3	3	2	2	2	1

입춘 4일 03시 40분 ⇨ **【丙寅月(병인월)】**(입춘, 우수~ 경칩 전) 우수 18일 23시 19분

양력 2 (음력 12/13~01/10)		1	2	3	4	5	6	7	8	9	10	11	12	13	14	15	16	17	18	19	20	21	22	23	24	25	26	27	28
요일		수	목	금	토	일	월	화	수	목	금	토	일	월	화	수	목	금	토	일	월	화	수	목	금	토	일	월	화
일진 日辰		戊子	己丑	庚寅	辛卯	壬辰	癸巳	甲午	乙未	丙申	丁酉	戊戌	己亥	庚子	辛丑	壬寅	癸卯	甲辰	乙巳	丙午	丁未	戊申	己酉	庚戌	辛亥	壬子	癸丑	甲寅	乙卯
음력		13	14	15	16	17	18	19	20	21	22	23	24	25	26	27	28	29	30	1/1	2	3	4	5	6	7	8	9	10
대운	남	9	9	10	입	9	9	9	8	8	8	7	7	7	6	6	6	5	5	우	4	4	4	3	3	3	2	2	2
	여	1	1	1	춘	1	1	1	1	2	2	2	3	3	3	4	4	4	5	수	5	6	6	6	7	7	7	8	8

立春

경칩 5일 21시 31분 ⇨ **【丁卯月(정묘월)】**(경칩, 춘분~ 청명 전) 춘분 20일 22시 16분

양력 3 (음력 01/11~02/12)		1	2	3	4	5	6	7	8	9	10	11	12	13	14	15	16	17	18	19	20	21	22	23	24	25	26	27	28	29	30	31
요일		수	목	금	토	일	월	화	수	목	금	토	일	월	화	수	목	금	토	일	월	화	수	목	금	토	일	월	화	수	목	금
일진 日辰		丙辰	丁巳	戊午	己未	庚申	辛酉	壬戌	癸亥	甲子	乙丑	丙寅	丁卯	戊辰	己巳	庚午	辛未	壬申	癸酉	甲戌	乙亥	丙子	丁丑	戊寅	己卯	庚辰	辛巳	壬午	癸未	甲申	乙酉	丙戌
음력		11	12	13	14	15	16	17	18	19	20	21	22	23	24	25	26	27	28	29	2/1	2	3	4	5	6	7	8	9	10	11	12
대운	남	1	1	1	1	경	10	10	9	9	9	8	8	8	7	7	7	6	6	6	춘	5	5	4	4	4	3	3	3	2	2	2
	여	8	9	9	9	칩	1	1	1	1	2	2	2	3	3	3	4	4	4	5	분	5	6	6	6	7	7	7	8	8	8	9

청명 5일 02시 05분 ⇨ **【戊辰月(무진월)】**(청명, 곡우~ 입하 전) 곡우 20일 09시 02분

양력 4 (음력 02/13~03/12)		1	2	3	4	5	6	7	8	9	10	11	12	13	14	15	16	17	18	19	20	21	22	23	24	25	26	27	28	29	30
요일		토	일	월	화	수	목	금	토	일	월	화	수	목	금	토	일	월	화	수	목	금	토	일	월	화	수	목	금	토	일
일진 日辰		丁亥	戊子	己丑	庚寅	辛卯	壬辰	癸巳	甲午	乙未	丙申	丁酉	戊戌	己亥	庚子	辛丑	壬寅	癸卯	甲辰	乙巳	丙午	丁未	戊申	己酉	庚戌	辛亥	壬子	癸丑	甲寅	乙卯	丙辰
음력		13	14	15	16	17	18	19	20	21	22	23	24	25	26	27	28	29	30	3/1	2	3	4	5	6	7	8	9	10	11	12
대운	남	1	1	1	1	청	10	10	9	9	8	8	8	7	7	7	6	6	6	5	곡	5	4	4	4	3	3	3	2	2	2
	여	9	9	10	10	명	1	1	1	1	2	2	2	3	3	3	4	4	4	5	우	5	6	6	6	7	7	7	8	8	8

입하 5일 19시 08분 ⇨ **【己巳月(기사월)】**(입하, 소만~ 망종 전) 소만 21일 07시 56분

양력 5 (음력 03/13~04/14)		1	2	3	4	5	6	7	8	9	10	11	12	13	14	15	16	17	18	19	20	21	22	23	24	25	26	27	28	29	30	31
요일		월	화	수	목	금	토	일	월	화	수	목	금	토	일	월	화	수	목	금	토	일	월	화	수	목	금	토	일	월	화	수
일진 日辰		丁巳	戊午	己未	庚申	辛酉	壬戌	癸亥	甲子	乙丑	丙寅	丁卯	戊辰	己巳	庚午	辛未	壬申	癸酉	甲戌	乙亥	丙子	丁丑	戊寅	己卯	庚辰	辛巳	壬午	癸未	甲申	乙酉	丙戌	丁亥
음력		13	14	15	16	17	18	19	20	21	22	23	24	25	26	27	28	29	4/1	2	3	4	5	6	7	8	9	10	11	12	13	14
대운	남	1	1	1	1	입	10	10	9	9	9	8	8	8	7	7	7	6	6	6	5	소	5	4	4	4	3	3	3	2	2	2
	여	9	9	9	10	하	1	1	1	1	2	2	2	3	3	3	4	4	4	5	5	만	6	6	6	7	7	7	8	8	8	9

망종 5일 23시 05분 ⇨ **【庚午月(경오월)】**(망종, 하지~ 소서 전) 하지 21일 15시 43분

양력 6 (음력 04/15~05/15)		1	2	3	4	5	6	7	8	9	10	11	12	13	14	15	16	17	18	19	20	21	22	23	24	25	26	27	28	29	30
요일		목	금	토	일	월	화	수	목	금	토	일	월	화	수	목	금	토	일	월	화	수	목	금	토	일	월	화	수	목	금
일진 日辰		戊子	己丑	庚寅	辛卯	壬辰	癸巳	甲午	乙未	丙申	丁酉	戊戌	己亥	庚子	辛丑	壬寅	癸卯	甲辰	乙巳	丙午	丁未	戊申	己酉	庚戌	辛亥	壬子	癸丑	甲寅	乙卯	丙辰	丁巳
음력		15	16	17	18	19	20	21	22	23	24	25	26	27	28	29	5/1	2	3	4	5	6	7	8	9	10	11	12	13	14	15
대운	남	1	1	1	1	망	10	10	10	9	9	9	8	8	8	7	7	7	6	6	6	하	5	5	4	4	4	3	3	3	2
	여	9	9	10	10	종	1	1	1	1	2	2	2	3	3	3	4	4	4	5	5	지	6	6	6	7	7	7	8	8	8

대장군(북방), 삼살(북방), 상문(동남방),조객(북방), 납음(대계수), 【삼재(신,유,술)년】
한식(4월05일), 초복(7월13일), 중복(7월23일), 말복(8월12일)

甲寅年(갑인년)

2034

소서 7일 09시 16분 ⇨ **【辛未月(신미월)】**(소서, 대서~ 입추 전) 대서 23일 02시 35분

7 음력 05/16 ~ 06/16

양력	1	2	3	4	5	6	7	8	9	10	11	12	13	14	15	16	17	18	19	20	21	22	23	24	25	26	27	28	29	30	31
요일	토	일	월	화	수	목	금	토	일	월	화	수	목	금	토	일	월	화	수	목	금	토	일	월	화	수	목	금	토	일	월
일진 日辰	戊午	己未	庚申	辛酉	壬戌	癸亥	甲子	乙丑	丙寅	丁卯	戊辰	己巳	庚午	辛未	壬申	癸酉	甲戌	乙亥	丙子	丁丑	戊寅	己卯	庚辰	辛巳	壬午	癸未	甲申	乙酉	丙戌	丁亥	戊子
음력	16	17	18	19	20	21	22	23	24	25	26	27	28	29	30	6/1	2	3	4	5	6	7	8	9	10	11	12	13	14	15	16
대운 남	2	2	1	1	1	1	소	10	10	9	9	9	8	8	8	7	7	7	6	6	6	5	대	5	4	4	4	3	3	3	2
대운 여	9	9	9	10	10	10	서	1	1	1	1	2	2	2	3	3	3	4	4	4	5	5	서	6	6	6	7	7	7	8	8

입추 7일 19시 08분 ⇨ **【壬申月(임신월)】**(입추, 처서~ 백로 전) 처서 23일 09시 46분

8 음력 06/17 ~ 07/18

양력	1	2	3	4	5	6	7	8	9	10	11	12	13	14	15	16	17	18	19	20	21	22	23	24	25	26	27	28	29	30	31
요일	화	수	목	금	토	일	월	화	수	목	금	토	일	월	화	수	목	금	토	일	월	화	수	목	금	토	일	월	화	수	목
일진 日辰	己丑	庚寅	辛卯	壬辰	癸巳	甲午	乙未	丙申	丁酉	戊戌	己亥	庚子	辛丑	壬寅	癸卯	甲辰	乙巳	丙午	丁未	戊申	己酉	庚戌	辛亥	壬子	癸丑	甲寅	乙卯	丙辰	丁巳	戊午	己未
음력	17	18	19	20	21	22	23	24	25	26	27	28	29	7/1	2	3	4	5	6	7	8	9	10	11	12	13	14	15	16	17	18
대운 남	2	2	1	1	1	1	입	10	10	9	9	9	8	8	8	7	7	7	6	6	6	5	처	5	4	4	4	3	3	3	2
대운 여	8	9	9	9	10	10	추	1	1	1	1	2	2	2	3	3	3	4	4	4	5	5	서	6	6	6	7	7	7	8	8

백로 7일 22시 13분 ⇨ **【癸酉月(계유월)】**(백로, 추분-한로 전) 추분 23일 07시 38분

9 음력 07/19 ~ 08/18

양력	1	2	3	4	5	6	7	8	9	10	11	12	13	14	15	16	17	18	19	20	21	22	23	24	25	26	27	28	29	30
요일	금	토	일	월	화	수	목	금	토	일	월	화	수	목	금	토	일	월	화	수	목	금	토	일	월	화	수	목	금	토
일진 日辰	庚申	辛酉	壬戌	癸亥	甲子	乙丑	丙寅	丁卯	戊辰	己巳	庚午	辛未	壬申	癸酉	甲戌	乙亥	丙子	丁丑	戊寅	己卯	庚辰	辛巳	壬午	癸未	甲申	乙酉	丙戌	丁亥	戊子	己丑
음력	19	20	21	22	23	24	25	26	27	28	29	30	8/1	2	3	4	5	6	7	8	9	10	11	12	13	14	15	16	17	18
대운 남	2	2	1	1	1	1	백	10	10	9	9	9	8	8	8	7	7	7	6	6	6	5	추	5	4	4	4	3	3	3
대운 여	8	9	9	9	10	10	로	1	1	1	1	2	2	2	3	3	3	4	4	4	5	5	분	6	6	6	7	7	7	8

한로 8일 14시 06분 ⇨ **【甲戌月(갑술월)】**(한로, 상강~ 입동 전) 상강 23일 17시 15분

10 음력 08/19 ~ 09/20

양력	1	2	3	4	5	6	7	8	9	10	11	12	13	14	15	16	17	18	19	20	21	22	23	24	25	26	27	28	29	30	31
요일	일	월	화	수	목	금	토	일	월	화	수	목	금	토	일	월	화	수	목	금	토	일	월	화	수	목	금	토	일	월	화
일진 日辰	庚寅	辛卯	壬辰	癸巳	甲午	乙未	丙申	丁酉	戊戌	己亥	庚子	辛丑	壬寅	癸卯	甲辰	乙巳	丙午	丁未	戊申	己酉	庚戌	辛亥	壬子	癸丑	甲寅	乙卯	丙辰	丁巳	戊午	己未	庚申
음력	19	20	21	22	23	24	25	26	27	28	29	9/1	2	3	4	5	6	7	8	9	10	11	12	13	14	15	16	17	18	19	20
대운 남	2	2	2	1	1	1	1	한	10	9	9	9	8	8	8	7	7	7	6	6	6	5	상	5	4	4	4	3	3	3	2
대운 여	8	8	9	9	9	10	10	로	1	1	1	1	2	2	2	3	3	3	4	4	4	5	강	5	6	6	6	7	7	7	8

입동 7일 17시 32분 ⇨ **【乙亥月(을해월)】**(입동, 소설~ 대설 전) 소설 22일 15시 04분

11 음력 09/21 ~ 10/20

양력	1	2	3	4	5	6	7	8	9	10	11	12	13	14	15	16	17	18	19	20	21	22	23	24	25	26	27	28	29	30
요일	수	목	금	토	일	월	화	수	목	금	토	일	월	화	수	목	금	토	일	월	화	수	목	금	토	일	월	화	수	목
일진 日辰	辛酉	壬戌	癸亥	甲子	乙丑	丙寅	丁卯	戊辰	己巳	庚午	辛未	壬申	癸酉	甲戌	乙亥	丙子	丁丑	戊寅	己卯	庚辰	辛巳	壬午	癸未	甲申	乙酉	丙戌	丁亥	戊子	己丑	庚寅
음력	21	22	23	24	25	26	27	28	29	30	10/1	2	3	4	5	6	7	8	9	10	11	12	13	14	15	16	17	18	19	20
대운 남	2	2	1	1	1	1	입	10	9	9	9	8	8	8	7	7	7	6	6	6	5	소	5	4	4	4	3	3	3	2
대운 여	8	8	9	9	9	10	동	1	1	1	1	2	2	2	3	3	3	4	4	4	5	설	5	6	6	6	7	7	7	8

대설 7일 10시 35분 ⇨ **【丙子月(병자월)】**(대설, 동지~소한 전) 동지 22일 04시 33분

12 음력 10/21 ~ 11/21

양력	1	2	3	4	5	6	7	8	9	10	11	12	13	14	15	16	17	18	19	20	21	22	23	24	25	26	27	28	29	30	31
요일	금	토	일	월	화	수	목	금	토	일	월	화	수	목	금	토	일	월	화	수	목	금	토	일	월	화	수	목	금	토	일
일진 日辰	辛卯	壬辰	癸巳	甲午	乙未	丙申	丁酉	戊戌	己亥	庚子	辛丑	壬寅	癸卯	甲辰	乙巳	丙午	丁未	戊申	己酉	庚戌	辛亥	壬子	癸丑	甲寅	乙卯	丙辰	丁巳	戊午	己未	庚申	辛酉
음력	21	22	23	24	25	26	27	28	29	30	11/1	2	3	4	5	6	7	8	9	10	11	12	13	14	15	16	17	18	19	20	21
대운 남	2	2	1	1	1	1	대	9	9	9	8	8	8	7	7	7	6	6	6	5	5	동	4	4	4	3	3	3	2	2	2
대운 여	8	8	9	9	9	10	설	1	1	1	1	2	2	2	3	3	3	4	4	4	5	지	5	6	6	6	7	7	7	8	8

2035 乙卯年(을묘년)

단기4368년 /불기2579년 대장군(북방), 삼살(서방), 상문(동남방),조객(동북방), 납음(대계수), 【삼재(사,오,미)년】

소한 5일 21시 54분 ⇨ **【丁丑月(정축월)】**(소한, 대한~ 입춘 전) 대한 20일 15시 13분

양력 1 / 음력 11/22 ~ 12/22

양력	1	2	3	4	5	6	7	8	9	10	11	12	13	14	15	16	17	18	19	20	21	22	23	24	25	26	27	28	29	30	31
요일	월	화	수	목	금	토	일	월	화	수	목	금	토	일	월	화	수	목	금	토	일	월	화	수	목	금	토	일	월	화	수
일진 日辰	壬戌	癸亥	甲子	乙丑	丙寅	丁卯	戊辰	己巳	庚午	辛未	壬申	癸酉	甲戌	乙亥	丙子	丁丑	戊寅	己卯	庚辰	辛巳	壬午	癸未	甲申	乙酉	丙戌	丁亥	戊子	己丑	庚寅	辛卯	壬辰
음력	22	23	24	25	26	27	28	29	30	12/1	2	3	4	5	6	7	8	9	10	11	12	13	14	15	16	17	18	19	20	21	22
대운 남	1	1	1	1	소	10	9	9	9	8	8	8	7	7	7	6	6	6	5	대	5	4	4	4	3	3	3	2	2	2	1
대운 여	8	9	9	9	한	1	1	1	1	2	2	2	3	3	3	4	4	4	5	한	5	6	6	6	7	7	7	8	8	8	9

입춘 4일 09시 30분 ⇨ **【戊寅月(무인월)】**(입춘, 우수~ 경칩 전) 우수 19일 05시 15분

양력 2 / 음력 12/23 ~ 01/21

양력	1	2	3	4	5	6	7	8	9	10	11	12	13	14	15	16	17	18	19	20	21	22	23	24	25	26	27	28	
요일	목	금	토	일	월	화	수	목	금	토	일	월	화	수	목	금	토	일	월	화	수	목	금	토	일	월	화	수	立春
일진 日辰	癸巳	甲午	乙未	丙申	丁酉	戊戌	己亥	庚子	辛丑	壬寅	癸卯	甲辰	乙巳	丙午	丁未	戊申	己酉	庚戌	辛亥	壬子	癸丑	甲寅	乙卯	丙辰	丁巳	戊午	己未	庚申	
음력	23	24	25	26	27	28	29	1/1	2	3	4	5	6	7	8	9	10	11	12	13	14	15	16	17	18	19	20	21	
대운 남	1	1	1	입	1	1	1	1	2	2	2	3	3	3	4	4	4	5	우	5	6	6	6	7	7	7	8	8	
대운 여	9	9	10	춘	10	9	9	9	8	8	8	7	7	7	6	6	6	5	수	5	4	4	4	3	3	3	2	2	

경칩 6일 03시 20분 ⇨ **【己卯月(기묘월)】**(경칩, 춘분~ 청명 전) 춘분 21일 04시 01분

양력 3 / 음력 01/22 ~ 02/22

양력	1	2	3	4	5	6	7	8	9	10	11	12	13	14	15	16	17	18	19	20	21	22	23	24	25	26	27	28	29	30	31
요일	목	금	토	일	월	화	수	목	금	토	일	월	화	수	목	금	토	일	월	화	수	목	금	토	일	월	화	수	목	금	토
일진 日辰	辛酉	壬戌	癸亥	甲子	乙丑	丙寅	丁卯	戊辰	己巳	庚午	辛未	壬申	癸酉	甲戌	乙亥	丙子	丁丑	戊寅	己卯	庚辰	辛巳	壬午	癸未	甲申	乙酉	丙戌	丁亥	戊子	己丑	庚寅	辛卯
음력	22	23	24	25	26	27	28	29	30	2/1	2	3	4	5	6	7	8	9	10	11	12	13	14	15	16	17	18	19	20	21	22
대운 남	8	9	9	9	10	경	1	1	1	1	2	2	2	3	3	3	4	4	4	5	춘	5	6	6	6	7	7	7	8	8	8
대운 여	2	1	1	1	1	칩	10	9	9	9	8	8	8	7	7	7	6	6	6	5	분	5	4	4	4	3	3	3	2	2	2

청명 5일 07시 52분 ⇨ **【庚辰月(경진월)】**(청명, 곡우~ 입하 전) 곡우 20일 14시 18분

양력 4 / 음력 02/23 ~ 03/23

양력	1	2	3	4	5	6	7	8	9	10	11	12	13	14	15	16	17	18	19	20	21	22	23	24	25	26	27	28	29	30
요일	일	월	화	수	목	금	토	일	월	화	수	목	금	토	일	월	화	수	목	금	토	일	월	화	수	목	금	토	일	월
일진 日辰	壬辰	癸巳	甲午	乙未	丙申	丁酉	戊戌	己亥	庚子	辛丑	壬寅	癸卯	甲辰	乙巳	丙午	丁未	戊申	己酉	庚戌	辛亥	壬子	癸丑	甲寅	乙卯	丙辰	丁巳	戊午	己未	庚申	辛酉
음력	23	24	25	26	27	28	29	3/1	2	3	4	5	6	7	8	9	10	11	12	13	14	15	16	17	18	19	20	21	22	23
대운 남	9	9	9	10	청	1	1	1	1	2	2	2	3	3	3	4	4	4	5	곡	5	6	6	6	7	7	7	8	8	8
대운 여	1	1	1	1	녕	10	10	9	9	9	8	8	8	7	7	7	6	6	6	우	5	5	4	4	4	3	3	3	2	2

입하 6일 00시 54분 ⇨ **【辛巳月(신사월)】**(입하, 소만~ 망종 전) 소만 21일 13시 42분

양력 5 / 음력 03/24 ~ 04/24

양력	1	2	3	4	5	6	7	8	9	10	11	12	13	14	15	16	17	18	19	20	21	22	23	24	25	26	27	28	29	30	31
요일	화	수	목	금	토	일	월	화	수	목	금	토	일	월	화	수	목	금	토	일	월	화	수	목	금	토	일	월	화	수	목
일진 日辰	壬戌	癸亥	甲子	乙丑	丙寅	丁卯	戊辰	己巳	庚午	辛未	壬申	癸酉	甲戌	乙亥	丙子	丁丑	戊寅	己卯	庚辰	辛巳	壬午	癸未	甲申	乙酉	丙戌	丁亥	戊子	己丑	庚寅	辛卯	壬辰
음력	24	25	26	27	28	29	30	4/1	2	3	4	5	6	7	8	9	10	11	12	13	14	15	16	17	18	19	20	21	22	23	24
대운 남	9	9	9	10	10	입	1	1	1	1	2	2	2	3	3	3	4	4	4	5	소	5	6	6	6	7	7	7	8	8	8
대운 여	2	1	1	1	1	하	10	10	9	9	9	8	8	8	7	7	7	6	6	6	만	5	5	4	4	4	3	3	3	2	2

망종 6일 04시 49분 ⇨ **【壬午月(임오월)】**(망종, 하지~ 소서 전) 하지 21일 21시 32분

양력 6 / 음력 04/25 ~ 05/25

양력	1	2	3	4	5	6	7	8	9	10	11	12	13	14	15	16	17	18	19	20	21	22	23	24	25	26	27	28	29	30
요일	금	토	일	월	화	수	목	금	토	일	월	화	수	목	금	토	일	월	화	수	목	금	토	일	월	화	수	목	금	토
일진 日辰	癸巳	甲午	乙未	丙申	丁酉	戊戌	己亥	庚子	辛丑	壬寅	癸卯	甲辰	乙巳	丙午	丁未	戊申	己酉	庚戌	辛亥	壬子	癸丑	甲寅	乙卯	丙辰	丁巳	戊午	己未	庚申	辛酉	壬戌
음력	25	26	27	28	29	5/1	2	3	4	5	6	7	8	9	10	11	12	13	14	15	16	17	18	19	20	21	22	23	24	25
대운 남	9	9	9	10	10	망	1	1	1	1	2	2	2	3	3	3	4	4	4	5	하	5	6	6	6	7	7	7	8	8
대운 여	2	1	1	1	1	종	10	10	9	9	9	8	8	8	7	7	7	6	6	6	지	5	5	4	4	4	3	3	3	2

대장군(북방). 삼살(서방), 상문(동남방),조객(동북방), 납음(대계수), 【삼재(사,오,미)년】
한식(4월06일), 초복(7월18일), 중복(7월28일), 말복(8월17일)

乙卯年(을묘년)

2035

소서 7일 15시 00분 ⇨ 【癸未月(계미월)】(소서, 대서~ 입추 전) 대서 23일 08시 27분

양력 7 / 음력 05/26 – 06/27

양력	1	2	3	4	5	6	7	8	9	10	11	12	13	14	15	16	17	18	19	20	21	22	23	24	25	26	27	28	29	30	31
요일	일	월	화	수	목	금	토	일	월	화	수	목	금	토	일	월	화	수	목	금	토	일	월	화	수	목	금	토	일	월	화
일진	癸	甲	乙	丙	丁	戊	己	庚	辛	壬	癸	甲	乙	丙	丁	戊	己	庚	辛	壬	癸	甲	乙	丙	丁	戊	己	庚	辛	壬	癸
日辰	亥	子	丑	寅	卯	辰	巳	午	未	申	酉	戌	亥	子	丑	寅	卯	辰	巳	午	未	申	酉	戌	亥	子	丑	寅	卯	辰	巳
음력	26	27	28	29	6/1	2	3	4	5	6	7	8	9	10	11	12	13	14	15	16	17	18	19	20	21	22	23	24	25	26	27
대운 남	8	8	9	9	9	10	소	1	1	1	1	2	2	2	3	3	3	4	4	4	5	5	대	6	6	6	7	7	7	8	8
대운 여	2	2	1	1	1	1	서	10	10	10	9	9	9	8	8	8	7	7	7	6	6	6	서	5	5	4	4	4	3	3	3

입추 8일 00시 53분 ⇨ 【甲申月(갑신월)】(입추, 처서~ 백로 전) 처서 23일 15시 43분

양력 8 / 음력 06/28 – 07/28

양력	1	2	3	4	5	6	7	8	9	10	11	12	13	14	15	16	17	18	19	20	21	22	23	24	25	26	27	28	29	30	31
요일	수	목	금	토	일	월	화	수	목	금	토	일	월	화	수	목	금	토	일	월	화	수	목	금	토	일	월	화	수	목	금
일진	甲	乙	丙	丁	戊	己	庚	辛	壬	癸	甲	乙	丙	丁	戊	己	庚	辛	壬	癸	甲	乙	丙	丁	戊	己	庚	辛	壬	癸	甲
日辰	午	未	申	酉	戌	亥	子	丑	寅	卯	辰	巳	午	未	申	酉	戌	亥	子	丑	寅	卯	辰	巳	午	未	申	酉	戌	亥	子
음력	28	29	30	7/1	2	3	4	5	6	7	8	9	10	11	12	13	14	15	16	17	18	19	20	21	22	23	24	25	26	27	28
대운 남	8	9	9	9	10	10	10	입	1	1	1	1	2	2	2	3	3	3	4	4	4	5	처	5	6	6	6	7	7	7	8
대운 여	2	2	2	1	1	1	1	추	10	10	9	9	9	8	8	8	7	7	7	6	6	6	서	5	5	4	4	4	3	3	3

백로 8일 04시 01분 ⇨ 【乙酉月(을유월)】(백로, 추분-한로 전) 추분 23일 13시 38분

양력 9 / 음력 07/29 – 08/29

양력	1	2	3	4	5	6	7	8	9	10	11	12	13	14	15	16	17	18	19	20	21	22	23	24	25	26	27	28	29	30
요일	토	일	월	화	수	목	금	토	일	월	화	수	목	금	토	일	월	화	수	목	금	토	일	월	화	수	목	금	토	일
일진	乙	丙	丁	戊	己	庚	辛	壬	癸	甲	乙	丙	丁	戊	己	庚	辛	壬	癸	甲	乙	丙	丁	戊	己	庚	辛	壬	癸	甲
日辰	丑	寅	卯	辰	巳	午	未	申	酉	戌	亥	子	丑	寅	卯	辰	巳	午	未	申	酉	戌	亥	子	丑	寅	卯	辰	巳	午
음력	29	8/1	2	3	4	5	6	7	8	9	10	11	12	13	14	15	16	17	18	19	20	21	22	23	24	25	26	27	28	29
대운 남	8	8	9	9	9	10	10	백	1	1	1	1	2	2	2	3	3	3	4	4	4	5	추	5	6	6	6	7	7	7
대운 여	2	2	2	1	1	1	1	로	10	9	9	9	8	8	8	7	7	7	6	6	6	5	분	5	4	4	4	3	3	3

한로 8일 19시 56분 ⇨ 【丙戌月(병술월)】(한로, 상강~ 입동 전) 상강 23일 23시 15분

양력 10 / 음력 09/01 – 10/01

양력	1	2	3	4	5	6	7	8	9	10	11	12	13	14	15	16	17	18	19	20	21	22	23	24	25	26	27	28	29	30	31
요일	월	화	수	목	금	토	일	월	화	수	목	금	토	일	월	화	수	목	금	토	일	월	화	수	목	금	토	일	월	화	수
일진	乙	丙	丁	戊	己	庚	辛	壬	癸	甲	乙	丙	丁	戊	己	庚	辛	壬	癸	甲	乙	丙	丁	戊	己	庚	辛	壬	癸	甲	乙
日辰	未	申	酉	戌	亥	子	丑	寅	卯	辰	巳	午	未	申	酉	戌	亥	子	丑	寅	卯	辰	巳	午	未	申	酉	戌	亥	子	丑
음력	9/1	2	3	4	5	6	7	8	9	10	11	12	13	14	15	16	17	18	19	20	21	22	23	24	25	26	27	28	29	30	10/1
대운 남	8	8	8	9	9	9	10	한	1	1	1	1	2	2	2	3	3	3	4	4	4	5	상	5	6	6	6	7	7	7	8
대운 여	2	2	2	1	1	1	1	로	10	9	9	9	8	8	8	7	7	7	6	6	6	5	강	5	4	4	4	3	3	3	2

입동 7일 23시 22분 ⇨ 【丁亥月(정해월)】(입동, 소설~ 대설 전) 소설 22일 21시 02분

양력 11 / 음력 10/02 – 11/01

양력	1	2	3	4	5	6	7	8	9	10	11	12	13	14	15	16	17	18	19	20	21	22	23	24	25	26	27	28	29	30
요일	목	금	토	일	월	화	수	목	금	토	일	월	화	수	목	금	토	일	월	화	수	목	금	토	일	월	화	수	목	금
일진	丙	丁	戊	己	庚	辛	壬	癸	甲	乙	丙	丁	戊	己	庚	辛	壬	癸	甲	乙	丙	丁	戊	己	庚	辛	壬	癸	甲	乙
日辰	寅	卯	辰	巳	午	未	申	酉	戌	亥	子	丑	寅	卯	辰	巳	午	未	申	酉	戌	亥	子	丑	寅	卯	辰	巳	午	未
음력	2	3	4	5	6	7	8	9	10	11	12	13	14	15	16	17	18	19	20	21	22	23	24	25	26	27	28	29	30	11/1
대운 남	8	8	9	9	9	10	입	1	1	1	1	2	2	2	3	3	3	4	4	4	5	소	5	6	6	6	7	7	7	8
대운 여	2	2	1	1	1	1	동	10	9	9	9	8	8	8	7	7	7	6	6	6	5	설	5	4	4	4	3	3	3	2

대설 7일 16시 24분 ⇨ 【戊子月(무자월)】(대설, 동지~소한 전) 동지 22일 10시 30분

양력 12 / 음력 11/02 – 12/03

양력	1	2	3	4	5	6	7	8	9	10	11	12	13	14	15	16	17	18	19	20	21	22	23	24	25	26	27	28	29	30	31
요일	토	일	월	화	수	목	금	토	일	월	화	수	목	금	토	일	월	화	수	목	금	토	일	월	화	수	목	금	토	일	월
일진	丙	丁	戊	己	庚	辛	壬	癸	甲	乙	丙	丁	戊	己	庚	辛	壬	癸	甲	乙	丙	丁	戊	己	庚	辛	壬	癸	甲	乙	丙
日辰	申	酉	戌	亥	子	丑	寅	卯	辰	巳	午	未	申	酉	戌	亥	子	丑	寅	卯	辰	巳	午	未	申	酉	戌	亥	子	丑	寅
음력	2	3	4	5	6	7	8	9	10	11	12	13	14	15	16	17	18	19	20	21	22	23	24	25	26	27	28	29	12/1	2	3
대운 남	8	8	9	9	9	10	대	1	1	1	1	2	2	2	3	3	3	4	4	4	5	동	5	6	6	6	7	7	7	8	8
대운 여	2	2	1	1	1	1	설	10	9	9	9	8	8	8	7	7	7	6	6	6	5	지	5	4	4	4	3	3	3	2	2

윤6월 大 2036 丙辰年(병진년)

단기 4254년 /불기2465년 대장군(남방). 삼살(동방), 상문(서북방),조객(서남방), 납음(석류목), 【삼재(해,자,축)년】

소한 6일 03시 42분 ⇨ 【己丑月(기축월)】(소한, 대한~ 입춘 전) 대한 20일 21시 10분

양력 1 / 음력 12/04 ~ 01/04

양력	1	2	3	4	5	6	7	8	9	10	11	12	13	14	15	16	17	18	19	20	21	22	23	24	25	26	27	28	29	30	31
요일	화	수	목	금	토	일	월	화	수	목	금	토	일	월	화	수	목	금	토	일	월	화	수	목	금	토	일	월	화	수	목
일진 日辰	丁卯	戊辰	己巳	庚午	辛未	壬申	癸酉	甲戌	乙亥	丙子	丁丑	戊寅	己卯	庚辰	辛巳	壬午	癸未	甲申	乙酉	丙戌	丁亥	戊子	己丑	庚寅	辛卯	壬辰	癸巳	甲午	乙未	丙申	丁酉
음력	4	5	6	7	8	9	10	11	12	13	14	15	16	17	18	19	20	21	22	23	24	25	26	27	28	29	30	1/1	2	3	4
대운 남	8	9	9	9	10	소	1	1	1	1	2	2	2	3	3	3	4	4	4	대	5	5	6	6	6	7	7	7	8	8	8
대운 여	2	1	1	1	1	한	9	9	9	8	8	8	7	7	7	6	6	6	5	한	5	4	4	4	3	3	3	2	2	2	1

입춘 4일 15시 19분 ⇨ 【庚寅月(경인월)】(입춘, 우수~ 경칩 전) 우수 19일 23시 13분

양력 2 / 음력 01/05 ~ 02/03

양력	1	2	3	4	5	6	7	8	9	10	11	12	13	14	15	16	17	18	19	20	21	22	23	24	25	26	27	28	29
요일	금	토	일	월	화	수	목	금	토	일	월	화	수	목	금	토	일	월	화	수	목	금	토	일	월	화	수	목	금
일진 日辰	戊戌	己亥	庚子	辛丑	壬寅	癸卯	甲辰	乙巳	丙午	丁未	戊申	己酉	庚戌	辛亥	壬子	癸丑	甲寅	乙卯	丙辰	丁巳	戊午	己未	庚申	辛酉	壬戌	癸亥	甲子	乙丑	丙寅
음력	5	6	7	8	9	10	11	12	13	14	15	16	17	18	19	20	21	22	23	24	25	26	27	28	29	30	2/1	2	3
대운 남	9	9	9	입	10	9	9	9	8	8	8	7	7	7	6	6	6	5	우	5	4	4	4	3	3	3	2	2	2
대운 여	1	1	1	춘	1	1	1	1	2	2	2	3	3	3	4	4	4	5	수	5	6	6	6	7	7	7	8	8	8

立春

경칩 5일 09시 10분 ⇨ 【辛卯月(신묘월)】(경칩, 춘분~ 청명 전) 춘분 20일 22시 01분

양력 3 / 음력 02/04 ~ 03/04

양력	1	2	3	4	5	6	7	8	9	10	11	12	13	14	15	16	17	18	19	20	21	22	23	24	25	26	27	28	29	30	31
요일	토	일	월	화	수	목	금	토	일	월	화	수	목	금	토	일	월	화	수	목	금	토	일	월	화	수	목	금	토	일	월
일진 日辰	丁卯	戊辰	己巳	庚午	辛未	壬申	癸酉	甲戌	乙亥	丙子	丁丑	戊寅	己卯	庚辰	辛巳	壬午	癸未	甲申	乙酉	丙戌	丁亥	戊子	己丑	庚寅	辛卯	壬辰	癸巳	甲午	乙未	丙申	丁酉
음력	4	5	6	7	8	9	10	11	12	13	14	15	16	17	18	19	20	21	22	23	24	25	26	27	28	29	30	3/1	2	3	4
대운 남	1	1	1	1	경	10	9	9	9	8	8	8	7	7	7	6	6	6	5	춘	5	4	4	4	3	3	3	2	2	2	1
대운 여	9	9	9	10	칩	1	1	1	1	2	2	2	3	3	3	4	4	4	5	분	5	6	6	6	7	7	7	8	8	8	9

청명 4일 13시 45분 ⇨ 【壬辰月(임진월)】(청명, 곡우~ 입하 전) 곡우 19일 200시 49분

양력 4 / 음력 03/05 ~ 04/05

양력	1	2	3	4	5	6	7	8	9	10	11	12	13	14	15	16	17	18	19	20	21	22	23	24	25	26	27	28	29	30
요일	화	수	목	금	토	일	월	화	수	목	금	토	일	월	화	수	목	금	토	일	월	하	수	목	금	토	일	월	화	수
일진 日辰	戊戌	己亥	庚子	辛丑	壬寅	癸卯	甲辰	乙巳	丙午	丁未	戊申	己酉	庚戌	辛亥	壬子	癸丑	甲寅	乙卯	丙辰	丁巳	戊午	己未	庚申	辛酉	壬戌	癸亥	甲子	乙丑	丙寅	丁卯
음력	5	6	7	8	9	10	11	12	13	14	15	16	17	18	19	20	21	22	23	24	25	26	27	28	29	4/1	2	3	4	5
대운 남	1	1	1	청	10	10	9	9	9	8	8	8	7	7	7	6	6	6	곡	5	5	4	4	4	3	3	3	2	2	2
대운 여	9	9	10	명	1	1	1	1	2	2	2	3	3	3	4	4	4	5	우	5	6	6	6	7	7	7	8	8	8	9

입하 5일 06시 48분 ⇨ 【癸巳月(계사월)】(입하, 소만~ 망종 전) 소만 19일 19시 43분

양력 5 / 음력 04/06 ~ 05/06

양력	1	2	3	4	5	6	7	8	9	10	11	12	13	14	15	16	17	18	19	20	21	22	23	24	25	26	27	28	29	30	31
요일	목	금	토	일	월	화	수	목	금	토	일	월	화	수	목	금	토	일	월	화	수	목	금	토	일	월	화	수	목	금	토
일진 日辰	戊辰	己巳	庚午	辛未	壬申	癸酉	甲戌	乙亥	丙子	丁丑	戊寅	己卯	庚辰	辛巳	壬午	癸未	甲申	乙酉	丙戌	丁亥	戊子	己丑	庚寅	辛卯	壬辰	癸巳	甲午	乙未	丙申	丁酉	戊戌
음력	6	7	8	9	10	11	12	13	14	15	16	17	18	19	20	21	22	23	24	25	26	27	28	29	30	5/1	2	3	4	5	6
대운 남	1	1	1	1	입	10	10	10	9	9	9	8	8	8	7	7	7	6	6	6	소	5	5	4	4	4	3	3	3	2	2
대운 여	9	9	10	10	하	1	1	1	1	2	2	2	3	3	3	4	4	4	5	5	만	6	6	6	7	7	7	8	8	8	9

망종 6일 10시 46분 ⇨ 【甲午月(갑오월)】(망종, 하지~ 소서 전) 하지 21일 03시 31분

양력 6 / 음력 05/07 ~ 06/07

양력	1	2	3	4	5	6	7	8	9	10	11	12	13	14	15	16	17	18	19	20	21	22	23	24	25	26	27	28	29	30
요일	일	월	화	수	목	금	토	일	월	화	수	목	금	토	일	월	화	수	목	금	토	일	월	화	수	목	금	토	일	월
일진 日辰	己亥	庚子	辛丑	壬寅	癸卯	甲辰	乙巳	丙午	丁未	戊申	己酉	庚戌	辛亥	壬子	癸丑	甲寅	乙卯	丙辰	丁巳	戊午	己未	庚申	辛酉	壬戌	癸亥	甲子	乙丑	丙寅	丁卯	戊辰
음력	7	8	9	10	11	12	13	14	15	16	17	18	19	20	21	22	23	24	25	26	27	28	29	6/1	2	3	4	5	6	7
대운 남	2	1	1	1	1	망	10	9	9	9	8	8	8	7	7	7	6	6	6	5	하	5	4	4	4	3	3	3	2	2
대운 여	9	9	10	10	10	종	1	1	1	1	2	2	2	3	3	3	4	4	4	5	지	5	6	6	6	7	7	7	8	8

대장군(북방). 삼살(남방), 상문(남방),조객(동북방), 납음(사중토), 【삼재(인,묘,진)년】
한식(4월05일), 초복(7월12일), 중복(7월22일), 말복(8월11일)

丙辰年(병진년)

2036

소서 6일 20시 56분 ⇨ 【乙未月(을미월)】(소서, 대서~ 입추 전) 대서 22일 14시 21분

양력	양력	1	2	3	4	5	6	7	8	9	10	11	12	13	14	15	16	17	18	19	20	21	22	23	24	25	26	27	28	29	30	31
7	요일	화	수	목	금	토	일	월	화	수	목	금	토	일	월	화	수	목	금	토	일	월	화	수	목	금	토	일	월	화	수	목
	일진 日辰	己巳	庚午	辛未	壬申	癸酉	甲戌	乙亥	丙子	丁丑	戊寅	己卯	庚辰	辛巳	壬午	癸未	甲申	乙酉	丙戌	丁亥	戊子	己丑	庚寅	辛卯	壬辰	癸巳	甲午	乙未	丙申	丁酉	戊戌	己亥
음력 06/08 ~ 윤609	음력	8	9	10	11	12	13	14	15	16	17	18	19	20	21	22	23	24	25	26	27	28	29	윤6	2	3	4	5	6	7	8	9
	대운 남	2	1	1	1	1	소	10	10	10	9	9	9	8	8	8	7	7	7	6	6	6	대	5	5	4	4	4	3	3	3	2
	대운 여	8	9	9	9	10	서	1	1	1	1	2	2	2	3	3	3	4	4	4	5	5	서	6	6	6	7	7	7	8	8	8

입추 7일 06시 48분 ⇨ 【丙申月(병신월)】(입추, 처서~ 백로 전) 처서 22일 21시 13분

양력	양력	1	2	3	4	5	6	7	8	9	10	11	12	13	14	15	16	17	18	19	20	21	22	23	24	25	26	27	28	29	30	31
8	요일	금	토	일	월	화	수	목	금	토	일	월	화	수	목	금	토	일	월	화	수	목	금	토	일	월	화	수	목	금	토	일
	일진 日辰	庚子	辛丑	壬寅	癸卯	甲辰	乙巳	丙午	丁未	戊申	己酉	庚戌	辛亥	壬子	癸丑	甲寅	乙卯	丙辰	丁巳	戊午	己未	庚申	辛酉	壬戌	癸亥	甲子	乙丑	丙寅	丁卯	戊辰	己巳	庚午
음력 윤610 ~ 07/10	음력	10	11	12	13	14	15	16	17	18	19	20	21	22	23	24	25	26	27	28	29	30	7/1	2	3	4	5	6	7	8	9	10
	대운 남	2	2	1	1	1	1	입	10	10	9	9	9	8	8	8	7	7	7	6	6	6	처	5	5	4	4	4	3	3	3	2
	대운 여	9	9	9	10	10	10	추	1	1	1	1	2	2	2	3	3	3	4	4	4	5	서	5	6	6	6	7	7	7	8	8

백로7일 09시 54분 ⇨ 【丁酉月(정유월)】(백로, 추분-한로 전) 추분 22일 19시 22분

양력	양력	1	2	3	4	5	6	7	8	9	10	11	12	13	14	15	16	17	18	19	20	21	22	23	24	25	26	27	28	29	30
9	요일	월	화	수	목	금	토	일	월	화	수	목	금	토	일	월	화	수	목	금	토	일	월	화	수	목	금	토	일	월	화
	일진 日辰	辛未	壬申	癸酉	甲戌	乙亥	丙子	丁丑	戊寅	己卯	庚辰	辛巳	壬午	癸未	甲申	乙酉	丙戌	丁亥	戊子	己丑	庚寅	辛卯	壬辰	癸巳	甲午	乙未	丙申	丁酉	戊戌	己亥	庚子
음력 07/11 ~ 08/11	음력	11	12	13	14	15	16	17	18	19	20	21	22	23	24	25	26	27	28	29	8/1	2	3	4	5	6	7	8	9	10	11
	대운 남	2	2	1	1	1	1	백	10	10	9	9	9	8	8	8	7	7	7	6	6	6	추	5	5	4	4	4	3	3	3
	대운 여	9	9	9	10	10	10	로	1	1	1	1	2	2	2	3	3	3	4	4	4	5	분	5	6	6	6	7	7	7	8

한로 8일 01시 48분 ⇨ 【戊戌月(무술월)】(한로, 상강~ 입동 전) 상강 23일 04시 57분

양력	양력	1	2	3	4	5	6	7	8	9	10	11	12	13	14	15	16	17	18	19	20	21	22	23	24	25	26	27	28	29	30	31
10	요일	수	목	금	토	일	월	화	수	목	금	토	일	월	화	수	목	금	토	일	월	화	수	목	금	토	일	월	화	수	목	금
	일진 日辰	辛丑	壬寅	癸卯	甲辰	乙巳	丙午	丁未	戊申	己酉	庚戌	辛亥	壬子	癸丑	甲寅	乙卯	丙辰	丁巳	戊午	己未	庚申	辛酉	壬戌	癸亥	甲子	乙丑	丙寅	丁卯	戊辰	己巳	庚午	辛未
음력 08/12 ~ 09/13	음력	12	13	14	15	16	17	18	19	20	21	22	23	24	25	26	27	28	29	9/1	2	3	4	5	6	7	8	9	10	11	12	13
	대운 남	2	2	2	1	1	1	1	한	10	9	9	9	8	8	8	7	7	7	6	6	6	5	상	5	4	4	4	3	3	3	2
	대운 여	8	8	9	9	9	10	10	로	1	1	1	1	2	2	2	3	3	3	4	4	4	5	강	5	6	6	6	7	7	7	8

입동 7일 05시 13분 ⇨ 【己亥月(기해월)】(입동, 소설~ 대설 전) 소설 22일 02시 44분

양력	양력	1	2	3	4	5	6	7	8	9	10	11	12	13	14	15	16	17	18	19	20	21	22	23	24	25	26	27	28	29	30
11	요일	토	일	월	화	수	목	금	토	일	월	화	수	목	금	토	일	월	화	수	목	금	토	일	월	화	수	목	금	토	일
	일진 日辰	壬申	癸酉	甲戌	乙亥	丙子	丁丑	戊寅	己卯	庚辰	辛巳	壬午	癸未	甲申	乙酉	丙戌	丁亥	戊子	己丑	庚寅	辛卯	壬辰	癸巳	甲午	乙未	丙申	丁酉	戊戌	己亥	庚子	辛丑
음력 09/14 ~ 10/13	음력	14	15	16	17	18	19	20	21	22	23	24	25	26	27	28	29	30	10/1	2	3	4	5	6	7	8	9	10	11	12	13
	대운 남	2	2	1	1	1	1	입	9	9	9	8	8	8	7	7	7	6	6	6	5	5	소	4	4	4	3	3	3	2	2
	대운 여	8	8	9	9	9	10	동	1	1	1	1	2	2	2	3	3	3	4	4	4	5	설	5	6	6	6	7	7	7	8

대설 6일 22시 15분 ⇨ 【庚子月(경자월)】(대설, 동지~소한 전) 동지 21일 16시 11분

양력	양력	1	2	3	4	5	6	7	8	9	10	11	12	13	14	15	16	17	18	19	20	21	22	23	24	25	26	27	28	29	30	31
12	요일	월	화	수	목	금	토	일	월	화	수	목	금	토	일	월	화	수	목	금	토	일	월	화	수	목	금	토	일	월	화	수
	일진 日辰	壬寅	癸卯	甲辰	乙巳	丙午	丁未	戊申	己酉	庚戌	辛亥	壬子	癸丑	甲寅	乙卯	丙辰	丁巳	戊午	己未	庚申	辛酉	壬戌	癸亥	甲子	乙丑	丙寅	丁卯	戊辰	己巳	庚午	辛未	壬申
음력 10/14 ~ 11/15	음력	14	15	16	17	18	19	20	21	22	23	24	25	26	27	28	29	11/1	2	3	4	5	6	7	8	9	10	11	12	13	14	15
	대운 남	2	1	1	1	1	대	10	9	9	9	8	8	8	7	7	7	6	6	6	5	동	5	4	4	4	3	3	3	2	2	2
	대운 여	8	8	9	9	9	설	1	1	1	1	2	2	2	3	3	3	4	4	4	5	지	5	6	6	6	7	7	7	8	8	8

2037 丁巳年(정사년)

단기4370년 /불기2581년 대장군(동방), 삼살(동방), 상문(서남방), 조객(동방),납음(사중토), 【삼재(해,자,축)년】

소한 5일 09시 33분 ⇨ 【辛丑月(신축월)】(소한, 대한~ 입춘 전) 대한 20일 02시 52분

양력 1 / 음력 11/16 ~ 12/16

양력	1	2	3	4	5	6	7	8	9	10	11	12	13	14	15	16	17	18	19	20	21	22	23	24	25	26	27	28	29	30	31
요일	목	금	토	일	월	화	수	목	금	토	일	월	화	수	목	금	토	일	월	화	수	목	금	토	일	월	화	수	목	금	토
일진 日辰	癸酉	甲戌	乙亥	丙子	丁丑	戊寅	己卯	庚辰	辛巳	壬午	癸未	甲申	乙酉	丙戌	丁亥	戊子	己丑	庚寅	辛卯	壬辰	癸巳	甲午	乙未	丙申	丁酉	戊戌	己亥	庚子	辛丑	壬寅	癸卯
음력	16	17	18	19	20	21	22	23	24	25	26	27	28	29	30	12/1	2	3	4	5	6	7	8	9	10	11	12	13	14	15	16
대운 남	1	1	1	1	소	9	9	9	8	8	8	7	7	7	6	6	6	5	5	대	4	4	4	3	3	3	2	2	2	1	1
대운 여	9	9	9	10	한	1	1	1	1	2	2	2	3	3	3	4	4	4	5	한	5	6	6	6	7	7	7	8	8	8	9

입춘 3일 21시 10분 ⇨ 【壬寅月(임인월)】(입춘, 우수~ 경칩 전) 우수 18일 16시 57분

양력 2 / 음력 12/17 ~ 01/14

양력	1	2	3	4	5	6	7	8	9	10	11	12	13	14	15	16	17	18	19	20	21	22	23	24	25	26	27	28	立春
요일	일	월	화	수	목	금	토	일	월	화	수	목	금	토	일	월	화	수	목	금	토	일	월	화	수	목	금	토	
일진 日辰	甲辰	乙巳	丙午	丁未	戊申	己酉	庚戌	辛亥	壬子	癸丑	甲寅	乙卯	丙辰	丁巳	戊午	己未	庚申	辛酉	壬戌	癸亥	甲子	乙丑	丙寅	丁卯	戊辰	己巳	庚午	辛未	
음력	17	18	19	20	21	22	23	24	25	26	27	28	29	30	1/1	2	3	4	5	6	7	8	9	10	11	12	13	14	
대운 남	1	1	입	1	1	1	1	2	2	2	3	3	3	4	4	4	5	우	5	6	6	6	7	7	7	8	8	8	
대운 여	9	9	춘	10	9	9	9	8	8	8	7	7	7	6	6	6	5	수	5	4	4	4	3	3	3	2	2	2	

경칩 5일 15시 05분 ⇨ 【癸卯月(계묘월)】(경칩, 춘분~ 청명 전) 춘분 20일 15시 49분

양력 3 / 음력 01/15 ~ 02/15

양력	1	2	3	4	5	6	7	8	9	10	11	12	13	14	15	16	17	18	19	20	21	22	23	24	25	26	27	28	29	30	31
요일	일	월	화	수	목	금	토	일	월	화	수	목	금	토	일	월	화	수	목	금	토	일	월	화	수	목	금	토	일	월	화
일진 日辰	壬申	癸酉	甲戌	乙亥	丙子	丁丑	戊寅	己卯	庚辰	辛巳	壬午	癸未	甲申	乙酉	丙戌	丁亥	戊子	己丑	庚寅	辛卯	壬辰	癸巳	甲午	乙未	丙申	丁酉	戊戌	己亥	庚子	辛丑	壬寅
음력	15	16	17	18	19	20	21	22	23	24	25	26	27	28	29	30	2/1	2	3	4	5	6	7	8	9	10	11	12	13	14	15
대운 남	9	9	9	10	경	1	1	1	1	2	2	2	3	3	3	4	4	4	5	춘	5	6	6	6	7	7	7	8	8	8	9
대운 여	1	1	1	1	칩	10	9	9	9	8	8	8	7	7	7	6	6	6	5	분	5	4	4	4	3	3	3	2	2	2	1

청명 4일 19시 43분 ⇨ 【甲辰月(갑진월)】(청명, 곡우~ 입하 전) 곡우 20일 02시 39분

양력 4 / 음력 02/16 ~ 03/15

양력	1	2	3	4	5	6	7	8	9	10	11	12	13	14	15	16	17	18	19	20	21	22	23	24	25	26	27	28	29	30
요일	수	목	금	토	일	월	화	수	목	금	토	일	월	화	수	목	금	토	일	월	화	수	목	금	토	일	월	화	수	목
일진 日辰	癸卯	甲辰	乙巳	丙午	丁未	戊申	己酉	庚戌	辛亥	壬子	癸丑	甲寅	乙卯	丙辰	丁巳	戊午	己未	庚申	辛酉	壬戌	癸亥	甲子	乙丑	丙寅	丁卯	戊辰	己巳	庚午	辛未	壬申
음력	16	17	18	19	20	21	22	23	24	25	26	27	28	29	30	3/1	2	3	4	5	6	7	8	9	10	11	12	13	14	15
대운 남	9	9	10	청	1	1	1	1	2	2	2	3	3	3	4	4	4	5	5	곡	6	6	6	7	7	7	8	8	8	9
대운 여	1	1	1	명	10	10	9	9	9	8	8	8	7	7	7	6	6	6	5	우	5	4	4	4	3	3	3	2	2	2

입하 5일 12시 48분 ⇨ 【乙巳月(을사월)】(입하, 소만~ 망종 전) 소만 21일 01시 34분

양력 5 / 음력 03/16 ~ 04/17

양력	1	2	3	4	5	6	7	8	9	10	11	12	13	14	15	16	17	18	19	20	21	22	23	24	25	26	27	28	29	30	31
요일	금	토	일	월	화	수	목	금	토	일	월	화	수	목	금	토	일	월	화	수	목	금	토	일	월	화	수	목	금	토	일
일진 日辰	癸酉	甲戌	乙亥	丙子	丁丑	戊寅	己卯	庚辰	辛巳	壬午	癸未	甲申	乙酉	丙戌	丁亥	戊子	己丑	庚寅	辛卯	壬辰	癸巳	甲午	乙未	丙申	丁酉	戊戌	己亥	庚子	辛丑	壬寅	癸卯
음력	16	17	18	19	20	21	22	23	24	25	26	27	28	29	4/1	2	3	4	5	6	7	8	9	10	11	12	13	14	15	16	17
대운 남	9	9	10	10	입	1	1	1	1	2	2	2	3	3	3	4	4	4	5	5	소	6	6	6	7	7	7	8	8	8	9
대운 여	1	1	1	1	하	10	10	9	9	9	8	8	8	7	7	7	6	6	6	5	만	5	4	4	4	3	3	3	2	2	2

망종 5일 16시 45분 ⇨ 【丙午月(병오월)】(망종, 하지~ 소서 전) 하지 21일 09시 21분

양력 6 / 음력 04/18 ~ 05/17

양력	1	2	3	4	5	6	7	8	9	10	11	12	13	14	15	16	17	18	19	20	21	22	23	24	25	26	27	28	29	30
요일	월	화	수	목	금	토	일	월	화	수	목	금	토	일	월	화	수	목	금	토	일	월	화	수	목	금	토	일	월	화
일진 日辰	甲辰	乙巳	丙午	丁未	戊申	己酉	庚戌	辛亥	壬子	癸丑	甲寅	乙卯	丙辰	丁巳	戊午	己未	庚申	辛酉	壬戌	癸亥	甲子	乙丑	丙寅	丁卯	戊辰	己巳	庚午	辛未	壬申	癸酉
음력	18	19	20	21	22	23	24	25	26	27	28	29	30	5/1	2	3	4	5	6	7	8	9	10	11	12	13	14	15	16	17
대운 남	9	9	10	10	망	1	1	1	1	2	2	2	3	3	3	4	4	4	5	5	하	6	6	6	7	7	7	8	8	8
대운 여	1	1	1	1	종	10	10	10	9	9	9	8	8	8	7	7	7	6	6	6	지	5	5	4	4	4	3	3	3	2

대장군(동방), 삼살(동방), 상문(서남방), 조객(동방),납음(사중토), 【삼재(해,자,축)년】
한식(4월05일), 초복(7월17일), 중복(7월27일), 말복(8월06일)

丁巳年(정사년)

2037

소서 7일 02시 54분 ⇨ 【丁未月(정미월)】(소서, 대서~ 입추 전) 대서 22일 20시 11분

양력 7 / 음력 05/18 ~ 06/19

양력	1	2	3	4	5	6	7	8	9	10	11	12	13	14	15	16	17	18	19	20	21	22	23	24	25	26	27	28	29	30	31
요일	수	목	금	토	일	월	화	수	목	금	토	일	월	화	수	목	금	토	일	월	화	수	목	금	토	일	월	화	수	목	금
일진 日辰	甲戌	乙亥	丙子	丁丑	戊寅	己卯	庚辰	辛巳	壬午	癸未	甲申	乙酉	丙戌	丁亥	戊子	己丑	庚寅	辛卯	壬辰	癸巳	甲午	乙未	丙申	丁酉	戊戌	己亥	庚子	辛丑	壬寅	癸卯	甲辰
음력	18	19	20	21	22	23	24	25	26	27	28	29	6/1	2	3	4	5	6	7	8	9	10	11	12	13	14	15	16	17	18	19
대운 남	9	9	9	10	10	10	소	1	1	1	1	2	2	2	3	3	3	4	4	4	5	대	5	6	6	6	7	7	7	8	8
대운 여	2	2	1	1	1	1	서	10	10	9	9	9	8	8	8	7	7	7	6	6	6	서	5	5	4	4	4	3	3	3	2

입추 7일 12시 42분 ⇨ 【戊申月(무신월)】(입추, 처서~ 백로 전) 처서 23일 03시 21분

양력 8 / 음력 06/20 ~ 07/21

양력	1	2	3	4	5	6	7	8	9	10	11	12	13	14	15	16	17	18	19	20	21	22	23	24	25	26	27	28	29	30	31
요일	토	일	월	화	수	목	금	토	일	월	화	수	목	금	토	일	월	화	수	목	금	토	일	월	화	수	목	금	토	일	월
일진 日辰	乙巳	丙午	丁未	戊申	己酉	庚戌	辛亥	壬子	癸丑	甲寅	乙卯	丙辰	丁巳	戊午	己未	庚申	辛酉	壬戌	癸亥	甲子	乙丑	丙寅	丁卯	戊辰	己巳	庚午	辛未	壬申	癸酉	甲戌	乙亥
음력	20	21	22	23	24	25	26	27	28	29	7/1	2	3	4	5	6	7	8	9	10	11	12	13	14	15	16	17	18	19	20	21
대운 남	8	9	9	9	10	10	입	1	1	1	1	2	2	2	3	3	3	4	4	4	5	5	처	6	6	6	7	7	7	8	8
대운 여	2	2	1	1	1	1	추	10	10	9	9	9	8	8	8	7	7	7	6	6	6	5	서	5	4	4	4	3	3	3	2

백로 7일 15시 44분 ⇨ 【己酉月(기유월)】(백로, 추분-한로 전) 추분 23일 01시 12분

양력 9 / 음력 07/22 ~ 08/21

양력	1	2	3	4	5	6	7	8	9	10	11	12	13	14	15	16	17	18	19	20	21	22	23	24	25	26	27	28	29	30
요일	화	수	목	금	토	일	월	화	수	목	금	토	일	월	화	수	목	금	토	일	월	화	수	목	금	토	일	월	화	수
일진 日辰	丙子	丁丑	戊寅	己卯	庚辰	辛巳	壬午	癸未	甲申	乙酉	丙戌	丁亥	戊子	己丑	庚寅	辛卯	壬辰	癸巳	甲午	乙未	丙申	丁酉	戊戌	己亥	庚子	辛丑	壬寅	癸卯	甲辰	乙巳
음력	22	23	24	25	26	27	28	29	30	8/1	2	3	4	5	6	7	8	9	10	11	12	13	14	15	16	17	18	19	20	21
대운 남	8	9	9	9	10	10	백	1	1	1	1	2	2	2	3	3	3	4	4	4	5	5	추	6	6	6	7	7	7	8
대운 여	2	2	1	1	1	1	로	10	10	9	9	9	8	8	8	7	7	7	6	6	6	5	분	5	4	4	4	3	3	3

한로 8일 07시 36분 ⇨ 【庚戌月(경술월)】(한로, 상강~ 입동 전) 상강 23일 10시 48분

양력 10 / 음력 08/22 ~ 09/23

양력	1	2	3	4	5	6	7	8	9	10	11	12	13	14	15	16	17	18	19	20	21	22	23	24	25	26	27	28	29	30	31
요일	목	금	토	일	월	화	수	목	금	토	일	월	화	수	목	금	토	일	월	화	수	목	금	토	일	월	화	수	목	금	토
일진 日辰	丙午	丁未	戊申	己酉	庚戌	辛亥	壬子	癸丑	甲寅	乙卯	丙辰	丁巳	戊午	己未	庚申	辛酉	壬戌	癸亥	甲子	乙丑	丙寅	丁卯	戊辰	己巳	庚午	辛未	壬申	癸酉	甲戌	乙亥	丙子
음력	22	23	24	25	26	27	28	29	9/1	2	3	4	5	6	7	8	9	10	11	12	13	14	15	16	17	18	19	20	21	22	23
대운 남	8	8	9	9	9	10	10	한	1	1	1	1	2	2	2	3	3	3	4	4	4	5	상	5	6	6	6	7	7	7	8
대운 여	2	2	2	1	1	1	1	로	10	9	9	9	8	8	8	7	7	7	6	6	6	5	강	5	4	4	4	3	3	3	2

입동 7일 11시 03분 ⇨ 【辛亥月(신해월)】(입동, 소설~ 대설 전) 소설 22일 08시 37분

양력 11 / 음력 09/24 ~ 10/24

양력	1	2	3	4	5	6	7	8	9	10	11	12	13	14	15	16	17	18	19	20	21	22	23	24	25	26	27	28	29	30
요일	일	월	화	수	목	금	토	일	월	화	수	목	금	토	일	월	화	수	목	금	토	일	월	화	수	목	금	토	일	월
일진 日辰	丁丑	戊寅	己卯	庚辰	辛巳	壬午	癸未	甲申	乙酉	丙戌	丁亥	戊子	己丑	庚寅	辛卯	壬辰	癸巳	甲午	乙未	丙申	丁酉	戊戌	己亥	庚子	辛丑	壬寅	癸卯	甲辰	乙巳	丙午
음력	24	25	26	27	28	29	10/1	2	3	4	5	6	7	8	9	10	11	12	13	14	15	16	17	18	19	20	21	22	23	24
대운 남	8	8	9	9	9	10	입	1	1	1	1	2	2	2	3	3	3	4	4	4	5	소	5	6	6	6	7	7	7	8
대운 여	2	2	1	1	1	1	동	10	9	9	9	8	8	8	7	7	7	6	6	6	5	설	5	4	4	4	3	3	3	2

대설 7일 04시 06분 ⇨ 【壬子月(임자월)】(대설, 동지~소한 전) 동지 21일 22시 06분

양력 12 / 음력 10/25 ~ 11/25

양력	1	2	3	4	5	6	7	8	9	10	11	12	13	14	15	16	17	18	19	20	21	22	23	24	25	26	27	28	29	30	31
요일	화	수	목	금	토	일	월	화	수	목	금	토	일	월	화	수	목	금	토	일	월	화	수	목	금	토	일	월	화	수	목
일진 日辰	丁未	戊申	己酉	庚戌	辛亥	壬子	癸丑	甲寅	乙卯	丙辰	丁巳	戊午	己未	庚申	辛酉	壬戌	癸亥	甲子	乙丑	丙寅	丁卯	戊辰	己巳	庚午	辛未	壬申	癸酉	甲戌	乙亥	丙子	丁丑
음력	25	26	27	28	29	30	11/1	2	3	4	5	6	7	8	9	10	11	12	13	14	15	16	17	18	19	20	21	22	23	24	25
대운 남	8	8	9	9	9	10	대	1	1	1	1	2	2	2	3	3	3	4	4	4	동	5	5	6	6	6	7	7	7	8	8
대운 여	2	2	1	1	1	1	설	9	9	9	8	8	8	7	7	7	6	6	6	5	지	5	4	4	4	3	3	3	2	2	2

2038 戊午年(무오년)

단기 4371년 /불기2582년 대장군(동방). 삼살(북방), 상문(서남방),조객(동남방), 납음(천상화), 【삼재(신,유,술)년】

소한 5일 15시 25분 ⇨ **【癸丑月(계축월)】**(소한, 대한~ 입춘 전) 대한 20일 08시 47분

양력 **1** 음력 11/26 – 12/27

양력	1	2	3	4	5	6	7	8	9	10	11	12	13	14	15	16	17	18	19	20	21	22	23	24	25	26	27	28	29	30	31
요일	금	토	일	월	화	수	목	금	토	일	월	화	수	목	금	토	일	월	화	수	목	금	토	일	월	화	수	목	금	토	일
일진 日辰	戊寅	己卯	庚辰	辛巳	壬午	癸未	甲申	乙酉	丙戌	丁亥	戊子	己丑	庚寅	辛卯	壬辰	癸巳	甲午	乙未	丙申	丁酉	戊戌	己亥	庚子	辛丑	壬寅	癸卯	甲辰	乙巳	丙午	丁未	戊申
음력	26	27	28	29	12/1	2	3	4	5	6	7	8	9	10	11	12	13	14	15	16	17	18	19	20	21	22	23	24	25	26	27
대운 남	8	9	9	9	소	1	1	1	1	2	2	2	3	3	3	4	4	4	5	대	5	6	6	6	7	7	7	8	8	8	9
대운 여	1	1	1	1	한	10	9	9	9	8	8	8	7	7	7	6	6	6	5	한	5	4	4	4	3	3	3	2	2	2	1

입춘 4일 03시 02분 ⇨ **【甲寅月(갑인월)】**(입춘, 우수~ 경칩 전) 우수 18일 22시 51분

양력 **2** 음력 12/28 – 01/25

양력	1	2	3	4	5	6	7	8	9	10	11	12	13	14	15	16	17	18	19	20	21	22	23	24	25	26	27	28
요일	월	화	수	목	금	토	일	월	화	수	목	금	토	일	월	화	수	목	금	토	일	월	화	수	목	금	토	일
일진 日辰	己酉	庚戌	辛亥	壬子	癸丑	甲寅	乙卯	丙辰	丁巳	戊午	己未	庚申	辛酉	壬戌	癸亥	甲子	乙丑	丙寅	丁卯	戊辰	己巳	庚午	辛未	壬申	癸酉	甲戌	乙亥	丙子
음력	28	29	30	1/1	2	3	4	5	6	7	8	9	10	11	12	13	14	15	16	17	18	19	20	21	22	23	24	25
대운 남	9	9	10	입	9	9	9	8	8	8	7	7	7	6	6	6	5	우	5	4	4	4	3	3	3	2	2	2
대운 여	1	1	1	춘	1	1	1	1	2	2	2	3	3	3	4	4	4	수	5	5	6	6	6	7	7	7	8	8

立春

경칩 5일 20시 54분 ⇨ **【乙卯月(을묘월)】**(경칩, 춘분~ 청명 전) 춘분 20일 21시 39분

양력 **3** 음력 01/26 – 02/26

양력	1	2	3	4	5	6	7	8	9	10	11	12	13	14	15	16	17	18	19	20	21	22	23	24	25	26	27	28	29	30	31
요일	월	화	수	목	금	토	일	월	화	수	목	금	토	일	월	화	수	목	금	토	일	월	화	수	목	금	토	일	월	화	수
일진 日辰	丁丑	戊寅	己卯	庚辰	辛巳	壬午	癸未	甲申	乙酉	丙戌	丁亥	戊子	己丑	庚寅	辛卯	壬辰	癸巳	甲午	乙未	丙申	丁酉	戊戌	己亥	庚子	辛丑	壬寅	癸卯	甲辰	乙巳	丙午	丁未
음력	26	27	28	29	30	2/1	2	3	4	5	6	7	8	9	10	11	12	13	14	15	16	17	18	19	20	21	22	23	24	25	26
대운 남	1	1	1	1	경	10	10	9	9	9	8	8	8	7	7	7	6	6	6	추	5	5	4	4	4	3	3	3	2	2	2
대운 여	8	9	9	9	칩	1	1	1	1	2	2	2	3	3	3	4	4	4	5	분	5	6	6	6	7	7	7	8	8	8	9

청명 5일 01시 28분 ⇨ **【丙辰月(병진월)】**(청명, 곡우~ 입하 전) 곡우 20일 08시 27분

양력 **4** 음력 02/27 – 03/26

양력	1	2	3	4	5	6	7	8	9	10	11	12	13	14	15	16	17	18	19	20	21	22	23	24	25	26	27	28	29	30
요일	목	금	토	일	월	화	수	목	금	토	일	월	화	수	목	금	토	일	월	화	수	목	금	토	일	월	화	수	목	금
일진 日辰	戊申	己酉	庚戌	辛亥	壬子	癸丑	甲寅	乙卯	丙辰	丁巳	戊午	己未	庚申	辛酉	壬戌	癸亥	甲子	乙丑	丙寅	丁卯	戊辰	己巳	庚午	辛未	壬申	癸酉	甲戌	乙亥	丙子	丁丑
음력	27	28	29	30	3/1	2	3	4	5	6	7	8	9	10	11	12	13	14	15	16	17	18	19	20	21	22	23	24	25	26
대운 남	1	1	1	1	청	10	9	9	9	8	8	8	7	7	7	6	6	6	5	곡	5	4	4	4	3	3	3	2	2	2
대운 여	9	9	10	10	명	1	1	1	1	2	2	2	3	3	3	4	4	4	5	우	5	6	6	6	7	7	7	8	8	8

입하 5일 18시 30분 ⇨ **【丁巳月(정사월)】**(입하, 소만~ 망종 전) 소만 21일 07시 21분

양력 **5** 음력 03/27 – 04/28

양력	1	2	3	4	5	6	7	8	9	10	11	12	13	14	15	16	17	18	19	20	21	22	23	24	25	26	27	28	29	30	31
요일	토	일	월	화	수	목	금	토	일	월	화	수	목	금	토	일	월	화	수	목	금	토	일	월	화	수	목	금	토	일	월
일진 日辰	戊寅	己卯	庚辰	辛巳	壬午	癸未	甲申	乙酉	丙戌	丁亥	戊子	己丑	庚寅	辛卯	壬辰	癸巳	甲午	乙未	丙申	丁酉	戊戌	己亥	庚子	辛丑	壬寅	癸卯	甲辰	乙巳	丙午	丁未	戊申
음력	27	28	29	4/1	2	3	4	5	6	7	8	9	10	11	12	13	14	15	16	17	18	19	20	21	22	23	24	25	26	27	28
대운 남	1	1	1	1	입	10	10	9	9	9	8	8	8	7	7	7	6	6	6	5	소	5	4	4	4	3	3	3	2	2	2
대운 여	9	9	9	10	하	1	1	1	1	2	2	2	3	3	3	4	4	4	5	5	만	6	6	6	7	7	7	8	8	8	9

망종 5일 22시 24분 ⇨ **【戊午月(무오월)】**(망종, 하지~ 소서 전) 하지 21일 15시 08분

양력 **6** 음력 04/29 – 05/28

양력	1	2	3	4	5	6	7	8	9	10	11	12	13	14	15	16	17	18	19	20	21	22	23	24	25	26	27	28	29	30
요일	화	수	목	금	토	일	월	화	수	목	금	토	일	월	화	수	목	금	토	일	월	화	수	목	금	토	일	월	화	수
일진 日辰	己酉	庚戌	辛亥	壬子	癸丑	甲寅	乙卯	丙辰	丁巳	戊午	己未	庚申	辛酉	壬戌	癸亥	甲子	乙丑	丙寅	丁卯	戊辰	己巳	庚午	辛未	壬申	癸酉	甲戌	乙亥	丙子	丁丑	戊寅
음력	29	30	5/1	2	3	4	5	6	7	8	9	10	11	12	13	14	15	16	17	18	19	20	21	22	23	24	25	26	27	28
대운 남	1	1	1	1	망	10	10	10	9	9	9	8	8	8	7	7	7	6	6	6	하	5	5	4	4	4	3	3	3	2
대운 여	9	9	10	10	종	1	1	1	1	2	2	2	3	3	3	4	4	4	5	5	지	6	6	6	7	7	7	8	8	8

대장군(동방), 삼살(북방), 상문(서남방),조객(동남방), 납음(천상화), 【삼재(신,유,술)년】
한식(4월05일), 초복(7월12일), 중복(7월22일), 말복(8월11일)

戊午年(무오년)

2038

소서 7일 08시 31분 ⇨ **【己未月(기미월)】**(소서, 대서~ 입추 전) 대서 23일 01시 58분

양력 7 / 음력 05/29 ~ 06/30

양력	1	2	3	4	5	6	7	8	9	10	11	12	13	14	15	16	17	18	19	20	21	22	23	24	25	26	27	28	29	30	31
요일	목	금	토	일	월	화	수	목	금	토	일	월	화	수	목	금	토	일	월	화	수	목	금	토	일	월	화	수	목	금	토
일진 日辰	己卯	庚辰	辛巳	壬午	癸未	甲申	乙酉	丙戌	丁亥	戊子	己丑	庚寅	辛卯	壬辰	癸巳	甲午	乙未	丙申	丁酉	戊戌	己亥	庚子	辛丑	壬寅	癸卯	甲辰	乙巳	丙午	丁未	戊申	己酉
음력	29	6/1	2	3	4	5	6	7	8	9	10	11	12	13	14	15	16	17	18	19	20	21	22	23	24	25	26	27	28	29	30
대운 남	2	2	1	1	1	1	소	10	10	9	9	9	8	8	8	7	7	7	6	6	6	5	대	5	4	4	4	3	3	3	2
대운 여	9	9	9	10	10	10	서	1	1	1	1	2	2	2	3	3	3	4	4	4	5	5	서	6	6	6	7	7	7	8	8

입추 7일 18시 20분 ⇨ **【庚申月(경신월)】**(입추, 처서~ 백로 전) 처서 23일 09시 09분

양력 8 / 음력 07/01 ~ 08/02

양력	1	2	3	4	5	6	7	8	9	10	11	12	13	14	15	16	17	18	19	20	21	22	23	24	25	26	27	28	29	30	31
요일	일	월	화	수	목	금	토	일	월	화	수	목	금	토	일	월	화	수	목	금	토	일	월	화	수	목	금	토	일	월	화
일진 日辰	庚戌	辛亥	壬子	癸丑	甲寅	乙卯	丙辰	丁巳	戊午	己未	庚申	辛酉	壬戌	癸亥	甲子	乙丑	丙寅	丁卯	戊辰	己巳	庚午	辛未	壬申	癸酉	甲戌	乙亥	丙子	丁丑	戊寅	己卯	庚辰
음력	7/1	2	3	4	5	6	7	8	9	10	11	12	13	14	15	16	17	18	19	20	21	22	23	24	25	26	27	28	29	8/1	2
대운 남	2	2	1	1	1	1	입	10	10	9	9	9	8	8	8	7	7	7	6	6	6	5	처	5	4	4	4	3	3	3	2
대운 여	9	9	9	10	10	10	추	1	1	1	1	2	2	2	3	3	3	4	4	4	5	5	서	6	6	6	7	7	7	8	8

백로 7일 21시 15분 ⇨ **【辛酉月(신유월)】**(백로, 추분-한로 전) 추분 23일 07시 01분

양력 9 / 음력 08/03 ~ 09/02

양력	1	2	3	4	5	6	7	8	9	10	11	12	13	14	15	16	17	18	19	20	21	22	23	24	25	26	27	28	29	30
요일	수	목	금	토	일	월	화	수	목	금	토	일	월	화	수	목	금	토	일	월	화	수	목	금	토	일	월	화	수	목
일진 日辰	辛巳	壬午	癸未	甲申	乙酉	丙戌	丁亥	戊子	己丑	庚寅	辛卯	壬辰	癸巳	甲午	乙未	丙申	丁酉	戊戌	己亥	庚子	辛丑	壬寅	癸卯	甲辰	乙巳	丙午	丁未	戊申	己酉	庚戌
음력	3	4	5	6	7	8	9	10	11	12	13	14	15	16	17	18	19	20	21	22	23	24	25	26	27	28	29	30	9/1	2
대운 남	2	2	1	1	1	1	백	10	10	9	9	9	8	8	8	7	7	7	6	6	6	5	추	5	4	4	4	3	3	3
대운 여	8	9	9	9	10	10	로	1	1	1	1	2	2	2	3	3	3	4	4	4	5	5	분	6	6	6	7	7	7	8

한로 8일 13시 20분 ⇨ **【壬戌月(임술월)】**(한로, 상강~ 입동 전) 상강 23일 16시 39분

양력 10 / 음력 09/03 ~ 10/04

양력	1	2	3	4	5	6	7	8	9	10	11	12	13	14	15	16	17	18	19	20	21	22	23	24	25	26	27	28	29	30	31
요일	금	토	일	월	화	수	목	금	토	일	월	화	수	목	금	토	일	월	화	수	목	금	토	일	월	화	수	목	금	토	일
일진 日辰	辛亥	壬子	癸丑	甲寅	乙卯	丙辰	丁巳	戊午	己未	庚申	辛酉	壬戌	癸亥	甲子	乙丑	丙寅	丁卯	戊辰	己巳	庚午	辛未	壬申	癸酉	甲戌	乙亥	丙子	丁丑	戊寅	己卯	庚辰	辛巳
음력	3	4	5	6	7	8	9	10	11	12	13	14	15	16	17	18	19	20	21	22	23	24	25	26	27	28	29	10/1	2	3	4
대운 남	2	2	2	1	1	1	1	한	10	9	9	9	8	8	8	7	7	7	6	6	6	5	상	5	4	4	4	3	3	3	2
대운 여	8	8	9	9	9	10	10	로	1	1	1	1	2	2	2	3	3	3	4	4	4	5	강	5	6	6	6	7	7	7	8

입동 7일 16시 49분 ⇨ **【癸亥月(계해월)】**(입동, 소설~ 대설 전) 소설 22일 14시 30분

양력 11 / 음력 10/05 ~ 11/05

양력	1	2	3	4	5	6	7	8	9	10	11	12	13	14	15	16	17	18	19	20	21	22	23	24	25	26	27	28	29	30
요일	월	화	수	목	금	토	일	월	화	수	목	금	토	일	월	화	수	목	금	토	일	월	화	수	목	금	토	일	월	화
일진 日辰	壬午	癸未	甲申	乙酉	丙戌	丁亥	戊子	己丑	庚寅	辛卯	壬辰	癸巳	甲午	乙未	丙申	丁酉	戊戌	己亥	庚子	辛丑	壬寅	癸卯	甲辰	乙巳	丙午	丁未	戊申	己酉	庚戌	辛亥
음력	5	6	7	8	9	10	11	12	13	14	15	16	17	18	19	20	21	22	23	24	25	26	27	28	29	11/1	2	3	4	5
대운 남	2	2	1	1	1	1	입	10	9	9	9	8	8	8	7	7	7	6	6	6	5	소	5	4	4	4	3	3	3	2
대운 여	8	8	9	9	9	10	동	1	1	1	1	2	2	2	3	3	3	4	4	4	5	설	5	6	6	6	7	7	7	8

대설 7일 09시 55분 ⇨ **【甲子月(갑자월)】**(대설, 동지~소한 전) 동지 22일 04시 01분

양력 12 / 음력 11/06 ~ 12/06

양력	1	2	3	4	5	6	7	8	9	10	11	12	13	14	15	16	17	18	19	20	21	22	23	24	25	26	27	28	29	30	31
요일	수	목	금	토	일	월	화	수	목	금	토	일	월	화	수	목	금	토	일	월	화	수	목	금	토	일	월	화	수	목	금
일진 日辰	壬子	癸丑	甲寅	乙卯	丙辰	丁巳	戊午	己未	庚申	辛酉	壬戌	癸亥	甲子	乙丑	丙寅	丁卯	戊辰	己巳	庚午	辛未	壬申	癸酉	甲戌	乙亥	丙子	丁丑	戊寅	己卯	庚辰	辛巳	壬午
음력	6	7	8	9	10	11	12	13	14	15	16	17	18	19	20	21	22	23	24	25	26	27	28	29	30	12/1	2	3	4	5	6
대운 남	2	2	1	1	1	1	대	9	9	9	8	8	8	7	7	7	6	6	6	5	5	동	4	4	4	3	3	3	2	2	2
대운 여	8	8	9	9	9	10	설	1	1	1	1	2	2	2	3	3	3	4	4	4	5	지	5	6	6	6	7	7	7	8	8

윤5월 小 2039 己未年(기미년)

단기 4372년 /불기2583년 대장군(동방). 삼살(서방). 상문(서방),조객(동남방), 납음(천상화), 【삼재(사,오,미)년】

소한 5일 21시 15분 ⇨ 【乙丑月(을축월)】(소한, 대한~ 입춘 전) 대한 20일 14시 42분

1월 (음력 12/07~01/08)	1	2	3	4	5	6	7	8	9	10	11	12	13	14	15	16	17	18	19	20	21	22	23	24	25	26	27	28	29	30	31
요일	토	일	월	화	수	목	금	토	일	월	화	수	목	금	토	일	월	화	수	목	금	토	일	월	화	수	목	금	토	일	월
일진 日辰	癸未	甲申	乙酉	丙戌	丁亥	戊子	己丑	庚寅	辛卯	壬辰	癸巳	甲午	乙未	丙申	丁酉	戊戌	己亥	庚子	辛丑	壬寅	癸卯	甲辰	乙巳	丙午	丁未	戊申	己酉	庚戌	辛亥	壬子	癸丑
음력	7	8	9	10	11	12	13	14	15	16	17	18	19	20	21	22	23	24	25	26	27	28	29	1/1	2	3	4	5	6	7	8
대운 남	1	1	1	1	소	10	9	9	9	8	8	8	7	7	7	6	6	6	5	대	5	4	4	4	3	3	3	2	2	2	1
대운 여	8	9	9	9	한	1	1	1	1	2	2	2	3	3	3	4	4	4	5	한	5	6	6	6	7	7	7	8	8	8	9

입춘 4일 08시 51분 ⇨ 【丙寅月(병인월)】(입춘, 우수~ 경칩 전) 우수 19일 04시 44분

2월 (음력 01/09~02/06)	1	2	3	4	5	6	7	8	9	10	11	12	13	14	15	16	17	18	19	20	21	22	23	24	25	26	27	28
요일	화	수	목	금	토	일	월	화	수	목	금	토	일	월	화	수	목	금	토	일	월	화	수	목	금	토	일	월
일진 日辰	甲寅	乙卯	丙辰	丁巳	戊午	己未	庚申	辛酉	壬戌	癸亥	甲子	乙丑	丙寅	丁卯	戊辰	己巳	庚午	辛未	壬申	癸酉	甲戌	乙亥	丙子	丁丑	戊寅	己卯	庚辰	辛巳
음력	9	10	11	12	13	14	15	16	17	18	19	20	21	22	23	24	25	26	27	28	29	30	2/1	2	3	4	5	6
대운 남	1	1	1	입	1	1	1	1	2	2	2	3	3	3	4	4	4	5	우	5	6	6	6	7	7	7	8	8
대운 여	9	9	10	춘	10	9	9	9	8	8	8	7	7	7	6	6	6	5	수	5	4	4	4	3	3	3	2	2

立春

경칩 6일 02시 42분 ⇨ 【丁卯月(정묘월)】(경칩, 춘분~ 청명 전) 춘분 21일 03시 31분

3월 (음력 02/07~03/07)	1	2	3	4	5	6	7	8	9	10	11	12	13	14	15	16	17	18	19	20	21	22	23	24	25	26	27	28	29	30	31
요일	화	수	목	금	토	일	월	화	수	목	금	토	일	월	화	수	목	금	토	일	월	화	수	목	금	토	일	월	화	수	목
일진 日辰	壬午	癸未	甲申	乙酉	丙戌	丁亥	戊子	己丑	庚寅	辛卯	壬辰	癸巳	甲午	乙未	丙申	丁酉	戊戌	己亥	庚子	辛丑	壬寅	癸卯	甲辰	乙巳	丙午	丁未	戊申	己酉	庚戌	辛亥	壬子
음력	7	8	9	10	11	12	13	14	15	16	17	18	19	20	21	22	23	24	25	26	27	28	29	30	3/1	2	3	4	5	6	7
대운 남	8	9	9	9	10	경	1	1	1	1	2	2	2	3	3	3	4	4	4	5	춘	5	6	6	6	7	7	7	8	8	8
대운 여	2	1	1	1	1	칩	10	9	9	9	8	8	8	7	7	7	6	6	6	5	분	5	4	4	4	3	3	3	2	2	2

청명 5일 07시 14분 ⇨ 【戊辰月(무진월)】(청명, 곡우~ 입하 전) 곡우 20일 14시 16분

4월 (음력 03/08~04/08)	1	2	3	4	5	6	7	8	9	10	11	12	13	14	15	16	17	18	19	20	21	22	23	24	25	26	27	28	29	30
요일	금	토	일	월	화	수	목	금	토	일	월	화	수	목	금	토	일	월	화	수	목	금	토	일	월	화	수	목	금	토
일진 日辰	癸丑	甲寅	乙卯	丙辰	丁巳	戊午	己未	庚申	辛酉	壬戌	癸亥	甲子	乙丑	丙寅	丁卯	戊辰	己巳	庚午	辛未	壬申	癸酉	甲戌	乙亥	丙子	丁丑	戊寅	己卯	庚辰	辛巳	壬午
음력	8	9	10	11	12	13	14	15	16	17	18	19	20	21	22	23	24	25	26	27	28	29	4/1	2	3	4	5	6	7	8
대운 남	9	9	9	10	청	1	1	1	1	2	2	2	3	3	3	4	4	4	5	곡	5	6	6	6	7	7	7	8	8	8
대운 여	1	1	1	1	명	10	9	9	9	8	8	8	7	7	7	6	6	6	5	우	5	4	4	4	3	3	3	2	2	2

입하 5일 00시 17분 ⇨ 【己巳月(기사월)】(입하, 소만~ 망종 전) 소만 21일 13시 09분

5월 (음력 04/09~05/09)	1	2	3	4	5	6	7	8	9	10	11	12	13	14	15	16	17	18	19	20	21	22	23	24	25	26	27	28	29	30	31
요일	일	월	화	수	목	금	토	일	월	화	수	목	금	토	일	월	화	수	목	금	토	일	월	화	수	목	금	토	일	월	화
일진 日辰	癸未	甲申	乙酉	丙戌	丁亥	戊子	己丑	庚寅	辛卯	壬辰	癸巳	甲午	乙未	丙申	丁酉	戊戌	己亥	庚子	辛丑	壬寅	癸卯	甲辰	乙巳	丙午	丁未	戊申	己酉	庚戌	辛亥	壬子	癸丑
음력	9	10	11	12	13	14	15	16	17	18	19	20	21	22	23	24	25	26	27	28	29	30	5/1	2	3	4	5	6	7	8	9
대운 남	9	9	9	10	입	1	1	1	1	2	2	2	3	3	3	4	4	4	5	5	소	6	6	6	7	7	7	8	8	8	9
대운 여	1	1	1	1	하	10	10	10	9	9	9	8	8	8	7	7	7	6	6	6	만	5	5	4	4	4	3	3	3	2	2

망종 6일 04시 14분 ⇨ 【庚午月(경오월)】(망종, 하지~ 소서 전) 하지 21일 20시 56분

6월 (음력 05/10~윤509)	1	2	3	4	5	6	7	8	9	10	11	12	13	14	15	16	17	18	19	20	21	22	23	24	25	26	27	28	29	30
요일	수	목	금	토	일	월	화	수	목	금	토	일	월	화	수	목	금	토	일	월	화	수	목	금	토	일	월	화	수	목
일진 日辰	甲寅	乙卯	丙辰	丁巳	戊午	己未	庚申	辛酉	壬戌	癸亥	甲子	乙丑	丙寅	丁卯	戊辰	己巳	庚午	辛未	壬申	癸酉	甲戌	乙亥	丙子	丁丑	戊寅	己卯	庚辰	辛巳	壬午	癸未
음력	10	11	12	13	14	15	16	17	18	19	20	21	22	23	24	25	26	27	28	29	30	윤5	2	3	4	5	6	7	8	9
대운 남	9	9	10	10	10	망	1	1	1	1	2	2	2	3	3	3	4	4	4	5	하	5	6	6	6	7	7	7	8	8
대운 여	2	1	1	1	1	종	10	10	9	9	9	8	8	8	7	7	7	6	6	6	지	5	5	4	4	4	3	3	3	2

대장군(동방). 삼살(서방), 상문(서방),조객(동남방), 납음(천상화), 【삼재(사,오,미)년】
한식(4월06일), 초복(7월17일), 중복(7월27일), 말복(8월16일)

己未年(기미년)

2039

소서 7일 14시 25분 ⇨ 【辛未月(신미월)】(소서, 대서~ 입추 전) 대서 23일 07시 47분

양력 7	양력	1	2	3	4	5	6	7	8	9	10	11	12	13	14	15	16	17	18	19	20	21	22	23	24	25	26	27	28	29	30	31
	요일	금	토	일	월	화	수	목	금	토	일	월	화	수	목	금	토	일	월	화	수	목	금	토	일	월	화	수	목	금	토	일
	일진 日辰	甲申	乙酉	丙戌	丁亥	戊子	己丑	庚寅	辛卯	壬辰	癸巳	甲午	乙未	丙申	丁酉	戊戌	己亥	庚子	辛丑	壬寅	癸卯	甲辰	乙巳	丙午	丁未	戊申	己酉	庚戌	辛亥	壬子	癸丑	甲寅
음력 윤510 ~ 06/11	음력	10	11	12	13	14	15	16	17	18	19	20	21	22	23	24	25	26	27	28	29	6/1	2	3	4	5	6	7	8	9	10	11
대운	남	8	9	9	9	10	10	소	1	1	1	1	2	2	2	3	3	3	4	4	4	5	5	대	6	6	6	7	7	7	8	8
	여	2	2	1	1	1	1	서	10	10	10	9	9	9	8	8	8	7	7	7	6	6	6	서	5	5	4	4	4	3	3	3

입추 8일 00시 17분 ⇨ 【壬申月(임신월)】(입추, 처서~ 백로 전) 처서 23일 14시 57분

양력 8	양력	1	2	3	4	5	6	7	8	9	10	11	12	13	14	15	16	17	18	19	20	21	22	23	24	25	26	27	28	29	30	31
	요일	월	화	수	목	금	토	일	월	화	수	목	금	토	일	월	화	수	목	금	토	일	월	화	수	목	금	토	일	월	화	수
	일진 日辰	乙卯	丙辰	丁巳	戊午	己未	庚申	辛酉	壬戌	癸亥	甲子	乙丑	丙寅	丁卯	戊辰	己巳	庚午	辛未	壬申	癸酉	甲戌	乙亥	丙子	丁丑	戊寅	己卯	庚辰	辛巳	壬午	癸未	甲申	乙酉
음력 06/12 ~ 07/12	음력	12	13	14	15	16	17	18	19	20	21	22	23	24	25	26	27	28	29	30	7/1	2	3	4	5	6	7	8	9	10	11	12
대운	남	8	9	9	9	10	10	10	입	1	1	1	1	2	2	2	3	3	3	4	4	4	5	처	5	6	6	6	7	7	7	8
	여	2	2	2	1	1	1	1	추	10	10	9	9	9	8	8	8	7	7	7	6	6	6	서	5	5	4	4	4	3	3	3

백로 8일 03시 23분 ⇨ 【癸酉月(계유월)】(백로, 추분-한로 전) 추분 23일 12시 48분

양력 9	양력	1	2	3	4	5	6	7	8	9	10	11	12	13	14	15	16	17	18	19	20	21	22	23	24	25	26	27	28	29	30
	요일	목	금	토	일	월	화	수	목	금	토	일	월	화	수	목	금	토	일	월	화	수	목	금	토	일	월	화	수	목	금
	일진 日辰	丙戌	丁亥	戊子	己丑	庚寅	辛卯	壬辰	癸巳	甲午	乙未	丙申	丁酉	戊戌	己亥	庚子	辛丑	壬寅	癸卯	甲辰	乙巳	丙午	丁未	戊申	己酉	庚戌	辛亥	壬子	癸丑	甲寅	乙卯
음력 07/13 ~ 08/13	음력	13	14	15	16	17	18	19	20	21	22	23	24	25	26	27	28	29	8/1	2	3	4	5	6	7	8	9	10	11	12	13
대운	남	8	8	9	9	9	10	10	백	1	1	1	1	2	2	2	3	3	3	4	4	4	5	추	5	6	6	6	7	7	7
	여	2	2	2	1	1	1	1	로	10	9	9	9	8	8	8	7	7	7	6	6	6	5	분	5	4	4	4	3	3	3

한로 8일 19시 16분 ⇨ 【甲戌月(갑술월)】(한로, 상강~ 입동 전) 상강 23일 22시 24분

양력 10	양력	1	2	3	4	5	6	7	8	9	10	11	12	13	14	15	16	17	18	19	20	21	22	23	24	25	26	27	28	29	30	31
	요일	토	일	월	화	수	목	금	토	일	월	화	수	목	금	토	일	월	화	수	목	금	토	일	월	화	수	목	금	토	일	월
	일진 日辰	丙辰	丁巳	戊午	己未	庚申	辛酉	壬戌	癸亥	甲子	乙丑	丙寅	丁卯	戊辰	己巳	庚午	辛未	壬申	癸酉	甲戌	乙亥	丙子	丁丑	戊寅	己卯	庚辰	辛巳	壬午	癸未	甲申	乙酉	丙戌
음력 08/14 ~ 09/14	음력	14	15	16	17	18	19	20	21	22	23	24	25	26	27	28	29	30	9/1	2	3	4	5	6	7	8	9	10	11	12	13	14
대운	남	8	8	8	9	9	9	10	한	1	1	1	1	2	2	2	3	3	3	4	4	4	5	상	5	6	6	6	7	7	7	8
	여	2	2	2	1	1	1	1	로	10	9	9	9	8	8	8	7	7	7	6	6	6	5	강	5	4	4	4	3	3	3	2

입동 7일 22시 41분 ⇨ 【乙亥月(을해월)】(입동, 소설~ 대설 전) 소설 22일 20시 11분

양력 11	양력	1	2	3	4	5	6	7	8	9	10	11	12	13	14	15	16	17	18	19	20	21	22	23	24	25	26	27	28	29	30
	요일	화	수	목	금	토	일	월	화	수	목	금	토	일	월	화	수	목	금	토	일	월	화	수	목	금	토	일	월	화	수
	일진 日辰	丁亥	戊子	己丑	庚寅	辛卯	壬辰	癸巳	甲午	乙未	丙申	丁酉	戊戌	己亥	庚子	辛丑	壬寅	癸卯	甲辰	乙巳	丙午	丁未	戊申	己酉	庚戌	辛亥	壬子	癸丑	甲寅	乙卯	丙辰
음력 09/15 ~ 10/15	음력	15	16	17	18	19	20	21	22	23	24	25	26	27	28	29	10/1	2	3	4	5	6	7	8	9	10	11	12	13	14	15
대운	남	8	8	9	9	9	10	입	1	1	1	1	2	2	2	3	3	3	4	4	4	5	소	5	6	6	6	7	7	7	8
	여	2	2	1	1	1	1	동	10	9	9	9	8	8	8	7	7	7	6	6	6	5	설	5	4	4	4	3	3	3	2

대설 7일 15시 44분 ⇨ 【丙子月(병자월)】(대설, 동지~소한 전) 동지 22일 09시 39분

양력 12	양력	1	2	3	4	5	6	7	8	9	10	11	12	13	14	15	16	17	18	19	20	21	22	23	24	25	26	27	28	29	30	31
	요일	목	금	토	일	월	화	수	목	금	토	일	월	화	수	목	금	토	일	월	화	수	목	금	토	일	월	화	수	목	금	토
	일진 日辰	丁巳	戊午	己未	庚申	辛酉	壬戌	癸亥	甲子	乙丑	丙寅	丁卯	戊辰	己巳	庚午	辛未	壬申	癸酉	甲戌	乙亥	丙子	丁丑	戊寅	己卯	庚辰	辛巳	壬午	癸未	甲申	乙酉	丙戌	丁亥
음력 10/16 ~ 11/16	음력	16	17	18	19	20	21	22	23	24	25	26	27	28	29	30	11/1	2	3	4	5	6	7	8	9	10	11	12	13	14	15	16
대운	남	8	8	9	9	9	10	대	1	1	1	1	2	2	2	3	3	3	4	4	4	5	동	5	6	6	6	7	7	7	8	8
	여	2	2	1	1	1	1	설	10	9	9	9	8	8	8	7	7	7	6	6	6	5	지	5	4	4	4	3	3	3	2	2

2040 庚申年(경신년)

단기 4373년 /불기2584년 대장군(남방). 삼살(남방), 상문(서북방),조객(남방), 납음(석류목), 【삼재(인,묘,진)년】

소한 6일 03시 02분 ⇨ 【丁丑月(정축월)】(소한, 대한~ 입춘 전) 대한 20일 20시 20분

양력	양력	1	2	3	4	5	6	7	8	9	10	11	12	13	14	15	16	17	18	19	20	21	22	23	24	25	26	27	28	29	30	31
1	요일	일	월	화	수	목	금	토	일	월	화	수	목	금	토	일	월	화	수	목	금	토	일	월	화	수	목	금	토	일	월	화
	일진 日辰	戊子	己丑	庚寅	辛卯	壬辰	癸巳	甲午	乙未	丙申	丁酉	戊戌	己亥	庚子	辛丑	壬寅	癸卯	甲辰	乙巳	丙午	丁未	戊申	己酉	庚戌	辛亥	壬子	癸丑	甲寅	乙卯	丙辰	丁巳	戊午
음력 11/17	음력	17	18	19	20	21	22	23	24	25	26	27	28	29	12/1	2	3	4	5	6	7	8	9	10	11	12	13	14	15	16	17	18
~12/18	대운 남	8	9	9	9	10	소	1	1	1	1	2	2	2	3	3	3	4	4	4	대	5	5	6	6	6	7	7	7	8	8	8
	대운 여	2	1	1	1	1	한	9	9	9	8	8	8	7	7	7	6	6	6	5	한	5	4	4	4	3	3	3	2	2	2	1

입춘 4일 14시 38분 ⇨ 【戊寅月(무인월)】(입춘, 우수~ 경칩 전) 우수 19일 10시 22분

양력	양력	1	2	3	4	5	6	7	8	9	10	11	12	13	14	15	16	17	18	19	20	21	22	23	24	25	26	27	28	29	
2	요일	수	목	금	토	일	월	화	수	목	금	토	일	월	화	수	목	금	토	일	월	화	수	목	금	토	일	월	화	수	
	일진 日辰	己未	庚申	辛酉	壬戌	癸亥	甲子	乙丑	丙寅	丁卯	戊辰	己巳	庚午	辛未	壬申	癸酉	甲戌	乙亥	丙子	丁丑	戊寅	己卯	庚辰	辛巳	壬午	癸未	甲申	乙酉	丙戌	丁亥	立春
음력 12/19	음력	19	20	21	22	23	24	25	26	27	28	29	1/1	2	3	4	5	6	7	8	9	10	11	12	13	14	15	16	17	18	
~01/18	대운 남	9	9	9	입	10	9	9	9	8	8	8	7	7	7	6	6	6	5	우	5	4	4	4	3	3	3	2	2	2	
	대운 여	1	1	1	춘	1	1	1	1	2	2	2	3	3	3	4	4	4	5	수	5	6	6	6	7	7	7	8	8	8	

경칩 5일 08시 30분 ⇨ 【己卯月(기묘월)】(경칩, 춘분~ 청명 전) 춘분 20일 09시 10분

양력	양력	1	2	3	4	5	6	7	8	9	10	11	12	13	14	15	16	17	18	19	20	21	22	23	24	25	26	27	28	29	30	31
3	요일	목	금	토	일	월	화	수	목	금	토	일	월	화	수	목	금	토	일	월	화	수	목	금	토	일	월	화	수	목	금	토
	일진 日辰	戊子	己丑	庚寅	辛卯	壬辰	癸巳	甲午	乙未	丙申	丁酉	戊戌	己亥	庚子	辛丑	壬寅	癸卯	甲辰	乙巳	丙午	丁未	戊申	己酉	庚戌	辛亥	壬子	癸丑	甲寅	乙卯	丙辰	丁巳	戊午
음력 01/19	음력	19	20	21	22	23	24	25	26	27	28	29	30	2/1	2	3	4	5	6	7	8	9	10	11	12	13	14	15	16	17	18	19
~02/19	대운 남	1	1	1	1	경	10	9	9	9	8	8	8	7	7	7	6	6	6	5	춘	5	4	4	4	3	3	3	2	2	2	1
	대운 여	9	9	9	10	칩	1	1	1	1	2	2	2	3	3	3	4	4	4	5	분	5	6	6	6	7	7	7	8	8	8	9

청명 4일 13시 04분 ⇨ 【庚辰月(경진월)】(청명, 곡우~ 입하 전) 곡우 19일 19시 58분

양력	양력	1	2	3	4	5	6	7	8	9	10	11	12	13	14	15	16	17	18	19	20	21	22	23	24	25	26	27	28	29	30
4	요일	일	월	화	수	목	금	토	일	월	화	수	목	금	토	일	월	화	수	목	금	토	일	월	화	수	목	금	토	일	월
	일진 日辰	己未	庚申	辛酉	壬戌	癸亥	甲子	乙丑	丙寅	丁卯	戊辰	己巳	庚午	辛未	壬申	癸酉	甲戌	乙亥	丙子	丁丑	戊寅	己卯	庚辰	辛巳	壬午	癸未	甲申	乙酉	丙戌	丁亥	戊子
음력 02/20	음력	20	21	22	23	24	25	26	27	28	29	3/1	2	3	4	5	6	7	8	9	10	11	12	13	14	15	16	17	18	19	20
~03/20	대운 남	1	1	1	청	10	10	9	9	9	8	8	8	7	7	7	6	6	6	곡	5	5	4	4	4	3	3	3	2	2	2
	대운 여	9	9	10	명	1	1	1	1	2	2	2	3	3	3	4	4	4	5	우	5	6	6	6	7	7	7	8	8	8	9

입하 5일 06시 08분 ⇨ 【辛巳月(신사월)】(입하, 소만~ 망종 전) 소만 20일 18시 54분

양력	양력	1	2	3	4	5	6	7	8	9	10	11	12	13	14	15	16	17	18	19	20	21	22	23	24	25	26	27	28	29	30	31
5	요일	화	수	목	금	토	일	월	화	수	목	금	토	일	월	화	수	목	금	토	일	월	화	수	목	금	토	일	월	화	수	목
	일진 日辰	己丑	庚寅	辛卯	壬辰	癸巳	甲午	乙未	丙申	丁酉	戊戌	己亥	庚子	辛丑	壬寅	癸卯	甲辰	乙巳	丙午	丁未	戊申	己酉	庚戌	辛亥	壬子	癸丑	甲寅	乙卯	丙辰	丁巳	戊午	己未
음력 03/21	음력	21	22	23	24	25	26	27	28	29	30	4/1	2	3	4	5	6	7	8	9	10	11	12	13	14	15	16	17	18	19	20	21
~04/21	대운 남	1	1	1	1	입	10	10	9	9	9	8	8	8	7	7	7	6	6	6	소	5	5	4	4	4	3	3	3	2	2	2
	대운 여	9	9	10	10	하	1	1	1	1	2	2	2	3	3	3	4	4	4	5	만	5	6	6	6	7	7	7	8	8	8	9

망종 5일 10시 07분 ⇨ 【壬午月(임오월)】(망종, 하지~ 소서 전) 하지 21일 02시 45분

양력	양력	1	2	3	4	5	6	7	8	9	10	11	12	13	14	15	16	17	18	19	20	21	22	23	24	25	26	27	28	29	30
6	요일	금	토	일	월	화	수	목	금	토	일	월	화	수	목	금	토	일	월	화	수	목	금	토	일	월	화	수	목	금	토
	일진 日辰	庚申	辛酉	壬戌	癸亥	甲子	乙丑	丙寅	丁卯	戊辰	己巳	庚午	辛未	壬申	癸酉	甲戌	乙亥	丙子	丁丑	戊寅	己卯	庚辰	辛巳	壬午	癸未	甲申	乙酉	丙戌	丁亥	戊子	己丑
음력 04/22	음력	22	23	24	25	26	27	28	29	30	5/1	2	3	4	5	6	7	8	9	10	11	12	13	14	15	16	17	18	19	20	21
~05/21	대운 남	1	1	1	1	망	10	10	9	9	9	8	8	8	7	7	7	6	6	6	5	하	5	4	4	4	3	3	3	2	2
	대운 여	9	9	10	10	종	1	1	1	1	2	2	2	3	3	3	4	4	4	5	5	지	6	6	6	7	7	7	8	8	8

대장군(남방), 삼살(남방), 상문(서북방),조객(남방), 납음(석류목), 【삼재(인,묘,진)년】

한식(4월05일), 초복(7월11일), 중복(7월21일), 말복(8월10일)

庚申年(경신년)

2040

소서 6일 20시 18분 ⇨ **【癸未月(계미월)】**(소서, 대서~ 입추 전) 대서22일 13시 39분

양력 **7** 음력 05/22 ~ 06/23

양력		1	2	3	4	5	6	7	8	9	10	11	12	13	14	15	16	17	18	19	20	21	22	23	24	25	26	27	28	29	30	31
요일		일	월	화	수	목	금	토	일	월	화	수	목	금	토	일	월	화	수	목	금	토	일	월	화	수	목	금	토	일	월	화
일진 日辰		庚寅	辛卯	壬辰	癸巳	甲午	乙未	丙申	丁酉	戊戌	己亥	庚子	辛丑	壬寅	癸卯	甲辰	乙巳	丙午	丁未	戊申	己酉	庚戌	辛亥	壬子	癸丑	甲寅	乙卯	丙辰	丁巳	戊午	己未	庚申
음력		22	23	24	25	26	27	28	29	6/1	2	3	4	5	6	7	8	9	10	11	12	13	14	15	16	17	18	19	20	21	22	23
대운	남	2	1	1	1	1	소	10	10	10	9	9	9	8	8	8	7	7	7	6	6	6	대	5	5	4	4	4	3	3	3	2
	여	9	9	9	10	10	서	1	1	1	1	2	2	2	3	3	3	4	4	4	5	5	서	6	6	6	7	7	7	8	8	8

입추 7일 06시 09분 ⇨ **【甲申月(갑신월)】**(입추, 처서~ 백로 전) 처서 22일 20시 52분

양력 **8** 음력 06/24 ~ 07/24

양력		1	2	3	4	5	6	7	8	9	10	11	12	13	14	15	16	17	18	19	20	21	22	23	24	25	26	27	28	29	30	31
요일		수	목	금	토	일	월	화	수	목	금	토	일	월	화	수	목	금	토	일	월	화	수	목	금	토	일	월	화	수	목	금
일진 日辰		辛酉	壬戌	癸亥	甲子	乙丑	丙寅	丁卯	戊辰	己巳	庚午	辛未	壬申	癸酉	甲戌	乙亥	丙子	丁丑	戊寅	己卯	庚辰	辛巳	壬午	癸未	甲申	乙酉	丙戌	丁亥	戊子	己丑	庚寅	辛卯
음력		24	25	26	27	28	29	30	7/1	2	3	4	5	6	7	8	9	10	11	12	13	14	15	16	17	18	19	20	21	22	23	24
대운	남	2	2	1	1	1	1	입	10	10	9	9	9	8	8	8	7	7	7	6	6	6	처	5	5	4	4	4	3	3	3	2
	여	9	9	9	10	10	10	추	1	1	1	1	2	2	2	3	3	3	4	4	4	5	서	5	6	6	6	7	7	7	8	8

백로 7일 09시 13분 ⇨ **【乙酉月(을유월)】**(백로, 추분-한로 전) 추분 22일 18시 43분

양력 **9** 음력 07/25 ~ 08/24

양력		1	2	3	4	5	6	7	8	9	10	11	12	13	14	15	16	17	18	19	20	21	22	23	24	25	26	27	28	29	30
요일		토	일	월	화	수	목	금	토	일	월	화	수	목	금	토	일	월	화	수	목	금	토	일	월	화	수	목	금	토	일
일진 日辰		壬辰	癸巳	甲午	乙未	丙申	丁酉	戊戌	己亥	庚子	辛丑	壬寅	癸卯	甲辰	乙巳	丙午	丁未	戊申	己酉	庚戌	辛亥	壬子	癸丑	甲寅	乙卯	丙辰	丁巳	戊午	己未	庚申	辛酉
음력		25	26	27	28	29	30	8/1	2	3	4	5	6	7	8	9	10	11	12	13	14	15	16	17	18	19	20	21	22	23	24
대운	남	2	2	1	1	1	1	백	10	10	9	9	9	8	8	8	7	7	7	6	6	6	추	5	5	4	4	4	3	3	3
	여	8	9	9	9	10	10	로	1	1	1	1	2	2	2	3	3	3	4	4	4	5	분	5	6	6	6	7	7	7	8

한로 8일 01시 04분 ⇨ **【丙戌月(병술월)】**(한로, 상강~ 입동 전) 상강 23일 04시 18분

양력 **10** 음력 08/25 ~ 09/26

양력		1	2	3	4	5	6	7	8	9	10	11	12	13	14	15	16	17	18	19	20	21	22	23	24	25	26	27	28	29	30	31
요일		월	화	수	목	금	토	일	월	화	수	목	금	토	일	월	화	수	목	금	토	일	월	화	수	목	금	토	일	월	화	수
일진 日辰		壬戌	癸亥	甲子	乙丑	丙寅	丁卯	戊辰	己巳	庚午	辛未	壬申	癸酉	甲戌	乙亥	丙子	丁丑	戊寅	己卯	庚辰	辛巳	壬午	癸未	甲申	乙酉	丙戌	丁亥	戊子	己丑	庚寅	辛卯	壬辰
음력		25	26	27	28	29	9/1	2	3	4	5	6	7	8	9	10	11	12	13	14	15	16	17	18	19	20	21	22	23	24	25	26
대운	남	2	2	2	1	1	1	1	한	10	9	9	9	8	8	8	7	7	7	6	6	6	5	상	5	4	4	4	3	3	3	2
	여	8	8	9	9	9	10	10	로	1	1	1	1	2	2	2	3	3	3	4	4	4	5	강	5	6	6	6	7	7	7	8

입동 7일 04시 28분 ⇨ **【丁亥月(정해월)】**(입동, 소설~ 대설 전) 소설 22일 02시 04분

양력 **11** 음력 09/27 ~ 10/26

양력		1	2	3	4	5	6	7	8	9	10	11	12	13	14	15	16	17	18	19	20	21	22	23	24	25	26	27	28	29	30
요일		목	금	토	일	월	화	수	목	금	토	일	월	화	수	목	금	토	일	월	화	수	목	금	토	일	월	화	수	목	금
일진 日辰		癸巳	甲午	乙未	丙申	丁酉	戊戌	己亥	庚子	辛丑	壬寅	癸卯	甲辰	乙巳	丙午	丁未	戊申	己酉	庚戌	辛亥	壬子	癸丑	甲寅	乙卯	丙辰	丁巳	戊午	己未	庚申	辛酉	壬戌
음력		27	28	29	30	10/1	2	3	4	5	6	7	8	9	10	11	12	13	14	15	16	17	18	19	20	21	22	23	24	25	26
대운	남	2	2	1	1	1	1	입	9	9	9	8	8	8	7	7	7	6	6	6	5	5	소	4	4	4	3	3	3	2	2
	여	8	8	9	9	9	10	동	1	1	1	1	2	2	2	3	3	3	4	4	4	5	설	5	6	6	6	7	7	7	8

대설 6일 21시 29분 ⇨ **【戊子月(무자월)】**(대설, 동지~소한 전) 동지 21일 15시 31분

양력 **12** 음력 10/27 ~ 11/28

양력		1	2	3	4	5	6	7	8	9	10	11	12	13	14	15	16	17	18	19	20	21	22	23	24	25	26	27	28	29	30	31
요일		토	일	월	화	수	목	금	토	일	월	화	수	목	금	토	일	월	화	수	목	금	토	일	월	화	수	목	금	토	일	월
일진 日辰		癸亥	甲子	乙丑	丙寅	丁卯	戊辰	己巳	庚午	辛未	壬申	癸酉	甲戌	乙亥	丙子	丁丑	戊寅	己卯	庚辰	辛巳	壬午	癸未	甲申	乙酉	丙戌	丁亥	戊子	己丑	庚寅	辛卯	壬辰	癸巳
음력		27	28	29	11/1	2	3	4	5	6	7	8	9	10	11	12	13	14	15	16	17	18	19	20	21	22	23	24	25	26	27	28
대운	남	2	1	1	1	1	대	10	9	9	9	8	8	8	7	7	7	6	6	6	5	동	5	4	4	4	3	3	3	2	2	2
	여	8	8	9	9	9	설	1	1	1	1	2	2	2	3	3	3	4	4	4	5	지	5	6	6	6	7	7	7	8	8	8

2041 辛酉年(신유년)

단기 4374년 /불기2585년 대장군(남방), 삼살(동방), 상문(서북방), 조객(서남방),납음(석류목), 【삼재(해,자,축)년】

소한 5일 08시 47분 ⇨ **【己丑月(기축월)】**(소한, 대한~ 입춘 전) 대한 20일 02시 12분

1월		1	2	3	4	5	6	7	8	9	10	11	12	13	14	15	16	17	18	19	20	21	22	23	24	25	26	27	28	29	30	31
양력	양력	1	2	3	4	5	6	7	8	9	10	11	12	13	14	15	16	17	18	19	20	21	22	23	24	25	26	27	28	29	30	31
	요일	화	수	목	금	토	일	월	화	수	목	금	토	일	월	화	수	목	금	토	일	월	화	수	목	금	토	일	월	화	수	목
	일진 日辰	甲午	乙未	丙申	丁酉	戊戌	己亥	庚子	辛丑	壬寅	癸卯	甲辰	乙巳	丙午	丁未	戊申	己酉	庚戌	辛亥	壬子	癸丑	甲寅	乙卯	丙辰	丁巳	戊午	己未	庚申	辛酉	壬戌	癸亥	甲子
음력 11/29 ~ 12/29	음력	29	30	12/1	2	3	4	5	6	7	8	9	10	11	12	13	14	15	16	17	18	19	20	21	22	23	24	25	26	27	28	29
대운	남	1	1	1	1	소	9	9	9	8	8	8	7	7	7	6	6	6	5	5	대	4	4	4	3	3	3	2	2	2	1	1
	여	9	9	9	10	한	1	1	1	1	2	2	2	3	3	3	4	4	4	5	한	5	6	6	6	7	7	7	8	8	8	9

입춘 3일 20시 24분 ⇨ **【庚寅月(경인월)】**(입춘, 우수~ 경칩 전) 우수 18일 16시 16분

2월		1	2	3	4	5	6	7	8	9	10	11	12	13	14	15	16	17	18	19	20	21	22	23	24	25	26	27	28	
양력	양력	1	2	3	4	5	6	7	8	9	10	11	12	13	14	15	16	17	18	19	20	21	22	23	24	25	26	27	28	立春
	요일	금	토	일	월	화	수	목	금	토	일	월	화	수	목	금	토	일	월	화	수	목	금	토	일	월	화	수	목	
	일진 日辰	乙丑	丙寅	丁卯	戊辰	己巳	庚午	辛未	壬申	癸酉	甲戌	乙亥	丙子	丁丑	戊寅	己卯	庚辰	辛巳	壬午	癸未	甲申	乙酉	丙戌	丁亥	戊子	己丑	庚寅	辛卯	壬辰	
음력 01/01 ~ 01/28	음력	1/1	2	3	4	5	6	7	8	9	10	11	12	13	14	15	16	17	18	19	20	21	22	23	24	25	26	27	28	
대운	남	1	1	입	1	1	1	1	2	2	2	3	3	3	4	4	4	5	우	5	6	6	6	7	7	7	8	8	8	
	여	9	9	춘	10	9	9	9	8	8	8	7	7	7	6	6	6	5	수	5	4	4	4	3	3	3	2	2	2	

경칩 5일 14시 16분 ⇨ **【辛卯月(신묘월)】**(경칩, 춘분~ 청명 전) 춘분 20일 15시 05분

3월		1	2	3	4	5	6	7	8	9	10	11	12	13	14	15	16	17	18	19	20	21	22	23	24	25	26	27	28	29	30	31
양력	양력	1	2	3	4	5	6	7	8	9	10	11	12	13	14	15	16	17	18	19	20	21	22	23	24	25	26	27	28	29	30	31
	요일	금	토	일	월	화	수	목	금	토	일	월	화	수	목	금	토	일	월	화	수	목	금	토	일	월	화	수	목	금	토	일
	일진 日辰	癸巳	甲午	乙未	丙申	丁酉	戊戌	己亥	庚子	辛丑	壬寅	癸卯	甲辰	乙巳	丙午	丁未	戊申	己酉	庚戌	辛亥	壬子	癸丑	甲寅	乙卯	丙辰	丁巳	戊午	己未	庚申	辛酉	壬戌	癸亥
음력 01/29 ~ 02/29	음력	29	30	2/1	2	3	4	5	6	7	8	9	10	11	12	13	14	15	16	17	18	19	20	21	22	23	24	25	26	27	28	29
대운	남	9	9	9	10	경	1	1	1	1	2	2	2	3	3	3	4	4	4	5	춘	5	6	6	6	7	7	7	8	8	8	9
	여	1	1	1	1	칩	10	9	9	9	8	8	8	7	7	7	6	6	6	5	분	5	4	4	4	3	3	3	2	2	2	1

청명 4일 18시 51분 ⇨ **【壬辰月(임진월)】**(청명, 곡우~ 입하 전) 곡우 20일 01시 53분

4월		1	2	3	4	5	6	7	8	9	10	11	12	13	14	15	16	17	18	19	20	21	22	23	34	25	26	27	28	29	30
양력	양력	1	2	3	4	5	6	7	8	9	10	11	12	13	14	15	16	17	18	19	20	21	22	23	34	25	26	27	28	29	30
	요일	월	화	수	목	금	토	일	월	화	수	목	금	토	일	월	화	수	목	금	토	일	월	화	수	목	금	토	일	월	화
	일진 日辰	甲子	乙丑	丙寅	丁卯	戊辰	己巳	庚午	辛未	壬申	癸酉	甲戌	乙亥	丙子	丁丑	戊寅	己卯	庚辰	辛巳	壬午	癸未	甲申	乙酉	丙戌	丁亥	戊子	己丑	庚寅	辛卯	壬辰	癸巳
음력 03/01 ~ 04/01	음력	3/1	2	3	4	5	6	7	8	9	10	11	12	13	14	15	16	17	18	19	20	21	22	23	24	25	26	27	28	29	4/1
대운	남	9	9	10	청	1	1	1	1	2	2	2	3	3	3	4	4	4	5	5	곡	6	6	6	7	7	7	8	8	8	9
	여	1	1	1	명	10	10	9	9	9	8	8	8	7	7	7	6	6	6	5	우	5	4	4	4	3	3	3	2	2	2

입하 5일 11시 53분 ⇨ **【癸巳月(계사월)】**(입하, 소만~ 망종 전) 소만 21일 00시 47분

5월		1	2	3	4	5	6	7	8	9	10	11	12	13	14	15	16	17	18	19	20	21	22	23	24	25	26	27	28	29	30	31
양력	양력	1	2	3	4	5	6	7	8	9	10	11	12	13	14	15	16	17	18	19	20	21	22	23	24	25	26	27	28	29	30	31
	요일	수	목	금	토	일	월	화	수	목	금	토	일	월	화	수	목	금	토	일	월	화	수	목	금	토	일	월	화	수	목	금
	일진 日辰	甲午	乙未	丙申	丁酉	戊戌	己亥	庚子	辛丑	壬寅	癸卯	甲辰	乙巳	丙午	丁未	戊申	己酉	庚戌	辛亥	壬子	癸丑	甲寅	乙卯	丙辰	丁巳	戊午	己未	庚申	辛酉	壬戌	癸亥	甲子
음력 04/02 ~ 05/02	음력	2	3	4	5	6	7	8	9	10	11	12	13	14	15	16	17	18	19	20	21	22	23	24	25	26	27	28	29	30	5/1	2
대운	남	9	9	10	10	입	1	1	1	1	2	2	2	3	3	3	4	4	4	5	5	소	6	6	6	7	7	7	8	8	8	9
	여	1	1	1	1	하	10	10	9	9	9	8	8	8	7	7	7	6	6	6	5	만	5	4	4	4	3	3	3	2	2	2

망종 5일 15시 48분 ⇨ **【甲午月(갑오월)】**(망종, 하지~ 소서 전) 하지 21일 08시 34분

6월		1	2	3	4	5	6	7	8	9	10	11	12	13	14	15	16	17	18	19	20	21	22	23	24	25	26	27	28	29	30
양력	양력	1	2	3	4	5	6	7	8	9	10	11	12	13	14	15	16	17	18	19	20	21	22	23	24	25	26	27	28	29	30
	요일	토	일	월	화	수	목	금	토	일	월	화	수	목	금	토	일	월	화	수	목	금	토	일	월	화	수	목	금	토	일
	일진 日辰	乙丑	丙寅	丁卯	戊辰	己巳	庚午	辛未	壬申	癸酉	甲戌	乙亥	丙子	丁丑	戊寅	己卯	庚辰	辛巳	壬午	癸未	甲申	乙酉	丙戌	丁亥	戊子	己丑	庚寅	辛卯	壬辰	癸巳	甲午
음력 05/03 ~ 06/03	음력	3	4	5	6	7	8	9	10	11	12	13	14	15	16	17	18	19	20	21	22	23	24	25	26	27	28	29	6/1	2	3
대운	남	9	9	10	10	망	1	1	1	1	2	2	2	3	3	3	4	4	4	5	5	하	6	6	6	7	7	7	8	8	8
	여	1	1	1	1	종	10	10	10	9	9	9	8	8	8	7	7	7	6	6	6	지	5	5	4	4	4	3	3	3	2

대장군(남방). 삼살(동방), 상문(서북방),조객(서남방), 납음(석류목), 【삼재(해,자,축)년】
한식(4월05일), 초복(7월16일), 중복(7월26일), 말복(8월15일)

辛酉年(신유년)

2041

소서 7일 01시 57분 ⇨ 【乙未月(을미월)】(소서, 대서~ 입추 전) 대서 22일 19시 25분

양력 7	양력	1	2	3	4	5	6	7	8	9	10	11	12	13	14	15	16	17	18	19	20	21	22	23	24	25	26	27	28	29	30	31
	요일	월	화	수	목	금	토	일	월	화	수	목	금	토	일	월	화	수	목	금	토	일	월	화	수	목	금	토	일	월	화	수
	일진 日辰	乙未	丙申	丁酉	戊戌	己亥	庚子	辛丑	壬寅	癸卯	甲辰	乙巳	丙午	丁未	戊申	己酉	庚戌	辛亥	壬子	癸丑	甲寅	乙卯	丙辰	丁巳	戊午	己未	庚申	辛酉	壬戌	癸亥	甲子	乙丑
음력 06/04	음력	4	5	6	7	8	9	10	11	12	13	14	15	16	17	18	19	20	21	22	23	24	25	26	27	28	29	30	7/1	2	3	4
~	대운 남	9	9	9	10	10	10	소	1	1	1	1	2	2	2	3	3	3	4	4	4	5	대	5	6	6	6	7	7	7	8	8
07/04	대운 여	2	2	1	1	1	1	서	10	10	9	9	9	8	8	8	7	7	7	6	6	6	서	5	5	4	4	4	3	3	3	2

입추 7일 11시 47분 ⇨ 【丙申月(병신월)】(입추, 처서~ 백로 전) 처서 23일 02시 35분

양력 8	양력	1	2	3	4	5	6	7	8	9	10	11	12	13	14	15	16	17	18	19	20	21	22	23	24	25	26	27	28	29	30	31
	요일	목	금	토	일	월	화	수	목	금	토	일	월	화	수	목	금	토	일	월	화	수	목	금	토	일	월	화	수	목	금	토
	일진 日辰	丙寅	丁卯	戊辰	己巳	庚午	辛未	壬申	癸酉	甲戌	乙亥	丙子	丁丑	戊寅	己卯	庚辰	辛巳	壬午	癸未	甲申	乙酉	丙戌	丁亥	戊子	己丑	庚寅	辛卯	壬辰	癸巳	甲午	乙未	丙申
음력 07/05	음력	5	6	7	8	9	10	11	12	13	14	15	16	17	18	19	20	21	22	23	24	25	26	27	28	29	30	8/1	2	3	4	5
~	대운 남	8	9	9	9	10	10	입	1	1	1	1	2	2	2	3	3	3	4	4	4	5	5	처	6	6	6	7	7	7	8	8
08/05	대운 여	2	2	1	1	1	1	추	10	10	9	9	9	8	8	8	7	7	7	6	6	6	5	서	5	4	4	4	3	3	3	2

백로 7일 14시 52분 ⇨ 【丁酉月(정유월)】 (백로, 추분-한로 전) 추분23일 00시 25분

양력 9	양력	1	2	3	4	5	6	7	8	9	10	11	12	13	14	15	16	17	18	19	20	21	22	23	24	25	26	27	28	29	30
	요일	일	월	화	수	목	금	토	일	월	화	수	목	금	토	일	월	화	수	목	금	토	일	월	화	수	목	금	토	일	월
	일진 日辰	丁酉	戊戌	己亥	庚子	辛丑	壬寅	癸卯	甲辰	乙巳	丙午	丁未	戊申	己酉	庚戌	辛亥	壬子	癸丑	甲寅	乙卯	丙辰	丁巳	戊午	己未	庚申	辛酉	壬戌	癸亥	甲子	乙丑	丙寅
음력 08/06	음력	6	7	8	9	10	11	12	13	14	15	16	17	18	19	20	21	22	23	24	25	26	27	28	29	9/1	2	3	4	5	6
~	대운 남	8	9	9	9	10	10	백	1	1	1	1	2	2	2	3	3	3	4	4	4	5	5	추	6	6	6	7	7	7	8
09/06	대운 여	2	2	1	1	1	1	로	10	10	9	9	9	8	8	8	7	7	7	6	6	6	5	분	5	4	4	4	3	3	3

한로 8일 06시 45분 ⇨ 【戊戌月(무술월)】(한로, 상강~ 입동 전) 상강 23일 10시 00분

양력 10	양력	1	2	3	4	5	6	7	8	9	10	11	12	13	14	15	16	17	18	19	20	21	22	23	24	25	26	27	28	29	30	31
	요일	화	수	목	금	토	일	월	화	수	목	금	토	일	월	화	수	목	금	토	일	월	화	수	목	금	토	일	월	화	수	목
	일진 日辰	丁卯	戊辰	己巳	庚午	辛未	壬申	癸酉	甲戌	乙亥	丙子	丁丑	戊寅	己卯	庚辰	辛巳	壬午	癸未	甲申	乙酉	丙戌	丁亥	戊子	己丑	庚寅	辛卯	壬辰	癸巳	甲午	乙未	丙申	丁酉
음력 09/07	음력	7	8	9	10	11	12	13	14	15	16	17	18	19	20	21	22	23	24	25	26	27	28	29	30	10/1	2	3	4	5	6	7
~	대운 남	8	8	9	9	9	10	10	한	1	1	1	1	2	2	2	3	3	3	4	4	4	5	상	5	6	6	6	7	7	7	8
10/07	대운 여	2	2	2	1	1	1	1	로	10	9	9	9	8	8	8	7	7	7	6	6	6	5	강	5	4	4	4	3	3	3	2

입동 7일 10시 12분 ⇨ 【己亥月(기해월)】(입동, 소설~ 대설 전) 소설 22일 07시 48분

양력 11	양력	1	2	3	4	5	6	7	8	9	10	11	12	13	14	15	16	17	18	19	20	21	22	23	24	25	26	27	28	29	30
	요일	금	토	일	월	화	수	목	금	토	일	월	화	수	목	금	토	일	월	화	수	목	금	토	일	월	화	수	목	금	토
	일진 日辰	戊戌	己亥	庚子	辛丑	壬寅	癸卯	甲辰	乙巳	丙午	丁未	戊申	己酉	庚戌	辛亥	壬子	癸丑	甲寅	乙卯	丙辰	丁巳	戊午	己未	庚申	辛酉	壬戌	癸亥	甲子	乙丑	丙寅	丁卯
음력 10/08	음력	8	9	10	11	12	13	14	15	16	17	18	19	20	21	22	23	24	25	26	27	28	29	30	11/1	2	3	4	5	6	7
~	대운 남	8	8	9	9	9	10	입	1	1	1	1	2	2	2	3	3	3	4	4	4	5	소	5	6	6	6	7	7	7	8
11/07	대운 여	2	2	1	1	1	1	동	10	9	9	9	8	8	8	7	7	7	6	6	6	5	설	5	4	4	4	3	3	3	2

대설 7일 03시 14분 ⇨ 【庚子月(경자월)】(대설, 동지~소한 전) 동지 21일 09시 17분

양력 12	양력	1	2	3	4	5	6	7	8	9	10	11	12	13	14	15	16	17	18	19	20	21	22	23	24	25	26	27	28	29	30	31
	요일	일	월	화	수	목	금	토	일	월	화	수	목	금	토	일	월	화	수	목	금	토	일	월	화	수	목	금	토	일	월	화
	일진 日辰	戊辰	己巳	庚午	辛未	壬申	癸酉	甲戌	乙亥	丙子	丁丑	戊寅	己卯	庚辰	辛巳	壬午	癸未	甲申	乙酉	丙戌	丁亥	戊子	己丑	庚寅	辛卯	壬辰	癸巳	甲午	乙未	丙申	丁酉	戊戌
음력 11/08	음력	8	9	10	11	12	13	14	15	16	17	18	19	20	21	22	23	24	25	26	27	28	29	12/1	2	3	4	5	6	7	8	9
~	대운 남	8	8	9	9	9	10	대	1	1	1	1	2	2	2	3	3	3	4	4	4	동	5	5	6	6	6	7	7	7	8	8
12/09	대운 여	2	2	1	1	1	1	설	9	9	9	8	8	8	7	7	7	6	6	6	5	지	5	4	4	4	3	3	3	2	2	2

단기 4375년 /불기2586년 대장군(남방), 삼살(북방), 상문(북방),조객(서남방), 납음(대해수), 【삼재(신,유,술)년】

소한 5일 14시 34분 ⇨ 【辛丑月(신축월)】(소한, 대한~ 입춘 전) 대한 20일 07시 59분

양력 1 (음력 12/10~01/10)	양력	1	2	3	4	5	6	7	8	9	10	11	12	13	14	15	16	17	18	19	20	21	22	23	24	25	26	27	28	29	30	31
	요일	수	목	금	토	일	월	화	수	목	금	토	일	월	화	수	목	금	토	일	월	화	수	목	금	토	일	월	화	수	목	금
	일진 日辰	己亥	庚子	辛丑	壬寅	癸卯	甲辰	乙巳	丙午	丁未	戊申	己酉	庚戌	辛亥	壬子	癸丑	甲寅	乙卯	丙辰	丁巳	戊午	己未	庚申	辛酉	壬戌	癸亥	甲子	乙丑	丙寅	丁卯	戊辰	己巳
	음력	10	11	12	13	14	15	16	17	18	19	20	21	22	23	24	25	26	27	28	29	30	1/1	2	3	4	5	6	7	8	9	10
대운	남	8	9	9	9	소	1	1	1	1	2	2	2	3	3	3	4	4	4	5	대	5	6	6	6	7	7	7	8	8	8	9
	여	1	1	1	1	한	10	9	9	9	8	8	8	7	7	7	6	6	6	5	한	5	4	4	4	3	3	3	2	2	2	1

입춘 4일 02시 11분 ⇨ 【壬寅月(임인월)】(입춘, 우수~ 경칩 전) 우수 18일 22시 03분

양력 2 (음력 01/11~02/09)	양력	1	2	3	4	5	6	7	8	9	10	11	12	13	14	15	16	17	18	19	20	21	22	23	24	25	26	27	28	
	요일	토	일	월	화	수	목	금	토	일	월	화	수	목	금	토	일	월	화	수	목	금	토	일	월	화	수	목	금	
	일진 日辰	庚午	辛未	壬申	癸酉	甲戌	乙亥	丙子	丁丑	戊寅	己卯	庚辰	辛巳	壬午	癸未	甲申	乙酉	丙戌	丁亥	戊子	己丑	庚寅	辛卯	壬辰	癸巳	甲午	乙未	丙申	丁酉	立春
	음력	11	12	13	14	15	16	17	18	19	20	21	22	23	24	25	26	27	28	29	2/1	2	3	4	5	6	7	8	9	
대운	남	9	9	10	입	9	9	9	8	8	8	7	7	7	6	6	6	5	우	5	4	4	4	3	3	3	2	2	2	
	여	1	1	1	춘	1	1	1	1	2	2	2	3	3	3	4	4	4	수	5	5	6	6	6	7	7	7	8	8	

경칩 5일 20시 04분 ⇨ 【癸卯月(계묘월)】(경칩, 춘분~ 청명 전) 춘분 20일 20시 52분

양력 3 (음력 02/10~윤210)	양력	1	2	3	4	5	6	7	8	9	10	11	12	13	14	15	16	17	18	19	20	21	22	23	24	25	26	27	28	29	30	31
	요일	토	일	월	화	수	목	금	토	일	월	화	수	목	금	토	일	월	화	수	목	금	토	일	월	화	수	목	금	토	일	월
	일진 日辰	戊戌	己亥	庚子	辛丑	壬寅	癸卯	甲辰	乙巳	丙午	丁未	戊申	己酉	庚戌	辛亥	壬子	癸丑	甲寅	乙卯	丙辰	丁巳	戊午	己未	庚申	辛酉	壬戌	癸亥	甲子	乙丑	丙寅	丁卯	戊辰
	음력	10	11	12	13	14	15	16	17	18	19	20	21	22	23	24	25	26	27	28	29	30	윤2	2	3	4	5	6	7	8	9	10
대운	남	1	1	1	1	경	10	10	9	9	9	8	8	8	7	7	7	6	6	6	춘	5	5	4	4	4	3	3	3	2	2	2
	여	8	9	9	9	칩	1	1	1	1	2	2	2	3	3	3	4	4	4	5	분	5	6	6	6	7	7	7	8	8	8	9

청명 5일 00시 39분 ⇨ 【甲辰月(갑진월)】(청명, 곡우~ 입하 전) 곡우 20일 07시 38분

양력 4 (음력 윤211~03/11)	양력	1	2	3	4	5	6	7	8	9	10	11	12	13	14	15	16	17	18	19	20	21	22	23	24	25	26	27	28	29	30
	요일	화	수	목	금	토	일	월	화	수	목	금	토	일	월	화	수	목	금	토	일	월	화	수	목	금	토	일	월	화	수
	일진 日辰	己巳	庚午	辛未	壬申	癸酉	甲戌	乙亥	丙子	丁丑	戊寅	己卯	庚辰	辛巳	壬午	癸未	甲申	乙酉	丙戌	丁亥	戊子	己丑	庚寅	辛卯	壬辰	癸巳	甲午	乙未	丙申	丁酉	戊戌
	음력	11	12	13	14	15	16	17	18	19	20	21	22	23	24	25	26	27	28	29	3/1	2	3	4	5	6	7	8	9	10	11
대운	남	1	1	1	1	청	10	9	9	9	8	8	8	7	7	7	6	6	6	5	곡	5	4	4	4	3	3	3	2	2	2
	여	9	9	10	10	명	1	1	1	1	2	2	2	3	3	3	4	4	4	5	우	5	6	6	6	7	7	7	8	8	8

입하 5일 17시 41분 ⇨ 【乙巳月(을사월)】(입하, 소만~ 망종 전) 소만 21일 06시 30분

양력 5 (음력 03/12~04/13)	양력	1	2	3	4	5	6	7	8	9	10	11	12	13	14	15	16	17	18	19	20	21	22	23	24	25	26	27	28	29	30	31
	요일	목	금	토	일	월	화	수	목	금	토	일	월	화	수	목	금	토	일	월	화	수	목	금	토	일	월	화	수	목	금	토
	일진 日辰	己亥	庚子	辛丑	壬寅	癸卯	甲辰	乙巳	丙午	丁未	戊申	己酉	庚戌	辛亥	壬子	癸丑	甲寅	乙卯	丙辰	丁巳	戊午	己未	庚申	辛酉	壬戌	癸亥	甲子	乙丑	丙寅	丁卯	戊辰	己巳
	음력	12	13	14	15	16	17	18	19	20	21	22	23	24	25	26	27	28	29	4/1	2	3	4	5	6	7	8	9	10	11	12	13
대운	남	1	1	1	1	입	10	10	9	9	9	8	8	8	7	7	7	6	6	6	5	소	5	4	4	4	3	3	3	2	2	2
	여	9	9	9	10	하	1	1	1	1	2	2	2	3	3	3	4	4	4	5	5	만	6	6	6	7	7	7	8	8	8	9

망종 5일 21시 37분 ⇨ 【丙午月(병오월)】(망종, 하지~ 소서 전) 하지 21일 14시 14분

양력 6 (음력 04/14~05/13)	양력	1	2	3	4	5	6	7	8	9	10	11	12	13	14	15	16	17	18	19	20	21	22	23	24	25	26	27	28	29	30
	요일	일	월	화	수	목	금	토	일	월	화	수	목	금	토	일	월	화	수	목	금	토	일	월	화	수	목	금	토	일	월
	일진 日辰	庚午	辛未	壬申	癸酉	甲戌	乙亥	丙子	丁丑	戊寅	己卯	庚辰	辛巳	壬午	癸未	甲申	乙酉	丙戌	丁亥	戊子	己丑	庚寅	辛卯	壬辰	癸巳	甲午	乙未	丙申	丁酉	戊戌	己亥
	음력	14	15	16	17	18	19	20	21	22	23	24	25	26	27	28	29	30	5/1	2	3	4	5	6	7	8	9	10	11	12	13
대운	남	1	1	1	1	망	10	10	10	9	9	9	8	8	8	7	7	7	6	6	6	하	5	5	4	4	4	3	3	3	2
	여	9	9	10	10	종	1	1	1	1	2	2	2	3	3	3	4	4	4	5	5	지	6	6	6	7	7	7	8	8	8

대장군(남방). 삼살(북방), 상문(북방),조객(서남방), 납음(대해수), 【삼재(신,유,술)년】
한식(4월05일), 초복(7월11일), 중복(7월21일), 말복(8월10일)

壬戌年(임술년)

소서 7일 07시 46분 ⇨ **【丁未月(정미월)】**(소서, 대서~ 입추 전) 대서 23일 01시 05분

양력 7 / 음력 05/26 ~ 06/15

양력	1	2	3	4	5	6	7	8	9	10	11	12	13	14	15	16	17	18	19	20	21	22	23	24	25	26	27	28	29	30	31
요일	화	수	목	금	토	일	월	화	수	목	금	토	일	월	화	수	목	금	토	일	월	화	수	목	금	토	일	월	화	수	목
일진 日辰	庚子	辛丑	壬寅	癸卯	甲辰	乙巳	丙午	丁未	戊申	己酉	庚戌	辛亥	壬子	癸丑	甲寅	乙卯	丙辰	丁巳	戊午	己未	庚申	辛酉	壬戌	癸亥	甲子	乙丑	丙寅	丁卯	戊辰	己巳	庚午
음력	14	15	16	17	18	19	20	21	22	23	24	25	26	27	28	29	6/1	2	3	4	5	6	7	8	9	10	11	12	13	14	15
대운 남	2	2	1	1	1	1	소	10	10	9	9	9	8	8	8	7	7	7	6	6	6	5	대	5	4	4	4	3	3	3	2
대운 여	9	9	9	10	10	10	서	1	1	1	1	2	2	2	3	3	3	4	4	4	5	5	서	6	6	6	7	7	7	8	8

입추 7일 17시 37분 ⇨ **【戊申月(무신월)】**(입추, 처서~ 백로 전) 처서 23일 08시 17분

양력 8 / 음력 06/16 ~ 07/16

양력	1	2	3	4	5	6	7	8	9	10	11	12	13	14	15	16	17	18	19	20	21	22	23	24	25	26	27	28	29	30	31
요일	금	토	일	월	화	수	목	금	토	일	월	화	수	목	금	토	일	월	화	수	목	금	토	일	월	화	수	목	금	토	일
일진 日辰	辛未	壬申	癸酉	甲戌	乙亥	丙子	丁丑	戊寅	己卯	庚辰	辛巳	壬午	癸未	甲申	乙酉	丙戌	丁亥	戊子	己丑	庚寅	辛卯	壬辰	癸巳	甲午	乙未	丙申	丁酉	戊戌	己亥	庚子	辛丑
음력	16	17	18	19	20	21	22	23	24	25	26	27	28	29	30	7/1	2	3	4	5	6	7	8	9	10	11	12	13	14	15	16
대운 남	2	2	1	1	1	1	입	10	10	9	9	9	8	8	8	7	7	7	6	6	6	5	처	5	4	4	4	3	3	3	2
대운 여	8	9	9	9	10	10	추	1	1	1	1	2	2	2	3	3	3	4	4	4	5	5	서	6	6	6	7	7	7	8	8

백로 7일 20시 44분 ⇨ **【己酉月(기유월)】**(백로, 추분-한로 전) 추분 23일 06시 10분

양력 9 / 음력 07/17 ~ 08/17

양력	1	2	3	4	5	6	7	8	9	10	11	12	13	14	15	16	17	18	19	20	21	22	23	24	25	26	27	28	29	30
요일	월	화	수	목	금	토	일	월	화	수	목	금	토	일	월	화	수	목	금	토	일	월	화	수	목	금	토	일	월	화
일진 日辰	壬寅	癸卯	甲辰	乙巳	丙午	丁未	戊申	己酉	庚戌	辛亥	壬子	癸丑	甲寅	乙卯	丙辰	丁巳	戊午	己未	庚申	辛酉	壬戌	癸亥	甲子	乙丑	丙寅	丁卯	戊辰	己巳	庚午	辛未
음력	17	18	19	20	21	22	23	24	25	26	27	28	29	8/1	2	3	4	5	6	7	8	9	10	11	12	13	14	15	16	17
대운 남	2	2	1	1	1	1	백	10	10	9	9	9	8	8	8	7	7	7	6	6	6	5	추	5	4	4	4	3	3	3
대운 여	8	9	9	9	10	10	로	1	1	1	1	2	2	2	3	3	3	4	4	4	5	5	분	6	6	6	7	7	7	8

한로 8일 12시 39분 ⇨ **【庚戌月(경술월)】**(한로, 상강~ 입동 전) 상강 23일 15시 46분

양력 10 / 음력 08/18 ~ 09/18

양력	1	2	3	4	5	6	7	8	9	10	11	12	13	14	15	16	17	18	19	20	21	22	23	24	25	26	27	28	29	30	31
요일	수	목	금	토	일	월	화	수	목	금	토	일	월	화	수	목	금	토	일	월	화	수	목	금	토	일	월	화	수	목	금
일진 日辰	壬申	癸酉	甲戌	乙亥	丙子	丁丑	戊寅	己卯	庚辰	辛巳	壬午	癸未	甲申	乙酉	丙戌	丁亥	戊子	己丑	庚寅	辛卯	壬辰	癸巳	甲午	乙未	丙申	丁酉	戊戌	己亥	庚子	辛丑	壬寅
음력	18	19	20	21	22	23	24	25	26	27	28	29	30	9/1	2	3	4	5	6	7	8	9	10	11	12	13	14	15	16	17	18
대운 남	2	2	2	1	1	1	1	한	10	9	9	9	8	8	8	7	7	7	6	6	6	5	상	5	4	4	4	3	3	3	2
대운 여	8	8	9	9	9	10	10	로	1	1	1	1	2	2	2	3	3	3	4	4	4	5	강	5	6	6	6	7	7	7	8

입동 7일 16시 06분 ⇨ **【辛亥月(신해월)】**(입동, 소설~ 대설 전) 소설 22일 13시 36분

양력 11 / 음력 09/19 ~ 10/18

양력	1	2	3	4	5	6	7	8	9	10	11	12	13	14	15	16	17	18	19	20	21	22	23	24	25	26	27	28	29	30
요일	토	일	월	화	수	목	금	토	일	월	화	수	목	금	토	일	월	화	수	목	금	토	일	월	화	수	목	금	토	일
일진 日辰	癸卯	甲辰	乙巳	丙午	丁未	戊申	己酉	庚戌	辛亥	壬子	癸丑	甲寅	乙卯	丙辰	丁巳	戊午	己未	庚申	辛酉	壬戌	癸亥	甲子	乙丑	丙寅	丁卯	戊辰	己巳	庚午	辛未	壬申
음력	19	20	21	22	23	24	25	26	27	28	29	30	10/1	2	3	4	5	6	7	8	9	10	11	12	13	14	15	16	17	18
대운 남	2	2	1	1	1	1	입	10	9	9	9	8	8	8	7	7	7	6	6	6	5	소	5	4	4	4	3	3	3	2
대운 여	8	8	9	9	9	10	동	1	1	1	1	2	2	2	3	3	3	4	4	4	5	설	5	6	6	6	7	7	7	8

대설 7일 09시 08분 ⇨ **【壬子月(임자월)】**(대설, 동지~소한 전) 동지 22일 03시 03분

양력 12 / 음력 10/19 ~ 11/19

양력	1	2	3	4	5	6	7	8	9	10	11	12	13	14	15	16	17	18	19	20	21	22	23	24	25	26	27	28	29	30	31
요일	월	화	수	목	금	토	일	월	화	수	목	금	토	일	월	화	수	목	금	토	일	월	화	수	목	금	토	일	월	화	수
일진 日辰	癸酉	甲戌	乙亥	丙子	丁丑	戊寅	己卯	庚辰	辛巳	壬午	癸未	甲申	乙酉	丙戌	丁亥	戊子	己丑	庚寅	辛卯	壬辰	癸巳	甲午	乙未	丙申	丁酉	戊戌	己亥	庚子	辛丑	壬寅	癸卯
음력	19	20	21	22	23	24	25	26	27	28	29	30	11/1	2	3	4	5	6	7	8	9	10	11	12	13	14	15	16	17	18	19
대운 남	2	2	1	1	1	1	대	9	9	9	8	8	8	7	7	7	6	6	6	5	5	동	4	4	4	3	3	3	2	2	2
대운 여	8	8	9	9	9	10	설	1	1	1	1	2	2	2	3	3	3	4	4	4	5	지	5	6	6	6	7	7	7	8	8

2043 癸亥年(계해년)

단기 4376년 /불기2587년 대장군(서방), 삼살(서방), 상문(동북방),조객(서방), 납음(대해수),【삼재(사,오,미)년】

소한 5일 20시 24분 ⇨ **【癸丑月(계축월)】**(소한, 대한~ 입춘 전) 대한 20일 13시 40분

양력 **1** 음력 11/20 ~ 12/21

양력	1	2	3	4	5	6	7	8	9	10	11	12	13	14	15	16	17	18	19	20	21	22	23	24	25	26	27	28	29	30	31
요일	목	금	토	일	월	화	수	목	금	토	일	월	화	수	목	금	토	일	월	화	수	목	금	토	일	월	화	수	목	금	토
일진 日辰	甲辰	乙巳	丙午	丁未	戊申	己酉	庚戌	辛亥	壬子	癸丑	甲寅	乙卯	丙辰	丁巳	戊午	己未	庚申	辛酉	壬戌	癸亥	甲子	乙丑	丙寅	丁卯	戊辰	己巳	庚午	辛未	壬申	癸酉	甲戌
음력	20	21	22	23	24	25	26	27	28	29	12/1	2	3	4	5	6	7	8	9	10	11	12	13	14	15	16	17	18	19	20	21
대운 남	1	1	1	1	소	10	9	9	9	8	8	8	7	7	7	6	6	6	5	대	5	4	4	4	3	3	3	2	2	2	1
대운 여	8	9	9	9	한	1	1	1	1	2	2	2	3	3	3	4	4	4	5	한	5	6	6	6	7	7	7	8	8	8	9

입춘 4일 07시 57분 ⇨ **【甲寅月(갑인월)】**(입춘, 우수~ 경칩 전) 우수 19일 03시 40분

양력 **2** 음력 12/22 ~ 01/19

양력	1	2	3	4	5	6	7	8	9	10	11	12	13	14	15	16	17	18	19	20	21	22	23	24	25	26	27	28	
요일	일	월	화	수	목	금	토	일	월	화	수	목	금	토	일	월	화	수	목	금	토	일	월	화	수	목	금	토	
일진 日辰	乙亥	丙子	丁丑	戊寅	己卯	庚辰	辛巳	壬午	癸未	甲申	乙酉	丙戌	丁亥	戊子	己丑	庚寅	辛卯	壬辰	癸巳	甲午	乙未	丙申	丁酉	戊戌	己亥	庚子	辛丑	壬寅	立春
음력	22	23	24	25	26	27	28	29	30	1/1	2	3	4	5	6	7	8	9	10	11	12	13	14	15	16	17	18	19	
대운 남	1	1	1	입	1	1	1	1	2	2	2	3	3	3	4	4	4	5	우	5	6	6	6	7	7	7	8	8	
대운 여	9	9	10	춘	10	9	9	9	8	8	8	7	7	7	6	6	6	5	수	5	4	4	4	3	3	3	2	2	

경칩 6일 01시 46분 ⇨ **【乙卯月(을묘월)】**(경칩, 춘분~ 청명 전) 춘분 21일 02시 26분

양력 **3** 음력 01/20 ~ 02/21

양력	1	2	3	4	5	6	7	8	9	10	11	12	13	14	15	16	17	18	19	20	21	22	23	24	25	26	27	28	29	30	31
요일	일	월	화	수	목	금	토	일	월	화	수	목	금	토	일	월	화	수	목	금	토	일	월	화	수	목	금	토	일	월	화
일진 日辰	癸卯	甲辰	乙巳	丙午	丁未	戊申	己酉	庚戌	辛亥	壬子	癸丑	甲寅	乙卯	丙辰	丁巳	戊午	己未	庚申	辛酉	壬戌	癸亥	甲子	乙丑	丙寅	丁卯	戊辰	己巳	庚午	辛未	壬申	癸酉
음력	20	21	22	23	24	25	26	27	28	29	2/1	2	3	4	5	6	7	8	9	10	11	12	13	14	15	16	17	18	19	20	21
대운 남	8	9	9	9	10	경	1	1	1	1	2	2	2	3	3	3	4	4	4	5	춘	5	6	6	6	7	7	7	8	8	8
대운 여	2	1	1	1	1	칩	10	9	9	9	8	8	8	7	7	7	6	6	6	5	분	5	4	4	4	3	3	3	2	2	2

청명 5일 06시 19분 ⇨ **【丙辰月(병진월)】**(청명, 곡우~ 입하 전) 곡우 20일 13시 13분

양력 **4** 음력 02/22 ~ 03/21

양력	1	2	3	4	5	6	7	8	9	10	11	12	13	14	15	16	17	18	19	20	21	22	23	24	25	26	27	28	29	30
요일	수	목	금	토	일	월	화	수	목	금	토	일	월	화	수	목	금	토	일	월	화	수	목	금	토	일	월	화	수	목
일진 日辰	甲戌	乙亥	丙子	丁丑	戊寅	己卯	庚辰	辛巳	壬午	癸未	甲申	乙酉	丙戌	丁亥	戊子	己丑	庚寅	辛卯	壬辰	癸巳	甲午	乙未	丙申	丁酉	戊戌	己亥	庚子	辛丑	壬寅	癸卯
음력	22	23	24	25	26	27	28	29	30	3/1	2	3	4	5	6	7	8	9	10	11	12	13	14	15	16	17	18	19	20	21
대운 남	9	9	9	10	청	1	1	1	1	2	2	2	3	3	3	4	4	4	5	곡	5	6	6	6	7	7	7	8	8	8
대운 여	1	1	1	1	명	10	9	9	9	8	8	8	7	7	7	6	6	6	5	우	5	4	4	4	3	3	3	2	2	2

입하 5일 23시 21분 ⇨ **【丁巳月(정사월)】**(입하, 소만~ 망종 전) 소만 21일 12시 08분

양력 **5** 음력 03/22 ~ 04/23

양력	1	2	3	4	5	6	7	8	9	10	11	12	13	14	15	16	17	18	19	20	21	22	23	24	25	26	27	28	29	30	31
요일	금	토	일	월	화	수	목	금	토	일	월	화	수	목	금	토	일	월	화	수	목	금	토	일	월	화	수	목	금	토	일
일진 日辰	甲辰	乙巳	丙午	丁未	戊申	己酉	庚戌	辛亥	壬子	癸丑	甲寅	乙卯	丙辰	丁巳	戊午	己未	庚申	辛酉	壬戌	癸亥	甲子	乙丑	丙寅	丁卯	戊辰	己巳	庚午	辛未	壬申	癸酉	甲戌
음력	22	23	24	25	26	27	28	29	4/1	2	3	4	5	6	7	8	9	10	11	12	13	14	15	16	17	18	19	20	21	22	23
대운 남	9	9	9	10	입	1	1	1	1	2	2	2	3	3	3	4	4	4	5	5	소	6	6	6	7	7	7	8	8	8	9
대운 여	1	1	1	1	하	10	10	10	9	9	9	8	8	8	7	7	7	6	6	6	만	5	5	4	4	4	3	3	3	2	2

망종 6일 03시 17분 ⇨ **【戊午月(무오월)】**(망종, 하지~ 소서 전) 하지 21일 07시 57분

양력 **6** 음력 04/24 ~ 05/24

양력	1	2	3	4	5	6	7	8	9	10	11	12	13	14	15	16	17	18	19	20	21	22	23	24	25	26	27	28	29	30
요일	월	화	수	목	금	토	일	월	화	수	목	금	토	일	월	화	수	목	금	토	일	월	화	수	목	금	토	일	월	화
일진 日辰	乙亥	丙子	丁丑	戊寅	己卯	庚辰	辛巳	壬午	癸未	甲申	乙酉	丙戌	丁亥	戊子	己丑	庚寅	辛卯	壬辰	癸巳	甲午	乙未	丙申	丁酉	戊戌	己亥	庚子	辛丑	壬寅	癸卯	甲辰
음력	24	25	26	27	28	29	5/1	2	3	4	5	6	7	8	9	10	11	12	13	14	15	16	17	18	19	20	21	22	23	24
대운 남	9	9	10	10	10	망	1	1	1	1	2	2	2	3	3	3	4	4	4	5	하	5	6	6	6	7	7	7	8	8
대운 여	2	1	1	1	1	종	10	10	9	9	9	8	8	8	7	7	7	6	6	6	지	5	5	4	4	4	3	3	3	2

대장군(서방). 삼살(서방), 상문(동북방),조객(서방), 납음(대해수), 【삼재(사,오,미)년】
한식(4월06일), 초복(7월16일), 중복(7월26일), 말복(8월15일)

癸亥年(계해년)

2043

소서 7일 13시 26분 ⇨ **【己未月(기미월)】**(소서, 대서~ 입추 전) 대서 23일 06시 52분

양력 7	양력	1	2	3	4	5	6	7	8	9	10	11	12	13	14	15	16	17	18	19	20	21	22	23	24	25	26	27	28	29	30	31
	요일	수	목	금	토	일	월	화	수	목	금	토	일	월	화	수	목	금	토	일	월	화	수	목	금	토	일	월	화	수	목	금
	일진 日辰	乙巳	丙午	丁未	戊申	己酉	庚戌	辛亥	壬子	癸丑	甲寅	乙卯	丙辰	丁巳	戊午	己未	庚申	辛酉	壬戌	癸亥	甲子	乙丑	丙寅	丁卯	戊辰	己巳	庚午	辛未	壬申	癸酉	甲戌	乙亥
음력 05/25	음력	25	26	27	28	29	30	6/1	2	3	4	5	6	7	8	9	10	11	12	13	14	15	16	17	18	19	20	21	22	23	24	25
06/25	대운 남	8	9	9	9	10	10	소	1	1	1	1	2	2	2	3	3	3	4	4	4	5	5	대	6	6	6	7	7	7	8	8
	대운 여	2	2	1	1	1	1	서	10	10	9	9	9	8	8	8	7	7	7	6	6	6	5	서	5	4	4	4	3	3	3	2

입추 7일 23시 19분 ⇨ **【庚申月(경신월)】**(입추, 처서~ 백로 전) 처서 23일 14시 08분

양력 8	양력	1	2	3	4	5	6	7	8	9	10	11	12	13	14	15	16	17	18	19	20	21	22	23	24	25	26	27	28	29	30	31
	요일	토	일	월	화	수	목	금	토	일	월	화	수	목	금	토	일	월	화	수	목	금	토	일	월	화	수	목	금	토	일	월
	일진 日辰	丙子	丁丑	戊寅	己卯	庚辰	辛巳	壬午	癸未	甲申	乙酉	丙戌	丁亥	戊子	己丑	庚寅	辛卯	壬辰	癸巳	甲午	乙未	丙申	丁酉	戊戌	己亥	庚子	辛丑	壬寅	癸卯	甲辰	乙巳	丙午
음력 06/26	음력	26	27	28	29	7/1	2	3	4	5	6	7	8	9	10	11	12	13	14	15	16	17	18	19	20	21	22	23	24	25	26	27
07/27	대운 남	8	9	9	9	10	10	입	1	1	1	1	2	2	2	3	3	3	4	4	4	5	5	처	6	6	6	7	7	7	8	8
	대운 여	2	2	1	1	1	1	추	10	10	10	9	9	9	8	8	8	7	7	7	6	6	6	서	5	5	4	4	4	3	3	3

백로 8일 02시 19분 ⇨ **【辛酉月(신유월)】**(백로, 추분-한로 전) 추분 23일 12시 09분

양력 9	양력	1	2	3	4	5	6	7	8	9	10	11	12	13	14	15	16	17	18	19	20	21	22	23	24	25	26	27	28	29	30
	요일	화	수	목	금	토	일	월	화	수	목	금	토	일	월	화	수	목	금	토	일	월	화	수	목	금	토	일	월	화	수
	일진 日辰	丁未	戊申	己酉	庚戌	辛亥	壬子	癸丑	甲寅	乙卯	丙辰	丁巳	戊午	己未	庚申	辛酉	壬戌	癸亥	甲子	乙丑	丙寅	丁卯	戊辰	己巳	庚午	辛未	壬申	癸酉	甲戌	乙亥	丙子
음력 07/28	음력	28	29	8/1	2	3	4	5	6	7	8	9	10	11	12	13	14	15	16	17	18	19	20	21	22	23	24	25	26	27	28
08/28	대운 남	8	9	9	9	10	10	10	백	1	1	1	1	2	2	2	3	3	3	4	4	4	5	추	5	6	6	6	7	7	7
	대운 여	2	2	2	1	1	1	1	로	10	9	9	9	8	8	8	7	7	7	6	6	6	5	분	5	4	4	4	3	3	3

한로 8일 18시 26분 ⇨ **【壬戌月(임술월)】**(한로, 상강~ 입동 전) 상강 23일 21시 45분

양력 10	양력	1	2	3	4	5	6	7	8	9	10	11	12	13	14	15	16	17	18	19	20	21	22	23	24	25	26	27	28	29	30	31
	요일	목	금	토	일	월	화	수	목	금	토	일	월	화	수	목	금	토	일	월	화	수	목	금	토	일	월	화	수	목	금	토
	일진 日辰	丁丑	戊寅	己卯	庚辰	辛巳	壬午	癸未	甲申	乙酉	丙戌	丁亥	戊子	己丑	庚寅	辛卯	壬辰	癸巳	甲午	乙未	丙申	丁酉	戊戌	己亥	庚子	辛丑	壬寅	癸卯	甲辰	乙巳	丙午	丁未
음력 08/29	음력	29	30	9/1	2	3	4	5	6	7	8	9	10	11	12	13	14	15	16	17	18	19	20	21	22	23	24	25	26	27	28	29
09/29	대운 남	8	8	8	9	9	9	10	한	1	1	1	1	2	2	2	3	3	3	4	4	4	5	상	5	6	6	6	7	7	7	8
	대운 여	2	2	2	1	1	1	1	로	10	9	9	9	8	8	8	7	7	7	6	6	6	5	강	5	4	4	4	3	3	3	2

입동 7일 21시 54분 ⇨ **【癸亥月(계해월)】**(입동, 소설~ 대설 전) 소설 22일 19시 34분

양력 11	양력	1	2	3	4	5	6	7	8	9	10	11	12	13	14	15	16	17	18	19	20	21	22	23	24	25	26	27	28	29	30
	요일	일	월	화	수	목	금	토	일	월	화	수	목	금	토	일	월	화	수	목	금	토	일	월	화	수	목	금	토	일	월
	일진 日辰	戊申	己酉	庚戌	辛亥	壬子	癸丑	甲寅	乙卯	丙辰	丁巳	戊午	己未	庚申	辛酉	壬戌	癸亥	甲子	乙丑	丙寅	丁卯	戊辰	己巳	庚午	辛未	壬申	癸酉	甲戌	乙亥	丙子	丁丑
음력 09/30	음력	30	10/1	2	3	4	5	6	7	8	9	10	11	12	13	14	15	16	17	18	19	20	21	22	23	24	25	26	27	28	29
10/29	대운 남	8	8	9	9	9	10	입	1	1	1	1	2	2	2	3	3	3	4	4	4	5	소	5	6	6	6	7	7	7	8
	대운 여	2	2	1	1	1	1	동	10	9	9	9	8	8	8	7	7	7	6	6	6	5	설	5	4	4	4	3	3	3	2

대설 7일 14시 56분 ⇨ **【甲子月(갑자월)】**(대설, 동지~소한 전) 동지 22일 09시 00분

양력 12	양력	1	2	3	4	5	6	7	8	9	10	11	12	13	14	15	16	17	18	19	20	21	22	23	24	25	26	27	28	29	30	31
	요일	화	수	목	금	토	일	월	화	수	목	금	토	일	월	화	수	목	금	토	일	월	화	수	목	금	토	일	월	화	수	목
	일진 日辰	戊寅	己卯	庚辰	辛巳	壬午	癸未	甲申	乙酉	丙戌	丁亥	戊子	己丑	庚寅	辛卯	壬辰	癸巳	甲午	乙未	丙申	丁酉	戊戌	己亥	庚子	辛丑	壬寅	癸卯	甲辰	乙巳	丙午	丁未	戊申
음력 11/01	음력	11/1	2	3	4	5	6	7	8	9	10	11	12	13	14	15	16	17	18	19	20	21	22	23	24	25	26	27	28	29	30	12/1
12/01	대운 남	8	8	9	9	9	10	대	1	1	1	1	2	2	2	3	3	3	4	4	4	5	동	5	6	6	6	7	7	7	8	8
	대운 여	2	2	1	1	1	1	설	10	9	9	9	8	8	8	7	7	7	6	6	6	5	지	5	4	4	4	3	3	3	2	2

단기 4377년 /불기2588년 대장군(서방). 삼살(남방), 상문(동북방),조객(서북방), 납음(해중금), 【삼재(인,묘,진)년】

소한 06일 02시 11분 ⇨ **【乙丑月(을축월)】**(소한, 대한~ 입춘 전) 대한 20일 19시 36분

1 (음력 12/02 ~ 01/02)	1	2	3	4	5	6	7	8	9	10	11	12	13	14	15	16	17	18	19	20	21	22	23	24	25	26	27	28	29	30	31
요일	금	토	일	월	화	수	목	금	토	일	월	화	수	목	금	토	일	월	화	수	목	금	토	일	월	화	수	목	금	토	일
일진 日辰	己酉	庚戌	辛亥	壬子	癸丑	甲寅	乙卯	丙辰	丁巳	戊午	己未	庚申	辛酉	壬戌	癸亥	甲子	乙丑	丙寅	丁卯	戊辰	己巳	庚午	辛未	壬申	癸酉	甲戌	乙亥	丙子	丁丑	戊寅	己卯
음력	2	3	4	5	6	7	8	9	10	11	12	13	14	15	16	17	18	19	20	21	22	23	24	25	26	27	28	29	30	1/1	2
대운 남	8	9	9	9	10	소	1	1	1	1	2	2	2	3	3	3	4	4	4	대	5	5	6	6	6	7	7	7	8	8	8
대운 여	2	1	1	1	1	한	9	9	9	8	8	8	7	7	7	6	6	6	5	한	5	4	4	4	3	3	3	2	2	2	1

입춘 4일 13시 43분 ⇨ **【丙寅月(병인월)】**(입춘, 우수~ 경칩 전) 우수 19일 09시 34분

2 (음력 01/03 ~ 02/01)	1	2	3	4	5	6	7	8	9	10	11	12	13	14	15	16	17	18	19	20	21	22	23	24	25	26	27	28	29
요일	월	화	수	목	금	토	일	월	화	수	목	금	토	일	월	화	수	목	금	토	일	월	화	수	목	금	토	일	월
일진 日辰	庚辰	辛巳	壬午	癸未	甲申	乙酉	丙戌	丁亥	戊子	己丑	庚寅	辛卯	壬辰	癸巳	甲午	乙未	丙申	丁酉	戊戌	己亥	庚子	辛丑	壬寅	癸卯	甲辰	乙巳	丙午	丁未	戊申
음력	3	4	5	6	7	8	9	10	11	12	13	14	15	16	17	18	19	20	21	22	23	24	25	26	27	28	29	30	2/1
대운 남	9	9	9	입	10	9	9	9	8	8	8	7	7	7	6	6	6	5	우	5	4	4	4	3	3	3	2	2	2
대운 여	1	1	1	춘	1	1	1	1	2	2	2	3	3	3	4	4	4	5	수	5	6	6	6	7	7	7	8	8	8

立春

경칩 5일 07시 30분 ⇨ **【丁卯月(정묘월)】**(경칩, 춘분~ 청명 전) 춘분 20일 08시 19분

3 (음력 02/02 ~ 03/03)	1	2	3	4	5	6	7	8	9	10	11	12	13	14	15	16	17	18	19	20	21	22	23	24	25	26	27	28	29	30	31
요일	화	수	목	금	토	일	월	화	수	목	금	토	일	월	화	수	목	금	토	일	월	화	수	목	금	토	일	월	화	수	목
일진 日辰	己酉	庚戌	辛亥	壬子	癸丑	甲寅	乙卯	丙辰	丁巳	戊午	己未	庚申	辛酉	壬戌	癸亥	甲子	乙丑	丙寅	丁卯	戊辰	己巳	庚午	辛未	壬申	癸酉	甲戌	乙亥	丙子	丁丑	戊寅	己卯
음력	2	3	4	5	6	7	8	9	10	11	12	13	14	15	16	17	18	19	20	21	22	23	24	25	26	27	28	29	3/1	2	3
대운 남	1	1	1	1	경	10	9	9	9	8	8	8	7	7	7	6	6	6	5	춘	5	4	4	4	3	3	3	2	2	2	1
대운 여	9	9	9	10	칩	1	1	1	1	2	2	2	3	3	3	4	4	4	5	분	5	6	6	6	7	7	7	8	8	8	9

청명 4일 12시 02분 ⇨ **【戊辰月(무진월)】**(청명, 곡우~ 입하 전) 곡우 19일 19시 05분

4 (음력 03/04 ~ 04/03)	1	2	3	4	5	6	7	8	9	10	11	12	13	14	15	16	17	18	19	20	21	22	23	24	25	26	27	28	29	30
요일	금	토	일	월	화	수	목	금	토	일	월	화	수	목	금	토	일	월	화	수	목	금	토	일	월	화	수	목	금	토
일진 日辰	庚辰	辛巳	壬午	癸未	甲申	乙酉	丙戌	丁亥	戊子	己丑	庚寅	辛卯	壬辰	癸巳	甲午	乙未	丙申	丁酉	戊戌	己亥	庚子	辛丑	壬寅	癸卯	甲辰	乙巳	丙午	丁未	戊申	己酉
음력	4	5	6	7	8	9	10	11	12	13	14	15	16	17	18	19	20	21	22	23	24	25	26	27	28	29	30	4/1	2	3
대운 남	1	1	1	청	10	10	9	9	9	8	8	8	7	7	7	6	6	6	곡	5	5	4	4	4	3	3	3	2	2	2
대운 여	9	9	10	명	1	1	1	1	2	2	2	3	3	3	4	4	4	5	우	5	6	6	6	7	7	7	8	8	8	9

입하 5일 05시 04분 ⇨ **【己巳月(기사월)】**(입하, 소만~ 망종 전) 소만 20일 18시 00분

5 (음력 04/04 ~ 05/05)	1	2	3	4	5	6	7	8	9	10	11	12	13	14	15	16	17	18	19	20	21	22	23	24	25	26	27	28	29	30	31
요일	일	월	화	수	목	금	토	일	월	화	수	목	금	토	일	월	화	수	목	금	토	일	월	화	수	목	금	토	일	월	화
일진 日辰	庚戌	辛亥	壬子	癸丑	甲寅	乙卯	丙辰	丁巳	戊午	己未	庚申	辛酉	壬戌	癸亥	甲子	乙丑	丙寅	丁卯	戊辰	己巳	庚午	辛未	壬申	癸酉	甲戌	乙亥	丙子	丁丑	戊寅	己卯	庚辰
음력	4	5	6	7	8	9	10	11	12	13	14	15	16	17	18	19	20	21	22	23	24	25	26	27	28	29	5/1	2	3	4	5
대운 남	1	1	1	1	입	10	10	9	9	9	8	8	8	7	7	7	6	6	6	소	5	5	4	4	4	3	3	3	2	2	2
대운 여	9	9	10	10	하	1	1	1	1	2	2	2	3	3	3	4	4	4	5	만	5	6	6	6	7	7	7	8	8	8	9

망종 5일 09시 02분 ⇨ **【庚午月(경오월)】**(망종, 하지~ 소서 전) 하지 21일 01시 50분

6 (음력 05/06 ~ 06/06)	1	2	3	4	5	6	7	8	9	10	11	12	13	14	15	16	17	18	19	20	21	22	23	24	25	26	27	28	29	30
요일	수	목	금	토	일	월	화	수	목	금	토	일	월	화	수	목	금	토	일	월	화	수	목	금	토	일	월	화	수	목
일진 日辰	辛巳	壬午	癸未	甲申	乙酉	丙戌	丁亥	戊子	己丑	庚寅	辛卯	壬辰	癸巳	甲午	乙未	丙申	丁酉	戊戌	己亥	庚子	辛丑	壬寅	癸卯	甲辰	乙巳	丙午	丁未	戊申	己酉	庚戌
음력	6	7	8	9	10	11	12	13	14	15	16	17	18	19	20	21	22	23	24	25	26	27	28	29	6/1	2	3	4	5	6
대운 남	1	1	1	1	망	10	10	9	9	9	8	8	8	7	7	7	6	6	6	5	하	5	4	4	4	3	3	3	2	2
대운 여	9	9	10	10	종	1	1	1	1	2	2	2	3	3	3	4	4	4	5	5	지	6	6	6	7	7	7	8	8	8

대장군(서방). 삼살(남방), 상문(동북방),조객(서북방), 납음(해중금), 【삼재(인,묘,진)년】

한식(4월05일), 초복(7월20일), 중복(7월30일), 말복(8월09일)

甲子年(갑자년)

소서 6일 19시 14분 ⇨ 【辛未月(신미월)】(소서, 대서~ 입추 전) 대서 22일 12시 42분

양력	양력	1	2	3	4	5	6	7	8	9	10	11	12	13	14	15	16	17	18	19	20	21	22	23	24	25	26	27	28	29	30	31
7	요일	금	토	일	월	화	수	목	금	토	일	월	화	수	목	금	토	일	월	화	수	목	금	토	일	월	화	수	목	금	토	일
	일진 日辰	辛亥	壬子	癸丑	甲寅	乙卯	丙辰	丁巳	戊午	己未	庚申	辛酉	壬戌	癸亥	甲子	乙丑	丙寅	丁卯	戊辰	己巳	庚午	辛未	壬申	癸酉	甲戌	乙亥	丙子	丁丑	戊寅	己卯	庚辰	辛巳
음력 06/07	음력	7	8	9	10	11	12	13	14	15	16	17	18	19	20	21	22	23	24	25	26	27	28	29	30	7/1	2	3	4	5	6	7
07/07 대	남	2	1	1	1	1	소	10	10	10	9	9	9	8	8	8	7	7	7	6	6	6	대	5	5	4	4	4	3	3	3	2
운	여	9	9	9	10	10	서	1	1	1	1	2	2	2	3	3	3	4	4	4	5	5	서	6	6	6	7	7	7	8	8	8

입추 7일 05시 07분 ⇨ 【壬申月(임신월)】(입추, 처서~ 백로 전) 처서 22일 19시 53분

양력	양력	1	2	3	4	5	6	7	8	9	10	11	12	13	14	15	16	17	18	19	20	21	22	23	24	25	26	27	28	29	30	31
8	요일	월	화	수	목	금	토	일	월	화	수	목	금	토	일	월	화	수	목	금	토	일	월	화	수	목	금	토	일	월	화	수
	일진 日辰	壬午	癸未	甲申	乙酉	丙戌	丁亥	戊子	己丑	庚寅	辛卯	壬辰	癸巳	甲午	乙未	丙申	丁酉	戊戌	己亥	庚子	辛丑	壬寅	癸卯	甲辰	乙巳	丙午	丁未	戊申	己酉	庚戌	辛亥	壬子
음력 07/08	음력	8	9	10	11	12	13	14	15	16	17	18	19	20	21	22	23	24	25	26	27	28	29	윤7	2	3	4	5	6	7	8	9
윤709 대	남	2	2	1	1	1	1	입	10	10	9	9	9	8	8	8	7	7	7	6	6	6	처	5	5	4	4	4	3	3	3	2
운	여	9	9	9	10	10	10	추	1	1	1	1	2	2	2	3	3	3	4	4	4	5	서	5	6	6	6	7	7	7	8	8

백로 7일 08시 15분 ⇨ 【癸酉月(계유월)】(백로, 추분-한로 전) 추분 22일 17시 46분

양력	양력	1	2	3	4	5	6	7	8	9	10	11	12	13	14	15	16	17	18	19	20	21	22	23	24	25	26	27	28	29	30
9	요일	목	금	토	일	월	화	수	목	금	토	일	월	화	수	목	금	토	일	월	화	수	목	금	토	일	월	화	수	목	금
	일진 日辰	癸丑	甲寅	乙卯	丙辰	丁巳	戊午	己未	庚申	辛酉	壬戌	癸亥	甲子	乙丑	丙寅	丁卯	戊辰	己巳	庚午	辛未	壬申	癸酉	甲戌	乙亥	丙子	丁丑	戊寅	己卯	庚辰	辛巳	壬午
음력 윤710	음력	10	11	12	13	14	15	16	17	18	19	20	21	22	23	24	25	26	27	28	29	8/1	2	3	4	5	6	7	8	9	10
08/10 대	남	2	2	1	1	1	1	백	10	10	9	9	9	8	8	8	7	7	7	6	6	6	추	5	5	4	4	4	3	3	3
운	여	8	9	9	9	10	10	로	1	1	1	1	2	2	2	3	3	3	4	4	4	5	분	5	6	6	6	7	7	7	8

한로 8일 00시 12분 ⇨ 【甲戌月(갑술월)】(한로, 상강~ 입동 전) 상강 23일 03시 25분

양력	양력	1	2	3	4	5	6	7	8	9	10	11	12	13	14	15	16	17	18	19	20	21	22	23	24	25	26	27	28	29	30	31
10	요일	토	일	월	화	수	목	금	토	일	월	화	수	목	금	토	일	월	화	수	목	금	토	일	월	화	수	목	금	토	일	월
	일진 日辰	癸未	甲申	乙酉	丙戌	丁亥	戊子	己丑	庚寅	辛卯	壬辰	癸巳	甲午	乙未	丙申	丁酉	戊戌	己亥	庚子	辛丑	壬寅	癸卯	甲辰	乙巳	丙午	丁未	戊申	己酉	庚戌	辛亥	壬子	癸丑
음력 08/11	음력	11	12	13	14	15	16	17	18	19	20	21	22	23	24	25	26	27	28	29	30	9/1	2	3	4	5	6	7	8	9	10	11
09/11 대	남	2	2	2	1	1	1	1	한	10	9	9	9	8	8	8	7	7	7	6	6	6	5	상	5	4	4	4	3	3	3	2
운	여	8	8	9	9	9	10	10	로	1	1	1	1	2	2	2	3	3	3	4	4	4	5	강	5	6	6	6	7	7	7	8

입동 7일 03시 40분 ⇨ 【乙亥月(을해월)】(입동, 소설~ 대설 전) 소설 22일 01시 14분

양력	양력	1	2	3	4	5	6	7	8	9	10	11	12	13	14	15	16	17	18	19	20	21	22	23	24	25	26	27	28	29	30
11	요일	화	수	목	금	토	일	월	화	수	목	금	토	일	월	화	수	목	금	토	일	월	화	수	목	금	토	일	월	화	수
	일진 日辰	甲寅	乙卯	丙辰	丁巳	戊午	己未	庚申	辛酉	壬戌	癸亥	甲子	乙丑	丙寅	丁卯	戊辰	己巳	庚午	辛未	壬申	癸酉	甲戌	乙亥	丙子	丁丑	戊寅	己卯	庚辰	辛巳	壬午	癸未
음력 09/12	음력	12	13	14	15	16	17	18	19	20	21	22	23	24	25	26	27	28	29	10/1	2	3	4	5	6	7	8	9	10	11	12
10/12 대	남	2	2	1	1	1	1	입	9	9	9	8	8	8	7	7	7	6	6	6	5	5	소	4	4	4	3	3	3	2	2
운	여	8	8	9	9	9	10	동	1	1	1	1	2	2	2	3	3	3	4	4	4	5	설	5	6	6	6	7	7	7	8

대설 6일 20시 44분 ⇨ 【丙子月(병자월)】(대설, 동지~소한 전) 동지 21일 14시 42분

양력	양력	1	2	3	4	5	6	7	8	9	10	11	12	13	14	15	16	17	18	19	20	21	22	23	24	25	26	27	28	29	30	31
12	요일	목	금	토	일	월	화	수	목	금	토	일	월	화	수	목	금	토	일	월	화	수	목	금	토	일	월	화	수	목	금	토
	일진 日辰	甲申	乙酉	丙戌	丁亥	戊子	己丑	庚寅	辛卯	壬辰	癸巳	甲午	乙未	丙申	丁酉	戊戌	己亥	庚子	辛丑	壬寅	癸卯	甲辰	乙巳	丙午	丁未	戊申	己酉	庚戌	辛亥	壬子	癸丑	甲寅
음력 10/13	음력	13	14	15	16	17	18	19	20	21	22	23	24	25	26	27	28	29	30	11/1	2	3	4	5	6	7	8	9	10	11	12	13
11/13 대	남	2	1	1	1	1	대	10	9	9	9	8	8	8	7	7	7	6	6	6	5	동	5	4	4	4	3	3	3	2	2	2
운	여	8	8	9	9	9	설	1	1	1	1	2	2	2	3	3	3	4	4	4	5	지	5	6	6	6	7	7	7	8	8	8

2045 乙丑年(을축년)

단기 4378년 /불기2589년 대장군(서방), 삼살(동방), 상문(동방), 조객(서북방),납음(해중금),【삼재(해,자,축)년】

소한 5일 08시 01분 ⇨ **【丁丑月(정축월)】**(소한, 대한~ 입춘 전) 대한 20일 01시 21분

1월 (음력 11/14 ~ 12/14)

양력	1	2	3	4	5	6	7	8	9	10	11	12	13	14	15	16	17	18	19	20	21	22	23	24	25	26	27	28	29	30	31
요일	일	월	화	수	목	금	토	일	월	화	수	목	금	토	일	월	화	수	목	금	토	일	월	화	수	목	금	토	일	월	화
일진 日辰	乙卯	丙辰	丁巳	戊午	己未	庚申	辛酉	壬戌	癸亥	甲子	乙丑	丙寅	丁卯	戊辰	己巳	庚午	辛未	壬申	癸酉	甲戌	乙亥	丙子	丁丑	戊寅	己卯	庚辰	辛巳	壬午	癸未	甲申	乙酉
음력	14	15	16	17	18	19	20	21	22	23	24	25	26	27	28	29	30	12/1	2	3	4	5	6	7	8	9	10	11	12	13	14
대운 남	1	1	1	1	소	9	9	9	8	8	8	7	7	7	6	6	6	5	5	대	4	4	4	3	3	3	2	2	2	1	1
대운 여	8	9	9	9	한	1	1	1	1	2	2	2	3	3	3	4	4	4	5	한	5	6	6	6	7	7	7	8	8	8	9

입춘 3일 19시 35분 ⇨ **【戊寅月(무인월)】**(입춘, 우수~ 경칩 전) 우수 18일 15시 21분

2월 (음력 12/15 ~ 01/12)

양력	1	2	3	4	5	6	7	8	9	10	11	12	13	14	15	16	17	18	19	20	21	22	23	24	25	26	27	28	
요일	수	목	금	토	일	월	화	수	목	금	토	일	월	화	수	목	금	토	일	월	화	수	목	금	토	일	월	화	
일진 日辰	丙戌	丁亥	戊子	己丑	庚寅	辛卯	壬辰	癸巳	甲午	乙未	丙申	丁酉	戊戌	己亥	庚子	辛丑	壬寅	癸卯	甲辰	乙巳	丙午	丁未	戊申	己酉	庚戌	辛亥	壬子	癸丑	立春
음력	15	16	17	18	19	20	21	22	23	24	25	26	27	28	29	30	1/1	2	3	4	5	6	7	8	9	10	11	12	
대운 남	1	1	입	1	1	1	1	2	2	2	3	3	3	4	4	4	5	우	5	6	6	6	7	7	7	8	8	8	
대운 여	9	9	춘	10	9	9	9	8	8	8	7	7	7	6	6	6	5	수	5	4	4	4	3	3	3	2	2	2	

경칩 5일 13시 23분 ⇨ **【己卯月(기묘월)】**(경칩, 춘분~ 청명 전) 춘분 20일 14시 06분

3월 (음력 01/13 ~ 02/13)

양력	1	2	3	4	5	6	7	8	9	10	11	12	13	14	15	16	17	18	19	20	21	22	23	24	25	26	27	28	29	30	31
요일	수	목	금	토	일	월	화	수	목	금	토	일	월	화	수	목	금	토	일	월	화	수	목	금	토	일	월	화	수	목	금
일진 日辰	甲寅	乙卯	丙辰	丁巳	戊午	己未	庚申	辛酉	壬戌	癸亥	甲子	乙丑	丙寅	丁卯	戊辰	己巳	庚午	辛未	壬申	癸酉	甲戌	乙亥	丙子	丁丑	戊寅	己卯	庚辰	辛巳	壬午	癸未	甲申
음력	13	14	15	16	17	18	19	20	21	22	23	24	25	26	27	28	29	30	2/1	2	3	4	5	6	7	8	9	10	11	12	13
대운 남	9	9	9	10	경	1	1	1	1	2	2	2	3	3	3	4	4	4	5	춘	5	6	6	6	7	7	7	8	8	8	9
대운 여	1	1	1	1	칩	10	9	9	9	8	8	8	7	7	7	6	6	6	5	분	5	4	4	4	3	3	3	2	2	2	1

청명 4일 17시 56분 ⇨ **【庚辰月(경진월)】**(청명, 곡우~ 입하 전) 곡우 20일 00시 51분

4월 (음력 02/14 ~ 03/14)

양력	1	2	3	4	5	6	7	8	9	10	11	12	13	14	15	16	17	18	19	20	21	22	23	24	25	26	27	28	30	30
요일	토	일	월	화	수	목	금	토	일	월	화	수	목	금	토	일	월	화	수	목	금	토	일	월	하	수	목	금	토	일
일진 日辰	乙酉	丙戌	丁亥	戊子	己丑	庚寅	辛卯	壬辰	癸巳	甲午	乙未	丙申	丁酉	戊戌	己亥	庚子	辛丑	壬寅	癸卯	甲辰	乙巳	丙午	丁未	戊申	己酉	庚戌	辛亥	壬子	癸丑	甲寅
음력	14	15	16	17	18	19	20	21	22	23	24	25	26	27	28	29	3/1	2	3	4	5	6	7	8	9	10	11	12	13	14
대운 남	9	9	10	청	1	1	1	1	2	2	2	3	3	3	4	4	4	5	5	곡	6	6	6	7	7	7	8	8	8	9
대운 여	1	·1	1	명	10	10	9	9	9	8	8	8	7	7	7	6	6	6	5	우	5	4	4	4	3	3	3	2	2	2

입하 5일 10시 58분 ⇨ **【辛巳月(신사월)】**(입하, 소만~ 망종 전) 소만 20일 23시 44분

5월 (음력 03/15 ~ 04/15)

양력	1	2	3	4	5	6	7	8	9	10	11	12	13	14	15	16	17	18	19	20	21	22	23	24	25	26	27	28	29	30	31
요일	월	화	수	목	금	토	일	월	화	수	목	금	토	일	월	화	수	목	금	토	일	월	화	수	목	금	토	일	월	화	수
일진 日辰	乙卯	丙辰	丁巳	戊午	己未	庚申	辛酉	壬戌	癸亥	甲子	乙丑	丙寅	丁卯	戊辰	己巳	庚午	辛未	壬申	癸酉	甲戌	乙亥	丙子	丁丑	戊寅	己卯	庚辰	辛巳	壬午	癸未	甲申	乙酉
음력	15	16	17	18	19	20	21	22	23	24	25	26	27	28	29	30	4/1	2	3	4	5	6	7	8	9	10	11	12	13	14	15
대운 남	9	9	10	10	입	1	1	1	1	2	2	2	3	3	3	4	4	4	5	소	5	6	6	6	7	7	7	8	8	8	9
대운 여	1	1	1	1	하	10	10	9	9	9	8	8	8	7	7	7	6	6	6	만	5	5	4	4	4	3	3	3	2	2	2

망종 5일 14시 55분 ⇨ **【壬午月(임오월)】**(망종, 하지~ 소서 전) 하지 21일 07시 32분

6월 (음력 04/16 ~ 05/16)

양력	1	2	3	4	5	6	7	8	9	10	11	12	13	14	15	16	17	18	19	20	21	22	23	24	25	26	27	28	29	30
요일	목	금	토	일	월	화	수	목	금	토	일	월	화	수	목	금	토	일	월	화	수	목	금	토	일	월	화	수	목	금
일진 日辰	丙戌	丁亥	戊子	己丑	庚寅	辛卯	壬辰	癸巳	甲午	乙未	丙申	丁酉	戊戌	己亥	庚子	辛丑	壬寅	癸卯	甲辰	乙巳	丙午	丁未	戊申	己酉	庚戌	辛亥	壬子	癸丑	甲寅	乙卯
음력	16	17	18	19	20	21	22	23	24	25	26	27	28	29	5/1	2	3	4	5	6	7	8	9	10	11	12	13	14	15	16
대운 남	9	9	10	10	망	1	1	1	1	2	2	2	3	3	3	4	4	4	5	5	하	6	6	6	7	7	7	8	8	8
대운 여	1	1	1	1	종	10	10	10	9	9	9	8	8	8	7	7	7	6	6	6	지	5	5	4	4	4	3	3	3	2

대장군(서방), 삼살(동방), 상문(동방), 조객(서북방), 납음(해중금), 【삼재(해,자,축)년】
한식(4월05일), 초복(7월15일), 중복(7월25일), 말복(8월14일)

乙丑年(을축년)

소서 7일 01시 07분 ⇨ **【癸未月(계미월)】**(소서, 대서~ 입추 전) 대서 22일 18시 25분

양력 7 (음력 05/17–06/18)	1	2	3	4	5	6	7	8	9	10	11	12	13	14	15	16	17	18	19	20	21	22	23	24	25	26	27	28	29	30	31
요일	토	일	월	화	수	목	금	토	일	월	화	수	목	금	토	일	월	화	수	목	금	토	일	월	화	수	목	금	토	일	월
일진 日辰	丙辰	丁巳	戊午	己未	庚申	辛酉	壬戌	癸亥	甲子	乙丑	丙寅	丁卯	戊辰	己巳	庚午	辛未	壬申	癸酉	甲戌	乙亥	丙子	丁丑	戊寅	己卯	庚辰	辛巳	壬午	癸未	甲申	乙酉	丙戌
음력	17	18	19	20	21	22	23	24	25	26	27	28	29	6/1	2	3	4	5	6	7	8	9	10	11	12	13	14	15	16	17	18
대운 남	9	9	9	10	10	10	소	1	1	1	1	2	2	2	3	3	3	4	4	4	5	대	5	6	6	6	7	7	7	8	8
대운 여	2	2	1	1	1	1	서	10	10	9	9	9	8	8	8	7	7	7	6	6	6	서	5	5	4	4	4	3	3	3	2

입추 7일 10시 58분 ⇨ **【甲申月(갑신월)】**(입추, 처서~ 백로 전) 처서 23일 01시 38분

양력 8 (음력 06/19–07/19)	1	2	3	4	5	6	7	8	9	10	11	12	13	14	15	16	17	18	19	20	21	22	23	24	25	26	27	28	29	30	31
요일	화	수	목	금	토	일	월	화	수	목	금	토	일	월	화	수	목	금	토	일	월	화	수	목	금	토	일	월	화	수	목
일진 日辰	丁亥	戊子	己丑	庚寅	辛卯	壬辰	癸巳	甲午	乙未	丙申	丁酉	戊戌	己亥	庚子	辛丑	壬寅	癸卯	甲辰	乙巳	丙午	丁未	戊申	己酉	庚戌	辛亥	壬子	癸丑	甲寅	乙卯	丙辰	丁巳
음력	19	20	21	22	23	24	25	26	27	28	29	30	7/1	2	3	4	5	6	7	8	9	10	11	12	13	14	15	16	17	18	19
대운 남	8	9	9	9	10	10	입	1	1	1	1	2	2	2	3	3	3	4	4	4	5	5	처	6	6	6	7	7	7	8	8
대운 여	2	2	1	1	1	1	추	10	10	9	9	9	8	8	8	7	7	7	6	6	6	5	서	5	4	4	4	3	3	3	2

백로 7일 14시 04분 ⇨ **【乙酉月(을유월)】**(백로, 추분-한로 전) 추분22일 23시 31분

양력 9 (음력 07/20–08/20)	1	2	3	4	5	6	7	8	9	10	11	12	13	14	15	16	17	18	19	20	21	22	23	24	25	26	27	28	29	30
요일	금	토	일	월	화	수	목	금	토	일	월	화	수	목	금	토	일	월	화	수	목	금	토	일	월	화	수	목	금	토
일진 日辰	戊午	己未	庚申	辛酉	壬戌	癸亥	甲子	乙丑	丙寅	丁卯	戊辰	己巳	庚午	辛未	壬申	癸酉	甲戌	乙亥	丙子	丁丑	戊寅	己卯	庚辰	辛巳	壬午	癸未	甲申	乙酉	丙戌	丁亥
음력	20	21	22	23	24	25	26	27	28	29	8/1	2	3	4	5	6	7	8	9	10	11	12	13	14	15	16	17	18	19	20
대운 남	8	9	9	9	10	10	백	1	1	1	1	2	2	2	3	3	3	4	4	4	5	추	5	6	6	6	7	7	7	8
대운 여	2	2	1	1	1	1	로	10	10	9	9	9	8	8	8	7	7	7	6	6	6	분	5	5	4	4	4	3	3	3

한로 8일 05시 59분 ⇨ **【丙戌月(병술월)】**(한로, 상강~ 입동 전) 상강 23일 09시 11분

양력 10 (음력 08/21–09/22)	1	2	3	4	5	6	7	8	9	10	11	12	13	14	15	16	17	18	19	20	21	22	23	24	25	26	27	28	29	30	31
요일	일	월	화	수	목	금	토	일	월	화	수	목	금	토	일	월	화	수	목	금	토	일	월	화	수	목	금	토	일	월	화
일진 日辰	戊子	己丑	庚寅	辛卯	壬辰	癸巳	甲午	乙未	丙申	丁酉	戊戌	己亥	庚子	辛丑	壬寅	癸卯	甲辰	乙巳	丙午	丁未	戊申	己酉	庚戌	辛亥	壬子	癸丑	甲寅	乙卯	丙辰	丁巳	戊午
음력	21	22	23	24	25	26	27	28	29	9/1	2	3	4	5	6	7	8	9	10	11	12	13	14	15	16	17	18	19	20	21	22
대운 남	8	8	9	9	9	10	10	한	1	1	1	1	2	2	2	3	3	3	4	4	4	5	상	5	6	6	6	7	7	7	8
대운 여	2	2	2	1	1	1	1	로	10	9	9	9	8	8	8	7	7	7	6	6	6	5	강	5	4	4	4	3	3	3	2

입동 7일 09시 28분 ⇨ **【丁亥月(정해월)】**(입동, 소설~ 대설 전) 소설 22일 07시 02분

양력 11 (음력 09/23–10/22)	1	2	3	4	5	6	7	8	9	10	11	12	13	14	15	16	17	18	19	20	21	22	23	24	25	26	27	28	29	30
요일	수	목	금	토	일	월	화	수	목	금	토	일	월	화	수	목	금	토	일	월	화	수	목	금	토	일	월	화	수	목
일진 日辰	己未	庚申	辛酉	壬戌	癸亥	甲子	乙丑	丙寅	丁卯	戊辰	己巳	庚午	辛未	壬申	癸酉	甲戌	乙亥	丙子	丁丑	戊寅	己卯	庚辰	辛巳	壬午	癸未	甲申	乙酉	丙戌	丁亥	戊子
음력	23	24	25	26	27	28	29	30	10/1	2	3	4	5	6	7	8	9	10	11	12	13	14	15	16	17	18	19	20	21	22
대운 남	8	8	9	9	9	10	입	1	1	1	1	2	2	2	3	3	3	4	4	4	5	소	5	6	6	6	7	7	7	8
대운 여	2	2	1	1	1	1	동	10	9	9	9	8	8	8	7	7	7	6	6	6	5	설	5	4	4	4	3	3	3	2

대설 7일 02시 34분 ⇨ **【戊子月(무자월)】**(대설, 동지~소한 전) 동지 21일 20시 34분

양력 12 (음력 10/23–11/24)	1	2	3	4	5	6	7	8	9	10	11	12	13	14	15	16	17	18	19	20	21	22	23	24	25	26	27	28	29	30	31
요일	금	토	일	월	화	수	목	금	토	일	월	화	수	목	금	토	일	월	화	수	목	금	토	일	월	화	수	목	금	토	일
일진 日辰	己丑	庚寅	辛卯	壬辰	癸巳	甲午	乙未	丙申	丁酉	戊戌	己亥	庚子	辛丑	壬寅	癸卯	甲辰	乙巳	丙午	丁未	戊申	己酉	庚戌	辛亥	壬子	癸丑	甲寅	乙卯	丙辰	丁巳	戊午	己未
음력	23	24	25	26	27	28	29	11/1	2	3	4	5	6	7	8	9	10	11	12	13	14	15	16	17	18	19	20	21	22	23	24
대운 남	8	8	9	9	9	10	대	1	1	1	1	2	2	2	3	3	3	4	4	4	동	5	5	6	6	6	7	7	7	8	8
대운 여	2	2	1	1	1	1	설	9	9	9	8	8	8	7	7	7	6	6	6	5	지	5	4	4	4	3	3	3	2	2	2

2046 丙寅年(병인년)

단기 4379년 /불기2590년 대장군(북방). 삼살(북방), 상문(동남방),조객(북방), 납음(노중화),【삼재(신,유,술)년】

소한 5일 13시 54분 ⇨ **【己丑月(기축월)】**(소한, 대한~ 입춘 전) 대한 20일 07시 14분

양력	양력	1	2	3	4	5	6	7	8	9	10	11	12	13	14	15	16	17	18	19	20	21	22	23	24	25	26	27	28	29	30	31
1	요일	월	화	수	목	금	토	일	월	화	수	목	금	토	일	월	화	수	목	금	토	일	월	화	수	목	금	토	일	월	화	수
	일진 日辰	庚申	辛酉	壬戌	癸亥	甲子	乙丑	丙寅	丁卯	戊辰	己巳	庚午	辛未	壬申	癸酉	甲戌	乙亥	丙子	丁丑	戊寅	己卯	庚辰	辛巳	壬午	癸未	甲申	乙酉	丙戌	丁亥	戊子	己丑	庚寅
음력 11/25 ~ 12/25	음력	25	26	27	28	29	30	12/1	2	3	4	5	6	7	8	9	10	11	12	13	14	15	16	17	18	19	20	21	22	23	24	25
대운	남	8	9	9	9	소	1	1	1	1	2	2	2	3	3	3	4	4	4	5	대	5	6	6	6	7	7	7	8	8	8	9
	여	1	1	1	1	한	10	9	9	9	8	8	8	7	7	7	6	6	6	5	한	5	4	4	4	3	3	3	2	2	2	1

입춘 4일 01시 30분 ⇨ **【庚寅月(경인월)】**(입춘, 우수~ 경칩 전) 우수 18일 21시 14분

양력	양력	1	2	3	4	5	6	7	8	9	10	11	12	13	14	15	16	17	18	19	20	21	22	23	24	25	26	27	28	
2	요일	목	금	토	일	월	화	수	목	금	토	일	월	화	수	목	금	토	일	월	화	수	목	금	토	일	월	화	수	
	일진 日辰	辛卯	壬辰	癸巳	甲午	乙未	丙申	丁酉	戊戌	己亥	庚子	辛丑	壬寅	癸卯	甲辰	乙巳	丙午	丁未	戊申	己酉	庚戌	辛亥	壬子	癸丑	甲寅	乙卯	丙辰	丁巳	戊午	立春
음력 12/26 ~ 01/23	음력	26	27	28	29	30	1/1	2	3	4	5	6	7	8	9	10	11	12	13	14	15	16	17	18	19	20	21	22	23	
대운	남	9	9	10	입	9	9	9	8	8	8	7	7	7	6	6	6	5	우	5	4	4	4	3	3	3	2	2	2	
	여	1	1	1	춘	1	1	1	1	2	2	2	3	3	3	4	4	4	수	5	5	6	6	6	7	7	7	8	8	

경칩 5일 19시 16분 ⇨ **【辛卯月(신묘월)】**(경칩, 춘분~ 청명 전) 춘분 20일 19시 56분

양력	양력	1	2	3	4	5	6	7	8	9	10	11	12	13	14	15	16	17	18	19	20	21	22	23	24	25	26	27	28	29	30	31
3	요일	목	금	토	일	월	화	수	목	금	토	일	월	화	수	목	금	토	일	월	화	수	목	금	토	일	월	화	수	목	금	토
	일진 日辰	己未	庚申	辛酉	壬戌	癸亥	甲子	乙丑	丙寅	丁卯	戊辰	己巳	庚午	辛未	壬申	癸酉	甲戌	乙亥	丙子	丁丑	戊寅	己卯	庚辰	辛巳	壬午	癸未	甲申	乙酉	丙戌	丁亥	戊子	己丑
음력 01/24 ~ 02/24	음력	24	25	26	27	28	29	30	2/1	2	3	4	5	6	7	8	9	10	11	12	13	14	15	16	17	18	19	20	21	22	23	24
대운	남	1	1	1	1	경	10	9	9	9	8	8	8	7	7	7	6	6	6	5	춘	5	4	4	4	3	3	3	2	2	2	1
	여	8	9	9	9	칩	1	1	1	1	2	2	2	3	3	3	4	4	4	5	분	5	6	6	6	7	7	7	8	8	8	9

청명 4일 23시 43분 ⇨ **【壬辰月(임진월)】**(청명, 곡우~ 입하 전) 곡우 20일 06시 37분

양력	양력	1	2	3	4	5	6	7	8	9	10	11	12	13	14	15	16	17	18	19	20	21	22	23	24	25	26	27	28	29	30
4	요일	일	월	화	수	목	금	토	일	월	화	수	목	금	토	일	월	화	수	목	금	토	일	월	화	수	목	금	토	일	월
	일진 日辰	庚寅	辛卯	壬辰	癸巳	甲午	乙未	丙申	丁酉	戊戌	己亥	庚子	辛丑	壬寅	癸卯	甲辰	乙巳	丙午	丁未	戊申	己酉	庚戌	辛亥	壬子	癸丑	甲寅	乙卯	丙辰	丁巳	戊午	己未
음력 02/25 ~ 03/25	음력	25	26	27	28	29	3/1	2	3	4	5	6	7	8	9	10	11	12	13	14	15	16	17	18	19	20	21	22	23	24	25
대운	남	1	1	1	청	10	10	9	9	9	8	8	8	7	7	7	6	6	6	5	곡	5	4	4	4	3	3	3	2	2	2
	여	9	9	10	명	1	1	1	1	2	2	2	3	3	3	4	4	4	5	5	우	6	6	6	7	7	7	8	8	8	9

입하 5일 16시 39분 ⇨ **【癸巳月(계사월)】**(입하, 소만~ 망종 전) 소만 21일 05시 27분

양력	양력	1	2	3	4	5	6	7	8	9	10	11	12	13	14	15	16	17	18	19	20	21	22	23	24	25	26	27	28	29	30	31
5	요일	화	수	목	금	토	일	월	화	수	목	금	토	일	월	화	수	목	금	토	일	월	화	수	목	금	토	일	월	화	수	목
	일진 日辰	庚申	辛酉	壬戌	癸亥	甲子	乙丑	丙寅	丁卯	戊辰	己巳	庚午	辛未	壬申	癸酉	甲戌	乙亥	丙子	丁丑	戊寅	己卯	庚辰	辛巳	壬午	癸未	甲申	乙酉	丙戌	丁亥	戊子	己丑	庚寅
음력 03/26 ~ 04/26	음력	26	27	28	29	30	4/1	2	3	4	5	6	7	8	9	10	11	12	13	14	15	16	17	18	19	20	21	22	23	24	25	26
대운	남	1	1	1	1	입	10	10	9	9	9	8	8	8	7	7	7	6	6	6	5	소	5	4	4	4	3	3	3	2	2	2
	여	9	9	10	10	하	1	1	1	1	2	2	2	3	3	3	4	4	4	5	5	만	6	6	6	7	7	7	8	8	8	9

망종 5일 20시 31분 ⇨ **【甲午月(갑오월)】**(망종, 하지~ 소서 전) 하지 21일 13시 13분

양력	양력	1	2	3	4	5	6	7	8	9	10	11	12	13	14	15	16	17	18	19	20	21	22	23	24	25	26	27	28	29	30
6	요일	금	토	일	월	화	수	목	금	토	일	월	화	수	목	금	토	일	월	화	수	목	금	토	일	월	화	수	목	금	토
	일진 日辰	辛卯	壬辰	癸巳	甲午	乙未	丙申	丁酉	戊戌	己亥	庚子	辛丑	壬寅	癸卯	甲辰	乙巳	丙午	丁未	戊申	己酉	庚戌	辛亥	壬子	癸丑	甲寅	乙卯	丙辰	丁巳	戊午	己未	庚申
음력 04/27 ~ 05/26	음력	27	28	29	30	5/1	2	3	4	5	6	7	8	9	10	11	12	13	14	15	16	17	18	19	20	21	22	23	24	25	26
대운	남	1	1	1	1	망	10	10	10	9	9	9	8	8	8	7	7	7	6	6	6	하	5	5	4	4	4	3	3	3	2
	여	9	9	10	10	종	1	1	1	1	2	2	2	3	3	3	4	4	4	5	5	지	6	6	6	7	7	7	8	8	8

대장군(북방), 삼살(북방), 상문(동남방),조객(북방), 납음(노중화), 【삼재(신,유,술)년】
한식(4월05일), 초복(7월20일), 중복(7월30일), 말복(8월09일)

丙寅年(병인년)

2046

소서 7일 06시 39분 ⇨ **【乙未月(을미월)】**(소서, 대서~ 입추 전) 대서 23일 00시 07분

양력 **7** / 음력 05/27 ~ 06/28

양력	1	2	3	4	5	6	7	8	9	10	11	12	13	14	15	16	17	18	19	20	21	22	23	24	25	26	27	28	29	30	31
요일	일	월	화	수	목	금	토	일	월	화	수	목	금	토	일	월	화	수	목	금	토	일	월	화	수	목	금	토	일	월	화
일진 日辰	辛酉	壬戌	癸亥	甲子	乙丑	丙寅	丁卯	戊辰	己巳	庚午	辛未	壬申	癸酉	甲戌	乙亥	丙子	丁丑	戊寅	己卯	庚辰	辛巳	壬午	癸未	甲申	乙酉	丙戌	丁亥	戊子	己丑	庚寅	辛卯
음력	27	28	29	6/1	2	3	4	5	6	7	8	9	10	11	12	13	14	15	16	17	18	19	20	21	22	23	24	25	26	27	28
대운 남	2	2	1	1	1	1	소	10	10	9	9	9	8	8	8	7	7	7	6	6	6	5	대	5	4	4	4	3	3	3	2
대운 여	9	9	9	10	10	10	서	1	1	1	1	2	2	2	3	3	3	4	4	4	5	5	서	6	6	6	7	7	7	8	8

입추 7일 16시 32분 ⇨ **【丙申月(병신월)】**(입추, 처서~ 백로 전) 처서 23일 07시 23분

양력 **8** / 음력 06/29 ~ 07/30

양력	1	2	3	4	5	6	7	8	9	10	11	12	13	14	15	16	17	18	19	20	21	22	23	24	25	26	27	28	29	30	31
요일	수	목	금	토	일	월	화	수	목	금	토	일	월	화	수	목	금	토	일	월	화	수	목	금	토	일	월	화	수	목	금
일진 日辰	壬辰	癸巳	甲午	乙未	丙申	丁酉	戊戌	己亥	庚子	辛丑	壬寅	癸卯	甲辰	乙巳	丙午	丁未	戊申	己酉	庚戌	辛亥	壬子	癸丑	甲寅	乙卯	丙辰	丁巳	戊午	己未	庚申	辛酉	壬戌
음력	29	7/1	2	3	4	5	6	7	8	9	10	11	12	13	14	15	16	17	18	19	20	21	22	23	24	25	26	27	28	29	30
대운 남	2	2	1	1	1	1	입	10	10	9	9	9	8	8	8	7	7	7	6	6	6	5	처	5	4	4	4	3	3	3	2
대운 여	8	9	9	9	10	10	추	1	1	1	1	2	2	2	3	3	3	4	4	4	5	5	서	6	6	6	7	7	7	8	8

백로 7일 19시 42분 ⇨ **【丁酉月(정유월)】**(백로, 추분-한로 전) 추분 23일 05시 20분

양력 **9** / 음력 08/01 ~ 09/01

양력	1	2	3	4	5	6	7	8	9	10	11	12	13	14	15	16	17	18	19	20	21	22	23	24	25	26	27	28	29	30
요일	토	일	월	화	수	목	금	토	일	월	화	수	목	금	토	일	월	화	수	목	금	토	일	월	화	수	목	금	토	일
일진 日辰	癸亥	甲子	乙丑	丙寅	丁卯	戊辰	己巳	庚午	辛未	壬申	癸酉	甲戌	乙亥	丙子	丁丑	戊寅	己卯	庚辰	辛巳	壬午	癸未	甲申	乙酉	丙戌	丁亥	戊子	己丑	庚寅	辛卯	壬辰
음력	8/1	2	3	4	5	6	7	8	9	10	11	12	13	14	15	16	17	18	19	20	21	22	23	24	25	26	27	28	29	9/1
대운 남	2	2	1	1	1	1	백	10	10	9	9	9	8	8	8	7	7	7	6	6	6	5	추	5	4	4	4	3	3	3
대운 여	8	9	9	9	10	10	로	1	1	1	1	2	2	2	3	3	3	4	4	4	5	5	분	6	6	6	7	7	7	8

한로 8일 11시 41분 ⇨ **【戊戌月(무술월)】**(한로, 상강~ 입동 전) 상강 23일 15시 02분

양력 **10** / 음력 09/02 ~ 10/03

양력	1	2	3	4	5	6	7	8	9	10	11	12	13	14	15	16	17	18	19	20	21	22	23	24	25	26	27	28	29	30	31
요일	월	화	수	목	금	토	일	월	화	수	목	금	토	일	월	화	수	목	금	토	일	월	화	수	목	금	토	일	월	화	수
일진 日辰	癸巳	甲午	乙未	丙申	丁酉	戊戌	己亥	庚子	辛丑	壬寅	癸卯	甲辰	乙巳	丙午	丁未	戊申	己酉	庚戌	辛亥	壬子	癸丑	甲寅	乙卯	丙辰	丁巳	戊午	己未	庚申	辛酉	壬戌	癸亥
음력	2	3	4	5	6	7	8	9	10	11	12	13	14	15	16	17	18	19	20	21	22	23	24	25	26	27	28	29	10/1	2	3
대운 남	2	2	2	1	1	1	1	한	10	9	9	9	8	8	8	7	7	7	6	6	6	5	상	5	4	4	4	3	3	3	2
대운 여	8	8	9	9	9	10	10	로	1	1	1	1	2	2	2	3	3	3	4	4	4	5	강	5	6	6	6	7	7	7	8

입동 7일 15시 13분 ⇨ **【己亥月(기해월)】**(입동, 소설~ 대설 전) 소설 22일 12시 55분

양력 **11** / 음력 10/04 ~ 11/03

양력	1	2	3	4	5	6	7	8	9	10	11	12	13	14	15	16	17	18	19	20	21	22	23	24	25	26	27	28	29	30
요일	목	금	토	일	월	화	수	목	금	토	일	월	화	수	목	금	토	일	월	화	수	목	금	토	일	월	화	수	목	금
일진 日辰	甲子	乙丑	丙寅	丁卯	戊辰	己巳	庚午	辛未	壬申	癸酉	甲戌	乙亥	丙子	丁丑	戊寅	己卯	庚辰	辛巳	壬午	癸未	甲申	乙酉	丙戌	丁亥	戊子	己丑	庚寅	辛卯	壬辰	癸巳
음력	4	5	6	7	8	9	10	11	12	13	14	15	16	17	18	19	20	21	22	23	24	25	26	27	28	29	30	11/1	2	3
대운 남	2	2	1	1	1	1	입	10	9	9	9	8	8	8	7	7	7	6	6	6	5	소	5	4	4	4	3	3	3	2
대운 여	8	8	9	9	9	10	동	1	1	1	1	2	2	2	3	3	3	4	4	4	5	설	5	6	6	6	7	7	7	8

대설 7일 08시 20분 ⇨ **【庚子月(경자월)】**(대설, 동지~소한 전) 동지 22일 02시 27분

양력 **12** / 음력 11/04 ~ 12/05

양력	1	2	3	4	5	6	7	8	9	10	11	12	13	14	15	16	17	18	19	20	21	22	23	24	25	26	27	28	29	30	31
요일	토	일	월	화	수	목	금	토	일	월	화	수	목	금	토	일	월	화	수	목	금	토	일	월	화	수	목	금	토	일	월
일진 日辰	甲午	乙未	丙申	丁酉	戊戌	己亥	庚子	辛丑	壬寅	癸卯	甲辰	乙巳	丙午	丁未	戊申	己酉	庚戌	辛亥	壬子	癸丑	甲寅	乙卯	丙辰	丁巳	戊午	己未	庚申	辛酉	壬戌	癸亥	甲子
음력	4	5	6	7	8	9	10	11	12	13	14	15	16	17	18	19	20	21	22	23	24	25	26	27	28	29	12/1	2	3	4	5
대운 남	2	2	1	1	1	1	대	9	9	9	8	8	8	7	7	7	6	6	6	5	5	동	4	4	4	3	3	3	2	2	2
대운 여	8	8	9	9	9	10	설	1	1	1	1	2	2	2	3	3	3	4	4	4	5	지	5	6	6	6	7	7	7	8	8

윤5월 大 **2047** 丁卯年(정묘년)

단기 4380년 /불기2591년 대장군(북방). 삼살(서방). 상문(동남방),조객(동북방). 납음(노중화). 【삼재(사,오,미)년】

소한 5일 19시 41분 ⇨ **【辛丑月(신축월)】**(소한, 대한~ 입춘 전) 대한 20일 13시 08분

양력	양력	1	2	3	4	5	6	7	8	9	10	11	12	13	14	15	16	17	18	19	20	21	22	23	24	25	26	27	28	29	30	31
1	요일	화	수	목	금	토	일	월	화	수	목	금	토	일	월	화	수	목	금	토	일	월	화	수	목	금	토	일	월	화	수	목
음력	일진 日辰	乙丑	丙寅	丁卯	戊辰	己巳	庚午	辛未	壬申	癸酉	甲戌	乙亥	丙子	丁丑	戊寅	己卯	庚辰	辛巳	壬午	癸未	甲申	乙酉	丙戌	丁亥	戊子	己丑	庚寅	辛卯	壬辰	癸巳	甲午	乙未
12/06	음력	6	7	8	9	10	11	12	13	14	15	16	17	18	19	20	21	22	23	24	25	26	27	28	29	30	1/1	2	3	4	5	6
❙	대운 남	1	1	1	1	소	10	9	9	9	8	8	8	7	7	7	6	6	6	5	대	5	4	4	4	3	3	3	2	2	2	1
01/06	대운 여	8	9	9	9	한	1	1	1	1	2	2	2	3	3	3	4	4	4	5	한	5	6	6	6	7	7	7	8	8	8	9

입춘 4일 07시 16분 ⇨ **【壬寅月(임인월)】**(입춘, 우수~ 경칩 전) 우수 19일 03시 09분

양력	양력	1	2	3	4	5	6	7	8	9	10	11	12	13	14	15	16	17	18	19	20	21	22	23	24	25	26	27	28	
2	요일	금	토	일	월	화	수	목	금	토	일	월	화	수	목	금	토	일	월	화	수	목	금	토	일	월	화	수	목	
음력	일진 日辰	丙申	丁酉	戊戌	己亥	庚子	辛丑	壬寅	癸卯	甲辰	乙巳	丙午	丁未	戊申	己酉	庚戌	辛亥	壬子	癸丑	甲寅	乙卯	丙辰	丁巳	戊午	己未	庚申	辛酉	壬戌	癸亥	立春
01/07	음력	7	8	9	10	11	12	13	14	15	16	17	18	19	20	21	22	23	24	25	26	27	28	29	30	2/1	2	3	4	
❙	대운 남	1	1	1	입	1	1	1	1	2	2	2	3	3	3	4	4	4	5	우	5	6	6	6	7	7	7	8	8	
02/04	대운 여	9	9	10	춘	10	9	9	9	8	8	8	7	7	7	6	6	6	5	수	5	4	4	4	3	3	3	2	2	

경칩 6일 01시 04분 ⇨ **【癸卯月(계묘월)】**(경칩, 춘분~ 청명 전) 춘분 21일 01시 51분

양력	양력	1	2	3	4	5	6	7	8	9	10	11	12	13	14	15	16	17	18	19	20	21	22	23	24	25	26	27	28	29	30	31
3	요일	금	토	일	월	화	수	목	금	토	일	월	화	수	목	금	토	일	월	화	수	목	금	토	일	월	화	수	목	금	토	일
음력	일진 日辰	甲子	乙丑	丙寅	丁卯	戊辰	己巳	庚午	辛未	壬申	癸酉	甲戌	乙亥	丙子	丁丑	戊寅	己卯	庚辰	辛巳	壬午	癸未	甲申	乙酉	丙戌	丁亥	戊子	己丑	庚寅	辛卯	壬辰	癸巳	甲午
02/05	음력	5	6	7	8	9	10	11	12	13	14	15	16	17	18	19	20	21	22	23	24	25	26	27	28	29	3/1	2	3	4	5	6
❙	대운 남	8	9	9	9	10	경	1	1	1	1	2	2	2	3	3	3	4	4	4	5	춘	5	6	6	6	7	7	7	8	8	8
03/06	대운 여	2	1	1	1	1	칩	10	9	9	9	8	8	8	7	7	7	6	6	6	5	분	5	4	4	4	3	3	3	2	2	2

청명 5일 05시 31분 ⇨ **【甲辰月(갑진월)】**(청명, 곡우~ 입하 전) 곡우 20일 12시 31분

양력	양력	1	2	3	4	5	6	7	8	9	10	11	12	13	14	15	16	17	18	19	20	21	22	23	24	25	26	27	28	29	30
4	요일	월	화	수	목	금	토	일	월	화	수	목	금	토	일	월	화	수	목	금	토	일	월	화	수	목	금	토	일	월	화
음력	일진 日辰	乙未	丙申	丁酉	戊戌	己亥	庚子	辛丑	壬寅	癸卯	甲辰	乙巳	丙午	丁未	戊申	己酉	庚戌	辛亥	壬子	癸丑	甲寅	乙卯	丙辰	丁巳	戊午	己未	庚申	辛酉	壬戌	癸亥	甲子
03/07	음력	7	8	9	10	11	12	13	14	15	16	17	18	19	20	21	22	23	24	25	26	27	28	29	30	4/1	2	3	4	5	6
❙	대운 남	9	9	9	10	청	1	1	1	1	2	2	2	3	3	3	4	4	4	5	곡	5	6	6	6	7	7	7	8	8	8
04/06	대운 여	1	1	1	1	명	10	9	9	9	8	8	8	7	7	7	6	6	6	5	우	5	4	4	4	3	3	3	2	2	2

입하 5일 22시 27분 ⇨ **【乙巳月(을사월)】**(입하, 소만~ 망종 전) 소만 21일 11시 18분

양력	양력	1	2	3	4	5	6	7	8	9	10	11	12	13	14	15	16	17	18	19	20	21	22	23	24	25	26	27	28	29	30	31
5	요일	수	목	금	토	일	월	화	수	목	금	토	일	월	화	수	목	금	토	일	월	화	수	목	금	토	일	월	화	수	목	금
음력	일진 日辰	乙丑	丙寅	丁卯	戊辰	己巳	庚午	辛未	壬申	癸酉	甲戌	乙亥	丙子	丁丑	戊寅	己卯	庚辰	辛巳	壬午	癸未	甲申	乙酉	丙戌	丁亥	戊子	己丑	庚寅	辛卯	壬辰	癸巳	甲午	乙未
04/07	음력	7	8	9	10	11	12	13	14	15	16	17	18	19	20	21	22	23	24	25	26	27	28	29	30	5/1	2	3	4	5	6	7
❙	대운 남	9	9	9	10	입	1	1	1	1	2	2	2	3	3	3	4	4	4	5	5	소	6	6	6	7	7	7	8	8	8	9
05/07	대운 여	1	1	1	1	하	10	10	10	9	9	9	8	8	8	7	7	7	6	6	6	만	5	5	4	4	4	3	3	3	2	2

망종 6일 02시 19분 ⇨ **【丙午月(병오월)】**(망종, 하지~ 소서 전) 하지 21일 19시 02분

양력	양력	1	2	3	4	5	6	7	8	9	10	11	12	13	14	15	16	17	18	19	20	21	22	23	24	25	26	27	28	29	30
6	요일	토	일	월	화	수	목	금	토	일	월	화	수	목	금	토	일	월	화	수	목	금	토	일	월	화	수	목	금	토	일
음력	일진 日辰	丙申	丁酉	戊戌	己亥	庚子	辛丑	壬寅	癸卯	甲辰	乙巳	丙午	丁未	戊申	己酉	庚戌	辛亥	壬子	癸丑	甲寅	乙卯	丙辰	丁巳	戊午	己未	庚申	辛酉	壬戌	癸亥	甲子	乙丑
05/08	음력	8	9	10	11	12	13	14	15	16	17	18	19	20	21	22	23	24	25	26	27	28	29	윤5	2	3	4	5	6	7	8
❙	대운 남	9	9	10	10	10	망	1	1	1	1	2	2	2	3	3	3	4	4	4	5	하	5	6	6	6	7	7	7	8	8
윤508	대운 여	2	1	1	1	1	종	10	10	9	9	9	8	8	8	7	7	7	6	6	6	지	5	5	4	4	4	3	3	3	2

대장군(북방). 삼살(서방), 상문(동남방),조객(동북방), 납음(노중화), 【삼재(사,오,미)년】

한식(4월06일), 초복(7월15일), 중복(7월25일), 말복(8월14일)

丁卯年(정묘년)

소서 7일 12시 29분 ⇨ **【丁未月(정미월)】**(소서, 대서~ 입추 전) 대서 23일 05시 54분

양력 **7** / 음력 윤509 ~ 06/09

양력	1	2	3	4	5	6	7	8	9	10	11	12	13	14	15	16	17	18	19	20	21	22	23	24	25	26	27	28	29	30	31
요일	월	화	수	목	금	토	일	월	화	수	목	금	토	일	월	화	수	목	금	토	일	월	화	수	목	금	토	일	월	화	수
일진 日辰	丙寅	丁卯	戊辰	己巳	庚午	辛未	壬申	癸酉	甲戌	乙亥	丙子	丁丑	戊寅	己卯	庚辰	辛巳	壬午	癸未	甲申	乙酉	丙戌	丁亥	戊子	己丑	庚寅	辛卯	壬辰	癸巳	甲午	乙未	丙申
음력	9	10	11	12	13	14	15	16	17	18	19	20	21	22	23	24	25	26	27	28	29	30	6/1	2	3	4	5	6	7	8	9
대운 남	8	9	9	9	10	10	소	1	1	1	1	2	2	2	3	3	3	4	4	4	5	5	대	6	6	6	7	7	7	8	8
대운 여	2	2	1	1	1	1	서	10	10	9	9	9	8	8	8	7	7	7	6	6	6	5	서	5	4	4	4	3	3	3	2

입추 7일 22시 24분 ⇨ **【戊申月(무신월)】**(입추, 처서~ 백로 전) 처서 23일 13시 09분

양력 **8** / 음력 06/10 ~ 07/11

양력	1	2	3	4	5	6	7	8	9	10	11	12	13	14	15	16	17	18	19	20	21	22	23	24	25	26	27	28	29	30	31
요일	목	금	토	일	월	화	수	목	금	토	일	월	화	수	목	금	토	일	월	화	수	목	금	토	일	월	화	수	목	금	토
일진 日辰	丁酉	戊戌	己亥	庚子	辛丑	壬寅	癸卯	甲辰	乙巳	丙午	丁未	戊申	己酉	庚戌	辛亥	壬子	癸丑	甲寅	乙卯	丙辰	丁巳	戊午	己未	庚申	辛酉	壬戌	癸亥	甲子	乙丑	丙寅	丁卯
음력	10	11	12	13	14	15	16	17	18	19	20	21	22	23	24	25	26	27	28	29	7/1	2	3	4	5	6	7	8	9	10	11
대운 남	8	9	9	9	10	10	입	1	1	1	1	2	2	2	3	3	3	4	4	4	5	5	처	6	6	6	7	7	7	8	8
대운 여	2	2	1	1	1	1	추	10	10	10	9	9	9	8	8	8	7	7	7	6	6	6	서	5	5	4	4	4	3	3	3

백로 8일 01시 37분 ⇨ **【己酉月(기유월)】**(백로, 추분-한로 전) 추분 23일 11시 07분

양력 **9** / 음력 07/12 ~ 08/11

양력	1	2	3	4	5	6	7	8	9	10	11	12	13	14	15	16	17	18	19	20	21	22	23	24	25	26	27	28	29	30
요일	일	월	화	수	목	금	토	일	월	화	수	목	금	토	일	월	화	수	목	금	토	일	월	화	수	목	금	토	일	월
일진 日辰	戊辰	己巳	庚午	辛未	壬申	癸酉	甲戌	乙亥	丙子	丁丑	戊寅	己卯	庚辰	辛巳	壬午	癸未	甲申	乙酉	丙戌	丁亥	戊子	己丑	庚寅	辛卯	壬辰	癸巳	甲午	乙未	丙申	丁酉
음력	12	13	14	15	16	17	18	19	20	21	22	23	24	25	26	27	28	29	30	8/1	2	3	4	5	6	7	8	9	10	11
대운 남	8	9	9	9	10	10	10	백	1	1	1	1	2	2	2	3	3	3	4	4	4	5	추	5	6	6	6	7	7	7
대운 여	2	2	2	1	1	1	1	로	10	9	9	9	8	8	8	7	7	7	6	6	6	5	분	5	4	4	4	3	3	3

한로 8일 17시 36분 ⇨ **【庚戌月(경술월)】**(한로, 상강~ 입동 전) 상강 23일 20시 47분

양력 **10** / 음력 08/12 ~ 09/13

양력	1	2	3	4	5	6	7	8	9	10	11	12	13	14	15	16	17	18	19	20	21	22	23	24	25	26	27	28	29	30	31
요일	화	수	목	금	토	일	월	화	수	목	금	토	일	월	화	수	목	금	토	일	월	화	수	목	금	토	일	월	화	수	목
일진 日辰	戊戌	己亥	庚子	辛丑	壬寅	癸卯	甲辰	乙巳	丙午	丁未	戊申	己酉	庚戌	辛亥	壬子	癸丑	甲寅	乙卯	丙辰	丁巳	戊午	己未	庚申	辛酉	壬戌	癸亥	甲子	乙丑	丙寅	丁卯	戊辰
음력	12	13	14	15	16	17	18	19	20	21	22	23	24	25	26	27	28	29	9/1	2	3	4	5	6	7	8	9	10	11	12	13
대운 남	8	8	8	9	9	9	10	한	1	1	1	1	2	2	2	3	3	3	4	4	4	5	상	5	6	6	6	7	7	7	8
대운 여	2	2	2	1	1	1	1	로	10	9	9	9	8	8	8	7	7	7	6	6	6	5	강	5	4	4	4	3	3	3	2

입동 7일 21시 06분 ⇨ **【辛亥月(신해월)】**(입동, 소설~ 대설 전) 소설 22일 18시 37분

양력 **11** / 음력 09/14 ~ 10/14

양력	1	2	3	4	5	6	7	8	9	10	11	12	13	14	15	16	17	18	19	20	21	22	23	24	25	26	27	28	29	30
요일	금	토	일	월	화	수	목	금	토	일	월	화	수	목	금	토	일	월	화	수	목	금	토	일	월	화	수	목	금	토
일진 日辰	己巳	庚午	辛未	壬申	癸酉	甲戌	乙亥	丙子	丁丑	戊寅	己卯	庚辰	辛巳	壬午	癸未	甲申	乙酉	丙戌	丁亥	戊子	己丑	庚寅	辛卯	壬辰	癸巳	甲午	乙未	丙申	丁酉	戊戌
음력	14	15	16	17	18	19	20	21	22	23	24	25	26	27	28	29	10/1	2	3	4	5	6	7	8	9	10	11	12	13	14
대운 남	8	8	9	9	9	10	입	1	1	1	1	2	2	2	3	3	3	4	4	4	5	소	5	6	6	6	7	7	7	8
대운 여	2	2	1	1	1	1	동	10	9	9	9	8	8	8	7	7	7	6	6	6	5	설	5	4	4	4	3	3	3	2

대설 7일 14시 09분 ⇨ **【壬子月(임자월)】**(대설, 동지~소한 전) 동지 22일 08시 06분

양력 **12** / 음력 10/15 ~ 11/15

양력	1	2	3	4	5	6	7	8	9	10	11	12	13	14	15	16	17	18	19	20	21	22	23	24	25	26	27	28	29	30	31
요일	일	월	화	수	목	금	토	일	월	화	수	목	금	토	일	월	화	수	목	금	토	일	월	화	수	목	금	토	일	월	화
일진 日辰	己亥	庚子	辛丑	壬寅	癸卯	甲辰	乙巳	丙午	丁未	戊申	己酉	庚戌	辛亥	壬子	癸丑	甲寅	乙卯	丙辰	丁巳	戊午	己未	庚申	辛酉	壬戌	癸亥	甲子	乙丑	丙寅	丁卯	戊辰	己巳
음력	15	16	17	18	19	20	21	22	23	24	25	26	27	28	29	30	11/1	2	3	4	5	6	7	8	9	10	11	12	13	14	15
대운 남	8	8	9	9	9	10	대	1	1	1	1	2	2	2	3	3	3	4	4	4	5	동	5	6	6	6	7	7	7	8	8
대운 여	2	2	1	1	1	1	설	10	9	9	9	8	8	8	7	7	7	6	6	6	5	지	5	4	4	4	3	3	3	2	2

2048 戊辰年(무진년)

단기 4381년 /불기2592년 대장군(북방), 삼살(남방), 상문(남방),조객(동북방), 납음(대림목),【삼재(인,묘,진)년】

소한 6일 01시 28분 ⇨ **【癸丑月(계축월)】** (소한, 대한~ 입춘 전) 대한 20일 18시 46분

1	양력	1	2	3	4	5	6	7	8	9	10	11	12	13	14	15	16	17	18	19	20	21	22	23	24	25	26	27	28	29	30	31
	요일	수	목	금	토	일	월	화	수	목	금	토	일	월	화	수	목	금	토	일	월	화	수	목	금	토	일	월	화	수	목	금
	일진 日辰	庚午	辛未	壬申	癸酉	甲戌	乙亥	丙子	丁丑	戊寅	己卯	庚辰	辛巳	壬午	癸未	甲申	乙酉	丙戌	丁亥	戊子	己丑	庚寅	辛卯	壬辰	癸巳	甲午	乙未	丙申	丁酉	戊戌	己亥	庚子
음력 11/16 ~ 12/17	음력	16	17	18	19	20	21	22	23	24	25	26	27	28	29	12/1	2	3	4	5	6	7	8	9	10	11	12	13	14	15	16	17
대운	남	8	9	9	9	10	소	1	1	1	1	2	2	2	3	3	3	4	4	4	대	5	5	6	6	6	7	7	7	8	8	8
	여	2	1	1	1	1	한	9	9	9	8	8	8	7	7	7	6	6	6	5	한	5	4	4	4	3	3	3	2	2	2	1

입춘 4일 13시 03분 ⇨ **【甲寅月(갑인월)】** (입춘, 우수~ 경칩 전) 우수 19일 08시 47분

2	양력	1	2	3	4	5	6	7	8	9	10	11	12	13	14	15	16	17	18	19	20	21	22	23	24	25	26	27	28	29	
	요일	토	일	월	화	수	목	금	토	일	월	화	수	목	금	토	일	월	화	수	목	금	토	일	월	화	수	목	금	토	立春
	일진 日辰	辛丑	壬寅	癸卯	甲辰	乙巳	丙午	丁未	戊申	己酉	庚戌	辛亥	壬子	癸丑	甲寅	乙卯	丙辰	丁巳	戊午	己未	庚申	辛酉	壬戌	癸亥	甲子	乙丑	丙寅	丁卯	戊辰	己巳	
음력 12/18 ~ 01/16	음력	18	19	20	21	22	23	24	25	26	27	28	29	30	1/1	2	3	4	5	6	7	8	9	10	11	12	13	14	15	16	
대운	남	9	9	9	입	10	9	9	9	8	8	8	7	7	7	6	6	6	5	우	5	4	4	4	3	3	3	2	2	2	
	여	1	1	1	춘	1	1	1	1	2	2	2	3	3	3	4	4	4	5	수	5	6	6	6	7	7	7	8	8	8	

경칩 5일 06시 53분 ⇨ **【乙卯月(을묘월)】** (경칩, 춘분~ 청명 전) 춘분 20일 07시 32분

3	양력	1	2	3	4	5	6	7	8	9	10	11	12	13	14	15	16	17	18	19	20	21	22	23	24	25	26	27	28	29	30	31
	요일	일	월	화	수	목	금	토	일	월	화	수	목	금	토	일	월	화	수	목	금	토	일	월	화	수	목	금	토	일	월	화
	일진 日辰	庚午	辛未	壬申	癸酉	甲戌	乙亥	丙子	丁丑	戊寅	己卯	庚辰	辛巳	壬午	癸未	甲申	乙酉	丙戌	丁亥	戊子	己丑	庚寅	辛卯	壬辰	癸巳	甲午	乙未	丙申	丁酉	戊戌	己亥	庚子
음력 01/17 ~ 02/18	음력	17	18	19	20	21	22	23	24	25	26	27	28	29	2/1	2	3	4	5	6	7	8	9	10	11	12	13	14	15	16	17	18
대운	남	1	1	1	1	경	10	9	9	9	8	8	8	7	7	7	6	6	6	5	춘	5	4	4	4	3	3	3	2	2	2	1
	여	9	9	9	10	칩	1	1	1	1	2	2	2	3	3	3	4	4	4	5	분	5	6	6	6	7	7	7	8	8	8	9

청명 4일 11시 24분 ⇨ **【丙辰月(병진월)】** (청명, 곡우~ 입하 전) 곡우 19일 18시 16분

4	양력	1	2	3	4	5	6	7	8	9	10	11	12	13	14	15	16	17	18	19	20	21	22	23	24	25	26	27	28	29	30
	요일	수	목	금	토	일	월	화	수	목	금	토	일	월	화	수	목	금	토	일	월	화	수	목	금	토	일	월	화	수	목
	일진 日辰	辛丑	壬寅	癸卯	甲辰	乙巳	丙午	丁未	戊申	己酉	庚戌	辛亥	壬子	癸丑	甲寅	乙卯	丙辰	丁巳	戊午	己未	庚申	辛酉	壬戌	癸亥	甲子	乙丑	丙寅	丁卯	戊辰	己巳	庚午
음력 02/19 ~ 03/18	음력	19	20	21	22	23	24	25	26	27	28	29	30	3/1	2	3	4	5	6	7	8	9	10	11	12	13	14	15	16	17	18
대운	남	1	1	1	청	10	10	9	0	9	8	8	8	7	7	7	6	6	6	곡	5	5	4	4	4	3	3	3	2	2	2
	여	9	9	10	명	1	1	1	1	2	2	2	3	3	3	4	4	4	5	우	5	6	6	6	7	7	7	8	8	8	9

입하 5일 04시 23분 ⇨ **【丁巳月(정사월)】** (입하, 소만~ 망종 전) 소만 20일 17시 06분

5	양력	1	2	3	4	5	6	7	8	9	10	11	12	13	14	15	16	17	18	19	20	21	22	23	24	25	26	27	28	29	30	31
	요일	금	토	일	월	화	수	목	금	토	일	월	화	수	목	금	토	일	월	화	수	목	금	토	일	월	화	수	목	금	토	일
	일진 日辰	辛未	壬申	癸酉	甲戌	乙亥	丙子	丁丑	戊寅	己卯	庚辰	辛巳	壬午	癸未	甲申	乙酉	丙戌	丁亥	戊子	己丑	庚寅	辛卯	壬辰	癸巳	甲午	乙未	丙申	丁酉	戊戌	己亥	庚子	辛丑
음력 03/19 ~ 04/19	음력	19	20	21	22	23	24	25	26	27	28	29	30	4/1	2	3	4	5	6	7	8	9	10	11	12	13	14	15	16	17	18	19
대운	남	1	1	1	1	입	10	10	9	9	9	8	8	8	7	7	7	6	6	6	소	5	5	4	4	4	3	3	3	2	2	2
	여	9	9	10	10	하	1	1	1	1	2	2	2	3	3	3	4	4	4	5	만	5	6	6	6	7	7	7	8	8	8	9

망종 5일 08시 17분 ⇨ **【戊午月(무오월)】** (망종, 하지~ 소서 전) 하지 21일 00시 52분

6	양력	1	2	3	4	5	6	7	8	9	10	11	12	13	14	15	16	17	18	19	20	21	22	23	24	25	26	27	28	29	30
	요일	월	화	수	목	금	토	일	월	화	수	목	금	토	일	월	화	수	목	금	토	일	월	화	수	목	금	토	일	월	화
	일진 日辰	壬寅	癸卯	甲辰	乙巳	丙午	丁未	戊申	己酉	庚戌	辛亥	壬子	癸丑	甲寅	乙卯	丙辰	丁巳	戊午	己未	庚申	辛酉	壬戌	癸亥	甲子	乙丑	丙寅	丁卯	戊辰	己巳	庚午	辛未
음력 04/20 ~ 05/20	음력	20	21	22	23	24	25	26	27	28	29	5/1	2	3	4	5	6	7	8	9	10	11	12	13	14	15	16	17	18	19	20
대운	남	1	1	1	1	망	10	10	9	9	9	8	8	8	7	7	7	6	6	6	5	하	5	4	4	4	3	3	3	2	2
	여	9	9	10	10	종	1	1	1	1	2	2	2	3	3	3	4	4	4	5	5	지	6	6	6	7	7	7	8	8	8

대장군(북방). 삼살(남방), 상문(남방),조객(동북방), 납음(대림목), 【삼재(인,묘,진)년】
한식(4월05일), 초복(7월19일), 중복(7월29일), 말복(8월08일)

戊辰年(무진년)

소서 6일 18시 25분 ⇨ 【己未月(기미월)】(소서, 대서~ 입추 전) 대서 22일 11시 45분

양력 7 (음력 05/21~06/21)		1	2	3	4	5	6	7	8	9	10	11	12	13	14	15	16	17	18	19	20	21	22	23	24	25	26	27	28	29	30	31
요일		수	목	금	토	일	월	화	수	목	금	토	일	월	화	수	목	금	토	일	월	화	수	목	금	토	일	월	화	수	목	금
일진 日辰		壬申	癸酉	甲戌	乙亥	丙子	丁丑	戊寅	己卯	庚辰	辛巳	壬午	癸未	甲申	乙酉	丙戌	丁亥	戊子	己丑	庚寅	辛卯	壬辰	癸巳	甲午	乙未	丙申	丁酉	戊戌	己亥	庚子	辛丑	壬寅
음력		21	22	23	24	25	26	27	28	29	30	6/1	2	3	4	5	6	7	8	9	10	11	12	13	14	15	16	17	18	19	20	21
대운	남	2	1	1	1	1	소	10	10	10	9	9	9	8	8	8	7	7	7	6	6	6	대	5	5	4	4	4	3	3	3	2
	여	9	9	9	10	10	서	1	1	1	1	2	2	2	3	3	3	4	4	4	5	5	서	6	6	6	7	7	7	8	8	8

입추 7일 04시 17분 ⇨ 【庚申月(경신월)】(입추, 처서~ 백로 전) 처서 22일 19시 01분

양력 8 (음력 06/22~07/22)		1	2	3	4	5	6	7	8	9	10	11	12	13	14	15	16	17	18	19	20	21	22	23	24	25	26	27	28	29	30	31
요일		토	일	월	화	수	목	금	토	일	월	화	수	목	금	토	일	월	화	수	목	금	토	일	월	화	수	목	금	토	일	월
일진 日辰		癸卯	甲辰	乙巳	丙午	丁未	戊申	己酉	庚戌	辛亥	壬子	癸丑	甲寅	乙卯	丙辰	丁巳	戊午	己未	庚申	辛酉	壬戌	癸亥	甲子	乙丑	丙寅	丁卯	戊辰	己巳	庚午	辛未	壬申	癸酉
음력		22	23	24	25	26	27	28	29	30	7/1	2	3	4	5	6	7	8	9	10	11	12	13	14	15	16	17	18	19	20	21	22
대운	남	2	2	1	1	1	1	입	10	10	9	9	9	8	8	8	7	7	7	6	6	6	처	5	5	4	4	4	3	3	3	2
	여	9	9	9	10	10	10	추	1	1	1	1	2	2	2	3	3	3	4	4	4	5	서	5	6	6	6	7	7	7	8	8

백로 7일 07시 26분 ⇨ 【辛酉月(신유월)】(백로, 추분-한로 전) 추분 22일 16시 59분

양력 9 (음력 07/23~08/23)		1	2	3	4	5	6	7	8	9	10	11	12	13	14	15	16	17	18	19	20	21	22	23	24	25	26	27	28	29	30
요일		화	수	목	금	토	일	월	화	수	목	금	토	일	월	화	수	목	금	토	일	월	화	수	목	금	토	일	월	화	수
일진 日辰		甲戌	乙亥	丙子	丁丑	戊寅	己卯	庚辰	辛巳	壬午	癸未	甲申	乙酉	丙戌	丁亥	戊子	己丑	庚寅	辛卯	壬辰	癸巳	甲午	乙未	丙申	丁酉	戊戌	己亥	庚子	辛丑	壬寅	癸卯
음력		23	24	25	26	27	28	29	8/1	2	3	4	5	6	7	8	9	10	11	12	13	14	15	16	17	18	19	20	21	22	23
대운	남	2	2	1	1	1	1	백	10	9	9	9	8	8	8	7	7	7	6	6	6	5	추	5	4	4	4	3	3	3	2
	여	8	9	9	9	10	10	로	1	1	1	1	2	2	2	3	3	3	4	4	4	5	분	5	6	6	6	7	7	7	8

한로 7일 23시 25분 ⇨ 【壬戌月(임술월)】(한로, 상강~ 입동 전) 상강 23일 02시 41분

양력 10 (음력 08/24~09/24)		1	2	3	4	5	6	7	8	9	10	11	12	13	14	15	16	17	18	19	20	21	22	23	24	25	26	27	28	29	30	31
요일		목	금	토	일	월	화	수	목	금	토	일	월	화	수	목	금	토	일	월	화	수	목	금	토	일	월	화	수	목	금	토
일진 日辰		甲辰	乙巳	丙午	丁未	戊申	己酉	庚戌	辛亥	壬子	癸丑	甲寅	乙卯	丙辰	丁巳	戊午	己未	庚申	辛酉	壬戌	癸亥	甲子	乙丑	丙寅	丁卯	戊辰	己巳	庚午	辛未	壬申	癸酉	甲戌
음력		24	25	26	27	28	29	30	9/1	2	3	4	5	6	7	8	9	10	11	12	13	14	15	16	17	18	19	20	21	22	23	24
대운	남	2	2	1	1	1	1	한	10	10	9	9	9	8	8	8	7	7	7	6	6	6	5	상	5	4	4	4	3	3	3	2
	여	8	8	9	9	9	10	로	1	1	1	1	2	2	2	3	3	3	4	4	4	5	5	강	6	6	6	7	7	7	8	8

입동 7일 02시 55분 ⇨ 【癸亥月(계해월)】(입동, 소설~ 대설 전) 소설 22일 00시 32분

양력 11 (음력 09/25~10/25)		1	2	3	4	5	6	7	8	9	10	11	12	13	14	15	16	17	18	19	20	21	22	23	24	25	26	27	28	29	30
요일		일	월	화	수	목	금	토	일	월	화	수	목	금	토	일	월	화	수	목	금	토	일	월	화	수	목	금	토	일	월
일진 日辰		乙亥	丙子	丁丑	戊寅	己卯	庚辰	辛巳	壬午	癸未	甲申	乙酉	丙戌	丁亥	戊子	己丑	庚寅	辛卯	壬辰	癸巳	甲午	乙未	丙申	丁酉	戊戌	己亥	庚子	辛丑	壬寅	癸卯	甲辰
음력		25	26	27	28	29	10/1	2	3	4	5	6	7	8	9	10	11	12	13	14	15	16	17	18	19	20	21	22	23	24	25
대운	남	2	2	1	1	1	1	입	9	9	9	8	8	8	7	7	7	6	6	6	5	5	소	4	4	4	3	3	3	2	2
	여	8	9	9	9	10	10	동	1	1	1	1	2	2	2	3	3	3	4	4	4	5	설	5	6	6	6	7	7	7	8

대설 6일 19시 59분 ⇨ 【甲子月(갑자월)】(대설, 동지~소한 전) 동지 21일 14시 01분

양력 12 (음력 10/26~11/26)		1	2	3	4	5	6	7	8	9	10	11	12	13	14	15	16	17	18	19	20	21	22	23	24	25	26	27	28	29	30	31
요일		화	수	목	금	토	일	월	화	수	목	금	토	일	월	화	수	목	금	토	일	월	화	수	목	금	토	일	월	화	수	목
일진 日辰		乙巳	丙午	丁未	戊申	己酉	庚戌	辛亥	壬子	癸丑	甲寅	乙卯	丙辰	丁巳	戊午	己未	庚申	辛酉	壬戌	癸亥	甲子	乙丑	丙寅	丁卯	戊辰	己巳	庚午	辛未	壬申	癸酉	甲戌	乙亥
음력		26	27	28	29	30	11/1	2	3	4	5	6	7	8	9	10	11	12	13	14	15	16	17	18	19	20	21	22	23	24	25	26
대운	남	2	1	1	1	1	대	10	9	9	9	8	8	8	7	7	7	6	6	6	5	동	5	4	4	4	3	3	3	2	2	2
	여	8	8	9	9	9	설	1	1	1	1	2	2	2	3	3	3	4	4	4	5	지	5	6	6	6	7	7	7	8	8	8

2049 己巳年(기사년)

단기 4382년 /불기2593년 대장군(동방), 삼살(동방), 상문(서남방),조객(동방), 납음(대림목), 【삼재(해,자,축)년】

소한 5일 07시 17분 ⇨ 【乙丑月(을축월)】 (소한, 대한~ 입춘 전) 대한 20일 00시 40분

양력 1 / 음력 11/27~12/28	1	2	3	4	5	6	7	8	9	10	11	12	13	14	15	16	17	18	19	20	21	22	23	24	25	26	27	28	29	30	31
요일	금	토	일	월	화	수	목	금	토	일	월	화	수	목	금	토	일	월	화	수	목	금	토	일	월	화	수	목	금	토	일
일진 日辰	丙子	丁丑	戊寅	己卯	庚辰	辛巳	壬午	癸未	甲申	乙酉	丙戌	丁亥	戊子	己丑	庚寅	辛卯	壬辰	癸巳	甲午	乙未	丙申	丁酉	戊戌	己亥	庚子	辛丑	壬寅	癸卯	甲辰	乙巳	丙午
음력	27	28	29	12/1	2	3	4	5	6	7	8	9	10	11	12	13	14	15	16	17	18	19	20	21	22	23	24	25	26	27	28
대운 남	1	1	1	1	소	9	9	9	8	8	8	7	7	7	6	6	6	5	5	대	4	4	4	3	3	3	2	2	2	1	1
대운 여	9	9	9	10	한	1	1	1	1	2	2	2	3	3	3	4	4	4	5	한	5	6	6	6	7	7	7	8	8	8	9

입춘 3일 18시 52분 ⇨ 【丙寅月(병인월)】 (입춘, 우수~ 경칩 전) 우수 18일 14시 41분

양력 2 / 음력 12/29~01/27	1	2	3	4	5	6	7	8	9	10	11	12	13	14	15	16	17	18	19	20	21	22	23	24	25	26	27	28	
요일	월	화	수	목	금	토	일	월	화	수	목	금	토	일	월	화	수	목	금	토	일	월	화	수	목	금	토	일	
일진 日辰	丁未	戊申	己酉	庚戌	辛亥	壬子	癸丑	甲寅	乙卯	丙辰	丁巳	戊午	己未	庚申	辛酉	壬戌	癸亥	甲子	乙丑	丙寅	丁卯	戊辰	己巳	庚午	辛未	壬申	癸酉	甲戌	立春
음력	29	1/1	2	3	4	5	6	7	8	9	10	11	12	13	14	15	16	17	18	19	20	21	22	23	24	25	26	27	
대운 남	1	1	입	1	1	1	1	2	2	2	3	3	3	4	4	4	5	우	5	6	6	6	7	7	7	8	8	8	
대운 여	9	9	춘	10	9	9	9	8	8	8	7	7	7	6	6	6	5	수	5	4	4	4	3	3	3	2	2	2	

경칩 5일 12시 41분 ⇨ 【丁卯월(정묘월)】(경칩, 춘분~ 청명 전) 춘분 20일 13시 27분

양력 3 / 음력 01/28~02/28	1	2	3	4	5	6	7	8	9	10	11	12	13	14	15	16	17	18	19	20	21	22	23	24	25	26	27	28	29	30	31
요일	월	화	수	목	금	토	일	월	화	수	목	금	토	일	월	화	수	목	금	토	일	월	화	수	목	금	토	일	월	화	수
일진 日辰	乙亥	丙子	丁丑	戊寅	己卯	庚辰	辛巳	壬午	癸未	甲申	乙酉	丙戌	丁亥	戊子	己丑	庚寅	辛卯	壬辰	癸巳	甲午	乙未	丙申	丁酉	戊戌	己亥	庚子	辛丑	壬寅	癸卯	甲辰	乙巳
음력	28	29	30	2/1	2	3	4	5	6	7	8	9	10	11	12	13	14	15	16	17	18	19	20	21	22	23	24	25	26	27	28
대운 남	9	9	9	10	경	1	1	1	1	2	2	2	3	3	3	4	4	4	5	춘	5	6	6	6	7	7	7	8	8	8	9
대운 여	1	1	1	1	칩	10	9	9	9	8	8	8	7	7	7	6	6	6	5	분	5	4	4	4	3	3	3	2	2	2	1

청명 4일 17시 13분 ⇨ 【戊辰月(무진월)】(청명, 곡우~ 입하 전) 곡우 20일 00시 12분

양력 4 / 음력 02/29~03/29	1	2	3	4	5	6	7	8	9	10	11	12	13	14	15	16	17	18	19	20	21	22	23	24	25	26	27	28	29	30
요일	목	금	토	일	월	화	수	목	금	토	일	월	화	수	목	금	토	일	월	화	수	목	금	토	일	월	화	수	목	금
일진 日辰	丙午	丁未	戊申	己酉	庚戌	辛亥	壬子	癸丑	甲寅	乙卯	丙辰	丁巳	戊午	己未	庚申	辛酉	壬戌	癸亥	甲子	乙丑	丙寅	丁卯	戊辰	己巳	庚午	辛未	壬申	癸酉	甲戌	乙亥
음력	29	3/1	2	3	4	5	6	7	8	9	10	11	12	13	14	15	16	17	18	19	20	21	22	23	24	25	26	27	28	29
대운 남	9	9	10	청	1	1	1	1	3	2	2	3	3	3	4	4	4	5	5	곡	6	6	6	7	7	7	8	8	8	9
대운 여	1	1	1	명	10	10	9	9	9	8	8	8	7	7	7	6	6	6	5	우	5	4	4	4	3	3	3	2	2	2

입하 5일 10시 11분 ⇨ 【己巳月(기사월)】(입하, 소만~ 망종 전) 소만 20일 23시 02분

양력 5 / 음력 03/30~05/01	1	2	3	4	5	6	7	8	9	10	11	12	13	14	15	16	17	18	19	20	21	22	23	24	25	26	27	28	29	30	31
요일	토	일	월	화	수	목	금	토	일	월	화	수	목	금	토	일	월	화	수	목	금	토	일	월	화	수	목	금	토	일	월
일진 日辰	丙子	丁丑	戊寅	己卯	庚辰	辛巳	壬午	癸未	甲申	乙酉	丙戌	丁亥	戊子	己丑	庚寅	辛卯	壬辰	癸巳	甲午	乙未	丙申	丁酉	戊戌	己亥	庚子	辛丑	壬寅	癸卯	甲辰	乙巳	丙午
음력	30	4/1	2	3	4	5	6	7	8	9	10	11	12	13	14	15	16	17	18	19	20	21	22	23	24	25	26	27	28	29	5/1
대운 남	9	9	10	10	입	1	1	1	1	2	2	2	3	3	3	4	4	4	5	소	5	6	6	6	7	7	7	8	8	8	9
대운 여	1	1	1	1	하	10	10	9	9	9	8	8	8	7	7	7	6	6	6	만	5	5	4	4	4	3	3	3	2	2	2

망종 5일 14시 02분 ⇨ 【庚午月(경오월)】(망종, 하지~ 소서 전) 하지 21일 06시 46분

양력 6 / 음력 05/02~06/01	1	2	3	4	5	6	7	8	9	10	11	12	13	14	15	16	17	18	19	20	21	22	23	24	25	26	27	28	29	30
요일	화	수	목	금	토	일	월	화	수	목	금	토	일	월	화	수	목	금	토	일	월	화	수	목	금	토	일	월	화	수
일진 日辰	丁未	戊申	己酉	庚戌	辛亥	壬子	癸丑	甲寅	乙卯	丙辰	丁巳	戊午	己未	庚申	辛酉	壬戌	癸亥	甲子	乙丑	丙寅	丁卯	戊辰	己巳	庚午	辛未	壬申	癸酉	甲戌	乙亥	丙子
음력	2	3	4	5	6	7	8	9	10	11	12	13	14	15	16	17	18	19	20	21	22	23	24	25	26	27	28	29	30	6/1
대운 남	9	9	10	10	망	1	1	1	1	2	2	2	3	3	3	4	4	4	5	5	하	6	6	6	7	7	7	8	8	8
대운 여	1	1	1	1	종	10	10	10	9	9	9	8	8	8	7	7	7	6	6	6	지	5	5	4	4	4	3	3	3	2

대장군(동방), 삼살(동방), 상문(서남방),조객(동방), 납음(대림목), 【삼재(해,자,축)년】
한식(4월05일), 초복(7월14일), 중복(7월24일), 말복(8월13일)

己巳年(기사년)

2049

소서 7일 00시 07분 ⇨ 【辛未月(신미월)】(소서, 대서~ 입추 전) 대서 22일 17시 35분

양력 7 음력 06/02~07/02	1	2	3	4	5	6	7	8	9	10	11	12	13	14	15	16	17	18	19	20	21	22	23	24	25	26	27	28	29	30	31
요일	목	금	토	일	월	화	수	목	금	토	일	월	화	수	목	금	토	일	월	화	수	목	금	토	일	월	화	수	목	금	토
일진 日辰	丁丑	戊寅	己卯	庚辰	辛巳	壬午	癸未	甲申	乙酉	丙戌	丁亥	戊子	己丑	庚寅	辛卯	壬辰	癸巳	甲午	乙未	丙申	丁酉	戊戌	己亥	庚子	辛丑	壬寅	癸卯	甲辰	乙巳	丙午	丁未
음력	2	3	4	5	6	7	8	9	10	11	12	13	14	15	16	17	18	19	20	21	22	23	24	25	26	27	28	29	30	7/1	2
대운 남	9	9	9	10	10	10	소	1	1	1	1	2	2	2	3	3	3	4	4	4	5	대	5	6	6	6	7	7	7	8	8
대운 여	2	2	1	1	1	1	서	10	10	9	9	9	8	8	8	7	7	7	6	6	6	서	5	5	4	4	4	3	3	3	2

입추 7일 09시 56분 ⇨ 【壬申月(임신월)】(입추, 처서~ 백로 전) 처서 23일 00시 46분

양력 8 음력 07/03~08/04	1	2	3	4	5	6	7	8	9	10	11	12	13	14	15	16	17	18	19	20	21	22	23	24	25	26	27	28	29	30	31
요일	일	월	화	수	목	금	토	일	월	화	수	목	금	토	일	월	화	수	목	금	토	일	월	화	수	목	금	토	일	월	화
일진 日辰	戊申	己酉	庚戌	辛亥	壬子	癸丑	甲寅	乙卯	丙辰	丁巳	戊午	己未	庚申	辛酉	壬戌	癸亥	甲子	乙丑	丙寅	丁卯	戊辰	己巳	庚午	辛未	壬申	癸酉	甲戌	乙亥	丙子	丁丑	戊寅
음력	3	4	5	6	7	8	9	10	11	12	13	14	15	16	17	18	19	20	21	22	23	24	25	26	27	28	29	8/1	2	3	4
대운 남	8	9	9	9	10	10	입	1	1	1	1	2	2	2	3	3	3	4	4	4	5	5	처	6	6	6	7	7	7	8	8
대운 여	2	2	1	1	1	1	추	10	10	9	9	9	8	8	8	7	7	7	6	6	6	5	서	5	4	4	4	3	3	3	2

백로 7일 13시 04분 ⇨ 【癸酉月(계유월)】(백로, 추분-한로 전) 추분 22일 20시 41분

양력 9 음력 08/05~09/04	1	2	3	4	5	6	7	8	9	10	11	12	13	14	15	16	17	18	19	20	21	22	23	24	25	26	27	28	29	30
요일	수	목	금	토	일	월	화	수	목	금	토	일	월	화	수	목	금	토	일	월	화	수	목	금	토	일	월	화	수	목
일진 日辰	己卯	庚辰	辛巳	壬午	癸未	甲申	乙酉	丙戌	丁亥	戊子	己丑	庚寅	辛卯	壬辰	癸巳	甲午	乙未	丙申	丁酉	戊戌	己亥	庚子	辛丑	壬寅	癸卯	甲辰	乙巳	丙午	丁未	戊申
음력	5	6	7	8	9	10	11	12	13	14	15	16	17	18	19	20	21	22	23	24	25	26	27	28	29	30	9/1	2	3	4
대운 남	8	9	9	9	10	10	백	1	1	1	1	2	2	2	3	3	3	4	4	4	5	추	5	6	6	6	7	7	7	8
대운 여	2	2	1	1	1	1	로	10	10	9	9	9	8	8	8	7	7	7	6	6	6	분	5	5	4	4	4	3	3	3

한로 8일 05시 03분 ⇨ 【甲戌月(갑술월)】(한로, 상강~ 입동 전) 상강 23일 08시 24분

양력 10 음력 09/05~10/05	1	2	3	4	5	6	7	8	9	10	11	12	13	14	15	16	17	18	19	20	21	22	23	24	25	26	27	28	29	30	31
요일	금	토	일	월	화	수	목	금	토	일	월	화	수	목	금	토	일	월	화	수	목	금	토	일	월	화	수	목	금	토	일
일진 日辰	己酉	庚戌	辛亥	壬子	癸丑	甲寅	乙卯	丙辰	丁巳	戊午	己未	庚申	辛酉	壬戌	癸亥	甲子	乙丑	丙寅	丁卯	戊辰	己巳	庚午	辛未	壬申	癸酉	甲戌	乙亥	丙子	丁丑	戊寅	己卯
음력	5	6	7	8	9	10	11	12	13	14	15	16	17	18	19	20	21	22	23	24	25	26	27	28	29	30	10/1	2	3	4	5
대운 남	8	8	9	9	9	10	10	한	1	1	1	1	2	2	2	3	3	3	4	4	4	5	상	5	6	6	6	7	7	7	8
대운 여	2	2	2	1	1	1	1	로	10	9	9	9	8	8	8	7	7	7	6	6	6	5	강	5	4	4	4	3	3	3	2

입동 7일 08시 37분 ⇨ 【乙亥月(을해월)】(입동, 소설~ 대설 전) 소설 22일 06시 18분

양력 11 음력 10/06~11/06	1	2	3	4	5	6	7	8	9	10	11	12	13	14	15	16	17	18	19	20	21	22	23	24	25	26	27	28	29	30
요일	월	화	수	목	금	토	일	월	화	수	목	금	토	일	월	화	수	목	금	토	일	월	화	수	목	금	토	일	월	화
일진 日辰	庚辰	辛巳	壬午	癸未	甲申	乙酉	丙戌	丁亥	戊子	己丑	庚寅	辛卯	壬辰	癸巳	甲午	乙未	丙申	丁酉	戊戌	己亥	庚子	辛丑	壬寅	癸卯	甲辰	乙巳	丙午	丁未	戊申	己酉
음력	6	7	8	9	10	11	12	13	14	15	16	17	18	19	20	21	22	23	24	25	26	27	28	29	11/1	2	3	4	5	6
대운 남	8	8	9	9	9	10	입	1	1	1	1	2	2	2	3	3	3	4	4	4	5	소	5	6	6	6	7	7	7	8
대운 여	2	2	1	1	1	1	동	10	9	9	9	8	8	8	7	7	7	6	6	6	5	설	5	4	4	4	3	3	3	2

대설 7일 01시 45분 ⇨ 【丙子月(병자월)】(대설, 동지~소한 전) 동지 21일 19시 51분

양력 12 음력 11/07~12/07	1	2	3	4	5	6	7	8	9	10	11	12	13	14	15	16	17	18	19	20	21	22	23	24	25	26	27	28	29	30	31
요일	수	목	금	토	일	월	화	수	목	금	토	일	월	화	수	목	금	토	일	월	화	수	목	금	토	일	월	화	수	목	금
일진 日辰	庚戌	辛亥	壬子	癸丑	甲寅	乙卯	丙辰	丁巳	戊午	己未	庚申	辛酉	壬戌	癸亥	甲子	乙丑	丙寅	丁卯	戊辰	己巳	庚午	辛未	壬申	癸酉	甲戌	乙亥	丙子	丁丑	戊寅	己卯	庚辰
음력	7	8	9	10	11	12	13	14	15	16	17	18	19	20	21	22	23	24	25	26	27	28	29	30	12/1	2	3	4	5	6	7
대운 남	8	8	9	9	9	10	대	1	1	1	1	2	2	2	3	3	3	4	4	4	동	5	5	6	6	6	7	7	7	8	8
대운 여	2	2	1	1	1	1	설	9	9	9	8	8	8	7	7	7	6	6	6	5	지	5	4	4	4	3	3	3	2	2	2

윤3월 大 2050 庚午年(경오년)

단기4383년 /불기2594년 대장군(동방), 삼살(북방), 상문(서남방), 조객(동남방),납음(로방토), 【삼재(신,유,술)년】

소한 5일 13시 06분 【丁丑月(정축월)】((소한, 대한~ 입춘 전) 대한 20일 06시 32분

양력 1 / 음력 12/08 ~ 01/09

양력	1	2	3	4	5	6	7	8	9	10	11	12	13	14	15	16	17	18	19	20	21	22	23	24	25	26	27	28	29	30	31
요일	토	일	월	화	수	목	금	토	일	월	화	수	목	금	토	일	월	화	수	목	금	토	일	월	화	수	목	금	토	일	월
일진 日辰	辛巳	壬午	癸未	甲申	乙酉	丙戌	丁亥	戊子	己丑	庚寅	辛卯	壬辰	癸巳	甲午	乙未	丙申	丁酉	戊戌	己亥	庚子	辛丑	壬寅	癸卯	甲辰	乙巳	丙午	丁未	戊申	己酉	庚戌	辛亥
음력	8	9	10	11	12	13	14	15	16	17	18	19	20	21	22	23	24	25	26	27	28	29	1/1	2	3	4	5	6	7	8	9
대운 남	8	9	9	9	소	1	1	1	1	2	2	2	3	3	3	4	4	4	5	대	5	6	6	6	7	7	7	8	8	8	9
대운 여	1	1	1	1	한	10	9	9	9	8	8	8	7	7	7	6	6	6	5	한	5	4	4	4	3	3	3	2	2	2	1

입춘 4일 00시 42분 【戊寅月(무인월)】(입춘, 우수~ 경칩 전) 우수 18일 18시 34분

양력 2 / 음력 01/10 ~ 02/07

양력	1	2	3	4	5	6	7	8	9	10	11	12	13	14	15	16	17	18	19	20	21	22	23	24	25	26	27	28
요일	화	수	목	금	토	일	월	화	수	목	금	토	일	월	화	수	목	금	토	일	월	화	수	목	금	토	일	월
일진 日辰	壬子	癸丑	甲寅	乙卯	丙辰	丁巳	戊午	己未	庚申	辛酉	壬戌	癸亥	甲子	乙丑	丙寅	丁卯	戊辰	己巳	庚午	辛未	壬申	癸酉	甲戌	乙亥	丙子	丁丑	戊寅	己卯
음력	10	11	12	13	14	15	16	17	18	19	20	21	22	23	24	25	26	27	28	29	30	2/1	2	3	4	5	6	7
대운 남	9	9	10	입	9	9	9	8	8	8	7	7	7	6	6	6	5	우	5	4	4	4	3	3	3	2	2	2
대운 여	1	1	1	춘	1	1	1	1	2	2	2	3	3	3	4	4	4	수	5	5	6	6	6	7	7	7	8	8

立春

경칩 5일 18시 31분 【己卯月(기묘월)】(경칩, 춘분~ 청명 전) 춘분 20일 19시 18분

양력 3 / 음력 02/08 ~ 03/09

양력	1	2	3	4	5	6	7	8	9	10	11	12	13	14	15	16	17	18	19	20	21	22	23	24	25	26	27	28	29	30	31
요일	화	수	목	금	토	일	월	화	수	목	금	토	일	월	화	수	목	금	토	일	월	화	수	목	금	토	일	월	화	수	목
일진 日辰	庚辰	辛巳	壬午	癸未	甲申	乙酉	丙戌	丁亥	戊子	己丑	庚寅	辛卯	壬辰	癸巳	甲午	乙未	丙申	丁酉	戊戌	己亥	庚子	辛丑	壬寅	癸卯	甲辰	乙巳	丙午	丁未	戊申	己酉	庚戌
음력	8	9	10	11	12	13	14	15	16	17	18	19	20	21	22	23	24	25	26	27	28	29	3/1	2	3	4	5	6	7	8	9
대운 남	1	1	1	1	경	10	9	9	9	8	8	8	7	7	7	6	6	6	5	춘	5	4	4	4	3	3	3	2	2	2	1
대운 여	8	9	9	9	칩	1	1	1	1	2	2	2	3	3	3	4	4	4	5	분	5	6	6	6	7	7	7	8	8	8	9

청명 4일 23시 02분 【庚辰月(경진월)】(청명, 곡우~ 입하 전) 곡우 20일 06시 01분

양력 4 / 음력 03/10 ~ 윤310

양력	1	2	3	4	5	6	7	8	9	10	11	12	13	14	15	16	17	18	19	20	21	22	23	24	25	26	27	28	29	30
요일	금	토	일	월	화	수	목	금	토	일	월	화	수	목	금	토	일	월	화	수	목	금	토	일	월	화	수	목	금	토
일진 日辰	辛亥	壬子	癸丑	甲寅	乙卯	丙辰	丁巳	戊午	己未	庚申	辛酉	壬戌	癸亥	甲子	乙丑	丙寅	丁卯	戊辰	巳巳	庚午	辛未	壬申	癸酉	甲戌	乙亥	丙子	丁丑	戊寅	己卯	庚辰
음력	10	11	12	13	14	15	16	17	18	19	20	21	22	23	24	25	26	27	28	29	윤3	2	3	4	5	6	7	8	9	10
대운 남	1	1	1	청	10	10	9	9	9	8	8	8	7	7	7	6	6	6	5	곡	5	4	4	4	3	3	3	2	2	2
대운 여	9	9	10	명	1	1	1	1	2	2	2	3	3	3	4	4	4	5	5	우	6	6	6	7	7	7	8	8	8	9

입하 5일 16시 00분 【辛巳月(신사월)】(입하, 소만~ 망종 전) 소만 21일 04시 49분

양력 5 / 음력 윤311 ~ 04/11

양력	1	2	3	4	5	6	7	8	9	10	11	12	13	14	15	16	17	18	19	20	21	22	23	24	25	26	27	28	29	30	31
요일	일	월	화	수	목	금	토	일	월	화	수	목	금	토	일	월	화	수	목	금	토	일	월	화	수	목	금	토	일	월	화
일진 日辰	辛巳	壬午	癸未	甲申	乙酉	丙戌	丁亥	戊子	己丑	庚寅	辛卯	壬辰	癸巳	甲午	乙未	丙申	丁酉	戊戌	己亥	庚子	辛丑	壬寅	癸卯	甲辰	乙巳	丙午	丁未	戊申	己酉	庚戌	辛亥
음력	11	12	13	14	15	16	17	18	19	20	21	22	23	24	25	26	27	28	29	30	4/1	2	3	4	5	6	7	8	9	10	11
대운 남	1	1	1	1	입	10	10	9	9	9	8	8	8	7	7	7	6	6	6	5	소	5	4	4	4	3	3	3	2	2	2
대운 여	9	9	10	10	하	1	1	1	1	2	2	2	3	3	3	4	4	4	5	5	만	6	6	6	7	7	7	8	8	8	9

망종 5일 19시 53분 【壬午月(임오월)】(망종, 하지~ 소서 전) 하지 21일 12시 31분

양력 6 / 음력 04/12 ~ 05/12

양력	1	2	3	4	5	6	7	8	9	10	11	12	13	14	15	16	17	18	19	20	21	22	23	24	25	26	27	28	29	30
요일	수	목	금	토	일	월	화	수	목	금	토	일	월	화	수	목	금	토	일	월	화	수	목	금	토	일	월	화	수	목
일진 日辰	壬子	癸丑	甲寅	乙卯	丙辰	丁巳	戊午	己未	庚申	辛酉	壬戌	癸亥	甲子	乙丑	丙寅	丁卯	戊辰	己巳	庚午	辛未	壬申	癸酉	甲戌	乙亥	丙子	丁丑	戊寅	己卯	庚辰	辛巳
음력	12	13	14	15	16	17	18	19	20	21	22	23	24	25	26	27	28	29	5/1	2	3	4	5	6	7	8	9	10	11	12
대운 남	1	1	1	1	망	10	10	10	9	9	9	8	8	8	7	7	7	6	6	6	하	5	5	4	4	4	3	3	3	2
대운 여	9	9	10	10	종	1	1	1	1	2	2	2	3	3	3	4	4	4	5	5	지	6	6	6	7	7	7	8	8	8

대장군(동방), 삼살(북방), 상문(서남방), 조객(동남방),납음(로방토),【삼재(신,유,술)년】

한식(4월05일), 초복(7월19일), 중복(7월29일), 말복(8월08일)

庚午年(경오년)

2050

소서 7일 06시 00분 ➡ **【癸未月(계미월)】**(소서, 대서~ 입추 전) 대서 22일 23시 20분

7 (음력 05/13~06/13)		1	2	3	4	5	6	7	8	9	10	11	12	13	14	15	16	17	18	19	20	21	22	23	24	25	26	27	28	29	30	31
요일		금	토	일	월	화	수	목	금	토	일	월	화	수	목	금	토	일	월	화	수	목	금	토	일	월	화	수	목	금	토	일
일진 日辰		壬午	癸未	甲申	乙酉	丙戌	丁亥	戊子	己丑	庚寅	辛卯	壬辰	癸巳	甲午	乙未	丙申	丁酉	戊戌	己亥	庚子	辛丑	壬寅	癸卯	甲辰	乙巳	丙午	丁未	戊申	己酉	庚戌	辛亥	壬子
음력		13	14	15	16	17	18	19	20	21	22	23	24	25	26	27	28	29	30	6/1	2	3	4	5	6	7	8	9	10	11	12	13
대운	남	2	2	1	1	1	1	소	10	10	9	9	9	8	8	8	7	7	7	6	6	6	대	5	5	4	4	4	3	3	3	2
	여	9	9	9	10	10	10	서	1	1	1	1	2	2	2	3	3	3	4	4	4	5	서	5	6	6	6	7	7	7	8	8

입추 7일 15시 51분 ➡ **【甲申月(갑신월)】**(입추, 처서~ 백로 전) 처서 23일 06시 31분

8 (음력 06/14~07/15)		1	2	3	4	5	6	7	8	9	10	11	12	13	14	15	16	17	18	19	20	21	22	23	24	25	26	27	28	29	30	31
요일		월	화	수	목	금	토	일	월	화	수	목	금	토	일	월	화	수	목	금	토	일	월	화	수	목	금	토	일	월	화	수
일진 日辰		癸丑	甲寅	乙卯	丙辰	丁巳	戊午	己未	庚申	辛酉	壬戌	癸亥	甲子	乙丑	丙寅	丁卯	戊辰	己巳	庚午	辛未	壬申	癸酉	甲戌	乙亥	丙子	丁丑	戊寅	己卯	庚辰	辛巳	壬午	癸未
음력		14	15	16	17	18	19	20	21	22	23	24	25	26	27	28	29	7/1	2	3	4	5	6	7	8	9	10	11	12	13	14	15
대운	남	2	2	1	1	1	1	입	10	10	9	9	9	8	8	8	7	7	7	6	6	6	5	처	5	4	4	4	3	3	3	2
	여	8	9	9	9	10	10	추	1	1	1	1	2	2	2	3	3	3	4	4	4	5	5	서	6	6	6	7	7	7	8	8

백로 7일 18시 59분 ➡ **【乙酉月(을유월)】**(백로, 추분-한로 전) 추분 23일 04시 27분

9 (음력 07/16~08/15)		1	2	3	4	5	6	7	8	9	10	11	12	13	14	15	16	17	18	19	20	21	22	23	24	25	26	27	28	29	30
요일		목	금	토	일	월	화	수	목	금	토	일	월	화	수	목	금	토	일	월	화	수	목	금	토	일	월	화	수	목	금
일진 日辰		甲申	乙酉	丙戌	丁亥	戊子	己丑	庚寅	辛卯	壬辰	癸巳	甲午	乙未	丙申	丁酉	戊戌	己亥	庚子	辛丑	壬寅	癸卯	甲辰	乙巳	丙午	丁未	戊申	己酉	庚戌	辛亥	壬子	癸丑
음력		16	17	18	19	20	21	22	23	24	25	26	27	28	29	30	8/1	2	3	4	5	6	7	8	9	10	11	12	13	14	15
대운	남	2	2	1	1	1	1	백	10	10	9	9	9	8	8	8	7	7	7	6	6	6	5	추	5	4	4	4	3	3	3
	여	8	9	9	9	10	10	로	1	1	1	1	2	2	2	3	3	3	4	4	4	5	5	분	6	6	6	7	7	7	8

한로 8일 10시 59분 ➡ **【丙戌月(병술월)】**(한로, 상강~ 입동 전) 상강 23일 14시 10분

10 (음력 08/16~09/16)		1	2	3	4	5	6	7	8	9	10	11	12	13	14	15	16	17	18	19	20	21	22	23	24	25	26	27	28	29	30	31
요일		토	일	월	화	수	목	금	토	일	월	화	수	목	금	토	일	월	화	수	목	금	토	일	월	화	수	목	금	토	일	월
일진 日辰		甲寅	乙卯	丙辰	丁巳	戊午	己未	庚申	辛酉	壬戌	癸亥	甲子	乙丑	丙寅	丁卯	戊辰	己巳	庚午	辛未	壬申	癸酉	甲戌	乙亥	丙子	丁丑	戊寅	己卯	庚辰	辛巳	壬午	癸未	甲申
음력		16	17	18	19	20	21	22	23	24	25	26	27	28	29	30	9/1	2	3	4	5	6	7	8	9	10	11	12	13	14	15	16
대운	남	2	2	2	1	1	1	1	한	10	9	9	9	8	8	8	7	7	7	6	6	6	5	상	5	4	4	4	3	3	3	2
	여	8	8	9	9	9	10	10	로	1	1	1	1	2	2	2	3	3	3	4	4	4	5	강	5	6	6	6	7	7	7	8

입동 7일 14시 32분 ➡ **【丁亥月(정해월)】**(입동, 소설~ 대설 전) 소설 22일 12시 05분

11 (음력 09/17~10/17)		1	2	3	4	5	6	7	8	9	10	11	12	13	14	15	16	17	18	19	20	21	22	23	24	25	26	27	28	29	30
요일		화	수	목	금	토	일	월	화	수	목	금	토	일	월	화	수	목	금	토	일	월	화	수	목	금	토	일	월	화	수
일진 日辰		乙酉	丙戌	丁亥	戊子	己丑	庚寅	辛卯	壬辰	癸巳	甲午	乙未	丙申	丁酉	戊戌	己亥	庚子	辛丑	壬寅	癸卯	甲辰	乙巳	丙午	丁未	戊申	己酉	庚戌	辛亥	壬子	癸丑	甲寅
음력		17	18	19	20	21	22	23	24	25	26	27	28	29	10/1	2	3	4	5	6	7	8	9	10	11	12	13	14	15	16	17
대운	남	2	2	1	1	1	1	입	10	9	9	9	8	8	8	7	7	7	6	6	6	5	소	5	4	4	4	3	3	3	2
	여	8	8	9	9	9	10	동	1	1	1	1	2	2	2	3	3	3	4	4	4	5	설	5	6	6	6	7	7	7	8

대설 7일 07시 40분 ➡ **【戊子月(무자월)】**(대설, 동지~소한 전) 동지 22일 01시 37분

12 (음력 10/18~11/18)		1	2	3	4	5	6	7	8	9	10	11	12	13	14	15	16	17	18	19	20	21	22	23	24	25	26	27	28	29	30	31
요일		목	금	토	일	월	화	수	목	금	토	일	월	화	수	목	금	토	일	월	화	수	목	금	토	일	월	화	수	목	금	토
일진 日辰		乙卯	丙辰	丁巳	戊午	己未	庚申	辛酉	壬戌	癸亥	甲子	乙丑	丙寅	丁卯	戊辰	己巳	庚午	辛未	壬申	癸酉	甲戌	乙亥	丙子	丁丑	戊寅	己卯	庚辰	辛巳	壬午	癸未	甲申	乙酉
음력		18	19	20	21	22	23	24	25	26	27	28	29	30	11/1	2	3	4	5	6	7	8	9	10	11	12	13	14	15	16	17	18
대운	남	2	2	1	1	1	1	대	9	9	9	8	8	8	7	7	7	6	6	6	5	5	동	4	4	4	3	3	3	2	2	2
	여	8	8	9	9	9	10	설	1	1	1	1	2	2	2	3	3	3	4	4	4	5	지	5	6	6	6	7	7	7	8	8

춘하추동 만세력-1

지 은 이 / 한명호
펴 낸 이 / 한원석
펴 낸 곳 / 두원출판미디어
강원도 춘천시 후만로 116번길2

판권 본사
소유 의인

☎ 033) 244-5612, 242-5612 FAX 033) 251-5611

등록 / 1999. 08. 06 제041호

♣ 파본, 낙장본은 교환하여 드립니다.
♣ 다음까페 : 두원출판미디어
홈페이지: www.dooweonmedia.co.kr

♣ E-mail : doo1616@naver.com
1판 2쇄 2023. 05. 22 ISBN 978-89-91253-13-1

정가 13,000원